Human Rights in the Administration of Justice:
A Manual on Human Rights for Judges,
Prosecutors and Lawyers
(Professional Training Series No.9)

裁判官・検察官・弁護士のための
国連人権マニュアル

司法運営における人権

国際連合人権高等弁務官事務所（OHCHR） | 著
国際法曹協会（IBA） | 協力
平野裕二 | 訳
財団法人アジア・太平洋人権情報センター（ヒューライツ大阪） | 日本語版編集

現代人文社

財団法人アジア・太平洋人権情報センター(ヒューライツ大阪)

国連憲章や世界人権宣言の精神にもとづき、アジア・太平洋地域の人権の伸長をめざして、1994年に設立されました。ヒューライツ大阪の目的は次の4つです。

(1) アジア・太平洋地域における人権の伸長を図る。
(2) 国際的な人権伸長・保障の過程にアジア・太平洋の視点を反映させる。
(3) アジア・太平洋地域における日本の国際協調・貢献に人権尊重の視点を反映させる。
(4) 国際化時代にふさわしい人権意識の高揚を図る。

この目的を達成するために、情報収集、調査・研究、研修・啓発、広報・出版、相談・情報サービスなどの事業を行っています。

資料コーナーは市民に開放しており、人権関連の図書や国連文書、NGOの資料の閲覧やビデオの鑑賞ができます。

開館時間：平日(月〜金)の9:00〜17:00
所在地：大阪市港区弁天1-2-1-1500 オーク1番街15階（〒552-0007）
　　　　JR環状線・地下鉄「弁天町」駅下車すぐ
Tel:06-6577-3577　　Fax:06-6577-3583
E-mail:webmail@hurights.or.jp　http://www.hurights.or.jp

The present work is an unofficial translation for which the publisher accepts full responsibility.
The work is published for and on behalf of the United Nations.
© 2004 United Nations for the English edition.　© 2006 United Nations for the Japanese edition.

本書は国際連合出版物の非公式訳に解説等を付加したものである。
原著
Office of the High Commissioner for Human Rights in cooperation with the International Bar Association, "HUMAN RIGHTS IN THE ADMINISTRATION OF JUSTICE: A Manual on Human Rights for Judges, Prosecutors and Lawyers," Professional Training Series No.9, UNITED NATIONS, New York and Geneva, 2003 (ISBN 92-1-154141-7) www.ohchr.org

目次

序編 ··

刊行の辞 17
　　　　　　　　　　財団法人アジア・太平洋人権情報センター所長　川島慶雄

『裁判官・検察官・弁護士のための国連人権マニュアル』日本語版刊行によせて 19
　　　同志社大学教授、「市民的及び政治的権利に関する国際規約」に基づく人権委員会委員
　　　　　　　　　　　　　　　　　　　　　　　　　　　　　　　　　安藤仁介

『裁判官・検察官・弁護士のための国連人権マニュアル』日本語版刊行の意義 22
　　　　　　　　　　　　　　　　　　　　日本弁護士連合会会長　梶谷剛

本編 ··

まえがき 25
　　　　　　　　　　　　　　　　　　　　　　　国際連合人権高等弁務官事務所

まえがき 27
　　　　　国際法曹協会人権協会共同代表　ラモン・ムエラート、ファリ・ナリマン

謝辞 29

略語表 31

第1章
国際人権法と法曹の役割 —— 一般的導入
　　学習の目的 35
　　設問 35
1. はじめに…36
2. 国際人権法の起源、意味および適用範囲…36
　　2.1 国連憲章および世界人権宣言 36
　　2.2 人権の倫理的側面 38
　　2.3 人権とそれが国内的・国際的平和、安全および発展に及ぼす影響 40

2.4　法源 *41*
　　　2.5　国際人権法と国際人道法：共通の関心事項と基本的相違 *50*
　　　2.6　国際人権条約に対する留保と解釈宣言 *51*
　　　2.7　権利行使の制限 *53*
　　　2.8　国際法上の義務からの逸脱 *54*
　　　2.9　人権侵害に関する国家の国際的責任 *56*
3. 企業と人権…58
4. 国内レベルでの国際人権法…60
　　　4.1　国内法体系への国際法の編入 *60*
　　　4.2　国内裁判所における国際人権法の適用：いくつかの実例 *62*
5. 人権の実施における法曹の役割…65
6. おわりに…66

第2章
主要な国際人権文書およびその実施機構

　学習の目的 *69*
　設問 *69*
1. はじめに…70
　　　1.1　本章が取り上げる範囲 *70*
　　　1.2　条約にもとづく国際的コントロール機構 *70*
　　　1.3　市民的・政治的権利と経済的・社会的・文化的権利 *72*
2. 国連主要人権条約とその実施…73
　　　2.1　市民的及び政治的権利に関する国際規約（1966年）と
　　　　　その2つの選択議定書（1966年・1989年）*73*
　　　2.2　経済的、社会的及び文化的権利に関する国際規約（1966年）*84*
　　　2.3　児童の権利に関する条約（1989年）およびその2つの選択議定書（2000年）*88*
　　　2.4　ジェノサイドの防止および処罰に関する条約（1948年）*94*
　　　2.5　あらゆる形態の人種差別の撤廃に関する国際条約（1965年）*98*
　　　2.6　拷問及び他の残虐な、非人道的な又は品位を傷つける取扱い又は
　　　　　刑罰に関する条約（1984年）*103*
　　　2.7　女子に対するあらゆる形態の差別の撤廃に関する条約（1979年）*109*
3. 国連総会が採択したその他の文書…113
　　　3.1　宗教または信念にもとづくあらゆる形態の不寛容
　　　　　および差別の撤廃に関する宣言（1981年）*114*
　　　3.2　被収監者の処遇のための基本原則（1990年）*114*
　　　3.3　あらゆる形態の拘禁または収監のもとにある
　　　　　すべての者の保護のための諸原則（1988年）*115*
　　　3.4　自由を奪われた少年の保護に関する国連規則（1990年）*115*
　　　3.5　拷問および他の残虐な、非人道的なまたは品位を傷つける取扱い

           または処罰から被収監者および被拘禁者を保護するための、保健要員、
           とくに医師の役割に関連する医療倫理の原則（1982年）　*116*
     3.6　法執行官行動綱領（1979年）　*116*
     3.7　社会内処遇のための国連最低基準規則（東京規則、1990年）　*117*
     3.8　少年非行の防止に関する国連指針（リャド・ガイドライン、1990年）　*117*
     3.9　少年司法の運営に関する国連最低基準規則（北京規則、1985年）　*118*
     3.10 犯罪および権力濫用の被害者のための正義の
          基本原則に関する宣言（1985年）　*118*
     3.11 強制的失踪からのすべての者の保護に関する宣言（1992年）　*118*
     3.12 普遍的に承認された人権および基本的自由を促進および保護する個人、集団
          および機関の権利および責任に関する宣言（人権擁護者宣言、1998年）　*119*
4. 国連犯罪防止犯罪者処遇会議が採択した文書…120
5. 人権の監視のために国連で設けられた条約外機構…120
     5.1　特別手続Ⅰ：テーマ別・国別の委任事項　*120*
     5.2　特別手続Ⅱ：1503苦情申立て手続　*122*
6. おわりに…123

第3章
主要な地域人権文書およびその実施機構

   学習の目的　*127*
   設問　*127*

1. はじめに…128
2. アフリカにおける人権条約とその実施…128
     2.1　人および人民の権利に関するアフリカ憲章（1981年）　*128*
     2.2　子どもの権利および福祉に関するアフリカ憲章（1990年）　*136*
3. 米州人権諸条約およびその実施…139
     3.1　米州人権条約（1969年）およびその議定書（1988年・1990年）　*139*
     3.2　拷問を防止および処罰するための米州条約（1985年）　*152*
     3.3　人の強制的失踪に関する米州条約（1994年）　*154*
     3.4　女性に対する暴力の防止、処罰および根絶に関する米州条約（1994年）　*156*
4. 欧州人権諸条約とその実施…159
     4.1　欧州人権条約（1950年）ならびにその第1、第4、第6および第7議定書　*159*
     4.2　欧州社会憲章（1961年）およびその議定書（1988年・1991年・1995年）　*168*
     4.3　改正欧州社会憲章（1996年）　*174*
     4.4　拷問および非人道的なもしくは品位を傷つける取扱い
          または処罰の防止のための欧州条約（1987年）　*175*
     4.5　国民的マイノリティの保護のための枠組み条約（1995年）　*177*
5. おわりに…180

第4章
裁判官・検察官・弁護士の独立と公平

　　学習の目的 183
　　設問 183
　　関連の法的文書 184
1. はじめに…185
2. 人権基準を含む法の支配を支えるうえで裁判官・検察官・弁護士が果たすべき役割…185
3. 法曹の独立・公平にとっての課題…187
4. 国際法と司法部の独立・公平…188
　　4.1　適用される国際法 188
　　4.2　司法部の独立に関する基本原則（1985年） 190
　　4.3　独立および公平の概念：関連と基本的相違 190
　　4.4　制度的独立の概念 191
　　4.5　個人の独立の概念 195
　　4.6　公平性の概念 212
　　4.7　軍事裁判所その他の特別裁判所 217
5. 国際法と検察官の独立…228
　　5.1　検察官の役割に関する指針（1990年） 228
　　5.2　専門的資格 229
　　5.3　職務上の地位および勤務条件 229
　　5.4　表現および結社の自由 230
　　5.5　刑事手続における役割 230
　　5.6　訴追に代わる手段 231
　　5.7　責任 232
6. 国際法と弁護士の独立…232
　　6.1　適用される国際法 232
　　6.2　職務および責任 233
　　6.3　弁護士の職務遂行のための保障 234
　　6.4　弁護士と基本的自由 236
　　6.5　職務上の規律綱領 241
7. おわりに…243

第5章
人権と逮捕・未決勾留・行政拘禁

　　学習の目的 247
　　設問 247
　　関連の法的文書 248

1. はじめに…249
2. 合理的理由のない逮捕・拘禁：根強く残る問題…249
3. 身体の自由および安全に対する権利：法的保護が適用される分野…250
   3.1 普遍的法的責任：すべての国は法律による拘束を受ける *250*
   3.2 身体の安全の概念：国の行為責任 *250*
4. 合法的逮捕・拘禁…252
   4.1 法規定 *252*
   4.2 合法性および恣意性の概念：その意義 *253*
   4.3 有罪判決後の拘禁 *262*
   4.4 裁判所の合法的な命令にしたがわないため、または法律で定めるいずれかの義務の履行を確保するために行なわれる逮捕・拘禁 *263*
   4.5 犯罪を行なったとする相当の嫌疑にもとづく拘禁 *264*
   4.6 逃亡を防ぐための拘禁 *266*
   4.7 行政拘禁 *267*
   4.8 逮捕・拘禁の理由ならびに自己に対する被疑事実を速やかに告げられる権利 *275*
   4.9 裁判官または他の司法官の面前に速やかに連れて行かれる権利 *279*
5. 妥当な期間内に裁判を受ける権利または公判まで釈放される権利…287
   5.1 「妥当な期間」の概念 *288*
   5.2 留置に代わる手段：裁判に出頭することの保証 *293*
6. 拘禁の合法性に関する裁判所の決定を速やかにまたは遅滞なく受ける権利…295
   6.1 この要件を満たす法的手続 *297*
   6.2 「迅速に」および「遅滞なく」の概念 *307*
7. 弁護士にアクセスする権利および弁護士の援助を受ける権利…310
8. 違法な自由剥奪の場合に賠償を受ける権利…311
9. 厳正独居拘禁…312
10. おわりに…313

第6章
公正な裁判に対する権利Ⅰ：捜査から裁判まで

学習の目的 *317*
設問 *317*
関連の法的文書 *318*

1. はじめに…319
2. 裁判に対する権利の効果的保護：世界的課題…319
3. 法規定…320
4. 法律の前における平等および法律による平等な取扱いに対する権利…321
5. 無罪と推定される権利：嫌疑から有罪判決または無罪決定に至るまでの全般的保障…323
6. 刑事捜査における人権…328

        6.1　私生活、住居および通信を尊重される権利 *329*
        6.2　人道的に取扱われる権利および拷問を受けない権利 *338*
        6.3　自己が理解する言葉で被疑事実を告げられる権利 *340*
        6.4　法的援助を受ける権利 *345*
        6.5　自己に不利益な供述を強要されない権利／黙秘権 *351*
        6.6　尋問の記録を作成・保管する義務 *355*
        6.7　防御の準備のために十分な時間及び便益を与えられる権利 *356*
7.　おわりに…362

第7章
公正な裁判に対する権利Ⅱ：裁判から最終判決まで

　　学習の目的 *367*
　　設問 *367*
　　関連の法的文書 *368*

1.　はじめに…369
2.　法規定…369
3.　裁判中の人権…370
        3.1　法律で設置された、権限のある、
        　　 独立のかつ公平な裁判所による裁判を受ける権利 *370*
        3.2　公正な審理を受ける権利 *370*
        3.3　公開の審理を受ける権利 *381*
        3.4　「不当に遅延することなく」または「妥当な期間内に」裁判を受ける権利 *387*
        3.5　直接にまたは自ら選任する弁護士を通じて防御する権利 *392*
        3.6　自分の裁判に出席する権利 *404*
        3.7　自己に不利益な供述または有罪の自白を強要されない権利 *407*
        3.8　証人を召喚し、尋問しまたはこれに対し尋問させる権利 *411*
        3.9　無料で通訳の援助を受ける権利 *419*
        3.10　理由を付した判決を言渡される権利 *421*
        3.11　事後法の適用を受けない権利／罪刑法定主義の原則 *425*
        3.12　一事不再理の原則、または二重の危険の禁止 *428*
4.　刑罰の制限…432
        4.1　より軽い刑罰の利益を受ける権利 *432*
        4.2　国際法上の基準との一致 *433*
5.　上訴権…437
        5.1　全面的な再審査を受ける権利 *438*
        5.2　判決の入手可能性 *439*
        5.3　裁判の速記録 *440*
        5.4　証拠の保全 *440*
        5.5　法律扶助を受ける権利 *441*

6. 誤審の場合に補償を受ける権利…442
7. 公正な裁判を受ける権利と特別裁判所…443
8. 公の緊急事態における公正な裁判を受ける権利…445
9. おわりに…447

第8章
自由を奪われた者の保護のための国際法上の基準

学習の目的 451
設問 451
関連の法的文書 452

1. はじめに…453
   1.1 使用する用語 454
2. 拷問および残虐な、非人道的なもしくは品位を傷つける取扱いまたは処罰の禁止…454
   2.1 はじめに 454
   2.2 国の法的責任 456
   2.3 拷問および残虐な、非人道的なもしくは品位を傷つける取扱いまたは処罰の概念：定義および理解 460
   2.4 拷問と法執行官・保健要員・検察官 473
3. 拘禁場所および被拘禁者・受刑者の登録に関わる法的要件…476
   3.1 すべての拘禁場所の公的認知 476
   3.2 被拘禁者・受刑者の登録 477
4. 拘禁・収監の環境…480
   4.1 拘禁・収監を規律する基本原則 480
   4.2 収容設備 483
   4.3 個人衛生、食糧、健康および医療サービス 486
   4.4 宗教 494
   4.5 レクリエーション活動 495
   4.6 独房への収容 496
5. 外部との接触…504
   5.1 家族構成員および友人との接触：面会および通信 504
   5.2 弁護士との接触：面会および通信 510
6. 拘禁場所の査察および苦情申立て手続…517
   6.1 拘禁場所の査察 517
   6.2 苦情申立て手続（前掲2.2「国の法的責任」も参照）518
7. 自由を奪われた者の不法な取扱いの防止および是正における裁判官・検察官・弁護士の役割…522
8. おわりに…523

第9章
司法の運営における社会内処遇措置の利用

    学習の目的 527
    設問 527
    関連の法的文書 528

1. はじめに…529
   - 1.1 社会内処遇措置および東京規則の目的 530
2. 用語…531
   - 2.1 「社会内処遇措置」 531
   - 2.2 「犯罪者」 531
   - 2.3 「権限のある機関」 531
3. 社会内処遇措置に関わる一般原則…531
   - 3.1 社会内処遇措置の基本目的 532
   - 3.2 社会内処遇措置の適用範囲 534
   - 3.3 法的保障 538
4. 司法手続のさまざまな段階における社会内処遇措置の選択肢…544
   - 4.1 裁判前の段階の社会内処遇措置 544
   - 4.2 裁判および刑の言渡しの段階における社会内処遇措置 546
   - 4.3 刑の言渡し後の社会内処遇措置 548
5. 社会内処遇措置の実施…550
   - 5.1 社会内処遇措置の監督 550
   - 5.2 社会内処遇措置の期間 553
   - 5.3 社会内処遇措置にともなう条件 553
   - 5.4 処遇の手続 555
   - 5.5 規律および条件の違反 556
6. 収監に代わる手段の選択における裁判官・検察官・弁護士の役割…559
7. おわりに…559

第10章
司法の運営における子どもの権利

    学習の目的 563
    設問 563
    関連の法的文書 564

1. はじめに…565
   - 1.1 用語 566
2. 司法の運営と子ども：根強く残る懸念…566
3. 「子ども」（児童）の定義…567
   - 3.1 一般的成人年齢 567

            3.2　刑事責任年齢 *567*
    4. 司法の運営における子どもの権利：いくつかの基本的原則…*570*
            4.1　差別の禁止の原則 *571*
            4.2　子どもの最善の利益 *572*
            4.3　生命、生存および発達に対する子どもの権利 *573*
            4.4　意見を聴取される子どもの権利 *574*
    5. 少年司法の目的…*577*
    6. 少年司法制度を創設する義務…*580*
    7. 罪を問われた子どもと司法の運営…*580*
            7.1　拷問および残虐な、非人道的なもしくは品位を傷つける取扱い
                 または処罰を受けない権利 *581*
            7.2　子どもの一般的取扱い／子どもの最善の利益 *583*
            7.3　いくつかの基本的な手続的権利 *584*
    8. 子どもと自由の剥奪…*593*
            8.1　自由の剥奪の意義 *593*
            8.2　自由の剥奪：最後の手段 *594*
            8.3　自由を奪われた子どもの権利 *595*
    9. 子どもの権利と刑事制裁…*604*
    10. 罪を問われた子どもとダイバージョンの問題…*605*
            10.1　「ダイバージョン」の用語の意義 *605*
            10.2　ダイバージョンと担当機関 *607*
            10.3　ダイバージョンと子どもの同意 *608*
    11. 司法手続における被害者または証人としての子ども…*609*
    12. 子どもとその親：分離が正当化される場合…*613*
            12.1　子どもの最善の利益 *613*
            12.2　分離の正当化事由 *614*
            12.3　法的保障 *614*
            12.4　両親との接触を維持する子どもの権利 *616*
    13. 子どもの権利と養子縁組手続…*617*
    14. 司法の運営の過程で子どもの権利を保障する裁判官・検察官・弁護士の役割…*621*
    15. おわりに…*622*

第11章
司法の運営における女性の権利

　学習の目的 *625*
　設問 *625*
　関連の法的文書 *626*
1. はじめに…*627*
2. 法的人格に対する女性の権利…*629*

3. 法律の前における平等および法律の平等な保護に対する女性の権利…630
   3.1 国連憲章および国際人権章典 630
   3.2 女子に対するあらゆる形態の差別の撤廃に関する条約（1979年） 631
   3.3 地域人権条約 635
   3.4 ジェンダーの平等および女性・男性間の差別の禁止の意義 635
4. 生命ならびに身体的および精神的不可侵性を尊重される女性の権利…641
   4.1 関連の法規定 641
   4.2 生命に対する権利 645
   4.3 拷問およびその他の残虐な、非人道的なもしくは
       品位を傷つける取扱いまたは処罰を受けない権利 652
   4.4 人道に対する罪および戦争犯罪としての女性への暴力 666
5. 奴隷制、奴隷取引、強制的・義務的労働ならびに
   人身取引の対象とされない女性の権利…668
   5.1 関連の法規定 668
   5.2 奴隷制、強制的・義務的労働ならびに女性の人身取引の慣行 671
6. 婚姻に関わる平等についての権利…675
   6.1 婚姻の意思を有する者同士が自由に婚姻し、かつ家族を形成する権利 675
   6.2 国籍法上の権利の平等 687
   6.3 名前に対する権利の平等 690
   6.4 婚姻に関わる、婚姻中のおよび婚姻の解消における権利および責任の平等 691
7. 民事上の法的能力に対する権利の平等…699
   7.1 財産の管理および契約の締結に関する権利の平等 699
   7.2 相続一般に対する権利 702
8. 選挙を含む政治に平等に参与する権利…703
   8.1 関連の法規定 703
   8.2 自由権規約25条の解釈 705
   8.3 女子差別撤廃条約7条および8条の解釈 707
9. その他の人権を平等に享受する女性の権利…710
   9.1 移動および居住の自由に対する権利 711
   9.2 プライバシーに対する権利 712
   9.3 思想・良心・信念・宗教・意見・表現・結社・集会の自由 713
   9.4 教育に対する権利 714
10. 裁判所および法の適正手続にアクセスする権利を含む、
    効果的救済措置に対する女性の権利…716
11. 女性の権利の保護を確保するうえで裁判官・検察官・弁護士が果たす役割…721
12. おわりに…721

第12章
鍵となるその他のいくつかの権利：
思想、良心、宗教、意見、表現、結社および集会の自由

  学習の目的 725
  設問 725
  関連の法的文書 726

1. はじめに…727
2. 思想、良心および宗教の自由についての権利…727
     2.1 関連の法規定 727
     2.2 思想、良心および宗教の自由についての権利の一般的意義 730
     2.3 自己の宗教または信念を表明する権利 736
     2.4 宗教の自由と公立学校における指導 751
     2.5 国教と宗教的マイノリティ 755
     2.6 宗教的理由による良心的兵役拒否 756
3. 意見および表現の自由についての権利…758
     3.1 関連の法規定 758
     3.2 自由権規約19条 760
     3.3 アフリカ人権憲章9条 779
     3.4 米州人権条約13条 784
     3.5 欧州人権条約10条 797
4. 結社および集会の自由についての権利…828
     4.1 関連の法規定 829
     4.2 自由権規約21条および22条 831
     4.3 アフリカ人権憲章10条および11条 837
     4.4 米州人権条約15条および16条 840
     4.5 欧州人権条約11条 843
5. 思想・良心・宗教・意見・表現・結社・集会の自由の保護を確保するさいの裁判官・検察官・弁護士の役割…872
6. おわりに…873

第13章
司法運営における平等および
差別の禁止に対する権利

  学習の目的 877
  設問 877
  関連の法的文書 878

1. はじめに…879

- 1.1 差別：根強く残る深刻な人権侵害 *879*
- 1.2 差別から人々を保護するにあたっての裁判官・検察官・弁護士の役割 *880*
- 1.3 国際法上の歴史の概観 *880*
- 1.4 この章の目的および範囲 *882*

2. 法律の前における平等に対する権利および差別の禁止に対する権利を保障する国際法上の規定（一部）…882
   - 2.1 世界人権宣言（1948年） *882*
   - 2.2 ジェノサイド犯罪の防止および処罰に関する条約（1948年） *883*
   - 2.3 自由権規約（1966年） *885*
   - 2.4 社会権規約（1996年） *886*
   - 2.5 人種差別撤廃条約（1965年） *887*
   - 2.6 児童の権利条約（1989年） *888*
   - 2.7 女子差別撤廃条約（1979年） *889*
   - 2.8 宗教または信念にもとづくあらゆる形態の不寛容および差別の撤廃に関する宣言（1981年） *890*
   - 2.9 国民的または民族的、宗教的および言語的マイノリティに属する者の権利に関する宣言（1992年） *891*

3. 法律の前における平等に対する権利および差別の禁止に対する権利を保障する地域条約の規定（一部）…892
   - 3.1 アフリカ人権憲章（1981年） *892*
   - 3.2 子どもの権利および福祉に関するアフリカ憲章（1990年） *893*
   - 3.3 米州人権条約（1969年） *893*
   - 3.4 経済的、社会的および文化的権利の分野における米州人権条約の追加議定書（1988年） *894*
   - 3.5 女性に対する暴力の防止、処罰および根絶に関する米州条約（1994年） *895*
   - 3.6 障害のある者に対するあらゆる形態の差別の撤廃に関する米州条約（1999年） *895*
   - 3.7 欧州人権条約（1950年） *896*
   - 3.8 欧州社会憲章（1961年）および改正欧州社会憲章（1996年） *897*
   - 3.9 国民的マイノリティの保護に関する枠組み条約（1995年） *898*

4. 差別の禁止と公の緊急事態…900
5. 平等および差別の禁止の一般的意義…903
6. 平等に対する権利および差別の禁止に関する国際的判例および法的見解（一部）…909
   - 6.1 人種、皮膚の色または民族的出身 *910*
   - 6.2 ジェンダー *914*
   - 6.3 言語 *921*
   - 6.4 宗教または信念 *923*
   - 6.5 財産 *929*
   - 6.6 出生またはその他の地位 *930*
   - 6.7 国民的出身 *935*

  6.8 性的指向 *936*
  6.9 マイノリティ *938*
7. おわりに…941

第14章
経済的・社会的・文化的権利の保護における裁判所の役割

 学習の目的 *945*
 設問 *945*
 関連の法的文書 *946*

1. はじめに…947
2. 歴史の再検討：なぜ2つの国際人権規約なのか…947
  2.1 時系列的概観 *947*
  2.2 討議の内容 *950*
3. 人権の相互依存性および相互不可分性…959
4. 経済的・社会的・文化的権利の保護のための国際条約および地域条約：保障されている諸権利…965
  4.1 国際的レベル *965*
  4.2 地域レベル *966*
5. 経済的・社会的・文化的権利を保護する国の法的義務…971
  5.1 社会権規約（1966年）*971*
  5.2 人および人民の権利に関するアフリカ憲章（アフリカ人権憲章、1981年）*978*
  5.3 米州人権条約（1969年）と経済的、社会的および文化的権利の分野における追加議定書（1988年）*978*
  5.4 欧州社会憲章（1961年）および改正欧州社会憲章（1996年）*978*
6. 経済的・社会的・文化的権利：裁判適用可能な権利か？…980
7. ケーススタディⅠ：十分な住居に対する権利…984
  7.1 はじめに *984*
  7.2 社会権規約：11条1項 *985*
  7.3 関連する欧州人権裁判所の判例：セルチュークおよびアスケル事件 *997*
  7.4 関連する国内裁判所の判例：南アフリカの例 *1000*
8. ケーススタディⅡ：健康に対する権利…1012
  8.1 社会権規約：12条 *1012*
  8.2 関連の国内判例Ⅰ：カナダの例 *1026*
  8.3 関連の国内判例Ⅱ：インドの例 *1033*
9. 経済的・社会的・文化的権利の保護における裁判官・検察官・弁護士の役割：得られた教訓…1037
10. おわりに…1038

第15章
犯罪・人権侵害被害者の保護および救済

　　学習の目的 1041

　　設問 1041

　　関連の法的文書 1042

1. **はじめに** …1043
2. **犯罪被害者の保護および救済** …1045
    - 2.1 関連の法規定 *1045*
    - 2.2 被害者の概念 *1048*
    - 2.3 司法運営における被害者の取扱い *1051*
    - 2.4 犯罪被害者に対する（被害）弁償および援助 *1062*
3. **人権侵害被害者の保護および救済** …1073
    - 3.1 被害者の概念 *1073*
    - 3.2 人権の効果的保護を確保する一般的な法的義務 *1076*
    - 3.3 人権侵害を防止する義務 *1081*
    - 3.4 国内的救済を提供する義務 *1085*
    - 3.5 調査・訴追・処罰する義務 *1098*
    - 3.6 人権侵害に対して事後的救済を提供する義務 *1110*
    - 3.7 人権侵害の免責の問題 *1115*
4. **犯罪・人権侵害被害者のための正義を確保するうえで裁判官・検察官・弁護士が果たす役割** …1120
5. **おわりに** …1121

第16章
緊急事態下における司法運営

　　学習の目的 1125

　　設問 1125

　　関連の法的文書 1126

1. **はじめに** …1127
    - 1.1 一般的緒言 *1127*
    - 1.2 人権分野における制限と逸脱に関する一般的緒言 *1128*
2. **国際人権法における公の緊急事態の概念** …1129
    - 2.1 関連の法規定 *1129*
    - 2.2 法的義務からの逸脱：起草者らのジレンマ *1131*
    - 2.3 国際的監視機関の解釈 *1138*
3. **国際人権法における逸脱不可能な権利および義務** …1152
    - 3.1 緒言 *1152*
    - 3.2 関連の法規定 *1153*

3.3　生命に対する権利 *1155*
　　3.4　拷問および残虐な、非人道的なもしくは品位を傷つける取扱い
　　　　　または処罰を受けない権利 *1156*
　　3.5　人道的な取扱いに対する権利 *1159*
　　3.6　奴隷制度および隷属状態の対象とされない権利 *1161*
　　3.7　事後法の対象とされない権利および一事不再理の原則 *1162*
　　3.8　法的人格として認められる権利 *1165*
　　3.9　思想、良心および宗教の自由についての権利 *1166*
　　3.10　契約義務が履行できないことのみを理由に拘禁されない権利 *1167*
　　3.11　家族の権利 *1168*
　　3.12　氏名に対する権利 *1168*
　　3.13　子どもの権利 *1169*
　　3.14　国籍に対する権利 *1171*
　　3.15　統治に参加する権利 *1171*
　　3.16　逸脱不可能な権利と効果的な手続上・司法上の保護 *1172*
4.　逸脱可能な権利と真の必要性の条件…1179
　　4.1　一般的な解釈アプローチ *1180*
　　4.2　効果的な救済措置に対する権利 *1185*
　　4.3　自由に対する権利と逮捕・拘禁の特別権限 *1186*
　　4.4　公正な裁判を受ける権利と特別裁判所 *1201*
5.　他の国際法上の義務との両立性の条件…1214
6.　差別の禁止の条件…1217
7.　国際的通知の条件…1219
8.　緊急事態において人権の効果的保護を確保するにあたっての
　　裁判官・検察官・弁護士の役割…1222
9.　おわりに…1224

解説編

「第1章　国際人権法と法曹の役割――一般的導入」について *1227*

　　　　　　　　　　　　　　　　　　　　　　　　　　　　山崎公士

「第2章　主要な国際人権文書およびその実施機構」
「第3章　主要な地域人権文書およびその実施機構」について *1232*

　　　　　　　　　　　　　　　　　　　　　　　　　　　　阿部浩己

「第4章　裁判官・検察官・弁護士の独立と公平」について *1237*

　　　　　　　　　　　　　　　　　　　　　　　　　　　　外山太士

「第5章　人権と逮捕・未決勾留・行政拘禁」について 1240

幣原　廣

「第6章　公正な裁判に対する権利Ⅰ：捜査から裁判まで」について 1242

幣原　廣

「第7章　公正な裁判に対する権利Ⅱ：裁判から最終判決まで」について 1245

幣原　廣

「第8章　自由を奪われた者の保護のための国際法上の基準」について 1246

上本忠雄

「第9章　司法の運営における社会内処遇措置の利用」について 1249

水野英樹

「第10章　司法の運営における子どもの権利」について 1252

平野裕二

「第11章　司法の運営における女性の権利」について 1256

大谷美紀子

「第12章　鍵となるその他のいくつかの権利：思想、良心、宗教、意見、表現、結社および集会の自由」

「第13章　司法運営における平等および差別の禁止に対する権利」について 1260

窪　誠

「第14章　経済的・社会的・文化的権利の保護における裁判所の役割」について 1264

中井伊都子

「第15章　犯罪・人権侵害被害者の保護および救済」
（前半の犯罪被害者の保護および救済部分）について 1266

番　敦子

「第16章　緊急事態下における司法運営」について 1269

中井伊都子

執筆者一覧 1271
あとがき 1272

刊行の辞

財団法人アジア・太平洋人権情報センター
所長　川島慶雄

　財団法人アジア・太平洋人権情報センター（以下、ヒューライツ大阪）は、アジア・太平洋地域の人権の伸長に貢献するとともに、普遍的な国際人権基準の実現をめざした人権情報センターを創設しようという機運の中で、1994年7月に設立され、2004年7月に10周年を迎えました。この間、設立の趣旨である4つの目的――すなわち(1)アジア・太平洋地域における人権の伸長を図る、(2)国際的な人権伸長・保障の過程にアジア・太平洋の視点を反映させる、(3)アジア・太平洋地域における日本の国際協調・貢献に人権尊重の視点を反映させる、(4)国際化時代にふさわしい人権意識の高揚を図る――を掲げて活動を推進してきました。

　このたび、独立行政法人日本万国博覧会記念機構の助成を受けて、国際連合人権高等弁務官事務所(OHCHR)と国際法曹協会(IBA)が編集した本書『裁判官・検察官・弁護士のための国連人権マニュアル―― 司法運営における人権』(HUMAN RIGHTS IN THE ADMINISTRATION OF JUSTICE: A Manual on Human Rights for Judges, Prosecutors and Lawyers. 2003年刊）を翻訳・出版の運びとなりました。国際連合人権高等弁務官事務所は、長年にわたり国際法曹協会の協力を得て、司法運営を担当する専門家の間で人権を促進するためのプロジェクトを支援してきました。これらの法曹関係者への人権トレーニングの経験の集大成が、本書『裁判官・検察官・弁護士のための国連人権マニュアル』であるといえます。

　グローバル化の進展の中で、各国の司法関係者に、国際人権基準についての理解と実際の裁判での活用能力向上が、強く求められていますが、日本もこの面では、大きく立ち遅れている現状にあり、日本の司法制度改革の重要テーマの1つが、裁判官・検察官・弁護士の資質向上（現職研修）と人材育成であり、とりわけ国際人権法についての資質向上にあるといわれています。法科大学院が数多く開設されていますが、国際法や国際人権法についての教員や教材が不足しており、この面でも、本書の日本語版の刊行は、大きな意義を有するものと考えています。

本書は、原文を忠実に翻訳した本編以外に、序編と解説編を加えた3部構成としています。特に解説編では、日本での活用上の留意点や意義について、専門家（研究者と実務家）のコメントを収録していますので、ぜひご活用いただきたいと思います。

　最後に、本書の刊行にあたり、翻訳作業を1人で担当いただいた平野裕二さん、ならびに監修に協力いただいた国際人権法研究者、日弁連関係者の方々に厚く感謝を申し上げます。

『裁判官・検察官・弁護士のための国連人権マニュアル』日本語版刊行によせて

同志社大学教授
「市民的及び政治的権利に関する国際規約」
に基づく人権委員会(自由権規約委員会)委員
安藤仁介

　本書は、国際連合人権高等弁務官事務所(Office of the United Nations High Commissioner for Human Rights)と国際法曹協会(International Bar Association)とが協働で編集したHuman Rights in the Administration of Justiceを邦訳したものである。原書には、副題としてA Manual on Human Rights for Judges, Prosecutors and Laywersが付与され、また原書はProfessional Training Series 9として刊行されたものであって、刊行の目的が「法曹を対象として、国際人権基準に関する包括的な必須カリキュラムを提示する」ことにある旨を明らかにしている(まえがき)。いうまでもなく、国際連合人権高等弁務官事務所は国際連合のあらゆる人権活動を支えてきた機関であり、国際法曹協会は日本弁護士連合会を含む全世界180余の法曹集団が参加する国際組織であって、両者の共同作業は上述の目的を実現する上で、文字通り理想的なものであるといえよう。

　顧みれば、第2次世界大戦終結以前の国際社会には、全世界に適用可能な包括的人権基準は存在しなかった。たとえば、わたしの専攻する国際法の分野で、いわゆる近代国際法の出発点ともいわれるウエストファリア条約は「カソリック教の支配地域で新教徒が、新教の支配地域でカソリック教徒が、それぞれの信教を奉じることを保障」した点で、宗教的少数者の権利を国際的に認めた、その意味で、国際人権保障の嚆矢とされる。19世紀にはまた、奴隷貿易の廃止を規定する条約が数多く締結された。さらに国際連盟と同時期に発足した国際労働機関(ILO)は、国際人権保障の対象を社会権にまで拡げた。しかし、それらはいずれも、特定の権利または特定の人間集団の人権を保障するものであって、すべての人のあらゆる人権の保障は、国際連合期をまたなければならなかったのである。

　すなわち国際連合の下では、1948年の世界人権宣言や1966年の国際人権規約

の採択に象徴されるように、すべての人のあらゆる人権に関する"国際的な基準"が明らかにされるとともに、それらの基準の各国内法に基づく実施措置を"国際的に監視する仕組"が不十分ながら設置されるようになった。加うるに地域的なレヴェルでは、共通の人権基準の明確化と並んで、より進んだ国際的監視の仕組が設けられるようになった。1951年の欧州人権条約、1969年の米州人権条約は、ともにその典型例であり、1981年のアフリカ人権憲章も監視の仕組の強化に取り組んでいる。

さて、本編は、序文のほか、16章から成り立っており、第1章で国際人権法と法曹の役割、第2章で普遍的（全世界的）な人権文書と実施の仕組、第3章で地域的な人権文書と実施の仕組、を概説する。そして第4章で、裁判官・検察官・弁護士の独立と不偏性（公正）一般について論じてのち、第5章以下で身柄拘束と行政拘禁、公正な裁判を受ける権利、身体的自由とその制限、拘禁刑以外の代替的処罰、年少者の人権、女性の人権、精神的自由にかかわる人権、無差別・平等の原則、社会権と裁判所の役割、被害者の保護と救済、緊急事態と人権、の11項目に分けて検討している。たとえば、女性の人権をあつかう11章を見ると、この章では「人生のさまざまな側面で、女性が直面する人権問題の理解を深める」ことなどの3点が狙いであり、そのため「あなたが仕事をしている国家において、女性の人権は国内法によりどのように保護されているのか」、「あなたは当該国内法の保護が十分である、と考えるか」、「保護が不十分な原因は、国内法の不備によるのか、それとも国内法の不遵守によるのか」、「女性が直面している人権問題の原因は、国内法以外にあるか」、「あるとすれば、それは何か」など、10の具体的問題点を上げている。そして関連する国際文書として、国際連合憲章、市民的及び政治的権利に関する国際規約、女子差別撤廃条約と議定書など21の普遍的国際文書と、欧州人権条約など4つの地域的文書とを掲げている。このように本書は、国際人権保障に関連して、法曹が理解すべき諸問題をほぼ網羅的にかつ平易な表現でカヴァーしている、ということができよう。

したがって本書は、日本の法曹がつねに身近に置き、普遍的な国際人権基準実施のために大いに活用していただきたい。だが、日本の法曹は、それに留まらず、法曹以外の日本人一般が国際人権保障を身近なものとするためにも、活

用していただきたい。周知のとおり、日本でも間もなく裁判員制度が実施される。この制度は、これまで法曹のみに委ねられていた「司法」作用を、一般国民にも開放することを目指している。およそ民主主義国家における国民主権を生かす方策として、参政権を通じた「立法」作用に国民が参加することは不可欠である。また議院内閣制を通じて国民は「行政」にも参加することができる。同様に、裁判員ないし陪審員制度を通じて、国民は「司法」作用にも参加すべきであり、そのためには、司法を国民にとって理解しやすいものとすることが必須であり、本書はそのためにもきわめて有用なものであることを、最後に強調しておきたい。

『裁判官・検察官・弁護士のための国連人権マニュアル』
日本語版刊行の意義

日本弁護士連合会会長
梶谷　剛

　日頃人権にかかわる者、とりわけ法を使ってそれを実現しようとする者にとって、このマニュアルは待望の書である。しかもそれが日本語として刊行されたことの意義は大きい。

　この人権マニュアルは、世界人権宣言以来、約60年の歴史の中で蓄積され、発展してきた国際人権の膨大なテキストを網羅する。権利の種類ごとに関係する条約やその他の国際的文書を整理し、きわめて実践的な問いと解釈を提起し、さらにそれらの人権が実現されるメカニズムと、裁判官・検察官そして弁護士の果たしうる役割を解説している。日々法律家として直面する人権問題に対処するために、ぜひ身近において参照し活用したい書である。

　日本弁護士連合会（日弁連）は、1988年に人権神戸宣言を採択し、「国家による人権保障を国際的監視のもとに置く人権の国際的保障体制の確立が今、必要とされている。現在は人権を国際的な視野でとらえ、国際的な手段でこれを擁護する実践の段階である」という認識を共有した。しかし、今日にいたるまで「国際人権（自由権）規約が法規範として、司法・行政等の場で機能しているとは言いがたく、…様々な分野において、国際人権（自由権）規約の求める国際人権保障の水準に達していない」（1996年国際人権規約の活用と個人申立制度の実現を求める宣言）という状況は変わっていない。

　そのような状況をどう前進させていくのか、このマニュアルはひとつの大きな答えとなるかも知れない。1998年、国際人権（自由権）規約の第4回日本政府報告書の審査において自由権規約委員会は、日本の人権状況を打開するための重要な課題として、「裁判官、検察官及び行政官に対し、規約上の人権について

の教育が何ら用意されていないことに懸念を有する。委員会は、かかる教育が得られるようにすることを強く勧告」した。法曹に対する人権教育、特に今回の司法改革によってその役割が拡大していく司法が持つべき人権への理解と情報は、人権の向上のために不可欠である。このマニュアルは、日本において法曹に対する人権教育の基本書としての役割を与えられるであろう。

　このマニュアルを作成した国際連合人権高等弁務官事務所(OHCHR)と国際法曹協会(IBA)は、日弁連とも様々な関わりのある団体である。
　日弁連は、これまで歴代のお2人の国際連合人権高等弁務官を招待して、ご講演をいただいた。第2代目のメアリー・ロビンソンさんと現職のルイーズ・アルブールさんである。日弁連のみならず日本の法曹のすべてが、このマニュアルの活用を通じて、OHCHRとのさらなる人権のパートナーシップを築いていくことを切に願っている。
　また、IBAは、全世界190余の法曹団体が加入する国際的な法律家の団体であり、日弁連もその会員として、IBAの活動に重要な役割を担っている。とりわけ、IBAのもとにある人権協会(Human Rights Institute)において日弁連は長年にわたってその活動に参加してきた。
　こうした日弁連と緊密な関係にある団体による書が、今回日本語で刊行され、日本の読者にとってより近づきやすいものとなったことは、まことに幸甚なことである。

　最後に、このマニュアルの翻訳と出版を担当された方々の膨大な作業に、心からの敬意と感謝を述べたい。

まえがき（国際連合人権高等弁務官事務所）

　社会で**司法**がどのように運営されているかは、社会の安寧を表す基本的な指標のひとつである。世界人権宣言が強調するように、「人間が専制と圧迫とに対する最後の手段として反逆に訴えることがないようにするためには、法の支配によって人権を保護することが肝要」となる[1]。この目標が達成されるようにすることは、各国の法制度および司法運営の役割である。

　独立した法曹は人権を保護するうえできわめて重要な役割を果たす。独立した法曹には、国際人権法の守護者として、国際人権法が司法手続において適切な形で執行され、権利を侵害された個人が国内で効果的な救済を得られるようにするという役割がある。この責任を果たすために、裁判官・検察官・弁護士は、主な国際人権文書で定められた人権基準に関する情報や、国際的・地域的監視機関が発展させてきた関連の司法判断にアクセスすることができなければならない。

　国際連合人権高等弁務官事務所(OHCHR)は、長年にわたり、司法運営を担当する専門家の間で人権を促進するためのプロジェクト、裁判官・検察官・弁護士を対象としてすべての大陸で行なわれているプロジェクトを支援してきた。人権教育のための国連10年(1995～2004年)の枠組みにのっとり、そして職能団体と連携しながら、OHCHRは方法論的ツールを開発してきた。

　マニュアルとファシリテーター・ガイドから構成される本書は、180以上の弁護士会や法曹団体が加盟する重要な国際的法律家組織、**国際法曹協会(IBA)**との共同作業の成果である。本書の目的は、法曹を対象として、国際人権基準に関する包括的な必須カリキュラムを提示するところにある。

　マニュアルの読者に対しては、国際人権法ならびに国際的・地域的機関や国内裁判所の司法判断に関する基本的情報が提供される。モジュールごとに特定の人権分野が扱われている。法曹という職の性質にかんがみ、マニュアルは多義的に利用されなければならない。マニュアルは、集団的学習の研修資料、個人的学習の参考資料、法律の解釈・適用のさいの参照文献などとして利用することが可能である。

　マニュアルを補足するものとして**ファシリテーター・ガイド**が用意されている〔訳注／今回は訳出していない〕。これは、ワークショップや講座の運営に携わる

　1　世界人権宣言前文第3段。

研修マネージャーやリソースパーソンを、企画段階から最終評価段階に至るまでの全段階で補佐することを目的としたものである。ガイドでは、マニュアルの各モジュールに対応して、OHPシート、エクササイズ、ケーススタディ、ロールプレイといった研修補助教材が提案されている。これらは、参加者が積極的役割を果たし、その専門知識を活かして国際人権基準の効果的適用方法に関する合同学習に貢献するよう奨励する、**双方向的研修方法論**にもとづいたものである。

マニュアルとガイドは相当の柔軟性をもって利用されなければならない。特定の利用者を対象としたものではあるが、もっとも適切な資料を選び出すことが必要な場合もあろう。プレゼンテーションの内容、ケーススタディ、ロールプレイは、関連の法制度を反映させ、とくに関心のある問題を取り扱うために修正・変更を図らなければならないかもしれない。読者や受講者のニーズにあわせてマニュアルおよびガイドの内容を容易に修正できるようにするため、どちらも電子フォーマットで入手が可能である。

本書は、OHCHRやIBAが開催するものにかぎらず、法曹が参加するあらゆる種類の講座・ワークショップでの利用に供するために作成された。カリキュラムの開発、未来の法曹の着任前研修、職能団体の継続教育活動での利用も奨励されるところである。

すべての利用者に対し、本書についてのコメントや改善点の提案を寄せてくださるよう呼びかけたい。フィードバックの内容は、マニュアルとガイドの今後の改訂のさいに考慮する予定である。次の住所までお寄せいただきたい。

> Manual on Human Rights for Judges, Prosecutors and Lawyers
> Office of the High Commissioner for Human Rights
> Palais des Nations
> 1211 Geneva 10
> Switzerland

OHCHRは、本書およびこれにもとづくとりくみがきっかけとなって、裁判官・検察官・弁護士として世界中で働く多くの個人が変革の担い手となり、国際人権基準の実務面での実施に直接の貢献を行なうよう希望している。

2002年9月、ジュネーブにて

まえがき（国際法曹協会）

　国際法曹協会(IBA)は、この50年の間に、弁護士個人ならびに監督を行なう弁護士会や法曹団体の両方を代表する世界的機関として認知されてきた。全大陸に180の加盟団体を擁しており、そのなかにはアメリカ法曹協会、ドイツ連邦弁護士会、日本弁護士連合会、ジンバブエ法曹協会、メキシコ法曹協会などが含まれている。

　IBAが信奉するのは、紛争について独立した司法機関の審理・裁決を受ける世界の市民の基本的権利であり、裁判官と弁護士が自由に干渉を受けることなく職務を遂行する基本的権利である。

　1995年、IBAはこの活動をさらに進めるため、ネルソン・マンデラを名誉会長として人権協会(HRI)を設置した。人権協会は法律職全般におよぶ会員の参加を歓迎している。実際、活発な参加者の圧倒的多数は日常生活で人権法を実務に活かしているわけではなく、それでもHRIの会員になることを通じて法曹の自由を支持するというコミットメントを表明した人々である。このマニュアルとファシリテーター・ガイドは、このコミットメントを強化するために構想・作成・編集された。

　伝統的な法曹教育においてさえ、比較法的・国際的側面が無視される傾向にある国が多い。そのため弁護士や裁判官は、国際人権規範の目を見張るような包括的な発展、国際的監視機関や地域裁判所の決定・見解について紹介されてこないことが多かった。国際人権法にとって、それが国内制度で適用できるかできないかということはそれほど大きな基本的問題ではない。基本的問題は、国際人権法の規定が世界中でほとんど知られていないということなのである！

　しかし法曹界・司法機関の構成員には、法の支配にもとづく市民社会の発展を援助するという、はっきりとは述べられていない道徳的義務がある。もっと実務的なレベルでは、弁護士や裁判官には、定期的な職能開発プログラムを通じて教育上・実務上の能力を維持するという職業上の責任がある。

　国際的・地域的人権文書およびそれにもとづいて発展しつつある司法判断は、国際法とその原則を反映したものであり、法解釈の援助手段として、また裁判官が利益競合に関わる決定に役立てるうえで、きわめて重要な位置づけを占めるものである。

　このマニュアルは、人権に関わる司法判断・文書およびその実務上の適用に実務家が精通する一助となることを目指している。元インド最高裁長官のバグワティ判事が述べたように、国際人権規範はそのままでは実を結ばない。弁護士や裁判官が命を吹きこみ、活力と強さを染み渡らせることによって、国際人権法が脈動し、人類全体にとって意味を持ち、生きた現実としての普遍性を備えるように

することが必要なのである。

　国際法曹協会は、国際連合人権高等弁務官事務所に実務面での支援を喜んで与えることを決定し、マニュアルとガイドの草稿を執筆するコンサルタントの採用と報酬の支払いを合同で行なうとともに、草稿を検討してコメントしてもらうべく、著名な法律家から構成される国際的委員会を創設した。

　このマニュアルにより、裁判官や弁護士は、国際的・地域的人権法とその実務面での活用について慣れ親しみ、それらに関する知識を深めることができるだろう。この包括的なマニュアルとそれに付随するファシリテーター・ガイドは、弁護士・裁判官・検察官が日常業務のなかで利用できる詳細な法的参考文献であると同時に、あらゆる法制度で容易に利用することができる体系的な研修プログラムとなっている。

　HRIの目的は、法の支配と人権を促進・保護することである。私たちは、法律専門家による審理傍聴、介入援助、事実調査を通じてこれらの目的を達成しようと努めている。世界中のベテラン弁護士の豊かな経験と知識を活用し、教育上の援助や、法の支配を支える体制を構築・強化するための長期的な実務的援助も提供している。

　このマニュアルとガイドの出版にともない、HRIは、新たな活力をこめてその研修プログラムを継続していくことができるだろう。私たちは、弁護士会・法曹団体と緊密に協力しながら、このマニュアルとガイドを世界中の弁護士・裁判官・検察官に紹介していくつもりである。

　揺るぎない支援を与えてくれた国際連合人権高等弁務官事務所、精力的ながんばりとプロ意識を発揮してマニュアルとガイドの草稿を執筆してくれたアンナ・レナ・スベンソン・マッカーシー、貴重なコメントを寄せてくれたIBA検討委員会のメンバー、そして最後に当初から一貫してこのマニュアルの作成を励ましてくれたゴールドスミス卿・勅撰弁護士(英国検事総長、IBA人権協会元共同代表)に対し、心からの謝意を表したい。

ラモン・ムエラート
IBA人権協会共同代表
ファリ・ナリマン
IBA人権協会共同代表

2002年8月

謝辞

　国際連合人権高等弁務官事務所は、このマニュアルとファシリテーター・ガイドの作成にあたって有益なコメント、提案および支援を与えてくれた多くの個人・機関に謝意を表したい。とりわけ、資料の作成・編纂に第一義的責任を負ってくれたアンナ・レナ・スベンソン・マッカーシーの作業についてはとくに記して感謝するものである。

　OHCHRと国際法曹協会(IBA)が提携しながらプロジェクトを運営するにあたっては、ゴールドスミス卿・勅撰弁護士(元IBA人権協会共同代表)ならびに現共同代表であるラモン・ムエラート大英帝国四等勲士(スペイン)とファリ・ナリマン(インド弁護士会会長)から力強い支持と励ましを得た。IBA検討委員会からはコメントと助言を提供していただいた。検討委員会の委員長はフィリップ・ターミンジス博士(オーストラリア・クイーンズランド技術大学法学部助教授、IBA人権協会理事)が務められた。検討委員会の委員のうち、コメントしてくださったのはマイケル・カービー判事(オーストラリア最高裁判所)、フィン・リンゲム(ノルウェー)、エミリオ・カルデナス大使(アルゼンチン、IBA副代表)、クリストフ・ヘインズ教授(プレトリア大学)、キャロル・ピーターソン助教授(香港大学)である。これに加えて、梓澤和幸(IBA人権協会副代表、日本弁護士連合会・国際人権問題委員会副委員長)からもコメントをいただいた。

　以下の機関からも有益な情報と助言が提供された。アダラー(イスラエルにおけるアラブ系マイノリティの権利のための法律センター)、アムネスティ・インターナショナル、英連邦事務局、欧州評議会、国際フランシスコ会、南アフリカ弁護士総評議会(南アフリカ・ヨハネスブルグ)、米州人権委員会・米州人権裁判所事務局、国際法律家委員会、法律評議会事務局(オーストラリア)、ニュージーランド人権委員会、ピナル・リフォーム・インターナショナル、OMCT(世界拷問反対機関)である。マイケル・バーンバウム、コールマン・ンガロ、ベルンハルト・シュリュッター判事、ディナー・シェルトン教授、リチャード・スタンズビー、デビッド・ワイズブロット教授からもご意見をいただいた。

国連内部では、経済社会問題局・女性向上部、国連難民高等弁務官事務所、国連ボランティアのスタッフから意見が出された。OHCHRのスタッフ数名も意見を提供している。

　このパッケージの概念化および草稿執筆にあたっては、かつて1996年から97年にかけて作成された草案も役に立った。この草案は、マルシア・V・J・クラン(カナダ・ブリティッシュコロンビア大学法学部特任教授)の監督のもと、多くの研究者、博士号候補者、学生の援助を得て作成されたものである。この草案の執筆者には、ルシアン・ボーリュー判事、P・N・バグワティ判事、パラム・クマラスワミ(裁判官・弁護士の独立に関する特別報告者)、マター・ディオップ、アニール・ガヤン、ルイ・ジョワネ、マイケル・カービー判事、スコット・レッキー、ウィリアム・マッカーニー、マンフリード・ノバック、クレイグ・スコット、ソリ・ソラブジー、ジャン・トレパニエール、リック・ウィルソンなどがいた。欧州評議会、国際裁判官協会、国際少年裁判所判事協会、国際法曹協会、国際法律家委員会、国際労働機関国際研修センター、国際女性裁判官連盟、国連ラテンアメリカ犯罪防止・犯罪者処遇研究所からも意見が出された。

略語表

ACHPR	アフリカ人権委員会
ECOSOC	国連経済社会理事会
ETS	欧州評議会条約シリーズ
Eur.Comm. HR	欧州人権委員会
Eur.Court HR	欧州人権裁判所
GAOR	国連総会公式記録
I-A Court HR	米州人権裁判所
I-A Comm. HR	米州人権委員会
IBA	国際法曹協会
ICJ	国際司法裁判所
OAS	米州機構
OAU	アフリカ統一機構*
UN	国際連合(国連)
UNICEF	国連児童基金**

*訳注／現AU(アフリカ連合)
**訳注／邦訳では「ユニセフ」と表記した。

〔日本語訳で独自に用いた略称〕

アフリカ人権憲章	人および人民の権利に関するアフリカ憲章
アフリカ人権委員会	人および人民の権利に関するアフリカ委員会
拷問等禁止条約	拷問及び他の残虐な、非人道的な又は品位を傷つける取扱い又は刑罰を禁止する条約
国連憲章	国際連合憲章
児童の権利条約	児童の権利に関する条約
社会権規約	経済的、社会的及び文化的権利に関する国際規約
自由権規約	市民的及び政治的権利に関する国際規約
女子差別撤廃条約	女子に対するあらゆる形態の差別の撤廃に関する条約
人種差別撤廃条約	あらゆる形態の人種差別の撤廃に関する国際条約

※なお文中〔 〕は、訳者による注・補足である。

第1章

国際人権法と法曹の役割

一般的導入

第1章……国際人権法と法曹の役割――一般的導入

第1章
国際人権法と法曹の役割 ― 一般的導入

学習の目的
- 国際人権法の起源、目的および適用範囲に関する、業務遂行のために必要な基本的知識を参加者が得られるようにすること。
- 国内レベルでの国際人権法の適用について参加者が習熟できるようにするとともに、それとの関連で法曹が果たす重要な役割について参加者が意識し始めるようにすること。

設問
- なぜ講座に参加したいと思ったか。
- 人権とは何か。
- 一般論として、人権はなぜ重要か。
- あなたが職務を行なっている国では、人権はなぜ重要か。
- 裁判官・検察官・弁護士として、専門家として職務を遂行しながら人権を促進・保護するという自分の役割についてどのように考えているか。
- あなたが職務を行なっている国において、人権の保護に関して具体的問題に直面しているとすれば、それはどのような問題か。

1. はじめに

　この数十年間、国際人権法は世界中の国内法体系に、したがって裁判官・検察官・弁護士の日常業務にますます大きな影響を与えるようになってきた。このように発展しつつある法的状況の真の姿は、半世紀前にはほとんど予見できなかったものである。これにより関係各国は、そして関連の法曹関係者も、その国が負っている人権法上の義務の効果的実施を最善の形で確保するための方法を慎重に考えなければならなくなっている。このことは、多くの場合、実務家法曹にとって困難な課題となりかねない。その原因としては、さまざまな法律の要求が衝突しあうこと、情報にアクセスできないこと、さらなる研修が必要であることなどが挙げられる。

　このマニュアルの目的は、したがって、国際人権法の実施に関する基本的知識とスキルを裁判官・検察官・弁護士に伝えるところにある。これらの法曹が存在しなければ、国内レベルで個人の権利が真に効果的に保護されることはありえない。この目的のため、本章では国際人権法の基本概念について一般的・導入的に概観し、残りの15章で、司法運営にとくに関わりのある人権基準についてさらに詳細な情報と分析を掲げる。

2. 国際人権法の起源、意味および適用範囲

2.1 国連憲章および世界人権宣言

　尊重、寛容および平等を請い求める人類の願いは歴史をはるかにさかのぼることができるが、興味深いのは、私たちの社会が技術的・政治的・社会的・経済的分野では多くの面で大きな進歩を見せてきたにも関わらず、苦しみの種になるものは現在も数百年前、さらには数千年前とそれほど変わらないままだということである。

　国際的レベルでの個人の権利と自由の保護に関しては、19世紀になって、奴隷制の違法化および戦時の傷病者の状況改善のための作業が始まった[1]。第1次世界大戦の終了時には、マイノリティに特別な保護を提供することを目的としたいく

つかの条約が連合国または新たに誕生した国々との間で締結された[2]。ほぼ同じころの1919年、労働者の状況を向上させるために国際労働機関(ILO)が創設された。ILOを設置したそもそもの動機は人道的なものだったが、その創設にはとくに政治的理由もあった。増え続ける労働者の状況が向上されなければ、労働者は社会不安、はては革命までも起こしかねず、それによって世界の平和と調和まで危険にさらすのではないかという恐れがあったのである[3]。

第2次世界大戦中に行なわれた蛮行を受けて人類の平和と正義を維持する必要性が待ったなしになったことにより、国際協力を強化する方法が急速に模索されるようになった。これには、国家権力の恣意的な行使から人間を保護することおよび生活水準を向上させることの両方を目的とした協力が含まれる。そのため、いくつかの基本的目的・原則にもとづく新たな国際法秩序の基盤が、1945年6月26日、サンフランシスコで国連憲章が採択されたことによって整えられた。憲章前文では、まず「基本的人権と人間の尊厳および価値と男女および大小各国の同権」に関する信念があらためて確認されている。前文では第2に、「いっそう大きな自由のなかで社会的進歩と生活水準の向上とを促進する」という決意も表明された。第3に、憲章1条3項によれば、国際連合の4つの目的のひとつは次のとおりである。

「3. 経済的、社会的、文化的または人道的性質を有する国際問題を解決することについて、ならびに人種、性、言語または宗教による差別なくすべての者のために人権および基本的自由を尊重するように助長奨励することについて、国際協力を達成すること」

人権に言及している憲章の他の規定には、13条1項(b)、55条(c)、62条2項、68条および76条(c)がある。ここでとくに指摘しておかなければならないのは、56条および55条(c)をあわせて読むことにより、国連加盟国には「人種、性、言語

---

1 A. H. Robertson, *Human Rights in the World* (Manchester, Manchester University Press, 1972), pp.15-20.
2 Ibid., pp.20-22. 人権の歴史については第2章配布資料1〔邦訳では省略〕参考文献参照。
3 ILOの歴史についてはILOのウェブサイトを参照。www.ilo.org/public/english/about/history.htm

または宗教による差別のないすべての者のための人権および基本的自由の普遍的な尊重および遵守」のために「この機構と協力して、共同および個別の行動をとる」法的義務があるということである。この重要な法的義務は、国連人権プログラム全般に加盟国が参加するさいの条件となっている。

1948年12月10日に国連総会が世界人権宣言を採択したことにより、憲章における「人権および基本的自由」へのむしろそっけない言及が、権威ある解釈を獲得するに至った。世界人権宣言は、市民的、文化的、経済的、政治的および社会的権利を認めており、それ自体は法的拘束力のある文書ではないものの、国連総会決議で採択されたものであることから、そこに掲げられた諸原則はいまや慣習国際法として、法の一般原則として、または人道性の基本原則として各国を法的に拘束すると見なされている。国際司法裁判所は、テヘラン人質事件に関する判決傍論で「宣言に掲げられた基本的原則」をはっきりと援用し、とくに自由の不法な剥奪および「苦痛な条件下での身体的拘束」の強制との関連で、これらの原則はイランを法的に拘束するものであると宣言した[4]。

> 第1次・第2次世界大戦の破壊的経験により、国家権力の恣意的な行使から人間を保護すること、そしていっそう拡大した自由のなかで社会的進歩とよりよい生活水準を促進していくことが緊急に必要とされていることが、強調された。

2.2 人権の倫理的側面

「人権」という概念の基本的特徴は、人権は人間が人間であるゆえに個人として有しているものであり、個人が人権の**実体**を剥奪されることはいかなる状況下でもありえないということである。すなわち、人権とは人間であることに本来ともなっている権利だということができる。世界人権宣言、自由権規約および社会権規約はいずれも、前文第1段で「人類社会のすべての構成員の固有の尊厳と平

---

[4] *United States Diplomatic and Consular Staff in Tehran (United States of America v. Iran), Judgment, ICJ Reports 1980*, p.42, para.91.

等で譲ることのできない権利」を承認することにより、人権の基本をなすこの倫理的基盤を言い表している。すなわちここでは、法の前におけるおよび法による平等な保護に対する権利を含む、権利の**普遍性**の原則が表現されているのである。これは、第13章でも検討するように、国際人権法の全領域をつかさどる基本的原則のひとつである。

地域レベルでは、米州人権条約の前文第2段も、「人間の不可欠な権利が、人がある国の国民であることに由来するのではなく、人間人格の属性に基礎を置いている」ことを承認している。「緊急事態下におけるヘイビアス・コーパス(人身保護請求)」についての勧告的意見で米州人権裁判所が述べたように、条約が保護する権利そのものは、それが「人間に固有のもの」であるがゆえに、緊急事態下でさえ停止することはできない[5]。裁判所の見解によれば、条約にもとづいて「停止または制限を行なうことができるもの」はそこに掲げられた諸権利の「完全かつ効果的な行使のみ」である[6]。最後に、アフリカ人権憲章も、前文第5段において、「基本的人権が人間の属性に由来し、したがってその国内的および国際的保護が正当化される」ことを承認している。

このように人権とは、各国がその管轄内にあるすべての個人に対して、また状況によっては個人の集団に対しても、負っているものである。**すべての人間の普遍的かつ不可譲の権利**の原則は、このように国際人権法にしっかりと根を下ろしている。

人権は人類共同体のすべての構成員にとって固有のものである。したがって、人権はすべての人間の**普遍的**かつ**不可譲**の権利である。人間がその権利の**実体**を剥奪されることはありえない(**不可譲性**)。一部の権利の**行使**のみ、一定の状況下で制約される場合がある。人権が人間の**固有の属性**に起因するということは、人権は国内的・国際的レベルで効果的な法的保護の対象とされなければならないということを意味する。

---

5 I-A Court HR, Habeas Corpus in Emergency Situations (arts.27(2), 25(1) and 7(6)), Advisory Opinion OC-8/87 of January 30, 1987, Series A, No.8, para.18 at p.37.
6 Ibid., loc. cit.

2.3 人権とそれが国内的・国際的平和、安全および発展に及ぼす影響

　すでに説明したように、国際社会は2度の世界大戦の悲劇を経て、とくに人権および基本的自由の促進・保護を奨励することによって平和と正義を進展させるという目的をもった世界的機関の創設を余儀なくさせられた。第2次世界大戦から得られたあまりにも明白な教訓は、国家がその領域内にある人々の基本的権利を意図的に否定する政策を追求すれば、その国の内部の安全が脅かされるだけではなく、深刻な状況では溢出効果が生じ、他の国の平和と安全も脅かされるということである。苦難の末に得られたこの教訓は、それ以降、世界のあらゆる場所で何度となく確認されてきた。人権を効果的に保護することは、人々がその基本的権利と自由を享受できるようにするだけではなく、紛争の平和的解決につながる基本的な民主的・文化的・経済的・政治的・社会的枠組みを提供することによって、国内レベルでの平和と安定を促進する。したがって、人権を効果的に保護することは国際レベルでの平和と正義にとっても不可欠な前提条件となる。それによって内在的な安全装置が整えられ、社会的緊張が高まってさらに大きな規模の脅威を生み出す段階に達する以前に、国内レベルでその緊張を和らげる手段を民衆が手にできるからである。

　とくに国連憲章1条ならびに世界人権宣言と2つの国際人権規約の前文第1段を読めば明らかなように、これらの文書の起草者は、国内レベルでの人権の効果的保護が世界中の正義、平和ならびに社会的・経済的発展の基盤であるという重要な事実をよく承知していた。

　より最近の事例を挙げれば、とくに法の支配、人権の効果的保護および経済的進展が相互に関連していることは、国連事務総長による『ミレニアム報告書』でも次のような形で強調されている。

「84. 経済的成長が、その国が享受するガバナンスの質によって相当程度左右されることは、いまや広く受け入れられている。グッド・ガバナンスとは、**法の支配**、効果的な国家制度、公の問題の運営における透明性および説明責任、人権の尊重、ならびに生活に影響を及ぼす決定へのすべての市民の参加から構成されるものである。そのもっとも適切なあり方については議論があ

るものの、これらの原則の重要性については議論の余地がない」[7]

> 人権および基本的自由の効果的保護は国内的・国際的平和ならびに安全の双方にとって役立つ。人権を効果的に保護することにより、紛争の平和的解決を可能とする基本的な民主的文化が生み出される。経済的進展は、かなりの程度、グッド・ガバナンスと人権の効果的保護に左右される。

2.4 法源

世界人権宣言は前文第3段で次のように述べる。

「人間が専制と圧迫とに対する最後の手段として反逆に訴えることがないようにするためには、*法の支配*によって人権を保護することが肝要である……」
(強調引用者)

すなわち、人間がその権利を全面的に享受できるようにするためには、**その権利が国内法体系によって効果的に保護されなければならない**。法の支配の原則は、したがって、人権保護の分野における何よりも重要な原則とも言える。それがなければ人権尊重は画に描いた餅にすぎないからである。この点、欧州評議会規程3条で、「すべての加盟国は、法の支配の原則を受け入れなければならない」とされているのは興味深い。したがって、この基本的原則は欧州評議会の加盟国43か国を法的に拘束しているのである。この事実はまた欧州人権裁判所の判例にも影響を及ぼしてきた[8]。

したがって、人権が国内レベルで効果的に実施されるようにするうえで、裁判官・検察官・弁護士にはきわめて重要な役割がある。法曹は、このような責任にもとづき、国内人権法と国際人権法の双方に十分に精通しなければならな

7　UN doc. A/54/2000, *We the People: the Role of the United Nations in the Twenty-First Century, Report of the Secretary-General*, para.84.

い。国内の法源の利用に関して大きな問題は生じないはずだが、国際的レベルではいくつかの法源があり、判例法も多くの点で豊富に発展してきているため、状況はより複雑である。

以下、国際司法裁判所規程38条で述べられた順番にほぼしたがって、それぞれの法源について解説していく。この規程における法源の分類に賛成しない者もいるかもしれないが、出発点としては有益である。同規程38条1項によれば、法源には次のようなものがある。

- ◎ 「国際条約」
- ◎ 「法として認められた一般慣行の証拠としての国際慣習」
- ◎ 国により構成される国際社会[9]が「認めた法の一般原則」
- ◎ 「法則決定の補助手段としての裁判上の判決および……もっとも優秀な国際法学者の学説」

以下、国際人権法の主な法源の基本的な特徴について述べるが、これは網羅的な解説たることを目指したものではない。ただし、国際人権法においては、国の法的義務の範囲を理解するうえで、裁判所の判決のみならず監視機関が採択した準司法的決定や一般的意見も特別な関連性を有することに、あらかじめ注意しておくべきである。

> 人権は国内法体系によって効果的に保護されなければならない。裁判官・検察官・弁護士には、人権が国内レベルで効果的に保護されるようにするうえできわめて重要な役割がある。国際法の主要な法源は、**国際条約、国際慣習法および法の一般原則**である。

---

8 *Eur. Court HR, Golder case, Judgment of 21 February 1975, Series A, No.18*, para.34 at p.17. 裁判所は、「加盟国政府が『世界人権宣言に定められた諸権利のうちいくつかの集団的執行のために第一歩を踏み出す』ことを決定した〔ひとつの〕理由は、法の支配の重要性を心から信奉しているからである」とした。したがって、欧州人権条約6条1項の文言を、「その文脈にしたがって、かつ条約の趣旨および目的に照らして……解釈するさい、この幅広く宣明された考慮事項を念頭に置くことは、……自然であると同時に信義誠実の原則にかなっている」と思われるとする。裁判所はさらに、欧州評議会規程に掲げられた法の支配への言及にも触れながら、「民事上の問題においては、裁判所にアクセスする可能性が存在しなければ法の支配を構想することはほとんどできない」と結論づけた。欧州評議会の加盟国は43か国である(2002年4月22日現在)。

9 38条1項(c)では「文明国」という古い言葉が用いられている。

2.4.1 国際条約

人権分野で裁判官・検察官・弁護士が活用すべきもっとも重要な手段は、国内の現行法を除けば、間違いなく、業務遂行地がある国に課された**条約上の義務**である。「条約」とは一般に*国の間で文書により締結される法的拘束力のある文書*[10]のことだが、たとえば特定の目的のために国連といずれかの国との間に結ばれた協定の場合もありうる。条約には**条約、規約、議定書、協定**などさまざまな名称が冠されることがあるが、その法的効果は同一である。国際的レベルでは、国家は主に**批准、受託、承認**または**加入**という手段によって、条約に拘束されることについての合意を確定する[11]。拘束されることへの合意が**署名**によって表明されるのは例外的な場合のみである[12]。ただし、条約への署名は条約を認証する機能を果たすことが多く、署名国に対し、少なくとも「条約の当事国とならない意図を明らかにする」までの間、条約の「趣旨および目的を失わせることとなるような行為を行なわないようにする」義務を課す[13]。

条約が発効して締約国を拘束するようになれば、締約国は条約上の義務を「誠実に」履行しなければならない(*pacta sunt servanda*,「合意は守られなければならない」)[14]。その意味するところは、とりわけ、国際法上の義務の不履行を正当化するために国内法の規定を援用しても、国家は国際法上の責任を免れることはできないということである。さらに、国際人権法においては**厳格**な国家責任が課されており、国家は**たとえ違反の意図がなくとも**条約上の義務違反の責任を負わなければならない。

人権条約は客観的な立法条約であり、それによって創設された一般的規範はすべての締約国にとって同一である。これらの規範は、他の締約国による実施がどの程度進んだかに関わらず、締約国によって適用されなければならない。

---

10 条約法に関するウィーン条約2条1項(a)。
11 前掲2条1項(b)。
12 前掲12条。
13 前掲18条(a)。
14 前掲26条。

換言すれば、伝統的な**相互主義**の原則は人権条約には適用されないのである[15]。

人権条約が個人の権利の効果的保護を確保するために締結されたことは、解釈の過程でとくに重要な意義を有する。したがって、人権条約の規定の意味を説明するさいに裁判官が目的論的・全体論的解釈アプローチをとり、個人の権利および利益の尊重につながる、そして条約全体の文脈に照らして論理的でもある解釈を追求することは必要不可欠である。

人権分野における立法条約の例としては、それぞれ市民的および政治的権利と経済的、社会的および文化的権利に関する2つの国際規約があり、これらについては以下でさらに詳しく検討する。ここでは、各規約にもとづいてその実施を監視するために創設された2つの委員会がこれまでに多くの見解・意見を採択しており、それが国内弁護士にとっても国際弁護士にとっても貴重な解釈指針を提供してくれていることに触れておけば十分であろう。

> 国際条約にもとづいて国家に課された義務は、誠実に履行されなければならない。国際人権法においては**厳格**な国家責任が課されており、国家はたとえ違反の意図がなくとも条約上の義務違反の責任を負わなければならない。人権条約の解釈は、個人の権利および利益の尊重につながる、そして条約全体の文脈に照らして論理的でもある解釈を追求することによる、目的論的・全体論的アプローチにもとづいて行なわれなければならない。

2.4.2 国際慣習法

国際司法裁判所規程38条1項に掲げられた法源の順番にしたがうとすれば、裁判官は次に「法として認められた一般慣行の証拠としての国際慣習」を適用することができる。したがって、国家を拘束する国際慣習法上の義務は、次の2点が立証されたときに創設されるものである。

---

[15] *Eur. Comm. HR, Application No.788/60, Austria v. Italy, decision of 11 January 1961 on the admissibility*, 4 *Yearbook of the European Convention on Human Rights*, p.140.

- ◎ いずれかの行為が各国の「確立した慣行」となっていること
- ◎ 「この慣行が、それを要求する法規則の存在による義務であるという信念」(*opinio juris*、法的確信)にもとづいて行なわれていること[16]

　裁判官はしたがって、一般慣行という**客観的**要素が存在しているかという点と、その慣行の法的拘束力に関わる各国の信念の存在という**主観的**要素が存在しているかという点の両方について評価を行なわなければならない[17]。

　慣行の問題については、北海大陸棚事件における国際司法裁判所の判決により、少なくとも「もともと純粋に慣習的であった規則にもとづいて国際慣習法の新たな規則が形成される」場合においては時間の経過は比較的短期間でもよいとされている。ただし次の点に注意が必要である。

　「欠くことのできない要件として、どんなに期間が短くとも、当該期間中の国家慣行(自国の利害にとくに影響が及ぶ国の慣行を含む)が広範に行なわれており、同時に、援用されている規定の意味についてほぼ同一の理解が存在しなければならない。さらに、当該慣行が、法の規則または法的義務が援用されることの一般的承認を示すような形で行なわれることも必要である」[18]

　しかしその後のニカラグア対アメリカ合衆国事件において、国際司法裁判所は、国家慣行の客観的要素に関わるこのやや厳格な解釈を和らげると同時に、それに対応する形で、慣習の創設における法的確信をいっそう重視するようになった模様である。武力の行使に関わる判決理由説明において、裁判所はとくに次のように述べている。

　「186. 国家慣行において当該規則が完璧に適用されなければならなかった、すなわち国家は武力の行使または相互の内政問題への干渉を完全に一貫して控

16　*North Sea Continental Shelf cases, Judgment, ICJ Reports 1969*, p.44, para.77.
17　Ibid., loc. cit.
18　Ibid., p.43, para.74.

えなければならなかったと期待することはできない。裁判所は、ある規則が慣習規則として確立されるために、それに対応する慣行が当該規則に絶対的に厳格に一致していなければならないとは思料しない。慣習規則の存在を推論するためには、各国の実行が一般的に当該規則にしたがっていること、および、当該規則にしたがわない国家実行の事例が、新たな規則の承認を示すものとしてではなく、当該規則の違反として一般的に扱われることで十分であると、裁判所は思料するものである。認められた規則に一致しないと推定される行為をいずれかの国が行ない、しかし当該規則に含まれる例外または正当化事由を持ち出すことによってその実行を弁護するときは、当該国家実行がそのような根拠にもとづいて実際に正当化できるか否かに関わらず、そのような姿勢は当該規則を弱めるのではなくむしろ確認する意義を有する」[19]

ここで生ずる問題は、国際司法裁判所が、人間の保護に関わる法的原則のうちどのような原則が国際慣習法の一部を構成しているととらえてきたかということである。

「ジェノサイド条約への留保」に関する1951年の勧告的意見において、国際司法裁判所は、「条約を通底する諸原則は、たとえ条約上のいかなる義務も存在しないとしても、各国を拘束するものとして……認められた原則である」という重要な指摘を行なった[20]。さらに、同条約の前文から、同条約は「ジェノサイドの非難、および……『このような憎むべき行状から人類を解放するために』必要とされる協力」のいずれの面でも「普遍的性質」を有するものであるとした[21]。最後に裁判所は、同条約が、各国が全会一致で採択した決議により承認されたことに留意した[22]。したがって、1951年の時点で**ジェノサイド罪**がすでに国際慣習法の一部を構成しており、すべての国に適用されるものとなっていたことには疑いを容れる余地がない。

19　*Military and Paramilitary Activities in and against Nicaragua (Nicaragua v. United States of America), Merits, Judgment, ICJ Reports 1986*, p.98, para.186.
20　*Reservations to the Convention on Genocide, Advisory Opinion, ICJ Reports 1951*, p.23.
21　Ibid., loc. cit.
22　Ibid.

その後、バルセロナ・トラクション事件において、国際司法裁判所は「国際社会全体に対する国家の義務と、外交保護の分野で他国に対して発生する義務」との「本質的区別」を明らかにするという重要な決定を言い渡した[23]。これに付け加えて、「その性質上、前者はすべての国家の関心事であ」り、「これに関連する権利の重要性に照らし、その権利が保護されることにはすべての国家が法的利益を有するとしていると見なされうる。それは対世的(erga omnes)義務である」とも述べている[24]。裁判所の見解によれば、このような「義務は、現代の国際法では、たとえば侵略行為とジェノサイドの違法化から、また奴隷制や人種差別からの保護を含む人間の基本的権利に関する原則および規則からも生じるものである」[25]。裁判所はさらに付け加えて、「これに対応して保護を行なう権利にはすでに一般国際法体系の一部となっているものもあれば、……普遍的または準普遍的性格の国際文書によって与えられているものもある」と述べている[26]。

最後に、前述したとおり、テヘラン人質事件に関する見解のなかで国際司法裁判所は次のように述べている。

「人間の自由を不法に剥奪し、かつ苦痛な条件下での身体的拘束の対象とすることは、それ自体、国際連合憲章の原則および世界人権宣言に掲げられた基本的原則と両立しないことが明らかである」[27]

したがって、基本的人権に関わる義務が国際慣習法の一部を形成していることには疑いを容れる余地がない。普遍的拘束力を有する法体系の一部を構成するものとして国際司法裁判所が明示的に挙げているのは、ジェノサイドおよび侵略の罪に加え、人種差別、奴隷制、恣意的拘禁および身体的苦痛の禁止だが、国際慣習法の適用範囲はこれらの要素に限られるものではない。

23　*Barcelona Traction, Light and Power Company, Limited, Judgment, ICJ Reports 1970*, p.32, para.33.
24　Ibid., loc. cit.
25　Ibid., p.32, para.34.
26　Ibid., loc. cit.
27　*ICJ Reports 1980*, p.42, para.91.

- **国連総会決議**：国際慣習の特定は容易な作業ではないが、国連総会が採択した決議は、それ自体としては法的拘束力を有していないにせよ、一定の状況下では法的効力を有すると見なすことができる。たとえば世界人権宣言がこれにあたる。したがって、厳密には法源ではないにせよ、国連総会決議は慣習法の**証拠**となりうるのである。ただし、これはかなりの程度その内容に左右される。**決議において規範および約束がどの程度精密に定められているか、その適用を統制する手段が予定されているか**といった点である。また、**決議に賛成票を投じた国の数**および**決議の採択状況**にも左右される[28]。この点でとくに関連してくるのは、**当該決議が単独で採択されたものか、または一貫した普遍的内容を持つ同じテーマについての一連の決議の一環であるか**という問題である。
- **強行規範**(*jus cogens*)：最後に、奴隷制の禁止のようないくつかの法的規範は、きわめて基本的なものであるととらえられるがゆえに国際法の**強行規範**と呼ばれる場合があることにも注意が必要とされる。条約法に関するウィーン条約3条によれば、「締結の時に一般国際法の強行規範に抵触する条約」は単純に「無効」である。同じ条文によれば、このような規範は「いかなる逸脱も許されない規範」であり、かつ「後に成立する同一の性質を有する一般国際法の規範によってのみ変更することのできる規範」とされる。ただし、強行規範について論ずるときはその正確な内容について争いがあるのが常であり、そのためこのマニュアルではこれ以上扱わない。

2.4.3 国により構成される国際社会が認めた法の一般原則

　国際司法裁判所規程で3番目に掲げられているこの法源は、国際条約や国際慣習法では裁判所が決定を行なう十分な根拠とならない場合に、他の法源を参考に

28　これらの要素のいくつかについて、たとえば*Les resolutions dans la formation du droit international du developpement*, Colloque des 20 et 21 novembre 1970, L'Institut universitaire de hautes etudes internationals, Geneve, 1971 (Etudes et travaux, No.13), pp.9, 30-31 (intervention by Professor Virally) 参照。

することができるようにする機能を果たしている。

　国際人権法の法源としての法の一般原則はきわめて基本的な法的命題であり、世界中のあらゆる主要な法体系で採用されている。国内法で、国は人権について定めた特定の法的原則または人権の保護のために必要不可欠な法的原則を遵守しなければならないと定められている証拠があれば、それは国際人権法にもとづく**法的拘束力のある原則**が存在することの表れである。したがって裁判官や弁護士は、他の法体系を検討することにより、特定の人権原則が、頻繁に受け入れられていることを通じて国際法の一般原則となっていると見なされるかどうかを判断することができる。そのため、国内法が似通っていることは、たとえば証拠の問題のような裁判手続を規律する諸原則の分野で活用されてきた[29]。

2.4.4 法則決定の補助手段

　法則決定の補助手段として、国際司法裁判所規程38条は「裁判上の判決および……もっとも優秀な国際法学者の学説」を挙げている。前述したとおり、人権分野では法律を十分に理解するうえで裁判上の判決がとりわけ重要であり、この分野で存在する豊かな国際判例は、人権法の現状を示す権威ある証拠と見なされなければならない。ただし、国際司法裁判所も、人権分野で活動する国際的監視機関も、裁判上の先例にしたがう義務はない[30]。通常は先例にしたがった決定が行なわれるが、人権分野で活動する監視機関にとって、常に変化する社会的ニーズにあわせて先例を修正するために必要な柔軟性を維持することは、国際的レベルでは立法という手段を通じてそのようなニーズを容易に満たすことができないだけに、とりわけ重要である[31]。ここでは、「裁判上の判決決定」とは国内裁判所の判決も意味する場合があること、裁判所の審級が高いほど判決の重みも高まることを付け加えておけば十分であろう。ただし、国際的監視

29　Ian Brownlie, *Principles of Public International Law* (Oxford, Clarendon Press, 1979), 3rd edn., 1979, p.18.
30　国際司法裁判所については国際司法裁判所規程59条を参照。
31　たとえば、欧州人権委員会が、教会のような法人は欧州人権条約9条1項にもとづいて「思想、良心および宗教の自由に対する権利」の侵害を訴えることはできないという先例を覆した事件を参照。*Eur. Comm. HR, Application No.7805/77, X. and Church of Scientology v. Sweden, decision of 5 May 1979 o the admissibility of the application, 16 DR*, p.70.

機関は国内法とは独立に人権法を解釈する可能性が高い。

「もっとも優秀な国際法学者の学説」に関しては、38条は人権法に関する国際判例が存在しなかったときに起草されたものであることを念頭に置かなければならない。人権法の解釈・適用は主として法文および関連の判例にもとづいて行なわれなければならないが、もちろん、「もっとも優秀な国際法学者の学説」も一定の状況下で人権法の理解の深化および実際の実施に寄与しうる。ただし、法律論文や、公式に設置された条約機関の枠組みの外で民間機関が採用した原則・意見に依拠するさいには、事前に相当の配慮を行なうことが望ましい。これらの見解は、解釈・適用されるべき人権法の現状をあらゆる面で正確に反映しているとはかぎらないためである。

2.5 国際人権法と国際人道法：共通の関心事項と基本的相違

このマニュアルは国際人道法ではなく人権法に関する知識とスキルを伝えることを目指すものであるが、密接に関連するこの2つの法律分野の関係について若干の説明をしておくことは重要である。

人権法と国際人道法のいずれも個人の保護を目的としたものではあるが、国際人権法は、**平時であるか戦時もしくはその他の変動期であるかを問わず、いかなるときにもすべての人を差別なく取り扱うべきこと**を定めている。他方、国際人道法は、**軍事的必要性に照らして過度な行き過ぎた人間の苦痛および物的破壊を違法化すること**により、傷病者、難船者、戦争捕虜といった武力紛争の被害者に対して最低限の保護を確保しようとするものである[32]。1949年のジュネーブ諸条約と、1977年に採択された2つのジュネーブ諸条約追加議定書は、具体的に定義された国際的および・国内的武力紛争の状況におけるいくつかの基本的権利を個人に対して保障しているものの、国際人道法の属人的・時間的・実質的適用範囲は国際人権法で認められているものほど広くはない[33]。その意味で、人道法の平

---

32 *Seguridad del Estado, Derecho Humanitario y Derechos Humanos, Informe Final*, San Jose, Costa Rica, Comite International de la Cruz Roja/Instituto Interamericano de Derechos Humanos, 1984, p.7.

33 J. Partnogic and B. Jacovljevic, *International Humanitarian Law in the Contemporary World*, Sanremo, Italy, International Institute of Humanitarian Law (Collection of Publications 10), 1991, p.28.

等主義的性質も人権法よりは劣る。ただし、人道法で与えられた権利に関しては差別の禁止の原則が保障されている[34]。

　基本的に重要な点としてこの段階で強調しておかなければならないのは、国際的・非国際的武力紛争においては国際人権法と国際人道法が**同時**に適用されるということである。**国民の生存を脅かす公の緊急事態**と一般的に呼ばれる状況においては人権保障の実施のあり方を修正することが認められる場合もあるが、これについては後掲2.8で簡単に触れるとともに、第16章でさらに詳細に検討する。

> 国際人権法はいかなるときにも、すなわち平時にも、国内的・国際的性質のいずれを有するかに関わらず騒乱時(武力紛争時を含む)にも、適用される。すなわち、国際人権法と国際人道法の双方が**同時に適用される**状況もあるということである。

2.6 国際人権条約に対する留保と解釈宣言

　いずれかの国が人権条約にもとづく法的義務をどの程度負っているかについて正確に評価するためには、当該国が批准時または加入時に**留保**もしくは場合によっては**解釈宣言**を行なっているかどうか確認することが必要である。このマニュアルで取り上げた主要な人権条約では留保が認められているが、その規制のあり方はそれぞれ若干異なっている。締約国が、いずれかの規定の独自の解釈ないし方針を明らかにするに留まらず、真の留保を実際に行なったかどうか判断するにあたって、自由権規約の実施を監視するために設置された自由権規約委員会は、一般的意見24号において、「文書の形式よりもむしろ当該国の**意図**」を考慮すると述べた[35]。同規約には留保の問題について定めた具体的条文はないが、自由権規約委員会は、「留保が禁じられていないからといってどんな留

---

[34] たとえば1949年8月12日の4つのジュネーブ諸条約共通3条、国際的武力紛争の犠牲者の保護に関する1949年8月12日のジュネーブ諸条約の追加議定書75条、非国際的武力紛争の犠牲者の保護に関する1949年8月12日のジュネーブ諸条約の追加議定書2条1項参照。

保も許容されるわけではな」く、この問題は「国際法によって規律される」とした[36]。委員会は、条約法に関するウィーン条約19条3項を根拠として、「留保の解釈および受け入れ可能性の問題」は「趣旨および目的の基準」によって規律されるとする[37]。すなわち、一例を挙げれば、留保は、「人権を遵守する義務のうちどのような義務が約束されたか否かに関して委員会、留保を行なった国の管轄下にある者およびその他の締約国が明瞭に理解できるよう、具体的かつ透明なものでなければなら」ず、同様に、「一般的なものであってはならず、規約の特定の規定に言及し、かつその規定に関わる留保の適用範囲を厳密に示していなければならない」[38]。

　米州人権条約は、75条で、「条約法に関するウィーン条約の諸条項にしたがってのみ、留保を付することができる」と明示的に定めている。米州人権裁判所は、「留保の効力」に関する勧告的意見で、75条は「各国が適当と見なすいかなる留保も」できるようにしていると理解した場合にのみ「意味をなす」が、ただしそのような留保が「条約の趣旨および目的に反していない」ことが必要であるとした[39]。米州人権裁判所はさらに、「死刑の制限」に関する勧告的意見において、条約27条2項にもとづきいかなる状況下でも停止することのできない権利について、「したがって、国家が逸脱不可能な基本的権利のいずれかを停止できるようにするための留保は条約の趣旨および目的と両立せず、したがって条約によって許容されない」とも述べている[40]。ただし、「留保が逸脱不可能な権利の一部の側面を制限しようとするものであって、権利全体の基本的目的を剥奪するものでないときは、状況は異なる」ことも認めている[41]。

　自由権規約と同様、アフリカ人権憲章も留保の問題については規定を置いてい

35　一般的意見24、パラ3(UN doc. HRI/GEN/1/Rev.5, *Compilation of General Comments and General Recommendations Adopted by Human Rights Treaty Bodies* (hereinafter referred to as *United Nations Compilation of General Comments*), p.150)参照。強調引用者。

36　Ibid., p.151, para.6.

37　Ibid., loc. cit.

38　Ibid., p.155, para.19.

39　*I-A Court HR, The Effect of Reservations o the Entry into Force of the American Convention on Human Rights (Arts.74 and 75), Advisory Opinion OC-2/82 of September 24, 1982, Series A, No.2*, p.18, para.35.

40　*I-A Court HR, Restrictions to the Death Penalty (Arts.4(2) and 4(4) of the American Convention on Human Rights), Advisory Opinion OC-3/83 of September 8, 1983, Series A, No.3*, p.83, para.61.

41　Ibid., at p.84.

ない。しかし、欧州人権条約64条は「一般的性質」の留保を明示的に違法とする一方で、署名または批准時に当該国の領域で施行されている「いずれかの法律が〔当該〕規定に一致しないかぎりにおいて、条約のいかなる特定の規定についても」留保を行なうことを認めている。

したがって、国内裁判所で活動する裁判官・検察官・弁護士は、国際条約を解釈・適用するにあたり、留保または解釈宣言にも照らして関連国の法的義務を検討しなければならない場合がある。

> 国際人権条約にもとづく国家の法的義務の範囲は、留保または解釈宣言が行なわれている場合にはそれらに照らして検討しなければならない場合がある。自由権規約と米州人権条約では、留保は条約の趣旨および目的と両立するものでなければならない。欧州人権条約は一般的性質の留保を禁じている。留保は条約の特定の規定に関連したものでなければならない。

2.7 権利行使の制限

表現の自由に対する権利、結社および集会の自由に対する権利、移動の自由に対する権利、私生活・家族生活ならびに通信に関わる権利のようないくつかの権利については、その**行使**にあたって——権利の実質実体そのものではないにせよ——若干の制限が課されるのが通常である。たとえば、他の者の権利および自由、国の安全ならびに公衆の健康もしくは道徳を保護するための制限を課すことができる[42]。これらの制限は、諸利害を慎重に衡量した結果として課されているものである。ここには、個人がその権利を最大限に享受できるようにするという**個人の利益**と、これらの権利の行使に一定の制限を課すことによる社会一般の利益、すなわち**一般的利益**との均衡が表れている。ただし、このような制

---

[42] たとえば自由権規約12条3項、13条、18条3項、19条3項、21条および22条2項、アフリカ人権憲章11条および12条2項、米州人権条約11条2項、12条3項、13条2項、15条および16条2項、欧州人権条約8条2項~11条2項を参照

限は**法律にしたがって**、かつ**いくつかの特定の正当な目的のために民主的社会において必要とされる限度**でしか課すことができない。したがって、いずれかの事案でこれらの制限を解釈・適用するにあたっては、**当該制限措置が一般的適用および個々の事案への適用の双方の場合において比例性を備えているかどうか**、慎重に検討する必要がある。このマニュアルの第12章では、具体的事例におけるこれらの制限の適用例が豊富に挙げられている。

> 人権の行使に対する制限は、個人の利益と一般的利益との均衡を慎重に図った結果として課されるものであり、それが合法的であるためには次の要件を満たさなければならない。
> - 法律で定められていること
> - 特定の正当な目的のために課されること
> - 民主的社会においてこれらの目的を達成するために必要とされること(比例性)
>
> このような制限が必要と見なされるためには、一般的適用の場合も個々の事案への適用の場合も、はっきりと確立された社会的必要に対応したものでなければならない。このような制限が望ましい、または単に民主主義的立憲秩序の機能を害しないといった理由だけでは不十分である。

2.8 国際法上の義務からの逸脱

人権について全般的に規定した3つの主要条約の文言を、国民の生存が脅かされるとくに深刻な危機的状況において解釈・適用するにあたっては、国内で活動する裁判官・検察官・弁護士は、当該国が*一時的*逸脱という手段によって国内法上の義務の範囲を修正した可能性があることも考慮しなければならない。例外的状況における刑事司法の運営の問題は第16章で扱うので、ここでは、自由権規約(4条)、米州人権条約(27条)、欧州人権条約(15条)のいずれも、とくに深刻な緊急事態下で締約国が逸脱という手段に訴えることができると定めていると指摘しておけば十分であろう。しかし、アフリカ人権憲章にはこれに対応する緊急事態規定がない。アフリカ人権委員会は、このような規定が存在しないことについて、

「人権の制約は国家的困難の解決策とはならないという原則を表明したもの」であり、「人権の正当な行使は、法の支配によって規律される民主的国家にとって危険とはならない」と述べている[43]。

　逸脱する権利が定められている条約ではこの権利の行使に**厳格な形式的・実質的要件**が課されており、政府に対し、条約上の義務を回避する無制限な権限を与えようという意図はまったくない。とくに**限定的比例性原則**が適用され、上述のすべての条約において、権利の制限は「事態の緊急性が真に必要とする限度」を超えて課すことはできないとされている。さらに、生命に対する権利や拷問を受けない権利といったいくつかの権利から逸脱することはいかなる状況においても認められておらず、また上述の各条文の2項にそれぞれ掲げられた逸脱不可能な権利のリストは網羅的なものではないことに留意しておかなければならない。換言すれば、いずれかの権利が逸脱不可能な権利として明示的に掲げられていないからといって、締約国がその権利享受に過剰な制限を課すことができるという反対解釈は成り立たないのである。

　逸脱条項は人権の行使に特別な制限を認めているため、国内裁判所・国際裁判所のいずれで活動する裁判官も、個人の権利の実質が剥奪されることのないよう、これらの条項を厳格に解釈する義務があることを意識しておかなければならない。人権の享受を常に最大限に保障することにより、国家が危機的状況を積極的、建設的かつ持続可能なやり方で克服できる可能性は大きくなる。

> 自由権規約、米州人権条約および欧州人権条約においては、締約国に対し、とくに困難な一定の状況下でいくつかの法的義務から逸脱する権利が認められている。逸脱する権利の行使は厳格な形式的・実質的要件に服する。いくつかの基本的権利については、いかなる状況下でも逸脱は認められていない。逸脱する権利は、個人の権利の実質が剥奪されることのないように解釈されなければならない。アフリカ人権

43　*ACHPR, Cases of Amnesty International, Comite Loosli Bachelard, Lawyers Committee for Human Rights, Association of Members of the Episcopal Conference of East Africa v. Sudan, No.48/90, 50/91, 52/91 and 89/93,* para.79(決定の日付なし)参照。参照した決定文は次のウェブサイトに掲載されたもの。
http://www1.umn.edu/humanrts/africa/comcases/48-90_50-91_52-91_89_93.html

憲章では逸脱が認められていない。

2.9 人権侵害に関する国家の国際的責任

国家は、国際法上、当該国を拘束する条約またはその他のいずれかの法源で認められた人権の効果的享受を**尊重および確保する**、すなわち**保障する**法的義務を履行しないことに対して責任を負わなければならない。米州人権裁判所がベラスケス事件で説明したように、「これらの権利の侵害であって、国際法の規則にもとづきいずれかの公的機関の作為または不作為が原因であると考えられるものは、〔当該法源〕で定められた責任を負う国家に帰責する行為」なのである[44]。この判決で説明されているのは米州人権条約1条の意義であるが、実際には国際人権法全体に適用可能な一般法則が述べられているにすぎない。

国家が責任を負う行為者には、政府の公務員、裁判官、警察官、刑務所吏員、税関職員、教職員、政府の管理下にある企業その他これに類する集団といった集団および個人が含まれる。すなわち、国家には権利侵害を**防止・調査・処罰**する義務に加え、可能な場合には常に侵害された**権利の回復**および(または)**賠償**を行なう義務があるということである[45]。

国際人権法は、ときとして重要な**第三者効力**を有する場合もある。すなわち、**私人ないし私的集団による人権侵害行為を防止する**ために、または**国内法でそのような侵害に対する十分な保護を提供する**ために国家が合理的行動をとらなかった場合、その責任を問われる場合があるのである[46]。たとえば、私生活・家族生活の尊重に対する権利(欧州人権条約8条)について、欧州人権裁判所は次のように判示している。

---

44 I-A Court HR, Velásquez Rodríguez case, Judgment of July 29, 1988, Series C, No.4, p.151, para.164.
45 See e.g. ibid., p.152, para.166. 生命に対する権利(自由権規約6条)を効果的に保護する義務について、たとえば一般的意見6号(*United Nations Compilation of General Comments*, pp.114-116)も参照。
46 米州人権条約について、I-A Court HR, Velásquez Rodríguez case, Judgment of July 29, 1988, Series C, No.4, pp.155-156, paras.176-177参照。自由権規約について、UN doc. GAOR, A/47/40, Report HRC, p.201, para.2参照。欧州レベルの見解については、たとえばEur. Court HR, Case of A. v. the United Kingdom, Judgment of 23 September 1998, Reports 1998-VI, at p.2692 et seq参照。

「〔この規定は〕本来的には公的機関による恣意的介入から個人を保護するものであるが、これはそのような介入を行なわないよう国家に義務づけるだけには留まらない。このような主として消極的な義務に加え、私生活または家族生活の効果的尊重に欠かせない積極的な義務もともなう場合がある。……このような義務には、たとえ個人同士の関係の分野であっても、私生活の尊重を確保するために何らかの措置をとることも含む場合がある」[47]

したがって、欧州人権条約の締約国は、たとえば性的虐待からの保護のために必要な場合など、「私生活の基本的価値および本質的側面が危うくなるとき」には国内法で「実際的および効果的保護」を提供しなければならない[48]。条約3条違反となる家族構成員による体罰の場合にも同様である[49]。

管轄内にあるすべての者に生命に対する権利を**確保する**義務について、欧州人権裁判所は、「人に対する犯罪の実行を抑止するために刑法上の効果的な規定を定めるとともに、防止、禁止および処罰のための法執行機構によって当該規定を裏打ちする」「第一義的義務をともなう」ものであると判示し、さらに次のように述べた。

「〔この義務は、〕適当な状況下においては、他の個人の犯罪行為によって生命を危険にさらされているひとりないし複数の個人を保護するため、公的機関が予防的な公務遂行上の措置をとる積極的な義務も含む……」[50]

これらの判決は、国家の国際法上の義務を厳密に公的な分野に限定せずに私生活の領域にまで及ぼすことにより、子ども、女性、精神障害者に対する身体的・精神的虐待といったさまざまな形態の人権侵害についていっそう十分かつ

---

47 Eur. Court HR, Case of X. and Y. v. the Netherlands, Judgment of 26 September 1985, Series A, No.91, p.11, para.23.
48 Ibid., p.14, para.30 and p.13, para.27.
49 義父が子どもを殴打した件に関する英国の責任が争われたEur. Court HR, Case of A. v. the United Kingdom, Judgment of 23 September 1998-VI参照。
50 Eur. Court HR, Case of Mahmut Kaya v. Turkey, Judgment of 28 March 2000, para.85. 使用したテキストは裁判所のウェブサイトに掲載。http://hudoc.echr.coe.int/hudoc/

効果的な保護の余地を認めている点で、重要である。

*****

　ただし、国家が人権侵害について国際的責任を問われるのは、被害を受けたと主張する者に対し、自国の裁判所または行政機関を通じて十分かつ効果的な救済を提供しなかった場合に限られる。被害を受けたと主張する者の申立てを司法的・準司法的性格の国際的監視機関が検討するためには、事前にあらゆる**効果的な**国内救済手続が尽くされていなければならないという国際的要件は、まさに、発生した不法行為を国家自らが是正できるようにするために導入されたものである。このことは、人間の保護のために設置されたさまざまな国際的機構は実際には、個人の保護のために利用可能な国内制度を「補完する」ものでしかないことも意味する。これらの機構は、「係争的訴訟手続を通じ、なおかつあらゆる国内的救済手続が尽くされた段階で初めて関与する」ためである[51]。

　権力濫用の被害者を保護・救済する国家の責任については、このマニュアルの第15章でやや詳しく取り上げる。

> 国際人権法の拘束を受ける国家は常に、その管轄内にあるすべての者に対して人権の効果的保護を保障する**厳格な**法的義務を負う。人権を保護する国家の法的義務には、人権侵害を**防止・調査・処罰**する義務、可能な場合には常に権利を回復するとともに**賠償**を行なう義務が含まれる。国家にはまた、公的機関による人権侵害から保護する法的義務のみならず、**私人間で行なわれる人権侵害**に対して国内法により十分な保護が提供されるようにする法的義務もある。

3. 企業と人権

　近年幅広い議論の対象となっている問題は、企業のような国家以外の主体に対し、さまざまな活動を遂行する過程で国際人権法の規則を遵守しなかったことの

51　Statement with regard to the European Convention on Human Rights, *Eur. Court HR, Case of Handyside, Judgment of 7 December 1976*, Series A, Vol.24, p.22, para.48.

法的責任を問えるか、問えるとすればどこまで問えるかというものである。前節の記述から、私人が行なった深刻な人権侵害に対する十分な救済が国内法でも提供されるようにする義務を国家が負う場合があることは明白であり、この理屈は企業の活動にも同様に適用されると思われる。しかしこのことは、もちろん、これらの企業*自身*が何らかの不法行為に対して国際法上の責任を負うということと同じではない。

人権を保障する企業の法的義務についての国際的議論は、とりわけ労働者を虐待から守るための基準、あるいは環境を不必要な被害や破壊から守るための基準に関するさまざまな考え方を豊富に提示してくれる。しかし、この重要な分野における法の発展はいまなお端緒についたばかりであり、この段階で提示されている主張は主としてあるべき法の適応(*lex ferenda*)の域を出ない。

このマニュアルの目的は国家自身が負う国際法上の法的義務を説明するところにあるので、人権保護のために企業が負わなければならない可能性のある法的責任についてはこれ以上検討しない。しかし、裁判官・検察官・弁護士が国内で職務を遂行する過程でこのような問題に直面する可能性は十分にある。したがって、個人の権利および環境の保護のために企業が国内法上負っている義務に加え、これらの点については国際的にも議論が行なわれていること、企業には、最低限、基本的人権を尊重するような方法で活動を進める国際法上の倫理的義務があることは、法曹として知っておいても損をしないであろう[52]。

> 国家は、企業による人権侵害に対する十分な保護を国内法で確保する国際法上の義務を負う場合がある。企業自身も、人権分野で国内法から派生する法的義務を負う場合がある。国際的には、企業には少なくとも基本的人権を尊重する倫理的責任があるととらえ考えられている。

---

[52] 企業と人権の問題については、Michael Addo, *Human Rights Standards and the Responsibility of Transnational Corporations* (The Hague, Kluwer Law International, 1999)やAlan Dignam and David Allen, *Company Law and the Human Rights Act 1998* (London, Butterworth, 2000)参照。

4. 国内レベルでの国際人権法

4.1 国内法体系への国際法の編入

　前述したとおり、また条約法に関するウィーン条約27条で定められているとおり、国家は「条約の不履行を正当化する根拠として自国の国内法を援用することができない」。他方、国家は自国の国際法上の義務を効果的に実施し、国内法をこれらの義務と一致させるための手段を自由に選択することができる。各国の国内法体系は、この点について若干の共通点もあるものの相当に異なっているので、国内で活動する関係裁判官・検察官・弁護士は、国家の国際法上の義務がどのようにして国内法に編入されるかについて常に情報を得ていなければならない。以下、国内法を国際法上の義務と一致させるために国家が国内法を修正するさいのさまざまな手段について、ごく一般的に述べておく。

- ◎ まず一元論説(これにも実のところいくつかの異なる説がある[53])によれば、国際法と国内法は一般的にはひとつの法体系を構成するものとして説明される。すなわち、たとえば人間の保護のための条約を国家が批准すれば、当該条約の規定は**自動的に**国内法上の拘束力を有する規則となる。
- ◎ 次に二元論説によれば、国内法と国際法は異なる法体系である。国内法が優位に立ち、国内裁判所の裁判官にたとえば国際条約の規則を適用する権限が認められるためには、その条約が国内法としてとくに**採択または変換**されなければならない。すなわち、当該国が批准した人権条約を国内裁判所の裁判官が援用することは、その条約が国内法に編入されないかぎり、原則として不可能である。国内法への編入は、通常は議会制定法によらなければならない。

　しかし、これらの説は国内外の機関の実行を反映していないとして批判され、

53　See Ian Brownlie, *Principles of Public International Law* (Oxford, Clarendon Press, 3rd edn., 1979), p.34.

徐々に説得力を失いつつある。したがって、法律実務家にとっては理論よりも実務を重視することのほうが重要である[54]。国際法全般、そしてとくに国際人権法の役割や国内における見方・理解の変化により、国際法が国内裁判所で活用されることは増えている。したがってこのマニュアルの目的のひとつは、裁判官・検察官・弁護士がこの根本的変化に対応・寄与できるようにすることである。以下、国際人権規範が国内法に含まれるようにする、あるいはその他の方法で国内裁判所その他の権限ある機関によって適用されるようにする主要な手段のいくつかを掲げる。

- ◎ **憲法**：多くの憲法は現実にたくさんの人権規定を擁しており、そのなかにはたとえば世界人権宣言、自由権規約、地域人権条約の規定にならったものもある。このように共通の言語が用いられていることで、裁判官・検察官・弁護士は、自国の憲法規定その他の規定の意味を解釈するにあたり、とくに国際裁判所その他の監視機関の判例を参考にすることが可能である。
- ◎ **その他の国内法**：憲法の規定を明確化・展開するため、あるいは国際法上の義務にあわせて国内法を修正するために特別法を採択する国は多い。国際法を国内法化するさいには同じ法的文言が用いられることが多いので、法曹は国際判例や他国の判例を参考にすることが可能である。
- ◎ **編入**：国内立法の制定によって国際人権条約を国内法に編入するという方法も、国家がしばしばとるものである。たとえば英国における欧州人権条約の編入がこれに該当する。同条約は、2000年10月2日に施行された人権法によって英国法に編入された。
- ◎ **自動的適用**：国によっては条約が国内法に優位し、したがって批准されると同時に国内裁判所で自動的に適用可能とされることもある。

---

54 一元論と二元論について、ヒギンズは次のように述べている。「もちろん、どちらの見解をとるにせよ、両者が衝突したときにどちらが優先するかという問題は残る。……現実世界では、その答えは回答を出す裁判所(国際裁判所か国内裁判所かは問わない)と設問のあり方次第であることが多い」。彼女の見解によれば、「裁判所が〔異なれば〕この問題への対応も異なるのである」。Rosalyn Higgins, *Problems and Process: International Law and How We Use It* (Oxford, Clarendon Press, 1994), p.205参照。

◎ **コモンローの解釈**：コモンロー上の諸原則を解釈するにあたり、裁判官は国際人権法および国際判例におけるその解釈によって規律される場合がある。

◎ **法的空白があるとき**：国によってはとくに人権に関わる国内法が存在しない場合もある。しかし状況によっては、裁判官・弁護士は、国際人権法や関連の国際判例(または他国の国内判例)に依拠することにより、人間の保護を目的とするいくつかの基本的な法的原則を適用することができる。

近年、国連の技術的援助プログラムや、米州機構・欧州評議会・全欧安保協力機構などの地域機関が提供するさまざまな研修プログラムを通じて、国家が自国の国際法上の義務にあわせて国内法を修正するのを援助したり、法曹がそれぞれの管轄内で人権を生きた現実にできるよう援助したりすることを目的とする膨大な努力が進められてきた。たくさん数多くの独立人権機関や非政府組織(NGO)も、さまざまな法曹を対象とする幅広い研修プログラムを用意している。

> 国家は国際法違反を正当化する根拠として国内法を援用することはできないが、国際法の実施の方法は自由に選択することができる。

4.2 国内裁判所における国際人権法の適用：いくつかの実例

コモンロー諸国でも大陸法諸国でも、国際人権基準を日常的に解釈・適用する国内裁判所は増え続けている。以下のケースは、国際人権基準が国内裁判所の決定にどのように影響を及ぼしうるかを示すものである。

ドイツ：サイエントロジー教会に所属するアメリカ人ピアニストとバーデン・ビュルテンベルク州政府が争った事件で、バーデン・ビュルテンベルク州行政控訴裁判所は、原告による控訴の根拠を検討するにあたり、ドイツ基本法だけではなく欧州人権条約9条や自由権規約18条・26条も参照した。

本件訴訟は、世界陸上競技選手権のプログラム概要発表との関連で開催される予定だったコンサートへの参加をめぐる、政府代理人とピアニストとの交渉に端を発する。交渉は、当該ピアニストがサイエントロジー教会のメンバーであるこ

とがわかった時点で打ち切られた。バーデン・ビュルテンベルク州議会の質問に対する文書回答で、文化・スポーツ省は家族・女性・教育・芸術省とともに、演奏者がサイエントロジー教会またはそれに類する団体の活発なメンバーであり、そのことを当事者自身が公言している場合、州が文化行事の宣伝をすることは疑問視されなければならず、そのため当初構想していた当該ピアニストの参加を断ったと説明した。ピアニストは、両省による文書回答によって宗教の自由に対する権利を侵害されたと訴えた。しかし州控訴裁判所は、欧州人権条約9条および自由権規約18条で与えられた保護は侵害されていないと判断した。自由権規約26条についても同様に、その違反はなかったと判示した。政府回答は信仰または宗教的信念を理由とするピアニストの差別的待遇にはつながっておらず、第三者による行事運営に補助金を付与するにあたって今後とられる具体的手続を発表したにすぎないためである。これを理由に、また本件原告自身は補助金の受給者ではないことも考慮して、上述の理由で補助金申請を却下された場合にとくに自由権規約26条の保護を援用することができるかどうか、明らかにする必要はないとされた[55]。

ニュージーランド：ニュージーランドでもっとも有名な人権事件のひとつ、シンプソン対司法長官事件(1994年)は、原告に対する不合理な家宅捜索は1990年ニュージーランド権利章典法に違反するという訴えに端を発する。控訴裁判所は、決定において次のように強調した。

> 「〔権利章典法の目的は、〕ニュージーランドで人権と基本的自由を確認、保護および促進すること、自由権規約に対するニュージーランドのコミットメントを確認することにある。このような目的に照らし、権利章典上の保障を侵害されたと主張するいかなる者に対しても効果的な救済が用意されなければならないという含意が認められる」[56]

---

[55] Urteil vom 15. Oktober 1996, Verwaltungsgerichtshof Baden-Wurttemberg, 10 S 1765/96, とくにpp.11-16参照。自由権規約26条についてはp.16参照。
[56] *Simpson v. Attorney General (1994)* 1 HRNZ at 42-43.

「無実の者の権利が侵害された」場合、裁判所の見解では、「金銭的賠償」が「妥当かつ適当な、それどころか唯一効果的な、救済である」[57]。裁判所の所見が言うように、このような対応は「権利章典法の権利中心アプローチおよび人権侵害の救済に関する国際判例に一致」している。この点に関して、とくに自由権規約委員会および米州人権裁判所が積み重ねてきた判例が参照された[58]。

英国：近年決定が行なわれた事件のうち国際人権法が重要な役割を果たしたものとしてもっともよく知られているのは、1999年3月24日に英国貴族院が判決を言い渡したピノチェト事件である。この事件は、チリの上院議員であり国家元首であったアウグスト・ピノチェト氏を英国からスペインに引渡すよう要請が行なわれたことに端を発する。引渡し要請は、拷問および拷問の共謀、人質をとったことおよびその共謀、さらには殺人の共謀といった諸犯罪――いずれも同氏がまだ在任中に行なった行為――で裁判にかける目的で行なわれたものであった。拷問等禁止条約(1984年)から生ずる義務は1988年刑事司法法134条で英国法に編入されており、同法は1988年9月29日より施行された。拷問等禁止条約そのものの批准は1988年12月8日である。これらの法改正により、拷問は、世界のどこで実行されたものであっても、英国で審理の対象とする裁判にかけることができる犯罪となった。再上告で貴族院が直面した問題は、引渡し対象犯罪が実行されたかどうか、実行されたとしてピノチェト上院議員はこれらの犯罪を理由とする裁判から免除されるかというものであった[59]。双方可罰性の問題が重要な争点となり、貴族院の多数は、ピノチェト上院議員は**発生時**に英国で犯罪とされていた行為に関わる容疑にもとづいてしか引渡すことはできないとの見解をとった。多数意見の結論は、拷問に関わる国家免除は拷問等禁止条約で排除されており、1988年12月8日以降に実行された拷問および拷問共謀の犯罪は引渡し対象とされるというものであった。他方、少数意見は、英国の裁判所が域外管轄権を有するようにな

57　Ibid., at 43.
58　Ibid., loc. cit.
59　問題設定についてLord Brown Wilkinson, *House of Lords, Judgment of 24 March 1999 - Regina v. Bartle and the Commissioner of Police for the Metropolis and Others Ex Parte Pinochet; Regina v. Evans and Another and the Commissioner of Police for the Metropolis and Others Ex Parte Pinochet (On Appeal from a Divisional Court of the Queen's Bench Division)*参照。この判決は以下のウェブサイトに掲載されている。
http://www.publications.parliament.uk

ったのは1988年刑事司法法134条が施行された1988年9月29日以降であると判示した。

　この決定により、英内務大臣はスペインによるピノチェト上院議員引渡し要請のうち関連部分の手続を進めることができるようになった。しかし、2000年3月2日、同氏が裁判を受けるのは無理であるという医師らの判断を受けて、内務大臣は同氏をスペインに引渡すことはせず、ただし英国を出国する自由は認めると決定した。最終的にはこのような結果になったとはいえ、本件は、拷問等禁止条約の発効にともない国際的犯罪に対する国家免除という考え方が衰退したことを確認した点で、国際人権法の画期をなしたものである。

　南アフリカ：南アフリカの例で重要なのは、アパルトヘイト体制の崩壊後、国際人権基準に強い影響を受けた憲法が起草されたということである。憲法2章には詳細な権利章典が掲げられており、平等に対する権利、身体の自由および安全に対する権利、表現・集会・結社の自由、政治的権利、環境権、財産権、十分な住居に対する権利、保健サービス、十分な食糧および水ならびに社会保障に対する権利、子どもの権利、基礎教育に対する権利、裁判所にアクセスする権利、逮捕・拘禁・告発された者の権利といった広範な権利が定められている。

> 国際人権法は国内レベルでの法律の発展に相当の影響を及ぼしており、国内裁判所でも頻繁に援用・適用されるようになっている。

5. 人権の実施における法曹の役割

　ここ数十年の法的発展により、人権は「周辺的な活動」ではなくなり、むしろ「すべての者にとって基本的に重要であり、なおかつ経済的か社会的か、公法分野か私法分野かを問わずあらゆる法律活動に関わりを有する法律分野」となりつつある[60]。最近の進展のなかでもとくに興味深いのは、企業や商務弁護士にとっても「人権法が全面的に重要であること」が認識されるようになったこ

60　See editorial of Lord Goldsmith QC and Nicholas R. Cowdery QC, "The Role of the Lawyer in Human Rights", in *HRI News (Newsletter of the IBA Human Rights Institute)*, vol.4, No.2, 1999, p.1.

とである[61]。とはいえ、国際人権法が国内法の多くの側面に及ぼす影響がこのように着実に大きくなりつつあるとは言っても、その真の可能性はまだまだ探求していかなければならない[62]。

世界中の裁判官・検察官・弁護士が担うべき職業職務上の役割と義務は、この可能性を探求するとともに、個人の権利の尊重を含む**公正な法の支配**が常に優先されるよう、常にそれぞれの権限を活用することである。マニュアル全体としては日常業務で役立つ知識と指針を法曹に提供することに焦点を当てているが、第4章では、裁判官・検察官・弁護士の業務を条件づける具体的な規則と原則に焦点を当てる。これらの規則と原則は、一字一句忠実に、なおかつ一貫して適用されなければならない。裁判官・検察官・弁護士は、国内外の人権法を適用するうえでおそらくもっとも重要な役割を果たす集団だからである。法曹は人権の効果的な法的保護を確保する活動の大黒柱であり、その活躍なくしては、権力の濫用から個人を保護するための尊い諸原則の意義も相当に、場合によっては完全に失われてしまう可能性が高い。

6. おわりに

本章では、人間の国際的保護が現代においてどのように発展してきたか、そのあらましを示した。この発展は、打ちのめされた世界が**平和・安全・公正**な国内法・国際法秩序を希求したことに端を発するものである。本章ではさらに、国際人権法に関連する基本的な法的概念の一部を説明するとともに、人間を権力の濫用から保護するために利用できる法的手段を活用できるよう、法曹がそれぞれの権限分野で果たすべき役割についても、総論的にではあるが述べた。次に、現在存在する主要な国際的・地域的人権条約の規定と機能についてざっと検討する。

---

61 Ibid., loc. cit. See also Nicholas R. Cowdery QC, "Human Rights in Commercial Practice - an IBA Perspective", ibid., pp.16-18, and Stephen Bottomley, "Corporations and Human Rights", ibid., pp.19-22.

62 See reference to speech of Justice Kirby, ibid., p.10.

第2章
主要な国際人権文書およびその実施機構

第2章 …… 主要な国際人権文書およびその実施機構

第2章
主要な国際人権文書およびその実施機構

学習の目的
- 主要な国際人権文書とその実施形態について参加者が習熟できるようにするとともに、関連する他のいくつかの法的文書の重要な内容も取り上げること。
- 実務家法曹がこれらの法的資源を(主として国内で、しかしある程度は国際的レベルでも)どのように活用できるかについて、基礎的理解が得られるようにすること。

設問
- 裁判官・検察官・弁護士として職務上の活動を行なうなかで、権利を侵害されたと主張する刑事事件の被疑者・被告人、民事事件の被告または依頼者に出会ったことがあるか。
- そのさい、どのように対応したか。
- 問題解決にあたって国際人権法が参考になるかもしれないと考えたか。
- 被害を受けたと主張する者が最終的に国際的監視機関に訴えるかもしれないと考えたか。
- そのように考えなかったとして、そのような意識があれば人権侵害の訴えに違った対応をとっていたと思うか。
- 人権侵害の被害を受けたと主張する者に代わって、国際的機関に自国を訴えたことがあるか。
- 訴えたことがある場合、訴えの結果はどうだったか。
- このような苦情申立てに関して全般的にどのような経験をしてきたか。

1. はじめに

1.1 本章が取り上げる範囲

　本章では、国際的レベルで採択されたいくつかの主要人権条約を取り上げ、その**実体的保護**の範囲と実施を管理する機構について若干の基本的情報を提供する。この数十年間でこのような条約の数は着実に増えているため、この限られた枠組みのなかで取り上げることができるのは、多くの権利を認めているという意味で適用範囲が一般的な条約と、ジェノサイド、拷問、人種差別、女性差別といったとくに不当な慣行に焦点を当てるという特別の目的をもって採択されたいくつかの条約のみである。この選択は、裁判官・検察官・弁護士が日常的にその法的責任を果たしていくうえで解釈・適用しなければならない可能性がもっとも高いのはこれらの条約であるという理由にもとづいている。

　そこで、本章ではまず国連の枠組みのなかで締結された主要な条約を取り上げる。第2に、国連総会が採択したいくつかの主要決議を簡単に取り上げる。それ自体としては法的拘束力を有するものではないが、これらの決議の内容は、どんなに過小評価しても重要な政治道徳的価値を有しており、国内で活動する裁判官・検察官・弁護士にとって重要な指針および発想の源になるからである。次に、国連犯罪防止犯罪者処遇会議および国連教育科学文化機関(ユネスコ)総会で採択されたいくつかの文書に簡単に言及する。最後に、人権の監視のために国連で設けられた、条約にもとづかない機構について若干の基本的情報を提供する。これらの機構は、「人種、性、言語または宗教による差別のないすべての者のための人権および基本的自由の普遍的な尊重および遵守〔を促進するという〕目的を達成するために、この機構と協力して、共同及び個別の行動をとる」(国連憲章56条を55条(c)と組み合わせたもの)という一般的な法的誓約にもとづき、すべての国連加盟国に対して適用されるものである。

1.2 条約にもとづく国際的コントロール機構

　本章で取り上げる条約にはそれぞれ異なる実施体制が用意されている。それは、

一般的および特定の**報告手続**から、個人もしくは個人の集団、場合によっては他の国家による**苦情申立ての裁定**をともなう準司法的・司法的機構までさまざまである。これらの手続は多くの点で相互に補完し合っており、直接の目的はそれぞれやや異なるものの、人権を保護するという全般的目的はいずれの場合にも共通している。

　おおざっぱに言って、報告手続には、条約上の義務の実施がどの程度進展したかを定期的・体系的に記録するという機能がある。その狙いは、関連の国際的監視機関と当該締約国との対話を生み出し、締約国が国際条約上の義務によって求められるような形で国内法・慣行を修正できるよう援助することである。これらの報告書は公の場で、締約国代表の出席を得て審査・討議される。この対話の目的はもちろん当該国における人権状況の**一般的**改善を獲得するところにあるが、権利侵害に対して**個別救済**が与えられることはありえない。また、さまざまな委員会の活動に非政府組織(NGO)が参加する傾向も一貫して強まっている。NGOは審査対象国の人権状況に関する重要な情報源であり、委員会が扱う法律問題についても専門知識を有していることが多い。したがって、NGOは議論に有益な間接的貢献をすることができる。

　さまざまな国際的監視機関への定期報告書を作成するにあたり、締約国は、その管轄内の法律の形式的状況のみならず実際の適用のあり方についても詳細な情報を提供するよう義務づけられている。報告書の作成にあたり、締約国が各種法曹の援助を必要とする場合も少なくないであろう[1]。

　準司法的手続および厳密な意味で司法的な手続について言えば、これらの手続が発動されるのは、個人もしくは一部条約では個人の集団、さらには場合により締約国から苦情申立て(通報・申立て)が提出された場合のみである。その具体的目的は、裁判所や委員会に提出された**特定の事案**において行なわれた可能性のある人権侵害を**救済する**ことであり、必要があれば、国が国際法上の義務にしたがって法律を改正する方向へ持っていくことが最終的に目指される。国

1　報告書作成のあり方については*Manual on Human Rights Reporting*, published by the United Nations, the United Nations Institute for Training and Research (UNITAR) and the United Nations Centre for Human Rights, 464 pp参照(以下*Manual on Human Rights Reporting*)。

際法上の手続の結果、それが国際的手続であるか地域的手続であるかを問わず、多くの国で膨大な数の国内法改正が行なわれるに至った。

ただし、**国際的手続を、国内レベルの効果的な法的手続にとって代わるものと見なすことはけっしてできない**ことも、どうしても強調しておかなければならない。人権が真の意味で実現されるのは国内の公的機関が国内レベルでとりくんだ場合のみであり、国際的な苦情申立て手続は、国内で利用可能な個人の保護のための制度を補完するものとして位置づけられる。それは、人権の効果的保護を確保する国内の機構がうまく機能しなかったときに、最後の救済手段を提供するのである。

> 人権分野の条約にもとづく国際的コントロール機構は、報告手続ならびに個人通報・国家間通報に関する裁定から構成される。人権と自由を保護するための国際的手続は、すべての国の国内法体系で設けられている手続を補完するものである。国際的手続を、人権保護のための効果的な国内法上の手続にとって代わるものと見なすことはけっしてできない。

1.3 市民的・政治的権利と経済的・社会的・文化的権利

マニュアル第14章でさらに詳細に述べるように、市民的、文化的、経済的、政治的および社会的権利の相互依存性は国連の発足当初から強調されてきた。ただし、しばしば持ち出される市民的・政治的権利と経済的・社会的・文化的権利との区別は、この最初の段階で忘れてしまうことが重要である。この区別によれば、市民的・政治的権利を尊重するために国家がやらなければならないことは基本的に殺人、強制的失踪、拷問その他のこのような慣行を**行なわないようにする**ことに留まるのに対し、経済的・社会的・文化的権利を実施するためには強力な**積極的**行動をとらなければならないとされる。

しかし、第1章ですでに指摘し、他の章でもさらに実証されるように、市民的・政治的権利の分野でも、国際法上の義務を遵守するために国家が**積極的義務**を果たさなければならない状況は少なくない。

世界中の多くの国々で人々が殺されたりその他の形態の不法な取扱いを受けた

りしているのはなぜか、純粋に実践的な観点から検討すれば、その理由は火を見るより明らかとなる。人権侵害が絶えないのはまさに、このような慣行に終止符を打つために必要な積極的行動を国家がとってこなかったからである。このような慣行が自然消滅することは、あったとしても稀であり、したがって国家が不作為の立場をとるのは国際法上の義務を確実に遵守する十分な手段ではない。国家はまた、公正な自由選挙を定期的に実施するにしても、効果的かつ独立した公平な司法機関を確立・維持するにしても、相当の努力を行なわなければならないのである。

　国際人権法上の義務を遵守するために積極的行動がいやおうなしに必要とされることは、裁判官・検察官・弁護士がその職業的責任を果たすにあたって常に念頭に置かなければならない重要な要素である。

> 市民的・政治的権利を効果的に尊重・確保するためには、国家が単に何もしないというだけでは十分ではない場合がある。国家は、この分野における法的義務を遵守するために強力な積極的行動をとらなければならないことがある。

2. 国連主要人権条約とその実施

2.1 市民的及び政治的権利に関する国際規約(1966年)とその2つの選択議定書(1966年・1989年)

　市民的及び政治的権利に関する国際規約(自由権規約)と、「個人……からの通報を、委員会が受理し、かつ、検討する権限」を認めた選択議定書は、ともに1966年の国連総会で採択され、1976年3月23日に発効した。規約によって設置された専門家機関である自由権規約委員会には、(1)締約国の報告書を検討する権限、(2)規約の規定の意味に関する一般的意見を採択する権限、(3)一定の条件下で国家間通報に対応する権限、(4)選択議定書にもとづき個人通報を受理する権限がある[2]。

　2002年2月8日現在、規約の締約国は148か国、第1選択議定書の締約国は101か

国である[3]。2001年7月27日現在、47か国が規約41条1項にもとづく宣言を行なって国家間通報を認めている。この条項は1979年3月28日に発効した。

国連総会は1989年、死刑の廃止を目指す自由権規約の第2選択議定書を採択した。同議定書は1991年7月11日に発効し、2002年2月8日現在の締約国数は46か国である。

2.1.1 締約国の約束

自由権規約2条にもとづき、各締約国は、「その領域内にあり、かつ、その管轄の下にあるすべての個人に対し、人種、皮膚の色、性、言語、宗教、政治的意見その他の意見、国民的若しくは社会的出身、財産、出生又は他の地位等によるいかなる差別もなしにこの規約において認められる権利を尊重し及び確保することを約束」している[4]。したがって、自由権規約委員会が一般的意見3で強調しているように、規約は「人権の**尊重**に限られたものではなく、……締約国はその管轄下にある**すべての**個人に対してこれらの権利の享受を**確保する**ことも約束した」のであり、この約束は原則として「規約に定められたすべての権利に関連」するものである[5]。権利の享受を**確保する**法的義務があるということは、次の条件を整えるために積極的措置をとる義務があることを意味する。

◎ 第1に、国家の国際法上の義務を遵守するために必要があるときは国内法が改正されるようにすること
◎ 第2に、裁判所(行政審判所を含む)、検察官、警察官、刑務所吏員、学

2　自由権規約とその報告手続についてさらに詳しくはFausto Pocar, "The International Covenant on Civil and Political Rights", in *Manual on Human Rights Reporting*, pp.131-235参照。
3　批准状況の最新情報は国連ウェブサイト(www.unhchr.ch)の*Status of Ratifications of the Principal International Human Rights Treaties*参照。
4　「等」という言葉が示しているように、また第13章でさらに説明するように、差別禁止事由のリストは網羅的なものではないことに注意しなければならない。
5　一般的意見3(2条)パラ1(UN doc. HRI/GEN/1/Rev.5, *Compilation of General Comments and General Recommendations Adopted by Human Rights Treaty Bodies* (hereinafter referred to as *United Nations Compilation of General Comments*), p. 112)、強調引用者。一般的意見は自由権規約委員会の年次報告書および国連ウェブサイト(www.unhchr.ch)にも掲載されている。

校、軍隊、病院等のあらゆる公的機関・公的職員によって、これらの法律が実際に効果的に実施されるようにすること

> 人権および基本的自由の保護を目的とした条約を批准したと同時に、国家は新たな国際的義務に一致するよう国内法を改正する法的義務を負う。国家は、すべての裁判所を含むあらゆる関連機関によって自国の法的義務が効果的に実施されることも、ひきつづき確保しなければならない。

2.1.2 認められている権利

自由権規約は法的性格を有する条約であり、多くの権利および自由を保障している。そのすべてがこのマニュアルで扱っているテーマに当てはまるわけではなく、したがってそれらについては詳しくは取り上げない。ただし、特定の条項に関連して自由権規約委員会が一般的意見を採択しているときは注で触れる。これらの一般的意見は、当該条項を委員会がどのように理解しているかについての情報を提供してくれるものである。また、委員会が国連総会に提出する年次報告書の第2巻には、選択議定書にもとづいて委員会が採択した**見解**および**決定**が掲載されており、規約の条項の解釈に関わる、裁判官・検察官・弁護士にとって必要不可欠な情報が含まれている[6]。

自決の権利

自由権規約と社会権規約は1条1項が共通であり、すべての人民に自決の権利があること、すべての人民はこの権利にもとづいて「その政治的地位を自由に決定し並びにその経済的、社会的及び文化的発展を自由に追求する」ことが宣明されている。さらに、やはり共通条項である1条2項では、「すべての人民は、……自己のためにその天然の富及び資源を自由に処分することがで

---

6 委員会が発足してしばらくは国連総会に提出される年次報告書は1巻のみであり、定期報告書の討議の記録と選択議定書にもとづいて採択された見解・決定の両方が掲載されていた。

きる」こと、「人民は、いかなる場合にも、その生存のための手段を奪われることはない」ことが規定されている。したがって、最広義の自決の権利は、市民的・文化的・経済的・政治的・社会的権利の全面的享受の前提ととらえられる。この共通条項は、脱植民地化の動きが高揚した1960年に国連総会で採択された「植民地諸国諸人民に対する独立付与に関する宣言」に照らして読むことも可能である。同宣言では、「外国による人民の征服、支配および搾取」が人権の否定であり国連憲章違反であると位置づけられている(1項)。

以下に掲げるのは自由権規約が保障する膨大な権利の一覧である。

- ◎ 生命に対する権利(6条)[7]
- ◎ 拷問または残虐な、非人道的なもしくは品位を傷つける取扱いもしくは刑罰を受けない権利(自由な同意なしに医学的または科学的実験を受けさせられることの禁止を含む)(7条)[8]
- ◎ 奴隷制、奴隷貿易および隷属状態の対象とされない権利(8条1項・2項)
- ◎ 強制的・義務的労働をさせられない権利(8条3項)
- ◎ 身体の自由および安全に対する権利(恣意的な逮捕または拘禁からの自由を含む)(9条)[9]
- ◎ 自由を奪われた者が人道的にかつ人間の固有の尊厳を尊重して取り扱われる権利(10条)[10]
- ◎ 契約上の義務を履行することができないことのみを理由とする拘禁の禁止(11条)
- ◎ 移動の自由および自分の居住地を選択する自由(12条1項)
- ◎ 自国を含むいずれの国からも自由に離れる権利(12条2項)
- ◎ 自国に戻る権利を恣意的に奪われない権利(12条4項)
- ◎ 合法的に締約国の領域内にいる外国人の不法な追放を禁止する一定の法的保障(13条)[11]

---

[7] 一般的意見6(*United Nations Compilation of General Comments*, pp.114-116)および一般的意見14(ibid., pp.126-127)。
[8] 一般的意見7(ibid., pp.116-117)に代えてさらに発展した形で採択された一般的意見20(ibid., pp.139-141)。
[9] 一般的意見8(ibid., pp.117-118)。
[10] 一般的意見9(ibid., pp.118-119)に代えてさらに発展した形で採択された一般的意見21(ibid., pp.141-143)。

- ◎ 刑事・民事事件において独立のかつ公平な裁判所による公正な審理を受ける権利(14条)[12]
- ◎ 事後法の適用、および犯罪が行なわれたときに適用することのできた刑罰よりも重い刑罰の遡及適用を受けない権利(15条)
- ◎ 法律の前に人として認められる権利(16条)
- ◎ 私生活、家族、住居もしくは通信に対して恣意的にもしくは不法に干渉され、または名誉および信用を不法に攻撃されない権利(17条)[13]
- ◎ 思想、良心および宗教の自由についての権利(18条)[14]
- ◎ 意見および表現の自由についての権利(19条)[15]
- ◎ 戦争のための宣伝、および差別、敵意または暴力の扇動となる国民的、人種的または宗教的憎悪の唱道の禁止(20条)[16]
- ◎ 平和的な集会の権利(21条)
- ◎ 結社の自由についての権利(22条)
- ◎ 自由に婚姻しかつ家族を形成する権利、ならびに、婚姻中および婚姻の解消のさいの、婚姻に係る配偶者の権利・責任の平等に対する権利(23条)[17]
- ◎ 差別なしに特別な保護を受ける子どもの権利、出生ののち直ちに登録される権利および国籍を取得する権利(24条)[18]
- ◎ 政治に参与する権利、普通かつ平等の選挙権にもとづき秘密投票により行なわれる定期的選挙で投票する権利、および公務に携わる権利(25条)[19]
- ◎ 法律の前における平等および法律による平等の保護に対する権利(26条)[20]
- ◎ 自己の文化、宗教および言語を享受するマイノリティの権利(27条)[21]

---

11 一般的意見15(ibid., pp.127-129)。
12 一般的意見13(ibid., pp.122-126)。
13 一般的意見16(ibid., pp.129-131)。
14 一般的意見22(ibid., pp.144-146)。
15 一般的意見10(ibid., pp.119-120)。
16 一般的意見11(ibid., pp.120-121)。
17 一般的意見19(ibid., pp.137-138)。
18 一般的意見17(ibid., pp.132-134)。
19 一般的意見25(ibid., pp.156-162)。
20 差別の問題一般についてはとくに一般的意見18(ibid., pp.134-137)参照。男女の平等な権利を確保する締約国の義務については、一般的意見4(ibid., pp.134)に代えて採択された一般的意見28(第3条――男女の権利の平等)(ibid., pp.168-174)も参照。
21 一般的意見23(ibid., pp.147-150)。

2.1.3 権利行使の制限の許容

　上述の権利のなかには、移動の自由についての権利(12条3項)、宗教または信念を表明する権利(18条3項)、表現の自由(19条3項)、平和的な集会(21条)および結社の自由(22条2項)についての権利の行使など、とくに定められた一定の目的(国の安全、公の秩序、公衆の健康および道徳または他の者の基本的権利の尊重など)のために制限されうるものがある。

　ただし、このような制限を合法的に課すことができるのは、それが**法律で定める制限であって、当該条項に定められた一ないしは複数の正当な目的のために民主的社会において必要とされる**場合のみである。確かに、「民主的社会」については、それぞれ平和的な集会に対する権利と結社の自由についての権利の行使の制限に関わる21条および22条2項で触れられているのみで、移動の自由に対する権利、宗教または信念を表明する権利および表現の自由についての権利の制限条項では言及されていない。しかし、規約そのもののいっそう幅広い文脈ならびにその趣旨および目的に照らしてこれらの条項を解釈すれば、このような概念は関連のすべての制限条項に内在するものであり、したがってその解釈を条件づけていることがわかる[22]。

　第1章で指摘したように、制限条項は個人の利益と一般的利益とを注意深く衡量した結果であり、具体的事案で制限を適用するさいにも両者を比較衡量しなければならない。すなわち、権利行使を制限できると定めた法律自体が**定められた正当な目的に比例していなければならない**のはもちろん、**特定の個人に適用するときにも**比例性の基準が尊重されなければならないのである。

　ただし、人権保護のための国際的システムが補完的なものである以上、権利行使を制約しなければならないことの正当性およびその必要性／比例性を評価するのはまず国内機関の役割である。このような措置がさらに国際的監督の対象となるのは、締約国報告書または第1選択議定書にもとづき提出された個人通報の審

22　See Anna-Lena Svensson-McCarthy, *The International Law of Human Rights and States of Exception - With Special Reference to the Travaux Préparatoires and Case-Law of the International Monitoring Organs* (The Hague/Boston/London, Martinus Nijhoff Publishers, 1998), pp.112-114, in particular the reasoning on p.113.

査が行なわれる場合に留まる。

> 権利行使を合法的に制限できるかどうか判断するさいの検討基準は次のとおりである。
> - 法律適合性の原則(制限措置は法律にもとづくものでなければならない)
> - 民主的社会における正当な目的の原則(人権の行使の制約を規約にもとづいて合法的に正当化するためには、規約に明示的に掲げられていない事由または人権の効果的保護と無縁の目的を根拠とすることはできない)
> - 比例性の原則(個人の権利の行使への干渉は、一ないし複数の正当な目的のために必要とされるものでなければならない。すなわち、当該措置が合理的であるとか望ましい可能性があるというだけでは十分でなく、それが必要とされていなければならない)

2.1.4 法的義務からの逸脱の許容

人権分野における国際法上の義務からの逸脱の問題については、このマニュアルの第16章でさらに詳細に取り扱う。しかし、規約4条にもとづき法的義務から逸脱する締約国の権利に対していかに厳格な条件が課されているか、この段階で簡単に概観しておくのも有益であろう。

◎ **「国民の生存を脅かす公の緊急事態」の条件**：逸脱しようとする締約国は、国民の生存を危険にさらす例外的脅威の状況に直面していなければならない。軽微な騒乱や、たとえより深刻な騒乱であっても国の民主的制度の機能や人民一般の生命に影響しないものは、除かれる。

◎ **公式の宣言の条件**：国民の生存を脅かす公の緊急事態の存在は「公式に宣言されて」いなければならない(4条1項)。4条の起草過程で説明されたように、同条の目的は、「逸脱を正当化するような事態が生じていない場合に国家が規約上の義務から恣意的に逸脱するのを防止する」

ところにある[23]。

◎ **いくつかの権利の逸脱不可能性の条件**：4条2項は、たとえもっとも深刻な状況下にあっても逸脱が許されないいくつかの権利を列挙している。生命に対する権利(6条)、拷問または残虐な、非人道的なもしくは品位を傷つける取扱いもしくは刑罰を受けない権利(7条)、奴隷制、奴隷貿易および隷属状態の対象とされない権利(8条1項・2項)、契約上の義務を履行することができないことのみを理由として拘禁されない権利(11条)、事後法の適用の禁止(15条)、法律の前に人として認められる権利(16条)、そして最後に思想、良心および宗教の自由についての権利(18条)である。ただし、自由権規約委員会の活動からは、特定の権利が4条2項に挙げられていないことを理由として当然に逸脱が認められるという反対解釈に達することはできない。すなわち、いくつかの権利は「規約全体にとって本質的」であるがゆえに逸脱が認められない場合がある。その一例は逮捕・拘禁に関わる司法的救済に対する権利(9条3項・4項)である[24]。他の権利も、4条2項に明示的に掲げられた権利の効果的享受に必要不可欠という理由で逸脱が認められない場合がある。死刑を科されるおそれがある者が公正な裁判を受ける権利などである[25]。委員会はさらに、選択議定書の個人通報審査において、「独立のかつ公平な裁判所による裁判を受ける権利は**絶対的権利であり、いかなる例外も認められない**」としている[26]。

◎ **真の必要性の条件**：この条件の意味するところは、締約国は「事態の緊急性が真に必要とする限度」を超えて規約上の義務から逸脱する措置を

---

23 フランスのCassin氏による説明(UN doc. E/CN.4/SR.195, p.16, para.82)。

24 とくに、公正な裁判を受ける権利の強化のための議定書草案を検討するよう国連差別禁止少数者保護小委員会が国連人権委員会に求めたさいの、後者の回答を参照(UN doc. GAOR, A/49/40(vol. I), pp.4-5, paras.22-25.)。

25 「この規約の規定……に抵触」する形で死刑を科してはならないと定めた6条2項参照。判例としてはたとえばCommunication No.16/1977, *D. Monguya Mbenge v. Zaire* (views adopted on 25 March 1983), GAOR, A/38/40, p.139, para.17参照。この要件は「死刑を科すさいに適用される実体法および手続法の双方」に関わるものである。

26 *Communication No.263/1987, M. González del Río v. Peru* (views adopted on 28 October 1992, at the 46th session), GAOR, A/48/40 (vol.II), p.20, para.5.2; emphasis added.

とることはできないということである。前述した通常の制限条項と比べ、真の必要性という条件にしたがえば比例性の原則は狭義に解釈することを余儀なくされる。すなわち、とられる立法措置**そのもの**が事態の緊急性によって真に必要とされていなければならないのと同時に、その法律にもとづいてとられる**個別の**措置も同様に、真に比例性を有するものでなければならない。したがって、緊急事態への対応にあたって当該措置が真に必要とされているかどうかを検討することが必要である。委員会は、全般的には、「4条にもとづいてとられる措置は例外的かつ一時的性質のものであり、国民の生存が脅かされる状況が続くかぎりにおいて認められる」[27]と強調してきた。

◎ **他の国際法上の義務との両立性の条件**：自由権規約委員会は、この条件を根拠として、逸脱措置が他の国際条約(たとえば個人の保護に関する他の条約、場合によっては国際人道法や国際慣習法)に抵触するために不法ではないかどうか審査する権限を、原則的に認められる。

◎ **差別の禁止の条件**：逸脱措置は「人種、皮膚の色、性、言語、宗教又は社会的出身のみを理由とする差別を含んではならない」(4条1項末文)。緊急事態にあっては客観的・合理的に正当化されない差別的な措置が課されるおそれがとくに高いので、これは重要な条件である。

◎ **国際的通知の条件**：最後に、締約国が逸脱する権利を行使するためには、規約4条3項に定められた条件にしたがい、国連事務総長を通じて他の締約国に直ちに逸脱の通知を行なわなければならない。この通知においては、「違反〔逸脱〕した規定及び違反〔逸脱〕するに至った理由」を説明することが求められる。「違反〔逸脱〕が終了する日に」は再度通知を行なわなければならない。

　自由権規約委員会が2001年7月に採択した一般的意見29では、規約4条に定められたさまざまな条件の解釈がさらに詳しく展開されている。この一般的意見

---

[27] 一般的意見5、パラ3(*United Nations Compilation of General Comments*, p.114)。

については第16章で取り上げ、一定の例外的状況下で国際人権法上の義務から逸脱する国家の権利についていっそう包括的分析を行なう。

> 国民の生存を脅かすに至る一定の例外的状況においては、自由権規約の締約国は、「事態の緊急性が真に必要とする」限度において規約上の義務から逸脱することができる。このような逸脱は、逸脱不可能な権利、差別の禁止、国際法上の他の義務の遵守および国際的通知という諸原則にしたがって行なわれなければならない。

2.1.5 実施機構

規約の実施状況は、個人の資格で活動する18名の委員から構成される自由権規約委員会によって監視されている(28条)。監視は、定期報告書の提出、国家間通報および個人通報という3つの形態で行なわれる。

◎ **報告手続**：規約40条にしたがい、締約国は、「この規約において認められる権利の実現のためにとった措置及びこれらの権利の享受についてもたらされた進歩に関する報告を提出することを約束」している。最初の報告書は当該締約国について規約が効力を生ずるときから1年以内に、その後は委員会が要請するときに、すなわち5年ごとに提出しなければならない。報告書には「この規約の実施に影響を及ぼす要因及び障害が存在する場合には、これらの要因及び障害を記載する」ものとされており、委員会は、締約国の作業を容易にするとともに報告書の効果を高めるための入念なガイドラインを作成してきた。1999年7月には締約国報告書の提出に関する統一ガイドラインが採択されている[28]。

◎ **国家間通報**：2.1で述べたように、規約の締約国は、41条にもとづき、「この規約に基づく義務が他の締約国によって履行されていない旨を主張するいずれかの締約国からの通報を委員会が受理しかつ検討する権限

28　See UN doc. CCPR/C/66/GUI.

を有すること」を認める宣言をいつでも行なうことができる。換言すれば、国家間通報はこの宣言を行なった締約国間でのみ行なえるということである。手続が開始された段階では、ある締約国が他の締約国に対し通報への注意を喚起するに留まり、6か月以内に当該事案が関係締約国の双方の満足するように調整されない場合のみ、いずれかの締約国が当該事案を委員会に付託する権利が生ずる(41条1項(a)(b))。委員会は41条1項(c)〜(h)に定められた手続にしたがって行動するが、この手続は委員会の発足以来25年間利用されたことがないため、ここではこれ以上扱わない。

◎ **個人通報**：選択議定書の締約国は、1条にもとづき、「その管轄下にある個人で規約に定めるいずれかの権利が右の締約国によって侵害されたと主張するものからの通報を、委員会が受理し、かつ、検討する権限を有することを認める」。ただし、選択議定書2条によれば、権利が侵害されたと主張する個人はまず利用しうるすべての国内的救済手段を尽くさなければならない。さらに委員会は、匿名の通報、または通報提出権の濫用でありもしくは規約の規定に抵触すると考える通報はすべて不受理を宣言する(3条)。通報において規約上の重大な争点が提起されているときは、委員会はその通報を当該締約国に送付する。送付を受けた締約国は、6か月以内に説明書を提出することができる。このように委員会における手続は書面審査に限られており、通報に関する委員会内の議論は非公開である(4〜5条)。通報の検討を終えると委員会は「見解」を採択し、締約国および当事者双方に送付する(5条4項)。

選択議定書にもとづいて提出された通報は膨大な数にのぼっており、それをきっかけとして国内法改正が行なわれた例もある。

自由権規約の監視機構は次のとおりである。
- 報告手続(40条)
- 国家間通報(41条)
- 個人通報(選択議定書1条)

2.2 経済的、社会的及び文化的権利に関する国際規約(1966年)

　経済的、社会的及び文化的権利に関する国際規約(社会権規約)は1966年の国連総会で採択され、1976年1月3日に発効した。2002年2月8日現在の締約国数は145か国である。規約では、規約において認められる権利の実現のためにとった措置およびこれらの権利の実現についてもたらされた進歩に関する報告手続が設けられている(16条)。締約国が規約上の法的義務を遵守しているかどうか監視する役割を正式に委託されているのは、国連経済社会理事会である。しかし1987年以降、この作業は社会権規約委員会によって遂行されている。したがって、社会権規約委員会は厳密には自由権規約委員会のような条約機関ではない[29]。

なぜ2つの国際規約が作成されたのか
　自由権規約と社会権規約はともに国連人権委員会によって起草されたものであり、当初はひとつの文書にまとめられていたが、多くの議論の末、これらを分離し、2つの規約草案を作成して同時に採択することが決定された。分離の理由は、経済的・社会的・文化的権利のほうが性質が複雑であり、これらの権利に特有の性質にあわせた、とくに注意深い起草作業と実施機構が必要とされたためである。各国の発展水準が異なることにかんがみ、社会権規約では漸進的実施の可能性も認めなければならなかった。ただし、それによって何らの即時的義務も課されないようにすることはけっして意図されていなかった[30]。

2.2.1 締約国の約束

　社会権規約の各締約国は、「立法措置その他のすべての適当な方法によりこの規約において認められる権利の完全な実現を漸進的に達成するため、自国におけ

29　社会権規約および報告手続についてさらに詳しくはPhilip Alston, "The International Covenant on Economic, Social and Cultural Rights", in *Manual on Human Rights Reporting*, pp.57-129参照。
30　この点に関わる議論についてさらに詳しくは第14章2.2参照。

る利用可能な手段を最大限に用いることにより、個々に又は国際的な援助及び協力、特に、経済上及び技術上の援助及び協力を通じて、措置をとることを約束」している(2条1項)。規約はこのように「漸進的実施について規定し、かつ利用可能な手段が限られることによる制約を認めている」ものの、委員会は、一般的意見3において、「規約では即時的効果を有するさまざまな義務も課されている」と強調した。委員会の見解によれば、これらの義務のうちとくに重要なものは、第1に、「この規約に規定する権利が……いかなる差別もなしに行使されることを保障する」という約束(2条2項)であり、第2に、「それ自体としては他の考慮事項による限定も制約も受けていない『措置をとる』」という約束(2条1項)である[31]。換言すれば、「関連の権利の完全な実現は漸進的に達成されてもよいが、その目標に向けた行動は、当該締約国において規約が発効したのち合理的な短期間のうちにとられなければならない。そのような行動は、入念に検討された具体的なものであるべきであり、規約で認められた義務の履行に向けてできるだけ明確に目標設定されたものであるべきである」[32]。

2.2.2 認められている権利

社会権規約では次のような権利が認められている。これらの権利を理解するうえで関連のある一般的意見を委員会が採択しているときは、注で触れる。

- ◎ 労働の権利(自由に選択しまたは承諾する労働によって生計を立てる権利を含む)(6条)
- ◎ 公正かつ良好な労働条件を享受する権利(同一価値の労働に対していかなる種類の区別もなく公正な報酬を得る権利を含む)(7条)
- ◎ 労働組合を結成する権利および自ら選択する労働組合に加入する権利(8条)
- ◎ 社会保険を含む社会保障に対する権利(9条)

---

31 一般的意見3(締約国の義務の性質——2条1項)、パラ1および2(*United Nations Compilation of General Comments*, p.18)参照。
32 パラ2(ibid., p.18)。

- ◎ 家族に対する保護および援助、婚姻の自由、母親の保護、ならびに子どもおよび年少者に対する保護および援助(10条)
- ◎ 十分な生活水準(十分な食糧[33]、衣服および住居[34]を含む)ならびに生活条件の不断の改善に対する権利(11条)
- ◎ 到達可能な最高水準の身体的および精神的健康に対する権利(12条)
- ◎ 教育に対する権利(13条)[35]
- ◎ 初等義務教育が確保されていない場合に詳細な行動計画を作成することの約束(14条)[36]
- ◎ 文化的な生活に参加する権利、科学の進歩による利益を享受する権利、および自己の科学的・文学的・芸術的作品により生ずる精神的および物質的利益の保護を享受する権利(15条)

2.2.3 権利の制限の許容

社会権規約では4条に一般制限条項が置かれており、締約国は、規約で保障されている権利の享受について、「その権利の性質と両立しており、かつ、民主的社会における一般的福祉を増進することを目的としている場合に限り、法律で定める制限のみ」を課すことができる。さらに特定の権利の行使に関わる制限も8条1項(a)と(c)に掲げられており、労働組合を結成する権利、労働組合に加入する権利および労働組合が自由に活動する権利の行使については、「法律で定める制限であって国の安全若しくは公の秩序のため又は他の者の権利及び自由の保護のため民主的社会において必要なもの」以外のいかなる制限も課すことができないとされる。4条の起草過程から、制限は民主的社会、すなわち「他の者の権利および自由の尊重を基盤とした社会」のあり方と両立していなければならないという条件が重視されていたことは明らかである[37]。このような条件がなければ、こ

---

33 一般的意見12(十分な食糧に対する権利——11条)(ibid., pp.66-74)。
34 一般的意見4(十分な住居に対する権利——11条1項)(ibid., pp.22-27)。一般的意見7(十分な住居に対する権利——11条1項：強制立退き)(ibid., pp.49-54)も参照。
35 一般的意見13(教育に対する権利——13条)(ibid., pp.74-89)。
36 一般的意見11(初等教育行動計画——14条)(ibid., pp.63-66)。
37 ウルグアイのCiassullo氏の発言(UN doc. E/CN.4/SR.235, p.9)。

の規定はむしろ「独裁制の目的に奉仕する」ことになるのではないかと指摘されていた[38]。

自由権規約とは異なり、**社会権規約では、規約上の法的義務からの逸脱を許容する規定はなんら置かれていない**。したがって、論理的に考えれば、社会権規約に掲げられた権利はいずれも、逸脱不可能な権利として具体的には位置づけられていないということになる。ただし、社会権規約委員会の委員が記すように、「4条にしたがって制限を課すことを正当化するために満たさなければならない具体的要件は、ほとんどの場合には満たすことが困難であろう」[39]。とくに、ある制限が4条に両立するためには、「法律で定め」られ、「その権利の性質と両立しており」、かつ「民主的社会における一般的福祉」を増進することのみを目的としていなければならないのである[40]。

> 社会権規約で保障された権利の享受については次の条件を満たす制限のみ課すことができる。
> - 法律で定められていること
> - その権利の性質と両立していること
> - 民主的社会における一般的福祉の増進を目的としていること
>
> 社会権規約には、規約上の義務からの逸脱を許容する規定は置かれていない。

2.2.4 実施機構

規約16条にもとづき、締約国は規約で「認められる権利の実現のためにとった措置及びこれらの権利の実現についてもたらされた進歩に関する報告」の提出を約束している。規約の規定の遵守を監視する役割を正式に委託されているのは国連経済社会理事会である(16条2項(a))。しかし、定期報告書審査のための

---

[38] ギリシアのEustathiades氏の発言(ibid., p.20 and also p.11)。
[39] See Philip Alston, "The International Covenant on Economic, Social and Cultural Rights", in *Manual on Human Rights Reporting*, p.74.
[40] Ibid., loc. cit.

初期の体制が満足のいくものではなかったため、経済社会理事会は1985年に社会権規約委員会を設置した。自由権規約にもとづいて設置された自由権規約委員会に相当する、独立専門家による機関である[41]。委員会は、個人の資格で行動する18名の委員から構成されている。

自由権規約委員会の場合と同様、締約国が提出した報告書は公開の会議で、当該締約国の代表の出席を得て審査される。そこでの議論は「おたがいのためになる建設的な対話の達成を目的とした」ものであり、委員会の委員が当該国における状況の全体像をより深く把握して、「規約に掲げられた義務をもっとも効果的に実施するためにもっとも適切と考えるコメント」を行なえるようにすることが目指されている[42]。

経済社会理事会の要請に応じ、社会権規約委員会は、「締約国による報告義務の履行を援助する目的で」[43]一般的意見の採択を開始した。一般的意見は委員会が報告手続を通じて蓄積した経験をもとにしたものであり、明らかにされた不十分な点に対する締約国の注意を喚起するとともに、手続の改善のための提案も行なっている。最後に、一般的意見は締約国の活動だけではなく、「規約で認められた権利の全面的実現を漸進的かつ効果的に」達成することに関わる国際機関や専門機関の活動を刺激することも目的としたものである[44]。

いまのところ、個人通報手続を創設するための追加議定書を起草しようとする試みはうまくいっていない。

> 社会権規約の実施機構は報告制度のみである。

2.3 児童の権利に関する条約(1989年)およびその2つの選択議定書(2000年)

人間の保護を目的とした一般条約でも子どもは保護の対象とされているが、子どもの特別なニーズに対応した条約を作成することが重要であると考えられた。

41　Ibid., p.117. See also pp.118-119. 委員会の設置決議の内容はECOSOC res. 1985/17 of 28 May 1985参照。
42　Ibid., p.121.
43　See UN doc. E/2000/22 (E/C.12/1999/11), p.22, para.49.
44　Ibid., p.22, para.51.

10年の作業ののち、児童の権利条約は1989年に国連総会で採択され、1990年9月2日に発効した。2002年2月8日現在の締約国数は192か国である。採択からわずか数年で条約はほぼすべての国により批准され、国内裁判所の決定に重要な影響を及ぼすようになりつつある。条約全体を貫く指導的原則は、「**児童に関するすべての措置をとるに当たって、……児童の最善の利益が主として考慮される**」ということである(3条1項、強調引用者)[45]。

　条約は、「この条約において負う義務の履行に関する締約国による進捗の状況を審査するため」に児童の権利委員会を設置している(43条1項)。

　2000年5月25日、国連総会はさらに2つの条約の選択議定書を採択した。児童の売買、児童買春および児童ポルノに関する選択議定書と、武力紛争への児童の関与に関する選択議定書である。前者は2002年1月18日、すなわち10番目の批准書または加入書が寄託された日から3か月後に発効した(14条1項)。同様の条件が満たされて後者が発効したのは(10条1項)、2002年2月13日である[46]。2002年2月8日現在、これらの選択議定書はそれぞれ17か国・14か国が批准している。

2.3.1 締約国の約束

　2つの国際人権規約と同様、児童の権利条約の締約国は、「その管轄の下にある児童に対し、……いかなる差別もなしにこの条約に定める権利を尊重し、及び確保する」こと(2条1項)、「児童がその父母、法定保護者又は家族の構成員の地位、活動、表明した意見又は信念によるあらゆる形態の差別又は処罰から保護されることを確保するためのすべての適当な措置をとる」こと(2条2項)を一般的に約束している。このマニュアルで取り上げたすべての人権条約と同様、差別の禁止の原則は子どもの権利とのかかわりでも基本的原則であり、条約に掲

45　条約の規定の意味に関する詳細な説明は、*Implementation Handbook for the Convention on the Rights of the Child*, prepared for UNICEF by Rachel Hodgkin and Peter Newell, UNICEF, 1998, 681pp. (hereinafter referred to as *UNICEF Implementation Handbook*)参照。

46　児童の売買、児童買春および児童ポルノに関する選択議定書の本文および発効日については http://www.unhchr.ch/html/menu2/dopchild.htm を参照。武力紛争への児童の関与に関する選択議定書については http://www.unhchr.ch/html/menu2/6/protocolchild.htm を参照。

げられたすべての権利および自由を解釈・適用するにあたってはこれを条件としなければならない。定期報告書の形式および内容に関する一般指針(1996年10月採択)で、児童の権利委員会は、差別の禁止に対する権利や後述する具体的権利といったそれぞれの具体的な法的義務に関して定期報告書でどのような内容が求められているか、詳細な指示を与えている[47]。

> 児童の権利条約の締約国は、そこで保障された権利をいかなる種類の差別もなしに**尊重**および**確保**しなければならない。条約全体を貫く指導的原則は、**子どもの最善の利益**が第一次的に考慮されなければならないということである。

2.3.2 認められている権利

条約は、子ども、すなわち「18歳未満のすべての者」(ただし、当該児童で、その者に適用される法律によりより早く成年に達したものを除く、1条)に対して常に尊重・確保されなければならない多くの権利を詳細な形で認めている。しかし、ここでは保障されている諸権利を一般的な形で述べるに留める。

- ◎ 生命ならびに最大限の生存および発達に対する子どもの権利(6条)
- ◎ 出生時に登録され、名前を持ち、かつ国籍を取得する子どもの権利、ならびに子どもができるかぎり「その父母を知りかつその父母によって養育される権利」(7条)
- ◎ 国籍、名前および家族関係を含むアイデンティティに対する子どもの権利(8条)
- ◎ 「その分離が児童の最善の利益のために必要」とされる場合を除き、子どもが親の意思に反して親から分離されない権利(9条1項)

---

47 *General Guidelines Regarding the Form and Contents of Periodic Reports to be Submitted by States Parties under Article 44, Paragraph 1(b), of the Convention*, adopted by the Committee on the Rights of the Child at its 343 rd meeting (thirteenth session) on 11 October 1996, published in *UNICEF Implementation Handbook*, pp.604-618.

- ◎ 出入国を認めることにより家族の再統合の便宜を図る国の義務(10条)
- ◎ 子どもが国外に不法に移送されることを防止し、かつ国外から帰還することができないことを除去する義務(11条)
- ◎ 子どもの意見を尊重する義務、および「自己に影響を及ぼすあらゆる司法上及び行政上の手続において……聴取される」子どもの権利(12条)
- ◎ 表現の自由についての子どもの権利(13条)
- ◎ 思想、良心および宗教の自由についての子どもの権利(14条)
- ◎ 結社の自由および平和的集会の自由についての子どもの権利(15条)
- ◎ プライバシー、家族、住居または通信への恣意的および不法な干渉から法的に保護される子どもの権利、ならびに名誉および信用を「不法に攻撃」されない権利(16条)
- ◎ 「国の内外の多様な情報源からの情報及び資料、特に児童の社会面、精神面及び道徳面の福祉並びに心身の健康の促進を目的とした情報及び資料を利用することができる」子どもの権利(17条)
- ◎ 子どもの養育および発達について父母が共同の責任を有するという原則および「児童の最善の利益は、これらの者の基本的な関心事項となる」という原則の承認(18条1項)
- ◎ あらゆる形態の暴力および虐待から保護される子どもの権利(19条)
- ◎ 家庭を奪われた場合に特別な保護および援助を受ける子どもの権利(20条)
- ◎ 養子縁組が承認または許容されている場合に、締約国が「児童の最善の利益について最大の考慮が払われることを確保する」義務(21条)
- ◎ 難民の子どもの権利(22条)
- ◎ 精神的または身体的障害を持つ子どもの権利(23条)
- ◎ 「到達可能な最高水準の健康」および保健サービスに対する子どもの権利(24条)
- ◎ ケアのために措置された子どもが「児童に対する処遇及びその収容に関連する他のすべての状況に関する定期的な審査〔を〕行われる」権利(25条)
- ◎ 社会保険を含む社会保障を享受する子どもの権利(26条)
- ◎ 十分な生活水準に対する子どもの権利(27条)
- ◎ 教育に対する子どもの権利(28条)およびその教育の目的(29条)[48]

- ◎ 民族上、宗教上または言語上のマイノリティに属する子どもおよび先住民族の子どもが自己の文化、宗教および言語を享受する権利(30条)
- ◎ 休息および余暇に対する子どもの権利(31条)
- ◎ 経済的搾取および危険な労働から保護される子どもの権利(32条)
- ◎ 麻薬および向精神薬の不法な使用から保護される子どもの権利(33条)
- ◎ 「あらゆる形態の性的搾取及び性的虐待から」保護される子どもの権利(34条)
- ◎ 子どもの誘拐、売買または取引の防止(35条)
- ◎ 子どもの福祉のいずれかの側面にとって有害となる他のあらゆる形態の搾取から保護される子どもの権利(36条)
- ◎ 拷問または他の残虐な、非人道的なもしくは品位を傷つける取扱いもしくは処罰(死刑を含む)を受けない権利(37条(a))
- ◎ 恣意的かつ不法に自由を奪われない子どもの権利(37条(b))
- ◎ 自由を奪われている間、人道的に取り扱われる子どもの権利(37条(c))
- ◎ 自由の剥奪に関わる法的保護に対する権利(37条(d))
- ◎ 武力紛争において国際人道法の関連の規則を尊重される子どもの権利(38条1項)
- ◎ あらゆる形態の放任、搾取または虐待を受けた場合に、身体的および心理的回復ならびに社会的再統合を促進するための適切な措置を受ける子どもの権利(39条)
- ◎ 少年司法の諸原則(40条)

　このように、ここではたとえば自由権規約や社会権規約に見出されるような伝統的な人権基準だけが対象とされるのではなく、権利が拡大・洗練され、さまざまな形態の困難に苦しみつづけている多くの青少年の多様なニーズに具体的に対応できるように起草されている。

48　2000年1月の第23会期において、「委員会は、きたる『人種主義、人種差別、排外主義および関連の不寛容に反対する世界会議』にかんがみ、条約第29条(教育の目的)に関する一般的意見の起草を開始すると決定した」。UN doc. CRC/C/94, *Report on the twenty-third session of the Committee on the Rights of the Child*, p.103, para.480参照。

児童の売買、児童買春および児童ポルノに関する児童の権利条約の選択議定書1条にしたがい、「締約国は、この議定書に従って児童の売買、児童買春及び児童ポルノを禁止」しなければならない。選択議定書2条では「児童の売買」、「児童買春」および「児童ポルノ」の概念が説明され、3条では締約国の刑法の「適用を完全に受け」なければならない最低限の行為が列挙されている。他の規定では、関連の犯罪に関する裁判権を確立するとともに、捜査や刑事手続・引渡し手続、押収・没収、国際協力その他の分野との関連で援助を提供する締約国の義務が定められている(4～11条)。

　武力紛争への児童の関与に関する児童の権利条約の選択議定書は、敵対行為に直接参加できる年齢を18歳に引上げるとともに、締約国に対し、「18歳未満の者を自国の軍隊に強制的に徴集しないことを確保する」義務を課している(1条・2条)。選択議定書3条にしたがい、締約国は、「自国の軍隊に志願する者の採用についての最低年齢」も、児童の権利条約本体で認められた15歳という年齢から引上げなければならない。18歳未満の者の自発的入隊を認める締約国は、とくに「当該採用が真に志願する者を対象とするものであること」および「当該採用につき当該者の父母又は法定保護者が事情を知らされた上で同意していること」を確保するよう求められる(3条(a)・(b))。

2.3.3 権利行使の制限の許容

　児童の権利条約には一般制限条項は置かれておらず、3つの条項のみ、権利行使を制限する権利について定めている。行使を制限しうる権利は、表現の自由についての権利(13条2項)、宗教および信念を表明する自由についての権利(14条3項)ならびに結社および平和的集会の自由についての権利(15条2項)である。これらのすべての条項で、制限措置は法律にもとづき、かつ規定された目的のために必要とされるものでなければならないとされている。当該措置が「民主的社会において必要なもの」でなければならないと明示的に述べられているのは、結社および集会の自由についての権利の行使に関わる条項のみである。

　条約には制限条項がほとんど含まれていないとはいえ、締約国の多くの約束は「適当な」という文言と関連づけられている。これは、もちろん多様な解釈

の余地を残した文言である。しかし、このような解釈はいかなる状況においても「児童の最善の利益」を条件としなければならない。これとの関連で国が考慮しなければならないもうひとつの要素は、子ども自身の利益とその親の「権利及び義務」とのバランスである(3条3項・5条)。

最後に、児童の権利条約には逸脱条項は含まれていない。したがって、条約はたとえ例外的な危機の状況においても完全に適用することが意図されていると結論づけることができる。

> 児童の権利条約には一般制限条項は置かれていない。具体的な制限条項が、表現の自由、宗教および信念を表明する自由ならびに結社および平和的集会の自由の行使との関連で置かれているのみである。一般論として、条約の規定を解釈するにあたっては子どもの最善の利益の確保を第一に目指さなければならないが、その親の権利および義務も考慮することが求められる。

2.3.4 実施機構

児童の権利条約の実施制度(42～45条)は2つの国際人権規約にもとづく報告手続と同様であり、したがってここではそれらの解説を参照するよう促しておけば十分である。他の委員会と同様、児童の権利委員会も、締約国が条約にもとづいて提出する報告書のガイドラインを作成している[49]。

2.4 ジェノサイドの防止および処罰に関する条約(1948年)

ジェノサイドの防止および処罰に関する条約は1948年12月9日に国連総会で採択され、1951年1月12日に発効した。2002年4月26日現在の締約国数は135か国である。条約では**具体的な**実施機構は設けられておらず、後述するように、実施は締約国自身に委ねられている。

---

49 前掲注47参照。

2.4.1 締約国の約束

「締約国は、ジェノサイドが平時に行なわれるか戦時に行なわれるかを問わず国際法上の犯罪であることを**確認**し、これを**防止**および**処罰**することを約束」している(1条、強調引用者)。この目的のため、締約国は、「この条約の規定を実施するために、かつとくにジェノサイド〔またはジェノサイド犯罪の共同謀議、教唆もしくは未遂または共犯〕を行なった者に対する効果的な刑罰を規定するために、それぞれ自国の憲法にしたがって必要な法律を制定すること」(5条に3条の規定を編入したもの)も約束している。

ジェノサイドが「国際法上の犯罪」であることを締約国が条約1条で「確認」しているのは、条約を通底する諸原則は国際慣習法にもとづきすでに自国を拘束していると、締約国が考えていることの証である。このマニュアルの第1章で記したように、このような考え方は国際司法裁判所も「ジェノサイド条約に対する留保」についての勧告的意見(1951年)で表明している。裁判所は、「条約を通底する諸原則は、たとえ条約上の義務がなんら存在しない場合でも、……諸国を拘束するものとして認められた原則である」と判示した[50]。しかし、国際犯罪を禁圧するために条約が国内裁判所に依拠しなければならなかったことは、1948年の時点で、国際刑事裁判権に関わる多くの問題が未解決であったことの証左である[51]。1990年代に入り、旧ユーゴスラビアの一部地域とルワンダで無差別殺人が行なわれると、国際犯罪に対する普遍的裁判権という概念がようやく現実のものとなり始めた(さらに詳しくは2.4.3参照)。

2.4.2 条約の法的適用範囲

条約の法的適用範囲はジェノサイド犯罪の防止および処罰に限られている。ジェノサイドは2条で次のように定義されている。

---

50 第1章2.4.2参照。
51 Ian Brownlie, *Principles of Public International Law* (Oxford, Clarendon Press), 3rd edn., pp.562-563.

「国民的、民族的、人種的または宗教的集団の全体または一部を破壊する意図を持って行なわれた次のいずれの行為をも意味する。
  (a) 集団の構成員を殺すこと。
  (b) 集団の構成員に対して重大な身体的または精神的な危害を加えること。
  (c) 集団の全体または一部に身体的破壊をもたらすことを意図した生活条件を、集団に対して故意に課すこと。
  (d) 集団内における出生を妨げることを意図する措置を課すこと。
  (e) 集団の子どもを他の集団に強制的に移すこと」

　処罰対象とされるのは、ジェノサイド、ジェノサイド犯罪の共同謀議、教唆または未遂および共犯である(3条)。さらに、これらの行為のいずれかを行なった者は、「憲法上の責任のある統治者であるか、公務員であるかもしくは私人であるかを問わず」処罰される(4条)。
　ジェノサイド条約はこのように、個人は場合により国際法上の国際的責任を負い、その責任は特定の主義に偏った国家の利益や服従義務を超越するという、ニュルンベルク憲章で定められた原則を確認した重要な文書である。

2.4.3 国際犯罪：最近の法的発展

　とくに重大な行為に対しては個人が刑事責任を負わなければならないという原則は、国連安全保障理事会が決議808(1993年)を採択し、「1991年以降に旧ユーゴスラビアの領域内で行なわれた深刻な国際人道法違反の責任者を訴追するために国際裁判所を設置する」と決定したことによって新たな生命を吹きこまれた。安全保障理事会は次に決議827(1993年)を採択し、旧ユーゴスラビア国際刑事裁判所(ICTY)規程を承認した。
　1998年に改正された同規程は、1949年ジュネーブ諸条約の重大な違反、戦争法および戦争慣習の違反、ジェノサイドならびに人道に対する罪(具体的には殺人、殲滅、奴隷化、追放、投獄、拷問、強姦、政治的・人種的・宗教的理由による迫害ならびに「その他の非人道的行為」)の訴追権限を裁判所に認めている(1～5条)。人道に対する罪のなかに「その他の非人道的行為」という犯罪の法的定義が含ま

れたことにより、裁判所は、規程に具体的に掲げられていないその他の大規模人権侵害についても審理することが可能である。国際裁判所と国内裁判所は関連の犯罪について競合的管轄権を有するが、前者が後者よりも「優先される」(ICTY規程9条)。

1994年1月1日から12月31日までにルワンダで行なわれた人道法の重大な違反に対応するため、安全保障理事会は同様に、決議955(1994年)によってルワンダ国際刑事裁判所(ICTR)を設置した。裁判所規程も同じ決議で採択されている。裁判所が訴追権限を有するのは、ジェノサイドおよびICTYとの関連で列挙されたものと同種の人道に対する罪を犯した者に加え、1949年のジュネーブ諸条約およびその第2追加議定書に違反した者である(ICTR規程2〜4条)。また、ルワンダ国民が近隣諸国で行なった犯罪の訴追にも対応することができる(同7条)。

2つの裁判所の訴追権限が異なるのは、旧ユーゴスラビアにおける戦争は国際的性質を有する武力紛争と見なされたのに対し、ルワンダにおける危機的状況はもっぱら非国際的な武力紛争だったためである。

最後に、1998年7月17日には国連全権外交代表会議において、賛成120か国、反対7か国、棄権21か国の無記録投票で国際刑事裁判所ローマ規程が採択された[52]。この独立した国際的常設司法機関の設置は、ジェノサイド、人道に対する罪、戦争犯罪および一定の条件を満たした場合に侵略の罪を対象として(ローマ規程5条)、これらの行為が処罰されないままである状況に終止符を打つことを目的としたものである。裁判所は公的資格の如何に関わらず自然人を審理対象とする権限を有するが、国家や企業のような法人に対しては管轄権を有しない(25条・27条)。さらに、一般人権条約にもとづいて設置された監視機関と同様、国際刑事裁判所の性質も補完的なものとされる。ローマ規程17条により、関係国が17条1項(a)および(b)に定められた捜査または訴追を行なう真の意思または能力を有しない場合に限って裁判所は犯罪を訴追するためである。特定の事件においていずれかの国が捜査または訴追を行なう真の「意思」または「能力」を有しているかどうかは、国際刑事裁判所自身が具体的基準にもとづいて判断する

---

[52] http://www.icj.org/icc/iccdoc/mficc.htmの1ページ目参照。国際刑事裁判所ローマ規程の原文はUN doc. A/CONF.183/9参照。

(17条2項・3項)。国際刑事裁判所(通称ICC)は、60か国がローマ規程を批准したのちに設置される(126条)。2002年4月11日現在の批准国数は66か国であり、ローマ規程は2002年7月1日に発効した[53]。

> ジェノサイドの防止および処罰に関する条約は、ジェノサイド犯罪の共同謀議、教唆および未遂または共犯を含むジェノサイドの防止・処罰を目的としている。ただし、条約を通底する諸原則は、条約上の義務に関わらずすべての国を拘束するものである。新たな国際刑事裁判所は、ジェノサイド、人道に対する罪、戦争犯罪および一定の条件を満たした場合に侵略の罪を対象として、これらの行為が処罰されないままである状況に終止符を打つことを目的として初めて設置される、独立した国際的常設司法機関である。

2.5 あらゆる形態の人種差別の撤廃に関する国際条約(1965年)

あらゆる形態の人種差別の撤廃に関する国際条約(人種差別撤廃条約)は、1965年12月21日に国連総会で採択され、1969年1月4日に発効した。2002年4月8日現在の締約国数は161か国である。条約では、実施を監視する機関として人種差別撤廃委員会が設置された。委員会は、必要に応じ、特定の条項またはとくに関心のある問題について一般的勧告を採択している。これらの勧告については関連する箇所で触れる。

2.5.1 締約国の約束

条約の適用上、「『人種差別』」とは、人種、皮膚の色、世系又は民族的若しくは種族的出身に基づくあらゆる区別、排除、制限又は優先であって、政治的、経済的、社会的、文化的その他のあらゆる**公的生活**の分野における平等の立場での人

---

53 国連ウェブサイトwww.un.org/law/icc/index.html参照。

権及び基本的自由を認識し、享有し又は行使することを妨げ又は害する目的又は効果を有するものをいう」(1条1項、強調引用者)。ただし、「人権及び基本的自由の平等な享有又は行使を確保するため、……特定の人種若しくは種族の集団又は個人の適切な進歩を確保すること**のみ**を目的として、必要に応じてとられる特別措置は、人種差別とみなさない。ただし、この特別措置は、その結果として、異なる人種の集団に対して別個の権利を維持することとなってはならず、また、その目的が達成された後は継続してはならない」(1条4項、強調引用者)。

　条約の締約国は、「人種差別を非難し、また、あらゆる形態の人種差別を撤廃する政策及びあらゆる人種間の理解を促進する政策をすべての適当な方法により遅滞なくとることを約束」した(2条1項)。このため、締約国はとくに次の措置をとることを約束している[54]。

- ◎ 「個人、集団又は団体に対する人種差別の行為又は慣行に従事しないこと並びに国及び地方のすべての公の当局及び機関がこの義務に従って行動するよう確保すること」(2条1項(a))
- ◎ 「いかなる個人又は団体による人種差別も後援せず、擁護せず又は支持しないこと」(2条1項(b))
- ◎ あらゆるレベルの公の政策を「再検討」し、かつ「人種差別を生じさせ又は永続化させる効果」を有する法令を改正するために「効果的な措置をとる」こと(2条1項(c))
- ◎ 「すべての適当な方法……により、いかなる個人、集団又は団体による人種差別も禁止し、終了させる」こと(2条1項(d))
- ◎ 「適当なときは、人種間の融和を目的とし、かつ、複数の人種で構成される団体及び運動を支援し並びに人種間の障壁を撤廃する他の方法を奨励すること並びに人種間の分断を強化するようないかなる動きも抑制すること」(2条1項(e))

54　これらの規定にもとづく締約国の報告義務については、条約1条に関する一般的勧告24(UN doc. GAOR, A/54/18, Annex V, p.103)参照。

締約国はさらに、「自国の管轄の下にあるすべての者」に対し、条約に反して人権を侵害する行為に対する「効果的な保護及び救済措置を確保する」とともに、「その差別の結果として被ったあらゆる損害に対し、公正かつ適正な賠償又は救済」を国内裁判所に求める権利を確保しなければならない(6条)。
　最後に、締約国は、とくに「人種差別につながる偏見と戦〔う〕……ため、特に教授、教育、文化及び情報の分野において、迅速かつ効果的な措置をとること」を約束している(7条)。

2.5.2 差別の禁止により保護される分野

　締約国は、人種差別を禁止および撤廃することだけではなく、「特に次の権利の享有に当たり、……人種、皮膚の色又は民族的若しくは種族的出身による差別なしに、すべての者が法律の前に平等であるという権利を保障すること」も約束している(5条)。

- ◎ 「裁判所その他のすべての裁判及び審判を行う機関の前での平等な取扱いについての権利」(5条(a))
- ◎ 身体の安全についての権利(5条(b))
- ◎ 選挙に参加し、国政に参与しかつ公務に携わる権利などの政治的権利(5条(c))
- ◎ その他の市民的権利(移動・居住の自由についての権利、自国を含むいずれの国からも離れおよび自国に戻る権利、国籍についての権利、婚姻および配偶者の選択についての権利、単独でおよび他の者と共同して財産を所有する権利、相続する権利、思想・良心・宗教の自由についての権利、意見・表現の自由についての権利、平和的な集会および結社の自由についての権利など)(5条(d))
- ◎ 経済的、社会的および文化的権利(とくに、労働、職業の自由な選択、公正かつ良好な労働条件、失業に対する保護、同一の労働についての同一報酬および公正かつ良好な報酬についての権利、労働組合を結成しおよびこれに加入する権利、住居についての権利、公衆の健康、医療、社

会保障および社会的サービスについての権利、教育および訓練についての権利、文化的な活動への平等な参加についての権利)(5条(e))
◎ 「輸送機関、ホテル、飲食店、喫茶店、劇場、公園等一般公衆の使用を目的とするあらゆる場所又はサービスを利用する権利」(5条(f))

　一般的勧告20で委員会自身が指摘しているように、5条で列挙された政治的・市民的・経済的・社会的・文化的権利は網羅的なものではなく、権利の享受にあたって人種差別を受けない権利は、ここで明示的に挙げられていない諸権利を行使するさいにも援用することができる。換言すれば、5条は、人権の行使が人種差別から自由であることを保障するよう求めるという以上に「それ自体として〔人権を〕創設するものではなく」、むしろ国連憲章、世界人権宣言および国際人権規約に由来する権利のような「権利の存在および承認を前提としている」のである。このことはすなわち、締約国が5条に掲げられた諸権利の行使を制約するときは常に、「当該制約が、目的の面でも効果の面でも、国際人権基準の不可欠な一部である条約1条に抵触しないことを確保しなければならない」ことも意味する[55]。すなわち、他の人権条約で認められている制限は人種差別撤廃条約5条に間接的に含まれているのであり、逆に言えば、条約1条が定義する人種差別の概念は国際人権法そのものに内在しているということである。
　条約1条によれば人種差別は「公的生活」の分野に関わって禁じられているが、人種差別撤廃委員会は、「私的機関が権利の行使または機会の利用可能性に影響を及ぼす限りにおいて、締約国は、それによって人種差別を生じさせまたは永続化させる目的ないし効果が生じないことを確保しなければならない」と説明している[56]。

2.5.3 実施機構

　条約は、個人の資格で活動する18名の委員から構成され(8条)、条約の規定の

55　*United Nations Compilation of General Comments*, pp.188-189, paras.1 and 2.
56　Ibid., p.189, para.5.

101

実施状況を監視する人種差別撤廃委員会を創設した。自由権規約と同じように、人種差別撤廃条約には3種類の実施機構が用意されている。以下で概観するように、定期報告書、国家間通報および個人通報の各手続である。委員会はさらに、必要に応じ、特定の条項またはとくに関心のある問題について一般的勧告を採択している。以下、監視機構の概要を述べる。

◎ **報告手続**：締約国は、条約の諸規定の実現のためにとった立法上、司法上、行政上その他の措置に関する報告を、最初は当該締約国についてこの条約が効力を生ずる時から1年以内に、その後は2年ごとまたは委員会が要請するときに、提出することを約束している(9条1項)。他の委員会と同様、人種差別撤廃委員会も、締約国が提出する報告書の形式および内容に関する特別のガイドラインを採択している。

◎ **国家間通報**：他の締約国がこの条約の諸規定を実現していないと考える締約国は、「その事案につき委員会の注意を喚起することができる」(11条1項)。自由権規約とは異なり、国家間通報を受理する委員会の権限を認めるための宣言はとくに必要とされない。ただし、委員会が扱うのは最初に双方の当事国の満足するように調整されなかった事案のみである。委員会に事案が付託された場合、条約では、条約の「尊重を基礎として事案を友好的に解決するため、関係国に対してあっせんを行う」特別調停委員会の設置が予定されている(12条1項(a))。事案を検討した調停委員会は、人種差別撤廃委員会の委員長に対し、「当事国間の係争問題に係るすべての事実関係についての調査結果を記載し、かつ、紛争の友好的な解決のために適当と認める勧告を付した報告」を提出する(13条1項)。締約国は、調停委員会の勧告を受託することも拒否することもできる(13条2項)。

◎ **個人通報**：締約国はまた、「この条約に定めるいずれかの権利の当該締約国による侵害の被害者であると主張する当該締約国の管轄の下にある個人又は集団からの通報を、委員会が受理しかつ検討する」権限を認める旨をいつでも宣言することができる(14条1項)。14条1項は1982年12月3日に発効し、2001年8月17日現在、締約国のうち34か国がこのような宣

言を行なっている[57]。

> 人種差別撤廃条約は、あらゆる**公的生活**の分野における人権の享受についての人種差別を禁じている。ただし締約国は、私的機関が権利の行使または機会の利用可能性に影響を及ぼすときには常に、それによって人種差別を生じさせまたは永続化させる目的ないし効果が生じないことも確保しなければならない。国際的レベルでの条約の実施は、(1)報告手続、(2)国家間通報および(3)個人通報を通じて進められる。

2.6 拷問及び他の残虐な、非人道的又は品位を傷つける取扱い又は刑罰に関する条約(1984年)

拷問はあらゆる主要人権条約によって違法化されているが、依然として拷問が広く行なわれているため、いっそう詳細な法的規制とさらに効率的な実施機構が必要であると考えられた。そこで拷問及び他の残虐な、非人道的な又は品位を傷つける取扱い又は刑罰に関する条約(拷問等禁止条約)を起草するという決定がなされ、1984年12月10日に国連総会で採択されたものである。条約は1987年6月26日に発効し、2002年4月8日現在、128か国が締約国となっている。条約は、締約国の義務の実施状況を監督するため、専門家機関である拷問禁止委員会を設置した。

2.6.1 締約国の約束

条約によれば、「『拷問』とは、身体的なものであるか精神的なものであるかを問わず人に重い苦痛を故意に与える行為であって、本人若しくは第三者から情報若しくは自白を得ること、本人若しくは第三者が行ったか若しくはその疑いがある行為について本人を罰すること、本人若しくは第三者を脅迫し若しく

57　UN doc. *GAOR*, A/56/18, p.10, para.2.

は強要することその他これらに類することを目的として又は何らかの差別に基づく理由によって、かつ、公務員その他の公的資格で行動する者により又はその扇動により若しくはその同意若しくは黙認の下に行われるものをいう」。ただし、「合法的な制裁の限りで苦痛が生ずること又は合法的な制裁に固有の若しくは付随する苦痛を与えることを含まない」(1条)。

条約は次に、締約国が「自国の管轄の下にある領域内において拷問に当たる行為が行われることを**防止する**ため、立法上、行政上、司法上その他の効果的な措置をとる」よう求めている(2条1項、強調引用者)。さらに、「**戦争状態、戦争の脅威、内政の不安定又は他の公の緊急事態であるかどうかにかかわらず、いかなる例外的な事態も拷問を正当化する根拠として援用することはできない**」とも規定している(2条2項、強調引用者)。これは、すでに存在する国際人権法の原則をあらためて確認した以上のものではない。自由権規約を含む主要な関連の条約で、拷問を受けない権利は逸脱不可能な権利として位置づけられているためである。

拷問等禁止条約は、「上司又は公の機関による命令は、拷問を正当化する根拠として援用することはできない」ことを明確にしている(2条3項)。換言すれば、拷問の行為に対する個人責任の原則がはっきりと確立されているということである。

2.6.2 条約の法的適用範囲

条約の以下の規定で、拷問の行為を防止、処罰および救済する締約国の責任が詳細に述べられている。ただし、ここではいくつかの法的義務を一般的に概観するに留める。

◎ 「締約国は、いずれの者をも、その者に対する拷問が行われるおそれがあると信ずるに足りる実質的な根拠がある他の国へ追放し、送還又は引き渡してはならない」(3条1項)。

◎ 「締約国は、拷問に当たるすべての行為を自国の刑法上の犯罪とすることを確保」しなければならない。拷問の未遂や「拷問の共謀又は拷問への加担」にあたる行為についても同様である。締約国はさらに、これら

の犯罪について「その重大性を考慮した適当な刑罰を科することができるように」しなければならない(4条1項・2項)。

◎ 締約国は、これらの犯罪についての自国の裁判権を設定し、かつ条約4条に反する行為を行なったとされる者を「訴追のため……権限のある当局」に引渡すために必要な措置をとらなければならない(5〜7条)。締約国はさらに、これらの犯罪のいずれかについて「とられる刑事訴訟手続に関し、相互に最大限の援助……を与える」ものとされる(9条)。

◎ 「第4条の犯罪は、締約国間の現行の犯罪人引渡条約における引渡犯罪とみなされる」。締約国はまた、「相互間で将来締結されるすべての犯罪人引渡条約に同条の犯罪を引渡犯罪として含めること」も約束している(8条)。

◎ 締約国はさらに、「拷問の禁止についての教育及び情報が、逮捕され、抑留され又は拘禁される者の身体の拘束、尋問又は取扱いに関与する法執行の職員(文民であるか軍人であるかを問わない。)、医療職員、公務員その他の者に対する訓練に十分取り入れられることを確保」しなければならない(10条1項)。

◎ 拷問を**防止する**ため、締約国は、「尋問に係る規則、指示、方法及び慣行並びに自国の管轄の下にある領域内で逮捕され、抑留され又は拘禁される者の身体の拘束及び取扱いに係る措置についての体系的な検討を維持」しなければならない(11条)。

◎ 「締約国は、……拷問に当たる行為が行われたと信ずるに足りる合理的な理由がある場合には、自国の権限のある当局が迅速かつ公平な調査を行うことを確保」しなければならない(12条)。

◎ 締約国はさらに、拷問を受けたと主張する被害者が「自国の権限のある当局に申立てを行い迅速かつ公平な検討を求める権利を有することを確保」しなければならない(13条)。

◎ 「締約国は、拷問に当たる行為の被害者が救済を受けること及び公正かつ適正な賠償を受ける強制執行可能な権利を有すること(できる限り十分なリハビリテーションに必要な手段が与えられることを含む。)を自国の法制において確保」しなければならない(14条)。

- ◎ 「締約国は、拷問によるものと認められるいかなる供述も、当該供述が行われた旨の事実についての、かつ、拷問の罪の被告人に不利な証拠とする場合を除くほか、訴訟手続における証拠としてはならないことを確保」しなければならない(15条)。
- ◎ 締約国はまた、「自国の管轄の下にある領域内において、〔条約〕第1条に定める拷問には至らない他の行為であって、残虐な、非人道的な又は品位を傷つける取扱い又は刑罰に当た〔る行為〕を防止すること」も約束している(16条)。

条約にもとづく法的義務をこのように一般的に概観すれば明白なように、拷問および他の残虐な、非人道的なまたは品位を傷つける取扱いまたは刑罰と、これらの行為に対して国が現実にどう対応するかという問題は、裁判官・検察官・弁護士にとってきわめて関連性の高いものである。法曹は、いかなるときにも、このような不法な行為が行なわれていないかどうか目を光らせていなければならない。

2.6.3 実施機構

条約の実施状況を監督するために設置され、10名の委員から構成される独立専門家機関である拷問禁止委員会(17条1項)は、この章で取り上げた他の委員会と同様に、締約国が提出する定期報告書を審査することを任務としている。しかし委員会は、締約国がその旨の宣言を行なったときは、締約国および個人からの通報も受理・検討することが可能である。後述するように、拷問が行なわれている国を委員会が訪問する権限は関係締約国の同意がある場合にしか認められていないが、1991年以降、拘禁場所を定期的に訪問することにより防止を図る制度を設けるべく、条約の選択議定書を起草するための努力が続けられている。世界人権会議の参加者は全会一致でこのような選択議定書の早期採択を求めたが[58]、これ

---

58 ウィーン宣言および行動計画、パラ61(UN doc. A/CONF.157/23, *Vienna Declaration and Programme of Action*, p.22)。

までのところ合意は得られていない[59]。一般的には監視手続きは次のように説明することができる。

◎ **報告手続**：締約国は、自国がこの条約にもとづく約束を履行するためにとった措置に関する報告を、発効後1年以内に、その後は4年ごとまたは委員会が要請するときに提出する義務を負っている(19条1項)。報告書の作成の便宜を図るため、委員会は第1回報告書および定期報告書の双方について、その形式および内容に関する一般的ガイドラインを採択している[60]。

◎ **20条にもとづく委員会の活動**：この条項は拷問等禁止条約に特有のものであり、「委員会は、いずれかの締約国の領域内における拷問の制度的な実行の存在が十分な根拠をもって示されていると認める信頼すべき情報を受領した場合には、当該締約国に対し、当該情報についての検討に協力し及びこのために当該情報についての見解を提出するよう要請する」と規定している(20条1項)。ただし締約国は、署名・条約・加入時に、このような委員会の権限を**認めない**旨の宣言を行なうことも可能である(28条1項)。2001年5月18日現在、計9か国がこのような宣言を行なっている[61]。この条にもとづく委員会の職務に関わる文書および手続は秘密とされるが、「当該締約国と協議の上、当該手続の結果の概要を……〔締約国および国連総会への〕年次報告に含めることを決定することができる」(20条5項)[62]。

◎ **国家間通報**：2001年5月18日現在で43か国が、この条約にもとづく義務が他の締約国によって履行されていない旨を主張するいずれかの締約

---

[59] 国連人権委員会が2000年4月20日に採択した、「拷問及び他の残虐な、非人道的な又は品位を傷つける取扱い又は刑罰に関する条約」についての決議参照(E/CN.4/RES/2000/35)。議定書の起草は参加国および期限が限定されていない作業部会で進められている。
[60] 第1回報告書についてはUN docs. CAT/C/4/Rev.2を、定期報告書についてはCAT/C/14/Rev.1を参照。条約にもとづく第1回報告書審査の手続きについてより詳しくは、Joseph Voyame, "The Convention against Torture and Other Cruel, Inhuman or Degrading Treatment or Punishment", in *Manual on Human Rights Reporting*, pp. 309-332も参照。
[61] UN doc. *GAOR*, A/56/44, Annex II, p.79.
[62] UN doc. *GAOR*, A/56/44, p.24, para.231.

国からの通報を受理・検討する委員会の権限を認める旨の宣言を行なっている(21条1項)[63]。委員会が通報を検討するのは、最初に双方の当事国の満足するように事案が調整されなかった場合のみである。手続は非公開であり、委員会は、この条約の「尊重を基礎として事案を友好的に解決するため、関係国に対してあっせんを行う」。委員会はそのために特別調停委員会を設置することができる。委員会は友好的解決が得られなかった場合に報告書を作成するが、そこでは事案の「事実について簡潔に記述」することしかできない(21条1項)。

◎ **個人通報**：最後に委員会は、締約国が委員会の権限を明示的に認めているときは、条約違反の被害者であると主張する個人の通報を受理することができる(22条1項)。2001年5月18日現在、その旨の宣言を行なっているのは40か国である[64]。ただし委員会は、匿名の通報、または通報提出権の濫用でありもしくは条約の規定に抵触すると考える通報はすべて、受理することができないと見なすものとされる(22条2項)。また、委員会は通報を検討する前に、当該個人が利用しうるすべての国内的救済手段を尽くしたかどうか確認しなければならない。ただし、救済措置の適用が不当に遅延する場合または被害者であると主張する者に効果的救済を与える可能性が乏しい場合はこの限りでない(22条5項(b))。個人通報に関わる文書および手続は秘密とされるが、委員会の見解は当事者に通知され、一般にも公開される。通報の不受理を宣言する委員会の決定についても同様である[65]。委員会の見解・決定の多くは国連総会に提出される年次報告に掲載されている。

拷問等禁止条約は、いかなる状況、たとえ戦争その他の公の緊急事態であっても拷問その他の形態の不当な取扱いの使用を正当と見なすことはできないという、国際法で確固たるものとして確立された規則を確認し

---

[63] UN doc. *GAOR*, A/56/44, Annex III, pp.80-81.
[64] Ibid., loc. cit.
[65] UN doc. *GAOR*, A/56/44, p.25, para.236.

> ている。上司による命令を、拷問を正当化する根拠として援用することはできない。国際的レベルでの条約の実施は、(1)報告手続、(2)20条にもとづく委員会の特別活動、(3)国家間通報および(4)個人通報を通じて進められる。

2.7 女子に対するあらゆる形態の差別の撤廃に関する条約(1979年)

女子に対するあらゆる形態の差別の撤廃に関する条約(女子差別撤廃条約)は1979年12月18日に国連総会で採択され、1981年9月3日に発効した。2002年4月8日現在の締約国数は168か国である。条約は、条約の実施状況を監視する独立専門家機関として女子差別撤廃委員会を設置している。さらに1999年10月6日には、条約の選択議定書が国連総会で無投票で採択された。これによって委員会は、とくに、選択議定書を批准またはこれに加入した国の管轄内で生じたジェンダー差別の被害者であると考える女性または女性の集団からの通報を受理・検討できるようになった。選択議定書は2000年12月22日に発効し、2002年4月8日現在の締約国数は30か国である。

2.7.1 締約国の約束

条約の適用上、「女子に対する差別」とは、「性に基づく区別、排除又は制限であつて、政治的、経済的、社会的、文化的、市民的**その他のいかなる分野**においても、女子(婚姻をしているかいないかを問わない。)が男女の平等を基礎として人権及び基本的自由を認識し、享有し又は行使することを害し又は無効にする効果又は目的を有するもの」を意味する(1条、強調引用者)。このように、女性差別の禁止は伝統的カテゴリーに属する人権に留まらず、差別が生じる可能性のあるその他の分野にも及ぶものである。さらに、差別の禁止は公的分野に留まらず私生活の分野にも及んでいる。

同時に、「男女の事実上の平等を促進することを目的とする暫定的な特別措置をとることは、この条約に定義する差別と解してはならない」とされている点にも注意が必要である。ただし、「これらの措置は、機会及び待遇の平等の目的

が達成された時に廃止されなければならない」(4条)。

　締約国は、「女子に対する差別を撤廃する政策をすべての適当な手段により、かつ、遅滞なく追求することに合意」し、そのためにとくに次のことを約束している(2条)。

- ◎　男女の平等の原則を国内法で定め、かつこの原則の実際的な実現を確保すること
- ◎　「女子に対するすべての差別を禁止する適当な立法その他の措置(適当な場合には制裁を含む。)をとること」
- ◎　国内裁判所その他の公の機関を通じ、女子の平等な権利の効果的な法的保護を確立すること
- ◎　「女子に対する差別となるいかなる行為又は慣行も差し控え」ること
- ◎　「個人、団体又は企業による女子に対する差別を撤廃するためのすべての適当な措置をとること」
- ◎　「女子に対する差別となる自国のすべての刑罰規定を廃止すること」

　これに続く条項では、女性差別の撤廃を目的として締約国が約束したことの内容がさらに詳しく定められている。これらの約束は、とくに次のような義務から構成されている。

- ◎　「両性いずれかの劣等性若しくは優越性の観念又は男女の定型化された役割に基づく……男女の社会的及び文化的な行動様式を修正すること」(5条(a))
- ◎　「家庭についての教育に、社会的機能としての母性についての適正な理解並びに子の養育及び教育における男女の共同責任についての認識を含めることを確保」し、「あらゆる場合において、子の利益は最初に考慮する」こと(5条(b))
- ◎　あらゆる形態の女性の売買及び女性の売春からの搾取を禁止し(6条)、政治的・公的活動(7条・8条[66])、教育分野(10条)、雇用(11条)、保健(12条)ならびに経済的・社会的活動(13条)における女性差別や農村女性に対す

る差別(14条2項)を解消するためにすべての適当な措置をとること

2.7.2 条約の具体的な法的適用範囲

　条約の多くの条文は、女性差別の撤廃のために「適当な措置をとる」一般的な法的義務を締約国に課すという構成をとっているが、一部の条項では同時に、男女の平等を基礎として確保されなければならない特定の権利も定めている。たとえば次のとおりである。

- ◎ 教育との関連では、女性はとくに、職業指導・職業訓練のための同一の条件ならびに奨学金その他の修学援助を享受する同一の機会に対する権利を有する(10条)
- ◎ 労働の権利、同一の雇用機会に対する権利、職業・雇用を自由に選択する権利、同一報酬に対する権利[67]、社会保障に対する権利ならびに健康の保護に対する権利(11条)
- ◎ 家族給付に対する権利、銀行貸付け、抵当その他の形態の金融上の信用に対する権利、ならびにレクリエーション、スポーツ及びあらゆる側面における文化的活動に参加する権利(13条)
- ◎ 農村の女性が、すべての段階における開発計画の作成・実施に参加し、適当な保健サービスを享受し、社会保障制度から直接に利益を享受し、あらゆる種類の訓練・教育を受け、自助的集団を組織し、あらゆる地域活動に参加し、農業信用・貸付けを享受し、かつ十分な生活条件を享受する権利(14条)

　最後に条約は、「法律の前の男子との平等」および民事に関する同一の法的能力を女性に対して認める義務を、締約国にとくに課している(15条1項・2項)。また、男女の平等を基礎として婚姻および家族関係に関わる多くの権利を確保

---

[66] 一般的勧告8(8条の実施)(*United Nations Compilation of General Comments*, p.206)。
[67] 一般的勧告13(同一価値労働についての同一報酬)(ibid., p.210)。

111

することも、締約国に対して義務づけている(16条)。

　このように、女子差別撤廃条約は社会における主要な活動分野をすべて網羅しており、裁判官・検察官・弁護士が国内法における男女平等の問題を検討するさいにも有益な手段となりうるものである。

2.7.3 実施機構

　条約および1999年の選択議定書で設置された監視機構については、おおむね次のように説明することができる。

◎　**報告手続**：条約そのもので設けられた実施機構は、報告手続に限定されているという点で、これまで扱ってきた条約が設置してきた機構ほど発展したものではない。締約国は、条約に基づく義務の履行の程度に影響を及ぼす要因および障害を記載した報告を、発効後1年以内に、その後は4年ごとまたは委員会が要請したときに、女子差別撤廃委員会に送付することを約束している(18条)。委員会は、締約国が条約上の義務を遵守することを援助する目的で、定期報告書の提出に関するガイドラインを採択したほか、1999年6月の時点で、条約21条にもとづき24の一般的勧告を採択してきた[68]。勧告は、条約の特定の条文またはいわゆる「横断的」テーマのいずれを扱っている場合もある[69]。女子差別撤廃委員会の活動は、会合の期間が最大で年2週間に限られている(20条)ためにいっそう困難なものとなっている。他の条約では、それぞれの条約機関の会合の期間は制限されていない。そこで委員会は、一般的勧告22で、「条約にもとづく職務を効果的に遂行するために必要な期間の会合を毎年開催できるようにするため」、締約国による20条の改正を提案している[70]。

68　条約上の報告手続についてさらに詳しくはZagorka Ilic, "The Convention on the Elimination of All Forms of Discrimination against Women", in *Manual on Human Rights Reporting*, pp.265-308参照。ガイドラインはUN doc. CEDAW/C/7/Rev.3, *Guidelines for Preparation of Reports by States Parties*参照。

69　委員会が採択した一般的勧告の一覧は次の国連ウェブサイトを参照。
http://www.un.org/womenwatch/daw/cedaw/recommendations.htm

70　一般的意見22(20条の改正)(*United Nations Compilation of General Comments*, pp.232-233)。

◎ **個人通報**：女子差別撤廃条約の選択議定書が発効した2000年12月22日以降、委員会は国内的救済手段を尽くした女性個人または女性の集団からの通報を検討することができるようになった。通報は、個人または個人の集団の同意を得て代理人が提出することもできるが、同意を得られない理由を示すことができれば同意は必要とされない(2条)。選択議定書はまた、委員会が条約の重大なまたは組織的な違反に関する秘密調査を行なう権限も認めている(8条)。

女子差別撤廃条約が示した法的枠組みにより、世界各地で男女平等の増進のための活動が活発に行なわれるようになった。

> 女子差別撤廃条約は、公的分野か私的分野かを問わず、人権および基本的自由の享受における女子差別を撤廃するための包括的な法的枠組みを提示している。国際的レベルでの条約の実施は、(1)報告手続および(2)個人通報制度を通じて進められる。

3. 国連総会が採択したその他の文書

本節では、人権分野で国連総会が採択した決議のうち本書にもっとも関連するものいくつかに焦点を当てる。その多くは、このマニュアルの他の章でやや詳しく具体的に取扱われているものである。第1章で説明したように、国連総会が採択した決議それ自体は法的拘束力のある義務とはならないものの、その採択の状況に応じ、慣習国際法の存在の有用な証拠となりうる[71]。最低でも、国連総会が採択した決議は強力な道徳的・政治的力を有しており、国際社会で広く受け入れられた原則を定めたものと見なすことが可能である[72]。これらの決議はしたがって、たとえば特定の問題について国際法も国内法も十分に明確でないと

---

71 さらに詳しくは第1章2.4.2参照。
72 *Human Rights: A Basic Handbook for UN Staff, United Nations,* Office of the United Nations High Commissioner for Human Rights/United Nations Staff College Project, p.5参照。

いった状況において、国内で活動する法曹に重要な指針を示すものとなりうる。

以下で紹介する決議は、裁判官・検察官・弁護士が職業上の責任を果たすうえでとくに重要なものの一部である。ただし、とくに時代の古い決議を参考にしようとするときには配慮をすることが望ましい。国は、自国の国内法または国際条約のいずれかにより、いっそう厳格な法的基準の拘束を受けている可能性があるためである。以下の記述からわかるように、多くの決議は自由を奪われた者(少年を含む)の取扱いの問題を取り上げており、また拷問その他の非人道的な取扱いの根絶を目標としている。

3.1 宗教または信念にもとづくあらゆる形態の不寛容および差別の撤廃に関する宣言(1981年)

宗教または信念にもとづくあらゆる形態の不寛容および差別の撤廃に関する宣言は「思想、良心および宗教の自由」を宣明しており、とくに、みずから選択する宗教またはいかなる信念をも受け入れる自由と、単独でまたは他の者と共同してその宗教または信念を表明する自由を含んでいる(1条)。さらに、「何人も、宗教またはその他の信念を理由として、いかなる国家、機関、個人の集団または個人からも差別を受けない」と定めている(2条)。国は、「宗教または信念を理由とする差別を防止および撤廃するための効果的措置をとる」とともに、「必要な場合にはそのようないかなる差別も禁止するための法律を制定または廃止〔する目的で〕……あらゆる努力を行な」わなければならない(4条)。

3.2 被収監者の処遇のための基本原則(1990年)

被収監者の処遇のための基本原則(1990年)によれば、「すべての被収監者は、人間としてのその固有の尊厳および価値を十分に尊重して扱われなければなら」ず、さまざまな理由にもとづく差別を受けてはならない(原則1・2)。「施設収容の事実によって明らかに必要とされる制限を除き、すべての被収監者は、世界人権宣言、ならびに当該国が締約国である場合には〔国際人権規約〕に定められた人権および基本的自由を保持する」(原則5)。被収監者には文化的活動および教

育に参加する権利が認められなければならず、また「意味のある有償の雇用」ができるようにされなければならない(原則6・8)。基本原則はまた、処罰としての厳正独居拘禁の廃止のための努力が行なわれかつ奨励されるべきことも定めている(原則7)。

3.3 あらゆる形態の拘禁または収監のもとにあるすべての者の保護のための諸原則(1988年)

あらゆる形態の拘禁または収監のもとにあるすべての者の保護のための諸原則(1988年)は、39の原則を包括的に表現したものである。ただし、自由を奪われた者に対して他の国内法または国際法の法源で認められている諸権利を、それがこの諸原則に掲げられていないことを理由として制約するために、この諸原則を援用することはできない(原則3・一般条項)。諸原則はとくに、あらゆる形態の拘禁の効果的統制(拘禁の継続に関する司法的その他の審査を含む)の問題を重視している。諸原則はさらに、逮捕の条件、逮捕または他の拘禁場所への移送の事実を家族その他の者に通知すること、自由を奪われた者が家族および弁護士と通信する権利、尋問、法令の遵守状況を監督するために公正な立場の者が拘禁場所を訪問することなどに加え、たとえば自由の剥奪の合法性および自由の剥奪中に受けた取扱いの両方について異議を申立てるための救済の問題などについても、詳細な規定を置いている。

3.4 自由を奪われた少年の保護に関する国連規則(1990年)

自由を奪われた少年の保護に関する国連規則(1990年)は、少年の収監は「最後の手段として用いられるべき」ことを強調するとともに(規則1)、少年が司法制度において、たとえば逮捕・拘禁や審判前の段階との関係で有する権利について、きわめて詳細な指針を定めている。また、とくに記録の維持、物理的環境および居住条件、教育、職業教育および労働、レクリエーション、宗教、医療、身体的拘束および実力の行使の制限、懲戒手続、査察・苦情申立てとの関連で、少年施設の管理運営を規制するための規則も定めている。

3.5 拷問および他の残虐な、非人道的なまたは品位を傷つける取扱いまたは処罰から被収監者および被拘禁者を保護するための、保健要員、とくに医師の役割に関連する医療倫理の原則(1982年)

　拷問および他の残虐な、非人道的なまたは品位を傷つける取扱いまたは処罰から被収監者および被拘禁者を保護するための、保健要員、とくに医師の役割に関連する医療倫理の原則(1982年)は6つの原則を掲げた短い文書であり、被収監者・被拘禁者の医療に責任を負うすべての保健要員が、これらの者に対し、自由を奪われていない者に与えられるものと同一の身体的・精神的ケアの保護を提供する義務を強調している(原則1)。したがって、「保健要員、とくに医師が拷問または他の残虐な、非人道的なもしくは品位を傷つける取扱いもしくは処罰への参加、その謀議、教唆または実行計画を構成する行為に、積極的であるか受動的であるかを問わず従事することは、医療倫理への重大な違背であり、かつ適用可能な国際文書にもとづく犯罪である」(原則2)。また、医師が「被収監者または被拘禁者の身体的もしくは精神的健康または状態に悪影響を与え〔る〕……方法で被収監者および被拘禁者の尋問を援助するために自己の知識および技能を用いること」(原則4(a))や、「被収監者または被拘禁者を抑制するためのいずれかの手続に参加すること」(原則5)も、医療倫理への違背となる。ただし後者については、そのような手続が、「純粋に医学的な基準にしたがって」、具体的に定められた一定の目的のために必要とされると判断されたときはこの限りでない。

3.6 法執行官行動綱領(1979年)

　法執行官行動綱領(1979年)は、警察権力、とくに逮捕・拘禁の権限を行使する官吏を対象としたものである(1条およびその注釈)。「法執行官は、その職務を遂行するにあたり、人間の尊厳を尊重および保護し、かつあらゆる者の人権を維持および擁護」しなければならない(2条)。とりわけ、法執行官は「やむをえず必要とされる場合にかぎり、かつその職務の遂行に必要な限度でしか実力を行使することはでき」ない(3条)。法執行官は「拷問または他の残酷な、非人道的なもしくは品位を傷つける取扱いもしくは処罰にあたいかなる行為も実行、扇動ま

たは容認してはなら」ず、そのような行為を、上官の命令または戦争状態その他の公の緊急事態のような例外的事情を援用して正当化することはできない(5条)。最後に、さまざまな義務のなかでもとくに、「法執行官は、いかなる腐敗行為も行なってはなら」ず、「すべてのそのような行為に厳しく反対しかつ闘わなければならない」(7条)。

3.7 社会内処遇のための国連最低基準規則(東京規則、1990年)

社会内処遇のための国連最低基準規則(1990年)は東京規則とも呼ばれ、「社会内処遇の利用および収監に代わる手段に服する者の最低限の保護措置を促進するための一連の基本原則を定める」とともに、「刑事司法の運営……への地域社会のいっそうの参加を促進すること」および「罪を犯した者の間で社会に対する責任感を促進すること」を目的としている(一般原則1.1・1.2)。同規則は、公判前、公判中、判決の言渡しおよび判決後に至るすべての段階を対象としており、とくに社会内処遇措置の実施について扱ったものである(原則5～14)。

3.8 少年非行の防止に関する国連指針(リャド・ガイドライン、1990年)

少年非行の防止に関する国連指針(1990年)はリャド・ガイドラインとも呼ばれ、「子ども中心の方向性」を追求することによって少年非行の防止を目指そうとするものである。そこでは、「青少年は社会のなかにあって積極的な役割およびパートナーシップを担うべきであり、単に社会化または統制の対象と見なされるべきではない」とされる(基本的原則3)。この指針は、国際人権規約や児童の権利条約のような、すでに存在する他の関連の国際基準の枠組みのなかで解釈・実施されなければならないとされ、一般的防止(指針9)、社会化の過程(指針10～44)、社会政策(指針45～51)、立法および少年司法の運営(指針52～59)、調査研究、政策の発展および調整(指針60～66)などの問題を扱っている。

3.9 少年司法の運営に関する国連最低基準規則(北京規則、1985年)

　少年司法の運営に関する国連最低基準規則(1985年)は北京規則とも呼ばれ、司法運営における少年の取扱いに関する詳細な原則を定めるとともに、各原則に関する注釈もあわせて記載している。これらの規則で扱われているのは、刑事責任年齢、少年司法の目的、少年の権利、プライバシーの保護、捜査および訴追、審判および処分、施設外・施設内の処遇、調査研究・計画・政策立案・評価などの問題である。

3.10 犯罪および権力濫用の被害者のための正義に関する基本原則宣言(1985年)

　犯罪および権力濫用の被害者のための正義に関する基本原則宣言(1985年)には、「加盟国で施行されている刑法(権力濫用の犯罪について定めた法律を含む)の違反である作為または不作為」(原則4と1をあわせた引用)の被害者の、司法へのアクセスおよび公正な取扱いに関する諸規則が掲げられている。さらに、犯罪被害者の被害賠償、補償および援助の権利についても定められている(原則8～17)。最後に、「国内刑法の違反には至らないが、国際的に承認された人権規範の違反である作為または不作為」の被害者の状況が取扱われている(原則18)。これとの関連で、「国は、権力濫用について定め、かつそのような濫用の被害者に救済措置を提供する規範を国内法に編入することを検討するべきである。このような救済措置にはとくに、被害賠償および(または)補償と、必要な物質的、医療的、心理的および社会的援助ならびに支援が含まれるべきである」(原則19)。

3.11 強制的失踪からのすべての者の保護に関する宣言(1992年)

　強制的失踪からのすべての者の保護に関する宣言(1992年)は、「いかなる国も、強制的失踪を実行、許可または容認してはならない」こと(2条1項)、「各国は、その管轄下にあるいかなる領域においても強制的失踪の行為を防止しかつ終了させるために、効果的な立法上、行政上、司法上その他の措置をと」らなければな

らないこと(3条)を定めている。さらに、「文民であると軍であるとその他であるとを問わず、いかなる公的機関のいかなる命令または指示も、強制的失踪を正当化する根拠として援用することはでき」ず、「そのような命令または指示を受けたいかなる者も、それにしたがわない権利および義務を有する」ことも規定している(6条1項)。さらに、「自由を奪われた者の所在もしくは健康状態を判断し、かつ(または)当該自由剥奪を命令もしくは実行した機関を特定する手段として迅速かつ効果的な*司法的*救済を受ける権利」が、国が「戦争の脅威、戦争状態、内政の不安定または他のいずれかの公の緊急事態」を含む事態に直面しているときも含め、「いかなる状況においても強制的失踪を防止するために、必要とされる」(9条1項と7条をあわせたもの、強調引用者)。このような危機的状況は、いかなる事態においても、強制的失踪を正当化する根拠として援用することはできない(7条)。

3.12 普遍的に承認された人権および基本的自由を促進および保護する個人、集団および機関の権利および責任に関する宣言(人権擁護者宣言、1998年)

普遍的に承認された人権および基本的自由を促進および保護する個人、集団および機関の権利および責任に関する宣言(1998年)、いわゆる人権擁護者宣言は、13年の年月をかけて作成され、「単独でおよび他の者と共同して、国レベルおよび国際的レベルで人権および基本的自由の保護および実現を促進し、かつそのために邁進する」すべての者の権利を確認した点で(1条)、とくに重要な文書である。そこでは「すべての人権を保護、促進および実施する主要な責任および義務」は国にあることが確認されるとともに(2条)、とくに、「人権および基本的自由の侵害に反対する平和的活動に参加する」権利についての現行の規範が定義されている(12条1項)。各人にはさらに、「国に帰責する活動および行為(不作為によるものを含む)であって人権および基本的自由の侵害をもたらすもの、ならびに集団または個人による暴力行為であって〔これらの権利および自由に〕影響を与えるものに対して平和的手段を通じて反応または反対するうえで、**国内法にもとづく効果的な保護**を受ける」権利も認められている(12条3項、強調引用

者)。国連人権委員会は決議2000/61で、国連事務総長に対し、「全世界の人権擁護者の状況、および本宣言を全面的に遵守する形で人権擁護者の保護を増進するためにとりうる手段について報告する」特別代表の任命を要請する旨、決定した。

4. 国連犯罪防止犯罪者処遇会議が採択した文書

国際法の基準の意味をどのように解釈すればよいかという指針は、国連犯罪防止犯罪者処遇会議がこれまでに採択してきた、拘束力を持たない以下の文書にも見出すことができる。

- ◎ 被拘禁者の処遇に関する最低基準規則(1955年)
- ◎ 司法部の独立に関する基本原則(1985年)
- ◎ 法執行官による実力および火器の行使に関する基本原則(1990年)
- ◎ 弁護士の役割に関する基本原則(1990年)
- ◎ 検察官の役割に関する指針(1990年)

ただし、これらの文書についてはこのマニュアルの他の章でやや詳しく検討するので、本章ではこれ以上扱わない。

5. 人権の監視のために国連で設けられた条約外機構

国際的な条約機構に加えて、国連は、とくに重大な人権侵害に対応し、また個人やNGOからの訴えを審査するための、いわゆる「特別手続」を設けている。国連人権委員会の枠組みのなかで設置されたこれらの手続は、人権侵害を是正するために関係国政府との建設的協力を確立しようとするものである。これらの手続は基本的に、テーマ別・国別手続と1503手続の2種類に分けることができる。

5.1 特別手続Ⅰ：テーマ別・国別の委任事項[73]

過去数十年の間に、国連人権委員会および国連経済社会理事会は多くの**条約外**

機構ないし特別手続を設置してきた。そのいずれも、国連憲章や条約によって創設されたものではない。人権基準の執行状況についても監視を行なうこれらの条約外機構は、**個人の資格で活動する専門家から構成された作業部会**や、**特別報告者、特別代表もしくは個人専門家として任命された個人**に委ねられている。

作業部会、特別報告者、個人専門家、国連事務総長特別代表の委任事項および活動期間は、人権委員会または経済社会理事会の決定次第である。しかし一般的な委任事項は、特定の国または領域における人権状況（いわゆる**国別委任事項**）ないし世界中で生じている特定のタイプの人権侵害（**テーマ別機構・委任事項**）のどちらかについて検討・監視・公的報告を行なうこととされている。

このような機構は、普遍的な人権基準を監視するうえでこのうえなく重要であり、世界で生じているもっとも重大な人権侵害の多くに対応している。そこで取り上げられているテーマは、非司法的・即決・恣意的処刑、強制的・非自発的失踪、恣意的拘禁、国内避難民、裁判官・弁護士の独立、女性に対する暴力、子どもの売買、発展に対する権利、十分な住居、教育、人権擁護者などである。

いずれの特別手続についても、その**中心的目的**は、国レベルでの国際人権基準の実施を向上させるところにある。ただし、各特別手続にはそれぞれ固有の委任事項があり、特定の状況およびニーズにしたがってその委任事項が発展していく場合もある。

これらの機構による活動の基盤となるのは、被害者やその親族、地元のNGOや国際NGOといったさまざまな情報源から寄せられる人権侵害の訴えである。このような情報は書簡やファックスなどさまざまな様式で提出することができ、個々の事案に関するものでも、人権侵害が生じているとされる状況の詳細に関するものでもよい。

これらの特別機構は、十分な根拠がある人権侵害の事案を関係国政府に提示し、説明を求める。その結果はその後、特別機構が国連人権委員会や他の権限ある国際機関に提出する公開の報告書に反映される。さらに、非司法的処刑や

---

73 本節で述べる内容の一部は *Human Rights: A Basic Handbook for UN Staff*, United Nations, Office of the High Commissioner for Human Rights/United Nations Staff College Project, pp.49-53を参考にしている。

強制的失踪など重大な人権侵害の危険が差し迫っていることを立証する情報が寄せられたときは、テーマ別機構または国別機構は関係国政府に緊急メッセージを発して説明を求めるとともに、被害を受けたと主張する者の権利を保障するために必要な措置をとるようアピールする。また、関係国を直ちに訪問したい旨の要請を行なうことも可能である[74]。このようなアピールの目的は、緊急の懸念を生ぜしめる状況での人権保護を強化するところにある。国連人権委員会自身が第56会期にコンセンサス採択した、委員会の活動の合理化に関する報告書で強調されているように、「緊急アピールを送付された政府は、これらのアピールの根拠となった懸念の重大性を理解し、可能なかぎり早期に対応するべきである」[75]。このようなアピールは**防止**の効果を発揮することを意図したものであり、当該事案に関わる最終的結論を左右するものではない。説明が行なわれなかった事案は、特別機構が国連人権委員会や他の権限ある国際機関に提出する報告書を通じて公開される。

5.2 特別手続Ⅱ：1503苦情申立て手続

大規模かつ組織的な人権侵害が行なわれているとして毎年国連に提出される通報の多さに対応するため、国連経済社会理事会はこのような通報を取扱うための手続を採択した。1970年5月23日の決議1503にもとづく手続であることから、1503手続として知られている。ただし、個人の通報やNGOによるいっそう包括的な資料にもとづくとはいえ、これは個別事案を扱うのではなく、**多くの人々に影響を与える重大な人権侵害状況の特定を試みる**ための手続である。

2000年以降、もともと3段階から構成されていたこの非公開手続は2段階から構成されることになる。第1段階に参加するのは、国連人権促進保護小委員会を構成する5人の独立した委員から構成される通報作業部会と、地域別に指名された国連人権委員会の5人の委員から構成される状況作業部会である。その後、人権

---

74 UN doc. E/CN.4/2000/112, *Report of the Intersessional Open-ended Working Group on Enhancing the Effectiveness of the Mechanisms of the Commission on Human Rights*, p.8, para.26参照。

75 Ibid., p.9, para.28.

委員会本体が2回の非公開会議を開催し、状況作業部会の勧告を検討する[76]。1503手続関連の資料は、関係国政府が公開を希望しないかぎり、常に非公開である。公開の希望が出されない場合、1503手続にもとづく検討の対象となった国およびすでに検討対象を外れた国の名前のみ、人権委員会の委員長によって公にされる[77]。

> 国際条約にもとづく機構に加えて、国連は、とくに重大な人権侵害に対応するための**特別手続**を設置している。これらの手続は、人権侵害状況を是正する目的で関係国政府と協力することを目指すものである。特別手続は、作業部会、特別報告者、特別代表または独立専門家が参加するテーマ別・国別手続から構成される。また、多くの人々に影響を与える重大な人権侵害状況の特定を試みる1503苦情申立て手続もこれに含まれる。

6. おわりに

　本章に掲げた基礎的情報からわかるように、国連のさまざまな機関で採択された国際人権条約や無数の決議には人間の保護のための詳細な基準が掲げられているほか、国内レベルでこれらの基準がいっそう効果的に実施されるようにするための多様な監視機構も設けられている。以下の各章で紹介する実例を見れば、これらの法的文書の貢献によって、個人の保護の増進を目的とした重要な法的発展が生じてきたことがわかるはずである。当然のことながら、本章で紹介した普遍的な人権基準および権限のある監視機関によるその解釈は、国内で活動する法曹にとっても、さまざまな権利侵害から常に個人を保護するための業務に必要不可欠な指針を提供してくれている。

　さらに、これらの普遍的基準を補完するものとしてアフリカ、米州および欧州で採択された地域的基準が存在する。これらのさまざまな普遍的・地域的法

---

[76] 1503手続の修正についてさらに詳しくはibid., pp.11-12, paras.35-41参照。
[77] Ibid., p.12, para.41.

的基準は国内レベルで併存していることが多く、取扱う問題によっては、国内裁判官は両方の規則および原則を考慮しなければならない場合がある。

　最後に、人間の保護を目的とした普遍的な規範も地域的な規範も静的なものではなく、社会で新たに生じ続ける人間のニーズにあわせて発展していることも、重要な要素として念頭に置いておかなければならない。このような対応は解釈によって行なわれることが多いため、裁判官・検察官・弁護士は、国内での個人の保護に最大限の貢献を行なえるよう、これらの法的発展について常に最新情報を入手しておくことが必要である。

第3章

主要な地域人権文書およびその実施機構

第3章 主要な地域人権文書およびその実施機構

第3章
主要な地域人権文書およびその実施機構

学習の目的
- 主要な地域人権文書およびそれぞれ異なるその実施形態について参加者が習熟できるようにすること。
- 実務家法曹が監視機関に苦情申立てを行なうためにこれらの法的資源を(主として国内で、しかしある程度は地域レベルでも)どのように活用できるかについて、基礎的理解が得られるようにすること。

設問
- 裁判官・検察官・弁護士としての職業的活動を行なうなかで、地域人権法にもとづく権利を侵害されたと主張する刑事事件の被疑者・被告人、民事事件の被告または依頼者に出会ったことがあるか。
- 出会ったことがあれば、どのように対応したか。
- 問題解決にあたって人権保護のための地域法が参考になるかもしれないと考えたか。
- 被害を受けたと主張する者が最終的に地域委員会または地域裁判所に訴えるかもしれないと考えたか。
- そのように考えなかったとして、そのような意識があれば人権侵害の訴えに違った対応をとっていたと思うか。
- 人権侵害の被害を受けたと主張する者に代わって、地域機関に自国または他のいずれかの国を訴えたことがあるか。
- 訴えたことがある場合、訴えの結果はどうだったか。
- このような苦情申立てに関して全般的にどのような経験をしてきたか。
- 国際的システムと地域システムの両方を経験したことがあるか、あるとすればどのような違いがあると考えたか。

1. はじめに

1950年に欧州人権条約が採択されたのを皮切りとして地域的基準を定める傾向は続き、1967年には米州人権条約が、1981年にはアフリカ人権憲章が採択された。市民的・政治的権利のみならず経済的・社会的・文化的権利の保護も実効あらしめるための努力の一環として、これ以外にもさまざまな地域条約が採択されてきている。本章では、アフリカ、米州および欧州で採択された主要な地域人権条約をいくつか紹介する。ただし、これらの人権保障システムについてはすでに詳細に解説した文献があるため、このマニュアルではその主な特徴を記述するに留める。

2. アフリカにおける人権条約とその実施

2.1 人および人民の権利に関するアフリカ憲章(1981年)

1981年に人および人民の権利に関するアフリカ憲章(アフリカ人権憲章)が採択されたことは、アフリカにおける人権分野の新しい時代の幕開けとなった[1]。同憲章は1986年10月21日に発効し、2002年4月29日現在、53の締約国を擁している。

世界人権宣言、2つの国際人権規約および他の地域人権条約をかなり参考にしているとはいえ、アフリカ憲章には固有の内容も相当に反映されている。これはとくに、「権利」という用語についてアフリカ特有のとらえ方が存在し、そこでは人間の責任が重視されているためである[2]。憲章には権利の長いリストが掲げられており、市民的・政治的権利のみならず経済的・社会的・文化的権利も含む幅広い権利が対象とされている。

アフリカ憲章はさらに、「アフリカにおいて人および人民の権利を促進し、かつその保護を確保するために」、人および人民の権利に関するアフリカ委員会(ア

1　Fatsah Ouguergouz, *La Charte africaine des droits de l'homme et des peuples - Une approche juridique des droits de l'homme entre tradition et modernite* (Paris, Presses Universitaires de France, 1993 (Publications de l'Institut universitaire de hautes etudes internationales, Geneve)), p.xxv.

2　Keba Mbaye, *Les droits de l'homme en Afrique* (Paris, Editions A. Pedone/Commission Internationale de Juristes, 1992), p.161.

フリカ人権委員会)も創設した(30条)。1998年にはアフリカ人権裁判所の設置に関する同憲章の議定書も採択されているが、2002年4月30日現在、必要な15か国のうち5か国しか批准していないためにまだ発効していない。最後に、国連人権高等弁務官事務所の援助も得て、アフリカ人権委員会の枠組みのなかで、アフリカにおける女性の権利に関する追加議定書の作成作業も進行中である[3]。

2.1.1 締約国の約束

憲章の締約国は、「この憲章に掲げられた権利、義務および自由を認め、かつその実現のために立法上その他の措置をとることを約束」している(1条)。

さらに、締約国は「学校内外の教育および刊行物を通じてこの憲章に掲げられた権利および自由の尊重を促進および確保し、かつこれらの自由および権利ならびにそれに対応する責務および義務が理解されるように」しなければならないとも規定されている(25条)。さらに、締約国は「裁判所の独立を保障する義務を有し、かつ、この憲章によって保障された権利および自由の促進および保護を委ねられた適当な国家機関の設置および改善を可能に」しなければならない(26条)。この2つの規定は、このように、人権の効果的保護を確保するためには教育、情報および**司法の独立した運営**が必要であることを強調している。

最後に、憲章のいくつかの規定は、「共同体によって認められた道徳および伝統的価値を促進および保護すること」(17条3項)や発展の権利(22条2項)のように、一定の権利を確保するための国の義務としても表現されている。

2.1.2 認められている個別的・集団的権利

アフリカ人権憲章は、**個人**の市民的・政治的・経済的・社会的・文化的権利としてとくに次のような権利を認めている。

---

[3] See Mutoy Mubiala, "Le Projet du Protocole à la Charte Africaine des Droits de l'Homme et des Peuples relatif aux Droits de la Femme en Afrique", in *Human Rights*, Spring 2000 (OUNHCHR review), pp.23-27.

- ◎ 憲章で保障された権利および自由の享受においていかなる理由による差別も受けない権利(2条)
- ◎ 法の前の平等および法による平等の保護(3条)
- ◎ 生命および身体的不可侵性の保護(4条)
- ◎ 人間としての固有の尊厳を尊重される権利(奴隷制、奴隷取引、拷問、残酷な、非人道的なまたは品位を傷つける取扱いおよび処罰を受けない権利を含む)(5条)
- ◎ 自由および身体の安全に対する権利／恣意的逮捕または拘禁を受けない権利(6条)
- ◎ 自己の主張を審理される権利および自己の人権を「侵害する行為について権限ある国家機関に訴える権利」／権限ある裁判所によって有罪が立証されるまで無罪と推定される権利／防御権／公平な裁判所によって合理的な期間内に裁判を受ける権利／事後法の適用を受けない権利(7条)
- ◎ 良心、宗教の告白および実践の自由(8条)
- ◎ 情報を受ける権利ならびに自己の意見を「法律の範囲内において」表現しかつ広める権利(9条)
- ◎ 結社の自由に対する権利(10条)および他の者と自由に集会する権利(11条)
- ◎ 国の領域内における移動および居住の自由／自国を含むいずれの国からも離れ、かつ自国に帰る権利／迫害されたときに庇護を受ける権利／大量追放の禁止(12条)
- ◎ 直接に、または自由に選ばれた代表を通じて自国の政治に自由に参加する権利／自国の公務に平等に就く権利ならびに公の財産および役務を利用する権利(13条)
- ◎ 財産権(14条)
- ◎ 労働の権利および同一の労働について同一の報酬を受ける権利(15条)
- ◎ 到達可能な最高水準の身体的および精神的健康を享受する権利(16条)
- ◎ 教育に対する権利および自国の文化的生活に自由に参加する権利(17条)
- ◎ 家族、高齢者および障害者が特別な保護を受ける権利(18条)

さらに、アフリカ憲章は次のような**人民**の権利を認めている。

- ◎ 平等に対する人民の権利(19条)
- ◎ 自決の権利を含むすべての人民の生存の権利／「政治的であるか経済的であるか文化的であるかを問わず」外国の支配に対する解放闘争において援助を受けるすべての人民の権利(20条)
- ◎ 富および天然資源を自由に処分するすべての人民の権利(21条)
- ◎ 経済的、社会的および文化的発展に対するすべての人民の権利(22条)
- ◎ 国家および国際の平和および安全に対するすべての人民の権利(23条)
- ◎ 「その発展にとって好ましい一般的に満足すべき環境に対する」すべての人民の権利(24条)

2.1.3 個人の義務

27条1項は、なんら詳細について定めることなく、特定の**集団**に対する個人の義務を取り上げている。その規定内容は、「すべての個人は、自己の家族および社会、国ならびに法的に認められたその他の共同体および国際社会に対する義務を有する」という一般的な文言のみである。次に28条は**他の個人**に対する個人の義務を取り上げ、「すべての個人は、その同胞に対して差別なく尊敬の念および配慮を払い、かつ相互の尊敬および寛容の促進、保護および強化を目指した関係を維持する義務を有する」と定めている。最後に29条は、これ以外の具体的な個人の義務を次のようにいくつか列挙している。

- ◎ 家族の調和のとれた発展を維持する義務(29条1項)
- ◎ 国家共同体に奉仕する義務(29条2項)
- ◎ 国の安全を損なわない義務(29条3項)
- ◎ 社会および国の連帯を保持および強化する義務(29条4項)
- ◎ 自国の国家的独立および領土保全を保持および強化する義務(29条5項)
- ◎ 自己の才能および能力のすべてを尽くして働き、かつ納税する義務(29条6項)

- ◎ 積極的なアフリカ文化の価値を保持および強化する義務(29条7項)
- ◎ アフリカの統一の促進および達成に自己の才能のすべてを尽くして貢献する義務(29条8項)

2.1.4 権利行使の制限の許容

アフリカ憲章で保障された権利・自由の多くは、制限条項によってその行使に条件がつけられている。制限条項のなかにはどのような目的で制限を課してよいかについて具体的に述べているものもあるが、国内法で定められた条件を参照するよう求めるにすぎないものもある。例えば12条2項では、自国を含むいずれの国からも離れ、かつ自国に帰る権利は「国の安全、法および秩序、公衆の健康または道徳を守るために法律により定められた制限のみに服する」とされている。他方、すべての者は「法律にしたがうことを条件として」自由な結社の権利を有するが(10条)、結社の自由を制限するために国内法で正当に援用することのできる事由はなんら示されていない。

2.1.5 法的義務からの逸脱

自由権規約や米州・欧州人権条約とは異なり、アフリカ憲章では公の緊急事態における国家の逸脱の権利は規定されていない。第1章で述べたように、また第16章でさらに明らかにされるように、アフリカ人権委員会は、このような規定が存在しないということはアフリカ憲章においては逸脱が許容されていないということであると解釈してきた[4]。

---

4 *ACHPR, Commission Nationale des Droits de l'Homme et des Libertes v. Chad, No.74/92, decision taken at the 18th ordinary session, October, 1995*, para.21. 決定本文は次のウェブサイト参照。http://www1.umn.edu/humanrts/africa/comcases/74-92.html

> アフリカ人権憲章は、**個人の権利だけではなく人民の権利も保護して**
> **いる点で特徴的である。**憲章では、特定の集団および他の個人に対す
> る個人の義務も強調されている。アフリカ憲章のいくつかの規定では
> 保障された権利の行使を**制限**することが認められているが、憲章上の
> 義務からの**逸脱はまったく認められていない。**

2.1.6 実施機構

アフリカ人権委員会は、個人の資格で行動する11名の委員から構成される(31条)。委員会には2つの職務があり、ひとつは人および人民の権利を*促進する*こと、もうひとつはこれらの権利を*保護する*ことである(30条)。後者には、国およびその他の通報源からの通報を受理する権利が含まれる。

人および人民の権利を促進する職務については、委員会はまず、資料収集、アフリカの問題についての調査研究の実施、会議の開催、国内人権機関の奨励を行なうとともに、「問題が生じた場合、政府に対して意見を述べまたは勧告を行なう」。第2に、「人および人民の権利……に関する法的問題の解決を目的とした原則および規則を定めかつ規定する」。最後に、これらの権利の促進・保護に関係する他のアフリカの機関および国際機関と協力する(45条1項)。

「この憲章によって定められた条件のもとで人および人民の権利の保護」を確保するという職務については、委員会は、国およびその他の通報源からの通報を受理する権限のみならず、「締約国、OAUの機関またはOAUが承認したアフリカの機関の要請により、この憲章のすべての規定を解釈する」権限も認められている(45条3項)。

◎ **国家間通報**：締約国は、「この憲章の他の締約国がその規定に違反したと信ずるに足る十分な理由がある」ときは、「書面による通報により、その事案について当該国の注意を喚起することができる」(47条)。通報を受けた国は、通報を受理した後3か月以内に書面による説明を行なわなければならない。その事案が「二国間交渉その他の平和的手続によ

って関係両国が満足するように解決され」なかった場合、いずれの国も当該事案に対して委員会の注意を促すことができる(48条)。これらの規定に関わらず、締約国は事案を直接委員会に付託することも可能である(49条)。ただし委員会が取扱うのはすべての国内的救済措置が尽くされた事案のみであり、「当該救済措置を受けるための手続が不当に遅延している」場合を除いて例外は認められない(50条)。関係国は委員会に代表を出席させ、また書面および口頭により陳述を行なうことができる(51条2項)。必要なあらゆる情報を入手し、かつ「人および人権の尊重を基礎とした友好的解決に達するためのすべての適当な手段を試みた後」、委員会は「事実および委員会の判断を述べた」報告書を作成し、関係国および国家元首政府首長会議に送付する(52条)。報告書の送付にあたり、委員会は同会議に対して「有用と認める勧告」を行なうことができる(53条)。

◎ **締約国以外の通報源からの通報**：憲章は、委員会に*個人*からの苦情申立てを受理する権限があるのかどうか、具体的に定めていない。ただ、委員会の各会期の前に事務局長が「締約国による通報以外の通報の一覧を作成し、これを委員会の委員に送付」すること、「委員は、どの通報が委員会によって検討されるべきかを指示する」ことを規定するのみである(55条1項)。ただし、委員会が検討しうる事案はいくつかの基準を満たしていなければならない。すなわち、(1)通報で通報者が明らかにされていること、(2)OAU憲章とアフリカ人権憲章の両方と両立していること、(3)「軽蔑的または侮辱的な用語で」書かれていないこと、(4)「マスメディアを通じて流布された報道のみにもとづいて」いないこと、(5)国内的救済措置が尽くされた後に提出されたこと(ただし「当該手続が不当に遅延していることが明らかなときはこの限りでない」)、(6)「国内的救済措置が尽くされたとき……から合理的期間内に」提出されたこと、(7)国連憲章、OAU憲章またはアフリカ人権憲章の「原則……にしたがって関係国によって解決された事案を扱って」いないことである(56条)。憲章には、個人または個人の集団が委員会に出席することを認めた具体的規定はない。通報の実質的検討の前に、当該通報に対して

締約国の注意を喚起する必要がある(57条)。その後、「委員会の審議の後、一または複数の通報が、人および人民の権利が重大な形でまたは大規模に侵害されているという一連の事実の存在を明らかにする特別な事案に関連していると思われるときは、委員会は、これらの特別な事案について国家元首政府首長会議の注意を喚起する」。注意を喚起された国家元首政府首長会議は、委員会に対し、「当該事案の詳細な研究を行い、かつ委員会の判断および勧告を付した事実報告を作成する」よう要請することができる(58条1項・2項)。最後に、憲章では緊急事案についての手続も定められており、その場合、委員会は国家元首政府首長会議の議長に事案を付託する。付託を受けた議長は「詳細な研究を要請することができる」(58条3項)。

◎ **定期報告書**：憲章の締約国は、憲章の規定を「実施するためにとられた立法上その他の措置に関する報告書」を2年ごとに提出することも約束している(62条)。憲章では定期報告書の審査に関する明確な手続は定められていないが、アフリカ人権委員会は公開の会議でこれらの報告書を審査してきた[5]。

アフリカ人権委員会にはとくに次の権限が認められている。

● 資料収集、研究の実施、情報の普及、勧告、規則・原則の策定ならびに他の機関との協力によって人権を**促進する**こと
● (a)国家間通報、(b)締約国による通報以外の通報および(c)締約国による定期報告書を受理することによって人および人民の権利の**保護を確保する**こと

---

5 たとえばガーナの報告書については *The African Commission on Human and Peoples' Rights Examination of State Reports, 14th Session, December 1993: Ghana* 参照(次のウェブサイトに掲載 http://www1.umn.edu/humanrts/achpr/sess14-complete.htm)。

2.2 子どもの権利および福祉に関するアフリカ憲章(1990年)

子どもの権利および福祉に関するアフリカ憲章[6]は1990年に採択され、1999年11月29日に発効した。2000年5月31日現在の批准国数は20か国である。憲章は多くの子どもの権利を定めるとともに、子どもの権利および福祉に関するアフリカ専門家委員会を設置している。

2.2.1 締約国の約束

締約国は、「この憲章に掲げられた権利、自由および義務を認め、かつ、その憲法上の手続およびこの憲章の規定にしたがい、この憲章の規定を実施するために必要な立法上その他の措置を採用するため、必要な措置をとる」ものとされる(1条1項)。注目に値するのは、「この憲章に含まれる権利および義務と相反するいかなる習慣、伝統、文化的または宗教的慣行も、その相反する限りにおいて抑制される」とされている点である(1条3項)。

2.2.2 認められている権利

子どもの権利および福祉に関するアフリカ憲章の適用上、子どもとは18歳未満のすべての者を意味し(2条)、子どもに関わるすべての活動において、それがいかなる個人または機関によってなされたものであっても、子どもの最善の利益が第一義的に考慮されなければならない(4条1項)。憲章ではさらに、とくに次の権利と原則が保障されている。

- ◎ 差別の禁止の原則(3条)
- ◎ 生存および発達に対する権利(生命に対する権利および死刑の禁止を含む)(5条)

---

6 OAU doc. CAB/LEG/24.9/49 (1990).

- ◎ 名前および国籍に対する権利(6条)
- ◎ 表現の自由に対する権利(7条)
- ◎ 結社および平和的集会の自由に対する権利(8条)
- ◎ 思想、良心および宗教の自由に対する権利(9条)
- ◎ プライバシー、家族、住居および通信を保護される権利(10条)
- ◎ 教育に対する権利(11条)
- ◎ 余暇、レクリエーションおよび文化的活動に対する権利(12条)
- ◎ 障害児が特別な保護を受ける権利(13条)
- ◎ 健康および保健サービスに対する権利(14条)
- ◎ 経済的搾取および危険な労働から保護される権利(15条)
- ◎ 児童虐待および拷問から保護される権利(16条)
- ◎ 少年司法の運営/罪を犯した青年が特別な取扱いを受ける権利(17条)
- ◎ 家族の単位を保護される権利(18条)
- ◎ 親のケアおよび保護を受ける権利(19条)
- ◎ 有害な社会的および文化的慣行から保護される権利(21条)

　子どもの権利および福祉に関するアフリカ憲章にはさらに次の点に関わる規定も置かれている。

- ◎ 武力紛争(22条)
- ◎ 難民の子ども(23条)
- ◎ 養子縁組(24条)
- ◎ 親からの分離(25条)
- ◎ アパルトヘイトおよび差別からの保護(26条)
- ◎ 性的搾取(27条)
- ◎ 薬物濫用(28条)
- ◎ 子どもの売買、取引および誘拐(29条)
- ◎ 母親が収監された子ども(30条)

2.2.3 子どもの義務

憲章31条によれば、「すべての子どもは、家族、社会、国家および他の法的に認められた共同体ならびに国際社会に対する責任を負う」。このような責任としては、家族の統合に努める義務、国家共同体のために奉仕する義務、社会的および国家的連帯を保持および強化させる義務、ならびにアフリカの統一の促進に貢献する義務などがある。

2.2.4 実施機構

子どもの権利および福祉を促進・保護するために、アフリカ統一機構内に子どもの権利と福祉に関するアフリカ専門家委員会が設置される(32条)。委員会は、個人の資格で活動する独立のかつ公平な11名の委員から構成される(33条)。

委員会の任務は、第1に憲章に掲げられた権利を促進・保護することであり、第2に関連の権利の実施状況を監視し、かつそれらの権利を確保することである(42条)。第1の任務を遂行するため、委員会はとくに、情報の収集・記録、会議の開催、政府に対する勧告、アフリカの子どもの権利および福祉の保護を増進させるための規則・原則の策定、ならびに同じ分野で活動しているアフリカの地域機関および国際機関との協力に従事する(42条(a))。委員会は、とくに締約国またはOAUの機関の要請により、憲章の規定を解釈することができる(42条(c))。憲章の実施状況の監視に関しては、次の2つの手続が定められている。

- ◎ **報告手続**：すべての締約国は、憲章の発効後2年以内に、その後は3年ごとに、憲章の規定を実施するためにとった措置についての報告書を提出すると約束している(43条1項)。憲章では、委員会がこれらの報告書を審査する方法については定められていない。
- ◎ **苦情申立て手続**：委員会は、アフリカ統一機構、締約国または国際連合によって認められたいかなる個人、集団または非政府組織からも、この憲章で対象とされているいかなる事柄についても通報を受理することができる(44条)。

最後に、委員会は、憲章の範囲内にあるいかなる事柄についてもいずれかの「適当な方法」によって調査することができる。さらに委員会は、その活動に関する定期報告書を、国家元首政府首長会議の通常会期に対して2年ごとに提出するものとされる。委員会の報告書は、同会議による検討を経た後に公開される(45条)。

> 子どもの権利および福祉に関するアフリカ憲章では多くの権利が保護されており、これらの権利は**子どもの最善の利益**にのっとって解釈・適用されなければならない。子どもの権利および福祉に関するアフリカ専門家委員会は、子どもの権利を**促進**および**保護**するものとされる。実施機構は(a)報告手続と(b)苦情申立て手続である。

3. 米州人権諸条約およびその実施

3.1 米州人権条約(1969年)およびその議定書(1988年・1990年)

　コスタリカの首都であるサン・ホセで採択されたために一般にサン・ホセ条約とも呼ばれる米州人権条約(1969年)[7]は、1978年7月18日に発効した。2002年4月9日現在の締約国数は、トリニダードトバゴが1998年5月26日に脱退した[8]ため、24か国である。同条約により、「米州機構の自律的機関」として1960年から存在していた米州人権委員会がさらに強化された[9]。同委員会は条約にもとづく機関となり、米州人権裁判所とともに、条約の「締約国が行なった約束の履行に関する事柄について権限を有する」ものとされたのである(33条)。

　1988年、米州機構(OAS)総会はさらに、経済的、社会的および文化的権利の分野における米州人権条約の追加議定書(サンサルバドル議定書)を採択した[10]。こ

7　OAS Treaty Series, No.36.
8　次のOASのウェブサイト参照。http://www.oas.org/juridico/english/Sigs/b-32.html
9　OAS doc. OEA/Ser.L/V/II.83, doc.14, corr.1, March 12, 1993, *Annual Report of the Inter-American Commission on Human Rights 1992-1993*, p.5.
10　OAS Treaty Series, No.69.

の議定書は、締約国は「ブエノスアイレス議定書によって改正された米州機構憲章が掲げる経済的、社会的、教育的、科学的および文化的基準に黙示的に含まれる諸権利の完全な実現を立法その他の適当な手段によって漸進的に達成する目的で、国内的および国際協力を通じて、……措置をとることを約束する」という、条約26条の規定を発展させたものである。同議定書は1999年11月16日に発効し、2002年4月9日現在、12か国が締約国となっている[11]。

最後に、OAS総会は1990年に死刑を廃止するための米州人権条約の追加議定書を採択した[12]。同議定書の発効は1991年8月28日である。同議定書の締約国は、「自国の領域内において、その管轄権の下にあるいかなる者に対しても死刑を適用してはならない」(1条)。この議定書に対して留保を行なうことはできないが、締約国は、批准または加入のさい、「軍事的性質のきわめて重大な犯罪について、戦時に国際法にしたがって死刑を適用する権利を留保する」旨を宣言することができる(2条1項)。2002年4月9日現在の締約国数は8か国である[13]。

3.1.1 締約国の約束

米州人権条約の締約国は、「ここに認められた権利および自由を尊重し、かつ、その管轄下にあるすべての者に対し、〔掲げられたいくつかの理由にもとづく〕いかなる差別もなく、これらの権利および自由の自由かつ完全な行使を確保することを約束」している(1条)。これらの約束については、とくにベラスケス氏が失踪し、死亡したと思われるベラスケス事件において、米州人権裁判所の解釈が明らかにされているところである。裁判所の見解によれば、条約で認められた権利および自由を尊重する義務には、

> 「……公的権限の行使には、人権が人間の尊厳の不可欠な属性であって、したがって国の権限に優位することから生ずる一定の制約がある」

---

11 http://www.oas.org/juridico/english/Sigs/a-52.html参照。
12 OAS Treaty Series, No.73.
13 http://www.oas.org/juridico/english/Sigs/a-53.html参照。

という意味合いが含まれている[14]。したがって、「これらの権利および自由の自由かつ完全な行使を確保する」義務は、

> 「……人権の自由かつ完全な享受を司法的に確保できるような形で政府の機構、および公的権限が行使されるあらゆる体制全般を組織する締約国の義務を含意するものである。この義務の結果として、国は条約で認められた権利のいかなる侵害をも**防止、調査および処罰**しなければならず、さらに、可能であれば**侵害された権利の回復**および侵害から生じた損害にふさわしい**賠償の提供**を試みなければならない」[15]

ただし、裁判所は次のように付け加えている。

> 「人権の自由かつ完全な行使を確保する義務は、この義務を遵守できるようにすることを目的とした法制度が存在するからといって満たされるものではない。人権の自由かつ完全な享受を効果的に確保できるように政府が行動することも必要とされる」[16]

防止の問題については裁判所は次のように述べている。

> 「国には、人権侵害を防止するために合理的な措置をとる法的義務があり、またその管轄の下で行なわれた侵害を真剣に調査し、責任者を特定し、適切な処罰を課し、かつ被害者に対して十分な賠償を確保するために利用可能なあらゆる手段を用いる法的義務がある」[17]

人権侵害を防止する義務には、さらに、「人権の保護を促進するとともに、いかなる人権侵害も、責任者の処罰および被害者が受けた被害を賠償する義務に

14　I-A Court HR, *Velásquez Rodríguez Case*, judgment of July 29, 1988, Series C, No.4, p.151, para.165.
15　Ibid., p.152, para.166. 強調引用者。
16　Ibid., para.167.
17　Ibid., p.155, para.174.

つながる不法行為として見なされ、かつそのように取扱われるようにするための、法的、政治的、行政的および文化的性質を有するあらゆる手段」も含まれるものとされる[18]。

米州人権裁判所が定義したように、条約締約国が法的に負う「尊重」および「確保」の義務は多面的であり、政府自身の特定の行動を含む国家体制全体の根源にまで及ぶものである。人権侵害を防止、調査、処罰および救済する国の義務については、このマニュアルの第15章でさらに包括的に分析する。

> 米州人権条約に掲げられた権利および自由を「確保する」法的義務があるということは、締約国は人権侵害を防止、調査および処罰しなければならず、可能であれば、侵害された権利を回復し、かつ損害にふさわしい賠償を提供しなければならないということである。

3.1.2 認められている権利

条約が保障する市民的・政治的権利としては次のようなものがある。

◎ 法的人格に対する権利(3条)
◎ 生命に対する権利(廃止主義的観点から死刑を注意深く規制することも含む)(4条)
◎ 人道的な取扱いに対する権利(拷問および残虐な、非人道的なまたは品位を傷つける取扱いまたは処罰を受けない権利も含む)(5条)
◎ 奴隷状態、隷属状態、強制労働および義務的労働の対象とされない権利(6条)
◎ 身体の自由および安全に対する権利(恣意的逮捕または拘禁を受けない権利も含む)(7条)
◎ 公正な裁判に対する権利(8条)

18　Ibid., para.175.

- ◎ 事後法の適用を受けない権利(9条)
- ◎ 誤審の場合に補償を受ける権利(10条)
- ◎ プライバシーに対する権利(11条)
- ◎ 良心および宗教の自由に対する権利(12条)
- ◎ 思想および表現の自由に対する権利(13条)
- ◎ 不正確なおよび攻撃的な言明が広められた場合に回答する権利(14条)
- ◎ 平和的集会に対する権利(15条)
- ◎ 結社の自由に対する権利(16条)
- ◎ 自由に婚姻し、かつ家族を形成する権利(17条)
- ◎ 名前に対する権利(18条)
- ◎ 子どもの権利(19条)
- ◎ 国籍に対する権利(20条)
- ◎ 財産権(21条)
- ◎ 移動および居住の自由に対する権利(22条)
- ◎ 参政権(23条)
- ◎ 法の前の平等および法による平等の保護に対する権利(24条)
- ◎ 司法的保護に対する権利(25条)

　米州人権条約は、以上の市民的・政治的権利を認めるとともに、締約国が、「ブエノスアイレス議定書によって改正された米州機構憲章が掲げる経済的、社会的、教育的、科学的および文化的基準に黙示的に含まれる諸権利の完全な実現を立法その他の適当な手段によって漸進的に達成する目的で、国内的におよび国際協力を通じて、……措置をとることを約束する」という一般規定も含んでいる(26条)。同条項の標題が示しているように、この規定は司法的手段による即時的執行よりもこれらの権利の「漸進的発展」を重視したものである。ただし、経済的、社会的および文化的権利の分野における米州人権条約の追加議定書の発効にともない、これらの規定の法的定義はより詳細なものとなった。とはいえ、その「完全な遵守」は依然として「漸進的に」達成すべきものとされる(1条)。追加議定書は次のような経済的・社会的・文化的権利を認めている。

- ◎ 議定書に掲げられた権利の行使における差別の禁止の原則(3条)
- ◎ 労働に対する権利(6条)
- ◎ 公正、衡平かつ満足な労働条件に対する権利(7条)
- ◎ 労働組合の権利(8条)
- ◎ 社会保障に対する権利(9条)
- ◎ 健康に対する権利(10条)
- ◎ 健康的な環境に対する権利(11条)
- ◎ 食糧に対する権利(12条)
- ◎ 教育に対する権利(13条)
- ◎ 文化の利益に対する権利(14条)
- ◎ 家族の形成および保護に対する権利(15条)
- ◎ 子どもの権利(16条)
- ◎ 高齢者が保護される権利(17条)
- ◎ 障害者が保護される権利(18条)

3.1.3 権利行使の制限の許容[19]

　次の権利の**行使**は、具体的に掲げられた目的のために**必要**であれば、制限される場合がある。自己の宗教および信念を表明する権利(12条3項)、思想および表現の自由に対する権利(13条2項)、集会および結社の自由に対する権利(15条および16条2項・3項)、ならびに、自国を含むいずれの国からも離れる権利を含む移動および居住の自由に対する権利(22条3項)である。権利行使の制限が正当化される理由としては、とくに、公衆の安全、健康、道徳、(公の)秩序、国の安全または他の者の権利および自由の保護が挙げられる(正当化事由は保護される権利によって異なる)。これに加えて、参政権と結びついた「権利および機会の行使」は、定められたいくつかの理由にもとづき、法律で規制することが可能である(23条2項)。

19　権利行使の制限についてさらに詳しくは、とくに、「鍵となるその他のいくつかの権利：思想、良心、宗教、意見、表現、結社および集会の自由」について扱った第12章参照。

法律適合性の原則については、課される制限は法律で定められ、法律で確立され、法律にしたがって課され、または法律にしたがわなければならないことが、すべての制限条項で定められている。ただし30条には、条約で定められた権利の行使の制限は「一般的利益を理由として制定された法律にしたがい、かつこのような制限が設けられた目的にしたがう場合のほか、適用されてはならない」という一般規定が置かれている。

　米州人権裁判所はある勧告的意見で30条の「法律」という用語を分析し、「人権保護制度の文脈における〔この用語の意味は〕当該制度の性質および起源と切り離して考えることはできない」とした。このような制度は、

> 「……実質的に、個人には侵害してはならない一定の属性が存在することの確認を基盤とするものであり、このような属性を政府の権限の行使によって制限することは正当とは認められない」[20]

したがって、裁判所の見解によれば、

> 「……基本的権利に影響を及ぼす国の行為を政府の裁量に委ねるのではなく、むしろ、侵害してはならない個人の属性が傷つけられないことを確保するための一連の保障によって国の行為を包囲することが必要不可欠である」[21]

裁判所はこれに付け加えて、「これらの保障のうちもっとも重要なのは、基本的権利に対する制限は立法府が憲法にしたがって可決した法律によって定められたものに限るというもの」であろうと述べている[22]。30条にいう「法律」とはしたがって「正規の法律」、すなわち次のものを意味する。

---

[20] I-A Court HR, *The Word "Laws" in Article 30 of the American Convention on Human Rights*, Advisory Opinion OC-6/86 of May 9, 1986, Series A, No.6, p.29, para.21.
[21] Ibid., pp.29-30, para.22.
[22] Ibid., at p.30.

「各国の国内法に定められた手続にしたがって立法府が可決し、かつ行政府が公布した法的規範」[23]

ただし、30条は「法律」という文言を「一般的利益」とも関連づけている。すなわち、「法律は条約32条2項にいう『一般的福祉』のために採択されたものでなければならない」のであり、裁判所によれば「一般的福祉」の概念は次のように解釈されなければならない。

「民主的国家における公の秩序の不可欠な要素であり、その主要な目的が『人間の本質的権利の保護と、人間が精神的および物質的進歩ならびに幸福を達成できるような状況の創造』であるもの」[24]

したがって、その後「ヘイビアス・コーパス」(人身保護令状)に関する勧告的意見のなかで再確認されたように、「法律適合性の原則、民主的制度および法の支配の間には不可分な絆」が存在するのである[25]。

民主的社会の原則については、集会に対する権利および結社の自由に対する権利の行使に関わる制限条項のみ、制限は「**民主的社会において必要な**もの」(強調引用者)でなければならないと定めている。しかし、表現の自由に対する権利(13条)に関わる「ジャーナリズム実務法で定められた強制団体加入」についての勧告的意見で米州人権裁判所が強調したように、米州人権条約の規定は、とくに29条(c)および32条2項に掲げられた制限を条件として解釈されなければならない[26]。前者は、「この条約のいかなる規定も、次のように解釈してはならない。……(c)人間の人格に固有の、または**統治の形態としての代議制民主主義に由来する**他の権利または保障を排除すること」と定めた規定である(29条(c)、強調引用者)。後

23　Ibid., at p.32, para.27.
24　Ibid., at p.33, para.29.
25　I-A Court HR, Habeas Corpus in Emergency Situations (Art.27(2), 25(1) and 7(6), Advisory Opinion OC-8/87 of January 30, 1987, Series A, No.8, p.40, para.24.
26　I-A Court HR, Compulsory Membership in an Association Prescribed by Law for the Practice of Journalism (Arts. 13 and 29 American Convention on Human Rights), Advisory Opinion OC-5/85 of November 13, 1985, Series A, No.5, p.105, para.41.

者では、「すべての者の権利は、**民主的社会における**他の者の権利、すべての者の安全および**一般的福祉の正当な要求によって**制限される」と規定されている(32条2項、強調引用者)。

　これらの条項は、とくに、「条約13条2項で認められた制限が解釈されなければならない文脈」を定義したものである。したがって、裁判所の見解によれば次のとおりとなる。

「……『民主的制度』、『代議制民主主義』および『民主的社会』に対する言及が繰り返し見られることから、表現の自由に対して国が課す制限が(a)号または(b)号に掲げられた目的のいずれかを『確保するために必要』かどうかという問題は、**民主的社会および制度の正当な必要を参照することによって判断されなければならない**」[27]

以上のことから裁判所は次のように結論づけている。

「条約の解釈、およびとくに民主的制度の維持および機能にとって決定的に重要な関係を有する規定の解釈は、……民主主義の正当な要求を指針として行なわれなければならない」[28]

> 権利行使の制限が米州人権条約のもとで正当とされるためには、以下の原則にしたがっていなければならない。
> - **法律適合性の原則**(制限措置は法律にもとづくものでなければならない)
> - **民主的社会の原則**(課される措置は民主的社会および制度の正当な必要を参照することによって判断されなければならない)
> - **必要性／比例性の原則**(個人の権利の行使に対する干渉は、定められた目的の一または複数を達成するために民主的社会において必要とされるものでなければならない)

27　Ibid., p.106, para.42. 強調引用者。
28　Ibid., p.108, para.44.

3.1.4 法的義務からの逸脱の許容

　自由権規約4条に比べると若干表現が異なっているが、米州人権条約27条も、締約国が条約にもとづく義務から逸脱する可能性を予定している。以下はこの権利に付随する条件を簡単にまとめたものであり、さらに詳しくは第16章で扱う。

- **例外的脅威という条件**：締約国が逸脱という手段に訴えることができるのは、「戦争、公の危険、または締約国の独立もしくは安全を脅かすその他の緊急事態」のときのみである(27条1項)。このように、この定義で用いられている文言は自由権規約4条や欧州人権条約15条とは異なっている。
- **いくつかの義務からは逸脱できないという条件**：米州人権条約27条2項は、けっして停止することのできない規定を数多く列挙している。3条(法的人格に対する権利)、4条(生命に対する権利)、5条(人道的な取扱いに対する権利)、6条(奴隷状態の対象とされない権利)、9条(事後法の適用を受けない権利)、12条(良心および宗教の自由)、17条(家族の権利)、18条(名前に対する権利)、19条(子どもの権利)、20条(国籍に対する権利)、23条(参政権)、および「**これらの諸権利の保護に不可欠な司法上の保障**」である(強調引用者)[29]。
- **真の必要性という条件**：締約国は、「事態の緊急性が真に必要とする限度および期間において、この条約にもとづく義務から逸脱する措置をとる」ことができるに留まる(27条1項)。
- **他の国際法上の義務に抵触してはならないという条件**：締約国がとる逸脱措置は、他の国際条約や国際慣習法にもとづく義務のような、「締約国が国際法にもとづいて負う他の義務に抵触して」はならない(27条1項)。
- **差別の禁止という条件**：逸脱措置は、「人種、皮膚の色、性、言語、宗教または社会的出身を理由とする差別をともなってはならない」(27条1項)。

---

[29] 「これらの諸権利の保護に不可欠な司法上の保障」という文言については、とくに米州人権裁判所の2つの勧告的意見でその解釈が明らかにされている。この点については第16章でさらに詳しく扱う。

- ◎ **国際的通知という条件**：27条1項にもとづく逸脱の権利を援用するためには、締約国は27条3項の条件も遵守しなければならない。すなわち、「適用を停止した諸条項、停止に至った理由およびこのような停止の終了予定日を、米州機構事務総長を通じて他の締約国に直ちに通知する」ものとされる。

> 米州人権条約27条にもとづいて自国の義務から逸脱しようとする締約国は、次の条件を遵守しなければならない。
> - 例外的脅威という条件
> - いくつかの義務からは逸脱できないという条件
> - 真の必要性という条件
> - 他の国際法上の義務に抵触してはならないという条件
> - 差別の禁止という条件
> - 国際的通知という条件

3.1.5 実施機構

人権保護のための米州機構の制度を構成するのは、第一審としての米州人権委員会と、第二審としての米州人権裁判所(その管轄権を受託した締約国に限る)である。ここでは関連の手続について一般的に説明するに留める。

- ◎ **米州人権委員会の権限**：米州人権委員会は個人の資格で選出された7名の委員で構成されており(34条・36条1項)、その主な職務は「人権の尊重および擁護を促進する」ことである。この目的のため、委員会はとくに次のことを行なう。(1)米州において人権に関する意識を発展させること、(2)望ましいと考える場合に加盟国政府に対して勧告を行なうこと、(3)職務遂行にとって望ましいと考える研究および報告を準備すること、(4)条約にもとづく権限にしたがって請願その他の通報に関する行動をとることなどである(41条(a)(b)(c)(f))。委員会に対して**個人が請願を行なう権利**の承認は条約で**義務的**とされており、「いかなる個人

もしくは個人の集団、または一もしくは複数の〔米州〕機構加盟国において法的に承認されたいかなる非政府団体も、締約国によるこの条約の違反の告発または苦情を含む請願を……提出することができる」(44条)。他方、国家間の苦情申立てのためには関係締約国が委員会の通報審査権限を認める旨の具体的宣言を行なうことが必要であり、この場合、委員会は同様の宣言を行なった締約国に対する通報のみ審査することができる(45条1項・2項)。

委員会に提出された個人請願または国家間通報が受理されるためにはいくつかの要件が満たされなければならない。国内的救済措置が尽くされていなければならないという規則(46条1項(a))はその一例である。さらに、請願または通報は、被害を受けたと主張する者が終局判決の通知を受けた日から6か月以内に提出されなければならないし、苦情の主題が他の国際的手続での解決のために係属中であってはならない(46条1項(b)(c))。もちろん、個人請願には被害を受けたと主張する者またはその法定代理人の氏名、住所および署名といった情報が記載されている必要がある(46条1項(d))。ただし、国内的救済措置が尽くされていなければならないという規則は、(a)国内法において「侵害されたと主張される一または複数の権利を保護するための法律上の適正手続が定められていない」場合、(b)被害を受けたと主張する者が国内的救済措置の利用を拒否された場合、および(c)「終局判決の言渡しに不当な遅延があった」場合には適用されない(46条2項)。

請願もしくは通報がこれらの条件を満たしていないとき、またはたとえば「明白に根拠を欠」くものであるときは、委員会は当該請願または通報の不受理を宣言する(47条)。それ以外の場合には当該請願または通報の受理が宣言されなければならず、この場合、委員会は苦情の内容をさらに詳細に分析できるよう当事者に対してさらなる情報を要請する(48条1項(a))。委員会は、書面に加えて現地調査や口頭陳述の聴取を行なうこともできる(48条1項(d)(e))。委員会は、この段階で、請願または通報を受理しないこと、当該請願または通報が不適切であることもしくは裏付けを欠くことを宣言することも可能である(48条1項(c))。このよ

うな宣言を行なわない場合、委員会は、「この条約が認める人権の尊重を基礎とした友好的解決に至ることを目的として、自らを関係当事者の利用に供させる」(48条1項(f))。解決に至らなかった場合、委員会は「事実を明らかにしかつ委員会の結論を述べる報告を作成」して締約国に提出するが、締約国は「これを公表する自由を持たない」(50条1項・2項)。定められた期間内に当該事案が解決されず、または裁判所に付託されなかったときは、委員会は「審理のために付託された問題に関する意見および結論を明らかにする」ことができ、関係国が「十分な措置」をとらなかった場合、最終的にその報告を公表することができる(51条)。

米州人権条約をまだ批准していないOAS加盟国については、委員会は、人の権利および義務に関する米州宣言の違反を訴える請願を受理する権限を有する[30]。

委員会の権限のうちもうひとつの興味深い側面は、委員会が米州人権裁判所に対して勧告的意見を要請できることである(64条)。「緊急事態におけるヘイビアス・コーパス(人身保護令状)」についての重要な勧告的意見を裁判所が明らかにしたのは、委員会の要請を受けてのことであった。

◎ **米州人権裁判所の権限**：2001年4月16日現在、裁判所の義務的管轄権を受託しているのは21か国である[31]。裁判所は個人の資格で選出された7名の裁判官で構成される(52条)。事務局はサン・ホセ(コスタリカ)に置かれている。裁判所は、委員会での手続が終了した後でなければ審理を行なうことができない(61条2項)。「きわめて重大かつ緊急」な事案の場合には裁判所は「適当と認める暫定的措置をとる」が、委員会の要請があれば、まだ裁判所に付託されていない事案についても同様の対

---

30 委員会が第660回会合(第49会期、1980年4月8日)で承認し、第938回会合(第70会期、1987年6月29日)で修正した米州人権委員会規則(*Regulations of the Inter-American Commission on Human Rights*, OAS doc. OEA/Ser.L/V/II.82, doc.6, rev.1, July 1, 1992, *Basic Documents Pertaining to Human Rights in the Inter-American System*, p.121)第51条参照。

31 OAS doc. OEA/Ser.L/V/II.111, doc.20 rev., *Annual Report of the Inter-American Commission on Human Rights 2000*, Annex 1 (http://www.cidh.oas.org/annualrep/2000eng/TOC.htm).

応をとることができる(63条2項)。裁判所の判決は終局的であり、締約国は「自国が当事者であるいかなる事件についても」判決にしたがうことを約束している(67条・68条1項)。

経済的、社会的および文化的権利の分野における追加議定書の執行機構は条約にもとづく手続とは異なっており、締約国は議定書に「定める権利の正当な尊重を確保するためにとった漸進的措置についての定期報告を提出する」ことを約束しているのみである(議定書19条1項)。労働組合を結成する権利およびこれに加入する権利(8条(a))と教育に対する権利(13条)についてのみ、議定書は米州人権委員会・裁判所における苦情申立て手続が適用されることを定めているが、これも訴えられている侵害が締約国に「直接帰責する」事案に限られている(19条6項)。

米州人権委員会・裁判所はともに相当数の事件を扱ってきており、これらはそれぞれの年次報告書で参照することができる。米州人権委員会の年次報告書では、米州人権条約の枠組みをはるかに超える委員会の活動一般についての重要な情報も提供されている。

> **米州人権委員会**は、人権侵害の訴えに関する以下の請願を受理する権限を有する。
> ● いずれかの者もしくは集団、または法的に承認されたいずれかの非政府団体から提出されるもの(この権限の承認は義務的である)(44条)
> ● いずれかの締約国が他の締約国を相手どって提出するもの(このような権限が承認されている場合に限る)(45条)
>
> **米州人権裁判所**は、締約国および委員会から付託された事案を審査する権限を有する。ただし、当該事案は最初に委員会による検討を経ていなければならない(61条)。

3.2 拷問を防止および処罰するための米州条約(1985年)

拷問を防止および処罰するための米州条約(1985年)は1987年2月28日に発効し、2002年4月9日現在、16か国の締約国を擁している[32]。

3.2.1 条約の適用範囲

条約上、「拷問とは、刑事捜査の目的で、脅迫の手段として、個人の処罰として、予防的措置として、刑罰としてまたは他のいずれかの目的で意図的に行なわれるいずれかの行為であって、人に身体的または精神的痛みまたは苦痛を与えるものを指す。拷問はまた、たとえ身体的痛みまたは精神的苦悶を生じさせないものであっても、被害者の人格を消滅させまたはその身体的もしくは精神的能力を減殺するための手段をいずれかの者に対して用いることも指すものとする」(2条)。

条約はさらに、拷問を実行、煽動もしくは教唆した者または拷問を防止できる立場にありながらそうしなかった者の個人責任の範囲についても定めている(3条)。国連拷問等禁止条約の場合と同様、「戦争状態、戦争の脅威、攻囲状態もしくは緊急事態、国内の騒乱もしくは不和、憲法上の保障の停止、国内の政治的不安その他の公の緊急事態または災害の存在は、拷問の犯罪を正当化するために援用または認容することはできない」(5条)。さらに、「被拘禁者または受刑者の危険な性格」も拷問に訴えることの正当化事由とはならない(5条)。

3.2.2 締約国の約束

条約は、「締約国は、その管轄内で拷問を防止および処罰するために効果的な措置をとる」べきこと、また「あらゆる拷問および拷問未遂の行為が自国の刑法で犯罪とされることを確保する」べきことを定めている(6条)。条約にはさらに、とくに警察官の訓練(7条)、拷問の訴えの公正な調査(8条)、一定の場合に拷問の犯罪に対する裁判権を設定する義務(12条)および犯罪人引渡し(13〜14条)に関わる規定も置かれている。

32　OAS, Treaty Series, No.67. 批准状況はhttp://www.oas.org/juridico/english/Sigs/a-51.htmlを参照。

3.2.3 実施機構

　国連や欧州評議会の拷問関連条約とは異なり、米州条約では具体的な実施機構については定められていない。ただし、17条にもとづき、「締約国は、この条約を適用するにあたってとった立法上、司法上、行政上その他の措置について米州人権委員会に通知」しなければならない。これを受けて委員会は、「その年次報告書において、拷問の防止および処罰に関わる米州機構加盟国の現状を分析するよう努める」ものとされる(17条)。このように条約では、拷問が行なわれていると信ずるに足る十分な理由のある国で委員会が現地調査を行なう可能性は予定されていない。ただし、委員会はなお、OAS憲章にもとづく一般分野の権限を援用することにより、関係国の同意を得て現地訪問を行なうことができる。

> 拷問を防止および処罰するための米州条約にもとづき、締約国はその管轄内で拷問を防止および処罰するための効果的措置をとらなければならない。条約が確認しているように、拷問を受けない権利は逸脱不可能な権利であり、いかなる種類の緊急事態も拷問行為を正当化することはできない。

3.3 人の強制的失踪に関する米州条約(1994年)

　人の強制的失踪に関する米州条約はOAS総会で1994年に採択され、1996年3月28日に発効した。2002年4月9日現在の締約国数は10か国である[33]。この条約は、1970年代から1980年代にかけて米州の多くの場所で相当数の強制的・非自発的失踪が発生したことを受けて作成された。

33　http://www.oas.org/juridico/english/Sigs/a-60.html参照。

3.3.1 条約の適用範囲

条約の定義によれば、「強制的失踪とは、いかなる方法によるかを問わず人の自由を剥奪する行為であって、国の機関員、または国の許可、支持もしくは黙認を受けて行動する者もしくはその集団によって行なわれ、かつ、その後に情報が存在しないために、または自由の剥奪を認めることもしくは対象者の所在に関する情報を提供することが拒否されるために、適用可能な法的救済および手続上の保障の利用が妨げられるものをいう」(II条)。

3.3.2 締約国の約束

締約国は、とくに、たとえ緊急事態下または個人の人権の保障が停止された状況下であっても人の強制的失踪を実行、許可または容認しないこと、人の強制的失踪の犯罪の実行犯もしくは未遂犯ならびにその共犯者および従犯者を自国の管轄内で処罰すること、人の強制的失踪の防止、処罰および根絶を援助するために相互に協力すること、および、条約上の約束を遵守するために必要な立法上、行政上、司法上その他の措置をとることを、約束している(I条、立法措置をとる義務についてさらに詳しくはIII条も参照)。

条約はさらに、人の強制的失踪の事件について裁判権を設定する義務についても定めており(IV条)、このような事件は犯罪人引渡しの実務上政治犯罪と見なしてはならず、引渡し対象犯罪とされなければならないことを規定している(V条)。また、「人の強制的失踪の刑事訴追およびその加害者に対して裁判所が科す刑罰は時効の対象とされない」。このような規則の適用を妨げる根源的性格の規範が存在する場合は例外とされるが、その場合、「時効の期間は締約国の国内法でもっとも重大な犯罪に対して適用されるものと同一でなければならない」とされる(VII条)。きわめて重要なのは、人の強制的失踪の犯罪を構成する行為について罪を問われた者は「各国の権限ある普通裁判所でのみ裁判に付すことができ、**他のあらゆる特別裁判所、とくに軍事裁判所で裁判に付すことはできない**」とされていることである(IX条、強調引用者)。

拷問に関する諸条約と同様、戦争状態その他の公の緊急事態といった例外的

状況は、人の強制的失踪を正当化するために援用することはできない。このような場合、「自由を奪われた人の所在もしくは健康状態を判断するため、または当該自由剥奪を命令もしくは実行した官吏を特定するための手段として、迅速かつ効果的な司法上の手続および訴えに対する権利が保持されなければならない」。このような手続との関連で、「権限ある司法機関は、あらゆる拘禁センターおよびその各区画ならびに失踪した人が見つかると信ずるに足るあらゆる場所(軍の管轄下にある場所を含む)に、自由にかつ直ちにアクセスでき」なければならない(X条)。

3.3.3 実施機関

条約の定めにより、「人の強制的失踪を訴える請願または通報であって米州人権委員会に提出されたものは、米州人権条約で定められた手続、……委員会の規程および規則ならびに米州人権裁判所の規程および手続規則(予防的措置に関する規定を含む)にしたがって処理される」(XIII条)。米州人権委員会が強制的失踪の訴えに関わる請願または通報を受理した場合の緊急手続も定められており、その場合、委員会の執行事務局は「関係国政府と緊急にかつ秘密裡に連絡をとり」、対象者の所在に関する情報を求めなければならない(XIV条)。

> 人の強制的失踪に関する米州条約は、人の強制的失踪が国際人権法に違反する行為であることを再確認したものである。人の強制的失踪は、いかなる状況においても、たとえ緊急事態下であっても正当化することができない。人の強制的失踪に関与したとして罪を問われた者は、普通裁判所でのみ裁判に付すことができる。特別裁判所で裁判に付すことはできない。

3.4 女性に対する暴力の防止、処罰および根絶に関する米州条約(1994年)

女性に対する暴力の防止、処罰および根絶に関する米州条約(ベレム・ド・パラ条約とも呼ばれる)はOAS総会で1994年に採択され、1995年3月5日に発効した。

2002年4月9日現在、31か国の締約国を擁している[34]。この条約は、もっぱらジェンダーにもとづく暴力の根絶を目的とした唯一の国際条約である。

3.4.1 条約の適用範囲

条約の適用上、「女性に対する暴力とは、公私のいずれの領域で行なわれるかを問わず、ジェンダーにもとづく行為であって、女性に対して死亡または身体的、性的もしくは心理的被害もしくは苦痛を引き起こすものをいう」(1条)。さらに具体的に規定されているように、女性に対する暴力は、当該暴力が家族的もしくは家庭的単位またはその他の対人関係のなかで生ずるか、地域で生ずるか、または発生場所を問わず国もしくはその機関員によって実行もしくは容認されるかを問わず、「身体的、性的および心理的暴力を含むものと」される(2条(a)～(c))。このように条約の適用範囲は包括的であり、**公私を問わず**社会のあらゆる領域を包摂している。

条約はさらに、地域的および国際的文書に掲げられたすべての人権を享受しかつ保護される女性の権利を強調しており、また締約国は「女性に対する暴力が」市民的、政治的、経済的、社会的および文化的権利の行使を「妨げかつ無効にすることを認め」ている(4～5条)。最後に条約は、暴力を受けないすべての女性の権利にはとくに、あらゆる形態の差別を受けない権利ならびにステレオタイプ化された行動態様から自由に評価および教育される権利が含まれる旨を規定している(6条)。

3.4.2 締約国の約束

締約国は、とくに、女性に対する暴力を「防止、処罰および根絶するための政策をあらゆる適当な手段により遅滞なく追求する」こと(7条)とともに、「暴力を受けない女性の権利に関する意識およびその遵守を促進」し、「男女の社会的

---

34 http://www.oas.org/juridico/english/Sigs/a-61.html参照。

および文化的行動態様を修正」し、かつ「あらゆる司法関係者、警察官その他の法執行官の教育および訓練を促進」するためのプログラムのような「具体的措置を漸進的にとる」こと(8条)についても同意している。

3.4.3 実施機構

条約で予定されている実施機構は次の3段階である。

◎ **報告手続**：締約国はまず、**米州女性委員会**に対する国別報告書に、とくに「女性に対する暴力を防止および禁止するためにとった措置」およびこれらの措置を適用するにあたって遭遇した困難についての情報を含めるものとされる(10条)。
◎ **勧告的意見**：締約国および**米州女性委員会**は、米州人権裁判所に対し、女性に対する暴力の防止、処罰および根絶に関する条約の解釈についての勧告的意見を求めることができる(11条)。
◎ **個人請願**：いずれかの者もしくは集団、またはOAS加盟国の一もしくは複数によって法的に承認された非政府団体は、「締約国によるこの条約の第7条違反」、すなわち同条で定められた、女性に対する暴力を防止、処罰および根絶する義務の違反に関する「非難または苦情を記載した請願を米州人権委員会に提出することができる」(12条、強調引用者)。

> 女性に対する暴力の防止、処罰および根絶に関する米州条約は、もっぱらジェンダーにもとづく暴力の根絶を目的とした唯一の国際条約である。実施機構は(1)米州女性委員会に対する**報告手続**と(2)米州人権委員会に対して**個人請願**を提出できる可能性から構成されている。締約国と米州女性委員会はいずれも、条約の解釈に関する米州人権裁判所の**勧告的意見**を求めることができる。

4. 欧州人権諸条約とその実施

4.1 欧州人権条約(1950年)ならびにその第1、第4、第6および第7議定書

　欧州人権条約は欧州評議会で1950年に採択され、1953年9月3日に発効した[35]。2002年4月29日現在の締約国数は43か国である[36]。条約はもともと欧州人権委員会と欧州人権裁判所の両方を創設して条約締約国による約束の遵守を確保する任務を委ねていたが、1998年11月1日に条約の第11議定書[37]が発効したことにともなって監視機構が再編成され、すべての訴えはストラスブール(フランス)の欧州人権裁判所に直接付託されることとなった。同裁判所は、常時開廷している常設の人権裁判所としては初めての、そしてこれまでのところ唯一のものである。

　条約によって保護される権利は第1、第4、第6および第7追加議定書によって拡張されてきており、そのいずれについても以下で取り上げる。2000年11月4日には、差別の禁止に関する第12議定書がローマで署名のために開放された。これは、条約本体の署名開放(1950年11月4日、ローマ)50周年を記念したものである。最後に、2002年5月3日には第13議定書がビリニュスで署名のために開放された。この議定書は**あらゆる状況下での死刑の廃止**に関するものである。

4.1.1 締約国の約束

　締約国は、「その管轄内にあるすべての者に対し、この条約の第1節に定める権利および自由を保障する」ものとされる(1条)。このことはとくに、条約で保障された権利・自由を侵害されたすべての者に対し、「公的資格で行動する者によりその侵害が行なわれた場合にも、国の機関の前における効果的な救済措置」を提供しなければならない(13条)ということでもある。

---

[35] 条約の正式名称は「人権および基本的自由の保護に関する条約」である。European Treaty Series (ETS), no.:005参照。
[36] 欧州人権条約およびその一連の議定書の批准状況についてはhttp://conventions.coe.int/参照。
[37] ETS, no.:155.

4.1.2 保障されている権利

欧州人権条約は以下の市民的・政治的権利を保障している。

- ◎ 生命に対する権利(2条)
- ◎ 拷問、非人道的なもしくは品位を傷つける取扱いまたは処罰の禁止(3条)
- ◎ 奴隷制、隷属状態および強制的または義務的労働の禁止(4条)
- ◎ 自由および安全に対する権利(5条)
- ◎ 公正な裁判に対する権利(6条)
- ◎ 事後法の適用の禁止(7条)
- ◎ 私生活および家族生活を尊重される権利(8条)
- ◎ 思想、良心および宗教の自由に対する権利(9条)
- ◎ 表現の自由に対する権利(10条)
- ◎ 集会および結社の自由に対する権利(11条)
- ◎ 婚姻しかつ家族を形成する権利(12条)
- ◎ 効果的な救済措置に対する権利(13条)
- ◎ 差別の禁止(14条)

第1議定書は1952年に採択され、1954年5月18日に発効した[38]。2002年4月29日現在の締約国数は40か国である。同議定書は、以下の権利およびこれらに関する締約国間の約束について定めている。

- ◎ 財産を平和的に享有する権利(1条)
- ◎ 教育に対する権利、および、自己の宗教的および哲学的信念に適合する教育および教授を確保する親の権利(2条)
- ◎ 妥当な間隔を置いた、秘密投票による自由選挙の実施(3条)

---

38 同議定書の正式名称は「人権および基本的自由の保護に関する条約にすでに含まれているもの以外のいくつかの権利および自由を保障する、同条約についての第1議定書」である。ETS, no.:009.

1963年の第4議定書は1968年5月2日に発効した[39]。2002年4月29日現在の締約国数は35か国である。第4議定書は保護されるべき権利として以下のものを付け加えた。

- ◎ 契約上の義務を履行することができないことのみを理由として自由を奪われない権利(1条)
- ◎ 移動および居住の自由に対する権利／自国を含むいずれの国からも離れる権利(2条)
- ◎ 自己が国民である国から追放されない権利、および自己が国民である国への入国を拒否されない権利(3条)
- ◎ 外国人の集団的追放の禁止(4条)

　1983年の第6議定書は1985年3月1日に発効した[40]。2002年4月29日現在の締約国数は40か国である。第6議定書は死刑の廃止に関するものであるが(1条)、にも関わらず、国は「戦時または急迫した戦争の脅威があるときになされる行為につき法律で死刑の規定を設けることができる」(2条)。議定書15条にもとづき、これらの条項からの逸脱は認められず、またこの議定書に対してはいかなる留保も行なうことができない(3〜4条)。

　1984年に採択された第7議定書は1988年11月1日に発効した[41]。2002年4月29日現在の締約国数は32か国である。この議定書は、以下の追加的保護について定めることによって欧州人権条約の適用範囲を拡大した。

- ◎ 締約国の領域内に合法的に居住する外国人の恣意的追放に対する一定の保護(1条)
- ◎ 刑事上の有罪判決に対して上訴する権利(2条)

39　同議定書の正式名称は「人権および基本的自由の保護に関する条約および第1議定書にすでに含まれているもの以外のいくつかの権利および自由を保障する、同条約についての第4議定書」である。ETS, no.:046.
40　同議定書の正式名称は「死刑の廃止に関する、人権および基本的自由の保護に関する条約についての第6議定書」である。ETS, no.:114.
41　同議定書の正式名称は「人権および基本的自由の保護に関する条約についての第7議定書」である。ETS, no.:117.

- ◎ 誤審の場合に補償を受ける権利(3条)
- ◎ 同一国の管轄内で同じ犯罪についてふたたび裁判を受けない権利(条約15条にもとづきこの規定からの逸脱は許されない)(4条)
- ◎ 婚姻、婚姻中および婚姻解消における配偶者間の権利および責任の平等(5条)

上述したとおり、欧州人権条約の第12議定書[42]は、条約で保障された他の権利および自由とは無関係に差別の一般的禁止を定めている。議定書1条によれば、「法律で定められたいかなる権利の享受も、性、人種、皮膚の色、言語、宗教、政治的その他の意見、国民的もしくは社会的出身、国民的マイノリティへの所属、財産、出生またはその他の地位等のいかなる理由にもとづく差別もなく保障され」なければならない。議定書1条2項は、「いかなる者も、1項に掲げたもの等のいかなる理由にもとづいても、いかなる公的機関からも差別されない」と定めている。ただし、2002年4月29日現在、発効に必要な10か国のうち1か国しか批准していないため、同議定書は未発効である。

4.1.3 権利行使の制限の許容[43]

条約および議定書の条項のなかには、とくに定められた状況下で権利行使を制限することができる旨を定めたものがある。条約8条(私生活および家族生活を尊重される権利)、9条(思想、良心および宗教の自由に対する権利)、10条(表現の自由に対する権利)および11条(平和的集会および結社の自由に対する権利)がこれに該当する。自己の財産の平和的享有に対する権利(第1議定書1条)と移動および居住の自由に対する権利(第4議定書2条)についても同様である。

ただし、これらの権利の行使に対する制限は、いかなる状況下でも「法律にしたがって」課されるか、「法律で定める」ものでなければならない。そして、第1

---

42 同議定書の正式名称は「人権および基本的自由の保護に関する条約についての第12議定書」である。ETS, no.:177.

43 権利行使の制限についてさらに詳しくは第12章「鍵となるその他のいくつかの権利：思想、良心、宗教、意見、表現、結社および集会の自由」参照。

議定書1条を除き、これらの諸条項で定められた特定の目的を達成するために「民主的社会において必要とされる」ものであることも求められる。特定の目的とはたとえば、公の安全の利益、公の秩序、公衆の健康もしくは道徳の保護、災害もしくは犯罪の防止、または他の者の権利・自由の保護などである(正当な理由は保護されるべき権利によって異なる)。このように、自己の財産の平和的享有に対する権利に課すことのできる制限との関連で民主的社会の概念が挙げられていないのは確かだが、民主主義および民主的憲法秩序の概念は条約を通底するものであり、いずれかの国が欧州評議会に加盟するための前提条件でもある。したがって、人権基準を尊重する民主的社会に明らかにふさわしくない制限措置は、第1議定書1条にいう「公益」にかなうものとは見なされないと結論づけることが可能である。

　欧州人権裁判所および廃止された欧州人権委員会の判例では、さまざまな制限条項にいう「**必要性**」の用語の解釈が何度となく豊富な形で明らかにされてきた(具体例は第12章で取り上げる)。たとえば、表現の自由との関連で「『必要性』の概念に含まれる**差し迫った社会的必要**の現実を**最初に**評価するのは国の機関の役割である」が、いずれかの措置が条約の規定に抵触しないかどうかについて最終的判決を下すのは欧州人権裁判所であるとされる。この権限は、「基本的法律のみならずその適用に関する決定を、たとえそれが独立の裁判所によって行なわれたものであっても対象とする」ものである。したがって、欧州レベルで行なわれるこのような監督においては、異議を申立てられた措置の「目的」および「必要性」についても検討される[44]。たとえば表現の自由に対する権利との関連で監督職務を遂行するにあたり、欧州人権裁判所は繰り返し、「『民主的社会』を特徴づける諸原則に最大の関心を払」わなければならないと判示してきた[45]。したがって裁判所は、関連の権利の行使に干渉する必要性を正当化するために国の機関が示す理由が「関連性を有しておりかつ十分なもの」かどうか、判断しなければならない[46]。裁判所は他の事件でも、8条2項に定められたプライ

44　*Eur. Court HR, Handyside judgment of 7 December 1976, Series A, No.24,* pp.22-23, paras.48-49.強調引用者。
45　Ibid., p.23, para.49.
46　Ibid., pp.23-24, paras.49-50.

バシーの権利の例外は「狭く解釈」されなければならないこと、その必要性が「説得的に立証され」なければならないことを強調した[47]。このように、関連の干渉が有用となる可能性があることや、単純に無害であって民主的社会の機能を妨げることはないというだけでは十分ではない。締約国には逆に、当該措置の根拠法および当該措置のいずれもが民主的社会において必要であることを証明する、十分な理由を提示する法的義務がある。

> 欧州人権条約ならびにその第1、第4、第6および第7議定書は、欧州レベルで、人間の権利および自由を詳細な形で保護している。条約で保護された権利のいくつかについてはその行使を制限することができるが、その場合は以下の原則を遵守しなければならない。
> - **法律適合性**
> - **民主的社会**における正当な必要性
> - **必要性／比例性** (当該措置は定められた目的の一または複数を達成するために民主的社会において必要とされるものでなければならない)

4.1.4 法的義務からの逸脱の許容

　自由権規約4条や米州人権条約27条とはいくつかの点で違いがあるものの、欧州人権条約15条も例外的状況において法的義務から逸脱できる旨を定めている。その条件は、一般的に言えば次のとおりである。

◎ **例外的脅威という条件**：締約国は、「戦争その他の国民の生存を脅かす公の緊急事態」の場合に逸脱という手段に訴えることができる。欧州人権裁判所はこの規定について、締約国は、「国民全員に影響を及ぼし、かつ国家を構成する共同体の組織的生存への脅威となる状況」であって、「例外的」かつ「切迫した」ものに直面していなければならないと解釈

47　See *Judgments of Funke, Cremieux and Miailhe of 25 February 1993, Series A, Nos.256 A-C*, p.24, para.55, p.62, para.38 and p.89, para.36 respectively.

してきた[48]。欧州人権委員会は、ギリシア事件において、「当該危機または危険は、公衆の安全、健康または公の秩序を維持するために条約で認められている通常の措置または制約では**明らかに不十分**であるという意味で、例外的なものでなければならない」と具体的に述べている[49]。裁判所はさらに、15条1項にいう公の緊急事態に直面しているか否かの判断について政府に「幅広い裁量の余地」を認めてきた[50]。ただし、裁判所は監督を行なうにあたって、「当該逸脱によって影響を受ける権利の性質、緊急事態に至った状況および緊急事態の期間といった関連の要素を適切に重視しなければならない」[51]。

◎ **一定の義務からは逸脱できないという条件**：15条2項によれば、逸脱が認められない条項は2条(生命に対する権利、ただし「合法的な戦闘行為から生ずる死亡の場合を除く」)、3条(拷問を受けない権利)、4条1項(奴隷制および隷属状態の対象とされない権利)および7条(法律にもとづかない刑罰の禁止)である。また、第6・第7議定書の発効にともない、死刑の廃止および二重の危険からの保護に関わる規定についても逸脱が認められないこととされた。

◎ **真の必要性という条件**：15条1項にしたがい、締約国は「事態の緊急性が真に必要とする限度において、この条約にもとづく義務から逸脱することができる」にすぎない。欧州人権裁判所は、「緊急事態の克服を試みるにあたってどの程度の措置をとることが必要か」の判断についても締約国は「幅広い裁量の余地」を享受すると判示しているが[52]、国内機関が行なった決定は常に欧州レベルでの監督に服するものとされる[53]。

---

48 *Eur. Court HR, Lawless Case (Merits), judgment of 1 July 1961, Series A, No.3, p.56, para.28.* 「切迫した」という文言はフランス語の判決文でしか用いられていないが、いずれの判決文も同様に正文である。
49 *Eur. Comm. HR, Greek case, Report of the Commission, 12 Yearbook, p.72, para.152.* 強調引用者。
50 *Eur. Court HR, Brannigan and McBride judgment of 26 May 1993, Series A, No.258-B, p.49, para.43.*
51 Ibid., p.49, para.43 at p.50.
52 Ibid., p.49, para.43.
53 Ibid., p p.49-50, para.43.

165

◎ **他の国際法上の義務に抵触しないという条件**：締約国がとる逸脱の措置は「国際法にもとづいて負う他の義務に抵触してはならない」。欧州人権裁判所は、ブラニガンおよびマクブライド事件で、英国政府が自由権規約4条にもとづく「公式に宣言され」たという要件を満たしていたかどうかを審理しなければならなかった。裁判所は、自由権規約4条にいう「公式に宣言され」たという文言の意味を有権的に定義しようとはせずに審理を行なったが、この条件が遵守されなかったという「申立人の主張に妥当な根拠」があるかどうかは審査せざるをえなかった[54]。

◎ **差別の禁止という条件**：欧州人権条約15条では差別が具体的に禁止されておらず、したがってこの条件はもっぱら14条で定められたものであることは注目すべき点である。

◎ **国際的通知という条件**：逸脱の権利を行使する締約国は、「とった措置およびその理由に関する全面的情報を欧州評議会事務総長に常に提供し」なければならない。また、「当該措置が終了し、かつ条約の規定がふたたび全面的に執行されるようになったとき」にも通知が必要である。欧州人権裁判所は、必要に応じ、この条件が遵守されたかどうかについて職権で審査を行なう[55]。

欧州人権条約15条にもとづいて自国の義務から逸脱しようとする締約国は次の条件を遵守しなければならない。
- 例外的脅威という条件
- 一定の義務からは逸脱できないという条件
- 真の必要性という条件
- 他の国際法上の義務に抵触しないという条件
- 差別の禁止という条件
- 国際的通知という条件

54　Ibid., p.57, para.72.
55　たとえば*Eur. Court HR, Case of Ireland v. the United Kingdom, judgment of 18 January 1978, Series A, No.25*, p.84, para.223参照。

4.1.5 実施機構

　条約にもとづいて設置された監視機構の再編成が1998年11月1日から実施に移されて以降、条約およびその議定書で保障された権利・自由の侵害の訴えはすべて、「締約国が行なった約束の遵守を確保する」(19条、〔訳注・第11議定書によって改正された条約の条文番号、以下本項において同じ〕)機関である欧州人権裁判所に直接付託されることとなった。裁判所は常設であり、締約国数と同数の裁判官から構成される(20条)。すなわち、2002年4月30日現在で43名である。裁判所は、3名の裁判官からなる委員会、7名の裁判官からなる小法廷、または17名の裁判官からなる大法廷のいずれかで審理を行なうことができる(27条1項)。

　裁判所は、**国家間**の苦情を受理および審査する権限を有する以外に、「この条約またはその議定書に掲げられた権利を締約国のいずれかによって侵害されたと主張するいずれかの者、非政府組織または個人の集団からの申請を受理することができる」(34条)。「締約国は、この権利の効果的行使をいかなる方法によっても妨げないと約束する」(34条末文)。**裁判所に対して国家間または個人の苦情を申立てる権利は、特定の受諾行為の有無によって左右されるものではない。**

　ただし裁判所は、国内的救済措置が尽くされており、かつ終局決定が行なわれた日から6か月以内に提出が申請された場合でなければ、いかなる申請も扱うことはできない(35条1項)。個人の申請についてはこれ以外にも受理のための基準が存在し、たとえば匿名であってはならないし、「裁判所がすでに審査したか、またはすでに他の国際的調査もしくは解決のための手続に付託された事案と実質的に同一であって、かつ、いかなる新しい関連情報も含んでいない」ものであってもならない(35条2項)。

　裁判所は事案の受理可能性および本案について決定し、必要であれば調査を行なう。事案を受理する旨宣言した場合、「この条約およびその議定書が認める人権の尊重を基礎とした友好的解決に至ることを目的として、自らを関係当事者の利用に供させる」ことも行なう(38条1項(b))。裁判所の審理は公開されるが、「例外的状況」において非公開と決定された場合はこの限りでない(40条)。

　事件の当事者は、小法廷の判決日から3か月以内に、例外的な状況に限って事件を大法廷に付託するよう求めることができる。この要請が認められると大法

廷が終局判決となる決定を行なう(43〜44条)。これ以外の場合、両当事者が大法廷に付託する意思がない旨を宣言したとき、もしくは要請がなく3か月が経過したとき、または要請が却下されたときに、小法廷の判決が確定する(44条)。

締約国は、「自国が当事者であるいかなる事件においても、裁判所の終局判決にしたがうことを約束」している。終局判決の執行を監視するのは欧州評議会閣僚委員会である(46条)。

> 欧州人権条約の実施状況を監視するのは欧州人権裁判所である。裁判所は常設機関で常時開廷されており、次のいずれかの形態で審理を行なう。
> - 3名の裁判官からなる委員会
> - 7名の裁判官からなる小法廷
> - 17名の裁判官からなる大法廷
>
> 裁判所は次の事件を受理・審理する権限を有する。
> - 国家間の事件
> - 条約または議定書に掲げられた権利を侵害されたと主張するいずれかの者、非政府組織または個人の集団からの申請

4.2 欧州社会憲章(1961年)およびその議定書(1988年・1991年・1995年)

欧州社会憲章[56]は1961年に採択され、1965年2月26日に発効した。2002年4月30日現在の締約国数は25か国である。欧州社会憲章は多くの社会的・経済的権利の保障を目的としたものであり、したがって、当然のことながら市民的・政治的権利を保障した欧州人権条約に対応する文書となっている。欧州社会憲章は1年おきの報告手続を設け、1995年の追加議定書の発効にともなって集団的苦情申立て制度も創設された。

---

56 ETS, no.:35. 3つの追加議定書はそれぞれETS, nos:128, 142 and 158参照。

4.2.1 締約国の約束

欧州社会憲章に加入するにあたって各国が受託しなければならない3つの基本的約束として、次のようなものがある[57]。

- ◎ **第1に**、「この憲章の第1部を、その部の冒頭で述べるように、すべての適当な手段を通じて追求する目的を宣言したものとして考え」なければならない(20条1項(a))。第1部は、締約国が追求する国内的・国際的手段を通じて「効果的に実現され」るべき19の権利と原則を一般的に列挙したものである。
- ◎ **第2に**、憲章の第2部の1条、5条、6条、12条、13条、16条および19条のうち「少なくとも5か条に拘束されると考え」なければならない(20条1項(b))。これらの条項はそれぞれ、労働に対する権利、団結権、団体交渉権、社会保障に対する権利、社会的・医療的扶助に対する権利、家族が社会的・法的・経済的保護を受ける権利ならびに移住労働者およびその家族が保護および援助を受ける権利に関するものである。
- ◎ **最後に**、これに加えて「憲章第2部の条および項のうち締約国が選択する数のものに拘束される」と考えなければならない。「ただし、締約国が拘束される条および項の総数は、10か条または45か項を下回らない」ものとされる(20条1項(c))。

4.2.2 認められている権利

上述の具体的条件を踏まえつつ、締約国は「次の諸条項に定められた義務に拘束されると考えること」を約束している。

---

[57] 欧州社会憲章についてさらに詳しくは、たとえばDavid Harris, *The European Social Charter* (Charlottesville, University Press of Virginia, 1984, Procedural Aspects of International Law Series, vol.17), xvi, 345pp.; and L. Samuel, *Fundamental Social Rights: Case law of the European Social Charter* (Strasbourg, Council of Europe, 1997), 450pp参照。欧州社会憲章については欧州評議会のウェブサイト(www.coe.int/)も参照。

- ◎ 労働に対する権利(1条)
- ◎ 公正な労働条件に対する権利(2条)
- ◎ 安全かつ健康的な労働条件に対する権利(3条)
- ◎ 公正な報酬に対する権利(4条)
- ◎ 団結権(5条)
- ◎ 団体交渉権(6条)
- ◎ 子ども・年少者が保護を受ける権利(7条)
- ◎ 就労女性が保護を受ける権利(8条)
- ◎ 職業指導に対する権利(9条)
- ◎ 職業訓練に対する権利(10条)
- ◎ 健康の保護に対する権利(11条)
- ◎ 社会保障に対する権利(12条)
- ◎ 社会的・医療的扶助に対する権利(13条)
- ◎ 社会福祉サービスから利益を受ける権利(14条)
- ◎ 身体的・精神的障害者が職業訓練、リハビリテーションおよび社会復帰のための援助を受ける権利(15条)
- ◎ 家族が社会的・法的・経済的保護を受ける権利(16条)
- ◎ 母子が社会的・経済的保護を受ける権利(17条)
- ◎ 他の締約国の領域内で有償の職業に従事する権利(18条)
- ◎ 移住労働者およびその家族が保護および援助を受ける権利(19条)

　1988年の追加議定書は1992年9月4日に発効し、2002年4月30日現在、10か国が締約国となっている。この議定書は欧州社会憲章そのものの規定を害するものではなく、締約国は、次の権利に関わる条項の一または複数に拘束されると考えることも約束している。

- ◎ 性による差別なしに雇用および職業に関して平等な機会および平等な待遇を受ける権利(1条)
- ◎ 情報および協議に対する権利(2条)
- ◎ 労働条件および労働環境の決定および改善に参加する権利(3条)

◎ 高齢者が社会的保護を受ける権利(4条)

4.2.3 権利行使の制限の許容

　欧州社会憲章には一般制限条項が置かれており(31条)、憲章の第1部・第2部に掲げられた権利および原則は、「法律で定められた制約または制限であって、他の者の権利および自由の保護のためまたは公の利益、国の安全、公衆の健康もしくは道徳の保護のために民主的社会において必要なものを除くほか」、いかなる制約または制限も課してはならないとされている。国際人権法分野の他のほとんどの制限条項と同じく、この規定には次の3つの重要な法的条件が定められている。すなわち、**法律適合性の原則**、**民主的社会の原則**および**比例性の原則**である。

4.2.4 法的義務からの逸脱の許容

　欧州社会憲章にはさらに逸脱条項も置かれている。それによれば、「戦争その他の国民の生存を脅かす緊急事態のときは、いずれの締約国も、事態の緊急性が真に必要とする限度においてこの憲章にもとづく義務から逸脱する措置をとることができる。ただし、そのような措置は、当該締約国が国際法にもとづいて負う他の義務に抵触してはならない」(30条1項)。憲章の不可欠な一部をなす附則は、「『戦争その他の国民の生存を脅かす緊急事態』という文言には戦争の**脅威**も含むものとする」と規定している(強調引用者)。

　注目すべきなのは、欧州人権条約15条、米州人権条約27条、自由権規約4条と比較した場合に、欧州社会憲章30条では差別が禁じられておらず、また逸脱不可能な権利も定められていない点である。したがって、緊急事態において許容される制約の範囲は市民的・政治的権利の分野における場合よりも広いように思われる。

> 欧州社会憲章(1961年)は広範な社会的・経済的権利を保護している。憲章では締約国に対して一定の柔軟性が認められているものの、指定された中核的な7か条のうち少なくとも5か条と、それに加えて10か条または45か項に拘束されると考えなければならない。憲章ではそこに掲げられた権利の制限が認められているが、このような制限は法律適合性、民主的社会および比例性の諸原則に一致したものでなければならない。締約国は、戦争、戦争の脅威その他の公の緊急事態のときに法的義務から逸脱することも認められている。逸脱措置は、真の必要性の原則および当該国のその他の国際的義務の遵守の原則にしたがったものでなければならない。

4.2.5 実施機構

　欧州社会憲章にもとづいて提出される報告書の審査手続は1991年の改正議定書で変更されたが、この議定書は2002年4月30日現在まだ発効していない。にも関わらず、また1991年12月の閣僚委員会決定により、改正議定書で定められた監督措置は事実上機能している。したがって、事実上改められた監視手続の概要は次のようにまとめることが可能である。

◎ **報告手続**：締約国はまず、受諾を表明した規定の適用に関する報告書を1年おきに欧州評議会事務総長に提出することを約束している(21条)。次に、閣僚委員会から求められたときは受諾していない規定についても報告書を提出しなければならない(22条)。締約国はまた、これらの報告書の写しを、特定の国内使用者団体および労働組合に送付することも求められている。事務総長自身は、欧州評議会と協議資格を有し、かつ憲章が規律する事項に関して特別の権限を有する国際NGOに報告書の写しを送付するものとされる。その後、国別報告書は9名以上の委員からなる独立専門家委員会(現在は欧州社会権委員会と呼ばれている)によって審査される。審査が終了すると、独立専門家委員会はその結論を記載

した報告書を作成する。この報告書は公開される。その後、国別報告書ととくに独立専門家委員会の結論は、各締約国1名の代表から構成される政府間委員会に提出される。政府間委員会は閣僚委員会の決定を準備するとともに、特定の状況について勧告が行なわれるべき理由も説明する。政府間委員会が閣僚委員会に提出する報告書は公開される。閣僚委員会は最終的に、政府間委員会の報告書にもとづき、投票数(投票資格は締約国に限られる)の3分の2の多数により、全監督期間を対象とし、かつ関係締約国に対する個別の勧告を掲げた決議を採択する(事実上の改正後の23〜28条)。最後に、事務総長は閣僚委員会の結論を欧州評議会議員総会に送付して定期全体討議の対象とする(29条)。憲章では、監視手続における協議対象として国際労働機関(ILO)と専門NGOの参加を得ることが義務とされている(事実上の改正後の26条・27条)。

◎ **苦情申立て手続**：集団的苦情申立て制度について定める追加議定書は1998年7月1日に発効し、2002年4月30日現在、9か国が締約国となっている。これにより、国際的・国内的使用者団体および労働組合(ならびに一定の非政府組織)が、憲章の適用が不十分であると訴える苦情を提出できる手続が導入された(1条)。苦情は欧州評議会事務総長宛で提出されるものとされ、事務総長は、「当該苦情について関係締約国に通知し、かつ直ちに独立専門家委員会に当該苦情を送付する」(5条)。委員会における手続は主として書面審理だが、口頭審理を行なうことも可能である(7条)。独立専門家委員会は閣僚委員会に提出する報告書を作成するが、そこではとくに、関係締約国が憲章の規定の適用を満足のできる形で確保しているかどうかについての結論を提示しなければならない(8条1項)。締約国が満足のいく形で憲章の規定を適用しているかどうかについて決議を採択し、そうでないとすれば関係締約国に宛てた勧告を行なうのは、最終的に閣僚委員会の役割である(9条)。

> 欧州社会憲章(1961年)は、報告手続と、より限られた規模の集団的苦情申立て手続を用意している。後者にもとづき、国際的・国内的使用者団体および労働組合ならびに非政府組織は、憲章の適用が不十分であると訴える苦情を提出できる(追加議定書)。

4.3 改正欧州社会憲章(1996年)

　改正欧州社会憲章[58]は1996年に採択され、1999年7月1日に発効した。2002年4月30日現在の批准国数は12か国である。改正憲章は従前の憲章の規定を更新・拡大したものであるが、批准国数の増加にともなって従前の憲章を漸進的に置き換えていくにすぎない。改正憲章は、新たな社会的・経済的発展を考慮にいれ、既存のいくつかの条項を改正するとともに新たな条項を付け加えたものである。新しい特徴として、とくに、第1部において旧憲章よりも相当に多くの権利および原則(1961年憲章ではわずか19であったのに対し31)を含んでいる。1988年追加議定書から改正されずに組みこまれた権利に加え、新しい重要な特徴としては次のようなものがある。

- ◎ 雇用の終了の場合に保護される権利(24条)
- ◎ 使用者が支払不能に陥った場合に請求権を保護される労働者の権利(25条)
- ◎ 職場での尊厳に対する権利(26条)
- ◎ 家族的責任を有する労働者が平等な機会および平等な待遇を享受する権利(27条)
- ◎ 労働者代表が与えられた業務および便益の面で保護を享受する権利(28条)
- ◎ 集団的人員整理手続での情報および協議に対する権利(29条)
- ◎ 貧困および社会的排除から保護される権利(30条)
- ◎ 居住に対する権利(31条)

58　ETS, no.:163.

改正憲章の中核を構成する条項に7条(子ども・年少者が保護を受ける権利)と20条(雇用・職業における平等な機会および平等な待遇に対する女性および男性の権利)が加えられ、また締約国が受託しなければならない中核的条文数も6か条に増やされた。これに加えて、締約国は少なくとも16か条または63か項に拘束されなければならない(第4部A条)。

改正憲章の法的義務の実施状況については、従前の欧州社会憲章と同じ監督手続が適用される(第4部C条)。

> 改正欧州社会憲章(1996年)は旧憲章を更新・拡大するとともに、締約国が受諾しなければならない中核的権利の数を6に増やした。締約国はさらに、少なくとも16か条または63か項に拘束されることに同意しなければならない。

4.4 拷問および非人道的なもしくは品位を傷つける取扱いまたは処罰の防止のための欧州条約(1987年)

拷問および非人道的なもしくは品位を傷つける取扱いまたは処罰の防止のための欧州条約[59]は1987年に採択され、1989年2月1日に発効した。2002年4月30日現在の締約国数は42か国である。第2章で取り上げた、国連総会で1984年に採択された拷問等禁止条約と緊密に関連しているものの、拷問および非人道的なもしくは品位を傷つける取扱いまたは処罰の防止のための委員会を設置した点に際立った特徴がある。後述するように、この委員会は締約国の管轄内のいかなる拘禁場所も訪問する権限を有している。

4.4.1 締約国の約束と監視機構

欧州拷問等防止条約には違法行為としての拷問の定義は掲げられていないが、前文第2段落で、「何人も、拷問または非人道的なもしくは品位を傷つける取扱

---
[59] ETS no.:126.

いもしくは処罰を受けない」と定めた欧州人権条約への言及が見られる。欧州人権条約にもとづいて設置された監視手続は個人通報または国家間通報との関連で機能するにすぎないため、欧州の拘禁場所における拷問の使用の根絶を目指すためには「訪問を基礎とする予防的性質の非司法的手段」を創設することが必要だと考えられたのである(前文第4段落)。

　欧州拷問等防止条約の目的は、したがって、「訪問という手段によって、必要なときは自由を奪われた者の拷問および非人道的なもしくは品位を傷つける取扱いまたは処罰からの保護を強化するために、それらの者を審査する」ところにある(1条)。締約国は、条約にしたがい、「その管轄内にある場所であって人が公的機関によって自由を奪われているいかなる場所への訪問も許可」しなければならず(2条)、この目的のために「委員会および……権限ある国の機関は相互に協力」しなければならない(3条)。

　委員会は締約国数と同数の委員から構成され、委員は個人の資格で、また独立かつ公平に職務を行なう(4条)。「委員会は、定期訪問のほか、状況により必要と思われるその他の訪問を組織することができる」(7条)。関係締約国に訪問を実施する意図を通知した後、委員会は、当該締約国の管轄内にある場所であって「人が公的機関によって自由を奪われているいかなる場所」も、「いつでも訪問することができる」(8条1項と2条を組み合わせたもの)。

　「例外的状況において、関係締約国の権限ある機関は、委員会が提案する時期のまたは特定の場所への訪問について、委員会に対して異議申立てをすることができる」が、「このような異議申立ては、国の防衛、公共の安全、人が自由を奪われている場所での重大な騒乱、いずれかの者の医学的状態、または重大な犯罪に関係する緊急の尋問が進行中であることを理由としてのみ行なうことができる」(9条1項)。このような異議申立てがあったときは、委員会と締約国は、「状況を明確にし、かつ委員会がその職務を迅速に行なえるようにするための手配について合意を得るために、ただちに協議を開始」しなければならない(9条2項)。

　各訪問後、「委員会は、当該締約国から提出された所見があればそれを考慮にいれ、訪問中に判明した事実に関する報告書を作成する」。この報告書はその後、委員会が必要と見なした勧告とともに締約国に送付される(10条)。締約国が「委員会の勧告に照らして事態を改善することに協力せずまたはそれを拒否したとき

は、委員会は、締約国が自国の見解を明らかにする機会を得た後に、委員の3分の2の多数により、当該事案についての公式声明を行なうことを決定できる」(10条2項)。

これ以外の場合、委員会が現地訪問中に収集した情報およびその報告書は非公開とされる。ただし、当該締約国の要請があったときは、報告書は「当該締約国の見解とともに」公表されなければならない(11条1項・2項)。

> 拷問および非人道的なもしくは品位を傷つける取扱いまたは処罰の防止のための欧州条約は、欧州における拷問の使用を防止・根絶する目的で訪問制度を創設することにより、欧州人権条約を補完するものである。この目的のため、拷問および非人道的なもしくは品位を傷つける取扱いまたは処罰の防止のための委員会には、関係締約国に定期訪問を行なう権限と、状況によって必要とされるその他の訪問を組織する権限の両方が認められている。

4.5 国民的マイノリティの保護のための枠組み条約(1995年)

国民的マイノリティの保護のための枠組み条約[60]は欧州評議会閣僚委員会によって1995年に採択され、1998年2月1日に発効した。2002年4月30日現在の締約国数は34か国である。枠組み条約の特別な特徴のひとつは、欧州評議会非加盟国に対しても、閣僚委員会の勧誘により署名が開放されているところにある(29条)。枠組み条約は国民的マイノリティの保護を専門とする法的拘束力のある多国間文書としては初めてのものであり、これらのマイノリティの保護は「人権の国際的保護の不可欠な一部をなすものであって、したがって国際協力の範疇に属する」ことを明確にしている(1条)[61]。

ただし、枠組み条約に掲げられているのは「ほとんどがプログラム規定」で

---

60 ETS no.:157.
61 *Introduction to the Framework Convention for the Protection of National Minorities*参照。
   http://www.humanrights.coe.int/Minorities/Eng/FrameworkConvention/FCNMintro.htm,p.1.

ある。「枠組み」という文言が示しているように、「この文書に掲げられた諸原則は加盟国の国内法秩序で直接に適用されるものではなく、国内法および政府の適当な政策を通じて実施されなければならない」ものだからである[62]。条約では、「国民的マイノリティに属するすべての者は、マイノリティとして取扱われるか取扱われないかを自由に選択する権利を有」し、この選択を理由としていかなる不利益も受けないことも定められている(3条1項)。

4.5.1 締約国の約束

国民的マイノリティに関わる締約国の約束は枠組み条約第2部で定められており、とくに次のものをはじめとする多くの重要な問題を網羅している。

◎ 法律の前の平等、法律による平等の保護、およびさまざまな分野における完全かつ効果的な平等の促進に対する権利(4条)

◎ 国民的マイノリティの文化の維持および発展ならびにそのアイデンティティの本質的要素の維持に必要な諸条件の促進(5条)

◎ 寛容および文化間の対話の奨励ならびに差別の脅威または行為に直面する可能性がある者の保護(6条)

◎ 平和的集会、結社、表現、思想、良心および宗教の自由に対する権利／信仰を表明し、かつ宗教的機関を設置する権利(7〜8条)

◎ メディアにアクセスする権利を含む、表現の自由に対する権利(9条)

◎ 公私にわたって、および可能な限度で公的機関においても自己のマイノリティ言語を使用する権利等の言語的自由／「必要なときは通訳の無償の援助を得て、逮捕の理由ならびに自己に対する告発の性質および理由を自己が理解する言語で速やかに告げられ、かつ当該言語で防御する権利」(10条)

◎ 自己のマイノリティ言語による名前に対する権利、および私的性質の標識を公衆に見えるように掲示する権利(11条)

62　Ibid., loc. cit.

- ◎ 教育——国民的マイノリティおよびマジョリティの文化、歴史、言語および宗教に関する知識の涵養／教育機関を設置および運営する権利(12～13条)
- ◎ 自己のマイノリティ言語を学習する権利(14条)
- ◎ 国民的マイノリティに属する者による、文化的、社会的および経済的生活ならびに政治への効果的参加(15条)
- ◎ 強制的同化の禁止(締約国は、「国民的マイノリティに属する者が居住する地域の人口構成を変更する措置であって、この条約に掲げられた諸原則から派生する権利および自由を制約することを目的とした措置をとらないものとする」)(16条)
- ◎ 「他国に合法的に滞在する者と国境を越えて自由にかつ平和的に接触する」権利および国内外のNGO活動に参加する権利(17条)

4.5.2 権利行使の制限の許容

締約国は、「必要なときは」、とくに欧州人権条約をはじめとする「国際法文書で定められた制限、制約または逸脱」に限って、「当該諸原則から派生する権利および自由に関連する限度において」課すことができる(19条)。換言すれば、枠組み条約は、権利行使に制限を課したり逸脱に訴えたりするための新たな法的根拠を付け加え、それをたとえば欧州人権条約15条や自由権規約4条よりも拡大したものとして解釈することはできない。

4.5.3 実施機構

締約国による枠組み条約の実施を監視するのは欧州評議会閣僚委員会の職務である(24条)。この職務を遂行するにあたり、閣僚委員会は、「国民的マイノリティの保護の分野で専門性を認められた委員から構成される諮問委員会の援助を受ける」(26条)。監視は報告手続を基礎として行なわれ、締約国は、当該締約国で条約が発効してから1年以内に、条約で「定められた諸原則を実施するためにとった立法上その他の措置に関する全面的情報」を提出しなければならない。

その後は、閣僚委員会の求めに応じて、条約の「実施に関連する追加情報」を提出することが求められる(25条)[63]。

> 国民的マイノリティの保護のための枠組み条約は、国民的マイノリティの保護を目的とした法的拘束力のある国際文書としては初めてのものである。この条約には、たとえば法律の前の平等に対する権利、表現の自由、宗教の自由、集会・結社の自由、言語的自由、教育、文化および民族的アイデンティティの促進、寛容および文化間の対話の促進等の分野における、国民的マイノリティに関わる約束が掲げられている。

5. おわりに

本章では、アフリカ、米州および欧州に存在する主要な条約で保護されている諸権利についての基本的情報を提供し、また地域的監視機関についても一般的導入となる情報を提供してきた。これらの条約は多くの国々の法律に重要な変化をもたらしてきたのであり、多数の国によって批准・加入・遵守されていることを踏まえれば、専門家としての職務を遂行するうえでこれらの条約を適用しなければならない場合もある裁判官・検察官・弁護士の業務にとっても、特段の重要性を有するようになりつつある。一般条約の規定の多くについては、とくに司法の運営や自由を奪われた者の取扱いとの関連で、豊富な解釈が積み重ねられてきた。これらの判例は裁判官や弁護士にとって重要な情報源であり、おおいに参考になるものである。

63　この監視手続についてさらに詳しくは、"Rules on the monitoring arrangements under articles 24 to 26 of the Framework Convention for the Protection of National Minorities", Resolution (97)10, adopted by the Committee of Ministers on 17 September 1997(http://www.coe.int/)参照。

第4章

裁判官・検察官・弁護士の独立と公平

第4章 裁判官・検察官・弁護士の独立と公平

第4章
裁判官・検察官・弁護士の独立と公平

学習の目的
- 法の支配と人間の基本的権利・自由の効果的保護を確保するために独立のかつ公平な司法部、独立のかつ公平な検察官および独立した法曹がいかに重要であるかについての知識と理解を深めること。
- 司法部・検察官・弁護士の職務を規律する既存の国際的・地域的な法的規則および原則(関連の司法的判断を含む)について参加者が習熟できるようにすること。

設問
- 裁判官・検察官・弁護士として、権力分立の原則の役割をどのようにとらえているか。
- その原則はあなたの国でどのように確保されているか。
- あなたが業務を行なっている国で、司法部の独立・公平ならびに弁護士の独立はどのように保障されているか。
- 独立のかつ公平な方法で職業的任務を遂行するうえで困難を経験したことはあるか。
- あるとすれば、それはどのような困難で、どのように対処したか。
- さらに具体的に、裁判官・検察官・弁護士として買収しようとされたことがあるか。
- あるとすれば、そのような誘いにどのように対処したか。
- 女性の法曹である参加者は、業務の過程で、ジェンダーが原因であると思われる具体的な問題、困難またはいやがらせを経験したことがあるか。
- あるとすれば、その問題、困難またはいやがらせにどのように対処したか。
- 上述のいずれかの状況に対処しなければならなかったとして、司法部および法曹一般の役割を強化することを目的とし、行政府、司法部またはその他の手段もしくは個人(国がその行動を黙認していたか否かは問わない)に対する自分の立場を強化するうえで役に立ったかもしれない国際法上の基準の存在を承知していたか。
- 最後に、あなたの国では、裁判官として抑圧的な法律の効果を解釈によって和らげる余地があるか。

関連の法的文書

国際文書
- 市民的及び政治的権利に関する国際規約(自由権規約、1966年)

*****

- 司法部の独立に関する基本原則(1985年)
- 検察官の役割に関する指針(1990年)
- 弁護士の役割に関する基本原則(1990年)

*****

地域文書
- アフリカ人権憲章(1981年)
- 米州人権条約(1969年)
- 欧州人権条約(1950年)

*****

- 裁判官の独立、効果的活動および役割に関する、欧州評議会加盟国に対する閣僚委員会の勧告R(94)12号[1]

---

1 拘束力を有するものもあれば有しないものもあるこれらの法源に加え、裁判官協会、検察官協会、弁護士協会のような職能団体による倫理基準も採択されている。このような基準も、法曹にとっては有益な指針を提供してくれる場合がある。たとえば国際法曹協会(IBA)が採択した「司法の独立に関するIBA最低基準」(1982年)や「法曹の独立に関するIBA基準」(1990年)参照。また、弁護士倫理の一般的原則に関するIBA声明、司法実務における差別の禁止に関するIBA決議、「司法の腐敗の特定、防止および対応」(*Judicial Corruption Identification, Prevention and Cure*)に関するIBAペーパー(2000年4月14日)も参照。これらの文書はIBAのウェブサイトに掲載されている(http://www.ibanet.org)。

1. はじめに

　本章では、法の支配と人権の効果的保護を尊重する民主的社会にとって基本的な2本の柱について取扱う。すなわち、**司法部および検察官の独立・公平**と、**弁護士の独立**である。まず、この点に関して裁判官・検察官・弁護士が果たすべき役割について説明する。次に、独立してかつ公平に職責を遂行する裁判官・検察官・弁護士の能力に対するさまざまな法的制約と事実上の脅威に焦点を当てる。最後に、法曹の職務に関わる既存の国際法上の基準と関連の判例のいくつかを分析する。

2. 人権基準を含む法の支配を支えるうえで裁判官・検察官・弁護士が果たすべき役割

　近代立憲国家においては、司法部の独立の原則は**権力分立**の理論に由来している。行政府・立法府・司法部がそれぞれ独立に三権を構成し、自由な社会を損なう権力濫用に対して相互にチェック・アンド・バランスを図るシステムである。ここでいう独立とは、制度としての司法部も、特定の事件について決定する個々の裁判官も、いずれも行政府、立法府その他の不適切な勢力から影響を受けることなく職業的責任を遂行できなければならないことを意味する。

　独立した司法部だけが、法律を基礎とする**公平**な正義を行なうことができ、したがって個人の人権と基本的自由も保護することができる。この必要不可欠な役目が効果的に果たされるためには、司法部が独立してかつ公平に職務を遂行できるという点に関して公衆から全幅の信頼を得ていなければならない。この信頼が弱まれば、制度としての司法部も個々の裁判官もこの重要な役目を全面的に果たすことは不可能となる。あるいは、少なくともそう見なしてもらうことは容易ではなくなる。

　このように、裁判官の独立の原則は裁判官自身の個人的利益のために編み出されたものではなく、人間を権力濫用から守るために生み出されたものである。だとすれば裁判官は、いかなる形でも、自分自身の個人的好みで事件について決定するという恣意的な振る舞いをしてはならない。**裁判官の職務は法律を適用する**

ことであり、これからもそうである。すなわち、個人の保護の分野では、関連する場合には常に国内・国際人権法を適用する責任が裁判官にはあるということでもある。

法の支配の尊重に基礎を置いた法制度では、人間に対して向けられた犯罪の容疑を、たとえその犯罪が公的資格で行動する者によって行なわれた場合でも断固として捜査・訴追する意思を持った、力強く、独立のかつ公平な検察官も必要である。

裁判官と検察官が、社会の正義を維持するうえでそれぞれの重要な役割を全面的に果たすことがなければ、不処罰の文化が根づき、それによって公衆一般と公的機関との間の隔たりが拡大する重大なおそれが生ずる。自分たちにとっての正義を確保しようとしたときに問題に突き当たれば、人々は法律を自分たちの思うようにしたいと考えるようになるかもしれない。そうなれば、司法運営の状況がさらに悪化し、場合によっては新たな暴力の勃発につながる可能性もある[2]。

最後に、このような法制度は、報復をおそれることなく自由に活動できる独立した弁護士の存在なくして完成しない。実際、独立した弁護士は人権と基本的自由を**間断なく擁護**するうえで鍵となる役割を果たしている。このような役割は、独立のかつ公平な裁判官・検察官が果たす役割とともに、法の支配が優先され、かつ個人の権利が効果的に保護されることを確保するために必要不可欠である。

これとの関連では、国連人権委員会の特別報告者全員が、世界人権宣言10条で定められた適正手続の尊重の度合いと立証された人権侵害の重大性の度合いとの間には密接な関係があると強調してきたとも指摘されてきた[3]。換言すれば、人権および基本的自由は、「司法部および法曹が干渉や圧力から保護されている限りにおいて、よりよく守られる」のである[4]。

---

[2] たとえばUN doc. E/CN.4/2000/3, *Report of the Special Rapporteur of the Commission on Human Rights on extra-judicial, summary or arbitrary executions*, para.87参照。

[3] UN doc. E/CN.4/Sub.2/1993/25, *Report on the independence of the judiciary and the protection of practising lawyers*, para.1.

[4] Ibid., loc. cit.

3. 法曹の独立・公平にとっての課題

　裁判官・検察官・弁護士は真に独立して職業的責任を果たせなければならないにも関わらず、経験の教えるところによれば、その能力を危うくしようと試みる多種多様な圧力に法曹がさらされることは少なくない。

　たとえば、裁判官の任命方法は国によって異なるが、もっぱら行政府または立法府によって任命される場合、はては選挙で選ばれる場合には、裁判官の独立が危険にさらされる可能性がある。裁判官の独立をさらに脅かすのは、裁判官が一時契約で雇用されるのが一般的である国で見られるように、在任期間の保障がないことである。身分がこのように不安定であると、裁判官は外部からの不適切な圧力を受けやすくなる場合がある。報酬が不十分であることも、たとえば腐敗の誘惑を受けやすくなるという点で、裁判官の独立にとっての脅威となる。

　さらに、裁判官・検察官・弁護士の独立は、職能団体を通じた組織化の自由を行政府が認めないことによって脅かされることが多い。たとえば行政府が弁護士免許を発給し、国が運営する職能団体の会員として職務を遂行するよう義務づけるときは、弁護士は独立して活動することができなくなる。

　しかし、裁判官・検察官・弁護士が他の種類の迫害を受けることも多い。法曹を萎縮させることを目的として行政府または立法府が公然たる批判を行なうこともあるが、恣意的拘禁や、殺人や失踪を含む生命への直接の脅威という形をとることも少なくない[5]。国によっては、女性が弁護士業務に携わることでこの職業の危険がいっそう大きくなる。女性弁護士は、女性の権利の微妙な問題に関わる事件で進んで弁護を担当するため、ときには死につながる脅迫や暴力に直面するのである。

　これらの脅威や攻撃をもたらすのは国の機関だけには留まらず、個別に、あるいは犯罪組織や麻薬カルテルのような組織の黙認を得て、私人がこのような行為に携わることも多い。

　5　たとえば次の文献を参照。UN doc. E/CN.4/2000/61, *Report of the Special Rapporteur on the independence of judges and lawyers*, 74pp.; and *Attacks on Justice - The Harassment and Persecution of Judges and Lawyers* (Centre for the Independence of Judges and Lawyers (CIJL), Geneva), 10th edn., January 1999-February 2000, 499pp.

裁判官・検察官・弁護士がその職業上の義務を自由に、独立して、公平に遂行することができなければ、また行政府と立法府の両方が常にこのような独立を確保しようと心がけていなければ、法の支配がゆっくりと、しかし着実に後退していくのは明らかである。それとともに個人の権利の効果的保護も後退していく。このように、独立のかつ公平な司法部、独立のかつ公平な検察官および独立した弁護士が支えているのは、自由かつ民主的な立憲秩序体制そのものなのである。

4. 国際法と司法部の独立・公平

4.1 適用される国際法

国際的・地域的人権文書は例外なく、民事手続か刑事手続かを問わず独立のかつ公平な裁判所で公正な審理を受ける権利を保障している。本節の目的は、権限ある国際的監視機関の判例に照らして「独立の」および「公平な」という文言の意味を分析することである。司法部の独立という概念にとくに関わって生ずる問題のすべてがこれらの条約の解釈によって解決されるわけではないが、重要な理解を少なからず提供してくれることは間違いない。

もっとも重要な条約のひとつである自由権規約は、14条1項で「すべての者は、裁判所の前に平等とする」とし、さらに、「**すべての者は、……法律で設置された、権限のある、独立の、かつ、公平な裁判所による公正な公開審理を受ける権利を有する**」と定めている(強調引用者)。自由権規約委員会は、「独立のかつ公平な裁判所による裁判を受ける権利は**絶対的権利であり、例外が認められてはならない**」ときっぱりと述べてきた[6]。すなわちこれは、あらゆる状況下で、また普通裁判所か特別裁判所かに関わらずすべての裁判所で、適用されるべき権利なのである。

6　Communication No.263/1987, *M. Gonzalez del Río v. Peru* (Views adopted on 28 October 1992), in UN doc. GAOR, A/48/40 (vol.II), p.20, para.5.2.強調引用者。

第2に、アフリカ人権憲章7条1項は、「すべての個人は、自己の主張について審理を受ける権利を有する」と規定している。この権利はとくに、「**(b)権限ある裁判所によって**有罪が立証されるまでは無罪と推定される権利」および「(c) 合理的な期間内に**公平な裁判所によって**裁判を受ける権利」から構成されるものである(強調引用者)。さらに、憲章26条によれば、締約国は「裁判所の独立を保障する義務を有し」ている。アフリカ人権委員会によれば、7条は「市民に対して**最低限の保護を**」与えるものであるから「**逸脱不可能**とみなされるべきである」[7]。

第3に、米州人権条約8条1項は次のように定めている。「すべての者は、自己に対してなされた刑事的性質のいかなる告発の立証にあたっても、または民事上、労働上、金銭上その他の性質の権利および義務の決定のためにも、法律によってあらかじめ設けられた、**権限のある、独立のかつ公平な裁判所による**審理を、正当な保障のもとにかつ合理的な期間内に受ける権利を有する」(強調引用者)。

最後に、欧州人権条約6条1項は、「すべての者は、その民事上の権利および義務の決定ならびにその刑事上の罪の決定のため、……**独立のかつ公平な裁判所による**公正な公開審理を合理的な期間内に受ける権利を有する」(強調引用者)と定めている。

まだどの条約の締約国にもなっていない国もあるが、そのような国であっても国際法の慣習規則および法の一般原則には拘束されるのであって、独立のかつ公平な司法部の原則はこれを構成すると一般的に考えられている。したがって、このような国は世界人権宣言に定められた基本的原則にも拘束されているのである。世界人権宣言10条は、「すべて人は、自己の権利及び義務並びに自己に対する刑事責任が決定されるに当って、独立の公平な裁判所による公正な公開の審理を受けることについて完全に平等の権利を有する」と定めている。

---

[7] *ACHPR, Civil Liberties Organisation, Legal Defence Centre, Legal Defence and Assistance Project v. Nigeria, Communication No.218/98*, decision adopted during the 29th Ordinary session, 23 April – 7 May 2001, p.3. 参照した決定文はhttp://www1.umn.edu/humanrts/africa/comcases/218-98.htmlに掲載されたもの。強調引用者。

4.2 司法部の独立に関する基本原則(1985年)

司法部の独立に関する基本原則は1985年に第7回国連犯罪防止犯罪者処遇会議で採択され、その後、国連総会で全会一致で承認された[8]。したがって、この基本原則は、この問題に関して国連加盟国が普遍的に受け入れた見解を宣言したものとして説明することが可能であり、国際的な監視機関や非政府組織(NGO)の活動のなかで司法部の独立を評価するさいの重要な基準となっている。

基本原則で扱われているテーマは、(i)司法部の独立、(ii)表現および結社の自由、(iii)資格、選抜および訓練、(iv)勤務および在任の条件、(v)職務上の秘密および免責、(vi)懲戒、停職および解任である。本章では、すべての問題を網羅しようと試みるものではないが、司法部の独立と公正に関わりのある重要な問題をいくつか取り上げていく。

4.3 独立および公平の概念:関連と基本的相違

「独立」および「公平」の両概念は密接に関連しており、国際的監視機関もこの2つをあわせて取扱うことがある。しかし、以下でさらに詳しく説明するように、それぞれに特有の意味と要件があることも事実である。ここでは、「独立」の概念は司法の独立という憲法上の価値のひとつの表現であり、カナダ連邦最高裁がバリアンテ対女王事件で次のように述べていることを紹介しておけば足りる。すなわちカナダ連邦最高裁は、カナダ連邦憲法だけではなく国際人権法にももとづく司法部の独立の概念が一般的にどのように理解されているかをうまく言い表している一節で、この概念は「単に心のありようだけではなく他者——とくに行政府——に対する地位およびこれとの関係も含んでおり、客観的な条件または保障に依って立つものである」と判示したのである[9]。このような司法部の独立の地位または関係には、「個人的関係および制度的関係の両方が含まれる。在

8　1985年11月29日の総会決議40/32および1985年12月13日の総会決議40/146参照。
9　*(1985) 2.S.C.R Valiente v. The Queen 673* (http://www.lexum.umontreal.ca/csc-scc/en/pub/1985/vol2/html/1985scr2_0673.htmlに掲載された判決), at p.2.

任期間の保障のような問題に表れる裁判官個人の独立と、行政府および立法府に対する制度的または行政的関係に表れる裁判所の制度的独立である」[10]。

　対照的に、カナダ連邦最高裁は、司法の「公平」の概念については「特定の事件における問題および当事者との関係における裁判所の心または態度のありよう」と説明している[11]。このような見解は国際的レベルでも確認されており、たとえば自由権規約委員会は、14条1項にいう「公平」の概念について、「裁判官は付託された事案について予断を抱いてはならず、また当事者のいずれかの利益を促進するような行為をしてはならないことを含意する」と述べている[12]。さらに欧州人権裁判所は、公平の概念には**主観的**要素と**客観的**要素のいずれも含まれると述べている。裁判所は、「裁判所のいかなる構成員も個人的偏見や先入観を抱いてはならない」という意味で公平でなければならないだけではなく、「この点に関わるいかなる正当な疑いも排除するような保障を与えなければいけない」という意味で、「客観的観点からも公平で」なければならない[13]。欧州人権裁判所はこのように、先入観という主観性の高い精神的要素に加えて、**保障**が用意されているかという重要な側面を打ち出している。

4.4 制度的独立の概念

　制度的独立の概念は、司法部が他の統治部局、すなわち行政府と議会から独立していなければならないということを意味する。司法部の独立に関する基本原則の原則1によれば次のとおりである。

> 「司法部の独立は、国家によって保障され、かつその国の憲法または法律のなかで宣明されていなければならない。司法部の独立を尊重および遵守することは、すべての政府機関その他の機関の義務である」

10　Ibid., loc. cit.
11　Ibid.
12　Communication No. 387/1989, *Arvo O. Karttunen v. Finland* (Views adopted on 23 October 1992), in UN doc. GAOR, A/48/40 (vol.II), p.120, para.7.2.
13　*Eur. Court HR, Case of Daktaras v. Lithuania, judgment of 10 October 2000*, para.30.判決文は欧州人権裁判所のウェブサイト(http://echr.coe.int)参照。

さらに、基本原則の原則7は次のように述べる。

「司法部がその職務を適正に遂行することを可能にする十分な資源を提供することは、各加盟国の義務である」

司法部が他の2つの統治部局から真に独立できるようにするためには、できれば憲法で、それが無理であれば他の法規定で、このような独立を保障することが必要とされる。

4.4.1 内部行政事項面での独立

このような制度的独立が実際上どのように実現されなければならないかについて国際法は詳細を定めていないが、最低限、司法部は内部行政および司法機能一般に関わる事項を自ら扱えなければならないことは明らかである。これには、基本原則の原則14で述べられているように「司法行政の内部事項」である、「裁判官が所属する裁判所内でのその者に対する事件の割当」が含まれる。

4.4.2 財政事項面での独立

基本原則の原則7で裏づけられているように、司法部に対してはさらに、その職務を適正に遂行するための十分な資源が与えられなければならない。十分な財源がなければ、司法部はその機能を適正に遂行できないばかりか、外部の不当な圧力や腐敗の影響を受けやすくなる可能性がある。さらに、話の筋から言って、裁判所予算の作成には何らかの形で裁判所が関与しなければならない。

ただし、内部行政事項や財政事項の面では、常に**全面的**独立が確保されなければならないというわけではない。三権は、おたがいに独立しているとはいえ、その性質上、たとえば資源の割当などいくつかの面では相互に依存してもいるからである。このような内在的緊張は権力分立に基礎を置いた制度ではおそらく避けられないであろうが、たとえば議会が司法部の予算を統制している場合に、それが司法部の効果的活動を損なうために用いられないようにすることが

必要不可欠である[14]。

4.4.3 意思決定面での独立

次に、基本原則の原則1で述べられているように、「その他の機関」を含む司法部以外の統治部局には「司法部の独立を尊重および遵守する」義務がある。**これはさらに重要なことを意味する義務である。すなわち、行政府、議会、それに警察、刑務所、社会機関、教育機関といったその他の公的機関は、司法部の判決および決定を、たとえそれに同意できない場合でも尊重・遵守しなければならない。司法部の権威をこのような形で尊重することは人権基準の尊重を含む法の支配の維持にとって不可欠であり、あらゆる統治部局およびあらゆる国の機関には、司法部が有するこのような独立の意思決定権限がいかなる形でも後退しないようにする義務がある。**

司法部が意思決定面で独立していなければならないという条件は、基本原則の原則4でも裏づけられている。

> 「司法手続への不適当なまたは不当な干渉はいかなる形でも行なわれてはならず、かつ裁判所による司法決定が修正の対象とされてはならない。この原則は、司法審査、または司法部が科した刑の権限ある当局による軽減もしくは減刑が、法律にしたがって行なわれることを妨げるものではない」[15]

行政府による大赦や恩赦が原則4に違反するかどうかは明確でないが、いずれにせよ政府は、刑の緩和措置によって司法部の独立した意思決定権限が破壊され、

---

14 この問題をはじめとする諸問題についてアメリカ合衆国で行なわれている議論については、*An Independent Judiciary, Report of the American Bar Association Commission on Separation of Powers and Judicial Independence*参照。http://www.abanet.org/govaffairs/judiciary/report.html

15 裁判官の独立、効果的活動および役割に関する、欧州評議会加盟国に対する閣僚委員会の勧告R(94)12号は、「裁判官の決定は法律で定められた上訴手続以外でいかなる修正の対象にもされてはならない」と定めるとともに(原則I.2.a.i.)、「大赦、恩赦または同様の措置について決定が行なわれる場合を除き、政府または行政は、司法決定をさかのぼって無効にするいかなる決定も行なうことができてはならない」と定めている(原則I.2.a.iv.)。

193

それによって法の支配および人権基準の真の尊重が損なわれることのないよう、そのような措置をとるにあたって相当の配慮を常に行なわなければならない。

4.4.4 管轄面での権限

基本原則の原則3によれば、司法部の独立の意思決定権限には、「司法的性質のすべての問題に対する管轄権、および、司法部による決定を求めて付託された問題が法律で定められた自己の権限に属するかどうかを決定する排他的権限」も含まれる[16]。

このような、**権限問題の決定における司法部の自律的権限という規則**は実のところ国内的・国際的レベル双方ですでに十分に確立されており、たとえば国際司法裁判所規程36条6項で、また欧州人権裁判所については欧州人権条約32条2項で、述べられている。

4.4.5 公正な裁判手続を確保し、かつ理由を付した決定を行なう権利および義務

この問題については後掲4.5.8で扱う。

司法部の独立という概念は、とくに次のことを意味する。
- 司法部は、他の統治部局、すなわち行政府および議会から独立していなければならないという点で、**制度的独立**を享受できなければならない。
- 司法部は、「裁判官が所属する裁判所内でのその者に対する事件の割当」を含む**司法行政の内部事項**の面で独立していなければならない。
- 司法部は**財政事項**の面で独立し、かつその職務を効果的に遂行す

---

[16] 欧州評議会閣僚委員会勧告R(94)12号は、「裁判所自身を除く他のいかなる機関も、法律で定められた裁判所の権限について決定してはならない」と定めている（原則I.2.a.iii）。

- 司法部は**意思決定の面で独立**していなければならない。政府その他の機関には、司法部が言渡した決定を尊重・遵守する義務がある。
- 司法部は**管轄面での権限**を有していなければならない。すなわち、権限問題の判断について司法の自律的権限が認められていなければならない。
- 司法部は、**公正な裁判手続**を確保し、かつ**理由を付した決定**を行なう権利および義務を有する。

4.5 個人の独立の概念

行政府および議会から独立していなければならないのは三権のひとつとしての司法部だけではない。**裁判官個人**にも、その職業上の義務の遂行にあたって独立を享受する権利がある。もちろん、このような独立が保障されているからといって、裁判官が自分の気まぐれや好みで事件についての決定を行なえるわけではない。後述するように、**裁判官には、たとえ困難かつ微妙な事件で判決を言渡さなければならない場合であっても、いかなる種類の個人的批判や報復も恐れることなく、担当事件について法律にしたがって決定する権利と義務の両方がある**という意味である。残念ながら、裁判官がこのような真の独立の精神にのっとって常に活動できているわけではない。裁判官は、多くの国で、不適当な個人的批判や異動・解任から、身体に対する暴力的な、場合によっては致命的な攻撃に至るまでの、さまざまな不当な圧力にさらされなければならない状況に置かれている。

裁判官個人の独立は多くの方法で保障されなければならない。そのうちもっとも重要なものについて以下に述べる。

4.5.1 任命

裁判官の任命方法については国際法では詳細が定められておらず、基本原則も裁判官の任命または選出については中立である。ただし、基本原則の原則10は次のように定める。

「司法職に選抜される者は、法律に関する適当な訓練を受けまたは資格を認められた者であって、能力のある高潔な個人でなければならない。司法選抜のいかなる方法も、不適正な動機にもとづく司法任命を阻止するものでなければならない。裁判官の選抜にあたっては、人種、皮膚の色、性、宗教、政治的その他の意見、国民的もしくは社会的出身、財産、出生または地位を理由としていずれかの者に対する差別が行なわれてはならない。ただし、司法職の候補者が当該国の国民でなければならないという要件は差別と見なされない」

この原則の意味するところは、裁判官の選抜にあたってどのような方法をとるかに関わらず、候補者の専門的資格およびその人格の高潔さのみが選抜基準とされなければならないということである。したがって、政治的立場を理由として、またはたとえば特定の宗教的信念を表明しているからという理由で裁判官を任命・選出することは違法とされる。このような任命のあり方は、裁判官個人と司法部双方の独立を深刻に損ない、したがって司法運営に対する公衆の信頼も損なうことになろう。

* * * * *

自由権規約委員会は、スーダンの司法部が「外見上も実際上も真に独立していないこと、……政府が支配する監督機関を通じて裁判官が圧力を受ける場合があること、および、司法職に就いているイスラム教徒以外の者および女性の人数がきわめて少ないこと」に懸念を表明したことがある。これにもとづいて委員会は、「女性およびマイノリティの構成員から資格のある裁判官を任命することを含め、司法部の独立および専門的権限を向上させるための措置がとられるべきである」と勧告した[17]。委員会は、ボリビアに対しても、「裁判官の指名が政治的所属ではなく能力にもとづいて行なわれる」よう勧告している[18]。

ザンビアに関しては、委員会は、「独立した司法裁判所によるいかなる保障または検討もなく、国民議会による裁可を得ることのみを条件として、最高裁判所裁判官の退官後に新たな裁判官を大統領が任命することおよび大統領が最高

---

17 UN doc. *GAOR*, A/53/40 (vol.I), para.132.
18 UN doc. *GAOR*, A/52/40 (vol.I), para.224.

裁判所裁判官を解任することについて憲法改正検討委員会が行なった提案」について懸念を表明した。委員会は、このような提案は「司法部の独立と両立せず、規約14条に逆行するものである」と結論づけている[19]。

したがって、裁判官が大統領によって任命または解任される場合、これらの決定がいずれかの独立した司法機関との協議にもとづいて行なわれるのでなければ、たとえ大統領決定を議会が裁可しなければならない場合でも、規約14条を遵守していることにはならない。

同様に、委員会はスロバキアに関しても、「議会の承認を得て政府が裁判官を任命することに関わる」現行規則が「司法部の独立に悪影響を及ぼしうる」ことに、懸念とともに留意している。委員会は、「司法部の構成員の任命、報酬、在任期間、解任および懲戒について規制する法律を採択することを通じ、司法部の独立を保障しかついかなる形態の政治的影響からも裁判官を保護する具体的措置を緊急にとる」よう勧告した[20]。

コンゴ共和国に関しては、「委員会は、14条1項に違反して行なわれている司法部の独立に対する攻撃について懸念」を表明するとともに、司法部の独立が、「裁判官の採用および懲戒を担当するいかなる独立の機構も存在しないこと、および、行政府によるものも含む裁判官への多くの圧力および影響によって制約されている」ことに注意を促している[21]。そこで委員会は、同国に対し、「とくに最高裁判所の構成および運営ならびにその効果的設置に関わる規則を改正することにより、司法部の独立を確保するための適当な措置をとる」よう勧告した[22]。

換言すれば、裁判官の任命そのものが独立を保障する強力な要素とならなければならないのであって、任命を行政府および立法府の排他的裁量に委ねることはできないということである。

「司法部の全面的独立が存在しない」という問題はキルギスとの関係でも浮上した。委員会はとくに、「適用されている裁判官の資格認定手続、7年ごとに再評

---

19 UN doc. *GAOR*, A/51/40, para.202.
20 UN doc. *GAOR*, A/52/40 (vol.II), para.379.
21 UN doc. *GAOR*, A/55/40 (vol.I), para.279.
22 Ibid., para.280.

価を経なければならないという要件、低水準の給与および裁判官の不安定な在任期間が腐敗および汚職を助長している可能性がある」ことに留意している[23]。

アメリカ合衆国で行なわれている一部裁判官の**選挙による選出**については、自由権規約委員会は、「現行の裁判官選出制度が、いくつかの州において〔14条で保障された〕諸権利の実施に及ぼしている可能性のある影響について懸念する」と述べ、「多くの州が能力選抜制度の導入に努力していること」を歓迎した。委員会はまた、「選挙を通じて裁判官を任命する〔制度〕を、独立の機関が能力にもとづいて任命する制度によって置き換える方向で再検討する」ように勧告している[24]。

このように、選挙による裁判官の選出は14条に定められた独立の概念と両立していないように思われる[25]。

＊＊＊＊＊

ナイジェリアの特別軍事裁判所について、アフリカ人権委員会は、「法律についてほとんどまたはまったく知識を有しない現役の軍士官を裁判所の構成員として選抜すること」は、司法部の独立に関する基本原則の原則10に違反すると判示している[26]。

＊＊＊＊＊

欧州人権条約に関しては、欧州人権裁判所は一貫して次のように判示している。

---

23 UN doc. *GAOR*, A/55/40 (vol.I), para.405.
24 UN doc. *GAOR*, A/50/40 (vol.I), paras.288 and 301. 強調引用者。
25 裁判官および弁護士の独立に関する国連特別報告者は、裁判官の選出および任命との関係で、国連基本原則の原則10に掲げられた**客観的基準**にしたがうことの重要性を強調してきた。たとえばUN doc. E/CN.4/2000/61/Add.1, *Report of the Special Rapporteur on the independence of judges and lawyers, Addendum: Report on the mission to Guatemala*, paras.60-64参照。裁判官の選出およびとくに再選出が裁判官の独立に危険を及ぼすという懸念については、*The Rule of Law and Human Rights: Principles and Definitions* (Geneva, International Commission of Jurists, 1966), p.30, para.2参照。裁判官の選抜における客観的基準の使用については、裁判官の独立、効果的活動および役割に関する欧州評議会勧告R(94)12号の原則I.2.cも参照。欧州の司法機関についての一般的情報は*Judicial Organization in Europe (2000)*, Strasbourg, Council of Europe Publication, 2000, 352pp参照。
26 ACHPR, *Media Rights v. Nigeria, Communication No.224/98*, decision adopted during the 28th session, 28 October - 6 November 2000, para.60 at http://www1.umn.edu/humanrts/africa/comcases/224-98.html.

「裁判所が6条1項の適用上『独立の』機関と見なしうるかどうか判断するためには、とくに、その構成員の任命方法および在任期間、外部の圧力に対する保護措置の存在、ならびに、裁判所が独立しているという外見を備えているかという問題が考慮されなければならない」[27]

したがって、ラウコ事件において欧州人権裁判所は、6条1項にもとづく、独立のかつ公平な裁判所によって公正な審理を受ける申立人の権利が侵害されたと判示した。申立人は微罪で罰金を科された者である。この決定は地区行政当局によって行なわれたものであり、地方行政当局への異議申立ては却下された。スロバキア憲法裁判所は、これが行政機関の権限に属する微罪であったため、この問題を取り上げることができなかった[28]。欧州人権裁判所は、地区・地方行政当局が「政府の管理下で国の地方行政の運営を担当している」こと、および、これらの機関の長の任命が行政府と、給与の支払を受ける被用者としての地位を有する行政府職員によって統制されていることに着目した[29]。したがって、「このような地区・地方行政当局職員の任命のあり方は、外部からの圧力に対抗するための保障も独立しているという外見もまったく存在していないこととあいまって、これらの機関が〔6条1項〕にいうように行政府から『独立』した機関であるとは〔見なせない〕ことを明確に示している」[30]。裁判所は、「微罪の訴追および処罰を行政機関に」委ねることが条約違反となるわけではないと付け加えつつも、「その対象とされた者は、自己について行なわれたいかなる決定についても、6条の保障を与える裁判所に対して異議を申立てる機会が与えられなければならないことを強調」しなければならないとした[31]。

この事件では、申立人は地区・地方行政当局の決定について独立のかつ公平な裁判所による審理を受けることができなかったので、条約6条1項にもとづく権利が侵害されたことになる[32]。

27　*Eur. Court HR, Case of Incal v. Turkey, judgment of 9 June 1998, Reports 1998-IV*, p.1571, para.65.
28　*Eur. Court HR, Case of Lauko v. Slovakia, judgment of 2 September 1998, Reports 1998-VI*, pp.2497-2498, paras.12-17.
29　Ibid., p.2506, para.64.
30　Ibid., loc.cit.
31　Ibid. at p.2507.

しかし、状況によっては独立の概念と公平の概念が密接に関係する場合もある。トルコの国家安全保障裁判所と英国の軍法会議が条約6条と両立するかどうか検討するにあたり、欧州人権裁判所は、後掲4.7で紹介するとおり、これらの概念をあわせて審査している。たとえば、インカル事件で判示されたように、決定的に重要なのは当該裁判所の運営のあり方が「公正な審理に対する申立人の権利を侵害した」かどうかという点である。

「この点に関してはどのような外見を呈しているかということがある程度重要である。問題とされるのは、民主的社会における裁判所が公衆から、かつ刑事手続に関してはとくに被疑者および被告人から、勝ちえなければならない信頼である。……特定の裁判所が独立性または公平性を欠いていると恐れるに足る正当な理由が存在するかどうか決定するにあたっては被疑者および被告人の立場が重要であるが、それは決定的ではない。決定的なのは、被疑者および被告人の疑念に客観的な正当化事由があるかどうかということである。……」[33]

＊＊＊＊＊

米州人権委員会はOAS加盟国に対して次のように勧告している。

「司法職務の遂行における、およびとくに人権侵害の処理との関係における司法部の構成員の不可侵性および独立を保護するために必要な措置をとること。とくに、裁判官は、いかなる理由によるかまたはいずれの方面からのものであるかを問わず、直接間接の影響、誘導、圧力、脅威または干渉をいっさい受けることなく、担当する問題について自由に決定できなければならない」[34]

32　Ibid., pp.2506-2607, paras.64-65. ただし、欧州人権裁判所はシュタリンジャーおよびクーゾ事件では異なる結論に達している。この事件では、耕種学・林業・農業に関する経験を理由として地域土地改革委員会と最高土地改革委員会に専門家委員が含まれていたが、「委員会の手続の対審的性質が『公務員の専門家』の参加によって影響を受けることはない」として、条約6条1項の違反はなかったとされた。*Eur. Court HR, Case of Stallinger and Kuso v. Austria, judgment of 18 March 1997, Reports 1997-II*, p.677, para.37参照。

33　*Eur. Court HR, Incal judgment of 9 June 1998, Reports 1998-IV*, pp.1572-1573, para.71.

34　OAS doc. OEA/Ser.L/V/II.95, doc.7 rev., *Annual Report of the Inter-American Commission on Human Rights 1996*, p.761.

米州人権裁判所は、憲法裁判所事件において、裁判官の独立の前提条件は、一定の在任期間("con una duracion en el cargo")と外部の圧力に抵抗するための保障("con una garantia contra presiones externas")を備えた適切な任命手続("un adecuado proceso de nombramiento")であると判示している[35]。

4.5.2 在任期間の保障

上述のように、裁判官にある程度長期の在任期間が保障されていなければ、その独立が損なわれる深刻な危険がある。意思決定のさいに不適当な影響をいっそう受けやすくなる可能性があるためである。したがって、基本原則の原則11は次のように定めている。

「裁判官の任期、独立、安全、十分な報酬、勤務条件、年金および定年は法律によって十分に保障されなければならない」

原則12はさらに次のように定めている。

「裁判官は、任命された者であるか選出された者であるかを問わず、義務的定年または任期満了が存在する場合にはその時点までの在任を保障されなければならない」[36]

したがって、在任期間の保障がまったくないまま、または短期間の在任期間しか認めないまま裁判官を任命または選出することは原則11および12に反する[37]。**裁判官に恒久的権限を認めてこそ、その独立が最大限に保障され、また司法部に**

---

[35] I-A Court HR, *Constitutional Court Case (Aguirre Roca, Rey Terry and Revorado Marsano v. Peru), judgment of 31 January 2001*, para.75 of the Spanish version of the judgment (http://www.corteidh.or.cr/serie_c/C_71_ESP.html).
[36] 欧州評議会勧告R(94)12号の勧告I.3も原則12と同一である。
[37] 裁判官および弁護士の独立に関する特別報告者は、「期間を固定した契約そのものは反対すべきものではなく、また司法の独立の原則にも抵触しないが、5年の任期は在任期間の保障としては短すぎる」と判断している。特別報告者の見解では、「合理的な任期は10年であろう」とされる。UN doc. E/CN.4/2000/61/Add.1, *Report on the Mission to Guatemala*, para.169(c).

対する公衆の信頼も頂点に達するのである。

＊＊＊＊＊

　アルメニアの状況に関して、自由権規約委員会は、司法部の独立が全面的に保障されていないとして、とくに「6年以下に固定された任期で一般投票によって裁判官を選出することは、裁判官の独立および公平を確保することにつながらない」と述べた[38]。

　国によっては、裁判官が職務継続を認められるためには一定間隔を置いて資格再認定手続を経なければならない場合がある。ペルーで行なわれているこのような対応について、自由権規約委員会は、「裁判官が7年の任期満了とともに退官し、かつあらためて任命されるためには資格再認定が必要であることに、懸念とともに」留意した。委員会は、このような対応を、「在任期間の保障を否定することにより司法部の独立に影響を及ぼす傾向のある慣行」と考えたのである[39]。したがって委員会は、政府に対し、「裁判官が資格を再認定されなければならないという要件を見直し、かつ在任期間の保障および独立の司法的監督によって代えるよう」勧告している[40]。

　審査の問題はリトアニアとの関連でも問題になった。委員会は、「司法部の独立を確保するための新しい規定」が存在するとはいえ、「地方裁判所裁判官が、いまなお5年の勤務の後に行政府による審査を受けなければ恒久的に任命されないこと」に懸念を表明し、したがって「このような審査手続は裁判官としての能力のみを対象とし、かつ独立の職能機関のみが実施すべきであること」を勧告している[41]。

　すなわち、自由権規約委員会の見解では、行政府による裁判官の資格再認定または審査の慣行は自由権規約14条1項に反するということになる。

38　UN doc. *GAORA*, A/54/40 (vol.I), para.104.
39　UN doc. *GAORA*, A/51/40, para.352.
40　Ibid., para.364.
41　UN doc. *GAORA*, A/53/40 (vol.I), para.173.

4.5.3 金銭面の保障

　国際条約・地域条約とも司法部および裁判官個人の金銭面の保障の問題について明示的に扱ってはいないが、前掲の基本原則の原則11は、裁判官には十分な報酬に加えて年金も支給されなければならないと定めている。

　公正かつ十分な報酬の問題は、それによって資格のある人物を裁判官職に魅きつけうると同時に、裁判官が腐敗や政治的その他の不当な影響の誘惑に屈しにくくなる可能性があるゆえに、重要である。国によっては、裁判官の昇給は行政府と立法府の判断次第であっても、減給はされないよう保護されている例がある。行政府と立法府が司法部の予算を統制している場合、司法部の独立が脅かされる可能性がある。

　マニトバ州裁判官協会対マニトバ州(司法長官)事件で、カナダ最高裁判所は、「権利および自由に関するカナダ憲章11条(d)における裁判官の独立の保障が、州の政府および議会による州裁判所裁判官の給与の減額の方法および程度によって制約されるか否か、およびどのように制約されるか」についての判断を迫られた[42]。同州は、財政支出削減計画の一環として公共部門支出削減法を制定し、州裁判所裁判官の給与および同州の公共予算から支払われているその他の者の給与を減額した。この支出削減を受けて、膨大な人数の被疑者・被告人が州裁判所における手続の合憲性について異議を申立てた。減給の結果、州裁判所は独立のかつ公平な裁判所として地位を失ったというのがその主張である。最高裁判所は、減給は「全般的な公共経済政策の一環として行なわれたものであり、憲章11条(d)と両立するものである」という結論に達した。「司法部に影響力を及ぼしまたはこれを操作するために減給が行なわれたとする証拠はない」ためである[43]。しかし、減給を課した法律に対する「異議申立てを行なわないことに裁判官が同意しないかぎり」裁判官報酬委員会に対する合同勧告に署名しないという姿勢をマニトバ州政府がとったことにより、司法の独立は侵害された。これによって州政府は、

42　*(1997) 3 S.C.R. Manitoba Provincial Judges Assn. v. Manitoba (Minister of Judges) 3*,at http://www.lexum.umontreal.ca/csc-scc/en/pub/1997/vol3/html/1997scr3_0003.html at p.5.

43　Ibid., p.12.

「計画されている給与額の変更の合憲性を認めるよう、裁判官に経済的圧力をかけた」と最高裁は考えたのである[44]。最高裁の見解によれば、「司法の独立における金銭面の保障には、自己の独立に影響を及ぼす立法について、政府から金銭面で処罰されるかもしれないという合理的認識を持つことなく異議申立てを行なう裁判官の能力の保護が含まれなければならない」[45]。

4.5.4 昇進

基本原則の原則13は、「裁判官の昇進は、そのような制度が存在するときは常に、客観的要素、とくに能力、高潔さおよび経験にもとづいて行なわれるべきである」と定めている。したがって、昇進に関して裁判官の職業上の能力と結びつかない不適切な要素を考慮してはならない[46]。このような不適切な要素としては、たとえばジェンダー、人種または民族にもとづく差別の態度を挙げることができよう[47]。

4.5.5 責任

裁判官が司法規律を維持しなければならないことについては異論がないものの、不行跡に対する制裁をどのように決定するか、だれが決定するか、どのような制裁を科すべきかということになると問題が生ずる。裁判官が担当した一ないし複数の事件の決定に反対だからという理由で当該裁判官に懲戒措置がと

---

44 Ibid., loc. cit. 裁判官報酬委員会は、裁判官の給与に関する報告書を議会に提出するために州裁判所法にもとづいて設置された機関である。
45 Ibid.
46 欧州評議会勧告R(94)12号は、「裁判官の選抜および昇進に関わるすべての決定は客観的要素にもとづいて行なわれるべき」こと、裁判官の選抜のみならずその昇進も「資格、高潔さ、能力および効果的職務遂行を考慮したうえで能力にもとづいて行なわれるべき」ことを強調している。さらに、裁判官の昇進に関わる決定は政府および行政の両方から独立して行なわれなければならない(原則I.2.c)。
47 米国の法曹にマイノリティが占める割合について、アメリカ法曹協会・弁護士職における人種的・民族的多様性に関する委員会による報告書 *Miles to Go 2000: Progress of Minorities in the Legal Profession*.参照。この報告書によれば、法曹にマイノリティが占める割合は他のほとんどの職業に比べて相当に低い。主に弁護士についての報告書だが、司法部に関する項目もある。次のウェブサイト参照。
www.abanet.org/minorities

られないようにすることも、不可欠である。

＊＊＊＊＊

　ベラルーシに関して、自由権規約委員会は、「裁判官としての職務を遂行する過程で行政が定めた科料を言渡しかつ徴集しなかったことを理由として……2名の裁判官が大統領によって解任されたという訴えがあることに、懸念とともに」留意した[48]。また、カンボジア最高裁判所が「政府の影響から独立していないこと」および「裁判官の不適格性および非倫理的行動についての訴えをいまなお扱えていない」ことについても懸念を表明している。裁判官を拘束する通達が法務省によって出されていることに関するさらなる懸念も踏まえて、委員会は、「司法部を強化しかつその独立を保障するために、ならびに司法部に対する腐敗または不適当な圧力についてのあらゆる訴えが迅速に対応されることを確保するために、〔締約国が〕緊急の措置をとるべき」であると勧告した[49]。

　したがって、規約14条1項にいう「独立の」という文言により、職業上の非倫理的行動は政府の影響から完全に独立した機関によって取扱われることが求められていると、自由権規約委員会は明らかに考えているように思われる。

　裁判官の懲戒、停職および解任の問題は国連基本原則の原則17～20でも扱われている。

> 「17. 司法上および職業上の立場で行動した裁判官に対する告発または苦情は、適切な手続にもとづいて迅速かつ公正に処理されなければならない。当該裁判官は公正な審理に対する権利を有する。初期段階における当該事案の審理は、当該裁判官が別段の要請をしたときを除き、非公開とされなければならない。
> 18. 裁判官は、職務を遂行するにふさわしくないと認めるに足る能力欠格または行動を理由としてのみ、停職または解任の対象とされる。
> 19. あらゆる懲戒、停職または解任の手続は、定められた司法行為の基準にしたがって決定されなければならない。

48　UN doc. *GAOR*, A/53/40 (vol.I), para.149.
49　UN doc. *GAOR*, A/54/40 (vol.I), paras.299-300.

20. 懲戒、停職または解任の手続における決定は、独立の再審査に服するべきである。この原則は、最上級裁判所の決定、および弾劾または同様の手続における立法府の決定には適用されない」

ただし、注意しなければならないのは、原則17では「適切な手続」についてしか述べていないこと、また原則20では懲戒その他の手続における決定が「独立の再審査に服する**べきである**」とされていることである(強調引用者)。このように、この点に関しては、自由権規約委員会による自由権規約14条1項の解釈のほうが基本原則よりも踏みこんでいるように思われる[50]。

＊＊＊＊＊

ブルキナファソを相手どった事件で、アフリカ人権委員会は、2名の裁判官に対して科された処罰を維持するにあたり、同国がいかなる法的理由も示さなかったことについて検討しなければならなかった。2名の裁判官は、1987年、他の多くの裁判官とともに停職、解任または退職強制の対象とされたものである。この措置の対象とされた裁判官の多くはその後恩赦によって復職したが、委員会に付託された事件の関係者である2名を含む他の多くの裁判官は、そのような形で復職することはできなかった[51]。委員会の見解によれば、法的理由を示さなかったことは司法部の独立に関する基本原則の原則18および19の違反である[52]。

---

50 欧州評議会勧告R(94)12号の原則VIも、職務怠慢および懲戒の対象となる違反について扱っている。各国で効力を有する法的原則および伝統によって、懲戒措置にはとくに(1)事件から裁判官を外すこと、(2)裁判官を裁判所内の他の司法業務に異動させること、(3)一時的減給のような経済的制裁、および(4)停職を含むことができる(原則VI.1.)。ただし、いったん任命された「裁判官は、有効な理由がなければ、義務的定年までその職務を恒久的に停止することはでき」ず、その理由は「法律によって厳密に定められているべきである」とされる。これらの理由は、「裁判官が一定の任期で選出される国においても適用する」ことができ、「または司法職務を遂行するための能力欠如、刑事犯罪の実行もしくは規律規則の重大な違反に関連したものとすることができる」(原則VI.2)。さらに、原則VI.1および2に掲げた措置をとる「必要性が生じたときは、国は、法律によって、裁判所が扱わない場合に懲戒的制裁および措置を適用することをその任務とする特別機関の設置を検討するべきである。当該機関は、その決定について上級司法機関の統制を受けるか、または当該機関そのものが上級司法機関でなければ**ならない**」(強調引用者)。法律では、「当該裁判官に対して少なくとも〔欧州人権条約の〕あらゆる適正手続要件が認められることを確保するための適切な手続も定められるべきである。このような適正手続要件としては、たとえば、事件の審理は合理的な期間内に行なわれるべきであること、および、いかなる容疑に対しても回答する権利が当該裁判官に認められるべきであることが含まれる」(原則VI.3)。

51 ACHPR, *Mouvement Burkinabé des Droits de l'Homme et des Peuples v. Burkina Faso*, Communication No. 204/97, decision adopted during the 29th Ordinary session, 23 April - 7th May 2001, para.38 (http://www1.umn.edu/humanrts/africa/comcases/204-97.html)。

52 Ibid., loc. cit.

15年前に出された両裁判官による損害賠償請求を最高裁判所が審理しなかったことについては、合理的な期間内に公平な裁判所による審理を受ける権利を保障したアフリカ憲章7条1項(d)の違反とされた[53]。

*****

米州人権裁判所が扱った憲法裁判所事件は、最高裁判所の裁判官3名が弾劾され、最終的に1997年5月28日の議会決定によって解任された事件に関するものである。これらの決定は、フジモリ大統領が議会と憲法保障裁判所の両方を解散した1992年以降の、複雑な経緯の結果として行なわれたものであった。1996年、新しく設置された憲法裁判所は、大統領の再選に関するペルー憲法112条の解釈を示した、ある法律の合憲性を審査するよう求められた。7名の裁判官中5名は、当該法律が違憲であるとはしなかったものの、「適用できない」と判断した。その後、多数意見に賛成した裁判官は一連の圧力、脅迫およびいやがらせにさらされたとされる[54]。米州裁判所が指摘したように、3名の裁判官の解任は政治裁判("juicio policico")の枠組みのなかで議会権限によって科された制裁によるものであり[55]、米州人権裁判所は、3名の元最高裁判所裁判官に関して米州人権条約8条および25条の違反があったと全会一致で判示した。

条約8条の違反は、3名の裁判官がその対象とされた政治裁判の手続において適正手続が確保されず、さらに、この特定の事件においては、裁判官の政治裁判を行なうにあたって議会が独立性および公平性の必要な条件を満たさなかったためである[56]。**公平性の欠如**は、とくに、大統領選挙に関する法律の合憲性の問題について判断するよう憲法裁判所に求める書簡を送付した40名の議員のなかに、その後、弾劾手続の過程で設けられたさまざまな委員会および小委員会に参加した者がいたことが理由とされる。さらに、裁判官の解任投票に参加した議員のなかには、実際には議会規則によって参加を明示的に禁じられている者がいた[57]。適

---

53 Ibid., para.40.
54 I-A Court HR, *Constitutional Court Case, Competence, judgment of September 24, 1999*, in OAS doc. OEA/Ser.L/V/III.47, doc.6, Annual Report of the Inter-American Court of Human Rights 1999, para.2 at pp.374-378.
55 I-A Court HR, *Constitutional Court Case (Aguirre Roca, Rey Terry and Revorado Marsano v. Peru), judgment of 31 January 2001*, para.67. 判決のスペイン語版は米州人権裁判所のウェブサイト参照。
http://www.corteidh.or.cr/serie_c/C_71_ESP.html.
56 Ibid., para.84.
57 Ibid., para.78.

正手続の保障の違反に関しては、3名の裁判官は、自己に対する告発について完全かつ十分な情報を受け取っておらず、自己に不利な証拠の閲覧も制限されていた。防御の準備のために利用できた時間も「きわめて短かった」("extremadamente corto")。最後に、3名の裁判官は、弾劾手続を開始するという議員の決定および最終的に3名の裁判官を解任するという決定の根拠となった証言をした証人を、尋問することが許されなかった[58]。

米州人権条約25条に定められた司法的保護に対する権利については、これも侵害されたとされる。3名の裁判官は実のところ解任決定に対する保護請求を行なっていたが、リマの高等裁判所はこれらの請求には根拠がないと判断し、憲法裁判所もその判断を追認した[59]。米州人権裁判所によれば、これらの請求が認められなかったのは「厳密に司法的ではない評価が行なわれたため」("se debe a apreciaciones no estrictamente juridicas")である。たとえば、保護請求を検討した最高裁判所の裁判官は、議会の手続に参加したまたはその他の形で関与した人物らと同じであったことが立証されている。したがって憲法裁判所は、裁判官の公平性に関わる米州人権裁判所の基準を遵守しなかった。そのため、被害を受けたと主張する裁判官らが行なった保護請求によって意図した結果が出されることはありえず、却下されるのは当然と見なされたのであり、実際にもそうなったのである[60]。

＊＊＊＊＊

要約すれば、一般的には次のように言うことができる。すなわち、国際法上、懲戒手続の対象とされる裁判官には、権限のある、独立のかつ公平な機関における適正手続が保障されなければならない。このような機関は、行政府から独立した機関であるか、またはそのような機関の統制を受けていなければならない。ただし、少なくとも米州人権条約のもとでは、最高裁判所の裁判官に対して議会が懲戒手続を行なうことも認められると思われる。ただし、告発について判断する機関が独立性および公平性の原則を厳格に尊重すること、および、

58　Ibid., para.83.
59　Ibid., paras.97 and 56.27.
60　Ibid., para.96.

関連の手続において条約8条に掲げられた適正手続の保障が遵守されることが条件である。

4.5.6 表現および結社の自由

表現および結社の自由に対する裁判官の権利は、法の支配および人権を尊重する民主的社会においては必要不可欠である。自由に団体を結成できることによって、裁判官は自らの独立およびその他の職業上の利益をいっそう効果的に守ることができる。

基本原則の原則8は次のように定めている。

「司法部の構成員は、世界人権宣言にしたがって、他の市民と同様に、表現、信念、結社および集会の自由に対する権利を有する。ただし、これらの権利を行使するにあたっては常に、職務の尊厳ならびに司法部の公平および独立を保持するしかたで行動することを条件とする」[61]

4.5.7 研修および教育

国内・国際人権法に関する裁判官の研修および継続教育は、人権法を国内レベルで意味のある現実にしようとするなら必要不可欠である。このような研修がなければ、人権法の実現は画に描いた餅に留まることになろう。自由権規約委員会は、いくつかの機会をとらえて、裁判官、その他の法曹および法執行官を対象として人権に関する研修を行なうことの重要性を強調してきた[62]。

委員会はさらに、コンゴ共和国に対し、「裁判官を政治的、金銭的その他の圧力から解放し、その在任期間を保障し、かつ裁判官が正義を迅速かつ公平に実現

---

[61] 欧州評議会勧告R(94)12号はこれよりもやや簡潔であり、原則Ⅳにおいて、裁判官は、「単独でまたは他の団体と共同で裁判官の独立を保護する責務を担い、かつその利益を保護する結社を自由に結成できるべきである」と定めている。

[62] 社会主義人民リビア・アラブ国について、UN doc. *GAOR*, A/54/40 (vol.1), para.134参照。スーダンについてはUN doc. *GAOR*, A/53/40 (vol.1), para.132参照。

できるようにするため、裁判官の研修ならびにその採用および懲戒を規律する制度に……特段の注意」を払うべきであると勧告したことがある。そこで、委員会は同国に対し、「この目的のために効果的な措置をとること、および、さらに多くの裁判官が十分な研修を受けることを確保するために適切な措置をとること」を促した[63]。

しかし、たとえば「社会的文脈教育」のような教育プログラムを裁判官の必須科目とするべきかどうか、そうであるとすれば参加を拒否した裁判官に対してどのような責任を問うべきかについては、カナダで議論になったことがある[64]。

ここで強調しておくべき重要な点は、いずれにしても、このような専門教育および(または)研修の促進に最終的に責任を有するのは司法部そのものまたは独立の団体でなければならないということである(基本原則の原則9参照)。

4.5.8 公正な裁判手続を確保し、かつ理由を付した決定を行なう権利および義務

裁判所の独立は、刑事か民事かを問わず裁判手続にとって不可分である。基本原則の原則6は次のように定めている。

>「司法部の独立の原則は、司法部に対し、司法手続が公正に行なわれることおよび当事者の権利が尊重されることを確保する権利を与え、かつこれを確保するよう要求するものである」

これ以降の章、とくに第7章「公正な裁判に対する権利」および第16章「緊急事態下における司法運営」で明らかにされるように、このことは、裁判官には担当する事件についての決定を法律にしたがって行ない、個人の権利および自

---

63 UN doc. *GAOR*, A/55/40 (vol.1), para.280.
64 カナダ最高裁長官Rt. Hon. Antonio Lamer, P.C.によるスピーチ "*The Tension Between Judicial Accountability and Judicial Independence: A Canadian Perspective*" (Singapore Academy of Law Annual Lecture 1996)(www.sal.org.sg/lect96.html)pp. 8-9参照。欧州評議会勧告の原則V.3.gは、裁判官は「その職務を効果的かつ適正に遂行するために必要ないかなる研修も受ける」責任を持つべきであると定めている。

由を守り、かつ国内法・国際法にもとづいて存在するさまざまな手続的権利を一貫して尊重する義務があることを意味する。さらに、この重要な責務は、司法手続に対する不適切なまたは不当な干渉をいっさい受けることなく遂行されなければならない(基本原則の原則4)。

*****

自由権規約委員会は、カンボジアで新しく設けられた司法部が「贈賄および政治的圧力」を受けやすい状況にあること、ならびに、司法部が「法律の解釈について法務省の意見を〔求めること〕および同省が裁判官を拘束する通達を出すこと」について懸念を表明している。そこで委員会は、同国が、「司法部を強化しかつその独立を保障するために、ならびに司法部に対する腐敗または不適当な圧力についてのあらゆる訴えが迅速に対応されることを確保するために、……緊急の措置をとるべき」であると勧告した[65]。

権限のある、独立のかつ公平な裁判所の概念には、さらに、裁判所は**その決定に対する理由**を示さなければならないという要素も当然に含まれる。欧州人権裁判所は、この点について、欧州人権条約6条1項との関連で判断を行なった。ヒギンズほか事件において、この義務は「すべての主張に対して詳細な回答を行なうよう求めたものとは理解できない」ものの、「理由を示さなければならないというこの義務がどの程度適用されるかは決定の性質によって異なる場合があり、事件の状況に照らして判断されなければならない」としたのである[66]。破棄院が、その判決のなかで、控訴院が公平ではなかったという苦情について明示的かつ具体的説明を行なわなかった点について、欧州人権裁判所は6条1項違反を認定した[67]。

*****

自由権規約委員会は、ジャマイカの裁判所が判決のなかで理由を示さず、そのため有罪判決を受けた者が実質的に上訴権を行使できなくなった事件を何度となく審査してきた。しかし委員会は、規約14条1項で定められた独立性および公正性の概念の枠組みにのっとってこの問題を審査するのではなく、「不当に遅延す

---

[65] UN doc. *GAOR*, A/54/40 (vol.I), para.299.
[66] *Eur. Court HR, Case of Higgins and Others v. France, judgment of 19 February 1998, Reports 1998-I*, p.60, para.42.
[67] Ibid., p.61, para.43.

ることなく裁判を受ける」権利を保障した14条3項(c)と、刑事事件における上訴権を保護する14条5項にもとづいて検討を行なっている[68]。

> 司法部の独立の概念は次のようなことも意味する。
> - 個々の裁判官も、その職業上の義務の遂行における独立を享受しなければならない。個々の裁判官には、報復や個人的批判を含む外部の干渉を受けることなく、担当する事件についての決定を法律にしたがって行なう権利および義務がある。
> - 個々の裁判官は、もっぱらその専門的資格および個人としての高潔さにもとづいて任命または選出されなければならない。
> - 個々の裁判官は長期の在任期間を保障されなければならない。
> - 個々の裁判官には十分な報酬が与えられなければならない。
> - 個々の裁判官の昇進は客観的要素にもとづいて行なわれなければならない。
> - 職業倫理に反する行動に関する個々の裁判官の責任の問題は、法の適正手続を確保する完全に独立のかつ公平な機関によって扱われなければならない。

4.6 公平性の概念

前述したように、公平性の概念は独立性の概念と密接な関係があり、2つの概念があわせて検討される場合もある。公平性の要件は、自由権規約14条1項、アフリカ人権憲章7条1項、米州人権条約8条1項および欧州人権条約6条1項に掲げられた要件である。

基本原則の原則2も次のように定めている。

---

[68] たとえばCommunication No.283/1988, *A. Little. v. Jamaica* (Views adopted on 1 November 1991, in UN doc. GAOR, A/47/40, p. 284, para.9 read in conjunction with p.283, para.8.5(規約14条5項違反、却下後5年以上も控訴裁判所が理由を付した判決を示さなかった)やCommunication No.377/1988, *A. Currie v. Jamaica* (Views adopted on 29 March), in UN doc. GAOR, A/49/49 (vol.II), p.77, para.13.5(14条3項(c)および5項違反、控訴の却下13年を経ても控訴裁判所が判決書を出さなかった)参照。

「司法部は、いかなる方面からのまたはいかなる理由によるものであるかを問わず、直接間接のいかなる制限、不当な影響、誘導、圧力、脅迫または干渉もなく、事実にもとづきかつ法律にしたがって、司法部に付託された事項について公平に決定しなければならない」

*****

　自由権規約委員会は、アルボ・O・カルトゥネン事件において、「裁判所の公平および手続の公開は〔規約14条1項にいう〕公正な審理に対する権利の重要な側面である」と説明し、これに付け加えて、公平性の概念には、「裁判官は担当する事項について予断を抱いてはならないこと、および、当事者のいずれかの利益を促進する形で行動してはならないことが含まれる」と述べた[69]。さらに、「裁判官の資格剥奪事由が法律で定められているときは、これらの事由を職権で考慮し、かつ資格剥奪の基準を満たす裁判所構成員を更迭するのは裁判所の責任である。……国内法にもとづき資格を剥奪されてしかるべき裁判官が参加するという瑕疵のあった審理は、通常、14条にいう公正なまたは公平な審理であったと考えることはできない」とも述べている[70]。この事件において、フィンランド控訴裁判所は、証拠書面だけにもとづき、「非職業裁判官であるV・Sが資格を剥奪されるべきであったことは明らかであることは認めるものの、その存在によって〔地方裁判所の評決が〕影響を受けることはなかった」と判断した[71]。この非職業裁判官は申立人の妻の証言中にいくつかの不適切な発言をしたとされるが、この発言は、政府も認めるように、「証拠の入手および裁判所の決定の内容に影響を及ぼした可能性がきわめて高い」ものだった[72]。委員会は、「この手続上の瑕疵が地方裁判所の評決に実際に影響を及ぼしたかどうか」判断する唯一の手段である控訴裁判所での口頭審理が行なわれなかったことを理由として、14条違反があったという結論に達した[73]。

69　Communication No.387/1989, *Arvo O. Karttunen v. Finland* (Views adopted on 23 October 1992), in UN doc. GAOR, A/48/40 (vol.II), p.120, para.7.2.
70　Ibid., loc. cit.
71　Ibid., p.120, para.7.3.
72　Ibid., p.117, para.2.3 and p.119, para.6.3 read together.
73　Ibid., p.120, para.7.3.

自由権規約委員会がさらに強調するように、裁判長は、**陪審員に対応するにあたって**、恣意的な指示、正義の否定に相当する指示、または自己の公平義務に違反する指示を行なってはならない[74]。

* * * * *

「憲法権利プロジェクト」に関する事件で、アフリカ人権委員会は、とくに国内騒乱(特別裁判所)法がアフリカ人権憲章7条1項(d)と両立するかどうかについて検討しなければならなかった。同法の規定によれば、特別裁判所は裁判官1名および軍の構成員4名から構成されるものとされた。委員会の見解によれば、この裁判所は「行政府、すなわち国内騒乱法を可決したのと同じ統治部局に属する者から大部分構成されている」[75]。委員会は次に、憲章7条1項(d)で「裁判所が公平であることが求められている」ことを想起し、「このような裁判所の構成員個人の特質に関わらず、その構成だけでも、実際に公平性が欠けているか否かは別として、公平に映るか否かが判断される」と付け加えた[76]。

* * * * *

欧州人権条約6条1項における公平性の要件について、欧州人権裁判所は、そこには2つの要件、すなわち**主観的**要件および**客観的**要件があると一貫して判示してきた。第1に、「裁判所は**主観的に公平**でなければならない」。すなわち、「裁判所を構成するいかなる者もいずれかの個人的偏見または先入観を抱くべきではな」く、個人としてのこの「公平性は、そうではないという証拠が提示されないかぎり、確保されているものと推定される」[77]。第2に、「裁判所は客観的観点からも公平でなければならない」ので、「裁判所はこの点に関するいかなる正当な疑いも排除するに足る保障を与えなければならない」[78]。**客観的テスト**に

---

74 Communication No.731/1996, *M. Robinson v. Jamaica* (Views adopted on 29 March 2000), in UN doc. GAOR, A/55/40 (vol.II), para.9.4 at p.128. この事件では、「裁判官の指示または訴訟指揮にこのような瑕疵があったことを示す」証拠はなかった。

75 ACHPR, *Constitutional Rights Project v. Nigeria*, Communication No.87/93, para.13 (http://www1.umn.edu/humanrts/africa/comcases/87-93.html). See also *ACHPR, International Pen, Constitutional Rights Project, Interigths on behalf of Ken Saro-Wiwa Jr. and Civil Liberties Organisation v. Nigeria*, Communications Nos.137/94, 139/94, 154/96 and 161/97, decision of 1 October 1998, para.86 (http://www1.umn.edu/humanrts/africa/comcases/137-94_139-94_154-96_161-97.html).

76 Ibid., para.14.

77 *Eur. Court HR, Case of Daktaras v. Lithuania*, judgment of 10 October 2000, para.30(強調引用者).

78 Ibid., loc. cit.

関して、欧州人権裁判所は、裁判官の公平性に疑いを生ぜしめるような確認可能な事実があるかどうか判断されなければならず、この点については「どのような外見を呈しているかということがある程度重要である」とも付け加えている。「問題とされるのは、民主的社会における裁判所が公衆から、かつとくに手続の当事者から勝ちえなければならない信頼である」からである[79]。

したがって、欧州人権裁判所はオーベルシュリック事件において、公平性が欠けていたという理由で6条1項違反を認定した。刑事手続中止命令を破棄する決定に参加した裁判官が、その後、申立人の有罪判決に対する控訴審の裁判官も務めたためである[80]。とはいえ、「状況によっては、上級裁判所または最上級裁判所において、規約の規定のいずれかに関する当初の違反が修復される」可能性は存在する[81]。しかしそれが可能になるのは、「全面的管轄権」を有し、かつ6条1項が予定する保障を与える司法機関によってその後の統制が行なわれた場合のみである[82]。たとえば法的観点から再審査の妥当性を評価するさいに関連してくる問題としては、「上訴の対象とされた決定の実体事項、決定に至るまでの経緯、ならびに、希望されたおよび実際に提出された上訴理由を含む紛争の内容」などがあろう[83]。上級裁判所がこのような再審査を行なう全面的管轄権を有していない場合、欧州人権裁判所は6条1項違反を認定してきた[84]。

ダクタラス事件においては、裁判所は、リトアニア最高裁判所の公平性に関する申立人の疑いは「**客観的に**正当であると言える」として6条1項違反を認定している[85]。この事件では、最高裁判所刑事部長が、控訴裁判所の判決に納得しなかった第1審担当裁判官の求めにより、同刑事部の裁判官に破棄要請を行なったものである。部長は控訴審決定を破棄するよう提案したが、当該事件を審理する首

---

79 Ibid., para.32.
80 *Eur. Court HR, Case of Oberschlick v. Austria (1), judgment of 23 may 1991, Series A, No.204*, p.13, para.16 and p.15, para.22. 同様の事件について、*Eur. Court HR, Case of Castillo Algar v. Spain, judgment of 28 October 1998, Reports 1998-VIII*, p.3124 ffおよび*Eur. Court HR, the Case of de Haan v. the Netherlands, judgment of 26 August 1997, Reports 1997-IV*, p.1379 ff も参照。
81 *Eur. Court HR, Case of de Haan v. the Netherlands, judgment of 26 August 1997, Reports 1997-IV*, p.1393, para.54.
82 *Eur. Court HR, Case of Kingsley v. the United Kingdom, judgment of 7 November 2000*, para.51. 判決文はhttp://www.echr.coe.int/参照。
83 *Eur. Court HR, Case of Bryan v. the United Kingdom, judgment of 22 November 1995, Series A, No. 335-A*, p.17, para.45.
84 *Eur. Court HR, Kingsley v. the United Kingdom, judgment of 7 November 2000*, para.59.
85 *Eur. Court HR, Case of Daktaras v. Lithuania, judgment of 10 October 2000*, para.38(強調引用者).

席裁判官および法廷を構成する裁判官を任命したのもこの同じ部長であった。部長の破棄要請は検察官による審理で支持され、最終的に最高裁判所もこれを受け入れた。**主観的テスト**の観点からは、最高裁判所の個々の裁判官に**個人的先入観**があったという証拠はない[86]。しかし**客観的テスト**に照らせば結論は異なる。欧州人権裁判所の見解では、破棄要請を行なうにあたって部長が提出した法的見解は、当事者の視点に立てば中立であったと見なすことはできない。「特定の決定を採用または破棄するよう勧告することにより、〔部長は〕必然的に被告人の味方または敵になる」ためである[87]。欧州人権裁判所はさらに付け加えて、「刑事部長が訴追された事件を取り上げるのみならず、管理運営上の職務に加えて法廷の設置まで行なうとなれば、客観的観点から、不適切な圧力が存在しないという点に関する正当な疑いを排除するに足る十分な保障があったと言うことはできない」と述べた。また、部長の介入が第1審担当裁判官の求めをきっかけとするものであったことは、状況をさらに悪化させるにすぎないとされた[88]。

公平性の概念は**陪審員**にも適用される。欧州人権裁判所は、サンダー事件において、陪審員が人種主義的な発言と冗談を口にしたこと、裁判官によるその後の指揮でも公平性が欠けるという合理的な印象および恐れは払拭されなかったことを受けて、6条1項違反を認定した。欧州人権裁判所は、「陪審員を解任することが公正な審理を達成する唯一の方法であるとは限らないが、条約6条1項によってこれが求められる一定の状況は存在する」ことを認めている[89]。この事件においては、「裁判官は、申立人がその民族的出身を理由として非難される恐れがあるという重大な訴えに直面して」おり、さらに、「陪審員の1人は人種主義的発言を行なったことを間接的に認めた」。「人種主義と闘う必要性をあらゆる締約国が重視していること」を踏まえ、欧州人権裁判所は、「裁判官は、陪審員が偏見を退けて証拠のみにもとづいて審理を進めるという曖昧な確認を求めるだけではなく、より断固たる方法で行動すべきであった」と判断した[90]。欧州

86　Ibid., para.31.
87　Ibid., para.35.
88　Ibid., para.36.
89　*Eur. Court HR, Case of Sander v. the United Kingdom, judgment of 9 May 2000*, para.34. 判決文は http://www.echr.coe.int/参照。
90　Ibid., loc. cit.

人権裁判所は、「そのような対応をとらなかったことにより、裁判官は、裁判所の公平性に関わる客観的に正当化しうるまたは正当な疑いを排除するに足る十分な保障を与えなかった」ので、裁判所は「客観的観点から公平」ではなかったと結論づけている[91]。

陪審員が人種主義的中傷を行なったとされるもうひとつの事件でも、欧州人権裁判所は、規約6条1項が、「裁判所の公平性に対する異議申立てが明白に実体を欠いていると直ちに判断できないように思われるときは、……法廷の現在の構成が当該規定にいう『公平な裁判所』であるかどうか確認する義務を、すべての国内裁判所に対して課す」ものであると強調した[92]。レムリ事件では当該裁判所がこのような確認を行なわず、その結果、申立人は「条約の要件に反する状況を、それが必要であると証明された場合に是正する可能性」を奪われたとされる[93]。

> **司法部の公平性**の概念は、公正な審理に対する権利にとって欠かせない側面である。すなわち、すべての裁判官は、担当する事項または関係者についての個人的先入観または予断にもとづく考え方を持たず、いずれかの当事者の利益を促進することもなく、客観的に行動し、かつ関連の事実および適用される法律にもとづいて決定を行なわなければならない。

4.7 軍事裁判所その他の特別裁判所

特別な状況下で軍事裁判所、または国家安全保障裁判所のような特別管轄権を有するその他の裁判所が創設されることはよくあり、しばしば法の適正手続違反の原因となっている。このマニュアルで検討している国際条約では普通裁判所と軍事裁判所をはじめとする特別裁判所とははっきり区別されていないが、自由権規約委員会は、一般的意見13において、規約14条の規定は、「普通裁判所か特別

---

[91] Ibid. 公平性の概念に関わる他の事件としては、たとえば*Eur. Court HR, Case of Diennet v. France, judgment of 26 September 1995, Series A, No. 325-A*（違反なし）および後掲「軍事裁判所その他の特別裁判所」で取り上げた事件を参照。

[92] *Eur. Court HR, Case of Remli v. France, judgment of 30 March 1996, Reports 1996-II*, p.574, para.48.

[93] Ibid., loc. cit.

裁判所かを問わず、この条の適用範囲にあるすべての裁判所に適用される」ことを明確にしている[94]。これはすなわち、たとえば、軍事裁判所その他の特別裁判所が民間人を審理する場合も、普通裁判所と同様に独立性および公平性の条件を遵守しなければならないということである。委員会は、これによって問題が生じうることを認めている。「このような裁判所を設置する理由が、通常の司法の基準にしたがわない例外的手続を適用できるようにすることであることがきわめて多い」ためである[95]。しかし、「規約はこのような種類の裁判所を禁じていないが、それでもそこに掲げられた諸条件は、このような裁判所による民間人の審理はきわめて例外的であるべきであり、かつ14条に定められた完全な保障を真正に与える条件下で行なわれるべきことを示している」[96]。

自由権規約委員会はさらに、R・エスピノーザ・デ・ポレイ事件において、匿名の、いわゆる「顔のない」裁判官から構成される特別裁判所は14条と両立しないという見解を明らかにした。このような裁判所は、「14条にいう公正な審理の基本的側面」、すなわち「裁判所は独立かつ公平であるとともにそのように受け取られなければならない」という側面を「保障していない」ためである[97]。また、「『顔のない裁判官』による裁判制度においては、裁判官の独立も公平性も保障されない。臨時に設置されるこのような裁判所は、現役の軍隊構成員から構成される場合もあるためである」とも付け加えた[98]。委員会は、ペルーの定期報告書審査のさいにも、軍事裁判所における「顔のない裁判官」による民間人裁判制度を厳しく批判している。軍事裁判所は、テロリズムの容疑を問われた人々を拘禁し、告発し、審理したのと同じ軍隊であり、独立のかつ公平な上級裁判所による再審査の可能性はまったくなかったためである[99]。委員会は、「軍人ではない者の審理は、独立のかつ公平な司法部において、文民裁判所で行な

---

94 *United Nations Compilation of General Comments*, p.123, para.4.
95 Ibid., loc. cit.
96 Ibid.
97 *Communication No. 577/1994, R. Espinoza de Polay v. Peru (Views adopted on 6 November 1997)*, in UN doc GAOR, A/53/40 (vol.II), p.43, para.8.8.
98 Ibid., loc. cit. 委員会の見解によれば、このような制度では14条2項「で保障された無罪の推定も保護されない」(ibid.)。*Communication No. 688/1996, C. T. Arredondo v. Peru, (Views adopted on 27 July 2000)*, in UN doc. *GAOR*, A/55/40 (vol.II) p.60, para.10.5 も参照。
99 UN doc. *GAOR*, A/51/40, p.62, para.350; see also p.64, para.363.

われるべきである」と強調した[100]。

　委員会はさらに、ナイジェリア政府が、「特別裁判所を設置する政令ならびに基本的権利に関する通常の憲法上の保障および普通裁判所の管轄権を無効にする政令を廃止していない」ことについて懸念を表明している[101]。委員会は、「基本的権利および自由の保障を無効にしまたは制限するあらゆる政令が廃止されるべきである」こと、すべての「裁判所は規約14条に定められた公正な審理および正義の保障に関するあらゆる基準を遵守しなければならない」ことを強調した[102]。委員会は同様に、イラクの特別裁判所が、「規約14条で求められているすべての手続的保障、およびとくに上訴権の保障を備えていない」にも関わらず「死刑を科すことができる」ことに、懸念とともに留意している。委員会は、この点について同国に対し、「規約14条1項にしたがい、刑事管轄権を行使する裁判所は独立のかつ公平な裁判官以外の者から構成されるべきではない」こと、さらに「このような裁判所の管轄権は法律によって厳格に定められるべきであり、かつ、14条で保護されているあらゆる手続的保障(上訴権を含む)が全面的に尊重されるべきである」ことを表明した[103]。

　軍事裁判所の問題はカメルーンについても生じたことがあり、委員会は、軍事裁判所が民間人についても管轄権を有していること、および、その管轄権がそれ自体軍事的性質を有しない犯罪(たとえば火器が用いられたあらゆる犯罪)にも及ぶことについて懸念を表明した。そこで委員会は、同国が、「軍事裁判所の管轄権が、軍関係者によって行なわれた軍事犯罪に限られることを確保する」よう勧告している[104]。グアテマラに関しては、委員会は、「軍事裁判所が、軍関係者の審理が行なわれるすべての事件を審理する幅広い管轄権および普通裁判所に係属する事件についても決定する権限を有していることにより、軍関係者の不処罰が助長され、かつ重大な人権侵害を理由とする軍関係者の処罰が妨げられている」ことに留意した。そこで委員会は、同国に対し、「軍事裁判所の管轄権を、もっ

100　Ibid., p.62, para.350.
101　Ibid., p.51, para.278.
102　Ibid., p.53, para.293.
103　UN doc. *GAOR*, A/53/40, pp.20-21, para.104.
104　UN doc. *GAOR*, A/55/40 (vol.I), paras.215-216.

ぱら軍事的性質の犯罪の罪を問われた軍関係者を審理することに限る目的で法律を改正すべきである」と表明している[105]。同様の勧告はウズベキスタンに対しても行なわれた。同国について委員会は、軍事裁判所の「管轄権が幅広いこと」、それが「軍隊構成員の関係する刑事事件に限られず、特定の事件の例外的状況のために一般管轄権を有する裁判所が活動できないと行政府が判断した民事事件および刑事事件にも及ぶ」ことについて懸念を表明している[106]。レバノンの「軍事裁判所の管轄権の及ぶ範囲が幅広いこと」も懸念の対象であると考えた委員会は、同国に対し、「軍事裁判所の管轄権を見直し、民間人に関するすべての審理および軍隊構成員による人権侵害に関わるすべての事件について、〔これらの〕裁判所の権限を普通裁判所に移管する」よう勧告した[107]。

* * * * *

アフリカ人権委員会は、ナイジェリアで強盗および火器(特別規定)法により設置された特別裁判所に関する事件において、とくにアフリカ人権憲章7条1項(d)の違反を認定した。これらの特別裁判所は、裁判官1名、陸軍、海軍または空軍の士官1名および警察官1名の3名から構成されるものであった。アフリカ委員会が述べるように、管轄権は「普通裁判所から、行政府、すなわち強盗および火器法を通過させたのと同じ統治部局に属し、かつ必ずしも何らかの法的専門知識を有しているわけではない者から主として構成される裁判所に移管された」のである。そこで委員会は、裁判所は公平でなければならないと定めたアフリカ憲章7条1項(d)に掲げられた条件の違反があったという結論に達した。「このような裁判所の構成員個人の特質に関わらず、その構成だけでも、実際に公平性が欠けているか否かは別として、公平に映るか否かが判断される」のである[108]。

純粋な軍事裁判所がアフリカ憲章と両立するかどうかという問題は、「メディ

---

105 UN doc. *GAOR*, A/56/40 (vol.I), p.96, para.20.
106 Ibid., p.61, para.15.
107 UN doc. *GAOR*, A/52/40 (vol.I), p.55, para.344.
108 ACHPR, *Constitutional Rights Project (in respect of Wahab Akamu, Gbolahan Adeaga and Others) v. Nigeria*, Communication No.60/91, decision adopted on 3 November 1994, 16th session, paras.36-37. 判決文は http://www.up.ac.za/chr/参照。同様の事件として、ACHPR, *Constitutional Rights Project (in respect of Zamani Lekwot and 6 Others) v. Nigeria*, Communication No.87/93, decision adopted during the 16th session, October 1994, paras.30-31も参照(判決文は上記ウェブサイト参照)。

アの権利の課題」事件でも争点となった。これは、ナイジェリアの独立日刊紙『国会』(The Diet)の編集者であるニラン・マラオルが特別軍事裁判所の秘密裁判にかけられた事件である。同裁判所は、反逆罪で同氏を有罪とした後、終身刑を言渡した[109]。軍事裁判所による民間人の審理の問題に関するアフリカ委員会の一般的立場について、委員会は「アフリカにおける公正な審理および法的援助に対する権利についての決議」の内容を想起している。同決議において、委員会は次のように述べた。

「**アフリカの多くの国々において、普通司法機関とともに軍事裁判所や特別裁判所が存在している。軍事裁判所の目的は、軍関係者が行なった純粋に軍事的性質の犯罪について判断することである。その職務を遂行するにあたり、軍事裁判所は公正な審理の基準を尊重するよう求められる**」[110]

委員会はこれに加えて、軍事裁判所は、「**いかなる状況においても民間人に対する管轄権を認められるべきではない。同様に、特別裁判所は普通裁判所の管轄に属する犯罪を審理するべきではない**」と述べている[111]。委員会はとくに、反逆罪その他の関連犯罪を審理するために特別軍事裁判所を創設したことは、これらの犯罪がナイジェリアにおいて普通裁判所の管轄に属すると認められている以上、司法の独立を侵害するものであると見なした。さらに、同裁判所における審理はアフリカ憲章7条1項(d)および司法の独立に関する基本原則の原則5で保障された公正な裁判に対する権利を侵害するものでもあるとした。基本原則の原則5は次のように定めている。

「すべての者は、確立された法的手続を用いる普通裁判所による裁判を受ける権利を有する。正当に確立された訴訟手続を用いない裁判所を、普通裁判所または司法裁判所に属する管轄を排除するために設置してはならない」

---

109 *ACHPR, Media Rights Agenda (on behalf of Niran Malaolu) v. Nigeria, Communication No.224/98, decision adopted during the 28th session, 23 October - 6 November 2000*, paras.6-8. 決定文は http://www1.umn.edu/humanrts/africa/comcases/224-98.html参照。
110 Ibid, para.62. 強調原文ママ。
111 Ibid., loc. cit. 強調引用者。

さらに、特別軍事裁判所は憲章26条に違反するものでもある。憲章26条によれば、締約国は「裁判所の独立を保障する義務を有する」ためである[112]。

　最後に、ナイジェリア軍事政府のもとで設置された特別軍事裁判所に関わる事件で、アフリカ委員会は、**軍律に照らして処罰対象とされる犯罪の容疑を受けた軍の士官に対し、同裁判所で訴訟手続を進めるのは公正か否か**という問題を検討しなければならなかった。この事件において委員会は次のように述べている。

> 「……ここで取り上げる軍事裁判所は非民主的な軍事政権のもとで設置されたものであることがはっきりと理解されなければならない。換言すれば、行政府および立法府の権限が軍事的支配のもとに組みこまれたのである。軍事的支配者には銃を突きつけて気まぐれに統治を行なう白紙委任状が与えられているどころか、人権、正義および公正の法律が依然として優先されなければならないことを、委員会は強調したい」[113]

　委員会の見解によれば、さらに、「7条の規定は、とくに説明責任を果たさない非民主的な軍事政権下においては民間人に対しても軍の士官に対しても同様に最低限の保護を与えるものであり、逸脱不可能な規定と見なされるべきである」。その後、委員会は自由権規約委員会の一般的意見13および欧州人権委員会の判例に言及し、これらによれば、「裁判所が『法律で設置された』ものであることが求められる趣旨は、司法の運営が行政府の裁量に委ねられてはならず、むしろ議会によって制定された法律によって規制されなければならないということである」とした。アフリカ委員会はこれに付け加えて、軍事裁判所に関する「決定的要素は手続が公正であり、正義にかなっておりかつ公平であるかどうかということである」と述べた[114]。「軍事裁判所そのものが憲章上の権利を損ない、かつその手続が不公正であるまたは正義にかなわない〔ことを意味する〕

112　Ibid., para.66.
113　*ACHPR, Civil Liberties Organisation, Legal Defence Centre, Legal Defence and Assistance Project v. Nigeria*, Communication No.218/98, decision adopted during the 29th Ordinary session, 23 April - 7 May 2001, at p.3 of the text published at http://www1.umn.edu/humanrts/africa/comcases/218-98.html.
114　Ibid., loc. cit.

わけではない」としながらも、委員会は次のように指摘している。

「軍事裁判所は、公正、開放性、正義、独立および適正手続という他のあらゆる手続と同じ要件に服しなければならない。違反となるのは、公正を確保する基本的および根本的基準が遵守されない場合である」[115]

この事件では軍事裁判所がすでに独立性の基準を満たしていなかったため、委員会は、軍の士官が法廷裁判官を務めていることが別の憲章違反となるかどうかについて決定する必要はないと判断した[116]。

＊＊＊＊＊

米州人権裁判所は、カスティージョ・ペトルッチ等事件の本案に関する判決で、被害者らの反逆罪容疑について審理した軍事裁判所が、「米州条約8条1項が適正手続の不可欠な要素と認める独立性および公平性の保障に含まれる要件を満たしていなかった」と認定している[117]。1992年の政令法により、反逆罪に問われた民間人を軍事裁判所が審理できるのは、以前は国が対外戦争に従事しているときのみであったにも関わらず、「時期的考慮に関わりなく」そのような審理を行なう権限が軍事裁判所に対して認められた。また、DINCOTE(国家対テロ局)に対して「捜査権限が与えられ、軍事裁判法の定めにしたがって『戦域』における略式手続が行なわれた」[118]。裁判所の判決理由の関連部分は次のとおりである。

「128. ……文民裁判所から軍事裁判所に管轄権を移管し、反逆罪に問われた民間人を軍事裁判所が審理できるようにするということは、あらかじめ法律で設置された、権限のある、独立のかつ公平な裁判所がこれらの事件の審理から排除されるということである。軍事裁判所は、実質的に、民間人を対象としてあらかじめ法律で設置された裁判所ではない。民間人は軍事上の職務

---

115 Ibid., p.6, para.44.
116 Ibid., loc. cit.
117 I-A Court HR, *Castillo Petruzzi et al. case v. Peru, judgment of May 30, 1999*, in OAS doc. OEA/Ser.L/V/III.47, doc.6, *Annual Report I-A Court HR 1999*, Appendix IX, p.263, para.132.
118 Ibid., p.262, para.127.

または義務を負っていないので、軍事上の義務に違反する行動に携わることはありえない。普通裁判所が審理すべき事項について軍事裁判所が管轄権を有することになれば、あらかじめ法律で設置された、権限のある、独立のかつ公平な裁判所による審理を受ける個人の権利も、それ以上に適正手続に対する権利も、侵害される。また、適正手続に対するこの権利は、裁判所にアクセスする権利そのものと密接に関係するものである。

129. 司法部の独立の基本的原則のひとつは、すべての者に、あらかじめ法律で設置された手続にしたがう普通裁判所による審理を受ける権利があるということである。国は、『正当に確立された訴訟手続を用いない裁判所を、普通裁判所または司法裁判所に属する管轄を排除するために』設置してはならない[119]。

130. 米州条約8条1項にもとづき、法廷裁判官は権限のある、独立のかつ公平な者でなければならない。本件においては、対ゲリラ戦に全面的に従事する軍隊が、反乱集団に関係した者の訴追も行なっている。これは、すべての裁判官が有しなければならない公平性を相当に弱めるものである。さらに、軍事裁判法にもとづき、軍事司法の最上級機関である最高軍事裁判所の構成員は当該部門の長官によって任命される。最高軍事裁判所の構成員は、その部下のうちいずれの者を昇進させるか、およびどの者にどのような報奨を与えるかについても決定するし、職務の割当も行なう。これだけでも、軍事裁判所裁判官の独立性に重大な疑問を生ぜしめるに十分である」[120]

法廷裁判官が「顔のない」裁判官であることについては、米州人権裁判所はいっそう具体的に、このような事案においては「被告人には裁判官の素性を知る方法がなく、したがってその権限を評価する方法もない」と述べている。もうひとつの問題は、「法律で裁判官自身による辞退が認められていないこと」である[121]。しかし米州人権裁判所は、ジェニー・ラカーヨ事件においては、軍事裁判所

---

119 米州人権裁判所がここで引用しているのは国連・司法部の独立に関する基本原則である。
120 Ibid., pp.262-263, paras.128-130.
121 Ibid., p.263, para.133. ペルーにおける「顔のない裁判官」の使用は米州人権裁判所も厳しく批判している。OAS doc. OEA/Ser.L/V/II.95, doc.7 rev., *Annual Report of the Inter-American Commission on Human Rights 1996*, pp.736-737参照。

が関与したという事実そのものは、条約によって申立人に保障された人権が侵害されたことを意味しないと述べている[122]。この事件では、申立人は、「軍事手続に参加し、証拠を提出し、適切な救済措置を利用し、かつ、最後に、ニカラグア最高裁判所で司法再審査を求めることができた」。したがって申立人は、軍事裁判所に関する政令の適用により条約が保護する手続的権利を制限されたと主張することはできないとされたのである[123]。とくに第2審においては上級陸軍士官が関与するという軍事裁判所の構成のみならず、証拠の評価にさいして「サンディニスタ的司法観念」といったイデオロギー的要素が用いられる可能性があることによっても、軍事裁判所に関する政令は軍事裁判所の独立性および公平性の原則に違反しているという主張に関しては、米州人権裁判所は次のような所見を明らかにしている。

「……これらの規定は、当該軍事事件の審理が行なわれたときに施行されており、かつ……審理を担当した軍事裁判所の独立性および公平性を損なう可能性はあったものの、本件においては適用されなかった」[124]

他方で米州人権裁判所は、第1審を担当した軍事裁判所が、とくに「サンディニスタ法」という表現が用いられた規定を援用したことを認めている。しかしこの文言は「思想的意味合いを表面的にしか」有しておらず、「〔この規定が〕援用されたことで裁判所の公平性および独立性が損なわれた、またはレイモンド・ジェニー・ペニャルバ氏の手続的権利が侵害されたことは証明されなかった」とされた[125]。

米州人権裁判所による上記2つの判決で異なる理由が示されていることを踏まえれば、後者の事件においては、正義は実行されるだけではなく実行されているように映らなければならないという原則を適用するのが適当だったのではないかという疑問が生ずるところであろう。

---

[122] *I-A Court HR, Genie Lacayo Case, judgment of January 29, 1997*, in OAS doc. OAS/Ser.L/V/III.39, doc.5, *Annual Report I-A Court HR 1997*, p.54, para.84.
[123] Ibid., p.54, para.85.
[124] Ibid., p.54, para.86.
[125] Ibid., para.87.

最後に、米州人権委員会は、すべてのOAS加盟国が次のような対応をとるよう勧告している。

「……米州人権条約2条にしたがい、いずれかの刑事犯罪の容疑を受けた民間人が、独立性および公平性にとって本質的なあらゆる保障を提供する普通裁判所によって審理されること、および、軍事裁判所の管轄権は厳密に軍事的な犯罪に限られることを確保するために、必要な立法上その他の措置をとる〔こと〕」[126]

＊＊＊＊＊

欧州人権裁判所は、トルコについて、「国家安全保障裁判所の設置の必要性について一般的に判断するのは委員会の責務ではない」と考える旨決定したが、それでもなお、「客観的に見て」、民間人である申立人に、「〔自己を審理する裁判所が〕独立性および公平性を欠くと恐れるに足る正当な理由があった」かどうかを審査する責務は存在するとしている[127]。とくにシュレック事件では、申立人は、テロリズム対策に関与した政府職員の素性を公開したことを理由としてイスタンブール国家安全保障裁判所に起訴された。欧州人権裁判所は、申立人が、「軍法務局の構成員である正規の軍士官1名を含む法廷で審理を受けることについて懸念を抱いた」のは理解できると認定し[128]、次のように述べた。

「イスタンブール国家安全保障裁判所が、事件の性質とはなんら関係のない考慮によって不当に影響されるのではないかという申立人の恐れは正当であった。換言すれば、同裁判所が独立性および公平性を欠くという申立人の恐れは客観的に正当化できると見なすことができる。破棄院における手続も、全面的管轄権を欠くゆえに、このような恐れを払拭することはできなかった」[129]

---

126 OAS doc. OEA/Ser.L/V/II.95, doc.7 rev., *Annual Report of the Inter-American Commission on Human Rights 1996*, p.761.
127 たとえば*Eur. Court HR, Case of Surek v. Turkey, judgment of 8 July 1999*参照。
128 Ibid., loc. cit.
129 Ibid. 同様の事件として、たとえば*Eur. Court HR, Case of Incal v. Turkey, judgment of 9 June 1998, Reports 1998-IV*, p.1547 ff.; *Eur. Court HR, Case of Ciraklar v. Turkey, judgment of 28 October 1998, Reports 1998-VI*, p.3059 ff.; および*Eur. Court HR, Case of Okcuoglu v Turkey, judgment of 8 July 1999*;参照。最後の事件の判決文はhttp://www.echr.coe.int参照。

軍法会議による軍士官の裁判に関しては、欧州人権裁判所は、英国における軍法会議が欧州人権条約6条1項にいう「独立のかつ公平な」ものであるかについて、いくつもの事件で検討を重ねてこなければならなかった。たとえばフィンドレー事件において、欧州人権裁判所は、ある軍法会議がこれらの要件を遵守していなかったと結論づけている。これはとくに、「どの被疑事実について訴追するかおよびどのような軍法会議がもっともふさわしいかを決定した」開廷担当官が訴追において中心的役割を果たしたことを踏まえたものである。担当官はさらに「軍法会議を開廷し、かつその構成員ならびに訴追官および弁護官を任命していた」[130]。のみならず、任命された法廷構成員の階級は開廷担当官よりも下位であり、議長を含む構成員の多くは「直接にまたは最終的にその指揮下にあった」。開廷担当官はまた、「定められた状況に限ってとはいえ、審理前または審理中に軍法会議を解散する権限」も有していた[131]。欧州人権裁判所は、「裁判所の独立性および公平性に対する信頼を維持するためには外見が重要になることもある」とし、「軍法会議の構成員は……開廷担当官よりも階級が下位であり、その指揮系統下に置かれていたのであるから、軍法会議の独立性および公平性に関するフィンドレー氏の疑いは客観的に正当化されうる」との結論に達している[132]。

　欧州人権裁判所にとっては、開廷担当官が「確認担当官」であり、「軍法会議の決定はその裁可を得るまで効力を有せず、また担当官には自らがふさわしいと考えるように刑を変更する権限もあった」ことも重要であった[133]。委員会の見解によれば次のとおりである。

「〔このような権限は、〕……司法以外の機関によって修正されることのない拘束力のある決定を行なう権限は『裁判所』の概念そのものに内在するものであり、かつ6条1項が求める『独立性』のひとつの要素として見なすこともできるという、広く確立された原則に反している」[134]

130　*Eur. Court HR, Case of Findlay v. the United Kingdom, judgment of 21 January 1997, Reports 1997-I*, p.281, para.74.
131　Ibid., p.282, para.75.
132　Ibid., para.76.
133　Ibid., para.77.
134　Ibid., loc. cit. 同様の事件として、たとえば*Eur. Court HR, Case of Coyne v. the United Kingdom, judgment of 24 September 1997, Reports 1997-V*, p.1842 ff. および *Eur. Court HR, Case of Cable and Others v. the United Kingdom, judgment of 18 February 1999* (http://www.echr.coe.int) 参照。

> 国際人権法上の公正な裁判または適正手続の保障(司法部の独立性および公平性の条件を含む)は、軍事裁判所その他の特別裁判所が民間人を審理するときにも全面的に適用される。アフリカ人権憲章のもとでは、軍事裁判所はいかなる状況下でも民間人を審理の対象としてはならず、また特別裁判所は普通裁判所の管轄に属する事件を取扱ってはならない。自由権規約委員会は、軍事裁判所による民間人の審理があらゆる状況下で自由権規約14条にもとづき違法であるとまでは判断していないものの、締約国に対し、民間人が関わるあらゆる事件を軍事裁判所から普通裁判所の権限に移管するよう勧告するのが明らかな傾向である。

5. 国際法と検察官の独立

5.1 検察官の役割に関する指針(1990年)

　法の支配および人権基準の効果的維持のために強力な、独立のかつ公平な検察機関が必要であることは、本章でもすでに強調してきた。国際人権法にもとづく検察官の具体的職務についてはこのマニュアルの関連箇所でさらに詳しく扱うので、本節では、検察官の役割に関する指針の内容を概観するに留める。この指針は、「刑事手続における実効性、公平性および公正性を保障および促進するという責務について加盟国を援助するため」に(前文最終段落)、1990年の第8回国連犯罪防止犯罪者処遇会議で採択されたものである。

　この文書は24の指針を提供しており、資格、選抜および訓練、職務上の地位および勤務条件、表現および結社の自由、刑事手続における役割、裁量による職務、訴追に代わる手段、他の政府機関その他の機関との関係、懲戒手続ならびに本指針の遵守について取り上げている。

　指針の前文第5段落を第2段落とあわせて読めばわかるように、「検察官は司法の運営においてきわめて重要な役割を果たすのであり、その重要な職務の遂行に関わる規則は、……公正かつ衡平な刑事司法および犯罪からの市民の効果的な保護に寄与する〔目的で〕、法律の前の平等、無罪の推定および独立のかつ公

平な裁判所による公正な公開審理に対する権利の原則……の尊重および遵守を促進するものであるべきである」。

5.2 専門的資格

指針1および2はそれぞれ、「検察官として選抜される者は、適切な訓練および資格認定を受けた、高潔さと能力を備えた個人でなければなら」ず、かつ国は、「検察官の選抜基準が、〔さまざまな理由による〕不公平または偏見にもとづく任命が行なわれないようにするための保障を体現することを確保しなければならない」ことを定めている。ただし後者については、「検察官職の候補者が当該国の国民でなければならないという要件は差別と見なされない」。さらに、指針2(b)によれば、国は、「検察官が適切な教育および訓練を受け、かつ、検察官職の理想および倫理的義務、憲法および制定法で定められた被疑者および被害者の権利の保護、ならびに国内法および国際法で認められた人権および基本的自由について理解すること」を確保することが求められる。

5.3 職務上の地位および勤務条件

検察官は、「司法の運営に不可欠な職務として、検察官職の名誉および尊厳を常に維持しなければならない」が(指針3)、国のほうでも、「検察官が脅迫、妨害、いやがらせ、不適正な干渉または民事上、刑事上その他の責任の不当な追及を受けることなくその職務を遂行できることを確保しなければならない」(指針4)。さらに、「検察官およびその家族は、検察官としての職務を遂行した結果その身体の安全が脅かされるときは、公的機関によって身体的保護を受けるべきである」(指針5)。法律または公表された規則において、とくに「検察官の合理的な勤務条件、十分な報酬」が定められるべきであり、また昇進は、昇進制度が存在するときは常に、「とくに専門的資格、能力、高潔さおよび経験にもとづいて、かつ公正かつ公平な手続にしたがって決定されなければならない」(指針6および7)。

注目に値するのは、本指針とは異なり、司法部の独立に関する基本原則には、必要に応じて裁判官の身体の安全を保護する国の義務についての具体的定めがないことである。

5.4 表現および結社の自由

「検察官は、他の市民と同様に、表現、信念、結社および集会の自由に対する権利を有」し、とくに、「法律、司法の運営ならびに人権の促進および保護に関する事項についての公の議論に参加する権利、ならびに、合法的行動を行なったことまたは合法的組織の構成員であることを理由に職業上の不利益を受けることなく、地方組織、全国組織および国際組織に加盟しまたはこれを結成し、かつその会合に出席する権利を有する」。ただし、「検察官は、これらの権利を行使するにあたって、法律ならびに承認された検察官職の基準および倫理にしたがって常に行動しなければならない」(指針8)。

5.5 刑事手続における役割

刑事手続における検察官の役割については、「検察官職は司法職務から厳格に分離されなければならない」(指針10)。さらに、次のようにも定められている。

「検察官は、訴追を含む刑事手続、ならびに、法律で認められているときまたは地域の慣行と両立するときは、犯罪の捜査、これらの捜査の合法性の監督、裁判所の決定の執行の監督および公益の代表者としてのその他の職務の行使において積極的な役割を果たさなければならない」(指針11)

裁判官と同様、検察官は自分自身の好みにしたがって行動することはできず、「法律にしたがって」行動する義務および次の義務を負っている。

「自己の職務を公正に、一貫してかつ迅速に遂行するとともに、人間の尊厳を尊重および保護しかつ人権を支えることによって、適正手続の確保および刑事司法制度の円滑な機能に貢献する〔義務〕」(指針12)

検察官は、その職務を遂行するにあたって、とくに「その職務を公平に遂行し、かつ政治的、社会的、宗教的、人種的、文化的、性的その他いかなる種類

のあらゆる差別も行なわないようにし」なければならない。また、

> 「……公的職員が行なった犯罪、とくに腐敗、権力の濫用、重大な人権侵害および国際法で認められたその他の犯罪の訴追、ならびに、法律で認められているときまたは地域の慣行と両立するときはこれらの犯罪の捜査に、正当な関心を払わなければならない」(指針15)

　検察官は、「被疑者に不利となる証拠であって、被疑者の人権の重大な侵害である不法な手段、とくに拷問または残酷な、非人道的なもしくは品位を傷つける取扱いもしくは処罰その他の人権侵害によって入手されたことを知っている、またはそう考えるに足る合理的な理由があるもの」に関して特別な義務を有する。このような状況においては、検察官は、「当該手段を用いた者以外のいかなる者に対しても当該証拠を用いることを拒否し、または裁判所に対してその旨の通告を行なうとともに、当該手段を用いた責任者が裁判にかけられることを確保するためにあらゆる必要な措置をとらなければならない」(指針16)。
　自由権規約委員会は、フランスに関して、「警察の人権侵害について現在用いられている調査の手続」と、「法執行官が関係している人権侵害の調査について検察官が法律をまったくまたは十分に適用していないこと、ならびに、法執行官が関与する人権侵害の訴えについての調査および訴追に遅延が見られ、かつその手続が不合理なほど長期に及ぶこと」について懸念を表明している。そこで委員会は、締約国に対し、「あらゆる調査および訴追が〔規約2条3項、9条および14条〕を完全に遵守して行なわれることを全面的に保障するために適当な措置をとる」よう勧告した[135]。

5.6 訴追に代わる手段

　指針のうち訴追に代わる手段、とくに検察官が少年事件を取扱う場合の項目

---

135 UN doc. *GAOR*, A/52/40 (vol.I), para.402.

(指針18および19)については、第10章「司法の運営における子どもの権利」で取り上げる。

5.7 責任

「職業上の基準を明らかに踏み外して行動した」とされる検察官に対する懲戒手続は、「適切な手続にもとづいて迅速かつ公正に処理されなければならない」。検察官には「公正な審理に対する権利が認められ」なければならず、裁判官の場合と同様、決定は「独立の再審査に服しなければならない」。この要件は、行政府による不当な干渉の可能性を排除し、かつ検察官の独立を強化するものである(指針21)。

> 検察官は司法の運営における不可欠な職務を遂行するのであり、司法部および行政府から厳格に分離されていなければならない。検察官にはとくに次のことが求められる。
> - 安全に、妨害またはいやがらせを受けることなく、刑事手続における職務が遂行できること
> - 客観的にかつ公平に行動するとともに、法律の前における平等、無罪の推定および適正手続の保障の原則を尊重すること
> - 法執行官を含む公的職員が行なった人権侵害に正当な注意を払うこと
> - 人権を侵害する不法な手段(拷問による自白の強制等)によって得られた証拠を用いないこと

6. 国際法と弁護士の独立

6.1 適用される国際法

独立のかつ公平な裁判官および検察官に加え、民主的社会における法の支配を維持し、人権の効果的促進を保護するための3本目の基本的柱となるのが弁護

士である。1990年の第8回国連犯罪防止犯罪者処遇会議で採択された弁護士の役割に関する基本原則は、前文第9段落で次のように述べている。

> 「……経済的、社会的および文化的権利であるか市民的および政治的権利であるかを問わず、すべての者に認められた人権および基本的自由を十分に保護するためには、すべての者が、独立の法曹によって提供される法的役務を効果的に利用できることが必要である」

弁護士がその職務を効果的に遂行できるようにするためには、国内法・国際法で認められたすべての適正手続の保障を認められるだけではなく、裁判官・検察官との関連でこれまで述べてきたような圧力からも自由でなければならない。**換言すれば、司法の公正かつ効果的な運営のためには、弁護士に対しても、身体的攻撃、いやがらせ、腐敗その他の脅迫を受けることなく活動することが認められなければならない。**

弁護士が民事手続・刑事手続において依頼人の利益を独立にかつ効果的に代表できるようにするために国際法に掲げられているさまざまな手続的保障については、このマニュアルの他の箇所で検討する。ここでの分析は、弁護士の役割に関する基本原則に掲げられたいくつかの主要な原則と、弁護士の権利に関して国際的監視機関が行なってきたいくつかの発言や決定に焦点を当てるに留める。

6.2 職務および責任

基本原則の原則12では、「弁護士は、司法の運営に不可欠な職務としての弁護士職の名誉および尊厳を常に維持しなければならない」と定められている。原則13によれば、その職務には次のようなものが含まれなければならない。

(a) 依頼人の法的権利および義務について、ならびに依頼人の法的権利および義務に関連する限りにおいて法制度の機能について、依頼人に助言すること

(b) すべての適切な方法で依頼人を援助し、かつその利益を保護するために

法的措置をとること
　(c) 適当な場合には裁判所または行政機関において依頼人を援助すること

　弁護士はまた、「依頼人の権利を保護し、かつ司法の大義を促進するにあたって、国内法および国際法で認められた人権および基本的自由を支えるように努め、かつ、常に、法律ならびに承認された法曹の基準および倫理にしたがって自由にかつ精力的に行動しなければならない」（原則14）。最後に、「弁護士は、常に、依頼人の利益を忠実に尊重しなければならない」（原則15）。

6.3 弁護士の職務遂行のための保障

　弁護士の役割に関する基本原則の原則16では次のように定められている。

　「政府は、弁護士が、(a)脅迫、妨害、いやがらせまたは不適正な干渉を受けることなくそのすべての職務を遂行できること、(b)国内外で自由に旅行しかつ依頼人と協議できること、ならびに、(c)承認された職業上の義務、基準および倫理にしたがって行なったいかなる行動についても訴追もしくは行政的、経済的その他の制裁を受けず、またはこれによって脅かされないことを確保しなければならない」

　さらに、「職務遂行の結果として弁護士の安全が脅かされるときは、公的機関による十分な保護を受けることができなければならない」（原則17）。
　前述したように、弁護士を屈服させ、権利・自由を主張しようとする依頼人の防御を放棄させる目的で、毎年多くの弁護士が殺され、あるいはさまざまな威迫、脅迫、いやがらせを受けている。したがって、弁護士の職務遂行に対するこのような干渉から弁護士を保護するために政府が最善を尽くすことは必要不可欠である。

＊＊＊＊＊

　アフリカ人権委員会は、2人の弁護士が「いやがらせを受けて被告弁護人の辞任に追いこまれた」事件で、アフリカ人権憲章7条1項(c)で保障された防御権が

侵害されたとの結論に達している[136]。

＊＊＊＊＊

　もうひとつの重要な規則が原則18に掲げられている。「弁護士は、その職務を遂行した結果として依頼人または依頼人の主張と同一視されてはならない」ということである。弁護士が依頼人と同一視されるという問題は、裁判官および弁護士の独立に関する特別報告者も取り上げてきた。たとえば1998年には、「政府が弁護士を依頼人の主張と同一視することに関わる苦情が増えていることを若干の懸念とともに」眺めていると述べるとともに、「政治的に微妙な事件で被告人の代理人を務める〔弁護士は〕しばしばそのような非難にさらされる」と付け加えている[137]。しかし、「弁護士を依頼人の主張と同一視することは、その証拠がないかぎり、当該弁護士に対する脅迫およびいやがらせとなりうる」ものである。特別報告者によれば、「政府はこのような弁護士を脅迫およびいやがらせから保護する義務を有する」[138]。弁護士が自らを依頼人の主張と同一視しているという証拠を政府が有しているのであれば、特別報告者が強調するように、「法曹を対象とした適切な懲戒機関に苦情を付託するのが〔政府の〕責任である」[139]。このような懲戒機関においては、後述するように、法の適正手続にしたがった対応が行なわれなければならない。

　弁護士が依頼人と同一視されるという問題は、人権擁護者の代理人を務めるよう求められたときにとくに浮上してくる。しかしここでも、弁護士に対しては、政府その他の不当な干渉なく、独立にかつ効果的に職務を遂行できるようにするための同一の保障が認められるべきである。同様に、職業上の不行跡についての訴えは定められた独立機関に付託されなければならない。

　弁護士が職務を遂行するための保障については、基本原則の原則19も次のように定めている。

136　*ACHPR, International Pen, Constitutional Rights Project, Interights (on behalf of Ken Saro-Wiwa Jr. And Civil Liberties Organisation) v. Nigeria*, Communications Nos. 137/94, 139/94, 154/96 and 161/97, decision adopted on 31 October 1998, para.101. 決定文は次のウェブサイト参照。(http://www1.umn.edu/humanrts/africa/comcases/137-94_139-94_154-96_161-97.html).

137　UN doc. E/CN.4/1998/39, *Report of the Special Rapporteur on the independence of judges and lawyers*, para.A.1 of the Conclusions.

138　Ibid., loc. cit.

139　Ibid., para.2.

「いかなる裁判所または行政機関も、そこにおける弁護人選任権が承認されているときは、弁護人が依頼人のために出席する権利の承認を拒んではならない。ただし、国内の法律および慣行にしたがって、かつ本原則と両立する形で当該弁護士の資格が剥奪されているときはこの限りでない」

最後に、原則20はこう付け加えている。

「弁護士は、書面または口頭による訴答において、または裁判所またはその他の法的機関もしくは行政機関に職務として出席したさいに誠実に行なった関連の発言について、民事上および刑事上の免責を享受しなければならない」

6.4 弁護士と基本的自由

弁護士の役割に関する基本原則の原則23は次のように定める。

「弁護士は、他の市民と同様に、表現、信念、結社および集会の自由に対する権利を有する。弁護士はとくに、法律、司法の運営ならびに人権の促進および保護に関する事項についての公の議論に参加する権利、ならびに、合法的行動を行なったことまたは合法的組織の構成員であることを理由に職業上の不利益を受けることなく、地方組織、全国組織および国際組織に加盟しまたはこれを結成し、かつその会合に出席する権利を有する。弁護士は、これらの権利を行使するにあたって、法律ならびに承認された法曹の基準および倫理にしたがって常に行動しなければならない」

原則24はさらに、弁護士は、「自己の利益を代表し、継続教育および研修を促進し、かつ専門職としての不可侵性を保護するために自治的職能団体を結成し、かつこれに加盟する権利を認められなければならない」と述べる。さらに、この原則によれば、「当該職能団体の運営機関はその構成員によって選出され、かつ外部からの干渉なしにその職務を行使しなければならない」。すなわち、この

ような団体は弁護士の職業上の利益の保護および法曹の独立の強化を目的としなければならないということである。したがって、特別報告者が指摘するように、弁護士会が「法曹の独立」を損なう「党派的政治に携わるために」利用されてはならない[140]。

6.4.1 法律職に従事するための行政府の許可

　弁護士の独立を確保する鍵のひとつは、行政府から業務遂行のための証明ないし許可を受けず自由に活動できるようにすることである。このような見解は、自由権規約委員会もベラルーシとの関係で確認している。委員会は、「弁護士の認可権限を司法省に与え、かつ、弁護士業務を行なうためには同省が管理する中央協議会に加盟することを義務づけ、これによって弁護士の独立を損なう、弁護士および公証人の活動に関する1997年5月3日の大統領令が採択されたこと」に懸念とともに留意した。委員会は、「司法部および法曹の独立は司法の健全な運営ならびに民主主義および法の支配にとって不可欠である」ことを強調し、同国に対し、「裁判官および弁護士が外部からのいかなる政治的その他の圧力からも独立することを確保するため、憲法および法律の見直しを含むあらゆる適切な措置をとる」よう勧告している[141]。委員会は、これとの関連で、司法部の独立に関する基本原則および弁護士の役割に関する基本原則に対して同国の注意を促した[142]。

　委員会は、社会主義人民リビア・アラブ国における司法部の独立と、「国に雇用されることなく自由に職務を行ない、かつ法的役務を提供する弁護士の自由」の双方についても「重大な疑念」を表明している。委員会は、「規約14条ならびに司法部の独立に関する国連基本原則および弁護士の役割に関する基本原則の全面的遵守を確保するための措置をとること」を勧告した[143]。

---

[140] UN doc. E/CN.4/1995/39, *Report of the Special Rapporteur on the independence and impartiality of the judiciary, jurors and assessors and the independence of lawyers*, para.72.
[141] UN doc. *GAOR*, A/53/40, para.150.
[142] Ibid., loc. cit.
[143] UN doc. *GAOR*, A/54/40, para.134.

＊＊＊＊＊

　このように、一部の国で弁護士が政府に雇用されることを義務づけていることは、自由権規約14条に掲げられた公正な審理の保障に逆行するものであることには疑問の余地がない。

6.4.2 平和的集会に対する権利

　欧州人権裁判所は、エズラン事件において、平和的集会に対する権利を行使するフランスの弁護士の権利への干渉が正当化されるかどうかを審査した。この事件において欧州人権裁判所は、平和的集会に対する権利を保障した欧州人権条約11条を、表現の自由に対する権利を保障した条約10条との関係における特別規定としてとらえ、前者にもとづく苦情を審査している。当該弁護士は、若干の無軌道な事件が起こったデモに参加したことで懲戒を受けた。自らはいかなる意味でも暴力的または無軌道になったことはなかったが、これらの事件から距離を置かなかったということで懲戒処分を受けたのである。このような行為は「職務上の義務と両立しない」と判断された[144]。欧州人権裁判所は、当該懲戒が、「この事件においては密接に関連している平和的集会の自由および表現の自由の特別な重要性にかんがみ、追求される正当な目的に比例していたか」について、「事件を全体としてとらえて」審査した[145]。欧州人権裁判所の結論は次のとおりである。

　「比例性の原則にしたがい、11条2項に列挙された目的の要件と、路上その他の公共の場所において言葉、動作または場合により沈黙によって行なわれる自由な意見の表明の要件との間で均衡をとることが求められる。正当な均衡を追求しようとすれば、弁護士が、懲戒による制裁を恐れ、このような機会に自己の信念を明確にすることから躊躇させられる結果に至ってはならない」[146]

---

144 *Eur. Court HR, Ezelin v. France judgment of 26 April 1991, Series A, No.202*, p.20, para.38.
145 Ibid., p.23, para.51.
146 Ibid., para.52.

エズラン氏に対する制裁は、この事件においては「最低限」のものであったとはいえ、「『民主的社会において必要な』ものとは思われず」、したがって条約11条の違反とされた[147]。したがって欧州人権裁判所は、たとえ弁護士の場合であっても、締約国が平和的集会に対する権利を制限できる余地をきわめて厳格に解釈していることになる。

6.4.3 結社の自由に対する権利

　アフリカ人権委員会は、ナイジェリアを相手どった事件で、1993年の弁護士(改正)令がアフリカ人権憲章の規定と両立するかどうかについて検討しなければならなかった。この政令はナイジェリア弁護士協会の新たな運営機関を設置したものである。幹部会と呼ばれたこの機関の構成員128名中、31名だけが弁護士会の任命によるものであって、残りは政府によって任命されていた[148]。

　委員会が指摘するように、幹部会は「政府の代表が大勢を占めて」おり、「広範な裁量権、とくに弁護士の懲戒権限」を有していた。「政府から法的に独立した団体であるナイジェリア弁護士協会は、その運営機関を自ら選択できるべきである」。委員会はさらに、「弁護士会の自治に対する介入は、弁護士が団体を結成したいと考えたそもそもの理由を制約しまたは無効にする可能性がある」とも付け加えた[149]。次に、委員会は以下のように指摘している。

> 「〔委員会は、〕……数年前、結社の自由に対する権利の規制が必要とされるときにも、権限ある公的機関はこの自由の行使を制限するまたは憲章上の義務に反する規定を制定してはならないと決議した。権限ある公的機関は、憲法上の規定を覆し、または憲法および国際人権文書で保障された基本的自由を損なうべきではない」[150]

147　Ibid., para.53.
148　ACHPR, *Civil Liberties Organisation v. Nigeria (in respect of the Nigerian Bar Association)*, Communication No. 101/93, decision adopted during the 17th Ordinary session, March 1995, para.1. 決定文はhttp://www.up.ac.za/chr/参照。
149　Ibid., para.24.
150　Ibid., para.25. 脚注省略。

本件においては、ナイジェリア弁護士協会の運営に対する政府の介入は、「司法部の独立に関する国連基本原則のような宣言に掲げられた人および人民の権利の原則を遵守することを各国が再確認しているアフリカ憲章前文と両立せず、したがって〔結社の自由に対する権利を保障した〕アフリカ憲章10条違反とされ」た[151]。

6.4.4 表現の自由に対する権利

　欧州人権裁判所は、ショーファー事件において、欧州人権条約10条違反はなかったとの結論に達した。記者会見を開き、自分が関与している係属中の事件担当の地方裁判所裁判官1名および裁判所書記2名の行動を批判した弁護士に対し、ルツェルン州(スイス)の弁護士監督委員会が、弁護士倫理に違反したとして500スイスフランの罰金を科した事件である。欧州人権裁判所は、「弁護士は、その特別な地位により、公衆と裁判所の仲介者として司法の運営において中心的立場を認められている」という従前の判例を確認し、「弁護士会の会員の行動に対する通常の制約は、このような立場によって説明される」と付け加えた[152]。「正義を保障する機関であり、その役割が法の支配に基礎を置く国家にとって基本的重要性を有する裁判所は、公衆から信頼を得なければならない」ことを考慮し、さらに「この分野で弁護士が果たす重要な役割を顧慮すれば、弁護士が司法の適正な運営に寄与し、それによって司法の運営に対する公衆の信頼を維持するよう期待することは正当である」[153]。きわめて重要なのは、欧州人権裁判所が次のように強調していることである。

　「表現の自由に対する権利は言うまでもなく弁護士に対しても保障されており、弁護士はもちろん公の場で司法の運営について発言する権利も有しているが、その批判は一定の限度を踏み越えてはならない。これとの関係で、さ

---

151 Ibid., para.26. 脚注省略。
152 *Eur. Court HR, Schopfer case v. Switzerland, judgment of 20 May 1998, Reports 1998-III*, p.1052, para.29.
153 Ibid., p.1053.

まざまな権利の間で正しい均衡をとることの必要性が考慮されなければならない。これらの利益には、司法決定から生ずる諸問題について情報を受け取る公衆の権利、司法の適正な運営という要件および法曹の尊厳が含まれる。……弁護士監督機関および裁判所は、司法の構成員と直接のかつ継続的な接触を維持していることから、いずれかの段階でどのように正しい均衡をとれるかについては、国際裁判所よりも有利な立場にある。したがってこの分野における干渉の必要性を評価するにあたってはこれらの機関に一定の裁量の余地が認められるが、この裁量は、関連の規則の面でもそれを適用する決定の面でも欧州レベルの監督に服さなければならない」[154]

欧州人権裁判所は、この事件においては、「穏当な額」の罰金を科すにあたり、当局は弁護士の処罰に関わる裁量の余地を踏み越えなかったとの結論に至った。欧州人権裁判所は、この事件において当該弁護士は「当時刑事裁判所に係属していた刑事手続の内容に関わる苦情を公に提起した」のであり、「申立人の主張の一般的性質、重大性および語調に加えて」、「これが自分に残された最後の手段であるとして最初に記者会見を開き、その後にルツェルン州控訴裁判所に控訴して一部勝訴した」ことに留意している。また、申立人は検察局にも申立てを行なっておらず、「検察局に申立てても効果がないという立証は行なわず、単にそう主張するに留まった」[155]。

6.5 職務上の規律綱領

職務上の規律に関して、基本原則の原則26は次のように定めている。

「弁護士の職務上の行動に関する綱領は、国内法および国内慣習ならびに承認された国際的基準および規範にしたがって、適切な機関を通じて法曹により、または法律によって定められなければならない」

---
154 Ibid., pp.1053-1054, para.33.
155 Ibid., p.1054, para.34.

弁護士に対する苦情は「適切な手続にもとづき迅速かつ公正に処理されなければなら」ず、また弁護士は、「自ら選択する弁護士による援助を受ける権利を含む、公正な審理に対する権利を有する」(原則27)。さらに、「弁護士を対象とする懲戒手続は、法曹が設置した公平な懲戒委員会、法律によって設置された独立の機関または裁判所に提起されなければならず、かつ独立の司法再審査に服さなければならない」(原則28)。最後に、このようなすべての手続において、「職務上の行動に関する綱領ならびに承認された法曹の基準および倫理にしたがって、かつ本原則に照らして決定が行なわれなければならない」(原則29)。

　これらの原則から導き出せるのは、承認された法曹の基準および倫理にしたがって行動しなかったことについて責任を問われた弁護士に対するいかなる懲戒手続も、行政府から真に独立して進められ、かつ手続の過程で適正手続が保障されなければならないということである。

> 弁護士は、法の支配を維持し、かつ人権の効果的な保護を確保する基本的な柱のひとつを構成する。弁護士がその職務を遂行できるようにするためには、とくに次のことが必要である。
>
> ● 外部の政治的その他の圧力、脅迫およびいやがらせを受けることなく、真に独立して活動できること(たとえば職務遂行のために行政府の許可を得なければならないことはあってはならない)
> ● 適正手続の保障を確保されること(これには、依頼人の利益を守るためにすべての適切な方法で依頼人に対する助言および援助を行なう権利および義務が含まれる)
> ● 国内的および国際的に承認された人権を支える行動が行なえること
> ● 職務上の行動に関する規則の違反について、適正手続の保障を尊重する独立の懲戒委員会において回答できること
>
> 弁護士はまた、結社、集会および表現に関わる基本的自由も享受する。

7. おわりに

　本章全体を通じて強調してきたように、裁判官・検察官・弁護士は、司法の運営および人権侵害の不処罰の防止にあたってきわめて重要な役割を果たす3つの職能集団である。したがって、その存在は民主的社会の保全および正当な法の支配の維持にとっても欠かせない。そのため、国が、さまざまな国際的法源に由来する自国の国際法上の義務を果たすことは必要不可欠である。このような国際法上の義務にしたがい、国は、裁判官・検察官・弁護士が、行政府、立法府または私的集団もしくは個人からの不当な干渉を受けることなく、独立にかつ公平に職務を遂行できるようにしなければならない。裁判官・検察官の独立および公平ならびに弁護士の独立を保障する国の義務は、法曹が自由に活動するのを受け身の立場で許すだけでは必ずしも履行されない。国は法曹の独立を*確保する*法的義務を負っているので、裁判官・検察官・弁護士がすべての職務を効果的に遂行できるよう、暴力、脅迫、妨害、いやがらせその他の不適正な干渉から法曹を保護するための積極的措置をとらなければならない場合もある。

　裁判官・検察官・弁護士がその職務、とくに腐敗や重大な人権侵害を疑われる公的職員を対象とした調査および刑事手続という職務を全面的に果たしたがらないまたは果たせない状況では、法の支配を維持することはできず、人権を実施することもできない。このような状況で被害をこうむるのは個人だけではない——最終的には、当該国の自由かつ民主的な憲法秩序全体が危機に瀕するのである。

第5章

人権と逮捕・未決勾留・行政拘禁

第5章……人権と逮捕・未決勾留・行政拘禁

第5章
人権と逮捕・未決勾留・行政拘禁

学習の目的
- 身体の自由および安全に関わっており、逮捕・未決勾留・行政拘禁との関係でおよびその過程で人権を保護する既存の国際法上の基準について、参加者が習熟できるようにすること。
- 被拘禁者とその弁護人の権利を保護するために、さまざまな法律上の保障が実際にどのように実施されているか、説明すること。
- 逮捕・拘禁された者の権利を保護するために、裁判官・検察官・弁護士がどのような法的措置および(または)対応をとらなければならないか、説明すること。

設問
- あなたの国で人を未決勾留できる根拠にはどのようなものがあるか。また、未決期間中、勾留に代わるどのような手段が利用できるか。
- あなたの国では、自由剥奪の合法性について決定を受けるために裁判官の面前に引致されるまで、どのぐらいの期間、人の自由を剥奪できるか。
- あなたが裁判官・検察官・弁護士として活動している国の法律は、不法または恣意的な逮捕・拘禁から個人をどのように保護しているか。
- あなたが職務上の責任を履行している国では不法なまたは恣意的な逮捕・拘禁が行なわれているか。
- 不法または恣意的と思われる逮捕・拘禁に直面したとして、あなたが活動している国の法律の現状を踏まえ、あなたはどう対処するか、また何ができるか。
- あなたの国では、不法にまたは恣意的に自由を剥奪されたと考える者に対してどのような救済措置が用意されているか。
- いずれかの者が不法にまたはその他の形で恣意的に自由を剥奪されたと裁判官が認定したとして、あなたの国では、不法なまたは恣意的な拘禁についての補償または賠償に対する権利は認められているか。
- あなたの国で**行政**機関が人を拘禁できる根拠にはどのようなものがあるか。また、対象者は最初のおよびその後の自由剥奪の合法性を争うためにどのような法的救済

- 措置を利用できるか。
- あなたの国では、自由を剥奪された者は逮捕／拘禁のどの時点で弁護士に接見する権利を認められるか。
- あなたの国の法律では**厳正独居拘禁**が認められているか。認められているとすればその期間はどのぐらいか。
- この講座に参加する前に、逮捕・拘禁に適用される国際法上の基準についてどの程度知識があったか。

関連の法的文書

国際文書
- 世界人権宣言(1948年)
- 市民的及び政治的権利に関する国際規約(自由権規約、1966年)

*****

- あらゆる形態の拘禁または収監のもとにあるすべての者の保護のための原則(1988年)
- 強制的失踪からのすべての者の保護に関する宣言(1992年)
- 非司法的、恣意的および即決処刑の効果的防止および調査に関する原則(1989年)

*****

地域文書
- 人および人民の権利に関するアフリカ憲章(アフリカ人権憲章、1981年)
- 米州人権条約(1969年)
- 欧州人権条約(1950年)

1. はじめに

　本章では、逮捕、未決勾留および行政拘禁に関わる国際人権法上の基本的法規則を分析する。そのさい、とくに、逮捕および拘禁の継続が正当と認められる理由と、自由を奪われた者がその自由剥奪の合法性を争う権利についてやや詳しく取扱う。ここで重視するのは、自由権規約委員会、米州人権裁判所、欧州人権裁判所およびアフリカ人権委員会が積み重ねてきた司法判断である。これらの司法判断では、逮捕・拘禁に関わる国際的法規則の意味を完全に理解するために不可欠な解釈が示されている。

　被拘禁者の処遇ならびに子ども・女性の特別な利益および権利については、多くの点で本章の主題と非常に密接に関係している問題ではあるものの、これらのグループの権利と利益についてとくに焦点を当てた独立の章で扱うこととする(マニュアル第8章、第10章および第11章参照)。

2. 合理的理由のない逮捕・拘禁：根強く残る問題

　すべての人間には身体の自由と安全を尊重される権利がある。身体の自由と安全が効果的に保障されなければ、他の個人の権利はますます保護されにくくなり、死文化してしまうことも多いのは自明の理である。それでも、国際的監視機関の活動から明らかなように、合理的理由がなく、関係被害者に対する効果的な法的救済措置もないまま逮捕・拘禁が行なわれることは珍しくない。このような恣意的および不法な自由剥奪の過程では、被拘禁者はしばしば弁護士や家族との連絡交渉を断たれ、拷問その他の形態の不当な取り扱いも受ける[1]。

　したがって、このような人権侵害を是正・防止するために国際法で設けられている法規則を裁判官と検察官が遵守すること、および、弁護士が依頼人のために効果的活動を行なえるようにこれらの法規則の内容を知っておくことは必要不可欠である。

1　たとえばUN doc. E/CN.4/1999/63, *Report of the Working Group on Arbitrary Detention*参照。

恣意的または不法な逮捕・拘禁はいつでも生じているし、生じる可能性があるが、とくに恣意的拘禁に関する作業部会の経験が示すところによれば、恣意的拘禁の主な原因は緊急事態に関連している[2]。しかし、自由剥奪に関わる非常事態の権限の問題はマニュアル第16章で取扱うので、ここでは検討しない。

3. 身体の自由および安全に対する権利：法的保護が適用される分野

3.1 普遍的法的責任：すべての国は法律による拘束を受ける

自由権規約9条1項、アフリカ人権憲章6条、米州人権条約7条1項および欧州人権条約5条1項で、「自由」および「安全」に対する権利が保障されている。さらに、国際司法裁判所がイラン人質事件の傍論で述べるように[3]、「人間の自由を不法に剥奪し、かつ苦痛な条件下での身体的拘束の対象とすることは、それ自体、国際連合憲章の原則および世界人権宣言に掲げられた基本的原則と両立しないことが明らかである」。世界人権宣言3条では「生命、自由及び身体の安全についての権利」が保障されている。**したがって、ある国が上述の人権条約のいずれかの批准等を行なっていないとしても、それにも関わらずその国は、その他の法源によって、自由および安全に対する権利を確保する義務を負っているのである。**

3.2 身体の安全の概念：国の行為責任

本章では**自由の剥奪**に焦点を当てるが、ここで指摘しておかなければならないのは、**身体の安全**という概念が、上述の国際法文書では「自由」の概念と結びつけられているものの、それ自体としては**いっそう幅広い分野で適用される**ということである。したがって自由権規約委員会は、規約9条1項は「正式な自由剥奪の文脈以外でも身体の安全に対する権利を保護する」ものであること、および、「締約国が自国の管轄下にある被拘禁者以外の者の身体の安全に対する脅

2　UN doc. E/CN.4/1996/40, *Report of the Working Group on Arbitrary Detention*, para.106.
3　*Case Concerning United States Diplomatic and Consular Staff in Tehran (United States of America v. Iran)*, ICJ Reports 1980, p.42, para.91.

威を無視できるような形で」9条を解釈すれば、「規約による保障はまったく効果のないものとなってしまうであろう」ことを指摘している[4]。委員会の見解によれば、「人が逮捕またはその他の形で拘禁されていないというだけの理由で国がその管轄下にある者の生命に対する既知の脅威を無視できるということは、法律上、ありえない」。その逆に、「締約国は、それらの者を保護するために合理的かつ適切な措置をとる義務を有する」のである[5]。

関連する3つの事件

申立人が殺すと脅迫され、身体への攻撃を1度受け、かつ同僚を殺されたデルガード・パエス事件において、自由権規約委員会は、コロンビアが「デルガード氏の身体の安全に対する権利を確保するための適切な措置」をとらなかった、またはとることができなかったことを理由として、9条1項の違反があったと認定した[6]。ディアス事件では、アンゴラ当局自身が脅威の源であったとされ、締約国がその訴えを否定せず、委員会に協力もしなかったために9条1項の違反が認定された[7]。さらに、申立人が背中から銃で撃たれた後に逮捕された事件では、委員会は、9条1項で保障された身体の安全に対する権利が侵害されたと認定した[8]。

> すべての人間には自由および安全に対する権利がある。条約上の義務に関わりなく、すべての国は、身体の自由および安全に対するすべての者の権利を尊重および確保する国際法上の義務を負っている。「安全」の概念は、被拘禁者以外の者の身体の安全に対する脅威も対象としている。国はそのような脅威を前にして受け身であってはならず、身体の自由および安全を保護するために合理的かつ適切な措置をとる法的義務を負っている。

4　Communication No. 711/1996, Dias v. Angola (Views adopted on 20 March 2000), in UN doc. *GAOR*, A/55/50 (vol.II), p.114, para.8.3.

5　Communication No. 195/1985, W. Delgado Páez v. Colombia (Views adopted on 12 July 1990), in UN doc. *GAOR*, A/45/40 (vol.II), p.47, para.5.5.

6　Ibid., p.48, para.5.6.

7　Communication No. 711/1996, Dias v. Angola (Views adopted on 20 March 2000), in UN doc. *GAOR*, A/55/50 (vol.II), p.114, para.8.3.

8　Communication No. 613/1995, Leehong v. Jamaica (Views adopted on 13 July 1999), in UN doc. A/54/40 (vol.II), p.60, para.9.3.

4. 合法的逮捕・拘禁

4.1 法規定

自由権規約9条1項は次のように定める。

「1 すべての者は、身体の自由及び安全についての権利を有する。何人も、恣意的に逮捕され又は抑留されない。何人も、法律で定める理由及び手続によらない限り、その自由を奪われない」

アフリカ人権憲章6条は次のように定める。

「すべての個人は、身体の自由および安全に対する権利を有する。何人も、あらかじめ法律によって定められた理由および条件によらない限り、その自由を奪われない。とくに、何人も、恣意的に逮捕または拘禁されない」

米州人権条約7条はとくに次のように定める。

「1. すべての者は、身体の自由および安全に対する権利を有する。
2. 何人も、あらかじめ関係締約国の憲法またはそれにしたがって法律が定めた理由および条件によらない限り、その身体の自由を奪われない。
3. 何人も、恣意的に逮捕または収監されない」

欧州人権条約は、締約国において自由の剥奪を合法的に正当化できる事由を具体的に列挙した唯一の条約である。列挙された事由は網羅的なものであり、「厳格に解釈されなければならない」[9]。5条1項は次のように定める。

---

9 *Eur. Court HR, Bouamar Case, judgment of 29 February 1988, Series A, No.129*, p.19, para.43.

「1. すべての者は、身体の自由および安全に対する権利を有する。何人も、次の場合において、かつ法律で定める手続にもとづく場合を除き、その自由を奪われない。
  (a) 権限のある裁判所による有罪判決の後にする人の合法的な拘禁
  (b) 裁判所の合法的な命令にしたがわないため、または法律で定めるいずれかの義務の履行を確保するための人の合法的な逮捕または拘禁
  (c) 犯罪を行なったとする相当の嫌疑があるとき、または犯罪の実行もしくは犯罪実行後の逃亡を防ぐために必要があると合理的に考えられるときに、権限のある法的機関に引致する目的で行なう人の合法的な逮捕または拘禁
  (d) 教育上の監督の目的のための合法的な命令による、または権限のある法的機関に引致する目的のための未成年者の合法的な拘禁
  (e) 伝染病の蔓延を防止するための人の合法的な拘禁、ならびに精神的に問題を有する者、アルコール依存者もしくは薬物依存者または無宿者の合法的な拘禁
  (f) 許可を得ない入国を防ぐためにする人の合法的な拘禁、または退去強制もしくは犯罪人引渡しのための手続がなされている人の合法的な拘禁」

本章で言及する他の法的文書には次のものがある。
  ◎ あらゆる形態の拘禁または収監のもとにあるすべての者の保護のための原則(1988年)
  ◎ 強制的失踪からのすべての者の保護に関する宣言(1992年)
  ◎ 非司法的、恣意的および即決処刑の効果的防止および調査に関する原則(1989年)

4.2 合法性および恣意性の概念：その意義

上述した4つの主要人権条約はいずれも、文言はやや異なるとはいえ、自由の剥奪はいかなる場合にも**法律にしたがって**行なわれなければならないこと(法律適合性の原則)を、また欧州人権条約5条ではそこに列挙された事由のみを目的と

して行なわれなければならないことを、定めている。さらに、自由の剥奪は**恣意的**であってはならない。これはいっそう幅広い概念であり、後述するように、これによって国際的監視機関は、状況によって国内法またはその適用が不合理なものとなる要因を検討することが可能となる。

＊＊＊＊＊

法律適合性の原則について、自由権規約委員会は、「国内法で明確に定められていない理由で個人が逮捕または拘禁されたときは、この原則が侵害されたことになる」、換言すれば逮捕・拘禁の理由は「法律で定められた」ものでなければならないと判示している[10]。ある人が逮捕状なしで逮捕され、逮捕状は逮捕後72時間以内に発付されなければならないと定めた国内法に反して逮捕後3日以上逮捕状が発付されなかった事件で、委員会は、申立人が「法律で定められた手続に違反して自由を奪われた」ことを理由に9条1項違反を認定している[11]。

9条1項にいう「**恣意的に逮捕され**」という文言の意義については、委員会は次のように説明している。

> 「『恣意的であること』は『法律違反であること』と同義ではなく、より幅広く、**不適切性、不正義、予見不可能性および法の適正手続の欠如**の要素を含むものとして解釈されなければならない。……すなわち、合法的な逮捕後の留置は、合法的であるのみならず状況に照らして合理的でなければならないということである。さらに、留置はあらゆる状況において、たとえば逃亡、証拠隠滅または再犯を防ぐために必要でなければならない」[12]

換言すれば、合法的な逮捕後の留置は、「**合法的**」であるのみならず、あらゆる状況において、上述の目的に照らして「**合理的**」かつ「**必要**」でなければな

---

10 Communicaton No. 702/1996, *C. McLawrence v. Jamaica* (Views adopted on 18 July 1997), in UN doc. *GAOR*, A/52/40 (vol.II), pp.230-231, para.5.5.

11 Communication No. 770/1997, *Gridin v. Russian Federation* (Views adopted on 20 July 2000), in UN doc. *GAOR*, A/55/40 (vol.II), p.175, para.8.1.

12 Communication No. 458/1991, *A. W. Mukong v. Cameroon* (Views adopted on 21 July 1994), in UN doc. *GAOR*, A/49/40 (vol.II), p.181, para.9.8. 脚注省略、強調引用者。

らないということである。特定の事件でこれらの要因が存在していたことの立証責任は締約国にある[13]。

ムコン事件

　ムコン事件において、申立人は恣意的に逮捕されて数か月間拘禁されたと主張したが、締約国は、逮捕・拘禁はカメルーンの国内法にしたがって行なわれたとしてその主張を拒否した。委員会は、申立人の拘禁は「当該事件の状況においては合理的でも必要でもなかった」として9条1項違反を認定した[14]。たとえば、締約国は、当該留置が「逃亡、証拠隠滅または再犯を防ぐために……必要であった」ことを立証せず、表現の自由に対する権利の制限を認めた規約19条3項に「言及して、申立人の逮捕および拘禁は明らかに正当であったと主張するのみであった」[15]。しかし委員会は、「困難な政治的状況における国の統一は、複数政党制民主主義、民主的主張および人権を擁護することを妨げようとしても達成でき」ず、したがって表現の自由に対する申立人の権利が侵害されたと判断した[16]。結果的に、委員会は、申立人の逮捕・拘禁は規約9条1項に反するものであったとの結論に達したのである[17]。

　被害者が、兄弟の所在を明らかにさせようとする目的で約16か月間拘禁された事件において、委員会は、当該被害者に対して他の刑事告発が行なわれていなかった以上、これは9条に反する「恣意的逮捕および拘禁」であったと認定した[18]。いずれかの者が逮捕状も召喚状もなく逮捕され、裁判所による何らの命令もなしにその後も拘禁されたままであるとすれば、これも、9条1項に定める恣意的逮捕・拘禁を受けない権利の侵害であることは明らかである[19]。委員会が扱

13　Communication No. 305/1988, *H. van Alphen v. the Netherlands* (Views adopted on 23 July 1990), in UN doc. *GAOR*, A/45/40 (vol.II), p.115, para.5.8. 強調引用者。

14　Communication No. 458/1991, *A. W. Mukong v. Cameroon* (Views adopted on 21 July 1994), in UN doc. *GAOR*, A/49/40 (vol.II), p.181 para.9.8.

15　Ibid., loc. cit.

16　Ibid., p.181, para.9.7.

17　Ibid., para.9.8.

18　Communication No. 16/1977, *D. Monguya Mbenge et al. v. Zaire* (Views adopted on 25 March 1983), in UN doc. *GAOR*, A/38/40, p.140, paras.20-21.

ったいくつかの事件では、複数の者が、その政治的意見のみを理由として、裁判所による何らの命令もなく、9条1項に反する形で拘禁され続けていた[20]。

また、いずれかの者が裁判所による釈放命令にも関わらずひきつづき拘禁されれば、これも規約9条1項違反であることは明らかである[21]。

* * * * *

恣意的であってはならないということは、もちろん、自由の剥奪が差別的動機にもとづくものであってもならないということである。第13章でさらに詳しく説明するように、このマニュアルで検討する人権条約の締約国は、人種、皮膚の色、性、言語、宗教および政治的その他の意見などを理由とするいかなる区別もなく、権利および基本的自由の享受を確保することを約束している。そこでアフリカ人権委員会は、ルワンダ政府が「民族的出身のみを理由として」行なった逮捕・拘禁は「個人の自由の恣意的剥奪」であると認定した。したがって、このような行為は、アフリカ人権憲章6条の「違反があったことの明確な証拠」である[22]。

アフリカ委員会は、別の事件において、「人の**不定期拘禁**は、被拘禁者が自己に科された処罰の度合いを知ることができないので、恣意的拘禁と解釈し得る」と認定している。この事件では、当該被害者が拷問に対して抗議した後に不定期拘禁の対象とされたので、アフリカ憲章6条違反であるとされた[23]。

さらに、**被疑事実および保釈の可能性のないまま人を拘禁すること**も、アフリカ憲章6条にいう恣意的な自由剥奪となる。ナイジェリアを相手どったこの事件においては、被害者は選挙後3年間以上このような状況に置かれ続けた[24]。

---

19 Communication No. 90/1981, *L. Magana ex-Philibert v. Zaire* (Views adopted on 21 July 1983), in UN doc. *GAOR*, A/38/40, p.200, paras.7.2 and 8.
20 たとえばCommunication No. 132/1982, *M. Jaona v. Madagascar* (Views adopted on 1 April 1985), in UN doc. *GAOR*, A/40/40, p.186, para.14参照。
21 Communication No. R.1/5, *M. H. Valentini de Bazzano et al. v. Uruguay* (Views adopted on 15 August 1977), in UN doc. *GAOR*, A/34/40, para.10 at p.129.
22 ACHPR, *Organisation Contre la Torture and Others v. Rwanda*, Communications Nos. 27/89, 46/91, 49/91, and 99/93, decision adopted during the 20th Ordinary session, October 1996, para.28.判決文はhttp://www1.umn.edu/humanrts/africa/comcases/27-89_46-91_49-91_99-93.html参照。
23 ACHPR, *World Organisation against Torture and Others v. Zaire*, Communications Nos. 25/89, 47/90, 56/91 and 100/93, decision adopted during the 19th session, March 1996, para.67. 判決文はhttp://www.up.ac.za/chr/参照。

＊＊＊＊＊

米州人権裁判所は、米州人権条約7条2項・3項に関して次のように判示している。

「前者の規定にしたがい、何人も、法律が明示的に定めた理由、事案および状況による場合を除いて(**実体的側面**)、さらに当該の法律で客観的に定められた手続を遵守することなく(**形式的側面**)、その身体の自由を奪われてはならない。後者の規定は、何人も、たとえ合法的とされるものであっても、個人の基本的権利の尊重と両立しないと見なされる理由および方法で逮捕または収監されてはならないという問題を扱っている。なぜならば、とくに、このような理由および方法は**不合理であり、予見不可能であり、または比例性を欠いている**からである」[25]

カスティージョ・パエス事件において、ペルーは米州条約7条のさまざまな規定(2項および3項を含む)に違反したとされた。被害者は、米州条約およびペルー憲法の両方に違反し、司法機関が発した書面による命令なく、国家警察の構成員によって拘禁されたためである[26]。

さらに、米州人権条約7条1項、2項および3項の違反はチェスティ・ユルタード事件でもあったとされた。ペルー国軍が最高裁判所公法部の命令に違反してユルタード氏を拘禁・訴追し、有罪としたためである[27]。

最後に、7条の違反はいわゆる「ストリート・チルドレン」事件でも認定された。これは、国内法で定められた条件に違反し、国家機関が数名の青年を誘拐して殺した事件である。米州人権裁判所は、逮捕に関わる先例と、保障の実体的・形式的側面が履行されなければならないことを強調し、いずれの側面も遵守され

---

24 ACHPR, *Constitutional Rights Project and Civil Liberties Organisation v. Nigeria, Communication No. 102/93, decision adopted on 31 October 1998*, para.55 of the text published at the following web site: http://www1.umn.edu/humanrts/africa/comcases/102-93.html.

25 I-A Court HR, *Gangaram Panday Case v. Suriname, judgment of January 21, 1994*, in OAS doc. OAS/Ser.L/V/III.31, doc.9, *Annual Report of the Inter-American Court of Human Rights 1994*, p.32, para.47. 強調引用者。

26 I-A Court HR, *Castillo Paez Case v. Peru, judgment of November 3, 1997*, in OAS doc. OAS/Ser.L/V/III.39, doc.5, *Annual Report Inter-American Court of Human Rights 1997*, p.263, para.56.

27 I-A Court HR, *Cesti Hurtado Case v. Peru, judgment of September 29, 1999*, in OAS doc. OEA/Ser.L/V/III.47, doc.6, *Annual Report Inter-American Court of Human Rights 1999*, p.445, paras.141-143.

なかったと認定した。また、「恣意的逮捕を防止するためには、逮捕が速やかに司法的統制の対象とされることがとくに重要である」と述べた欧州人権裁判所の判決にも言及している[28]。

＊＊＊＊＊

　欧州人権条約5条1項に関して、欧州人権裁判所は一貫して、その「趣旨および目的」は「何人も恣意的にその自由を奪われないことを確保することにほかならない」と判示してきている[29]。換言すれば次のとおりである。

> 「5条1項にいう『合法的』および『法律で定める手続にもとづく』という表現は、**国内法の手続規則**および**実体規則**が完全に遵守されなければならないということのみならず、いかなる自由の剥奪も、**5条の目的と両立していて、かつ恣意的であってはならない**ということを定めている。……これに加えて、身体の自由の重要性を踏まえれば、適用される国内法において条約の定める『合法性』の基準が満たされていることが必要不可欠である。条約では、成文法か不文法かを問わずすべての法律が、**いずれかの行動によってどのような結果がもたらされるか、市民が——必要な場合には適切な助言を受けて——あらゆる状況において合理的な程度に予見できるに足る厳密さを備えている**ことを求めている」[30]

　予見可能性という重要な問題は、とくに英国法における**平穏の侵害**概念との関係で検討されてきており、欧州人権裁判所は、「関連の規則は十分な指針を提供しており、条約が求める厳密さを備えて策定されている」と判示してきた[31]。「いずれかの個人が人または財産に対して被害を及ぼすもしくはその可能性があると思われるとき、または他の者による暴力を当然に引き起こすような方法で

28　*I-A Court HR, Villagrán Morales et al. Case (The "Street Children" Case), judgment of November 19, 1999*, in OAS doc. OEA/Ser.L/V/III.47, doc.6, *Annual Report Inter-American Court on Human Rights 1999*, pp.704-706, paras.128-136.

29　*Eur. Court HR, Case of X v. the United Kingdom, judgment of 5 November 1981*, Series A, No.46, p.19, para.43.

30　*Eur. Court HR, Case of Steel and Others v. the United Kingdom, judgment of 23 September 1998*, Reports 1998-VII, p.2735, para.54. 強調引用者。

31　Ibid., para.55 at p.2736.

行動するときにのみ平穏の侵害があったと見なされることは、十分に確立されている」ためである。また、「人が逮捕されるのは、平穏の侵害を引き起こしたとき、または平穏の侵害を引き起こす可能性があると合理的に判断されたときであることも明らか」となっている[32]。ただし委員会は、申立人が逮捕後およそ7時間を経るまで保釈されず、その後も逮捕・拘禁が英国法にしたがって行なわれたか否かという問題について国内裁判所の判決がなかった点については、規約5条1項の違反を認定した[33]。

> 逮捕・拘禁が国際人権法にもとづき合法と見なされるためには、次の条件が満たされなければならない。
> ● 国内法・国際法の形式的規則および実体的規則(差別の禁止の原則を含む)にしたがって行なわれること
> ● 恣意的でないこと(法律およびその適用は適切かつ公正であり、予見可能であり、ならびに法の適正手続を遵守するものでなければならない)

4.2.1 公的認知のない拘禁、誘拐および非自発的失踪

人が誘拐され、国内法に違反して拘禁され、その後に殺されまたは失踪させられた場合、自由権規約委員会は、当該拘禁は規約9条違反であると認定してきた[34]。いずれかの締約国の機関が他国の人を誘拐・拘禁することも、「恣意的逮捕および拘禁」のもうひとつの例である[35]。

委員会はさらに、7条に関する一般的意見20で次のように述べている。

---

32 Ibid., loc. cit.
33 Ibid., p.2737, paras.62-65.
34 Communication No.612/1995, *Arhuacos v. Colombia* (Views adopted on 29 July 1997), in UN doc. *GAOR*, A/52/40 (vol.II), pp.181-182, para.8.6 (殺人); Communication No.540/1993, *C. Laureano v. Peru* (Views adopted on 25 March 1996), in UN doc. *GAOR*, A/51/40 (vol.II), p.114, para.8.6 (失踪).
35 Communication No. R.12/52, *D. Saldías de López on behalf of S. R. López Burgos* (Views adopted on 29 July 1981), in UN doc. *GAOR*, A/36/40, p.183, para.13.

「被拘禁者の効果的保護を保障するためには、被拘禁者が拘禁場所として公式に認められた場所に収容されることと、被拘禁者の氏名および拘禁場所ならびに拘禁担当者の氏名を記録簿に記載し、親族および友人を含む関係者が当該記録簿を容易に入手・利用できるようにすることが定められるべきである。同様に、あらゆる尋問の時間および場所も出席者全員の氏名とともに記録されるべきであり、この情報を司法上または行政上の手続のために利用可能とすることも必要とされる」[36]

あらゆる形態の拘禁または収監のもとにあるすべての者の保護のための原則の原則12、強制的失踪からのすべての者の保護に関する宣言10条、非司法的、恣意的および即決処刑の効果的防止および調査に関する原則の原則6にも、とくに、被拘禁者は公式に認められた拘禁場所に収容すべきこと、および、自由を奪われた者に関わるすべての関連の情報を登録すべきことについて、同様の要件が掲げられている。

* * * * *

米州人権裁判所は、「国はその安全を確保する権利および義務を有する」ことを認めつつも、国はまた「法律および道徳」にも服さなければならないこと、また「人間の尊厳に対する尊重の欠如は国のいかなる行動の根拠ともなりえない」ことを強調してきた。

「〔したがって、〕人の強制的失踪は、締約国が尊重および保障する義務を有している条約上の多くの権利を、複雑な形で継続的に侵害するものである。人の誘拐は、恣意的な自由剥奪であるとともに、裁判官の面前に遅滞なく引致され、かつ逮捕の合法性の再審査を受けるために適切な手続を援用する被拘禁者の権利の侵害であり、いずれも条約7条違反を構成する」[37]

---

36 United Nations Compilation of General Comments, p.140, para.11.
37 I-A Court HR, Godinez Cruz Case, judgment of January 20, 1989, Series C, No.5, pp.144-145, paras.162-163; and also the Velásquez Rodríguez Case, judgment of July 29, 1988, Series C, No.4, pp.146-147, paras.154-155.

＊＊＊＊＊

　欧州人権裁判所は、「公的機関の手による恣意的拘禁を受けないという民主的社会における個人の権利を保障するうえで」欧州人権条約5条に掲げられた保障が基本的重要性を有することをしばしば強調してきており、さらに次のようにも述べている。

> 「**公的認知なく人を拘禁することはこれらの保障をまったく無効にするものであり、5条にもっとも重大な形で違反することのひとつである。**公的機関がその管理下にある個人について説明責任を負わなければならないことを踏まえ、5条はこれらの機関に対し、失踪のおそれに対する効果的な保護措置をとるとともに、いずれかの者が拘禁され、それ以降所在がわからないという、完全に否定できない主張について迅速かつ効果的な調査を行なうよう求めている」[38]

欧州人権裁判所はさらに次のように述べている。

> 「拘禁の日時および場所ならびに拘禁の理由およびその執行担当者の氏名に関する正確な収容データを記録することは、個人の拘禁において5条1項の合法性の要件が満たされるようにするために必要である」[39]

チャキシ事件

　チャキシ事件においては、公的認知のない拘禁の対象とされた申立人に関する記録の不存在が「重大な瑕疵」とされ、状況をさらに悪化させる要因として、当該収容記録が「全般的に信頼性および正確性を欠いているという認定」が明らかにされた。欧州人権裁判所は、「特定の時期に被拘禁者がどこにいたかを明らかにする記録が作成されないのは容認できない」と指摘している[40]。「申立人の拘禁について3人の目撃者がいたにも関わらず、……〔欧州人権〕委員会によって

---

[38] *Eur. Court HR, Case of Çakici v. Turkey, judgment of 8 July 1999, Reports 1999-IV*, p.615, para.104. 強調引用者。
[39] Ibid., para.105 at p.616.
[40] Ibid., loc. cit.

261

申立てが政府に送付されるまで、証拠を探すために収容記録を確認する以上のことが行なわれなかった」ことを踏まえ、欧州人権裁判所は、「アフメト・チャキシの状況の調査は速やかとも意味のあるものだとも言えなかった」との結論に達した[41]。したがって、条約5条が保障する「身体の自由および安全に対する権利の、とくに重大な侵害」が存在したとされた[42]。

> 国際法上、公的認知のない逮捕・拘禁は違法である。国はその収容下にあるすべての者について説明責任を負っている。とりわけ、すべての拘禁の日時および場所は公的記録簿に記載され、家族、弁護士およびすべての権限ある司法機関その他の機関がいつでも閲覧できるようにされなければならない。また、公的記録簿の正確性について疑いの余地があってはならない。
> 非自発的・強制的失踪および公的認知のない拘禁は、身体の自由および安全に対する権利を含む基本的人権をとくに重大な形で侵害するものである。

4.3 有罪判決後の拘禁

「権限のある裁判所による有罪判決の後にする人の合法的な拘禁」について明示的に規定している条約は欧州人権条約(5条1項(a))のみであるが、もちろん、これが自由剥奪の正当な根拠であることは他の条約の規定でも含意されている。ただし、言うまでもなく、有罪判決を受けた者は公式に定められた刑期が終了した段階で釈放されなければならない。有罪判決を受けた者が収監刑の刑期を満了したにも関わらず釈放されなかったときは、自由権規約委員会は当然、その拘禁の自由権規約9条1項違反を認定している[43]。

欧州人権条約5条1項(a)にいう「『有罪判決』という文言は、……『犯罪が行な

41　Ibid., p.616, para.106.
42　Ibid., para.107.
43　Communication No.R.2/8, *A. M. García Lanza de Netto on behalf of B. Weismann Lanza and A. Lanza Perdomo* (Views adopted on 3 April 1980), in UN doc. *GAOR*, A/35/40, p.118, para.16.

われたことが法律にしたがって立証された』後に行なわれる『有罪の認定』と、……自由の剥奪をともなう刑罰その他の措置が科されることの両方を意味するものとして理解されなければならない」。また「『の後にする』という文言は、『拘禁』が時間的に『有罪判決』の後に行なわれなければならないということだけではなく、これに加え、『拘禁』が『有罪判決』の結果として、『有罪判決』の『後に、それを根拠として』、または『有罪判決』を『理由として』行なわれなければならないということも意味する」[44]。

　それでは、判決に2つの要素がある場合にはどうなるだろうか。すなわち、自由の剥奪をともなう処罰を科すことに加えて、罪を犯した者の管理を政府に委ね、処罰の執行については社会内監督から拘禁に至るまでの種々の形態をとってよいとした場合である。

　欧州人権裁判所は、バン・ドルーゲンブロック事件において、申立人の条件付釈放を取消すという司法長官の決定については欧州人権条約5条1項の違反はなかったと認めた。ベルギー当局がこのような形で「その裁量権を行使したことは、刑の言渡しにあたり不確定な措置をとることを認め、かつ刑の執行の一般的監督を裁判所に委ねるよう締約国に義務づけていない条約の要件を尊重するものであった」と、欧州人権裁判所は見なしたのである[45]。ただし、当該決定が「議会および裁判所の目的と何ら関係のない理由にもとづいて、またはこれらの目的に照らして不合理な評価にもとづいて行なわれた」場合、「当初は合法的であった拘禁も恣意的な自由剥奪へと変容するであろう」とされる[46]。

4.4 裁判所の合法的な命令にしたがわないため、または法律で定めるいずれかの義務の履行を確保するために行なわれる逮捕・拘禁

　これらはいずれも、欧州人権条約5条1項(b)で明示的に定められた、人の自由を剥奪する正当な根拠である。「法律で定めるいずれかの義務の履行を確保する

44　Eur. Court HR, Van Droogenbroeck Case, judgment of 24 June 1982, Series A, No.50, p.19, para.35.
45　Ibid., p.20, para.40.
46　Ibid., loc. cit.

ため」という文言について、欧州人権裁判所は、「すでに当該の者に課されている……特定のかつ具体的性質の義務を意味する」としている。したがって、たとえば、特定の場所に住むよう命ずる裁判所の命令が言渡される**前**に行なわれる逮捕・拘禁は含まれない[47]。

4.5 犯罪を行なったとする相当の嫌疑にもとづく拘禁

自由剥奪の正当な根拠のうちもっとも一般的なのは、間違いなく、いずれかの者が犯罪を行なったとする相当の嫌疑があるということである(欧州人権条約5条1項(c)の明示的文言参照)。ただし、後述するように、このような嫌疑があるからといって無制限の拘禁が認められるわけではない。どこまで認められるかは事案によって異なるが、自由権規約9条3項、米州人権条約7条5項および欧州人権条約5条3項がそれぞれ定めるように、被疑者には、「合理的な期間内に」裁判を受けるか、または裁判前に「釈放される」権利がある。

自由が原則であり、拘禁はそれに対する例外でなければならない。社会内処遇に関する国連最低基準規則、いわゆる「東京規則」の規則6.1が述べるように、「未決勾留は、申立てられている犯罪の取調べならびに社会および被害者の保護を正当に考慮したうえで、刑事手続における最後の手段として用いられなければならない」。

＊＊＊＊＊

欧州人権裁判所は、欧州人権条約5条1項(c)では「刑事手続に関連する自由の剥奪のみが認められている」と述べている。「この規定は、これとともに全体を構成する(a)号および3項とあわせて理解しなければならないのであり、〔この見解は〕その文言から明らかである」[48]。したがって、有罪判決および収監刑の言渡しとは異なって立証ではなく嫌疑にもとづいて言渡すことのできる居所指定命令は、5条1項(c)「が規律する未決勾留と同一視することはできない」[49]。

---

[47] *Eur. Court HR, Ciulla Case v. Italy, judgment of 22 February 1989, Series A, No.148*, p.16, para.36.
[48] Ibid., p.16, para.38.
[49] Ibid., para.39 at p.17.

4.5.1 「相当性」の意義

　欧州人権裁判所は、「逮捕の根拠とならなければならない嫌疑の『相当性』は、〔欧州人権条約5条1項(c)に〕掲げられた恣意的逮捕・拘禁からの保護の不可欠な要素である」こと、また「『相当の嫌疑』があるとは、その者が犯罪を行なったと**客観的観察者**を納得させうる事実または情報の存在を前提とする」ことを指摘してきた。ただし、何を「『相当』と見なしうるかは……あらゆる状況次第である」[50]。

　北アイルランド情勢関連の**テロ行為**に対応するために制定された刑事立法にもとづく逮捕・拘禁との関係で、欧州人権裁判所は次のように説明している。

> 「テロ型犯罪の捜査および訴追に固有の困難にかんがみ、……当該逮捕が正当であると認めるための容疑の『相当性』は、通常犯罪に対応するさいに適用されるのと同一の基準にしたがって常に判断できるとはかぎらない。にも関わらず、テロ犯罪に対応することの緊急性によって、5条1項(c)が保障する保護の**実質**が損なわれる段階まで『相当性』の概念を拡大解釈することは正当化できない。……」[51]

　「被疑者であるテロリストを逮捕する根拠となった嫌疑の相当性について、それを裏づける秘密の情報源を開示することによって締約国に立証を求めることはできず、また情報源の素性を明らかにするおそれのある事実でさえも開示を求めることができない場合はある」ものの、それにも関わらず欧州人権裁判所は、「5条1項で認められた保護の実質が保障されていたかどうかを確認できるようにされなければならない」。すなわち、「訴えの相手方となった政府は、少なくとも、逮捕された者が当該犯罪を行なったとする相当の嫌疑があったと裁判所を納得させられるだけの若干の事実または情報を提供しなければならない」ということである[52]。

---

[50] *Eur. Court HR, Case of Fox, Campbell and Hartley v. the United Kingdom*, 30 August 1990, Series A, No.182, p.16, para.32. 強調引用者。
[51] Ibid., pp.16-17, para.32.
[52] Ibid., pp.17-18, para.34.

フォックス、キャンベルおよびハートリー事件

　欧州人権裁判所は、フォックス、キャンベルおよびハートリー事件において、申立人が逮捕・拘禁されたのはテロリストであるという「真正の嫌疑」にもとづくものであったと認めた。しかし、そのうち2名が「IRA関連のテロ行為を理由としてかつて有罪判決を受けたことがあった」という事実も、拘禁中に全員が「具体的テロ行為について」尋問を受けたという事実も、「逮捕担当官に、申立人らがこれらの行為に関与したという真正な嫌疑があったことを確認する」以上のものではなかった。これでは、「申立人らがこれらの行為を行なったと**客観的観察者**を納得させる」ことはできない。これらの要素だけでは、「『相当の嫌疑』があったという結論を裏づけるには不十分である」[53]。したがって5条1項の違反があったとされた[54]。

4.6 逃亡を防ぐための拘禁

　自由権規約委員会は、ムコン事件において、たとえば逃亡を防ぐために特定の事件で合法的かつ必要であるときは、留置は9条1項にもとづき正当であることを明らかにした[55]。欧州人権条約5条1項(c)も、「犯罪実行後の逃亡を防ぐため」に人を合法的に拘禁できることを予定している。拘禁継続の正当な事由となりうる逃亡のおそれについては、後ほどさらに詳しく扱う。

> 一般的原則として、自由が原則であり、拘禁は例外である。人の自由の剥奪は、いかなる場合にも**客観的**に正当化しうるものでなければならない。すなわち、拘禁の理由の相当性は、客観的観察者の視点から、また単なる主観的嫌疑ではなく事実にもとづいて、評価されなければならない。司法的自由剥奪を合法的に行なうことのできるもっとも一般的な根拠は次のとおりである。

53　Ibid., p.18, para.35. 強調引用者。
54　Ibid., para.36.
55　Communication No.458/1991, *A. W. Mukong v. Cameroon* (Views adopted on 21 July 1994), in UN doc. *GAOR*, A/49/40 (vol.II), p.181, para.9.8.

- 権限のある、独立のかつ公平な裁判所による有罪判決後の拘禁
- 犯罪を行なったとする相当の嫌疑があるとき、または犯罪の実行を防ぐための拘禁
- 犯罪実行後の逃亡を防ぐための拘禁

4.7 行政拘禁

このマニュアルでは、**行政拘禁**とは行政府によって命じられた拘禁を指すものとする。たとえ、国際人権法で求められているとおり、自由剥奪の合法性について裁判所で争う事後的救済措置が用意されていたとしても、同様である。行政機関および省庁が拘禁を命ずる権限には相当に議論の余地があり、廃止すべきだと考える専門家もいる[56]。しかし、このような形態の拘禁は、たとえいくつかの重要な保護は用意されていても、国際法で禁じられていないことを知っておくのは重要である。

自由権規約委員会の一般的意見8によれば、9条1項は「刑事事件であるか、たとえば精神病、無宿、薬物依存、教育上の目的、出入国管理等のその他の場合であるかを問わず、すべての自由剥奪に適用される」[57]。**すなわち、9条1項はあらゆる行政拘禁も対象としているということである**。ただし、9条の他のいくつかの規定は「刑事上の罪に問われている者に対してしか適用されない」のに対し、さらにその他の規定、とくに重要な司法的保障について定めた9条4項は行政による自由の剥奪にも適用される[58]。

*****

欧州人権条約5条1項(d)〜(f)は、自由権規約委員会が列挙したのとおおむね同様の種類の拘禁を認めている。**ただし、これらは常に行政機関によって行なわれるものではなく、普通裁判所の権限に属する場合もあることは強調しておかなければならない**。欧州人権条約5条4項も、**すべての**自由剥奪に関わる重要な司法的

---

[56] たとえば*Report on the practice of administrative detention* (UN doc. E/CN.4/Sub.2/1990/29), para.18のMr. Louis Joinetの見解参照。
[57] *United Nations Compilation of General Comments*, p.117, para.1.
[58] Ibid., loc. cit.

保障を定めている。米州人権条約7条6項も同様である。これらの保障については以下でさらに詳しく扱う。

4.7.1 教育上の監督の目的のための拘禁

　欧州人権条約にもとづいて提起されたブアマール事件において、申立人は、「教育上の監督」の目的のために、留置刑務所における最長15日間の拘禁を9回にわたって科されたと苦情を申立てた。当該命令は、ベルギー子ども青年福祉法(1965年)を根拠とするものであった。

　欧州人権裁判所は、「少年を留置刑務所に収容することは、たとえそれ自体は同人の『教育上の監督』のための措置ではないとしても、必ずしも(d)号に違反するものではない」ことに留意した。しかしこのような場合、「当該目的のために設置され、かつそのための十分な資源を備えた環境(開放型か閉鎖型かは問わない)」で監督教育を行なうための体制を、「収監の後、速やかに適用しなければならない」[59]。欧州人権裁判所は、苦情の対象となった措置は教育プログラムの一環であったという政府の見解に与せず、ベルギーが5条1項(d)の「要件を満たすためには、安全確保の要請および1965年法の教育上の目的に合致する適切な制度上の便益を用意する義務を負っていた」と強調した[60]。「実質的に孤立した条件下で、かつ教育訓練を受けた職員の援助もなく青年を留置刑務所に拘禁すること」は、「いかなる教育上の目的を増進させるものとも見なすことができない」。したがって、申立人が291日の期間中119日間自由を奪われる結果をもたらした措置命令は欧州人権条約5条1項(d)と両立しないとされた[61]。

4.7.2 精神的健康上の理由による自由剥奪

　自由権規約委員会は、ニュージーランド精神保健法にもとづく9年間の拘禁は

59　*Eur. Court HR, Bouamar Case, judgment of 29 February 1988, Series A, No.129*, p.21, para.50.
60　Ibid., pp.21-22, para.52.
61　Ibid., paras.51-53.

「不法でも恣意的でもなかった」として、規約9条1項の違反はなかったと認定したことがある[62]。委員会の所見によれば、「精神保健法にもとづく申立人の評価は申立人の脅迫的および攻撃的行動を受けて行なわれたものであり、……措置命令は、3名の精神科医の意見にもとづき、法律にしたがって言渡された」。さらに、「精神科医による委員会が、ひきつづき申立人の状況を定期的に審査していた」[63]。申立人のその後の拘禁も「裁判所によって定期的に審査されていた」ので、9条4項の違反もなかったとされた[64]。

*****

欧州人権条約5条1項(e)にいう「精神的に問題を有する者」の意義について、欧州人権裁判所は、「この文言は確定的な解釈をすることができるものではな」く、「精神医学の研究が進展し、処遇の柔軟性が高まり、かつ精神病に対する社会の姿勢が変化し、とくに精神病患者の問題に関するいっそう深い理解がさらに広まるようになるにつれて、その意味が継続的に発展する」ものであると指摘する[65]。また、5条1項(e)は、「ある者の意見または行動が特定の社会で優勢な規範から逸脱しているというだけの理由でその者を拘禁することを認めたものでないことは明らかである。それ以外の解釈をすることは、例外を……網羅的に列挙し、**狭義の解釈を求める5条1項の文言と両立しえない**」[66]。最後に、そのような解釈は「5条1項の趣旨および目的、すなわち何人も恣意的に自由を奪われないことを確保することと一致しない」ことになろうとも述べた[67]。

欧州人権裁判所は、これらの基準を適用し、5条1項(e)にもとづいて精神的に問題を有する者を合法的に拘禁するためには、最低限次の3つの条件が満たされなければならないと判示している。

「緊急事態の場合を除き、当該個人が精神的に問題を有していることが信頼

62　Communication No. 754/1997, *A. v. New Zealand* (Views adopted on 15 July 1999), in UN doc. *GAOR*, A/54/40 (vol.II), p.254, para.7.2.
63　Ibid., loc. cit.
64　Ibid., p.254, para.7.3.
65　*Eur. Court HR, Winterwerp Case v. the Netherlands*, judgment of 24 October 1979, Series A, No.33, p 16, para.37.
66　Ibid., loc. cit. 強調引用者。
67　Ibid.

できる形で示されなければならない、すなわち、医学上の客観的な専門的知見にもとづき、権限のある機関において真の精神障害が立証されなければならない。当該精神障害は、強制的収容を正当と認めうる種類または程度のものでなければならない。収容を継続することの正当性は、当該障害が依然として続いているかどうかによって左右される」[68]

　欧州人権裁判所は、「特定の事件においてこれらの条件が満たされていたかどうか検証する管轄権を有する」。ただし、「提出された証拠を評価するにあたっては国内機関のほうが有利な立場にあるので、国内機関は当該事案について一定の裁量権を有するものと認められ、裁判所の責務は、国内機関が行った決定を条約にもとづいて審査することに限られる」[69]。

精神的健康を理由とする拘禁についての追加情報

　ただし欧州人権裁判所は、「緊急事態の場合、……事態の性質上、このような緊急収容を行なう権限を認められた国内機関は幅広い裁量権を享受できなければならない」ことを認めている。「いかなる逮捕または拘禁の前にも詳細な医学的検討を行なうよう求めることは、実際的ではない」ためである[70]。このような場合、欧州裁判所はとくに次の点を審査する。国内法において国内機関に恣意的権限が認められているかどうか。当該国内法に、「精神的に問題を有する者……の合法的な拘禁」という表現と他の面で両立しない点があるかどうか。当該国内法が、条約5条1項(e)の違反となるような形で申立人に適用されなかったかどうか[71]。**このことは、とくに次のことを含意する。すなわち、欧州人権裁判所は、公衆を保護するという利益が、5条1項(e)における通常の保障を欠く緊急収容を正当化しうる程度に、個人の自由に対する権利に優位するかどうかを検討しなければならないということである。ただし、このような緊急措置は短期間でしか用いられてはならない**[72]。

68　*Eur. Court HR, Case of X. v. the United Kingdom, judgment of 5 November 1981, Series A, No.46*, p.18, para.40.
69　Ibid., para.43 at p.20.
70　Ibid., para.41 at p.19.
71　Ibid., loc. cit.

申立人に精神的問題の既往があり、その妻によれば依然として「虚言や威嚇を行なう」状態にあった事件で、内務大臣は医学上の助言にもとづいて申立人の一時収容を命令した。この措置は、欧州人権裁判所によって、「緊急の措置であり、かつ短期間に留まったものとして」正当と認められた。申立人の収容継続について審査した欧州人権裁判所は、この拘禁を正当と認めるために提出された医学的所見の「客観性および信頼性を疑う理由はない」と認定している[73]。

　精神医学上の拘禁の**延長**に関しては、欧州人権裁判所は、「国内法にもとづく申立人の措置の延長が合法的であったか、それ自体が決め手となるわけではない」としつつ、「審査対象期間中の申立人の拘禁が、人が恣意的に自由を奪われることを防止するという条約5条1項の目的にかなっていたことも立証されなければならない」と強調した[74]。このことは、とくに、**更新命令の更新に大幅な遅れがあってはならない**ことを意味する。欧州人権裁判所は、2週間の遅れについては「いかなる意味でも不合理または行き過ぎであったと見なすことはできない」として恣意的な自由剥奪には至らないと見なしたが[75]、2か月半を越える遅れについては行き過ぎがあったとして5条1項違反を認定した。後者の事件において、欧州人権裁判所は、「関連の公益」を根拠として、「精神科医による治療を……受けていた申立人を、2か月半以上不確定な状態に置くことを正当化することはできない」と認定している。欧州人権裁判所は、「措置命令の延長を申請し、それが適時に審査されることを確保する責任は、措置対象者ではなく権限ある機関が負わなければならない」と強調した[76]。

　5条1項の違反は、オランダ精神病者法にもとづき精神病院への収容を命じた裁判官が、「意見聴取を省略できる法的条件が満たされていなかったにも関わらず、収容を認める前に」措置対象者の意見を聴取しなかった場合にも認定されている。裁判官は、「最低限、……決定のなかで、この点に関する精神科医の意見を尊重しなかった理由を述べるべきであった」とされた[77]。

72　Ibid., pp.20-21, paras.44-46.
73　Ibid., p.21, para.46 in conjunction with p.20, para.44.
74　*Eur. Court HR, Case of Erkalo v. the Netherlands, judgment of 2 September 1998, Reports 1998-VI*, p.2478, para.56.
75　*Eur. Court HR, Case of Winterwerp v. the Netherlands, judgment of 24 October 1979, Series A, No.33*, p.21, para.49.
76　*Eur. Court HR, Case of Erkalo v. the Netherlands, judgment of 2 September 1998, Reports 1998-VI*, p.2479, para.59.
77　*Eur. Court HR, Van der Leer Case v. the Netherlands, judgment of 21 February 1990, Series A, No.170-A*, p.12, para.23.

5条1項の違反はさらに、申立人を精神病院に収容する決定が行なわれた審理の場に、国内法に違反して書記官が出席していなかったときにも認定されている。換言すれば、「法律の定める手続」という文言が遵守されなかったと判断されたのである[78]。

4.7.3 庇護希望者の自由剥奪ならびに退去強制および犯罪人引渡しのための自由剥奪

自由権規約委員会は、9条1項との関係で、「庇護を申請中の個人を拘禁することはそれ自体恣意的であるという……訴えには根拠がない」と判示している。ただし、「いずれかの者を拘禁下に置くという決定はすべて、当該拘禁の正当化事由の評価を可能とするため、定期的審査の対象とされなければならない」[79]。いずれにしても次のことが言える。

「拘禁は、国が適切な正当化事由を示しうる期間を超えて継続してはならない。たとえば、不法に入国したという事実は調査の必要があることを示している場合がある。また、逃亡の可能性や協力の欠如など、一定期間の拘禁を正当化するに足る、当該個人特有の他の要因もあるかもしれない。このような要因を欠く拘禁は、**たとえ入国が不法に行なわれたとしても、恣意的と見なしうる**」[80]

この事件においては、「4年の期間を超えて〔申立人の〕拘禁を継続する」正当な根拠を締約国が示さなかったため、委員会は、当該拘禁は恣意的であり、したがって9条1項に反すると認定している[81]。

---

[78] *Eur. Court HR, Wassink Case v. the Netherlands, judgment of 27 September 1990, Series A, No.185-A*, p.12, para.27.
[79] Communication No. 560/1993, *A. v. Australia* (Views adopted on 3 April 1997), in UN doc. *GAOR*, A/52/40 (vol.II), p.143, paras.9.3 and 9.4.
[80] Ibid., para.9.4. 強調引用者。
[81] Ibid., loc. cit.

＊＊＊＊＊

　欧州人権条約5条1項(f)は、「許可を得ない入国を防ぐためにする人の合法的な拘禁、または退去強制もしくは犯罪人引渡しのための手続がなされている人の合法的な拘禁」を認めている。これは、たとえば、拘禁においてはそれを命ずる根拠となったもの以外の目的が追求されてはならないということである[82]。さらに、たとえば犯罪人引渡しの場合、(f)号にもとづく自由剥奪は「犯罪人引渡し手続が進められている期間に限って正当化される」。したがって、「当該手続が正当な熱心さをもって進められていないときは、当該拘禁は5条1項(f)にもとづいて正当とは見なされなくなる」[83]。そのため、ほぼ2年間に及んだ拘禁は欧州人権裁判所によって「過度」であると認定された。引渡し命令が実際に言渡された18か月目の時点で、すでに合理的な期間を超えたと判断されたのである[84]。

4.7.4 予防拘禁および公の秩序を理由とする拘禁

　公衆の安全または公の秩序を理由とする予防拘禁が関係する事案は、法の支配によって規律されている国においてしばしば特別な懸念を引き起こす。このような文言を十分明確に定義することには固有の困難がともない、またその結果として法的不確定が生ずるためである。しかし、規約9条に関するかぎり、自由権規約委員会は一般的意見8で次のように述べている。

> 「……公衆の安全を理由としていわゆる予防拘禁が用いられるときは、それも同じ規定による統制の対象とされなければならない。すなわち、それは恣意的であってはならず、法律で定められた理由および手続にもとづかなければならない(1項)。理由に関わる情報が示されなければならないし(2項)、拘禁に対する裁判所の統制(4項)および違反があった場合の賠償(5項)も用意されなければならない。加えて、予防拘禁の事案で刑事告発が行なわれるときは、9条

---

[82] Eur. Court HR, Case of Quinn v. France, judgment of 22 March 1995, Series A, No.311, pp.18-19, para.47.
[83] Ibid., p.19, para.48.
[84] Ibid., pp.19-20, para.48.

2項および3項ならびに14条の保護も全面的に認められなければならない」[85]

サンポラ・シュバイツェル事件において、申立人はウルグアイの法律にもとづく「迅速安全確保措置」によって収容された。委員会は、この法的措置自体が規約と両立するかどうかについてはとくに述べなかったが、次のように強調している。

「行政拘禁は、その対象者が社会にとって明確かつ重大な脅威であり、他のいかなる方法によってもその脅威を封じこめることができない状況においては常に反対すべきものではない場合もあろうが、……9条の以下の条項に掲げられた保障はこの場合にも全面的に適用される」[86]

ただしこの事件においては、「迅速安全確保措置」が「命令、維持および執行された」あり方を理由として規約9条3項および4項の違反が認定されている[87]。

*****

公の秩序を損なうおそれがあるという理由で欧州人権条約5条3項にもとづいて未決拘禁を正当化できるかどうかについては、さらに後掲5.1を参照。

> 逮捕・拘禁に関わる基本的法規則は、**行政拘禁**、すなわち犯罪行為と関係のない理由によって行政府が行なう拘禁にも適用される。たとえば、教育上の監督のための拘禁、精神的健康上の理由による拘禁、退去強制・犯罪人引渡しのための拘禁、公の秩序を保護するための拘禁などである。国際人権法は、行政拘禁に関しても重要な司法的保障を定めている。国内法では、適正手続の保障を適用する普通裁判所においてこのような拘禁の合法性を争う可能性が認められなければならない。

---

85 *United Nations Compilation of General Comments*, p.118, para.4.
86 Communication No. 66/1980, *D. A. Campora Schweizer v. Uruguay* (Views adopted on 12 October 1982), in UN doc. A/38/40, p.122, para.18.1.
87 Ibid., p.122, para.18.1 and p.123, para.19.

4.8 逮捕・拘禁の理由ならびに自己に対する被疑事実を速やかに告げられる権利

　自由権規約9条2項は、「逮捕される者は、逮捕の時にその理由を告げられるものとし、自己に対する被疑事実を速やかに告げられる」と定めている。米州人権条約7条4項は、「拘禁されているすべての者は、その理由を告げられるものとし、かつ自己に対する一または複数の被疑事実を速やかに告げられる」と定めている。他方、欧州人権条約5条2項は、「逮捕される者は、速やかに、自己の理解する言語で、その理由および自己に対するいずれかの被疑事実を告げられる」と定めている。アフリカ人権憲章にはこの点について具体的定めがないが、アフリカ人権委員会は、**公正な裁判に対する権利**には、とくに、逮捕される者が「逮捕のときに、自己の理解する言語でその理由を告げられ、かつ自己に対する被疑事実を速やかに告げられ」なければならないという要件が含まれると指摘している[88]。

＊＊＊＊＊

　自由権規約委員会は、「被疑事実に関する情報を『速やかに』提供しなければならないもっとも重要な理由のひとつは、**拘禁された個人が、その拘禁の合法性について権限のある司法機関による迅速な決定を求められるようにするため**である」と説明している[89]。申立人が逮捕のときに自己に対する被疑事実を告げられず、拘禁されてから7日後に初めて告げられた事件で、委員会は規約9条2項の違反を認定した[90]。45日以上の遅延が9条2項の要件を満たさないことはなおさらである[91]。

　さらに、9条2項を含む規約の目的に照らせば、**破壊活動との関係が推定されることは人を逮捕・拘禁する理由としては不十分**である。逮捕・拘禁される者に対し、「関連法で刑事犯罪とされる『破壊活動』の範囲および意味」について説明

88　たとえばACHPR, *Media Rights Agenda (on behalf of Niran Malaolu) v. Nigeria, Communication No.224/98, decision adopted during the 28th session, 23 October - 6 November 2000*; para.43 of the text published at: http://www1.umn.edu/humanrts/africa/comcases/224-98.html参照。
89　Communication No.248/1987, *G. Campbell v. Jamaica* (Views adopted on 30 March 1992), p.246, para.6.3. 強調引用者。
90　Communication No.597/1994, *P. Grant v. Jamaica* (Views adopted on 22 March 1996), in UN doc. *GAOR*, A/51/40 (vol.II), p.212, para.8.1.
91　Communication No.248/1987, *G. Campbell v. Jamaica* (Views adopted on 30 March 1992), p.246, para.6.3.

が行なわれなければならない[92]。自由権規約委員会によれば、このような説明は、申立人が、表現の自由に対する権利を保障する規約19条に違反して、その意見のみを理由として訴追されたと主張している場合には、なおさら重要となる[93]。

委員会は、申立人らがそれぞれ7時間および8時間後まで逮捕の理由を告げられず、また能力のある通訳がいなかったために被疑事実も理解できなかったと訴えた事件においては、規約9条2項の違反はなかったと認定している。委員会の結論によれば、警察の正式な手続は、「通訳が到着し、被疑者が弁護士の立会いのもと十分な告知を受けるまで」3時間中断された。また、通訳には十分な能力があり、規則にしたがって任命されていた[94]。したがって、この事件では9条2項の違反はなかったと認定された[95]。同様に、申立人が被疑事実を速やかに告げられなかったと訴えたものの、申立人が拘禁されてから1週間以内に弁護士と接見した証拠があった事件において、委員会は、「申立人またはその……弁護人のどちらも逮捕の理由を知らなかったとはきわめて考えにくい」と結論づけている[96]。

逮捕後3〜4週間被疑事実を告げられなかったと申立人が訴えた事件においては、委員会は、「締約国による一般的論駁だけでは申立人の主張を反証するには不十分である」とし、このような遅延は規約9条2項と9条3項の両方に違反すると認定した[97]。

また、逮捕・拘禁された者に対し、自由剥奪は当該国の大統領の命令によって行なわれたと告げるだけでは、9条2項に照らして十分ではないとされる[98]。

＊＊＊＊＊

アフリカ人権委員会は、締約国の保安機関が、逮捕の理由を説明し、かつ逮

---

[92] Communication No.R.8/33, *L. B. Carballal v. Uruguay* (Views adopted on 27 March 1981), in UN doc. *GAOR*, A/36/40, pp.128-129, paras.12-13.

[93] Ibid., loc. cit.

[94] Communication No.526/1993, *M. and B. Hill v. Spain* (Views adopted on 2 April 1997), in UN doc. *GAOR*, A/52/40 (vol.II), p.17, para.12.2.

[95] Ibid., loc. cit.

[96] Communication No.749/1997, *D. McTaggart v. Jamaica* (Views adopted on 31 March 1998), in UN doc. *GAOR*, A/53/40 (vol.II), p.227, para.8.1.

[97] Communication No.635/1995, *E. Morrison v. Jamaica* (Views adopted on 27 July 1998), in UN doc. *GAOR*, A/53/40 (vol.II), pp.123-124, para.21.2.

[98] Communication No.414/1990, *P. J. Mika Miha v. Equatorial Guinea* (Views adopted on 8 July 1994), in UN doc. *GAOR*, A/49/40 (vol.II), p.99, para.6.5.

捕者に対して被疑事実を速やかに告げるという要件を「周到に」遵守しなかったことまたは遵守できなかったことは、アフリカ憲章で保障された公正な裁判に対する権利の侵害であると指摘した[99]。アフリカ憲章6条の違反は、申立人が、ガーナの予防拘禁法(1992年)にもとづいて国家安全保障上の利益のために逮捕された事件でも認定されている。申立人はいかなる罪にも問われず、裁判にもかけられなかった[100]。スーダンを相手どった事件では、委員会は、アフリカ憲章6条は「民主的社会において治安部隊に通常認められている権限を行使する場合にのみ逮捕を許容していると解釈されなければならない」とも説明している。関連する政令の文言は「曖昧な理由で、かつ立証された行為ではなく嫌疑にもとづいて個人を逮捕すること」を認めているため、「アフリカ憲章の精神にしたがっておらず」、6条違反を構成するとされた[101]。

＊＊＊＊＊

欧州人権条約5条2項について、欧州人権裁判所は次のように判示している。

「〔この規定には、〕逮捕されたいかなる者も自由を奪われた理由を知ることができなければならないという基本的保障が掲げられている。この規定は5条が保障する保護体制の不可欠な一部を構成するものである。2項にしたがい、逮捕されたいかなる者も、**適当と考えれば4項にしたがって逮捕の合法性を裁判所で争えるよう、逮捕の法律上および事実関係上の根拠のうちもっとも重要な点について、自己が理解できる、専門用語ではない簡単な言葉で告げられなければならない。**……この情報は『速やかに』(フランス語では'dans le plus court delai')伝えられなければならないが、逮捕の瞬間に逮捕担当官がす

---

99 ACHPR, Huri-Laws (on behalf of the Civil Liberties Organisation) v. Nigeria, Communication No.225/98, decision adopted during the 28th Ordinary Session, 23 October - 6 November 2000, paras.43-44 of the text of the decision as published at: http://www1.umn.edu/humanrts/africa/comcases/225-98.html.

100 ACHPR, Alhassan Abubakar v. Ghana, Communication No.103/93, decision adopted during the 20th session, October 1996, paras.9-10 of the text of the decision as published at http://www1.umn.edu/humanrts/africa/comcases/103-93.html. 他の国際的監視機関と同様、訴えの相手方となった政府が申立人の主張に回答する実質的情報を何ら提供しなかった場合、アフリカ委員会は、事実は申立人の主張どおりであったと決定する(ibid., para.10)。

101 ACHPR, Amnesty International and Others, Communications Nos.48/90, 50/91, 52/91 and 89/93, (decision not dated), para.59 of the text published at http://www1.umn.edu/humanrts/africa/comcases/48-90_50-91_52-91_89-93.html.

べての理由を述べなければならないというわけではない。伝えられた情報の内容および迅速性が十分であったかどうかについては、個別の事件ごとに、その特別な特徴にしたがって評価される」[102]

したがって、5条2項を遵守するためには、逮捕担当官が被逮捕者に対し、**テロリストであるという嫌疑を理由として**特定の法律にもとづき逮捕されたと告げるだけでは十分ではない。十分であると見なされるのは、「テロリストという嫌疑を受けた理由に対して……〔警察による〕尋問中に被逮捕者の注意が向けられた」場合である。したがって、「特定の犯罪行為に関与した嫌疑および定められた組織の構成員であったという嫌疑について」十分に詳しい尋問が行なわれなければならない[103]。

欧州人権裁判所はさらに、5条2項の文言は、「とくに、すべての者を恣意的な自由剥奪から保護しようとする〔5条の〕目的にしたがい、『自律的に』解釈されなければならない」と判示している。したがって、「逮捕」という文言は「刑事法上の措置の範囲に留まるものではない」し、また「**いずれかの被疑事実**」という文言は、「5条2項の適用の条件を定めようとした」ものではなく、「5条2項が考慮する最終的帰結を示そうとした」ものである[104]。このような解釈は、5条2項と4項が密接な関係を有していることによっても裏づけられる。「拘禁の合法性について速やかに決定を受けるための手続を開始する権利がある者は、自由を奪われた理由について速やかにかつ十分に告げられることがなければ、その権利を効果的に活用することができない」ためである[105]。

したがって、欧州人権裁判所は、治療を受けるために自発的に入院した女性がその後隔離され、「10日前に言渡された命令により、希望するときに自由に退院することはもうできない」と告げられた事件において、5条2項の違反を認定した。欧州人権裁判所は、申立人に対してこの旨が告げられた「方法」も、「こ

---

102 *Eur. Court HR, Case of Fox, Campbell and Hartley, judgment of 30 August 1990, Series A, No.182*, p.19, para.40. 強調引用者。
103 Ibid., para.41.
104 *Eur. Court HR, Van der Leer Case v. the Netherlands, judgment of 21 February 1990, Series A, No.170-A*, p.13, para.27.
105 Ibid., para.28.

の情報を同人に伝えるためにかかった時間も、〔5条2項の〕要件を満たしていない」と考えたのである[106]。

申立人が、「自由剥奪の理由のみならず被疑事実の詳細についても示した」逮捕状の写しを逮捕当日に渡されていた別の事件においては、欧州人権裁判所は、5条2項違反はなかったと認定した[107]。

* * * * *

上述したように、情報の要件を満たすために国は通訳を利用しなければならない場合がある。あらゆる形態の拘禁または収監のもとにあるすべての者の保護のための原則の原則14が明示的に述べるように、「逮捕、拘禁または収監を担当する機関が用いる言語を十分に理解しまたは話すことができない者は」、とくに自己に対する被疑事実および逮捕の記録に関わる情報を、「自己が理解する言語で速やかに受領」する権利を有している。

> 自由を奪われた者は、自由剥奪の合法性について司法機関による迅速な決定を求められるよう、自由剥奪の理由を、**自己が理解できる言語**でかつ**十分に詳細に、速やかに**告げられなければならない。

4.9 裁判官または他の司法官の面前に速やかに連れて行かれる権利

自由権規約9条3項は、「刑事上の罪に問われて逮捕され又は抑留された者は、裁判官又は司法権を行使することが法律によって認められている他の官憲の面前に速やかに連れて行かれる」と定めている。米州人権条約7条5項では、この権利は「拘禁されているいかなる者」にも保障される。欧州人権条約5条3項について言えば、この権利は、「この条の1項(c)の規定にしたがって逮捕または拘禁されたすべての者」に関わっている。5条1項(c)は、「犯罪を行なったとする相当の嫌疑があるとき、または犯罪の実行もしくは犯罪実行後の逃亡を防ぐために必要があると合理的に考えられるときに、権限のある法的機関に引致する目的で行なう

---

[106] Ibid., paras.30-31.
[107] *Eur. Court HR, Lamy Case v. Belgium, judgment of 30 March 1989, Series A, No.151*, p.17, para.32.

人の合法的な逮捕または拘禁」に関する規定である。アフリカ憲章ではこの問題についてとくに規定が置かれていない。ただし、憲章7条1項(a)によれば、すべての個人は、「効力を有する条約、法律、規則および慣習によって認められかつ保障された基本的権利を侵害する行為について権限のある国家機関に訴える権利」を有している(憲章6条に関する後掲の判例も参照)。

＊＊＊＊＊

　自由権規約委員会が指摘するように、規約9条3項第1文は、「**刑事上の罪に問われた者の拘禁を司法統制のもとに置くことを目的とする**」[108]。

　「速やかに」という文言は、自由権規約委員会の見解によれば「個別の事案ごとに判断され」なければならないが、被疑者が逮捕されてから司法機関の面前に連れて行かれるまでの期間は「**数日を超えるべきではない**」[109]。「申立人を司法機関の面前に連れて行くまでに*4日*の遅滞があったことを正当化する事由が存在しない状況にあっては」、この遅滞は9条3項にいう迅速性の概念に違反するものとされた[110]。さらに、死刑事件で申立人が裁判官の面前に連れて行かれるまでに1週間の遅滞があったことも、9条3項と「両立すると見なすことはできない」とされている[111]。申立人が裁判官の面前に連れて行かれるまでに2か月半またはそれ以上収容されていた事件では、なおさら、9条3項違反が認定された[112]。

＊＊＊＊＊

　ナイジェリアの国家安全保障(人の拘禁)法(1984年)および国家安全保障(人の拘禁)改正政令(1994年)にもとづいて被害者らが逮捕され、長期間拘禁された事件において、アフリカ人権委員会は、これらの事実はアフリカ憲章6条で保障さ

108　Communication No.521/1992, *V. Kulomin v. Hungary* (Views adopted on 22 March 1996), in UN doc. *GAOR*, A/51/40 (vol.II), p.80, para.11.2. 強調引用者。
109　Communication No.373/1989, *L. Stephens v. Jamaica* (Views adopted on 18 October 1995), in UN doc. *GAOR*, A/51/40 (vol.II), p.9, para.9.6. 強調引用者。
110　Communication No. 625/1995, *M. Freemantle v. Jamaica* (Views adopted on 24 March 2000), in UN doc. *GAOR*, A/55/40 (vol.II), p.19, para.7.4(強調引用者). 遅滞が8日を超えた場合に9条3項違反が認定された事件について、Communication No.373/1989, *L. Stephens v. Jamaica* (Views adopted on 18 October 1995), in UN doc. *GAOR*, A/51/40 (vol.II), p.9, para.9.6も参照。
111　Communication No. 702/1996, *C. McLawrence v. Jamaica* (Views adopted on 18 July 1997), in UN doc. *GAOR*, A/52/40 (vol.II), p.231, para.5.6.
112　Communication No. 330/1988, *A. Berry v. Jamaica* (Views adopted on 7 April 1994), in UN doc. *GAOR*, A/49/40 (vol.II), pp.26-27, para.11.1.

た恣意的逮捕・拘禁を受けない権利のいちおうの侵害を構成すると認定している。改正政令の規定にもとづき、政府は、何らの容疑もなく人をとりあえず3か月間拘禁することができた。改正政令は同様に、政府に対し、いかなる説明も行なうことなく、また被害者に対して「裁判所において逮捕および拘禁について争う」可能性もいっさい認めず、政府の政策に批判的な者を恣意的に収容することを認めていた。政府が、改正政令の一般的正当性についてもこの事件における適用の正当性についても何ら抗弁を行なわなかったことを踏まえ、委員会は改正政令の6条違反を認定した[113]。

　アフリカ委員会はまた、アフリカ憲章7条1項(d)で保障された「公平な裁判所によって合理的な期間内に裁判を受ける権利」は、委員会の「公正な裁判に関する決議」でも強化されているという重要な指摘を行なっている[114]。同決議によれば、「逮捕または拘禁された〔者は〕、裁判官または法律によって司法権限の行使を認められたその他の官吏の面前に速やかに連れて行かれるものとし、かつ合理的な期間内に裁判を受けるか、または釈放される権利を認められ」なければならない。

　したがって委員会は、ナイジェリアを相手どったヒューライ・ローズ事件において、被害を受けたと主張する2名の者を裁判のため裁判官その他の司法官憲の面前に速やかに連れて行かなかったことによって、ナイジェリアは7条1項(d)および26条に違反したと認定した。被害者らは、何らの容疑もなく、それぞれ数週間および数か月間拘禁されていた[115]。

＊＊＊＊＊

　米州人権裁判所は、カスティージョ・パエス事件において米州人権条約7条5項違反を認定した。被害者が、「条約7条5項およびペルー憲法2条20項(c)にしたがい、24時間以内にもしくは距離的要因がある場合にはそれ以外の期間内に、また

113　ACHPR, *International Pen and Others v. Nigeria*, Communications Nos.137/94, 139/94, 154/96 and 161/97, decision adopted on 31 October 1998, paras.83-84 of the text as published at
http://www1.umn.edu/humanrts/africa/comcases/137-94_139-94_154-96_161-97.html.

114　ACHPR, *Huri-Laws (on behalf of Civil Liberties Organisation) v. Nigeria*, Communication No.225/98, decision adopted during the 28th Ordinary session, 23 October - 6 November 2000, para.45 of the text as published at
http://www1.umn.edu/humanrts/africa/comcases/225-98.html.

115　Ibid., para.46.

はテロリズムの嫌疑を受けている場合には15日以内に、権限のある裁判所の面前に連れて行かれなかった」ためである。それどころか、警察は逮捕を否定し、裁判官がその所在を確認できないよう当該被拘禁者を隠し、改ざんされた被拘禁者収容記録を提出していた[116]。もちろん、手続の間じゅう被害者が一度も権限のある司法機関の面前に姿を見せなかったスアレス・ロゼロ事件においても、7条5項違反が認定されている[117]。

カスティージョ・ペトルッチほか事件

米州人権裁判所は、カスティージョ・ペトルッチほか事件において、反逆罪の被疑者を、司法機関の面前に連れて行くことなく15日間予防拘禁し、かつさらに15日間延長することを当局に認めた法律は条約7条に違反するとの見解を示した[118]。この事件における拘禁は、「1992年から1993年にかけて公の法秩序がすさまじく破壊され、テロ行為による多くの犠牲者が誕生するなかで」行なわれたものであり、「これらの事件に対応するため、国は非常事態措置をとり、そのうちのひとつによって、反逆罪の被疑者を裁判所による合法的な命令なく拘禁することが認められていた」[119]。非常事態宣言により7条は停止されたというペルーの主張に対し、米州人権裁判所は次のように答えている。

「〔裁判所は、〕保障の停止は真に必要とされる制限を超えてはならないこと、および、『公的機関がとるいかなる措置も、これらの制限を超えたときは……違法となる』ことを強調してきた。国の行為に対して課されるこれらの制限は、『いかなる緊急事態においても、とられる措置が必要性に比例するものに留まり、条約が課すまたは条約に由来する厳格な制限を超えないよう、それらの措置を統制する適切な手段が存在しなければならないという一般的

---

116 I-A Court HR, Castillo Páez Case v. Peru, judgment of November 3, 1997, in OAS doc. OAS/Ser.L/V/III.39, doc.5, Annual Report of the Inter-American Court of Human Rights 1997, p.263, paras.56-58.
117 I-A Court HR, Suárez Rosero Case, judgment of November 12, 1997, ibid. at pp.296-297, paras.53-56.
118 I-A Court HR, Castillo Petruzzi et al. Case v. Peru, judgment of May 30, 1999, in OAS doc. OEA/Ser.L/V/III.47, doc.5, Annual Report of the Inter-American Court of Human Rights 1999, p.255, para.110.
119 Ibid., para.109.

要件』から生ずるものである」[120]

　この事件においては、「拘禁のときから、被害を受けたと主張する者が司法機関の面前に連れて行かれた日までに……およそ36日が経過して」おり、この期間は、米州人権裁判所の見解によれば「過度であり、条約の規定に反する」とされた[121]。

＊＊＊＊＊

　欧州人権条約5条3項については、「逮捕された者が、いずれかの司法機関によるその拘禁の統制が実行可能となる前に『速やかに』釈放されたときは、〔5条3項の違反は〕生じえない」が、「逮捕された者が速やかに釈放されないときは、裁判官または司法官憲の面前に速やかに出頭する権利を有する」[122]。

　「速やかに」という文言の評価は、「国が個人の自由に対する権利に恣意的に干渉することからの」保護という5条の「趣旨および目的に照らして行なわれなければならない」。「個人の自由に対する権利に行政府が干渉することの司法統制は、〔本条に〕掲げられた保障の本質的特徴であり、恣意的となるおそれを最小限にすることを目的としている」。さらに、「『民主的社会の基本的原則のひとつ』であり、……かつ『条約全体がその発想の淵源としている』法の支配によっても、司法統制は含意されているところである」[123]。

　この規定の英語正文とフランス語正文を比較した欧州人権裁判所は、次のような結論に至っている。

　「『迅速性』の概念にともなう柔軟性の程度は、たとえ3項にもとづく評価を行なうにあたって関連する状況を無視することなどできないとしても、限られている。**迅速性は個別の事案ごとにその特別の特徴に照らして評価されなければならないが、……これらの特徴に、5条3項が保障する権利の実質その**

120　Ibid., loc. cit. 脚注省略。
121　Ibid., p.256, para.111.
122　Eur. Court HR, *Case of Brogan and Others v. the United Kingdom, judgment of 29 November 1988, Series A,* No.145, pp.31-32, para.58.
123　Ibid., para.58 at p.32.

283

ものを損なう程度にまで、すなわち迅速な釈放または迅速な司法機関への出頭を確保する国の義務を無効にする程度にまで、**重要性を認めることはできない」**[124]

北アイルランドでテロに関与した嫌疑のある者が特別法にもとづく権限によって逮捕・拘禁されたブローガン等事件において、欧州人権裁判所が判断しなければならなかったのは、「政府が依拠する特別な特徴を考慮したうえで、各申立人の釈放は〔5条3項にいうように〕『速やかに』行なわれたと見なすことができるか否か」という争点であった。いずれの申立人も、収容期間中に裁判官または司法官憲の面前に連れて行かれなかったことははっきりしていた[125]。欧州人権裁判所は次のことを認めている。

「十分な保護措置が存在することを条件としたうえで、北アイルランドにおけるテロリズムの文脈には、公的機関が、5条3項に違反することなく、重大なテロ犯罪の被疑者を裁判官その他の司法官憲の面前に連れて行くまでに収容しておくことのできる期間を延長する効果が認められる」[126]

ただし、政府が援用する司法統制の困難さは、「5条3項にもとづき、『速やか』な司法統制をまったく放棄することまで正当化することはできない」[127]。「『迅速性』の概念を柔軟に解釈および適用する余地はきわめて限られている」からである[128]。したがって、「〔申立人の1人が〕警察の収容下で4種の収容期間のうちもっとも短い期間、すなわち4日と6時間を過ごしたことは、5条の前半で許容された厳格な期間制限には該当しない」。欧州人権裁判所の言葉によれば、次のとおりである。

124　Ibid., pp.32-33, para.59. 強調引用者。
125　Ibid., p.33, para.60.
126　Ibid., para.61.
127　Ibid., loc. cit.
128　Ibid., p.33, para.62.

「この事件の特別な特徴をそれほど重視し、裁判官その他の司法官憲の面前に出頭することなくこれほど長期間収容することを正当化することは、『速やかに』という文言の明瞭な意義を認容不可能なほど拡大解釈することになろう。このような解釈は、個人を犠牲にして5条3項における手続的保障を深刻に弱めることになり、この規定が保護する権利の実質そのものを損なう結果をもたらす。したがって〔欧州人権〕裁判所は、いずれの申立人も、逮捕後に司法機関の面前に『速やかに』連れて行かれず、または『速やかに』釈放されなかったとの結論に達せざるをえない。申立人らの逮捕および拘禁が、社会全体をテロから保護するという正当な目的に導かれたものであることは疑う余地がないが、それだけでは、5条3項の具体的要件の遵守を確保するうえで十分ではない」[129]

最後に、徴集兵が軍事演習中に留置され、逮捕後5日を経るまで軍事裁判所に出頭させられなかった事件では、5条4項の違反も認定されている。当該軍事演習には裁判所を構成する軍の構成員も参加していたが、当該演習を理由としてこのような遅滞を正当化することはできず、軍事裁判所が、「条約の要件を遵守するに足るほど早期に、必要であれば土曜日または日曜日に開廷できる」ようにするための体制が整えられるべきであったとされた[130]。

4.9.1 正当な意思決定機関

申立人の未決勾留が**検察官**によって数回延長されたクローミン事件において、自由権規約委員会は次のように指摘した。

「〔委員会は、〕司法権の適正な行使にとって、取扱われる問題との関連で独立した、客観的かつ公平な機関によってそれが行使されることは本質的な点である」[131]

---

[129] Ibid., pp.33-34, para.62.
[130] Eur. Court HR, Case of Koster v. the Netherlands, judgment of 28 November 1991, Series A, No.221, p.10, para.25.

したがって、この事件において委員会は、「検察官に、〔規約9条3項〕にいう『司法権を行使することが法律によって認められている……官憲』と見なすために必要な制度上の客観性および公平性が備わっていると考えられると納得することはできない」とした[132]。

* * * * *

「『官憲』が〔欧州人権条約5条3項に〕いう『司法権』を行使していると言えるためには、恣意的なまたは不当な自由剥奪に対する保障を被拘禁者に提供するいくつかの条件が満たされなければならない」[133]。したがって次のとおりである。

「当該『官憲』は行政府および当事者から独立していなければならない。……この点に関して、拘禁に関する決定が行なわれた時点での客観的外見は実質的要件である。当該時点で、当該『官憲』がその後、検察機関を代表して拘禁に引き続く刑事手続に介入すると思われれば、その独立性および公平性は疑いの対象となる場合がある。……当該『官憲』は、面前に連れて来られた個人の意見を直接聴取し、当該拘禁が正当であるかどうか、法的基準を参照しながら審査しなければならない。拘禁が正当と認められない場合、当該『官憲』には、拘束力のある命令をもって被拘禁者の釈放を命ずる権限が与えられていなければならない。……」[134]

したがって、「被疑者の拘禁または釈放に関して法的拘束力のある決定を行なう」権限が「官憲」に認められていないときは、当該官憲は5条3項の目的に照らして「十分に独立している」と見なすことはできない[135]。さらに、拘禁の問題に関する捜査官の決定を承認した検察官が、その後、刑事手続において被拘

---

131 Communication No. 521/1992, *Kulomin v. Hungary* (Views adopted on 22 March 1996), in UN doc. *GAOR*, A/51/40 (vol.II), p.81, para.11.3.
132 Ibid., loc. cit.
133 *Eur. Court HR, Case of Assenov and Others v. Bulgaria*, judgment of 28 October 1998, *Reports 1998-VIII*, p.3298, para.146.
134 Ibid., loc. cit.
135 Ibid., p.3299, para.148.

禁者に不利な行動をとりうるとすれば、5条3項の「目的に照らして十分に独立しているまたは公平である」と見なすことはできない[136]。同様に、地方検察官が申立人の留置を命じ、捜査を実行し、その後、起訴状を作成する検察機関として行動した事件においては5条3項違反が認定されている[137]。欧州人権裁判所によれば次のとおりである。

「条約は、拘禁を命じた司法官憲が他の職務を遂行する可能性を排除していないが、当該官憲が、検察機関の代表としてその後の刑事手続に介入する権利を認められているとすれば、……この公平性には疑いを容れる余地があると見なされうる」[138]

> 刑事上の罪を問われて逮捕・拘禁された者は、裁判官、または拘束力のある釈放命令を行なうことのできる独立のかつ公平なその他の官憲の面前に速やかに連れて行かれなければならない。「速やかに」という文言は厳格に解釈されなければならず、たとえ危機的状況であってもその本質を排除することはできない。

5. 妥当な期間内に裁判を受ける権利または公判まで釈放される権利

前掲4.9で取り上げた「迅速性」の要件に加えて、自由権規約9条3項、米州人権条約7条5項および欧州人権条約5条3項は、すべての者には「妥当な期間内に裁判を受ける」か、または公判まで釈放される権利があることを定めている。**罪を問われた者には有罪と立証されるまで無罪と推定される権利があること、および自由剥奪は例外的でなければならないことの双方にかんがみれば、このような保護は論理的必然である。**

---

136 Ibid., p.3299, para.149.
137 *Eur. Court HR, Huber Case v. Switzerland, judgment of 23 October 1990, Series A, No.188*, p.17, para.41.
138 Ibid., p.18, para.43.

5.1 「妥当な期間」の概念

　自由権規約委員会は、「『妥当な期間』が何を指すかは個別の特定の事案ごとに評価すべき事項である」としている[139]。ただし、「刑事司法の運営に十分な予算割当が〔行なわれない〕ことは、……刑事事件の判決が不合理に遅滞することを正当化するものではない。また、刑事事件の調査が基本的に書面による手続で進められることも、このような遅滞を正当化する理由とはならない」[140]。換言すれば、「証拠収集」への配慮は、被害者の逮捕後約4年間続いた拘禁を正当化する理由とはならず、規約9条3項の違反となる[141]。別の事件において、委員会は、当時一党独裁制をとっていた国の憲法下で違法と見なされる政党に所属していたという容疑だけで申立人が31か月間拘禁されていたことを理由として、規約9条3項違反を認定した[142]。さらに、公判期日を定めることなく4年4か月間拘禁を続けたことも規約9条3項違反である[143]。控訴裁判所の判決から再審理の開始までほぼ4年が経過し、申立人がその間拘禁され続けた事件では、9条3項と14条3項(c)の両方の違反が認定された[144]。

　申立人が裁判を受けることなく1年9か月間留置された理由について締約国から「納得のいく」説明がなかった事件では、委員会は、この遅滞も「不合理」であるとして9条3項違反であるという結論に達している[145]。

　裁判を受けるまでに不当な遅滞があったとして自由権規約にもとづき提出される通報は、9条3項および14条3項(c)の両方にもとづいて検討されることが多い[146]。したがって、これ以外の実例は後者との関係で検討するものとし、第6章「公正

139　Communication No.336/1988, *N. Fillastre v. Bolivia* (Views adopted on 5 November 1991), in UN doc. *GAOR*, A/47/40, p.306, para.6.5.
140　Ibid., loc. cit.
141　Ibid.
142　Communication No.314/1988, *P. Chiiko Bwalya v. Zambia* (Views adopted on 14 July 1993), in UN doc. *GAOR*, A/48/40 (vol.II), p.54, para.6.3.
143　Communication No.386/1989, *F. Kone v. Senegal* (Views adopted on 21 October 1994), in UN doc. *GAOR*, A/50/40 (vol.II), p.8, para.8.6.
144　Communication No.447/1991, *L. Shalto v. Trinidad and Tobago* (Views adopted on 4 April 1995), in UN doc. *GAOR*, A/50/40 (vol.II), p.19, para.7.2.
145　Communication No.733/1997, *A. Perkins v. Jamaica* (Views adopted on 19 March 1998), in UN doc. *GAOR*, A/53/40 (vol.II), p.210, para.11.3.

な裁判に対する権利Ⅰ：捜査から裁判まで」で取扱う。

*****

　欧州人権条約5条3項で保障された、妥当な期間内に裁判を受けるかまたは裁判まで釈放される権利について、欧州人権裁判所は、「妥当な期間を超えて延長されてはならないのは……被疑者の暫定的拘禁であ」り、この規定が関わる期間の終期は「たとえ第1審裁判所のみであっても被疑事実を確定した」日であるとしている。すなわち、判決が確定した日ではない[147]。ただし状況によっては、考慮対象である期間の終期はこれに代えて、たとえば被疑者が保釈金を納めて釈放された日とされる場合もある[148]。

　「被疑者の拘禁継続の妥当性は、その特別な特徴にしたがって個別の事案ごとに評価されなければなら」ず、また「考慮される可能性のある要因はきわめて多様である」。したがって、「ある拘禁の妥当性の評価に関する意見はさまざまに異なる場合がある」[149]。したがって次のとおりである。

　「被疑者の未決勾留が妥当な期間を超えないようにする責任は、まず国内の司法機関にある。この目的のため、司法機関は、無罪推定の原則に正当な考慮を払いつつも個人の自由の尊重の規則から逸脱することを正当化するだけの公益上の真正な必要性が存在するかどうか、その有無に関わるあらゆる状況を検討したうえで、釈放を認めるか否かの決定において当該状況を説明しなければならない。〔欧州人権〕裁判所は基本的に、これらの決定において述べられた理由と、被拘禁者が釈放申請書および控訴趣意書のなかで述べる真実の事実にもとづいて、5条3項違反の有無について決定するよう求められる。

　逮捕された者が犯罪を実行したという**相当の嫌疑がひきつづき存在すること**は拘禁継続が妥当であると認めるための必須条件であるが、一定の期間が

146　たとえばCommunication No.705/1996, *D. Taylor v. Jamaica* (Views adopted on 2 April 1998), in UN doc. *GAOR*, A/53/40 (vol.II), p.179, para.7.1参照。委員会は、逮捕から裁判までに27か月が経過していたことを理由として9条3項および14条3項(c)両方の違反を認定した。

147　Eur. Court HR, *Wemhoff Case v. the Federal Republic of Germany*, judgment of 27 June 1968, Series A, No.7, p.22, para.5 and p.23, para.9.

148　Eur. Court HR, *Case of Van der Tang v. Spain*, judgment of 13 July 1995, Series A, No.321, p.18, para.58.

149　Eur. Court HR, *Wemhoff Case v. the Federal Republic of Germany*, judgment of 27 June 1968, Series A, No.7, p.24, para.10.

経過した後は、それだけではもはや十分ではない。そうなると〔欧州人権〕裁判所は、司法機関が挙げるその他の根拠によってひきつづき自由剥奪が正当とされるか否かを判断しなければならない。**このような根拠が『関連して』おりかつ『十分』であるときは、〔欧州人権〕裁判所は、権限のある国内機関が『特別に精力的に』手続を進めたかどうかを確認しなければならない。**……」[150]

アセノフ事件

　アセノフ事件の申立人は16回またはそれ以上の強盗の罪を問われ、釈放すれば再犯のおそれがあるとされた。しかし欧州人権裁判所は、申立人は5条3項に違反して「妥当な期間内の裁判」を否定されたとの結論に達した。事件が裁判にかけられるまでに2年間かかったが、欧州人権裁判所は、このうち1年間は「捜査に関係した措置は事実上まったくとられなかった。新たな証拠は収集されず、アセノフ氏の尋問は1回行なわれたにすぎない」ことに留意したのである[151]。欧州人権裁判所はさらに付け加えて、「自由に対する権利の重要性にかんがみ、また関連書類の原本をその都度関連機関に送付するのではなく謄写することもできたことを踏まえると、申立人がたびたび釈放申請を行なったことを理由として捜査を中断し、それによって裁判を遅らせることは認められるべきではなかった」とも述べた。もうひとつ考慮されたのは、申立人が未成年者であったために、「同人が妥当な期間内に裁判を受けることを確保するために公的機関が特別に精力的な姿勢を示すことは通常よりもさらに重要であった」ことである[152]。

　逃亡のおそれ：被疑者の逃亡のおそれについて、欧州人権裁判所は、このおそれを「言渡される可能性がある刑の厳しさのみにもとづいて判断することはでき」ず、「逃亡のおそれが存在することを確認するか、またはそのおそれはきわめて少なく未決勾留を正当化できないとの判断に至らしめるかの、他の多く

150　*Eur. Court HR, Case of Assenov and Others v. Bulgaria, judgment of 28 October 1998, Report 1998-VIII*, p.3300, para.154. 強調引用者。
151　Ibid., p.3301, paras.157-158.
152　Ibid., p.3301, para.157.

の関連の要因を参照して評価しなければならない」と強調している[153]。その理由の信頼性を確保するため、国内裁判所は、なぜ逃亡のおそれが存在するかを説明しなければならない。「なぜ逃亡のおそれが存在するかについてまったく説明せず、型どおりのとまでは言わなくともまったく同じ形式の表現によって」勾留を認めるだけであってはならず[154]、またなぜ「たとえば保釈金の寄託を求め、かつ同人を裁判所の監督下に置くことによって勾留以外の手段をとろう」としなかったのかについても説明しなければならない[155]。

重大犯罪に関与したという嫌疑：麻薬売買の罪を問われた者の未決勾留に関わる事件で、欧州人権裁判所は、「問われている罪が重大な性質のものであること」および「申立人が有罪であることを示す証拠に説得力がある」ことに同意している。にも関わらず、欧州人権裁判所は、「当該人物が重大犯罪に関与しているという強力な嫌疑の存在は、関連の要因ではあるものの、それだけで長期の未決勾留を正当化する理由とすることはできない」と強調した[156]。

再犯のおそれ：再犯のおそれは留置を正当化しうるもうひとつの根拠である。トット事件では、この根拠が、申立人の逃亡のおそれとともに、2年1か月強続いた留置を正当と認める「関連のあるかつ十分な」根拠であるとされた[157]。欧州人権裁判所は、「争われている(国内裁判所の)決定においては、従前の犯罪の性質およびその結果言渡された刑の数が考慮にいれられていた」ことに留意し、「被疑者が新たな犯罪を実行するおそれがあると国内裁判所が考えたのは合理的であった」との結論に達している[158]。

公の秩序の侵害：欧州人権裁判所は、「一定の犯罪は、その特段の重大性およびそれに対する公衆の反応を理由として、未決勾留を正当化するに足る公衆の不安を生ぜしめる場合がある」ことを認めている。欧州人権裁判所は次のように述べてこのような見解を説明した。

---

153 *Eur. Court HR, Case of Ya?ci and Sargin v. Turkey*, judgment of 8 June 1995, Series A, No.319-A, p.19, para.52.
154 Ibid., loc. cit. この事件では条約5条3項違反が認定されている。Ibid., p.19, para.55.
155 *Eur. Court HR, Case of Tomasi v. France*, judgment of 27 August 1992, Series A, No.241-A, p.37, para.98.
156 *Eur. Court HR, Case of Van der Tang v. Spain*, judgment of 13 July 1995, Series A, No.321, p.19, para.63.
157 *Eur. Court HR, Case of Toth v. Austria*, judgment of 12 December 1991, Series A, No.224, p.19, paras.69-70 and 73.
158 Ibid., p.19, para.70.

「したがって、例外的な状況においては、もちろん十分な証拠の存在を条件として、いずれにしても……犯罪によって引き起こされる公の秩序の侵害と言う概念を国内法が……認めている限りにおいて、条約の適用上この要因を考慮にいれることができる場合がある。ただし、この根拠を関連のあるかつ十分なものとして見なすことができるのは、被疑者の釈放によって現実に公の秩序が侵害されることを示すに足る事実にもとづく場合のみである。加えて、公の秩序が依然として実際に脅かされている場合に限って、勾留はひきつづき正当と見なされる。勾留の継続は収監刑を予定して用いられてはならない。……」[159]

申立人が死亡者1名を出したテロ攻撃に参加したとして罪を問われ、最終的に無罪とされたトマジ事件において、欧州人権裁判所は、「〔勾留の〕開始時点では公の秩序を侵害するおそれがあると推定するのは合理的であった」と認めたが、「ただし、そのおそれは一定期間後にはなくなった」と認定した[160]。

しかし、法の支配によって規律される民主的社会において、未決勾留が、たとえ短期間とはいえ、公の秩序のような容易に濫用されやすい法的概念にもとづいて合法的に正当化できるかという問題は生ずる。

証人への圧力および口裏合わせのおそれ：未決勾留を正当化するに足るさらなる根拠は、証人に対して圧力がかけられるおそれ、および共犯とされる者同士で口裏合わせが行なわれるおそれである。ただし、このようなおそれは勾留開始時には真正のものであったとしても、徐々に小さくなり、またはまったくなくなってしまうかもしれない[161]。このようなおそれを評価するのは国内裁判所、最終的には欧州人権裁判所の役割である。

国内機関の行動：勾留を正当化するために援用された根拠が「関連のある」かつ「十分な」ものであるという両方の条件を原則的に満たしていたとしても、欧州人権裁判所はなお、5条3項にもとづく留置期間を正当化するために国内機

159　*Eur. Court HR, Case of Tomasi v. France, judgment of 27 August 1992, Series A, No.241-A*, p.36, para.91.
160　Ibid., loc. cit.
161　Ibid., pp.36-37, paras.92-95.

関自体がどのような行動をとったかについて評価しなければならない[162]。この点に関しては、「収容された被疑者が必要なあらゆる迅速性をもって自己の事件を審理される権利によって、裁判所が適切な配慮をもってその職務を遂行するための努力が妨げられてはならない」ことを指摘しておく必要がある[163]。

したがって欧州人権裁判所は、麻薬取引に関わる事件に他の刑事捜査が付け加えられ、それによって手続の複雑化がもたらされた後に申立人が**3年2か月間**未決勾留された事件において、5条3項違反はなかったと認定した。欧州人権裁判所は、「申立人が逃亡するおそれはその留置期間全体を通じて続いており、その期間の延長は……スペイン当局が特別に精力的な姿勢が欠けていたことに帰責するものではない」と認めたのである[164]。

しかし、**5年7か月**の未決勾留が条約5条3項違反と認定された例もある。フランスの裁判所が「必要な迅速性をもって」行動せず、争われた勾留期間の長さが「事件の複雑さにも申立人の行動にも帰責するとは思われ」なかったとされた事件である[165]。これからわかるように、未決勾留の妥当性を評価するにあたっては被拘禁者の行動も考慮事項とされる場合がある[166]。

5.2 留置に代わる手段：裁判に出頭することの保証

自由権規約9条3項、米州人権条約7条5項および欧州人権条約5条3項は、釈放にあたっては裁判への出頭が保証されることを条件として課すことができると定めている。

＊＊＊＊＊

自由権規約委員会は、規約9条3項に関して一貫して次のように述べている。

「未決勾留は例外であるべきであり、保釈が認められるべきである。ただし、

---

162 Ibid., pp.37-39, paras.99-103.
163 *Eur. Court HR, Case of Van der Tang v. Spain*, judgment of 13 July 1995, Series A, No.321, p.21, para.72.
164 Ibid., p.22, para.76.
165 *Eur. Court HR, Case of Tomasi v. France*, judgment of 27 August 1992, Series A, No.241-A, p.39, para.102.
166 *Eur. Court HR, Case of Clooth v. Belgium*, judgment of 12 December 1991, Series A, No.225, pp.15-16, paras.41-44.

被疑者が逃亡しもしくは証拠を隠滅し、証人に影響を及ぼし、または締約国の管轄から姿を消す可能性が存在する状況においてはこの限りでない」[167]

委員会はまた、「被疑者が**外国人**であるというだけでは、それ自体、被疑者を未決勾留の対象にし続けておくことができるということを意味しない」という見解も示している[168]。さらに、「保釈すれば外国人は自国の管轄から離れるであろうという締約国の憶測だけでは、9条3項に定められた原則に対する例外を正当化することはできない。したがって、被疑者が出国するという懸念を裏づける情報および『なぜ適当な額の保釈金その他の釈放条件を定めることによって対応できなかったのか』に関わる情報が締約国から何ら提供されない場合において」、委員会は9条3項違反を認定している[169]。

＊＊＊＊＊

欧州人権裁判所は、「拘禁継続の〔理由として〕、被疑者が逃亡し、したがってその後裁判のために出頭しないというおそれしか残されていないときは、当該出頭が確保されるという保証が同人から得られる場合は裁判前の釈放が命じられなければならない」と強調している。ただし、そのような保証が与えられると思われるような方法で被疑者が行動しなかった場合であって、さらに当該事件の処理について司法機関を批判することができない場合は、欧州人権裁判所は条約5条3項の違反はなかったとの結論に達した[170]。

刑事上の罪を問われて勾留された者は、妥当な期間内に裁判を受けるか、または裁判まで釈放される権利を有する。**未決勾留の妥当性**は、次のような、特定の事件のあらゆる状況に照らして評価される。
- 犯罪の重大性
- 逃亡のおそれ

---

167 Communication No.526/1993, *M. and B. Hill v. Spain* (Views adopted on 2 April 1997), UN doc. GAOR, A/52/40 (vol.II), p.17, para.12.3.
168 Ibid., loc. cit. 強調引用者。
169 Ibid.
170 *Eur. Court HR, Wemhoff Case v. the Federal Republic of Germany*, judgment of 27 June 1968, Series A, No.7, p.25, para.15.

> - 証人に影響を及ぼすおそれ、および共犯と疑われる被告人同士で口裏合わせが行なわれるおそれ
> - 被勾留者の行動
> - 国内機関の行動
>
> 実行可能な場合には常に、必要であれば被疑者が裁判に出頭することの保証を命ずることによって、裁判前の釈放が認められるべきである。勾留期間全体を通じて、**無罪推定に対する権利**が保障されなければならない。

6. 拘禁の合法性に関する裁判所の決定を速やかにまたは遅滞なく受ける権利

自由権規約9条4項は次のように定める。

「逮捕又は抑留によって自由を奪われた者は、裁判所がその抑留が合法的であるかどうかを*遅滞なく*決定すること及びその抑留が合法的でない場合にはその釈放を命ずることができるように、裁判所において手続をとる権利を有する」

米州人権条約7条6項は次のように定める。

「自由を奪われたいかなる者も、裁判所がその逮捕または拘禁が合法的であるかどうかを*遅滞なく*決定することおよびその逮捕または拘禁が違法であるときはその釈放を命じることができるように、権限のある裁判所に訴える権利を有する。自由を剥奪するおそれがあると信じるいかなる者も、このようなおそれが合法的であるかどうかを決定できるよう権限のある裁判所に訴える権利があると定める法律のある締約国においては、このような救済は制限または廃止されてはならない。関係当事者またはその者を代理する者も、このような救済を求める権利を有する」

欧州人権条約5条4項は次のように定める。

「逮捕または拘禁によって自由を奪われたすべての者は、裁判所がその拘禁が合法的であるかどうかを迅速に決定することおよびその拘禁が合法的でない場合にはその釈放を命ずることができるように、裁判所において手続をとる権利を有する」

＊＊＊＊＊

　注意しなければならないのは、**これらの重要な法的保障は、刑事事件か行政事件かを問わずすべての自由剥奪に適用される**ということである[171]。自由権規約委員会も、徴集兵に科された懲戒罰が「9条4項の適用範囲となる場合がある」として、次のように述べている。

「〔そのような適用範囲となるのは、〕……それが通常の軍務の緊急性を超えて課される制約の形態をとり、かつ当該締約国の軍隊の通常の生活条件から外れている場合である。これに該当するかどうかを判断するためには、当該処罰または措置の性質、期間、効果および実行方法といった一連の要因を考慮にいれなければならない」[172]

ボランヌ事件およびハンメル事件

　9条4項はボランヌ事件で適用された。申立人が昼夜を問わず10日間厳正独居拘禁下に置かれたことは、「それ自体、通常の軍務の枠外にあり、軍隊生活にともなう通常の制約を超えていた」と判断された事件である[173]。この懲戒罰は行政機関によって科されたものではあったが、締約国には「拘禁された者が裁判所に訴える権利を行使できるように」する義務があった。ただし、この事件においては「それが文民裁判所であるか軍事裁判所であるか」は問われないものとされた[174]。追放目的の拘禁が合法的かどうかの判断を求めて裁判所において

171　規約9条4項については一般的意見8(*United Nations Compilation of General Comments*, pp.117-118)参照。
172　Communication No.265/1987, *A. Vuolanne v. Finland* (Views adopted on 7 April 1989), in UN doc. *GAOR*, A/44/40, pp.256-257, para.9.4.
173　Ibid., p.257, para.9.5.
174　Ibid., para.9.6.

手続をとる可能性が申立人に認められなかったハンメル事件においても、同様に、委員会は9条4項違反があったとの結論に達している[175]。

自由剥奪の合法性を争う権利は**効果的に行使**できなければならない。委員会は、自由を奪われた者が厳正独居拘禁下に置かれ、したがって「逮捕および拘禁について争うことが実質的に禁じられた」事件において9条4項違反を認定している[176]。
同様に、申立人が原則的には裁判所に対して人身保護令状を請求することができたものの、拘禁期間全体を通じて法定代理人と連絡がとれなかったことが争われなかった事件においても、委員会は規約9条4項違反を認定した[177]。他方、申立人またはその法定代理人のいずれかが人身保護令状を請求した証拠がなかった事件においては、委員会は、「自己の拘禁が合法的であるかどうか裁判所において遅滞なく審査を受ける機会を〔申立人が〕否定された」と結論づけることはできなかった[178]。
最後に、自由を奪われた者に対して人身保護請求が適用されなかった事件においては、委員会は、申立人らは逮捕・拘禁について争う効果的な救済措置を否定されたとして9条4項違反を認定している[179]。

6.1 この要件を満たす法的手続

上に掲げた条約の規定の文言から、拘禁が合法的であるかどうかは**裁判所**によって決定されなければならないことは明らかである。したがって、たとえば拘禁命令に対する内務大臣への異議申立ては自由権規約9条4項の要件を満たさない。

---

175 Communication No.155/1983, *E. Hammel v. Madagascar* (Views adopted on 3 April 1987), in UN doc. *GAOR*, A/42/40, p.138, para.20.

176 Communication No.84/1981, *H. G. Dermit on behalf of G. I. and H. H. Dermit Barbato* (Views adopted on 21 October 1982), in UN doc. *GAOR*, A/38/40, para.10 at p.133.

177 Communication No.330/1988, *A. Berry v. Jamaica* (Views adopted on 7 April 1994), in UN doc. *GAOR*, A/49/40 (vol. II), pp.26-27, para.11.1.

178 Communication No.373/1989, *L. Stephens v. Jamaica* (Views adopted on 18 October 1995), in UN doc. *GAOR*, A/51/40 (vol.II), p.9, para.9.7.

179 たとえばCommunication No.R.2/9, *E. D. Santullo Valcada* v. Uruguay (Views adopted on 26 October 1979), in UN doc. *GAOR*, A/35/40, p.110, para.12, and Communication No.R.1/4, *W. T. Ramírez v. Uruguay* (Views adopted on 23 July 1980), para.18 at p.126参照。

委員会は、このような異議申立てが「若干の保護措置および拘禁の合法性の審査」を提供していることは認めながらも、9条4項の「要件を満たすものではない」とした。9条4項は次のような性質の規定だからである。

> 「拘禁の合法性が、そのような統制の客観性および独立性がいっそう高まるように裁判所によって判断されるべきことを予定している〔もの〕」[180]

したがって、申立人がフィンランド外国人法にもとづいて警察の命令により拘禁され、7日後に内務大臣による拘禁命令の確認がなされるまで裁判所による審査を受けることができなかった事件において、委員会は、このような遅滞は9条4項の違反であると認定した。同条項によれば、拘禁された者は「裁判所がその抑留が合法的であるかどうかを遅滞なく決定すること及びその抑留が合法的でない場合にはその釈放を命ずることができるように、裁判所において手続をとる」ことができなければならないためである[181]。

A対オーストラリア事件

9条4項の違反は、カンボジア市民がオーストラリアで難民申請を行なったものの、その場合、「裁判所の統制および個人の釈放を命ずる権限は、当該個人が改正移民法にいう『指定対象者』であるかどうか評価することに限られていた」事件においても認定されている。「このような判断の基準が満たされたときは、裁判所は、個人の拘禁継続を審査する権限もその釈放を命ずる権限も有しない」[182]。

しかし委員会は次のような見解を表明している。

> 「9条4項にもとづいて行なわれる裁判所による拘禁の合法性の審査には、釈放を命ずる可能性も含まれていなければならず、また当該拘禁が国内法にした

---

[180] Communication No.291/1988, *M. I. Torres v. Finland* (Views adopted on 2 April 1990), in UN doc. *GAOR*, A/45/40 (vol.II), pp.99-100, para.7.2.
[181] Ibid., at p.100.
[182] Communication No.560/1993, *A. v. Australia* (Views adopted on 3 April 1997), in UN doc. *GAOR*, A/52/40 (vol.II), p.143, para.9.5.

がっているかという点だけには限られない。裁判所による行政拘禁の審査を国内法制度においてどのような手段で確保するかという点には違いがあってよいが、**9条4項の目的に照らして決定的なのは、そのような審査が単に形式的なものに留まらず、その効果において実質的なものであるということである。**

　9条4項は、『抑留が合法的でない場合には』釈放を命ずる権限が裁判所に認められなければならないと規定することによって、当該拘禁が規約9条1項その他の規定の要件と両立しないときには、裁判所に釈放を命ずる権限が認められることを求めている。この結論は9条5項によっても裏づけられるものである。同条項は、国内法の文言または規約にもとづき『合法的でない』拘禁について賠償が与えられるべきことを明示的に定めている」[183]

　この事件においては、利用可能な裁判所の審査は申立人がオーストラリア移民法にいう「指定対象者」であるという「自明の事実の形式的評価に限られていた」ため、委員会は、規約9条4項で保障されているように拘禁について裁判所の審査を受ける申立人の権利が侵害されたと認定した[184]。

＊＊＊＊＊

　米州人権裁判所は一貫して、米州人権条約7条6項についての審査を、司法的保護について定めた25条とあわせて行なっている。25条の規定は次のとおりである。

「1. すべての者は、関係国の憲法もしくは法律またはこの条約が認める基本的権利を侵害する行為に対する保護を求めて、たとえそのような侵害が公務の遂行中に行為する者によって行なわれた場合であっても、簡易かつ速やかな訴えまたは他の何らかの効果的な訴えを、権限のある裁判所に対して行なう権利を有する。
2. 締約国は、次のことを約束する。
　a. 1の救済を求めるすべての者が、その権利について、当該国家の法制が

---

[183] Ibid., pp.143-144, para.9.5. 強調引用者。
[184] Ibid., at p.144.

299

定める権限のある機関による決定を受けることを確保すること。
b. 司法上の救済の可能性を発展させること。
c. このような救済が認められたときは、権限のある機関がそれを執行することを確保すること」

米州人権裁判所は一貫して、「基本的権利を侵害する行為からの保護を提供する権限のある裁判所に対し、簡易かつ速やかな訴えを起こしまたは他の何らかの効果的な救済を求める権利」について次のように述べている。

「〔この権利は、〕米州人権条約のみならず、条約のいう民主的社会における法の支配そのものの基本的柱のひとつである。……25条は、国内法を通じて保護を提供する義務を締約国に課しているという点で、米州条約1条1項に掲げられた一般的義務と密接に関係している」[185]

さらに、

「条約が認める権利の侵害に対する効果的な救済が存在しないことは、それ自体、救済が不在である締約国による条約違反である。その意味で、このような救済が存在すると言うためには、救済が憲法または法律で定められている、もしくは形式的に認められているだけでは不十分なのであって、**人権侵害が行なわれたかどうかを判断し、かつ是正措置をとるにあたって真に効果を発揮しうるものでなければならない**ということを、強調しておかなければならない」[186]

委員会の見解によれば、「このような結論は通常の状況でも例外的状況でも当てはまる」ものであり、このマニュアルの第16章で検討するように、緊急事態

---

185 I-A Court HR, *Castillo Petruzzi et al. Case v. Peru*, judgment of May 30, 1999, in OAS doc. OEA/Ser.L/V/III.47, doc.6, *Annual Report of the Inter-American Court of Human Rights 1999*, p.276, para.184.
186 Ibid., p.277, para.185. 強調引用者。

の宣言が行なわれたときでさえ、「緊急事態による逸脱または停止の対象とならない権利を保護するために条約が締約国に設けるよう求めている司法的保障を廃止し、または実効なからしめること」は許されない[187]。

米州人権裁判所は、カスティージョ・ペトルッチほか事件において、7条6項および25条の違反を認定した。けっきょく「顔のない」軍事裁判所によって反逆罪で有罪判決を受けることとなった申立人らには、司法上の保障に訴える可能性がまったくなかったためである。反逆罪について定めたある政令法は、「反逆罪の嫌疑を受けた者に対し、司法上の保障を求める訴えを起こす権利を否定していた」。もうひとつの政令法は人身保護および保護請求法を改正するものであり、それによって、「人身保護請求は、『申請者の事件が審査段階にあるとき、または救済を求める事実そのものを理由として申請者が裁判にかけられているとき』には認められなかった」[188]。

スアレス・ロゼロ事件においては、米州人権裁判所は、7条6項が定める救済は「効果的なものでなければならない」ことを強調している。「その目的は、……『〔その〕**逮捕または拘禁が合法的であるかどうか**』について遅滞なく決定を受けること、および、合法的でない場合には『〔その〕**釈放命令**』をやはり遅滞なく受けることにあるためである」。裁判所はさらに、「緊急事態におけるヘイビアス・コーパス(人身保護請求)」事件についての勧告的意見から次の部分を援用している。

「『人身保護請求がその目的、すなわち拘禁が合法的であるかどうかについて司法判断を得ることを達成できるようにするためには、**拘禁された者が、自己について管轄権を有する権限のある裁判官または裁判所の面前に連れて来られることが必要である**(強調引用者)。ここでは、その者の生命および身体的不可侵性が尊重されることを確保し、その失踪または所在の秘匿を防止し、かつ拷問または他の残虐な、非人道的なもしくは品位を傷つける処罰もしくは取扱いからその者を保護するうえで、人身保護請求がきわめて重要な役割

187　Ibid., para.186.
188　Ibid., pp.275-276, paras.179-180 and p.277, para.188.

を果たす。……』」[189]

　この事件においては、人身保護請求が最高裁判所長官によって処理されたのは提出から14か月以上経過して後のことであり、したがって、米州条約7条6項および25条に反して、スアレス・ロゼロ氏は「簡易かつ速やかな訴えまたは他の何らかの効果的な訴え」を行なうことができなかったとされた[190]。

　最後に、米州条約7条6項の違反は、ペルー軍が、人身保護請求を認容したリマの最高裁判所公法部の決定を遵守しなかった事件においても認定されている。軍は決定を無視して逮捕を行なったのである[191]。

＊＊＊＊＊

　欧州人権条約5条4項にいう「合法」性の概念は同条「1項と同じ意味」であり、「『逮捕』または『拘禁』を『合法的』と見なすことができるかどうか」という問題は、「国内法のみならず、条約の規定、そこに掲げられた一般的原則および5条1項が認める制限の目的に照らして判断されなければならない」[192]。したがって5条4項は、逮捕・拘禁された者に対し、5条1項に「いう『合法』性にとって不可欠である**手続的および実体的**条件を裁判所が審査することを求めて手続をとる」権利を認めたものである[193]。すなわち、このような審査は「さらに、とくに決定を言渡すためにかかる時間との関係で個人を恣意的対応から保護するという5条の目的にしたがって、行なわれなければ」ならない[194]。

　5条4項はさらに、「留置された者がその拘禁の合法性について争うために**妥当な間隔を置いて**手続をとれなければならないことを求めて」おり、「このような拘禁は厳格に制限された期間で行なわれなければならないという条約の推定にか

189　I-A Court HR, *Suárez Rosero Case v. Ecuador*, judgment of November 12, 1997, in OAS doc. OAS/Ser.L/V/III.39, doc.5, *Annual Report of the Inter-American Court of Human Rights 1997*, p.298, para.63.

190　Ibid., paras.64-66.

191　I-A Court HR, *Cesti Hurtado Case v. Peru*, judgment of September 29, 1999, in OAS doc. OEA/Ser.L/V/III.47, doc.6, *Annual Report of the Inter-American Court of Human Rights 1999*, p.443, para.133. 事実関係の詳細はpp.437-443参照。

192　Eur. Court HR, *Case of Brogan and Others v. the United Kingdom*, judgment of 29 November 1988, Series A, No.145, p.34, para.65.

193　Eur. Court HR, *Case of Assenov and Others v. Bulgaria*, judgment of 28 October 1998, Reports 1998-VIII, p.3302, para.162.

194　Eur. Court HR, *Keus Case v. the Netherlands*, judgment of 25 October 1990, Series A, No.185-C, p.66, para.24. 強調引用者。

んがみれば、……**短期間ごとの定期的審査が求められる**ところである……」[195]。

したがって、ある者が2年間未決勾留下に置かれたが、拘禁継続の合法性を審査する機会は一度しかなく、かつ口頭審理も行なわれなかった事件においては5条4項違反が認定された[196]。他方、北アイルランドの状況に関わるテロ防止(一時的規定)法にもとづき逮捕・拘禁の合法性を争う人身保護請求手続が存在していながら、申立人が当該手続をあえて利用しなかった事件においては、違反は認定されなかった[197]。

武器の平等の原則：欧州人権裁判所の判例によれば、「受刑者が『直接に、または必要であればいずれかの形態の代理人を通して意見を聴取され』うることは、一定の状況においては、『自由剥奪の問題に関して適用される基本的な手続的保障』のひとつである」。「とくに、受刑者の出頭が、条約にしたがって進められる司法手続にとって本質的な主たる保護のひとつである**武器の平等**の尊重を確保する手段として見なされうるときは、これが該当する」[198]。したがって、武器の平等を確保するためには、「申立人が検察官の主張に答えられるよう、検察官と同時に出頭する機会を与えることが必要と」なる場合があり、そのような対応がとられなかった事件では5条4項違反が認定された[199]。同様に、5条4項においては、「収監の実体的条件が問題となっており、かつ、申立人の危険性について決定するにあたって〔その〕人格および成熟度が重要である場合には」、「弁護人が参加する対審手続を背景とする口頭審理、ならびに、証人を召喚および尋問する可能性」も必要とされる[200]。

申立人の弁護人が、「裁判所による法律の解釈にしたがって」収容から30日以内に、「一件書類、およびとくに調査担当裁判官および……警察が作成した報告書

---

[195] *Eur. Court HR, Case of Assenov and Others v. Bulgaria*, judgment of 28 October 1998, Reports 1998-VIII, p.3302, para.162. 強調引用者。

[196] Ibid., p.3303, para.165.

[197] *Eur. Court HR, Case of Brogan and Others v. the United Kingdom*, judgment of 29 November 1988, Series A, No.145, pp.34-35, paras.63-65.

[198] *Eur. Court HR, Case of Kampanis v. Greece*, judgment of 13 July 1995, Series A, No.318-B, p.45, para.47. 強調引用者。

[199] Ibid., p.48, para.58.

[200] *Eur. Court HR, Case of Hussain v. the United Kingdom*, judgment of 21 February 1996, Reports 1996-I, p.271, paras.59-60. ただし欧州人権裁判所は、意見書の提出が、申立人が対審手続から利益を得るための「適切な手段」となりえたことも認めている。*Eur. Court HR, Sanchez-Reisse Case v. Switzerland*, judgment of 21 October 1986, Series A, No.107, p.19, para.51参照。この事件では5条4項違反が認定された。

の内容をいっさい閲覧することができなかった」事件において、欧州人権裁判所は、この手続では「武器の平等が確保されておら」ず、したがって「真に対審的」ではなかったとの結論に達した。「勅命弁護人は一件書類全体の内容を承知していたが、当該手続においては、申立人に対し、留置を正当化する根拠とされた理由に適切な形で異議を申立てる機会が与えられなかった」とされたのである[201]。

5条4項は、「釈放申請の審査のために上訴管轄を設けるよう締約国に強制するものではない」が、このような管轄がすでに設けられている場合、当該国は「原則として、被拘禁者に対して上訴の段階においても第1審と同じ保障を与え」、被拘禁者に「真に対審的な」手続も保障しなければならない[202]。

手続的要件の違い：5条4項の要件は、5条1項(a)〜(f)にもとづく具体的根拠のいずれをもとにして拘禁されたかによって若干変わってくる場合がある。たとえば、自由剥奪に関する決定が**行政機関**によって行なわれた場合には、その後、被拘禁者には「当該決定が合法的であるかどうかを裁判所によって審査される権利」が認められる[203]のに対し、たとえば5条1項(a)にしたがって「権限のある裁判所による有罪の判決」の後に収監刑が科された場合のように、「自由剥奪の決定が裁判手続の終了時に裁判所によって行なわれたときは、〔5条4項で求められる審査は〕当該決定のなかに組みこまれている」とされる[204]。

拘禁の合法性の定期的審査：しかし、欧州人権裁判所が指摘するように、5条4項によって「拘禁の合法性を裁判所がその後も審査できることが求められる場合がある」。たとえば、5条1項(e)にいう精神的に問題を有する者の拘禁のように、「当初は収容を正当化する根拠となった理由が存在しなくなる可能性がある場合」がそれである。欧州人権裁判所の見解によれば、「最初の決定が裁判所によって言渡されたことを条件とするだけで、この種の収容の合法性をその後審査することは免除されると……5条4項を解釈することは、同条の趣旨および目的に反するものとなろう」[205]。

---

201 *Eur. Court HR, Lamy Case v. Belgium, judgment of 30 March 1989, Series A, No.151*, pp.16-17, para.29.
202 *Eur. Court HR, Case of Toth v. Austria, judgment of 12 December 1991, Series A, No.224*, p.23, para.84.
203 *Eur. Court HR, Luberti Case v. Italy, judgment of 23 February 1984, Series A, No.75*, p.15, para.31.
204 *Eur. Court HR, Case of Iribarne Pérez v. France, judgment of 24 October 1995, Series A, No.325-C*, p.63, para.30.
205 Ibid., loc. cit.

欧州人権裁判所の説示によれば、同じ原則は、「1項(a)にいう『権限のある裁判所による有罪の判決の後にする』拘禁についても、いくつかの特定の状況のみにおいてではあるが、適用される」。その状況とはたとえば次のようなものである。

◎ 「ベルギーにおける、犯罪を繰り返す者の政府の判断による措置」
◎ 「英国における、『不定期の』または『裁量による』終身刑を言渡された者の拘禁継続」
◎ 「ノルウェーにおける、精神的能力が未発達でありかつ恒久的に損なわれている者の、安全上の理由による拘禁」[206]

したがって、とくにこのような状況においては、自由を奪われた者は定期的間隔を置いて、その拘禁が合法的であるかどうか、裁判所の審査を受けることができなければならない。

精神的に問題を有する者が「期間を定めずまたは長期間精神科施設に強制的に収容されている」場合にも、「原則として、いずれにしても司法的性質の定期的審査が自動的に行なわれないときは、当該拘禁が民事裁判所もしくは刑事裁判所またはその他の機関のいずれによって命じられたかに関わらず、その拘禁が──……条約のいう意味で──『合法的』であるかどうか争うため、裁判所において妥当な間隔を置いて手続をとる権利」が認められる[207]。ただし、このような審査は、「とくに当初は拘禁を正当化する根拠とすることができた理由が存在しなくなる場合もあるので、条約にしたがえば精神的問題を理由に人を拘禁することが『合法的』であるために必要不可欠な条件が対象とされるよう、幅広いもの」であるべきとされる[208]。

精神保健上の理由による拘禁：X対英国事件

X対英国事件においては5条4項違反が認定された。人身保護請求手続が存在するとはいえ、「当該患者の障害が依然として残っているかどうか、および、公衆の安全の利益にとって強制収容の継続が必要であるかどうか検討する権利が内務

---

206 Ibid.
207 *Eur. Court HR, Case of X. v. the United Kingdom, judgment of 5 November 1981, Series A, No.46*, para.52 at p.23.
208 Ibid., p.25, para.58.

大臣に認められるかどうか、裁判所が審査できるようにするための適切な手続」が存在しなかったためである[209]。申立人が精神病院に再入院するよう命ずる行政裁量が内務大臣に認められている以上、人身保護請求手続で国内裁判所が行なう審査は、「当該裁量の行使が根拠法を遵守するものであったか」という点にしか及ばなかった[210]。

教育上の監督のための少年の拘禁：ブアマール事件

　教育上の監督の目的のために少年が自由を剥奪されて留置刑務所に措置された事件において、欧州人権裁判所は、少年裁判所が「組織的観点から『裁判所』であることには疑いがない」ことを認めた。ただし、「この種の単一の機関による介入が5条4項の要件を満たすのは、『とられた手続が司法的性格を有するものであり、かつ、このような種類の自由剥奪にふさわしい保障が当該個人に認められる』という条件が満たされた場合のみである」ことも強調している[211]。手続において十分な保障が存在したかどうか判断するにあたって、欧州人権裁判所は、「当該手続がとられた状況に固有の性質」を考慮しなければならないとされる[212]。

　5条4項にもとづく義務の適用範囲が「すべての種類の自由剥奪のあらゆる状況において同じというわけではない」ことをあらためて述べながらも、欧州人権裁判所は、未成年者が関わっている「この種の事件においては」、「当該個人に対して直接意見を聴取する機会が与えられるのみならず、その弁護士による効果的〔援助〕が得られるようにすることも必要不可欠である」とした。この事件においては、申立人が裁判所に直接出頭したのは1回のみであり、弁護士はだれも当該手続に出席せず、したがって「当時きわめて若かった」申立人には「必要な保護」が与えられなかったとされる[213]。さらに、上訴を含むその後の手続にも同様の瑕疵があり、通常の上訴も法的論点に関する上訴も「実際上の効

---

209 Ibid., loc. cit.
210 Ibid., p.24, para.56.
211 *Eur. Court HR, Bouamar Case, judgment of 29 February 1988, Series A, No.129*, p.23, para.57.
212 Ibid., loc. cit.
213 Ibid., p.24, para.60.

果を発揮しなかった」ことから、5条4項の条件を満たす救済措置も利用不可能であった。したがって条約5条4項の違反があったとされたものである[214]。

6.2 「迅速に」および「遅滞なく」の概念

自由権規約委員会は、「原則として、いかなる裁判所による事件の裁決も可能なかぎり迅速に行なわれなければならない」ことを強調してきた。ただし、このことは、「判決言渡しの期限を厳密に定め、それが遵守されなければ必然的に決定が『遅滞なく』行なわれなかったという結論を正当化する」ような状況を求めるものではない[215]。他方で、「決定が遅滞なく行なわれたかどうかという問題は個別事案ごとに評価されなければならない」[216]。しかし委員会は、判決言渡しまでに3か月かかった理由が不明であった事件において、規約9条4項にもとづく認定は行なわないと決定している[217]。委員会は、同じ事件において、犯罪人引渡し法にもとづく同じ申立人の拘禁が2週間ごとにヘルシンキ市裁判所によって審査されたことは、規約9条4項の要件を満たしていたと判断した[218]。

＊＊＊＊＊

欧州人権裁判所の判例によれば、欧州人権条約5条4項は被拘禁者に対し、「妥当な間隔」を置いた後に、拘禁継続が合法的であるかどうかについての決定が「裁判所」によって「迅速に」行なわれるよう手続をとる権利を認めている[219]。欧州人権裁判所の見解によれば次のとおりである。

> 「留置の性質上、審査の間隔は短いことが求められる。条約においては、留置は、その存在理由が迅速に進められるべき捜査の必要性と本質的に関係しているゆえに、厳格に制限された期間で行なわれることが予定されているの

---

214 Ibid., pp.24-25, paras.61-64.
215 Communication No.291/1988, *M. I. Torres v. Finland* (Views adopted on 2 April 1990), in UN doc. *GAOR*, A/45/40 (vol.II), p.100, para.7.3.
216 Ibid., loc. cit.
217 Ibid.
218 Ibid., p.100, para.7.4.
219 *Eur. Court HR, Case of Bezicheri v. Italy*, judgment of 25 October 1989, Series A, No.164, p.10, para.20.

である(5条3項)」[220]

　ベッツィチェリ事件においては、1か月という間隔は「不合理」であるとは見なされなかった[221]。申立人が申請を行なってから調査担当裁判官がそれを却下するまでにおよそ*5か月半*が経過した事件においては、欧州人権裁判所は「迅速に」の文言が遵守されなかったとの結論に達している。さらに、当時裁判官の業務負担が重かったという主張は関連性が認められないとされた。「条約は、締約国に対し、裁判所が条約のさまざまな条件を遵守できるような形で法制度を組織することを求めている」ためである[222]。

　同じ主張は、とくに、手続の開始から判決の言渡しまでにおよそ2か月が経過した事件においても援用された。この遅滞は、部分的には、休暇期間を理由とする事務的問題によって生じたものである。しかし、上述の理由に加え、欧州人権裁判所は次のことも強調した。

「たとえ休暇期間中であっても、緊急事態が迅速に対応されるようにするために必要な事務的体制を整えることは司法機関の責任であり、このことは、個人の身体の自由が問題とされているときはとりわけ必要となる。このための適切な体制は、本事件の状況においては整えられていなかったように思われる」[223]

　司法審査申請の提出から5週間が経過し、かつ判決の起案にさらに3週間が必要とされたことは、5条4項における「迅速」性の概念に一致しておらず、したがって同条項の違反があったとされた[224]。

220　Ibid., para.21 at p.11.
221　Ibid., loc. cit.
222　Ibid., p.12, paras.22-26.
223　*Eur. Court HR, Case of E. v. Norway*, judgment of 29 August 1990, Series A, No.181, p.28, para.66.
224　Ibid., p.28, paras.65-67.

自由を奪われたすべての者には、裁判所がその拘禁が合法的であるかどうかを**遅滞なく／迅速**に決定し、その拘禁が合法的でない場合にはその釈放を命ずることができるように、裁判所においてその逮捕または拘禁の合法性を争う権利がある。この権利は、**行政拘禁**を含むすべての形態の自由剥奪に適用される。被拘禁者はこのような司法的救済を**効果的に利用**できなければならない。**厳正独居拘禁**は、裁判所においてその拘禁の合法性を争う権利を被拘禁者に対して否定する正当な根拠とはならない。拘禁が合法的であるかどうかは**独立**のかつ**公平な裁判所**によって判断されなければならない。政府省庁に対する異議申立ては、自由剥奪の合法性を争うという目的にとって十分な救済措置ではない。裁判所は、自由剥奪の**手続的・実体的**根拠をともに審査し、かつ、自由剥奪が違法である場合は拘束力のある命令をもって被拘禁者の釈放を命ずる権限を有していなければならない。自由を奪われたすべての者には、自由剥奪の理由が依然として正当であるかどうか確認する目的で、拘禁継続が合法的であるかどうかについて**定期的審査**を受ける権利がある。この規則に対する例外は、権限のある裁判所が言渡した刑事上の有罪判決にしたがって行なわれる拘禁である。被拘禁者には、弁護士にアクセスすること、および、自己の主張を行なうために検察官その他の機関と対等な立場で裁判所に出頭することが認められなければならない。この権利には、被拘禁者に対しては自己の事件に関わるすべての関連情報へのアクセスが認められなければならないということも含まれる(**武器の平等**)。裁判所は**遅滞なく／迅速**に、すなわち可能なかぎり速やかに行動しなければならない。何が「遅滞なく」または「迅速に」に当たるかは、各事件の状況によって異なる。不合理なほどの遅滞があってはならず、また資源の欠如や休暇期間は遅滞を正当化する理由として受け入れられない。

7. 弁護士にアクセスする権利および弁護士の援助を受ける権利

あらゆる形態の拘禁または収監のもとにあるすべての者の保護のための原則の原則11(1)が定めるように、「被拘禁者は、自ら防御する権利または法律によって定められた弁護人の援助を受ける権利を有する」。この権利は、もちろん、欧州人権条約5条4項との関連で上述した**武器の平等**の原則から当然に派生するものである。

＊＊＊＊＊

申立人が1984年12月から1985年3月まで弁護士代理人にアクセスできなかった事件において、自由権規約委員会は、規約9条4項の違反があったと認定した。「申立人には、その拘禁の合法性に関する裁判所の決定を自らの発意で受ける機会が適時に与えられなかった」ためである[225]。同条項の違反は、申立人が2か月半の間、弁護士代理人にアクセスできなかった事件でも認定されている[226]。自己の選択になる弁護人であれ公選弁護人であれ弁護士にアクセスすることができないという要素は、委員会がウォルフ事件で9条3項違反を認定したさいの決定でも考慮された。これは、申立人が、裁判官または司法権を行使することが法律によって認められている他の官憲の面前に速やかに連れて行かれなかったことを理由として規約違反が認定された事件である[227]。

ただし、たとえば拘禁中に弁護士にアクセスすることを否定されたという訴えには補強証拠がなければならない。申立人が、拘禁されてから1年の間に弁護士による代理を求め、かつその要請が拒否されたことを証明せず、かつ予備審問においても弁護士による代理がなかったと主張しなかった事件において、委員会はその主張を不受理としている[228]。

---

225 Communication No.248/1987, *G. Campbell v. Jamaica* (Views adopted on 30 March 1992), in UN doc. *GAOR*, A/47/40, p.246, para.6.4.

226 Communication No.330/1988, *A. Berry v. Jamaica* (Views adopted on 7 April 1994), in UN doc. *GAOR*, A/49/40 (vol.II), p.26, para.11.1.

227 Communication No.289/1988, *D. Wolf v. Panama* (Views adopted on 26 March 1992), in UN doc. *GAOR*, A/47/40, p.289, para.6.2.

228 Communication No.732/1997, *B. Whyte v. Jamaica* (Views adopted on 27 th July 1998), in UN doc. *GAOR*, A/53/40 (vol.II), p.200, para.7.4.

法的援助に対する権利については、第6章「公正な裁判に対する権利Ⅰ：捜査から裁判まで」でさらに詳しく取扱う。

> 被拘禁者には、その拘禁の合法性を確認するためにとられる手続との関係で、弁護士と協議し、かつその援助を受ける権利がある。

8. 違法な自由剥奪の場合に賠償を受ける権利

自由権規約9条5項は、「違法に逮捕され又は抑留された者は、賠償を受ける権利を有する」と定めており、この規定はあらゆる違法なまたは恣意的な逮捕・拘禁に適用される[229]。欧州人権条約5条5項は、「この条の規定に違反して逮捕または拘禁された被害者であるすべての者は、賠償を受ける執行可能な権利を有する」と定めている。

* * * * *

自由権規約委員会は、申立人が規約9条1項に違反して恣意的に逮捕・拘禁されたモニャ・ヤオナ事件において、締約国には「モニャ・ヤオナが受けた侵害を救済するために効果的な措置をとり、9条5項にもとづいて……その恣意的逮捕および拘禁に対する賠償を同人に行ない、かつ、同様の違反が今後起こらないようにするための措置をとる義務がある」と明示的に強調している[230]。

* * * * *

欧州人権条約5条5項については次のとおりである。

> 「〔同条項が〕遵守されていると見なされるのは、1項、2項、3項および4項に違反する条件で行なわれた自由剥奪に関して賠償を求めることができる場合である。締約国が、違反から生じた損害を当事者が証明しえた場合に賠償を与えることとするのは禁じられていない。……『被害者』としての地位は何

---

229 一般的意見8(16)パラ1およびパラ4(UN doc. *GAOR*, A/37/40, p.95 and p.96)参照。
230 Communication No.132/1982, *Monja Jaona v. Madagascar* (Views adopted on 1 April 1985), in UN doc. GAOR, A/40/40, p.186, para.16.

ら損害がない場合でも生じうるが、賠償の対象となる金銭的または非金銭的被害がない場合には『賠償』の問題は生じえない」[231]

ただし、申立人の逮捕・拘禁が国内法では合法的に、しかし規約5条には違反して行なわれた場合には、国内裁判所で賠償を求める執行可能な権利が認められないかぎり5条5項の違反とされている[232]。

> すべての者は、国際法および(または)国内法違反を理由とする違法な自由剥奪について賠償を受ける権利を有する。このような賠償は、被害が立証された場合に与えるものとすることができる。

9. 厳正独居拘禁

自由を奪われた者の取扱いについては、家族にアクセスする権利および独房への収容といった問題を含めて第8章で取り上げる。ただし、ここではある特定の問題、すなわち厳正独居拘禁の問題について焦点を当てる価値はある。厳正独居拘禁、すなわち被拘禁者を外界からいっさい隔離し、家族や弁護士に対するアクセスさえ認めないという慣行は、それ自体、国際人権法で違法とされてはいない。ただし自由権規約委員会は、規約7条に関する一般的意見20において、「厳正独居拘禁を……禁ずる定めが置かれるべきである」と述べている[233]。

いずれにせよこれまでの司法判断から明らかなのは、厳正独居拘禁によって、自由を奪われた者の法的保障の効果的執行が妨げられてはならないということである。申立人らが収容されてから44日間厳正独居拘禁の状態に置かれた事件において、委員会は、規約9条3項および10条1項の両方の違反があったと認定した。申立人らは、裁判官の面前に速やかに、かつ厳正独居拘禁を理由として、連れて行かれなかったためである[234]。

---

231 *Eur. Court HR, Wassink Case v. the Netherlands*, judgment of 27 September 1990, Series A, No.185-A, p.14, para.38.
232 *Eur. Court HR, Case of Brogan and Others v. the United Kingdom*, judgment of 29 November 1988, Series A, No.145-B, p.35, paras.66-67.
233 *United Nations Compilation of General Comments*, p.139 at p.140, para.11.

逮捕・拘禁された人々が拷問その他の不当な取扱いを受け、さらには自由剥奪から数時間・数日間に失踪したり殺されたりする危険がとくに高いことを踏まえれば、そもそも厳正独居拘禁を合法的と認めるべきかという問題が生ずるところである。

> 短期の厳正独居拘禁、すなわち家族および弁護士を含む外界から短期間完全に隔離する形での自由剥奪は、それ自体としては国際人権法で違法とはされていないように思われる。しかし、逮捕・拘禁された者としての権利を被拘禁者が行使するのを妨げるために厳正独居拘禁が用いられてはならない。

10. おわりに

本章では、逮捕・拘禁という手段を用いる国の権限を規制する国際法上の基本的な規則と、違法なおよび恣意的な自由剥奪を防止するために設けられている法的保障について説明してきた。一般的に言って、これらの規則を遵守することは法の支配によって規律される民主的社会の必須条件であり、個人のレベルで言えば、これらの規則を遵守することは、とくに身体的・精神的不可侵性に対する権利を含む一人ひとりの権利および自由の尊重を確保するうえで不可欠な条件である。身体の自由および安全に対するすべての者の権利を常に効果的に保障することで、国は、それなしでは人権の全面的享受も望めない国内の安全も促進することになる。

---

234 Communication No.176/1984, *L. Peñarrieta et al. v. Bolivia* (Views adopted on 2 November 1987), in UN doc. *GAOR*, A/43/40, p. 207, para.16.

第6章

公正な裁判に対する権利Ⅰ：捜査から裁判まで

第6章 公正な裁判に対する権利Ⅰ：捜査から裁判まで

第6章
公正な裁判に対する権利Ⅰ：
捜査から裁判まで

学習の目的
- 刑事捜査のさいに保障されなければならない個人の権利に関わる主な国際法上の規則のいくつかについて、また国際的監視機関によるこれらの規則の適用について、講座の参加者が習熟できるようにすること。
- 法の支配を基礎とする社会においてさまざまな人権を保護するためにこれらの法的規則を適用することがいかに重要かについて、参加者の感性を高めること。
- 刑事捜査中の個人の権利を含む法の支配を執行するうえで自分たちが果たしている基本的な役割について、参加している裁判官・検察官・弁護士の意識を喚起すること。
- 公平な裁判の規則の執行は、広義の人権の保護の増進に寄与するだけではなく、経済的投資の奨励や国内的・国際的平和および安全の促進にも寄与することについて、意識を喚起すること。

設問
- あなたは、刑事捜査に関わる国際法上の規則および司法判断についてすでによく知っているか。
- これらの規則は、ひょっとして、すでにあなたが活動している国内法制の一部にさえなっているか。
- なっているとすれば、これらの規則の法的地位はどのようなものか、またあなたはそれらを適用できたことがあるか。
- 自らの経験に照らし、裁判前の段階で人権を確保することに関して特段の懸念を有しているか、または何らかの具体的問題を経験したことがあるか。
- そうだとすれば、その懸念または問題とはどのようなものか。また、あなたが活動している国の法制上の枠組みを踏まえて、それにどのように対応したか。
- この講座のなかで、ファシリテーター／トレーナーにとくに取り上げてもらいたい問題はどれか。

関連の法的文書
国際文書
- 世界人権宣言(1948年)
- 市民的及び政治的権利に関する国際規約(自由権規約、1966年)
- 拷問及び他の残虐な、非人道的な又は品位を傷つける取扱い又は刑罰を禁止する条約(拷問等禁止条約、1984年)
- 国際刑事裁判所規程(1998年)

* * * * *

- 法執行官行動綱領(1979年)
- あらゆる形態の拘禁または収監のもとにあるすべての者の保護のための原則(1988年)
- 被拘禁者の取扱いに関する最低基準規則(1955年)
- 検察官の役割に関する指針(1990年)
- 弁護士の役割に関する基本原則(1990年)
- 旧ユーゴスラビア国際刑事裁判所およびルワンダ国際刑事裁判所の手続規則

* * * * *

地域文書
- 人および人民の権利に関するアフリカ憲章(アフリカ人権憲章、1981年)
- 米州人権条約(1969年)
- 欧州人権条約(1950年)

1. はじめに

本章ではまず、民事手続・刑事手続のあり方をその最初の段階から決定する何よりも重要な原則である**法律の前における平等**の原則と、刑事手続との関係で基本的重要性を有する**無罪推定**の原則について取り上げる。このようにこれらの概念は第7章とも同様に関連するが、第7章で繰り返すことはしない。本章では次に、刑事捜査から裁判の開始時点までの段階に関わる人権のいくつかについて、それが適用される場面を具体的に検討する。ただし、少年司法の運営の問題は第10章で具体的に取扱うことに留意しておかなければならない。

ここで強調しておかなければならないのは、本章では裁判前の段階で保障されるべき権利を網羅的に取り上げるのではなく、刑事捜査との関連でとくに重要と思われるいくつかの人権に焦点を当てるだけだということである[1]。これらの権利のなかには裁判段階でもきわめて重要なものがあり、第7章でもあらためて検討する。次章よりも本章で取り上げることにした論点の選択は、犯罪活動の捜査、および、有罪かどうかの判断のためにその後行なわれうる裁判との関係で通常生じる出来事の時系列を踏まえ、実務的観点から行なったものである。裁判前と裁判段階のそれぞれで享受されるべき権利は密接に関係しているので若干の重複は避けられないが、重複は可能なかぎり最低限に留めた。

2. 裁判に対する権利の効果的保護：世界的課題

すべての者には、民事事件においても刑事事件においても公正な裁判を受ける権利があり、あらゆる人権を効果的に保護できるかどうかは、正義を公正に行なう能力と意思を備えた、権限のある、独立のかつ公平な裁判所をいつでも実際に利用できるかどうかに、かなりの程度左右される。これに加えて、検察官と弁護士は、公正な裁判に対する権利の実現のためにそれぞれの担当分野で有益な役割を果たすのであり、法の支配を尊重する民主的社会の法的柱を構成している。

---

[1] 捜査および裁判のあらゆる段階に関連する規則をまとめた重要な資料として、*Amnesty International Fair Trial Manual*, London, 1998, 187pp参照。

しかし、公正な裁判手続を確保することのできる独立のかつ公平な司法部は、自然人の権利および利益にとって重要であるというだけではなく、経済的活動体を含む他の法人にとっても同様に必要不可欠である。これらの法人も、小規模な企業か大企業かを問わず、とくにさまざまな紛争をかたづけるために裁判所に頼ることが多い。さらに、権利を侵害された者または法人が裁判所に自由にアクセスして権利を主張できる国のほうが、社会的緊張に対してより容易に対応でき、自分が法律であるかのように行動しようという誘惑もいっそう遠ざかることは、疑いの余地がない事実である。裁判所は、このような形で社会的緊張の緩和に寄与することにより、国内のみならず国際的レベルでの安全をも増進することに寄与する。国内的緊張は、しばしば国境を越えて波及効果を及ぼすことが多いからである。

それでも、国際的監視機関の司法判断を一瞥すれば明らかなように、公正な裁判に対する権利は世界中でしばしば侵害されている。実際、たとえば自由権規約の選択議定書にもとづいて自由権規約委員会が扱う事件の圧倒的多数は、裁判前または裁判段階で保障されるべき権利が侵害されたという訴えである。以下、関連の法的規則の説明に加えて、国際的に積み重ねられてきた司法判断のうちもっとも関連性が高い側面について簡単に述べる。

3. 法規定

公正な裁判に関する基本的な法規定は、自由権規約14条、アフリカ人権憲章7条、米州人権条約8条および欧州人権条約6条である。以下、これらの条項の関連規定について適当な見出しのもとで扱っていく。条文全文は資料として配布される〔邦訳では省略〕。

これらに加えて以下で参照する諸規則は、とくに次の国連文書に掲げられている。すなわち、拷問等禁止条約、世界人権宣言、法執行官行動綱領、あらゆる形態の拘禁または収監のもとにあるすべての者の保護のための原則、被拘禁者の取扱いに関する最低基準規則、検察官の役割に関する指針および弁護士の役割に関する基本原則、旧ユーゴスラビア国際刑事裁判所およびルワンダ国際刑事裁判所の手続規則、ならびに国際刑事裁判所規程である。

4. 法律の前における平等および法律による平等な取扱いに対する権利

　法律の前における平等および法律による平等な取扱いに対する権利、換言すれば差別の禁止の原則は、厳密な意味での人権法だけではなく国際人道法の解釈・適用のあり方も規律するものである[2]。たとえば自由権規約26条は、「すべての者は、法律の前に平等であり、いかなる差別もなしに法律による平等の保護を受ける権利を有する」と定めている。同様の規定は、アフリカ人権憲章3条および米州人権条約24条にも掲げられているところである。さらに、ルワンダ国際刑事裁判所規程20条1項と旧ユーゴスラビア国際刑事裁判所規程21条1項は、「すべての者は、〔これらの裁判所〕の前に平等とする」と定めている。

　他方、平等の原則ないし差別の禁止は、すべての区別が禁じられることを意味するものではない。この点について自由権規約委員会は、人々または人々の集団の間で異なる取扱いをする場合は「合理的かつ客観的な基準にもとづかなければならない」と指摘している[3]。しかし、平等の原則および差別の禁止の解釈については第13章で詳しく取り上げる。

　裁判所の前における平等への具体的権利は公正な裁判に対する権利を通底する基本的原則であり、自由権規約14条でも明示的に、「すべての者は、裁判所の前に平等とする」と述べられているところである[4]。公正な裁判に関する地域条約の対応条項には掲げられていないものの、裁判所の前における平等への権利は、これらの条項で保護されている一般平等原則に包含されている。

2　たとえば世界人権宣言1条、2条および7条、自由権規約2条1項・3項、4条1項および26条、社会権規約2条2項、アフリカ人権憲章2条、3条、18条3項および28条、米州人権条約1条、24条および27条1項、欧州人権条約14条、女子差別撤廃条約(1979年)2条および15条、児童の権利条約(1989年)2条、ならびに人種差別撤廃条約(1966年)参照。1949年の4つのジュネーブ諸条約のなかでは、戦時における文民の保護に関するジュネーブ条約3条および27条、国際的武力紛争の犠牲者の保護に関し、1949年のジュネーブ諸条約に追加される1977年の議定書(第1追加議定書)9条1項および75条1項、ならびに非国際的武力紛争の犠牲者の保護に関し、1949年のジュネーブ諸条約に追加される1977年の議定書(第2追加議定書)2条1項および4条1項参照。

3　Communication No.694/1996, *Waldman v. Canada* (Views adopted on 3 November 1999), in UN doc. *GAOR*, A/55/40 (vol.II), pp.97-98, para.10.6.

4　このほか、「裁判所その他のすべての裁判及び審判を行う機関の前での平等な取扱いについての権利」について定めた人種差別撤廃条約(1966年)5条(a)、「すべての者は、国際裁判所の前に平等とする」と定めた旧ユーゴスラビア国際刑事裁判所規程21条1項、ルワンダ国際刑事裁判所規程20条1項、および国際刑事裁判所規程67条1項も参照。

裁判所の前における平等の原則は、**第1に**、たとえばある者のジェンダー、人種、出身または経済的状態に関わらず、**裁判所に出頭するすべての者は、手続の過程においても法律を適用される方法においても差別されない権利を有する**ということを意味する。さらに、個人に向けられた嫌疑が微罪であっても重大犯罪であっても、諸権利はすべての者に対して平等に保障されなければならない。**第2に**、平等の原則は、**すべての者は裁判所に平等にアクセスできなければならない**ということを意味する。

裁判所への平等なアクセス：オロ・バハモンド事件

　平等の原則は、自由権規約14条1項にもとづいて審査されたオロ・バハモンド事件で最大の争点となった。申立人の主張は、政府機関により行なわれたとされる迫害について国内裁判所で救済を得ようと試みたものの、うまくいかなかったというものである。委員会はこの点について次のような所見を述べている。

> 「……裁判所の前における平等の概念には裁判所へのアクセスそのものが含まれており、自己の訴えに関して権限のある管轄裁判所に対応してもらおうとする個人の試みが制度的に阻まれる状況は14条1項の保障に反する〔と考える〕」[5]

　裁判所への女性による平等なアクセス：平等に対する権利のもうひとつの本質的側面は、**女性がその権利を効果的に主張できるよう裁判所に平等にアクセスできなければならない**ということである。この基本的規則については2つの重要な事件でうまく説明されている。第1に、自己が所有する2軒のアパートの賃貸人を訴える権利が女性に認められなかった事件において、自由権規約委員会は、規約3条、14条1項および26条の違反を認定した。ペルー民法によれば、裁判所の前で婚姻財産に関わる主張を行なう権利は婚姻した女性ではなく夫にしか認められておらず、このような状態は国際人権法に反するとされたのである[6]。第2

---

[5] Communication No.468/1991, *A. N. Olò Bahamonde v. Equatorial Guinea* (Views adopted on 20 October 1993), UN doc. *GAOR*, A/49/40 (vol.II), p.187, para.9.4.

に、訴訟費用があまりにも高すぎることにより女性が夫からの裁判離婚を求めて裁判所にアクセスすることができず、かつこの複雑な手続に関して法律扶助も利用することができなかった事件において、欧州人権裁判所は欧州人権条約6条1項の違反を認定している[7]。

裁判所にアクセスする女性の権利については第11章でさらに詳しく取り上げるが、これらの例は、平等の原則によって保障される保護がいかに幅広いかを示すものである。

> 平等の原則は裁判前および裁判の全段階を通じて保障されなければならない。すなわち、すべての被疑者または被告人は、捜査もしくは裁判が行なわれる方法または自己に法律が適用される方法について差別されない権利を有する。平等の原則はまた、すべての人間は自己の権利を主張するために裁判所に平等にアクセスできなければならないということを意味する。とくに女性は、自己の権利を効果的に主張できるよう、男性と平等に裁判所にアクセスすることができなければならない。

5. 無罪と推定される権利：嫌疑から有罪判決または無罪決定に至るまでの全般的保障

有罪が証明されるまで無罪と推定される権利は、刑事捜査から裁判手続の期間全体を通じて(最終段階の上訴が終了する時点までを含む)被疑者・被告人がどのように取扱われなければならないかを規律する、もうひとつの原則である。自由権規約14条2項は、「刑事上の罪に問われているすべての者は、法律に基づいて有罪とされるまでは、無罪と推定される権利を有する」と定める。アフリカ人権憲章7条1項(b)、米州人権条約8条2項および欧州人権条約6条2項でも無罪の推定に対する権利が保障されており、また世界人権宣言11条1項は、「犯罪の訴追を受け

6　Communication No.202/1986, *G. Ato del Avellanal v. Peru* (Views adopted on 28 October 1988), UN doc. *GAOR*, A/44/40, pp.198-199, paras.10.1-12.
7　*Eur. Court HR, Airey Case v. Ireland*, judgment of 9 October 1979, Series A, No.32, pp.11-16, paras.20-28.

た」すべての者に対し、「自己の弁護に必要なすべての保障を与えられた公開の裁判において法律に従つて有罪の立証があるまで」同じ権利を保障している。より最近では、無罪の推定の原則はとくにルワンダ国際刑事裁判所規程20条3項、旧ユーゴスラビア国際刑事裁判所規程21条3項および国際刑事裁判所規程66条1項に掲げられた。

＊＊＊＊＊

　自由権規約委員会が一般的意見13で述べているように、無罪の推定の原則は次のことを意味する。

> 「容疑の立証責任は検察にあり、疑わしきは被告人の利益とされる。合理的な疑いを超えて容疑が立証されるまでは、いかなる有罪も推定されてはならない。無罪の推定はさらに、この原則にしたがって取扱われる権利も含意する。したがって、裁判の結果を早計に判断しないようにするのはすべての公的機関の義務である」[8]

　公的機関による公の場での不利益な発言：グリディン事件において、公的機関は、被疑者の無罪の推定を維持するために自由権規約14条2項で求められている抑制にしたがわなかった。申立人はとくに、上級法執行官が、申立人が強姦・殺人で有罪であるかのように公の場で発言したこと、および、これらの発言がメディアで広く報じられたことを訴えていた。委員会は、最高裁判所が「申立人の上訴を審理したさい、この問題に言及はしたものの、具体的に取り上げることはしなかった」ことに留意した[9]。したがって規約14条2項違反が認定されたものである。

　匿名の裁判官：規約14条2項で保障された無罪推定に対する権利は、ポレー・カンポス事件においても侵害されたとされた。被害者が、匿名である「顔のない裁判官」によって構成され、独立のかつ公平な裁判所ではない特別裁判所で

8　一般的意見13(14条)パラ7(*UN Compilation of General Comments*, p.124)。
9　Communication No.770/1997, *Gridin v. Russian Federation* (Views adopted on 20 July 2000), UN doc. *GAOR*, A/55/40 (vol.II), p.176, para.8.3.

裁判を受けた事件である[10]。

開廷場所の変更：規約14条2項で保障された無罪推定に対する権利の侵害は、予審判事が開廷場所の変更を認めなかったことにより公正な裁判に対する権利および無罪と推定される権利を奪われたと申立人が訴えた事件においては、認定されなかった。委員会が認定したところによれば、申立人の要請は「裁判開始時に判事によって仔細に検討された」し、判事は、「申立人の恐れは裁判のはるか以前に自己に向けられた敵意の表明に関連していること、および、共犯とされる5名の被告人のうち開廷場所の変更を要請したのは申立人のみであること」を指摘していた[11]。判事は次に当事者の意見を聴取し、「陪審員が適切に選任されたことを認め」たうえで、「自己の裁量権を行使し、〔開廷場所の変更なく〕裁判を進めることを認めた」とされる[12]。委員会は、このような状況においては、開廷場所を変更しないという決定によって公正な裁判または無罪の推定に対する申立人の権利が侵害されたとは考えないとした。委員会はとくに、「開廷場所の問題に関する判事の決定のような諸決定においては裁量の要素が必要であり、決定が恣意的である、または明らかに衡平を欠くという証拠が存在しない以上」、委員会は「裁判官の認定に代わる認定を行なう立場にはない」と述べている[13]。

＊＊＊＊＊

「権限のある裁判所によって有罪と証明されるまで無罪と推定される権利」(アフリカ人権憲章7条1項(b))の侵害が認定された事件としては、ナイジェリア政府を代表する立場にある高官らが、さまざまな記者会見および国連の場で被告人らは有罪であると宣言した事件がある。被告人らはその後、アフリカ憲章が求める独立性を欠いた裁判所によって裁判にかけられ、全員有罪とされて処刑された[14]。

10　Communication No.577/1994, *R. Espinosa de Polay v. Peru* (Views adopted on 6 November 1997), UN doc. *GAOR*, A/53/40 (vol.II), p.43, para.8.8.
11　Communication No.591/1994, I. Chung v. Jamaica (Views adopted on 9 April 1998), UN doc. GAOR, A/53/40 (vol.II), p. 61, para.8.3.
12　Ibid., loc. cit.
13　Ibid.
14　ACHPR, *International Pen and Others (on behalf of Ken Saro-Wiwa Jr. and Civil Liberties Organisations) v. Nigeria*, Communications Nos.137/94, 139/94, 154/96 and 161/97, decision adopted on 31 October 1998, paras.94-96 of the text of the decision as published at the following web site: http://www1.umn.edu/humanrts/africa/comcases/137-94_139-94_154-96_161-97.html.

*****

　欧州人権条約6条2項に定められた無罪の推定に対する権利は、同条「1項が求める公正な刑事裁判の要素のひとつ」であるとされ、条約に掲げられた他の諸権利と同様、「**理論上の画に描いた餅としてではなく、実際的かつ効果的なものとしての諸権利を保障するような方法で解釈されなければならない**」とされる[15]。

　したがって、たとえば「刑事上の罪に問われた者に関する司法決定において、法律にしたがって有罪と証明される前から同人が有罪であると考えていた見解が反映されているとき」には、無罪の推定が侵害されたことになる。そのさい、「たとえ何ら正式な認定が行なわれていなくとも、判決理由のなかで、裁判所が被告人を有罪と考えていたことを示唆する何らかの記述があれば」十分であるとされる[16]。

公的機関による公の場での不利益な発言：アルネ・ド・リブモン事件

　「無罪の推定は、裁判官または裁判所だけではなくその他の公的機関によっても侵害される場合がある」[17]。アルネ・ド・リブモン事件においては、申立人が警察に逮捕されたばかりのときに記者会見が開かれ、申立人はフランス議会議員の殺人に関与していたと示唆された。主として翌年以降のフランス警察予算に関するものであったこの記者会見には、内務大臣、パリ刑事捜査局長および犯罪対策班長が出席していた。申立人自身は、この段階では何らの罪の告発も受けていなかった。欧州人権裁判所はこの事件において、「フランス警察の高級官僚数名が、何らのただし書きも留保もなく、殺人を教唆した者のひとり、すなわち殺人の共犯者としてアルネ・ド・リブモン氏を名指しした」点に着目して6条2項違反を認定している。欧州人権裁判所の見解によれば、これは「明らかに申立人の有罪を宣言する行為であり、第1に、公衆が同人の有罪を信ずることを助長し、第2に、権限のある司法機関による事実関係の評価について早計に判断するものであった」[18]。

15　*Eur. Court HR, Case of Allenet de Ribemont v. France, judgment of 10 February 1995, Series A, No.308*, p.16, para.35. 強調引用者.
16　Ibid., loc. cit.
17　Ibid., p.16, para.36.
18　Ibid., p.17, para.41.

費用の評価と有罪の黙示的推定：欧州人権裁判所の判示によれば、6条2項は、「『刑事上の罪に問われた』者に対し、その者に対する手続が打ち切られた場合に裁判費用の償還を受ける権利を与えるものではない」が、刑事手続の打ち切り後、元被告人に必要な費用および支出を償還するよう命ずることを拒否する決定は、「6条2項上の問題を提起する場合がある」。それは、「元被告人がかつて法律にしたがって有罪と証明されたこともなく、かつとくに自己の防御権を行使する機会を与えられなかった場合に、主文と不可分の決定理由において実質的に元被告人の有罪認定に相当する判断が行なわれるとき」がこれに該当する[19]。

　したがって、欧州人権裁判所はミネリ事件において欧州人権条約6条2項の違反を認定した。これは、チューリッヒ州巡回裁判所法廷が、**私人による**訴追で生じた費用を決定するにあたり、制定法上の制限がない状況で、特定の企業に対する詐欺の告発を含んでいた記事の公表を理由として申立人が名誉毀損で有罪とされた「蓋然性はきわめて高い」との結論を述べた事件である[20]。欧州人権裁判所の見解によれば、「巡回裁判所法廷は〔申立人を〕有罪と認めていたことを示し」たのであり、申立人は6条1項および3項に掲げられた「保障の利益を享受しなかった」。したがって同法廷の評価は「無罪の推定の尊重と両立しない」とされた[21]。この点、連邦裁判所が上述の決定に「若干の表面的修正を加えた」ことには何ら意味がない。それは「当該決定の理由を明確にしたに留まり、その意味または適用範囲を修正するものではなかった」ためである。連邦裁判所は、申立人の上訴を制限することによって巡回裁判所法廷の決定を追認し、同時に「本質的な論点について同決定の実質的内容を承認した」とされる[22]。

　しかし、ロイチェール事件においては異なる結果が出された。これは、申立人が税法上の複数の罪状で欠席裁判のまま有罪とされたものの、上訴において、裁判所が起訴は時効により無効であったと判断した事件である。諸費用および手数料の償還を求めた申立人の訴えに対し、控訴裁判所は、弁護士費用との関連で、「この有罪判決が正しかったことを疑わせる」材料は一件書類のなかには見当た

---

[19] *Eur. Court HR, Case of Leutscher v. the Netherlands, judgment of 26 March 1996, Reports 1996-II*, p.436, para.29.
[20] *Eur. Court HR, Minelli Case v. Switzerland, judgment of 25 March 1983, Series A, No.62*, p.18, para.38.
[21] Ibid., loc. cit.
[22] Ibid., p.19, para.40.

らないとした[23]。しかし欧州人権裁判所は6条2項の違反を認定していない。控訴裁判所には、申立人の費用が公的資金から支払われるべきかどうかについて衡平を根拠として決定する「幅広い裁量」が認められており、控訴裁判所はその裁量権を行使するにあたって、「上訴審で申立人の有罪判決が破棄されたのは、事件が裁判にかけられた時点で時効により起訴が禁じられていたことのみを理由とするものであった結果であるとして、依然として申立人にかけられていた嫌疑を考慮する権利を認められて」いた[24]。欧州人権裁判所は、争点となった発言は申立人の有罪を再評価するものとして解釈することはできないとした[25]。

> 有罪と証明されるまで無罪と推定される権利は、刑事捜査の段階と裁判手続の双方を規律するものである。被告人が有罪であることを合理的な疑いを超えて立証する責任は検察機関にある。公的職員による公の場での不利益な発言は、無罪の推定を損なう場合がある。

6. 刑事捜査における人権

　たとえ刑事捜査の過程であっても、それによって影響を受けている人々は、自由剥奪の措置の対象とされた場合にはその状態に固有の若干の制限を受けるとはいえ、基本的自由および権利を依然として享受する。後述するように、拷問を受けない権利といったいくつかの権利はいかなるときにもすべての者にとって有効であるが、私生活および家族生活を尊重される権利は、たとえば高度な通信傍受手法により、脅かされる度合いが高まる場合がある。国際的司法判断のなかにはこの問題について取扱っているものがある。ここでも、本節では刑事捜査中に保障される権利の網羅的説明を行なうのではなく、この重要な段階で保護されなければならない基本的な権利のいくつかに焦点を当てるだけだということが、想起されなければならない。

23　Ibid., p.432, para.14.〔注19の文献〕
24　Ibid., p.436, para.31.
25　Ibid., loc. cit.

6.1 私生活、住居および通信を尊重される権利

　私生活、住居および通信を尊重される権利は、文言は異なるとはいえ、自由権規約17条、米州人権条約11条および欧州人権条約8条で保障されている。ただし、一定の状況でその行使が制限されることはありうる。自由権規約17条1項は、「何人も、その私生活、家族、住居若しくは通信に対して恣意的に若しくは不法に干渉され又は名誉及び信用を不法に攻撃されない」と定める。米州人権条約11条でも同様の文言が用いられているが、「何人も、……に対して恣意的にまたは侵害的に干渉され」ないという締めくくり方である。欧州人権条約8条では、私生活および家族生活、住居または通信の尊重を受ける権利の「行使」に対し、次の場合を除いて「いかなる公の機関による干渉もあってはならない」とされる。

　　「……法律にしたがって行なわれる干渉であって、かつ、国の安全、公衆の安全もしくは国の経済的福利のため、無秩序もしくは犯罪の防止のため、健康もしくは道徳の保護のため、または他の者の権利および自由の保護のために民主的社会において必要なもの……」

　プライバシー権に関連する問題を、以下、**通信傍受**、**捜索**および**通信への干渉**との関連で検討する。これらの措置は、犯罪活動の嫌疑を立証するために司法捜査の早い段階で用いられるのが通例であり、その後、正式な告発につながる場合もつながらない場合もある。

6.1.1 通信傍受

　犯罪の司法捜査のために電話の会話を傍受する問題は、自由権規約委員会も米州人権裁判所もいまのところ扱っていないものの、欧州人権裁判所が扱ったいくつかの事件では中心的争点となっている。欧州人権裁判所は、電話の傍受について、欧州人権条約8条で保障された通信および私生活を尊重される申立人の権利への「公の機関による干渉」であり、それが正当化されるためには、上述したように「法律にしたがって」おり、8条2項に掲げられた正当な目的の一または複数

を追求するためのものであり、かつ、最後に、これらの正当な目的の一または複数のために「民主的社会において必要な」ものでもなければならないと、一貫して判示している[26]。

「法律にしたがって」という概念に関する欧州人権裁判所の判例を詳細に検討しなくとも、ここでは、電話の傍受は国内法を根拠として行なわれなければならないことを指摘するだけで十分である。その法律は、「**了知可能**」であるのみならず、「適用される措置の意味および性質」に関して「**予見可能**」でもなければならない[27]。換言すれば、8条2項は「単に国内法をあらためて参照するよう求めるだけではなく、その**法律の質**も問題とし、それが法の支配と両立していることを求めている」のである[28]。このことは、とくに、8条1項で「保障された権利に公の機関が恣意的に干渉することに対して、国内法で一定の法的保護が用意されなければならない」ことを意味する。とくに「行政府の権限が秘密裡に行使されるときには、恣意的となるおそれは明らか」だからである[29]。「予見可能でなければならないからといって、個人がその行動を適当な形で修正できるよう、公的機関がいつ通信を傍受する可能性があるかについて予見できなければならないということはありえない」が、それでも法律は次の要件を備えていなければならない。

「〔法律は、〕私生活および通信を尊重される権利に対してこの秘密かつ危険をともなう干渉を行なう権限が、どのような状況において、かつどのような条件にもとづいて公の機関に認められているかについて、市民に対して十分な提示を行なうのに足る明確な文言で書かれていなければならない」[30]

換言すれば、法的保護の要件は、国内法において濫用に対する十分な法的保

---

26 たとえば*Eur. Court HR, Huvig Case v. France, judgment of 24 April 1990, Series A, No.176-B*, p.52, para.25参照。
27 Ibid., pp.52-55, paras.26-29. 強調引用者。
28 Ibid., p.54, para.29. 強調引用者。
29 たとえば*Eur. Court HR, Malone Case v. the United Kingdom, judgment of 2 August 1984, Series A, No.82*, p.32, para.67参照。
30 Ibid., loc. cit.

護措置が設けられていなければならないこと、および、たとえば法律において関係機関に裁量権が認められているときは、法律で「当該裁量の範囲が示されて」いなければならないことも意味する[31]。

ユービッグ事件

　ユービッグ事件の申立人らは、脱税および帳簿改竄(かいざん)の容疑を調査していた裁判官によって、2日間に渡って電話を傍受された。欧州人権裁判所は、争点とされた措置はフランス法、とくにフランス裁判所が解釈する形での刑事訴訟法に法的根拠を有しており、さらにこの法律が了知可能であったことを認めた。しかし欧州人権裁判所は、法律の質の観点から、この法律においては「公的機関に与えられた関連の裁量の範囲およびその行使の方法が合理的な明瞭さをもって示されていなかった」と認定し、したがって、申立人らは「民主的社会における法の支配にもとづいて市民が享受する資格を有する最低限の保護を享受していなかった」とした[32]。換言すれば、同国法制においては「行なわれる可能性があるさまざまな濫用に対して十分な保護措置が用意されて」いなかったとされた。たとえば、「どのような人々が司法命令によって電話を傍受される可能性があるか、および、そのような命令が行なわれる可能性のある犯罪の性質とはどのようなものか」については「どこにも定義が見られ」ず、「電話の傍受の期間について制限を設けるよう」裁判官に義務づける規定も存在しなかった[33]。さらにこの法律では、「とくに被疑者が調査担当裁判官の調査対象から外され、または裁判所によって無罪判決を受けたときに、録音の消去またはテープの破棄を行なうことのできるまたは行なわなければならない状況」について定められていなかった[34]。したがって、申立人らは民主的社会における法の支配にもとづいて要求される最低限の保護を享受していなかったので、この意見では8条違反があったと認定されたものである。

31　Ibid., para.68 at p.33.
32　Eur. Court HR, Huvig Case v. France, judgment of 24 April 1990, Series A, No.176-B, p.56-57, para.35.
33　Ibid., p.56, para.34.
34　Ibid., loc. cit.

欧州人権裁判所は、クリュスリン事件やマローン事件といった他の同様の事件でも8条違反を認定している。これらの事件の判決は、ユービッグ事件と同様、問題とされた行為が条約8条2項にいう「法律にしたがって」という表現から派生する要件を満たしていなかったことを、その根拠としている[35]。

ランペール事件

　さらに最近のランペール事件の判決を読むと、フランスは電気通信メッセージの秘密に関して1991年に刑事訴訟法を改正し、「明確な、詳細な規則」を定めて、「公的機関に与えられた関連の裁量の範囲およびその行使の方法について十分に明瞭に」明らかにしたことがわかる[36]。それでも、「国内法はだれの回線が傍受されるのかについて何ら区別をしておらず、〔申立人は〕国内法の効果的保護を享受しなかった」ことを理由として、この事件でも8条違反が認定された[37]。

　この事件の事実関係は次のとおりである。申立人は、電話を傍受されていた別の人物に電話をかけたさいに会話の一部を傍受された後、加重窃盗の利益を処理した罪に問われた。申立人弁護士は、電話の傍受期間が2度に渡って延長されたことに対して抗告したが、抗告を審理した破棄院は、とくに、「申立人には**第三者**の電話回線の監視期間が延長されたことを争う『原告適格はない』」と判示した[38]。欧州人権裁判所は、プライバシーおよび通信を尊重される申立人の権利に対する干渉は、「刑事手続との関係で真実を確認し、それによって無秩序を防止することが目的であった」ことを認めた[39]。しかし、通信傍受期間の延長について争う申立人の原告適格を破棄院が否定したことは、欧州人権裁判所の見解では、「きわめて多くの人々が、すなわち自分のものではない電話回線上で会話をするすべての人々が法律の保護を奪われる決定を導く」ものであった。こ

35　*Eur. Court HR, Malone Case v. the United Kingdom, judgment of 2 August 1984, Series A, No.82*, and *Eur. Court HR, Kruslin Case v. France, judgment of 24 April 1990, Series A, No.176-A*. ただし、クラースほか事件においては欧州人権裁判所は8条違反を認定していない。*Eur. Court HR, Case of Klass and Others, judgment of 6 September 1976, Series A, No.28*参照。

36　*Eur. Court HR, Case of Lampert v. France, judgment of 24 August 1998, Reports 1998-V*, p.2240, para.28. これは、欧州人権裁判所の判例が国内法に影響を与えたことを示す多くの興味深い例のひとつである。

37　Ibid., p.2242, para.39.

38　Ibid., p.2235, paras.8-10 and p.2236, para.14. 強調引用者。

39　Ibid., p.2240, para.29.

れにより、「保護のための機構は実質的にほとんど実体を欠くものとなる」。したがって、申立人は、「法の支配にもとづいて市民が権利を認められており、かつ当該干渉を『民主的社会において必要な』限度に制限することもできたであろう『効果的統制』を利用することができなかった」とされたものである[40]。

　欧州人権機構の判断にもとづいてそれ以外の条約について推論を展開することには常に危険がともなうものの、自由権規約および米州人権条約においても、司法機関が電話の会話の傍受という手段を用いる権利は相対的に厳格に解釈され、プライバシーを尊重される権利のほうが優先されるであろうと結論づけるのは、不合理ではないように思われる。また、最低限、この権利の行使に対する干渉は国内法の明確な根拠にもとづいて具体的かつ正当な目的のために行なわれなければならず、かつ電話を傍受された者に対する十分な保護措置と救済措置があわせて用意されなければならないという点についても、同様である。

6.1.2 捜索

　国際人権法では捜索の合法性について詳細な規則は定められていないが、この点についても欧州人権機構の判例がやや参考になる場合がある。ただし、以下で紹介する事件は、警察に対する捜索令状の発付ではなく、民事手続で私人に令状が発付された例に関するものであることに注意が必要である。

　刑事事件ではなく著作権訴訟に関わるチャペル事件において、欧州人権裁判所は、許可を得ない著作権侵害から原告を保護するための証拠保全のため申立人の仕事場で行なわれた家宅捜索が、欧州人権条約8条と両立するかどうかについて審査しなければならなかった。政府は、私生活および住居を尊重される申立人の権利の行使への干渉があったことを認め、申立人も、当該捜索は「他の者の権利」を保護するために8条2項で正当と認められるものであったことに同意した[41]。欧州人権裁判所が判断しなければならなかった問題は、当該措置が「法律にしたが

40　Ibid., p.2241-2242, paras.38-40.
41　Eur. Court HR, Case of Chappel v. the United Kingdom, judgment of 30 March 1989, Series A, No.152-A, p.21, para.51.

って」行なわれたかどうか、およびそれが「民主的社会において必要なもの」であったかどうかという点であった。当該捜索令状はいわゆる「アントン・ピラー命令」であり、裁判前の証拠保全を目的とした裁判所による仮処分命令である。この令状は、被告人への通告およびその意見聴取を行なうことなく、当事者の一方の申請により発付される。

欧州人権裁判所は、この事件においては、当該捜索は**了知可能性**および**予見可能性**の双方の条件を満たす英国法を根拠として行なわれたことを認めている。前者の条件については、関連の法規定および判例はすべて公刊されており、したがって了知可能である。後者については、「この救済措置を認めるための基本的条件は、関連する時期において、『予見可能性』の基準が満たされていると認めるに足る明確さをもって定められていた」。このことは、個々の命令の内容には「若干の異同」がありうるにも関わらず認められている[42]。

当該措置が「民主的社会において必要なもの」であったかどうかを審査するにあたって、欧州人権裁判所はさらに、当該命令には「その影響を合理的範囲内に留めるための保護措置」がともなっていたと認めた。すなわち、(1)当該令状は「期間を短期に区切って発付され」ており、(2)「原告による家宅捜索を実施できる回数および捜索者の人数は制限されて」おり、さらに(3)「押収した資料は定められた目的のためにのみ使用できる」ものとされていた[43]。加えて、原告またはその事務弁護士は一連の誓約を行なっており、また「命令の執行が不適正であったと申立人が考えた場合、さまざまな救済措置が用意されていた」[44]。

しかし欧州人権裁判所は、命令を実行するときに「とられた手続に〔若干の〕欠点」があったことも認めている。たとえば、チャペル氏にとっては、警察による家宅捜索と原告によるそれが同時に行なわれたのは迷惑なことだったであろう。しかしこのことは、「当該命令の執行が、……事件の状況に照らし、追求された正当な目的に比例していなかったと見なすほど……深刻」ではなかったとされた[45]。したがって、この事件においては8条違反は認定されなかった。

---

[42] Ibid., para.56 at p.24.
[43] Ibid., p.25, para.60.
[44] Ibid., loc. cit.
[45] Ibid., p.27, para.66.

6.1.3 通信への干渉

通信に対する国家機関の干渉は自由を奪われた者にとって問題となる場合があり、欧州人権裁判所にもこの点に関わる膨大な申立てが行なわれてきた。刑事上の罪で有罪判決を受けた受刑者による申立てについては、第8章で取り上げる。しかし、フェイファーおよびプランクル事件は、**申立人らが留置中に手紙で連絡を取り合った**事件である。ある手紙について、調査担当裁判官は、「刑務所職員に対する侮辱的な冗談」が含まれていると見なした数節を墨塗りして判読不能にした[46]。欧州人権裁判所は、これらの数節を削除したことは申立人の通信に対する不当な干渉であると認定した。欧州人権裁判所は、「当該書簡はむしろ刑務所の状況、およびとくに一部の刑務所職員の行動の批判である」という点で欧州人権委員会に同意し、「そのなかでは確かにやや強い表現も用いられていたが、……それは、関連の法律によりフェイファー氏と調査担当裁判官のみが読むべきとされている……私的な書簡の一部であった」ことに留意している[47]。欧州人権裁判所は次にシルバーほか事件の判決に言及した。これは、「『当局を侮辱することを意図した』私的な書簡または『当局を侮辱することをあえて意図した』内容が含まれたそれを差止めるのは『民主的社会において必要な』制限ではなかった」と判示した事件である。フェイファーおよびプランクル事件における数節の削除は「確かにより重大性の小さい干渉」ではあったが、それにも関わらず事件の状況に照らして「比例性に欠けていた」のであって、条約8条に違反するとされた[48]。

シェーネンベルグおよびデュルマス事件は、**留置されていた者と弁護士との通信**に関わる事件である。タクシー運転手であった申立人は、麻薬犯罪の容疑に関連してジュネーブで逮捕され、その後チューリッヒに移送された。数日後、デュルマス氏の妻はシェーネンベルグ氏に対し、夫の弁護を引き受けるよう依頼した。同日、シェーネンベルグ氏は、スイス法で求められているとおり封緘された書簡を地方検察局に送り、名宛人に転送するよう要請した。シェーネンベルグ氏はそ

---

[46] *Eur. Court HR, Case of Pfeifer and Plankl v. Austria, judgment of 25 February 1992, Series A, No.227, p.18, para.47.*
[47] Ibid., para.47 at p.19.
[48] Ibid., loc. cit and p.19, para.48.

の書簡のなかで、デュルマス氏の妻から弁護を引き受けるよう依頼された旨を告げ、委任状の様式を送付していた。また、とくに、デュルマス氏には発言を拒否する権利があること、発言したことはすべてデュルマス氏の不利に用いられる可能性があることを指摘しておくのは自分の義務であるとも記していた[49]。地方検察官は封緘されたこの書簡を差止め、デュルマス氏にいっさいの通知を行なわなかった。検察局はその後、同書簡をデュルマス氏に送付しないことを命令により決定した。これに代えてチューリッヒのある弁護士がデュルマス氏の代理人に選任された[50]。

欧州人権裁判所は、書簡を差止めた目的は「無秩序または犯罪の防止」であったことを認め、この点について、「この目的を追求するために、『……〔有罪判決を受けた〕受刑者の場合には自由な立場にある者の場合よりも幅広い干渉措置が正当化される』場合がある」という判決を援用した。欧州人権裁判所の見解によれば、「デュルマス氏のように留置中の者であって、刑事告発を目的とした調査の対象とされている者に対しても、このような場合には口裏合わせのおそれがあることが多いために、同じ説示が適用される場合がある」とされる[51]。しかし欧州人権裁判所は、最終的に、争点とされた干渉は「民主的社会において必要なもの」として正当化することはできないとの結論に達し、政府の主張を却下した。政府は、同書簡では係属中の刑事手続に関わる助言がデュルマス氏に対して与えられており、その助言は手続の適正な進行を妨げる性質のものであること、また同書簡はデュルマス氏が依頼した弁護士によって送られたものではないことを主張していた。この点について欧州人権裁判所は次のように指摘している。

「シェーネンベルグ氏は、第2申立人に対し、『いかなる発言をも拒否する』権利があることを伝えようとして、この権利を行使することは第2申立人にとって『有利』になると助言した。……このようにして同氏はデュルマス氏

49　*Eur. Court HR, Case of Schönenberg and Durmaz, judgment of 20 June 1988, Series A, No.137*, p.8-9, paras.8-9.
50　Ibid., p.9, paras.10-11.
51　Ibid., p.13, para.25.

にある戦術を採用するよう勧告したのであるが、この戦略はそれ自体合法的なものである。というのも、スイス連邦裁判所の判例——これに対応する判例は他の締約国でも見られる——において、被疑者が黙秘することは自由だからである。……シェーネンベルグ氏が、デュルマス氏との接見の前に、同氏の権利およびそれを行使した場合に生ずるかもしれない結果について助言するのは自分の義務であると考えたのも、適正である。欧州人権裁判所の見解では、このような内容で与えられた助言は、書簡の発信人および受取人との間で犯罪行為の黙認が行なわれるおそれを生み出しうるものではなく、訴追の正常な遂行を脅かすものでもなかった」[52]

欧州人権裁判所はさらに、当該弁護士がデュルマス氏の依頼を受けていなかったという政府の主張を「ほとんど重視しな」かった。同弁護士は「デュルマス氏の妻の依頼により行動していたのであり、さらに、……地方検察官にその旨を電話で通告していた」からである。欧州人権裁判所は次のような見解を示している。

「これらのさまざまな接触は、第2申立人が自己の選択する弁護人の援助を享受できるようにし、かつ、それによって規約のもうひとつの基本的規定、すなわち6条に掲げられた権利を行使できるようにするための予備的措置であった。……したがって、本件の状況において、シェーネンベルグ氏が正式に選任されていなかったことはほとんど何の影響も及ぼさない」[53]

したがって、この事件では8条違反が認められた。このことは、刑事上の罪について嫌疑を受け、罪を問われまたは告発された者とその弁護人(となる可能性がある者)との関係は特権的地位を認められたものであり、国内機関はそれを慎重に保護しなければならないということを、重要な形で想起させてくれるものである。ただし、この問題については後掲6.4でさらに詳しく取り上げる。

---

[52] Ibid., pp.13-14, para.28.
[53] Ibid., p.14, para.29.

> 国際人権法上、刑事捜査の過程で行なわれるプライバシー権への干渉は合法的なものでなければならず、かつ正当な目的のために行なわれるものでなければならない。当該措置はその目的に比例するものでなければならない。

6.2 人道的に取扱われる権利および拷問を受けない権利

被拘禁者・受刑者の取扱いについては第8章でさらに詳しく取り上げるが、刑事捜査の過程で自由を奪われた者に対して拷問その他の不当な取扱いがしばしば用いられていることを踏まえれば、ここで、拷問、残虐なまたは非人道的な取扱いおよび処罰を受けない権利はすべての主要条約および世界人権宣言で保障されていることを強調しておくことは欠かせない(自由権規約7条、アフリカ人権憲章5条2項、米州人権条約5条2項、欧州人権条約3条〔ただし「残虐な」との文言は含まれていない〕、世界人権宣言4条)。いくつかの法的文書では自由を奪われた者を対象としてこの権利が強化され、人道的にかつ人間の固有の尊厳を尊重して取扱われる権利が付け加えられている(自由権規約10条1項、米州人権条約5条2項)。世界のどの国・地域も無縁ではない拷問という行為の重大性にかんがみ、この違法な慣行の廃止の効果的促進を目的とした条約も、国際連合および2つの地域機関、すなわちOASと欧州評議会のもとで作成されている[54]。

捜査段階における人の権利については国際刑事裁判所規程55条でも扱われている。55条1項は、捜査の対象とされる者は「いかなる形態の威迫、強迫もしくは脅迫、拷問、または他のいかなる形態の残虐な、非人道的なもしくは品位を傷つける取扱いもしくは処罰を受けない」と定めている。

したがって、刑事捜査および裁判手続の進行中には、拷問および他の非人道的なもしくは品位を傷つける取扱いまたは処罰の普遍的および逸脱不可能な禁止が、**たとえもっとも重大な状況にあっても例外なく、常に尊重されなければな**

---

[54] 拷問等禁止条約(1984年)、拷問の防止および処罰のための米州条約(1985年)、拷問および非人道的なもしくは品位を傷つける取扱いまたは処罰を防止するための欧州条約(1987年)参照。

らない[55]。すなわち、犯罪活動の疑いについて尋問するために容疑者としてか証人としてかは問わず逮捕・拘禁され、またはその他の形で警察または検察機関の管理下に置かれた者は、常に人道的に、かついかなる心理的・身体的暴力、威迫または脅迫も受けずに取扱われる権利を有する。後述するように、威迫にもとづいて引き出された自白の使用は国際人権法では違法である。このことは、とくに拷問等禁止条約1条で明示的に述べられている。

　刑事捜査に携わる専門家グループを対象とした法的文書も作成されてきた。法執行官行動綱領(1979年)はとくに、5条で、「法執行官は、拷問または他の残虐な、非人道的なもしくは品位を傷つける取扱いまたは処罰のいかなる行為も加え、教唆しまたは許容してはなら」ないと定めている。検察官の役割に関する指針(1990年)は、とくに次の重要な規定を掲げている。

「16. 検察官は、被疑者に不利となる証拠であって、被疑者の人権の重大な侵害である不法な手段、とくに拷問または残酷な、非人道的なもしくは品位を傷つける取扱いもしくは処罰その他の人権侵害によって入手されたことを知っている、またはそう考えるに足る合理的な理由があるものを入手したときは、当該手段を用いた者以外のいかなる者に対しても当該証拠を用いることを拒否し、または裁判所に対してその旨の通告を行なうとともに、当該手段を用いた責任者が裁判にかけられることを確保するためにあらゆる必要な措置をとらなければならない」

　また、国際刑事裁判所規程54条1項(c)も、捜査に関わる検察官の職務のひとつは「本規程から生ずる人の権利」、すなわちとくに威迫および拷問の禁止に関わる55条1項に定められた権利を「全面的に尊重すること」であると定めている。
　さらに、司法部の独立に関する基本原則(1985年)の前文第7段落で述べられているように、「裁判官は、市民の生命、自由、権利、義務および財産に関する最終的決定を行なう責務を負って」いる。したがって、刑事捜査および自由剥奪の

55　たとえば自由権規約4条2項、米州人権条約27条2項、欧州人権条約15条2項、拷問等禁止条約2条2項、拷問の防止および処罰のための米州条約5条参照。

過程で行なわれた可能性のあるいずれかの不当な取扱いまたは威迫のあらゆる徴候に対してとくに目を光らせ、不当な取扱いの疑いに直面したときには常に必要な措置をとることは、裁判官の職務でもある[56]。

　裁判官・検察官・弁護士は、収容された**女性および子ども**の拷問(強姦を含む)ならびにその他の形態の性的な虐待および不当な取扱いのあらゆる徴候にも、とくに目を光らせなければならない。弱い立場に置かれたこれらのグループが警察官・刑務所職員の管理下にある間に拷問や不当な取扱いを受けることは多くの国で当たり前のように生じており、このような違法な慣行をなくすためには、その防止・調査・処罰において法曹が常に積極的役割を果たすことが不可欠である。

> 拷問その他の形態の不当な取扱いは、刑事捜査の最中を含むあらゆる場合に禁じられており、けっして正当化することはできない。これらは防止・調査・処罰されなければならない行為である。裁判官・検察官・弁護士は、収容された女性および子どもの拷問または不当な取扱いのあらゆる徴候に、とくに目を光らせなければならない。

6.3 自己が理解する言葉で被疑事実を告げられる権利

　自由権規約14条3項(a)では、すべての者が、その刑事上の罪の決定にあたって、「その理解する言語で速やかにかつ詳細にその罪の性質及び理由を告げられる」権利を定めている。欧州人権条約6条3項(a)でも同様の文言が用いられているが、米州人権条約8条2項(b)では、罪を問われた者に対し、「自己に対する被疑事実を事前に詳細に告げられる」権利が認められている。アフリカ人権憲章には、自己に対する被疑事実を告げられる権利を保障した明示的規定はない。ただし、アフリカ人権委員会は、逮捕された者は「自己に対するいかなる被疑事実についても速やかに告げられなければならない」と指摘している[57]。逮捕された者に

56　拷問を禁ずる規定は、あらゆる形態の拘禁または収監のもとにあるすべての者の保護のための原則(1988年)の原則6にも掲げられている。

ついて、あらゆる形態の拘禁または収監のもとにあるすべての者の保護のための原則の原則10は、「自己に対する被疑事実について速やかに告げられなければならない」と定めている。

自己が理解する言語で被疑事実を告げられる権利は、当然のことながら、国内機関はこの要件を満たすために十分な通訳者・翻訳者を用意しなければならないということを含意する。このことは、被疑者が十分な防御をできるようにするために必要不可欠である。捜査中に通訳を提供されるもっと一般的な権利は、あらゆる形態の拘禁または収監のもとにあるすべての者の保護のための原則の原則14に定められている。

「逮捕、拘禁または収監を担当する機関が用いる言語を十分に理解しまたは話すことができない者は、原則10、原則11の2項、原則12の1項および原則13にいう情報を自己が理解する言語で速やかに受領し、かつ、逮捕後の法的手続との関係で、必要であれば無料で通訳の援助を受ける権利を有する」

容疑者に対し、捜査中の権利一般について「容疑者が話しかつ理解する言語で」告げる義務は、たとえばルワンダ・旧ユーゴスラビア両国際刑事裁判所の手続証拠規則42条(A)にも含まれている。同条項はさらに、容疑者が「尋問のために用いられる言語を理解しまたは話さないときは、通訳の無料の法的援助を受ける」権利を保障している。

＊＊＊＊＊

自由権規約委員会によれば、14条3項(a)にいう情報を告げられる権利は「**拘禁されていない者の告発を含む**すべての刑事告発の事案に適用される」ものであり、「『速やかに』との文言は、情報が、権限のある機関によって告発が最初に行なわれてから可能なかぎり早く、そこに定められた方法で与えられることを求めている」[58]。委員会はこの点について次のように述べている。

57　ACHPR, *Media Rights Agenda (on behalf of Niran Maloulu) v. Nigeria, Communication No.224/98, adopted during the 28th session, 23 October - 6 November 2000*, para.43 of the text of the decision as published at http://www1.umn.edu/humanrts/africa/comcases/224-98.html.

58　一般的意見13(14条)パラ8(*United Nations Compilation of General Comments*, p.124)。強調引用者。

「この権利は、捜査の過程で、裁判所または検察機関が犯罪の嫌疑を受けている者に対して手続的措置をとると決定したとき、またはその者が容疑者であると公に述べたとき以降、認められなければならない。3項(a)の具体的要件は、被疑事実を口頭または書面のいずれかで述べたときに満たされたとすることができる。ただし、当該情報において、**被疑事実の根拠である法律および事実関係の主張の両方**が示されていることを条件とする」[59]

委員会の見解によれば、このことは、「被疑者に対する被疑事実についての詳細な情報が逮捕のさい直ちに提供されなければならないわけではないが、**予備調査が始まった段階、または被疑者に対する公式の嫌疑が明確にされるその他の審理が設定された段階**では提供されなければならない」ことも意味する[60]。したがって、規約14条3項(a)にもとづく被疑者への告知義務は、規約9条2項にもとづく「被逮捕者に対する義務よりも厳密」であり、9条3項で求められているように被疑者が速やかに裁判官の面前に連れて来られるかぎり、「被疑事実の性質および理由の詳細は必ずしも、逮捕のさい直ちに被疑者に対して提供される必要はない」[61]。しかしこれ以前の事件では、委員会は、「速やかな情報提供の原則は……当該個人が刑事上の罪により**正式**に告発されたときに初めて適用され」、したがって「警察による捜査の結果を待って留置されている者には適用されない」としていた。後者の状況は規約9条2項で対象とされているからである[62]。

しかし問題は、後者の事件における判断理由が、委員会が一般的意見またはここで参照した従前の事件で表明している見解と両立するのかということである。

速やかな情報提供の原則を適用するにあたり、委員会は、申立人が6週間拘禁された後に初めて犯罪の告発を受け、その後有罪とされた事件において、14条3項(a)の違反はなかったと認定した。委員会は、申立人が、「予備審問が始まるま

---

59 Ibid., loc. cit. 強調引用者。
60 Communication No.561/1993, *D. Williams v. Jamaica* (Views adopted on 8 April 1997), UN doc. *GAOR*, A/52/40 (vol.II), p.151, para.9.2. 強調引用者。
61 Communication No.702/1996, *C. McLawrence v. Jamaica* (Views adopted on 18 July 1997), UN doc. *GAOR*, A/52/40 (vol.II), p.232, para.5.9.
62 Communication No.253/1987, *P. Kelly v. Jamaica* (Views adopted on 8 April 1991), UN doc. *GAOR*, A/46/40, p.247, para.5.8. 強調引用者。

でに逮捕の理由および自己に対する被疑事実を告げられていた」ことは委員会に提出された資料から明らかであると、簡単に結論づけている[63]。

しかし、軍事裁判所で非公開の裁判を受けるまで被害者が自己に対する被疑事実を告げられず、30年の収監刑および15年の特別安全確保措置を言渡された事件においては、14条3項(a)違反が認定された。この事件ではさらに、被害者は選任された弁護士と連絡をとることもできなかった[64]。

とくに問題となるのは欠席裁判である。委員会は、このような手続が14条にもとづきまったく違法であるとは判断せず、「状況によっては(たとえば、被告人が事前に手続について十分に告知を受けていながら出席する権利を行使しなかったとき)、司法の適正な運営の利益のために〔このような手続が〕認められる」としている。しかしこの点については特別な注意が求められる。「14条にもとづく権利が効果的に行使されるための前提は、被告人に対する手続について事前に情報を提供するために必要な措置がとられることである」。もっとも、「被告人と連絡をとるために担当機関に正当に期待できる努力には一定の限界」も認められなければならない[65]。

ムベンゲ事件

被告人の行方を追うために国内機関が果たさなければならない責任は、締約国が、「裁判後の新聞報道によって初めて裁判のことを知ったという申立人の主張に異議を唱えなかった」ムベンゲ事件においては、限界まで果たされなかったとされた。関連する2つの判決では「呼出状が裁判所書記官によって発付されたとはっきり」述べられているが、「当該呼出状を申立人に送達するために締約国が実際に何らかの措置を……とったことは立証されていない。ベルギーにおける申立人の住所は〔判決のひとつに〕正しく記載されており、したがって司法機関の知るところであった」[66]。それどころか、第2審の判決によれば、呼出状が発付

---

63 Communication No.561/1993, *D. Williams v. Jamaica* (Views adopted on 8 April 1997), UN doc. *GAOR*, A/52/40 (vol.II), p.151, para.9.2.
64 Communication No.R.14/63, *R. S. Antonaccio v. Uruguay* (Views adopted on 28 October 1981), UN doc. *GAOR*, A/37/40, p.120, para.20 as compared with p.119, para.16.2.
65 Communication No.16/1977, *D. Monguya Mbenge v. Zaire* (Views adopted on 25 March 1983), UN doc. *GAOR*, A/38/40, p.138, paras.14.1-14.2.

されたのは裁判所で審理が始まるわずか3日前のことであり、このことは、「目前に控えた裁判手続について申立人に知らせ、防御の準備をできるようにするために締約国は十分な努力を行なわなかった」という委員会の結論を裏づけるものである。したがって規約14条3項(a)、(b)、(d)および(e)の違反があったとされた[67]。

＊＊＊＊＊

米州人権条約8条2項(b)の違反が認定された事件としてはカスティージョ・ペトルッチほか事件がある。この事件においては、「被告人は、自己に対する被疑事実について十分かつ詳細な事前告知を受けなかった」。実際、起訴状が示されたのは1994年1月2日であり、弁護士らは1月6日になって初めて「きわめて短い時間」、一件書類を閲覧できたにすぎず、しかも判決は翌日に言渡されている[68]。

＊＊＊＊＊

欧州人権裁判所は、欧州人権条約6条3項(a)について、申立人らが逮捕からそれぞれ10時間および1時間15分以内に「被疑事実書面」を与えられたのは、この規定を遵守したと見なすに十分であると判示している。被疑事実書面には、被疑事実(平穏の侵害)に加え、その実行の日付および場所が記載されていた[69]。

しかし、別の事件においては6条3項(a)違反が認定されている。外国人である申立人は、イタリア当局に対し、送達された裁判所の通知書を理解するのが困難であることを伝え、自分の母語または国連公用語のいずれかで情報を送付するよう依頼した。申立人の書簡に対しては何らの回答も示されず、当局はひきつづきイタリア語で書類を作成した。欧州人権裁判所は、「イタリア司法当局は、申立人には実際には被疑事実を告知する書簡の趣旨を通知書から理解するのに十分なイタリア語の知識が備わっていたと立証できる立場にあったのでないかぎり、〔6条3項(a)〕の要件が遵守されることを確保できるよう、〔申立人の

66　Ibid., para.14.2.
67　Ibid., loc. cit.
68　*I-A Court HR, Castillo Petruzzi et al. case v. Peru, judgment of May 30, 1999, Series C, No.52*, p.202, paras.141-142 read in conjunction with p.201, para.138.
69　*Eur. Court. HR, Case of Steel and Others v. the United Kingdom, judgment of 23 September 1998, Reports 1998-VII*, p.2741, para.85.

要請〕に応ずるための措置をとるべきであった」と判示している[70]。

> 刑事上の罪に問われたすべての者は、自己に対する被疑事実を、その根拠である法律および事実関係の詳細とともに、自己が理解する言語で速やかに告げられなければならない。この情報は、被告人が効果的に防御の準備をできるよう、裁判まで相当の余裕をもって提供されなければならない。

6.4 法的援助を受ける権利

　逮捕・拘禁後に速やかに法的援助を受ける権利は、効果的な防御に対する権利を保障するためにも、また自由を奪われた者の身体的・精神的不可侵性を保護するためにも、多くの点できわめて重要である。罪を問われた者が自ら選任する弁護人の援助を受ける権利は関連のすべての人権条約で保障されているが(自由権規約14条3項(d)、アフリカ人権憲章7条1項(c)および欧州人権条約6条3項(c))、米州人権条約8条2項(d)はさらに、刑事手続の間、罪を問われたすべての者は「**その弁護人と自由にかつ秘密に連絡する権利**」(強調引用者)を有すると定めている。自由権規約も、アフリカ憲章も、欧州人権条約も、依頼人・弁護人関係における秘密保持を同じような形で明示的に保護してはいない。
　しかし、国連被拘禁者処遇最低基準規則(1955年)の規則93は次のように定めている。

>「未決被拘禁者は、自己の防御のために、無料の法律扶助が利用可能であればそれを求めること、ならびに、自己の防御のために弁護人の訪問を受けることおよび秘密の指示書を作成して弁護人に渡すことを認められる。これらの目的のため、未決被拘禁者は、希望すれば筆記具を供給される。未決被拘禁者と弁護人との面会は、警察または施設職員が監視できる場所で行なうことができるが、それらの者が会話を聴取できる場所で行なってはならない」

70　*Eur. Court HR, Case of Brozicek v. Italy, judgment of 19 December 1989, Series A, No.167,* p.18, para.41.

あらゆる形態の拘禁または収監のもとにあるすべての者の保護のための原則の原則18は、この点についてさらに詳しい定めを置いている。

「1. 被拘禁者または被収監者は、その弁護人と連絡および協議する権利を有する。
2. 被拘禁者または被収監者は、弁護人と協議するために十分な時間および便益を認められなければならない。
3. 被拘禁者または被収監者が、遅滞なく、検閲を受けず、かつ完全に秘密裡にその弁護人の訪問を受けかつ協議および連絡する権利は、停止または制限することができない。ただし、法律または合法的な規則によって定められ、安全および秩序を維持するために不可欠であると司法機関その他の機関が考える例外的状況においては、この限りでない。
4. 被拘禁者もしくは被収監者と弁護人との面会は、法執行官が監視できる場所で行なうことができるが、会話を聴取できる場所で行なってはならない。
5. この原則にいう被拘禁者もしくは被収監者と弁護人との連絡は、それが継続中または計画中の犯罪に関係している場合を除き、被拘禁者または被収監者に不利な証拠として認められてはならない」

同原則の原則15によれば、「被拘禁者または被収監者が外部と行なう連絡、およびとくに家族または弁護人との連絡は、数日を超えて不許可とされてはならない」。自由権規約委員会自身も、7条に関する一般的意見20で、「厳正独居拘禁を禁ずる」定めが置かれるべきであると述べている[71]。

法的援助を受ける権利(被疑者に十分な資金がない場合は費用の支払いなしに法的援助を受ける権利を含む)は、ルワンダ・旧ユーゴスラビア両国際刑事裁判所の手続証拠規則42条(A)(i)でも保障されている。旧ユーゴスラビア国際刑事裁判所拘禁規則67(A)は、「各被拘禁者は、必要であれば通訳の援助を得て、その弁護人と全面的にかつ制限なく連絡する権利を有する」こと、およびさらに

---

71 *United Nations Compilation of General Comments*, p.140, para.11.

「そのようなすべての通信および連絡は特権的扱いを認められる」ことを定めている。最後に、同拘禁規則67(D)は、「弁護人および通訳との面会は、拘禁施設職員が監視できる場所で行なうことができるが、直接または間接に会話を聴取できる場所で行なってはならない」と定めている。同様の規定はルワンダ国際刑事裁判所拘禁規則の規則65にも置かれている。

＊＊＊＊＊

法的援助を利用する権利は**効果的に**享受できなければならず、そうでない場合は自由権規約委員会は14条3項違反を認定してきている[72]。当然のことながら、拘禁されてから10か月間、当事者が法的援助をまったく利用することができず、それに加えて裁判にも出席できなかった事件においても、この規定の違反が認定された[73]。しかし、この事件は自由権規約委員会が扱う他の多くの事件と同じように極端な事例である。というのも、これは独裁制という不幸のもとで収容された被拘禁者の状況に関わっていたためである。

＊＊＊＊＊

アフリカ人権委員会は、「救済請求および公正な裁判に対する権利に関する決議」でアフリカ憲章7条1項(c)に掲げられた弁護人選任権を強化し、個人に対する罪の決定においては、当該個人はとくに「自己が選任する弁護士と秘密に連絡をとる」権利を有すると述べた。この権利の侵害は、弁護士へのアクセスも、自己が選任する弁護士による代理も認められなかったニラン・マラオル氏の代理で通報を行なった「メディアの権利アジェンダ」事件で認定されている[74]。

＊＊＊＊＊

欧州人権裁判所は、「欧州条約は、刑事上の罪に問われた者が妨害されることなく弁護人と連絡する権利を明示的には保障していない」と指摘する。しかし、

---

[72] 多くの事件のなかでもとくに、Communication No.R.2/8, *B. Weismann Lanza and A. Lanza Perdomo v. Uruguay* (Views adopted on 3 April 1980), in UN doc. GAOR, A/35/40, p.118, para.16;およびCommunication No.R.1/6, *M. A. Millan Sequeira v. Uruguay* (Views adopted on 29 July 1980), p.131, para.16参照。

[73] Communication No.R.7/28, *I. Weinberger v. Uruguay* (Views adopted on 29 October 1980), in UN doc. GAOR, A/36/40, p.119, para.16.

[74] ACHPR, *Media Rights Agenda (on behalf of Niran Malaolu) v. Nigeria*, Communication No.224/98, decision adopted during the 28th session, 23 October - 6 November 2000, paras.55-56 of the text of the decision as published at http://www1.umn.edu/humanrts/africa/comcases/224-98.html.

欧州人権裁判所はこれに代えて、とくに欧州評議会閣僚委員会が決議(73)5によって採択した被拘禁者処遇最低基準規則の93条を参照している。同条の規定は次のとおりである。

「未決被拘禁者は、**拘禁されると同時に**自己の弁護士代理人を選任する権利を有し、かつ、無料の法律扶助が利用可能であればそれを求めること、ならびに、自己の防御のために弁護人の訪問を受けることおよび秘密の指示書を作成して弁護人に渡し、かつそのような指示書を受け取ることを認められる。この目的のため、未決被拘禁者はその要請に応じてあらゆる必要な便益を与えられる。未決被拘禁者はとくに、管理者とのおよび自己の防御のためのあらゆる重要な面接交渉にさいして通訳による無料の援助を受ける。未決被拘禁者と弁護人との面会は、警察または施設職員が監視できる場所で行なうことができるが、それらの者が直接または間接に会話を聴取できる場所で行なってはならない」[75]

欧州人権裁判所はさらに、「第三者に聴かれることなく弁護士と連絡する被疑者の権利は、民主的社会における公正な裁判の基本的要件の一部であり、かつ〔条約6条3項(c)〕から派生するものであると考える」としている。「弁護士がそのような監視を受けることなく依頼人と協議し、秘密の指示書を受け取ることができなければ、その援助はその有益性を相当失うであろう。しかし条約は、実際的かつ効果的な権利の保障を意図したものである」[76]。

S対スイス事件

　S対スイス事件において申立人は、スイス当局が弁護士との面会を監視し、また弁護士に一件書類の一部しか閲覧させなかったのは6条3項(c)違反であると訴えた。事実関係からは、申立人が弁護士に送った数通の書簡が傍受され、またあるときには面会を監督していた警察官らがメモまでとっていたことがうかが

---

[75] *Eur. Court HR, Case of S. v. Switzerland, judgment of 28 November 1991, Series A, No.220*, p.15, para.48. 強調引用者。
[76] Ibid., para.48 at p.16.

える。政府は欧州人権裁判所において、監視は「口裏合わせ」の事情があったために正当化されると主張した。共同被告人の弁護士2名が防御戦略の調整を図ると考えたためである。

　しかし欧州人権裁判所は、6条3項(c)にもとづく、弁護士と連絡する申立人の権利が侵害されたと認定した。「申立人に対する被疑事実の重大性に関わらず」、口裏合わせの可能性によって「本件制限を正当化することはできず、またそれだけの説得力を有するその他の理由も何ら提示されなかった」ためである。委員会の見解によれば、「複数の弁護人が防御戦略の調整のために協力することは何ら異常なことではな」く、また法廷任命弁護人の「職業倫理」も「その行為の合法性も、本件においては一度も問題とされることはなかった」。さらに、「本件制限は7か月以上続いた」ものであった[77]。

　以上の記述からわかるように、国際的監視機関の判例により、国際人権条約に掲げられた公正な裁判に関する規則は、主として公正な裁判手続の確保を目的としているように思われるものの、刑事捜査が行なわれる裁判前の段階でも適用される場合があることは証明されている。少なくとも、その後、独立のかつ公平な裁判所の前で公正な審理を確保するために必要な程度には、これらの規則が適用されなければならない。

　このことはとくに、14条にもとづく弁護士にアクセスする権利との関連で自由権規約委員会が積み重ねてきた判例から導き出すことが可能である。この点については第7章でさらに詳しく取り上げる。さらに欧州人権裁判所は、欧州人権条約6条、とくに6条3項について、「最初の段階でその規定が遵守されないことにより裁判の公平性が重大に損なわれる可能性があるときは、その限りにおいて、事件が裁判のために送致される前にも関連する場合がある」と判示している[78]。直接にまたは自己が選任する弁護士を通じて防御する権利に関わる6条3項(c)については、「予備的調査の段階における〔その適用のあり方は〕、関係する手続の特別な特徴および事件の状況によって異なる」[79]。欧州人権裁判所は、マレー事件

77　Ibid., para.49.
78　Eur. Court HR, Case of John Murray v. the United Kingdom, judgment of 8 February 1996, Reports 1996-I, p.54, para.62.

349

において、裁判所の立場を次のように説明している。

> 「63. 国内法においては、その後の刑事手続における防御の観点から決定的に重要である最初の段階の警察による尋問で、被疑者がどのような態度をとっていたかを重視する場合がある。このような状況においては、6条にもとづき、最初の段階の警察による尋問からすでに被疑者が弁護士の援助を受けられるようにすることが、通常求められるところである。ただし、条約で明示的に定められていないこの権利は、相当の理由がある場合には制限することができる。問題は、それぞれの事件において、手続全体を踏まえ、当該制限によって被疑者が公正な審理の機会を奪われたかどうかということである」[80]

弁護士への早期のアクセス：マレー事件

マレー事件において、申立人は拘禁後48時間、弁護士にアクセスすることを拒否された。この措置は1987年北アイルランド(非常事態規定)法15条にもとづき決定されたもので、「アクセス権の行使により、とくにテロ行為の実行に関する情報収集が阻害され、またはそのような行為の防止がより困難になると考えるに足る合理的理由が警察にあることを根拠として」いた[81]。申立人は、1988年刑事証拠(北アイルランド)令にもとづき、黙秘すれば申立人に不利な証拠を裏づけるものと推定される場合があると警告されていた。欧州人権裁判所は、当該政令に掲げられた証拠採用方式について次のように述べた。

> 「〔このような証拠採用方式に照らせば、〕……被疑者が最初の段階の警察による尋問のときから弁護士にアクセスできることは、防御権の保障のために何よりも重要である。裁判所は、……当該政令にもとづき、被告人は警察による尋問が開始された時点で自己の防御に関わる根本的なジレンマに直面したと考えるものである。黙秘すれば、当該政令の規定にしたがい、申立人に

---

79 Ibid., loc. cit.
80 Ibid., pp.54-55, para.63.
81 Ibid., p.55, para.64.

不利な推定が行なわれる可能性がある。他方、尋問の最中にあえて沈黙を破れば、自己に不利な推定がなされる可能性が必ずしも排除されないにも関わらず、自己の防御が損なわれる危険を冒すことになる」[82]

そこで欧州人権裁判所は、「このような条件下においては、6条に掲げられた公平性の概念により、被疑者が最初の段階の警察による尋問のときから弁護士にアクセスできることが求められる」とし、「警察の尋問が開始されてから48時間、弁護士へのアクセスを否定することは、防御権が不可逆的に損なわれる可能性が十分存在する状況においては、そのような否定についてどのような正当化が行なわれようとも、6条にもとづく被疑者の権利と両立しない」と認定した[83]。

> 遅滞なく弁護人にアクセスし、かつ弁護人と秘密に協議できるようにされる権利は、自由を奪われた時点から認められる。警察による捜査の初期段階から弁護士に速やかにアクセスできることは、防御権が永続的に損なわれることのないようにするために必要不可欠である場合がある。

6.5 自己に不利益な供述を強要されない権利／黙秘権

自由権規約14条3項(g)は「自己に不利益な供述又は有罪の自白を強要されない」権利をすべての者に保障しており、また米州人権条約8条2項(g)は「自己に不利な証人となることまたは罪を認めることを強要されない」権利をすべての者に認めている。米州人権条約のこの規定は、「被告人による有罪の自白は、いかなる種類の強制もなしに行なわれた場合にのみ、有効なものとする」という8条3項によって強化されている。アフリカ人権憲章および欧州人権条約には同様の規定は置かれていない。この権利を効果的に保護することは、予備的捜査のさいにはとくに重要となる。被疑者に有罪の自白を強要するため圧力をかけようという誘惑は、この段階で最大のものとなりやすいためである。検察官の役割に関する指針

---

82 Ibid., para.66.
83 Ibid., loc. cit.

の指針16で、検察官は違法な手段によって得られた証拠を拒否しなければならないと定められていることも、特筆しておく価値がある[84]。

　自己負罪および有罪の自白を強要されない権利は、国際刑事裁判所規程55条1項(a)と、ルワンダ・旧ユーゴスラビア両国際刑事裁判所規程のそれぞれ20条4項(g)および21条4項(g)にも掲げられている。

＊＊＊＊＊

　規約14条3項(g)の違反は、たとえば申立人が「拷問により有罪の自白を強制された」事件などいくつかの機会に認定されてきた。この事件の申立人は3か月間、厳正独居拘禁下に置かれ、その間に「極度の不当な取扱いを受け、自白調書に署名させられた」ものである[85]。このような重大な事態が自己負罪の強要の禁止と両立しないことは明らかだが、以下に述べるように、被疑者に対する強要の合法性を評価することがより困難になりかねないその他の状況も存在する。

＊＊＊＊＊

　自己に不利益な供述を強要されない権利は**黙秘権**に由来するものである。もっとも、このマニュアルで検討する4つの人権条約では、警察の尋問中か裁判手続中かを問わず、この権利を明示的に定めてはいない。しかし、ルワンダ・旧ユーゴスラビア両国際刑事裁判所の手続証拠規則42条(A)(iii)は、国際刑事裁判所規程52条2項(b)とともに、この権利に明示的に言及している。さらに、欧州人権裁判所は曖昧さを残す余地なく次のように判示している。

> 「警察の尋問中の黙秘権および自己負罪拒否特権が**一般的に承認された国際基準**であって、6条にもとづく公正な手続という概念の中核に存在することには疑いの余地がない。……公的機関による不適正な強要から被疑者を保護することにより、これらの免責特権は、誤審の回避および6条の目的の確保に寄与しているのである」[86]

84　原則16の全文は前掲6.2の引用参照。
85　Communication No.139/1983, *H. Conteris* (Views adopted on 17 July 1985), UN doc. *GAOR*, A/40/40, p.202, para.10 read in conjunction with p.201, para.9.2. 自己負罪が強要されたもうひとつの事件として、Communication No.159/1983, *R. Cariboni v. Uruguay* (Views adopted on 27 October 1987), UN doc. *GAOR*, A/43/40, para.10 at p.190参照。
86　*Eur. Court HR, Case of John Murray v. the United Kingdom, judgment of 8 February 1996, Reports 1996-I*, p.49. 強調引用者。

黙秘権は絶対的権利か：欧州人権裁判所の見解

　この事件の申立人は1989年テロ防止(一時規定)法によって逮捕され、1988年刑事証拠(北アイルランド)令3条にしたがい、何も言いたくなければ言わなくてよいが、裁判所はその黙秘を、申立人にとって不利になる関連の証拠を裏づけるものとして扱う可能性があるという警告を警察官から受けた。その後、この警告は何度か繰り返されている。申立人は、IRAのテロリストとされる者らがその被害者とともに逮捕された住居で、階段を下りてきたところで逮捕されたものである。共謀殺人の罪で裁判にかけられる間、申立人は黙秘したが、ここでも、「証拠を示さないことまたはいかなる質問にも答えないこと」は、裁判所が申立人の有罪・無罪を決定するにあたり、「裁判所が適当と考える限度で」申立人の不利に考慮される可能性があるとの警告を受けた[87]。申立人は、共謀殺人の対象とされた男性の違法な監禁を現場幇助した罪で有罪とされたが、その他の罪状については無罪とされた。

　欧州人権裁判所は、この事件において、黙秘権および自己負罪拒否特権の「適用範囲」ならびにこの文脈における「不当な強要」の構成要素を「抽象的に分析する」ことはしなかった。その理由について、欧州人権裁判所は、本件の争点は次のような問題だからであると述べた。

> 「被告人が黙秘権を行使することは、裁判において、いかなる状況でも被告人に対して不利に用いることはできないという意味で、これらの免責特権は絶対的なものか、またはそうではなく、一定の条件下で黙秘が被告人の不利に用いられる可能性があることを事前に被告人に告げることは、常に『不当な強要』と見なされるか」[88]

　欧州人権裁判所にとって、「被告人が黙秘したこと、またはいかなる質問にも答えずもしくは自ら証拠を示さなかったことを有罪判決の唯一のまたは主要な根拠とすることは、検討中の免責特権と両立しない」ことは「自明の理」であった。

87　Ibid., p.38, para.20.
88　Ibid., p.49, para.46.

しかし、「被告人自身による説明が求められることは明らかな状況にあって、これらの免責特権によって、検察が提出した証拠の説得性を評価するさいに被告人の黙秘を考慮にいれることが禁じられることはありえず、またそうあるべきではないことも、同様に明らかである」。したがって、「この両極端の間のどこかに線を引かなければならないときには」、黙秘権が「絶対的かという〔問題は〕常に否定的に答えられなければならない」[89]。同様に、「刑事手続全体を通じて黙秘するという被告人の決定が、裁判所が被告人に不利な証拠を評価しようとするさいに何らの影響も及ぼすべきではない……と言うこともできない」。欧州人権裁判所はさらに、被告政府に同意して、「この分野で確立された国際基準は、黙秘権および自己負罪拒否特権について定めてはいるものの、この点については何ら述べていない」と述べた[90]。このことは、次のことも意味する。

「……被告人の黙秘を理由として不利な推定を行なうことが6条を侵害する〔かどうかという問題は、〕推定が行なわれる状況、証拠の評価にあたって国内裁判所が当該推定を重視する程度、および当該状況に存在していた強要の度合いをとくに顧慮しながら、事件のあらゆる状況に照らして判断されなければならない」[91]

欧州人権裁判所は国内裁判所の予審判事の権限を注意深く分析し、予審判事は「被告人に不利な証拠に照らし、適当と認める常識的な推定」を行なうことしかできないと認定した。これに加えて、予審判事には「事件の事実関係に照らして推定が行なわれるべきかどうかを判断する裁量権」があり、さらにこの裁量の行使は「上訴裁判所による審査の対象とされて」いた[92]。この事件の背景を踏まえ、欧州人権裁判所は最終的に、「申立人の黙秘を理由として**合理的な**推定を行なうことが、実質的に立証責任を検察側から被告人側に移すことであり、無罪の推定の原則を侵害すると言うこと」はできないとした[93]。

89　Ibid., para.47.
90　Ibid., loc. cit.
91　Ibid., pp.49-50, para.47.
92　Ibid., para.51 at p.51.
93　Ibid., loc. cit. 強調引用者。

ただし、欧州人権裁判所による黙秘権のこのような解釈が自由権規約委員会および(または)他の地域的監視機関によって共有されるかどうかは、現段階ではなんとも言えない。

＊＊＊＊＊

国際刑事裁判所規程：この点、国際刑事裁判所規程55条2項(b)が、被疑者は、尋問を受ける前に、被疑者は「黙秘」権を有しており、かつ**「罪または善悪の観念の決定にあたって当該黙秘を考慮されることはない」**(強調引用者)旨を告げられなければならないと定めていることが注目される。同規程の文言を、このマニュアルで検討する人権条約の有権的解釈と見なすことはできないが、同規程が相当の司法的重要性を有する法的文書であることは確かである。この重要な主題は、次のような問題を提起する。

◎ マレー事件における欧州人権裁判所の判決が国際刑事裁判所規程55条2項(b)と一致していると考えられるか。
◎ 「常識的な推定」が果たす役割に依拠することは、誤審の可能性に対する十分な保障となるか。
◎ この概念は、刑事手続における証拠評価で用いるのに十分な明確性を備えているか。
◎ たとえば、共同被告人その他の者からの報復を恐れて被疑者が陳述を拒否した場合はどうなるか。

> **被疑者は、いかなる時点および状況においても、自己負罪または有罪の自白を強要されてはならない。被疑者は常に黙秘権を有する。**

6.6 尋問の記録を作成・保管する義務

国際人権法で禁じられた取扱いを防止するため、また必要があればそれが起こったことを証明し、それによって将来の裁判手続に備えるためにも、尋問の記録が作成・保管され、検察機関と弁護側の双方が利用できるようにしておくことは必要不可欠である。この問題について自由権規約委員会は、自由権規約7条に関

する一般的意見20で、「あらゆる尋問の時間および場所は、すべての立会人の氏名とともに記録されるべきであり、またこの情報は司法上または行政上の手続の目的でも利用可能とされるべきである」と述べている[94]。

あらゆる形態の拘禁または収監のもとにあるすべての者の保護のための原則の原則23は、記録を作成・保管する義務について次のように定めている。

「1. 被拘禁者または被収監者の尋問時間ならびに尋問の間隔および尋問を行なった職員その他の立会人の身元は、法律によって定められた様式がある場合には当該様式で記録および公証される。
2. 被拘禁者もしくは被収監者、または法律に定めがあるときはその弁護人は、この原則の1に定める情報へのアクセスを認められる」

ルワンダ・旧ユーゴスラビア両国際刑事裁判所の手続証拠規則の規則43は、被疑者の尋問は同規則で定められた特別な手続にしたがって「録音または録画されるものとする」と定めている。被疑者はこの記録の速記の謄写を与えられなければならない(規則43(iv))。

> 尋問の詳細な記録が常に作成・保管され、かつ被疑者およびその弁護人が利用できるようにされなければならない。

6.7 防御の準備のために十分な時間及び便益を与えられる権利

自由権規約14条3項(b)では、すべての者は、その刑事上の罪の決定について、「防御の準備のために十分な時間及び便益を与えられ」る権利を有すると定められている。米州人権条約8項2項(c)は罪を問われている者に対して「防御の準備のための十分な時間および手段」を保障しており、また欧州人権条約6条3項(b)は「防御のため〔の〕十分な時間及び便益」という文言を用いている。アフ

94　*United Nations Compilation of General Comments*, p.140, para.11.

リカ人権憲章7条1項は、「自己の選任する弁護人によって弁護される権利を含む防御の権利」を一般的に保障している。ルワンダ・旧ユーゴスラビア両国際刑事裁判所規程の20条および21条はそれぞれ自由権規約14条の強い影響を受けており、いずれも、罪を問われた者は「防御の準備のためにおよび自己が選任する弁護人と連絡するために十分な時間および便益を与えられる」と定めている。この権利については第7章でさらに詳しく検討するので、ここでは限られた数の国際的司法判断しか例として取り上げない。これらの例を取り上げるのは、むしろ捜査の早い段階で防御のための準備および便益が与えられなかったことに、とくに関わる事件だからである。

*****

自由権規約委員会が強調するように、「罪を問われた者が防御の準備のために十分な時間および便益を与えられる権利は、公正な裁判の保障の重要な側面であり、また武器の平等の原則から当然に派生するものである」[95]。14条に関する一般的意見13で、委員会はまた、「**十分な時間**」という文言の意義はそれぞれの事件の状況によって変わってくるが、「**便益**」には、罪を問われた者が主張の準備のために必要とする**文書その他の証拠**へのアクセスと、**弁護人**と会話しかつ連絡をとる機会が含まれなければならないとも説明している。罪を問われた者が自ら直接に防御することを望まないとき、または自己が選任する者または団体による弁護を要請するときには、弁護士を利用できなければならない[96]。この規定はさらに、「弁護士が、**連絡の秘密が完全に尊重される**条件下で、罪を問われた者と連絡する」ことを求めるものであり、弁護士は「いかなる方面からのいかなる制限、影響、圧力または不当な干渉もなく、定められた職業上の基準および判断にしたがって、その依頼人の弁護および代理をすることができるべきである」[97]。

申立人が防御のために十分な時間および便益を与えられなかったと主張した事件において、委員会は、申立人は実際には「予備審問でその代理人を務めた同じ

---

95 Communication No.349/1989, *C. Wright v. Jamaica* (Views adopted on 27 July 1992), UN doc. *GAOR*, A/47/40, p.315, para.8.4. 同様の表現はCommunication No. 702/1996, *C. McLawrence v. Jamaica* (Views adopted on 18 July 1997), UN doc. *GAOR*, A/52/40, p.232, para.5.10でも用いられている。
96 *United Nations Compilation of General Comments*, p.124, para.9. 強調引用者。
97 Ibid, loc. cit. 強調引用者。

弁護人によって裁判でも代理されて」おり、さらに「申立人もその弁護人も、防御のための時間をもっと保障するよう、裁判所に対して一度も求めなかった」ことに留意し、したがって14条3項(b)違反はなかったと認定した[98]。**したがって、準備のための時間および便益が十分ではないと弁護側が考えるのであれば、手続の延期を求めることが重要である。**

しかし委員会は、「死刑を言渡すことのできる事件においては、被告人および弁護人に対し、裁判における防御の準備のために十分な時間が認められなければならないことは自明の理である」こと、また「この要件は裁判手続の**すべての段階に適用される**」ことを強調している。ただしここでも、「何が『十分な時間』であるかを判断するためには、それぞれの事件の個別の状況を評価することが必要である」[99]。

ライト事件

ライト事件の申立人は、防御の準備のために十分な時間を与えられなかったこと、「事件を担当することになった弁護士は公判が始まるまさにその日に依頼を受けたこと」、したがって「弁護人には準備の期間が1日もなかった」ことを主張した[100]。委員会は、米国から証人が到着する関係で「公判を期日どおりに開始する相当の圧力があった」こと、また申立人が主張したように、弁護士が選任されたのは「公判期日当日の朝」であり、したがって申立人の防御の「準備のための時間が1日もなかった」点は「争われていない」ことを認めた。しかし、申立人の弁護人により「公判延期が求められなかったことも同様に争われていない」[101]。したがって、委員会は、「防御の準備が不十分であったことを締約国の司法機関に帰責することはできないと考える」とし、これに付け加えて、「適当な準備ができなかったと弁護人が感じたのであれば、**公判延期を求める責**

---

98 Communication No.528/1993, *M. Steadman v. Jamaica* (Views adopted on 2 April 1997), UN doc. *GAOR*, A/52/40 (vol.II), p.26, para.10.2.
99 Communication No.349/1989, *C. Wright v. Jamaica* (Views adopted on 27 July 1992), UN doc. *GAOR*, A/47/40, p.315, para.8.4. 強調引用者。
100 Ibid., p.311, para.3.4.
101 Ibid., pp.315-316, para.8.4.

任は弁護人にあった」と述べた[102]。したがってこの事件では14条3項(b)違反は認定されなかった。申立人は殺人罪で有罪とされ、死刑を言渡された。

　ライト事件の結果を踏まえると、次のような疑問がわいてくる。すなわち、死刑事件、または裁判の終了時に被告人に重い収監刑が科される可能性のある事件では、14条3項(b)が遵守されるようにする**全**責任を弁護側に負わせるのは公正かどうかという問題である。司法の利益に照らせば、関係裁判官には、被告人に対して実際に防御の準備のための十分な時間および便益が確保されたことを確認する義務があるとは言えないだろうか。

スミス事件

　やはり死刑事件であるスミス事件では、委員会は、14条3項(b)の違反が実際にあったとの結論に達した。この事件の申立人は、裁判が不公正であったこと、公判開始日になって初めて弁護士と協議できたたために防御のための十分な時間がなかったこと、したがって多くの重要な証人を喚問できなかったことを訴えていた。委員会によれば、「弁護体制が整ったのが公判開始日であったことには争いがない」。申立人の裁判所任命弁護士のひとりは他の弁護士に交代を依頼しており、またもうひとりは公判開始前日に辞任していたのである。申立人の弁護を実際に行なった弁護士は開廷時間の午前10時に出廷し、「前日の夜遅くに依頼人と面会することが刑務所当局によって認められなかったため、専門の補助者を確保し、依頼人と打合せができるよう」、午後2時まで休廷することを申請した[103]。申請は認められたが、これによっても弁護士は「補助者の確保および申立人との面接交渉の時間が4時間しかなく、それもおざなりにしかできなかった」[104]。委員会の結論によれば、これは「死刑事件において十分な防御の準備をするためには不十分」であり、さらに「このことにより、どの証人を喚問するか判断する弁護

102　Ibid., loc. cit. 強調引用者。死刑事件における同様の決定理由について、Communication No. 702/1996, *C. McLawrence v. Jamaica* (Views adopted on 18 July 1997), UN doc. GAOR, A/52/40, p.232, para.5.10も参照。
103　Communication No.282/1988, *L. Smith v. Jamaica* (Views adopted on 31 March 1993), UN doc. A/48/40 (vol.II), p.35, para.10.4.
104　Ibid., loc. cit.

人の能力に影響が及んだことをうかがわせる証拠」もあった[105]。したがって、これらの事実は規約14条3項(b)違反を構成するとされた[106]。

スミス事件では、弁護側が実際に短時間の延期を求めた。被告人弁護人がこのような延期を求めなかった場合、委員会はどのような決定をしたと考えるだろうか。

厳正独居拘禁：14条3項(b)の違反は、申立人が弁護士と連絡し、防御の準備をするための時間が公判中の2日間しかなかったマレイ事件でも認定されている。弁護士は「担当判事から依頼人との接見許可を得ていた」が、依頼人が厳正独居拘禁下にあったために繰り返し接見を阻まれたものである[107]。ヤシーンおよびトーマス事件では、14条3項(b)と14条3項(d)両方の違反が認定されている。この事件では、公判開始から4日間、ヤシーンには弁護士代理人がつかず、公判終了時には死刑が言渡された[108]。

1970年代から1980年代初頭にかけて審理された、ウルグアイを相手どった膨大な量の事件でも、とくにこの規定の違反が認定されている。これらの事件に共通していたのは、申立人らが破壊活動またはテロ活動に関与した嫌疑で逮捕・勾留され、長期に渡って厳正独居拘禁下に置かれ、拷問その他の不当な取扱いを受け、その後、軍事裁判所で裁判にかけられて有罪判決を受けたということである[109]。14条3項(b)の違反は、マダガスカルを相手どったワイト事件でも認定されている。申立人は、「刑事上の容疑について捜査および決定が行なわれた」10か月の間、「弁護人にアクセスすることもできず厳正独居拘禁下に置かれていた」[110]。さらにピニャリエッタほか事件では、委員会は、「拘禁から44日間」、

---

105 Ibid.
106 Ibid.
107 Communication No.49/1979, *D. Marais, Jr. v. Madagascar* (Views adopted on 24 March 1983), UN doc. *GAOR*, A/38/40, p.148, para.17.3 and p.149, para.19.
108 Communication No.676/1996, *A. S. Yasseen and N. Thomas v. Guyana* (Views adopted on 30 March 1998), UN doc. *GAOR*, A/53/40 (vol.II), p.161, para.7.8.
109 たとえばCommunication No.R.13/56, *L. Celiberti de Casariego v. Uruguay* (Views adopted on 29 July 1981), UN doc. *GAOR*, A/36/40, p.188, para.11; Communication No.43/1979, *A. D. Caldas v. Uruguay* (Views adopted on 21 July 1983), UN doc. *GAOR*, A/38/40, p.196, para.14; and Communication No. R.17/70, *M. Cubas Simones v. Uruguay* (Views adopted on 1 April 1982), UN doc. *GAOR*, A/37/40, pp.177-178, para.12参照。

すなわち申立人らが逮捕後に厳正独居拘禁下に置かれていた期間中、弁護人にアクセスすることができなかったという理由で14条3項(b)違反を認定している[111]。

　数週間、場合によっては数か月も続く厳正独居拘禁は、いくつかの人権、とくに防御の準備をする権利を尊重される権利をとりわけ重大な形で侵害するものである。しかし、たとえ短期の厳正独居拘禁であっても、防御権を含む被拘禁者の権利に重大な悪影響が及ぶ場合がある。したがって、自由権規約委員会が指摘するように「厳正独居拘禁を禁止するための」定めが置かれるべきである[112]。

　文書へのアクセス：被疑者・被告人および(または)その弁護人による文書へのアクセスについて委員会は、14条3項(b)は「告発を受けた者が刑事捜査に関連する全資料の謄写を提供される権利について明示的に定めたものではなく、『防御の準備のために十分な時間及び便益を与えられ並びに自ら選任する弁護人と連絡する』ことができなければならないと定めたものである」と述べている。ある事件の申立人は、裁判所による審理の2か月近く前に、「直接にまたはその弁護士を通じて」「警察署に保管されていた事件関連の文書」を閲覧することができたにも関わらず、「そのような閲覧は行なわず、すべての文書の謄写を送付するよう求めた」。したがって、この事件では14条3項(b)違反は認定されなかった[113]。

　さらに、委員会の決定例によれば、「公正な裁判に対する権利は、裁判所で用いられる言語を理解しない被告人が刑事捜査に関連する全資料の訳文を提供される権利を含むものではない。**ただし、関連の文書が被告人弁護人に提供されることが条件である**」[114]。ノルウェーで裁判を受けた英国市民に自己の選任した弁護士がついており、その弁護士が一件書類全体にアクセスできたばかりか、申立人との面会で通訳の援助も受けていた事件においては、公正な裁判に対する権利(14条2項)の侵害も、防御のために十分な便益を与えられる権利(14条3項(b))の侵

110　Communication No.115/1982, *J. Wight v. Madagascar* (Views adopted on 1 April 1985), UN doc. *GAOR*, A/40/40, p.178, para.17.

111　Communication No.176/1984, *L. Peñarrieta et al. v. Bolivia* (Views adopted on 2 November 1987), UN doc. *GAOR*, A/43/40, p.207, para.16.

112　7条に関する一般的意見20(*United Nations Compilation of General Comments*, p. 140)パラ11。

113　Communication No.158/1983, *O. F. v. Norway* (decision adopted on 26 October 1984), UN doc. *GAOR*, A/40/40, p.211, para.5.5.

114　Communication No.526/1993, *M. and B. Hill v. Spain* (Views adopted on 2 April 1997), UN doc. *GAOR*, A/52/40 (vol.II), p.18, para.14.1. 強調引用者。

害も認定されなかった。この事件で考慮されたもうひとつの要素は、書類を精査する十分な時間がないと弁護士が考えたのであれば延期を求めることもできたということであり、実際、この弁護士はそうしていた[115]。

＊＊＊＊＊

米州人権条約8条2項(c)の違反はカスティージョ・ペトルッチほか事件で認定されている。この事件においては、「被告人弁護人が活動しなければならなかった条件は、第1審判決が言渡される前日まで一件書類にアクセスできなかったことから、適正な弁護のためにはまったく不十分であった」。米州人権裁判所の見解によれば、「これにより、被告人弁護人の出席および参加は単なる形式に留まった」のであり、したがって「被害者らに防御の十分な手段が与えられていたと主張する余地はほとんどない」[116]。

> 被疑者・被告人に対しては、防御の準備のために十分な時間および便宜が常に与えられなければならない。このような便宜には、防御のために必要不可欠な文書その他の証拠への効果的アクセスが含まれる。厳正独居拘禁は効果的防御を確保する権利を妨げるものであり、違法とされるべきである。

7. おわりに

本章では、裁判前に行なわれる犯罪活動の捜査の過程で保障されなければならないいくつかの基本的な人権について、網羅的ではないものの、説明してきた。そこには、被疑者の身体的・精神的不可侵性のみならず、初期の手続全体およびその後の裁判の期間を通じて効果的防御を確保するための権利をも保全するために必要不可欠な、多くの権利が含まれる。これらの権利を効果的に実現するために、法曹、すなわち裁判官・検察官・弁護士が一様に重要な役割を

---

115 Communication No.451/1991, *B. S. Harvard v. Norway* (Views adopted on 15 July 1994), UN doc. *GAOR*, A/49/40 (vol.II), p.154, para.9.5.
116 I-A Court HR, *Castillo Petruzzi et al. case v. Peru*, judgment of May 30, 1999, Series C, No.52, p.202, para.141.

果たさなければならない。警察および検察機関は、国際法にもとづいてこれらの権利を保護する義務を負っている。国内裁判所の裁判官も同様であり、拷問を受けない権利、弁護人に効果的にアクセスする権利、自己に不利な証言を強要されない権利および効果的な防御のための準備を行なう権利といった重要な権利が尊重されていないことを示す、いかなる徴候にも常に目を光らせていなければならない。これらの権利に加えて、法律の前における平等および無罪の推定に対する基本的権利も存在する。結論として、国際人権法は、法の支配および個人の権利の尊重を基礎として機能し、最終的に司法を公正かつ効果的に運営することを目指す司法制度構築のための、重要な基盤を提供していると言える。

第7章

公正な裁判に対する権利Ⅱ：裁判から最終判決まで

第7章 ･･･公正な裁判に対する権利Ⅱ‥裁判から最終判決まで

第7章
公正な裁判に対する権利Ⅱ：
裁判から最終判決まで

学習の目的
- 刑事上の罪を問われた者が裁判段階全体を通じて有する権利に関わる主な国際法上の規則のいくつかについて、また国際的監視機関によるこれらの規則の適用について、講座の参加者が習熟できるようにすること。
- 法の支配を基礎とする社会においてさまざまな人権を保護するためにこれらの法的規則を適用することがいかに重要かについて、参加者の感性を高めること。
- 危機的事態を含むすべての状況での公正な裁判への権利を含む法の支配を執行するうえで自分たちが果たしている基本的な役割について、参加している裁判官・検察官・弁護士の意識を喚起すること。

設問
- あなたは、公平な裁判に関わる国際法上の規則についてすでによく知っているか。
- これらの規則は、すでにあなたが活動している国内法制の一部となっているか。
- なっているとすれば、これらの規則の法的地位はどのようなものか。また、あなたはそれらを適用できたことがあるか。
- 自らの経験に照らし、裁判前または裁判の段階で人権を確保することに関して特段の懸念を有しているか。または、何らかの具体的問題を経験したことがあるか。
- そうだとすれば、その懸念または問題とはどのようなものか。また、あなたが活動している国の法制上の枠組みを踏まえて、それにどのように対応したか。
- この講座のなかで、ファシリテーター／トレーナーにとくに取り上げてもらいたい問題はどれか。
- さまざまな状況下で職務を遂行している裁判官・検察官・弁護士に対し、公正な裁判の規則の適用を確保できるようにするために何か助言はあるか。

関連の法的文書

国際文書
- 市民的及び政治的権利に関する国際規約(自由権規約、1966年)
- 国際刑事裁判所規程(1998年)

＊＊＊＊＊

- 検察官の役割に関する指針(1990年)
- 弁護士の役割に関する基本原則(1990年)

＊＊＊＊＊

地域文書
- 人および人民の権利に関するアフリカ憲章(アフリカ人権憲章、1981年)
- 米州人権条約(1969年)
- 欧州人権条約(1950年)

1. はじめに

　本章は、刑事捜査の段階で保障されなければならない基本的人権のいくつかを取り上げた第6章に論理的に続くものであり、裁判段階に適用される国際法上の規則に紙幅が割かれる。また、刑罰の制限、上訴権、誤審の場合に賠償を受ける権利、公正な裁判と特別裁判所の問題といったいくつかの重要な関連問題も取り上げる。公の緊急事態における公正な裁判への権利についても簡単に言及するが、さらに詳しくは第16章で検討する。

　しかし、本章全体を通じて念頭に置いておかなければならない重要なことは、第6章で取り上げた2つの基本的規則、すなわち**法律の前における平等に対する権利および無罪と推定される権利**である。これらの規則は、裁判の開始から最終判決の言渡しに至るまでの裁判手続を規律している。

　最後に、第6章で検討した問題が本章でも取り上げられる場合がある。裁判前の段階と裁判段階が本来的に関連しているからであるが、重複は厳格に最低限に留めた。

2. 法規定

　公正な裁判に関する主な法規定は、自由権規約14条、アフリカ人権憲章7条、米州人権条約8条および欧州人権条約6条である。これらの条項に関連する規定は、以下、適当な見出しのもとに取り上げる。これ以外に以下で参照する規則としては、とくに、検察官の役割に関する指針、弁護士の役割に関する基本原則、国際刑事裁判所規程ならびにルワンダ・旧ユーゴスラビア両国際刑事裁判所規程がある。

3. 裁判中の人権

3.1 法律で設置された、権限のある、独立のかつ公平な裁判所による裁判を受ける権利

独立のかつ公平な裁判所による裁判を受ける権利は常に適用されなければならず、自由権規約14条1項にも、「すべての者は、その刑事上の罪の決定又は民事上の権利及び義務の争いについての決定のため、法律で設置された、**権限のある、独立の、**かつ、**公平な裁判所**による公正な公開審理を受ける権利を有する」として掲げられている(強調引用者)。アフリカ人権憲章7条1項は「権限のある」(7条1項(b))または「公平な」(7条1項(d))裁判所についてしか触れていないが、憲章26条は、締約国に対し、「司法部の独立を保障する」法的義務も課している。米州人権条約8条1項は「あらかじめ設置された、権限のある、独立のかつ公平な裁判所」に言及しており、また欧州人権条約6条1項は「法律で設置された、独立のかつ公平な裁判所」に言及している。最後に、国際刑事裁判所規程40条は、「裁判官はその職務の遂行にあたって独立であるものとする」こと、また「その司法職務を妨げ、またはその独立への信頼に影響を及ぼすおそれがあるいかなる活動にも参加しない」ことを定めている。ただし、裁判所の独立性および公平性の問題については第4章でやや詳しく取り上げたので、ここではこれ以上検討しない。

3.2 公正な審理を受ける権利

「**公正な**」審理という概念は自由権規約14条1項および欧州人権条約6条1項の双方に掲げられており、他方、米州人権条約8条1項は「**適正な保障**」(強調引用者)について述べている。アフリカ人権憲章にはこの点に関わる具体的規定がないが、憲章60条にしたがい、アフリカ人権委員会は人および人民の権利を保護するための他の国際文書から「示唆を受けるものとする」とされていることを指摘しておかなければならない。この規定により、アフリカ委員会は、アフリカ憲章7条に定められた裁判に関わる保障を解釈するにあたり、とくに自由権規

約14条の規定から示唆を受けることができる。ルワンダ・旧ユーゴスラビア両国際刑事裁判所規程のそれぞれ20条2項および21条2項はいずれも、罪を問われた者は、その罪の決定にあたって公正な公開審理を受ける権利があると定めている。もっとも、被害者および証人の保護のため、「非公開の手続の実施および被害者の身元の保護を含む措置(ただしこれに限られない)が求められる場合がある」との但し書き付である(両規程のそれぞれ21条および22条)。これらの規程に掲げられた被告人の権利は、自由権規約14条に強い影響を受けている。

刑事手続との関係で自由権規約14条3項に掲げられた最低限度の保障について、自由権規約委員会は一般的意見13のなかで、14条「1項で求められる公正な審理を確保するためには〔これらの保障を遵守するだけでは〕必ずしも十分ではない場合がある」としており[1]、14条1項にもとづいて締約国にさらなる義務が課される場合がある。とくに死刑が言渡される可能性のある事件では、「規約14条で定められた、公正な裁判のための**すべて**の保障を厳格に遵守する締約国の義務には、**いかなる例外も認められない**」[2]。

以下で紹介するいくつかの国際的・地域的司法判断の実例は、裁判手続の過程で、公正な審理を受ける権利の侵害となる可能性のある状況がいかに多様かを示すものである。公正な審理についてさらに詳しくは、後掲3.2.2「武器の平等および対審手続に対する権利」で紹介する。

自由権規約14条1項の公正な裁判を受ける権利の侵害が認定された例としては、裁判所が「法廷で公衆が作り出した敵対的雰囲気および圧力を統制できず、被告人弁護人が証人の反対尋問および〔申立人の〕抗弁の主張を適正に行なえなくなった」事件がある。最高裁判所はこの問題に触れたが、「申立人の上訴を審理するさい、この問題を具体的に取り上げなかった」[3]。14条1項の公正な裁判を受ける権利の侵害が認定されたもうひとつの例としては、申立人が故殺について罪を認めた後、検察官が公判で起訴猶予の主張を行なった事件がある。委員会は、本

---

1 *United Nations Compilation of General Comments*, p.123, para.5.
2 Communication No.272/1988, *A. Thomas v. Jamaica* (Views adopted on 31 March 1992), in UN doc. *GAOR*, A/47/40, p.264, para. 13.1. 強調引用者。
3 Communication No.770/1997, *Gridin v. Russian Federation* (Views adopted on 20 July 2000), in UN doc. *GAOR*, A/55/40 (vol.II), p.176, para.8.2. 申立人はとくに、法廷は申立人を極刑に処すべきだと叫ぶ人々でいっぱいだったと主張している (ibid., p. 173, para.3.5)。

件の状況においては、起訴猶予の「目的および効果」は申立人が罪を認めたことの「結果を回避することにあった」、すなわち、罪が認められたことを受けて申立人に対する手続を打ち切るのではなく、検察が申立人に対してまったく同じ罪状で新たな起訴を行なえるようにするところにあったと認定した[4]。

＊＊＊＊＊

「ストリート・チルドレン」事件：被害者の観点からの公正

　グアテマラを相手どったいわゆる「ストリート・チルドレン」事件は、4人の「ストリート・チルドレン」が誘拐・拷問のうえ殺害され、もうひとりも殺され、かつ国の機構がこれらの侵害に適切に対応せず、被害者の家族に司法へのアクセスも認めなかった事件である。刑事手続は開始されたが、これらの犯罪について処罰を受けた者はだれもいなかった。米州人権裁判所は、関連の事実関係は「8条との関係で」米州人権条約1条違反を構成するものであると認定した。国は、「関係の事実関係」、すなわち被害者の誘拐、拷問および殺害について「効果的かつ十分な調査を行なう義務を遵守しなかった」ためである[5]。米州人権裁判所の認定によれば、国内手続には「2種類の重大な瑕疵」があった。**第1に**「誘拐および拷問の罪に関する調査が完全に懈怠された」こと、**第2に**「殺人について適正に明らかにするうえできわめて重要となりえた証拠の収集が命令、実行または評価されなかった」ことである[6]。したがって、国内裁判所の裁判官が「証拠資料を細切れにしたうえで、それぞれの証拠ごとに、被告らの責任を立証するありとあらゆる要素の重要性を弱めようとした」こと、この対応が、「証拠は、相互の関係、およびある証拠がどのように他の証拠の裏づけとなっているかもしくはなっていないかを考慮にいれながら、……全体として評価されなければならないという証拠評価の原則」に違反していることは「明らか」であった[7]。この事件において、米州人権裁判所は次の重要な点を強調している。

4　Communication No.535/1993, *L. Richards v. Jamaica* (Views adopted on 31 March 1997), in UN doc. *GAOR*, A/52/40 (vol.II), p.43, para.7.2.
5　I-A Court HR, Villagrán Morales et al. Case (The "Street Children" Case) v. Guatemala, judgment of November 19, 1999, Series C, No.63, p.198, para.233.
6　Ibid., p.196, para.230. さらに詳しくはibid., pp.196-198, paras.231-232参照。
7　Ibid., p.198, para.233.

「人権侵害の被害者またはその近親者には、事実関係を明らかにして責任者を処罰するためにも、また正当な被害回復を求めるためにも、それぞれの手続において主張を聴取されかつ行動することが実質的にできるようにされなければならない」[8]

以上のことからわかるように、適正手続の保障は、国内機関が人権侵害を調査・訴追する手続そのものもこのように規律するのである。

＊＊＊＊＊

直接主張を聴取される権利：欧州人権条約6条1項で保障されている公正な裁判を受ける権利の侵害は、ボッテン事件で認定されている。この事件において、ノルウェー最高裁判所は、申立人を召喚せず、またその主張も直接聴取していないにも関わらず新たな判決を言渡し、申立人を有罪として刑を科した。最高裁判所での手続には公開の審理も含まれ、申立人の代理人弁護士がそこに出席したにも関わらず、違反が認定されている。欧州人権裁判所の見解によれば、「最高裁判所には、判決を言渡す前に申立人を召喚し、その証言を直接聴取する〔ために〕積極的措置をとる義務があった」のである[9]。

公正な裁判を受ける権利の侵害は、さらにブリックモン事件でも認定されている。申立人は、損害賠償請求のため刑事訴追に加わった私訴当事者(王族)の告発にもとづき、いくつかの刑事上の罪について控訴院で有罪判決を受けた。しかし、控訴院が申立人の有罪を認めたいくつかの罪状については、6条で保障された防御権を侵害する手続の後に有罪判決が言渡されたものであった。申立人は、実際、「尋問または対決の手段により、告発人の出席のもと、すべての罪状について同人から証言を得るための機会」をまったく与えられず、対決が行なわれたのはひとつの罪状についてのみにすぎなかった[10]。

---

8   Ibid., p.195, para.227.
9   *Eur. Court HR, Case of Botten v. Norway, judgment of 19 February 1996, reports 1996-I*, p.145, para.53.
10 *Eur. Court HR, Bricmont Case, judgment of 7 July 1989, Series A, No.158*, pp.30-31, paras.84-85.

> 公正な裁判を受ける権利はさまざまな形で侵害されうるが、一般的原則として常に念頭に置いておかなければならないのは、被告人には、告発に答え、証拠について争い、証人を反対尋問し、かつそのさいに尊厳のある環境を保障される真正の可能性が常に与えられなければならないということである。刑事捜査の段階における懈怠および瑕疵は公正な裁判手続に対する権利を深刻に妨げ、したがって無罪と推定される権利も損なう可能性がある。

3.2.1 裁判所または審判所にアクセスする権利

　裁判所にアクセスする権利について、欧州人権裁判所は、6条1項は「民事上の権利および義務に関わるいかなる主張も裁判所に訴える権利をすべての者に保障したもの」であるとしている。受刑者が、刑務所職員を相手どって文書誹毀の民事訴訟を起こすために事務弁護士と協議しようとしたところ、英国内務大臣から許可を与えられなかった事件では、このような許可を与えないことは6条1項で「保障された、裁判所に訴える〔申立人の〕権利」を侵害するものであるとされた[11]。同じ争点はキャンベルおよびフェル事件でも問題にされている。申立人らは、刑務所内の事故で負った傷害について法的助言を求める許可を、刑務所当局が遅滞なく与えなかったと訴えた。最終的には求めていた許可を与えられたものの、欧州人権裁判所は、「証拠関連その他の理由から、身体の傷害事件では法的助言を迅速に利用できることが重要である」こと、「それを妨げることは、たとえ一時的性質の措置であっても、条約違反となる場合がある」ことを強調している[12]。

　また、行政機関が欧州人権条約6条1項にいう「刑事上の罪」に相当する行政罰——高速道路でのスピード違反の事件など——を決定し、かつ当該行政機関

11　Eur. Court HR, Golder Case v. the United Kingdom, judgment of 21 February 1975, Series A, No.18, p.18, para.36 and p.19, para.40 at p.20.

12　Eur. Court HR, Case of Campbell and Fell, judgment of 28 June 1984, Series A, No.80, p.46, para.107.

自体が条約6条1項の要件を満たしていないときは、「『全面的管轄権を有する司法機関』による事後統制に服さなければならない」とされている[13]ことも、ここで指摘しておくことが有益である。すなわち司法機関は、下級機関の決定を、「**法律および事実関係の問題について、すべての点で破棄する権限**」を有していなければならない[14]。このような状況において憲法裁判所が法律問題しか審査できないときは、6条1項の要件は満たされない。同様に、行政裁判所に「法律および事実関係の問題について」決定を破棄する権限が認められていなければ、欧州人権裁判所の見解では6条1項にいう「裁判所」と見なすことはできない[15]。

ここでは検討しないものの、欧州人権裁判所はこれら以外の無数の事件でも、民事上の権利および義務(財産権および子にアクセスする権利を含む)についての決定のため裁判所にアクセスする権利が侵害されたことを認定してきている[16]。

最後に簡単に想起しておかなければならないのは、裁判所にアクセスする権利とは、たとえば男女が裁判所に平等にアクセスできること、および、このような平等の観点から、この権利の実効性を確保するために法的扶助を行なわなければならない場合があることも、意味しているということである(第6章で説明した、自由権規約14条1項および欧州人権条約6条1項にもとづく判例を参照)[17]。

> **裁判所にアクセスする権利とは、何人も、権利を主張するために裁判所に申立てを行なうことを、法律、行政手続または物質的資源によって妨げられてはならないということを意味する。女性と男性は裁判所に平等にアクセスする権利を有する。**

---

13 *Eur. Court HR, Case of Palaoro v. Austria, judgment of 23 October 1995, Series A, No.329-B*, p.40, para.41.
14 Ibid., p.41, para.43. 強調引用者。
15 Ibid., loc. cit.
16 *Eur. Court HR, Case of Allan Jacobsson v. Sweden, judgment of 25 October 1989, Series A. No.163*, pp.19-21, paras.65-77 (財産権); and *Eur. Court HR, Case of Eriksson v. Sweden, judgment of 22 June 1989, Series A, No.156*, pp.27-29, paras.73-82 and p.31, paras.90-92 (子へのアクセスの問題).
17 人権および基本的自由の侵害に対する効果的な国内救済措置の利用可能性について、このマニュアルの第15章も参照。

3.2.2 武器の平等および対審手続に対する権利

　武器の平等の概念は公正な裁判の本質的特徴であり、「検察側と被告人側との間で」どのような均衡がとられなければならないかを表している[18]。自由権規約14条1項にいう「公正な裁判」の概念について、自由権規約は、この概念は「武器の平等および対審手続の原則の尊重といった多くの条件を求めるものとして解釈されなければなら」ず、また「これらの要件は、……被告人が手続に直接出席する機会を否定されるとき、または弁護士代理人に適切な指示を与えることができないときは、尊重されたとは言えない」と説明している。とくに、「起訴理由が適正に示された起訴状が被告人に送達されないときは、武器の平等の原則が尊重されているとは言えない」[19]。

＊＊＊＊＊

　アフリカ人権委員会は、「公正な裁判を受ける権利が保障されるためには、平等な取扱いに対する権利、弁護士に弁護される権利(司法の利益のためにこのことが求められる場合はなおさらである)、および、すべての者に公正な裁判を保障するために裁判所が国際基準にしたがわなければならないという義務を含む、いくつかの客観的基準が満たされなければならない」と指摘する。委員会はこれに付け加えて、「とくに刑事事件において**裁判所によって平等に取扱われる権利**は、第1に、被告人側および検察官の双方に対し、抗弁および起訴理由を裁判中に準備および提出する平等な機会が与えられなければならないことを意味する」と述べている。換言すれば、被告人側と検察官は「対等な立場で……主張を行なう」ことができなければならない。第2に、「この権利は、審理を担当する裁判所によってすべての被告人が平等に取扱われなければならないことを意味する」。「だからといってすべての被告人に対してまったく同じ取扱いが行なわれなければならないわけでは**ない**」が、「客観的事実関係が同様であるときには」司法部の対応も同様であるべきである[20]。ブルンジのンゴジ控訴裁判所が、

---

[18] Communication No.307/1988, *J. Campbell v. Jamaica* (Views adopted on 24 March 1993), in UN doc. *GAOR*, A/48/40 (vol.II), p.44, para.6.4.

[19] Communication No.289/1988, *D. Wolf v. Panama* (Views adopted on 26 March 1992), in UN doc. *GAOR*, A/47/40, pp.289-290, para.6.6.

ある死刑事件で、弁護士が不在の状態での手続を延期するよう求めた被告人の要請を、それ以前に検察官が求めた延期は認めたにも関わらず認めなかった事件において、アフリカ委員会は、控訴裁判所は「公正な裁判を受ける権利の基本的原則のひとつである、平等な取扱いを受ける権利を侵害した」と認定した[21]。

＊＊＊＊＊

欧州人権裁判所は、武器の平等の原則について、欧州人権条約6条1項で理解される「公正な裁判のいっそう幅広い概念の特徴のひとつ」であると説明している。これは、「各当事者に対し、相手方との関係で不利な立場に置かれることのない条件で自己の主張を行なう合理的な機会が与えられなければならない」ことを含意するものである。この文脈においては、「外見的要素に加え、司法の公正な運営に対するいっそう高められた感性が重視される」[22]。

したがって、検事総長が最高裁判所に提出した所見のなかで申立人の上訴に反対すると述べた場合、武器の平等の原則に違反しているとされた。これらの所見は弁護側に送達されず、弁護側はそれについて意見を言うことができなかったのである[23]。欧州人権裁判所は、「武器の平等の原則は、手続上の不平等から定量化可能なさらなる不公正が派生したかどうかに依存するものではない」として、次のように述べた。「ある書面が反応するにふさわしいものかどうか評価するのは弁護側の問題である。したがって、検察側が弁護側に知らせることなく裁判所に書面を提出したのは不公正である」[24]。

しかし欧州人権裁判所は、武器の平等の原則を参照することに代えて、**民事上および刑事上の手続双方における対審手続に対する権利**を強調することもある。この権利は、「原則的に、刑事裁判または民事裁判の当事者は、裁判所の決定に影響を及ぼす目的で、たとえ国の法的機関に属する独立の構成員が提出したものであっても、提出されたすべての証拠および所見について知り、かつ意見を陳述

20　*ACHPR, Avocats Sans Frontières (on behalf of Gaetan Bwampamye) v. Burundi, Communication No.231/99, decision adopted during the 28th Ordinary session, 23 October - 6 November 2000*, paras.26-27. 参照した決定文は http://www1.umn.edu/humanrts/africa/comcases/231-99.html を参照。（強調引用者）。

21　Ibid., para.29.

22　*Eur. Court HR, Case of Bulut v. Austria, judgment of 22 February 1996, Reports 1996-II*, p.359, para.47.

23　Ibid., para.49.

24　Ibid., pp.359-360, para.49.

する機会が与えられるということを意味する」[25]。欧州人権裁判所の表現によれば、「国内法においてこの要件が満たされることを保障する方法にはさまざまなものが考えられる」が、「**どのような方法が選ばれたにせよ、所見が提出されたことを他の当事者が知り、それについて意見を陳述する真正な機会を得ることが確保されるべきである**」[26]。

したがって、社会権についての手続に関わるロボ・マチァド事件では、最高裁判所に対する上訴は棄却されるべきであると副検事総長が——申立人はアクセスすることのできなかった——意見書のなかで主張したことは、6条1項違反であるとされた。この違反は、「最高裁判所の秘密会議に副検事総長が出席していたことによってさらに重大なものとなった」[27]。

ブランドステッター事件

名誉毀損手続に関わるブランドステッター事件において、ウィーン控訴裁判所は、上級検察官が提出した書面に依拠して判決を言渡した。これらの書面は申立人に送付されず、申立人および弁護人はその存在さえ承知していなかった。欧州人権裁判所にとって、最高裁判所がその後、関連の控訴審判決を破棄したことは、この事件では意味がなかった。欧州人権裁判所の見解によれば、「判決文に記載された検察側の主張について被告側が意見を陳述することができたというのは間接的かつ純粋に仮定的な可能性であり、このことを、検察側書面を吟味し、それに対して直接に応答する権利を適正に代替するものと見なすことはできない」。さらに、「最高裁判所は、第1審の決定が本件争点とまったく関係のない根拠にもとづいていたことを理由に、第1審判決を破棄することでこの状況を是正しようとしなかった」[28]。

---

25 *Eur. Court HR, Case of Lobo Machado v. Portugal, judgment of 20 February 1996, Report 1996-I*, para.31 at p.207.
26 *Eur. Court HR, Case of Brandstetter v. Austria, judgment of 28 August 1991, Series A, No.211*, pp.27-28, para.67. 強調引用者。
27 *Eur. Court HR, Case of Lobo Machado v. Portugal, judgment of 20 February 1996, Report 1996-I*, pp.206-207, paras.31-32.
28 *Eur. Court HR, Case of Brandstetter v. Austria, judgment of 28 August 1991, Series A, No.211*, p.28, para.68.

> 民事上・刑事上の問題における**武器の平等**に対する権利または**真に対審的な手続**に対する権利は、公正な審理を受ける権利に本来的に備わっている要素である。この権利は、検察側／原告側と被告(人)側との間に常に公正な均衡が保たれていなければならないことを意味する。手続のいかなる段階においても、いずれかの当事者がその相手方との関係で不利な立場に置かれてはならない。

3.2.3 証人の拘禁

　自由権規約14条における武器の平等の問題はキャンベル事件でも提起された。申立人が公正な裁判を受けられなかったと訴え、また10歳になる申立人の息子が証言の確保のため拘禁された事件である。申立人は夫婦間の紛争との関係で妻に暴行した罪で告発されたが、公判では、息子は当初、父親を見なかったと証言した。申立人の陳述によれば、息子は自分の証言を変更せず、そのために第1回公判が終わると警察署に連れて行かれ、一晩留置されたものである。翌日、息子はついに「屈服し、父親に不利となる証言を行なったとされる」[29]。しかし裁判手続が終了すると、息子は陳述書による証言を撤回した。

　自由権規約委員会にとってこれは「重大な訴え」であり、委員会は「証言を得る目的で証人を拘禁することは例外的措置であり、法律上および実務上の厳格な基準によって規制されなければならない」と強調した[30]。本件においては、「……情報からは、申立人の未成年の子の拘禁を正当と認める特別な状況が存在したことはうかがえ」ず、さらに、「証言が撤回されたことに照らし、脅迫の可能性およびこのような状況下で得られた証言の信頼性について重大な疑問」が生ずるとされた。したがって、委員会は「公正な裁判を受ける申立人の権利が侵害された」と認定した[31]。

29　Communication No.307/1988, *J. Campbell v. Jamaica* (Views adopted on 24 March 1993), in UN doc. *GAOR*, A/48/40 (vol.II), p.42, para.2.3.
30　Ibid., p.44, paras.6.3-6.4.
31　Ibid., p.44, para.6.4.

> 自由権規約14条1項では、証人の拘禁が合法的と認められるのは例外的状況においてのみである。このような措置が他の条約でどの程度認められるかについては定かでない。

3.2.4 陪審員に対する判事の説示

自由権規約委員会に提起されたいくつかの事件においては、陪審員に対する判事の説示が不十分であったという訴えが問題にされている。これらの事件において、委員会は一貫して、「特定の事件で事実および証拠を評価するのは、一般的には規約締約国の上訴裁判所の役割である」と指摘してきた。したがって、「陪審制の裁判において判事が陪審員に対して与えた具体的説示を審査すること」は「原則として」委員会の役割ではない。しかし次の場合は例外とされる。

> 「陪審員に対する説示が明らかに恣意的であり、もしくは司法の否定に相当していたこと、または判事が明らかに公平義務に違反していたことが確認できるとき」[32]

しかし委員会は、「被告人に死刑が言渡される可能性のある事件においては、陪審員に対する判事の説示は、その徹底性および公平性に関してとくに高い基準を満たすものでなければならない」こと、「このことは、被告人が正当防衛を主張している事件ではなおさら当てはまる」ことも指摘している[33]。

委員会は、ほとんどの事件では、予審判事の説示が**司法の否定**に相当するほど恣意的であったという証拠は見出していない[34]。「予審判事が、検察側および弁護側のそれぞれの見解を、十分にかつ公正に陪審員に提示していた」ことが

---

[32] Communications Nos.226/1987 and 256/1987, *M. Sawyers and M. and D. McLean v. Jamaica* (Views adopted on 11 April 1991), in UN doc. GAOR, A/46/40, p.233, para.13.5. 強調引用者。

[33] Communication No.232/1987, *D. Pinto v. Trinidad and Tobago* (Views adopted on 20 July 1990), in UN doc. GAOR A/45/40 (vol.II), p.73, para.12.3.

[34] たとえばibid., loc. cit.およびCommunication No.283/1988, *A. Little v. Jamaica* (Views adopted on 1 November 1991), in UN doc. GAOR, A/47/40, p.282, para.8.2参照。

明らかと思われるときはなおさらである[35]。しかし、申立人が殺人の罪で有罪とされ、死刑を言渡されたライト事件では、判事の懈怠は規約14条1項違反の司法の否定に相当するほど重大であったと認定されている。本件では、剖検結果により、被害者を殺した銃弾が発射されたときには申立人はすでに警察の留置下にあったことがわかっていた。専門家によるこの結論は争われず、裁判所に提出された[36]。「その意味するところの重大性にかんがみ」、委員会は、「たとえ弁護人が触れなくとも、〔裁判所はこの情報に対して〕陪審員の注意」を喚起するべきであったとした[37]。

> 陪審制の裁判においては、判事が陪審員に与える説示は公平かつ公正なものでなければならない。すなわち、検察官の主張と弁護側の主張の双方が、恣意的であってはならない公正な審理を受ける権利を確保できるような形で提示されなければならない。この基本的な義務の違反は司法の否定に相当する。

3.3 公開の審理を受ける権利

　民事事件・刑事事件のいずれにおいても公開の審理を受ける権利は、自由権規約14条1項および欧州人権条約6条1項で明示的に保障されている。ただし、定められたいくつかの理由、すなわち民主的社会における道徳、公の秩序もしくは国の安全の利益のために、当事者の私生活の利益のために、またはその他の司法の利益によって必要とされる場合には、報道機関および公衆に対して「裁判の全部または一部を公開しないことができる」。欧州人権条約は、裁判手続を非公開で行なう根拠として、これに「少年の利益」をとくに加えている。米州人権条約8条5項はこの権利を刑事手続との関連でしか定めておらず、刑事手続は「司法の

35　Communication No. 232/1987, *D. Pinto v. Trinidad and Tobago* (Views adopted on 20 July 1990), in UN doc. *GAOR* A/45/40 (vol.II), p.73, para.12.4.

36　Communication No.349/1989, *C. Wright v. Jamaica* (Views adopted on 27 July 1992), in UN doc. *GAOR*, A/47/40, p.315, para.8.3.

37　Ibid., loc. cit.

利益の保護のために必要とされる場合を除くほか、公開される」とする。ルワンダ・旧ユーゴスラビア両国際刑事裁判所の手続証拠規則79(A)は同文であり、公の秩序もしくは道徳、安全、または規則75の定めによる被害者もしくは証人の身元の非開示を理由として、または司法の利益の保護のために、法廷が非公開会合とされる可能性にも言及している。ただし、「法廷は、その命令の理由を公開するものとする」(規則79(B))。

自由権規約委員会は、規約14条に関する一般的意見13において、「審理の公開は、個人および社会一般の利益となる重要な保障のひとつである」と強調している。14条1項が定める「例外的状況」を除き、「審理は、報道機関の構成員を含む公衆一般に対して公開されなければならず、たとえば特定の種類の人々にのみ限定されることがあってはならない」[38]。審理そのものが非公開とされた場合でも、「判決は、厳格に定められたいくつかの例外の場合を除き、〔規約14条にもとづいて〕公開されなければならない」[39]。

14条1項の公開で裁判を行なう義務は国に属するものであり、「当事者によるいずれかの求めに左右されるものではない。……国内法および司法実務の双方において、公衆が希望するのであれば出席することができる旨が定められなければならない」[40]。この義務にはさらに次のような意味合いもある。

「裁判所は、口頭審理の時間および場所に関する情報を公衆が入手できるようにし、かつ、たとえば当該事件に対して予想される公衆の関心、口頭審理の継続時間および公開の正式な要請が行なわれた時期などを考慮にいれ、合理的な限界の範囲で、関心のある公衆が出席するための十分な便益を用意しなければならない。裁判所が広い法廷を用意しなかったことは、関心のある公衆が実際に口頭審理に出席することを禁じられなければ、公開審理を受ける権利の侵害とはならない」[41]

38　United Nations Compilation of General Comments, pp.123-124, para.6.
39　Ibid., para.6 at p.124.
40　Communication No. 215/1986, G. A. van Meurs v. the Netherlands (Views adopted on 13 July 1990), in UN doc. GAOR, A/45/40 (vol.II), p.59, para.6.1.
41　Ibid., p.60, para.6.2.

公開の原則は、秘密に行なわれた裁判は14条1項に反するということを意味する。たとえば、ジンバブエの元国会議員8名およびビジネスマン1名の裁判が——多くの瑕疵のなかでもとくに——公開で行なわれず、15年(ビジネスマンのみ5年)の収監刑が言渡された事件がこれに該当する[42]。

　14条1項の違反は、審理が非公開で行なわれ、締約国が規約の文言にしたがってこれを正当化できなかった事件においても、もちろん認定されている[43]。

*****

　アフリカ人権委員会は、アフリカ憲章では公開の裁判を受ける権利が明示的に定められていないことに関わりなく、委員会には、アフリカ憲章60条および61条により、「人および人民の権利に関する国際法から示唆を受け、かつ、その他の一般的または特別の国際条約、法として一般的に認められた慣習、アフリカ諸国によって認められた法の一般原則、ならびに法的先例および学説を考慮にいれる」権限が認められていることを強調している。そしてアフリカ委員会は、審理の公開の概念を支持し、規約14条1項に関する自由権規約委員会の一般的意見13の文言(前掲)を援用した[44]。アフリカ委員会は次に、規約14条1項に掲げられた、公開の原則に対する例外を正当化する「例外的状況」は「網羅的」なものであることに留意している[45]。申立ての対象となった政府は「自己を弁護する総花的な陳述」しか行なわず、正確にどの状況を理由として公衆に裁判を公開しなかったのかを明らかにしなかったので、アフリカ委員会は、アフリカ憲章7条で保障された公正な裁判に対する権利の侵害があったと認定した[46]。

*****

　米州人権条約8条5項で保障された裁判手続の公開の原則は、カスティージョ・ペトルッチほか事件で争点となった。この事件では「あらゆる裁判手続、審理そ

42　Communication No.138/1983, *N. Mpandanjila et al. v. Zaire* (Views adopted on 26 March 1986), in UN doc. *GAOR*, A/41/40, p.126, para.8.2.

43　Communication No.74/1980, *M. A. Estrella v. Uruguay* (Views adopted on 29 March 1983), in UN doc. *GAOR*, A/38/40, p.159, para.10.

44　ACHPR, Media Rights Agenda (on behalf of Niran Malaolu) v. Nigeria, Communication No.224/98, decision adopted during the 28th session, 23 October - 6 November 2000, para.51 of the text of the decision as published at http://www1.umn.edu/humanrts/africa/comcases/224-98.html.

45　Ibid., para.52.

46　Ibid., para.53-54.

のものさえもが公衆の目の届かないところで秘密裡に行なわれ」、「条約で認められた公開の審理を受ける権利がはなはだしく侵害された」ものである。それどころか、「手続は公衆が立ち入ることのできない軍事基地で行なわれた」[47]。

＊＊＊＊＊

　欧州人権条約6条1項にもとづき、裁判手続は上述の例外を除いて公開で行なわれなければならない。ただし、この規定を「上訴裁判所での手続に〔どのように適用すべきかは〕当該手続の特別な特徴によって異なる」のであり、「国内法秩序における裁判手続全体およびそこにおける上訴裁判所の役割が考慮されなければならない」[48]。欧州人権裁判所は一貫して次のように判示している。

「第1審で公開の審理が行なわれたことを条件として、第2審または第3審において『公開の審理』を行なわないことは、当該手続の特別な特徴に照らして正当化できる場合がある。したがって、上訴の許可に関する手続、または事実の問題に対して法律の問題のみを争点とする手続は、たとえ申立人が上訴裁判所または破棄裁判所で直接意見を聴取される機会を与えられなくとも、6条1項の要件を満たしている場合がある」[49]

　欧州人権裁判所は、ブルート事件におけるこの解釈を適用して、最高裁判所が、控訴は実体を欠くとしてその審理を全会一致で却下したさいに略式手続を用いた事件で、違反を認定しなかった。欧州人権裁判所は、申立人がまとめた決定無効の根拠が「〔申立人の〕有罪か無罪かの評価に影響を与え、審理の必要性を導くような事実の問題を提起している」とは認めなかったのである[50]。アクセン事件においても、公開の審理が行なわれなかったことは6条1項違反とはされなかった。この事件では、ドイツ連邦裁判所が、法律上の問題に関する上訴は根拠を欠くと全会一致で認定し、審理を行なわないと決定したものである。ただし、連邦裁判所は決定の前に「当事者の見解をしかるべく求めて」いた[51]。

　47　I-A Court HR, Castillo Petruzzi et al. case v. Peru, judgment of May 30, 1999, Series C, No.52, p.211, paras.172-173.
　48　Eur. Court HR, Case of Bulut v. Austria, judgment of 22 February 1996, Reports 1996-II, p.357, para.40.
　49　Ibid., p.358, para.41.
　50　Ibid., para.42.

ウェーバー事件

　しかし、ウェーバー事件では公開の審理を受ける権利の侵害が認定されている。この事件は司法調査の秘密保持違反に関わるものであり、スイスのボー州裁判所刑事破棄部(および当時は破棄部そのもの)の部長が審理を行なわずに判決を言渡したものであった。この事件においては、連邦裁判所におけるその後の手続が公開されただけでは十分とはされなかった。連邦裁判所は、「恣意的対応がなかったことを確認することができた」のみであり、「事実および法律に関するすべての争点について判断する」権限はなかったためである[52]。

3.3.1 判決の公開に対する権利

　自由権規約14条1項末文は、「刑事訴訟又は他の訴訟において言い渡される判決は、少年の利益のために必要がある場合又は当該手続が夫婦間の争い若しくは児童の後見に関するものである場合を除くほか、公開する」と定める。欧州人権条約6条1項では、判決は「公開で言渡されるものとする」と規定されている。米州人権条約8条5項は裁判手続の公開についてしか言及しておらず、またアフリカ憲章はいずれの問題についても定めを置いていない。ルワンダ・旧ユーゴスラビア両国際刑事裁判所規程のそれぞれ22条2項および23条2項は、法廷の判決は「公開で」言渡されるものとしている。最後に、国際刑事裁判所規程74条5項によれば、「決定またはその要旨は公開の法廷で言渡されるものとする」とされる。

　欧州人権裁判所が指摘するように、判決の公開との関係で6条1項が追求している目的は、「**公正な裁判を受ける権利を保護するため、公衆による司法部の吟味を確保すること**」である[53]。しかし欧州人権裁判所は、「判決は、公開で言渡されるものとする」との文言について字義どおりの解釈はとらず、判例において、一部または全部の裁判所の決定を公開することに関する、欧州評議会の多くの加盟

51　*Eur. Court HR, Case of Axen v. Federal Republic of Germany, judgment of 8 December 1983, Series A, No.72*, p.12, para.28.
52　*Eur. Court HR, Case of Weber v. Switzerland, judgment of 22 May 1990, Series A, No.177*, p.20, para.39.
53　*Eur. Court HR, Case of Pretto and Others v. Italy, judgment of 8 December 1983, Series A, No.71*, para.27 at p.13. 強調引用者。

国の「長年にわたる伝統」を考慮してきた。このような伝統においては、関連の判決を読み上げることは必ずしも求められておらず、公衆が利用できる登録機関に判決を寄託することでもよいとされる[54]。したがって、欧州人権裁判所の見解によれば、「相手方となった国の国内法にもとづきどのような様式で『判決』が公開されなければならないかは、それぞれの事案ごとに、当該手続の特別な特徴に照らして、かつ〔6条1項の〕趣旨および目的を参照して評価されなければならない」[55]。

プレットほか事件

　ブレットほか事件では、イタリア破棄裁判所が、民事手続の判決を公開の場で言渡さなかった。欧州人権裁判所は、「イタリアの法秩序において行なわれる手続の全体およびそこにおいて破棄裁判所が果たす役割」を考慮し、その役割は「ベニス控訴裁判所の決定を法律面から審査することに限られていた」ことに留意した。破棄裁判所は「訴訟について自判することはできず、この場合、申立人の控訴を棄却するか、または従前の判決を破棄して裁判所に事件を差し戻すことしかできなかった」[56]。破棄裁判所は、公開審理の後に控訴を棄却し、これによって控訴裁判所の判決が確定した。申立人にとっての結果は変わらなかった。法律上の争点に関する控訴を棄却した判決は公開の法廷で言渡されなかったが、だれでも裁判所記録部に申請することによって判決文の謄写を入手することができた[57]。欧州人権裁判所は、公衆による司法部の吟味を確保するという6条1項の目的について次のように述べている。

> 「〔この目的は、〕いずれにせよ破棄手続に関するかぎり、裁判所記録部に寄託して判決全文をすべての者が入手できるようにすることにより、控訴を棄却するまたは従前の判決を破棄する決定を公開の法廷で読み上げることに劣

54　Ibid., p.12, paras.25-26.
55　Ibid., para.26.
56　Ibid., pp.12-13, para.27.
57　Ibid., para.27 at p.13.

らず達成された。決定の読み上げは、ときとして効力発生部分に限られる場合もある」[58]

したがって、破棄裁判所の判決を公開の場で言渡さなかったことは条約6条1項の違反にはならないとされた[59]。

> 刑事上の罪を問われたすべての者は、最低限、第1審裁判所で公開の手続の対象とされる権利を有する。あらゆる段階の上訴手続においても、上訴が事実および法律(有罪認定の問題を含む)の両方の評価に関わる場合は同様である。刑事事件の判決は、例外的状況を除いて公開されなければならない。上訴段階では、判決を公の場で言渡す義務は、関連の判決を公衆が裁判所記録部で入手できるようにすることによって満たされる場合がある(欧州)。

3.4 「不当に遅延することなく」または「妥当な期間内に」裁判を受ける権利

自由権規約14条3項(c)とルワンダ・旧ユーゴスラビア両国際刑事裁判所規程のそれぞれ20条4項(c)および21条4項(c)によれば、刑事上の罪を問われているすべての者は「**不当に遅延することなく**裁判を受けること」ができなければならない(強調引用者)。アフリカ憲章7条1項(d)、米州人権条約8条1項および欧州人権条約6条1項の用語法では、すべての者は「**妥当な期間内に**」裁判を受ける権利を有する(強調引用者)。

*****

「不当に遅延することなく」裁判を受けるということの意義：自由権規約委員会は、一般的意見13のなかで、不当に遅延することなく裁判を受ける権利は「**裁**

58　Ibid., loc. cit.
59　Ibid., p.13, para.28. *Eur. Court HR, Sutter case v. Switzerland, judgment of 22 February 1984, Series A, No.74*, pp.14-15, paras.31-34 も参照。

判が開始されるまでの時間のみならず、裁判が終了して判決が言渡されるまでの時間にも関わる」保障であり、「すべての段階が『不当に遅延することなく』進められなければならない」と述べている。この権利を実効あらしめるためには、第1審においても上訴審においても裁判が「不当に遅延することなく」進められることを確保するための手続が用意されなければならない[60]。この見解はさらに個別事件に関する委員会の見解でも強調されており、それによれば、14条3項(c)および5項は「あわせて理解されるべきものであり、有罪判決および量刑の再審査も遅滞なく利用できるようにされなければならない」[61]。

　注意しなければならないのは、委員会が、締約国の「困難な経済状況」は規約を遵守しないことの言い訳にはならないともはっきり述べていることである。委員会は、この点について、「規約に定められた権利は最低基準であり、すべての締約国はそれを遵守することに同意している」と強調している[62]。

　委員会が検討する遅延が事件の複雑性によって正当化されることを立証するのは、原則として当該締約国の責任である[63]。ただし、遅延は過度ではなかったと主張するだけでは十分ではない[64]。委員会は、遅延またはその一部が、たとえば申立人が弁護士の交代を決定した場合など、申立人に帰責するものであるかどうかも検討する[65]。

プラットおよびモルガン事件

　プラットおよびモルガン事件の申立人らは、控訴裁判所が判決書を作成するまでに3年9か月近くかかったため、枢密院に上訴を行なうことができなかった。委員会は、この遅延は「見落としによるものであり、申立人らはもっと早期に

60　*United Nations Compilation of General Comments*, p.124, para.10. 強調引用者。
61　Communications Nos.210/1986 and 225/1987, *E. Pratt and I. Morgan v. Jamaica* (Views adopted on 6 April 1989), in UN doc. *GAOR*, A/44/40, p.229, para.13.3.
62　Communication No.390/1990, *B. Lubuto v. Zambia* (Views adopted on 31 October 1995), in UN doc. *GAOR*, A/51/40 (vol.II), p.14, para.7.3.
63　Communication No.336/1988, *A. Fillastre v. Bolivia* (Views adopted on 5 November 1991), in UN doc. *GAOR*, A/47/40, p.306, para.6.6.
64　Communication No.639/1995, *W. Lawson Richards and T. Walker v. Jamaica* (Views adopted on 28 July 1997), in UN doc. *GAOR*, A/52/40 (vol.II), p.189, para.8.2.
65　Communication No.526/1993, *M. and B. Hill v. Spain* (Views adopted on 2 April 1997), in UN doc. *GAOR*, A/52/40 (vol.II), p.17, para.12.4.

判決を受領する権利を主張するべきであった」という締約国の説明を受け入れなかった。むしろ、この遅延の責任は司法機関にあると見なし、この責任は「裁判弁護人による提出要請に左右されるものではなく、また被告人の求めがなかったことがこの責任を履行しなかったことの言い訳になるわけでもない」とした[66]。この遅延が14条3項(c)および5項両方の違反であると認定するにあたり、委員会は、「枢密院が申立人らの有罪判決を追認したとしても、そのことは関係ない」と述べた。「すべての事件、とくに死刑事件においては、被告人は、裁判手続の結果がどうなろうとも不当な遅延なく裁判を受け、かつ上訴する権利を有する」からである[67]。

自由権規約委員会はこの権利が侵害されたと訴える事件を他にも無数に審査してきており、ここではその判断のいくつかのみ取り上げる。ある事件で委員会は、逮捕から裁判までに**29か月**の遅延があったのは**14条3項(c)**違反であると認定した。このような遅延は規約違反ではないという締約国の主張は、十分ではないとされた[68]。逮捕から裁判までに2年の遅延があったことも規約14条3項(c)(および9条3項)違反であると認定され、したがって委員会は「裁判の進行におけるさらなる遅延が締約国に帰責するものであったかどうか」について検討する必要を認めなかった[69]。終了までに**6年**[70]または**10年近く**[71]かかった裁判手続は、なおさら、14条3項(c)違反と認定されている。有罪判決から上訴までに**31か月**の遅延があった事件でも結果は同様である[72]。

他方、殺人罪の容疑で申立人が逮捕されてから裁判の開始までに**18か月**の遅延があったことは、ケリー事件においては「不当な遅延」とは見なされなかった。

---

66 Ibid., p.230, para.13.4.
67 Ibid., para.13.5.
68 Communication No.564/1993, *J. Leslie v. Jamaica* (Views adopted on 31 July 1998), in UN doc. *GAOR*, A/53/40 (vol.II), p.28, para.9.3.
69 Communication No.672/1995, *C. Smart v. Trinidad and Tobago* (Views adopted on 29 July 1998), in UN doc. *GAOR*, A/53/40 (vol.II), p.149, para.10.2.
70 Communication No.159/1983, *Cariboni v. Uruguay* (Views adopted on 27 October 1987), in UN doc. *GAOR*, A/43/40, p.184 and pp.189-190, paras.9.2 and 10.
71 Ibid., loc. cit.
72 Communication No.702/1996, *C. McLawrence v. Jamaica* (Views adopted on 18 July 1997), in UN doc. *GAOR*, A/52/40 (vol.II), p.232, para.5.11.

「裁判前の捜査をより早期に終了させられたはずであったこと、または申立人がこの点について公的機関に苦情を申立てたことをうかがわせる証拠」がなかったためである[73]。ただし、この事件では14条3項(c)および5項違反が認定されている。控訴裁判所が判決書を作成するまでに5年近くかかり、これによって申立人は実質的に枢密院への申立てを行なえなかったためである[74]。

申立人がペルー文民警護隊への復職を求めたことに関わる事件では、「終わりがないかと思われるほどの裁判の連続および繰り返された決定の不履行」によって7年の遅延がもたらされた。委員会は、この遅延は「不合理」なものであり、規約14条1項の「公正な審理」の原則の違反があったと認定した。この事件では14条3項(c)にもとづく検討は行なわれなかった[75]。

＊＊＊＊＊

欧州人権条約6条1項では、考慮されるべき期間の始期は、人が罪を問われ、逮捕され、または裁判のために送致された日のいずれかでありうる[76]。終期は通常、その者の無罪または有罪を言渡した判決が確定した日である[77]。

民事か刑事かを問わず裁判手続の期間が妥当であるかどうかという問題について、欧州人権裁判所は一貫して次のように判示している。

「それは、〔欧州人権〕裁判所の判例に掲げられた基準、とくに**事件の複雑性、申立人の行動および権限ある機関の行動**を顧慮して、事件の特定の状況に照らして評価されるべきものである」[78]

---

[73] Communication No.253/1987, *P. Kelly v. Jamaica* (Views adopted on 8 April 1991), in UN doc. *GAOR*, A/46/40, p.248, para.5.11.

[74] Ibid., para.5.12.

[75] Communication No.203/1986, *R. T. Munoz Hermoza v. Peru* (Views adopted on 4 November 1988), in UN doc. *GAOR*, A/44/40, p.204, para.11.3.

[76] *Eur. Court HR, Case of Kemmache v. France*, judgment of 27 November 1991, Series A, No.218, p.27, para 59 (罪が問われた日); and *Eur. Court HR, Case of Yagci and Sargin v. Turkey*, judgment of 8 June 1995, Series A, No.319-A, p.20, para.58 (逮捕の日); *Eur. Court HR, Case of Mansur v. Turkey*, judgment of 8 June 1995, Series A, No.319-B, p.51, para.60 (裁判のために送致された日).

[77] たとえば*Eur. Court HR, Case of Yagci and Sargin v. Turkey*, judgment of 8 June 1995, Series A, No.319-A, p.20, para.58参照。

[78] *Eur. Court HR., Case of Kemmache v. France*, judgment of 27 November 1991, Series A, No.218, p.20, para.50 (刑事手続); and *Eur. Court HR, Martins Moreira Case v. Portugal*, judgment of 26 October 1988, Series A, No.143, p.17, para.45 (民事手続). 強調引用者。

申立人の行動については、欧州人権裁判所が、6条は「刑事上の罪を問われた者が司法機関に積極的に協力するよう求めたものではない」と判示していることはここで取り上げておく価値がある。さらに6条は、「国内法が与えた手段を防御において全面的に活用する」ことについて、たとえそれが裁判手続の進行をやや遅らせたとしても、そのことで申立人の責任を問うものではない[79]。ただし、申立人とその弁護人の「妨害の意図」が証拠により明らかであったときは、事情は変わってくる場合がある[80]。

　しかし**司法機関**は、ヤグシおよびサルジン事件において、6条に違反して裁判手続の不合理な遅延がもたらされたことの責任を認定されている。この事件では、裁判所が国内法に反して1か月に平均1回の審理しか開かなかったとともに、申立人らは、その容疑の根拠の一部であった刑法の規定が新たに廃止されたことを根拠に無罪判決が言渡されるまで、6か月近く待たされた。裁判手続は、全体では4年8か月弱続いた[81]。

　この点に関して、遅延を正当化するため、重大な麻薬売買事件であらゆる事項を慎重に検討する国際的責任があったことを政府が援用しても、役には立たない。欧州人権裁判所はこの点について、曖昧さを残す余地なく、**合理性の要件を「裁判所が満たせるような形で法制度を組織するのは締約国の責任である」**と判示している[82]。

　同様に、民事手続においても、民事訴訟法では当事者に主導権が委ねられており、定められた方法と期間で当事者が手続上の段階を進めることが期待されていると主張しても、当該国にとっての抗弁とはならない。欧州人権裁判所はこの点に関して、そのような規則があるからといって「裁判所が『妥当な期間』の要件に関わって6条の遵守を確保する責任から免れるわけではない」と判示している[83]。換言すれば、国内裁判所の裁判官には、司法の運営の「実効性および信頼」が脅かされないよう、必要に応じて手続を迅速化するために介入する義務がある

79　*Eur. Court HR, Case of Yagci and Sargin v. Turkey, judgment of 8 June 1995, Series A, No.319-A,* p.21, para.66.
80　Ibid., loc. cit.
81　Ibid., p.22, paras.67-70.
82　*Eur. Court HR, Case of Mansur v. Turkey, judgment of 8 June 1995, Series A, No.319-B,* p.53, para.68. 強調引用者。
83　*Eur. Court HR, Vernillo Case v. France, judgment of 20 February 1991, Series A, No.198,* para.30 at p.13.

のである[84]。

> 刑事上の罪を問われたすべての者は、不当に遅延することなく／妥当な期間内に裁判を受ける権利を有する。すべての国には、この権利が効果的に確保されうるような形で司法部を組織する義務がある。陳述しない権利または司法機関に協力しない権利を活用したことによる遅延について、被告人の責任を問うことはできない。裁判の遅延を被告人に帰責できるのは、意図的に妨害する行為があった場合のみである。

3.5 直接にまたは自ら選任する弁護士を通じて防御する権利

自由権規約14条3項(d)、アフリカ人権憲章7条1項(c)、米州人権条約8条2項(d)および欧州人権条約6条3項(c)はいずれも、刑事上の罪を問われた者が直接にまたは自ら選任する弁護士を通じて防御する権利を保障している。ルワンダ・旧ユーゴスラビア両国際刑事裁判所規程のそれぞれ20条4項(d)および21条4項(d)も同様である。

*****

自由権規約委員会は、14条に関する一般的意見13で次のように強調している。

「被告人またはその弁護士は、利用可能なあらゆる抗弁を追求して積極果敢に行動する権利、および、事件の処理が不公正であると考えれば異議を申立てる権利を有する。正当な理由にもとづき例外的に欠席裁判が行なわれるときは、防御の権利を厳格に遵守することはなおさら必要である」[85]

法的援助にアクセスする権利は**効果的に**利用可能とされなければならず、そうでなかった場合、自由権規約委員会は14条3項違反を認定している[86]。ある者

---

[84] Cf. ibid., p.14, para.38 read in conjunction with p.14, para.36. とくに「裁判の進行における当事者の責任」を理由として、本件で対象とされた期間は妥当性の要件に違反するほど長くはなかったとされた(ibid., p.15, para.39)。

[85] *United Nations Compilation of General Comments*, p.125, para.11.

が拘禁されてから10か月間法的援助にアクセスできず、これに加えて裁判に出頭できなかった事件では、そのような認定が行なわれた[87]。国内法で申立人が自ら弁護することが認められていなかった事件でも、委員会は14条3項(d)違反を認定した。この規定では、被告人は、自ら——通訳を通じてであれ——弁護するか、弁護士に弁護させるかを選ぶことが認められているからである[88]。

　自ら選んだ弁護士を選任する権利の侵害は、被害者が、ある大佐を弁護人とする職権による任命を受け入れるよう義務づけられたロペス・ブルゴス事件で認定されている[89]。他方、14条3項(d)にもとづく選択権によって、「被告が無料で弁護人を選ぶ権利が認められるわけではない」。しかしこのような制約に関わらず、「弁護人が、いったん受任したならば、司法の利益のために効果的代理人活動を行なうことを確保するための措置がとられなければならない」。このような活動には、「弁護人が上訴を撤回しようとするのであれば、被告人に対する告知および協議を行ない、または上訴には勝てる見込みがないことを上訴審が開始される前に主張すること」も含まれる[90]。弁護人には上訴を進めるべきではないと勧告する権利はあるが、被告人が希望するのであればひきつづき代理人を務めるべきである。もしくは、自己の費用で弁護人を雇用し続ける機会が被告人に認められなければならない[91]。このように、14条3項(d)の規定上、国内裁判所が「弁護士による事件の処理が司法の利益と両立しないようにならないことを確保する」は必要不可欠である。委員会自体も、弁護士が「依頼人の利益のために最善の識見を駆使していない」ことをうかがわせる証拠がないかどうかを審査する[92]。

86　多くの事件のなかでもとくに、Communication No.R.2/8, *B. Weismann Lanza and A. Lanza Perdomo v. Uruguay* (Views adopted on 3 April 1980), in UN doc. *GAOR*, A/35/40, p.118, para.16; and Communication No.R.1/6, *M. A. Millán Sequeira v. Uruguay*, (Views adopted on 29 July 1980), ibid., p.131, para.16参照。

87　Communication No.R.7/28, *I. Weinberger v. Uruguay* (Views adopted on 29 October 1980), in UN doc. *GAOR*, A/36/40, p.119, para.16.

88　Communication No. 526/1993, *M. and B. Hill v. Spain* (Views adopted on 2 April 1997), in UN doc. *GAOR*, A/52/40 (vol.II), p.18, para.14.2.

89　Communication No.R.12/52, *S. R. López Burgos v. Uruguay* (Views adopted on 29 July 1981), in UN doc. *GAOR*, A/36/40, p.183, para.13.

90　Communication No.356/1989, *T. Collins v. Jamaica* (Views adopted on 25 March 1993), in UN doc. *GAOR*, A/48/40 (vol.II), p.89, para.8.2.

91　Ibid., loc. cit. Communication No.461/1991, *G. Graham and A. Morrison v. Jamaica* (Views adopted on 25 March 1996), in UN doc. *GAOR*, A/51/40 (vol.II), pp.48-49, para.10.5も参照。

＊＊＊＊＊

　米州人権条約は、被害者が36日間厳正独居拘禁下に置かれ、その間弁護士とまったく協議できなかったスアレス・ロゼロ事件において、8条2項(c)、(d)および(e)違反を認定した。厳正独居拘禁の終了後、申立人は弁護士との接見を認められたが、接見は警察官の立会いのもとで行なわれたため、「自由にかつ秘密に連絡することはできなかった」[93]。8条2項(d)の違反はカスリージョ・ペトルッチほか事件でも認定されている。この事件では、「被害者らは拘禁のときから〔警察に〕陳述を行なったときまで弁護人の選任を認められず」、陳述後に「裁判所任命の弁護士をつけられた」。ようやく「自ら弁護人を選任することを認められた」が、「弁護人の役割はよく言っても瑣末なものに留まり」、一件書類の閲覧も、第1審裁判所による判決の前日に初めて認められた[94]。

＊＊＊＊＊

　欧州人権条約6条1項を6条3項(c)とあわせて理解した場合の解釈について、欧州人権裁判所は、「被告人が出頭することは、審理を受ける権利のためにも、自己の陳述が正確であることを確認し、かつそれを被害者——その利益も守られなければならない——および証人の陳述と比較する必要性のためにも、このうえなく重要である」と判示している[95]。したがって、「立法府は、……正当な理由のない欠席を抑制することができなければならない」[96]。欧州人権裁判所は、「法的援助に対する権利を無視することによってそのような欠席を処罰することが原則的に認められるかどうか」については判断しなかったものの、ポワトリモール事件において6条違反を認定した。申立人は、審理に出席しなかったことについて正当な理由を示さなかったために、控訴裁判所に控訴する権利を奪われたためである。欧州人権裁判所の見解によれば、法的援助を受ける権利の停

92　Communication No.708/1996, *N. Lewis v. Jamaica* (Views adopted on 17 July 1997), in UN doc. *GAOR*, A/52/40 (vol.II), pp.251-252, para.8.4.
93　I-A Court HR, *Suarez Rosero case v. Ecuador*, judgment of November 1997, in OAS doc. OAS/Ser.L/V/III.39, doc.5, *1997 Annual Report I-A Court HR*, p.301, para.83 read in conjunction with p.292, para.34.g and h.
94　I-A Court HR, *Castillo Petruzzi et al. case v. Peru*, judgment of May 30, 1999, Series C, No.52, pp.203-204, paras.146-149 read in conjunction with p.202, para.141.
95　*Eur. Court HR, Case of Poitrimol v. France*, judgment of 23 November 1993, Series A, No.277-A, p.15, para.35.
96　Ibid., loc. cit.

止は、申立人が弁護人によって代理される権利すら認められなかった「当該状況においては比例性を欠いていた」[97]。結論として、欧州人権条約6条3項(c)の規定上は、あえて直接出頭しなかった被告人も依然として弁護人によって弁護される権利を有することになる[98]。

　さらにペラドーア事件では、欧州人権裁判所は、「刑事上の罪に問われたすべての者は弁護人によって弁護される権利を有する」が、「この権利が実際的かつ効果的なものとなり、単なる理論上のものとならないためには、不当に形式的な条件の履行によってその行使が左右されるべきではない」と強調した。「裁判が公正なものとなること、および、したがって、欠席する被告人を弁護するためという明らかな目的で裁判に出席する弁護人に対してはそのための機会が与えられることを確保するのは、裁判所の責任である」[99]。

カマラシンスキー事件

　詐欺・横領に関わる裁判手続で、申立人の代理人として法律扶助弁護人が任命されたカマラシンスキー事件において、欧州人権裁判所は、「法律扶助の目的で任命された弁護士のあらゆる欠点について国の責任を問うことはできない」こと、また「国家からの法曹の独立という原則から、弁護人の行動は、法律扶助体制にもとづいて任命された者であれ私的に弁護士費用が支払われているものであれ、本質的には被告人と弁護人の間の問題である」ことを指摘している。欧州人権裁判所の見解によれば、「権限のある国内機関が6条3項(c)にもとづいて介入を求められるのは、法律扶助弁護人が代理人として効果的に活動していないことが明らかであるか、何らかの形で十分に注意を喚起させられた場合のみである」[100]。欧州人権裁判所は、本件において法律扶助弁護人に関わる申立人の訴えを注意深く検討したが、「裁判前の段階で、申立人の弁護士代理人に関してオーストリア当局が介入しなければならない理由があったことは……何ら立証されて」おらず、

97　Ibid.
98　Eur. Court HR, *Case of Pelladoah v. the Netherlands*, judgment of 22 September 1994, Series A, No.297-B, para.40 at p.35 and Eur. Court HR, *Case of van Geyseghem v. Belgium*, judgment of 21 January 1999, Reports 1999-I, pp.140-141, paras.35-36.
99　Eur. Court HR, *Case of Pelladoah v. the Netherlands*, judgment of 22 September 1994, Series A, No.297-B, p.35, para.41.
100　Eur. Court HR, *Kamasinski Case*, judgment of 19 December 1989, Series A, No.168, pp.32-33, para.65.

また、裁判所に提出された証拠では、6条3項(c)に定められた「法的援助のための具体的保障または1項に定められた公正な裁判のための一般的保障を〔国内機関が〕ないがしろにした」とも認定することができないという結論に達した[101]。しかし、公判そのものが開かれている間に申立人と弁護人との間で争いが生じ、弁護人は裁判所に対して解任を求めたが、裁判所はこの求めを却下している。「このように、カマシンスキー氏の見解によれば弁護人の行動条件は理想的なものでなかったことに、オーストリア司法機関は気づくに至った」ものの、欧州人権裁判所は6条1項および6条3項(c)の違反はなかったと認定した[102]。

3.5.1 効果的な法的援助を受ける権利(死刑事件)

自由権規約委員会が一貫して述べてきたように、「死刑事件において弁護士代理人が利用可能とされなければならないのは自明の理」であり、このことは「第1審のみならず上訴手続においても」当てはまる。さらに、「死刑事件において被告人に与えられる法的援助は、正義が十分かつ効果的に確保されるような形で提供されなければならない」[103]。14条3項(c)にもとづく委員会の判断によれば、次のとおりである。

> 「裁判所は、弁護士による事件の処理が司法の利益と両立しないようにならないことを確保するべきである。弁護人の職業上の判断に疑問を呈することは委員会の役割ではないが、死刑事件においては、被告弁護人が上訴には勝てる見込みがないと認めた場合、裁判所は弁護人が被告人と協議しかつその旨を告知したのかどうか確認するべきであると、委員会は考える。そのような対応が行なわれていなければ、裁判所は、被告人にその旨が告知され、かつ他の弁護人と協議する機会が与えられることを確保しなければならない」[104]

---

101 Ibid., p.34, para.69.
102 Ibid., paras.70-71.
103 Communication No. 32/1987, *D. Pinto v. Trinidad and Tobago* (Views adopted on 20 July 1990), in UN doc. *GAOR*, A/45/40, p.73, para.12.5.

したがってモリソン事件においては、「法律扶助弁護人は上訴を支持するいかなる根拠も主張するつもりがないこと、そのため残された選択肢を検討することができることが〔申立人に対して〕告知されるべきであった」。このような対応がなされなかったため、14条3項(c)の違反があったとされた[105]。

　14条3項(c)の違反は、同様のレイド事件でも認定されている。この事件の申立人には裁判所任命の弁護士がついていたが、申立人は、上訴手続中は自ら主張を行ないたいと希望した。弁護士がいるためにこの可能性は否定されたが、この弁護士はその後、申立人の上訴には勝ち目がなく、勝訴のためのいかなる法的主張も行なわないと決定し、「したがって実質的に申立人に弁護士代理人がいない状態をもたらした」[106]。委員会の見解では、またこれが「死刑事件」であったことを踏まえ、締約国は「〔申立人の〕弁護のために別の弁護士を任命するか、または上訴手続で申立人が自ら主張を行なうことを認めるべきであった」[107]。マクリード事件では、法律扶助代理人は上訴前に確かに申立人と協議していたが、申立人に知らせることなく、上訴の根拠を主張しないと決定した。この事件では、申立人が適正な告知を受ける権利を尊重されるようにするために上訴裁判所が何らかの措置をとったことはうかがえず、したがって委員会は、14条3項(b)および14条3項(d)にもとづく申立人の権利がいずれも侵害されたと認定した[108]。

　さらに、14条3項(d)の違反は別の事件でも認定されている。申立人は、上訴手続では直接出廷したいと希望し、また法律扶助は不要であることを明らかにした。この希望は無視され、上訴審は法律扶助弁護士の出席のもとで勧められたが、同弁護士は申立人が望まない根拠によって上訴の主張を行なった。委員会は、「上訴の審理期日について申立人に十分な事前告知が行なわれなかったことに懸念と

104　Communication No.663/1995, *M. Morrison v. Jamaica* (Views adopted on 3 November 1998), in UN doc. *GAOR*, A/54/40 (vol II), p.155, para.8.6.
105　Ibid., loc. cit. 同様の事件として、Communication No.572/1994, *H. Price v. Jamaica* (Views adopted on 6 November 1996), in UN doc. *GAOR*, A/52/40 (vol.II), pp.155-156, para.9.2 も参照。
106　Communication No.250/1987, *C. Reid v. Jamaica* (Views adopted on 20 July 1990), in UN doc. *GAOR*, A/45/40 (vol.II), p.91, para.11.4.
107　Ibid., loc. cit.
108　Communication No.734/1997, *A. McLeod v. Jamaica* (Views adopted on 31 March 1998), in UN doc. *GAOR*, A/53/40 (vol.II), pp.216-217, para.6.3. たとえばCommunication No.528/1993, *M. Steadman v. Jamaica* (Views adopted on 2 April 1997), in UN doc. *GAOR*, A/52/40 (vol.II), pp.26-27, para.10.3 も参照。

ともに」留意し、このような遅延は、「上訴の準備を行ない、かつ、審理当日まで申立人に素性を知らされることのなかった裁判所任命弁護士と協議する機会を脅かした」とした。申立人が「上訴の準備を行なう機会は、上訴の許可申請が、申立人が出席を認められなかった上訴の審理そのものとして扱われたことによってさらに妨げられた」[109]。

弁護士が出廷しなかった事件：ロビンソン事件

この状況は、検察側が最重要証人の所在を突きとめるうえで問題があったために裁判が数回延期された事件のなかで生じたものである。証人の所在が判明してようやく公判が始まると、申立人の弁護士が出廷せず、それでも公判の進行は認められたので申立人は自ら弁護しなければならなかった。申立人は殺人罪で有罪とされ、死刑を言渡された[110]。委員会は、司法の利益のために必要な場合にはすべての者に弁護士が選任されなければならないと定めた14条3項(d)の文言にもとづいて判断を行なった[111]。委員会は、「死刑事件において弁護士が利用可能とされなければならないことは自明の理である」とあらためて指摘し、「たとえ私選弁護人が利用できないことがある程度は申立人自身に帰責されるものであっても、またたとえ弁護士の選任が手続の中止をともなうものであっても」このことは当てはまるとした。さらに、この「要件は、申立人が弁護人抜きで防御を行なうことを予審判事が援助するという、弁護人がいなければ行なわれる可能性がある努力をもってしても、不必要とされることはない」[112]。したがって、この事件においては「弁護人の不在によって裁判は不公正なものとなった」とされた[113]。

---

109 Communication No.338/1988, *L. Simmonds v. Jamaica* (Views adopted on 23 October 1992), in UN doc. *GAOR*, A/48/40 (vol.II), p.82, para.8.4. 弁護士が依頼人の指示に従わなかった事件として、Communication No.248/1987, *G. Campbell v. Jamaica* (Views adopted on 30 March 1992), in UN doc. *GAOR*, A/47/40, p.247, para.6.6も参照。
110 Communication No.223/1987, *F. Robinson v. Jamaica* (Views adopted on 30 March 1989), in UN doc. *GAOR*, A/44/40, pp.244-245, para.10.2.
111 Ibid., p.245, para.10.3.
112 Ibid., loc. cit.
113 Ibid.

ドムコフスキーほか事件

　ドムコフスキーほか事件では、4名の申立人が、法廷から退場させられ、その後の手続に出席できなかったことで公正な審理を受けられなかったと訴えた。裁判の結果、2名について死刑が言渡されたが、申立人らは自ら選任する弁護士をつけることも認められなかった。委員会は、各申立人について14条3項(d)の違反があったと認定し、次のように強調した。

> 「この裁判では各申立人に死刑が科される可能性があったが、このような裁判では防御権は**不可譲の権利であり、すべての審級で例外なく遵守されるべきである**。これには、自ら出席して裁判を受ける権利、自ら選任する弁護人によって弁護される権利および公選弁護人を受け入れない権利が含まれる」[114]

　本件においては、「申立人らに法廷秩序を妨害する行動があったとの主張にも関わらず、申立人らがひきつづき出廷することを確保するためにあらゆる合理的な措置」をとったことが締約国によって示されなかったため、また「各申立人が常に自ら選任する弁護士によって弁護されること」を締約国が確保しなかったことも踏まえ、委員会は14条3項(d)違反を認定した[115]。

＊＊＊＊＊

　アフリカ人権委員会は、最終的に死刑を言渡された被告人に対して裁判所が弁護士を指名しなかった事件で、ブルンジによるアフリカ人権憲章7条1項(c)の違反を認定した。委員会は、「法的援助を受ける権利は公正な裁判の根本的要素のひとつである」ことを「力強く」想起し、「司法の利益のためにそれが要求される」場合はなおさらであるとした。本件で「被告人に対して行なわれた訴えの重大性、および同人が直面する刑罰の性質」を踏まえれば、「事件の各段階で被告人が弁護士による援助を享受できるようにすることは司法の利益にかなっ

114　Communications Nos.623, 624, 626, 627/1995, *V. P. Domukovsky et al. v. Georgia* (Views adopted on 6 April 1998), in UN doc. *GAOR*, A/53/40 (vol.II), p.111, para.18.9. 強調引用者。

115　Ibid., loc. cit.

ていた」[116]。7条1項(c)の違反は、ナイジェリアを相手どった死刑事件に関わる申立てでも認定されている。本件においては、7名の申立人の弁護人が「辞任を余儀なくされるほどのいやがらせおよび脅迫を受けた。このように辞任が強制されたにも関わらず、裁判所は手続を判決言渡しへと進め、最終的に被告人に死刑を言渡した」。委員会の見解では、被告人は、アフリカ憲章7条1項(c)に違反する形で「自ら選任する弁護人によって弁護される権利を含む防御権を奪われた」とされた[117]。

3.5.2 無料の法律扶助を受ける権利

　自由権規約14条3項(d)では、すべての者は、その刑事上の罪の決定について、「司法の利益のために必要な場合には、十分な支払手段を有しないときは自らその費用を負担することなく、弁護人を付される」権利があると定めている。欧州人権条約6条3項(c)も、「弁護人に対する十分な支払手段を有しない」者に対し、「司法の利益のために必要な場合には無料で弁護人を付される」権利を保障している。米州人権条約8条2項(e)はこの点については国内法の規定にしたがうよう求めており、またアフリカ人権憲章は無料の法律扶助の問題については定めを置いていない。ルワンダ・旧ユーゴスラビア両国際刑事裁判所規程のそれぞれ20条4項(d)および21条4項(d)の規定は、自由権規約14条3項(d)の規定と同様である。

　無料の法律扶助の提供について、自由権規約14条3項(d)と欧州人権条約6条3項(c)は2つの条件を課している。**第1に**弁護士に対する十分な支払を行なう財産が存在しないことであり、**第2に**司法の利益によってこのような扶助が必要とされることである。以下で参照するように、死刑事件の場合、被告人がこのような扶助を希望し、かつ自ら支払うことができないときは、司法の利益のために法

---

[116] ACHPR, Avocats Sans Frontières (on behalf of Gaetan Bwampamye) v. Burundi, Communication No.231/99, decision adopted during the 28th Ordinary session, 23 October - 6 November 2000, para.30. 参照した決定文は http://www1.umn.edu/humanrts/africa/comcases/231-99.html を参照。

[117] ACHPR, Constitutional Rights Project (on behalf of Zamani Lekwot and six Others) v. Nigeria, Communication No.87/93, decision adopted during the 16th session, October 1994, para.29. 参照した決定文は http://www.up.ac.za/chr/ahrdb/acomm_decisions.html を参照。

律扶助が必要とされる。もちろん、司法の利益に関わるこれほど劇的ではない事件においても、無料の法律扶助が求められる場合はある。

*****

憲法上の論点に関わる上訴をめぐる事件で、自由権規約委員会は、「有罪判決を受けた者が刑事裁判の不適正な進行について憲法審査を求める場合、憲法上の救済を追求するための弁護士費用を支払う十分な手段が同人になく、かつ司法の利益のために〔必要とされる〕ときは、国によって法的援助が提供されるべきである」とした。このような審査のためには、公正な審理と規約14条3項(d)の遵守が必要である[118]。したがって、「法律扶助が与えられなかったことにより、……憲法裁判所の公正な審理において刑事裁判の不適正な進行を検証する機会が申立人に与えられなかった」事件においては、14条の違反が認定されている[119]。

*****

欧州人権裁判所は、欧州人権条約6条3項(c)について、「被告人が一定の状況下で無料の法的援助を与えられる権利は、刑事手続における公正な裁判という概念のひとつの側面である」と述べている[120]。司法の利益のために無料の法律扶助が必要とされるかを判断するにあたり、欧州人権裁判所は、実行された「**犯罪の重大性**」、被告人に言渡される可能性がある「**刑の過酷さ**」および「**事件の複雑性**」といったさまざまな基準を考慮してきた[121]。ある麻薬犯罪に対する最高刑が3年の収監刑であった事件で、欧州人権裁判所は、「これほど重大な問題であったという理由だけでも、無料の法的援助が与えられるべきであった」との結論に達している[122]。当該犯罪が実行されたのは申立人が保護観察中のことであったため、もうひとつの要素として、国内裁判所が「刑の執行停止を取消すかどうかの判断および新たな刑に関する決定の双方」を行なわなければならなかったという「事件の複雑性」も加わった[123]。したがって、条約6条3項(c)の違反が認定されたも

---

118 Communication No.707/1996, *P. Taylor v. Jamaica* (Views adopted on 14 July 1997), in UN doc. *GAOR*, A/52/40 (vol. II), p.241, para.8.2.
119 Ibid., loc. cit.
120 Eur. Court HR, *Case of Quaranta v. Switzerland*, judgment of 24 May 1991, Series A, No.205, p.16, para.27.
121 Ibid., paras.32-34. 強調引用者。
122 Ibid., para.33.
123 Ibid., para.34.

401

のである。

　欧州人権裁判所はさらに、欧州人権条約6条1項および6条3項(c)の適用のあり方について次のように述べている。

> 「〔これらの規定が〕**上訴裁判所または破棄裁判所**との関連でも適用されるべきかどうかは、関連する手続の特別な特徴によって異なる。国内法秩序で進められる裁判手続全体およびそこにおける上訴裁判所の役割が考慮されなければならない」[124]

　法律扶助が認められなかったグレンジャー事件は、申立人に5年の収監刑が言渡された偽証罪の有罪判決に対する上訴手続に関わる事件である。欧州人権裁判所が述べるように、「上訴における問題が重要であったことには疑問の余地がない」[125]。上訴裁判所における手続を審査した欧州人権裁判所は、申立人が、法務次官が高等法院に「提出した陳述予定書面……または裁判所に提出された反対意見書……を十分に理解できる立場」にはなかったこと、また「機会があっても、これらの主張または裁判官からの質問に対して申立人が効果的な答えをすることはできなかったのも明らか」であったことも認定した[126]。その後、上訴理由のひとつは「複雑かつ重要な論点を提起して」おり、それがあまりにも困難な問題であったことが判明したため、高等法院は審理を延期し、「当該問題をより詳細に検討することができるよう、申立人の裁判で行なわれた証言の速記を求め」なければならなかった[127]。

　このような状況を踏まえ、欧州人権裁判所は、「上訴手続が公正に進行することを確保する全般的な責任を履行しなければならなかった高等法院を含め、権限のある機関に対し、法律扶助の却下を再検討する何らかの手段が利用可能とされるべきであった」との結論に達した。欧州人権裁判所の見解では、少なく

124　*Eur. Court HR, Case of Granger v. the United Kingdom, judgment of 28 March 1991, Series A, No.174*, p.17, para.44. 強調引用者。
125　Ibid., p.18, para.47.
126　Ibid., loc. cit.
127　Ibid.

とも手続が延期された後の段階では、「申立人に無料の法律扶助を認めることが司法の利益にかなっていたはずである」。このような対応は、「第1に、申立人が手続に効果的に寄与できるようにすることによって司法の利益および公正さの確保に役立つ」はずであり、第2に、裁判所にとっても「複雑な問題に関する専門家の法的主張を双方の側から……聴取することの利益を享受する」ことができたはずだからである[128]。したがって欧州人権裁判所は、6条3項(c)とあわせて6条1項の違反があったと認定した。

パケリ事件

　パケリ事件では、連邦裁判所が例外的にしか開かない口頭審理の開催にあたって、申立人が代理人選任のための法律扶助を求めたところ却下されたために、6条3項(c)違反が認定された。欧州人権裁判所の見解では、申立人自らが出席しても、とくに改正された刑事訴訟法の適用に関わって生ずる法律上の論点を検討する弁護士がいないことの埋め合わせにはならなかった。したがって、申立人は「事件の結果に影響を及ぼす機会」を奪われたとされたものである[129]。

　注目に値するのは、欧州人権裁判所の見解によれば、「違反の存在は被害がない場合でも考えられる」とされていること、また6条3項(c)の解釈にあたり、効果的援助が存在しなかったために申立人に被害が生じたことの立証を求めれば「同規定の実体が大部分奪われてしまうであろう」とされていることである[130]。

　最後に、利用可能とされる法的援助は「効果的」なものでなければならないこと、したがって単に弁護人が指名されただけでは6条3項(c)を遵守するためには不十分であるということ[131]も、重要な点として注意しておかなければならない。

128　Ibid., para.47 at p.19.
129　*Eur. Court HR, Case of Pakelli v. Federal Republic of Germany, judgment of 25 April 1983, Series A*, No.64, p.18, para.39.
130　*Eur. Court HR, Case of Artico v. Italy, judgment of 13 May 1980, Series A*, No.37, para.35 at p.18.
131　Ibid., para.33 at p.16.

3.5.3 弁護士との特権的連絡を認められる権利

弁護士との特権的連絡を認められる権利については、「法的援助」に関する第6章6.4で取り上げた。被告人に対し、弁護士と秘密に協議するための十分な時間と便益が確保されなければならない裁判段階・上訴手続段階においても、この権利は当然に適用される。

> すべての者は、効果的な防御を確保するため、直接弁護する権利または自ら弁護士を選任する権利を有する。法的援助を受ける権利は、とくに死刑事件においては効果的に利用可能とされなければならない。国内裁判所は、被告人が効果的防御を享受できるようにする義務を有する。厳正独居拘禁は、弁護士に効果的にアクセスする権利の侵害である。刑事上の罪に問われている者は、弁護士に対する十分な支払手段がなく、かつ司法の利益のために必要とされる場合には、無料の法律扶助を受ける権利を有する。司法の利益は、犯罪の重大性、科される可能性のある刑の重大性および事件の複雑性といった側面と関わっている。被告人は、弁護人と連絡するための十分な時間および便益を与えられなければならない。両者の連絡には特権的地位が認められ、かつ秘密が保障されなければならない。

3.6 自分の裁判に出席する権利

自由権規約14条3項(d)と、ルワンダ・旧ユーゴスラビア両国際刑事裁判所規程のそれぞれ20条4項(d)および21条4項(d)は、すべての者は「自ら出席して裁判を受け」る権利を有すると定める。この権利が侵害されたという訴えを締約国が否定しようとしても、たとえば裁判の速記の謄写を提出するなどしてその裏づけを示すことができない場合、自由権規約委員会はこの権利の侵害を認定している[132]。

---

132 Communication No.289/1988, *D. Wolf v. Panama* (Views adopted on 26 March 1992), in UN doc. *GAOR*, A/47/40, p.289, para.6.5.

＊＊＊＊＊

　欧州人権条約6条1項では自分の裁判に参加する権利について明示的には言及されていないが、欧州人権裁判所は、この権利の存在は「『同条全体の趣旨および目的』によって……明らかである」としている[133]。申立人が裁判に参加する権利を放棄するつもりであったことの証拠がなく、かつ、とくにサボナ州裁判所裁判長が法廷への呼出状について申立人に直接告知しようとしなかったために欠席裁判が行なわれた事件において、欧州人権裁判所は、当該裁判は条約6条1項にいう公正なものではなかったと認定した[134]。

3.6.1 欠席裁判

　国際的監視機関はまだ欠席裁判をめぐる理論を発展させてきていないが、特別な状況においてはこのような裁判を行なうこともできると認めているように思われる。少なくとも自由権規約については、14条に関する自由権規約委員会の一般的意見13における次の記述から、このことが明らかである。「正当な理由により例外的に欠席裁判が行なわれるときは、防御権を厳格に遵守することはなおさら必要となる」[135]。したがって、欠席裁判そのものが規約14条の違反となるわけではないが、公正な裁判の基本的要件は維持されなければならない。すなわち、欠席裁判が規約14条と両立するのは、被告人が「時宜を得た方法で」召喚され、かつ「自己に対する手続について告げられ」た場合のみであって、なおかつこのような場合には締約国自身が、公正な裁判の原則が尊重されたことを立証しなければ「ならない」[136]。申立人が時宜を得た方法で召喚されたと締約国が「推測した」だけであった場合は、委員会は、「締約国が被告人の欠席裁判を正当化しようとしても、締約国の責任を解除するには不十分である」と見なしている。「係属中の事件についての裁判が〔申立人の出席を得ずに〕行なわれる旨が、手続が始ま

---

133 *Eur. Court HR, Brozicek Case v. Italy, judgment of 19 December 1989, Series A, No.167*, p.19, para.45.
134 Ibid., p.19, paras.45-46.
135 *United Nations Compilation of General Comments*, p.125, para.11.
136 Communication No.699/1996, *A. Maleki v. Italy* (Views adopted on 15 July 1999), in UN doc. *GAOR*, A/54/40 (vol.II), p.183, paras.9.2-9.3.

る前に申立人に告げられたことを確認するのは、当該事件を審理する裁判所の責任である」。裁判所がこのような対応をとった証拠が提出されなかった事件において、委員会は、「自ら出席して裁判を受ける申立人の権利が侵害された」と認定している[137]。

＊＊＊＊＊

上述したように、欧州人権裁判所は、欧州人権条約6条「全体の趣旨および目的によって、『刑事上の罪を問われている』者が審理に参加する権利を有することは明らかである」と強調している[138]。コロッツァおよびルビナート事件では、イタリア当局が、移転先を告げずに引っ越した申立人を追跡できなかったために欠席裁判を行なった。申立人は最終的に「ラティナンテ」、すなわち裁判所が発付した令状の執行を意図的に回避する者と認定された。裁判所が任命した弁護士は出廷せず、そのため裁判は延期しなければならなかった。2番目の裁判所任命弁護士も出廷しなかったため、同じことが繰り返された。この裁判は、裁判所が公判中に別の公選弁護人を任命したことによってようやく結審した。申立人は有罪とされ、6年の収監刑を言渡された。数か月後、申立人はローマの自宅で逮捕された。申立人は「遅れての上訴」を行なったが、棄却された。欧州人権裁判所は、「欠席裁判を行なうことができなければ、たとえば証拠の散逸、公訴時効の完成または誤審につながる可能性があるという意味で、刑事手続の遂行が麻痺するかもしれない」という点では政府に同意したものの、次のように述べている。

> 「しかし、本件の状況においては、このことは、審理に参加する権利が完全にかつ回復不可能なほどに奪われることを正当と認めるだけの性質を有していなかったように、裁判所には思われる。コロッツァ氏のように、『刑事上の罪を問われている』者が出席しないにも関わらず裁判を行なうことが国内法で認められている場合、その者は、裁判手続が行なわれたことを知った段階で、同人の審理を担当した裁判所により、被疑事実本案についてあらため

---

137 Ibid., pp.183-184, para.9.4.
138 *Eur. Court HR, Case of Colozza v. Italy, judgment of 12 February 1985, Series A, No.89*, p.14, para.27.

て決定を受けることが認められるべきである」[139]

　欧州人権裁判所は、これに付け加えて次のような重要な指摘も行なっている。「国内法において利用可能な手段は効果的であることが立証されなければならず、またコロッツァ氏のような状況に置かれた『刑事上の罪を問われている』者は、裁判を回避しようとはしていなかったこと、または出席しなかったのはやむをえない理由によるものであることの立証責任を負わされてはならない」[140]。

> 被告人は自分の裁判に出席する権利を有する。欠席裁判は特別な状況においては認められる場合があるが、効果的防御の権利は維持されなければならない。被告人が意図的に裁判を回避しようとしたわけではない場合、裁判手続が行なわれたことを被告人が知った段階で、被疑事実本案についてあらためて決定を受ける権利が認められるべきである。

3.7 自己に不利益な供述または有罪の自白を強要されない権利

　自己負罪の禁止については、とくに刑事捜査のさいのその重要性を踏まえて第6章6.5で取り上げた。しかし、自己に不利益な供述または有罪の自白を強要されない権利は、もちろん裁判手続全体を通じて同じように妥当する。自由権規約14条3項(g)が、すべての者は、「その刑事上の罪の決定について」、「自己に不利益な供述又は有罪の自白を強要されない」権利を有すると定めているのが想起されるところである。米州人権条約8条2項(g)によれば、すべての者は「自己に不利な証人となることまたは罪を認めることを強要されない」権利を有しており、8条3項ではさらに「被告人による有罪の自白は、いかなる種類の強制もなしに行なわれた場合にのみ、有効なものとする」と定められている。アフリカ人権憲章と欧州人権条約には同様の規定が置かれていないが、国際刑事裁判所規程55条1項(a)と、ルワンダ・旧ユーゴスラビア両国際刑事裁判所規程のそれぞれ20条4項

139　Ibid., p.15, para.29.
140　Ibid., para.30 at p.16.

(g)および21条4項(g)にも自己負罪からの保護が掲げられている。

＊＊＊＊＊

　自由権規約委員会は、規約14条に関する一般的意見13のなかで、3項(g)に掲げられた保障を検討するさいには規約7条および10条1項が「念頭に置かれるべきである」としている[141]。それぞれ、拷問および他の残虐な、非人道的なまたは品位を傷つける取扱いを禁止した規定、「自由を奪われたすべての者は、人道的にかつ人間の固有の尊厳を尊重して、取り扱われる」と定めた規定である。委員会が強調するように、「自白または自己に不利益な供述を強要するため、これらの規定に違反する方法が用いられることはしばしばある」。しかし「法律において、これらの方法または他のいずれかの形態の強要によって得られた証拠は完全に受け入れられないことが求められるべきである」[142]。さらに、「裁判官には、訴追のいかなる段階においても、被告人の権利の侵害の訴えがあった場合にはそれを検討する権限が認められるべきである」とされる[143]。この点、検察官の役割に関する指針の指針16でも、検察官は違法な手段によって得られた証拠を拒否しなければならないと定められていることが想起されるところである[144]。

　委員会はさらに、「何人も『自己に不利益な供述又は有罪の自白を強要されない』という〔保障は〕、捜査機関から被告人に対し、**有罪の自白を得るためのいかなる直接または間接の身体的または心理的圧力もかけられない**という意味で理解されなければならない」としている[145]。したがって委員会は、罪を問われた者が自己負罪の陳述に署名するよう強制された事件[146]や、そのような強要が――拷問または強迫に訴えることも含めて――試みられた事件[147]で、14条3項(g)違

---

141 *United Nations Compilation of General Comments*, p.125, para.14.
142 Ibid., loc. cit.
143 Ibid., para.15.
144 原則16全文の引用は第6章6.2参照。
145 Communication No.330/1988, *A. Berry v. Jamaica* (Views adopted on 7 April 1994), in UN doc. *GAOR*, A/49/40 (vol.II), p.28, para.11.7. 強調引用者。
146 Communication No.R.12/52, *S. R. López Burgos v. Uruguay* (Views adopted on 29 July 1981), in UN doc. *GAOR*, A/36/40, p.183, para.13; and Communication No.R.18/73, *M. A. Teti Izquierdo v. Uruguay* (Views adopted on 1 April 1982), in UN doc. *GAOR*, A/36/40, p.186, para.9.
147 Communication No.74/1980, *M. A. Estrella v. Uruguay* (Views adopted on 29 March 1983), in UN doc. *GAOR*, A/38/40, p.159, para.10; and Communication No.328/1988, *R. Z. Blanco v. Nicaragua* (Views adopted on 20 July 1994), in UN doc. *GAOR*, A/49/40 (vol.II), p.18, para.10.4.

反を認定した。

 ただし、強迫による自己負罪の訴えに関わるさまざまな問題について申立人自身またはその私選弁護人が予審判事の注意を喚起しなかった事件では、委員会は、これによる否定的と呼びうるところの結果について14条3項(g)にもとづく締約国の責任を問うことはできないと認定している[148]。

＊＊＊＊＊

 米州人権条約8条3項について米州人権裁判所は、カスティージョ・ペトルッチほか事件で、この規定の違反があったことは証明されなかったと認定している。被告人が特別軍事査問裁判所裁判官の面前における予備証言で「真実を告げるよう促された」のは明らかだが、「真実を告げなかった場合に処罰その他の法的不利益がもたらされると脅迫された」事実は、記録からは何らうかがえなかったのである。また、「被告人が宣誓証言または真実告白の宣誓を求められたことをうかがわせる証拠も、何ら存在しなかった。いずれかの行為が行なわれていれば、証言するかしないかを選ぶ権利が侵害されていたことになろう」[149]。

3.7.1 不法な手段／取扱いを通じて得られた証拠の使用の禁止

 第6章で検察官の役割に関する指針の指針16に言及した。それによれば、検察官は、「被疑者の人権の重大な侵害である不法な手段」、とくに拷問その他の人権侵害をともなう手段「によって入手されたことを知っている、またはそう考えるに足る合理的な理由がある」証拠を用いることを拒否しなければならないとされる。

 この問題に関連する他の国際法上の規定は、拷問等禁止条約15条や拷問の防止および処罰のための米州条約10条にも掲げられている。前者は、「締約国は、拷問によるものと認められるいかなる供述も、当該供述が行われた旨の事実についての、かつ、拷問の罪の被告人に不利な証拠とする場合を除くほか、訴訟手続における証拠としてはならないことを確保する」と定めた規定である。後者は、同

---

[148] Communication No.330/1988, *A. Berry v. Jamaica* (Views adopted on 7 April 1994), in UN doc. *GAOR*, A/49/40 (vol.II), p.27, para.11.3.

[149] I-A Court HR, *Castillo Petruzzi et al. case v. Peru*, judgment of May 30, 1999, Series C, No.52, p.210, paras.167-168.

様の但し書きを用いながらも、拷問を通じて得られた証拠は「法的手続における証拠」としての証拠能力を認められないとも宣言している。

国際刑事裁判所規程69条7項の規定はこれほど断定的なものではなく、「この規程または国際的に承認された人権に違反して得られた証拠は、次の場合には証拠能力を認められない」と定めている。

「(a)当該違反が当該証拠の信頼性を相当に疑わせるとき
(b)当該証拠の証拠能力を認めることが手続の完全性にとって非倫理的であり、かつこれを深刻に損なうとき」

国際刑事裁判所がこの規定をどのように解釈するかについては未知数だが、いずれにせよ、当該証拠の信頼性に疑いがなく、かつその証拠能力を認めることが手続の完全性にとって「非倫理的」とならないことを条件として、不法な手段を通じて得られた証拠を考慮する可能性はあるように思われる。しかし、他の規定、とくに拷問等禁止条約15条の規定に照らせば、拷問によって得られた証拠は信頼できない証拠の最たる実例であり、それを用いることは手続の完全性にとって非倫理的であると推定されよう。

最後に、これとの関連では、自由権規約委員会が次のように述べていることに留意しておくことも重要である。「〔自由権規約〕7条の違反を抑制するために重要なのは、**拷問その他の禁じられた取扱いを通じて得られた陳述または自白を司法手続で受理可能なものとして用いることが、法律によって禁じられなければならない**ということである」[150]。

> 被告人が自己に不利な供述を強要されない権利は、裁判手続全体を通じて妥当する。このことは、捜査機関から、有罪の自白を得るためのいかなる直接または間接の身体的または心理的圧力もかけられてはならないということを意味する。このような不当な圧力によって有罪を自白した被告人は、自己の審理を担当する裁判所の裁判官を含む権限

---

150 一般的意見20のパラ12(*United Nations Compilation of General Comments*, p.141)参照(強調引用者)。

> ある機関に訴えなければならない。それを怠れば、刑事上の罪の決定との関連でこの不当な強要が考慮されないおそれがある。裁判官および検察官は、自白に関連する不法な強要の徴候に注意しなければならず、またこのような自白を被告人の不利に援用することは許されない。拷問を通じて得られた証拠および自白の使用は不法であり、国内法で明示的に禁じられるべきである。

3.8 証人を召喚し、尋問しまたはこれに対し尋問させる権利

　自由権規約14条3項(e)では、すべての者は、その刑事上の罪の決定について、「自己に不利な証人を尋問し又はこれに対し尋問させる」権利ならびに「自己に不利な証人と同じ条件で自己のための証人の出席及びこれに対する尋問を求める」権利を有すると定めている。欧州人権条約6条3項(d)には同様の文言の規定が置かれているが、米州人権条約8条2項(f)には、「裁判所に出廷する証人を尋問し、かつ事実の解明を助けることができる可能性のある専門家その他の者の証人としての出廷を得る防御の権利」も含まれている。ルワンダ・旧ユーゴスラビア両国際刑事裁判所規程のそれぞれ20条4項(e)および21条4項(e)も、この点については自由権規約と同様の文言を用いている。

*****

　自由権規約委員会によれば、14条3項(e)は、「被告人またはその弁護人が求めた証人を出席させる権利を無制限に認めたものではない」のであって、裁判所がある証人を召喚しなかったことにより武器の平等の原則が侵害されたという証拠がなければ——たとえば当該証人の証言が審理中の事件とは関係ない場合など——、14条3項(e)の違反はなかったとされる[151]。

　被告人側弁護士が証人を求めなかったことについて締約国の責任を問えるかどうかという問題については、委員会は、「**当該弁護士の行動が司法の利益と両立しないことが裁判官にとって明らかであった、または明らかであるべきであった**

---

[151] Communication No.237/1987, *D. Gordon v. Jamaica* (Views adopted on 5 November 1992), in doc. GAOR, A/48/40 (vol.II), p.10, para.6.3.

場合を除き、〔弁護士が〕行なったとされる過ちについて〔締約国の〕責任を問うことはできない」と判示している[152]。

「公判中、アリバイを証言できる可能性のある証人3名に申立人側に立って証言をさせる努力がまったく行なわれなかったことについて争いがなかった」事件では、委員会は、「〔委員会に〕提出された資料および公判の速記録からは、証人を喚問しないという弁護人の決定がその職業上の判断を行使して行なわれたものではないことは明らかでない」ことに留意した。このような状況では、申立人側証人が尋問されなかったことを締約国に帰責することはできず、14条3項(e)違反は認定されなかった[153]。

一般的には次のように言うことができる。すなわち、(1)防御の準備のための時間および便益が不十分であった旨を、申立人またはその弁護人が裁判官に訴えた形跡がなく、(2)「証人を喚問しないという弁護人の決定がその職業上の判断を行使して行なわれたものではないこと、または証人申請が行なわれた場合に裁判官はそれを却下したであろうこと」の証拠がない場合、委員会は14条3項(b)または(e)のいずれかの違反があったと認定することには消極的である[154]。

レイド事件

レイド事件では、締約国は、「証人尋問の準備のために十分な最低限の時間を裁判所が弁護人に与えなかったという申立人の主張を否定」せず、委員会は14条3項(e)違反を認定した。申立人の訴えによれば、法律扶助弁護士が申立人につけられたのは裁判開始当日のことであり、また予審判事は、同弁護士が依頼人と協議できるよう公判を延期することを拒否した。申立人によれば同弁護士は「まったく準備ができておら」ず、「証人にどんな質問をすればよいのかわからない」と申立人に語っていた[155]。

---

[152] Communication No.610/1995, *Henry v. Jamaica* (Views adopted on 20 October 1998), in UN doc. *GAOR*, A/54/40 (vol.II), p.50, para.7.4. 強調引用者。

[153] Communication No.615/1995, *B. Young v. Jamaica* (Views adopted on 4 November 1997), in UN doc. *GAOR*, A/53/40 (vol.II), pp.74-75, para.5.5.

[154] Communication No.356/1989, *T. Collins v. Jamaica* (Views adopted on 25 March 1993), in UN doc. *GAOR*, A/48/40 (vol.II), pp.88-89, para.8.1.

[155] Communication No.250/1987, *C. Reid v. Jamaica* (Views adopted on 20 July 1990), in UN doc. *GAOR*, A/45/40 (vol.II), p.91, para.11.3 as read in conjunction with p.87, para.4.

規約14条3項(e)および5項の違反は、国内裁判所が「事件にとって決定的に重要な専門家の証言の命令」を拒否した事件でも認定されている[156]。

＊＊＊＊＊

米州人権裁判所は、欧州人権裁判所の判例を援用して、「被告人の特権のひとつとして、自己に不利な証人を尋問しまたはこれに対し尋問させ、かつ自己に不利な証人と同じ条件で自己のための証人の出席およびこれに対する尋問を求める機会を与えられることが認められなければならない」と判示している[157]。したがって、カスティージョ・ペトルッチほか事件においては、裁判手続で適用された法律によって「被害を受けたことを主張する者に対する告発の根拠となった証言をした証人について、その反対尋問が認められていなかった」ことを理由に米州人権条約8条2項(f)違反が認定された。「警察および軍職員の反対尋問が認められないことによって生じた問題は、被疑者が警察に陳述を行なうまで弁護人の助言を得ることを認められなかったことで……いっそう大きなものとなった」。このような状況により、「被告人側弁護人は、警察の捜査調書に記載・記録された証拠に異議を唱える手段がまったくなくなってしまった」[158]。

＊＊＊＊＊

欧州人権条約6条3項(d)について、欧州人権裁判所はデルタ事件で次のように判示している。

「対審的議論が行なえるよう、証拠は原則として、公開の審理において、被告人が出席しているときに提出されなければならない。ただし、証人の陳述を証拠として用いるためには、陳述が常に裁判所の公開審理で行なわれなければならないということではない。裁判前の段階で得られたそのような陳述を証拠として用いること自体は、6条3項(d)および6項に違反するものではない。ただし、防御権が尊重されたことが条件である。このような防御権にも

---

156 Communication No.480/1991, *J. L. García Fuenzalida v. Ecuador* (Views adopted on 12 July 1996), in UN doc. GAOR, A/51/40 (vol.II), p.55, para.9.5.
157 I-A Court HR, *Castillo Petruzzi et al. case v. Peru*, judgment of May 30, 1999, Series C, No.52, p.205, para.154. 欧州人権裁判所の判例は*Eur. Court HR, case of Barberà, Messegué and Jabardo, judgment of 6 December 1998, Series A, No.146*および*Eur. Court HR, Bönisch case, judgment of 6 May 1985, Series 92*参照。
158 I-A Court HR, *Castillo Petruzzi et al. case v. Peru*, judgment of May 30, 1999, Series C, No.52, p.205, paras.153 and156.

とづき、……証人がその陳述を行なうとき、またはその後の手続のいずれかの段階で、被告人に対し、自己に不利な証人に異議を申立て、かつこれを尋問する十分かつ適正な機会が保障されることが原則とされる」[159]

したがって、警察による捜査段階で証人が行なった証言を根拠に申立人が有罪判決を受け、申立人もその弁護人も当該証言の信頼性に異議を申立てることができなかったデルタ事件では、欧州人権裁判所は条約6条1項および3項(d)で保障された公正な裁判を受ける権利の侵害を認定した[160]。

ウンテルペルティンガー事件

ウンテルペルティンガー事件の申立人は、2度の独立した事件で義理の娘および元妻に身体傷害を追わせた罪で有罪とされた。いずれの被害者も法廷証言を拒んだが、その陳述は公判中に朗読された。欧州人権裁判所は、陳述の朗読は条約6条1項および3項(d)に違反するものではないとしながらも、「にも関わらず、それを証拠として使用するさいには、6条の保護の趣旨および目的である防御権が遵守されなければならない」と指摘した。申立人に、「従前の手続のいずれの段階においても、審理の場で読み上げられた陳述を行なった者に尋問する機会が与えられなかった」本件においてはなおさらである[161]。申立人は元妻および義理の娘に尋問させることができず、また陳述の信頼性に異議を申立てるために陳述についての尋問を行なわせることもできなかったことから、さらに控訴裁判所が両者の陳述を「当該女性らが行なった告発の真実性を証明するもの」として扱ったことも踏まえ、申立人は公正な裁判を受けることができず、条約6条1項および3項(d)両方の違反があったとされた[162]。

ただし、国内裁判所が決定の根拠とした証拠が証人の陳述の朗読以外にもあった場合には、欧州人権裁判所は、申立人は6条1項および3項(d)両方に反する形

---

159 *Eur. Court HR, Delta Case v. France, judgment of 19 December 1990, Series A, No.191-A*, p.16, para.36.
160 Ibid., para.37.
161 *Eur. Court HR, Case of Unterpertinger v. Austria, judgment of 24 November 1986, Series A, No.110*, pp.14-15, para.31.
162 Ibid., p.15, paras.32-33.

で公正な裁判を受けられなかったわけではないと認定している[163]。

注目すべきなのは、欧州人権裁判所の判例によれば、6条3項(d)にいう「証人」の用語は「自律的解釈の対象とされるべき」であり、したがって、たとえば裁判所で「直接の証言」を行なわない者が警察官に対して行なった陳述も含まれるとされていることである[164]。

> 被告人は、自己に不利な証人を検察側と同じ条件で召喚および尋問し、またはこれに対し尋問させる権利を有する。したがって、公正な裁判を保障するために、国内裁判所は証人に対して対審的尋問ができるようにしなければならない。証人を召喚する権利は、召喚できる証人の人数が無制限であることを意味しない。召喚される証人は事件に関連する可能性がある者でなければならない。国内裁判所は、被告人およびその弁護士に対し、証人尋問の準備のために十分な時間を与えなければならない。国内裁判所の裁判官は、被告人側弁護士の職業上の行動に明らかな瑕疵がないかどうか注意し、必要な場合には、武器の平等を含む公正な裁判に対する権利を確保するために介入しなければならない。

3.8.1 匿名の証人

匿名の証人の問題はこのマニュアルで検討している国際人権条約では規制されていないが、ルワンダ・旧ユーゴスラビア両国際刑事裁判所の手続証拠規則の規則69では「被害者および証人の保護」について扱われている。ルワンダ国際刑事裁判所の場合、規則69は次のように定めている。

「(A)例外的状況において、当事者のいずれかは裁判所法廷に対し、危険にさらされるおそれがある被害者または証人の身元を、法廷が別段の決定をするまで開示しないよう命ずることを求めることができる。

---

163 *Eur. Court HR, Asch Case v. Austria, judgment of 26 April 1991, Series A, No.203*, p.11, paras.30-31.
164 *Eur. Court HR, Windisch Case v. Austria, judgment of 27 September 1990, Series A, No.186*, pp.9-10, para.23.

(B)被害者および証人の保護措置の決定にあたり、法廷は被害者証人支援部と協議することができる。
(C)規則75にしたがうことを条件として、被害者または証人の身元は、訴追および防御の準備のために十分な時間が保障されるよう、公判までに十分な時間的余裕を置いて開示される」

旧ユーゴスラビア国際刑事裁判所手続証拠規則の規則69では、やや異なる文言が用いられている。

「(A)例外的状況において、検察官は裁判所法廷に対し、危険にさらされるおそれがある被害者または証人の身元を、当該被害者または証人が裁判所の保護下に置かれるまで開示しないよう命ずることを求めることができる。
(B)被害者および証人の保護措置の決定にあたり、法廷は被害者証人支援部と協議することができる。
(C)規則75にしたがうことを条件として、被害者または証人の身元は、防御の準備のために十分な時間が保障されるよう、公判までに十分な時間的余裕を置いて開示される」

旧ユーゴスラビア国際刑事裁判所の手続規則の規則75(A)は「被害者および証人の保護のための措置」に関する規定であり、裁判官または法廷は、「職権で、またはいずれかの当事者、関係の被害者もしくは証人、もしくは被害者証人支援部の求めに応じ、被害者および証人の**プライバシーおよび保護**のための適切な措置をとるよう命ずる」ことができること、「ただし、**当該措置が被告人の権利と両立するものであることを条件とする**」ことを定めている。(強調引用者)。ルワンダ国際刑事裁判所の規則75(A)もほぼ同文だが、これに代えて被害者および証人の「**プライバシーおよび安全**」に言及している(強調引用者)。いずれの場合にも、規則75(B)では、被害者・証人のプライバシーおよび保護／安全への権利を保護するために裁判所が非公開でとりうる措置が扱われている。このような措置には次のものが含まれる。

- ◎ 氏名および身元の特定につながる情報を法廷／裁判所の公開の記録から削除すること
- ◎ 被害者を特定するすべての記録を公衆に対して非開示とすること
- ◎ 画像もしくは音声の変更機器または閉回路テレビを通じて証言すること
- ◎ 偽名の割当て
- ◎ 法廷の非公開
- ◎ 一方向の閉回路テレビなど、被害を受けやすい立場に置かれた被害者および証人の証言を容易にする適切な措置

2つの国際刑事裁判所の手続規則からわかるように、指針となる原則は、被害者・証人の保護のための措置は「被告人の権利と両立する」ものでなければならないということである。この目的のため、被害者または証人を当事者間で恒久的に匿名とすることは予定されておらず、その身元は、裁判の準備のために十分な時間が保障されるよう、公判までに十分な時間的余裕を置いて開示されなければならない。これらの国際刑事裁判所が採用したアプローチは、安全を確保しつつ、同時に効果的な防御に対する権利を保障するという困難な問題に対する興味深い解決策を提示している。

*****

匿名の証人という手段を用いることの問題は、欧州人権条約6条1項および3項(d)にもとづいて審査されたコストフスキー事件で主要な争点となった。この事件では、2名の証人が警察による事情聴取を受け、うち1名は審理担当裁判官にも証言を聴取されたが、申立人の裁判ではいずれの証人の審理も行なわれていない。証人らが「裁判で審理されなかった〔のみならず〕、その宣言は……コストフスキー氏およびその弁護人がいない場で行なわれ」、したがって「いずれの段階でも申立人または申立人代理人による尋問は行なうことができなかった」[165]。弁護側はとくに「審理担当裁判官を通じて間接的に」質問書を提出することもできたが、「そこで行なうことのできた質問の性質および範囲は、……陳述を行なった

---

[165] *Eur. Court HR, Kostovski Case v. the Netherlands, judgment of 20 November 1989, Series A, No.166*, p.20, para.42.

者らの匿名が保持されなければならない旨の決定により相当に制約された」[166]。この問題は「申立人が直面した困難によりいっそう大きなものとなった」。なぜならば、「質問しようとする相手の身元が弁護側にわからなければ、その相手が偏見もしくは敵意を抱いている、または信頼できないことを実証できるような具体的事実そのものが奪われる可能性がある」ためである。欧州人権裁判所の見解によれば、「このような状況に固有の危険は明らか」であった[167]。

もうひとつの側面は、「裁判所は、いずれの公判においても、当該匿名証人が出席しなかったことにより、尋問中の証人の挙動を観察し、かつそれによって信頼性に関わる心証を自ら形成することができなかった」ということである[168]。多くの前科があった申立人は銀行強盗の罪で有罪判決を受けたが、政府は、オランダで証人への脅迫が行なわれる頻度が増していることを踏まえ、社会、被告人および証人ら自身の利益の均衡を図る必要性があったことを挙げて、匿名の証人の使用を弁護した。この事件においては、申立人に対する有罪判決の根拠となった陳述を行なった証人には、「報復を恐れる十分な理由があった」[169]。

欧州人権裁判所は、政府の主張にも「説得力がないわけではない」ことを認めつつも、それは「決定的ではない」とし、次のように述べた。これには長文で引用するだけの価値がある。

「組織犯罪の増加に対応して適切な措置の導入が必要とされることには疑いがないが、政府の主張は、申立人の弁護人が『統制可能なおよび公正な司法手続に対して文明社会のすべての者が有している利益』と表現した利益を十分に重視していないように、裁判所には思われる。司法の公正な運営に対する権利は民主的社会においてきわめて重要な位置づけをされており、……迅速さのために犠牲にしてよいと言うことはできない。条約は、刑事手続の捜査段階でこのような匿名の情報源に依拠することを排除していない。しかし、本件のように匿名の陳述をその後も用い、有罪判決を言渡すのに十分な証拠

---

166 Ibid., loc. cit.
167 Ibid.
168 Ibid., para.43.
169 Ibid., p.21, para.44.

として扱うことはまた別の問題である。このような対応には、6条に掲げられた保障と両立させることができないほどの防御権の制限がともなっていた。事実、政府は、匿名の陳述が申立人の有罪判決の『決定的』根拠となったことを認めている」[170]

したがって、本件においては欧州人権条約6条1項および6条3項(d)の違反が認定された。

> 裁判中に匿名の被害者・証人が証言することは違法であるが、刑事捜査の過程では例外的にこのような証言を用いることができる。匿名の被害者・証人の身元は、公正な裁判を確保するため、裁判手続が始まる前に十分な時間的余裕を置いて開示されなければならない。

3.9 無料で通訳の援助を受ける権利

自由権規約14条3項(d)および欧州人権条約6条3項(e)によれば、すべての者は、「裁判所において使用される言語を理解すること又は話すことができない場合には、無料で通訳の援助を受ける」権利を有する。米州人権条約8条2項(a)は、「罪を問われている者が裁判所の言語を理解することまたは話すことができない場合には、無料で翻訳者または通訳の援助を受ける権利」を保障している。ルワンダ・旧ユーゴスラビア両国際刑事裁判所規程のそれぞれ20条4項(f)および21条4項(f)も、裁判所の言語を理解することまたは話すことができない被告人の「無料で通訳を受ける」権利を定めている。

＊＊＊＊＊

自由権規約委員会の表現によれば、無料で通訳の援助を受けることは、「裁判所において使用される言語がわからないことまたはその理解が困難であることが防御権を妨げる大きな要因になる事件においては、基本的に重要な」権利であり、

---

[170] Ibid., loc. cit.

さらに「手続の結果とは無関係であり、かつ外国人にも国民にも適用される」権利である[171]。ただし、通訳が用意されなければならないのは、「被告人または弁護側証人にとって裁判所の言語を理解することまたは当該言語で自己を表現することが困難である場合」のみであるとされる[172]。締約国が裁判所で**ひとつ**の公用言語の使用しか認めないことは14条違反ではなく、公正な審理の要件は、「母語が裁判所の公用言語とは異なる市民に対し、当該市民が公用言語で十分に自己を表現する能力がある場合にも通訳を利用可能とすることまで、締約国に義務づけるものではない」[173]。

したがって、ブルトン語を母語とするがフランス語も話せるフランス市民に対し、フランスで行なわれた裁判手続での通訳が提供されなかった事件では、14条の公正な裁判を受ける権利にも14条3項(f)にも違反するものではないとされている。この事件の申立人は、「同人または同人のために召喚された証人が、裁判所において単純だが十分なフランス語で話すことができないことを立証しなかった」[174]。委員会は、14条1項の公正な裁判を受ける権利は、14条3項(f)とあわせて理解した場合に、「被告人に対し、同人が通常話しているまたは最大限容易に話すことのできる言語で自己を表現できるようにしなければならないことを、意味しない」とした。その逆に、本件でそうであったように「被告人が裁判所の言語に十分堪能であることを裁判所が確信するときは、被告人が裁判所の言語以外の言語で自己を表現できたほうが望ましいかどうか確認することは求められない」[175]。

* * * * *

欧州人権裁判所は、欧州人権条約6条3項(e)について、「無料で」という文言は「恒久的に費用の支払を免除される」という意味であると判示している[176]。欧州人権裁判所の見解によれば、6条3項(e)が「支払を一時的に免除されることの保

---

171 一般的意見13(14条)、パラ13(*United Nations Compilation of General Comments*, p. 125)。
172 Communication No.219/1986, *D. Guesdon v. France* (Views adopted on 25 July 1990), in UN doc. *GAOR*, A/45/40 (vol.II), p.67, para.10.2.
173 Ibid., loc. cit.
174 Ibid., para.10.3.
175 Ibid., loc. cit.
176 *Eur. Court HR, Case of Luedicke, Belkacem and Koc, judgment of 28 November 1978, Series A, No.29*, para.40 at p.17.

障として狭義に解釈され、国内裁判所が有罪判決を受けた者に通訳費用を負担させることが防止されないのであれば」、「無料〔という文言〕の通常の意味のみならず」、6条、とくに6条3項(e)の「趣旨および目的にも反することになろう」。なぜならば、「このような解釈によって「6条が保障しようとする公正な裁判を受ける権利そのものが悪影響を受けるからである」」[177]。したがって、6条1項で保障された公正な裁判を受ける権利に照らして6条3項(e)を解釈する場合、次のことが言える。

> 「〔6条3項(e)は、〕裁判所で使用される言語を理解することまたは話すことができない被告人が、自己に対して開始された手続で用いられる文書または陳述のうち、公正な裁判の利益を享受するために被告人が理解することが必要であるものすべてが翻訳または通訳されるようにするため、無料で通訳の援助を受ける権利を有するということを意味する」[178]

したがって、ドイツ連邦共和国の裁判所が通訳費用の負担を申立人らに負わせた事件では、条約6条3項(e)違反が認定された[179]。

> 自己に対する刑事手続で公的機関が用いる言語を話すことおよび理解することができない被告人は、手続で用いられるすべての文書を無料で通訳および翻訳される権利を有する。この権利は裁判の最終結果とは無関係である。

3.10 理由を付した判決を言渡される権利

4つの人権条約では明示的に挙げられていないものの、理由を付した判決を言渡される権利は、判決の公開に対する権利を含む「公正な裁判」に関わる諸規定

---

177 Ibid., para.42 at p.18.
178 Ibid., p.20, para.48.
179 Ibid., pp.20-21, paras.49-50.

421

に本来的に含まれるものである。ルワンダ・旧ユーゴスラビア両国際刑事裁判所規程のそれぞれ22条2項および23条2項は、これらの裁判所の判決には「理由を付した見解書面を添付するものとし、それに対して独立意見または反対意見を付すことができる」と定めている。国際刑事裁判所規程74条5項によれば、裁判所法廷の決定は「書面で言渡すものとし、かつ、証拠および結論に関する裁判所法廷の認定を理由とともに明らかにした十分な陳述を記載するものと」される。

＊＊＊＊＊

自由権規約委員会は、裁判所が判決理由を明らかにしなかったことに関わる無数の訴えを審査してきた。これらの訴えは、「有罪判決および量刑の再審査も遅滞なく利用できるように」「あわせて理解されるべき」14条3項(c)および5項にもとづいて審査されている。14条5項に関する委員会の見解によれば次のとおりである。

> 「有罪の判決を受けた者は、法律にもとづきその判決および刑罰を上級の裁判所によって再審理される権利の効果的行使を享受するため、**すべての上訴審について、適正に理由が付された判決書面に妥当な期間内にアクセスする**権利を有する」[180]

たとえば、申立人が死刑判決を言渡されたフランシス事件では、控訴裁判所が控訴を却下してから9年以上も判決書面を提出しなかった。このような遅延が妥当なものではなく、規約14条3項(c)および5項違反であることはきわめて明白である[181]。多くの事件で判決書面の提出が遅れたということは、ジャマイカの受刑者は枢密院に上訴する権利を追求できなかったことを意味する。

＊＊＊＊＊

「司法の適正な運営と関連する原則」を反映した、欧州人権裁判所の確立さ

---

180 Communication No.320/1988, *V. Francis v. Jamaica* (Views adopted on 24 March 1993), in UN doc. *GAOR*, A/48/40 (vol.II), p.66, para.12.2. 強調引用者。

181 Ibid., loc. cit. また、たとえばCommunication No. 282/1988, *L. Smith v. Jamaica* (Views adopted on 31 March 1993), ibid.,p.35, para.10.5も参照。

れた判例によれば、「裁判所の判決においてはその根拠となった理由が十分に述べられるべきである」。ただし、「理由を示すこの義務がどの程度適用されるかは決定の性質によって異なる場合があり、事件の状況に照らして判断されなければならない」[182]。さらに、欧州人権条約6条1項は「裁判所に対して決定理由を示すよう義務づけているが、すべての主張に対する詳細な回答を要求するものとして理解することはできない」[183]。したがって裁判所は、「上訴を棄却するにあたり、……単に下級裁判所の決定理由を支持する」こともできる[184]。ガルシア・ルイス事件の申立人は、マドリード州大審問院が自分の主張に何ら回答しなかったと訴えた。しかし欧州人権裁判所は、申立人は「対審手続の利益を享受していた」のであり、手続のさまざまな段階で「事件に関連すると考える主張を提出することができた」。したがって「申立人の主張を却下した第1審決定の理由は事実関係の面でも法律面でも詳細に明らかにされていた」とされた[185]。州大審問院の控訴審判決については、判決は「第1審判決で述べられた事実関係および法律上の理由の説明を、自らの認定と矛盾しないかぎりにおいて支持して」おり、したがって、「たとえ本件においてはより実質的な理由の説明が望ましかったかもしれないとはいえ、判決に理由が付されていなかったという〔申立人〕の主張は妥当ではない」とされている[186]。

　欧州人権条約6条1項および3項(b)にもとづいて審査されたある事件で、申立人は、控訴するかどうか決定しなければならなかった時点で、第1審裁判所の判決書面全文の謄写を入手できなかったと訴えた。欧州人権裁判所は、これは条約違反にはならないと認定している。判決要旨の謄写は地方裁判所記録部で閲覧することができ、弁護人が求めれば謄写を入手することができた。また、少なくとも判決の効力発生部分は、申立人の弁護団の立会いのもと、公開の法廷で読み上げられていた。欧州人権裁判所は、判決要旨が詳細な書面によって補完されるのは上訴が提起された場合のみであるというオランダの慣行そのものについては、何

---

182 *Eur. Court HR, Case of Garcia Ruiz v. Spain, judgment of 21 January 1999, Reports 1999-I*, p.97, para.28.
183 Ibid., para.26 at p.98.
184 Ibid., loc. cit.
185 Ibid., p.99, para.29.
186 Ibid., loc. cit.

ら見解を述べていない。本件の状況においては、欧州人権裁判所は基本的に、申立人が防御の根拠とした争点は判決要旨で明らかにされており(このことは申立人も否定しなかった)、したがって申立人の防御権が「完全な判決書面が存在しないことによって不当な影響を受けた」と言うことはできないとの結論に達している[187]。

3.10.1 理由を付した判決の不存在と死刑事件

自由権規約委員会は、「すべての事件、およびとくに死刑事件においては、被告人は、裁判手続の結果がどのようになるかに関わりなく、不当に遅延することなく裁判手続および上訴手続を進められる権利を有する」[188]ことを一貫して確認しており、上述したように、理由を付した判決が存在しないために申立人が上訴を行なうことができなかったときは、14条3項(c)および5項の違反を認定してきた。これらの規定の違反にはさらに、規約6条が保護する生命権が侵害されるという結果もともなう。一般的意見6によれば、6条の明示的文言から、死刑について次のことが指摘できるためである。

「〔死刑は、〕犯罪が行なわれたときに効力を有しており、かつ規約に抵触しない法律にしたがってのみ科すことができる。独立の裁判所による公正な裁判を受ける権利、無罪の推定、防御のための最低限の保障、および上級の裁判所による再審査を受ける権利など、規約に掲げられた手続的保障が遵守されなければならない。これらの権利は、特赦または減刑を求める特別の権利に加えて適用されるものである」[189]

したがって、「死刑の確定判決」が14条の「要件を満たすことなく言渡された」

---

[187] *Eur. Court HR, Case of Zoon v. the Netherlands, judgment of 7 December 2000*, paras.39-51 of the text of the judgment as published on the Court's web-site: http://www.echr.coe.int/.

[188] Communication No.356/1989, *T. Collins v. Jamaica* (Views adopted on 25 March 1993), in UN doc. *GAOR*, A/48/40 (vol.II), p.89, para.8.3.

[189] *United Nations Compilation of General Comments*, pp.115-116, para.7. またCommunication No.356/1989, *T. Collins v. Jamaica* (Views adopted on 25 March 1993), in UN doc. *GAOR*, A/48/40 (vol.II), p.89, para.8.4も参照。

場合にも規約6条の違反があったことになる。6条2項は、「この規約の規定……に抵触」する場合には死刑を科すことができないと定めているからである[190]。

*****

アフリカ人権委員会も同様に、24名の兵士が処刑されたことについて、アフリカ憲章4条で保障された生命権を「恣意的に奪うもの」であると判断している。兵士らの裁判では、憲章7条1項(a)に定められた適正手続の保障が侵害されていたためである[191]。

> 裁判所は常にその決定の理由を示さなければならない。ただし、被告人が行なったすべての主張に答えなければならないわけではない。有罪判決を受けた者は、理由の付された判決書面を妥当な期間内に受領する権利を有する。このような判決書面は、上訴のために必要不可欠である。これらの権利を厳格に執行することは、死刑事件においてはとくに重要となる。

3.11 事後法の適用を受けない権利／罪刑法定主義の原則

自由権規約15条1項、アフリカ憲章7条2項、米州人権条約9条2項、欧州人権条約7条1項および国際刑事裁判所規程22条はいずれも——やや異なる文言で——、実行のときに犯罪を構成しなかった作為または不作為を理由として有罪とされない権利を保障している。自由権規約15条1項と欧州人権条約7条1項はこの点について「国内法および国際法」に言及しているが、米州人権条約9条は「適用可能な法律」に言及するのみである。国際刑事裁判所規程22条は「裁判所の管轄内にある」犯罪に関連している。

刑事法の遡及効果の禁止は、法の支配によって規律された社会にとって基本的

---

190 Communication No.356/1989, *T. Collins v. Jamaica* (Views adopted on 25 March 1993), in UN doc. *GAOR*, A/48/40 (vol.II), p.89, para.8.4.

191 ACHPR, *Forum of Conscience (on behalf of 24 soldiers) v. Sierra Leone*, Communication No.223/98, decision adopted during the 28th Ordinary session, 23 October - 6 November 2000, para.19 of the text of the decision published at http://www1.umn.edu/humanrts/africa/comcases/223-98.html.

に重要であり、その側面のひとつは**法的な予見可能性または予想可能性**、したがって個人にとっての法的安定を確保するところにある。経験の示すところによれば、重大な危機的状況においては、市民の行動をさかのぼって処罰したくなる誘惑がしばしば生ずる。しかし、自由権規約4条2項、米州人権条約27条2項および欧州人権条約15条2項からわかるように、事後法の適用を受けない権利は逸脱不可能な権利とされており、したがってもっとも深刻な緊急事態下でも全面的に適用されなければならない。

＊＊＊＊＊

自由権規約委員会は、申立人が、実行当時合法であった「政権転覆活動とのつながり」を理由として8年の収監刑を言渡された事件で、規約15条1項違反を認定した[192]。

＊＊＊＊＊

ナイジェリアを相手どった「メディアの権利アジェンダ」ほか事件で、アフリカ人権委員会は、1993年新聞令43号がアフリカ憲章7条2項と両立するかどうかを検討しなければならなかった。この政令には遡及効があり、とくに、政令にもとづき登録されていない新聞を所有、発行または印刷することを、重い科料および(または)長期の収監刑によって処罰される犯罪とするものであった。委員会は、政府が憲章について「字義にこだわる、最小限主義的な解釈」を行なっていると非難した。政府は、政令のうち遡及効を有する部分は執行されなかったので7条2項の違反はないと主張したのである。しかし、委員会は次のような見解を述べている。

「〔7条2項は、〕実行当時に犯罪を構成しなかった行為の断罪および処罰だけではなく、遡及効そのものを禁じていると理解されなければならない。市民は法律を真剣に受けとめることが期待されているところである。法律が遡及効をもって修正されれば、個人は自分の行為が合法であるかどうかいかなる時点においても知ることができないので、法の支配は損なわれる。遵法意識のある市民にとって、これは、最終的に処罰される可能性があるか否かに関わらず、恐るべき不安定の源である」[193]

委員会はさらに、いかなる者または新聞も政令43号の遡及適用の被害を受けていないという点についても、「残念ながら」完全に確信することができないと付け加えている。委員会の見解では、訴追される可能性があるだけでも「重大な脅威」なのであり、「不公正だが執行されない法律は、法律が有すべき尊厳……を損なうものである」。したがって、政令43号はアフリカ憲章7条2項に違反するとされた[194]。

*****

欧州人権裁判所は7条1項にもとづくさまざまな訴えを多数扱ってきている。しかし、ここではこの条項の解釈に関わる欧州人権裁判所の基本的原則しか取り上げることができない。欧州人権裁判所にとって、7条1項は単に「罪を問われた者の不利になる形で刑事法を遡及的に適用すること」を禁ずるだけではなく、「より一般的に、法律のみが犯罪を定義しかつ処罰を定めることができる(*nullum crimen, mulla poena sine lege*)という原則、および、刑事法は、たとえば類推によって、被告人に不利に拡大解釈されてはならないという原則を体現する」ものでもある[195]。この重要な性格づけは、「犯罪は法律で明確に定義されていなければならない」ことを意味するものであって、この条件が「満たされるのは、個人が、どのような作為および不作為によって責任を問われるのかについて、関連の規定の文言から、および必要であれば裁判所によるその解釈の助けを得て、知ることができたとき」である[196]。欧州人権裁判所はまた、刑法の新たな規定が被告人の**不利に**ではなく**有利に**適用されたときは、条約7条1項の違反ではないとも判示している[197]。

---

192 Communication No.R.7/28, *I. Weinberger v. Uruguay* (Views adopted on 29 October 1980), in UN doc. *GAOR*, A/36/40, p.119, para.16.
193 ACHPR, *Media Rights Agenda and Others v. Nigeria*, Communications Nos.105/93, 128/94, 130/94 and 152/96, *decision adopted on 31 October 1998*, paras.58-59 of the text of the decision as published at http://www1.umn.edu/humanrts/africa/comcases/105-93_128-94_130-94_152_96.html.
194 Ibid., para.60.
195 Eur. Court HR, *Case of Kokkinakis v. Greece*, judgment of 25 May 1993, Series A, No.260-A, p.22, para.52.
196 Ibid., loc. cit.
197 Eur. Court HR, *Case of G. v. France*, judgment of 27 September 1995, Series A, No.325-B, p.38, paras.24-26.

3.12 一事不再理の原則、または二重の危険の禁止

　自由権規約14条7項には二重の危険の禁止の原則、または一事不再理(*ne bis in idem*)の原則が掲げられている。これによれば、「何人も、それぞれの国の法律及び刑事手続に従って既に確定的に有罪又は無罪の判決を受けた行為について再び裁判され又は処罰されることはない」。米州人権条約8条4項はこの原則を次のような文言で保障している。「上訴できない判決によって**無罪とされた**被告人は、同じ訴因について新しい裁判を受けることはない」(強調引用者)。欧州人権条約の第7議定書は、4条1項で、「何人も、その国の法律および刑事手続にしたがってすでに確定的に無罪または有罪の判決を受けた行為について、同一国の管轄下での刑事手続においてふたたび裁判されまたは処罰されることはない」と定めている。ただし議定書4条2項によれば、この規定は、「当該事案の結果に影響を与えるような新しい事実もしくは新しく発見された事実の証拠がある場合または以前の訴訟手続に基本的瑕疵がある場合には、……事案の審理を再開することを妨げるものではない」。一事不再理の原則は欧州人権条約にもとづいて逸脱不可能とされている(第7議定書4条3項参照)。

　最後に、ルワンダ・旧ユーゴスラビア両国際刑事裁判所規程のそれぞれ9条および10条ならびに国際刑事裁判所規程20条も、各裁判所の管轄内にある犯罪について二重の危険からの保護を定めている。ただし、ルワンダ・旧ユーゴスラビア両国際刑事裁判所規程では、国際人道法の「重大な」違反ではなく「通常犯罪」として分類される行為として国内裁判所の裁判を受けた者については例外とされており、さらに「国内裁判所の手続が公平もしくは独立でなかったとき、被告人を国際法上の刑事責任から保護することを目的としていたとき、または事件の訴追が精力的に行なわれなかったとき」も例外とされる(両規程のそれぞれ9条2項および10条2項)。国際刑事裁判所規程20条3項も、その他の裁判手続が「裁判所の管轄内にある犯罪についての刑事責任から当該の者を保護する目的」で行なわれた場合、または当該手続がこれ以外の形で「国際法で認められた適正手続の規範にしたがって独立かつ公平に行なわれず、かつ、当該状況において、当該の者を裁判に付するという目的と両立しない方法で行なわれたとき」については例外が定められている。

規約14条7項は、欧州人権条約と同様、「その国で判決が言渡された犯罪に関して」しか二重の危険を禁じておらず、「2またはそれ以上の国内管轄権に関して」は一事不再理を保障していない[198]。

国内上訴裁判所がすでに2度目の起訴を却下し、したがって一事不再理の原則を発動させていたときに、たとえば規約14条7項の違反が存在しないのは明らかである[199]。

* * * * *

米州人権条約8条4項で保障されている一事不再理の原則について、米州人権裁判所は、「特定の事実関係について裁判を受けた個人が同じ訴因で新しい裁判を受けない権利の保護を目的としたもの」と説明しているが、「他の国際的権利保護文書で用いられている定式」とは異なり、「米州条約は、被害者にとって有利となる、より幅広い文言の『同じ訴因』という表現を用いている」とする[200]。これはたとえば、ある者が反逆罪容疑について軍事裁判所で無罪とされた場合、その後その者を同じ事実について文民裁判所の裁判の対象とすることは、たとえテロリズムといった異なる性格づけを有する場合でも条約8条4項に反するということである[201]。実際にロアイサ・タマヨ事件では、米州人権裁判所は、「テロリズム」および「反逆」の罪を定めた政令法はそれ自体8条4項違反であると判示している。これらの規定は「厳密に定義された行為」ではなく、ある特定の事件でそうであったように「両方の犯罪として同じように解釈され」うる行為に言及しているからである[202]。換言すれば、そこでは受け入れられないほどの法的不安定が生ずるのである。

* * * * *

欧州人権条約第7議定書4条の一事不再理の原則については、グラディンガー事件でその違反が認定されている。これは、運転中の過失致死によりオーストリア

---

198 Communication No.204/1986, *A. P. v. Italy* (Decision adopted on 2 November 1987), in UN doc. *GAOR*, A/43/40, p.244, para.7.3.
199 Communication No.277/1988, *Teran Jijon v. Ecuador* (Views adopted on 26 March 1992), *GAOR*, A/47/40, p.272, para.5.4.
200 I-A Court HR, *Loayza Tamayo Case v. Peru, judgment of September 17, 1977*, OAS doc. OAS/Ser.L/V/III.39, doc.5, *1997 Annual Report I-A Court HR*, p.213, para.66.
201 Ibid., pp.213-215, paras.66-77.
202 Ibid., p.213, para.68.

地方裁判所ですでに有罪判決を受けた申立人に関わる事件である。刑法にもとづいて判断を行なった地方裁判所によれば、申立人の血中アルコール濃度は加重要因となるほど高いものではなかった[203]。しかし地方検察官はこの認定に同意せず、道路交通法を援用して、「飲酒運転を理由とする〔科料〕およびその支払がない場合には2週間の収監」を科した[204]。欧州人権裁判所がとった見解によれば、刑法と道路交通法は「犯罪の規定内容」も「その性質および目的」も異なっているが、「争われている決定は同じ行為を根拠とするもの」であり、したがって一事不再理の原則の違反となる[205]。

しかしオリベイラ事件では異なる結論が出されている。申立人が氷と雪で覆われた道路を運転していたところ、申立人の車が反対車線に飛び出し、1台の車と接触した後、別の車と衝突してその運転手に重傷を負わせた。その後、警察裁判所判事は、連邦道路交通法31条および32条にもとづき、「路面状況にあわせて速度を修正しなかったため**車両のコントロールを失った**」ことについて申立人を有罪とし、申立人に200スイスフランの科料を言渡した[206]。地方検察局はその後、スイス刑法125条に違反して「**過失致傷を引き起こした**」として申立人に2000フランの科料を科す処罰命令を言渡したが、上訴審でこの科料は1500フランに減額され、さらに最初の200フランの科料が控除されて1300フランとされた[207]。申立人は欧州人権裁判所に対し、同じ事件について2回、最初は車両のコントロールを失ったことについて、次に過失致傷を引き起こしたことについて有罪判決を受けたとして、第7議定書4条の違反を訴えた[208]。

欧州人権裁判所の見解によれば、これは「単独の行為がさまざまな犯罪(concours idéal d'infraction)を構成する典型例」であり、「この概念の特徴は、単独の犯罪行為が2つの罪状に分割されるところにある」。このような場合、「より軽い処罰がより重い処罰に吸収されるのが通例」である[209]。しかし、欧州人権裁判

---

[203] *Eur. Court HR, Case of Gradinger v. Austria*, judgment of 23 October 1995, Series A, No.328-C, p.66, para.55.
[204] Ibid., p.55, para.9.
[205] Ibid., p.66, para.55.
[206] *Eur. Court HR, Case of Oliveira v. Switzerland*, judgment of 30 July 1998, Reports 1998-V, p.1994, para.10. 強調引用者。
[207] Ibid., paras.11-12. 強調引用者。
[208] Ibid., p.1996, para.22.
[209] Ibid., p.1998, para.26.

所は次のような見解をとった。

「このような状況においては第7議定書4条の違反は存在しない。同規定は人が同じ犯罪で2回裁判の対象とされることを禁ずるものであるのに対し、単独の行為がさまざまな犯罪(*concours ideal d'infraction*)を構成する事件においては、ひとつの犯罪行為が2つの罪状を構成するのである」[210]

ただし欧州人権裁判所はこれに付け加えて、「同じ犯罪行為から生ずる2つの罪状については同じ裁判所による単独の手続を通じて刑が言渡されるほうが、司法の適正な運営を規律する諸原則により一致することは認めることができよう」とも述べている。しかし、本件でこのような対応がとられなかったことは第7議定書4条「が遵守されたか否かの問題とは関係がない」。「当該規定は、とくに本件のように処罰が累積的に併科されるのではなく、より軽い処罰がより重い処罰に吸収される事件においては、たとえ単独の行為を構成するものであっても、異なる罪状を異なる裁判所が審理することを妨げるものではないからである」[211]。オリベイラ事件は、「したがって、2つの裁判所が申立人の血中アルコール濃度について矛盾する認定を行なった……グラディンガー事件とは区別される」[212]。したがって、本件では第7議定書4条の違反は認定されなかった。

> すべての者は、実行のときに犯罪を構成しなかった行為について有罪とされない権利を有する。この権利は**いかなるときにも**適用されるものであり、逸脱することはできない。事後法の適用の禁止は、**法的予見可能性を確保するために必要不可欠である**。すなわち、法律は個人の行動の指針となるに十分な明確性を備えていなければならず、個人は、場合により若干の法的援助を受けて、どのような行為が犯罪となり、どのよう

---

210 Ibid., loc. cit.
211 Ibid., para.27.
212 Ibid., para.28. 一事不再理の原則に関する他の事件については、たとえば*Eur. Court HR, Case of Franz Fischer v. Austria, judgment of 29 May 2001*(判決文はhttp://hudoc.echr.coe.int参照); and *Eur. Court HR, Ponsetti and Chesnel v. France, decision of 14 September 1999, Reports 1999-VI*参照。

> な行為がならないかについて知ることができなければならない。同じ犯罪について2回裁判を受けない権利は、最低でも同一国内については国際法で保障されている。欧州では、一事不再理の原則は、ある者が単独の犯罪行為に起因する別々の罪状で裁判の対象とされることを排除するものではないとされる。

4. 刑罰の制限

4.1 より軽い刑罰の利益を受ける権利

自由権規約15条1項と米州人権条約9条は、犯罪が行なわれたときに適用されていた刑罰よりも重い刑罰を科すことを禁ずるとともに、犯罪が行なわれた後により軽い刑罰を科する規定が法律に設けられる場合には、罪を犯した者はその利益を受ける旨を定めている。これらの規定については公の緊急事態でも逸脱は認められない(自由権規約4条2項および米州人権条約27条2項参照)。アフリカ憲章はこの問題については何ら規定を置いておらず、また欧州人権条約7条1項は、犯罪の実行のときに適用されていた刑罰よりも重い刑罰を科すことの禁止に留まっている。この規定は逸脱不可能である(欧州人権条約15条2項参照)。

予防措置の問題:ウェルチ事件

ウェルチ事件は欧州人権条約7条1項にもとづいて審査された事件である。申立人は麻薬犯罪で長期の収監刑を言渡されるとともに、これに加えて、当該犯罪が実行された*後*に施行された法律にもとづく財産没収命令の対象ともされた。支払がなされなければ、申立人は続けて2年の収監刑を科されるものとされた。欧州人権裁判所は、「刑罰」は条約にもとづく「自律的」概念であることを想起し、また「状況の外形のみに留まらずその背景にある現実を検討し」、本件では7条1項違反があったと認定した。「申立人は、当該命令の結果、有罪の判決を受けた犯罪が実行されたときに直面した損害よりもはるかに大きな損害に直面した」ためである[213]。このような認定がなされたからといって、欧州人権裁判所が「麻薬犯罪という惨禍との闘いにおいて」厳しい没収措置を用いることに反対だという

わけではない。欧州人権裁判所は、その**遡及的**適用を非難しただけである[214]。

4.2 国際法上の基準との一致

刑事上の有罪判決に関わって刑罰を科す権利についてのその他の制限は国際人権法一般の規定に由来するものであり、とくに、体罰の禁止ならびに死刑に対する厳格な制限およびその違法化に関わるものである。

4.2.1 体罰の禁止

とくに自由権規約7条、アフリカ憲章5条、米州人権条約5条2項および欧州人権裁判所3条がいずれも、拷問、残虐なおよび(または)非人道的なまたは品位を傷つける取扱いまたは**刑罰**を禁じていることが想起されるところである。この禁止はいかなるときにも有効であり、何らの制限も認められない。

＊＊＊＊＊

自由権規約委員会は、7条の禁止は「身体的苦痛を引き起こす行為のみならず被害者に精神的苦痛を引き起こす行為にも関係する」ものであると指摘し、さらに次のように述べている。

> 「この禁止は、犯罪に対する刑罰としてまたは教育上もしくは懲戒上の措置として命じられる過度の懲罰を含む体罰にも適用されなければならない」[215]

しかし、委員会がここでどのような意味で「過度な懲罰」と言っているのかは明らかでない。しかし定期報告書審査との関連で委員会の委員が締約国に対して行なう質問・勧告から判断すれば、体罰の使用は7条に反する不適切な懲罰の手段であり、廃止されるべきだと考えられていることがわかる[216]。

---

213 *Eur. Court HR, Case of Welch v. the United Kingdom, judgment of 9 February 1995, Series A, No.307-A*, p.14, para.35.
214 Ibid., pp.14-15, para.36.
215 一般的意見20(7条)、パラ5(*United Nations Compilation of General Comments*, p.139)。強調引用者。

＊＊＊＊＊

　欧州人権条約にもとづいて提起されたタイラー事件は、マン島の少年裁判所が命じた刑罰として、ある青年に3回の笞打ちが科されたことに関わるものである。笞打ちは「申立人の皮膚に腫れを生じさせたものの切り傷は生じさせず、腫れはその後およそ1週間半ひかなかった」[217]。欧州人権裁判所は、「〔本件における〕屈辱の要素は『品位を傷つける刑罰』の概念に内在する水準に達して」おり、したがって欧州人権条約3条に違反すると認定した[218]。欧州人権裁判所は、司法上の体罰に関する見解を次のように明らかにしている。

「司法上の体罰の本質そのものは、ある人間が他の人間に身体的暴力を振るうということである。さらにこれは制度的暴力であり、本件においては法律で認められ、同国の司法機関によって命じられ、かつ同国の警察によって実行された暴力であった。……したがって、申立人が重大なまたは長期的な身体的影響をこうむらなかったとはいえ、その刑罰は――これによって申立人は公的機関の権力下にある客体として扱われた――、3条が保護しようとしている主な目的のひとつ、すなわち人の尊厳および身体的不可侵性に対する攻撃にほかならなかった」[219]

4.2.2 死刑

　死刑は、国際人権法上、その使用を制限し、かつ最終的に廃止することを目的として無数の保障の対象とされている。たとえば、自由権規約6条2項が死刑を科すことを認めているのは「最も重大な犯罪」についてのみである。この規定にしたがって、自由権規約委員会は、加重強盗で有罪とされた者に対して死刑が言渡

216　ジャマイカ笞打ち規正法(1930年)およびジャマイカ犯罪(防止)法(1942年)に関わる勧告について、*GAOR*, A/53/40 (vol.I), p.17, para.83参照。スーダンでの笞打ち、身体毀損および石打ちについて、ibid., p.23, para.120参照。また、オーストラリアに対する質問(UN doc. *GAOR*, A/38/40, p.29, para.144)およびセントビンセントグレナディーンに対する質問(*GAOR*, A/45/40 (vol.I), p.61, para.280)も参照。
217　Eur. Court HR, *Case of Tyrer v. the United Kingdom*, judgment of 25 April 1978, Series A, No.26, p.7, para.10.
218　Ibid., p.17, para.35.
219　Ibid., p.16, para.33.

された事件で、義務的死刑は6条2項に違反すると認定した。これは、本件における火器の使用が「いずれかの者の死傷につながらなかった」ことなどの酌量状況を、国内裁判所が考慮することができなかったためである[220]。規約6条に掲げられたその他の保障としては、「18歳未満の者が行った犯罪について」死刑を科すことおよび妊娠中の女性に対して死刑を執行することの禁止に関わるものがある。さらに、後述するように、規約6条2項によれば、死刑は「規約……の規定に抵触」する形で科されてはならない。すなわち、死刑につながる裁判においてはすべての適正手続上の保障が尊重されなければならないということである。

　なお、死刑の廃止を目指す市民的及び政治的権利に関する国際規約の第2選択議定書が1991年7月11日に発効している。2002年2月8日現在の締約国数は46か国である[221]。

＊＊＊＊＊

　米州人権条約4条にも死刑が濫用されないようにするための保障が掲げられており、たとえば死刑は「それを廃止した国においては、ふたたび設けてはならない」とされる(4条3項)。さらに、「いかなる場合においても、政治犯罪または関連の一般犯罪に対して科してはならない」ともされており、これは公の緊急事態においてはとくに重要な制限である。加えて、18歳未満もしくは70歳以上のときに犯罪を実行した者に対して死刑を科してはならず、妊娠中の女性に対して執行することもできない。1990年6月8日に死刑を廃止するための米州人権条約の追加議定書が採択され、2002年4月9日現在、8か国が批准している[222]。ただし議定書2条によれば、締約国は、批准または加入のさい、「軍事的性質のきわめて重大な犯罪について、戦時に国際法にしたがって死刑を適用する権利を留保する旨を宣言することができる」。

＊＊＊＊＊

　欧州人権条約そのものは死刑を認めている。このことは、「何人も、故意にその生命を奪われない」が、「ただし、法律で死刑を定める犯罪について有罪の判

220　Communication No.390/1990, *B. Lubuto* (Views adopted on 31 October 1995), in UN doc. *GAOR*, A/51/40 (vol II), p.14, para.7.2.
221　UN doc. *GAOR*, A/55/40 (vol.I), p.8, para.5.
222　OASウェブサイト(http://www.oas.org/juridico/english/treaties.html)参照。

決を受けた後に裁判所の刑の言渡しが執行される場合は、この限りでない」と定める2条1項の規定から判断できる。しかし、条約の第6議定書1条によれば「死刑は、廃止され」なければならず、また「何人も、死刑を宣告されまたは執行されない」。しかし議定書2条は、「戦時または急迫した戦争の脅威があるときになされる行為」については死刑を用いることができるとしている。ただし、条約の第13議定書が発効すれば、**いかなるときの死刑も違法とされる予定である。**2002年5月3日にビリニュスで署名された第13議定書に対しては、2002年5月14日現在、発効のために必要とされる10か国のうち3か国が批准を行なっている[223]。

* * * * *

　国際刑事裁判所もルワンダ・旧ユーゴスラビア両国際刑事裁判所も、死刑を科すことはできない(国際刑事裁判所規程77条ならびにルワンダ・旧ユーゴスラビア両国際刑事裁判所規程のそれぞれ23条および24条を参照)。

国際人権法上、犯罪の実行のときに適用されていた刑罰よりも重い刑罰を科すことはできない。ただし、犯罪が実行された後により軽い刑罰が導入されていたときは、有罪判決を受けた者はその利益を受ける。刑罰は国際人権基準に一致していなければならない。刑罰は、いかなる状況においても、拷問、非人道的な、残虐なもしくは品位を傷つける取扱いまたは刑罰に相当してはならない。体罰は、そのような取扱いに相当する限りにおいて違法である。国際的監視機関は、一般的には体罰を不適切なものと判断している。死刑の使用は国際人権法で厳しく制限されている。死刑が認められるときでも、それはもっとも重大な犯罪についてのみである。18歳未満の者が行なった犯罪について死刑を科すことはできない。いまでは多くの国が、平時には死刑を用いないことを法的に誓約している。

---

[223] http://conventions.coe.int/参照。

5. 上訴権

　自由権規約14条5項は、「有罪の判決を受けたすべての者は、法律に基づきその判決及び刑罰を上級の裁判所によって再審理される権利を有する」と定めている。上訴権の存在は規約自体で保障された権利であり、したがって理論上は国内法によって左右されない。ここでいう「法律に基づき」とは、もっぱら「上級の裁判所によって再審理が行なわれるさいの方式」に言及したものである[224]。アフリカ人権憲章7条1項(a)は、「すべての者は、自己の主張を審理される権利を有する」と定めている。この権利には、「現行の条約、法律、規則および慣習によって保障された基本的権利を侵害する行為について権限ある国家機関に訴える権利」を含むものである。米州人権条約8条2項(h)は、刑事手続において「すべての者は、判決について上級の裁判所に上訴する権利を完全に平等に認められる」と定める。欧州人権条約6条はそれ自体としては上訴権を保障していないが[225]、条約の第7議定書2条にはこの権利が掲げられている。ただしこの権利については、「法律が定める軽微な性質の犯罪に関する例外、または、当該の者が最上級の裁判所によって第1審の審理を受けた場合もしくは無罪の決定に対する上訴の結果有罪の判決を受けた場合の例外を設けることができる」(議定書2条2項)。

＊＊＊＊＊

　アフリカ人権委員会は、「死刑のように厳しい刑罰が科される刑事事件において権限ある国内機関への上訴の道を閉ざすことは、明らかに〔アフリカ憲章7条1項(a)に〕違反する」としている。委員会の見解によれば、このような場合に上訴が行なえないことは、「死刑の判決を受けた者は、上級の裁判権を有する裁判所へ上訴する権利」を有すると定めた、死刑に直面している者の権利の保護を確保する国連保障規定パラグラフ6に掲げられた基準も満たさない[226]。したがって、

---

[224] Communication No.R.15/64, *C. Salgar de Montejo v. Colombia* (Views adopted on 24 March 1982), in UN doc. GAOR, A/37/40, p.173, para.10.4.

[225] Eur. Court HR, Case of Tolstoy Miloslavsky v. the United Kingdom, judgment of 13 July 1995, Series A, No.316-B, para.59 at p.79.

[226] ACHPR, Civil Liberties Organisation and Others v. Nigeria, Communication No.218/98, decision adopted during the 29th Ordinary session, 23 April - 7 May 2001, para.33 of the text of the decision as published at http://www1.umn.edu/humanrts/africa/comcases/218-98.html. ここで参照されている保障規定は1984年5月25日の国連経済社会理事会決議1984/50で承認されたものである。

ナイジェリア政府が国内騒乱法を通過させ、「本法にもとづくいずれかの決定、刑罰、判決、……もしくは言渡された命令、……またはその他のいずれかの行為の妥当性」についていかなる裁判所による審査も排除した事件では、7条1項(a)違反も認定されている[227]。死刑を言渡された7名の者に代わって「憲法権利プロジェクト」が申立てを行なった事件では、関連する基本的権利は、アフリカ憲章4条と6条で保障されている生命に対する権利ならびに自由・安全に対する権利であった。委員会は、「注意深く進行した刑事手続の積重ねにより言渡された刑罰は必ずしもこれらの権利の侵害とはならないが、このような刑罰をともなう刑事事件において『権限ある国家機関』への上訴の道を閉ざすことは、明らかに〔アフリカ憲章7条1項(a)に〕違反」しており、「かつ重大な違反でさえ是正されないままとなるおそれを高める」ものであると判断している[228]。また、24名の兵士が裁判にかけられ、その後処刑された「良心フォーラム」事件では、委員会は、上訴権の剥奪は7条1項(a)違反であること、および、このように適正手続を保障しなかったことは生命の恣意的剥奪に相当し、4条違反であることを認定した[229]。

ただし、アフリカ憲章7条1項(a)にいう上訴権は、「基本的権利」一般を侵害する行為について「権限ある国家機関」に上訴することを認めていることから、刑事手続に限定されているように思われる。

5.1 全面的再審査を受ける権利

自由権規約委員会は、問題となっている救済措置または上訴の名称に関わらず、それは「条約が定める要件を満たすものでなければならない」と明確に指摘している[230]。このことは、再審査では**当該の者の有罪判決ならびに量刑の法的**

---

227 ACHPR, Constitutional Rights Project, (on behalf of Zamani Lekwot and six Others) v. Nigeria, Communication No.87/93, decision adopted during the 16th session, October 1994, paras.26-27 of the text of the decision as published at: http://www.up.ac.za/chr/.
228 Ibid., para.28.
229 ACHPR, Forum of Conscience (on behalf of 24 soldiers) v. Sierra Leone, Communication No.223/98, decision adopted during the 28th Ordinary Session, 23 October - 6 November 2000, para.19 of the decision as published at http://www1.umn.edu/humanrts/africa/comcases/223-98.html.

および実体的側面の両方が対象とされなければならないことを意味する。換言すれば、再審査においては純粋な法律上の問題に加えて、「証拠および裁判の進行の全面的評価」が行なわれなければならない[231]。

ゴメス事件は、申立人が14条5項違反を訴えた事件である。スペイン最高裁判所が証拠を再評価できなかったため、申立人の司法再審査は不十分なものになったとされる。締約国はこの訴えを論駁することができず、したがって委員会は、「再審査が有罪判決の形式的または法的側面に限定されており、……申立人の有罪判決および量刑を全面的に再審査する可能性が存在しなかったということは、規約14条5項に定める保障が満たされなかったことを意味する」と認定した[232]。スペインを相手どって提起されたもうひとつの事件でも同じ規定の違反が認定されている。上訴理由を提出するための弁護士が利用できず、したがって申立人の上訴が「控訴裁判所で効果的に検討されなかった」ためである[233]。

ただし**上訴許可**については、委員会は「上訴権を自動的に認めない制度もなお〔規約14条5項に〕したがっていると言うことができる」と認めている。ただしそれは、「上訴許可申請の検討にあたり、有罪判決および判決が全面的に、すなわち証拠および法律の両方を根拠として審査され、かつ、当該手続で事件の性質の正当な考慮が認められている限りにおいて」である[234]。

5.2 判決の入手可能性

前掲3.10および3.10.1で述べたように、上訴権を**効果的に**利用できるようにするため、有罪判決を受けた者に対し、正当な理由を付した判決書面に妥当な期間内にアクセスする権利が認められる。判決書面が入手できるようにされなければ、

---

230 Communication No.701/1996, *Gómez v. Spain* (Views adopted on 20 July 2000), in UN doc. GAOR, A/55/40 (vol.II), p.109, para.11.1.

231 Communications Nos.623, 624, 626, 627/1995, *V. P. Domukovsky et al. v. Georgia* (Views adopted on 6 April 1998), in UN doc. GAOR, A/53/40 (vol.II), p.111, para.18.11.

232 Communication No.701/1996, *Gomez v. Spain* (Views adopted on 20 July 2000), in UN doc. GAOR, A/55/40 (vol.II), p.109, para.11.1.

233 Communication No.526/1993, *M. and B. Hill v. Spain* (Views adopted on 2 April 1997), in UN doc. GAOR, A/52/40 (vol.II), p.18, para.14.3.

234 Communication No.662/1995, *P. Lumley v. Jamaica* (Views adopted on 31 March 1999), in UN doc. GAOR, A/54/40 (vol.II), p.145, para.7.3.

自由権規約14条5項違反である。14条5項の違反は、被告人側弁護人がすべての上訴理由を放棄した場合で、これが依頼人の希望どおりかどうか国内裁判所が確認しなかったときにも認定されている。ただし、「申立人に告知がなされ、かつ自己のために主張がなされないことを申立人が受け入れたことが〔国内裁判所によって〕確認された」場合には、この判断は適用されないようである[235]。

5.3 裁判の速記録

上訴権は、裁判の速記録の提供が遅れたばあいにも影響を受けうる。ピンクニー事件では、このような遅延により、申立人が上訴許可を申請してから34か月間、上訴許可の審理が開かれなかった。このような遅延は「不当に遅延することなく裁判を受ける権利と両立しない」ものであり、自由権規約14条3項(c)および5項に違反する[236]。

5.4 証拠の保全

自由権規約委員会はさらに、「有罪判決の再審査を受ける権利を実行あらしめるために、締約国は、〔有罪判決の効果的再審査を〕可能とするに足る十分な証拠資料を保全する義務を負わなければならない」ことを認めている[237]。ただし、「上訴手続が終了するまで証拠資料を保全しなかったことが**すべて**〔14条5項〕違反になる」とは見なしておらず、「保全がなされなかったことにより有罪判決を受けた者の再審査を受ける権利が損なわれたとき、すなわち当該証拠がそのような再審査を遂行するために不可欠である場合」にのみ違反が成立する。さらに、委員会の見解では、「これは主として上訴裁判所が考慮すべき問題である」[238]。

---

235 Communication No.731/1996, *M. Robinson v. Jamaica* (Views adopted on 29 March 2000), in UN doc. *GAOR*, A/55/40 (vol.II), p.129, para.10.5.

236 Communication No.R.7/27, *L. J. Pinkney v. Canada* (Views adopted on 29 October 1981), in UN doc. *GAOR*, A/37/40, p.113, para.35, read in conjunction with p.103, para.10.

237 Communication No.731/1996, *M. Robinson v. Jamaica* (Views adopted on 29 March 2000), in UN doc. *GAOR*, A/55/40 (vol.II), p.130, para.10.7.

238 Ibid., loc. cit. 強調引用者。

したがって、締約国が「自白調書の原本を保全しなかったことが上訴理由のひとつとされた」事件で、裁判所が上訴には理由がないとして「それ以上の理由を述べることなく」棄却した事件では、委員会は「この点に関する……認定をあらためて評価する立場にはない」として14条5項違反はなかったと認定している[239]。

5.5 法律扶助を受ける権利

委員会は一貫して、「死刑の有罪判決を受けた受刑者が法律扶助を利用できるようにすることは不可欠であり、**これは法的手続のすべての段階に当てはまる**」と指摘している[240]。ラ・ベンデ事件では、申立人は、枢密院司法委員会に請願するための法律扶助を受けることができなかった。委員会の見解では、これは14条3項(d)だけではなく14条5項の違反でもある。これによって申立人は、実質的に自己の有罪判決および量刑の再審査を受けることができなかったためである[241]。

＊＊＊＊＊

米州人権条約8条2項(h)で保障されている上訴権については、被害者らが下級軍事裁判所の判決に対して最高軍事裁判所にしか上訴できなかったカスティージョ・ペトルッチほか事件で認定されている。米州人権裁判所が述べるように、条約で保障されている判決に対する上訴権は、「被告人を裁判に付して有罪判決を言渡した裁判所よりも上級の裁判所が存在し、被告人はそこに訴えることができるというだけでは満たされない」。その逆に、「条約が求めるところの判決の真の再審査が行なわれるためには、上級裁判所は争点となっている特定の問題を取り上げる管轄権限を有していなければならない」のである[242]。被害者らが軍事裁判所で裁判に付され、上訴は最高軍事裁判所にしか行なうことができなかった本件においては、「最高裁判所は軍の機構の一部であり、そのため、あらかじめ法律で設置され、民間人を裁判に付す管轄権を有する裁判所として行動または存在す

---

239 Ibid., para.10.8.
240 Communication No.554/1993, *R. LaVende v. Trinidad and Tobago* (Views adopted on 29 October 1997), in UN doc. *GAOR*, A/53/40 (vol.II), p.12, para.5.8. 強調引用者。
241 Ibid., pp.12-13, para.5.8.
242 I-A Court HR, Castillo Petruzzi et al. case v. Peru, judgment of May 30, 1999, Series C, No.52, p.208, para.161.

るために必要な独立性を有していなかった」。したがって、「条約が求める権限、公平性および独立性をあわせ持った上級裁判所によって事件の再審理が行なわれるという真の保障はまったくなかった」[243]。

＊＊＊＊＊

　欧州人権条約6条では上訴権自体は保障されていないが、欧州人権裁判所は一貫して、「上訴制度を設けている締約国は、その管轄内にある者が上訴裁判所において〔6条の〕基本的保障を享受できるようにすることが求められる」と判示している。ただし、「このような裁判所の手続に6条をどのように適用すべきかは当該手続の特別な特徴によって変わってくる」のであり、「国内法秩序における手続全体およびそこにおける上訴裁判所の役割が考慮されなければならない」[244]。ただし、前述したように、上訴権は第7議定書2条に掲げられている。

> 国際人権法は有罪判決に対して上訴する権利を保障している。上訴手続においては事実および法律が全面的に再審査されなければならない。とくに、上訴権の効果的行使のためには、最低限、妥当な期間内に判決書面にアクセスできることが必要である。また、裁判の速記録、証拠資料へのアクセスおよび無料の法律扶助が必要とされる場合もある。上訴権が上級裁判所で行使されるというだけでは十分ではない。上級裁判所は独立および公平でなければならず、また法の適正手続の諸規則にしたがって司法を運営しなければならない。

6. 誤審の場合に補償を受ける権利

　本章で検討した主要人権条約のなかで、誤審の場合に補償を受ける権利を明示的に規定しているのは自由権規約のみである。自由権規約14条6項は次のように定める。

243　Ibid., loc. cit.
244　*Eur. Court HR, Case of Tolstoy Miloslavsky v. the United Kingdom*, judgment of 13 July 1995, Series A, No.316-B, p.79, para.59.

「確定判決によって有罪と決定された場合において、その後に、新たな事実又は新しく発見された事実により誤審のあったことが決定的に立証されたことを理由としてその有罪の判決が破棄され又は赦免が行われたときは、その有罪の判決の結果刑罰に服した者は、法律に基づいて補償を受ける。ただし、その知られなかった事実が適当な時に明らかにされなかったことの全部又は一部がその者の責めに帰するものであることが証明される場合は、この限りでない」

この規定から明らかなように、赦免は誤審があったという事実にもとづいて行なわれなければならず、したがって、大統領による特赦がそうではなく衡平への配慮を動機として行なわれた場合、規約14条6項にもとづく補償の問題は生じない[245]。

> 自由権規約にもとづき、誤審の被害を受けたという決定的証拠がある者は補償を受ける権利を有する。被害者自身が誤審の一因であってはならない。衡平にもとづく特赦は補償の理由とはならない。

7. 公正な裁判を受ける権利と特別裁判所

自由権規約委員会は、一般的意見13で、軍事裁判所その他の特別裁判所の創設について次のように述べている。

「14条の規定は、普通裁判所か特別裁判所かを問わず、この条の適用範囲にあるすべての裁判所に適用される。委員会は、多くの国に、民間人を審理の対象とする軍事裁判所その他の特別裁判所が存在することに留意するものである。このことは、司法の公正な、公平かつ独立した運営に関して重大な問題を生じさせる場合がある。このような裁判所を設置する理由は、通常の司法の基準にしたがわない例外的手続を適用できるようにすることであるこ

---

[245] Communication No.89/1981, *P. Muhonen v. Finland* (Views adopted on 8 April 1985), in UN doc. *GAOR*, A/40/40, pp.169-170, paras.11.2-12.

とがきわめて多い。規約はこのような種類の裁判所を禁じていないが、それでもそこに掲げられた諸条件は、このような裁判所による民間人の審理はきわめて例外的であるべきであり、かつ14条に定められた完全な保障を真正に与える条件下で行なわれるべきことを示している」[246]

　自由権規約委員会は、手続のどのような側面が14条に一致していなかったのか説明することなく、ニカラグア人民裁判所(Tribunales Especiales de Justicia)では同条が定める「公正な裁判の保障が与えられていなかった」と認定した。本件の申立人は、サンディニスタ政権のマルクス主義志向を公然と批判したことを理由に30年の収監刑を言渡されていた[247]。

＊＊＊＊＊

　アフリカ人権委員会のこれまでの判断から、アフリカ憲章7条の規定は逸脱不可能と見なされるべきであり、軍事裁判所を含むすべての裁判所は常に公平でなければならず、また常に公正な法的手続を確保しなければならないことは明らかである[248]。

＊＊＊＊＊

　米州人権裁判所は、ペルーの軍事裁判所が反逆罪に問われた民間人を裁判に付すことができるとされていることについて、米州人権条約8条1項違反を認定した。これらの裁判所の裁判官は「顔のない」裁判官であり、被告人がその身元を知って能力を評価することができない以上、独立のかつ公平な裁判所ではないとされたためである[249]。

＊＊＊＊＊

　欧州人権裁判所は、いくつかの事件で、民間人を裁判の対象とするトルコの国家安全保障裁判所は欧州人権条約6条1項が求める独立性および公平性を欠い

246　United Nations Compilation of General Comments, p.123, para.4.
247　Communication No.328/1988, *R. Z. Blanco v. Nicaragua* (Views adopted on 20 July 1994), in UN doc. *GAOR*, A/49/40 (vol.II), p.18, para.10.4.
248　ACHPR, *Civil Liberties Organisation and Others v. Nigeria*, Communication No.218/98, decision adopted during the 29th Ordinary session, 23 April - 7 May 2001, p.3 of the decision as published at http://www1.umn.edu/humanrts/africa/comcases/218-98.html.
249　I-A Court HR, *Castillo Petruzzi et al. judgment of May 30, 1999, Series C, No.52*, pp.196-197, paras.129-134.

ており、したがって公正な裁判を受ける申立人らの権利を保障していないと判示している。この点で国家安全保障裁判所が6条1項の要件を満たしていないとされた理由は、その3名の構成員のうち1名が、軍に所属し、かつ軍の規律および評価報告に服する軍隊裁判所裁判官であったためである。さらに、国家安全保障裁判所の裁判官の任期は4年(更新可)しかなかった[250]。

* * * * *

この問題に関する国際的判例の実例をいくつか見てきたが、このことから、民間人を裁判の対象とするすべての裁判所は、普通裁判所か、軍事裁判所を含む特別裁判所かを問わず、被告人に対して公正な審理を常に保障できるよう、独立かつ公平でなければならないことがわかる。

> 民間人を裁判の対象とするすべての裁判所は、普通裁判所か特別裁判所かを問わず、常に独立かつ公平であり、適正手続の保障を尊重しなければならない。

8. 公の緊急事態における公正な裁判を受ける権利

公の緊急事態における適正手続への権利については第16章で取り上げる。ここでは次の点を指摘しておけば足りる。すなわち、自由権規約、米州人権条約および欧州人権条約における公正な裁判条項は、それ自体としては自由権規約4条2項、米州人権条約27条2項および欧州人権条約15条2項に掲げられた逸脱不可能な権利のリストには含まれていないものの、だからといってこれらの規定から自由に逸脱できるわけではないということである。

* * * * *

自由権規約に関しては、自由権規約委員会が一般的意見13のなかで次のように述べている。

---

[250] *Eur. Court HR, Case of Ciraklar v. Turkey*, judgment of 28 October 1998, Reports 1998-VII, pp.3072-3074, paras.37-41.

「締約国が、4条で予定されているように、公の緊急事態の状況において14条が求める通常の手続から逸脱することを決定するときは、当該締約国は、当該逸脱が実際の状況の緊急性によって真に必要とされる限度を超えないようにし、かつ14条1項のその他の条件を尊重するようにするべきである」[251]

委員会はまた、「**独立のかつ公平な裁判所によって裁判を受ける権利は、いかなる例外も認められない絶対的権利である**」ことも十二分に明確にしている[252]。さらに、14条に定められた公正な裁判の基本的保障が重大な危機的状況においてさえも確保されなければならないことも、疑う余地がない。もっとも委員会は、「いかなる種類の緊急事態においても14条のすべての規定が全面的に効力を有し続けると期待するのは、単純に実際的ではないであろう」とも認めている[253]。しかし、国民の生存を脅かす公の緊急事態において公正な裁判の保障のどの側面が適用されないと考えうるのかについては、自由権規約委員会はいまのところ明らかにしていない。

＊＊＊＊＊

前述したように、アフリカ人権委員会はアフリカ憲章7条を逸脱不可能な規定ととらえているので、そこに掲げられた公正な裁判の保障はいかなるときにも確保されなければならないことがわかる[254]。

＊＊＊＊＊

米州人権裁判所は、「裁判に付されるすべての者が権利として認められている保障は、**必要不可欠**であるのみならず**司法の本質**でもある」と強調している。この概念は、「緊急事態にとられた措置の合法性について判断する権限を有する、独立のかつ公平な司法機関の積極的関与」を含意するものである[255]。カスティ

---

251 *United Nations Compilation of General Comments*, p.123, para.4.
252 Communication No.263/1987, *M. González del Río v. Peru* (Views adopted on 28 October 1992), in UN doc. *GAOR*, A/48/40 (vol.II), p.20, para.5.2. 強調引用者。
253 UN doc. *GAOR*, A/49/40 (vol.I), p.5, para.24. この見解は、とくに14条を逸脱不可能な権利のリストに含めるための新たな選択議定書を作成するべきであるという差別防止・マイノリティ保護小委員会による要請をきっかけとして表明されたものである。
254 たとえば*ACHPR, Civil Liberties Organisation and Others v. Nigeria, Communication No.218/98, decision adopted during the 29th Ordinary session, 23 April - 7 May 2001*, p.3 of the decision as published at http://www1.umn.edu/humanrts/africa/comcases/218-98.html参照。

ージョ・ペトルッチ事件においては、「被害を受けたと主張する者らを反逆罪の容疑で裁判に付した軍事裁判所は、〔8条1項が〕法の適正手続の本質的要素として認めている独立性および公平性の保障に含まれる要件を満たしていなかった」とされた[256]。米州人権条約27条に関わる米州人権裁判所の興味深い司法判断については、このマニュアルの第16章でさらに詳しく取り上げる。

> **公正な裁判を享受する権利は、国民の生存を脅かす緊急事態においても保障されなければならない。ただし、そのいくつかの側面については限定的執行の対象とされる可能性がある。独立のかつ公平な裁判所による裁判を受ける権利は、国民の生存を脅かす緊急事態も含め、いかなるときにも保障されなければならない。**

9. おわりに

本章では、罪を問われた者に対し、その刑事上の罪の決定にあたって効果的に確保されなければならない主要な権利について説明してきた。これらの権利は、裁判手続の開始から有罪または無罪の判決までを通じて保護されなければならないものである。また、司法の公正な運営において、国内裁判所の裁判官がどのような不可欠な役割を果たさなければならないかについても示してきた。この役割は、第4章以降のすべての章を貫く糸のようなものである。検察官および被告人側弁護士が果たすべき必要不可欠な役割についても、関連するときには常に強調してきた。

しかし、国内裁判所の裁判官は厳密な意味での自分自身の行動のみに責任を負うのではない。検察官および被告人側弁護士の行動についても、ある程度責任を負わなければならない。検察官が違法な調査手段を用いることによって刑事捜査の過程で過ちを犯した証拠がある場合、または被告人側弁護士が依頼人と十分に

---

255 I-A Court HR, Castillo Petruzzi et al. case v. Peru, judgment of May 30, 1999, Series C, No.52, p.197, para.131. 強調引用者。
256 Ibid., para.132.

協議せず、もしくは単に専門家にふさわしくない行動を見せた場合には、裁判官にはこれらの過ちまたは不十分さを是正するために介入する義務がある。公正な裁判と、検察側および被告人側との間の武器の平等を保障するためには、このような対応が必要不可欠となる場合があるためである。

　本章で取り上げた権利は多岐に渡っており、いくつかの権利を他の権利よりも重要なものとして選び出すことは困難か、あるいは不可能でさえある。実際のところこれらの権利は一体化しており、第4章から第6章で取り上げた諸権利とともに、法の支配を含む人権一般を尊重する社会が成り立つ基盤となっているのである。

第8章

自由を奪われた者の保護のための国際法上の基準

第8章 自由を奪われた者の保護のための国際法上の基準

第8章
自由を奪われた者の保護のための国際法上の基準

学習の目的
- 自由を奪われた者の取扱いに関わるもっとも重要な国際法上の基準(これらの基準の違反を防止・処罰・是正する国家の法的義務も含む)のいくつかについて、講座の参加者が習熟できるようにすること。
- 自由を奪われた者の権利を保護するための多くの法的規則が実際にどのように執行されているか、実例を挙げながら説明すること。
- 自由を奪われた者の権利を保護するために裁判官・検察官・弁護士がとらなければならない法的その他の措置および対応を説明すること。

設問
- あなたは、自由を奪われた者で不当な取扱いを訴える人に出会ったことがあるか。
- あるとすれば、行なわれたとされる不当な取扱いはどのようなもので、その目的は何だったか。
- その状況を是正するためにどのような措置がとられたか。また、その措置に何らかの効果があったとすればそれはどのようなものだったか。
- 拘禁場所の認知および自由を奪われた者の登録に関わって、あなたの国にはどのような規則が存在するか。
- 独房への収容に関してあなたの国にはどのような規則が存在するか。たとえば、どのような理由で、どのぐらいの期間、どのような条件で独房に収容することができるか。
- あなたの国の法律では厳正独居拘禁は認められているか。認められているとすれば、どのぐらいの期間か。厳正独居拘禁下に置かれた者に対し、どのような法的救済が用意されているか。公的機関は、被拘禁者・受刑者が厳正独居拘禁下に置かれている間に身体的または精神的虐待を受けないことを、どのように確保しているか。
- 弁護士として、拘禁された依頼人との自由かつ秘密の接触について問題に直面したことがあるか。あるとすれば、その問題にどのように対応したか。
- あなたの国には、子どもおよび女性の拘禁環境について何か特別な問題が存在するか。

- あるとすれば、それはどのような問題で、その状況を是正するために措置はとられてきたか。どのような措置がとられたか。
- 被拘禁者・受刑者(子どもおよび女性を含む)の不当な取扱いの訴えについてあなたの国に存在する、正式な苦情申立て手続はどのようなものか。

関連の法的文書

国際文書
- 市民的及び政治的権利に関する国際規約(自由権規約、1966年)
- 拷問及び他の残虐な、非人道的な又は品位を傷つける取扱い又は刑罰を禁止する条約(拷問等禁止条約、1984年)
- 1949年のジュネーブ諸条約および1977年の2つの追加議定書
- 国際刑事裁判所規程(1998年)
- 世界人権宣言(1948年)

* * * * *

- 被拘禁者の処遇に関する最低基準規則(1955年)
- 受刑者の処遇に関する基本原則(1990年)
- あらゆる形態の拘禁または収監のもとにあるすべての者の保護に関する原則(1988年)
- 拷問および他の残虐な、非人道的なまたは品位を傷つける取扱いまたは処罰から被収監者および被拘禁者を保護するための、保健要員とくに医師の役割に関連する医療倫理の原則(1982年)
- 法執行官行動綱領(1979年)
- 強制的失踪からのすべての者の保護に関する宣言(1992年)
- 非司法的、恣意的および即決処刑の効果的防止および調査に関する原則(1989年)

* * * * *

地域文書
- 人および人民の権利に関するアフリカ憲章(アフリカ人権憲章、1981年)
- 米州人権条約(1969年)
- 拷問の防止および処罰のための米州条約(1985年)
- 人の強制的失踪に関する米州条約(1994年)
- 欧州人権条約(1950年)
- 拷問および非人道的なまたは品位を傷つける取扱いまたは処罰の防止のための欧州条約(1987年)

1. はじめに

　本章では、自由を奪われた者の取扱いに関わるもっとも重要な国際法上の規則を説明するとともに、これらの法的規則が国際的監視機関によってどのように解釈されているかの実例も示す。

　あらゆるカテゴリーの被拘禁者・受刑者の取扱いは、人間への尊重の全般的向上の分野における大きな課題である。逮捕された者、未決勾留された者または有罪判決の後に刑務所で服役中の者は、劣勢で弱い立場に置かれ、かなりの程度、警察や刑務所職員のなすがままとなる。被拘禁者・受刑者は事実上外の世界から切り離され、したがって権利侵害の取扱いを受けやすい立場に置かれる。これらの人々に対する拷問および他の非人道的なまたは品位を傷つける取扱い・処罰が依然として広く用いられており、苦痛のなかで助けを求めるその叫びが同じ被拘禁者以外の誰の耳にも届かないことは、人間の尊厳に対する容認しがたい侮辱である。

　しかし、国際人権法では被拘禁者・受刑者の取扱いに関する厳格な規則が定められている。これらの規則は常に適用されるものであり、国家には、これらの規則に違反するあらゆる慣行を終わらせるために必要な立法上および実際上の措置をとる法的義務がある。この点、自由を奪われた者の生命、安全および尊厳を保護するのに役立つこれらの法的規則がますます尊重されることに寄与するうえで、裁判官・検察官・弁護士の責務はこのうえなく重要である。法曹は、日常業務を遂行するなかで、犯罪活動の嫌疑を受けているまたはその罪を問われている人々に出会ったときは、拷問、不当な取扱いや強迫による自白の強要、その他の身体的・精神的苦境の徴候がないかどうか、常に注意をしていなければならない。このように、裁判官・検察官・弁護士は単にこの点で重要な役割を果たすというだけではなく、自由を奪われた者の権利を保護するために存在する国内法・国際法上の規則が効果的に実施されることを確保する、職業上の義務を負っているのである。

　本章ではまず拷問、残虐な、非人道的なおよび品位を傷つける取扱いならびに処罰の概念について取り上げ、とくに独房への収容と、さらに具体的には厳正独居拘禁によって引き起こされる問題を扱う。また、子どもや女性のような被害を

受けやすい立場に置かれたグループが拘禁中に直面する特別な問題についても簡単に説明する。ただし、司法の運営における子どもおよび女性の権利については、それぞれ第10章と第11章でやや詳しく扱っている。本章では次に、収容環境、運動、被拘禁者・受刑者の健康、面会・通信を通じた外の世界との接触といった拘禁の諸側面について検討する。第3に、自由を奪われたすべての者がいかなるときにも利用できるようにしなければならない苦情申立て手続について取り上げる。最後に、被拘禁者・受刑者の拷問および他の不法な取扱いを根絶するために裁判官・検察官・弁護士がより効果的に活動するにはどうすればいいか、若干の助言を行なう。

1.1 使用する用語

本章では、「被拘禁者」(detainee/detained person)という用語は、有罪判決を受けた結果である場合を除き、自由を奪われたいずれかの者を指す。「受刑者」(prisoner)または「被収監者」(imprisoned person)という表現は、有罪判決を受けた結果として自由を奪われたいずれかの者を意味する。ただし、被拘禁者の処遇に関する最低基準規則(the Standard Minimum Rules for the Treatment of Prisoners)では、"prisoner"の用語が未決である者と有罪判決を受けた者両方を指す総花的な意味で用いられているので、同規則が引用その他の形で参照されているときにはこのことを念頭に置いておかなければならない〔訳注：日本語訳では「被拘禁者」としている〕。

2. 拷問および残虐な、非人道的なもしくは品位を傷つける取扱いまたは処罰の禁止

2.1 はじめに

生命に対する権利と、拷問および残虐な、非人道的なもしくは品位を傷つける取扱いまたは処罰の禁止は、主要なあらゆる一般人権条約およびその他の無数の人権文書で定められているのみならず、国際人権法全体を糸のように貫く

規範でもある。たとえば、1949年のジュネーブ諸条約の共通3条1項(a)は非国際的性質の武力紛争に関わる規定であるが、それによれば、「生命および身体に対する暴行、とくにあらゆる種類の殺人、身体毀損、残虐な取扱いおよび拷問」は、いかなるときにも、かついかなる場所においても、「敵対行為に積極的に参加しない者」に対して行なうことは禁じられている。さらに、ジュネーブ諸条約の第1追加議定書75条2項(a)および第2追加議定書4条2項(a)はそれぞれ国際的および非国際的武力紛争に関わるものであるが、同様に、「人の生命、健康および身体的もしくは精神的安寧に対する暴行」ならびにとくに殺人、拷問、体罰および身体毀損を禁じている。

　生命に対する権利および拷問および残虐な、非人道的なもしくは品位を傷つける取扱いまたは処罰を受けない権利の強行規範的性格は、国際人権法ではたとえもっとも重大な危機的事態においてもこれらの権利からの逸脱が認められていないことによって、さらに裏づけられている。このことは、自由権規約4条2項、米州人権条約27条2項および欧州人権条約15条2項で明確にされているところである。拷問等禁止条約2条2項は、「戦争状態、戦争の脅威、内政の不安定又は他の公の緊急事態であるかどうかにかかわらず、いかなる例外的な事態も拷問を正当化する根拠として援用することはできない」とも定めている。さらに、拷問の防止および処罰のための米州条約5条は、「被拘禁者もしくは受刑者の危険な性格または刑務所施設の安全の欠如のいずれも、拷問を正当化するものではない」と付け加えている。

　拷問の禁止の根本規範的性格は、国際刑事裁判所規程7条により、拷問は、「いずれかの一般住民に向けられた広範な攻撃または系統的な攻撃の一環として、この攻撃を知りながら」行なわれたときは**人道に対する罪**を構成するとされていることによって、さらに裏づけられている。「生物学的実験を含む拷問または非人道的な取扱い」は、同規程の適用上、**戦争犯罪**および1949年のジュネーブ諸条約の**重大な違反**も構成する。

　これらの重層的な国際法上の規則に加えて、拷問を用いることは国内レベルでも禁じられていることが多い。したがって拷問の存在は法律問題ではないのであって、国際社会に真の課題を突きつけているのは法律の実施の問題なのである。

2.2 国の法的責任

自由権規約7条は、「何人も、拷問又は残虐な、非人道的な若しくは品位を傷つける取扱い若しくは刑罰を受けない」と規定し、とくに「何人も、その自由な同意なしに医学的又は科学的実験を受けない」と定めている。自由権規約委員会は、一般的意見20において、同条の目的は「個人の尊厳ならびに身体的および精神的不可侵性の双方を保護することである」と説明している[1]。委員会はさらに、「公的資格で行動する者、公的資格外で行動する者または私人として行動する者のいずれによって行なわれたかに関わらず、必要な立法上その他の措置を通じ、7条が禁ずる行為からの保護をすべての者に与えることは締約国の義務である」と強調している[2]。7条における禁止は、「『自由を奪われたすべての者は、人道的にかつ人間の固有の尊厳を尊重して、取り扱われる』と定める規約10条1項の積極的要件によって補完される」[3]。

*****

拷問等禁止条約2条は、「締約国は、自国の管轄の下にある領域内において拷問に当たる行為が行われることを**防止する**ため、立法上、行政上、司法上その他の効果的な措置をとる」べきことを定めている(強調引用者)。条約12条によれば、締約国はさらに、「自国の管轄の下にある領域内で拷問に当たる行為が行われたと信ずるに足りる合理的な理由がある場合には、自国の権限のある当局が**迅速かつ公平な調査**を行うことを確保」しなければならない(強調引用者)。拷問禁止委員会は、締約国に勧告を行なうにあたり、「文民当局か軍当局かを問わず」、公的機関によって「拷問および不当な取扱いが行なわれたとして報告されたすべての事件について、徹底的な調査および適当な場合には訴追が行なわれることを確保する」よう一貫して強調してきた[4]。拷問の加害者が**免責**を享受しないようにするため、拷問禁止委員会はさらに、締約国が「恩赦法の対象から拷問

1　*United Nations Compilation of General Comments*, p.139, para.2.
2　Ibid., loc. cit.
3　Ibid.
4　たとえばペルーに関してUN doc. *GAOR*, A/55/50, p.15, para.61(a)参照。

が除外されることを確保する」よう勧告している[5]。

さらに注目に値するのは、拷問禁止委員会が繰り返し、拷問等禁止条約の締約国**は司法部の独立を損なう可能性がある法律の廃止を検討すべきである**と勧告していることである[6]。より具体的に、任期を限った任命の問題については、司法部の独立に関する基本原則(1985年)および検察官の役割に関する指針(1990年)に国内法を一致させるよう勧告してきている[7]。

＊＊＊＊＊

自由権規約委員会は、一般的意見20で、自由権規約7条は2条3項とあわせて理解されるべきだとも指摘している[8]。後者は、権利および自由を侵害された者に**効果的救済**を提供する締約国の義務に関わる規定である。このことは、とくに、「7条で禁じられた**不当な取扱いに対して苦情を申立てる権利**が国内法で認められなければならない」ことと、「苦情は、救済が効果的なものとなるよう、権限のある機関によって迅速かつ公平に調査されなければならない」ことを意味する[9]。拷問禁止委員会も、「拷問および他の形態の残虐な、非人道的もしくは品位を傷つける取扱いまたは処罰の被害者が苦情を申立てられるよう、効果的かつ信頼の置ける苦情申立て制度」を導入することの重要性を強調してきた[10]。

最後に、**免責**の問題について自由権規約委員会は、「恩赦は、一般的に、このような行為を調査し、自国の管轄内においてこのような行為を受けないことを保障し、かつ今後このような行為が起こらないことを確保するという国の義務と両立しない」と指摘している[11]。このように、恩赦法について自由権規約委員会と拷問禁止委員会の意見は一致しているところである。この点について自由権規約委員会は、「国は、賠償および可能なかぎり全面的なリハビリテーションを含む効果的な救済措置に対する権利を個人から奪ってはならない」としている[12]。

5　Ibid., p.17.
6　たとえばペルーについてUN doc. *GAOR*, A/55/44, p.15, para.60を、アゼルバイジャンについてibid., p.17, para.69(d)を参照。
7　たとえばキルギスについてibid., p.19, para.75(d)参照。
8　*United Nations Compilation of General Comments*, p.141, para.14.
9　Ibid., loc. cit. 強調引用者。
10　たとえばポーランドについてUN doc. *GAOR*, A/55/44, p.22, para.94参照。
11　一般的意見20、パラ15(*United Nations Compilation of General Comments*, p.141)。
12　Ibid., loc. cit.

＊＊＊＊＊

　米州人権裁判所は、とくに米州人権条約1条にもとづく国家の義務についてやや詳しく説明している。条約で保障された権利および自由の「自由かつ完全な行使を確保する」義務について、米州人権裁判所は次のように述べているところである。

　「〔この義務は、〕人権の自由かつ完全な享受を司法的に確保できるような形で政府の機構、および公的権限が行使されるあらゆる体制全般を組織する締約国の義務を含意するものである。この義務の結果として、国は条約で認められた権利のいかなる侵害をも防止、調査および処罰しなければならないし、さらに、可能であれば侵害された権利の回復および侵害から生じた損害にふさわしい賠償の提供を試みなければならない」[13]

　ただし、裁判所は次のように付け加えている。

　「人権の自由かつ完全な行使を確保する義務は、この義務を遵守できるようにすることを目的とした法制度が存在するからといって満たされるものではない。人権の自由かつ完全な享受を効果的に確保できるように政府が行動することも必要とされる」[14]

　このことは、とくに、司法部、検察機関および弁護士が政府機関から独立して効果的にその活動を追求できるようにしなければならないということを意味する。

＊＊＊＊＊

　女性被拘禁者が強姦および不当な取扱いを受けたとされるアイディン事件で、欧州人権裁判所は、欧州人権条約13条が、「条約上の権利および自由の実体を執行するための救済措置が、これらの権利および自由が国内法秩序においてどのような形式で確保されているかに関わらず、国内レベルで利用できることを保

　13　I-A Court HR, *Velásquez Rodríguez Case*, judgment of July 29, 1988, Series C, No.4, p.152, para.166.
　14　Ibid., para.167.

障している」ことを想起している。

「したがって、この条の効果として、権限のある国内機関が条約上の関連の苦情の実体を取扱い、かつ適切な救済を与えることができるような国内的救済措置の提供が求められる。ただし締約国には、この規定にもとづく義務をどのような方法で遵守するかについては若干の裁量が認められている」[15]

「13条にもとづく義務の範囲は条約にもとづく申立人の訴えの性質によって異なる」ものの、にも関わらず次のことが指摘できるとされる。

「必要とされる救済措置は、……とくに、相手方となった国家の公的機関の作為または不作為によりその行使が不当に妨げられてはならないという意味で、**実際上も法律上も『効果的』なものでなければならない。**……」[16]

欧州人権裁判所はこの事件で次のように付け加えている。

「条約3条で保護された権利の性質は13条にとっても関連を有するものである。拷問を禁ずることの基本的重要性および拷問被害者のとくに弱い立場を踏まえ、……13条は、国内法で利用できるその他の救済措置を損なうことなく、締約国に対し、拷問の事件を徹底的かつ効果的に調査する義務を課している。

したがって、個人が国の機関によって拷問されたとして検討の余地がある主張を行なった場合、『効果的な救済』の概念には、適切な場合に賠償を行なうことに加え、責任者の特定および処罰につながりうる徹底的かつ効果的な調査を行なうこと(申立人が調査手続に効果的にアクセスできるようにすることも含む)も含まれる」[17]

---

15 *Eur. Court HR, Aydin v. Turkey, judgment (Grand Chamber) of 25 September 1997, Reports 1997-VI*, p.1895, para.103.
16 Ibid., loc. cit. 強調引用者。
17 Ibid., pp.1895-1896, para.103.

最後に、1984年拷問等禁止条約12条とは異なり、欧州人権条約13条は、「拷問にあたる行為が行なわれたと信ずるに足る合理的な理由がある場合は常に『迅速かつ公平な』調査を行なう義務」を明示的には課していないが、「このような要件は13条にいう『効果的な救済措置』の概念に黙示的に含まれている」[18]。したがってアイディン事件では13条違反が認定された。「申立人の訴えについて徹底的かつ効果的な調査は行なわれず、……これによって、賠償の追求を含む救済制度全体のなかで検察官が占める中心的役割を踏まえれば存在したであろうその他の救済措置の実効性が損なわれた」ためである[19]。

＊＊＊＊＊

人権侵害の防止、調査、訴追、処罰および救済を行なう国家の法的義務についてさらに詳しくは、このマニュアルの第15章参照。

2.3 拷問および残虐な、非人道的なもしくは品位を傷つける取扱いまたは処罰の概念：定義および理解

自由権規約7条にはそこで対象とされている諸概念の定義は掲げられておらず、自由権規約委員会も、「禁じられた行為のリストを作成したり、さまざまな種類の処罰または取扱いを厳格に区別したりする必要はないと考えて」いる。「その区別は、行なわれた取扱いの性質、目的および重大性によって変わってくるからである」[20]。しかし、「7条の禁止は身体的苦痛を引き起こす行為のみならず被害者に精神的苦痛を引き起こす行為にも関係する」ものであり、さらに「犯罪に対する刑罰としてまたは教育上もしくは懲戒上の措置として命じられる過度の懲罰」も対象とされていることは明確にされている[21]。

ただしある事件では、自由権規約委員会は、どのような行為が**非人道的なおよび品位を傷つける取扱い**を構成するかの評価は「当該取扱いの持続期間および方法、その身体的または精神的影響ならびに被害者の性、年齢および健康状

18　Ibid., para.103 at p.1896.
19　Ibid., p.1898, para.109.
20　一般的意見20、パラ4(*United Nations Compilation of General Comments*, p.139)参照。
21　Ibid., para.5.

態といった、事件のあらゆる状況によって変わってくる」と指摘しているところである[22]。

*****

拷問等禁止条約の適用上、「拷問」とは次のことを意味する。

「身体的なものであるか精神的なものであるかを問わず人に重い苦痛を故意に与える行為であって、本人若しくは第三者から情報若しくは自白を得ること、本人若しくは第三者が行ったか若しくはその疑いがある行為について本人を罰すること、本人若しくは第三者を脅迫し若しくは強要することその他これらに類することを目的として又は何らかの差別に基づく理由によって、かつ、公務員その他の公的資格で行動する者により又はその扇動により若しくはその同意若しくは黙認の下に行われるものをいう。『拷問』には、合法的な制裁の限りで苦痛が生ずること又は合法的な制裁に固有の若しくは付随する苦痛を与えることを含まない」(1条1項)

拷問等禁止条約16条にもとづき、「締約国は、……第1条に定める拷問には至らない他の行為であって、残虐な、非人道的な又は品位を傷つける取扱い又は刑罰に当たり、かつ、公務員その他の公的資格で行動する者により又はその扇動により若しくはその同意若しくは黙認の下に行われるものを防止することを約束」している。

*****

米州人権裁判所は、ロアイサ・タマヨ事件で次のように説明している。

「人の身体的および心理的不可侵性に対する権利の侵害にはいくつかの段階があり、拷問から、その他のタイプの屈辱または残虐な、非人道的なもしくは品位を傷つける取扱いに至るさまざまな取扱いを包含する。これらの取扱いにおいては、内因性および外因性の要因によってさまざまな程度の身体的

---

[22] Communication No.265/1987, *A. Vuolanne v. Finland* (Views adopted on 7 April 1989), in UN doc. *GAOR*, A/44/40, p.256, para.9.2.

および心理的影響が引き起こされるのであり、このような影響は具体的状況ごとに証明されなければならない」[23]

米州人権裁判所は、アイリッシュ事件およびリビトシュ事件における欧州人権裁判所の判決を参照しながら次のように付け加えた。

「たとえ身体的傷害が見られない場合でも、尋問中の精神的動揺をともなう心理的および道徳的苦痛は非人道的な取扱いと見なされる場合がある。品位を傷つける側面の特徴は、被害者に屈辱を与え、その品位をおとしめ、かつ身体的および道徳的抵抗を打ち砕く目的で引き起こされる恐怖であり、不安であり、劣等感である。……このような状況は、不法に拘禁された者が置かれた弱い立場によっていっそう悪化する。……被拘禁者の適正な行動を確保するために真に必要とされない実力の行使は、いかなるものも人間の尊厳に対する攻撃であって、……米州条約5条に違反する。対テロの闘いにおける捜査の緊急性および否定しようのない困難によって、身体の不可侵性に対する人の権利の保護が制限されることは認められない」[24]

＊＊＊＊＊

欧州人権条約3条における「拷問または……非人道的なもしくは品位を傷つける取扱いもしくは処罰」について、欧州人権裁判所は、「拷問」と「非人道的なもしくは品位を傷つける取扱い」との区別は「主として加えられた苦痛の激しさの違いから生ずるものである」としている[25]。欧州人権裁判所の見解によれば、「条約においては、『拷問』と『非人道的なもしくは品位を傷つける取扱い』との区別を設け、その最初の文言により、非常に重大かつ残虐な苦痛を引き起こす意図的な非人道的取扱いに対し、条約が特別な汚名を着せるべきであるとい

---

[23] I-A Court HR, Case of Loayza Tamayo v. Peru, Judgment of September 17, 1997, in OAS doc. OAS/Ser.L/V/III.39, doc.5, Annual Report of the Inter-American Court of Human Rights 1997, p.211, para.57.

[24] Ibid., loc. cit.

[25] Eur. Court HR, Case of Ireland v. the United Kingdom, judgment of 18 January 1978, Series A, No.25, p.66, para.167.

う意図があった……ように思われる」とされる[26]。

　欧州人権裁判所は、3条にもとづく禁止が絶対的なものであること、そこには「欧州評議会を構成する民主主義諸国の基本的価値のひとつが体現されている」ことを一貫して強調してきた[27]。「個人の保護のための文書である条約の趣旨および目的」に照らし、3条は、条約の他のすべての規定と同様、「その保障が**実際的かつ効果的**なものとなるように解釈および適用されなければならない」[28]。

＊＊＊＊＊

　以下、どのような行為が、拷問および(または)残虐な、非人道的なもしくは品位を傷つける取扱いまたは処罰を行なうことを禁じた国際法の規定に違反するものと認定されたかについて、いくつかの例を掲げる。これらの行為は、自由を奪われた者を対象として、または例外的に刑罰を執行する過程で、行なわれたものである。

2.3.1 拷問としての強姦

　前述したアイディン事件では、クルド系トルコ市民であった申立人が、わずか17歳のときに父親および義理の姉妹とともに治安部隊に拘禁された。拘禁中は強姦と不当な取扱いを受けた。欧州人権委員会の認定にしたがい、欧州人権裁判所は次のように判示している。

> 「国の職員による被拘禁者の強姦は、被害者の弱い立場および抵抗しにくい状況に加害者が容易につけこめることを踏まえれば、とりわけ重大かつ忌まわしい形態の不当な取扱いと見なされなければならない。さらに、強姦は被害者に深い心理的傷を残し、その傷は、時間が経過しても、他の形態の身体的および精神的暴力ほどに早くは癒えない。申立人は強制的挿入の激しい痛

26　Ibid., loc. cit. より最近の事件として、*Eur. Court HR, Aydin v. Turkey, judgment (Grand Chamber) of 25 September 1997, Reports 1997-VI*, p.1891, para.82参照。
27　*Eur. Court HR, Soering v. the United Kingdom, judgment of 7 July 1989, Series A, No.161*, p.34, para.88.
28　Ibid., para.87. 強調引用者。

みも経験しており、このことは、身体的にも感情的にもおとしめられ、蹂躙
されたという感覚を申立人にもたらしたに相違ない」[29]

　申立人はさらに、「その性別および若さならびに申立人が収容されていた状況
を顧慮すれば、デリック憲兵隊本部で治安部隊の手により収容されている間、
とりわけおぞましく屈辱的な一連の経験をさせられた」。申立人が置かれた状況
は次のようなものであった。

「……3日間の拘禁中、申立人は目隠しをされて当惑および混乱するとともに、
尋問中に殴られたことにより、また次にどうなるかが理解できたことにより
もたらされた身体的苦痛および精神的苦悶に、継続的にさらされていたに相
違ない。申立人が屈辱的な状況下で裸で行進させられたことは全般的な無力
感をさらに進め、あるときにはタイヤでぐるぐる回されている間に高水圧の
水をかけられたりもした」[30]

したがって欧州人権裁判所は次のように認定している。

「〔裁判所は、〕申立人に対して行なわれた身体的および精神的暴力行為の蓄
積ならびに強姦というとくに残虐な行為は拷問に相当し、条約3条に違反す
ると判断する」[31]

＊＊＊＊＊

　米州人権委員会も、ペルーを相手どった事件で軍の要員による強姦の事件に
直面した。女性は拘禁されていたわけではなかったが、夫を誘拐した――そし
て最終的に殺した――者らの手中に置かれてどうしようもない状況にあった。
夫が自宅から誘拐された夜、メヒア夫人は軍の士官によって2回強姦されたもの

29　*Eur. Court HR, Aydin v. Turkey, judgment (Grand Chamber) of 25 September 1997, Reports 1997-VI*, p 1891, para.83.
30　Ibid., para.84.
31　Ibid., p.1892, para.86.

である[32]。委員会は、事実関係の主張は真実であると推定した。「請願者が提出した説明の信頼性」は、政府間機関および非政府組織が「非常事態地域において治安部隊要員によるペルーの女性の強姦が無数に行なわれていること」を記録し、「このラケル・メヒアの事件」についても言及・説明したさまざまな報告書によって裏づけられていたのである[33]。こうしてメヒア夫人への虐待の実行に関するペルー軍部隊の責任を推定し、かつペルーには効果的な国内救済措置が存在しないことを踏まえ、委員会は次のように判断した。

「現行国際法においては、治安部隊の構成員によって行なわれた性的虐待が、国が促進した意図的な慣行の結果であるか、このような犯罪を国が防止できなかった結果であるかに関わらず、被害者の権利、とくに身体的および精神的不可侵性に対する権利の侵害を構成することは確立されている」[34]

　この見解を裏づける規定として、委員会はとくに、1949年ジュネーブ第4条約27条および147条、ジュネーブ諸条約共通3条、ジュネーブ諸条約の第1追加議定書76条、ジュネーブ諸条約の第2追加議定書4条2項ならびに1998年国際刑事裁判所規程5条を参照している[35]。

　委員会は次に、拷問の防止および処罰のための米州条約に掲げられた拷問の定義に照らし、米州人権条約5条にいう拷問の概念の解釈を検討した。当該定義を踏まえ、拷問が行なわれたと判断するためには以下の3つの要素があわせて存在しなければならないとされる。

◎　「それは、人に対して身体的および精神的痛みおよび苦痛を加える意図的な行為でなければならない」
◎　「それは目的をもって行なわれなければならない」

32　I-A Comm. HR, Report No.5/96, Case 10.970 v. Peru, March 1, 1996, in OAS doc. OEA/Ser.L/V/II.91, doc.7 rev., Annual Report of the Inter-American Commission on Human Rights 1995, pp.158-159.
33　Ibid., pp.174-175.
34　Ibid., p.182.
35　Ibid., pp.182-184.

465

◎ 「それは、公務員、またはその煽動によって行動する私人によって行なわれるものでなければならない」[36]

メヒア夫人の事件ではこれらの要素がすべて満たされていた。**第1**の要素については、委員会は、「強姦は暴力行為の結果として加えられる身体的および精神的虐待である」と判断した。強姦はまた、「被害者に身体的および精神的苦痛も引き起こす。実行時の暴力に加え、被害者は傷を負うのが通例であり、ときには妊娠さえする。このような性質の虐待を受けることは、一方では屈辱および被害を受けることから、他方では、自分にされた仕打ちを報告すれば自分の共同体の構成員から非難されることから生ずる心理的トラウマも引き起こす」[37]。メヒア夫人は「『身体的および精神的痛みおよび苦痛』を〔引き起こした〕暴力行為の結果として……強姦の被害を受けた」ことから、この要素は満たされていた[38]。**第2**の要素については、メヒア夫人の強姦は「請願者を個人的に処罰し、かつ強迫する目的で」行なわれたものであった。有罪とされた男は、「請願者も夫と同じように破壊工作活動家として指名手配されている」こと、および「請願者の名前がテロ関係者リストに載っている」ことをメヒア夫人に告げていた。同人は、また来て強姦してやると請願者を脅かしてもいた[39]。最後に**第3**の要素については、委員会は、メヒア夫人を強姦した男は治安部隊の構成員であり、大人数の兵士を引き連れてきていたと認定している[40]。

本件では拷問の定義の3つの要素がすべて存在していたことを踏まえ、委員会は、ペルーは米州人権条約5条に違反したとの結論に達した[41]。さらに、メヒア夫人に対する強姦は、「個人の尊厳を含む身体的および精神的不可侵性の両方に影響を及ぼした」点で、プライバシー権に関わる条約11条の違反も構成すると認定した。実際、委員会が述べるように、性的虐待は被害者の身体的・精神的

36　Ibid, p.185.
37　Ibid., p.186.
38　Ibid., loc. cit.
39　Ibid., pp.186-187.
40　Ibid., p.187.
41　Ibid., loc. cit.

不可侵性の侵害であるとともに、「その尊厳を故意に蹂躙することを意味する」ものでもある[42]。最後に、ペルーはこれらの侵害について効果的な救済措置を提供しなかったので、条約1条1項、8条1項および25条にも違反したとされた[43]。

2.3.2 被拘禁者・受刑者の取扱い

　自由を奪われた者の拷問やその他の不法な取扱いが横行していることは、とくに自由権規約委員会の決定例からあまりにも明らかである。そこには、とくに自白を引き出す目的で暴力が用いられたことにより自由権規約7条および10条1項の違反が行なわれた実例が無数に含まれている。殴打その他の不当な取扱いについて申立人が十分に詳細な説明を行なうことができ、かつ関係締約国がそれに応答しなかったとき、または訴えを論駁できなかったときは、委員会は、規約7条と10条1項をあわせて扱うか個別に扱うかはその取扱いの悪質性に応じて変わってくるものの、提出された情報によりこれらの規定の違反があったことが立証されたと判断している[44]。

＊＊＊＊＊

　被拘禁者の拘束手段について、拷問禁止委員会はアメリカ合衆国に対し、「被収容者の抑制手段として用いられる電気ショック鎮圧ベルトおよび拘束椅子」を

42　Ibid., pp.187-188.
43　Ibid., p.193. 請願者の夫の殺害についても同様である(ibid., loc. cit)。
44　たとえば、多くの事件のなかでもとくに次の事件を参照。Communication No.328/1988, *R. Zelaya Blanco v. Nicaragua* (Views adopted on 20 July 1994), in UN doc. GAOR, A/49/40 (vol.II), pp.15-16, paras.6.5-6.6 and p.18, para.10.5(脅迫、殴打、仲間の被拘禁者の暗殺等。規約7条・10条1項違反); Communication No.613/1995, *A. Leehong v. Jamaica* (Views adopted on 13 July 1999), in UN doc. GAOR, A/54/40 (vol.II), p.60, para.9.2(不当な取扱いと収容環境が、7条・10条1項にもとづく「人道的にかつ人間の固有の尊厳を尊重して取扱われる権利および**残虐な、非人道的なまたは品位を傷つける取扱い**を受けない権利を侵害するほどのものであった」事件。強調引用者。死刑執行待ちの状態に置かれていた申立人は、看守に殴られたほか、何度も求めたにも関わらず1度しか医師の診察を受けることが許されなかった); Communication No.481/1991, *J. Villacnés Ortega v. Ecuador* (Views adopted on 8 April 1997), in UN doc. A/52/40 (vol.II), p.4, para.9.2 as compared with p.2 para.2.4(申立人の同房者が脱走を試みたあと申立人が刑務所職員に不当な取扱いを受けた事件。申立人にはとくに、「放電装置を用いられた丸く黒い痕が腹部および胸部に複数」残っていた。規約7条・10条1項に反する「**残虐なおよび非人道的な取扱い**」に相当すると認定。強調引用者); Communication No.612/1995, *Arhuacos v. Colombia* (Views adopted on 29 July 1997), in UN doc. GAOR, A/52/40 (vol.II), p.181, para.8.5(2名の兄弟の**拷問**による7条違反。被害者らはとくに「目隠しをされて水路に沈められた」)。

廃止するよう勧告している。これらの使用は、残虐な、非人道的なもしくは品位を傷つける取扱いまたは刑罰を違法化した拷問等禁止条約16条の違反にほぼ必ずつながるためである[45]。

* * * * *

ザイールを相手どった事件で、アフリカ人権委員会は、「被拘禁者をこぶし、棒およびブーツで殴ること、受刑者を鎖で縛ること、ならびにこれらの受刑者に電気ショックを加え、吊り下げ、かつ水のなかに沈めることは、……人間の尊厳を傷つけるもの」であり、これらの行為は、一体としても個別的にもアフリカ憲章5条違反を構成すると認定した[46]。同様に、マラウィを相手どった事件では、委員会は、ベラおよびオルトン・チルワ両名が刑務所のなかで「ともにおよび個別に」受けた行為は明らかに5条違反であると認定している。規律上の理由による両者への不当な取扱いおよび処罰には、食事を減らすこと、手足を鎖で2日間縛って衛生設備もまったく利用させなかったこと、天然光の入らない暗い房に水も食事も与えないまま拘禁すること、全裸になるよう強制すること、木や鉄の棒で殴ることが含まれていた。これらの行為は「拷問、残虐なおよび品位を傷つける取扱いならびに処罰の例」であるとされている[47]。

* * * * *

米州人権裁判所も、拷問および他の種類の不法な取扱いに関わる事件を何度となく扱ってきている。いわゆる「ストリート・チルドレン」事件では、米州人権裁判所は、グアテマラ国家治安部隊によって誘拐されてから殺されるまでに4人の青少年の「身体的および精神的不可侵性」が侵害されたこと、またこれらの青少年は米州人権条約5条1項および2項に反する**「不当な取扱いおよび拷問の犠牲者である」**ことを認定した[48]。

---

45 UN doc. *GAOR*, A/55/44, p.32, para.180(c).
46 ACHPR, *World Organisation against Torture and Others v. Zaire*, Communications Nos.25/89, 47/90, 56/91 and 100/93, decision adopted during the 19th session, March 1996, para.65 of the text of the decision as published at http://www.up.ac.za/chr/.
47 ACHPR, *Krishna Achuthan and Amnesty International (on behalf of Aleke Banda and Orton and Vera Chirwa) v. Malawi*, CommunicationsNos.64/92, 68/92 and 78/92, decision adopted during the 16th session, October-November 1994, para.33 of the text of the decision as published at http://www.up.ac.za/chr/.
48 I-A Court HR, *Villagrán Morales et al. case v. Guatemala*, judgment of November 19, 1999, Series C, No.63, p.180, para.177 read in conjunction with p.176, para.186. 強調引用者.

被害者が誘拐され失踪させられたカスティージョ・パエス事件では、米州人権裁判所は、公用車のトランクにカスティージョ・パエス氏を乗せたことは5条が保障する人道的な取扱いを受ける権利に反すると認定した。「たとえこれ以外には身体的その他の不当な取扱いが行なわれなかったとしても、この行為だけで、人間の固有の尊厳への正当な尊重に明らかに矛盾すると考えられる」とされている[49]。

＊＊＊＊＊

　欧州人権裁判所は、アイリッシュ事件において、1971年に北アイルランドで逮捕された人々に5つの尋問手法が組み合わされて用いられたことは、欧州人権条約3条にいう**非人道的な取扱い**にあたると認定している。これらの手法とは、壁に身体をつけて立たせること、頭にフードをかぶせること、騒音を聞かせること、眠らせないこと、食事・飲み物をとらせないことであり、欧州人権裁判所は、これらの手法の「組み合わせが、事前の計画にしたがい、一気に数時間用いられた」こと、それによって「現実の身体傷害は生じなくとも、少なくともその対象とされた人々に激しい身体的および精神的苦痛が引き起こされ、また尋問中の急性精神障害にもつながった」ことを認定した[50]。欧州人権裁判所の見解によれば、これらの尋問手法は「**品位を傷つける**」ものでもある。「これらは被害者に恐怖感、苦悶および劣等感を引き起こすほどのものだったのであり、被害者に屈辱を与え、おとしめ、おそらくは身体的または道徳的抵抗を打ち砕く力を有していたからである」[51]。

　トマジ対フランス事件では、申立人は警察による尋問を40時間受けるとともに、その間、「平手やこぶしや前腕で殴られ、蹴られ、支える物のない状態で後ろ手に手錠をかけられて長時間立たされた。つばをはかれ、開け放った窓の前に裸で立たされ、食べ物を与えられず、銃火器で脅されたりもした」[52]。これは、欧州人権裁判所にとっては「非人道的なまたは品位を傷つける取扱い」にあたる行為であった。欧州人権裁判所はこれに付け加えて、次のような重要な指摘も行なっ

49　I-A Court HR, Castillo-Páez case, judgment of November 3, 1997, in OAS doc. OAS/Ser.L/V/III.39, doc.5, *Annual Report Inter-American Court of Human Rights 1997*, p.264, para.66.
50　Eur. Court HR, Case of Ireland v. the United Kingdom, judgment of 18 January 1978, Series A, No.25, p.66, para.167.
51　Ibid., p.66, para.167. 強調引用者。
52　Eur. Court HR, Case of Tomasi v. France, judgment of 27 August 1992, Series A, No.241-A, p.40, para.108.

ている。「犯罪、とくにテロとの闘いにおける捜査で必要とされることおよびそこに内在的にともなう否定しようのない困難によって、個人の身体的不可侵性との関係で与えられるべき保護が制限される結果がもたらされることはあってはならない」[53]。

しかし、その後に審理されたアクソイ事件では、欧州人権裁判所は申立人が**拷問**を受けたと認定している。この事件で欧州人権裁判所は、「ある個人が良好な健康状態で警察に勾留されたが釈放時には傷を負っていた場合、その傷の理由について妥当と思われる説明を行なうのは国の責任であり、それを怠れば明らかに条約3条上の問題が生ずる」と指摘した[54]。欧州人権裁判所は、欧州人権委員会の認定に依拠しつつ、アクソイ氏がとくに「パレスチナ吊り」の対象とされたこと、すなわち「裸にされ、腕を後ろ手に縛られ、その腕で吊られた」ことを認めた。欧州人権裁判所は次のように指摘している。

「この取扱いは故意にでなければ行ないようがない。それどころか、これを実行するためにはある程度の準備と作業が必要である。この取扱いは、申立人から自白または情報を得る目的で行なわれたように思われる。これによって実行時に引き起こされたに相違ない激しい痛みに加え、医学的証拠によれば、これによって両腕が麻痺し、その状態がしばらく続いたことがわかる。……〔欧州人権〕裁判所は、このような取扱いはきわめて重大かつ残酷な性質のものであり、拷問としか言いようがないと判断する」[55]

2.3.3 体罰

前述したように、自由権規約委員会は「犯罪に対する刑罰としてまたは教育上もしくは懲戒上の措置として命じられる過度の懲罰を含む体罰」も自由権規約7条の禁止対象であると判断している[56]。この見解はオズボーン事件でも確認

---

53 Ibid., p.42, para.115.
54 Eur. Court HR, Case of Aksoy v. Turkey, judgment of 18 December 1996, Reports 1996-VI, p.2278, para.61.
55 Ibid., p.2279, para.64.
56 一般的意見20(7条)、パラ5(*United Nations Compilation of General Comments*, p.139)参照。

された。これは、申立人が火器の不法所持、加重強盗および故意の傷害を理由に15年の収監刑を言渡されるとともに、タマリンド製の笞で10回打たれるよう命じられた事件である。本件では、「処罰される犯罪がいかに残酷なものであろうとも、その性質に関わらず、体罰は〔規約7条に反する〕**残虐な、非人道的なもしくは品位を傷つける取扱いもしくは刑罰**を構成するというのが委員会の確固たる見解である」との判断が示され、したがって7条違反が認定された[57]。委員会は政府に対し、政府は「オズボーン氏に対する笞打ち刑の実行を控える義務がある」こと、また「体罰を認める法規定を廃止することにより、今後同様の違反が起こらないことを確保するべきである」ことを伝えている[58]。

* * * * *

拷問禁止委員会はナミビアに対し、体罰を科すことがナミビアの法律でいまなお合法的に可能とされている現状を前提として、「体罰の速やかな廃止」を勧告した[59]。委員会はサウジアラビアの状況についても懸念を表明している。「とくに笞打ちおよび四肢切断を含む体罰を司法機関および行政機関が言渡しかつ科すことは、……〔拷問等禁止条約〕と両立しない」からである[60]。

* * * * *

マン島の少年裁判所が青少年に3回の笞打ち刑を命じた──この刑罰は実際に執行された──事件で、欧州人権裁判所は、これは欧州人権条約3条にいう「拷問」にも「非人道的な取扱い」にも相当しないが「**品位を傷つける取扱い**」にはあたると認定している[61]。欧州人権裁判所は、この刑罰が「品位を傷つける」と見なせるかどうか詳細に検討し、「屈辱を与えまたはおとしめる程度が特定の水準に達していなければならず、またいずれにせよそれは〔司法上の刑罰一般にともなう〕屈辱の通常の要素以外のものでなければならない」と判断した。この評価は「相対的」なものであり、「事件のあらゆる状況に加え、とくに刑罰それ自

---

57 Communication No.759/1997, *G. Osbourne v. Jamaica* (Views adopted on 15 March 2000), in UN doc. *GAOR*, A/55/40 (vol.II), p.138, para.9.1. 強調引用者。
58 Ibid., para.11.
59 UN doc. *GAOR*, A/52/44, p.37, para.250.
60 UN doc. CAT/C/XXVIII/CONCL.6 *Conclusions and Recommendations: Saudi Arabia*, adopted on 15 May 2002, para.4(b).
61 *Eur. Court HR, Tyrer case*, judgment of 25 April 1978, Series A, No.26, p.14, para.29 and p.17, para.35. 強調引用者。

体の性質および文脈ならびにその執行のあり方および手段によって異なる」[62]。
体罰の性質について、欧州人権裁判所は次のような言葉で説明している。

「司法上の体罰の本質そのものは、ある人間が他の人間に身体的暴力を振るうということである。さらにこれは制度的暴力であり、本件においては法律で認められ、同国の司法機関によって命じられ、かつ同国の警察によって実行された暴力であった。……したがって、申立人が重大なまたは長期的な身体的影響をこうむらなかったとはいえ、その刑罰は——これによって申立人は公的機関の権力下にある客体として扱われた——、3条が保護しようとしている主な目的のひとつ、すなわち人の尊厳および身体的不可侵性に対する攻撃にほかならなかった。また、この刑罰によって心理的悪影響がなかったと断定することもできない」[63]

欧州人権裁判所の見解では、この刑罰の制度的暴力としての性格は、「この刑罰にともなった公的手続全体の雰囲気、および、それを実行した者は当該犯罪者にとってまったく知らない者たちであった事実によって、いっそう大きくなった」。したがって、欧州人権裁判所は状況を「全体」としてとらえ、「屈辱の要素は『品位を傷つける取扱い』の概念に固有の水準に達していた」と認定したものである[64]。

2.3.4 医学的または科学的実験

自由権規約7条によれば、「何人も、その自由な同意なしに医学的又は科学的実験を受け」させられてはならない。このような同意がなければ、その実験は「拷問」または「残虐な、非人道的なもしくは品位を傷つける取扱い」の一形態を構成すると見なされる。自由権規約委員会は、一般的意見20で次のように述

---

62 Ibid., p.15, para.30.
63 Ibid., p.16, para.33.
64 Ibid., pp.16-17, paras.33 and 35.

べている。「このような実験に関わる特別な保護は、有効な同意を与えることができない者、およびとくにいずれかの形態の拘禁または収監のもとにある者の場合に必要とされる。これらの者は、その健康を害するおそれのあるいかなる医学的または科学的実験の対象ともされてはならない」[65]。このことは、もちろん精神病院に収容された人々にとってとくに当てはまる。

この問題について、あらゆる形態の拘禁または収監のもとにあるすべての者の保護のための原則の原則22はさらに一歩踏みこみ、「被拘禁者または被収監者は、**たとえその同意があっても、その健康を害するおそれのあるいかなる医学的または科学的実験も受けない**」と定めている(強調引用者)。

当然、次のような疑問が生じよう。すなわち、このような実験にともなう可能性がある悪影響を予想することがしばしば困難であることを踏まえれば、このように弱い立場に置かれた者は、いかなる医学的または科学的**実験**も**いっさい**受けさせられないべきではないかということである。

2.4 拷問と法執行官・保健要員・検察官

以上のことから、被疑者や有罪判決を受けた者の逮捕・尋問または拘禁・収監に関わるすべての者には、自分が対応する者に対して人間の尊厳を尊重した取扱いを行ない、かつ拷問や不当な取扱いを行なわないようにする法的義務があるということになる。**逮捕や拘禁などの警察権限**を行使する者については、このことはすでに法執行官行動綱領(1979年)ではっきりと述べられているところである。綱領5条は次のように定める。

> 「いかなる法執行官も、拷問または他の残酷な、非人道的なもしくは品位を傷つける取扱いもしくは処罰にあたるいかなる行為も実行、扇動または容認してはならない。同様に、いかなる法執行官も、上官の命令、または戦争状態もしくは戦争の脅威、国家の安全に対する脅威、国内の政治的不安定もし

---

65 *United Nations Compilation of General Comments*, p.140, para.7.

くは他の公の緊急事態のような例外的事情を援用して拷問を正当化することはできない」

医療従事者については、拷問および他の残虐な、非人道的なまたは品位を傷つける取扱いまたは処罰から被収監者および被拘禁者を保護するための、保健要員とくに医師の役割に関連する医療倫理の原則が原則2で次のように定めている。

「保健要員、とくに医師が拷問または他の残虐な、非人道的なもしくは品位を傷つける取扱いもしくは処罰への参加、謀議、教唆または実行計画を構成する行為に、積極的であるか受動的であるかは問わず従事することは、医療倫理の重大な違背であり、かつ適用可能な国際文書にもとづく犯罪である」

むしろ、被拘禁者・受刑者の身体的および精神的健康を保護し、これらの者に「収監または拘禁されていない者に与えられるものと同一の質および水準の」治療を行なうことはこれらの専門家の義務である(原則1)。

自由権規約委員会が指摘するように、拷問の禁止に関わる人々に対して規約の締約国が広報を行なうことは重要であり、委員会がさらに強調するように、「法執行官、医療従事者、警察官、およびいずれかの形態の逮捕、拘禁または収監の対象とされる個人の収容または取扱いに関与する他のすべての者は、**適切な指示および研修を受けなければならない**」[66]。

上述したように、また第4章と第7章で説明したように、拷問またはその他の形態の不当な取扱いもしくは人権侵害といった不法な手段で自白を得てはならない。検察官の役割に関する指針の指針16は、**検察官**は「当該手段を用いた者以外のいかなる者に対しても当該証拠を用いることを拒否し、または裁判所に対してその旨の通告を行なうとともに、当該手段を用いた責任者が裁判にかけられることを確保するためにあらゆる必要な措置をとらなければならない」と定めている(同様の規則として拷問等禁止条約15条も参照)。

---

66 *United Nations Compilation of General Comments*, p.140, para.10. 強調引用者。

国家は、拷問およびその他の形態の不当な取扱いにあたる行為を**防止する**ために効果的な立法上、行政上、司法上その他の措置をとる国際法上の法的義務を有する。国家はまた、拷問およびその他の形態の不当な取扱いが行なわれたとされる事件を**速やかにかつ効果的に調査する**とともに、そのような取扱いの被害を受けたとされる者に効果的な救済措置を提供する法的義務も有する。拷問およびその他の形態の不当な取扱いの加害者を**処罰しないこと**は、人権侵害を**防止**、**調査および是正する**国家の法的義務と両立しない。すべての者は、拷問または残虐な、非人道的なもしくは品位を傷つける取扱いもしくは刑罰を受けない権利を有する。この権利は**いかなるときにも**保障されなければならず、国民の生存を脅かす公の緊急事態においてさえ逸脱することはできない。一般的に、**拷問**とは、いずれかの者から自白もしくは情報を得る目的で、またはその者を処罰もしくは脅迫する目的で行なわれる、とくに重大な形態の不当な取扱いであると言える。拷問は、公務員によって、もしくは公務員の扇動によりもしくはその同意もしくは黙認のもとに、または公的資格で行動するその他の者によって行なわれる。公務員が**強姦**という形で性的虐待を行なうことは拷問の一形態にあたると判断されてきている。不当な取扱いを受けない権利は、体罰、および、最低限、自由な同意を得ない医学的または科学的実験を禁止することから構成される。自由を奪われたすべての者はまた、人間の固有の尊厳を尊重して取扱われなければならない。法執行官および医療従事者は、いかなるときにも、拷問およびその他の形態の不当な取扱いを行なうことを厳に禁じられる。このような取扱いによって得られた自白は、検察官および裁判官によって却下されなければならない。拷問およびその他の形態の不当な取扱いを受けない権利の全面的行使を確保することに貢献できるよう、裁判官・検察官・弁護士はその活動を効果的にかつ独立して追求することができなければならない。

3. 拘禁場所および被拘禁者・受刑者の登録に関わる法的要件

3.1 すべての拘禁場所の公的認知

　自由を奪われた者の身体の安全を保護するためには、これらの者は公式に認められた拘禁場所以外に収容されてはならない。国家がこの法的義務を遵守しなければならないことは、国際的監視機関もさまざまな法的文書も認めている。たとえば自由権規約委員会は、自由権規約7条に関する一般的意見20で次のように述べているところである。

> 「被拘禁者の効果的保護を保障するためには、被拘禁者が拘禁場所として公式に認められた場所に収容されることと、被拘禁者の氏名および拘禁場所ならびに拘禁担当者の氏名を記録簿に記載し、親族および友人を含む関係者が当該記録簿を容易に入手・利用できるようにすることが定められるべきである。同様に、あらゆる尋問の時間および場所も出席者全員の氏名とともに記録されるべきであり、この情報を司法上または行政上の手続のために利用可能とすることも必要とされる」[67]

　強制的失踪からのすべての者の保護に関する宣言の10条と、非司法的、恣意的および即決処刑の効果的防止および調査に関する原則の原則6にも、被拘禁者を公式に認められた場所に収容することに関して同様の要件が掲げられている。あらゆる形態の拘禁または収監のもとにあるすべての者の保護のための原則は、原則12(1)(d)で、「収容場所に関する正確な情報」がしかるべく記録されなければならないと定めている。

＊＊＊＊＊

　地域レベルでは、人の強制的失踪に関する米州条約XI条が、とくに「自由を奪われたすべての者は、公式に認められた拘禁場所に収容され」ると定めてい

67　*United Nations Compilation of General Comments*, p.140, para.11.

る。米州人権裁判所は、失踪者に関わる無数の事件を取扱ってこなければならなかった。このような失踪が可能となったのは、訴えの対象となった国が、自由を奪われた者を公式に認められた拘禁場所にのみ収容する義務も含め、恣意的拘禁に対する基本的保障を遵守しなかったことによる。米州人権裁判所が強調するように、「人の強制的失踪は、締約国が尊重および保障する義務を有している〔米州人権〕条約上の多くの権利」、たとえば7条、5条および4条を1条1項とあわせて理解した場合に保障されている諸権利を、「複雑な形で継続的に侵害するものである」[68]。

* * * * *

欧州人権裁判所は、「公的認知なく人を拘禁することは〔欧州人権条約5条に掲げられた恣意的拘禁に対する保障を〕まったく無効にするもの」であり、「5条にもっとも重大な形で違反することのひとつである」と強調している。公的機関がその管理下にある個人について説明責任を負わなければならないことを踏まえ、「5条はこれらの機関に対し、失踪のおそれに対する効果的な保護措置をとるとともに、いずれかの者が拘禁され、それ以降所在がわからないという、完全に否定できない主張について迅速かつ効果的な調査を行なうよう求めている」とされる[69]。

3.2 被拘禁者・受刑者の登録

　自由を奪われた者は公式に認められた拘禁場所に収容されなければならないという要件に加え、自由権規約委員会は、「被拘禁者の氏名および拘禁場所ならびに拘禁担当者の氏名を記録簿に記載し、親族および友人を含む関係者が当該記録簿を容易に入手・利用できるようにすること」が定められるべきであるとしている[70]。
　この義務は、被拘禁者の処遇に関する最低基準規則の規則7(1)でも、次のように定められているところである。

---

[68] I-A Court HR, *Velásquez Rodríguez Case, judgment of July 29, 1988, Series C, No.4*, p.147, para.155 and pp.162-163, para.194.
[69] *Eur. Court HR, Case of Çakici v. Turkey, judgment of 8 July 1999, Reports 1999-IV*, p.615, para.104. 強調引用者。
[70] 一般的意見21, パラ11 参照。

「(1)人が拘禁されるすべての場所には、頁数を付した編綴じの登録簿を備え、収容したすべての被拘禁者について次の事項を記入するものとする。
　(a)　被収容者の身元に関する情報
　(b)　収容の理由および担当機関
　(c)　収容および釈放の日時」

　あらゆる形態の拘禁または収監のもとにあるすべての者の保護のための原則の原則12(1)は、次の事項が「しかるべく記録されなければならない」と定めている。

「(a)　逮捕の理由
　(b)　逮捕の時間および被逮捕者を収容場所へ連行した時間ならびに被逮捕者が司法機関その他の機関の前に最初に出頭した時間
　(c)　関与した法執行官の身元
　(d)　収容場所に関わる正確な情報」

　さらに、同原則の原則12(2)によれば、「当該記録は、法律によって定められた様式で、被拘禁者または弁護人がいるときは弁護人に通知され」なければならない。
　強制的失踪からのすべての者の保護に関する宣言の10条は、自由を奪われた者との関連で次のように定めることにより、この点に関してさらに踏みこんだ規定を掲げている。

「2. そのような人の拘禁、および移送先を含む一または複数の拘禁場所に関する正確な情報が、その家族構成員、弁護人またはそのような情報に対して正当な利益を有する他のいずれかの者に対し、速やかに利用可能とされる。ただし、自由を奪われた者が反対の意思を明らかにした場合はこの限りでない。
3. 自由を奪われたすべての人の公式かつ最新の登録簿が、すべての拘禁場所において維持される。これに加えて、各国は、同様の中央登録簿を維持するために必要な措置をとるものとする。これらの登録簿に記載される情報は、

前項に掲げた者、司法機関またはその他の権限ある独立の国家機関、および当該国の法律のもとでまたは当該国が締約国であるいずれかの国際法文書のもとで権利を有するその他の権限ある機関が被拘禁者の所在を追跡しようとするときは、これらの者または機関に対して利用可能とされる」

*****

人の強制的失踪に関する米州条約は、1970年代から1980年代にかけて米州の多くの場所で相当数の強制的・非自発的失踪が発生したことを受けて作成されたものである。条約11条は次のように定める。

「締約国は、被拘禁者の公式かつ最新の登録簿を作成および維持するものとし、かつ、国内法にしたがい、当該登録簿を親族、裁判官、弁護士、正当な利害を有する他のいずれかの者またはその他の公的機関に対して利用可能とする」

*****

欧州人権条約については、欧州人権裁判所が次のように指摘している。

「拘禁の日時および場所ならびに拘禁の理由およびその実行担当者の氏名に関する正確な収容データを記録することは、個人の拘禁において5条1項の合法性の要件が満たされるようにするために必要である」[71]

チャキシ事件では、公的認知のない拘禁の対象とされた申立人に関する記録の不存在が「重大な瑕疵」とされ、状況をさらに悪化させる要因として、当該収容記録が「全般的に信頼性および正確性を欠いているという認定」が明らかにされた。欧州人権裁判所は、「特定の時期に被拘禁者がどこにいたかを明らかにする記録が作成されないのは容認できない」と指摘している[72]。したがって、本件で

71　Eur. Court HR, Case of Çakici v. Turkey, judgment of 8 July 1999, Reports 1999-IV, para.105 at p.616.
72　Ibid., loc. cit.

は欧州人権条約5条のとくに重大な違反があったとされた。

> 自由を奪われたすべての者は、公式に認められた拘禁場所以外に収容されてはならない。すべての拘禁場所で登録簿が作成され、とくに被拘禁者の氏名、拘禁の理由、収容、釈放および移送の時間ならびにその拘禁・収監担当者の氏名に関わる、詳細かつ信頼できる情報が記載されなければならない。このような登録簿は常に、弁護人および家族構成員といったすべての関係者に直ちに利用可能とされなければならない。これらの者に対しては、関連の記録を職権で通知することも求められる。

4. 拘禁・収監の環境

4.1 拘禁・収監を規律する基本原則

とくにこの節で取り上げるあらゆる問題は、自由を奪われた者の取扱いに関わる以下の基本的原則によって規律されている。

第1に、またすでに述べたように、自由を奪われたすべての者は「**人道的にかつ人間の固有の尊厳を尊重して、取り扱われ**」なければならない(自由権規約10条1項、強調引用者。また、「人道」への言及はないが、米州人権条約5条2項も参照。あらゆる形態の拘禁または収監のもとにあるすべての者の保護のための原則の原則1および受刑者の処遇に関する基本原則の原則1も参照)。

自由権規約10条1項について、自由権規約委員会は、7条で定められた不当な取扱いおよび実験の禁止に加え、自由を奪われた者は「自由の剥奪から生ずるもの以外のいかなる苦難または制約の対象にもされてはならない」こと、「このような者の尊厳の尊重は、自由な者の尊厳を尊重するのと同一の条件のもとで保障されなければならない」ことを指摘している。すなわち、「自由を奪われた者は、閉鎖環境においては避けることのできない制限に服することを条件として、規約で定められたすべての権利を享受する」ということである[73]。

自由権規約委員会はさらに、「自由を奪われたすべての者を人道的にかつ人間の固有の尊厳を尊重して取扱うことは、普遍的に適用される基本的な規則」であって、**「最低限、締約国で利用可能な物質的資源に左右されてはならない」**こと、また差別なく適用されなければならないことを強調している[74]。この点に関わる条約上の義務を締約国が履行しているか検討するにあたり、委員会は、本章全体で参照している、被拘禁者の取扱いについて適用される関連の国連基準を考慮にいれる。

　第2に、自由権規約2条1項および26条、アフリカ人権憲章2条、米州人権条約1条1項および24条ならびに欧州人権条約14条で定められている**差別の禁止**は、当然のことながら、**すべての**被拘禁者・被収監者に全面的に適用される。差別の禁止の原則は、被拘禁者の処遇に関する最低基準規則6条、受刑者の処遇に関する基本原則の原則2、あらゆる形態の拘禁または収監のもとにあるすべての者の保護のための原則の原則5(1)でも定められているところである。**差別の禁止は、ただし、異なる被拘禁者および(または)受刑者についての合理的な区別であって、その特定のニーズおよび地位によって客観的に正当と見なされる区別を排除するものではない。**

　第3に、**罪を問われている者**は「例外的な事情がある場合を除くほか有罪の判決を受けた者とは分離されるものとし、有罪の判決を受けていない者としての地位に相応する別個の取扱いを受け」なければならない(とくに自由権規約委員会10条2項および米州人権条約5条4項参照)。自由権規約委員会が強調するように、「このような分離は、これらの者が有罪判決を受けておらず、同時に**無罪と推定される権利**を享受する者であることを強調するために必要である」[75]。したがって、これらの者には有罪判決を受けた者よりも優遇された取扱いを受ける権利もある。このような異なる取扱いは差別ではなく、2つのグループの間で行なわれる正当な区別である。この問題については後掲4.2.1でさらに詳しく扱う。

73　一般的意見21、パラ3(*United Nations Compilation of General Comments*, at p.142)参照。
74　Ibid., para.4. 強調引用者。
75　Ibid., pp.142-143, para.9. 強調引用者。

第4に、有罪判決を受けた者については、刑務所制度においては**当該受刑者の矯正および社会的更生／再適応**が本質的目的とされなければならない(自由権規約10条3項および米州人権条約5条6項)。自由権規約委員会によれば、「あらゆる刑務所制度は単に応報のみを目的とするものであるべきではない」のであり、「基本的には受刑者の矯正および社会的更生が追求されるべきである」[76]。したがって、締約国はその定期報告書を提出するにあたり、「刑務施設内外の受刑者に教授、教育および再教育、職業指導および訓練を提供するためにとられた措置ならびに就労計画に関する具体的情報」を提供しなければならない[77]。

この点について、被拘禁者の処遇に関する最低基準規則の規則59を規則58とあわせて読むと、受刑者が釈放された後に「違法的かつ自立的な生活を営む」ことができるようにするためには次のような対応が必要であると定められている。

「施設は、治療的、教育的、道徳的、霊的その他の影響力および援助形態であって適切かつ利用可能なものをすべて利用するべきであり、かつ、受刑者の処遇上の個別のニーズにしたがってそれらを適用するように努めるべきである」

受刑者の処遇に関する基本原則の原則8も、「国の労働市場への〔受刑者の〕再統合を促進し、かつ金銭的自立および家族の扶養に寄与できるようにするような有意義な有償の雇用」の必要性を強調している。

最低基準規則の規則89によれば、「未決被拘禁者に対しては常に労働の機会が与えられるものとするが、労働が義務づけられることはない。未決被拘禁者が労働することを選ぶときは、それに対して支払いがなされる」。有罪判決を受けた者の労働についてさらに詳しくは、最低基準規則の規則71～76を参照。

---

[76] Ibid., p.143, para.10.
[77] Ibid., p.143, para.11.

> 自由を奪われたすべての者は、人道的にかつその尊厳を尊重されて取扱われる権利を有する。これは基本的かつ普遍的な規則であり、いかなるときにも、また国が利用可能な物質的資源には関わりなく保障されなければならない。すべての被拘禁者または被収監者は、差別を受けない権利を有する。例外的状況を除き、被疑者は有罪判決を受けた受刑者から分離されなければならない。有罪判決を受けていない被拘禁者は、有罪と証明されるまで無罪と推定される権利を有し、したがって、有罪判決を受けた受刑者より優遇された取扱いを受ける権利も有する。国家は、有罪判決を受けた受刑者に対し、その矯正および社会的更生を目的とした教育および訓練を提供する義務を有する。

4.2 収容設備

　一般人権条約には被拘禁者・受刑者の収容環境に関わる要件について詳細な定めは置かれていないが、被拘禁者の処遇に関する最低基準規則の規則9～14が、とくに就寝・作業・衛生環境について規定している。

　そこで、規則9(1)は、「**就寝設備が個別**の房または室に置かれているときは、各拘禁者は、夜間には1房または1室を1人で使用することができるものとする。一時的な収容過剰のような特別な事情のために、中央刑務当局がこの原則に対する例外を設けることが必要になった場合にも、1房または1室に2名の被拘禁者を収容することは望ましくない」(強調引用者)。共同寝室が用いられる場合には、「このような環境において相互に接触するのにふさわしい」被拘禁者のみを収容するものとされる(規則9(2))。自由を奪われた者が収容される刑務施設においては、とくに就寝設備を含む**すべての**収容設備が「健康保持に必要なすべての条件を満たすものでなければならない。気候条件、ならびにとくに空気容積、最低床面積、照明、暖房および換気に正当な考慮が払われるものとする」(規則10)。

　拘禁場所で**生活および作業が行なわれるすべての場所**において、「窓は、被拘禁者が自然光で物を読みまたは作業をするのに十分な大きさであるものとし、かつ、人工的な換気装置があるか否かに関わらず、新鮮な空気の流入が可能となる

……ものとする」(規則11(a))。「人工照明は、被拘禁者が視力を害することなく物を読みまたは作業をするのに十分なものでなければならない」(規則11(b))。

最後に、「**衛生設備**は、すべての被拘禁者が、必要なときに、かつ清潔かつ人間にふさわしい仕方で生理的必要を満たせるようにするのに十分なものでなければならない」(規則12、強調引用者)。

* * * * *

アフリカ人権委員会は、ウーコ事件でアフリカ憲章5条の違反を認定している。この事件の申立人は、拘禁施設には250ワット電球が備え付けてあり、10か月間の拘禁期間全体を通じてそれがつけっぱなしであったと訴えたものである。この期間中、申立人は洗面・入浴設備の使用を認められず、また身体的および精神的拷問の両方を受けた。委員会の見解によれば、このような環境は、憲章5条で申立人に対して保障された、尊厳を尊重される権利ならびに拷問および品位を傷つける取扱いを受けない権利を侵害するものである[78]。委員会はまた、ベラおよびオルトン・チルワが置かれた具体的環境(前掲2.3.2で検討)に加えて、マラウィの刑務所環境全般についても検討している。委員会は、以下のような環境は「人の尊厳を傷つけるものであり、〔アフリカ憲章〕5条に違反する」との結論に達した。その環境とは、「受刑者が動けないよう(ときには昼夜を分かたず)房のなかで手かせをつけ、腐った食事を出し、独房に収容し、または定員70名の房に最大200名を収容するという過剰収容を行なう」ことなどである[79]。

* * * * *

欧州人権裁判所は、ギリシア事件で、ラッキ収容所の収容環境は「重大な収容過剰の環境およびそれがもたらす諸結果」のゆえに欧州人権条約3条に違反すると認定した。共同寝室には100～150名が収容されていた[80]。

78　ACHPR, *John D. Ouko v. Kenya*, Communication No.232/99, decision adopted during the 28th Ordinary session, 23 October - 6 November 2000, paras.22-33 of the text of the decision as published at http://www1.umn.edu/humanrts/africa/comcases/232-99.html.

79　ACHPR, *Krishna Achuthan and Amnesty International (on behalf of Aleke Banda and Orton and Vera Chirwa) v. Malawi*, Communications Nos.64/92, 68/92 and 78/92, decision adopted during the 16th session, October-November 1994, para.34 of the text of the decision as published at http://www.up.ac.za/chr/.

80　Eur. Comm. HR, Applications Nos.3321-3323/67 and 3344/67, *Denmark, Norway, Sweden and the Netherlands v. Greece*, Report of the Commission adopted on 5 November 1969, 12 Yearbook 1969, p.497, para.21 and p.494, para.14.

4.2.1 部類による分離

上述したように、国際人権法は原則として、罪を問われている者は有罪判決を受けた者から分離されるべきこと、有罪判決を受けていない者としての地位にふさわしい別個の処遇を受けるべきことを求めている(自由権規約10条2項および米州人権条約5条4項参照、またとくに被拘禁者の処遇に関する最低基準規則の規則8(b)も参照)。

罪を問われている子ども/未成年者については、さらに具体的に、自由権規約10条2項(b)および米州人権条約5条5項とも、成人から分離されるべきことおよび可能なかぎり早く裁判に付されるべきことを定めている。ただし、一般人権条約に対する特別法として見なされなければならない児童の権利条約の37条(c)では、「自由を奪われたすべての児童は、例外的な事情がある場合を除くほか、**成人とは分離されないことがその最善の利益であると認められない限り**成人とは分離される」とされている(強調引用者)。したがって、個別の子どもの最善の利益に照らし、子どもは成人から分離されなければならないという基本原則から逸脱することも認められる場合がある[81]。

最低基準規則の規則8はより一般的に適用される規定であり、「異なる部類の被拘禁者は、その性、年齢、犯罪歴、拘禁の法的理由および処遇の必要性を考慮して、別個の施設または施設内の別個の区画に収容される」と定めている。すなわち、とくに、「**男女**はできるかぎり別個の施設に収容される。男女をともに収容する施設においては、女性に割り当てられた敷地および建物全体を完全に分離させなければならない」ということである(最低基準規則の規則8(a)、強調引用者)。

女性を男性から、子どもを成人から分離することは、とくに弱い立場に置かれたこれらの人々の安全に対する権利を確保するために、十分とは言えないまでも不可欠な、第一の措置である。とくに子どもに関しては、関連の拘禁場所に、子どもの具体的ニーズおよび利益を満たすことのできる十分な設備と特別な訓練を

---

81 拘禁された子どもを拘禁された成人から分離することに関わる問題については、*Implementation Handbook for the Convention on the Rights of the Child* (New York, UNICEF, 1998)(以下 *UNICEF Implementation Handbook*)、pp.501-502参照。

受けた職員が用意されることが、必要不可欠となる[82]。拘禁された子どもおよび女性については、第10章と第11章でさらに詳しく取り上げる。

> 総論として、被拘禁者・受刑者の収容環境は、十分な就寝・生活・作業・衛生環境を備え、被収容者の尊厳、安全および健康を尊重できるようなものでなければならない。自由を奪われた子ども／未成年者は、分離がその最善の利益に反しないかぎり、成人から分離されなければならない。子どもは速やかに裁判に付されなければならない。男女は可能なかぎり別個の施設に収容されなければならない。

4.3 個人衛生、食糧、健康および医療サービス

自由を奪われた者の衛生、食糧、健康および医療サービスに関わる規則と判例を仔細に検討することはしないが、被拘禁者の処遇に関する国連最低基準規則に掲げられた以下の主要な原則については強調しておく必要がある。

- ◎ **個人衛生について**：「被拘禁者は、自己の身体を清潔に保つことを求められる。この目的のため、被拘禁者に対しては、水、ならびに健康および清潔のために必要な身だしなみ用品が与えられる」(規則15)。
- ◎ **衣類について**：「自己の衣類を着ることを許されないすべての被拘禁者は、気候に適合し、かつ良好な健康状態を保つのに十分な衣類の一式を与えられる。このような衣類は、いかなる意味でも品位を傷つけるまたは屈辱的なものであってはならない」(規則17(2))。「被拘禁者が認められた目的のために施設の外に移されるときには常に、自己の衣類またはその他の目立たない衣類を着ることを許される」(規則17(3))。
- ◎ **寝台について**：「すべての被拘禁者は、地方または国の基準にしたがって、独立した寝台および専用の十分な寝具を与えられる。寝具は、

---

82 子どもの拘禁についてはたとえばEric Sottas and Esther Bron, *Exactions et Enfants*, Geneva, OMCT/SOS Torture, 1993, pp.26-27参照。

支給のときには清潔でなければならず、整頓され、かつ清潔さを保つのに十分な頻度で交換されるものとする」(規則19)。

◎ **食糧**について：「すべての被拘禁者は、管理機関により、通常の食事時間に、健康および体力を保つのに十分な栄養価があり、品質に問題がなく、かつ、きれいに調理および給仕された食事を与えられる」。「すべての被拘禁者に対し、必要なときにはいつでも飲料水が与えられる」(規則20(1)および(2))。

◎ **健康および医療サービス**について：各拘禁場所には「少なくとも、ある程度の精神医学の知識を有する資格のある医務官1名」が配置されていなければならず、また医療サービスは「地域社会または国の一般保健行政との緊密な関係のもとに組織されるべきである」(規則22(1))。「病気の被拘禁者であって専門医の治療を必要とする者は、専門施設または民間病院に移送される」。当該施設に医療設備が設けられているときは、「病気の被拘禁者のケアおよび治療にふさわしい」備品および医薬品が備えられていなければならず、また「適切な訓練を受けた職員」がいなければならない(規則22(2))。すべての被拘禁者は、「資格のある歯科医務官の役務」を利用することもできなければならない(規則22(3))。

女性の施設には、とくに「必要なあらゆる産前産後のケアおよび処置のための特別な設備」がなければならない(規則23(1))。

次に、「医務官は、すべての被拘禁者を、入所後できるだけ速やかに、かつその後は必要に応じて、診察しなければならない。この診察は、とくに、身体的または精神的疾患を発見してすべての必要な措置をとること……を目的とする」(規則24)。医務官はまた、「被拘禁者の身体的および精神的健康に配慮するものとし、かつ、すべての病気の被拘禁者、疾病を訴えるすべての者およびとくに注意を要する被拘禁者を毎日診察するべきである」(規則25(1))。医務官はさらに、食糧の質、施設および被拘禁者の衛生および清潔、衛生設備、衣類および寝台等といった問題について、「定期的に検査を行ない、施設の長に助言する」(規則26)。さらに、あらゆる形態の拘禁または収監のもとにあるすべての者の保護のための原則の原則24は、次のように定めている。「被拘禁者または被

収監者に対しては、拘禁場所または収監場所への入所後できるだけ速やかに適切な医学的検査が行なわれ、かつ、その後は必要に応じて医療上のケアおよび治療が与えられるものとする。これらのケアおよび治療は無償で与えられる」。

国際的監視機関は拘禁環境に関わる事件を何度となく検討してきている。以下に掲げるいくつかの例を見れば、食糧が与えられないこと、衛生状態が不備であること、医療上のケアが与えられなかったとされたことのような問題について、これらの機関がどのような見解を表明しているかがわかる。

＊＊＊＊＊

フリーマントル事件では、申立人が置かれた次のような拘禁環境が自由権規約10条1項の違反に相当するとされている。すなわち、申立人は、2平方メートルの房に毎日22時間監禁され、1日のうちほとんどの時間、他の収容者から隔離されたままであった。申立人が目を覚ましている時間はほとんど暗闇のなかで過ごすことを強要され、やることもほとんどなく、作業や学習の許可も与えられなかったというものである[83]。

ロビンソン事件では、委員会は、申立人が置かれた次のような収監環境が自由権規約10条1項の違反に相当すると認定した。すなわち、房にはマットレスその他の寝具も家具もいっさいなく、石鹸、歯磨き粉、トイレットペーパーは絶望的なほど足りず、食事および飲料水の質はきわめて貧弱で、房には衛生設備も備え付けられておらず、下水口にはふたがなく、ごみが山積みになっており、医師に見てもらうことはできず、申立人は「やることがまったくなく、他の収容者からも隔離されたまま、房に毎日22時間監禁されて暗闇のなかで過ごすことを強要された」というものである[84]。

その他多くの事件が存在するなかで、自由権規約10条1項の違反はエラヒー事件でも認定されている。申立人は、寝床に「スポンジ1個と古新聞」しか与えら

---

83 Communication No.625/1995, *M. Freemantle v. Jamaica* (Views adopted on 24 March 2000), in UN doc. *GAOR*, A/55/40 (vol.II), p.19, para.7.3.

84 Communication No.731/1996, *M. Robinson v. Jamaica* (Views adopted on 29 March 2000), in UN doc. *GAOR*, A/55/40 (vol.II), p.128, paras.10.1-10.2.

れず、「人間が食べるに値しない食事」を与えられ、「文句を言うと必ず看守に暴力的扱いを受けた」と訴えていた[85]。

規約10条1項の違反は、さらにマイケルおよびブライアン・ヒル事件でも認定されている。申立人らは、スペインで警察に留置されてから5日間、まったく食事を与えられなかった[86]。他方、チセケディ・ワ・ムルンバ事件では7条違反が認定されている。申立人は、「逮捕後4日間食事も飲料水も与えられなかった」後に「非人道的な取扱い」を受け、「その後、容認しがたい衛生状態のなかで監禁され続けた」ものである[87]。10条1項の違反はカレンガ事件でも認定された。申立人は、とくに、レクリエーション設備の使用を認められず、ときどき食事を与えられず、かつ必要なときに医療上の援助を受けることができなかった[88]。

委員会の見解では、リントン事件では規約7条と10条1項の違反があったとされる。これは、「刑務所の看守らによって処刑ごっこ」が行なわれ、また脱走しようとしたときに負った傷の治療のための「十分な医療上のケアが〔申立人に〕与えられなかった」ことによるものである。このような取扱いは「残虐かつ非人道的」なものと見なされた[89]。

*****

マラウィを相手どった事件についてはすでに前掲2.3.2および4.2で取り上げたが、アフリカ人権委員会はさらに、「受刑者が続けて14時間も房を出られないこと、スポーツの機会が組織されていないこと、衛生環境が貧困なこと、ならびに面会者、郵便および読み物にアクセスできないこと」はいずれもアフリカ憲章5条違反であると認定している[90]。委員会はまた、健康状態が悪化している被拘禁

85　Communication No.533/1993, *H. Elahie v. Trinidad and Tobago* (Views adopted on 28 July 1997), in UN doc. *GAOR*, A/52/40 (vol.II), p.37, para.8.3.

86　Communication No.526/1993, *M. and B. Hill v. Spain* (Views adopted on 2 April 1997), in UN doc. *GAOR*, A/52/40 (vol.II), pp.17-18, para.13.

87　Communications Nos.241 and 242/1987, *F. Birindwa ci Birhashwirwa and E. Tshisekedi wa Malumba v. Zaire* (Views adopted on 2 November 1989), in UN doc. *GAOR*, A/45/40 (vol.II), p.84, para.13(b).

88　Communication No.326/1988, *H. Kalenga v. Zambia* (Views adopted on 27 July 1993), in UN doc. *GAOR*, A/48/40 (vol.II), p.71, para.6.5.

89　Communication No.255/1987, *C. Linton v. Jamaica* (Views adopted on 22 October 1992), in UN doc. *GAOR*, A/48/40 (vol.II), p.16, para.8.5.

90　ACHPR, *Krishna Achuthan and Amnesty International (on behalf of Aleke Banda and Orton and Vera Chirwa) v. Malawi*, Communications Nos.64/92, 68/92 and 78/92, decision adopted during the 16th session, October-November 1994, para.34 of the text of the decision as published at http://www.up.ac.za/chr/.

489

者を医師に診せないことは、「到達可能な最高水準の身体的および精神的健康を享受する権利」(16条1項)をすべての個人に保障したアフリカ憲章16条の違反であるとも認定している[91]。16条の違反は、収容中に生命が危うくなるほど健康状態が悪化したケン・サロ・ウィワとの関係でも認定されている。資格のある刑務所医務官が病院での治療を複数回要請したにも関わらず、治療は認められなかった[92]。

5条にもとづいて被害者に保障されている、尊重および尊厳に対する権利ならびに拷問および品位を傷つける取扱いを受けない権利の侵害は、当該被害者が、昼夜をわかたず手足を鎖で床に縛りつけられたうえに、拘禁されていた147日間入浴することを認められなかった事件で認定されている。この被害者はまた、食事を1日2度しか与えられず、裁判まで犯罪者用の独房に収容され続けた[93]。

＊＊＊＊＊

欧州人権委員会は、バルガ・ヒルシュ事件で、「病気の人の拘禁が〔欧州人権条約3条上の〕問題を提起しうることは否定できない」としている。留置期間を延長されていたこの事件の申立人は、糖尿病と心血管障害をわずらっており、「〔その〕健康状態は拘禁期間全体を通じて悪く、……悪化していた」[94]。しかし委員会は、当局は「医師の専門的見解を求めた申立人の要請にその都度応じて」おり、「報告書が精密さに欠けるときは新たな専門家を任命していた」ことを指摘した。全部で10本の報告書が作成されたが、「いずれの専門家の見解も、申立人の健康状態が拘禁と両立しないという結論には至らなかった」[95]。申立人を病人に移送するよう専門家が勧告したときも、そのとおりの対応がなされた。委

91　ACHPR, *Media Rights Agenda and Others v. Nigeria*, Communications Nos.105/93, 128/94, 130/94 and 152/96, decision adopted on 31 October 1998, para.91 of the text of the decision as published at http://www1.umn.edu/humanrts/africa/comcases/105-93_128-94_130-94_152-96.html.

92　ACHPR, *International Pen and Others (on behalf of Ken Saro-Wiwa Jr. and Civil Liberties Organisation) v. Nigeria*, Communications Nos.137/94, 139/94, 154/96 and 161/97, decision adopted on 31 October 1998, para.112 of the text of the decision as published at http://www1.umn.edu/humanrts/africa/comcases/137-94_139-94_154-96_161-97.html.

93　ACHPR, *Media Rights Agenda (on behalf of Niran Malaolu) v. Nigeria*, Communication No.224/98, decision adopted during the 28th session, 23 October - 6 November 2000, paras.70 and 72 of the text of the decision as published at http://www1.umn.edu/humanrts/africa/comcases/224-98.html.

94　Eur. Comm. HR, Application No.9559/81, *P. de Varga-Hirsch v. France*, decision of 9 May 1983 on the admissibility, 33 DR, p.213, para.6.

95　Ibid., loc. cit.

員会がさらに指摘するところによれば、政府は、「申立人が、刑務所病院への移送を一定の期間拒み、糖尿病の食餌療法にもしたがわず、かつインシュリン投与を拒否したことによって健康状態の悪化を自ら助長した」ことを記している[96]。「本件の特別な事情」にかんがみ、拘禁中の申立人の医療処置は欧州人権条約3条違反には相当しないとされた[97]。

ハンスト中の受刑者に対する国の責任：R、S、AおよびC対ポルトガル事件

　ハンスト中の受刑者の健康および安寧に対する国の責任は、とくにポルトガルを相手どった事件で争点となった。4名の申立人のうち、ハンスト26日目に医療チームの診察を受けたのはRのみである。欧州人権委員会は、「申立人らが医師の監督下に置かれないままこれほど長い時間が経過したのは確かに憂慮すべきことである」と述べながらも、判断すべき問題は「この状況に対して国の当局がどの程度責任を負っているか」であるとした[98]。委員会は、重要な留意点として、申立人らはハンストを始めた時点から「刑務所医務官による診察を常に拒んで」おり、申立人のうち2名――Rを含む――は、リスボン大学病院から派遣された3名の医療班による診療さえ、そのうち1名は申立人らが医師を指名したリストに名前が挙がっていたにも関わらず、拒んだことを指摘した[99]。

　膠着状態が解けたのは申立人Rがハンストに入ってから26日目のことであり、この日、「刑務所当局は、申立人に対し、医療評議会が指名した医師、刑務所医務官および申立人らが選択した医師から構成された医療班による診察を認めた」。医療班は申立人らを「緊急に入院させる」よう求め、数日後にこれにしたがった対応がとられた[100]。この事件に関する委員会の判断理由は詳細に引用しておく価値がある。

　「18. 委員会がすでに強調したように、条約は、刑務所当局が、収監に通常と

96　Ibid., pp.213-214, para.6.
97　Ibid., para.6 at p.214.
98　Eur. Comm. HR, Applications Nos.9911/82 & 9945/82 (joined), R., S., A. and C. v. Portugal, 36 DR, p.207, para.16.
99　Ibid., pp.207-208, para.16.
100　Ibid., p.208, para.17.

もなう合理的要件を正当に顧慮しながら収容権限を行使し、抗議に参加した者を含むすべての受刑者の健康および安寧を、当該状況において可能な範囲で保護することを求めている。……**重大な膠着状況においては、公的機関は、膠着状態の解決方法を模索することよりも刑務所の規律に反対する犯罪者らを処罰することを目的とした、柔軟性を欠くアプローチにこだわるべきではない。**……

19. 本件においては、申立人らがハンスト中に長期にわたって何らの医療ケアも受けなかったことは遺憾とされるところであるが、この状況について大部分責任を負うのが申立人ら自身であることは変わらない。能力については争いようのない数名の医師の診察を拒んだ申立人らの決定を尊重するにあたり、政府は申立人にとって文句のつけようのない対応をした。委員会は、ポルトガル当局が柔軟性に欠ける姿勢を示し、申立人らの状況が、条約3条に違反する非人道的な取扱いまたは拷問の被害を受けたというほど悪化するのを許したという結論には、本件の具体的事情から至ることはできない」[101]

このポルトガルの事件における判断理由は、北アイルランドの劇的な状況を背景として起きたマクフィーリー事件での判断をもとにしたものである。同事件の申立人らは政治犯として認められることを求め、それを理由にとくに囚人服の着用および刑務作業を拒否した。これへの対応として、申立人らは、数次の独房収容を含む複数の処罰を受けた。この事件で委員会は次のように述べている。

「〔委員会は、〕このような重大な膠着状態の解決方法を模索するよりも、刑務所の規律に反対する犯罪者らを処罰することのほうに関心を有していた国家当局の柔軟性に欠けるアプローチに懸念を表明しなければならない。さらに委員会は、人道上の理由から、何らかの(囚人服以外の)衣服を着て戸外で通常の運動を行なうことおよび同様の条件のもとで刑務所の設備をもっと利用で

---

[101] Ibid., paras.18-19. 強調引用者。

きるようにすることなどの一定の便益を申立人らが利用できるようにするために、当局は努力すべきであったとの見解をとるものである。同時に、たとえ申立人らが刑務所の制服および下着を着用するつもりがなくとも、外部の医療専門家と協議できるようにするための手配が行なわれるべきであった」[102]

以上に関わらず、また「この抗議によってもたらされた施設管理上の問題の大きさ、および〔当局がこれに対処するためにとった〕監督上および衛生上の警戒措置を考慮にいれ」、委員会は、以上のことにより本件で欧州人権条約3条の違反があったといういちおうの結論に達することはできないとした[103]。

警察に収容された者が医師の診察を受ける必要性についての追加情報

自由を奪われた者の拷問およびその他の形態の不当な取扱いの発生を防止するため、拷問禁止委員会は、「被疑者が、……逮捕後直ちに、または尋問が終了するごとに、および被疑者が審理担当裁判官の面前に引致されるか釈放される前に、独立した医師による診察を受けられるようにする必要性」を強調している[104]。

拷問および非人道的なもしくは品位を傷つける取扱いまたは処罰の防止に関する欧州委員会は、拘禁場所の訪問後に欧州各国の政府に提出した多くの報告書のなかで、次のことを勧告している。

- ◎ 警察に収容された者は、自ら選択する医師による診察を受ける権利を有するものとすること
- ◎ 警察に収容された者の診察はすべて、警察官が聴取できない場所で、かつできれば監視もできない場所で行なわれるものとすること(当該医師が別段の要請をしたときはこの限りでない)
- ◎ すべての診察の結果ならびに被拘禁者による発言および医師の結論は、医師によって正式に記録され、かつ被拘禁者およびその弁護士が利用できるものとすること[105]

---

102 Eur. Comm HR, Application No.8317/78, T. McFeeley and Others v. the United Kingdom, decision of 15 May 1980 on the admissibility, 20 DR, p.86, para.64.
103 Ibid., pp.86-87, para.65.
104 スイスに対する発言(UN doc. *GAOR*, A/53/44, p.12, para.96.)。

> 自由を奪われたすべての者は、清潔を保つ権利および義務ならびに暖かくしかつ良好な健康状態を保つ権利を有する。この目的のため、被拘禁者に対しては必要な衛生設備、衣類、寝具、十分な食糧ならびに医療および歯科医療のサービスが提供されなければならない。自由を奪われたすべての者は、十分な大きさの房に収容され、かつ日光を享受する権利を有する。抗議またはハンストを行なっている被拘禁者または受刑者に対応するにあたって、当局は、柔軟性に欠ける懲罰的なアプローチをとるのではなく、対話の道を模索し、かつ人道の感覚を指針として行動するべきである。警察に収容された者は、自ら選択する医師の診察を受けることができなければならない。診察は医師が別段の要請をするのでないかぎり秘密に行なわれなければならず、また診察の結果は医師により記録され、かつ被拘禁者およびその弁護士が利用できるようにされなければならない。

4.4 宗教

　被拘禁者の処遇に関する最低基準規則の規則6(1)、受刑者の処遇に関する基本原則の原則2、あらゆる形態の拘禁または収監のもとにあるすべての者の保護のための原則の原則5(1)は、**宗教**にもとづく差別を禁じている。基本原則の原則3は、「地域の状況により必要とされるときはいつでも、受刑者が属する集団の宗教的信念および文化的規範を尊重することが望ましい」と付け加えている。

　最低基準規則の規則41および42は、この点に関して次のようにさらに詳細な規則を掲げている。まず、「同一の宗教に属する被拘禁者が施設に相当数いると

---

105 とくに欧州評議会(Council of Europe)の次の文書参照: (1) CPT/Inf (92) 4, *Report to the Swedish Government on the Visit to Sweden carried out by the European Committee for the Prevention of Torture and Inhuman or Degrading Treatment or Punishment (CPT) from 5 to 14 May 1991*, p.52; (2) CPT/Inf (93) 13, *Report to the Government of the Federal Republic of Germany on the visit to Germany carried out by the European Committee for the Prevention of Torture and Inhuman or Degrading Treatment or Punishment (CPT) from 8 to 20 December 1991*, p.70; (3) CPT/Inf (93) 8, *Report to the Finnish Government on the visit to Finland carried out by the European Committee for the Prevention of Torture and Inhuman or Degrading Treatment or Punishment (CPT) from 10 to 20 May 1992*, p.56.

きは、その宗教の資格を有する代表者が任命または承認される。被拘禁者の人数から正当と認められ、かつ事情が許す場合には、当該代表は常勤とする」(規則41(1))。このようにして任命・承認された資格のある代表者は、「定期的に礼拝を行ない、かつ自己の宗教の被拘禁者を適当なときに訪問して秘密に教誨を施すことを認められる」(規則41(2))。さらに、「資格のある代表者へのアクセスは、いかなる被拘禁者に対しても拒否されてはならない」が、「いずれかの被拘禁者が宗教代表者の訪問に反対するときは、その態度は十分に尊重される」(規則41(3))。最後に、「実務上可能な範囲において、すべての被拘禁者は、施設で行なわれる礼拝に出席し、かつ自己の宗教の戒律書および教訓書を所持することによって、自己の宗教的生活の必要を満たすことを認められる」(規則42)。

> 自由を奪われたすべての者は、宗教を理由として差別されない権利を有する。被拘禁者・受刑者の宗教的信念および文化的規範は、定期的な礼拝の開催および訪問による教誨を含め、可能なかぎり尊重されなければならない。

4.5 レクリエーション活動

　最低基準規則の規則21(1)によれば、「戸外の作業に従事しないすべての被拘禁者には、天候が許すかぎり、毎日少なくとも1時間、戸外で適当な運動をさせなければならない」。「若年被拘禁者ならびに適当な年齢および体格の被拘禁者」は、「運動時間中に体育およびレクリエーションの訓練を受ける」ものとされ、「この目的のために場所、設備および用具が提供されなければならない」(規則21(2))。

　基本原則の原則6はさらに、「すべての受刑者は、人格の完全な開発を目的とした文化的活動および教育に参加する権利を有する」と定めている。

　最後に、保護原則の原則28によれば、「被拘禁者または被収監者は、公的資源による場合は利用可能な資源の範囲内で、合理的な量の教育的、文化的および情報的資料を入手する権利を有する。ただし、拘禁場所または収監場所における安全および秩序を確保するための合理的な条件にはしたがわなければならない」。

＊＊＊＊＊

　チューリッヒ(スイス)の警察刑務所について、拷問および非人道的なもしくは品位を傷つける取扱いまたは処罰の防止に関する欧州委員会は、被拘禁者に対して、運動から十分に利益が得られるような条件下で、かつ私生活に対する被拘禁者の権利を保障することにより、少なくとも1日1時間、戸外での運動が認められるようにするために緊急の措置をとるよう勧告した[106]。この勧告は、手錠をかけられ、かつ警察官に付き添われているところを公衆から見られるのを恐れて、被拘禁者が戸外での運動を拒否していたことに応じて行なわれたものである[107]。

> 自由を奪われたすべての者は、**少なくとも毎日1時間、プライバシーへの権利が尊重される条件下で、戸外で運動する権利を有する。**いくつかの部類に属する被拘禁者・受刑者は、レクリエーションの特別な訓練を必要とする場合がある。被拘禁者・受刑者は、教育的、文化的および情報的資料への合理的なアクセスを認められなければならない。

4.6 独房への収容

　独房への収容そのものは国際人権条約では規制されていないものの、拘禁・収監中に隔離状態に置かれることについては無数の訴えが国際的監視機関に寄せられてきた。これにより、このとくに深刻な形態の収容を行なうことについて、さらに詳しい解釈上の指針がある程度示されている。出発点として、独房への収容そのものは自由権規約7条および10条1項といった国際人権法に違反するものではないが、それが合法的であるかどうかは、それぞれの事件で行なわれた収容の**目的**、**期間**および**環境**によると言うことが可能である。

　自由権規約委員会は、一般的意見20で、「被拘禁者または被収監者を長期間独

---

[106] Council of Europe doc. CPT/Inf (93) 3, *Report to the Swiss Federal Council on the Visit to Switzerland carried out by the European Committee for the Prevention of Torture and Inhuman or Degrading Treatment or Punishment (CPT) from 21 to 29 July 1991*, p.75 in the French text.

[107] Ibid., p.20, para.22-23.

房に収容することは、〔規約〕7条で禁じられている行為に相当する場合がある」と述べている[108]。注目すべきなのは、受刑者の処遇に関する基本原則の原則7が、さらに「**処罰**としての独房への収容の廃止またはその使用の制限に向けた努力が行なわれ、かつ奨励されるべきである」と定めていることである(強調引用者)。

自由権規約委員会は、「10日間の集中逮捕、すなわち軍務停止をともなう営巣への収容」の処罰を受けた徴集兵からの通報によるボランヌ事件で、独房への収容の問題を検討している。申立人は、とくに、「窓が小さく、折りたたみベッド、小さなテーブル、椅子および薄暗い照明しか備え付けられていない2×3メートルの房に鍵をかけて閉じこめられた」こと、さらに「房を出ることを認められたのは食事のとき、トイレに行くとき、および毎日30分、外の空気を吸うときだけであった」ことを訴えた[109]。しかし委員会は、本件では7条についても10条1項についても違反はなかったと認定した。第1に、「申立人が受けた独房への収容処分は、その厳格さ、期間および追求された目的を考慮すれば、申立人にいずれかの身体的または精神的悪影響を及ぼした」ようには思われなかったためである。第2に、「申立人が受けた懲戒措置に必然的にともなう困惑以外にボランヌ氏が何らかの屈辱を受けたことまたはその尊厳が損なわれたことは立証されていない」とされた[110]。

しかし、アントナッチオ事件では異なる結果が出ている。委員会は、申立人が地下房に収容され、体調から必要とされた医師による診察も受けられなかったことを理由に、7条および10条1項違反を認定した。申立人は3か月間の拷問も受けていた[111]。「天然光がほとんど入らない房に」申立人が約7か月間単独で収容されたゴメス・デ・ボワチュレット事件では、10条1項の違反のみが認定されている。10条1項の違反が認定されたのは、委員会の見解によれば、申立人が「人間の固有の尊厳を尊重しない環境に数か月間単独で収容された」ためである[112]。

---

108 *United Nations Compilation of General Comments*, p.139, para.6.
109 Communication No.265/1987, *A. Vuolanne v. Finland* (Views adopted on 7 April 1989), in UN doc. *GAOR*, A/44/40, p.249, para.2.2 and p.250, para.2.6.
110 Ibid., p.256, para.9.2.
111 Communication No.R.14/63, *R. S. Antonaccio v. Uruguay* (Views adopted on 28 October 1981), in UN doc. *GAOR*, A/37/40, p.120, para.20 as read in conjunction with p.119, para.16.2.
112 Communication No.109/1981, *T. Gómez de Voituret v. Uruguay* (Views adopted on 10 April 1984), in UN doc. *GAOR*, A/39/40, p.168, paras.12.2-13.

独房への収容は、エスピノーザ・デ・ポレー事件においては7条および10条1項の両方に違反するとされた。とくに、申立人が「小さな房で1日23時間隔離状態に置かれた」ことと、1日にせいぜい10分しか陽光を浴びることができなかったことがその理由とされる[113]。

*****

拷問禁止委員会は、とくにノルウェーとスウェーデンについて、とくに未決勾留期間中の独房への収容は、人または財産の安全または安寧が危険にさらされているときのような例外的状況を除いて廃止するよう勧告した。委員会はさらに、この例外的措置の使用は「法律で厳格にかつ具体的に規制し」、あわせて司法統制の対象とすべきことも勧告している[114]。

*****

独房への収容が欧州人権条約3条に違反するかどうか検討するにあたり、欧州人権委員会は一貫して、その**期間、追求される目的**および**当該措置が対象者に及ぼす可能性のある影響**に照らして、このような措置が合法的であるかどうかの検討を行なってきた。このようなアプローチは、申立人が留置中に17か月間も独房に収容されたR対デンマーク事件で適用されている。委員会は、この事件で、「独房への収容の措置が検討されるときは、捜査上の必要と、隔離状態に置かれることが被拘禁者に及ぼす影響との間で均衡がとられなければならない」と指摘した。委員会は、申立人が「望ましくないほど長期間、隔離状態に置かれた」ことは認めながらも、「本件収容の特別な事情を顧慮すれば、〔条約〕3条の適用範囲とされるほど厳しいものではなかった」との結論に達した[115]。委員会はこの点について、「申立人はおよそ6平方メートルの房に収容されていた」こと、「ラジオおよびテレビの視聴が認められていた」こと、当該期間全体を通じて「毎日1時間、戸外での運動が許されていた」こと、刑務所内の図書室から本を借りることができたこと、毎日数回は刑務所職員との接触があり、ときには警察の尋問

---

113 Communication No.577/1994, *R. Espinoza de Polay v. Peru* (Views adopted on 6 November 1997), in UN doc. *GAOR*, A/53/40 (vol.II), p.42, para.8.7.
114 UN docs. *GAOR*, A/53/44, p.17, para.156 (ノルウェー) and *GAOR*, A/52/44, p.34, para.225 (スウェーデン).
115 *Eur. Comm. HR, R. v. Denmark*, Application No.10263/83, *R. v. Denmark*, decision of 11 March 1985 on the admissibility, 41 DR, p.154.

および裁判所の審理との関係で他の者との接触もあったこと、医師の観察下に置かれていたこと、そして最後に、この期間中は面会を制限されていたものの、「家族による面会は当局による管理下で認められていた」ことに留意している[116]。

*****

欧州拷問防止委員会は現地調査の後にきわめて緻密な勧告を行なっているが、たとえばスイスのある拘禁場所との関連では、非自発的隔離措置を用いなければならない事案については法律に明確な定めを置くこと、またその使用は例外的状況に限ることを勧告している。さらに、隔離措置は「可能なもっとも短い期間」に限られなければならず、3か月ごとに、必要であれば社会医学的報告書をもとに審査されなければならないとも指摘している[117]。委員会は、この機会をとらえてさらに、隔離措置を延長された各受刑者に対しては、安全上やむをえない理由がある場合を除き、延長の理由が書面で告げられなければならないとも勧告した。必要があれば、受刑者は弁護人の援助を受けることも認められるべきであり、また隔離措置の延長の場合には権限のある当局に対して自己の意見を知らせることも認められるべきであるとされる[118]。

4.6.1 厳正独居拘禁

厳正独居拘禁は独房への収容のなかでもとくに厳しい形態であり、自由を奪われた者は外部へのいかなるアクセスも断たれ、人権侵害の対象とされるおそれが高まる。数限りない人々が、徹底した厳正独居拘禁の後、拷問され、失踪させられ、殺されさえされてきた。拷問の問題に関する国連特別報告者は、拷問は「厳正独居拘禁の間に行なわれることがもっとも多い」と指摘し、したがってこのような拘禁は「違法とされるべきであり、また厳正独居拘禁の対象とされた者は……遅滞なく釈放されるべきである」と提案している[119]。以下に述べるように、国

---

116 Ibid., pp.153-154.
117 Council of Europe doc. CPT/Inf (93) 3, *Report to the Swiss Federal Council on the Visit to Switzerland carried out by the European Committee for the Prevention of Torture and Inhuman or Degrading Treatment or Punishment (CPT) from 21 to 29 July 1991*, p.77.
118 Ibid., loc. cit.
119 UN doc. E/CN.4/1995/34, *Report of the Special Rapporteur on the question of torture*, para.926(d).

際的監視機関もこのような形態の拘禁を使用しないよう求める傾向にある。

　自由権規約委員会は、一般的意見20で、「厳正独居拘禁を禁ずる定めも置かれるべきである」と強調し、「締約国は、いかなる拘禁場所にも、拷問または不当な取扱いを行なうために用いられやすい設備が置かれないことを確保するべきである」と付け加えている[120]。チリの第4回定期報告書を審査した後、委員会は、「締約国は、厳正独居拘禁を完全に根絶することを目的として、この問題に関する法律を再検討するべきである」と勧告した[121]。スイスの第1回報告書審査との関係では、委員会は、「さまざまな州で、被拘禁者が8日から30日の間、ときには無期限に厳正独居拘禁下に置かれる場合があること」に遺憾の意を示し、「とくに警察による収容または厳正独居拘禁下に置かれている間の基本的保障に関して規約の規定を正当に尊重しながら、刑事手続に関するさまざまな州の法律を調和させるための議論を強化する」よう勧告している[122]。

　エル・メグレイシ事件では、申立人の兄弟が大リビア・アラブ社会主義人民ジャマーヒリーヤ国で3年以上厳正独居拘禁下に置かれ、1992年4月にようやく妻との面会を認められた。委員会は1994年3月23日にこの事件についての見解を採択したが、エル・メグレイシ氏はまだ厳正独居拘禁下に置かれていた。このことを踏まえ、委員会は、「所在不明の場所で長期間の厳正独居拘禁下に置かれたことにより、〔同氏は、規約7条および10条1項に違反する〕**拷問ならびに残虐なおよび非人道的な取扱い**の被害を受けた」と認定した[123]。7条の違反はムコン事件でも認定されている。この事件の申立人は「厳正独居拘禁下に置かれ、拷問および死の威嚇および脅迫を受け、食事を与えられず、かつ、レクリエーションの可能性も与えられないまま、数日間、立ったまま房に監禁された」。委員会は、上述の一般的意見も参照しながら、「被拘禁者または被収監者を完全な隔離状態に置くことは7条で禁じられている行為に相当する場合がある」とも述べ、本件においては、ムコン氏は同条に違反する「**残虐な、非人道的なもしくは品位**

120　*United Nations Compilation of General Comments*, p.140, para.11.
121　UN doc. *GAOR*, A/54/40 (vol.I), p.46, para.209.
122　UN doc. *GAOR*, A/54/40 (vol.I), p.20, para.98 and p.22, para.109.
123　Communication No.440/1990, *Y. El-Megreisi v. the Libyan Arab Jamahiriya* (Views adopted on 23 March 1994), in UN doc. *GAOR*, A/49/40 (vol.II), p.130, para.5.4. 強調引用者。

を傷つける取扱い」を受けたと認定した[124]。委員会は、他のいくつかの事件で、数週間または数か月に及ぶ厳正独居拘禁は規約10条1項に違反すると認定している。これには厳正独居拘禁が15日間続いた事件も含まれる[125]。しかしこれらの事件はエル・メグレイシ事件およびムコン事件よりも前のものであり、したがって、いまでは委員会は厳正独居拘禁の使用に対していっそう厳格な法的アプローチをとるようになったと判断することが可能である。

最後に、7条および10条1項両方の違反はエスピノーザ・デ・ポレー事件でも認定されている。この事件の申立人は、1992年7月22日から1993年4月26日まで厳正独居拘禁下に置かれ、有罪判決の後も1年間同様の状態に置かれたものである[126]。

* * * * *

拷問禁止委員会は、ペルーに対し、未決勾留中の厳正独居拘禁を廃止するよう勧告している[127]。

* * * * *

スアレス・ロゼロ事件において、米州人権裁判所は次のように述べている。

「51. 厳正独居拘禁は例外的措置であり、その目的は事実の捜査へのいかなる干渉も防止するところにある。このような隔離措置は、法律で明示的に定められた期間に限られなければならない。その場合においても、国は、条約で定められた最低限のおよび逸脱不可能な保障、ならびに、とくに拘禁が合法的であるかどうか争う権利および拘禁中に弁護人に効果的にアクセスできることの保障を被拘禁者が享受することを、確保する義務を有する」[128]

---

124 Communication No.458/1991, *A. W. Mukong v. Cameroon* (Views adopted on 21 July 1994), in UN doc. *GAOR*, A/49/40 (vol.II), p.180, para.9.4. 強調引用者。

125 Communication No.147/1983, *L. Arzuaga Gilboa v. Uruguay* (Views adopted on 1 November 1985), in UN doc. *GAOR*, A/41/40, p.133, para.14 (15日); and e.g. Communication No.139/1983, *H. Conteris v. Uruguay* (Views adopted on 17 July 1985), in UN doc. GAOR, A/40/40, p.202, para.10 (3か月以上)。

126 Communication No.577/1994, *R. Espinoza de Polay v. Peru* (Views adopted on 6 November 1997), in UN doc. *GAOR*, A/53/40 (vol.II), pp.41-43, paras.8.4, 8.6 and 9. 申立人の拘禁・収監環境は、他のさまざまな面でも7条および10条1項に違反していた。別の拘禁場所への移送のさいに申立人の姿を報道陣の前にさらしたこと、独房への収容の環境が劣悪だったことなどである。

127 UN doc. GAOR, A/55/44, p.15, para.61(b).

128 I-A Court HR, *Suárez Rosero case v. Ecuador, judgment of November 12, 1997*, in OAS doc. OAS/Ser.L/V/III.39, doc.5, *Annual Report of the Inter-American Court of Human Rights 1997*, p.296, para.51.

スアレス・ロゼロ氏は、エクアドルの法律では厳正独居拘禁は24時間を超えてはならないと定められているにも関わらず、36日間厳正独居拘禁下に置かれた。したがって、本件では米州人権条約7条2項の違反が認定されている[129]。米州人権裁判所はさらに次のように説明している。

「90. 厳正独居拘禁が例外的手段と見なされる理由のひとつは、それが被拘禁者に重大な影響を及ぼすためである。実際、外部から隔離されることはどんな人間にも道徳的および心理的苦痛をもたらし、その者をとくに弱い立場に立たせ、かつ刑務所における暴行および恣意的行為のおそれを増加させる」[130]

米州人権裁判所は、次の理由により、本事件の厳正独居拘禁は米州人権条約5条2項に違反する**残虐な、非人道的なおよび品位を傷つける取扱い**であったと認定した。この主張に対し、エクアドルは異議を申立てなかった。

「91. 被害者が36日間、外部、とくに家族とのいっさいの連絡を断たれたままであったという事実だけで、裁判所は、スアレス・ロゼロ氏が残虐な、非人道的なおよび品位を傷つける取扱いを受けたと認定することができる。同氏の厳正独居拘禁が恣意的なものであり、かつエクアドルの国内法に違反して行なわれたことが立証されている以上、なおさらである。被害者は、裁判所に対し、弁護人を依頼したり家族と連絡できなかったりしたことの苦しみを語った。被害者はまた、隔離期間中、必要な衛生設備もないおよそ15平方メートルのじめじめした地下房に、他の16名の受刑者とともに収容されていたこと、また新聞紙の上で寝なければならなかったことを証言した。被害者はまた、拘禁中にどのような暴力や威嚇を受けたかについても説明した。これらのあらゆる理由から、スアレス・ロゼロ氏が受けた取扱いは、残虐であり、非人道的であり、かつ品位を傷つけるものであったと言うことができる」[131]

---

[129] Ibid., paras.48 and 52.
[130] Ibid., p.301, para.90.
[131] Ibid., pp.301-302, para.91.

ベラスケス氏の非自発的失踪に関わるベラスケス・ロドリゲス事件では、米州人権裁判所は次のように判示している。

「156. ……長期の隔離および連絡の剥奪は、**それ自体**、人の心理的および道徳的不可侵性にとって有害な残虐かつ非人道的な取扱いであり、人間としての固有の尊厳を尊重されるすべての被拘禁者の権利の侵害である。したがって、このような取扱いは、身体の不可侵性に対する権利を認めた条約5条に違反する。……」[132]

* * * * *

速やかな司法の介入が行なわれないことと隔離および拷問との関係については、アクソイ事件で焦点が当てられた。前掲2.3.2で検討したように、この事件の申立人は欧州人権条約3条に違反する拷問を受けていた。申立人は、司法の介入を受けることなく少なくとも14日間厳正独居拘禁下に置かれ、検察官の前に出頭したときには腕に傷を負っていた。裁判所は、テロ犯罪の捜査において「当局が特別な問題に直面することには疑いがない」ことを認めつつも、司法の介入を受けることなく被疑者を14日間収容することが必要であったとは認めることができないとした。この期間は「異例に長く、かつ、申立人を、自由に対する権利への恣意的介入のみならず拷問も受けやすい立場に置いた」[133]。このように、自由の剥奪が合法的であるかどうか審査するための速やかな司法介入は、被拘禁者の身体的および精神的不可侵性への尊重を確保するうえで有益である。

独房への収容は、それ自体違法ではないとはいえ、とくに未決勾留期間中は、例外的状況以外では用いられるべきではない。独房への収容が合法的かどうかは、その**目的**、**期間**および**環境**の評価によって異なる。独房への収容は、人または財産の安全または安寧が危険にさらされている

---

[132] I-A Court HR, *Case of Velásquez Rodríguez v. Honduras*, judgment of July 29, 1988, Series C, No.4, p.148, para.156. 強調引用者。またibid., p.159, para.187も参照。
[133] Eur. Court HR, *Aksoy v. Turkey*, judgment of 18 December 1996, Reports 1996-VI, p.2282, para.78.

ときにのみ用いられるべきであり、定期的な司法監督の対象とされなければならない。独房への収容は処罰として用いられるべきではない。厳正独居拘禁は、独房への収容のなかでもとくに厳しい形態であり、違法とされるべきである。長期の隔離は、**それ自体**、拷問ならびに残虐なおよび非人道的な取扱いとなる。厳正独居拘禁下に置かれた者がその拘禁の合法性を争うことまたは防御の効果的準備を行なうことを妨げるのは違法である。自由の剥奪が合法的であるかどうか審査するための速やかな司法介入は、被拘禁者の身体的および精神的不可侵性への尊重を確保するうえで有益である。

5. 外部との接触

被拘禁者・受刑者が収容中に施設外の世界との接触を維持する権利について取り上げるときの基本的前提は、自由を奪われた者も、自由な者と同様、国際法で保障されたすべての人権を享受するということである。もちろん、収容の避けられない結果である制限には服さなければならない[134]。このことは、とくに、いかなる被拘禁者・受刑者も「その私生活、家族、住居若しくは通信に対して恣意的に若しくは不法に干渉され……ない」(自由権規約17条)ということを意味する。

5.1 家族構成員および友人との接触：面会および通信

被拘禁者の処遇に関する最低基準規則の規則37は、「被拘禁者は、必要な監督のもと、一定の期間を置いて、通信および面会のいずれの手段によっても家族および信頼できる友人と連絡することを認められる」と定める。外国人である被拘禁者は、「自己が属する国の外交代表および領事代表」または「自己の利益を引き受ける国の外交代表またはそのような者の保護を任務とする国内機関も

---

134 とくに、自由権規約委員会が10条に関する一般的意見21のパラ3(*United Nations Compilation of General Comments*, at p.142)で述べていることを参照。

しくは国際機関」と「連絡するために合理的な便益を与えられる」ものとされる(規則38(1)および(2))。さらに、規則92によれば次のとおりである。

> 「92. 未決被拘禁者は、司法の運営ならびに施設の安全および秩序の利益のために必要とされる制限のみに服することを条件として、自己が拘禁されたことを直ちに家族に知らせることを認められるものとし、かつ、家族および友人と連絡および面会するためにあらゆる合理的な便益を与えられる」

あらゆる形態の拘禁または収監のもとにあるすべての者の保護のための原則の原則15は、「被拘禁者または被収監者が外部と行なう連絡、およびとくに家族または弁護人との連絡は、数日を超えて不許可とされてはならない」と定めている。さらに、同原則の原則16(1)によれば次のとおりである。

> 「1. 被拘禁者または被収監者は、逮捕後およびある拘禁場所または収監場所から別の場所へ移送されるごとに速やかに、拘禁もしくは収監されていることまたは移送されたことおよび収容されている場所を、家族またはその者が選ぶ他の適当な者に自ら通知し、または権限のある機関にこれらの者への通知を求める権利を有する」

原則16(4)によれば、このような通知は**「遅滞なく行なわれ、または遅滞なく行なうことを認められる」**(強調引用者)。ただし、「権限のある機関は、捜査上の例外的な必要性がある場合は、妥当な期間、通知を遅らせることができる」。拷問に関する国連特別報告者は、この点について、「いかなる状況においても、逮捕および拘禁場所に関する被拘禁者の親族への通知は18時間以内に行なわれるべきである」と勧告している[135]。しかし、深刻な拷問および非自発的失踪は逮捕から数時間の間に行なわれる場合が多いことを踏まえれば、この時間制限といえども不当に長いように思われるところである。

---

135 UN doc. E/CN.4/1995/34, *Report of the Special Rapporteur on torture*, para.926(d).

最後に、同原則の原則19は次のように定めている。

「被拘禁者または被収監者は、とくに自己の家族と面会および通信する権利を有するものとし、かつ、法律または合法的な規則に定める合理的な条件および制限に服することを条件として、外部と連絡する十分な機会を与えられる」

被拘禁者・受刑者が家族に手紙を書いたりその面会を受けたりすることを刑務所当局が認めない場合、自由権規約7条および10条1項両方の違反とされることがある。たとえば、前述したエスピノーザ・デ・ポレー事件の申立人は、有罪判決を言渡されてから1年間、家族との面会を認められなかったのみならず家族との通信のやりとりもできなかった。これは規約7条に違反する**非人道的な取扱い**に相当し、10条1項にも違反するとされた[136]。しかし、受刑者が具体的にいつ、どのぐらいの頻度で家族との面会および通信を許されるべきなのかについては、委員会の見解は明らかでない。

エストレージャ事件では、ウルグアイのリベルタード刑務所で申立人の通信が過度に検閲・制限されたことを理由として、10条1項とあわせて理解した場合の17条違反が認定された[137]。エストレージャ氏は、刑務所職員が恣意的に手紙の文面を削除し、またその発送を拒んだと訴えていた。2年4か月の拘禁期間全体を通じて同氏が受け取った手紙は35通のみであり、また7か月間は1通も受け取ることができなかった[138]。エストレージャ氏の通信の検閲については、委員会は次のように述べている。

「〔委員会は、〕刑務所当局が受刑者の通信について管理および検閲の措置をとることは普通である〔ことを認める〕。しかし、規約17条は『何人も、その……通信に対して恣意的に若しくは不法に干渉され』ないと定めている。

---

136 Communication No.577/1994, *R. Espinoza de Polay v. Peru* (Views adopted on 6 November 1997), in UN doc. *GAOR*, A/53/40 (vol.II), p.42, para.8.6.
137 Communication No.74/1980, *M. A. Estrella v. Uruguay* (Views adopted on 29 March 1983), in UN doc. *GAOR*, A/38/40, p.159, para.10.
138 Ibid., p.154, para.1.13.

すなわち、このような管理および検閲のためのいかなる措置も、恣意的適用に対する十分な法的保障に服さなければならないということである。……さらに、制限の度合いは、規約10条1項が求める被拘禁者の人道的取扱いの基準と両立するものでなければならない。とりわけ、被拘禁者は、必要な監督のもと、一定の期間を置いて、通信および面会のいずれの手段によっても家族および信頼できる友人と連絡することを認められるべきである。委員会は、提出された情報にもとづき、リベルタード刑務所においてミゲル・アンヘル・エストレージャの通信が検閲および制限された度合いは、規約10条1項とあわせて理解した場合の17条と両立するものとして締約国が正当化できないほどのものであったと認定する」[139]

*****

受刑者の通信に関わるもっとも詳細な議論を行なってきたのは欧州人権裁判所であり、関連する申立ては、それぞれとくに裁判所にアクセスする権利および通信を尊重される権利を保障した欧州人権条約6条1項および8条にもとづいて審査されてきた。6条1項関連の申立てについては後掲5.2で検討する。

欧州人権条約8条1項は「すべての者は、その私生活および家族生活、住居ならびに通信を尊重される権利を有する」と規定しているが、2項はこの権利の行使について次のような制限を認めている。

「2. この権利の行使については、法律にもとづき、かつ、国の安全、公共の安全もしくは国の経済的利益のため、無秩序もしくは犯罪の防止のため、健康もしくは道徳の保護のため、または他の者の権利および自由の保護のために民主的社会において必要なもの以外、公の機関によるいかなる干渉もあってはならない」

したがって、被拘禁者・受刑者の通信が一時的にまたは恒久的に差止められる場合、このような措置が合法的であると見なされるためには、ここに掲げられた

---

[139] Ibid., pp.158-159, para.9.2.

正当な目的の一または複数について定めた「法律にもとづき」とられた措置であり、かつ当該目的のために「民主的社会において必要な」ものでなければならない。ただし、国際的監視機関で提起される問題のほとんどは、家族との通信ではなく弁護士との通信への干渉に関わるものであり、この点についてはのちほど詳しく述べる。

5.1.1 被拘禁者・受刑者の面会に訪れる者の権利

自由を奪われた者の**面会に訪れる者**の権利については、米州人権条約にもとづき、アルゼンチンを相手どった事件において問題とされている。この申立ては、ある女性およびその13歳になる娘が置かれた状況に関わるものである。両名とも、それぞれにとっては夫であり父親であった男性と個人的に面会するたびに、事前に膣の検査を受けることを求められた。申立人らは、米州人権委員会に対し、これらの検査は、家族に対する権利の行使への、またプライバシー、名誉および尊厳に対する権利ならびに身体的不可侵性に対する権利の行使への不当な干渉であって、米州人権条約17条、11条および5条に違反すると訴えた[140]。

これらの訴えを審査した委員会は、**第1に**、「面会者の膣の捜索または検査のような極端な措置には条約で保障された多くの権利が侵害されるおそれがともなうのであり、このような措置は法律で定められたものでなければならない。そのような法律においては、当該措置を受けるすべての者に対してその恣意的および濫用的適用を受けない保障ができるかぎり全面的に与えられるよう、どのような状況の場合に当該措置をとることができるかが明確に規定され、かつ、そのような手続を適用するさいに遵守しなければならない条件が定められていなければならない」と指摘した[141]。**第2に**、委員会は、刑務所への立入りを認める前に一般的捜索を行なう必要があることについては疑問を呈していない。しかし、「にも関わらず、膣の捜索または検査は例外的かつきわめて侵襲的な種類

---

140 *I-A Comm. HR, Report No.38/96, Case 10.506 v. Argentina, October 15, 1996*, in OAS doc. OEA/Ser.L/V/II.95, doc.7 rev., *Annual Report of the Inter-American Commission on Human Rights 1996*, pp.58-59, para.48.
141 Ibid., pp.63-64, para.64.

の検査である」というのが委員会の見解である。「ある特定の場合に、安全を保障する目的で例外的に当該措置をとることはできるかもしれないが、すべての面会者を対象としてこのような措置を制度的に適用することが、公の安全確保のために必要な措置であると認めることはできない」[142]。

　委員会は**第3に**、特定の場合に膣の捜索または検査が合法的であると認められるためには、次の4つの条件が満たされなければならないと説明している。

- ◎　「特定の場合に安全保障上の目的を達成するために、どうしても必要とされなければならない」
- ◎　「これに代わる選択肢が存在しない状況でなければならない」
- ◎　「裁判所の命令により決定されなければならない」
- ◎　「適切な保健専門家によって行なわれなければならない」[143]

検討中の事件にこれらの原則を適用した結果、委員会は次のように認定した。

- ◎　当該措置は、「X氏が爆発物を所持していることが発見された直後には正当であると認められた」かもしれないが、「それ以前にこの措置が何度となく適用されていた」点については同様の認定を行なうことはできない[144]。
- ◎　「刑務所の安全を確保するために当局が利用できる、……より合理的な選択肢はこれ以外にも複数」存在した[145]。
- ◎　国は、米州条約にもとづいて「裁判所による捜索実行命令を求める」法的義務を負うが、このような申請はなされなかった[146]。
- ◎　このような侵襲的な措置に「適切な保障」がともなっていなかったため、申立人らの権利への干渉は存在した。委員会は、「いかなる種類の身体

142　Ibid., p.64, para.68.
143　Ibid., p.65, para.72.
144　Ibid., pp.65-66, para.73.
145　Ibid., p.67, para.80.
146　Ibid., p.68, para.83.

内検査も、……個人に身体的および道徳的被害が及ぶ可能性があることを踏まえ、安全および衛生を最大限厳格に遵守したうえで、医師によって行なわれなければならない」ことを強く主張している[147]。

結論として、委員会は、「刑務所当局が……X夫人およびY女史に対する膣内検査を制度的に行なったことは、身体的および道徳的不可侵性に対する両名の権利の侵害であり、条約5条に違反する」と認定した[148]。このような捜索は、「条約11条で保護されている、名誉および尊厳に対する申立人らの権利」に対する侵害ともされた[149]。さらに、申立人らがX氏との個人的面会を希望するたびにこのような検査を受けるよう求められたことは、条約17条で保障された家族に対する権利への「不当な干渉」でもあった[150]。最後に、娘については、これらの捜索により、条約19条で保護された子どもの権利も侵害されたとされる[151]。換言すれば、当局は、拘禁場所における家族の面会を組織するにあたり、面会者の権利および自由も尊重するような方法で対応するよう配慮しなければならないということである。

5.2 弁護士との接触：面会および通信

弁護士とその依頼人との接触には特権的地位と秘密保持が認められており、この基本的原則は依頼人が自由を奪われた者であってもひきつづき当てはまる。最低基準規則の規則93はこの点について次のように定めている。

「93. 未決被拘禁者は、自己の防御のために、無料の法律扶助が利用可能であればそれを求めること、ならびに、自己の防御のために弁護人の訪問を受けることおよび秘密の指示書を作成して弁護人に渡すことを認められる。これ

---

147 Ibid., paras.84-85.
148 Ibid., p.69, para.89.
149 Ibid., p.70, para.94.
150 Ibid., p.72, para.100.
151 Ibid., p.73, para.105.

らの目的のため、未決被拘禁者は、希望すれば筆記具を供給される。未決被拘禁者と弁護人との面会は、警察または施設職員が監視できる場所で行なうことができるが、それらの者が会話を聴取できる場所で行なってはならない」

同じ問題は保護原則の原則18でも次のような形で取り上げられている。

「1. 被拘禁者または被収監者は、その弁護人と連絡および協議する権利を有する。
2. 被拘禁者または被収監者は、弁護人と協議するために十分な時間および便益を認められなければならない。
3. 被拘禁者または被収監者が、遅滞なく、検閲を受けず、かつ完全に秘密裡にその弁護人の訪問を受けかつ協議および連絡する権利は、停止または制限することができない。ただし、法律または合法的な規則によって定められ、安全および秩序を維持するために不可欠であると司法機関その他の機関が考える例外的状況においては、この限りでない。
4. 被拘禁者もしくは被収監者と弁護人との面会は、法執行官が監視できる場所で行なうことができるが、会話を聴取できる場所で行なってはならない。
5. この原則にいう被拘禁者もしくは被収監者と弁護人との連絡は、それが継続中または計画中の犯罪に関係している場合を除き、被拘禁者または被収監者に不利な証拠として認められてはならない」

刑事弁護の準備のために弁護士の助言を求めることの重要性とは別に、自由権規約委員会は、自由を奪われた者が不当な取扱いを受けるおそれとの関連で、「被拘禁者の保護のためには、医師および弁護士、ならびに、捜査のために必要なときは適切な監督のもとで家族構成員に、速やかにかつ定期的にアクセスできるようにすることが必要である」とも強調している[152]。厳正独居拘禁との関連で前述したいくつかの事件は、この規則をいかなるときにも効果的に適用すること

---

152 一般的意見20、パラ11(*United Nations Compilation of General Comments*, p.140)。

511

の必要性が差し迫ったものであることを表すものである。

自己の防御のために弁護士にアクセスする被疑者の権利については、第5章の7、第6章の6.4および第7章の3.5参照。

* * * * *

自由権規約にもとづいて提起されたトムリン事件は、受刑者が弁護士に宛てた手紙に干渉があったという訴えに関わる事件である。申立人の主張によれば、枢密院司法委員会への特別上訴許可申請について1991年4月22日付で弁護士に送った申立人の手紙を、刑務所当局が発送したのは1991年7月10日のことだったとされる。政府はこれを否定し、「申立人の通信に何らかの恣意的なまたは不法な干渉が行なわれた証拠はまったくない」と主張した[153]。自由権規約委員会は、提出された資料からは、「締約国の公的機関、とくに刑務所当局が申立人の手紙を2か月以上差止めたことは明らかではなかった」ことを認めた。したがって、規約17条1項にもとづく申立人のプライバシー権が「恣意的に」干渉されたと認定することはできないとした[154]。しかし委員会は言葉を継ぎ、これほど長期の遅延は、「それが弁護人と自由に連絡する申立人の権利の侵害となるかぎりにおいて、規約14条3項(b)に関わる問題を生ぜしめる可能性がある」と述べた。「にも関わらず、自己の防御のための十分な準備を行なう申立人の権利にこの遅延が悪影響を及ぼしたわけではないので」、14条3項(b)違反と見なすことはできないとしている[155]。

トムリン事件に関わる疑問

◎ 受刑者である依頼人から弁護士に当てた手紙の発送が遅れたことは、**実際**に受刑者の法的防御に悪影響を及ぼさなかったのだろうか。

◎ 公的機関が手紙を差止め、規約17条1項にもとづく申立人のプライバシー権に恣意的に干渉した証拠はないと認定したにも関わらず、自由権

---

153 UN doc. *GAOR*, A/51/40 (vol.II), p.193, paras.3.7 and 4.5.
154 Ibid., p.195, para.8.3.
155 Ibid., loc. cit.

規約委員会はなぜ、14条にもとづいてひきつづき事件の検討を続けたのだろうか。
- ◎ 委員会の判断理由を、以下の欧州人権裁判所のそれと比べてみられたい。違いは何だろうか。その違いは法的に正当化できるだろうか。
- ◎ あなたの意見では、委員会は今後の通報でもトムリン事件の判断を維持するべきだろうか。

*****

　受刑者の通信の問題は、欧州人権裁判所でも何度となく検討されてきている。欧州人権裁判所の見解は、防御のためであれ、または刑務所の環境および処遇について苦情を言うためであれ、被拘禁者・受刑者が弁護士と連絡する権利について重要な説明を提供している。欧州人権裁判所は欧州人権条約8条2項にもとづき、「無秩序もしくは犯罪の防止」のために受刑者の通信に介入することが必要な場合もあることを原則として認めているが、このような措置は、民主的社会において追求される正当な目的に比例したものでなければならず、またこの点については政府の裁量の幅も考慮にいれられなければならない[156]。通信の統制の度合いについて、欧州人権裁判所は次のように述べている。

「45. また、収監にともなう通常のおよび合理的な必要を顧慮し、受刑者の通信を統制するための何らかの措置が必要であり、かつそれ自体は条約と両立しないものではないことも、認められてきたところである。……しかし、このような統制が一般的にどの程度認められるかを評価するにあたっては、手紙を書きおよび受け取る機会が、受刑者にとってときには外部との唯一の絆であることも見過ごされるべきではない。

46. 弁護士と協議したいと考える者が、邪魔の入らない十分な議論に都合のよい条件下で自由に協議することは、明らかに一般的利益にかなうことである。だからこそ、弁護士と依頼人との関係は原則として特権的地位を認めら

---

[156] *Eur. Court HR, Case of Campbell v. the United Kingdom, judgment of 25 March 1992, Series A, No.233*, p.18, para.44.

れている。事実、裁判所は、1991年11月28日のS対スイス事件判決において、刑務所当局が会話を聴取できない場所で受刑者が弁護人と話し合う権利の重要性を強調した。6条の文脈においては、弁護士がこのような監視を受けることなく依頼人と協議し、かつ依頼人から秘密の指示を受けることができなければ、弁護士の援助はその有用性を相当に失うと考えられる。他方、条約は実際的かつ実効的な権利の保障を目的としたものなのである。……

47. 裁判所の見解では、同様の考慮は、計画されているまたは係属中の手続に関わる受刑者と弁護士との通信にも当てはまる。このような場合にも秘密保持の必要性は同じように切迫しているのであり、通信が……刑務所当局に対する主張および苦情に関わっているとなればなおさらである。このような通信が、とくにそこに記載された実質事項に直接の利害を有する個人または機関によって日常的に検査されるおそれがあることは、弁護士と依頼人との関係にともなう秘密保持および職業上の特権の原則に一致しない。

48. もちろん、……計画されている訴訟に関わる書簡と一般的性質の手紙との間に境界線を引くことはとくに困難であり、弁護士との通信も、訴訟とはほとんどまたはまったく関係のない事項に関わる場合もあるかもしれない。にも関わらず、裁判所は、弁護士と交わされるさまざまな部類の通信に区別を設ける理由を見出さない。これらの通信は、その目的は何であれ、私的かつ秘密の性格を有する事項に関わるものである。原則として、このような書簡は8条にもとづき特権的地位を認められなければならない。

　すなわち、刑務所当局が弁護士から受刑者に宛てた書簡を開封することができるのは、そこに、通常の検査手段では発見できなかった不法な物質が封入されていると信ずるに足る合理的な理由がある場合であるということである。ただし、書簡は開封することができるだけであって、読まれるべきではない。書簡が読まれることを防止するための適当な保障、たとえば受刑者の立会いのもとで開封するといった保障が用意されるべきである。他方、受刑者と弁護士との書簡を読むことは例外的な状況においてのみ認められなければならない。書簡の内容が刑務所の安全確保もしくは他の者の安全を危険にさらし、またはその他の形で犯罪的性質を帯びているという意味で、特権が濫用されていると信ずるに足る合理的な理由がある場合がこれにあたる。何

を『合理的理由』と見なしうるかはあらゆる事情によって異なるが、特権的連絡手段が濫用されていることを客観的観察者に納得させうる事実または情報の存在が前提である。……」[157]

さらに欧州人権裁判所は、キャンベル事件において、**通信の機械的統制**について次のように述べている。「通信を尊重される権利は、刑務所が離れた場所にある……ために弁護士が直接依頼人と面会することがよりむずかしくなるような刑務所の状況においては、特別に重要であ」り、「弁護士と秘密に連絡することの目的は、この連絡手段が機械的統制の対象になるようであれば達成できない」[158]。最後に、職業上の規則にしたがわないかもしれない事務弁護士による「濫用の可能性だけ」では、「弁護士と依頼人との関係にともなう秘密を尊重する必要性のほうが優先される」[159]。欧州人権裁判所は、キャンベル氏が事務弁護士と交わした通信を開封して読む「切迫した社会的必要性」はなかったと判断し、欧州人権条約8条違反を認定した[160]。

ゴールダー事件の申立人は、内務大臣が、刑務所職員に対する民事の名誉毀損訴訟の許可を与えなかったことについて苦情を申立てた。欧州人権裁判所は、ゴールダー氏が「計画していた行動の展望を評価するべきなのは内務大臣自身ではない」とし、次のように認定した。「提起される主張について判断を下すのは、独立のかつ公平な裁判所の役割である。内務大臣は、求められた許可を与えなかったことにより、6条1項で保障されている裁判所に訴える権利を、ゴールダーに対して尊重しなかった」[161]。欧州人権裁判所の見解によれば、名誉毀損訴訟に関する法的助言を求めるためにゴールダー氏が弁護士と通信することを認めなかったのも、欧州人権条約8条違反とされる。これは通信を尊重される同氏の権利に対する介入であり、8条に列挙された正当な目的のいずれかのために民主的社会で必要なものとして正当化できるものではなかったためである[162]。

---

157 Ibid., pp.18-19, paras.45-48.
158 Ibid., p.20, para.50.
159 Ibid., para.52 at p.21.
160 Ibid., p.21, paras.53-54.
161 *Eur. Court HR, Golder Case v. the United Kingdom*, judgment of 21 February 1975, Series A, No.18, para.40 at p.20.
162 Ibid., pp.21-22, para.45.

シルバーほか事件では受刑者の通信への度重なる介入が問題とされ、とくに、次の理由を主たるまたは副次的な根拠として書簡が差止められた件については欧州人権条約8条の**違反**が認定されている。すなわち、(1)全国市民的自由評議会への書簡を含め、何らかの法律業務等に関わる連絡は制限される、(2)当局を侮辱することを意図した苦情申立ては禁じられる、(3)弁護士および議員に宛てた書簡に、刑務所の内部事前処理制度を経ていない苦情の内容を含めることは禁じられるという点である[163]。当該書簡の差止めは、英国政府が挙げたさまざまな目的のために民主的社会において必要とされるものとは見なされなかった。

欧州人権条約8条の違反は、マッカラン事件においても、たとえば、弁護士および議員に宛てた申立人の書簡に、まず権限のある刑務所当局に提出されるべきであった刑務所の処遇に関する苦情が記載されていたという理由(内部事前処理制度)で、当該書簡が差止められた件について認定されている。刑務所面会委員会が申立人に懲戒処分を科し、そこに**28日の間すべての通信を絶対的に禁ずる**という内容が含まれていたことも、条約8条違反であると認定された[164]。

* * * * *

最後に、この点については、アフリカ人権憲章では私生活、家族生活および通信を尊重される権利が保障されていないものの、米州人権条約11条にはこの権利が掲げられていることにも留意しておくことが必要である。

> 自由を奪われた者は、自由な者と同じ人権を享受する権利を有するのであって、収容の避けられない結果として科される制限のみに服する。**第1に**、被拘禁者・受刑者は、逮捕または拘禁後に遅滞なく家族または友人と接触する権利を有する。さらに、自由剥奪の期間全体を通じて、一定の期間を置いた面会および通信を通じて家族および友人との接触を維持する権利も有する。この権利に対するいかなる干渉も、恣意的であってはならず(自由権規約)、法律にもとづき、正当な目的のために

---

[163] *Eur. Court HR, Case of Silver and Others v. the United Kingdom, judgment of 25 March 1983, Series A, No.61,* pp.38-38, para.99.

[164] *Eur. Court HR, McCallum Case v. the United Kingdom, judgment of 30 August 1990, Series A, No.183,* p.15, para.31.

> 行なわれる、そのような目的のために民主的社会において必要とされるものでなければならない(欧州人権条約)。**第2に**、自由を奪われた者は、定期的に弁護士と面会し、また通信を通じて弁護士と協議および連絡する権利を有する。そのような通信は、遅滞なく、かつ弁護士と依頼人との関係の全面的秘密保持を損なわずに転送されなければならない。弁護士と面会する間、被拘禁者・受刑者は、法執行官が監視できるものの会話は聴取できない場所で協議できるようにされなければならない。身体の安全に対する権利を確保するため、自由を奪われたすべての者は、とくに拘禁の不十分な環境、拷問およびその他の形態の不当な取扱いに関する苦情を申立てる目的で、妨げられることなく連絡する権利を有する。家族の面会を組織するにあたり、刑務所当局は、面会に訪れる者の権利および自由が尊重されることを確保しなければならない。

6. 拘禁場所の査察および苦情申立て手続

6.1 拘禁場所の査察

　拷問の問題に関する特別報告者が指摘するように、「拘禁場所の定期的査察は、とくに定期訪問制度の一環として行なわれる場合、拷問に対するもっとも効果的な防止措置のひとつとなる。警察の留置所、拘置所、治安施設、行政拘禁区域および刑務所を含むあらゆる拘禁場所の査察は、独立の専門家によるチームによって行なわれるべき」であり、チームの構成員には「被拘禁者と秘密に話す機会が与えられる」とともに、その認定結果を公に報告する権限が認められるべきである[165]。刑務施設の定期的査察が重要であることを踏まえ、自由権規約委員会は、「(a)警察官による人権侵害、(b)罪を犯した少年のためのものを含む刑務施設の環境、および(c)刑務所職員による暴力その他の虐待の苦情について監督する独立の制度が存在しないこと」に懸念を表明したことがある[166]。

165　UN doc. E/CN.4/1995/34, *Report of the Special Rapporteur on torture*, para.926(c).

*****

　拷問禁止委員会も、「拘禁センターおよび収監場所の査察を担当させるため、高い道徳心を有する者から構成される独立の政府機関が設置されるべきである」と勧告したことがある[167]。

*****

　同様に、拷問および非人道的なもしくは品位を傷つける取扱いまたは処罰の防止に関する欧州委員会は、スウェーデン当局に対し、「独立の機関が定期的に各刑務所を訪問する制度を設置する可能性を模索する」よう勧告している。「このような機関には、刑務所の施設を査察し、かつ、施設における処遇について被収容者から苦情を聴取する権限が与えられるべきである」とされる[168]。

6.2 苦情申立て手続　(前掲2.2「国の法的責任」も参照)

　自由権規約委員会は、一般的意見20で、「7条が禁ずる不当な取扱いについて苦情を申立てる権利が国内法で認められなければならない」こと、また「苦情は、救済措置が効果的なものとなるよう、権限のある機関によって速やかにかつ公平に調査されなければならない」ことを強調している[169]。これは、締約国が規約2条1項および3項にもとづいて負っている2つの義務、すなわち規約で認められた権利を「尊重し及び確保する」義務と、侵害の被害を受けたと主張する者に対して「効果的な救済措置」を提供する義務から、当然に導き出される単純な結論である。自由権規約委員会は、「権利を侵害されたすべての者が効果的な救済措置を利用できるようにすることは、規約7条、9条および10条に掲げられた義務との関連でとくに緊急に必要である」と強調している[170]。また別の

166　日本についてUN doc. GAOR, A/54/40 (vol.I), p.67, para.350参照。メキシコについても、拷問およびその他の形態の不当な取扱いに関する相当数の苦情を調査する独立機関が存在しない点について、ibid., p.62, para.318参照。
167　ナミビアについてUN doc. GAOR, A/52/44, p.37, para.244参照。
168　Council of Europe doc. CPT/Inf (92) 4, *Report to the Swedish Government on the Visit to Sweden Carried out by the European Committee for the Prevention or Torture and Inhuman or Degrading Treatment or Punishment (CPT) from 5 to 14 May 1991*, p.57, para.5(a).
169　*United Nations Compilation of General Comments*, p.141, para.14.
170　ラトビアについてUN doc. GAOR, A/50/40, p.63, para.344参照。

機会には、委員会は、締約国が、「警察およびその他の治安部隊による過度な実力の行使およびその他の権力濫用についてのあらゆる苦情を受理および調査する権限を持った、独立の機関を設置する」よう勧告している[171]。

*****

拷問禁止委員会も、拷問等禁止条約の締約国に対し、「拷問およびその他の形態の残虐な、非人道的なもしくは品位を傷つける取扱いまたは刑罰の被害者が……苦情を申立てられるようにするための、効果的かつ信頼のおける苦情申立て制度を導入する」よう勧告している[172]。たとえば警察官に対する苦情などである[173]。委員会はさらに、「拷問および残虐な、非人道的なもしくは品位を傷つける取扱いまたは刑罰に関する苦情、このような苦情の調査、調査が行なわれた時期、ならびに調査の後に行なわれた訴追およびその結果についての十分な統計データを保管する中央登録所の設置」も提案している[174]。

*****

米州人権条約25条1項は、「すべての者は、関係国の憲法もしくは法律またはこの条約が認める基本的権利を侵害する行為に対する保護を求めて、……簡易かつ速やかな訴えまたは他の何らかの効果的な訴えを、権限のある裁判所に対して行なう権利を有する」として、司法的保護に対する権利を保障している。

人権侵害の主張について効果的訴えを行なうこのような権利と本来的に結びついているのは、もちろん、このような主張に対応して調査および処罰を行なう締約国の義務であり、この義務は米州人権条約1条1項に定められている[175]。調査の義務は、「効果的でないことがあらかじめわかっている単なる形式的な方法ではなく真剣な方法で履行しなければなら」ず、また「目的を有するものであり、かつ国が自身の法的義務として担わなければならない」[176]。

すなわち、自由を奪われた者の拷問およびその他の形態の不当な取扱いに関わ

---

[171] チリについてUN doc. *GAOR*, A/54/40 (vol.I), p.45, para.206参照。
[172] ポーランドについてUN doc. *GAOR*, A/55/44, p.22, para.94参照。
[173] ナミビアについてUN doc. *GAOR*, A/52/44, p.37, para.244参照。
[174] キューバについてUN doc. *GAOR*, A/53/44, p.14, para.118(g)参照。
[175] I-A Court HR, *Villagrán Morales et al. Case ("Street Children" Case)*, judgment of November 19, 1999, Series C, No.63, pp.194-195, para.225.
[176] I-A Court HR, *Velásquez Rodríguez Case*, judgment of July 29, 1988, Series C, No.4, p.156, para.177.

るあらゆる苦情、または人権基準を侵害するおそれのある拘禁・収監のその他のいずれかの側面に関わる苦情は、このような方法で調査されなければならない。また、当該人権侵害の責任者に対しては「適切な処罰」が科されなければならない。さらに、被害者のほうには「十分な賠償」が確保されなければならないということである[177]。調査の義務は、「人権侵害を**防止する**ために合理的な措置をとる」締約国の義務の不可欠な側面であることが想起されなければならない[178]。このような人権侵害の加害者が、自分の行為について真剣な調査は行なわれないであろうことを知っていれば、このような行為をやめる動機づけを得られず、その社会では**不処罰**の雰囲気が根づいていく可能性が高い。

したがって米州人権裁判所は、人が失踪し、または誘拐され、不法に収容されて拷問された後に死亡が確認されたいくつかの事件について、調査および処罰を行なう締約国の法的義務の違反があったことを認定している[179]。

＊＊＊＊＊

欧州人権条約13条も「効果的な救済措置」に対する権利を保障しており、欧州人権裁判所の言葉によれば、これは、「条約上の権利および自由が国内法秩序においてどのような形式で保障されているかに関わりなく、これらの権利および自由の実体を執行する救済措置」が国内レベルで利用できなければならないということである。「締約国には、この規定にもとづく条約上の義務をどのような方法で遵守するかについて若干の裁量が認められる」が、そこで必要とされる救済措置は、「とくにその行使が相手方である国の公的機関の作為または不作為によって不当に妨げられてはならないという意味で、実際上も法律上も『効果的』なものでなければならない」[180]。申立人の兄弟の失踪に関するチャキシ事件で、欧州人権裁判所はさらに次のように判示している。

「争点となっている権利、すなわち生命の保護に対する権利ならびに拷問お

177　Ibid., p.155, para.174.
178　Ibid., loc. cit. 強調引用者。
179　たとえばI-A Court HR, Velásquez Rodríguez Case, judgment of July 29, 1988, Series C, No.4 and I-A Court HR, Villagrán Morales et al. Case (The "Street Children" Case), judgment of November 19, 1999, Series C, No.63参照。
180　Eur. Court HR, Case of Çakici, judgment of 8 July 1999, Reports 1999-IV, p.617, para.112.

よび不当な取扱いを受けない権利の根本的重要性を踏まえ、13条は、国内の制度で利用可能なその他の救済措置を損なうことなく、国家に対し、責任者の特定および処罰につながる可能性の高い徹底的かつ効果的な調査を行ない、かつ、申立人が当該調査手続に効果的にアクセスできるようにする義務を課すものである」[181]

したがってチャキシ事件では、トルコ政府が「申立人の兄弟の失踪に関する効果的な調査を行なう」義務を遵守しなかったことを理由として13条の違反が認定された。このような懈怠は、「他に存在した可能性のある救済措置の実効性も損なう」結果となった[182]。

したがって、この点に関わる締約国の法的義務は二重構造をとっている。締約国には、人権侵害の訴えを効果的に調査するとともに、実際の被害者に対して効果的な救済措置を提供する義務もあるのである。

> 独立したチームがすべての拘禁場所を定期的に査察することは、拷問およびその他の形態の不当な取扱いを防止するための効果的措置であり、すべての国で制度的に組織されなければならない。このような訪問が最大限の効果を発揮できるようにするため、チームの構成員は、すべての被拘禁者・受刑者に妨げられることなく秘密にアクセスできなければならず、また認定結果について公の報告を行なうことができなければならない。自由を奪われた者は、とくに拷問およびその他の形態の不当な取扱いを受けない権利を含む人権の侵害の訴えに対して効果的な救済措置を提供される権利を有する。このため、自由を奪われた者は効果的な苦情申立て手続に妨げられることなくアクセスできなければならず、このような苦情については、公的機関による迅速、真剣かつ客観的な調査が行なわれなければならない。拷問およびその他の形態の不当な取扱いが立証されたときは、十分な処罰が行なわれ、また被害者に対して十分な賠償が与えられなければな

---

181 Ibid., p.618, para.113.
182 Ibid., para.114.

> らない。効果的な苦情申立て手続が存在し、また自由を奪われた者の訴えについて一貫した精力的な調査および訴追が行なわれることは、あらゆる形態の拷問および残虐な、非人道的なもしくは品位を傷つける取扱いまたは処罰の発生に対して強力な抑制効果を有する。

7. 自由を奪われた者の不法な取扱いの防止および是正における裁判官・検察官・弁護士の役割

　本章で示してきたように、国家には、自由を奪われた者に対して人権を保障する義務とともに、権利侵害の訴えに対応し、かつ権利侵害が認定されたときは常に十分な救済措置を提供できる、独立の、公平なかつ効果的な苦情申立て手続を用意する義務もある。強迫によって行なわれた自白の証拠能力が不法に認められていることも含め、被拘禁者・受刑者の拷問およびその他の形態の不当な取扱いが多くの国で依然として一般的に行なわれていることを踏まえれば、この分野における課題はまだまだ多い。したがって、これらの権利が真に享受されることおよび苦情申立て制度が効果的に機能することの**両方**を確保するうえで裁判官・検察官・弁護士が果たさなければならない役割は、不可欠であるとともに重層的である。

　弁護士は、いかなるときにも依頼人の利益を保護・弁護しなければならず、拷問またはその他の不当な形態の取扱いの徴候がないかどうか常に目を光らせ、そのような取扱いに対して苦情を申立てるために利用可能なあらゆる手段を精力的に追求しなければならない。国内の申立て手段が機能していないのであれば、最後の手段として、権限のある国際的機関への苦情申立てを追求することも考えられる。

　このマニュアル全体を通じて明らかにされているように、**検察官**には、拷問または残虐な、非人道的なもしくは品位を傷つける取扱いのような人権侵害を行なった疑いがある者を裁判にかけるために、あらゆる必要な措置をとる特別な義務がある。検察官の活動は、過去の人権侵害を是正し、かつ将来の侵害を防止することの両方にとって鍵である。もちろん、効果的に活動するための前提として、検察官は行政府から干渉されることなく独立かつ公平に行動できな

ければならない(第4章参照)。検察官は、人権侵害をともなう不法な手段によって得られた証拠に依拠してはならない。

最後に、**裁判官**も、人権侵害のあらゆる訴えについて独立かつ公平に判断を行なえる必要がある。裁判官は、いかなるときにも、拷問またはいずれかの形態の強迫という手段によって被疑者から引き出された自白の認容を拒否しなければならない。さらに、拷問およびその他の形態の不当な取扱いの存在が知られている国ではとくに、弁護士および検察官と同様、そのような取扱いが行なわれた徴候に常に注意を向け、そのような状況を是正し、かつ終わらせるために必要な法的措置をとらなければならない。

拷問の根絶のために強力な対応をする意思または能力が政府にない場合でも、裁判官・検察官・弁護士には、本章で説明したように、被害者を援助し、かつこのような取扱いが将来起こらないようにするために全力を尽くす職業的責任がある。そのため、裁判官・検察官・弁護士は、国際的監視機関が適用する国際人権法の意味についても常に情報を得ておかなければならない。

> 裁判官・検察官・弁護士は、自由を奪われた者の人権を保護するうえで鍵となる役割を果たすのであり、それぞれの法的義務を真に独立してかつ公平に果たすことを認められなければならない。

8. おわりに

本章では、自由を奪われた者が収容期間全体を通じてひきつづき享受するいくつかの基本的人権について概観してきた。これらの人権には、とくに、身体の不可侵性および安全に対する権利、ならびに、その結果として享受される、拷問およびその他の形態の不当な取扱いを受けない権利が含まれる。国家には、これらの権利を保障し、かつ効果的な救済措置を含む苦情申立て手続を用意する国際人権法上の法的義務があるが、このような手続および救済措置を真に実現するためには法曹の全面的参加が必要である。法曹がこのような役割を担おうとしない場合、個人は法的真空のなかに置かれ、容易に不公正の犠牲となるだろう。裁判官・検察官・弁護士が真の独立および公平の精神にしたがってその職務を遂行できるようにすることは、国際人権法にもとづく国家の法的義務である。

第9章

司法の運営における社会内処遇措置の利用

第9章 司法の運営における社会内処遇措置の利用

第9章
司法の運営における社会内処遇措置の利用

学習の目的
- 社会内処遇措置の利用を促進する既存の国際基準について、講座の参加者が習熟できるようにすること。
- 社会内処遇措置の目的と、司法の運営のさまざまな段階におけるその利用について説明すること。
- 参加者が、その職務との関連でどのような社会内処遇措置が有益かを見出せるよう援助すること。
- 社会内処遇措置の利用に関わる法的保護について参加者が親しめるようにすること。
- 参加者が、社会内処遇措置処分を遵守しなかった場合にどのような結果がもたらされるかについて習熟できるようにすること。

設問
- あなたが活動している国には収監に代わるどのような措置が存在し、またそれらはどのような犯罪との関連で用いられているか。
- あなたは、裁判官・検察官・弁護士としての役割を果たすなかで、社会内処遇措置の利用を助言または実践したことがあるか。
- 社会内処遇措置の使用はどのような状況でとくに有益だと思うか。
- 社会内処遇措置の利用が役立つ可能性がいっそう高い特別な集団は存在するか。
- 存在するとすれば、それはどのような集団か。また、収監に代わる措置が役立つ可能性が高い理由は何か。
- あなたが活動する国では、社会内処遇措置の利用についてどのような法的保障が存在するか。
- あなたが活動する国では、社会内処遇措置にあたって付された条件に違反した場合、どのような制裁が科されるか。

関連の法的文書

国際文書

- 社会内処遇措置の利用に関する国連最低基準規則(東京規則、1990年)
- 少年司法の運営に関する国連最低基準規則(北京規則、1985年)
- 犯罪および権力濫用の被害者のための正義に関する基本原則宣言(1985年)

1. はじめに

　法律の限界を踏み外したことに対してどのような処罰を与えるかの問題は、やむことなき関心の対象である。犯罪者の収監は、もっとも頻繁に用いられる刑事制裁というわけではないものの、依然として犯罪に対する一般的な処罰のひとつとなっている。収監は、法の適正手続を尊重した裁判の後に科され、かつ、とくに実行された犯罪に明らかに比例しないとして人権基準が禁ずる取扱いに該当しない限りにおいて、国際人権法で認められている。

　暴力的犯罪者が関わる多くの事件で収監は必要ではあるものの、それは犯罪防止との関連でも犯罪者の社会復帰との関連でも万能薬ではない。さらに、多くの国では、刑務所制度は収容過剰や旧式の設備を理由として大きな課題に直面している。その結果、受刑者はみじめな拘禁環境に置かれることが多く、このことは受刑者の身体的・精神的健康に悪影響を及ぼし、かつ教育上・職業上の訓練を阻害する可能性がある。それによってまた、受刑者が将来、地域社会の普通の生活に適応していく可能性にも影響が及ぶのである。長期の収監が受刑者の家族および職業生活に及ぼす影響にも相当なものがある。

　もっとも一般的に適用される刑事制裁は**社会内処遇措置**的性質のものであり、本章ではこれらの制裁の利用について取り上げる。収監の実効性について疑念が高まるにつれ、専門家は、犯罪者を地域社会でそのまま暮らせるようにしながら援助を行なう他の有益な措置を発展させてきた。社会内処遇措置に関する国連最低基準規則(以下「東京規則」)が目指すことのひとつは、このような措置の重要性を強調することである[1]。本章は主に東京規則およびその注釈にもとづいて説明を進めるが、少年司法の運営に関する国連最低基準規則(北京規則)と犯罪および権力濫用の被害者のための正義に関する基本原則宣言についても随時言及する。ただし北京規則については、第10章「司法の運営における子どもの権利」でさらに深く検討する。

---

[1] UN doc. ST/CSDHA/22, *Commentary on the United Nations Standard Minimum Rules for Non-custodial Measures (the Tokyo Rules)* (hereinafter referred to as Commentary), p.2参照。

1.1 社会内処遇措置および東京規則の目的

上述したように、**社会内処遇措置一般およびとくに東京規則の目的は、犯罪者の収監に代わる効果的手段を見つけ出すことと、公的機関が、実行された犯罪に比例する方法で、個々の犯罪者のニーズに応じて刑事制裁を調整できるようにすることである**。このように量刑の個別化を図ることには、それによって犯罪者が自由なままで暮らすことが認められ、したがって仕事、勉学および家族生活を続けることもできることを思えば、明らかな利点がある[2]。

しかし、後述するように、社会内処遇措置には条件や制限が課される場合もあり、それに違反すれば、重大な場合には収監が待っていることもある。しかし人権と人間の尊厳を保護するためには、いずれかの制限や条件の設定および実施に関する基準が定められなければならない。東京規則の主な目的のひとつはまさにこのような基準を定めることであり、これらの基準は「このような措置の適用における実際上の困難を克服する努力」を促進するための**最低基準**としてとらえられなければならない。したがって東京規則は、社会内処遇措置制度の詳細なモデルを提示したものではなく、単にこの分野における「望ましい原則および現在行なわれている望ましい慣行」を定めたものとして理解されることを意図したものである[3]。

*****

本章では、いくつかの基本用語について説明した後、東京規則の一般原則、法的保障、司法の運営のさまざまな段階における社会内処遇措置の選択肢、およびこれらの措置の実施について検討する。最後に、収監に代わる手段の選択にあたって法曹が果たすべき役割についても簡単に言及する。

---

2 Ibid, loc. cit.
3 Ibid., p.3.

2. 用語

2.1 「社会内処遇措置」

本章では、「社会内処遇措置」とは、犯罪の被疑者、被告人および刑の言渡しを受けた者に対して収監を含まない一定の条件および義務を課すという、権限のある機関によるいずれかの決定を意味する。このような決定は、刑事司法の運営のいかなる段階でも行なうことができる(規則2.1)[4]。

2.2 「犯罪者」

規則2.1によれば、東京規則は「刑事司法の運営のすべての段階において、訴追、裁判または刑の執行の対象とされたすべての者に対して適用される」ものであり、また「これらの者は、被疑者であるか、被告人であるか、刑の言渡しを受けた者であるかに関わらず、『犯罪者』という」とされる。したがって、「犯罪者」の用語は総花的に用いられており、無罪の推定を損なうものではない。

2.3 「権限のある機関」

「権限のある機関」の用語は、司法部の構成員、検察官、または社会内処遇措置の言渡しもしくは実施について決定する権限を法律により認められた機関を意味する[5]。

3. 社会内処遇措置に関わる一般原則

東京規則の規則1〜4では、収監に代わる手段として社会内処遇措置を用いるさいの指針となる一般原則がやや詳しく掲げられている。規則4の保留条項を除き、

4　Ibid., loc. cit.
5　Ibid.

これらの原則は社会内処遇措置の基本目的、適用範囲および法的保障について定めたものである。本節では、これらの原則のもっとも顕著な側面に焦点を当てる。

3.1 社会内処遇措置の基本目的

規則1.1によれば、東京規則の基本目的は次の2つについて定めることである。

◎ 「社会内処遇措置の利用を促進するための一連の基本原則」
◎ 「収監に代わる措置に服する者のための最低限の保障」

東京規則は、このように、2つの基本目的の間で重要な均衡を確立することから始まっている。社会内処遇措置の利用を奨励すると同時に、犯罪者の人権尊重を基礎に置いた社会内処遇措置の公正な適用が保障されることを目指しているのである。このような保障は、統制措置が比例性を欠く形で用いられないようにするために必要とされる[6]。

東京規則の注釈によれば、社会内処遇措置は「犯罪者にとっても地域社会にとっても相当の潜在的価値」を有するものであり、すべての犯罪および多くのタイプの犯罪者にとって適切な制裁となりうる。とくに、再犯の可能性が低い者、微罪で有罪判決を受けた者および医療上、精神医療上または社会上の援助を必要とする者にとってはこれが該当する[7]。これらの者については、収監を適切な制裁と見なすことはできない。地域社会との絆が断ち切られて社会への再統合が妨げられ、したがって犯罪者の責任感や自己決定能力も減殺させるためである[8]。他方、社会内処遇措置には、犯罪者の行動が自然な環境下で発達できるようにしながらその統制が図れるようになるという独自の特徴がある[9]。

したがって、刑事司法の運営によって国家にきわめて重い財政負担がかかることを踏まえれば、社会内処遇措置の利用は社会的費用の削減につながるもの

6　Ibid., p.5.
7　Ibid., loc. cit.
8　Ibid., p.6.
9　Ibid., loc. cit.

でもある。社会内処遇措置の利用から利益を受けるのは個々の犯罪者だけではなく社会全体であるので、この積極的可能性によって、社会内処遇措置の実施への地域社会の参加も助長されるはずである[10]。

次に規則1.2は、「刑事司法の運営、とくに犯罪者の処遇に地域社会がいっそう参加すること」を促進し、かつ犯罪者の「社会に対する責任感」を増進させるという、さらなる目的を定めている。地域社会の参加は犯罪者の社会への再統合にとって必要不可欠であり、またスティグマが付与されるおそれも少なくなる[11]。

規則1.3によれば、東京規則は「各国の政治的、経済的、社会的および文化的条件ならびに刑事司法制度の趣旨および目的を考慮して実施される」ものとされる。したがって、東京規則は社会内処遇措置のモデルとなる制度を定めるためのものではないし、いずれにせよ、世界中の刑事司法制度が多種多様であるためにそのようなモデルの設定は不可能であろう。東京規則の意図はむしろ、このような多様性によって、諸手法や発展についてのさまざまな考え方を実りのある形で交換できるようになるはずだというところにある[12]。

刑事司法の目的と、個別のさまざまな利益間の均衡をとる必要性を踏まえ、規則1.4は、「加盟国は、この規則を実施するときは、個々の犯罪者の権利、被害者の権利ならびに公衆の安全および犯罪防止に対する社会の関心との間で適当な均衡を確保するよう努め」なければならないと定めている。**したがって東京規則は、社会内処遇措置の促進と個別化された刑事制裁の適用を強調しつつも、犯罪を減少させるという刑事司法制度の一般的趣旨と、犯罪被害者の重要な役割を認める必要性も全面的に支持しているのである**[13]。

最後に、規則1.5では次のように定められている。

> 「人権の遵守、社会正義の要求および犯罪者の更生上の必要を考慮し、加盟国は、他の選択肢を用意して収監の利用を減らし、かつ刑事司法政策を合理化させるための社会内処遇措置を、その法制度の枠内において発展させる」

10　Ibid.
11　Ibid.
12　Ibid.
13　Ibid.

注釈によれば、ここで「人権の遵守、社会正義の要求および犯罪者の更生上の必要」に言及されているのはとくに次のことを意味する。すなわち、東京規則は社会内処遇措置がより頻繁に利用されることを保障しようとしているものの、このような措置の利用によって、刑事措置の対象とされる人の人数が増えたり、このような措置の厳しさが増したりするべきではないということである。東京規則は、人権の遵守を強調することにより、社会内処遇措置の実施における裁量の濫用を回避しようとしているのである[14]。

> 収監に代わる社会内処遇措置の主な目的は、犯罪者のニーズに応じて刑事制裁の個別化を図れるようにし、それによって制裁の実効性を高めるところにある。社会内処遇措置はまた、社会一般にとっても、自由の剥奪より費用のかからない手段である。社会内処遇措置を含む刑事制裁の個別化は、犯罪を減少させるという刑事司法制度の一般的趣旨と、犯罪被害者の重要な役割を認める必要性に照らして検討されなければならない。社会内処遇措置の利用にあたっては、国際的に承認された人権が尊重されなければならない。

3.2 社会内処遇措置の適用範囲

3.2.1 社会内処遇措置の一般的適用範囲

前掲2.2で述べたように、東京規則は「訴追、裁判または刑の執行の対象とされたすべての者」に適用される(規則2.1)。したがって、有罪判決を言渡された者に対して刑罰として科される措置にも、公判前の被疑者および被告人にも適用されうるものである。最後に、刑期の一部を地域社会で過ごせるようにする措置や、収監期間を短くし、それに代えて何らかの形態の監督を行なう措置も対象である[15]。未決勾留に代えて社会内処遇措置を利用することは、とくに奨励

---
14 Ibid., p.7.
15 Ibid., p.8.

される。無罪の推定を受ける被疑者の権利にかんがみ、未決勾留は例外的措置とされるべきだからである[16]。

3.2.2 差別の禁止

規則2.2によれば、東京規則は「人種、皮膚の色、性、年齢、言語、宗教、政治的意見その他の意見、民族的もしくは社会的出身、財産、出生またはその他の地位にもとづくいかなる差別もなく適用され」なければならない。このマニュアルで示しているように、差別の禁止は国際人権法のあらゆる側面を規律している。したがって、社会内処遇措置も差別的ではない方法で利用されなければならないというのは、完全な論理的帰結である。

しかし、処遇におけるあらゆる違いを差別と見なすことはできない。自由権規約26条について自由権規約委員会が指摘しているように、「合理的かつ客観的基準にもとづく異なる取扱いは、〔同条で〕禁じられた差別には相当しない」のである[17]。

社会内処遇措置の最大の利点のひとつが個々の犯罪者のニーズに応じた修正を図れるところにあることを踏まえれば、意思決定にともなう裁量の要素により、いずれかの者または集団が差別されるおそれが高まる可能性もある。もちろん、このような措置の実施にあたって、地域社会でそのとき行なわれているいずれかの差別が反映される可能性もある[18]。たとえば、民族的マイノリティの構成員や、場合によっては女性でさえ、社会内処遇措置の対象とされているときには訓練の機会や就労先を見つけるのがよりむずかしくなりうる[19]。このような問題にも関わらず、社会内処遇措置の適用における取扱いの平等は確保されなければ**ならない**。

他方、前述したように、差別が禁じられるからといってあらゆる異なる取扱いが禁止されるわけではなく、禁じられるのは**合理的かつ客観的な正当化事由がないもの**のみである。それどころか、人には特定の背景ならびに個人的なニーズお

---

16 Ibid., loc. cit. 第5章「人権と逮捕・未決勾留・行政拘禁」も参照。
17 たとえばCommunication No.172/1984, *S. W. M. Broeks v. the Netherlands* (Views adopted on 9 April 1987), GAOR, A/42/40, p.150, para.13参照。
18 *Commentary*, pp.8-9.
19 Ibid., p.9.

よび問題があることにかんがみれば、異なる取扱いをするのは合理的であり、客観的に正当化される場合もある[20]。

また、犯罪者が属する集団の宗教的信念および文化的規律を考慮しなければならない場合もある[21]。さらに、子ども、女性、高齢者および精神的問題のある人々のように、収監によってとくに重大な被害を受ける集団もいくつか存在する。したがって、その特別なニーズを満たすためには犯罪者の間で一定の区別をすることが望ましいのみならず、必要な場合もあるのである[22]。

3.2.3 適用における柔軟性

規則2.3は、「一貫した量刑」の重要性を強調しながらも、次の4つの基準にもとづき、社会内処遇措置を相当柔軟に開発および利用することを促進している。

- ◎ 「犯罪の性質および重大性」
- ◎ 「犯罪者の人格および背景」
- ◎ 「社会の保護」
- ◎ 「収監の不必要な利用」の回避

社会内処遇措置はたとえば未決勾留よりもはるかに柔軟となりうる可能性があり、この可能性は規則2.3でも認められている[23]。しかし一貫性が公正および正義の利益となることは明らかであり、量刑ガイドラインによって同等の価値を有するさまざまな種類の社会内処遇措置を定めることは、このような措置を科す者にとって役立つはずである[24]。

この柔軟なアプローチにしたがい、規則2.4は、「新しい社会内処遇措置の開発が奨励および緊密に監視され、ならびにその利用が体系的に評価されるべきで

---

20 Ibid., loc. cit.
21 Ibid.
22 Ibid.
23 Ibid.
24 Ibid.

ある」と定めている。社会内処遇措置に固有の柔軟性にかんがみれば、また規則2.3に掲げられた目標を達成するためには、定期的監視と体系的評価の必要性はとくに重要である[25]。合理的な刑事司法政策の観点に立てば、新しい社会内処遇措置を付け加えるさいには、公的機関がその運営上の実効性を評価できるよう、必ず体系的評価をあわせて行なうことが求められる[26]。

さらに、規則2.5によれば、「できるかぎり裁判所による正式な手続の利用を避け、法的保障および法の支配にしたがって地域社会のなかで犯罪者を取扱うことが考慮され」なければならない。この規則は、「社会内処遇措置は最小限の介入の原則にしたがって用いられるべきである」とする規則2.6と首尾一貫している[27]。実行可能な場合には常に裁判は回避されるべきである。それにより、正式な制裁がもたらす好ましくない結果を被疑者およびその家族に味わわせなくてすむとともに、社会の経済的負担も緩和されるからである[28]。

> 社会内処遇措置に固有の柔軟性とは、このような措置は手続のいかなる段階でも利用できることを意味する。社会内処遇措置は公正かつ客観的に適用されなければならない。差別をともなうものであってはならない。取扱いの違いは、合理的かつ客観的な正当化事由がある場合のみ合法的である。公的機関は、社会内処遇措置を利用するときは一貫した量刑を確保しなければならない。社会内処遇措置は最小限の介入の原則にしたがって利用されるべきである。行過ぎたあらゆる措置は回避されなければならない。社会内処遇措置を利用するときには、権限のある機関は次の要素を考慮しなければならない。
> - 犯罪の性質および重大性
> - 犯罪者の人格および背景
> - 社会の保護
> - 収監の不必要な利用の回避

---

25 Ibid.
26 Ibid., pp.9-10.
27 Ibid., p.10.
28 Ibid., loc. cit.

3.3 法的保障

3.3.1 法律適合性の原則

　社会内処遇措置が適用される可能性がある人の人権を尊重することの重要性は、なぜ法的保障が必要不可欠と見なされるのかという理由とともに、東京規則で繰り返し登場するテーマである。そこで規則3.1は、「社会内処遇措置の導入、定義および適用については法律で規定され」なければならない。社会内処遇措置が「法律で規定され」た形でのみ定義・適用されなければならないという要件は、「人権の行使の制限はあらかじめ定められた一般的適用の法的基準で定められていなければならない」という国際人権法の要件[29]と一致するものである。換言すれば、国の機関が個人の権利および自由の享受に介入する措置をとるときは、刑事手続の枠組みの中であるか外であるかに関わらず、法律適合性の原則が尊重されなければならない。

　ただし社会内処遇措置の適用に関しては、適用されるべき措置および適用の条件について法律で定められているだけでは不十分である。どの機関がその実施を担当するかについても規定されていなければならないし、権限が第三者に委任されるときは、その委任も法律にもとづくものであるべきである[30]。

3.3.2 社会内処遇措置の利用の基準および裁量の必要性

　社会内処遇措置の適用における2番目の重要な法的保障は、規則3.2が定めるように、社会内処遇措置の選択は確立された次の基準の評価にもとづいて行なわれなければならないということである。

---

[29] Anna-Lena Svensson-McCarthy, *The International Law of Human Rights and States of Exception - With Special Reference to the Travaux Preparatoires and Case-Law of the International Monitoring Organs* (The Hague/Boston/London, Martinus Nijhoff Publishers), 1998, p.721.
[30] *Commentary*, p.11.

- ◎ 犯罪の性質および重大性
- ◎ 犯罪者の人格および背景
- ◎ 刑を言渡すことの目的
- ◎ 被害者の権利

そこで東京規則は社会内処遇措置の選択に関する明確な枠組みを定めており、そこでは犯罪者の利益のみならず社会一般および一または複数の被害者の両方の利益が考慮されている。これらの基準は東京規則で繰り返し登場するもうひとつのテーマであり、規則1.4および2.3にも反映されている。

このような基本的基準にも関わらず、社会内処遇措置を科すさいには、その性質上、権限のある司法機関またはその他の独立機関は相当程度の裁量を享受できなければならない。その裁量は、規則3.3によれば、「手続のあらゆる段階で、完全な説明責任を確保することによって、かつ法律の規則にしたがってのみ行使され」なければならない。

この規則は、このような措置を科すという最初の決定から、実施についてのその後の決定まで、社会内処遇措置に関わるすべての決定に適用される[31]。**法律適合性の原則は、社会内処遇措置に関わる手続全体を通じて尊重されなければならない。**

3.3.3 同意の要件

社会内処遇措置の適用について犯罪者の同意を得なければならないという要件は、その成功のための重要な前提条件であり、規則3.4にしたがえば、このような同意は、「正式な手続もしくは裁判の前またはこれに代えて適用される」社会内処遇措置については義務的である。したがって同意の要件という保障は、罪を問われているがまだ裁判に付されておらず、または有罪判決を受けていない者にとくに関わってくる[32]。注釈の説明によれば、被疑者または被告人が社会内処遇措置に対して同意することが必要不可欠なのは、それが正式な手続に代えて科さ

31　Ibid., p.12.
32　Ibid., loc. cit.

れる場合、同意によって、手続がそのまま進められていた場合には存在したはずの法的保障が放棄される可能性があるためである[33]。

さらに、罪を問われた者に対しては、社会内処遇措置に同意しなかった場合にどうなる可能性があるかが告知されるべきであるし、同意を迫るいかなる間接的圧力もかけられないようにすることが求められる[34]。最後に、社会内処遇措置に対する同意の拒否が、罪を問われた者の立場に何らかの不利な影響を及ぼすことがあってはならない[35]。

裁量的措置に対する同意の要件は、少年司法の運営に関する国連最低基準規則(北京規則)の規則11.3にも掲げられている。これとの関係では、勧告された裁量的措置に同意を与えなければならないのは「少年またはその親もしくは保護者」のいずれかである(第10章の10.3参照)。

3.3.4 審査を受ける権利

規則3.5は、「社会内処遇措置を科すことについての決定は、犯罪者の申立てがあるときは、司法機関またはその他の権限のある独立機関による審査に服する」ものとされる。この異議申立て権は、恣意的決定に対するもうひとつの保障である。この保障を真に実効あらしめるためには、犯罪者に対してこの権利が告知されなければならない。この点に関する注釈の記述によれば、当該措置を言渡す時点で、犯罪者および適当な場合にはその法定代理人に対し、審査手続の詳細(権限のある機関およびこれへの連絡方法についての情報も含む)を説明した文書を渡すことが望ましいとされる[36]。犯罪者は、直接出頭するか、またはその他の方法で審査機関による聴取を受ける権利が認められるべきである。審査そのものは迅速に行なうことが求められる[37]。

異議申立ての権利は、最初の社会内処遇措置だけに関わるものではない。規

33　Ibid.
34　Ibid.
35　Ibid.
36　Ibid.
37　Ibid.

則3.6は、「**社会内処遇措置の実施にあたって**個人としての自己の権利に影響を及ぼす事項について、司法機関またはその他の権限のある独立機関に対して要請または苦情申立てを行なう」権利も犯罪者に対して保障している(強調引用者)。たとえ社会内処遇措置を科されることに犯罪者が同意した後でも、人権および基本的自由の侵害となる不公正なまたは恣意的な実施について苦情を申立てる必要が生ずる可能性はあるのである[38]。

苦情を審理する機関は措置の実施機関から**独立している**べきであり、また調査権限を認められた裁判所、審査委員会またはオンブズマンであることが求められる。ここでも、このような権利の存在およびその行使の方法について、犯罪者またはその法定代理人に簡潔明瞭な言葉による告知が行なわれることが必要不可欠である[39]。調査は迅速に進めるべきであり、その結果は犯罪者が理解できる言葉で犯罪者に伝えることが求められる[40]。

最後に、規則3.7は次のように定めている。

「国際的に承認された人権の不遵守に関わる苦情を訴え、かつ可能であればそれを救済するための適切な機構が設置されるものとする」

この規定は、国家に対し、規則3.5および3.6がしかるべく実施されること、および、社会内処遇措置の言渡しおよび(または)実施によって引き起こされる可能性がある国際人権法上の義務の違反を是正するための法的機構が用意されることを確保するため、十分な苦情申立て手続を設置する義務を課すものである。この規定は、国に責任があるとされた個人の権利および自由の侵害を救済しなければならないという、一般国際人権法にもとづく国家の義務を別の形で言い表したものにすぎない。

裁量的措置に対する異議申立ての権利は、罪を犯した少年との関連で、北京規則の規則11.3でも保障されている(第10章の10.3参照)。

38　Ibid.
39　Ibid., pp.12-13.
40　Ibid., p.13.

3.3.5 社会内処遇措置を科すことに対する制限

　第1に、規則3.8では、「犯罪者に対する医学的もしくは心理的実験、または身体的もしくは精神的危害の不当な危険をともなう」社会内処遇措置が禁じられている。もちろん、社会内処遇措置はいかなる場合にも、国際人権法に存在する法的拘束力のある規則、たとえば非人道的なまたは品位を傷つける取扱いまたは処罰を受けない権利を侵害するものであってはならない(とくに自由権規約7条および東京規則の規則4.1の保留条項参照)。

　重要な点として、東京規則の規則2.4で奨励されている新たな社会内処遇措置の追求は、規則3.8を踏まえてとらえられなければならないことを強調しておかなければならない。犯罪者がモルモットとして利用されないようにすることは必要不可欠だからである[41]。換言すれば、社会内処遇措置の実施および開発にあたっては犯罪者の権利および自由が常に尊重されなければならない。これは規則3.9が強調する要件であり、その規定によれば、「社会内処遇措置に服する犯罪者の尊厳はいかなるときにも保護される」ものとされる。

　第2に、「社会内処遇措置の実施にあたっては、犯罪者の権利は、最初の決定を言渡した権限のある機関が認めた以上に制限してはならない」。これは法律適合性の原則にもとづく規則である。人の権利へのいかなる干渉も法律にもとづくものでなければならず、かつ、法律にしたがって行動する、正当な権限を認められた機関による決定がなければ、それ以上のいかなる制限も課されてはならない。

　第3に、「社会内処遇措置の適用にあたっては、プライバシーに対する加害者の権利が、プライバシーに対するその家族の権利と同様に、尊重され」なければならない(規則3.11)。この点について注釈は、犯罪者を統制の客体としてのみ扱う監視手段は用いないことが望ましいとしている。さらに、監視技術は犯罪者に知らせることなく用いられるべきではなく、また適当な認証を受けたボランティア以外の者が犯罪者の監視のために利用されるべきではない[42]。このような措置は、もちろん、いかなるときにも保障されなければならない犯罪者の尊

41　Ibid., p.13.
42　Ibid., loc. cit.

厳を脅かす可能性があるものである。

　最後に、尊厳に対する権利および犯罪者のプライバシーを尊重される権利は規則3.12でも保護されている。それによれば、「犯罪者の個人的記録は、第三者に対して厳格に秘密および非開示とされる。このような記録の利用は、犯罪者の事件の処理に直接関係する者または正当に許可を得たその他の者に限られるものとする」。加害者とその家族には、自分たちに関する個人情報が公にされず、かつ社会的再統合の可能性を妨げるために用いられないことを知る権利がある。したがって、記録を安全な場所に保管することも重要であり、妥当な期間の経過後に記録を破棄するのが望ましいことも考慮されるべきである[43]。

> 社会内処遇措置を採用するさいには、法律適合性の原則が全面的に尊重されなければならない。すなわち、そのような措置の利用および実施は法律にしたがって行なわれなければならない。社会内処遇措置は次の基準にもとづいて行なわれなければならない。
> - 犯罪の性質および重大性
> - 犯罪者の人格および背景
> - 刑を言渡すことの目的
> - 被害者の権利
>
> 社会内処遇措置を利用するためには、正式な手続もしくは裁判の前にまたはこれに代えて適用する場合には、犯罪者の同意を得なければならない。犯罪者は、科された社会内処遇措置について司法機関またはその他の権限のある独立機関の審査を求める権利を有する。社会内処遇措置に服する犯罪者の尊厳は、その権利および自由とともに、いかなるときにも尊重されなければならない。社会内処遇措置は、最初の決定で認められた以上に犯罪者の権利を制限するものであってはならない。プライバシーに対する犯罪者およびその家族の権利は、社会内処遇措置の実施全体を通じて保障されなければならない。

43　Ibid., p.14.

4. 司法手続のさまざまな段階における社会内処遇措置の選択肢

上述したように、社会内処遇措置は、裁判前、裁判および刑の言渡しまたは言渡し後のいずれの段階であるかを問わず、司法手続のいかなる段階でも利用することができる。したがってそれは、犯罪者が遵法意識のある市民として地域社会に再統合するという形でよい影響を及ぼす可能性がもっとも高い制裁を選択するにあたり、重要かつ柔軟性の高い手段である。

4.1 裁判前の段階の社会内処遇措置

裁判前の段階で社会内処遇措置を利用する可能性については東京規則の規則5.1で定められている。

> 「適当でありかつ法制度と両立するときは、警察、検察機関または犯罪事件を取扱うその他の機関は、社会の保護、犯罪防止または法律および被害者の権利の尊重の促進のために事件の処理を進める必要がないと考えるときは、犯罪者を放免する権限を認められるべきである。放免または手続の打切りが適切かどうかを決定する目的で、各法制度において一連の確立された基準が発展させられるものとする。軽微な事件については、検察官は適当なときには適切な社会内処遇措置を科すことができる」

正式な措置さえとらないうちに犯罪者を放免することは、裁判前の段階でとりうる社会内処遇措置としてはもっとも早い段階のものである。ただし、規則5.1に見られるように、そのためには次の条件が満たされなければならない。

- ◎ 社会の保護
- ◎ 犯罪防止
- ◎ 法律の尊重の促進
- ◎ 被害者の権利

したがって、課される条件に同意することについて犯罪者が有する可能性のある個人の利益は、あらゆる場合に、これらの4つの基準との比較衡量が図られなければならない。これらの基準は一般的性質のものであり、当該国の刑法に反映される社会の価値観の根幹に位置するものである。手続を打切ることについての犯罪者の利益よりもこれらの4つの一般的利益のほうが優先される場合には常に、犯罪者は関連の手続の対象とされなければならない。

正式に認められているか否かに関わらず、放免は、一定の犯罪類型および犯罪者種別に対応する効果的手段として、最小限の介入の原則(規則2.6参照)にしたがって多くの法制度で頻繁に利用されている[44]。これはとくに少年に対応するのにふさわしいと見なされている手段である。少年を正式な刑事司法手続の枠外に留めることは、少年がよりいっそう犯罪に関与する可能性を少なくすると考えられているためである[45]。

ただし、公的機関が手続を打切る裁量的権限は、上述の具体的基準によって制限されることが求められる。このような基準は、公的機関の意思決定の指針を提供し、かつ規則2.3にしたがって一貫した決定ができるようにすることにより、当該国における法的安定性をも促進するために必要である。

裁判前の段階における社会内処遇措置の利用は、規則6.1に反映された基本的原則も踏まえてとらえることが求められる。同規則によれば、「未決勾留は、申立てられている犯罪の捜査ならびに社会および被害者の保護を正当に考慮しながら、刑事手続における最後の手段として用いられ」なければならない。規則6.2は、未決勾留に代わる手段を可能なかぎり早期に利用することを促進している。

未決勾留に関わるさまざまな保障に関しては、一般国際人権法のほうが東京規則の規則6.2および6.3よりも詳しい規定を置いている。したがって、この点については、このマニュアルの第5章「人権と逮捕・未決勾留・行政拘禁」を参照するよう求めるだけで十分である。

44　Ibid., p.15.
45　Ibid., loc. cit.

4.2 裁判および刑の言渡しの段階における社会内処遇措置

　刑の言渡しの段階について、東京規則は司法機関が利用することの「できる」一連の社会内処遇措置を定めているが、これらの措置の利用にあたっては、「犯罪者の更生上の必要、社会の保護および被害者の利益を考慮にいれるべき」であり、また「適当な場合には常に被害者の意見が聴取されるべきである」とされる(規則8.1および8.2)。規則8.2(a)～(m)によれば、刑を言渡す機関は次の方法で事件を処理することができる。

- ◎　訓戒、譴責および警告のような口頭の制裁
- ◎　条件付放免
- ◎　身分罰
- ◎　罰金および日数罰金のような経済的制裁および金銭罰
- ◎　没収または財産収用命令
- ◎　被害者への被害弁償または補償命令
- ◎　刑の執行停止または宣告猶予
- ◎　保護観察および司法監督
- ◎　社会奉仕命令
- ◎　アテンダンスセンター〔訳注：犯罪者が定期的に通い、訓練・教育等を受けるための施設〕への送致
- ◎　在宅拘禁
- ◎　その他の形態の施設外処遇
- ◎　以上の措置の併用

　裁判前の段階で犯罪者の個人的ニーズおよび利益と社会の利益との比較衡量が図られなければならないのと同様、刑の言渡し段階における犯罪者の「更生上の必要」についても、社会および「被害者の利益」を保護する必要性との比較衡量が図られなければならない。手続への**被害者**の参加は、国連総会で1985年に採択された犯罪および権力濫用の被害者のための正義に関する基本原則宣言の原則6(b)でも奨励されている。この原則によれば、「被告人の権利を損なう

ことなく、かつ関連の国内刑事司法制度と両立する方法で、……被害者の個人的利益が影響を受ける手続の適切な段階でその見解および関心事が提出および考慮されるようにすることにより、被害者のニーズに対する司法手続および行政手続の敏感な対応が促進されるべきである」。実際、被害者が参加することによって被害弁償または補償が得られる可能性も高まる。これはそれ自体処罰を構成することのできる措置であり、それ以上の制裁を科す必要がなくなる場合もある[46]。

前掲のように、規則8.2に掲げられた社会内処遇措置の一覧には、網羅的なものではないものの、さまざまな状況にふさわしく、かつ異なる目的を達成するための幅広い社会内処遇措置が含まれている[47]。たとえば、訓戒や譴責のような口頭の制裁は罪を犯した青年にとってふさわしく、犯罪者というスティグマを負わせることなく、自分が間違ったことをしたのだと認識させることができる場合がある[48]。

罰金や日数罰金のような経済的処罰も広く用いられているが、所持金のない犯罪者はその支払が困難な場合もある。日数罰金は、支払額を犯罪者の可処分所得水準と関連づけることにより、この問題を解決することが可能である[49]。

社会奉仕命令は被害者個人よりも地域社会に利益を及ぼす被害弁償の一形態であり、犯罪者に要求を課すと同時に、地域社会のための作業という形で有益な成果を生み出せるという利点がある[50]。

さまざまな監督措置を犯罪者に課すことも可能であり、もちろん、個々の犯罪者のニーズに応じた調整を図り、社会への再統合を援助することもできる[51]。

参考になるかもしれない他の社会内処遇措置の例としては、飲酒運転で刑の言渡しを受けた犯罪者に対し、交通安全教育を受けるよう求めるというものがある。その他の可能性としては、本来は主たる刑に従属していた制裁を格上げすること(運転免許証の取消など)や、不法な利得の没収などがある。最後に、施設収容と社会内処遇措置を組み合わせることも考えられる[52]。

---

46 Ibid., p.18.
47 Ibid., loc. cit.
48 Ibid.
49 Ibid.
50 Ibid.
51 Ibid., p.19.
52 Ibid., loc. cit.

4.3 刑の言渡し後の社会内処遇措置

　社会内処遇措置の利用は刑の言渡し後の段階でも奨励されており、この点について東京規則の規則9.1は、「権限のある機関は、施設収容を回避し、かつ犯罪者が早期に社会に再統合するのを援助するため、幅広い刑の言渡し後の代替手段を利用できるものとする」と定めている。この規則は、収監期間を短くすることによって、犯罪者が施設に馴化し、釈放されても社会に対応できなくなるおそれが低くなるという原則にもとづくものである。したがって、必要であれば監督の対象としながら犯罪者に早期釈放を認めることには、利点がありうる[53]。規則9.4は、できるだけ早い段階で犯罪者を施設から釈放して社会内処遇プログラムに移行させるという考え方も促進している。

　規則9.2は刑の言渡し後の処分として次のものを挙げている。

- ◎ 一時仮出所およびハーフウェイハウス〔訳注：社会復帰のための中間施設〕
- ◎ 就労釈放または就学釈放
- ◎ 諸形態の仮釈放
- ◎ 刑の免除
- ◎ 特赦

　これらの措置のいくつかは収監に代わるものである。犯罪者は依然として刑務所当局の管理下に留まるが、働いたり訓練を受けたりして刑務所外で日々を過ごす。このような対応の利点は、家族への責任を果たすために用いることのできる、または釈放後の再統合に役立てるために貯蓄できる所得を犯罪者が得られるということである[54]。ハーフウェイハウスでは、犯罪者は法律的には依然として刑務所当局の監督下にあるが、「半分自由」な状況のなかで生活し、地域社会での生活に再適応していく[55]。

53　Ibid., p.20.
54　Ibid., loc. cit.

刑の言渡し後の処分決定について審査を求める権利は、東京規則の規則9.3で保障されている。特赦の場合は例外だが、その他の社会内処遇措置は、「犯罪者の申立てがあるときは、司法機関またはその他の権限のある独立機関による審査に服する」ものとされる。この規則は、社会内処遇措置およびその実施に関わる決定の両方に関わる司法審査についての一般原則(規則3.5および3.6、前掲3.3.4参照)と完全に調和するものである。この点については、審査を受ける権利を犯罪者が効果的に行使できるようにするために、審査の可能性およびその申請方法についての明確な情報が与えられなければならないことが想起される[56]。

　注釈が強調しているのは、早期釈放または特赦の決定をするためには刑の言渡しを行なった従前の決定の見直しが黙示的に必要とされるため、権限のある機関がしたがうべき正式な意思決定手続が定められるべきだということである。早期釈放または特赦を認定するための明確に定義された基準を作成し、受刑者にはっきりと説明することが求められる。このような基準により、権限のある機関による裁量権の濫用を最小限に留めるとともに、受刑者が、どのような基準を満たさなければならないのかを知ったうえで釈放に向けて活動することが可能になる[57]。

社会内処遇措置は、裁判前、裁判および刑の言渡しまたは言渡し後の段階で利用することのできる柔軟な手段である。社会内処遇措置は、常に、最小限の介入の原則に照らして検討することが求められる。裁判前の段階では、手続の打切りについての犯罪者の利益は次の要素との比較衡量が図られなければならない。

● 社会の保護
● 犯罪防止／法律の尊重の促進
● 被害者の権利

この段階では、手続の打切りが一般的な社会内処遇措置である。裁判および刑の言渡しの段階では、社会内処遇措置を利用するにあたっては次の要素を考慮にいれなければならない。

55　Ibid.
56　Ibid., p.21.
57　Ibid., loc. cit.

> - 犯罪者の更生上の必要
> - 社会の保護
> - 被害者の利益
>
> 適当なときは常に被害者の意見が聴取されるべきである。刑の言渡し後の段階では、受刑者の社会への再統合に役立つよう受刑者が可能なかぎり早期に釈放されることを確保するため、公的機関は幅広い社会内処遇措置を利用できなければならない。

5. 社会内処遇措置の実施

　東京規則の残りの部分は、社会内処遇措置の実施、職員、ボランティアその他の社会資源ならびに調査研究、計画、政策立案および評価に関わる規則である。ただし、これらの規則のなかには法曹というよりも主に社会内処遇措置の実施に携わる人々を対象としていると考えられるものがあるため、ここでは**実施**に関わる規則の一部しか検討しない。さらに詳細な知識は、東京規則全体を注釈とあわせて読むことで獲得することができる。したがってここでは、社会内処遇措置の実施に本質的に関連している次の問題を取り上げるに留める。すなわち、監督、期間、条件、処遇の手続ならびに規律および条件違反である。

5.1 社会内処遇措置の監督

　規則10.1で強調されているように、「監督の目的は、再犯を減少させ、かつ、犯罪に復帰する可能性を最小限に留めるような方法で犯罪者の社会統合を援助するところにある」。これはある意味では、社会内処遇措置一般の基盤であり、かつ実施担当機関が常に念頭に置いておかなければならない基本的原則をあらためて述べたものにすぎない。すなわち、社会内処遇措置の目的は、犯罪者の責任感を強化し、社会への再統合をも援助することによって、犯罪者が犯罪に逆戻りしないようにするのを援助するところにあるということである。

　口頭の制裁や罰金のような社会内処遇措置には監督はまったく必要ないが、アテンダンスセンターへの送致、保護観察、仮釈放および社会奉仕のような他

の措置には監督が必要とされる。これらの措置は、社会的更生に向けた指導と援助を犯罪者に与えることを目的としているからである[58]。この種の社会内処遇措置では監督が基盤とされており、その中心的要素は監督者と犯罪者との個人的関係にある。このような措置が犯罪者の同意なくして実施できないこと、またその成功が犯罪者の協力および参加にかかっていることは明白である[59]。監督には2つの目標があると言うことができる。地域社会に対する犯罪者の責任に焦点を当てる一方で、犯罪者が地域社会の生活に適応するさいに直面する可能性がある困難の克服を援助することである[60]。

　このことから、監督は高度なスキルを要する責務であると言える。そのことは、「社会内処遇措置にともなって監督が行なわれるときは、その監督は、法律で定められた具体的条件にもとづき、権限のある機関によって実施される」と定めた規則10.2に反映されているとおりである。注釈によれば、監督にともなう責任の一部は地域グループやボランティアに委任することができるが、そのさいには、法律上のあらゆる権限はひきつづき権限のある機関にあることが明確にされなければならない[61]。他方、商業的利益を目的とする機関に監督機能が委任される場合、規則10.2に照らして慎重な検討を要する多くの問題が浮上してくる[62]。

　規則10.3は次のように定めている。

「科された社会内処遇措置の枠内で、犯罪者が自己の犯罪行動にとりくむのを援助することを目的とした、もっとも適切な種類の監督および処遇が個々の事案ごとに決定されるべきである。監督および処遇は定期的に再検討され、かつ必要に応じて修正されるべきである」

　ただしこの規則は、「社会内処遇措置は最小限の介入の原則にしたがって用いられるべきである」と定めた規則2.6に照らして解釈されなければならない。し

58　Ibid., p.22.
59　Ibid., loc. cit.
60　Ibid.
61　Ibid., p.23.
62　Ibid., loc. cit.

たがって、合意される措置は、犯罪者が遵法意識のある市民として地域社会に再統合するのを援助するために必要である以上に厳しいものであってはならない。過度な介入は犯罪者の自信を損ない、監督官に依存しすぎる状況を生み出す可能性がある[63]。

　公的機関が、社会内処遇措置に関して自分たちがとろうとしている決定の正しさに自信を持っていることを示すのは重要であり、また不公正な区別が行なわれないよう、犯罪者が平等に取扱われることも確保しなければならない(規則2.2および前掲3.2.2参照)。

　処遇計画の立案、監督および処遇の厳しさの評価、ならびに犯罪者が示した進歩を踏まえて行なわれる可能性がある修正には、犯罪者が可能なかぎり最大限参加しなければならない[64]。だからといって、監督のあり方が完全に犯罪者自身の希望で決められなければならないというわけではない。意思決定機関は、そもそもの犯罪の性質および重大性、犯罪者の人格ならびに背景、刑を言渡すことの目的ならびに被害者の権利もまた考慮しなければならないのである(規則3.2参照)。

　社会に成功裡に再統合するために犯罪者が必要とする可能性のある援助については、規則10.4が、「心理的、社会的および物質的援助ならびに……地域社会とのつながりを強化する機会」を挙げている。犯罪者は幅広いニーズと問題を抱えている場合がある。長期的な心理カウンセリングを必要とする者もいれば、住むところや仕事を見つけるのを援助してもらえばいいだけの者もいよう。ここでも、規則10.4にもとづき、与えられる援助は最小限の介入の原則を尊重したものでなければならず、犯罪者を援助するためにどうしても必要なものに限られるべきである[65]。

　　63　Ibid.
　　64　Ibid.
　　65　Ibid.

5.2 社会内処遇措置の期間

　社会内処遇措置の期間については、「法律にしたがって権限のある期間が定めた期間を超えてはならない」とされる(規則11.1)。ただし、「犯罪者が好ましい反応を示すときは、当該措置を早期に終了させるための手配を行なうことができる」(規則11.2)。

　このように規則11.1は、社会内処遇措置は「法律にしたがって」決定を行なう「権限のある期間」によって確定されなければならないという、社会内処遇措置の決定における厳格な法律適合性の原則を強化するものである。すなわち、実施機関には措置の期間を延長する権限はない[66]。ただし、たとえば犯罪者が処遇コースをひきつづき受けられるようにするためなど犯罪者の利益になることが明らかな場合にかぎり、権限のある機関は継続中の措置を**延長する**ことができる。ただしこのような延長は完全に任意のものでなければならず、この点は犯罪者に対して誤解の余地なく明らかにしておかなければならない[67]。

　規則11.2が定めるように、措置を**最初に予定されていた終了期日よりも前に終了させる**ことも可能である。ここでも、社会内処遇措置は可能なかぎり短期間に留められるべきであるという原則が反映されている[68]。このことは社会に再統合しようとする犯罪者の努力を励ますことになるはずであり、関連の手続を明確にし、犯罪者がよく理解できるようにすることが求められる[69]。

5.3 社会内処遇措置にともなう条件

　規則12.1によれば、犯罪者が遵守すべき条件について権限のある機関が決定するときは常に、「社会の必要ならびに犯罪者および被害者の必要および権利の両方を考慮にいれるべきである」。ここでも、さまざまな正当な利益間でどのように公正な均衡をとるかということが問題となる。犯罪者の利益が不当に重視され

66　Ibid.
67　Ibid., p.24.
68　Ibid., loc. cit.
69　Ibid.

れば社会および被害者の必要は満たされないかもしれないし、その逆についても同様である。したがって、個々の裁判官またはその他の権限のある意思決定機関は、これらの諸利益間の均衡を公平かつ客観的にとらなければならない。また、法律適合性の原則にしたがい、実施機関は、司法機関がすでに定めた要件を超える条件をけっして課すべきではない[70]。

犯罪者が遵守すべき条件は、規則12.2の言葉では、「実際的であり、簡明であり、かつできるかぎり少ない」ものとされる。最後の規定は、規則2.6に掲げられた最小限の介入の原則をまた別の形で表現したものである。さらに、これらの条件は、「犯罪者がふたたび犯罪行動を行なう可能性を減少させ、かつ、被害者の必要を考慮にいれながら、犯罪者の社会的行動の機会を増進させること」を目指すものでなければならない。換言すれば、条件が**現実的**かつ**簡明**であることは根本的に重要である[71]。犯罪者が条件を達成できることが最初から明確でなければ、犯罪者が社会的統合に向けて前進することを促進するどころか妨げてしまう可能性がある。簡明さの要件は、犯罪者が条件をはっきり理解するのを援助するためにも、犯罪者と監督官との関係に問題を生じさせないようにするためにも、重要である[72]。

東京規則が構想する条件には、社会および自己の家族に対する犯罪者の責任を強化するもの、仕事を続けること、何らかの教育を受けること、特定の住所に居住すること、犯罪活動に関与しないようにすること、ならびに特定の場所に行かないようにすることなどを含めることができる[73]。たとえば社会奉仕を行なうことを条件とするのであれば、犯罪者に与えられる作業は社会的に有益であり、社会的再統合の機会を増進させるようなものであるべきである[74]。

規則12.3が定めるように、「社会内処遇措置の適用を開始するにあたっては、犯罪者に対し、措置の適用を規律する諸条件（犯罪者の義務および権利を含む）が口頭および書面で説明され」なければならない。措置が成功するためには、当

70　Ibid.
71　Ibid.
72　Ibid.
73　Ibid., p.25.
74　Ibid., loc. cit.

然、自分に何が期待されているのかを犯罪者が承知しておくことが必要不可欠である。条件を明確に定めておくことは、義務および条件が遵守されているかどうか評価するための基準を定める実施機関にとっても重要となる[75]。

　最後に、規則12.4は、「犯罪者の進歩にしたがって、……権限のある機関によって」条件の修正が行われることを認めている。犯罪者が社会的統合に向けて進歩したのであれば条件を緩めることができるし、犯罪者の反応が好ましいものでなければその逆も可能である。このような柔軟性が認められていることにより、公的機関は、問題が生じた場合には社会内処遇措置を取消すこともできる。これにより、犯罪者が収監されることもありうる[76]。

5.4 処遇の手続

　東京規則の規則13.1は、「適切な場合には、……犯罪者の必要にいっそう効果的に対応できるよう開発されるべき」さまざまな対応計画の例として次のものを挙げている。

- ◎　ケースワーク
- ◎　グループセラピー
- ◎　施設居住プログラム
- ◎　さまざまな種別の犯罪者の特別処遇

　この規定の目的は、特定の問題を有する犯罪者にとってもっとも効果的な援助形態を見つけ出すことと、薬物依存者や性犯罪者といったとくに困難な種別の犯罪者への対応を試みる新たなプログラムの開発を呼びかけるところにある[77]。

　規則13.2に掲げられているのはどちらかと言えば当たり前の原則であり、「処遇は、適切な訓練を受け、かつ実践的経験を有する専門家によって実施されるべ

75　Ibid.
76　Ibid.
77　Ibid., p.26.

きである」とされる。しかし注釈によれば、この規定は、このようなプログラムの本質的強みが専門的資格よりも実践的経験を有する者にある場合にまで、援助プログラムにおける専門家以外の者の活用を禁じたものとして理解されるべきではない[78]。

「処遇が必要であると決定されたときは、犯罪者の背景、人格、素質、知能、価値観およびとくに犯罪の実行につながった状況を理解するための努力が行なわれるべきである」(規則13.3)。当然のことながら、犯罪者および犯罪に関するこのような評価が行なわれなければ、個別化された適切な処遇プログラムを選択するのは困難である。

刑事司法の運営、具体的には犯罪者の処遇への地域社会のいっそうの参加を促進するという目的(規則1.2)にのっとり、東京規則は、権限のある機関が「社会内処遇措置の適用に地域社会および社会支援制度の関与を得る」ことも認めている(規則13.4)。これは、たとえば家族、近隣住民、学校、職場および社会団体または宗教団体という形態をとって立ち現われる地域社会が、犯罪者の社会的再統合の成功に大きな貢献を行ないうることを認めたものである[79]。

5.5 規律および条件の違反

一部の社会内処遇措置は犯罪者の同意がなければ科せないとはいえ、このような措置のほとんどは依然として何らかの自由の制限をともなう制裁であり、したがって犯罪者が自らに課された条件を遵守しない場合もありうる[80]。このように「犯罪者が遵守すべき条件に違反したときは、社会内処遇措置の修正または取消しを行なうことができる」(規則14.1)。ただし、注釈によれば、違反があった場合に必ず修正または取消しを行なわなければならないというのではなく、監督官または権限のある機関は、軽微な違反に対してはより非公式な手段で対応することも可能である[81]。

78　Ibid., loc. cit.
79　Ibid.
80　Ibid., p.27.
81　Ibid., loc. cit.

社会内処遇措置の修正または取消しが犯罪者に重大な結果をもたらしうることを考えれば、この問題について決定を行なうのは権限のある機関の責任である。ただしその決定は、「監督官および犯罪者の双方が提出した事実を慎重に検討した後に」初めて行なわれなければならない(規則14.2)。すなわち犯罪者には、修正または変更の要請の根拠となった文書を閲覧する権利、代理人を選任する権利および意見を聴取される権利が認められるべきである[82]。要請を審査するにあたり、権限のある機関は、犯罪者がすでにどの程度社会内処遇措置に従ってきたかも考慮しなければならない。たとえば、時間単位で科された社会奉仕作業をすでに相当の割合で立派に実行していた場合などである[83]。

　社会内処遇措置との関連で課された条件に違反した場合でも収監は最後の手段としての処罰であるべきであるという原則は、「社会内処遇措置が失敗しても、自動的に施設収容措置が科されるべきではない」という規則14.3の文言から明らかである。さらに、「社会内処遇措置を修正または取消すときは、権限のある機関は、これに代わる適切な社会内処遇措置を命じるよう努め」なければならず、このような他の適切な選択肢が見つからない場合に初めて収監刑を科すことができる(規則14.4)。それどころか、社会内処遇措置の違反に対して収監刑を科すことは、もともと実行された犯罪に対して比例性を欠く場合さえあるかもしれない[84]。したがって、権限のある機関は、関連の条件が遵守されなかった場合にどのように対応するか決定するにあたっては相当慎重に対応することが必要である。

　犯罪者に対し、自らの責任によるものではない条件の違反について責めを負わせることがないようにも、配慮しなければならない。たとえば犯罪者が罰金を払えない理由としては多くのものが考えられ、犯罪者自身ではどうすることもできない場合もある。権限のある機関が社会内処遇措置の修正または取消しの問題を検討するときは、このような側面が正当に考慮されなければならない[85]。

　規則14.5は、「条件の違反があった場合に監督下の犯罪者を逮捕および拘禁する権限は、法律によって定められ」なければならないと規定している。ここでも、

82　Ibid., p.28.
83　Ibid., loc. cit.
84　Ibid.
85　Ibid.

犯罪者が自由を奪われたときに享受する権利のあるあらゆる司法的保障を含め、法律適合性の原則を厳格に尊重することが確保されなければならない[86]。注釈は、権限のある機関の調査および決定までに拘禁しておくことのできる期間の上限を定めておくことの重要性を指摘している。この期間は短くあるべきであり、また決定はできるかぎり早期に行なわれるべきである[87]。

最後に規則14.6は、規則3.6の一般的な法的保障と軌を一にし、社会内処遇措置の修正または変更にともなって「司法機関またはその他の権限のある独立機関に対して異議を申立てる権利」を犯罪者に保障している。

> 社会内処遇措置の監督は、再犯の減少と、犯罪者の社会的再統合の援助を目的としている。監督が必要かどうかは、関係する社会内処遇措置の性質次第である。監督は、法律で定められた条件にしたがって、権限のある機関によって行われなければならない。監督は犯罪者の必要にあわせて行なわれなければならず、その成功は犯罪者の同意、参加および協力にかかっている。監督は定期的に見直されなければならない。社会内処遇措置の期間は、法律にしたがって、権限のある機関によって定められなければならない。社会内処遇措置は早期に終了することができ、また犯罪者の利益のために必要な場合には延長することもできる。社会内処遇措置に付される条件においては、社会の必要ならびに犯罪者および被害者の必要および権利が考慮されなければならない。条件は現実的かつ簡明でなければならず、犯罪者に対して口頭でも書面でも説明されなければならない。とくに困難な種別に属する犯罪者の必要および問題に対応するため、特別処遇計画を発展させることが必要な場合もある。社会内処遇措置に付された条件の違反があったときは、当該措置を修正または取消すことができる。ただし、そのような違反によって自動的に自由の剥奪が行なわれるべきではない。

---

86 Ibid.
87 Ibid.

6. 収監に代わる手段の選択における裁判官・検察官・弁護士の役割

　裁判官・検察官・弁護士は、犯罪者を収監するのではなく社会内処遇措置の対象とするかどうか決定するうえで果たすべき基本的な役割を有している。この問題について国内法で法曹に与えられている権限の内容はもちろんさまざまであるが、とくに罪を犯した少年に対して収監が及ぼす悪影響や収監にともなう重い社会的負担を踏まえれば、収監よりも劇的ではないがいっそう効果的な制裁となる可能性がある手段によって更生する機会を犯罪者に与えるため、あらゆる機会が模索されるべきである。

　しかし、社会内処遇措置を一般的に利用するためには、司法機関・検察機関内部だけではなく社会機関・行政機関の内部でも、スキルを備えた人々の相当大規模なネットワークを発展させていくことが必要となる。そのため、柔軟に適用でき、かつ個々の犯罪者の具体的ニーズにあわせて調整することのできる一連の社会内処遇措置を策定するためには、あらゆるレベルの公的機関が慎重かつ協調的な努力を行なうことが必要である。

　被疑者・被告人ととくに緊密なつながりを持ち、これらの者と接触してきた経験も有する裁判官・検察官・弁護士は、問題および適切な解決策のあり方を定義し、かつ、犯罪および犯罪者の制裁のあり方に関する開かれた社会的議論のきっかけづくりを進めるうえで、とくに重要な役割を果たさなければならない。

7. おわりに

　本章では、社会内処遇措置に関する国連最低基準規則の主な特徴のいくつかを説明することに焦点を当ててきた。同規則は、犯罪の防止、法律の尊重および被害者の利益といった地域社会の利益を考慮しつつ、社会内処遇措置によって犯罪者の社会的再統合を促進できる可能性があるときは常にそのような措置を利用するよう、強く促している文書である。社会内処遇措置は、法的分野としては十分な模索が行なわれてきたとはとても言えないが、地域社会と犯罪者の両方が利益を得られる重要な潜在的可能性を秘めている分野でもある。犯罪の実行に対してどのような制裁を加えるかという問題は、一般的に、とくに罪を犯した少年に関

して(ただしこれに限られない)継続的な議論と吟味の対象とされてきた。社会が発展・変化するについて実行される犯罪もある程度発展・変化するのであり、広い意味での制裁のあり方は、ひきつづき地域社会にとって大きな懸念および関心の対象であり続けるはずである。

第10章 司法の運営における子どもの権利

第10章　司法の運営における子どもの権利

第10章
司法の運営における子どもの権利

学習の目的
- 司法の運営における子どもの権利に関わる主な国際法上の規則およびその目的について、講座の参加者が習熟できるようにすること。
- 司法の運営において子どもに認められるべき手続的保障について具体的に説明すること。
- 参加者が、司法の運営の過程で子どもと出会ったときにこれらの権利および保障を日常的に確保するための方法を発展させるよう、奨励すること。

設問
- あなたは、司法の運営の過程で子どもおよび少年に関わる活動を行なうなかで、どのような特別な問題に直面したことがあるか。
- あなたはそれらの問題をどのように解決しようとしたか。
- あなたは、その問題を解決するために児童の権利条約のような国際法上の規則を援用しようと試みたか。
- あなたの国では児童の権利条約はどのような法律上の地位を有しているか。条約はこれまでにどのような法的影響を与えてきたか。
- あなたが活動している国内法制度には子どもの「最善の利益」という概念が存在するか。存在するとすればそれは何を意味し、またどのように適用されているか。
- あなたが活動している法制度では、子どもは自己に関わる決定への参加をどの程度認められているか。刑事手続、親子分離手続および養子縁組手続の観点から状況を検討してみよう。
- あなたが活動している国の刑事責任年齢は何歳か。
- あなたが活動している国では、18歳未満の子どもに対して刑務所への収容刑を科すことができるか。できるとすれば、どのぐらいの期間科すことができるか。
- あなたの国では、子どもまたは少年が行なった犯罪への対応としてどのような社会内処遇措置を利用することができるか。

- あなたが活動している国では、子どもはどのような理由で親から分離されることがありうるか。
- あなたが活動している国では養子縁組は認められているか。認められているとすれば、子どもには、養子縁組が望ましいかどうかについて自分の意見を表明する権利が認められているか。
- あなたが活動している国／国々では、児童の権利条約およびその他の関連の法律文書に掲げられた法的原則について法曹が習熟できるようにするために、どのような措置がとられてきたか。

関連の法的文書

国際文書
- 市民的及び政治的権利に関する国際規約(自由権規約、1966年)
- 児童の権利に関する条約(児童の権利条約、1989年)

＊＊＊＊＊

- 子どもの権利に関する宣言(1959年)
- 少年司法の運営に関する国連最低基準規則(北京規則、1985年)
- 自由を奪われた少年の保護に関する国連規則(1990年)
- 少年非行の防止に関する国連指針(リャド・ガイドライン、1990年)
- 国内的および国際的な里親措置および養子縁組にとくに関連した子どもの保護および福祉についての社会的および法的保護に関する宣言(1986年)
- 刑事司法制度における子どもについての行動に関する指針(少年司法の運営に関する国連経済社会理事会決議1997/30添付文書)

＊＊＊＊＊

地域文書
- 人および人民の権利に関するアフリカ憲章(アフリカ人権憲章、1981年)
- 子どもの権利および福祉に関するアフリカ憲章(1990年)
- 米州人権条約(1969年)
- 欧州人権条約(1950年)

＊＊＊＊＊

- 少年非行に対する社会的対応についての、加盟国に対する欧州評議会閣僚委員会の勧告R87(20)号

1. はじめに

　本章では、標題が示すように、子どもの権利の問題そのものについては扱わず、**司法の運営における子どもの権利**に関わる主な国際法上の基準について説明するに留める[1]。自由権規約や地域条約のような一般人権条約は子どもにも平等に適用されるものの、本章における分析の出発点は児童の権利条約である。1990年9月2日に発効し、2002年2月8日現在で191か国が批准している。この条約は、世界中で、子ども一般、およびとくに刑事手続、親子分離手続または養子縁組手続を通じて司法の運営の影響を受けている子どもの権利を増進させるためのきわめて重要な法的手段となった。条約は、後述するように成人とは重要な点で異なる子どもの特定のニーズおよび利益にもっぱら焦点を当てた法的拘束力のある文書を作成しなければならないという緊急の必要に、遅きに失したとはいえ応えたものである。条約が採択されるまでは、子どもは簡潔な子どもの権利に関する宣言(1959年)の中心的対象であったものの、そこでは司法の運営それ自体に関わるさまざまな問題は扱われていなかった。

　本章では、とくに少年司法の運営に関する国連最低基準規則(北京規則)、自由を奪われた少年の保護に関する国連規則、少年非行の防止に関する国連指針(リャド・ガイドライン)に掲げられた諸規則についても検討する。これらの文書そのものは法的拘束力のある義務を創設するものではないが、そこに掲げられた諸規則のなかには、児童の権利条約にも掲げられているために国家に対して拘束力を有するものもあれば、「既存の権利の内容をより詳細に」定めていると考えられるものもある[2]。これらの文書はまた、児童の権利委員会が条約37条、39条および40条について締約国報告書を審査するときにも一貫して援用されている。最後に、地域条約上の規則ならびに国際的・地域的監視機関の司法判断についても、関連のあるときには参照する。

1　子どもの権利に関わる全面的かつ有益な参考文献として、*Implementation Handbook for the Convention on the Rights of the Child* (New York, UNICEF, 1998), 681 pp(以下 *Implementation Handbook*)参照。

2　北京規則に関する解説として、"The United Nations and Juvenile Justice: A Guide to International Standards and Best Practice", in *International Review of Criminal Policy, Nos. 49 and 50, 1998-1999* (New York, United Nations, 1999), p.5, para.38(以下 *The United Nations and Juvenile Justice*)参照。〔訳注／邦訳は国連ウィーン事務所著・平野裕二訳『少年司法における子どもの権利：国際基準および模範的慣行へのガイド』現代人文社・2001年〕

565

本章では、少年司法の運営に関わる現在の懸念事項を簡単に記述した後、「子ども」(児童)という用語の意味、司法の運営を規律するいくつかの基本的原則、少年司法の目的、少年司法制度を創設する義務について検討する。罪を問われた子どもおよび自由を奪われた子どもの双方に関わる規則についても、やや詳しく説明する。最後に、今度は子どもの権利と刑事制裁、親子分離および養子縁組手続との関係における子どもの権利、司法の運営の過程で子どもの権利を保障するさいの法曹の役割について検討する。

1.1 用語

混乱を避けるため、「少年司法」という表現は刑事手続を指し、「司法の運営」という文言は刑事手続、親子分離手続および養子縁組手続といったすべての手続を包含していることを指摘しておくべきであろう。

2. 司法の運営と子ども：根強く残る懸念

児童の権利条約は子どもの権利の普遍的な促進および保護における重要な画期となったが、子どもの権利が、とくに子どもが法律に抵触した状況において生きた現実となるためには、克服されるべき無数の課題が多くの国で依然として残っている。子どもに対する警察の暴力は珍しいことではない。非自発的失踪や恣意的拘禁についても、幼い子どもが軽微な法律違反を行ったことに対し、収監は最後の手段としてのみ用いられるべきであるとされているにも関わらず収監が利用されていることについても、同様である。子どもは、国際法に違反する形で、しばしば容認できない条件下で拘禁され、懲戒措置としての体罰を含む拘禁中の暴力にさらされ、いくつかの国では、18歳未満のときに行なった犯罪を理由として処刑さえされている。罪を犯した若い女性はとくに被害を受けやすい立場に置かれており、そのニーズに対する効果的対応がとられなければならない。このように今後の課題には相当なものがあり、この重要な法的保護の分野で進展を達成するためには、精力的な、協調のとれた、かつ効果的な努力を国際的にも国内的にも進めていくことが必要である[3]。したがって、児童

の権利条約の効果的実施はすべての政府および法曹の責任であるとともに、親、親族、友人、教職員など子どもに対応するすべてのおとなの責任でもある。

3.「子ども」(児童)の定義

3.1 一般的成人年齢

児童の権利条約1条は、条約の適用上、「児童とは、18歳未満のすべての者をいう。ただし、当該児童で、その者に適用される法律によりより早く成年に達したものを除く」と定めている。**子ども時代の始期**については、条約は、それが出生時に始まるのか、または受精の瞬間など他の特定の時点で始まるのかについて立場を明らかにしていない。もっとも、これは本章の趣旨からはこれ以上検討する必要のない問題である[4]。

子ども時代の終期については、条約では若干の固有の柔軟性が認められているとはいえ、条約上の法的義務を回避するため、締約国が成人年齢を不当に低く定めることは許されないと推定しなければならない。条約の実施状況を監視するために設置された機関である児童の権利委員会の活動から、とくに婚姻や就労に関する最低年齢を定めるさいには、条約全体、そしてとくに子どもの最善の利益という基本的原則および差別の禁止の原則を尊重しなければならないことは明らかである[5]。

3.2 刑事責任年齢

刑事責任年齢について児童の権利条約は制限を設けていないが、40条3項(a)で、締約国はとくに「その年齢未満の児童は刑法を犯す能力を有しないと推定される

---

3 子どもの権利侵害を調査したものとして、たとえばEric Sottas and Esther Bron, *Exactions et Enfants*, Geneva, OMTC/SOS Torture, 1993, 84pp参照。
4 この問題に関するさらに詳しい議論は*Implementation Handbook*, pp.1-4参照。
5 UN doc. CRC/C/15/Add.9, *Concluding Observations of the Committee on the Rights of the Child: El Salvador*, para.10; and UN doc. CRC/C/15/Add.44, *Concluding Observations: Senegal*, paras.11 and 25.

最低年齢を設定する」よう努めなければならないと定めている。したがって児童の権利委員会は、「その年齢未満の子どもは刑法に違反する能力がないと推定される**年齢が定められていないこと**」について懸念を表明し、法律でこのような年齢を確定するよう勧告したことがある[6]。委員会はまた、刑事責任年齢をたとえば**7歳**または**10歳**と定めている刑法との関連でも懸念を表明し、「きわめて低い」という見解を明らかにしてきた[7]。刑事責任に関する法定最低年齢を7歳から10歳に引き上げることを目指す南アフリカの法案を検討したさいには、委員会は、「いまなお相対的に低い刑事責任年齢」であるという理由で依然として懸念を表明している[8]。このように国内法上のきわめて低い刑事責任年齢について何度か懸念を表明してきたにも関わらず、委員会は適切な最低年齢が何歳なのかについては明らかにしていない。

委員会は、刑法の適用上、16～18歳の子どもが成人として扱われることに対して特段の懸念を表明してきた。委員会の見解では、条約の締約国は、刑法が子どもに対して認めている特別な保護を18歳未満のすべての未成年者に適用しなければならないのである[9]。

＊＊＊＊＊

この点との関わりで注目すべきなのは、自由権規約委員会が、自由権規約24条に関する一般的意見17で、民事上の事項、刑事責任または労働法に関わる年齢制限は「不合理なほど低く定められるべきではない」こと、また「締約国はいずれにせよ、18歳未満の者が国内法上は成人年齢に達しているにも関わらず、それらの者に関わる規約上の義務を免れることはできない」ことを強調していることである[10]。

---

6 UN doc. CRC/C/15/Add.44, *Concluding Observations: Senegal*, paras.11 and 25. 強調引用者。
7 インド(7歳)についてUN doc. CRC/C/94, *Committee on the Rights of the Child: Report on the twenty-third session (2000)*, para.58を、シエラレオネ(10歳)についてibid., para.143を参照。
8 Ibid., para.430.
9 たとえば、モルジブについてUN doc. CRC/C/79, *Report on the eighteenth session (1998)*, paras.219 and 240を、朝鮮民主主義人民共和国についてibid., paras.83 and 98;を、フィジーについてibid., paras.125 and 145を、ルクセンブルグについてibid., para.263を参照。
10 *United Nations Compilation of General Comments*, p.133, para.4参照。*Implementation Handbook*, pp.4-14も参照。規約24条は、とくに子どもに対する差別を禁止するとともに、すべての子どもが特別な保護措置の対象とされる権利、出生後直ちに登録される権利、名前を持つ権利および国籍を取得する権利を宣明している。

次に委員会は、規約10条に関する一般的意見21で、同条は「少年の年齢についていかなる制限も示していない」ことに留意しつつ、次のように付け加えている。「少年の年齢は関連する社会的、文化的その他の条件に照らして各締約国によって判断されるべきものではあるが、委員会は、6条5項が、少なくとも刑事司法に関連する事項については18歳未満のすべての者が少年として取扱われるべきことを示唆しているとの見解に立つものである」[11]。この点で着目しておくべきなのは、自由権規約6条5項では死刑は「18歳未満の者が行った犯罪について科してはなら」ないとされていることである。

＊＊＊＊＊

　少年司法の運営に関する国連最低基準規則(以下「北京規則」)の規則4(1)は、「少年の刑事責任年齢という概念を認めている法制度においては、情緒的、精神的および知的成熟に関する事実を念頭に置き、当該年齢の始期があまりにも低い年齢に定められてはならない」と定めている。この規定の注釈は以下のとおりである。

> 「刑事責任に関する最低年齢は歴史および文化によって大きく異なる。現代のアプローチは、刑事責任の道徳的および心理的構成要素にしたがって子どもが行動できるかどうか考慮しようとするものである。すなわち、子ども個人の弁別力および理解力に照らし、本質的に反社会的な行動について子どもの責任を問えるかどうかが考慮される。刑事責任年齢があまりにも低く定められ、または年齢制限の下限がまったく定められないとすれば、責任という概念は無意味なものとなろう。一般的に、非行または犯罪行動に対する責任という概念とその他の社会的権利および責任(たとえば婚姻上の地位、民事上の成人年齢等)とのあいだには密接な関係がある。
> 　したがって、国際的に適用される合理的な年齢制限の下限について合意する努力が行なわれなければならない」

11　*United Nations Compilation of General Comments*, p.143, para.13.

＊＊＊＊＊

　しかし、地域レベルでは依然として各国間に大きな乖離が存在する。たとえば欧州では、刑事責任年齢は7歳から18歳までさまざまである。欧州人権裁判所は、「現段階では欧州評議会加盟国の間に明確な共通基準は存在しない」ことを考慮し、「イングランドおよびウェールズは欧州でも低い刑事責任年齢を維持している数少ない司法管轄地域であるとはいえ、10歳という年齢は、他の欧州諸国が採用している年齢制限と不相応に異なるほど幼いということはできない」と判示している[12]。したがって、これほど幼い子どもに刑事責任を負わせることそのものは、とくに非人道的なおよび品位を傷つける取扱いおよび刑罰からの保護を定めた欧州人権条約3条違反とはならない[13]。しかし、前述した児童の権利委員会の活動から判断すれば、10歳という年齢設定は児童の権利条約違反になると思われる。

> 別段の決定が行われないかぎり、**民事上の成年**は18歳である。婚姻、労働および軍務に関わる最低年齢を定めるにあたっては、国は、子どもの最善の利益および差別の禁止の原則を尊重する法的義務を負う。国は**刑事責任に関する最低年齢**を定めなければならない。刑事責任年齢は不当に低くてはならず、また子どもの最善の利益および差別の禁止の原則を尊重するものでなければならない。18歳未満の少年は、刑法が子どもに対して認めている特別な保護から利益を受けることができるべきである。

4. 司法の運営における子どもの権利：いくつかの基本的原則

　国際人権法では、少年司法の運営を含め、子どもの権利に関わるあらゆる問題を考慮するさいの条件となる多くの一般原則を定めている。本節では、これ

12　*Eur. Court HR, Case of T. v. the United Kingdom, judgment of 16 December 1999*, para.72. 判決文はwww.echr.coe.int参照。

13　*Ibid., loc. cit. Eur. Court HR, V. v. the United Kingdom, judgment of 16 December 1999, Reports 1999-IX*, p.144, para.74も参照。

らの原則のうちもっとも重要な4つの原則、すなわち(1)差別の禁止の原則、(2)子どもの最善の利益、(3)生命、生存および発達に対する権利、(4)子どもの意見を尊重する義務を取り上げる。これらの一般原則は、児童の権利委員会による定期報告書の審査との関連で一貫して検討されているものである。締約国は、これらの原則が「政策に関する議論および意思決定の指針となるのみならず、いかなる法改正ならびに司法上のおよび行政上の決定においても、かつ子どもに影響を与えるあらゆる事業および計画の発展および実施においても適切に反映される」ことを確保しなければならない[14]。

4.1 差別の禁止の原則

児童の権利条約2条は次のように定めている。

「1. 締約国は、その管轄の下にある児童に対し、児童又はその父母若しくは法定保護者の人種、皮膚の色、性、言語、宗教、政治的意見その他の意見、国民的、種族的若しくは社会的出身、財産、心身障害、出生又は他の地位にかかわらず、いかなる差別もなしにこの条約に定める権利を尊重し、及び確保する。
2. 締約国は、児童がその父母、法定保護者又は家族の構成員の地位、活動、表明した意見又は信念によるあらゆる形態の差別又は処罰から保護されることを確保するためのすべての適当な措置をとる」

児童の権利委員会は、一般的に、**少年司法制度の対象とされた子ども**のような、被害を受けやすい立場に置かれた一定のグループの子どもに関して懸念を表明してきている[15]。1995年11月13日に委員会が開催した少年司法の運営に関する一般的討議では、「(思春期への到達、分別能力が備わる年齢または子どもの性格に関わるもののような)主観的かつ恣意的性質の基準が、子どもの刑事責任の評価お

---

14 たとえばバヌアツについてUN doc. CRC/C/90, *Report on the twenty-second session (1999)*, para.149参照。
15 たとえばベリーズについてUN doc. CRC/C/84, *Report on the twentieth session (1999)*, para.75参照。

571

よび子どもに適用する措置の決定においていまだに優先されている例があることについて」懸念が表明された[16]。最後に、委員会は、ブルガリアにおいて「ロマの子ども、障害児および婚外子に対して行なわれている差別を防止し、かつこれと闘うためにとられた措置が不十分であること」に懸念を表明している[17]。

* * * * *

差別の禁止の原則は、とくに、子どもの権利および福祉に関するアフリカ憲章3条および北京規則の規則2(1)にも掲げられている。一般的な他の人権文書に掲げられた差別の禁止および平等に関する規定(たとえば自由権規約2条1項および26条、アフリカ人権憲章2条、米州人権条約1条および24条ならびに欧州人権条約14条)も、子どもに適用される場合にも依然として同じように有効である。

平等および差別の禁止の原則についてのさらに詳しい情報は、このマニュアルの第13章参照。

4.2 子どもの最善の利益

児童の権利条約3条1項は最善の利益の原則についての鍵となる規定であり、次のように定めている。

「1. 児童に関するすべての措置をとるに当たっては、公的若しくは私的な社会福祉施設、裁判所、行政当局又は立法機関のいずれによって行われるものであっても、児童の最善の利益が主として考慮されるものとする」

児童の権利委員会は、子どもの法的定義、とくに婚姻、就労および軍務に関わる定義といった分野における国内法およびその適用にあたって、締約国が子どもの最善の利益の原則を正当に考慮しているかどうかについて検討する[18]。たとえばブルガリアについては、「子どもの拘禁、施設措置および遺棄の状況にと

---

16 UN doc. CRC/C/46, *Report on the tenth session (1995)*, para.218.
17 UN doc. CRC/C/15/Add.66, *Concluding Observations: Bulgaria*, para.12.
18 たとえばUN doc. CRC/C/15/Add.9, *Concluding Observations: El Salvador*, para.10参照。

りくむにあたって、かつ裁判所で証言する子どもの権利との関係で、子どもの最善の利益の考慮が不十分であること」について懸念を表明した[19]。

子どもに影響を及ぼす決定で子どもの最善の利益が「**主として**考慮され」なければならない(強調引用者)ということは、「子どもの最善の利益が常に、考慮されるべき唯一の、もっとも重要な要素となるわけではな」く、「たとえば個々の子どもの間、異なるグループの子どもの間および子どもとおとなとの間で人権に関わる利益の競合または衝突がある可能性がある」ことを示すものである[20]。しかし、子どもの利益は「積極的考慮の対象とされなければなら」ず、「子どもの利益が第一義的考慮事項として模索および考慮されたことが実証されなければならない」[21]。

＊＊＊＊＊

子どもの権利および福祉に関するアフリカ憲章も、「いずれかの者または機関が行なう子どもに関わるすべての行動において、子どもの最善の利益が第一義的に考慮される」と定めている。子どもの最善の利益の原則は自由権規約には明示的に含まれていないが、自由権規約委員会は、親の婚姻の解消との関係では「子どもの至高の利益」が念頭に置かれなければならないと強調している[22]。

4.3 生命、生存および発達に対する子どもの権利

児童の権利条約6条は、「締約国は、すべての児童が生命に対する固有の権利を有することを認める」こと(1項)、また締約国は「児童の生存及び発達を可能な最大限の範囲において確保する」こと(2項)を定めている。子どもの権利および福祉に関するアフリカ憲章5条は、すべての子どもに「生命に対する固有の権利」を保障し、これは「法律で保護される」ものとすると規定している(1項)。締約国はさらに、「子どもの生存、保護および発達を可能なかぎり最大限に確保する」ことも約束している(2項)。

19　UN doc. *CRC/C/15/Add. 66, Concluding Observations: Bulgaria*, para.12.
20　*Implementation Handbook*, p.40.
21　Ibid., loc. cit.
22　自由権規約24条に関する一般的意見17、パラ6(*United Nations Compilation of General Comments*, p.133)参照。23条に関する一般的意見19、パラ9(ibid., p. 138)も参照。

573

子どもの生命権は、もちろん、自由権規約6条、アフリカ人権憲章4条、米州人権条約4条および欧州人権条約2条でも同様に保護されているところである。

　児童の権利条約6条2項の文言はまた、締約国が、その管轄内にある子どもの「生存および発達」を最大限に保障するために**積極的な措置**をとらなければならない場合もあることを明らかにしている。したがって、とくに「幼児及び児童の死亡率を低下させる」ためまたは子どもに「必要な医療及び保健」を提供するために国が「適当な措置をとる」ことが必要になることもある(児童の権利条約24条参照)。生命に対する子どもの固有の権利を保護するために国がとらなければならない場合があるその他の措置としては、とくに、栄養価の高い十分な食糧および安全な飲料水を提供すること、死刑を禁止すること、非司法的、恣意的または即決処刑ならびに強制的失踪を防止・禁止することなどが挙げられる[23]。締約国はさらに、武力衝突の悪影響から子どもを保護し、かつそのような衝突の被害を受けた子どもを対象としてリハビリテーションの措置を用意するために効果的な措置をとらなければならない場合もある[24]。

＊＊＊＊＊

　自由権規約6条に関する一般的意見6で自由権規約委員会が指摘しているように、「生命に対する権利〔は〕あまりにしばしば狭く解釈されてきた」。委員会の見解によれば、「『生命に対する固有の権利』という文言を正しく解釈するためには制限的であってはならず、この権利を保障するために、国家は積極的な保障措置を採ることを求められている」[25]。したがって、「とくに栄養失調および伝染病を防止する措置をとるにあたり、幼児死亡率を減少させかつ平均余命を伸ばすためにあらゆる可能な措置をとることが望ましい」[26]。

4.4 意見を聴取される子どもの権利

　もうひとつの重要な一般原則は児童の権利条約12条に定められている。この

23　*Manual on Human Rights Reporting 1997*, p.424 (also in *Implementation Handbook*, p.87).
24　メキシコについてUN doc. CRC/C/90, *Report on the twenty-second session (1999)*, para.179参照。
25　*United Nations Compilation of General Comments*, p.115, para.5.
26　Ibid., loc. cit.

規定は次のとおりである。

「1. 締約国は、自己の意見を形成する能力のある児童がその児童に影響を及ぼすすべての事項について自由に自己の意見を表明する権利を確保する。この場合において、児童の意見は、その児童の年齢及び成熟度に従って相応に考慮されるものとする。
2. このため、児童は、特に、自己に影響を及ぼすあらゆる司法上及び行政上の手続において、国内法の手続規則に合致する方法により直接に又は代理人若しくは適当な団体を通じて聴取される機会を与えられる」

児童の権利委員会は一貫して子どもの参加権を促進し、条約13条、14条および15条に掲げられた「意見、表現および結社の自由を含む基本的自由の効果的享受を保障する」締約国の義務を強調してきた[27]。これは、子どもは子ども自身ひとりの人間として、すなわち「権利の積極的主体」として見なされなければならないことの表れである[28]。

条約12条2項は、実際、「非常に幅広い範囲の裁判所の審理、ならびに、たとえば教育、健康、計画、環境など子どもに影響を及ぼす正式な意思決定をも」対象としている[29]。

ただし、条約12条にもとづき子どもに意見を聴取される権利があるということは、子どもに「自己決定権」があることを意味するのではなく、「意思決定に関与する」権利があることを意味するにすぎない[30]。このような参加は真正のものでなければならず、形式的なものに貶めることはできない。さらに、子どもの年齢および成熟度が高まるにつれ、その見解もいっそう重視されるようになる。すなわち、少年の身体に関わる手続を進めるにあたっては、少年の意見がとくに重視されなければならないということである。

---

[27] メキシコについてUN doc. CRC/C/90, *Report on the twenty-second session, 20 September - 8 October 1999*, para.181参照。
[28] *Implementation Handbook*, p.145.
[29] Ibid., loc. cit.
[30] Ibid.

＊＊＊＊＊

少年の審判および処分については、北京規則の規則14(2)も次のように定めている。

「手続は、少年の最善の利益に資するものでなければならず、かつ、少年の参加と自由な自己表現を可能とするような、理解に満ちた雰囲気のなかで行なわれなければならない」

自己に関わる司法手続で意見を聴取される権利は、このマニュアルの第5章～7章で見たように成人に対しては認められており、重要な手続的保障となっている。しかしこれは、子どもが関わる場合にとくに重要となる権利である。子どもの意見が真正な形で聴取されるためには特別な努力が必要とされる場合があるためである。

＊＊＊＊＊

児童の権利委員会が特定した上記の4つの一般原則は、本章全体を通じて念頭に置かれなければならない。これらの原則は、少年司法の運営と関係する手続のあり方を規律するものだからである。したがって、少年司法の運営にあたっては、差別の禁止、子どもの最善の利益、生命に対する子どもの固有の権利および意見を聴取される子どもの権利という諸原則が尊重されなければならない。

司法の運営、すなわち刑事手続ならびにとくに親からの子どもの分離に関わる手続または養子縁組手続においては、国は次の基本的原則を尊重することが求められる。

- 差別の禁止
- 子どもの最善の利益
- 生命、生存および発達に対する子どもの権利
- 意見を聴取される子どもの権利

5. 少年司法の目的

　少年司法制度全体の目的として国際人権法で宣言されているのは、**子どもの更生および社会的再統合**である。このことは、とくに児童の権利条約40条1項を見れば明らかになる。

　「1. 締約国は、刑法を犯したと申し立てられ、訴追され又は認定されたすべての児童が尊厳及び価値についての当該児童の意識を促進させるような方法であって、当該児童が他の者の人権及び基本的自由を尊重することを強化し、かつ、当該児童の年齢を考慮し、更に、**当該児童が社会に復帰し及び社会において建設的な役割を担うことがなるべく促進されること**を配慮した方法により取り扱われる権利を認める」(強調引用者)

　児童の権利委員会は、締約国が提出する報告書の検討との関連で、少年の身体的・心理的回復ならびに社会的再統合のための施設およびプログラムの数が不十分であること[31]、「罪を犯した少年のための更生措置および教育上の便益が存在しないこと」、および「『虞犯少年』が更生を目的としたケアのための施設ではなく拘禁センターに措置されていること」について懸念を表明している[32]。

*****

　自由権規約10条3項も、とくに「行刑の制度は、**被拘禁者の矯正及び社会復帰を基本的な目的とする**処遇を含む」と定めている(強調引用者)。
　自由権規約委員会が述べているように、「いかなる行刑制度も応報のみを目的とするべきではない。基本的には、受刑者の矯正および社会復帰が追求されるべきである」[33]。

---

[31] ギニアについてUN doc. CRC/C/84, *Report on the twentieth session, 11-29 January 1999*, para.126、南アフリカについてUN doc. CRC/C/94, *Report on the twenty-third session, 10-28 January 2000*, para.445(h)参照。

[32] イエメンについてUN doc. CRC/C/84, *Report on the twentieth session, January 1999*, para.184参照(法律に抵触した子どものための構成センターの不存在)。ニカラグアについてUN doc. CRC/C/87, *Report on the twenty-first session, 17 May-4 June 1999*, para.247も参照。

[33] 一般的意見21、パラ10(*United Nations Compilation of General Comments*, p.143)。

＊＊＊＊＊

北京規則の規則5(1)は次のように定める。

「少年司法制度においては、少年の福祉が重視され、かつ、罪を犯した少年に対するいかなる対応も、罪を犯した者および犯罪の双方の状況に常に比例することが確保されなければならない」

これに付随する注釈によれば、この規則は「少年司法のもっとも重要な目的のうち2つのものに言及」したものである[34]。**第1の目的**は「少年の福祉を促進すること」であり、このことは、罪を犯した少年が家庭裁判所または行政機関によって対応される法制度だけではなく、「単に懲罰のみを目的とした制裁を回避する」ことに資するため、「刑事裁判所モデルにしたがう法制度においても」重視されなければならない[35]。

第2の目的は比例原則であり、これは、この特定の文脈においては、「罪を犯した青少年に対する対応は、犯罪の重大性のみならず」、「社会的地位、家庭の状況、犯罪によって引き起こされた弊害、または個人的状況に影響を及ぼすその他の要因」といった「個人的状況も考慮にいれて行なわれるべきである」ということを意味する[36]。このような状況によって、「それに比例した対応が行なわれているかどうか判断されなければならない(たとえば、罪を犯した者が被害者に償いをしようと努めていること、または健全かつ有益な生活を送るようにしようとやる気を見せていることを考慮することによって)」[37]。

しかし比例性の原則は、とられる措置が必要な限度を超え、そのために青少年個人の基本的権利を侵害することがないよう、罪を犯した青少年の福祉を確保するにあたっても保障されなければならない[38]。

---

34 UN doc. ST/HR/1/Rev.4 (vol.I/Part 1) *Human Rights - A Compilation of International Instruments*, vol.I (First Part), Universal Instruments, p.360 (以下 *Human Rights - A Compilation of International Instruments*).
35 Ibid., loc. cit.
36 Ibid.
37 Ibid.
38 Ibid.

換言すれば、規則5は、「少年非行および少年犯罪のいかなる事案においても、公正なもの以上でも以下でもない対応を求めているのである。以上の2つの問題がこの規則で一体とされたことにより、両方の点における発展を刺激することにつながるかもしれない。すなわち、新しい革新的な対応は望ましいものであるが、少年に対する公式な社会統制の網が不当に拡大することを警戒することも同じように望ましいのである」[39]。

*****

　罪を犯した少年の更生に第一義的焦点を当てるという姿勢は、子どもの権利および福祉に関するアフリカ憲章17条3項にも見られる。この規定によれば、「審理中における、および刑法に違反したとして有罪であると認定された場合におけるすべての子どもの取扱いの本質的目的は、その子どもの**更生、家族への再統合および社会復帰**」とされなければならない(強調引用者)。罪を犯した少年に限られた規定ではないが、米州人権条約5条6項は、「自由の剥奪からなる刑罰は、受刑者の矯正および社会的再適応をその本質的目的とする」と規定している。欧州人権条約はこの問題について何ら定めていないものの、少年非行に対する社会的対応についての勧告R87(20)号で、欧州評議会閣僚委員会は、「未成年者を対象とする刑事制度は、ひきつづき教育および社会的統合という目標をその特徴とすべきこと、および、未成年者の収監は可能なかぎり廃止すべきこと」という確信を表明している[40]。

> 国際人権法上、少年司法制度の全般的目的は、子どもの更生および社会的再統合を促進することに置かれなければならない。これには、尊厳および人間としての自己の価値についての子どもの意識ならびに他の者の基本的権利の尊重を促進することも含まれる。

39　Ibid.
40　この勧告の本文は欧州評議会ウェブサイト(http://cm.coe.int/ta/rec/1987/87r20.htm)参照。

6. 少年司法制度を創設する義務

　少年司法の運営を規律する多くの国際法上の規則から派生する義務を実施できるようにするため、国は、国内レベルで具体的な法令を制定することが求められる。児童の権利条約40条3項によれば、「締約国は、刑法を犯したと申し立てられ、訴追され又は認定された児童に特別に適用される法律及び手続の制定並びに当局及び施設の設置を促進するよう努め」なければならない。とくに、刑事責任年齢を定めるとともに、人権および法的保護が十分に尊重されることを条件として、司法上の手続に訴えることなくこれらの子どもを取扱う措置をとるように努めることが求められる(40条3項(a)および(b))。

　児童の権利委員会は、時に、このような少年司法制度が存在しないこと、およびとくに法律、手続および少年裁判所が存在しないことに重大な懸念を表明してきた[41]。少年司法の効率的および効果的運営が行なわれていないこと、およびとくに条約その他の関連する国連基準との両立性が欠けていることに対して懸念を表明したこともある[42]。

> 国は、罪を犯した青年に対応するために具体的な少年司法の法制度(少年裁判所を含む)を設置するとともに、刑事責任に関する最低年齢を定める法的義務を有する。

7. 罪を問われた子どもと司法の運営

　第5章～7章で取り上げた、逮捕、拘禁、刑事捜査および裁判手続に関わる手続的保障は、もちろん、子どもが犯罪の嫌疑をかけられた場合にも同じように妥当する。換言すれば、**子どもは刑事手続のあらゆる関連の段階で成人と同じ権利を認められなければならない**のであり、児童の権利委員会は、適正手続が必ず

41　アルメニアについてUN doc. CRC/C/94, *Report on the twenty-third session (2000)*, para.350参照。
42　グレナダについてibid., para.411(a)を、南アフリカについてibid., para.455(a)を参照。
43　ニカラグアについてCRC/C/87, *Report on the twenty-first session (1999)*, para.247参照。

しもこのように保障されていない場合には懸念を表明してきた[43]。

　少年司法の特性ゆえに、手続的保障はさらに重要なものとなる。手続的保障によって、とくに子どもの最善の利益を保護し、かつ、意見を聴取される子どもの権利および社会的再統合に対する子どもの権利の尊重を確保しなければならないためである。本節では、罪を問われた子どもが有するもっとも基本的な権利のいくつかに焦点を当てるが、これらの重要な権利の完全な分析を提示しようと試みるものではない。力点は、罪を問われた子どもの特別なニーズから派生する規則に置かれる。

7.1 拷問および残虐な、非人道的なもしくは品位を傷つける取扱いまたは処罰を受けない権利

　児童の権利条約37条(a)によれば、「いかなる児童も、拷問又は他の残虐な、非人道的な若しくは品位を傷つける取扱い若しくは刑罰を受けない」。他方、子どもの権利および福祉に関するアフリカ憲章17条2項(a)は、締約国は「収監もしくは拘禁またはその他の方法で自由を奪われたいかなる子どもも、拷問ならびに非人道的なまたは品位を傷つける取扱いまたは罰を受けないことを確保」しなければならないと規定している。

　子どもはもちろん、自由権規約7条、拷問等禁止条約、アフリカ人権憲章5条、米州人権条約5条および欧州人権条約3条に掲げられた、身体的・精神的虐待からの一般的保護の利益も享受する。この禁止は**絶対的**なものであり、いかなる状況においても逸脱は認められない。

　不当な取扱いの禁止はもちろん自由を奪われた子どもにとくに関わるものではあるが、たとえば、逮捕・拘禁されずに警察の捜査を受けている子どもにも関連する。実際、犯罪の嫌疑または告発を受けた子どもにとってもっとも重要なのは、不当な取扱いその他の形態の虐待を受ける可能性がもっとも高い、警察による捜査および未決勾留の段階である。また、**子ども特有の敏感さおよびとくに被害を受けやすい立場のゆえに、成人については不法な取扱いとならない行為でも、子どもの場合には容認できないものがあることを、重要なこととして承知しておかなければならない**。児童の権利委員会が開催した少年司法の運営に関する一般的

討議では、子どもが収容されている施設「への定期的訪問およびその効果的監視を確保するため、国内的および国際的レベルで独立の機構を発展させることが真剣に検討されなければならないと提案された」[44]。このような訪問は、子どもの不当な取扱いを防止するうえで重要な手段となる。法執行官による子どもの不法な取扱いを防止するためのもうひとつの重要な手段は、たとえば、青年に建設的に対応する手法についてこれらの専門家を訓練するための講座を開催することである。

　児童の権利委員会は、インドの定期報告書を審査したさい、「拘禁施設において子どもの不当な取扱い、体罰、拷問および性的虐待が日常的に行なわれているという無数の報告があること、および、路上で生活しかつ(または)働いている子どもが法執行官によって殺害されたという訴えがあること」について懸念を表明している[45]。そこで委員会は、「拘禁の日時および理由を含め、警察署に連れて来られた子ども一人ひとりの登録を義務づけること、および、このような拘禁を判事による頻繁な義務的審査の対象とすること」を勧告した。委員会はまた、同国に対し、「拘禁時および定期的間隔を置いて医師による健診(年齢の確認を含む)が義務的に行なわれるようにするため」、刑事訴訟法を改正することも奨励している[46]。最後に委員会は、「収容場所における子どもの虐待の事件について苦情申立ておよび訴追の機構を整備するため」の少年法改正も勧告した[47]。

　児童の権利条約39条によれば、締約国は、「……拷問若しくは他のあらゆる形態の残虐な、非人道的な若しくは品位を傷つける取扱い若しくは刑罰……による被害者である児童の身体的及び心理的な回復及び社会復帰を促進するためのすべての適当な措置をとる」法的義務を負う。「このような回復及び復帰は、児童の健康、自尊心及び尊厳を育成する環境において行われ」なければならない。児童の権利委員会の見解では、この条項は「いっそうの注意を向けられるにふさわしい」ものであり、したがって、とくに司法運営制度の対象とされた子どもの身体的および心理的回復および社会的再統合を促進するためのプログラム

44　UN doc. CRC/C/46, *Report on the tenth session (1995)*, para.229.
45　UN doc. CRC/C/94, *Report on the twenty-third session (2000)*, para.70.
46　Ibid., para.71.
47　Ibid., para.72.

および戦略が策定されるべきであるとされる[48]。

*****

　自由権規約7条の解釈について、自由権規約委員会は、不当な取扱いの禁止は「犯罪に対する刑罰としてまたは教育上もしくは懲戒上の措置として命じられる過度の懲罰を含む体罰にも及ばなければならない」とし、さらに同条は「とくに教育施設および医療施設の子ども、生徒および患者を保護する」ものであると強調している[49]。体罰の問題についてさらに詳しくは、第8章の2.3.3も参照。

> 子どもは、いかなるときにも、拷問または残虐な、非人道的なもしくは品位を傷つける取扱いもしくは処罰を受けない絶対的権利を有する。この禁止には、犯罪に対する刑罰としてまたは教育上もしくは懲戒上の措置として科される体罰も含まれる。虐待の被害を受けた子どもは、その身体的および心理的回復ならびに社会的再統合を促進する適切な措置に対する権利を有する。

7.2 子どもの一般的取扱い／子どもの最善の利益

　条約3条1項および40条1項によれば、子どもの最善の利益は、子どもに関わるあらゆる行動において、裁判所も含むあらゆる制度および公的機関の指針となる基本的原則である。「刑法を犯したと申し立てられ、訴追され又は認定された」子どもは、「尊厳及び価値についての当該児童の意識を促進させるような方法であって、当該児童が他の者の人権及び基本的自由を尊重することを強化し、かつ、当該児童の年齢を考慮し、更に、当該児童が社会に復帰し及び社会において建設的な役割を担うことがなるべく促進されることを配慮した方法により取り扱われる権利」を有する(条約40条1項)。

　子どもの権利および福祉に関するアフリカ憲章17条1項は、「刑法に違反したとして申立てられまたは認定されたすべての子どもは、子どもの尊厳および価値に

---

[48] UN doc. CRC/C/15/Add.34, *Concluding Observations: United Kingdom*, para.39.
[49] 一般的意見20、パラ5(*United Nations Compilation of General Comments*, p.139)。

ついての意識に一致する方法であって、かつ子どもが他の者の人権および基本的自由を尊重することを強化する方法により特別な取扱いを受ける権利を有する」と定めている。子どもの社会的再統合の問題は17条3項で扱われており、「審理中における、および刑法に違反したとして有罪であると認定された場合におけるすべての子どもの取扱いの本質的目的は、その子どもの更生、家族への再統合および社会復帰とする」と規定されている。

子どもの最善の利益の問題については前掲4.2も参照。

> 子どもの「最善の利益」の概念は、子どもに関わるあらゆる行動において、裁判所も含むあらゆる制度および公的機関の指針とならなければならない。その最終的目的は、子どもの社会的再統合を促進することである。

7.3 いくつかの基本的な手続的権利

　刑法に違反したとして申立てられまたは告発されたすべての子どもは、**最低限**、児童の権利条約40条2項(a)および(b)に列挙された保障を認められなければならない。これらの保障のなかには国際人権法で一般的に確立されている原則もあるが、子どもの特別なニーズと利益を満たすことを目的とするものもある[50]。同時に念頭に置いておかなければならないのは、他の国際人権条約に掲げられた手続的権利も、関連するときには常に、少年司法の運営においても確保されなければならないということである。ただし、これらの手続的権利については第5章～7章でやや詳しく扱ったので、ここでは繰り返さない。

7.3.1 罪刑法定主義の原則

　罪刑法定主義の原則は、条約40条2項(a)で保障されている基本的原則である。

---

50 *Implementation Handbook*, p.547.

同条項によれば、「いかなる児童も、実行の時に国内法又は国際法により禁じられていなかった作為又は不作為を理由として刑法を犯したと申し立てられ、訴追され又は認定されない」。これはきわめて重要な法的原則であるために、自由権規約4条2項、米州人権条約27条2項および欧州人権条約15条2項にもとづいて逸脱不可能な原則とされている。この原則については第7章3.11も参照。

7.3.2 無罪と推定される権利

「法律に基づいて有罪とされるまでは無罪と推定される」子どもの権利は児童の権利条約40条2項(b)(i)に掲げられている。他方、子どもの権利および福祉に関するアフリカ憲章17条2項(c)(i)は「有罪が適正に認められるまで無罪と推定される」子どもの権利を保障している。

児童の権利委員会は、英国の1988年刑事証拠(北アイルランド)令が、条約40条、および「とくに無罪の推定を受ける権利および証言または有罪の自白を強制されない権利と両立しないように思われること」に懸念を表明した。この法律によれば、「警察の尋問に対して沈黙を守ることを10歳以上の子どもの有罪認定の裏付けとして用いることができる……。審判における沈黙も、同様に、14歳以上の子どもの不利益に用いることができる」[51]。そこで委員会は、「北アイルランドにおいて運用されている、少年司法の運営制度に関わるものも含めた緊急立法およびその他の立法を、条約の原則および規定との一致を確保するために見直す」よう勧告した[52]。有罪と証明されるまでは無罪と推定される権利については、第6章第5節も参照。

7.3.3 速やかに情報を告げられる権利および法的援助を受ける権利

条約40条2項(b)(ii)は、「速やかにかつ直接に、また、適当な場合には当該児童の父母又は法定保護者を通じてその罪を告げられること並びに防御の準備及び申

---

51 UN doc. CRC/C/15/Add. 34, *Concluding Observations: United Kingdom*, para.20.
52 Ibid., para.34.

立てにおいて弁護人その他適当な援助を行う者を持つ」子どもの権利を宣明している。自由権規約9条2項および14条3項(a)といった他の同様の国際法上の規定と比べると、児童の権利条約は、第1に、「適当な場合には」子どもへの告知を親または法定保護者を通じて行なうこともできるという点で異なっている。第2に、防御の準備および申立てにおいて「弁護人**その他の適当な援助**」(強調引用者)を受ける子どもの権利への言及が見られることは、一般人権法に比べて修正されている点である[53]。「その他の適当な援助」への言及が見られることにより、子どもが弁護士以外の者によって防御を確保されることが可能となっている。ただし、子どもの最善の利益を踏まえ、また正義の観点から、このような援助は法律の軽微な違反の場合にのみ用いられなければならない。

　子どもの権利および福祉に関するアフリカ憲章は、この点について、刑法に違反したとして告発された子どもは、「自己に対する被疑事実を、子どもが理解できる言語でかつ詳細に、速やかに告げられ」なければならないこと(17条2項(c)(ii))、「自己の防御の準備およびその提出にあたって法的その他の適当な援助を受け」られなければならないこと(17条2項(c)(iii))を定めている。

7.3.4 遅滞なく審判を受ける権利

　条約40条2項(b)(iii)は、子どもには「事案が権限のある、独立の、かつ、公平な当局又は司法機関により法律に基づく公正な審理において、弁護人その他適当な援助を行う者の立会い及び、特に当該児童の年齢又は境遇を考慮して児童の最善の利益にならないと認められる場合を除くほか、当該児童の父母又は法定保護者の立会いの下に遅滞なく決定される」権利があると規定している。子どもの権利および福祉に関するアフリカ憲章17条2項(c)(iv)は、より簡潔に、罪を問われた子どもは「公平な裁判所によって可能なかぎり迅速に決定を受け」なければならないと定めている。

　第7章で見たように、国際人権条約は、「不当に遅延することなく」(自由権規

53　第1の要件については*Implementation Handbook*, p.548参照。

約14条3項(c))または「妥当な期間内に」(欧州人権条約6条1項)裁判を受ける権利を保障している。**しかし、子どもとの関連では手続の迅速性はとくに重要であり、したがって子どもは「遅滞なく」裁判を受けられなければならない。児童の権利条約40条では「不当な」という形容詞は除かれているのである。**

　40条2項(b)(iii)は、その他の面では、犯罪を行なったとして告発された者の裁判は**権限のある**、**独立のかつ公平な**機関によって行なわれなければならず、そこでは被告人に対して**公正な審理**が保障されなければならないという基本的原則を反映している。これらの基本的原則についてさらに詳しくは、第4章および第7章参照。

　この規定はまた、親または法定保護者を手続から排除することが当該の子どもの最善の利益にかなうと考えられる場合があることも含意するものである。同じ問題について、北京規則の規則15.2は次のように規定している。

> 「親または保護者は、手続に参加する権利を有する。また、権限ある機関は、親または保護者に対し、少年の利益のために手続に出席するよう求めることができる。ただし、権限ある機関は、親または保護者を出席させないことが少年の利益のために必要であると考える理由がある場合、その参加を認めないことができる」

　規則15.2の注釈によれば、手続に参加する親または保護者の権利は、「少年に対する一般的な心理的および情緒的な援助として見なされなければならない。このような援助は手続全体に及ぶ機能である」[54]。注釈は、手続から親または法定保護者を排除する可能性について次のように説明している。

> 「権限ある機関が事件の適切な処分について検討するさい、とくに少年の法定代理人(または、さらにいえば、少年が真に信頼することができ、かつ実際に信頼しているその他の個人的援助者)の協力を得ることが有益な場合があ

54　*Human Rights - A Compilation of International Instruments*, p.368.

る。ただし、親または保護者が審判に出席することが否定的な役割を果たす場合、たとえば親または保護者が少年に敵対的な態度を示す場合などには、そのような配慮が逆効果になりうる。したがって、親または保護者を排除する可能性も用意しておかなければならない」[55]

　同様の理由により、条約40条2項(b)(iii)にもとづいて子どもの親または法定保護者を排除することも正当化されると判断するのが妥当である。
　もちろん、子どもが弁護人に**速やかに**アクセスできることはとくに重要となる[56]。

7.3.5 自己帰責をしない権利ならびに証人を尋問しかつこれに対して尋問させる権利

　児童の権利条約40条2項(b)(iv)には2つの異なる権利が掲げられている。すなわち、「自己に不利益な供述又は有罪の自白を強要されない」権利と、次に「不利な証人を尋問し又はこれに対し尋問させる」権利ならびに「対等の条件で自己のための証人の出席及びこれに対する尋問を求める」権利である。
　上述したように、児童の権利委員会は、警察が尋問に対する沈黙を10歳以上の子どもの有罪認定の裏付けとして用いることができるとした法律について、とくに証言または有罪の自白を強制されない権利と両立しないように思われるという理由で懸念を表明した[57]。また、これとの関係では、国際人権法においては不法な手段で得た自白を用いることが禁じられており、この禁止は少年司法の運営の枠組みにおいてはなおさら当てはまることも強調しておかなければならない。
　「自己に不利益な供述または有罪の自白を強要されない権利」については、第7章の3.7も参照。

55　Ibid., pp.368-369.
56　UN doc. CRC/C/15/Add.66, *Concluding Observations: Bulgaria*, para.34.
57　UN doc. CRC/C/15/Add.34, *Concluding Observations: United Kingdom*, paras.20 and 34.

7.3.6 再審査に対する権利

　子どもが刑法に違反したと認定された場合、条約40条2項(b)(v)は、子どもは「その認定及びその結果科せられた措置について、法律に基づき、上級の、権限のある、独立の、かつ、公平な当局又は司法機関によって再審理される」権利を有すると規定している。「上級裁判所による上訴審」に対する権利は、子どもの権利および福祉に関するアフリカ憲章17条2項(c)(iv)でも保障されている。

　有罪の判決および量刑に対して上訴する権利は、さらに、自由権規約14条5項、米州人権条約8条2項(h)および欧州人権条約の第7議定書2条にも掲げられている。ただし欧州人権条約の第7議定書は、とくに「軽微な性質の犯罪に関する」例外を認めている。

　児童の権利委員会は、デンマークに対し、一定の状況で上訴権の制限を正当化した、40条2項(b)(v)への留保を撤回するよう奨励している[58]。

7.3.7 無料で通訳の援助を受ける権利

　児童の権利条約40条2項(b)(vi)によれば、子どもは、「使用される言語を理解すること又は話すことができない場合には、無料で通訳の援助を受ける」権利を有する。同じ規則は子どもの権利および福祉に関するアフリカ憲章17条2項(c)(ii)にも掲げられている。

　これも、自由権規約14条3項(f)、米州人権条約8条2項(a)および欧州人権条約6条3項(e)といった他の国際人権条約にも存在する規則である。この規則は、異なる言語を話す子どもだけではなく、障害のある子どもにとっても重要である[59]。

7.3.8 プライバシーを尊重される権利

　罪を問われた子どもは、「手続のすべての段階において……私生活が十分に尊

---

[58] UN doc. CRC/C/15/Add.33, *Concluding Observations: Denmark*, paras.8 and 16.
[59] *Implementation Handbook*, p.549.

重される」権利を有する(条約40条2項(b)(vii))。この権利は北京規則の規則8でさらに発展した形で定められており、それによれば、「プライバシーに対する少年の権利は、不当な公表またはラベリングの過程によって少年に及ぼされる弊害を回避するため、あらゆる段階で尊重されなければならない。原則として、罪を犯した少年の特定につながりうるいかなる情報も公表されてはならない」(規則8.1および8.2)。

　注釈で説明されているように、この規則は「プライバシーに対する少年の権利を保護することの重要性を強調している。青少年はとりわけスティグマ(烙印)を付与されやすい。ラベリングの過程に関する犯罪学上の調査研究により、青少年が『非行少年』または『犯罪者』として恒久的に位置づけられることは(さまざまな)有害な影響をもたらすという証拠が提示されてきた」[60]。第2に、規則8は「事件についての情報(たとえば、罪を申し立てられたまたは有罪判決を受けた青少年の氏名)がマスメディアで公表されることにより生ずる可能性のある悪影響から少年を保護することの重要性も強調している」。このように、「個人の利益は、少なくとも原則として保護および支持されなければならない」のである[61]。

　プライバシーに対する少年の権利を保護しなければならないことにより、自由権規約14条1項、米州人権条約8条5項および欧州人権条約6条1項で定められている、裁判手続は公開で行なわれなければならないという基本的規則に対する例外が正当化される。このような例外は自由権規約14条1項でも予定されているところであり、それによれば、「報道機関及び公衆に対しては、民主的社会における道徳……理由として、当事者の私生活の利益のため必要な場合において……裁判の全部又は一部を公開しないことができる」。同条項はさらに、「刑事訴訟又は他の訴訟において言い渡される判決は、少年の利益のために必要がある場合又は当該手続が夫婦間の争い若しくは児童の後見に関するものである場合を除くほか、公開する」と規定している。

　欧州人権条約6条1項は、判決を公開で言渡すことについては少年のためのい

60　*Human Rights - A Compilation of International Instruments*, p.362.
61　Ibid., loc. cit.

かなる例外も定めていないが、「少年の利益または当事者の私生活の保護のため必要な場合において、またはその公開が司法の利益を害することとなる特別な状況において裁判所が真に必要があると認める限度で」、非公開の手続を認めている。米州人権条約8条5項は公開の問題についてはもっと簡潔であり、「刑事手続は、司法の利益のために必要とされる場合を除くほか、公開とする」と定めるのみである。非公開の手続の利益を享受することは少年の最善の利益にかなうと通常は考えられるので、米州人権条約8条5項でもこのことが含意されていると考えるのが筋であろう。子どもの権利および福祉に関するアフリカ憲章17条2項(d)は、締約国は「報道陣および公衆を審理に立ち入らせ」てはならないと端的に確認している。

*****

プライバシーに対する少年の権利を保護するため、北京規則の規則21は、**罪を犯した少年の記録の扱い**についても次のように定めている。

> 「21.1 罪を犯した少年の記録は厳重に秘密とされなければならず、第三者に対して開示されてはならない。そのような記録に対するアクセスは、当該事件の処分に直接関係している者または適切な形で権限を与えられたその他の者に限定されるものとする。
> 21.2 罪を犯した少年の記録は、同一人物が関わってその後に生じた事件に関する成人の手続で用いられてはならない」

注釈によれば、この規則は「記録または書類に関係する相対する利益、すなわち警察、検察その他の機関が統制を強化しようとするさいの利益と罪を犯した少年の利益との間で均衡を図ることを狙いとしたものである」[62]。「適切な形で権限を与えられたその他の者」については、「一般的に、とくに研究者が含まれることになろう」とされる[63]。

児童の権利委員会は、1995年11月に開かれた少年司法の運営に関する一般的討

---

62 Ibid., p.373.
63 Ibid., p.374.

議の報告書で、「子どものプライバシーは、刑事記録およびメディアによる報道の可能性との関係も含め、手続のすべての段階において十分に尊重されるべきである」と強調している[64]。

＊＊＊＊＊

上記の規定からわかるように、罪を問われた子ども／少年が刑事手続との関係でプライバシーの尊重を享受する権利は適用範囲が幅広く、罪を犯した成人が享受する権利よりもはるかに手厚い保護を受けている。

> 刑法に違反したとして申立てられ、罪を問われまたは認定されたすべての子どもは、適正手続の保障を全面的に享受する権利を有する。とくに、すべての子どもは次の権利を有している。
> - 法的手続全体を通じて最善の利益を考慮される権利、および社会への再統合を将来促進する可能性が高い取扱いを受ける権利
> - **罪刑法定主義**の原則から利益を受ける権利
> - 有罪と証明されるまで無罪と推定される権利
> - 速やかに情報を告知され、かつ速やかに法的援助を受ける権利
> - 子どもに対して公正な審判を保障する、権限のある、独立のかつ公平な公的機関または司法機関による審判を**遅滞なく**受ける権利
> - 自己帰責をしない権利、および、検察側と対等な条件で証人を尋問しまたはこれを喚問する権利
> - 上訴権
> - 必要なときは常に無料で通訳の援助を受ける権利
> - プライバシーを尊重される権利

64　UN doc. CRC/C/46, *Report on the tenth session (1995)*, para.227.

8. 子どもと自由の剥奪

　子どもの自由の剥奪は、まだきわめて微妙な発達段階にある子どもが拘禁のために家族から引き離されれば重大な、回復不可能とさえ言える心理的悪影響を受ける可能性があるという点で、特別な問題を提起するものである。そのため、国際人権法は子どもの自由の剥奪を最小限に留めようとしている。国際法は同様に、自由が剥奪された場合にその悪影響を緩和するため、当該の子どもの最善の利益を基礎とする特別な規則を定めている。本節で参照する主な法源は、児童の権利条約、自由を奪われた少年の保護に関する国連規則、子どもの権利および福祉に関するアフリカ憲章である。少年の保護に関する国連規則(以下「国連規則」)自体は政府を拘束するものではないが、そこに掲げられた多くの規則は、児童の権利条約にも掲げられていること、または「条約に掲げられた権利の諸相」を構成している[65]ことを理由として、拘束力を有している。

　本章は主として犯罪の嫌疑を受けた子どもの権利に関わるものであるが、以下に説明する規則は、自由の剥奪を支持するために援用される理由(犯罪の嫌疑、子どもの福祉、精神衛生上の理由等)に関わらず、あらゆる形態の自由の剥奪に適用されるものである。

8.1 自由の剥奪の意義

　子ども・少年に適用される自由の剥奪の概念について児童の権利条約37条には定義が置かれていないが、国連規則の規則11(b)によれば次のとおりである。

> 「自由の剥奪とは、いずれかの司法機関、行政機関その他の公的機関の命令によるあらゆる形態の拘禁もしくは収監または公的もしくは私的な身柄拘束環境への措置であって、対象とされた者がみずからの意思で離れることを許されないものを指す」

---

[65] *The United Nations and Juvenile Justice: A Guide to International Standards and Best Practice*, p.24, para.243.

したがって、国連規則は「自由が剥奪される施設の種別が何であれ、あらゆる形態の自由の剥奪に適用される」[66]。

8.2 自由の剥奪：最後の手段

児童の権利条約37条(b)は、まず、「いかなる児童も、不法に又は恣意的にその自由を奪われない」と定めている。次に、この点について次のような具体的規定を置いている。

「児童の逮捕、拘留又は拘禁は、法律に従って行うものとし、最後の解決手段として最も短い適当な期間のみ用いる……」

したがって、子どもの自由の剥奪を国際基準に一致する形で行なうためには次の要件が満たされなければならない。

◎ 合法的であって、恣意的ではないこと
◎ 最後の手段として科されること(すなわち、当該の子どもに対応するために公的機関が他の適切な代替手段を利用できないこと)
◎ 「最も短い適当な期間」に留められること

少年の自由の剥奪が最後の手段として用いられなければならないという規則は、国連規則の規則1および2でも確認されている。規則2はさらに、自由の剥奪は「……必要最小限の期間の処分でなければならず、かつ例外的な場合に限られるべきである」と規定している。最後に、規則2によれば、「制裁の期間は司法機関によって決定されなければならず、かつ早期の釈放の可能性が排除されてはならない」。

児童の権利委員会は、少年司法の運営に関する一般的討議の報告書で、「自由

---

66 Ibid., para.240.

の剥奪、とくに未決勾留は、けっして不法なまたは恣意的なものであるべきではなく、かつ他のすべての適当な解決策が不十分であると証明された場合にのみ用いられるべきである」と強調している[67]。委員会は、締約国報告書の審査の過程で、自由の剥奪が(制度的に)最後の手段として[68]および可能なもっとも短い期間で[69]用いられていないことに何度か懸念を表明してきた。委員会はまた、ロシア連邦において「検察官の裁量により少年被拘禁者の未決勾留期間が延長されること」に不満を表明している[70]。これらの懸念を踏まえ、委員会は、自由の剥奪に代わる手段を発展させるための努力を強化・増進しなければならないと強調してきた[71]。

国連規則の規則30によれば、「保安措置がまったくとられていないまたは最小限に抑えられている」開放型の拘禁施設が設置されるべきであるとされる。「そのような拘禁施設の収容人数はできるだけ少数であるべきである。閉鎖型施設に拘禁される少年の人数は、個別処遇を可能にするのに十分な規模に抑えられなければならない」。

児童の権利条約2条にしたがい、自由の剥奪は差別的ではない方法で用いられる必要もある。

8.3 自由を奪われた子どもの権利

第5章〜7章で説明した被拘禁者の市民的権利は子どもにも適用されるものの、逮捕・拘禁・収監された子どもは、年齢が低いことを理由とする追加的な権利を有する。これにより、子どもの特別なニーズに応じた子どもの取扱いを行なう必要が生ずる。換言すれば、子どもの取扱いのあり方はいかなるときにもその最善の利益にしたがって定められなければならないということである。

67　UN doc. CRC/C/46, *Report on the tenth session (1995)*, para.227.
68　たとえばベネズエラについてUN doc. CRC/C/90, *Report on the twenty-second session (1999)*, para.61(b)を、メキシコについてibid., para.192(b)を参照。
69　イラクについて UN doc. CRC/C/80, *Report on the nineteenth session (1998)*, para.86.参照。
70　UN doc. CRC/C/80, *Report on the twenty-second session (1999)*, para.130.
71　ペルーについてUN doc. CRC/C/94, *Report on the twenty-third session (2000)*, para.381(c)を、ホンジュラスについてUN doc. CRC/C/87, *Report on the twenty-first session (1999)*, para.130を参照。

8.3.1 人道的な取扱いを受ける権利

　児童の権利条約37条(c)は、「自由を奪われたすべての児童は、人道的に、人間の固有の尊厳を尊重して、**かつ、その年齢の者の必要を考慮した方法で取り扱われる**」(強調引用者)と定めることにより、37条(a)における不当な取扱いの禁止を補完している。人道的な取扱いを受ける積極的権利一般については、自由権規約10条1項および米州人権条約5条2項でも明示的に保障されているところである。他方、子どもの権利および福祉に関するアフリカ憲章17条1項は、すでに述べたように、「刑法に違反したとして申立てられまたは認定されたすべての子どもは、子どもの尊厳および価値についての意識に一致する方法であって、かつ子どもが他の者の人権および基本的自由を尊重することを強化する方法により特別な取扱いを受ける権利を有する」と規定している。

8.3.2 成人から分離される子どもの権利

　この点について条約37条(c)は、「特に、自由を奪われたすべての児童は、例外的な事情がある場合を除くほか、成人とは分離されないことがその最善の利益であると認められない限り成人とは分離される」と定めている。他方、子どもの権利および福祉に関するアフリカ憲章17条2項(b)によれば、締約国は「子どもが拘禁または収監の場所において成人と分離されることを確保」しなければならない。

　自由権規約10条2項(b)は、「少年の被告人は、成人とは分離されるものとし、できる限り速やかに裁判に付される」と述べるのみである。米州人権条約5条5項は、この点について、未成年者は、「未成年者としての地位にしたがった取扱いを受けることができるように、刑事手続の対象とされている間、成人から分離され、かつ可能なかぎり迅速に専門の裁判所に引致され」なければならないと規定している。

＊＊＊＊＊

　児童の権利委員会は、いくつかの締約国が、拘禁または収監の過程で子どもを成人から分離することを義務づけた規定に留保を付す必要があると判断した

ことについて懸念を表明し、そのような留保の撤回を勧告してきた[72]。委員会はまた、少年が成人とともに拘禁されていることについても何度か懸念を表明している[73]。スウェーデンについては、「子どもの最善の利益および施設措置に代わる措置を考慮にいれ、身柄を拘束された子どもが成人から分離されることを確保するためにさらなる検討を行なう」ことを提案した[74]。ヨルダンについては、審判を受けていない子どもが有罪の判決を受けた成人と同じ敷地に収容されていることに憂慮を表明している[75]。委員会の活動から明らかなのは、少年を成人から分離しなければならないという要件は、精神医療施設を含む**すべての施設**に適用されるということである[76]。

* * * * *

拷問禁止委員会は、米国の少年が「通常の刑務所収容者と同じ刑務所に収容されない」ようにすることを勧告している[77]。

* * * * *

自由権規約10条2項(a)によれば、罪を問われた者はさらに、「例外的な事情がある場合を除くほか有罪の判決を受けた者とは分離されるものとし、有罪の判決を受けていない者としての地位に相応する別個の取扱いを受ける」ものとされる。同様の規定は米州人権条約5条4項にも掲げられている。国連規則の規則17は、「未決拘禁者は有罪宣告を受けた少年から分離されるべきである」と定めている。

8.3.3 家族との接触を維持する子どもの権利

条約37条(c)によれば、自由を奪われたすべての子どもは「例外的な事情がある場合を除くほか、……通信及び訪問を通じてその家族との接触を維持する権利

72　たとえばUN doc. CRC/C/15/Add.37, *Concluding Observations: Canada*, paras.10 and 18参照。
73　ギニアについてUN doc. CRC/C/84, *Report on the twentieth session (1999)*, para.126を、ボリビアについてUN doc, CRC/C/80, *Report on the nineteenth session (1998)*, para.117を、メキシコ(警察署での勾留)についてUN doc. CRC/C/90, *Report on the twenty-second session (1999)*, para.192(c)を参照。
74　UN doc. CRC/C/15/Add.2, *Concluding Observations: Sweden*, para.12.
75　UN doc. CRC/C/15/Add.21, *Concluding Observations: Jordan*, para.16.
76　UN doc. CRC/C/15/Add.53, *Concluding Observations: Finland*, paras.16 and 27.
77　UN doc. *GAOR*, A/55/44, p.32, para.180(e).

を有する」。例外的事情は、とくに子どもの最善の利益を含む、条約を通底する基本的原則に照らして検討されなければならない[78]。

委員会は、拘禁中に親および家族にアクセスする子どもの権利について何度か懸念を表明してきており[79]、たとえばベナン政府に対しては、「少年司法制度の対象とされている間、子どもがその家族との接触を維持することを確保する」よう勧告している[80]。

国連規則の規則59～62は、拘禁・収監された子どもが家族および友人を含む広範なコミュニティと接触する権利について、さらに詳しい指針を掲げている。

8.3.4 法的援助に速やかにアクセスし、かつ拘禁の合法性を争う子どもの権利

児童の権利条約37条(d)の規定によれば次のとおりである。

「自由を奪われたすべての児童は、弁護人その他適当な援助を行う者と速やかに接触する権利を有し、裁判所その他の権限のある、独立の、かつ、公平な当局においてその自由の剥奪の合法性を争い並びにこれについての決定を速やかに受ける権利を有する……」

国連規則の18(a)は、これに付け加えて、少年はまた「無償の法律扶助が利用可能な場合にはそのような扶助を申請すること、および弁護人と定期的に連絡することを可能とされなければならない。そのような連絡にあたってはプライバシーおよび秘密の保持が確保されるものとする」と定めている。

法的援助を利用し、かつ自己の自由の剥奪について法的異議申立てを行なう基本的権利については、第5章の6節および7節でやや詳しく説明したのでここで繰り返す必要はない。ただし、児童の権利条約37条(d)と、一般国際人権法で定

---

78 *Implementation Handbook*, p.502参照。
79 UN doc. CRC/C/15/Add.4, *Concluding Observations: Russian Federation*, para.14 and UN doc. CRC/C/15/Add.61, *Concluding Observations: Nigeria*, para.23.
80 UN doc. CRC/C/87, *Report on the twenty-first session (1999)*, para.165.

められた諸規則との間には2つの違いが存在する。第1に、37条(d)は「弁護人
〔**および**〕その他適当な援助を行う者」(強調引用者)に言及している。この追加
的文言は、たとえば少年がとくに信頼する社会的援助者を対象とする場合がある。
開業弁護士に加えてこのような援助者の援助を受けることは、子どもの最善の利
益にかなう可能性が高い。

　第2の違いは、自由の剥奪の合法性を争う権利に関わるものである。たとえば
自由権規約9条4項によれば、自由の剥奪が合法的であるか否かの決定は「裁判所」
によって行なわれるものとされるが、児童の権利条約37条(d)では「裁判所〔**ま
たは**〕その他の権限のある、独立の、かつ、公平な当局」(強調引用者)のいずれ
かとされている。この点に関する言及は北京規則の規則10(2)にも見られ、そこ
では「裁判官またはその他の権限ある職員もしくは機関」は、逮捕と同時に少年
の「釈放の問題を遅滞なく考慮しなければならない」と定められている。この規
則の注釈によれば、「権限ある職員もしくは機関」という文言は「もっとも広義
の人または機関を指すものであって、逮捕された者の釈放権限を有するコミュニ
ティ委員会または警察機関を含む」ものとされる[81]。

**しかし、拘禁の合法性および(または)当該少年の釈放の問題について判断を下
すための前提として求められる独立性および公平性をコミュニティ委員会や警察
機関が有しているかどうかについては、問題が生ずるところである。**

＊＊＊＊＊

　児童の権利委員会は、メキシコの少年が「法的援助に十分にアクセスできてい
ない」ことに懸念を表明したことがある[82]。

8.3.5 子どもと一般的拘禁環境

　国には拘禁・収監された子どもに対してそのニーズに合わせた特別な取扱いを
行なう義務があるということは、条約全体を貫く「最善の利益」アプローチの表
れである。これはまた、少年司法制度が「少年の権利と安全を擁護し、かつその

81　*Human Rights - A Compilation of International Instruments*, p.363.
82　UN doc. CRC/C/90, *Report on the twenty-second session (1999)*, para.192(f).

身体的および精神的福祉を促進するようなものであるべきである」こと(国連規則の規則1)、さらに、関連する法的規則全体の目的が「あらゆるタイプの拘禁の有害な影響を中和し、かつ社会への再統合を促進することにある」(国連規則の規則3)ことを踏まえれば、基本的に筋の通った規則でもある。

とくに子ども中心の姿勢を追求しているこのアプローチは、さらに、「施設に収容された少年に対しては有意義な活動とプログラムの利益が保障されるべきである」ことも含意している。「そのような活動およびプログラムは、少年の健康と自尊心を促進および維持し、その責任感を醸成し、かつ、少年が社会の構成員として本来有している能力を発達させる役に立つような態度とスキルを奨励するものでなければならない」(国連規則の規則12)。

さらに、条約24条1項によれば、子どもは「到達可能な最高水準の健康……並びに病気の治療及び健康の回復のための便宜」を享受する権利を有する。締約国はさらに、「いかなる児童もこのような保健サービスを利用する権利が奪われないことを確保するために努力」しなければならない。この規定は拘禁中の子どもにも適用される。国連規則の規則31は、さらに、「自由を奪われた少年は、健康および人間の尊厳の要求をすべて満たすような便益およびサービスに対する権利を有する」と定めている。国連規則には、医療ケア(規則49～55)のみならず、物理的環境および収容設備(規則31～37)、教育、職業訓練および作業(規則38～46)、レクリエーション(規則47)、宗教(規則48)に関する詳細な定めも置かれている。

＊＊＊＊＊

教育へのアクセスは、当然、拘禁・収監された少年が釈放に備えられるようにするうえでとくに重要な問題である。国連規則の規則38はこの点について次のように定めている。

「義務教育年齢にあるすべての少年は、そのニーズと能力に適合し、かつ社会復帰の準備を目的とした教育に対する権利を有する。そのような教育は、釈放後も少年が困難なく教育を継続することができるよう、可能な場合には常に拘禁施設外のコミュニティの学校において、かついかなる場合にも資格のある教職員により、国の教育制度に統合されたプログラムを通じて提供さ

れるべきである。拘禁施設管理者は、外国出身の少年または特定の文化的もしくは民族的ニーズを有する少年の教育に対し、特別な注意を向けなければならない。非識字の少年または認知障害もしくは学習障害を有する少年は特別な教育に対する権利を有する」

義務教育年齢を超過した少年であって教育を継続したいと望む者については、「教育の継続が許可および奨励されるべきであり、かつ、そのような少年に対して適切な教育プログラムへのアクセスを提供するためにあらゆる努力が行なわれるべきである」(規則39)。言うまでもなく、「拘禁中の少年に授与される修了証書または履修証明書は、少年が施設に措置されていたことをいかなる形でも明らかにするものであってはならない」(規則40)。

自由を奪われたすべての少年は、「将来の就業の備えになると思われる職種についての職業訓練を受ける権利」も有しており(規則42)、「職業上の適切な選択および施設管理上の要請を正当に考慮したうえで、少年は自分が行ないたいと望む作業のタイプを選択できるべきである」(規則43)。

拘禁された子ども・少年が教育を受ける権利は、自由の剥奪の期間**全体**を通じて保障されることが必要不可欠である。

* * * * *

児童の権利委員会は、拘禁・収監中に少年が受ける取扱いについてしばしば懸念を表明しており、また拘禁環境一般、とくにロシア連邦の教育施設の環境についても懸念を表明したことがある[83]。しばしば表明されるもうひとつの懸念は、拘禁施設の収容過剰に関わるものである[84]。

児童の権利委員会は同様に、少年の身体的および心理的回復ならびに社会的再統合のための便益およびプログラムが不十分であることについても繰り返し懸念を表明してきた[85]。このような措置は、司法の運営に関わるいかなる制度においてもその中核となるべきである。

---

[83] ロシア連邦についてUN doc. CRC/C/90, *Report on the twenty-second session (1999)*, para.130参照。
[84] 南アフリカについてUN doc. CRC/C/94, *Report on the twenty-third session (1999)*, para.455を、ベリーズについてUN doc. CRC/C/84, *Report on the twentieth session (1999)*, para.89を参照。
[85] ベナンについてUN doc. CRC/C/87, *Report on the twenty-firsut session (1999)*, para.165(f)を参照。

8.3.6 子どもの権利と懲戒措置

　自由を奪われた少年に対する懲戒措置の利用は、「安全および秩序ある共同生活という利益」を維持する目的で行なわれる場合には正当であるが、それは「少年の固有の尊厳の支持および施設ケアの基本的目的、すなわち正義、自尊、およびすべての人の基本的権利の尊重の感覚を醸成することに合致したもの」であるべきである(国連規則の規則66)。規則67によれば、このことは、次のような措置が「厳格に禁じられなければならない」ことを意味する。

◎　残虐な、非人道的なまたは品位を傷つける取扱いに相当する措置
◎　体罰
◎　暗室への収容
◎　閉鎖房への収容もしくは厳正独居拘禁
◎　対象とされる少年の身体的または精神的健康を害するおそれのある他のいずれかの処罰

さらに、次の措置も禁止される「べきである」。

◎　「いかなる目的」であるかに関わらず、減食および家族の構成員との接触の制限または拒否
◎　労働(なぜならば、それは「常に教育手段として、およびコミュニティへの復帰に備えて少年の自尊心を促進する手段として見なされるべきであり、懲戒上の制裁として科されてはならない」ためである)
◎　同一の規律違反に対する重ねての制裁
◎　連帯責任にもとづく制裁

　国は、「少年の基本的特質、ニーズおよび権利を全面的に考慮にいれ」ながら、(a)規律違反となる行為、(b)科される可能性のある懲戒上の制裁の種類および期間、(c)そのような制裁を科す権限のある機関、ならびに(d)不服申立てを審査する権限のある機関に関わる規範を定めた法令を採択するべきである(規則68)。

少年に対する懲戒は、「効力を有する法律と規則の条項に厳格に」したがい、かつ「少年が全面的に理解するのにふさわしい方法で違反の疑いについて知らされ、かつ、……防御を行なう適切な機会を与えられた」後に初めて行なうことができる。少年は「権限ある公正な機関に不服申立てを行なう権利」を認められるべきであり、また「すべての懲戒手続の完全な記録が作成および保管されるべきである」(規則70)。

* * * * *

児童の権利委員会は、とくに、少年司法制度で用いられている笞打ちのような体罰をグレナダが禁止・根絶すべきことを勧告するとともに、イエメンの「拘禁センターで笞打ちを含む体罰および拷問が用いられていること」についても懸念を表明している[86]。これらの身体的な不当な取扱いが懲戒または刑事制裁の目的で科されたものかどうかは明らかでないが、いずれにしてもこのような措置は違法である。ただし委員会は、「ジンバブエの男子に対し、笞打ちが懲戒措置として用いられていること」について懸念を表明したことがある[87]。

体罰の問題については、このマニュアルの第8章の2.3.3も参照。

> 少年の自由の剥奪は最後の手段としてのみ、すなわち当該の子どもに対応するために他の適切な措置が利用できない場合にのみ用いられるべきである。自由を奪われた子どもは、人道的に、その特別なニーズを考慮にいれた方法で取扱われる権利を有する。自由を奪われた子どもは成人から分離される権利を有し、かつ、有罪の判決を受けていない場合には有罪判決を受けた者とともに収容されない権利を有する。自由を奪われた子どもは、家族と定期的接触を維持する権利を有する。ただし、そのような接触が子どもの最善の利益とならない場合はこの限りでない。自由を奪われた子どもは、法的援助に速やかにアクセスする権利、および、裁判所または他の権限ある、独立のかつ公平な公的機関の前で自己の拘

---

[86] グレナダについてUN doc. CRC/C/94, *Report on the twenty-third session (2000)*, para.412(b)(笞打ち)を、イエメンについてUN doc. CRC/C/84, *Report on the twentieth session (1999)*, para.184 (拘禁センターにおける体罰、笞打ちおよび拷問)を参照。
[87] UN doc. CRC/C/15/Add.55, *Concluding Observations: Zimbabwe*, para.21.

> 禁の合法性を争う権利を有する。自由を奪われた子どもは、その身体的および精神的福祉を促進し、かつその社会への再統合を促進するような拘禁環境を享受する権利を有する。この点について、自由の剥奪の期間中に**継続的教育**に効果的にアクセスできるようにすることは、司法の運営に関わるいかなる制度においてもその中核である。自由を奪われた子どもは、体罰または独房への収容をともなう懲戒措置の対象とされてはならない。懲戒措置においては、固有の尊厳に対する子どもの権利が尊重されなければならない。

9. 子どもの権利と刑事制裁

　国際人権法は、犯罪を実行したと認定された子どもに科すことのできる刑事制裁の種類について一定の制限を設けている。たとえば児童の権利条約37条(a)は、「死刑又は釈放の可能性がない終身刑は、18歳未満の者が行った犯罪について科さない」と規定している。

　死刑については、自由権規約6条5項が、「18歳未満の者が行った犯罪について」科すことを禁じている。地域レベルでは、米州人権条約4条5項が、とくに、「犯罪の実行時に18歳未満……であった者に対して」死刑を科すことを禁じている。

　釈放の可能性がない終身刑については、これは、児童の権利条約37条(b)で、子どもの拘禁または収監は「最後の解決手段として最も短い適当な期間のみ用いる」と規定されていることからして、完全に筋の通った原則である。終身刑はそれ自体この規則に反するものであり、子どもには社会的再統合のために心理的回復の機会が与えられなければならない(とくに児童の権利条約39条参照)ことを含意する、子どもの最善の利益に概念にも反している。子どもの収監は可能なもっとも短い期間でのみ用いられなければならないという規則にしたがい、児童の権利委員会は、ジンバブエに対し、「釈放の可能性がない終身刑が法律で明確に禁じられていないことおよび不定期刑が言渡されること」について懸念を表明している[88]。

88　Ibid., loc. cit.

児童の権利委員会は同様に、死刑を科す可能性が法律で明示的に禁じられていない場合[89]、また16〜18歳の青年が「成人として裁判を受け、したがって死刑または終身刑の言渡しを受ける」ことが法律で認められている場合[90]にも懸念を表明してきた。さらに、16〜18歳の者に対する死刑執行を2年間停止することが国内法で認められている中国については、委員会は、子どもに対するそのような刑の言渡しは「残虐な、非人間的なまたは品位を傷つける取扱いまたは罰を構成する」との見解を表明している[91]。委員会はまた、グアテマラの国内法で死刑も釈放の可能性がない終身刑も禁じられていないことについて「深く懸念」している[92]。

　前節で指摘したように、笞打ちのような**体罰**も児童の権利条約および自由権規約で禁じられている。さらに、欧州人権裁判所がタイラー事件で、マン島の少年裁判所が科した体罰(3回の笞打ち)は欧州人権条約3条にいう品位を傷つける取扱いに相当すると判示していることも想起されるところである(第8章の2.3.3参照)。

> 国際人権法は、18歳未満の者が行なった犯罪について死刑を科すことを禁じている。釈放の可能性がない終身刑は、18歳未満の者に対して科すことはできない。体罰は国際人権法違反である。

10. 罪を問われた子どもとダイバージョンの問題

10.1 「ダイバージョン」の用語の意義

　北京規則の規則11が説明しているように、**ダイバージョン**という用語は、「刑事司法手続からの分離と、多くの場合にコミュニティ支援サービスへの移送をともなうもの」であって、「多くの法制度で公式か非公式かを問わず一般的に実践されているものである。このような慣行は、少年司法の運営におけるその後の手続の悪影響(たとえば、有罪判決および刑の言渡しによるスティグマ)を抑止する

---

[89] Ibid.
[90] UN doc. CRC/C/15/Add.38, *Concluding Observations: Belgium*, para.11.
[91] UN doc. CRC/C/15/Add.56, *Concluding Observations: China*, para.21.
[92] UN doc. CRC/C/15/Add.58, *Concluding Observations: Guatemala*, para.15.

機能を果たす」[93]。

ダイバージョンの問題は児童の権利条約40条3項(b)で次のように取り上げられている。

> 「3. 締約国は、刑法を犯したと申し立てられ、訴追され又は認定された児童に特別に適用される法律及び手続の制定並びに当局及び施設の設置を促進するよう努めるものとし、特に、次のことを行う。
> ……
> (b)適当なかつ望ましい場合には、人権及び法的保護が十分に尊重されていることを条件として、司法上の手続に訴えることなく当該児童を取り扱う措置をとること」

この代替的アプローチは北京規則の規則11(1)で確認されている。それによれば、「適当な場合には常に、……権限ある機関の正式な審判によることなく、罪を犯した少年に対応することが考慮されなければならない」。同規則の注釈は、「多くの場合、介入しないこと」、すなわち「最初の段階でダイバージョンを行ない、かつ代替的(社会)サービスへの付託も行なわないこと」が「最善の対応となるはずである」と説明している[94]。「犯罪が重大な性質のものではない場合や、家庭、学校その他の非公式な社会統制機関が適切かつ建設的な形ですでに対応しており、または対応する可能性が高い場合」はなおさらである[95]。

児童の権利条約40条4項は、「児童がその福祉に適合し、かつ、その事情及び犯罪の双方に応じた方法で取り扱われることを確保するため……利用し得るものと」されなければならない施設措置以外の手段について、他にいくつかの例を挙げている。多くの状況でもっとも適切な代替的手段となりうる非介入主義的アプローチに加え、とくに次のような措置が、常に最後の手段として用いられなければならない刑事手続に代わるものとして構想されなければならない。

93　*Human Rights - A Compilation of International Instruments*, pp.364-365.
94　Ibid., p.365.
95　Ibid., loc. cit.

- ◎ ケア
- ◎ 指導および監督命令
- ◎ カウンセリング
- ◎ 保護観察
- ◎ 里親委託
- ◎ 教育および職業訓練計画

　実行可能なダイバージョンの措置について、北京規則の規則11.4は、少年司法の処理に対して地域社会を基盤とした代替的手段を行なうことの重要性を強調し、「ダイバージョンによる少年事件の処理を促進するため、一時的な監督および指導、被害回復ならびに被害者への補償のようなコミュニティ・プログラムを整備する努力が行なわれなければならない」と規定している。この規定の注釈で述べられているように、「被害者に対する被害回復を行なうプログラムや、一時的な監督および指導を通じて今後少年が法律に抵触しないことを目指すプログラムが、とりわけ推奨されているところである」。「個々の事件の実体を考慮することにより」、たとえば初犯の場合、仲間の圧力のもとで行なわれた行為の場合等、「もっとも重大な犯罪が行なわれた場合でもダイバージョンが適切な措置とされることもあろう」[96]。

10.2 ダイバージョンと担当機関

　北京規則の規則11(2)によれば、「警察、検察または少年事件に対応するその他の機関に対し、正式な審理によることなく自己の裁量で事件を処理する権限が与えられなければならない。ただし、そのさい、その目的のために各国の法制度で規定された基準にしたがい、かつ本規則に掲げられた諸原則にしたがうものとする」。このことは、ダイバージョンは担当機関が決定を行なう「いずれの時点でも活用することができ」、またある機関が単独で、または複数もしくはすべての機関が行なえるということを意味する[97]。さらに、少年に関わるダイバージョン

---

[96] Ibid.

の活用は「必ずしも軽微な事件に限る必要もない」ので、法律との関係で問題を起こした少年に対応するうえで「ダイバージョンは重要な手段である」[98]。

10.3 ダイバージョンと子どもの同意

北京規則の規則11.3は、少年を適当なコミュニティ・サービスその他のサービスに付託する前に、少年またはその親もしくは保護者の同意を得ることを求めている。ただし、ダイバージョンを用いるという決定は「申請にもとづき、権限ある機関による再審査の対象とされなければならない」。注釈は、勧告されたダイバージョンの措置について、罪を犯した青少年またはその親もしくは保護者の同意を確保することの重要性を強調している。ひとつの理由は、そのような同意を得ずにコミュニティ・サービスへのダイバージョンを行なうことは、強制労働廃止条約に抵触することになるからである[99]。もちろん、ダイバージョンの措置によって影響を受ける者の同意を得ることは、その成功のためにも不可欠でもある。

ただし、このような同意に対する異議申立てを不可能なままにしておいてはならない。注釈が述べているように、「少年が単なる自暴自棄から同意することもある」ためである[100]。換言すれば、この規則の背景にある考え方は、「ダイバージョン手続のあらゆる段階で強制および威嚇の可能性を最低限に留めるための配慮」がとられるべきであるということなのである。「少年は、ダイバージョン・プログラムに同意するよう圧力を感じさせられてはならないし(たとえば裁判所への出頭を回避するため)、実際に圧力をかけられてもならない」[101]。

児童の権利委員会は、児童の権利条約締約国の報告書を審査するさい、罪を犯した少年に対応するための自由の剥奪に代わる手段が当該国に存在するかどうかを一貫して検討し、そのような措置の強化を繰り返し求めてきている[102]。

97　Ibid.
98　Ibid.
99　Ibid.
100　Ibid.
101　Ibid.

> 適切かつ望ましい場合には常に、罪を犯した少年は、通常の刑事手続から分離され、代替的サービスおよびケアに付託されなければならない。このようなダイバージョンの措置は、権限のある公的機関が、意思決定のいずれの段階においてもとることができる。ダイバージョンは、対象となる少年またはその親もしくは法定保護者の同意を得なければならず、また不同意の場合には権限のある機関に異議を申立てることができなければならない。

11. 司法手続における被害者または証人としての子ども

　子どもが被害者または証人として司法手続に登場することは、子どもが微妙な年齢にあり、司法制度との接触が深いトラウマを残す可能性もあるゆえに、特別な問題を提起する。しかし、刑事手続が子どもの被害者または証人に悪影響を及ぼす可能性があるにも関わらず、この重大な問題が国際的関心を集めるようになったのは、ようやく最近になってのことである。そのような関心は、たとえば刑事司法制度における子どもについての行動に関する指針(少年司法の運営に関する国連経済社会理事会決議1997/30添付文書、以下「指針」)に反映されている。この指針はそれ自体として国を拘束するものではないが、いくつかの有益な原則を提示しており、国内レベルにおける警察、検察官、弁護士および裁判官の活動にあたって参照されるべきものである。

　犯罪および権力濫用の被害者のための正義の基本原則に関する宣言(このマニュアルの第15章でさらに検討する)を基盤としたこの指針は、パラ43で、「各国は、子どもの被害者および証人に対し、司法および公正な取扱い、被害回復、賠償ならびに社会的援助への適切なアクセスが提供されることを確保するとりくみを行なわなければならない。適用可能な場合、刑事上の問題を司法制度外の賠償

---

102 ホンジュラスについてUN doc. CRC/C/87, *Report on the twenty-first session (1999)*, para.130を、クウェートについてUN doc. CRC/C/80, *Report on the nineteenth session (1998)*, para.150を、ペルーについてUN doc. CRC/C/94, *Report on the twenty-third session (2000)*, para.381を参照。

り解決することを、それが子どもの最善の利益に沿わないときは防止するための措置をとるべきである」と規定している。

子どもの被害者については、指針のパラ45がさらに具体的に、「子どもの被害者は、共感と、その尊厳への尊重の念をもって取り扱われなければならない。子どもの被害者は、みずからが受けた被害に対し、国内法で規定されている方法にしたがって司法機構および迅速な救済にアクセスする権利を有する」と定めている。子どもの被害者はさらに、「弁護、保護、経済的援助、カウンセリング、保健サービス、社会サービス、社会的再統合ならびに身体的および心理的回復のためのサービスのような、そのニーズを満たす援助にアクセスできなければならない。障害を持った子どもまたは病気の子どもに対しては特別な援助が与えられるべきである。施設措置よりも家庭およびコミュニティを基盤としたリハビリテーションが重視されなければならない」(パラ46)。

さらに、「必要な場合、子どもの被害者が迅速、公正かつアクセスしやすい公式または非公式の手続を通じて救済を得られるようにするため、司法上および行政上の機構が設置および強化されるべきである。子どもの被害者および(または)その法定代理人に対してしかるべき情報提供が行なわれなければならない」(パラ47)。このように、権限のある機関には、被害者に対して必要な情報を提供する積極的義務がある。

指針のパラ48によれば、「人権侵害、とくに拷問および他の残酷な、非人道的なもしくは品位を傷つける取扱いまたは処罰(強姦および性的虐待、違法なまたは恣意的な自由の剥奪、正当な理由のない拘禁ならびに誤審を含む)の被害を受けたすべての子どもに対し、公正かつ十分な補償へのアクセスが認められる**べきである**。適切な裁判所または審判所において訴訟を行なうための必要な法的代理、および、必要な場合には子どもの母語への通訳が、利用可能とされる**べきである**」(強調引用者)。

注意しなければならないのは、このパラグラフの文言は、法的拘束力を有する人権条約で用いられているものよりも弱いことである。これらの条約はいずれも、人権侵害の被害者に対して効果的な救済を受ける権利を認めている。当然、この権利はこのような侵害の被害者である子どもにも同様に適用されるものである。さらに詳しくはこのマニュアルの第15章参照。

子どもが被害者である事件に対応できるようにするため、「警察官、弁護士、裁判官およびその他の法廷吏員は、……研修を受けるべきである」。このような必要性は指針のパラ44で認められている。これに加えて、同じ規定によれば、「各国は、子どもに対する犯罪に関わる事件に対応する特別部局をまだ設置していない場合には、その設置を検討するべきである」とされる。最後に、「各国は、適切な場合、子どもが被害者である事件の適切な処理に関する行動規範を定めるべきである」。

　子どもの証人については、指針のパラ49が、子どもの証人は「司法手続および行政手続において援助を必要とする」と述べている。したがって、「各国は、子どもの権利が全面的に保護されることを確保するため、証拠法および手続法における、犯罪の証人としての子どもの状況を必要に応じて再検討、評価および改善するべきである。それぞれ異なる法的伝統、実務および法的枠組みにしたがいながら、捜査手続および訴追手続ならびに公判の最中の子どもの被害者と犯罪者の直接の接触はできるかぎり回避されるべきである。子どものプライバシーを保護するために必要なときは、メディアにおいて子どもの被害者を特定することが禁じられるべきである。禁止することが加盟国の基本的な法的原則に逆行するときは、そのような特定が抑制されるべきである」。

　指針のパラ50によれば、各国はまた、「とくに子どもの証言をビデオに記録すること、およびビデオに記録された証言を正式な証拠として法廷に提出することを認めるため、必要なときは刑事訴訟法を改正することを検討する」ことも求められる。「とりわけ、警察官、検察官および裁判官は、たとえば警察活動および子どもの証人の事情聴取において、いっそう子どもに優しい実務を適用するべきである」。

　最後に、パラ51は「司法上および行政上の手続における、子どもの被害者および証人のニーズに対する配慮が、以下の方法により促進されなければならない」と定めている。

「(a)子どもの被害者に対し、とくに犯罪が重大である場合に、その役割、手続の範囲、時期および進展、ならびに事件の処分について情報を提供すること。
(b)証言に先立って子どもが刑事司法手続に慣れることを可能にする、子ども

証人準備計画の発展を奨励すること。子どもの証人および被害者に対し、法的手続全体を通じて適切な援助が提供されなければならない。
(c) 子どもの被害者の個人的利益に影響が及ぶ場合に、被告人の権利を損なうことなく、かつ関連の国内刑事司法制度にしたがって、子どもの被害者の意見および関心が手続の適切な段階で提出および検討されることを認めること。
(d) 刑事司法手続における遅延を最小限に抑えるための措置をとり、子どもの被害者および証人のプライバシーを保護し、かつ、必要な場合には、脅迫および報復からの安全を確保すること」

被害者・証人として裁判手続に登場する子どもの人数が増えていることを踏まえ、法曹が、適正手続を保障されなければならない被告人の権利およびニーズも同時に尊重しつつ、このような子どもの権利およびニーズを尊重する方法・手段に焦点を当てることはこのうえなく重要である。

子どもが被害者または証人として刑事手続に登場することはトラウマとなる可能性があることを、重要なこととして念頭に置いておかなければならない。したがって、子どもの権利およびニーズを尊重し、かつ理解と共感をもって子どもに対応することは、法曹の義務である。**子どもの被害者**は、受けた被害について迅速な救済を受ける権利を有する。この目的のため、子どもの被害者に対しては、法的手続の進行中および終了後、そのニーズに対応するためのさまざまな援助にアクセスする権利が認められなければならない。子どもの被害者は、迅速な、公正なかつアクセスしやすい公式・非公式の手続を通じて救済を受けられるべきであり、子どもの被害者および(または)その法定保護者は、そのような手続が利用できることを告げられるべきである。人権侵害の被害者である子どもは、受けた被害に対して効果的な救済を受ける、国際人権法上の権利を有する。**子どもの証人**は司法的・行政的手続において特別な援助を必要としており、法曹はその権利が全面的に保護されることを確保しなければならない。警察、検察官、判事および裁判官は、子どもの証人に対応するにあたっていっそう子どもに

> 優しい実践を適用するよう努めるべきである。子どもは、被害者であるか証人であるかに関わらず、関与した法的手続全体を通じて特別な援助を必要とする。

12. 子どもとその親：分離が正当化される場合

　裁判官や弁護士は、刑事司法の運営およびダイバージョンの手続だけではなく、親からの子どもの分離や養子縁組に関わる手続でも子どもに対応しなければならない場合がある。養子縁組については次節で簡単に検討する。

　児童の権利条約9条は、親から子どもを例外的に分離できることについて次のように定めている。

> 「1. 締約国は、児童がその父母の意思に反してその父母から分離されないことを確保する。ただし、権限のある当局が司法の審査に従うことを条件として適用のある法律及び手続きに従いその分離が児童の最善の利益のために必要であると決定する場合は、この限りでない。このような決定は、父母が児童を虐待し若しくは放置する場合又は父母が別居しており児童の居住地を決定しなければならない場合のような特定の場合において必要となることがある」

12.1 子どもの最善の利益

　条約が子ども中心のアプローチをとっていることを踏まえ、この規定で、分離は「児童の最善の利益のために必要」でなければならないことが基本的原則とされていることは道理である。しかし、「その意思に反して」〔訳注／政府訳では「その父母の意思に反して」〕という文言が、「親の意思または親と子どもの合同の意思」には言及しているものの、子どもだけの意思を指していないのが明らかであることには注意しなければならない[103]。子どもは養育者を選ぶことができず、「自分のための選択を家族、地域社会および国にしてもらわなければならない」[104]

---

[103] *Implementation Handbook*, p.121.

ことを踏まえれば、これは納得のいく解釈である。

12.2 分離の正当化事由

　9条1項は、親から子どもを分離することが正当化される可能性のある第1の事由として、父母が「児童を虐待し若しくは放置する場合」を挙げている。そこで挙げられている第2の事由は、父母が別居しており、子どもの居住地を決定しなければならない場合である。しかし、「のような」という文言が示しているように、分離が認められる可能性のあるこれらの事由は例示であって網羅的なものではない。たとえば父母は子どもの居住地について合意しているものの子ども自身がその合意に納得していない場合など、国内裁判所の裁判官が、居住地に関わる紛争を解決するよう求められる他の状況が生ずる可能性もある[105]。このような場合、国は、たとえ「子どもが調停を申立てるための司法的機構を設置する」だけであっても、子どもとその親との紛争を解決するため、調停者として重要な役割を果たさなければならない場合もあろう[106]。

12.3 法的保障

　9条は、濫用からの保護を目的とし、手続の公正さを確保するための3つの法的保障に言及している。したがって、親から子どもを分離する決定は次の要件を満たさなければならない。

- ◎　現行の法律および手続を適用する「権限のある当局」が行なうこと(9条1項)
- ◎　決定の合法性を判断するための司法審査に服すること(9条1項)
- ◎　すべての関係当事者が「その手続きに参加しかつ自己の意見を述べる機会」を得た後に行なわれること(9条2項)

104　Ibid., loc. cit.
105　Ibid.
106　Ibid.

権限のある当局という概念は、この文脈においては、分離が子どもの最善の利益にかなうものであるかどうか判断する法的権限と、その判断のために必要な能力を有する機関のことを指す[107]。

　分離に関する決定が**適用のある法律および手続にしたがって**行なわれなければならないという要件は、国は、このような劇的な措置が正当と認められる根拠および状況を注意深く定めるために、この分野で立法を行なわなければならないことを意味する。ただし、いかなる法律も、介入が必要とされうる広範な個別状況をあらかじめ予見するだけの十分に詳細な指針を提供しうるほど厳密なものとはなりえないので、権限のある当局および裁判所には、ソーシャルワーカー、裁判官および弁護士が子どもの最善の利益にかなう代替的手段を追求できるよう、一定の裁量を認める必要があるかもしれない。

　分離に関する法律は差別的であってはならず、また差別的に適用されてはならない(条約2条)。したがって、ホームレスであること、貧困または民族的出身それ自体が親から子どもを分離する根拠とされてはならない[108]。児童の権利委員会は、クロアチアに関して、「子どもがその健康状態または親が直面している困難な経済的状況を理由として家族から分離される可能性がある」ことについて懸念を表明した[109]。英国に関しては、「一部の民族的マイノリティの子どもがケアに措置される可能性がより高いと思われる」ことについて懸念を表明している[110]。ベルギーの報告書を審査したさい、委員会は、「不利な立場に置かれたグループに属する子どもがケアに措置される可能性がより高いと思われる」と指摘した。そして、これとの関連で「子どもの養育における家族の重要性」を想起し、「家族から子どもを分離するにあたっては子どもの最善の利益が第一義的に考慮されなければならない」と強調している[111]。

　次に、権限のある当局による決定が司法審査に服さなければならないという要件により、分離の決定が合法的であるか否かの判断が確保される。この判断は、

107　Ibid., p.124.
108　Ibid., p.125.
109　UN doc. CRC/C/15/Add.52, *Concluding Observations: Croatia*, para.17.
110　UN doc. CRC/C/15/Add.34, *Concluding Observations: United Kingdom*, para.12.
111　UN doc. CRC/C/15/Add.38, *Concluding Observations: Belgium*, para.10.

適正手続の保障を適用し、かつ理由を付した決定を言渡す独立のかつ公平な機関が、現行の法律および手続にもとづいて行なうものである。このような審査にあたっては、分離の問題について決定するにあたって権限のある当局が有している裁量についても、その裁量が子どもの最善の利益にのっとって注意深く行使されることが確保されるよう、検討することが求められる。

　条約9条2項は、「すべての関係当事者は、……その手続きに参加しかつ自己の意見を述べる機会を有する」として、分離に関わる手続の公正さに対するもうひとつの保障を付け加えている。「関係当事者」という文言は条約では定義されていないものの、第1に子ども自身が含まれる。このことは、「児童は、特に、自己に影響を及ぼすあらゆる司法上及び行政上の手続において、国内法の手続規則に合致する方法により直接に又は代理人若しくは適当な団体を通じて聴取される機会を与えられる」と定めた条約12条2項に照らして9条2項を読めば明らかである。子どもの意見は「その年齢及び成熟度に従って相応に考慮され」なければならない(12条1項)。さらに、「関係」当事者に言及されているということは、たとえ両親がいっしょに暮らしていない場合でもその両方の意見が聴取されなければならないということである。子どもの拡大家族の構成員および「その子どもについて特別な知識を有する専門家」も、この規定にもとづいて意見を聴取される権利を有する場合がある[112]。

12.4 両親との接触を維持する子どもの権利

　条約9条3項は、「締約国は、児童の最善の利益に反する場合を除くほか、父母の一方又は双方から分離されている児童が定期的に父母の**いずれ**とも人的な関係及び直接の接触を維持する権利を尊重する」と定める(強調引用者)。ここで強調されているのは親双方との接触を維持する子どもの権利であって、子どもとの接触を維持する親の権利ではない。これにより、子どもは、居所を同じくする親だけではなく、居所を同じくしない父親または母親とも連絡をとりあうこ

---

[112] *Implementation Handbook*, p.126.

とができるようになる[113]。

> 子どもは、例外的な状況において、それが子どもの最善の利益であることを条件として親から分離される場合がある。このような分離が正当と認められる可能性がある状況は、とくに虐待またはネグレクトである。分離に関する法律は差別的であってはならず、また差別的に適用されてはならない。ホームレスであること、貧困または民族的出身**それ自体**が親から子どもを分離する根拠とされてはならない。分離に関する決定は、法律にしたがって行動する権限のある当局によって行なわれなければならず、また司法審査に服しなければならない。子どもを親から分離する決定は、すべての関係当事者が手続に参加し、かつ自己の意見を述べる機会を与えられた後に初めて行なわれなければならない。親から分離された子どもは、子どもの最善の利益に反する場合を除き、親との定期的接触を維持する権利を有する。

13. 子どもの権利と養子縁組手続

　裁判官と弁護士が介入を求められる分野のうち本章で取り上げる最後のものは、**養子縁組**の分野である[114]。児童の権利条約21条は、「養子縁組の制度を認め又は許容している締約国」に適用される[115]いくつかの基本的規則を定めている。第20条は、家庭環境を奪われた子どもを養育するいくつかの方法のひとつとして養子縁組を挙げているが、条約そのものは養子縁組が望ましいかどうかについていずれかの立場をとってはいない。ただし、養子縁組が行なわれている場合は国内法による規制が必要であるし、そこでは経済的利得のような他の利益を排除して子どもの最善の利益が最大の考慮事項とされなければならない[116]。養子縁組に

113　Ibid., p.127. 親の所在に関する「重要な情報」を受け取る子ども、親およびその他の家族構成員の権利については、条約9条4項および *Implementation Handbook*, p.127も参照。
114　本節はもっぱら児童の権利条約にもとづいて記述し、養子縁組の問題を扱っている他の国際条約については言及しない。
115　たとえばイスラム法を適用している国々は養子縁組を認めていない。*Implementation Handbook*, p.271.
116　養子縁組との関係における最善の利益の概念については *Implementation Handbook*, p.272参照。

関する立法では、最低限、以下の規則も尊重される必要がある。

　第1に、法律においては、「児童の養子縁組が権限のある当局によってのみ認められること」、「この場合において、当該権限のある当局は、適用のある法律及び手続に従い、かつ、信頼し得るすべての関連情報に基づき、養子縁組が父母、親族及び法定保護者に関する児童の状況にかんがみ許容されること並びに必要な場合には、関係者が所要のカウンセリングに基づき養子縁組について事情を知らされた上での同意を与えていることを認定する」ことが確保されなければならない(21条(a))。

　権限のある当局という概念について、これには、司法機関も、何が子どもの最善の利益であるかを決定し、かつ適切な同意が与えられたことを確保する資格を認められた専門的機関も含まれる[117]。パナマに関して児童の権利委員会が勧告したように、関係の専門家に対しては十分な訓練が行なわれるべきである[118]。

　養子縁組が**事情を知らされた上での同意**にもとづかなければならないという要件は、子どもが「不当な形で親から分離される」ことを防止するために挿入されたものである。ただし条約は、この要件を国内法に含めるか否かについては各締約国に委ねている[119]。国内法に適正な同意条項が掲げられていないとしても、養子縁組において事情を知らされた上での同意が与えられなければ、とくに条約7条および9条で保障された子どもおよびその実親双方の権利がいずれにせよ侵害される可能性はある。これらの規定は、「子どもの最善の利益は、可能な場合には常に親とともにあることによってかなえられる」という前提にもとづいているためである[120]。子ども自身の意見については、前述したとおり条約12条にもとづいて要件とされており、21条で構想されている養子縁組手続との関連でも必要不可欠ととらえられなければならない[121]。一定の年齢以降は子ども自身が養子縁組に同意することを要件としている国があることも注目に値する。モンゴルでは、子どもが9歳以上であれば子ども自身の同意が確保されなけ

117　Ibid., p.273.
118　UN doc. CRC/C/15/Add.68, *Concluding Observations: Panama*, para.31.
119　*Implementation Handbook*, p.273.
120　Ibid., loc. cit.
121　Ibid.

ればならない[122]。カナダのノバスコシア州では、法律により、養子縁組の候補とされている者が12歳以上の場合は「書面による同意を得なければならない」とされ[123]、またクロアチアでは「10歳以上の子どもの意見は養子縁組に対する合意について関連を認められる」とされる[124]。児童の権利委員会は、締約国の国内法がとくに条約3条、12条および21条に一致することを確保すること[125]、および、この趣旨にもとづき、家族の再統合や養子縁組に関わる手続を含め、子どもが自己に影響を与える家族関連の決定にいっそう関与できるようにすること[126]を勧告してきた。

　第2に、21条(b)は、「児童がその出身国内において里親若しくは養家に託され又は適切な方法で監護を受けることができない場合には、これに代わる児童の監護の手段として国際的な養子縁組を考慮することができる」ことを認めている。児童の権利委員会がメキシコに対する勧告で指摘したように、国際養子縁組は子どもを養育するための最後の手段としてとらえられるべきであり[127]、したがって締約国には国際養子縁組を許可する義務はない。委員会は、養子縁組全般について、またとくに国際養子縁組の分野で条約の規定を実施するための規範的枠組みまたは十分な措置が欠けていること、および、それによって子どもの不法な国際養子縁組や人身取引のおそれがあることに関して、さまざまな機会をとらえて懸念を表明してきた[128]。デンマークとスウェーデンに関しては、自国の家族によって養子とされた外国人の子どもの状況を監視するための措置をとることも勧告している[129]。

　第3に、締約国は「国際的な養子縁組が行われる児童が国内における養子縁組の場合における保護及び基準と同等のものを享受することを確保」しなければな

122　UN doc. CRC/C/3/Add.32, *Initial reports of States parties due in 1992: Mongolia*, para.136.
123　UN doc. CRC/C/11/Add.3, *Initial reports of States parties due in 1994: Canada*, para.1129.
124　UN doc. CRC/C/8/Add.19, *Initial reports of States parties due in 1993: Croatia*, para.103.
125　UN doc. CRC/C/15/Add.43, *Concluding Observations: Germany*, para.29; and UN doc. CRC/C/15/Add.24, *Concluding Observations: Honduras*, para.26.
126　UN doc. CRC/C/15/Add.43, *Concluding Observations: Germany*, para.29.
127　UN doc. CRC/C/15/Add.13, *Concluding Observations: Mexico*, para.18.
128　たとえばUN doc. CRC/C/15/Add.27, *Concluding Observations: Paraguay*, para.11; UN doc. CRC/C/15/Add.36, *Concluding Observations: Nicaragua*, para.18; and UN doc. CRC/C/15/Add.42, *Concluding Observations: Ukraine*, para.11参照。
129　UN doc. CRC/C/15/Add.33, *Concluding Observations: Denmark*, para.27; and UN doc. CRC/C/15/Add.2, *Concluding Observations: Sweden*, para.13

らない。このことは、「すべての国際養子縁組は、適正な調査および情報にもとづき、かつ(必要な場合にはカウンセリングも行なって)適正な同意を得たうえで、子どもの国における権限のある当局によって、子どもの最善の利益にかなうとして認められなければならない」ということを意味する(21条(a)参照)[130]。この点について児童の権利委員会は、締約国が、この問題に関して詳細に定めた、国際養子縁組における子どもの保護および協力に関するハーグ条約(1993年)の批准を検討するよう勧告してきた[131]。

第4に、締約国は「国際的な養子縁組において当該養子縁組が関係者に不当な金銭上の利得をもたらすことがないことを確保するためのすべての適当な措置をとる」ものとされる(21条(d))。この規定は、児童の権利条約35条で求められているように、「あらゆる目的のための又はあらゆる形態の児童の誘拐、売買又は取引」の防止を目的としている。「養親カップルによる支払が善意にもとづいて行なわれ、子どもを害さないこともあるとはいえ、子どもに値札をつけるような制度は犯罪、腐敗および搾取を助長する可能性が高い」[132]のは明らかである。

最後に、養子縁組を認めまたは許容している締約国は、「適当な場合には、二国間又は多数国間の取極又は協定を締結することによりこの条の目的を促進し、及びこの枠組みの範囲内で他国における児童の養子縁組が権限のある当局又は機関によって行われることを確保するよう努め」なければならない(21条(e))。これとの関係で考慮されるべき主要な条約は、前述の、国際養子縁組における子どもの保護および協力に関するハーグ条約である。この条約は、児童の権利条約21条と、国内的および国際的な里親措置および養子縁組にとくに関連した子どもの保護および福祉についての社会的および法的保護に関する宣言(1986年)を基盤としている[133]。児童の権利委員会が、ハーグ条約をまだ批准していない国々に対し、一貫して批准を奨励していることが想起されるところである。

---

130 *Implementation Handbook*, p.275.
131 UN doc. CRC/C/15/Add.68, *Concluding Observations: Panama*, para.31; and UN doc. CRC/C/15/Add.33, *Concluding Observations: Denmark*, para.27. ハーグ条約についてさらに詳しくは、子どもの奪取、養子縁組における協力および子どもの保護に関わる子ども関連条例について国際私法に関するハーグ会議がまとめた"Proceedings"参照。条約本文はat http://www.hcch.netにも掲載されている。
132 *Implementation Handbook*, pp.275-276.
133 Ibid., p.276.

養子縁組を認めまたは許容している国々においては、子どもの最善の利益が最大の考慮事項とされなければならない。養子縁組に関する国内法では、子どもの養子縁組が次のような形でのみ認可されることも確保されなければならない。

● 養子縁組が許容されるかどうかを決定する、権限のある当局によって認可されること
● 適用のある法律および手続にしたがい、かつ、信頼しうるすべての関連情報にもとづいて認可されること
● 法律で求められている場合には、関係者から、事情を知らされたうえでの養子縁組に対する同意を得たのちに認可されること

国際養子縁組は、子どもを養育するための最後の手段としてとらえられる。国際養子縁組の対象とされる子どもは、国内養子縁組について存在するものと同等の保護および基準を享受する権利を有する。国は、国際養子縁組がそれに関与する者に不当な金銭上の利得をもたらさないことを確保するためにあらゆる適当な措置をとらなければならない。子どもの売買または取引は、いかなる目的であるか、またはいかなる形態であるかを問わず、国際法で厳格に禁じられる。

14. 司法の運営の過程で子どもの権利を保障する裁判官・検察官・弁護士の役割

このマニュアルの第4章から第8章までを通じてみてきたように、犯罪を行なったとして嫌疑を受けているまたは罪を問われているすべての者の人権を保護するためには、裁判官・検察官・弁護士の役割がきわめて重要である。これらの法曹の責任は、法律に抵触した、または分離手続もしくは養子縁組手続の対象とされている未成年の子どもに関わる司法手続では、とくに大きい。このような手続では裁判官・検察官・弁護士および関連するその他の専門家が特別な知識とスキルを有している必要があり、したがって児童の権利委員会は、締約国が、少年司法制度に関わるすべての専門家を対象として、関連の国際基準に関する研修プログラムを導入・強化するようしばしば勧告してきた[134]。また、締約国が、とくに国

連人権高等弁務官事務所および国連児童基金(ユニセフ)に対し、警察を含む少年司法分野の技術的援助を求めることを検討するようにも、一貫して提案してきている[135]。

15. おわりに

　本章では、司法の運営における子どもの権利に関連する国際法上の重要な原則をいくつか検討してきた。この法制の出発点は、子どもは独立した人格であり、行政機関および司法機関によって考慮・尊重されなければならない権利と義務を有しているというところにある。さらに、子どもが有する特別な権利、ニーズおよび利益も考慮されなければならない。司法の運営においては、刑事司法であれその他の司法であれ、いかなるときにも、とくに差別の禁止、子どもの最善の利益、生命・発達に対する権利ならびに意見を聴かれる権利というもっとも重要な諸原則が指針とされなければならない。

　しかし、世界の子どもたちのためにこれらの原則を実現するためには、国が自国の国内法制にあらゆる関連の国際的規則を編入するとともに、法曹、警察および社会機関に対して適切な訓練と財政手段を提供し、これらの機関が国の法的約束に一致する形で職務を遂行するために必要な知識とスキルを獲得できるようにしなければならない。

　また、より一般的には、国は貧困、社会的不公正および広範な失業を根絶するために最善を尽くす必要がある。それが達成されなければ、非行少年の社会的再教育および再統合に関してどんなに善意でとりくもうとも、実際にはほとんど役に立たない可能性がある。

　「子どもに最善のものを与える義務を負う」[136]人類がこのように協調のとれた努力を誠心誠意行なわなければ、増え続ける世界の子どもたちが直面する諸問題によって、ほとんど克服しようのない課題を突きつけられることになるかもしれない。

134　ベネズエラについてUN doc. CRC/C/90, *Report on the twenty-second session (1999)*, para.61を、メキシコについてibid., para.192を参照。
135　前掲文書参照。
136　子どもの権利宣言前文第5段落。

第11章

司法の運営における女性の権利

第11章……司法の運営における女性の権利

第11章
司法の運営における女性の権利

学習の目的
- 人生のさまざまな局面で女性がとくに直面する人権問題について参加者の感受性を高めること。
- 女性の権利を保護するために存在する国際法上の規則について参加者が習熟できるようにすること。
- 女性の権利の保護を向上させることに対し、裁判官・検察官・弁護士としてどのように貢献できる可能性があるかについて、参加者の意識を高めること。

設問
- あなたが活動している国では、女性の権利は法律でどのように保護されているか。
- あなたの意見では、その法律は効果的に執行されているか。
- あなたが活動している国で女性がとくに直面している問題はどのようなものか。
- それらの問題が生じるのは女性の法的保護の欠陥によるものか、あるいは現行法規が執行されていないことによるものか。
- あなたが活動している国で女性が直面している問題を説明しうる要因として、他に何かあるか。
- あるとすれば、それはどのようなものか。
- あなたが活動している国で、女児はとくに何らかの問題に直面しているか。
- 直面しているとすれば、それはどのような問題で、その根本的原因として何が考えられるか。
- 法律は、女児がとくに直面している問題に対してどのように、またどの程度対応しているか。
- 裁判官・検察官・弁護士として、あなたが活動している国における女性の権利の保護を向上させるために自分には何ができるか。

関連の法的文書

国際文書

- 国連憲章(1945年)
- 市民的及び政治的権利に関する国際規約(自由権規約、1966年)
- 経済的、社会的及び文化的権利に関する国際規約(社会権規約、1966年)
- 人身売買及び他人の売春からの搾取の禁止に関する条約(1949年)
- 女性の政治的権利に関する条約(1953年)
- 既婚女性の国籍に関する条約(1957年)
- 婚姻の同意、婚姻の最低年齢および婚姻の登録に関する条約(1962年)
- 児童の権利に関する条約(児童の権利条約、1989年)
- 児童の売買、児童買春および児童ポルノに関する児童の権利に関する条約の選択議定書(2000年)
- 女子に対するあらゆる形態の差別の撤廃に関する条約(女子差別撤廃条約、1979年)
- 女子に対するあらゆる形態の差別の撤廃に関する条約の選択議定書(1999年)
- ユネスコ・教育における差別を禁止する条約(1960年)
- 国際刑事裁判所規程(1998年)
- 国際的な組織犯罪の防止に関する国際連合条約(国際組織犯罪防止条約、2000年)
- 国際的な組織犯罪の防止に関する国際連合条約を補足する、人(とくに女子および児童)の取引を防止し、抑止し、及び処罰する議定書(2000年)

＊＊＊＊＊

- 旧ユーゴスラビア国際刑事裁判所規程(1993年)
- ルワンダ国際刑事裁判所規程(1994年)

＊＊＊＊＊

- 世界人権宣言(1948年)
- 女性に対する暴力の撤廃に関する宣言(1993年)
- ウィーン宣言および行動計画(1993年)
- 北京宣言および行動綱領(1995年)

＊＊＊＊＊

地域文書

- 人および人民の権利に関するアフリカ憲章(アフリカ人権憲章、1981年)
- 米州人権条約(1969年)
- 女性に対する暴力の防止、処罰および根絶に関する米州条約(1994年)
- 欧州人権条約(1950年)

1. はじめに

　国際人権法は、もちろん、全体として女性に全面的に適用される。したがって、このマニュアルの他の章で説明されている諸権利は、女性・女児にとっても平等に関連するものである。しかし、上に掲げた条約・宣言の一覧を見れば明らかなように、広範な差別的慣行をはじめとして多数の国々にいまなお存在する深刻かつ重層的な女性の権利侵害にさらに効果的に対応するためには、女性の特別なニーズに焦点を当てた、ジェンダーの問題をとくに取扱う別個の法律文書を作成することが必要であると考えられてきた。一部の国の女性は、家族法・相続法の分野、また教育、十分な保健および労働市場へのアクセスといった分野で、男性と平等に扱われる権利を含めて自分たちの人権がいっそう尊重される方向へと大いなる歩みを進めてきたものの、女性の多くはいまだにもっとも基本的な人権も侵害されたままである。たとえば、女性は男性と同じ条件で自由に婚姻したり離婚したりすることが必ずしも認められておらず、国によっては相続について男性と平等な権利を享受していない。生命、身体の自由および安全に対する女性の権利（健康に対する権利を含む）も、ダウリー殺人、「名誉」殺人、殴打、性暴力、伝統的慣行、人身取引、強制売春といった、家族による暴力、制度的暴力および共同体内の暴力によってしばしば侵害されている。さらに、女性は教育に対する権利や、さらにはもっとも基本的な保健サービスに対する権利さえ否定されることがある。厳格な服装規則の対象とされ、それに違反すれば厳しい体罰を受けかねない場合もある。女性というジェンダーに対する差別は、選択的出生前検査の後に女子の胎児を中絶するという形をとって、ときには出生前にさえ行なわれている。

　このような人権侵害の深刻さを悪化させているのが、被害者の多くは貧困下または極端な貧困下で生活しており、状況を変えるための財政的手段を欠いているという事実である。たとえば、権利の主張を援助してもらうために弁護士を雇うこともできず、たとえ雇えたとしても、法制度のなかで、女性の権利が男性の権利または社会の富裕階層の権利と同じ重みをもって扱われないことも多い。法制度が不当なほど男性有利となっており、強姦を含む暴力事件で女性が過重な立証責任を負わされる場合もある。さらに、弁護士が女性の代理人を務めれば、殺人さえ含むさまざまな脅威にさらされることもある。

女性の法律上・事実上の状況は、女性が移住者、難民または国内避難民であることによって、あるいは民族的・人種的マイノリティの一員であるという理由だけで、とくに不安定になってしまうことも多い。したがって、政府および法曹には、このような問題に目を光らせて可能な解決策を見つけ出す義務がある。

女性の権利がなかなか効果的に促進・保護されず、失敗に終わってしまうのは、女性の権利が、受け入れられている社会の価値および利益を脅かすのではないかという危惧によって説明できることが多い(だからといって正当化できるわけではない)[1]。しかしこのように女性が周縁化されることによる人的・社会的・財政的コストは甚大であり、その影響は、対象とされた女性個人の人生をはるかに超えて社会全体に及ぶ。女性が意思決定過程から排除されるために、恐怖、欠乏および不寛容から、自由なコミュニティづくりにおいて建設的な役割を果たすことができなくなってしまうためである。

先進工業国で暮らしている女性も、けっして権利侵害と無縁というわけではない。システム全体や人の態度に関わるさまざまな問題に立ち向かわなければならないこともあるし、差別を受けることもある。ただし、その差別は直接的であるよりも間接的であることが多い。

＊＊＊＊＊

このように、女性はしばしば社会的・文化的・宗教的・政治的・法的悪循環のなかでがんじがらめにされており、自分だけではそこから抜け出せない場合もある。そこから抜け出すためにとくに必要なのは、国際人権法およびその女性への適用について習熟していて、恐れを知らず、精力的に職務を遂行することのできる、独立のかつ公平な法曹の支援である。女性・女児のもっとも基本的な権利を侵害する行為や慣行に関する裁判官・検察官・弁護士の意識を増進させることは、人類の半分を占める集団に、切実に必要とされている救済と是正手段を提供するための重要な一歩となる。

＊＊＊＊＊

女性の権利の促進・保護に関わる問題はあまりにも多種多様かつ膨大であり、

---

[1] この問題についてはUnited Nations Development Programme's *Human Development Report 2000* (New York/Oxford, Oxford University Press, 2000), p.30参照。

本章で詳細に取扱うことはできないので、ここでは、女性が直面している苦境のうちもっとも深刻なものをいくつか取り上げ、それらに国際法がどのように対応しているかという点に焦点を当てる。最初に法的人格に対する女性の権利について一般的に説明し、次に法律の前における平等および法律の平等な保護に対する女性の権利について取り上げる。それ以降の各節で扱うのは、生命ならびに身体的・精神的不可侵性を尊重される女性の権利、奴隷制、奴隷貿易、強制労働・義務的労働ならびに人身取引の対象とされない女性の権利、さらに婚姻、民事上の問題および公務への参加に関わる女性の平等権である。ジェンダー差別がはびこっている他のさまざまな法領域について触れた後、裁判所にアクセスする権利も含む効果的な救済措置に対する女性の権利について簡単に説明する。最後に女性の権利の促進・保護における女性の役割を強調し、若干のまとめの言葉でしめくくる。関連性がある場合は、このマニュアルの他の章で扱ったジェンダー上の問題にも言及する。

*****

雇用・健康の分野における女性の権利ならびに社会的・経済的・文化的分野に関わるその他の権利については、同じように重要ではあるものの、紙幅の関係からここでは検討せず、関連する場合に若干触れるに留める。これに代えて、関連する法的文書の短い一覧を**配布資料**1に掲げた。女性の権利に関するさらなる参考資料としては、有益な書籍、報告書、ウェブサイトのリストを掲載した**配布資料**2を参照されたい〔邦訳では省略〕。

2. 法的人格に対する女性の権利

法律の前で人として認められる権利は、人権および基本的自由を全面的に享受する女性の権利の基盤である。法的人格に対する権利は国際人権法に内在するものではあるが、自由権規約16条と米州人権条約3条ではこれが明示的に掲げられている。のみならず、自由権規約4条2項および米州人権条約27条2項にしたがえば、これは公の緊急事態においてもいかなる状況下でも逸脱することのできない権利である。換言すれば、男性と平等に法的人格を認められる女性の権利は、平時にあっても戦時または準戦争状況にあっても尊重されなければならない。

自由権規約委員会が強調するように、「すべての者が、すべての場所において、法律の前に人として認められる権利は、性別または婚姻上の地位を理由としてこの権利を制限されることの多い女性にとってとくに関連性が高い」ものである[2]。自由権規約委員会は次のように指摘している。

「この権利が意味するのは、女性が財産を所有する権利、契約を結ぶ権利または他の市民的権利を行使する権利について、婚姻上の地位その他の差別的事由にもとづく制限を加えることはできないということである。また、死亡した夫の財産とともに夫の家族に与えられるモノとして女性を扱ってはならないということも意味する」[3]

法的人格がもうひとつ意味するのは、女性は、権利を主張することおよび権利が侵害されたときに補償または被害回復を受けることを目的として、自国の法制度に全面的にかつ制約を受けることなくアクセスできなければならないということである[4]。

> 女性は、男性と平等に法的人格を認められる権利を有する。この権利は絶対的なものであり、あらゆる状況において、あらゆる場合に保障されなければならない。

3. 法律の前における平等および法律の平等な保護に対する女性の権利

3.1 国連憲章および国際人権章典

国連憲章3条1項によれば、国連の目的のひとつは「経済的、社会的、文化的

---

2 一般的意見28(3条——男女の権利の平等)、パラ19(UN doc. HRI/GEN/1/Rev.5, *Compilation of General Comments and General Recommendations Adopted by Human Rights Treaty Bodies* (以下 *United Nations Compilation of General Comments*), p.171)。
3 Ibid., loc. cit.
4 さらに詳しくは後掲10参照。

または人道的性質を有する国際問題を解決することについて、並びに人種、**性**、言語または宗教による差別なくすべての者のために人権及び基本的自由を尊重するように助長奨励することについて、国際協力を達成すること」である(強調引用者)。同じ男女平等の原則は、13条1項(b)、55条(c)および76条(c)でも述べられている。国連憲章の起草者は、このように、大戦後の世界では権利の享受におけるジェンダーの平等が必要であることを確信していたのである。国際的レベルでは、その後、性にもとづく差別の禁止は世界人権宣言2条、自由権規約2条1項、4条1項および26条ならびに社会権規約2条2項に含まれるに至った。両規約の3条により、締約国はさらに、それぞれの規約で保障されたすべての権利の享受に対する男女の平等な権利を確保することも明示的に約束している。

3.2 女子に対するあらゆる形態の差別の撤廃に関する条約(1979年)

性にもとづく差別は、1981年9月3日に発効した、**女子に対するあらゆる形態の差別の撤廃に関する条約**(女子差別撤廃条約、1979年)の唯一の焦点とされるに至った。2001年5月10日現在の締約国数は168か国である。条約の前身として、国連総会は1967年に**女子に対する差別の撤廃に関する宣言**を採択していた。条約は、国連の枠組みのなかで女性の平等権の保護を促進する重要な法的手段となっている。条約の規定の実施状況を審査するのは女子差別撤廃委員会である。

1条は次のように述べる。

「〔この条約の適用上、〕『女子に対する差別』とは、性に基づく区別、排除又は制限であつて、政治的、経済的、社会的、文化的、市民的*その他のいかなる分野*においても、女子(婚姻をしているかいないかを問わない)が男女の平等を基礎として人権及び基本的自由を認識し、享有し又は行使することを害し又は無効にする効果又は目的を有するものをいう」(強調引用者)

女子差別撤廃委員会はこの定義について次のように説明している。

「〔この定義には、〕ジェンダーにもとづく暴力、すなわち、女性であるという理由で女性に対して向けられる暴力または女性に不相応な影響を及ぼす暴力も含まれる。これには、身体的、精神的もしくは性的被害または苦痛、そのような行為をするという脅し、強迫またはその他の自由剥奪が含まれる」[5]

重要な点として注意しておかなければならないのは、差別の定義がこのように広く解釈されることにより、「ジェンダーにもとづく暴力が、条約の特定の規定で暴力について明示的に触れられているか否かに関わらず、それらの規定の違反となる場合もある」[6]ということである。

このように、女性に対する差別の禁止は伝統的範疇の人権に留まらず、差別が生じる可能性がある他の分野にも及ぶ。しかし、条約で定められているように、「締約国が男女の事実上の平等を促進することを目的とする暫定的な特別措置をとることは、この条約に定義する差別と解してはならない」。ただし、これらの措置は「機会及び待遇の平等の目的が達成された時に廃止されなければならない」(4条1項)。

重要な点としてもうひとつ指摘しておかなければならないのは、人種差別撤廃条約が「公的生活の分野」における差別にしか触れていない(1条1項)のに対し、女子差別撤廃条約は適用範囲がそれよりも広く、私的分野における行為も対象としていることである。女子差別撤廃委員会は次のように強調している。

「条約上の差別は政府による行為または政府に代わって行なわれる行為には限定されない(2条(e)、2条(f)および5条参照)。たとえば2条(e)では、条約は締約国に対し、個人、団体または企業による女子に対する差別を撤廃するためのすべての適当な措置をとることを求めている。一般国際法および個別の人権条約にもとづき、国家は、権利侵害の防止のため、暴力行為を調査および処罰するためまたは賠償を提供するためにしかるべき努力を行なわないときにも、私的行為について責任を問われる場合がある」[7]

5 　一般的勧告19(女性に対する暴力)、パラ6(*United Nations Compilation of General Comments*, p.216)。
6 　Ibid., loc. cit.

条約2条では、締約国はさらに具体的に「女子に対する差別を撤廃する政策をすべての適当な手段により、かつ、遅滞なく追求することに合意」し、そのために次のことを約束している。

- ◎ 「自国の憲法その他の適当な法令に〔おいて男女の平等の原則〕を定め、かつ、〔この〕原則の実際的な実現を法律その他の適当な手段により確保すること」(2条(a))
- ◎ 「女子に対するすべての差別を禁止する適当な立法その他の措置(適当な場合には制裁を含む)をとること」(2条(b))
- ◎ 「女子の権利の法的な保護を……確立し、かつ、権限のある自国の裁判所その他の公の機関を通じて差別となるいかなる行為からも女子を効果的に保護することを確保すること」(2条(c))
- ◎ 「女子に対する差別となるいかなる行為又は慣行も差し控え、かつ、公の当局及び機関がこの義務に従って行動することを確保すること」(2条(d))
- ◎ 「個人、団体又は企業による女子に対する差別を撤廃するためのすべての適当な措置をとること」(2条(e))
- ◎ 「女子に対する差別となる既存の法律、規則、慣習及び慣行を修正し又は廃止するためのすべての適当な措置(立法を含む)をとること」(2条(f))
- ◎ 「女子に対する差別となる自国のすべての刑罰規定を廃止すること」(2条(g))

それ以降の条項では、女性差別を撤廃する締約国の義務について、次のような義務を含むさらに詳しい規定が置かれている。

- ◎ 「両性いずれかの劣等性若しくは優越性の観念又は男女の定型化された役割に基づく……男女の社会的及び文化的な行動様式を修正すること」(5条(a))

7　Ibid., p.217, para.9. 国際人権法にもとづき国家が私人の行為について責任を問われる可能性については第1章の2.9および第15章も参照。

- ◎ 「家庭についての教育に、社会的機能としての母性についての適正な理解並びに子の養育及び教育における男女の共同責任についての認識を含めることを確保」し、「あらゆる場合において、子の利益は最初に考慮する」こと(5条(b))
- ◎ 「あらゆる形態の女子の売買及び女子の売春からの搾取を禁止するためのすべての適当な措置(立法を含む)」をとること(6条)、政治的・公的活動(7条・8条)、教育(10条)、雇用(11条)、保健(12条)ならびに経済的・社会的活動(13条)における女性差別を撤廃すること、および、農村女性に対する条約の適用を確保すること(14条)

条約の多くの条文は、女性差別の撤廃のために「適当な措置をとる」一般的な法的義務を締約国に課すという構成をとっているが、一部の条項では、男女の平等を基礎として確保されなければならない特定の権利も定めている。たとえば次のとおりである。

- ◎ 教育に対する権利(女性はとくに、職業指導および修学のための同一の条件ならびに奨学金その他の修学援助を享受する同一の機会に対する権利を有する)(10条)
- ◎ 労働の権利、同一の雇用機会に対する権利、職業・雇用を自由に選択する権利、同一報酬に対する権利、社会保障に対する権利ならびに作業条件に係る健康および安全の保護に対する権利(11条)
- ◎ 家族給付に対する権利、銀行貸付け、抵当その他の形態の金融上の信用に対する権利、ならびにレクリエーション、スポーツおよびあらゆる側面における文化的活動に参加する権利(13条)
- ◎ 農村の女性が、すべての段階における開発計画の作成・実施に参加し、保健のための十分な便益を享受し、社会保障制度から直接に利益を享受し、あらゆる種類の訓練・教育を受け、自助的集団を組織し、あらゆる地域活動に参加し、農業信用・貸付けを享受し、かつ十分な生活条件を享受する権利(14条)

最後に条約は、「法律の前の男子との平等」および民事に関する同一の法的能力を女性に対して認める義務を、締約国にとくに課している(15条1項・2項)。また、「男女の平等を基礎として」婚姻および家族関係に関わる多くの権利を確保することも、締約国に対して義務づけている(16条)。これらのいくつもの義務が何を意味するかについては、以下でさらに詳しく扱う。

　特定の権利の享受に関して女性の平等を確保することを目的とした他の関連の国際条約については、以下、適当な節で検討する。

3.3 地域人権条約

　地域レベルでは、アフリカ人権憲章2条、米州人権条約1条、欧州人権条約14条および改正欧州社会憲章(1996年)第5部E条がいずれも、これらの条約で掲げられた権利および自由は**性**による差別なく享受されなければならないと規定している。欧州人権条約の第12議定書には、自由権規約26条と同様、条約で保障された権利の享受と関わりなく、一定の自由にもとづく差別を一般的かつ独立に禁止する旨の規定が掲げられている。ただし、2002年6月8日現在、発効のために10か国の批准が必要なこの議定書を批准しているのはキプロスとギリシアのみである。欧州人権条約14条に掲げられている差別の禁止は条約およびその追加議定書で保障された権利・自由の享受と関連しており、したがってこれらの権利・自由から独立した存在ではないことも指摘しておかなければならない。

　アフリカ憲章3条と米州条約24条ではさらに、法律の前における平等に対する権利および法律の平等な保護に対する権利も保障されている。

3.4 ジェンダーの平等および女性・男性間の差別の禁止の意義

　平等および差別の禁止の一般的意義については第13章でやや詳しく扱っており、関連する国際判例および法的見解の具体例もそこで参照している。したがって本章では、平等待遇および差別の禁止の概念が国際人権法上どのような一般的意義を有しているかについて要約するに留め、その後、国際的監視機関がジェンダーの平等という特定の問題をどのように扱ってきたかについて検討する。

3.4.1 平等および差別の禁止の一般的意義

　自由権規約委員会は、差別の禁止が、「法律の前における平等およびいかなる差別もない法律による平等の保護とともに、人権の保護に関わる基本的かつ一般的原則である」ことを強調している[8]。ただし、人および人の集団の間に設けられたあらゆる区別を真の意味で差別と見なしうるわけではない。このことは国際的監視機関が一貫して示してきた判断から明らかである。これらの判断によれば、人々の間に区別を設けることは、一般的に、それが合理的な区別であって、客観的かつ正当な目的のために課されることを条件として正当化される。自由権規約委員会ならびに米州人権裁判所・欧州人権裁判所によって(女性の平等権との関連でも)示されてきた判断が共通に有している特徴は、平等待遇および差別の禁止の概念に関するもっとも詳細かつ権威のあるいくつかの判決に照らし、第13章で次のように要約されているところである。

> 平等および差別の禁止の原則は、人々を区別することがあらゆる場合に国際法上違法であることを意味しない。異なる取扱いは、次の条件が満たされるときは正当であり、したがって合法的である。
> - 事実上の不平等に対応するための積極的差別是正措置など、正当な目的を追求していること
> - その正当な目的に照らして合理的であること
>
> 異なる取扱いの目的とされるものであって客観的に正当化できないもの、および、正当な目的の達成に比例しない措置は違法であり、国際人権法に反する。平等に対する権利を確保するために、国は、著しく異なる状況に置かれた人々に対して異なる取扱いを行なわなければならない場合がある。

8　一般的意見18(差別の禁止)、パラ1(*United Nations Compilation of General Comments*, p.134)参照。

この基本的解釈は、ジェンダーにもとづく差別に関わる苦情を含め、権利・自由の行使に関して差別が行なわれたという主張を検討しなければならないすべての法曹にとっての出発点である。

3.4.2 女性・男性間の平等の意義

　一般国際人権条約で定められている平等および差別の禁止の原則は、女性からのものであるか男性からのものであるかを問わず、差別を受けたという主張に対して平等に適用される点で、ジェンダー中立的なものである。しかし、前述したように、2つの国際人権規約に具体的規定を設けることが必要と考えられ、国家には、それぞれの規約で保障されたすべての権利を享受する男女の平等な権利を確保する義務があることが強調されるに至った。
　自由権規約について、自由権規約委員会は、人種差別撤廃条約と女子差別撤廃条約が「特定の事由にもとづく差別の事例にしか対応していない」のに対し、次のような特徴があると述べている。

> 「規約で用いられている『差別』の用語は、人種、皮膚の色、性、言語、宗教、政治的その他の意見、国民的もしくは社会的出身、財産、出生または他の地位といったいずれかの事由にもとづくあらゆる区別、排除、制限または特恵であって、すべての権利および自由をすべての人が平等な立場で認識、共有または行使することを無効にしもしくは害する目的または効果を有するものを指すと理解されるべきである」[9]

　このように自由権規約委員会は、差別の問題を取扱うにあたり、他の2つの条約の実施状況を監督している各委員会よりもはるかに幅広い分野での権限を有していることになる。
　規約3条で定められている女性・男性間の権利の平等については、委員会は次のように述べている。

9　Ibid., p.135, para.7.

「〔この規定は、〕すべての人間が、規約で定められた諸権利を平等な立場でかつ完全に享受すべきであるということを意味する。いずれかの者がいずれかの権利の全面的かつ平等な享受を否定されるときには常に、この規定の全面的効果が損なわれる。したがって、国は、規約で定められたすべての権利の享受を男女双方に平等に保障するべきである」[10]

規約に掲げられた諸権利を差別なく確保する義務の履行のために、「締約国は、すべての人がこれらの権利を享受できるよう、あらゆる必要な措置をとることが求められる」。

「このような措置には、これらの権利の平等な享受を妨げる障壁を排除すること、人権について民衆および国の職員を教育すること、および、規約に掲げられた約束を実施するために国内法を改正することが含まれる。締約国は、保護のための措置だけではなく、女性の効果的かつ平等なエンパワーメントを達成できるよう、あらゆる分野で積極的措置をとらなければならない」[11]

さらに、委員会の見解によれば、規約2条・3条は締約国に対し、「権利の平等な享受を害する差別的行動を、**公的部門においても私的部門においても**終了させるために、性による差別の禁止を含むあらゆる必要な措置をとる」ことを義務づけたものである[12]。

委員会は、これとの関連で次のように付け加えている。

「女性が世界中で権利を平等に享受できていないという状況は、宗教上の態度を含む伝統、歴史および文化に深く根づいたものである。一部の国で女性が従属的役割しか与えられていないことは、出生前の性別選択および女子の胎児の中絶が高い割合で発生していることに表れている。締約国は、伝統的、

10　一般的意見28(3条――男女の権利の平等)、パラ2(Ibid., p.168)。
11　Ibid., p.168, para.3.
12　Ibid., p.168, para.4. 強調引用者。

歴史的、宗教的または文化的態度が、法律の前における平等および規約上のすべての権利の平等な享受に対する女性の権利の侵害を正当化するために利用されないことを確保するべきである」[13]

　すべての人、ならびにとくに男性および女性に対して権利の全面的かつ平等な享受を保障する締約国の義務は、このように社会のあらゆる部門を対象とするものである。これは即時的義務であり、漸進的義務でも、当該締約国が利用することのできる資源に依存するものでもないことにも、注意しておかなければならない。

＊＊＊＊＊

　女子差別撤廃条約の実施状況を監視している委員会は、条約1条に関する一般的勧告そのものはまだ公にしていない。したがって、「女性差別」の概念を委員会がどのように理解しているかという点に関する最善の情報源は、締約国が提出した報告書に関する委員会のコメントと、特定の問題に関する一般的勧告である。

　これとの関連では、委員会が指摘するように、「条約上の差別は政府による行為または政府に代わって行なわれる行為には限定され」ず、私的主体も適用対象とされていることを想起すれば足りる[14]。この見解を裏づける条項として、委員会は条約2条(e)、2条(f)および5条を参照している。これらは、「個人、団体または企業による女子に対する差別を撤廃するため」、かつ、女子に対する差別となる既存の法律、規則、慣習および慣行ならびに社会的および文化的な行動様式を修正または廃止するために、あらゆる適当な措置をとる法的義務を締約国に課した規定である[15]。

　これらの法規定がはっきりと示しているのは、この条約の締約国には、ジェンダー差別が存在する社会のすべての分野で具体的な積極的措置をとる法的義務もあるということである。このような措置には、女性がとくに暴力の結果として重大な苦難をこうむることの多い私的分野で、深く根づいた差別的慣行を変革するための積極的措置も含まれる。

13　Ibid., p.168-169, para.5.
14　一般的勧告19(女性に対する暴力)、パラ9(Ibid., p.217)。
15　Ibid. これらの法規定についてさらに詳しくは前掲3.2参照。

ウィーン宣言および行動計画は、それ自体として法的拘束力を有するものではないが、世界人権会議(1993年)に参加した国々が全会一致で採択した原則および政策をまとめた、重要な文書である。宣言によれば、「女性および女児の人権は、普遍的な人権の不可譲、不可欠かつ不可分な一部をなす」ものであり、「国内的、地域的および国際的レベルの政治的、市民的、経済的、社会的および文化的生活に女性が全面的かつ平等に参加すること、および、性を理由とするあらゆる形態の差別を根絶することは、国際社会の**優先的目標**である」[16]。**北京宣言および行動綱領**も同様に、参加国によって全会一致で採択された。綱領の冒頭に掲げられたミッション・ステートメントのパラ1は、綱領の目的として、とくに「経済的、社会的、文化的および政治的意思決定において全面的かつ平等な立場を獲得することを通じ、女性が公的および私的生活のあらゆる局面に積極的に参加することを妨げるあらゆる障壁を取り除くこと」を挙げている[17]。

＊＊＊＊＊

世界各国の政府には自国で行なわれているジェンダーにもとづく差別を撤廃する包括的な法的義務があることを踏まえれば、裁判官・検察官・弁護士にも、平等および差別の禁止に対する権利がジェンダーにもとづいて侵害されたという訴えを、差別の訴えが誰から出されたかに関わらず検討する専門家としての責任がある。

> 女性は、法律の前で男性と平等に扱われる権利を有する。法的平等に対するこの権利は、女性の民事上の地位とは無関係である。性にもとづく差別の禁止にはジェンダーにもとづく暴力も含まれる。女性が法的に男性と平等に扱われる権利を有しているということは、国は、公的部門・私的部門のいずれにおいても、女性に対する法律上・事実上のあらゆる差別を撤廃しなければならないということである。また、

---

16 UN doc. A/CONF.157/23, Part I, para.18参照(強調引用者)。国連総会はその後、1993年12月20日の決議48/121により、宣言およびその勧告を無投票で支持した。

17 北京宣言および行動綱領の全文はwww.un.org/womenwatch/daw/beijing/platformを参照。宣言および行動綱領はその後、1995年12月8日の国連総会決議50/42によって無投票で支持された。1995年の北京会議以降の進展を検証した特別総会についてはwww.un.org/womenwatch/confer/beijing5/を参照。

> 国には最低限、平等に対する女性の権利の全面的実現を妨げる可能性が
> ある国内の慣習および伝統を修正するためにあらゆる適当な措置をとる
> 義務があるということも意味する。

4. 生命ならびに身体的および精神的不可侵性を尊重される女性の権利

4.1 関連の法規定

　女性には、すべての一般人権条約で保障されているように、生命を尊重される権利、拷問ならびに残虐な、非人道的なまたは品位を傷つける取扱いおよび処罰を受けない権利、人身の自由および安全に対する権利がある(たとえば自由権規約6条、7条および9条、アフリカ人権憲章4条、5条および6条、米州人権条約4条、5条および7条、ならびに欧州人権条約2条、3条および5条)[18]。

　女性に対する暴力について明示的に取扱っている国際法上の文書は、国連総会が1993年に採択した[19]、**女性に対する暴力の撤廃に関する宣言**のみである。そこでは次のように述べられている。

> 「『女性に対する暴力』の用語は、ジェンダーにもとづく暴力であって、女性に身体的、性的もしくは心理的被害または苦痛を生じさせるまたは生じさせる可能性のあるいずれかの行為をいう。これには、そのような行為を行なうという脅し、強迫または恣意的な自由の剥奪を含み、かつ公的生活で行なわれるか私的生活で行なわれるかを問わない」

　女性に対する暴力は、宣言2条でさらに広い意味を与えられている。この用語は次のものを包含するものとして理解されるが、これに限られるものではない。

18　この問題についてはこのマニュアルの第5章・第8章を参照。
19　1993年12月20日に採択された総会決議48/104。

「(a) 家庭で行なわれる身体的、性的および心理的暴力(殴打、家庭内における女児の性的虐待、ダウリー関連の暴力、夫婦間の強姦、女性性器切除その他の女性に有害な伝統的慣行、非配偶者間の暴力ならびに搾取関連の暴力を含む)
(b) コミュニティ一般で行なわれる身体的、性的および心理的暴力(職場、教育施設その他の場所で行なわれる強姦、性的虐待、セクシュアル・ハラスメントおよび脅迫、女性の人身取引ならびに強制売春を含む)
(c) 行なわれる場所を問わず、国が実行または容認する身体的、性的および心理的暴力」

宣言3条は、国際人権法の一般的適用からすでに自明とされていることを、限定された形で確認している。すなわち、「女性は、政治的、経済的、社会的、文化的、市民的その他のいずれの分野においても、あらゆる人権および基本的自由の平等な享受および保護を受ける権利を有する」ということである。これに続くリスト(もちろん網羅的なものではない)で、意見、信念、宗教、表現および移動の自由のような重要な権利への言及がないことには留意しておいてもよいかもしれない。これらの権利がなければ、女性が自己の権利を効果的に主張できる可能性は小さくなる。

宣言では、公的分野と私的分野の双方で女性に対する暴力を撤廃するために個々の国家ならびに国連の機関・専門機関がとるべき措置も挙げられている(4〜5条)。

宣言は、それ自体法的拘束力を有する文書ではないものの、そこに記載された暴力行為が国連加盟国による国際人権法違反であることの強力な証拠である。したがって宣言は、女性の身体的・精神的不可侵性の保護を目的とした国際法および国内法の関連の規定を解釈するうえで有益な手段となりうる。

ジェンダーにもとづく暴力について明示的に取り上げた条約は国際的レベルでは存在しないものの、女子差別撤廃委員会は、前掲3.2で述べたように、女子差別撤廃条約1条に掲げられた差別の定義が、条約の規定では暴力について明示的に触れられていないにも関わらず、ジェンダーにもとづく暴力も含んでいることを明言している。委員会はまた、条約2条、5条、11条、12条および16条に

ついて、「家庭、職場または社会生活のいずれかの分野で行なわれるいかなる種類の暴力からも女性を保護するために行動する」ことを締約国に求めるものであると解釈している[20]。委員会はさらに、「ジェンダーにもとづく暴力は、男性との平等を基礎として権利および自由を享有する女性の能力を深刻に損なう差別の一形態である」[21]とし、このような暴力は、「一般国際法または人権条約にもとづく人権および基本的自由を女性が享有することを害しまたは無効にするものであって、条約1条にいう差別にあたる」[22]としている。

＊＊＊＊＊

いまのところ、女性に対する暴力という広範な問題をもっぱら取扱っている条約は、**女性に対する暴力の防止、処罰および根絶に関する米州条約**ただひとつである。この条約はベレム・ド・パラ条約とも呼ばれ、米州機構総会で1994年に採択された。条約2条によれば次のとおりである。

「女性に対する暴力は、次のような身体的、性的および心理的暴力を含むものとして理解される。
   a. 加害者が女性と居所をともにしているかまたはともにしたことがあるかに関わらず、家族的もしくは家庭的単位またはその他の対人関係のなかで行なわれるもの(とくに強姦、殴打および性的虐待を含む)
   b. コミュニティにおいて、かついずれかの者によって行なわれるもの(とくに、職場ならびに教育施設、保健施設その他のいずれかの場所で行なわれる強姦、性的虐待、拷問、人身取引、強制売春、誘拐およびセクシュアル・ハラスメントを含む)
   c. 発生場所を問わず国もしくはその機関員によって実行もしくは容認されるもの」

---

20 一般的勧告12(女性に対する暴力)(*United Nations Compilation of General Comments*, p.209)。
21 一般的勧告19(女性に対する暴力)、パラ1(ibid., p.216)。
22 前掲、パラ7(ibid., p.217)。一般的勧告は、6条、11条、12条、14条および16条5項等に掲げられた多くの権利の享受が暴力によってどのような悪影響を受けるかについていくつかの例を挙げるとともに、ジェンダーにもとづく暴力を克服するための一連の具体的勧告を締約国に対して行なっている。

条約はさらに「すべての女性は、公的分野においても私的分野においても暴力を受けない権利を有する」と述べるとともに(3条)、締約国は、「女性に対する暴力」が、地域的および国際的人権文書に掲げられ、かつ女性が「自由にかつ全面的に行使する資格を有する」市民的、政治的、経済的、社会的および文化的権利の行使を「妨げかつ無効にする」ことを認めるとしている(5条)。

　また、条約6条によれば、暴力を受けない女性の権利には、とくに、「あらゆる形態の差別を受けない……権利」ならびに「ステロタイプ化された行動態様ならびに劣等性または従属性の概念にもとづく社会的および文化的慣行から自由に評価および教育される権利」が含まれる。

　7条および8条は、女性に対する暴力を防止、処罰および根絶するために締約国が「遅滞なく」(7条)または「漸進的に」(8条)とらなければならない措置を定めた規定である。これらの措置をとるにあたり、締約国は次のような点に配慮しなければならない。

「締約国は、とくに女性の人種もしくは民族的背景または移住者、難民もしくは国内避難民としての地位を理由として女性が暴力を受けやすい立場に置かれていることをとくに考慮する。妊娠中に暴力を受けた女性または障害のある女性、未成年の女性、高齢の女性、社会経済的に不利な立場に置かれている女性、武力紛争の影響を受けている女性もしくは自由を奪われた女性についても、同様の考慮を行なうものとする」

　これは、女性のなかの特別な集団が不安定な状況に置かれていること(これについてはすでに「はじめに」で触れた)を認めた重要な規定である。これらの集団はとくに劇的な状況下に置かれており、したがって法曹によって暴力行為から特別に保護されなければならない。

　すべての女性は、男性との平等を基礎として、生命ならびに身体的および精神的不可侵性を尊重される権利を有する。ジェンダーにもとづく暴力およびそのような暴力を行なうという脅しは、それが公的分野と私的分野のいずれで行なわれるかに関わらず、国際人権法で禁じら

> れている。女性に対する暴力は、男性との平等を基礎として権利および自由を享有する女性の権利を害しまたは無効にするものである。被害を受けやすい立場に置かれた女性に対しては、特別な注意および暴力行為からの特別な保護が与えられなければならない。

4.2 生命に対する権利

さまざまな人権条約の文言はやや異なっているものの、そこに共通する基本的規則は、女性は男性と同様に生命を恣意的に奪われない権利を有するというものである(自由権規約6条、アフリカ人権憲章4条、米州人権条約4条および欧州人権条約2条)。女性に対する暴力の防止、処罰および根絶に関する米州条約4条は、すべての女性は「その生命を尊重される権利」を有すると述べている。

死刑について、自由権規約6条5項および米州人権条約4条5項は、妊娠中の女性に対する死刑の適用を違法化する特別規定を置いている。これは、「平等な立場での権利および自由の享受は……すべての場合に同一の取扱いを意味するわけではない」[23]ひとつの事例である。

自由権規約委員会は、自由権規約6条で保障されている「生命に対する固有の権利」を「正しく解釈するためには制限的であってはならず」、その保護のために「国は積極的な保障措置をとることを求められている」としている[24]。このような幅広い解釈にもとづき、たとえば委員会は、「とくに栄養失調と伝染病を防止する措置を採るにあたり、可能なかぎり幼児死亡率を減少させ平均寿命を伸ばす措置をとることが望ましい」とも考えているところである[25]。

4.2.1 誘拐および殺人

誘拐・殺人や治安部隊による超法規的殺人をともなう女性に対する暴力は、当

---

23 自由権規約委員会、一般的意見18(差別の禁止)、パラ8(*United Nations Compilation of General Comments*, p.135)。
24 一般的意見6(6条)、パラ5(ibid., p.115)。
25 Ibid., loc. cit.

645

然、国際人権法で厳しく禁じられている。実行者が政府関係者であれ家族構成員であれ、このような不法行為は調査および処罰の対象とされなければならない。さらに政府には、このような行為が起こらないようにする国際法上の法的義務がある[26]。

自由権規約委員会は、メキシコについて、「加害者の逮捕または裁判に至っていない誘拐および殺人の事件が数多く報告されていることを含め、女性に対する暴力が高いレベルで生じていること」について懸念を表明し、同国は次のような措置をとるべきであるとした。

> 「女性がこのような侵害について報告することを思いとどまらせるいかなる圧力もかけられないことを確保する目的で女性の安全を保護するため、ならびに、侵害に関するあらゆる訴えが調査され、かつ加害者が裁判に付されることを確保するための効果的措置をとる〔こと〕」[27]

委員会は、ベネズエラで女性に対する暴力が高いレベルで生じていることについても、「責任者の逮捕または訴追に至っていない誘拐および殺人の事件が数多く報告されていることを含め」て懸念を表明している。委員会は、この問題は規約6条上の「重大な懸念」を生じさせるものであるとして、締約国が「女性の安全を保障するために効果的措置をとるべきである」と勧告した[28]。

* * * * *

米州人権裁判所は、ベラスケス・ロドリゲス事件で、失踪の慣行は米州人権条約の多くの規定に違反するものであり、条約の「根本的違反」を構成するとした。このような慣行は、「人間の尊厳という概念から生ずる諸価値ならびに米州機構のシステムおよび条約のもっとも基本的な諸原則が完全に放棄された」ことを示しているからである[29]。失踪の訴えに関する条約上の責任が締約国に存するという最終判断は、その行為が国に直接帰責するという証拠にもとづいて

---

26 人権侵害を防止、調査および是正する政府の義務についてはこのマニュアルの第15章参照。
27 UN doc. *GAOR*, A/54/40 (vol.I), p.64, para.328.
28 UN doc. *GAOR*, A/56/49 (vol.I), p.52, para.17.
29 I-A Court HR, *Velàsquez Rodríguez Case*, Judgment of July 29, 1988, Series C, No.4, p.149, para.158.

行なわれるのではない。米州人権裁判所が述べるように、「決定的なのは、条約で認められた権利の侵害が政府の支持もしくは黙認のもとで生じたかどうか、または、国が、そのような侵害の防止もしくは責任者の処罰のための措置をとらず、そのような行為が生ずるのを許したかどうかという点である」。換言すれば、国には「人権侵害を防止するために合理的な措置をとる法的義務があり、またその管轄内で行なわれた侵害を真剣に調査し、責任者を特定し、適切な処罰を課し、かつ被害者に対して十分な賠償を確保するために利用可能なあらゆる手段を用いる法的義務がある」のである[30]。このように、国がたとえば誘拐に直接関与していない場合であっても、国の法的責任は広く問われる。人権侵害について防止、調査、処罰および賠償を行なう政府の義務についてさらに詳しくは、このマニュアルの第15章参照。

4.2.2 ダウリーに関わる暴力および「名誉」殺人

一部の国では新婦の家が新郎の家にダウリーを支払うことになっており、その金額は両家の合意で決定される。何らかの事情でダウリーが支払われないか少なすぎると判断された場合には、新婦に暴力が振るわれることがあり、地域によっては、夫か夫の家族のどちらかによって新婦が生きながら焼かれたり、硫酸で見るも無残な姿にされたりする場合もあるほどである[31]。「名誉」殺人は多くの国で行なわれている。一家の男性構成員が、「過ち」を犯した少女や女性を殺してしまうのである。このような「過ち」は、女性の生命を奪う正当な理由であると考えられている。一家とは関係のない男性を雇って殺させる場合もある。

*****

女子差別撤廃委員会は、女子差別撤廃条約2条(f)、5条および10条(c)との関連で次のように述べている。「女性を男性に従属する存在または定型化された役割を有する存在として見なす伝統的態度は、家庭内の暴力または虐待、強制婚、

30　Ibid., pp.154-155, paras.173-174.
31　たとえばCarin Benninger-Budel and Anne-Laurence Lacroix, *Violence against Women - A Report* (Geneva, World Organization against Torture (OMCT), 1999), pp.119-120参照。

ダウリーを理由とする死亡、酸による暴行および女性性器切除のような、広範に広がる暴力的または強迫的慣行を悪化させる。このような偏見および慣行により、ジェンダーにもとづく暴力は女性を保護または管理するひとつのあり方として正当化されかねない。このような暴力が女性の身体的および精神的不可侵性に及ぼす影響として、女性は人権および基本的自由の平等な共有、行使および知識を奪われるのである」[32]。

委員会は、「名誉」殺人という形をとってヨルダンとイラクで行なわれている女性への暴力について懸念を表明している[33]。たとえばヨルダン刑法340条では、「姦通行為の現場を発見された自己の妻または自己の血族の女性を殺しまたは傷害した男性」は罪を免除されるのである。委員会はヨルダンに対し、「340条の迅速な廃止のためにあらゆる可能な支援を提供し、かつ、『名誉殺人』を社会的にも道徳的にも受け入れられないようにする意識啓発活動を行なう」よう促した[34]。ヨルダンでは「名誉」殺人の脅しを受けた女性が保護のために刑務所に収容されるため、委員会は政府に対し、「女性の保護のために保護収容に代わる措置が用いられることを確保するための措置をとる」ようにも促している[35]。イラクに対しては、「とくに、名誉殺人を非難および根絶し、かつ、これらの犯罪が他の殺人と同様に訴追および処罰されることを確保すること」が促された[36]。

＊＊＊＊＊

社会権規約委員会も、ヨルダンについて、「名誉の名のもとに女性に対して行なわれる犯罪が処罰されないこと」に懸念を表明している[37]。

4.2.3 女性性器切除

女性性器切除は世界の一部地域で広く行なわれている慣行で、女子の健康に

32　一般的勧告19(女性に対する暴力)、パラ11(*United Nations Compilation of General Comments*, pp.217-218)参照。
33　UN doc. *GAOR*, A/55/38, p.20, para.178 (ヨルダン), and p.69, para.193 (イラク)。
34　Ibid., p.20, para.179.
35　Ibid., loc. cit.
36　Ibid., p.69, para.194.
37　UN doc. E/2001/22 (E/C.12/2000/21), p.51, para.236.

深刻な影響を及ぼす可能性があり、未消毒の手術道具が使用されることによって、または施術中の全般的衛生管理が貧弱であることを理由として、死につながることさえある。女性性器切除がいかに有害であるかは、世界保健機関によって記録されてきたところである[38]。

女子差別撤廃委員会は、女子差別撤廃条約の締約国に対し、「女性性器切除を禁止する法律の制定および効果的実施」を確保するよう勧告している[39]。締約国が「女性割礼の慣行を根絶するために適切かつ効果的な措置をとる」よう勧告したこともある。そのような措置として挙げられるのは、次のようなものである。

◎ このような伝統的慣行に関する基礎データを収集・普及すること
◎ 女性割礼その他の女性にとって有害な慣行を根絶するために活動している女性団体を支援すること
◎ あらゆるレベルの政治家、専門職、宗教的指導者およびコミュニティの指導者(メディアおよび芸術の分野を含む)に対し、女性割礼の根絶につながる態度形成に向けた影響力の行使に協力するよう奨励すること
◎ 女性割礼から生ずる問題についての研究成果にもとづき、適切な教育・研修プログラムならびにセミナーを開催すること
◎ 公共保健で女性割礼を根絶するための適切な戦略を国の保健政策に含めること[40]

委員会は、エジプトについて、女性性器切除を禁じた1996年の保健省長官令を歓迎したものの、政令の実施についての情報がないことに依然として懸念を表明している[41]。

4.2.4 中絶

中絶の問題は一般国際人権条約では明示的に扱われていないが、米州人権条約

---

38 全般的情報はWHOサイト(www.who.int)参照。**配布資料**1〔邦訳では省略〕の参考文献も参照。
39 一般的勧告24(12条——女性の健康)、パラ15(d)(*United Nations Compilation of General Comments*, p.248)参照。
40 一般的勧告14(女性割礼)、(a)および(b)号(Ibid, pp.211-212)参照。
41 UN Doc. *GAOR*, A/56/38, p.36, para.348.

4条1項は、生命に対する権利は「法律によって、かつ、一般的には受胎のときから、保護される」と定めている。たとえ妊娠初期の数週間であっても無条件な中絶は許されないとするかのような規定である。他方、中絶に関する法律が不当な制約を課すものであれば、女性が闇中絶を利用して生命・健康を脅かされるかもしれないとも主張されている。

＊＊＊＊＊

自由権規約6条にもとづいてこの問題を検討した自由権規約委員会は、グアテマラの状況に関連して、「すべての中絶が犯罪化され、母の生命が危険にさらされている場合を除いて現行法で厳罰が課されることは深刻な問題を生ぜしめる。闇中絶が妊産婦の死亡に重大な影響を及ぼすという報告には異議が出されておらず、かつ家族計画に関する情報が存在していない状況に照らせばなおさらである」と述べた。したがって、委員会の見解によれば締約国は次の義務を負う。

「妊婦の権利を保障するために必要な情報および資源を提供し、かつ、母の生命が危険にさらされている場合を除くあらゆる中絶の一般的禁止に対する例外を定めるために法律を改正することによって、中絶を決断する妊婦の生命に対する権利(6条)を保障するために必要な措置をとる〔義務〕」[42]

委員会は、コスタリカの中絶法についても、法律を改正して中絶の一般的禁止に対する例外を認めるよう提案している[43]。ペルーの法律も、妊娠が強姦によるものであっても中絶が処罰対象とされるために、委員会にとって「懸念の対象」となった。委員会は、ペルーにおける妊産婦死亡の主な原因が依然として闇中絶であることに留意したうえで[44]、このような法規定は「規約3条、6条および7条と両立しない」とあらためて指摘し、「法律を改正して中絶の禁止および処罰に対する例外を定めるべきである」と勧告している[45]。

---

[42] UN doc. *GAOR*, A/56/40 (vol.I), p.96, para.19.
[43] UN doc. *GAOR*, A/54/40 (vol.I), p.55, para.280.
[44] UN doc. *GAOR*, A/56/40 (vol.I), p.48, para.20.
[45] Ibid., loc. cit.

*****

女子差別撤廃委員会は、ヨルダンについて、「妊娠が強姦または近親姦によるものであっても中絶の禁止規定が適用されること」に懸念を表明し、政府に対し、「強姦および近親姦の被害者に安全な中絶を認めるための立法措置に着手する」よう促している[46]。

4.2.5 乳幼児死亡率および平均余命

自由権規約委員会は生命に対する権利およびそれにともなう締約国の責任を幅広く理解しており、生命権を保護するために積極的に行動する責任(乳幼児死亡率を削減し、かつ平均余命を延ばすための措置をとる前述の義務を含む)が締約国にはあるとしている。このような理解を踏まえ、委員会は朝鮮民主主義人民共和国(DPRK)について、「DPRKにおける食糧・栄養状況に対応するための措置が締約国によってとられていないこと、および、1990年代、同国の住民に重大な影響を及ぼした飢饉その他の天災の原因および結果に国際社会と協力して対応するための措置がとられていないことを〔依然として〕深刻に懸念する」との見解を表明した[47]。住民のライフサイクルに影響を及ぼす諸問題に根本的に対応することによって乳幼児死亡率を削減し、かつ平均余命を延ばすための積極的措置をとるという、規約6条にもとづく締約国の義務は、食糧欠乏時や保健ケアが不十分なときに不当な負担を負わなければならないことが多い女性・女児の場合にはとくに重要である。したがって、女性と子どもはいかなるときにも、男性と対等な立場で食糧・保健ケアにアクセスできなければならない。

> 生命に対する女性の権利はいかなるときにも尊重されなければならない。国は、この権利に対応して、女性の生命を積極的に保護する法的義務を負う。誘拐、殺人および超法規的殺人を含む暴力は、いかなるときにも厳格に禁じられる。ダウリーに関わる暴力または「名誉」殺人は国

---

[46] UN doc. *GAOR*, A/55/38, p.20, paras.180-181.
[47] UN doc. *GAOR*, A/56/40 (Vol.1), p.100, para.12.

> 際法で厳格に禁じられており、関係国によって防止・訴追・処罰されなければならない。女性性器切除は女性の健康・生命にとって有害であり、国際法にも反している。国には、このような慣行を根絶するために適切かつ効果的な措置をとる義務がある。妊産婦の死亡を防止するため、国内法では最低限、たとえば母の健康が危険にさらされている場合や強姦・近親姦の場合の中絶が認められなければならない。死刑は妊娠中の女性に対して科されてはならない。国には、根本的原因に対応することおよび食糧・保健ケアへの平等なアクセスを女性に保障することによって、乳幼児死亡率を削減し、かつ平均余命を延ばすための積極的措置をとる国際法上の法的責任がある。

4.3 拷問およびその他の残虐な、非人道的なもしくは品位を傷つける取扱いまたは処罰を受けない権利

　女性には、いかなるときにも、拷問および残虐な、非人道的なもしくは品位を傷つける取扱いまたは処罰からの自由を効果的に享受する基本的権利がある(自由権規約7条、拷問等禁止条約、アフリカ人権憲章5条、米州人権条約5条2項、女性に対する暴力の防止、処罰および根絶に関する米州条約4条、欧州人権条約3条、拷問および非人道的なまたは品位を傷つける取扱いまたは処罰の防止のための欧州条約参照)。拷問その他の不当な取扱いを受けない権利はいかなるときにも確保されなければならず、公の緊急事態にも逸脱は許されない(自由権規約4条2項、米州人権条約27条2項、欧州人権条約15条2項参照)。

　この節では、けっして網羅的にということではないが、女性に対する制度的暴力、制度化された暴力、ドメスティック・バイオレンスおよびコミュニティにおける暴力について検討する。

4.3.1 自由を奪われた女性に対する暴力

　一般国際人権条約では、自由を奪われた女性がとくに権利を侵害されやすい状況に置かれ、したがって刑務所職員からの性的虐待などの暴力に対する特別

な保護を必要としていることが明示的に認められているわけではない。女性に対する暴力の防止、処罰および根絶に関する米州条約7条(a)でのみ、締約国は、女性に対する暴力のいかなる行為または慣行にも関与しないようにし、かつ、自国の公的機関、公務員、職員、権限執行者および諸制度が女性に対する暴力を防止、処罰および根絶する義務にしたがって行動することを確保することを、約束している。

被拘禁者の取扱いについて、自由権規約10条1項はさらに具体的に「自由を奪われたすべての者は、人道的にかつ人間の固有の尊厳を尊重して、取り扱われる」と定めている。米州人権条約5条2項も同様に、「自由を奪われたすべての者は、人間の固有の尊厳を尊重して取り扱われる」と定めている。最後に、被拘禁者の処遇に関する国連最低基準規則8(a)によれば次のとおりである。

「男女はできるかぎり別個の施設に収容される。男女をともに収容する施設においては、女性に割り当てられた敷地および建物全体を完全に分離させなければならない」

被拘禁者をカテゴリー別に分離しなければならないというこの規則は、厳格に適用されれば、女性被拘禁者を保護するうえで役に立つ。それでも、とくに刑務所職員や看守が男性である場合には、その虐待を受けやすい立場にあることは変わらない。

* * * * *

国際的監視機関はこれまで、警察による留置その他の形で自由を奪われている女性の虐待の問題については比較的わずかな注意しか向けてこなかった。ただし自由権規約委員会は、一般的意見28で次のように強調している。「締約国は、自由を奪われた者の権利が男女とも平等に保護されることの確保に関わるあらゆる情報を提供しなければならない。締約国はとりわけ、男女が刑務所で分離されているかどうか、および、女性の警備は女性警護官のみが行なっているかどうかを報告するべきである。締約国はまた、**罪を問われた女子少年**は成人から分離されなければならないという規則が遵守されているかどうか、および、自由を奪われた者が男女で異なる取扱い(リハビリテーションおよび教育のためのプログラム

ならびに配偶者および家族による面会へのアクセスなど)を受けているかどうかについても報告することが求められる。**妊娠中に自由を奪われた女性**は、いかなるときにも、かつ、とくに出産および新生児のケアの時期には、人道的にかつその固有の尊厳を尊重して取り扱われるべきである」[48]。

自由権規約委員会はたとえば、メキシコやベネズエラで拘禁された女性が治安部隊によって強姦・拷問されているという訴えが数多くあることは自由権規約7条にもとづく「重大な懸念」を生ぜしめるものであるとし、締約国は、「女性の安全を保障するために効果的な措置をとるとともに、このような権利侵害の報告をためらわせるいかなる圧力もかけられないこと、虐待についての訴えがすべて調査されること、および、このような行為を行なった者が裁判にかけられることを確保する」べきであると述べている[49]。

＊＊＊＊＊

拷問禁止委員会は最近、拷問等禁止条約の締約国に対し、「文官および軍の管轄下にある拘禁場所ならびに少年拘禁センターおよび個人が拷問または不当な取扱いを受けやすいと考えられるその他の施設」に関するデータを男女別に提供するよう要請するようになった[50]。カザフスタンの第1回報告書を審査したさい、委員会は、「とくに女性の収監率が上昇していることおよび警察に留置された女性が虐待的な取扱いを受けているという訴えがあることに照らし、……報告書に拷問および不当な取扱いについての情報がないこと」について懸念を表明している[51]。カナダについては、女性の被拘禁者が「締約国当局によって過酷かつ不適切な取扱いを受けており、かつアルブール報告書の多くの勧告がまだ実施されていない」という訴えがあることについて懸念を表明した[52]。

拷問禁止委員会はまた、米国についても、「法執行官および刑務所職員が女性

---

48 一般的意見28(3条――男女の権利の平等)、パラ15(*United Nations Compilation of General Comments*, p.170)。強調引用者。
49 UN docs. *GAOR*, A/54/40 (vol.I), p.64, para.328 (メキシコ), and GAOR, A/56/40 (vol.I), p.52, para.17 (ベネズエラ)。引用は後者の報告書からだが、内容はメキシコに関する報告書と同一である。
50 たとえばカザフスタンについてUN doc. GAOR, A/56/44, p.55, para.129(m)参照。
51 Ibid., p.54, para.128(j).
52 Ibid., p.26, para.58(b). ここで言及されている報告書とは、*Commission of Inquiry into Certain Events at the Prisons for Women at Kingston*, Commissioner: The Honorable Louise Arbour, Canada, 1996である。

の被拘禁者および受刑者に性暴力を行なっている」という訴えがあることに懸念を表明している。委員会の見解によれば、女性の「被拘禁者および受刑者は屈辱的かつ品位を傷つける状況下に置かれることもきわめて多い」[53]。委員会は、「規約に違反した者、とくに差別的目的または性的満足を動機とする者が調査、訴追および処罰されることを確保するために必要な措置」を締約国がとらなければならないという一般的な勧告を行なった[54]。オランダについては、「女性職員(引用者注:すなわち法執行官)の配属が不十分であること」について懸念を表明している[55]。

委員会はさらに、エジプトの第3回定期報告書を審査したさい、「警察と国家治安情報部双方による女性被拘禁者の取扱い」について、「夫その他の家族構成員に関わる情報を得る目的で性的虐待またはそのような虐待をするという脅迫が行なわれることがある」というOMCTの訴えについて懸念を表明し、「情報を得るための手段として警察および国家治安情報部が行なう性的虐待の脅威から女性を保護するために効果的な措置をとる」よう勧告した[56]。

*****

拷問としての強姦に関する司法判断についての情報はこのマニュアルの第8章2.3.1参照。

*****

裁判官・検察官・弁護士が、身柄拘束中の女性の特別なニーズおよび権利侵害を受けやすい立場にとくに注意を払うこと、性的虐待等の不当な取扱いの訴えを精力的かつ効果的に検討すること、および、女性の拷問またはその他の不当な取扱いの徴候を警戒しておくこと(女性はこのような暴力の加害者を告発する勇気が出ない場合がある)は、きわめて重要である。

53　UN doc. *GAOR*, A/55/44, p.32, para.179(d).
54　Ibid., p.32, para.180(b).
55　Ibid., p.34, para.187(a).
56　UN doc. *GAOR*, A/54/44, p.23, paras.209 and 212.

4.3.2 不法な刑罰

　自由権規約委員会によれば、「7条の禁止は身体的苦痛をもたらす行為だけでなく、被害者に対して精神的苦痛をもたらす行為にも及ぶ」。委員会の見解ではさらに、「その禁止は、犯罪に対する刑罰または教育的もしくは懲戒的措置としての行き過ぎた懲罰などの体罰にも及ぶ」ものである[57]。この見解はオズボーン事件でも確認された。申立人が、火器の不法所持、加重強盗および故意の致傷を理由として15年の重労働懲役刑を受け、あわせてタマリンド製の笞による笞打ち10回を命じられた事件である。本件では、「委員会の確固たる意見」として、「処罰の対象とされる犯罪の性質〔に関わらず〕、当該犯罪がいかに残酷なものであろうとも、……身体刑は〔規約7条に反する〕**残虐な、非人道的なかつ品位を傷つける取扱いまたは刑罰**である」から規約7条違反であるとされた[58]。委員会は政府に対し、政府には「オズボーン氏に対する笞打ち刑の実行を差し控える義務がある」こと、さらに「身体刑を認めた法規定を廃止することにより、同様の違反が将来生じないことを確保するべきである」ことを通知している[59]。

＊＊＊＊＊

　拷問禁止委員会は、ナミビアについて、ナミビアの法律で身体刑を科すことが依然として可能であるのならば「身体刑を迅速に廃止すること」を勧告している[60]。

＊＊＊＊＊

　身体刑の禁止は、もちろん、女性に対しても平等に適用される。たとえば女性は、ある種の**服装規則**にしたがわなかった場合、あるいは後述の2つの事件のように**姦通**を犯した場合に、笞打ち刑や投石刑を受けるおそれがある。そこで自由権規約委員会は、締約国に対し、「公の場で女性が身につけるべき服装に関する具体的規則」についての情報を報告書で提供するよう求めるとともに、「当

---

[57] 一般的意見20(7条)、パラ5(*United Nations Compilation of General Comments*, p.139)。
[58] Communication No.759/1997, *G. Osbourne v. Jamaica* (Views adopted on 15 March 2000), in UN doc. *GAOR*, A/55/40 (vol.II), p.138, para.9.1. 強調引用者。
[59] Ibid., p.138, para.11.
[60] UN Doc. GAOR, A/52/44, p.37, para.250.

該規則を執行するために身体刑が科される場合」には、このような規則が自由権規約7条などに掲げられた「多くの権利の侵害となる可能性がある」と強調している[61]。また、以下に取り上げる2つの事件は姦通に対して身体刑を科すことができる点に関わるもので、それぞれ拷問等禁止条約と欧州人権条約にもとづいて申立てられた。ここできわめて重要なのは、国際人権法で違法とされている「拷問」その他の不当な取扱いの概念について国際的監視機関同士が一貫した理解をしていることが、2つの事件の結果を通じて明らかになっていることである。

＊＊＊＊＊

女性の難民・庇護希望者にとっては、たとえば拷問または残虐な取扱いを受けるおそれがあるために、出身国に送還されないことが利益となることがある。拷問等禁止条約の場合、このような可能性は3条1項にもとづいて検討されなければならない。3条の規定は次のとおりである。

「1. 締約国は、いずれの者をも、その者に対する拷問が行われるおそれがあると信ずるに足りる実質的な根拠がある他の国へ追放し、送還し又は引き渡してはならない。
2. 権限のある当局は、1の根拠の有無を決定するに当たり、すべての関連する事情(該当する場合には、関係する国における一貫した形態の重大な、明らかな又は大規模な人権侵害の存在を含む)を考慮する」

拷問禁止委員会は、3条にいうおそれの有無の判断について次のように説明している。

「しかし、このような判断の目的は、送還された国で当該個人が拷問を受けるおそれが個人的にあるかどうかを決定することである。すなわち、ある国

---

61 一般的意見28(3条――男女の権利の平等)、パラ13(United Nations Compilation of General Comments, p.170。服装規則が規約違反とされる可能性がある他の根拠条文としては、26条(差別の禁止)、9条(「規則違反が逮捕によって処罰されるとき」)、12条(「移動の自由がこのような制約の対象とされるとき」)、17条(「プライバシーを恣意的または不法に干渉されない権利をすべての人に保障した」規定)、18条・19条(「女性がその宗教または自己表現の権利に合致しない服装要件を課されるとき」)、そして最後に27条(「服装要件が、女性が所属していると主張する文化に抵触するとき」)が挙げられる。

で一貫した形態の重大な、明らかなまたは大規模な人権侵害が存在するからといって、そのこと自体が、ある人がその国に送還された場合に拷問を受けるおそれがあると判断する十分な根拠となるわけではない。当該個人が個人的に危険にさらされることを示す追加的根拠が存在しなければならないのである。同様に、一貫した形態の重大な人権侵害が存在しないからといって、ある人がその具体的事情によって拷問を受けるおそれがあると見なすことはできないというわけでもない」[62]

本件は、申立人(イラン国民)がスウェーデンで自分と息子の庇護を申請した事件である。申立人によれば、申立人は「殉教者の寡婦であり、そのためボンヤード・エ・シャヒード殉教者委員会の支援・監督を受けていた」。さらに、シーヘ婚ないしムター婚を強要されるとともに、「姦通を犯し、そのために投石刑を言い渡された」という[63]。スウェーデン政府は申立人の信憑性を疑問視したが、拷問禁止委員会は申立人に有利な判断をし、締約国には「条約3条にしたがい、イラン・イスラム共和国、または申立人がイラン・イスラム共和国に追放または送還されるおそれがある他のいかなる国にも申立人を強制送還しない義務」があると決定した[64]。このように委員会は、申立人が出身国に送還されると投石刑を受けるおそれがあると認めたのである。このような決定をするにあたり、委員会は、イラン・イスラム共和国の人権状況に関する国連特別代表の報告書および「非政府組織の無数の報告書」によって、既婚女性が近年、姦通を理由として投石による死刑を言い渡されていることが裏づけられたとしている[65]。

* * * * *

ヤハーリ事件——欧州人権条約3条を根拠として申立てられた——でも状況は同様であり、申立人(イラン国民)は、「トルコから〔イラン・イスラム共和国に〕送還されれば、不当な取扱いを受け、かつ投石によって死刑に処される真のお

---

62 Communication No.149/1999, *A.S. v. Sweden* (Views adopted on 24 November 2000), in UN doc. *GAOR*, A/56/44, pp.184-185, para.8.3.
63 Ibid., p.185, para.8.4.
64 Ibid., pp.185-186, paras.8.5 and 9.
65 Ibid., p.185, para.8.7.

それがある」と主張した[66]。申立人は、イラン・イスラム共和国の秘書科短大に在学中、ある男性に出会って恋に落ちたものである。しばらくして2人は結婚を決意したが、男性の家族が結婚に反対し、男性は別の女性と結婚した。しかし申立人と男性はその後も会って性的関係を持ち続け、ある日、警察官に呼びとめられて拘禁された[67]。申立人は拘禁中に処女検査を受けたが、家族の助けを得てやがて釈放された。申立人はトルコに不法入国し、フランスを経由してカナダに行こうとしたところ、カナダの偽造パスポートを使ったとしてフランスでつかまり[68]、イスタンブールに送還された。トルコに戻った申立人は、国連難民高等弁務官事務所(UNHCR)より、「イランに送還されると投石による死刑または笞打ちのような非人道的な取扱いを受けるおそれがあるため、十分に理由のある恐怖を有していることを根拠として」難民認定を受けた[69]。

欧州人権裁判所は、同裁判所の判例ですでに確立された次のような判例を想起している。

「締約国による送還は、対象者が送還されれば送還先の国で3条に反する取扱いを受ける真のおそれに直面すると信ずるに足る実質的根拠が示されているときは、3条に関わる争点を提起し、したがって条約にもとづく当該締約国の責任問題となる場合がある。このような状況においては、3条は、当該対象者をその国に送還しない義務を含意する」[70]

重要なのは、欧州人権裁判所が次のように付け加えていることである。

「3条が、民主的社会におけるもっとも基本的な価値のひとつを体現し、かつ拷問または非人道的なもしくは品位を傷つける取扱いもしくは処罰を絶対的に禁じていることを顧慮すれば、第三国へ送還されれば3条で禁じられた取

---

[66] *Eur. Court HR, Case of Jabari v. Turkey, Judgment of 11 July 2000*, para.3. 本文で参照した判決文は欧州人権裁判所のウェブサイト(www.echr.coe.int/)に掲載されている。
[67] Ibid., paras.9-11.
[68] Ibid., paras.12-14.
[69] Ibid., para.18.
[70] Ibid., para.38.

扱いを受けることになるという個人の主張については、必然的に厳格な審査が行なわれなければならない」[71]

本件において欧州人権裁判所は、「被申立国の当局が申立人の主張(その疑わしさも含む)について何らかの意味のある評価を行なったと考えることはできない」とし、したがって、「強制送還が実行された場合に申立人が直面するおそれを〔欧州人権〕裁判所自身で評価するにあたり、申立人の主張に関するUNHCRの結論を正当に重視する」とした。UNHCRは「申立人から事情を聴取し、申立人の恐怖の信頼性、および姦通を理由としてイランで開始された刑事手続に関する申立人の供述の真実性を検証する機会を得ていた」ためである[72]。欧州人権裁判所は最後に、投石による姦通の処罰は依然として法令集に掲載されており、公的機関によって用いられる可能性があることから、「申立人の国における状況が、姦通がもはやイスラム法に対する非難されるべき侮辱として見なされない程度にまで変化したと考えることはできない」とした[73]。そこで欧州人権裁判所は、「申立人が……イランに送還されれば3条に反する取扱いを受ける真のおそれが」存在すること、また申立人をイランに送還することは同条違反を構成することが「実証された」としたのである[74]。

4.3.3 家庭およびコミュニティ一般での女性・女子に対する暴力

女性・女子の性的虐待を含む暴力は家庭、学校およびコミュニティ一般であまりにも当たり前に行なわれているが、その存在は、すでに見てきたように、不当な取扱いを受けない権利や身体の安全に対する権利といった国際人権法のさまざまな規定に明らかに違反するものである。**このような暴力の多くは家庭で生じているものではあるが、政府には、その根絶のために正当な熱心さをもって行動する責任がある。**

---

71 Ibid., para.39.
72 Ibid., paras.40-41.
73 Ibid., para.41.
74 Ibid., para.42.

＊＊＊＊＊

これとの関係で女子差別撤廃委員会は、女子差別撤廃条約の締約国は「公的行為か私的行為かに関わらず、ジェンダーにもとづくあらゆる形態の暴力を克服するために適切かつ効果的な措置をとるべきである」と勧告している。また、とくに次の措置をとるべきであるとも勧告している。

「家庭における暴力および虐待、強姦、性暴力その他のジェンダーにもとづく暴力を禁止する法律によって、すべての女性が十分に保護され、かつその不可侵性および尊厳が尊重されることを確保する〔べきである〕。被害者に対しては適切な保護・支援サービスが提供されなければならない。司法職員および法執行官ならびにその他の公的職員に対してジェンダーに配慮した研修を行なうことは、条約の効果的実施のために不可欠である」[75]

この勧告にしたがい、委員会はイラクに対して、たとえば「立法、女性に対する暴力のタイプおよび発生件数についての統計データならびに法執行官、司法機関、ソーシャルワーカーおよび保健従事者によるそのような暴力への対応に関する情報も含め、締約国での女性に対する暴力に関わる包括的実態」を明らかにするよう要請した。委員会は政府に対し、「ドメスティック・バイオレンスの被害を受けた女性のための便益(暴力を受けた女性を対象とする電話ホットラインおよびシェルター等)の確立を奨励および支援するとともに、この問題およびこれと効果的に闘う必要性についての意識を高めるため、女性に対する暴力は絶対に許されないというキャンペーンを開始する」よう促している[76]。

委員会は、モルドバ共和国政府に対しても、「家庭および社会における女性への暴力に対応する措置に高い優先順位を与え、かつ、このような暴力(ドメスティック・バイオレンスを含む)が条約にもとづく女性の権利の侵害であることを認める」よう促した。委員会は政府に対し、「このような暴力が犯罪として刑法で処罰対象とされること、それが必要な厳しさおよび速さで訴追および処罰され

---

75 一般的勧告19(女性に対する暴力)、パラ24(a)および(b)(*United Nations Compilation of General Comments*, p.219)。
76 UN Doc. *GAOR*, A/55/38, p.68, para.190.

ること、ならびに、暴力の被害を受けた女性がただちに救済および保護の手段を得られることを確保する」よう求めている[77]。委員会はさらに、「公的職員、とくに法執行官および司法職員が女性に対するあらゆる形態の暴力について十分な意識を持つようにするための措置をとる」よう勧告するとともに、最後に、「このような人権侵害が社会的にも道徳的にも受け入れられないようにするため、このような暴力は絶対に許されないというキャンペーンを含む意識啓発措置をとる」よう政府に求めた[78]。

　女子差別撤廃委員会は、リトアニアにおける女性への暴力、とくにドメスティック・バイオレンスについても懸念を表明し、政府に対し、「強姦が同意を得ない性交渉として明示的に定義されるようにするため」刑法118条を改正するとともに、「警察官、弁護士になる予定の者および裁判官の継続的研修、ならびにドメスティック・バイオレンスの被害者が裁判所に容易にアクセスできるようにすることを通じて、ドメスティック・バイオレンスに真剣な注意を向け続ける」よう促した[79]。最後に、「女性へのドメスティック・バイオレンスを禁じ、保護命令および退去命令ならびに法律扶助およびシェルターへのアクセスについて定める具体的法律を導入する」よう勧告している[80]。

　ルーマニアで女性に対する暴力が増加していることも、委員会の懸念の対象とされた。「夫婦間の強姦を含むドメスティック・バイオレンスを犯罪化した法律が存在しないこと、および、強姦被害者が強姦加害者との婚姻に同意した場合に後者の刑事責任が消滅する、いわゆる『償い婚』による抗弁が刑法で認められていること」も同様である。委員会はまた、「セクシュアル・ハラスメントに関わる法律が存在しないこと」にも懸念を表明している[81]。

　最後に、委員会はインドについて、「武装暴動が生じている地域で〔女性が〕高い水準の暴力、強姦、セクシュアル・ハラスメント、屈辱および拷問のおそれ」にさらされていることに懸念を表明した。そこで委員会は、「治安部隊に与

77　Ibid., p.59, para.102.
78　Ibid., loc. cit.
79　Ibid., p.64, para.151.
80　Ibid., loc. cit.
81　Ibid., p.80, para.306.

えられた特別権限によって、紛争地域ならびに拘禁中および逮捕中における女性への暴力行為の調査および訴追が妨げられることのないよう、……テロ防止関連法および軍特別規定法を再検討すること」を勧告している[82]。

*****

　自由権規約委員会も、**私的領域**における女性への暴力に焦点を当ててきた。たとえばカンボジアについては、夫婦間の強姦が犯罪とされていないこと、および、ドメスティック・バイオレンスについて苦情を申立てた女性に公的機関が支援を提供していないことについて懸念を表明している。したがって、委員会の見解によれば、締約国は「女性がドメスティック・バイオレンスを受けた場合に法律による効果的保護を求められるようにするための措置を導入」しなければならない[83]。委員会はまた、「女性に対する暴力およびとくにドメスティック・バイオレンスがコスタリカで増加していること」にも懸念を表明し、「これらの分野で女性を保護するため、適切な法律の制定を含む必要な措置をとる」よう勧告している[84]。

　委員会は、「強姦加害者が被害者と婚姻したときはいかなる刑罰からも免除される旨の法規定」がベネズエラで依然として存在していることに懸念を表明し、締約国は「とくに女子の婚姻可能年齢が低いことを考慮にいれ、規約3条、7条、23条、26条、2条3項および24条と両立しないこの法律をただちに廃止するべきである」と付け加えた[85]。同じ懸念は、さらに強姦罪が行なわれたと見なされるためには女性が「貞淑」でなければならないと定めたグアテマラの法律についても表明されている。委員会は同国に対し、「規約3条、23条、26条および2条3項と両立しないこの法律をただちに廃止する」よう通告した[86]。

*****

　社会権規約委員会は、エジプトにおける女性へのドメスティック・バイオレンスの問題が「十分に対応されていないことおよび夫婦間の強姦が犯罪化されてい

82　Ibid., p.11, paras.71-72.「武力紛争中に国家が実行および(または)容認する女性への暴力(1997/2000年)」の問題については、たとえばUN doc. E/CN.4/2001/73, *Violence against Women - Report of the Special Rapporteur on violence against women, its causes and consequences, Ms. Radhika Coomaraswamy*, 45pp参照。
83　UN Doc. *GAOR*, A/54/40 (vol.I), p.60, para.309.
84　Ibid., p.55, para.281.
85　UN Doc. *GAOR*, A/56/40 (vol.I), p.52, para.20.
86　Ibid., p.97, para.24.

ないこと」に「懸念とともに」留意した[87]。モンゴルについては、「支配的な伝統的価値観および貧困が女性に及ぼしている悪影響について深く懸念する」と述べるとともに、同国の女性の3分の1が影響を受けていると推定される「ドメスティック・バイオレンスの被害者を対象とした便益が存在せず、かつ救済措置が実効性を有していないこと」に憂慮を表明している。委員会は政府に対し、「ドメスティック・バイオレンスに関する意識を高めるための公的キャンペーンを組織し、配偶者間の強姦を犯罪化し、かつ被害者にシェルターおよび十分な救済措置を提供する」よう促した[88]。「夫婦間暴力を含む女性への暴力の現象」はポルトガルの場合にも懸念の対象とされている[89]。

＊＊＊＊＊

　欧州人権裁判所は、XおよびY対オランダ事件で、**私人が引き起こした虐待の被害者に「実際的かつ効果的保護」を提供する欧州人権条約締約国の義務**について重要な判示をしている。本件は、精神障害者の女子・Y嬢に対して行なわれた性暴力の加害者とされる者に対して刑事手続を開始できない点が問題とされた事件である。加害者とされる者は、Y嬢が暮らしていた民間精神障害児施設の女性理事長の義理の息子だった。警察は、Y嬢には自ら告発する能力がなく、16歳を超えていたために父親による告発で代えることもできないとの見解をとった。したがって、Y嬢のために刑事告発を行なう法的権限が誰にも認められなかったのである[90]。

　欧州人権裁判所は次のように述べた。

「8条の趣旨は本質的には公的機関による恣意的干渉から個人を保護することであるが、そのような干渉を行なわないよう国に強制するだけに留まるものではない。主として消極的なこの義務に加え、私生活または家族生活の効果的尊重に内在する積極的義務が存在する場合もある。……このような義務には、たとえ個人間の関係の分野であっても私生活の尊重を確保するための措

87　UN Doc. E/2001/22/E/C.12/2000/21, p.41, para.162.
88　Ibid., p.55, para.270 and p.56, para.281.
89　Ibid., p.72, para.414.
90　*Eur. Court HR, Case of X and Y v. the Netherlands, Judgment of 26 March 1985, Series A, No.91*, pp.8-9, paras.9-13.

置をとることが含まれる場合がある」[91]

欧州人権裁判所は続けて次のように認定した。

「Y嬢に行なわれたような犯罪について民法が与えている保護は不十分である。これは、私生活の基本的価値および本質的側面が危険にさらされている事件にほかならない。この分野では効果的な抑止が不可欠であり、それを達成できるのは刑法の規定のみである。実際、このような問題は通常刑法の規定で規制されている」[92]

暴力の加害者とされる者に対する刑事手続を開始するうえで、Y嬢のような状況に置かれた人々にとっては手続的障壁が存在することを考慮し、欧州人権裁判所は、オランダ刑法はY嬢に対して「実際的かつ効果的保護」を与えていないという結論に達した。「問題とされている犯罪の性質を考慮にいれ」、裁判所は、Y嬢が欧州人権条約8条違反の被害者であると結論づけたのである[93]。

この点に関するもうひとつの注目すべき事件として、A対英国事件がある。義父が男児を殴打したことに関わるものではあるが、女児を保護する国の義務についても同じように重要な意味を持つ事件である。申立人(当時9歳)は、「庭用の杖で、相当の力をもって一度ならず殴打されたことが……主治医である小児科医によって認定された」。欧州人権裁判所の見解によれば、この取扱いは欧州人権条約3条で禁じられた水準の重大さに達するものであった[94]。したがって、判断しなければならない問題は、「義父が申立人を殴打したことについて3条にもとづく国の責任が問われるべきかどうか」という点であった[95]。欧州人権裁判所の見解は次のとおりである。

---

91 Ibid., p.11, para.23.
92 Ibid., p.13, para.27.
93 Ibid., p.13, para.27 and p.14, para.30.
94 *Eur. Court HR, Case of A v. the United Kingdom, Judgment of 23 September 1998, Reports 1998-VI*, p.2699, para.21.
95 Ibid., p.2699, para.22.

「条約で定義された権利および自由をその管轄内にあるすべての者に対して保障するという、条約1条にもとづく締約国の義務を3条とあわせて理解することにより、国は、その管轄内にある個人が拷問または残虐な、非人道的なもしくは品位を傷つける取扱いもしくは処罰(**私人が行なうこのような不当な取扱いを含む**)を受けないことを確保するための措置をとらなければならない。……とくに、子どもその他の弱い立場に置かれた個人は、このような身体の不可侵性の重大な侵害に対し、効果的な抑止という形で国の保護を受ける権利を有する」[96]

英国法上、「子どもに対する暴力の容疑に対しては、問題とされる取扱いが『合理的な懲戒』に相当するものであったという抗弁が認められて」おり、「当該暴力が合法的処罰の限界を超えていたことを合理的疑いを超えて証明するのは検察官の責任」であった。申立人は条約3条を適用するのに十分なほど重大と見なされる取扱いを受けていたが、義父は陪審員によって無罪とされた[97]。したがって、欧州人権裁判所の見解では法律は申立人に十分な保護を与えておらず、このような懈怠は条約3条に違反するものとされたのである[98]。

人権を保護する国の義務についてさらに詳しくは、後掲第15章参照。

4.4 人道に対する罪および戦争犯罪としての女性への暴力

最後に、このような話の流れで重要な点として指摘しておかなければならないのは、旧ユーゴスラビア国際刑事裁判所規程5条(f)および(g)ならびにルワンダ国際刑事裁判所規程3条(f)および(g)のいずれにおいても、**拷問**と**強姦**が、武力紛争の過程で民間人に対して行なわれたときは**人道に対する罪**にあたるとされていることである。ルワンダ国際刑事裁判所はさらに、規程4条にしたがい、1949年のジュネーブ諸条約共通3条(1977年の追加議定書を含む)の重大な違反を実行した者

---

96 Ibid., loc. cit. 強調引用者。
97 Ibid., pp.2699-2700, para.23.
98 Ibid., p.2700, para.24.

または実行を命令した者の訴追権限を有している。4条(e)および(h)は、このような違反には「個人の尊厳に対する侵害、とくに侮辱的かつ品位を傷つける取扱い、強姦、強制売春およびいずれかの形態のわいせつ行為」が含まれると定めている。

1998年の国際刑事裁判所規程7条によれば、**人道に対する罪**の概念は、殺人、殲滅、奴隷化、拷問および住民の追放または強制移転のような行為のみならず、強姦、性的奴隷化、強制売春、強制妊娠、強制断種「またはその他同等の重大な性的暴力」(7条(g))も対象とするものである。ただし、これらの行為が「人道に対する罪」を構成するためには、「いずれかの一般住民に向けられた広範な攻撃または系統的な攻撃の一環として、この攻撃を知りながら」行なわれなければならない。これらの行為はまた、国際的・非国際的武力紛争のいずれにおいても重大な**戦争犯罪**とされている(それぞれ8条2項(b)(xxii)および(e)(vi))。

危機の最中における人権の保護についてさらに詳しくは、第16章「緊急事態下における司法運営」参照。

> 女性は、緊急事態時を含むいかなるときにも、拷問および残虐な、非人道的なもしくは品位を傷つける取扱いまたは処罰を受けない権利を有する。自由を奪われた女性は人道的に取り扱われなければならず、また暴力および性的虐待に対する特別な保護の対象とされなければならない。身体刑は、姦通または特定の服装規則の違反を理由として女性に科される場合にも、国際法で禁じられている。女性は、拷問または国際法に反するその他の取扱いを受ける重大なおそれがある国に送還されてはならない。女性への家族による暴力およびコミュニティにおける暴力は国際法に反するものである。国は、ジェンダーにもとづくいかなる形態の暴力も社会から根絶するために即時的かつ効果的措置をとる法的義務を負う。この義務は、とくに、国は私人による暴力の被害者に対し、刑法にもとづく十分かつ効果的な保護も提供しなければならないということを意味するものである。

5. 奴隷制、奴隷取引、強制的・義務的労働ならびに人身取引の対象とされない女性の権利

奴隷制、奴隷取引、隷属状態ならびに強制的・義務的労働という諸概念を検討することはこのマニュアルの範囲を超えるが、これらの慣行を違法化する国際法上の規定が存在することを知っておくのは、法曹にとって重要である。このような慣行は、多くの人々の想像とは裏腹に、いまなお多くの国で行なわれている。女性・子どもの人身取引や強制売春とさまざまな形で結びついていることも多い。したがって、奴隷制、奴隷取引、強制的・義務的労働および人身取引(隷属状態に置くことまたは買売春を目的とするものも含む)の諸概念は実際には複雑にからみあっており、関連の法的原則を適用する段階で困難が生じる場合がある。本節では、主要な法規定をひととおり見た後、ますます広がりつつある重大な現象としての人身取引にとくに注目する。人身取引は、ソビエト連邦が崩壊して国境が開放されて以降、ヨーロッパでとくに深刻になってきた現象である。

5.1 関連の法規定

5.1.1 奴隷制、奴隷取引および隷属状態

奴隷制はすべての一般人権条約で禁じられている(自由権規約8条1項、アフリカ人権憲章5条、米州人権条約6条1項、欧州人権条約4条1項)。**奴隷取引**を明示的に禁じているのは、自由権規約8条1項、アフリカ人権憲章5条、米州人権条約6条1項である。**隷属状態**は自由権規約8条2項、米州人権条約6条1項、欧州人権条約4条1項で違法化されている。

これらの慣行はさらに、奴隷条約(1926年)およびその改正議定書(1953年)と、奴隷制度、奴隷取引ならびに奴隷制類似の制度および慣行の廃止に関する補足条約(1956年)でも禁じられている。1926年条約は奴隷制・奴隷取引の防止および禁止について扱ったものだが、1956年条約は、とくに**債務奴隷制度、農奴制度、金銭目的の強制婚**のような制度および慣行を明示的に取り上げている点で興味

深い。1条は、締約国に対し、次の制度および慣行の完全な廃止または放棄を漸進的にかつできるかぎり速やかに実現するために実際的かつ必要なあらゆる立法上その他の措置をとるよう求めている。

「(a) 債務奴隷制度、すなわち、負債の保証として、自らのもしくはその支配下にある者の個人的役務に関する債務者の誓約から生じる地位または状態であって、合理的に評価したその役務の価値が債務の解除のために充てられていないもの、またはその役務の期間および性質がそれぞれ限定および定義されていないもの

(b) 農奴制度、すなわち、法律、慣習または協定により他の者に属する土地で生活および労働する小作人であって、一定の定められた役務を報酬の有無に関わらず当該の他の者に提供することを義務づけられ、かつその地位を自由に変更できない者の地位または状態

(c) 次の場合のいずれかの制度または慣行
  (i) 女性が、その親、後見人、家族または他のいずれかの者もしくは集団に対する金銭または現物による対価の支払によって、拒否する権利を認められることなく婚姻を約束させられまたは婚姻させられる場合
  (ii) 女性の夫、夫の家族または夫の一族が、受け取る代償と交換にまたは他の方法で、他の者にその女性を引渡す権利を有している場合
  (iii) 女性が、夫の死亡とともに他の者により相続される場合

(d) 18歳未満の子どもまたは年少者が、報酬の有無に関わらず、その子どもまたは年少者の搾取またはその者の労働の搾取のために、その実親のいずれかもしくは双方または後見人によって他の者に引渡される制度および慣行」

奴隷制、奴隷制度および隷属状態の対象とされない権利は**いかなるときにも**確保されなければならず、公の緊急事態においても逸脱することができない(自由権規約4条2項、米州人権条約27条2項、欧州人権条約15条2項)。

5.1.2 強制的および義務的労働

強制的および義務的労働は4つの一般人権条約のうち3つ、すなわち自由権規約8条3項、米州人権条約6条2項、欧州人権条約4条2項で明示的に禁じられている。このような慣行はさらに、ILO強制労働条約(1930年・29号)とILO強制労働廃止条約(1957年・105号)でも違法化されている。3つの一般人権条約および1930年のILO条約は、「強制的および義務的労働」の定義から、たとえば軍務の過程で要求される役務であって、市民としての通常の義務の一環であるものまたは緊急事態もしくは災害の場合に必要とされ得るものを除外している。これらの禁止規定はすべて、女性に対しても差別なく適用されなければならない。

5.1.3 人身取引

人身売買及び他人の売春からの搾取の禁止に関する条約(1949年)1条にもとづき、締約国は、他人の情欲を満足させるために次のことを行ないかなる者をも処罰することに同意している。

「1. 売春を目的として他の者を、その者の同意があった場合においても、勧誘し、誘引し、又は拐去すること。
2. 本人の同意があった場合においても、その者の売春から搾取すること」

締約国はまた、次のことを行ないかなる者をも処罰することにも同意している。

「1. 売春宿を経営し、若しくは管理し、又は情を知って、これに融資し、若しくはその融資に関与すること。
2. 他の者の売春のために、情を知って、建物その他の場所又はその一部を貸与し、又は賃貸すること」

以上の犯罪は引渡し犯罪と見なされる(8〜9条)。

さらに、女子差別撤廃条約6条にもとづき、締約国は、あらゆる形態の女性の売買および女性の売春からの搾取を禁止するためのすべての適当な措置(立法を含む)をとらなければならない。

　この分野で関連性を有する可能性があるもうひとつの国際条約は、**国連国際組織犯罪防止条約を補足する、人(とくに女子および児童)の取引を防止し、抑止し及び処罰する議定書**(2000年)である。この議定書は2000年11月15日に国連総会で採択され、2000年12月13日に署名のために開放された。条約本体と同様、発効のためには40か国の批准が必要であり、また条約よりも早い発効は認められていない(議定書17条)。2001年11月15日現在、条約の批准国は4か国(モナコ、ナイジェリア、ポーランド、ユーゴスラビア)のみである。

　最後に、児童の権利条約35条は、「締約国は、あらゆる目的のための又はあらゆる形態の児童の誘拐、売春又は取引を防止するためのすべての適当な国内、二国間及び多数国間の措置をとる」と定めている。子ども(とくに女児を含む)の人身取引に関して最後に触れておくべき重要な進展は、2002年1月18日に発効した、児童の売買、児童買春および児童ポルノに関する児童の権利に関する条約の選択議定書である。選択議定書の本文は人身取引にとくに触れているわけではないが、人身取引と子どもの売買・子ども買春・子どもポルノとの間には直接のつながりがある。選択議定書の起草者らは、この現実を念頭に置いて、これが子どもの人身取引および関連の搾取との闘いにおけるもうひとつの手段となることを願ったのである[99]。2002年2月8日現在、17か国が選択議定書を批准している。

5.2 奴隷制、強制的・義務的労働ならびに女性の人身取引の慣行

　奴隷制、強制的・義務的労働、女性・子どもの人身取引は、公然たるものであれ偽装されたものであれ、国際的監視機関の懸念を引き起こし続けている不法な慣行である。

　自由権規約8条にもとづく法的義務を分析した自由権規約委員会は、締約国は

99　UN doc. E/CN.4/2001/72, *Traffic in women and girls, Report of the Secretary-General*, p.3, para.8.

「国内のまたは国境を超える女性・子どもの人身取引ならびに強制売春を根絶する」ためにとった措置について委員会に知らせるべきであると強調した。「また、とくに家事労働その他の種類の個人的役務として偽装された奴隷制から女性・子ども(外国人の女性・子どもを含む)を保護するためにとった措置についても、情報を提供しなければならない。女性・子どもが募集され、かつ連れて行かれる締約国および女性・子どもを受け入れる締約国は、女性・子どもの権利侵害を防止するためにとられた国内的または国際的措置についての情報を提供するべきである」[100]。

自由権規約委員会は、とくに近隣諸国からベネズエラへの女性の人身取引に関する情報があることと、この問題の規模およびそれと闘うための行動について締約国代表団から情報が提供されなかったことについて深い懸念を表明した[101]。クロアチアについては、委員会は、「とくに性的搾取を目的として、同国へまたは同国を通じて女性の人身取引が行なわれることと闘うために刑法でさまざまな措置がとられている」ことに留意している。しかし、この慣行の規模および深刻さに関する報告が広く存在するにも関わらず、関係者を訴追するために実際にとられた措置についての情報が提供されなかったことについては、遺憾の意を表明した。したがって締約国は、

「奴隷制および隷属状態の対象とされない権利(8条)を含む規約上のいくつかの権利を侵害するこの慣行と闘うために適切な措置をとる〔べきである〕」[102]

自由権規約委員会は、オランダで「適切な捜査・調査権限を与えられた独立の『人身取引に関する国家報告者』」が任命されたことを歓迎しつつ、「締約国において相当数の外国人女性が性的に搾取されているという報告が続いていること」に依然として懸念を表明した。このような搾取は規約3条、8条および26条に関わる問題を提起するためである。したがって、締約国は、国家報告者

---

[100] 一般的意見28(3条——男女の権利の平等)、パラ12(United Nations Compilation of General Comments, p.170)。
[101] UN doc. GAOR, A/56/40 (vol.I), p.51, para.16.
[102] Ibid., p.67, para.12.

が「この分野で真の具体的向上を達成するために必要なあらゆる手段を与えられる」ことを確保するべきであるとされた[103]。委員会は、チェコ共和国における人身取引の状況についてはさらに断固たる口調で見解を表明している。同国の状況が深刻な懸念となったのは、同国が送出し国であると同時に通過国・受入れ国でもあるためである。委員会は次のように勧告している。

「締約国は、3条および8条(奴隷制および隷属状態の対象とされない権利)を含む規約上のいくつかの権利を侵害するこの慣行と闘うために断固たる措置をとるべきである。締約国はまた、困難な状況下にある女性、とくに売春目的で他国から締約国の領域内に連れてこられた女性を援助するためのプログラムを強化することも求められる。このような形態の人身取引を防止し、かつこのような形で女性を搾取する者に制裁を課すために、強力な措置がとられるべきである。このような人身取引の被害者が避難場所を与えられ、かつ刑事手続または民事手続において責任者に不利な証言を行なう機会が得られるよう、保護を拡大することが求められる。委員会は、とられた措置およびその成果について情報を知らされたいと考えるものである」[104]

*****

女子差別撤廃委員会は、貧困と失業によって女性の人身取引の機会が増大すると指摘している[105]。すでに確立されている形態の人身取引に加え、「セックス・ツーリズム、先進国で働かせるために開発途上国から家事労働力を募集すること、および、開発途上国の女性と外国籍の国民との婚姻を組織することのような」、新しい形態の性的搾取が浮上してきた。「これらの慣行は、女性による権利の平等な享受ならびにその権利および尊厳の尊重と両立しない。これらの慣行により、女性は暴力および虐待を特別に受けやすい立場に置かれる」[106]。

---

103 Ibid., p.79, para.10.
104 Ibid., p.86, para.13. 人身取引は朝鮮民主主義人民共和国の審査でも深刻な懸念の対象とされている(p.104, para.26.)。
105 一般的勧告19(女性に対する暴力)、パラ14(*United Nations Compilation of General Comments*, p.218)。
106 Ibid., loc. cit.

委員会はさらに次のように述べている。「貧困と失業により、幼い女児を含む多くの女性が売春を余儀なくされている。売春に従事する者は、違法である場合もあるその地位によって周縁化される傾向があるため、とくに暴力を受けやすい立場に置かれる。このような女性には、強姦その他の形態の暴力に対する、法律の平等な保護が必要である」[107]。

　この点について委員会は、「戦争、武力紛争および領域の占領は買売春、女性の人身取引および女性に対する性暴力につながることが多く、保護および処罰のための具体的措置が必要とされる」と指摘する[108]。女性は「国内的および国際的武力紛争においてとくに被害を受けやすい立場に置かれる」ため、自由権規約委員会も、自由権規約の締約国に対し、「強姦、誘拐その他の形態のジェンダーにもとづく暴力から女性を保護するためにこのような情勢下でとられたあらゆる措置」についての情報を提供するよう勧告しているところである[109]。

　女子差別撤廃委員会は、ウズベキスタンに対し、女性・女児の人身取引の状況およびこの分野における進展についていっそうの情報・データを提供するよう促した。委員会は、「問題に効果的に対応するため、防止および再統合ならびに人身取引の責任者の訴追を含む包括的措置が策定および導入されるべきである」と指摘している[110]。委員会はまた、人身取引でオランダに連れてこられた非ヨーロッパ系の女性についても、「出身国への送還をおそれ、かつ帰国後に自国の政府から効果的に保護されない可能性がある」として懸念を表明した。委員会はオランダ政府に対し、「人身取引の対象とされた女性が出身国で全面的保護を与えられることを確保し、または庇護資格もしくは難民資格を付与する」よう促している[111]。

*****

　社会権規約委員会は、1998年の出入国管理法案がイタリアで採択されたことを歓迎した。この法律は、人身取引の被害を受けて加害者を告発した女性に1年

107　Ibid., p.218, para.15.
108　Ibid., p.218, para.16.
109　一般的意見28(3条——男女の権利の平等)、パラ8(Ibid., p.169).
110　UN doc. *GAOR*, A/56/38, p.21, para.179.
111　Ibid., p.66, paras.211-212.

間の在留／就労許可を認めるとともに、移住者の人身取引を刑法上の犯罪とするものである。ただし委員会は、イタリアで女性・子どもの人身取引が大規模に行なわれていることについては依然として懸念を表明した[112]。

> 女性は、奴隷制、奴隷取引、隷属状態ならびに強制的・義務的労働の対象とされない権利を有する。したがって女性は、いかなる種類の奴隷制の対象とされてもならず、または、奴隷制もしくは隷属状態の偽装である売春および家事労働その他の役務のような、類似の慣行の対象とされてもならない。女性・女児の人身取引は国際法で厳格に禁じられている。奴隷制、奴隷取引、隷属状態、強制的・義務的労働ならびに女性・子ども(女児を含む)の人身取引のような慣行は国内法で処罰されなければならず、このような不法行為の責任者は国内の公的機関によって厳しく訴追・処罰されなければならない。国には、このような不法な慣行と闘うために、国際協力によるものも含む即時的な、適切かつ効果的な措置をとるとともに、外国人を含む被害者に十分な援助および保護を提供する法的義務がある。

6. 婚姻に関わる平等についての権利

6.1 婚姻の意思を有する者同士が自由に婚姻し、かつ家族を形成する権利

　婚姻することができる年齢の男女が婚姻をし、かつ家族を形成する権利は、自由権規約23条2項、米州人権条約17条2項(家族を「形成する」to foundではなく「家族を設ける」to raise a familyとの文言が用いられている)、欧州人権条約12条で認められている。自由権規約23条3項と米州人権条約17条3項は、さらに「婚姻は、両当事者の自由かつ完全な合意なしには成立しない」と定めている。欧州人権条約は婚姻が自由に行なわれなければならないことについて明示的に言及して

---

112 UN doc. E/2001/22 (E/C.12/2000/21), p.34, para.109, and p.36, para.121.

いないが、そのことは「婚姻を……する**権利**」(強調引用者)という文言に含意されている。この権利の享受について法律の前における男女平等を保障するため、この文言は欧州人権条約14条に掲げられた差別の禁止規定にも照らして解釈されなければならない。

女子差別撤廃条約16条は、「婚姻及び家族関係に係るすべての事項について女子に対する差別」を撤廃することに関わる締約国の義務を定めている。締約国はとくに、男女の平等を基礎として、婚姻をする同一の権利、ならびに、自由に配偶者を選択し、および自由かつ完全な合意のみにより婚姻をする同一の権利を確保しなければならない(16条1項(a)および(b))。

この点に関わるもうひとつの国際条約は、**婚姻の同意、婚姻の最低年齢および婚姻の登録に関する条約**である。1962年に国連総会で採択され、1964年12月9日に発効した。条約には、とくに次の法的義務が掲げられている。

◎ 「いかなる婚姻も両当事者の完全かつ自由な同意なしには法的に成立せず、かかる同意は、法律の規定にしたがい、適当な公示の後、婚姻を認定する権限のある機関および証人の面前において、両当事者自らが表明するものとする」(1条1項)

◎ 「締約国は、婚姻の最低年齢を定めるために立法上の措置をとる。いかなる婚姻も、この年齢に満たない者については法的に成立しない。ただし、権限のある機関が、重大な事由により、婚姻の意思を有する両当事者の利益のために年齢について免除を与えるときは、この限りでない」(2条)

* * * * *

十分な情報を得たうえで威迫を受けることなく婚姻の決定をする女性の能力は、後述するように、婚姻の最低年齢が不当に低いことによって影響を受ける場合がある。自由権規約23条の解釈について自由権規約委員会が述べているように、婚姻に対する女性の「自由かつ完全な合意」を損なう可能性があるその他の要因としては、「強姦の被害を受けた女性を周縁化し、婚姻に同意するよう圧力をかける傾向にある社会的態度の存在」や、「強姦加害者が被害者と婚姻し

たときにその刑事責任を消滅または軽減することを認める法律」がある[113]。委員会はまた、「配偶者を選択する権利は、特定の宗教を信仰する女性が無宗教のまたは異なる宗教を信仰する男性と婚姻してはならないとする法律および慣行によって制約される場合がある」ことにも留意しているところである[114]。

＊＊＊＊＊

　自由な同意の問題について、女子差別撤廃委員会は、「配偶者を選択し、かつ自由に婚姻する女性の権利は、その人生ならびに人間としての尊厳・平等にとって中心的位置を占める」と強調している[115]。しかし、自国の憲法・法律は女子差別撤廃条約に合致していると報告する国がほとんどである一方で、「慣習、伝統、そしてこのような法律が執行されないことにより、現実には条約違反が生じている」のである。締約国報告書の審査を通じ、次のような国々があることが明らかになった。

- ◎ 特定の集団の慣習、宗教的信念または民族的出身にもとづく強制婚または強制再婚を認めている国
- ◎ 金銭の支払または昇格との引換えで女性の婚姻を整えることが許されている国
- ◎ 貧困により、女性が金銭的安定のため外国人と婚姻することを余儀なくされている国[116]

　委員会は、これとの関連で、「いつ婚姻するか、婚姻するかどうかおよび誰と婚姻するかを決定する女性の権利は法律によって保護されなければなら」ず、「たとえば女性の年齢が低いことまたは相手と血縁関係にあること等にもとづく合理的制約」にしか服してはならないと付け加えている[117]。

113　一般的意見28(3条——男女の権利の平等)、パラ24(*United Nations Compilation of General Comments*, p.172)。
114　Ibid., loc. cit.
115　一般的勧告21(婚姻および家族関係における平等)、パラ16(Ibid., p.226)。
116　Ibid., p.226, paras.15-16.
117　Ibid., p.226, para.16.

＊＊＊＊＊

　人種差別撤廃委員会は、「トンガの出入国管理法10条2項(c)」に特段の懸念を表明した。「その規定によれば、トンガ人とトンガ人以外の者との婚姻に対する権利は主任出入国管理官の同意書が条件とされている」ためである。このような要件は、とくに婚姻および配偶者の選択についての権利の享受を人種、皮膚の色または国民的もしくは民族的出身による差別なく保障した人種差別撤廃条約5条(d)違反となる可能性があるとされた[118]。

＊＊＊＊＊

　社会権規約委員会は、「キルギス社会で女性に対する伝統的態度がふたたび主張されていることを憂慮」するとともに、これとの関係で、「花嫁誘拐の旧習が復活していること」に深い懸念とともに留意した。委員会は、締約国が、この現象に関わる法律の実施をいっそう積極的に継続するよう勧告している[119]。

6.1.1 一夫多妻婚

　自由権規約委員会によれば、「婚姻する権利に関わる取扱いの平等は、一夫多妻制はこの原則と両立しないということを意味する。一夫多妻制は女性の尊厳を侵害するものであり、女性に対する容認不可能な差別である。したがって、それが存在し続けている場合には常に、断固として廃止されなければならない」[120]。ガボンの状況について、委員会は、「一夫多妻制は婚姻する権利に関わる取扱いの平等と両立しない」とあらためて述べている。政府は「婚姻のような事柄において慣習法にもとづく差別がないことを確保し」なければならず、一夫多妻制は「廃止され」、かつ民法の関連条文も廃止されなければならないとされた[121]。

＊＊＊＊＊

　女子差別撤廃委員会は、一夫多妻婚は「男性との平等に対する女性の権利に矛盾するものであり、女性およびその被扶養者に重大な情緒的・金銭的結果を

118　UN doc. *GAOR*, A/55/18, p.38, para.182.
119　UN doc. E/2001/22 /E/C.12/2000/21), p.64, para.344, and p.65, para.358.
120　一般的意見28(3条──男女の権利の平等)、パラ24(*United Nations Compilation of General Comments*, pp.172-173)。
121　UN doc. *GAOR*, A/56/40 (vol.I), pp.42-43, para.9.

もたらすので、このような婚姻は抑止・禁止されなければならない」と述べている。したがって、憲法で平等な権利が保障されているにも関わらず一夫多妻婚を認めている国は、女性の憲法上の権利を侵害しているのみならず、ジェンダーにもとづく差別を撤廃するために男女の社会的および文化的な行動様式を修正するよう締約国に求めた女子差別撤廃条約5条(a)にも違反しているのである[122]。したがって委員会は、エジプトで依然として一夫多妻制が法的に認められていることに懸念を表明し、政府に対し、一般的勧告21にしたがってこの慣行を防止するための措置をとるよう促した[123]。ブルキナファソに対しても、「一夫多妻制の慣行の撤廃に向けて行動する」こと、「一夫多妻制に関する既存の態度を変革し、かつ、とくに女性の権利およびその行使の方法について女性を教育するために……包括的な公的努力を開始する」ことを勧告している[124]。

6.1.2 婚姻適齢

　婚姻の最低年齢は、女性が自由に婚姻を決定できなくさせる可能性がある要因のひとつであるが、国際条約が単一の最低年齢を定めているわけではない。しかし、女子差別撤廃条約16条2項は次のように述べている。

> 「2. 児童の婚約及び婚姻は、法的効果を有しないものとし、また、婚姻最低年齢を定め及び公の登録所への婚姻の登録を義務付けるためのすべての必要な措置(立法を含む)がとられなければならない」

*＊＊＊＊＊

自由権規約23条の解釈について自由権規約委員会は次のように述べている。

> 「〔同条は〕男女のいずれについても特定の婚姻適齢を定めていないが、その年齢は、婚姻しようとする当事者のそれぞれが、法律で定められた形式およ

---

[122] 一般的勧告21(婚姻および家族関係における平等)、パラ14(*United Nations Compilation of General Comments*, p.226)。
[123] UN doc. *GAOR*, A/56/38, p.37, paras.354-355.
[124] UN doc. *GAOR*, A/55/38, p.28, para.282.

び条件のもとで自由かつ完全な個人としての同意を与えられる年齢であるべきである」[125]。

　そのような規定はさらに、思想・良心・宗教の自由のような「規約で保障されたその他の権利の全面的行使と両立」していなければならない[126]。
　委員会は、ベネズエラについて、最低婚姻年齢が女子14歳・男子16歳であること、および、「妊娠または出産の場合に、当該年齢を女子についていかなる制限もなく引き下げられること」に留意し、これは24条1項にもとづいて未成年者を保護する締約国の義務の履行に関して問題を生ぜしめるものであるとした。さらに、委員会の見解によれば、このように低い年齢は「婚姻しようとする両当事者の自由かつ完全な合意を求めた」規約23条と両立しないように思われるとされる[127]。委員会はまた、シリア・アラブ共和国の最低婚姻年齢に関する法律が規約と両立するかどうかについても疑問を呈した。同国で婚姻が認められる年齢は女子17歳・男子18歳であり、この年齢も、「裁判官が、父の同意を得て、男子15歳および女子13歳までさらに引き下げることが可能」である[128]。この法律は規約の遵守に関わる問題を提起するものであると感じられたため、締約国は、3条、23条および24条の規定と合致するように法律を改正することを求められた[129]。法定婚姻年齢が女子15歳・男子18歳であるモロッコも、「男女を問わず法定婚姻年齢を18歳とすることによって女子および男子が平等な取扱いを受けることを確保するため、法律を改正する」よう求められている[130]。
　女子差別撤廃委員会が指摘するように、女子差別撤廃条約16条2項および児童の権利条約の関連規定により、「締約国は成年に達していない者同士の婚姻を許可し、またはその効力を認めることができない」。委員会の見解では、「婚姻の最低年齢は男女とも18歳とされるべきである」[131]。婚姻した男女は「重要な責

125　一般的意見19(23条)、パラ4(*United Nations Compilation of General Comments*, p.138)。
126　Ibid., loc. cit.
127　UN doc. *GAOR*, A/56/40(Vol.1), p.52, para.18.
128　Ibid., p.74, para.20.
129　Ibid., loc. cit.
130　Ibid., p.91, para.12.

任を担う」ことになるので、「完全な成熟および行為能力を獲得するまで婚姻が認められるべきではない」[132]。男女で異なる婚姻年齢を定める法律は廃止されるべきである[133]。

　女子差別撤廃委員会は、エジプト、とくに農村部で女児の早期婚が多いことに懸念を表明し、「条約締約国としての義務にしたがい、政府は、早期婚を防止するために法定婚姻年齢に関する法律を改正すべきである」と勧告した[134]。モルドバ共和国については、「家族法で男女により異なる婚姻年齢が定められていること、および、女児の婚姻が法的に認められていること」が条約16条2項に合致しないとして懸念を表明し、したがって「政府は、一般的意見21を考慮にいれ、女性および男性の婚姻年齢に関する法律を条約と全面的に合致させるための行動をとる」べきであると勧告している[135]。最後に、委員会はモルジブに対し、「条約の義務にしたがい、早期婚を防止するために最低婚姻年齢に関する法律およびその他のプログラムを導入する」よう促した[136]。

6.1.3 自由に婚姻する権利を阻害するその他の法律上・事実上の要因

　自由権規約委員会は、カンボジアで婚姻が親によって決定されていることに懸念を表明し、配偶者の完全かつ自由な同意がない婚姻を禁ずる法律の尊重を確保するための措置をとるよう同国に促した[137]。

　委員会はまた、チリ法で離婚が認められていないことについて、婚姻をすることができる年齢の男女が婚姻をしかつ家族を形成する権利を認めた規約23条2項に違反する可能性があると指摘している。離婚が認められなければ、既婚女性は、「たとえ婚姻が回復不可能に崩壊した場合でも……差別的な財産法にずっと服さ

---

[131] 一般的勧告21(婚姻および家族関係における平等)、パラ36(*United Nations Compilation of General Comments*, pp.229-230)。
[132] Ibid., p.229, para.36.
[133] Ibid., p.230, para.38.
[134] UN doc. *GAOR*, A/56/38, p.36, paras.352-353.
[135] UN doc. *GAOR*, A/55/38, pp.60-61, paras.113-114.
[136] UN doc. *GAOR*, A/56/38, p.17, para.136.
[137] UN doc. *GAOR*, A/54/40/ (vol.I), p.60, para.309.

なければならなく」なる[138]。

＊＊＊＊＊

　人種差別撤廃委員会は、キプロスの第15回・16回定期報告書を審査したさい、「ギリシア正教会系のキリスト教徒とトルコ系のイスラム教徒との間の婚姻を認める婚姻法案が閣僚評議会によって認められ、かつ制定に向けて上院に提出されたこと」に「賛同の意とともに」留意した[139]。信仰が異なる者同士の婚姻を禁止することは、自由に婚姻する権利のみならず宗教の自由に対する権利も侵害することとなろう。

＊＊＊＊＊

　女子差別撤廃委員会は、コンゴ民主共和国に対し、「ダウリー、レビレート(寡婦との兄弟婚)、一夫多妻制〔および〕強制婚のような、女性の基本的権利を侵害する伝統的慣習および慣行」を禁止する法律を制定するよう促している[140]。

6.1.4 再婚の制限

　自由権規約委員会はベネズエラに対し、自由権規約2条、3条および26条にもとづく義務を遵守するため、「姦通に関する法律、および従前の婚姻の解消後10か月間婚姻を禁ずる法律を含め、いまなお女性を差別するあらゆる法律を改正する」よう促した[141]。日本については、婚姻の解消または無効宣言後6か月間女性の再婚が禁じられていることが、規約2条、3条および26条と両立しないと述べている[142]。女子差別撤廃委員会は、寡婦または離婚した女性が300日経たなければ再婚できないと定めた法律について「時代錯誤的」と思えると述べた[143]。

＊＊＊＊＊

　F対スイス事件で、申立人は、ローザンヌ地区民事裁判所によって3年間の再

138　Ibid., p.46, para.213.
139　UN doc. *GAOR*, A/56/18, p.49, para.264.
140　UN doc. *GAOR*, A/55/38, p.23, paras.215-216.
141　UN doc. *GAOR*, A/56/49 (vol.I), p.53, para.22.
142　UN doc. *GAOR*, A/54/40 (vol.I), p.38, para.158.
143　UN doc. *GAOR*, A/55/38, p.41, para.406.

婚禁止が言い渡されたのは欧州人権条約12条違反であると申立てた。欧州人権裁判所は判決のなかで、12条で保障された、婚姻をしかつ家族を形成する男女の権利の行使は「個人的、社会的および法的結果」を生ぜしめるものであると指摘している。

「〔この権利は、〕『締約国の国内法に服する』ものであるが、『国内法で導入される制限は、権利の本質そのものが損なわれるような方法でまたはそのような程度まで当該権利を制約または縮減するものであってはならない』」[144]

欧州人権裁判所は次にこのように指摘した。

「欧州評議会のすべての加盟国で、このような『制限』は条件として課され、かつ手続的または実体的規則として定められている。前者は主として婚姻の公示および認定に関わっているが、後者は主として能力、同意および一定の婚姻障害に関わるものである」[145]

欧州人権裁判所は、長文の説示のなかで、他の締約国ではすでに待機期間は設けられていないことに留意するとともに、「条約は現在の条件に照らして解釈されなければならない」ことを想起して、「争われている措置は婚姻する権利の本質そのものに影響するものであり、追求されている正当な目的との比例性を欠く」ものであって条約12条違反であるとの結論に至っている[146]。

6.1.5 婚姻の登録

婚姻の同意、婚姻の最低年齢および婚姻の登録に関する条約3条にもとづき、

---

144 *Eur. Court HR, Case of F. v. Switzerland, judgment of 18 December 1987, Series A, No.128*, p.16, para.32.
145 Ibid., loc. cit.
146 Ibid., p.16, para.33, and p.19, para.40. 欧州人権裁判所は、説示のなかで、「婚姻の安定は公益にかなう正当な目的である」ことを認めつつも、「用いられた特定の手段が当該目的の達成のために適当であったかどうか」については疑問を呈している。p.17, para.36.

締約国は、すべての婚姻が「権限のある機関により適当な公式記録簿に」登録されるようにすることを約束している。また、女子差別撤廃条約16条2項にしたがい、締約国は「公の登録所への婚姻の登録を義務付けるためのすべての必要な措置」をとる法的義務を負う。他の人権条約にはこれに相当する規定がない。

女子差別撤廃委員会は、16条2項との関連で次のように述べている。「〔締約国は、〕民法上の契約によるものか慣習法もしくは宗教法にしたがって行なわれるものかに関わらず、すべての婚姻の登録を要求するべきである。そうすることによって締約国は、条約の遵守を確保し、かつ当事者間の平等、婚姻の最低年齢、重婚および一夫多妻婚の禁止ならびに子どもの権利の保護を確立することができる」[147]。委員会は、「インドが出生および婚姻の包括的および義務的登録制度をまだ確立していない」ことに懸念を表明している。「これらの重要な出来事を記録によって証明できなければ、性的搾取および人身取引、児童労働ならびに強制婚または早期婚から女児を保護する法律の効果的実施が妨げられる」[148]。

＊＊＊＊＊

自由権規約委員会は、この問題について、自由権規約23条の規定上、「宗教上の権利にしたがって執り行なわれた婚姻が民法上も遂行、確認または登録されるよう国が求めることは、規約と両立しないわけではない」と認めるに留まっている[149]。

6.1.6 家族を形成する権利の意義

上述したように、家族を形成する権利は自由権規約23条2項と米州人権条約17条2項で保障されている。また女子差別撤廃条約16条1項(e)は、締約国に対し、「男女の平等を基礎として」、「子の数及び出産の間隔を自由にかつ責任をもって決定する同一の権利並びにこれらの権利の行使を可能にする情報、教育及び手段を享受する同一の権利」を確保するよう求めている。

---

147 一般的勧告21(婚姻および家族関係における平等)、パラ39(*United Nations Compilation of General Comments*, p.230)。
148 UN doc. *GAOR*, A/55/38, p.10, para.62.
149 一般的意見19(23条)、パラ4(*United Nations Compilation of General Comments*, p.138)。

＊＊＊＊＊

　自由権規約委員会によれば、自由権規約23条2項は、「原則として、子を産みかつ同居することができるということを意味する。締約国が家族計画政策を採用する場合、当該政策は条約の規定と両立しなければならず、かつ、とくに、差別的ないし強制的であるべきではない」[150]。また、委員会の見解では、同居できるということは「国内レベルで、かつ場合によっては他国と協力して、家族、とくにその構成員が政治的、経済的または類似の理由で別居している場合にその一体性または再結合を確保する適当な措置をとらなければならないことを意味する」[151]。

＊＊＊＊＊

　女子差別撤廃委員会は、女子差別撤廃条約16条1項(e)にもとづき「女性が子の数および出産の間隔を決定する権利を有している」理由について、「子どもを出産・養育しなければならないという〔女性の〕責任は教育、就労および個人の発達に関するその他の活動に対する権利に影響を及ぼす」ためであるとしている。「このような責任により、女性は不平等な負担も負わなければならない。子どもの人数および出産間隔も女性の生活に同様の影響を与えるとともに、女性自身およびその子どもの身体的・精神的健康にも影響を及ぼす」[152]。委員会はさらに、「子どもを持つか持たないかの決定は、配偶者またはパートナーと協議して行なうことが望ましいものの」、たとえば強制的な妊娠・中絶・不妊手術などの手段で「配偶者、親、パートナーまたは政府によって制限されてはならない」との見解も表明している[153]。

＊＊＊＊＊

　義務的家族計画との関連で、自由権規約委員会は、「とくに農村部の先住民族の女性およびもっとも弱い立場に置かれた社会層の女性」を対象とした強制的不妊手術がペルーで行なわれているという報告について懸念を表明した。したがって、締約国は、「避妊手術を受ける者が十分な情報を知らされ、かつ自由な同意を与えることを確保するために必要な措置をとらなければならない」とされてい

---

[150] Ibid., p.138, para.5.
[151] Ibid., loc. cit.
[152] 一般的勧告21(婚姻および家族関係における平等)、パラ21(*United Nations Compilation of General Comments*, p.227)。
[153] Ibid., p.227, para.22.

る[154]。ベトナムの山岳少数民族女性についても同様の訴えがあり、締約国はその訴えを否認したが、人種差別撤廃委員会は、「人口計画政策がこのようなマイノリティに属する者によるリプロダクティブ・ライツの享受に及ぼしている影響」についての情報を歓迎すると述べるに留まった[155]。ただし人種差別撤廃委員会は、「人種差別が女性と男性に平等のまたは同一の影響を及ぼすとはかぎらない」と明確に述べている。これとの関係で、「とくにジェンダーを理由として女性に向けられる可能性がある」人種差別のひとつの形態として、「先住民族の女性の強制的な不妊手術」も挙げているところである。したがって委員会は、その活動のなかで、「人種差別と結びついている可能性があるジェンダーの要素またはジェンダー上の問題を考慮にいれる」よう努力するとしている[156]。

> 女性は、男性と平等な立場で、自由かつ完全な合意にもとづいて婚姻をする権利を有する。強制婚は国際法で禁じられており、国内法でも違法とされなければならない。ダウリーその他の類似の伝統についても同様である。したがって、伝統、慣習および宗教的信念は、国際法上、強制婚の正当化事由とは認められない。同様に一夫多妻制も、女性と男性の平等の原則に違反するため、国際法で禁じられている。法定の婚姻適齢は、あまりにも低く設定される場合、自由な同意の原則に違反する場合がある。法定婚姻年齢は男女とも18歳とすることが望ましい。国内法で離婚が認められていないことは、婚姻をし、かつ家族を形成する権利の侵害である。一時的再婚禁止も国際法に反している。民事婚か宗教婚かに関わらず、すべての婚姻の記録が公の登録所に保管されるべきである。このような登録は、とくに、強制婚、重婚および一夫多妻婚を防止するために不可欠となる。家族を形成する権利とは、とくに、女性には子どもの数および出産間隔を(できればパートナーと協議したうえで)決定する権利があるということを意味する。強制的不妊手術のような義務的家族計画は国際法で禁じられている。

---

154 UN doc. *GAOR*, A/56/40 (vol.I), p.48, para.21.
155 UN doc. *GAOR*, A/56/18, p.69, para.417.
156 一般的勧告XXV(人種差別のジェンダーに関わる側面)、パラ1～3(*United Nations Compilation of General Comments*, p.194)。

6.2 国籍法上の権利の平等

既婚女性の国籍に関する条約は国連総会で1957年に採択され、1958年8月11日に発効した。この条約にもとづき、締約国は次のことに同意している。

- ◎ 「その国民と外国人との婚姻の成立もしくは解消も、婚姻中の夫の国籍の変更も、自動的に妻の国籍に影響を及ぼすものではないこと」(1条)
- ◎ 「自国民による他国の国籍の自発的取得も当該国籍の放棄も、当該国民の妻による当該国籍の維持を妨げるものではないこと」(2条)
- ◎ 「その国民の外国人妻が、同人の申請にもとづき、とくに特権を認められた帰化手続によりその夫の国籍を取得できること」(「ただし、当該国籍の付与は、国の安全または公の政策の利益のために課される制限に服させることができる」)(3条1項)

国籍に関わる権利の平等の問題については、女子差別撤廃条約9条が次のように規定している。

「1. 締約国は、国籍の取得、変更及び保持に関し、女子に対して男子と平等の権利を与える。締約国は、特に、外国人との婚姻又は婚姻中の夫の国籍の変更が、自動的に妻の国籍を変更し、妻を無国籍にし又は夫の国籍を妻に強制することとならないことを確保する。
2. 締約国は、子の国籍に関し、女子に対して男子と平等の権利を与える」

自由権規約23条は国籍法上の平等権について明示的に言及していないものの、自由権規約委員会は、「婚姻による国籍の取得または喪失について、性別にもとづくいかなる差別も生じてはならない」と述べている[157]。

自由権規約23条1項は家族が「社会及び国による保護」を受ける権利を認めて

---

157 一般的意見19(23条)、パラ7(Ibid., p.138)。

おり、規約2条1項、3条および26条により、「そのような保護は平等でなければならず、すなわちたとえば性別にもとづく差別があってはならない」ということになる[158]。モーリシャス人女性の外国人夫に対してはモーリシャスへの出入国が法的に制約されるのに、モーリシャス人男性の外国人配偶者についてはそのような制約が課されない点について、自由権規約委員会は、当該法律はモーリシャス人女性に対して差別的であり、安全保障上の理由によっても正当化することはできないとの結論に達した。したがって、婚姻していた3名の共同申立人に関するかぎり、規約23条と関連して2条1項、3条および26条の違反があったとされたのである[159]。争われた法律によれば、モーリシャス人男性の妻のみがモーリシャスに自由に出入国することができ、退去強制からも免除されるのに対し、外国人夫は内務大臣に在留許可を申請しなければならず、却下された場合は裁判所で救済を求めることもできなかった[160]。したがって本件では、とくに家族に対する権利を保障した規約17条1項との関連でも2条1項および3条の違反があったとされた。自由権規約委員会は、当該法律が「性別にもとづく有害な区別を行なって」おり、被害を受けたと主張する者らがその権利のひとつを享受することに影響を及ぼしたことに留意したうえで、このような区別に関する「十分な正当化事由」が提出されなかったため、上記の規定の違反があったとしたのである[161]。

* * * * *

女子差別撤廃委員会が指摘するように、国籍は「社会への全面的参加にとってきわめて重要」である。「国民または市民としての地位がなければ、女性は投票権および公職立候補権を奪われるとともに、公的手当へのアクセスおよび居住地の選択権を否定される場合もある」[162]。委員会の見解によれば、「国籍は成人女性による変更が可能であるべきであり、また婚姻もしくは婚姻の解消また

---

158 Communication No.35/1978, *Shirin Aumeeruddy-Cziffra and 19 other Mauritian women v. Mauritius* (Views adopted on 9 April 1981), in UN doc. CCPR/C/OP/1, *Selected Decisions under the Optional Protocol (Second to sixteenth sessions)*, p.71, para.9.2 *(b)* 2 (ii) 2.
159 Ibid., p.71, paras.9.2 *(b)* 2 (ii) 3 and 4.
160 Ibid., p.69, para.7.2.
161 Ibid., p.70, para.9.2 *(b)* 2 (i) 8.
162 一般的勧告21(婚姻および家族関係における平等)、パラ6(*United Nations Compilation of General Comments*, p.223)。

は女性の夫もしくは父の国籍変更を理由として恣意的に剥奪されるべきではない」[163]。

委員会はギニアに対し、「外国人と結婚する女性および男性の配偶者が国籍に関わる規則で平等に取扱われる」ようにすることを勧告するとともに、「国籍の異なる両親から国外で生まれた子がギニア人母を通じて国籍を取得できることを確保する」ため、血統主義の概念を適用するよう促した[164]。委員会はまた、「ヨルダンの国籍法により、ヨルダン人女性は夫がヨルダン人ではない場合に子に国籍を継承できない」ことについても、「時代錯誤的」であるとして懸念を表明している[165]。

委員会は、「イラクの国籍法が、家族構成員は全員同一の国籍を有していなければならず、二重国籍の者または国籍を喪失する者がいてはならないという原則にもとづいており、女性に対して、自己の国籍を取得、変更もしくは維持し、またはその子に国籍を継承する独立の権利を付与していないこと」にも懸念を表明した。そこで委員会は、女子差別撤廃条約の全面的実施が確保されるよう、条約2条(g)および(g)ならびに9条および16条に対する同国の留保を撤回するよう政府に勧告している[166]。

*****

自由権規約委員会は、モナコ国籍の継承について女性が法律上差別的な地位に置かれていることを懸念し、モナコが「子に対して国籍を平等に継承する同一の権利を男女に認める法律を採択する」よう勧告した。この問題は、規約3条および26条上の懸念を生じさせたのである[167]。

*****

人種差別撤廃委員会は、「国籍法が、外国人と婚姻したエジプト人の母が国籍を子に継承することを妨げていること」に懸念を表明した[168]。委員会は、キプロ

---

163 Ibid., loc. cit.
164 UN doc. *GAOR*, A/56/38, p.58, para.125. シンガポールについてp.54, para.75も参照。
165 UN doc. *GAOR*, A/55/38, p.19, para.172. 社会権規約委員会も同じ法律について懸念を表明している(UN doc. E/2001/22 (E/C.12/2000/21), p.50, para.234参照)。
166 UN doc. *GAOR*, A/55/38, p.68, paras.187-188.
167 UN doc. *GAOR*, A/56/40 (vol.I), p.90, para.10.

スの1967年市民権法が改正され、「婚姻における外国人差別が解消される」ことには満足の意を表明している。この改正により、キプロス人配偶者の市民権を取得する外国人配偶者の権利がいずれの配偶者についても認められるとともに、「市民権を子に継承する両配偶者の平等な権利」も認められることとなった[169]。委員会はまた、アイスランドの法律が1998年に改正されたことについても歓迎している。この改正は、「子の帰化に関わる男女の権利が不平等であったことに対応し、かつ、帰化の条件としてアイスランド系の父称を名乗らなければならないという要件を解消する」ものであった[170]。

ジェンダー差別の例についてさらに詳しくはこのマニュアルの第13章参照。

6.3 名前に対する権利の平等

女子差別撤廃条約16条1項(g)にもとづき、締約国は、「男女の平等を基礎として」、「夫及び妻の同一の個人的権利(姓……を選択する権利を含む)」を確保する法的義務を負う。女子差別撤廃委員会によれば、この規定は、「各パートナーが自分の名を選択する権利を有し、それによってコミュニティにおける個人性とアイデンティティを維持するとともに、社会の他の構成員から自分を区別できなければならない」ということを意味するものである。「法律または慣習により、婚姻時またはその解消時に女性が名を変えなければならないとすれば、その女性はこれらの権利を否定されているのである」[171]

＊＊＊＊＊

自由権規約委員会は、自由権規約23条について、「もともとの姓の使用を維持し、または新たな姓の選択に平等な立場で参加する各配偶者の権利は保護されるべき」[172]であり、「締約国は、……もともとの姓の使用を維持し、または新た

---

168 UN doc. *GAOR*, A/56/18, p.52, para.288. 社会権規約委員会(UN doc. E/2001/22 (E/C.12/2000/21), p.40, para.159)も、女子差別撤廃委員会(UN doc. GAOR, A/56/38, p.35, para.330)とともに同じ法律について懸念を表明している。
169 UN doc. *GAOR*, A/56/18, p.49, para.263.
170 Ibid., p.33, para.50.
171 一般的勧告21(婚姻および家族関係における平等)、パラ24(*United Nations Compilation of General Comments*, p.228)
172 一般的意見19(23条)、パラ7(Ibid., p.138).

な姓の選択に平等な立場で参加する各配偶者の権利について性別にもとづくいかなる差別も生じないことを確保すべきである」[173]と述べている。締約国はまた、「親の国籍を子に継承する能力」も差別なく確保しなければならない[174]。

＊＊＊＊＊

女子差別撤廃委員会は、「ジャマイカの旅券法で、既婚女性が旅券に旧姓をそのまま記載できるのは当該女性がその旨を強く主張するときまたは職業上の事情があるときのみであり、その場合、旅券にその夫の名および既婚者である旨が注記されることが規定されている」ことに懸念を表明した。委員会は、政府に対し、旅券法を女子差別撤廃条約16条1項(g)に一致させるよう求めている[175]。委員会は、オランダの新しい氏名法についても、子の命名について両親の同意がない場合に父に最終的決定権を認めているかぎりにおいて、同じ規定に違反していると考えた。そこで委員会は、政府に対し、当該法律を条約と一致させるよう求めている[176]。

> 国際法上、女性と男性は国籍法について平等の権利を有する。すなわち、外国人女性と婚姻する女性・男性の配偶者は平等に取扱われなければならず、子に国籍を継承する権利も平等でなければならない。国際法上、女性と男性は姓の選択について同一の権利を有する。

6.4 婚姻に関わる、婚姻中のおよび婚姻の解消における権利および責任の平等

6.4.1 関連の法規定

自由権規約23条4項にもとづき、締約国は、「婚姻中及び婚姻の解消の際に、婚姻に係る配偶者の権利及び責任の平等を確保するため」に適切な措置をとらなければならない。米州人権条約17条4項はこの点について、「締約国は、婚姻に関し

---

173 一般的意見28(3条——男女の権利の平等)、パラ25(Ibid., p.173)。
174 Ibid., loc. cit.
175 UN doc. *GAOR*, A/56/38, p.24, paras.213-214.
176 Ibid., p.67, paras.223-224.

て、婚姻中および婚姻の解消のさいに、配偶者の権利の平等および責任の十分な均衡を確保するために適切な措置をとる」と定めている。欧州人権条約第7議定書5条は、「配偶者は、婚姻に関して、婚姻中および婚姻の解消の際に、配偶者間およびその子との関係における私法的性質の権利および責任の平等を享受する」と述べている。この3つの条約はいずれも、婚姻の解消のさいには子どものための特別な対応がとられなければならないと認めているところである。より詳しい女子差別撤廃条約16条では、締約国は「男女の平等を基礎として」次のような権利および責任を確保することが求められている。

◎ 「婚姻中及び婚姻の解消の際の同一の権利及び責任」(16条1項(c))
◎ 「子に関する事項についての親(婚姻をしているかいないかを問わない)としての同一の権利及び責任」(「あらゆる場合において、子の利益は至上である」)(16条1項(d))
◎ 「子の後見及び養子縁組又は国内法令にこれらに類する制度が存在する場合にはその制度に係る同一の権利及び責任」(「あらゆる場合において、子の利益は至上である」)(16条1項(f))
◎ 「無償であるか有償であるかを問わず、財産を所有し、取得し、運用し、管理し、利用し及び処分することに関する配偶者双方の同一の権利」(16条1項(h))

6.4.2 権利および責任の平等の原則の一般的理解

自由権規約委員会は、自由権規約23条4項について次のように述べている。「配偶者は、婚姻中、家庭のなかで平等の権利および責任を持つべきである。この平等は、居所の選択、世帯の運営、子の教育および資産の管理など、両者の関係から生じるすべての問題に及ぶ。このような平等は、法的な別居または婚姻の解消に関する取決めについてもひきつづき適用される」[177]。委員会によれ

---

177 一般的意見19(23条)、パラ8(Ibid., p.138)。

ば、「別居もしくは離婚、子の監護、扶養料、面接交渉権または親権の喪失もしくは回復の根拠および手続に関するいかなる差別的取扱いも、これに関わる子どもの至高の利益を念頭に置いて、禁じられなければならない」[178]。

　このような見解は、委員会の一般的意見28でさらに詳しく展開されるに至った。そのなかで委員会は、23条4項の義務を履行するために、「締約国は、婚姻制度において、子の監護および養育、子の宗教的および道徳的教育……ならびに財産(共有財産か、いずれかの配偶者の単独所有財産かを問わない)の所有および管理について両配偶者の権利および義務の平等が守られることを確保しなければならない」と強調している。締約国はさらに、居住権についてもジェンダーにもとづく差別が行なわれないことを確保するべきである。端的に言えば、「婚姻中の平等とは、夫および妻が家庭における責任と権限を平等に担うべきであるということを意味する」[179]。

＊＊＊＊＊

　女子差別撤廃委員会は、条約16条1項(c)をどのように理解しているかについて説明するなかで、多くの国が、婚姻中のパートナーの権利および責任について定めるにあたり、条約に掲げられた諸原則を遵守することよりもコモンロー上の諸原則、宗教法または慣習法の適用に依拠していることに留意している。委員会の見解では、法律と慣行にこのような不一致があることは女性にとって広範な結果をもたらすものであり、条約に違反して夫を世帯主および第一義的意思決定権者とすることによって、婚姻における平等な地位および責任に対する権利を制限せずにはおかない[180]。

　以下、配偶者の権利・責任の平等のさまざまな要素について、可能な範囲でとくに注意を向けていく。

---

[178] Ibid., p.138, para.9.
[179] 一般的意見28(3条——男女の権利の平等)、パラ25(Ibid., p.173)。
[180] 一般的勧告21(婚姻および家族関係における平等)、パラ17(Ibid., p.226)。

6.4.3 意思決定に対する権利の平等

自由権規約委員会は、モナコ民法182条と196条について懸念を表明している。それぞれ、「夫が家族の長である」と述べた規定、夫婦の居所の選択権を夫に与えた規定である。同国は委員会から、これらの規定を廃止し、男女の事実上の平等を確保するよう求められた[181]。

＊＊＊＊＊

女子差別撤廃委員会は、社会の基礎的単位としての家族の重要性を認めつつ、シンガポールについて、「家族に関するアジア的価値の概念(夫が世帯の長としての法的地位を有するという概念を含む)が、家族におけるステレオタイプ的なジェンダー役割を悪化させ、かつ女性に対する差別を強化させるように解釈される可能性がある」という懸念を表明した[182]。

6.4.4 親としての権利および責任の平等

女子差別撤廃条約16条1項(d)および(f)に定められた親としての権利および責任の共有について、委員会は、このような権利・責任は「法律レベルで、かつ適切な場合には後見制、被後見制、信託制および養子縁組を通じて執行される」べきであり、「締約国は、双方の親が、婚姻上の地位および子との同居の如何に関わらず、子に対する権利および責任を平等に共有することを確保するべきである」としている[183]。さらに、ほとんどの国は子どものケア・保護・扶養に関する親の共同責任を認めているものの、実際には、とくに親が婚姻していない場合にこの原則を遵守していない国があるとも述べている。その結果、「このような関係にある親の子どもは婚内子と同一の地位を享受できるとはかぎらず、母が離婚または別居している場合、子どものケア・保護・扶養に関する責任を共有しない父親が多い」[184]。

---

181 UN doc. *GAOR*, A/56/40 (vol.I), p.90, para.9.
182 UN doc. *GAOR*, A/56/38, p.54, para.79.
183 一般的勧告21(婚姻および家族関係における平等)、パラ20(*United Nations Compilation of General Comments*, p.227)
184 Ibid., p.227, para.19.

＊＊＊＊＊

　自由権規約委員会は、「子に対する親権を父に認めている」モナコ民法301条の差別的性質について懸念を表明し、同国がこの規定を廃止するよう勧告した[185]。

6.4.5 婚姻財産に対する権利の平等

　自由権規約23条4項は、自由権規約委員会によれば、婚姻制度において、財産(共有財産か、いずれかの配偶者の単独所有財産かを問わない)の所有および管理について両配偶者の権利および義務の平等が守られることを確保するよう締約国に求めている。このことを踏まえ、「締約国は、このような財産の所有および管理について、婚姻した女性が平等の権利を有することを確保するため、必要に応じて法律を見直すべきである」[186]。女性は当然、裁判所で婚姻財産についての主張を行なう平等な権利も有する。この問題については後掲10および第13章で検討するアト・デル・アヴェジャナル事件を参照。

＊＊＊＊＊

　女子差別撤廃委員会は、女子差別撤廃条約16条1項(h)に定められた財産に関する配偶者の権利の平等は、「契約を締結しおよび財産を管理することについて女性に平等の権利を与える義務を国に課した」条約15条2項にもとづく権利と重複し、また当該権利を補完するものであると指摘している(さらに詳しくは後掲7参照)[187]。婚姻財産について、委員会は、「婚姻中または事実上の関係中および当該婚姻または関係の終了にあたり、財産を夫と平等に所有する女性の権利を認めていない国がある。このような権利を認めている国も多いが、実際には、その権利を行使する女性の能力が法的先例または慣習によって制限される場合もある」ことに留意している[188]。

　委員会はまた、「たとえこのような法的権利が女性に付与され、裁判所がその権利を執行している場合でも、婚姻中または離婚時に女性が所有する財産を管理

　185　UN doc. *GAOR*, A/56/40 (vol.I), p.90, para.9.
　186　一般的意見28(3条——男女の権利の平等)、パラ25(*United Nations Compilation of General Comments*, p.173)。
　187　一般的勧告21(婚姻および家族関係における平等)、パラ25(Ibid., p.228)。
　188　Ibid., p.228, para.30.

するのは男性である場合がある」ことにも留意している。「夫婦間共有財産制が設けられている国も含め、婚姻中または事実上の関係中に当事者が所有している財産を売却その他の方法で処分するにあたり、女性と協議しなければならないという法的要件を定めていない国が多い。これにより、財産またはそこから生ずる所得の処分を管理する女性の能力が制限されている」[189]。

女子差別撤廃委員会は次のような指摘も行なっている。「国によっては、婚姻財産の分与にあたって婚姻中に取得した財産への金銭的寄与のほうが重視され、子どもの養育、高齢の親族の世話および家事の遂行といったその他の寄与は減殺されている。妻によるこのような非金銭的性質の寄与によって、夫が所得を得たり資産を増やせたりすることは多い。金銭的および非金銭的寄与は同じように重視されるべきである」[190]。

委員会はさらに次のことにも留意している。「事実上の関係中に蓄積された財産が、法律上、婚姻中に取得された財産と同一に扱われていない国が多い。その関係が終了すると、女性は不可避的にパートナーよりも相当に少ない分与しか受けられないことになる。子どもがいるかいないか、婚姻しているか否かに関わらず女性をこのように差別する財産法および慣習は、廃止および抑制されるべきである」[191]。

最後に、委員会は、エジプト人女性が「2000年の法律第1号にもとづく婚姻契約の一方的終了(クール)によって離婚を求めたときは、あらゆる場合に、持参金を含む金銭的供与に対する権利を放棄しなければならない」ことに懸念とともに留意している。委員会は、女性に対するこのような金銭的差別を撤廃するために当該法律の改正を検討するよう勧告した[192]。

6.4.6 職業に対する権利の平等

締約国は、女子差別撤廃条約16条1項(g)にもとづき、「男女の平等を基礎とし

---

189 Ibid, pp.228-229, para.31.
190 Ibid, p.229, para.32.
191 Ibid., p.229, para.33.
192 UN doc. *GAOR*, A/56/38, p.35, paras.328-329.

て」、「夫及び妻の同一の個人的権利(姓及び職業を選択する権利を含む)」を確保するよう求められている。女子差別撤廃委員会が述べているように、「安定した家庭とは、構成員ひとりひとりにとっての衡平、公正および自己実現の原則にもとづいた家庭である。したがって、条約11条(a)および(c)に定められているように、自己の能力、資格および希望にもっともふさわしい職業または就労先を選択する権利が各パートナーに認められなければならない」[193]。

6.4.7 事実上の結合関係にある女性

事実上の結合関係にある女性について、自由権規約委員会は、「〔自由権規約〕23条の文脈で承認されている家族の概念に効力を与えるさいには、婚姻していないカップルとその子ども、ひとり親とその子どもを含むさまざまな形態の家族の概念が存在しているのを受け入れることと、このような文脈における女性の平等な取扱いを確保することが重要である」としている[194]。同じ問題について、女子差別撤廃委員会は次のように述べている。「家族の形態および概念は、国によって、またひとつの国の地域によっても異なる場合がある。家族がどのような形態をとり、また国内にどのような法制度、宗教、慣習または伝統が存在するにせよ、家族における女性の取扱いは、法律でも私的領域でも、〔女子差別撤廃条約2条で求められているように〕すべての人にとっての平等および公正の原則にしたがうものでなければならない」[195]。事実上の結合関係にある女性は、「家族生活においても法律で保護された所得および資産の共有についても男性と平等の地位を認められるべきである。このような女性は、被扶養者である子または家族構成員の世話および養育についても男性と平等の権利および責任を共有することが求められる」[196]。

---

193 一般的勧告21(婚姻および家族関係における平等)、パラ24(*United Nations Compilation of General Comments*, p.228)。
194 一般的意見28(3条——男女の権利の平等)、パラ27(Ibid., p.173)。
195 一般的勧告21(婚姻および家族関係における平等)、パラ13(Ibid., p.226)。
196 Ibid., p.227, para.18.

6.4.8 離婚に関わる平等

　自由権規約23条4項の意義を説明するにあたり、自由権規約委員会は次のように述べている。すなわち、締約国には「婚姻の解消に関わる平等」を確保する義務があり、この義務は**「一方的離婚の可能性を排除する**ものである。離婚および婚姻無効宣告の事由は、財産分与、扶養料および子どもの監護に関わる決定と同様に、男女とも同一であることが求められる。子どもと監護権を有しない親との面接交渉を維持する必要性に関する判断も、平等な考慮にもとづいて行なわれるべきである」[197]。

6.4.9 配偶者間の相続に関わる権利の平等

　自由権規約委員会によれば、「女性は、一方の配偶者の死亡によって婚姻が解消される場合、男性と平等な相続権を認められるべきである」(相続一般に対する権利については後掲7.2参照)[198]。

＊＊＊＊＊

　女子差別撤廃委員会は次のように指摘している。「相続・財産に関わる法律と慣行が女性に対する重大な差別につながっている国は多い。この不均等な取扱いの結果、女性は、夫または父が死亡したとき、その寡夫および息子よりも少ない財産しか分与されないことがある。場合によって女性の権利は限定および統制され、死亡者の財産からしか所得を得られない。寡婦の相続権に、婚姻中に取得した財産の平等所有の原則が反映されていないことはしばしばある。このような規定は条約違反であり、廃止されるべきである」[199]

＊＊＊＊＊

　社会権規約委員会は、モロッコの法律、「とくに家族法および民事的地位法ならびに相続法」においていまなお「女性に対する差別的様式が根強く残ってい

　197　一般的意見28(3条——男女の権利の平等)、パラ26(Ibid., p.173)。
　198　Ibid.
　199　一般的勧告21(婚姻および家族関係における平等)、パラ35(Ibid., p.229)。

る」ことに懸念を表明している[200]。

> 女性と男性は、婚姻に関して、婚姻中および婚姻の解消にさいして平等な権利を有している。換言すれば、居所、家計、資産および子どものような、両者の関係から生ずるあらゆる事項に関して同一の権利および責任を有しているということである。既婚女性は、その能力にふさわしい職業の選択および実行について配偶者と同一の権利を有している。国際法は、婚姻していないカップルを含むさまざまな形態の家族生活を認めている。事実上の結合関係にある女性は、家族生活についても財産・所得の共有の面でも男性と同一の権利を認められるべきである。これらの権利は法律で保護されなければならない。国際法上、女性と男性は離婚について平等な権利を認められている。一方的離婚は国際法で禁じられている。女性は、配偶者の死亡によって婚姻が解消されたさい、平等な相続権を認められなければならない。

7. 民事上の法的能力に対する権利の平等

7.1 財産の管理および契約の締結に関する権利の平等

本章の冒頭で述べたように、女性には男性と平等な法的人格を認められる権利がある。もちろん、このような法的人格は家族の問題だけではなく民事上の問題一般にも及ぶものである。このことは、自由権規約では、法的人格に対する権利を保障した16条に含意されている。また、女子差別撤廃条約15条2項および3項は次のように規定している。

「2. 締約国は、女子に対し、民事に関して男子と同一の法的能力を与えるものとし、また、この能力を行使する同一の機会を与える。特に、締約国は、

---
200 UN doc. E/2001/22 (E/C.12/2000/21), p.84, para.527.

契約を締結し及び財産を管理することにつき女子に対して男子と平等の権利を与えるものとし、裁判所における手続のすべての段階において女子を男子と平等に取り扱う。
3. 締約国は、女子の法的能力を制限するような法的効果を有するすべての契約及び他のすべての私的文書(種類のいかんを問わない)を無効とすることに同意する」

　これらの規定の解釈について、女子差別撤廃委員会は次のように述べている。「女性が契約をまったく締結できず、もしくは信用融資を受けられない場合、または夫か男性親族の同意ないし保証があるときにかぎってそれが可能である場合、その女性は法的自律を否定されていることになる。このような制約があると、女性は単独で財産を所有することができず、自分自身の事業を法的に運営し、またはその他の形態の契約を締結することも妨げられる。このような制約は、自分自身およびその被扶養者を扶養する女性の能力を深刻に制限するものである」[201]。

　委員会は、ヨルダンに対し、女性が自分の名義で契約を締結することを禁じた法律を、このような禁止はヨルダン憲法および女子差別撤廃条約にもとづく女性の法的地位に一致しないとして、廃止するよう促した[202]。コンゴ民主共和国については、「労働権、とくに妻が賃金を得て就労する場合に夫の許可が必要であることおよび出産休暇中に賃金が減額されることに関して女性に対する法律上および事実上の差別が行なわれていることについて」懸念を表明している。このような差別的法律は、女子差別撤廃条約11条に合致するように改正すべきであるとされた[203]。ブルキナファソの状況については、委員会は、「農地改革および土地改革に関する法律によって土地に関する男女平等が確立されたにも関わらず、偏見と慣習法上の権利によってまたしてもこの法律の実施が妨げられている」ことに懸念を表明し、締約国が「関連する諸部局に対し、女性の財産権を考慮にいれ、

---

[201] 一般的勧告21(婚姻および家族関係における平等)、パラ7(*United Nations Compilation of General Comments*, p.224)。
[202] UN doc. *GAOR*, A/55/38, p.19, paras.172-173.
[203] Ibid., p.24, paras.225-226.

かつ必要な融資を行なうよう奨励する」べきであると勧告している[204]。

*****

　法的自律の問題について自由権規約委員会は、「すべての場所において法律の前に人として認められる」すべての者の権利(自由権規約16条)は、「性別または婚姻上の地位を理由としてこの権利を制限されることが多い女性にとってはとくに関わりが深い」とする。委員会の見解によれば、「この権利は、財産を所有し、契約を締結しまたはその他の市民的権利を行使する女性の能力が、婚姻上の地位またはその他の差別的事由にもとづいて制限されてはならないということを意味する」[205]。そのため委員会は、レソトにおいて、コモンローと慣習法の両方が女性を無能力者として扱うことにより女性差別が許容されていることに重大な懸念を表明している。委員会は、「慣習法によって女性の相続権および財産権が深刻に制限されていること、ならびに、慣習法およびコモンローによって、女性は夫の許可を得なければ契約を締結し、銀行口座を開設し、融資を受け、または旅券を申請することができないこと」に懸念とともに留意した。委員会はそこで、締約国に対し、規約3条および26条に違反する「これらの差別的法律を廃止または改正し、かつこれらの差別的慣行を根絶するための措置をとる」よう促している[206]。

*****

　社会権規約委員会は、「女性の法的地位の不平等を維持している法律、とくに、民法および商事法のうちとくに財産所有権に関わる側面ならびに生産手段に対する女性のアクセスを制約している信用融資および破産に関する法律を廃止するために必要な法改正にカメルーン政府がまだ着手していないことを深く懸念する」とした。これらの法律は、委員会の見解によれば、「〔社会権〕規約の差別の禁止規定および平等な取扱い規定にはなはだしく違反し、かつ、最近改正され、すべての市民の権利の平等を擁護するに至ったカメルーン憲法に合致しない」ものである。委員会はそこで、締約国が、民法および商事法のうち女性を差別しているすべての規定を廃止するよう勧告している[207]。

---

[204] Ibid., p.28, paras.277-278.
[205] 一般的意見28(3条——男女の権利の平等)、パラ19(*United Nations Compilation of General Comments*, p.171).
[206] UN doc. *GAOR*, A/54/40 (vol.I), p.52, para.253.
[207] UN doc. E/2000/22 (E/C.12/1999/11), p.58, para.327, and p.60, para.346.

7.2 相続一般に対する権利

　法律の前における平等が権利として認められているということは、女性は男性と**平等な相続権**を認められなければならないということである。前述したように、女子差別撤廃条約16条1項(h)を15条1項に照らして解釈すれば、「婚姻もしくは事実上の関係の解消または親族の死亡にあたり、男性のほうにより多くの財産分与権を認めている法律または慣習は差別的であり、独立した人格として夫と離婚し、自立しかつ尊厳をもって生きる女性の実際的能力に深刻な影響を及ぼす」ということになる[208]。相続にあたって平等な分割を受ける権利も含む「これらのすべての権利は、女性の婚姻上の地位に関わらず保障されるべきである」[209]。
　女子差別撤廃委員会は、インドにおいて、「債務奴隷制の慣行および土地相続権の否定が、女性の労働の重大な搾取および女性の貧困化につながっていること」に懸念を表明し、政府に対し、「相続法を緊急に見直し、かつ農村部の女性が土地および信用融資を利用できることを確保する」よう求めた[210]。委員会は、「婚姻が登録されないことにより……女性の相続権が侵害される可能性があること」にも懸念を表明している[211]。

＊＊＊＊＊

　自由権規約委員会は、ガボンは「女性が男性と同一の権利(所有権および相続権を含む)を有すること、および、婚姻、離婚および相続等の事項に関して慣習法にもとづく差別が行なわれないことを確保するために法律および慣行を見直さなければならない」と述べた[212]。また、社会主義人民リビア・アラブ国において、「相続のような多くの分野で」女性と男性の不平等が根強く残っていることについても懸念を表明し、締約国が「男女がすべての人権を完全に平等に享受することを保障するための努力を強化する」よう勧告している[213]。

---

[208] 一般的勧告21(婚姻および家族関係における平等)、パラ28(United Nations Compilation of General Comments, p.228)。
[209] Ibid., p.228, para.29.
[210] UN doc. GAOR, A/55/38, p.12, paras.82-84.
[211] Ibid., p.10, para.62.
[212] UN doc. GAOR, A/56/40 (vol.I), pp.42-43, para.9.
[213] UN doc. GAOR, A/54/40 (vol.I), pp.35, para.137.

*****

　社会権規約委員会は、チュニジアの相続法で「女性は男性の半分しか遺産分割を受ける権利がない」とされていることについて懸念を表明した。委員会は、「すべての男性、女性および男女の子どもが平等を基盤とした相続権を享受できるようにされるべきである」と強く勧告している[214]。

> **女性には、民事において男性と平等な法的能力を認められる権利がある。これは、たとえば、財産を所有および管理し、契約を締結し、かつ融資を受ける平等な権利が女性に対して保障されなければならず、また女性は夫その他の親族の許可を得なくても働くことが認められなければならないということである。法的自律に対する平等な権利が認められるということは、女性には男性と完全に平等な相続権があるということでもある。慣習および伝統によってこれらの権利の効果的行使が妨げられてはならない。**

8. 選挙を含む政治に平等に参与する権利

8.1 関連の法規定

　自由権規約25条は、「すべての市民は、第2条に規定するいかなる差別もなく、かつ、不合理な制限なしに、次のことを行う権利及び機会を有する」と定めている。

「(a) 直接に、又は自由に選んだ代表者を通じて、政治に参与すること。
　(b) 普通かつ平等の選挙権に基づき秘密投票により行われ、選挙人の意思の自由な表明を保障する真正な定期的選挙において、投票し及び選挙されること。
　(c) 一般的な平等条件の下で自国の公務に携わること」

---

[214] UN doc. E/2000/22 (E/C.12/1999/11), pp.37-38, para.165, and p.39, para.173.

女子差別撤廃条約7条の規定は次のとおりである。

「締約国は、自国の政治的及び公的活動における女子に対する差別を撤廃するためのすべての適当な措置をとるものとし、特に、女子に対して男子と平等の条件で次の権利を確保する。
 (a) あらゆる選挙及び国民投票において投票する権利並びにすべての公選による機関に選挙される資格を有する権利
 (b) 政府の政策の策定及び実施に参加する権利並びに政府のすべての段階において公職に就き及びすべての公務を遂行する権利
 (c) 自国の公的又は政治的活動に関係のある非政府機関及び非政府団体に参加する権利」

同じく8条は次のように定めている。

「締約国は、国際的に自国政府を代表し及び国際機関の活動に参加する機会を、女子に対して男子と平等の条件でかついかなる差別もなく確保するためのすべての適当な措置をとる」

これとの関係で興味深いもうひとつの国際条約は**婦人の参政権に関する条約**である。1953年に国連総会で採択され、1954年7月7日に発効した。次の権利を列挙した短い条約で、これらの権利は「なんらの差別も受けることなく、男子と同等の条件で」確保されなければならない。

- ◎ あらゆる選挙で投票する権利(1条)
- ◎ 国内法で定めるすべての公選による機関に選挙される資格を認められる権利(2条)
- ◎ 公職に就き、かつすべての公務を執行する権利(3条)

* * * * *

地域レベルでは、米州人権条約23条で、公務に平等に携わる権利ならびに

「真正な定期的選挙」における投票権および被選挙権が保障されている。投票権および被選挙権はアフリカ人権憲章13条では明示的に保障されていないが、「直接に、または法律の規定にしたがって自由に選ばれた代表を通じて」自国の統治に自由に参加する権利は認められている。憲章13条は、自国の公務に平等に就く権利についても定めている。欧州人権条約第1追加議定書3条では、「締約国は、立法機関の選出にあたって人民の意見の自由な表明を確保する条件のもとで、妥当な間隔を置いて、秘密投票による自由な選挙を行なうことを約束」している。欧州人権条約14条により、この権利の行使は男女の差別なく確保されなければならない。

＊＊＊＊＊

このように、公務に平等に参加する女性の権利(投票権・被選挙権を含む)が国際人権法にしっかりと根づいていることは明らかである。しかし、この重要な権利についてここで詳細に論ずることはできないため、主な特徴を簡潔に記述するに留める[215]。

8.2 自由権規約25条の解釈

自由権規約委員会が指摘するように、「25条は、人民の同意にもとづいて、かつ規約の諸原則にしたがって組織される民主的政府の中核に位置する」ものであり、性別による差別なく保障されなければならない[216]。したがって女性は、とくに次の権利を、男性と平等に享受できる必要がある。

◎ 政治的権力、とくに立法上、行政統治上および行政上の権力を行使する権利(この権利はあらゆるレベルの——地方、地域、国および国際社会の——行政を包含し、たとえば立法府の構成員となることまたは行政統治職に就くことを通じて行使し得る)[217]

---

215 自由権規約25条の解釈についてさらに詳しくは一般的意見25(25条)(*United Nations Compilation of General Comments*, pp.157-162)参照。女子差別撤廃条約7〜8条については一般的意見23(政治的および公的活動)(pp.233-244)参照。
216 一般的勧告25(25条)、パラ1および3(Ibid., p.157)。

◎ 自分たちの代表との公の討論および対話ならびに自己組織能力を通じて影響力を行使する権利(「このような参加は、表現、集会および結社の自由を確保することによって裏づけられる」)[218]

◎ 投票し、または選挙に立候補する権利(「真正な定期的選挙は、自らに与えられた立法上または行政統治上の権力の行使について代表の説明責任を確保するために必要不可欠である」)[219]

◎ 表現、集会および結社の自由に対する権利(これらの権利は「投票権の効果的行使のために必要不可欠な条件であり、全面的に保護されなければならない」)[220]

◎ 「一般的な平等条件のもとで公職に就く……権利」(「一般的な平等条件で公職に就けることを確保するため、任命、昇進、停職および解雇の基準および手続は客観的かつ合理的でなければならない」)[221]

しかし自由権規約委員会は、その長い経験から、「政治に参与する権利がすべての場所で平等に実施されているわけではない」ことに気づいてきた。「締約国は、25条に掲げられた権利が法律によって女性にも男性と平等に保障されることを確保するとともに、女性が政治および公務に参加することを促進・確保するために効果的かつ積極的な措置(適切な積極的是正措置を含む)をとらなければならない。投票資格を有するものがその権利を行使できるようにするために締約国がとる効果的措置は、性別にもとづく差別をともなうものであってはならない」[222]。

政治的・公的活動における女性の平等の達成について、クロアチアで多少の進展があったことは認めながらも、自由権規約委員会は、「議会および公的上級職(司法府を含む)における女性の代表率がいまなお低い〔ままである〕」ことについて依然として懸念を表明した。したがって同国は、自由権規約3条および26条にもとづく義務を実施する目的で、必要であれば適切な積極的措置を通じて、

---

217 Ibid., pp.157-158, paras.5-6.
218 Ibid., p.158, para.8.
219 Ibid., p.158, para.9.
220 Ibid., p.159, para.12.
221 Ibid., p.161, para.23.
222 一般的意見28(3条――男女の権利の平等)、パラ29(*United Nations Compilation of General Comments*, pp.173-174)。

公的部門における女性の代表率を向上させるためにあらゆる努力を行なうよう促されている[223]。同様の勧告は、政治的活動への女性の参加率が低く、上級行政レベルでも女性が十分に代表されていないチェコ共和国に対しても行なわれた[224]。

8.3 女子差別撤廃条約7条および8条の解釈

女子差別撤廃委員会は、「政治的および公的活動」に関する一般的勧告23で、女子差別撤廃条約7条および8条をどのように解釈すべきかに関する委員会の見解を表明している。政治的および公的活動における女性差別を撤廃するためにすべての適当な措置をとる締約国の義務(7条)については、委員会は次のように述べている。

「〔この義務は〕あらゆる分野の政治的・公的活動に及ぶものであり、(a)、(b)および(c)で挙げられている分野に留まるものではない。ある国の政治的および公的活動というのは幅広い概念である。それは政治的権力の行使、とくに立法上、司法上、行政統治上および行政上の権力の行使を指している。この文言は、公的行政のあらゆる側面と、国際社会、国、地域および地方の各レベルにおける政策の立案・実施を包含するものである。この概念には、公的委員会および地方評議会ならびに諸団体(政党、労働組合、職能団体または産業団体、女性団体、コミュニティを基盤とする団体ならびに公的・政治的活動に関わるその他の団体等)の活動を含む、市民社会の多くの側面も含まれている」[225]

委員会はさらに次のように述べている。

「この平等が実効性を有するためには、……自由権規約25条のような国際人

---

223 UN doc. *GAOR*, A/56/40 (vol.I), p.69, para.21.
224 Ibid., p.86, para.12. ルーマニアに関わる同様の懸念(UN doc., *GAOR*, A/54/40 (vol.I), p.69, para.366)も参照。
225 一般的意見23(政治的および公的活動)、パラ5(*United Nations Compilation of General Comments*, p.234)。

権文書で定められているように、普通選挙権にもとづき秘密投票により行なわれ、選挙人の意思の自由な表明を保障する真正な定期的選挙において投票しおよび選挙される権利を市民ひとりひとりが享受できる政治制度の枠組みのなかで、達成されなければならない」[226]。

「男子と平等の条件で」投票しおよび選挙される権利は、法律上も事実上も享受されなければならない。しかし委員会の経験では、多くの国の女性は、仕事の面での二重負担、金銭的制約、「伝統ならびに社会的・文化的ステレオタイプ」、女性の投票行動に対する男性の影響力または統制(このような慣行は「防止されるべきである」)、女性の移動の自由に対する制約などの要因により、「この権利を行使するうえでひきつづき困難を経験している」[227]。

政府の政策の策定および実施に参加する権利(7条(b))との関連では、締約国は次のような義務を負っている。

◎ 「女性が、あらゆる部門およびあらゆるレベルでの公的政策の立案において全面的に参加しかつ代表される権利を有することを確保する」義務

◎ 「締約国の統制が及ぶ範囲であれば、女性を上級意思決定職に任命するとともに、慣例として、女性の見解および利益を幅広く代表するグループと協議し、かつその助言を取り入れる」義務

◎ 「政府の政策の策定に女性が全面的に参加することを妨げる障壁が特定・克服されるようにする」義務[228]

やはり条約7条(b)で保障されている公職に就く権利およびすべての公務を遂行する権利との関連では、委員会によれば、「締約国報告書の審査により、……内閣、行政、司法府および司法制度における上級職から女性が排除されていることが明らかになっている」[229]。場合によっては、法律でも「王室権限を行使す

---

226 Ibid., p.234, para.6.
227 Ibid., p.237, paras.18-20.
228 Ibid., p.238, paras.25-27.
229 Ibid., p.239, para.30.

ること、国に代わって管轄権を付与されている宗教裁判所または伝統的裁判所で裁判官を務めること、または軍隊に全面的に参加することから女性が排除されていることがある。このような規定は女性を差別するものであり、……条約の諸原則に違反している」[230]。

条約8条との関連では、「政府は、経済的および軍事的事項〔のような〕国際業務のあらゆるレベルおよびあらゆる分野、多国間および二国間の外交ならびに国際会議および地域会議への公式代表団に女性が参加することを確保する義務を負う」。委員会の経験によれば、「ほとんどの政府の外交職および外務職において、とくに最上級の職階において女性の代表がはなはだしく少ないこと」、多くの国際機関駐在代表部には女性外交官がまったくおらず、上級レベルにも女性がほとんどいないことは「明らかである」[231]。それでも締約国は、条約7条および8条を遵守するために、「適切な法律の制定を含むあらゆる適切な措置をとる義務を負っている」[232]。

委員会はインドの状況について、「資格のある女性が行政機関および司法機関(家庭裁判所およびロク・アダラトまたは調停審判所を含む)に参加する割合が低いこと」に懸念を表明した[233]。モルジブについては、「政治的参加についての7条(a)に対する留保を根拠として、同国の大統領職および副大統領職から女性を排除する立法規定が維持されていること」について懸念を表明している[234]。

> 女性には、自国の政治に男性と平等な立場で参与する権利があり、そのさい、直接にまたは自由に選んだ代表者を通じて参与する権利がある。
> 女性には、あらゆる選挙および国民投票において男性と平等な立場で投票しおよび選挙される権利がある。
> 女性には、すべての段階で公職に就き、かつ政府のすべての職務を遂行する、男性と平等な権利がある。

---

230 Ibid., p.239, para.31.
231 Ibid., p.240, paras.35-37.
232 Ibid., p.241, paras.41-42.
233 UN doc. *GAOR*, A/55/38, p.12, para.80.
234 UN doc. *GAOR*, A/56/38, p.17, para.130.

> 女性には、政府の政策の策定および実施に平等に参加する権利がある。
> 女性には、単独でまたはさまざまな組織を通じて公の討論に参加する平等な権利がある。この権利の前提として、表現、集会および結社の自由も効果的に享受されなければならない。
> 国は、女性に対し、国際社会で自国を代表する機会が男性と平等に与えられることを確保しなければならない。
> 国の公的・政治的活動に平等に参加する権利は、自由に表明された人民の意思の尊重を基盤とする民主的社会の要石である。

9. その他の人権を平等に享受する女性の権利

　人権を平等に享受する女性の権利は、もちろん、これまでやや詳しく扱ってきた諸権利に限られるわけではなく、**国際的に保障された人権および基本的自由全体**を対象とするものである。すなわち、市民的・政治的権利であろうが経済的・社会的・文化的権利であろうが、すべての権利が男性と平等な立場で女性に対して確保されなければならない。第14章で説明するように、これらの権利はいずれも複雑に結びついた相互依存的なものであり、したがってその全面的実施も相互依存関係にある。**すなわち、女性の権利を全面的に保障し、安全、平和かつ豊かな世界を構築するうえで女性の可能性を積極的要素として十分に活かすためには、女性が享受する資格を持つ権利および自由と、女性がその履行に正当な利益を有する役割の双方に対し、地方、地域、国および国際社会の各レベルでホリスティックなアプローチがとられなければならないということである。**

　以下、すでに扱った諸権利に加えてさらにいくつかの権利を列挙する。これらの権利を平等に享受できることは、女性にとってとりわけ重要である。ただし、ここに掲げる権利の一覧は網羅的なものではない。たとえば、雇用における平等に対する権利(同一労働同一賃金)や、女児の発達にとって基本的に重要な、保健に対する平等なアクセス権など、国際人権法で保護された経済的・社会的・文化的権利を平等に享受する女性の権利は含まれていない。女性による経済的・社会的・文化的権利の享受についてさらに詳しくは、社会権規約委員会および女子差別撤廃委員会の関連の勧告や、国際労働機関の活動の成果を参照

されたい。

したがってここでは、移動および居住の自由、プライバシーに対する権利、思想・良心・信念・宗教・意見・表現・結社・集会の自由ならびに教育に対する権利の平等な享受にかぎって取り上げる。

9.1 移動および居住の自由に対する権利

移動および居住の自由に対する平等な権利は、自由権規約12条、女子差別撤廃条約15条4項、アフリカ人権憲章12条、米州人権条約22条、欧州人権条約第4追加議定書2条で保障されている。この権利の行使は、原則として一定の事由にもとづく制限が可能である(自由権規約12条3項、米州人権条約22条3項、欧州人権条約第4追加議定書2条3項)。

＊＊＊＊＊

自由権規約委員会によれば、締約国は、「12条で保障されている権利が公的干渉のみならず私的干渉からも保護されることを確保しなければならない。女性の場合、この保護義務はとりわけ重要な関わりを有する。たとえば、自由に移動しかつ居所を選択する女性の権利が、法律または慣行により、親族を含む他者の決定に服させられることは12条と両立しない」[235]。これは既婚女性と成人した娘の双方に当てはまるものであって、これらの女性は、配偶者や親ないし他のいずれの者からの同意も得ることなく、自由に旅行し、または旅券その他の旅行書類を自分の名義で発給されることができる。このような同意が法律上または事実上の要件とされていれば、それは規約12条3項と両立しない[236]。締約国報告書を審査するなかで、「委員会は、男性の同意または随行を要件とすることにより女性の自由な移動または出国を妨げる措置は12条違反であることを、何度か確認してきた」[237]。より具体的には、たとえば、社会主義人民リビア・アラブ国における移動の自由の男女不平等について懸念を表明し、政府に対し、これをはじめとす

---

[235] 一般的意見27(12条——移動の自由)、パラ6(*United Nations Compilation of General Comments*, p.164)。
[236] 一般的勧告28(3条——男女の権利の平等)、パラ16(Ibid., pp.170-171)。
[237] 一般的意見27(12条——移動の自由)、パラ18(Ibid., p.166)。

る諸分野で全面的平等を確保するための努力を強化するよう求めたことがある[238]。

＊＊＊＊＊

女子差別撤廃委員会は、「ヨルダン法で、女性が……単独で旅行することおよび居所を選択することができないとされている」ことに懸念とともに留意し、このような制限は、ヨルダン憲法および女子差別撤廃条約にもとづく女性の法的地位に一致しないと指摘している[239]。

> 女性は、男性と平等な立場で、移動および居住の自由に対する権利を有する。成人女性の旅行または居所の選択を禁ずる権利は誰にもない。いかなる慣習または伝統によっても、この権利の制限を正当化することはできない。

9.2 プライバシーに対する権利

私生活を尊重される権利は、自由権規約17条、米州人権条約11条2項、欧州人権条約8条で保護されている。

私生活を尊重される女性の権利に対してジェンダーにもとづく干渉が行なわれるひとつの例は、「女性の法的権利および保護(強姦に対する保護を含む)の範囲を決定するにあたり、その性的活動が考慮に入れられる場合」である。「国が女性のプライバシーを尊重しないことがあるもうひとつの分野は女性の生殖機能に関わる分野であり、不妊手術に関する決定を行なうために夫の許可が要件とされるとき、女性の不妊手術に関して一般的要件(一定の人数の子がいることまたは一定の年齢に達していることなど)が課されるとき、国が、医師その他の保健従事者に対し、女性が中絶を行なった場合に法律で報告義務を課すときなどが挙げられる」[240]。

---

238 UN doc. *GAOR*, A/54/40 (vol.I), p.35, para.137.
239 UN doc. *GAOR*, A/55/38, p.19, para.172.
240 一般的勧告28(3条——男女の権利の平等)、パラ20(*United Nations Compilation of General Comments*, p.171)。

＊＊＊＊＊

　前掲4.3.3で述べたとおり、国は、私生活を尊重される女性の権利を保障するために、とくに、性暴力の加害者を相手どって刑事手続を開始できるようにするなどの実際的かつ効果的措置をとらなければならない。

> 女性には、男性と同じ立場で私生活の尊重を享受する権利がある。この権利は効果的に保障されなければならない。女性の生殖活動は私的領域の一部であり、女性が最終決定権を有する。

9.3 思想・良心・信念・宗教・意見・表現・結社・集会の自由

　思想・良心・信念・宗教・意見・表現・結社・集会の自由は民主的社会の要石である。これらの自由は、自由権規約18条・19条・21条・22条、アフリカ人権憲章8～11条、米州人権条約12条・13条・15条・16条、欧州人権条約9～11条で保障されている。

　自由権規約委員会によれば、自由権規約の締約国は、思想・良心・宗教の自由ならびに自ら選択する宗教または信念を受け入れる自由(宗教または信念を変更および表明する自由を含む)が「法律および慣行において、男女ともに、同じ条件で差別なく保障および保護される」ことを確保するための措置をとらなければならない。規約18条で保護されているこれらの自由は、「規約で認められた制限以外の制限の対象とされてはならず、かつ、とくに第三者による許可を要件とする規則または父、夫、兄弟その他の者の干渉によって制約されてはならない。18条を、思想、良心および宗教の自由に言及することによって女性差別を正当化する根拠とすることはできない」[241]。

　また前掲8で述べたように、表現・集会・結社の自由は、女性が男性と平等な立場で積極的に公的活動に参加できるようにするために基本的重要性を有するものである。したがって、これらの自由は女性に対しても男性に対しても同様に、

---

[241] Ibid., p.172, para.21.

効果的に確保されなければならない。これらの自由の行使を制限するにあたって女性を差別してはならない。

　思想・良心・宗教・意見・表現・結社・集会の自由の実体的解釈についてさらに詳しくは、このマニュアルの第12章参照。

> 女性には、思想・良心・信念・宗教・意見・表現・結社・集会の自由を男性と同じように平等に行使する権利がある。これらの自由を女性が自由に行使することに干渉する権利は、何人にもない。これらの自由の行使を制限するにあたっては、国際人権法に定められた条件が尊重されなければならない。このような制限は差別的なものであってはならない。

9.4 教育に対する権利

　教育に対する権利は、社会権規約13条、女子差別撤廃条約10条、アフリカ人権憲章17条、経済的、社会的および文化的権利の分野における米州人権条約の追加議定書13条で保障されている。これらの条約にもとづき、教育に対する権利は性別にもとづく差別なく保障されなければならない。さらに、ユネスコ・教育における差別を禁止する条約(1962年5月22日発効)は、教育分野における差別一般(ジェンダーにもとづく差別を含む)の撤廃を目的としている。

＊＊＊＊＊

　社会権規約委員会は、「教育分野におけるエジプトの達成にも関わらず、教育へのアクセスにおける男女間の不平等、男児の高い中退率および成人、とくに女性の高い非識字率が根強く残っている」ことに懸念とともに留意し、政府に対し、これらの問題の根本的原因である経済的、社会的および文化的要因に対応するための措置をとるよう促した[242]。委員会は、家族を扶養するために子どもたちが学校から脱落しているキルギスの状況についても懸念を表明している。

---

[242] UN doc. E/2001/22 (E/C.12/2000/21), p.41, para.166, and p.43, para.182.

とくに女児の状況は憂慮すべきものであり、「早期婚の伝統が復活していることおよび正規の教育の評価が低下していることによって女児による教育へのアクセスが妨げられている」ことがその理由として挙げられた[243]。

* * * * *

人種差別撤廃委員会は、「エジプト人母と外国人父の間に生まれた子どもが教育の分野で差別に直面している」ことについて懸念を表明している[244]。

* * * * *

自由権規約委員会はザンビアの状況について懸念を表明し、「若干の進展にも関わらず、〔女性は〕ひきつづき、とくに教育に関して法律上および事実上の差別の対象とされている」とした。そこで委員会は、「社会的および経済的関係のあらゆる側面において女性の法律上および事実上の平等を全面的に」確保するために法律を見直すよう勧告している[245]。

* * * * *

女子差別撤廃委員会は、ミャンマーで「高等教育の一部の課程への女性の入学が制限されていること」について懸念を表明し、これは女子差別撤廃条約10条(b)および(c)に違反すると指摘した。委員会は政府に対し、「学習したい科目および就きたい職業の決定については女性自身が権利を有していることに留意し、入学制限に関する制限を修正する」よう促している[246]。カメルーンについては、教育分野で政府が行なってきた努力にも関わらず、「女性の識字率が低いこと、女子中退率が高いことおよび基礎教育における女児の就学率が低いこと」に依然として懸念を表明し、政府に対し、「基礎教育および中等教育への女性のアクセスを促進し、かつ女性の非識字率の削減をとくに目的としたプログラムを策定するための努力を強化する」よう奨励した[247]。委員会はまた、ブルンジで女性の非識字率が高いこと、および、とくに農村部で女児の通学水準が低いことについても懸念を表明している。委員会は、「教育は女性のエンパワーメントの鍵であり、

---

243 Ibid., p.64, para.351.
244 UN doc. *GAOR*, A/56/18, p.52, para.288.
245 UN doc. *GAOR*, A/51/40, p.40, para.195, and p.41, para.207.
246 UN doc. *GAOR*, A/55/38, p.15, paras.125-126.
247 Ibid., p.56, paras.57-58.

女性の教育水準が低いことは依然として国の発展を妨げるもっとも重要な要因のひとつである」ことに留意し[248]、政府に対し、「あらゆる段階の教育への女子のアクセスを向上させ、かつ女子の学校中退を防止するための努力を継続する」よう促した[249]。

> 女児・女性には、初等・中等・高等教育のいずれの段階であるかに関わらず、男児・男性と平等に教育にアクセスする権利がある。国際人権法上、女性には学習したい科目および就きたい職業を選択する権利がある。高等教育へのアクセスについてジェンダーにもとづく制限があってはならない。教育は、女性が他の人権を効果的に享受することを確保し、自国の発展において建設的役割を果たすのを援助するために必要不可欠である。

10. 裁判所および法の適正手続にアクセスする権利を含む、効果的救済措置に対する女性の権利

権利・自由を侵害された人に効果的な救済措置を提供する法的義務は、自由権規約2条3項、アフリカ人権憲章7条(a)、米州人権条約25条、欧州人権条約13条に掲げられている。女子差別撤廃条約2条(b)および(c)は、締約国の法的義務について、「女子に対するすべての差別を禁止する適当な立法その他の措置(適当な場合には制裁を含む)をとる」義務と「女子の権利の法的な保護を男子との平等を基礎として確立」する義務を定めている。

自由権規約14条、米州人権条約8条および欧州人権条約6条には、性別のようないかなる事由にもとづく差別もなくすべての者に保障されなければならない適正手続上の保障も掲げられている(自由権規約2条1項、3条および14条1項、米州人権条約1条、欧州人権条約14条も参照)。後述するように、これらの規定は裁判所へのアクセス、換言すれば司法へのアクセスも保障している[250]。

---
248 UN doc. *GAOR*, A/56/38, p.10, para.57.
249 Ibid., p.10, para.58.

国内的救済措置の利用可能性の問題はこのマニュアルの第15章「人権侵害の被害者の保護および救済」でやや詳しく取扱うが、ここでは、権利を主張するうえで女性がとくに不利な立場に置かれる場合が多いことに触れておかなければならない。たとえば、裁判所にアクセスできない、または適正手続上の保障から利益を得られない場合があるからである。そこで自由権規約委員会は、次の点に関する情報を報告書のなかで提供するよう自由権規約の締約国に求めている。

- ◎　「女性が直接にかつ自律的に裁判所にアクセスすることを妨げる法規定が存在するか」
- ◎　「女性は男性と同じ条件で証人として証言することができるか」
- ◎　「とくに家事問題において法律扶助への平等なアクセスを確保するための措置がとられているか」
- ◎　「一部のカテゴリーの女性が14条2項にもとづく無罪の推定の享受を否定されているか、および、このような状況に終止符を打つためにどのような措置がとられたか」[251]

　アト・デル・アヴェジャナル対ペルー事件は、女性が司法に平等にアクセスできないときにどのようなジレンマに直面するかをよく表した事件である。本件では、リマで2軒のアパートを所有していたペルー人女性が、最高裁判所の終局決定により、滞納されていた家賃の回収のために賃貸人を訴えることを許されなかった。ペルー民法168条により、女性が婚姻しているときは、裁判所で婚姻財産に関わる主張を行なう権利があるのは夫のみとされているためである[252]。自由権規約委員会によれば、これは自由権規約の次の規定に違反している。

- ◎　すべての者が裁判所の前で平等であることを保障した14条(「裁判所で訴えを起こすことに関して妻が夫と平等ではなかった」ため)

250　規約14条については自由権規約委員会の一般的意見28(3条——男女の権利の平等)のパラ18(*United Nations Compilation of General Comments*, p.171)参照。

251　Ibid., loc. cit.

252　Communication No.202/1986, *G. Ato del Avellanal v. Peru* (Views adopted on 28 October 1988), in UN doc. *GAOR*, A/44/40, p.196, paras.1 and 2.1.

◎ 規約に定められたすべての市民的および政治的権利の享有について男女に同等の権利を確保するよう求めた3条、および、「すべての者は、法律の前に平等であり、いかなる差別もなしに法律による平等の保護を受ける権利を有する」と定めた26条(委員会は、ペルー民法168条を申立人に適用したことは「裁判所における申立人の平等を否定するものであり、性別にもとづく差別である」と認定した)[253]

＊＊＊＊＊

裁判所にアクセスする女性の権利について明らかにしたもうひとつの重要な事件は、欧州人権裁判所が審理したアイレイ対アイルランド事件である。本件では、アイレイ女史はとくに欧州人権条約6条1項の違反を主張した。アルコール依存者であり、しばしば妻を脅かし、ときには身体的暴力も振るう夫との「裁判離婚を求めるにあたり、訴訟費用が高すぎるために高等法院への申立てを行なうことができなかった」ためである[254]。当時のアイルランドでは、裁判離婚を求めるためであれ、その他の民事に関わる案件であれ、法律扶助を利用することはできなかった[255]。

欧州人権裁判所は、裁判離婚がアイルランド法で定められた救済措置である以上、法律で定められた条件を満たす者はだれでも利用できるべきであるとした[256]。政府は、「弁護士の援助を得ることなく裁判所に申立てるのは自由」なのだから申立人は実際には高等法院に容易にアクセスすることができたと主張したが、これに対して欧州人権裁判所は次のように答えている。

「裁判所は、このような可能性があること自体で問題が解決されるとは考えない。条約は、理論上のまたは画に描いた餅である権利ではなく、実際的かつ効果的な権利の保障を目的とするものである。……公正な裁判に対する権利が民主的社会で突出した位置を占めていることを踏まえれば、裁判所にア

---

253 Ibid., pp.198-199, paras.10.1-10.2.
254 Eur. Court HR, Case of Airey v. Ireland, judgment of 9 October 1979, Series A, No.32, p.12, para.20, and p.6, para.8.
255 Ibid., p.7, para.11.
256 Ibid., p.12, para.23.

クセスする権利についてはなおさらこのことが当てはまる。……したがって、アイレイ夫人が弁護士の援助を得ることなく高等法院に出廷することが、同人が適切にかつ満足のいく形で主張を行なえるという意味で効果的であったかどうかが判断されなければならない」[257]

　欧州人権裁判所は、「アイレイ夫人の立場に置かれた者が効果的に主張を行なえるという蓋然性はきわめて低い」と見なした。したがって、高等法院に直接出廷できるからといって裁判所にアクセスする効果的権利が申立人に保障されたわけではなく、このような可能性は欧州人権条約26条にいう国内救済措置にはあたらないと結論づけた[258]。ただし、だからといって国は「民事上の権利」に関わるあらゆる紛争について無料の法律扶助を提供しなければならないというわけではない。そうではなく、「法定代理人の存在が(さまざまな訴訟種別について一部締約国の国内法で定められているように)義務的とされていることにより、または手続もしくは事件が複雑であることにより、裁判所に効果的にアクセスするために弁護士の援助が不可欠である場合には、国は〔6条1項にもとづいて〕そのような援助を提供しなければならないことがある」ということである[259]。アイレイ事件では、欧州人権裁判所は、申立人が「裁判離婚命令を求める目的で高等法院にアクセスする権利を効果的に享受できなかった」ことを理由に、条約6条1項の違反があったと認定した[260]。

＊＊＊＊＊

　救済措置の利用可能性について、女子差別撤廃委員会はベラルーシ政府に対し、「とくに雇用の分野における直接的および間接的差別について女性が容易に救済を受けられるよう十分な救済措置を設ける」こと、「女性を対象とした法律扶助を促進し、かつ法的リテラシー・キャンペーンを開始することによって、裁判所へのアクセスを含む当該救済措置への女性のアクセスを向上させること」を求めた[261]。カメルーン政府に対しては、暴力の被害を受けた女性が「法的救済措置に

257　Ibid., pp.12-13, para.24.
258　Ibid., pp.12-13, para.24.
259　Ibid., pp.15-16, para.26.
260　Ibid., p.16, para.28.

アクセスできるようにする」ことを勧告している[262]。ウズベキスタン政府に対しては、「暴力、とくにドメスティック・バイオレンス(夫婦間の強姦を含む)を禁止する法律を可能なかぎり早期に制定するとともに、女性および女児に対する暴力が刑法上の犯罪とされること、および、暴力の被害を受けた女性および女児がただちに救済および保護の手段を利用できるようにすることを確保する」よう求めた[263]。ジャマイカについても、すべての市民の平等に対する権利がジャマイカ憲法で保障されているにも関わらず「女性が利用可能な憲法上の救済措置が存在しない」ことについて懸念を表明している[264]。

> 国際人権法上、女性は、司法にアクセスする権利および法の適正手続に対する権利を男性と平等な立場で有する。このことは、とくに、女性は権利を主張する目的で効果的な国内救済措置(裁判所への効果的アクセスを含む)にアクセスできなければならないことを意味する。これはあらゆる人権侵害の訴えについて当てはまるが、暴力を受けたという訴えの場合にはとりわけ重要である。裁判所／司法にアクセスする権利の効果的行使を確保するために、国は法律扶助を提供する法的義務を負う場合がある。国際人権法で定められた適正手続の保障は、男性にとっても女性にとっても平等に有効である。このことは、とくに、女性の証言は男性のそれと同じ条件で提出・評価されなければならないこと、すべての女性は無罪の推定から利益を得られなければならないことを、意味する。

---

261 UN doc. *GAOR*, A/55/38, p.37, para.360.
262 Ibid., p.55, para.50.
263 UN doc. *GAOR*, A/56/38, p.21, para.177.
264 Ibid., p.24, para.211.

11. 女性の権利の保護を確保するうえで裁判官・検察官・弁護士が果たす役割

　人権一般を保護するうえで裁判官・検察官・弁護士が果たす役割はいかなるときにも基本的重要性を有するものだが、女性・女児の権利を保護するうえで法曹が果たす(べき)役割は、女性がその他の場所で基本的人権の侵害(ジェンダーにもとづく差別を含む)からの保護・救済を求めることができない社会的・文化的環境においては、とりわけ重要である。

　裁判官・検察官・弁護士には、国が支援する暴力、制度的暴力、国が容認する暴力、コミュニティにおける暴力または私的領域における暴力のいずれであるかに関わらず、女性に対する暴力の徴候がないかどうか警戒を怠らない特別な義務がある。女性の法的保護は、宗教的・文化的その他の地方慣習により、女性の生命には男性のそれと等しい価値があるという見方への抵抗がある場合でも、真っ向から適用されなければならない。

　もちろん、裁判官・検察官・弁護士の重要な役割は女性に対する暴力の分野に留まるものではない。それは、たとえば婚姻、離婚、子どもの養育、公的活動への参加および教育に関わる平等の多くの側面を含め、この章で概観してきた人権全体に及ぶものである。さらに、紙幅の関係からここでは扱わなかった多くの経済的・社会的・文化的権利も対象とされている。

　しかし、とりわけ重要なのは、法曹が女性の人権侵害(ジェンダーにもとづく差別を含む)の訴えを検討するにあたって、個人の権利に対するホリスティックなアプローチをとることである。この章で述べてきたように、国際人権法で保障されている諸権利の相互依存性は、女性の権利を分析するときにとりわけ明らかになってくるためである。

12. おわりに

　この章では、人権は女性の権利でもあること、女性は国際人権法において全面的な法的認知を受ける権利があること、女性は男性と平等に取扱われなければならないことを示してきた。しかし、世界の女性の多くが不安定な状況下で暮らし

ており、それによって多くの面で人権の享受が画に描いた餅になっていることを踏まえれば、国内の法曹および国際的監視機関はいずれもきわめて特別な責任を負っている。今後、人権が実現されているのは世界の少数の女性のみという状況が変わっていくとすれば、殴られたり、殺されたり、よくても社会的に拒絶されたりというおそれを抱くことなく女性がその権利を本当に行使できるようにするために、あらゆるレベルで協調のとれた努力が行なわれていかなければならない。

第12章

鍵となる
その他のいくつかの権利：
思想、良心、
宗教、意見、
表現、結社
および集会の自由

第12章 … 鍵となるその他のいくつかの権利：思想、良心、宗教、意見、表現、結社および集会の自由

第12章
鍵となるその他のいくつかの権利：思想、良心、宗教、意見、表現、結社および集会の自由

学習の目的
- 鍵となるその他のいくつかの権利、すなわち思想、良心、宗教、意見、表現、結社および集会の自由と、人権一般を尊重する社会でそれがどのように重要なのかについて、参加者が習熟できるようにすること。
- これらの自由およびそのほとんどの行使にともなう制限を国際的監視機関がどのように解釈しているか、具体例を通じて明らかにすること。
- この章で扱う自由を保障するうえで裁判官・検察官・弁護士がどのような役割を果たすべきか、説明すること。

設問
- あなたが活動している国では、次の自由はどのように保護されているか。
  - 思想、良心および宗教の自由
  - 意見および表現の自由
  - 結社および集会の自由
- あなたが活動している国では、これらの自由の効果的実施についてとくに懸念はあるか。
- あなたが活動している国で、これらの自由のひとつまたは複数をとくに侵害されやすいと考えられるグループは存在するか。
- そのようなグループが存在するとすれば、それはどのようなグループで、どのように自由を侵害されているか。
- あなたが活動している国では、これらの自由を侵害されたと考える人に対してどのような司法上・行政上の救済措置が用意されているか。
- 民主的社会／人権を尊重する社会を構築・維持および(または)強化するうえで、次の自由はどのような役割を果たしているか。
  - 思想、良心および宗教の自由
  - 意見および表現の自由
  - 結社および集会の自由

- 行使を制限される場合がある自由について、これらの自由を行使する個人の権利と、たとえば国の安全、公の秩序、公衆の安全、健康、道徳または他の者の権利および自由を保護するという社会の一般的利益との間で、どのようにバランスをとることができると考えるか。
- 裁判官・検察官・弁護士として、思想・良心・宗教・意見・表現・結社・集会の自由に対するすべての人の権利を保護するために自分には何ができるか。

関連の法的文書

国際文書
- 市民的及び政治的権利に関する国際規約(自由権規約、1966年)
- 経済的、社会的及び文化的権利に関する国際規約(社会権規約、1966年)
- あらゆる形態の人種差別の撤廃に関する国際条約(人種差別撤廃条約、1965年)
- 女子に対するあらゆる形態の差別の撤廃に関する条約
  (女子差別撤廃条約、1979年)
- 児童の権利に関する条約(児童の権利条約、1989年)
- ILO結社の自由・団結権保護条約(1948年)
- ILO団結権・団体交渉権条約(1949年)

* * * * *

- 世界人権宣言(1948年)
- 普遍的に承認された人権および基本的自由を促進および保護する個人、グループおよび社会機関の権利および責任に関する国連宣言(1999年)

* * * * *

地域文書
- 人および人民の権利に関するアフリカ憲章(アフリカ人権憲章、1981年)
- 子どもの権利および福祉に関するアフリカ憲章(1990年)
- 米州人権条約(1969年)
- 女性に対する暴力の防止、処罰および根絶に関する米州条約(1994年)
- 欧州人権条約(1950年)
- 欧州社会憲章(1961年)および改正欧州社会憲章(1996年)

1. はじめに

　この章では、人権を尊重する民主的社会の柱の一部を構成する多くの基本的自由について取り上げる。ただし、紙幅の制約から、焦点を当てるのはこれらの自由のもっとも重要な側面のみである。

　このマニュアルではここまで、恣意的に拘禁されない権利、公正な裁判に対する権利、拷問その他の形態の不当な取扱いを受けない権利といった多くの権利の重要性を強調してきた。その結果、法執行手続の過程で人間を保護することにも焦点を当ててきた章が多い。

　他方、この章で取り上げるのは、社会のあらゆるレベルで、なおかつさまざまな環境・状況で——たとえば宗教または哲学にもとづく個人的行動で、教育活動で、口頭または文書での発言で——行使されている権利ないし自由である。しかし、法執行手続の過程で人権の効果的保護に関わる問題が生じている状況では、それに対応して、個人の宗教的信念や政治的その他の確信を公の集会で、書籍で、あるいはマスメディアで表明することも容認されていないことが多い。したがって国は、個人の権利・自由を全面的かつ包括的に保護する方向へ進もうと思えば、社会のあらゆる関連する側面において人権の大義を前進させるために適切な行動を起こすべきなのである。

　本章では、最初に思想、良心および宗教の自由を、次に意見および表現の自由を、3番目に結社および集会の自由を取り上げる。

　最後に、思想・良心・宗教・意見・表現・結社・集会の自由を保護するさいの法曹の役割を強調したうえで、若干の結語をもって本章を締めくくる。

2. 思想、良心および宗教の自由についての権利

2.1 関連の法規定

　ここでは、思想、良心および宗教の自由に関連するもっとも重要な法規定の条文を掲げる。

世界人権宣言18条：

「すべて人は、思想、良心及び宗教の自由についての権利を有する。この権利は、宗教又は信念を変更する自由並びに単独で又は他の者と共同して、公的に又は私的に、布教、行事、礼拝及び儀式によって宗教又は信念を表明する自由を含む」

自由権規約18条：

「1. すべての者は、思想、良心及び宗教の自由についての権利を有する。この権利には、自ら選択する宗教又は信念を受け入れ又は有する自由並びに、単独で又は他の者と共同して及び公に又は私的に、礼拝、儀式、行事及び教導によってその宗教又は信念を表明する自由を含む。

2. 何人も、自ら選択する宗教又は信念を受け入れ又は有する自由を侵害するおそれのある強制を受けない。

3. 宗教又は信念を表明する自由については、法律で定める制限であって公共の安全、公の秩序、公衆の健康若しくは道徳又は他の者の基本的な権利及び自由を保護するために必要なもののみを課することができる。

4. この規約の締約国は父母及び場合により法定保護者が、自己の信念に従って児童の宗教的及び道徳的教育を確保する自由を有することを尊重することを約束する」

アフリカ人権憲章8条：

「良心の自由、宗教の告白およびその実行の自由は保障される。何人も、法および秩序にしたがうことを条件として、これらの自由の行使を制限する措置に服することはない」

米州人権条約12条：

「1. すべての者は、良心および宗教の自由についての権利を有する。この権利には、自己の宗教または信念を維持しもしくは変更する自由、および、個人的にまたは他の者とともに、公にまたは私的に、その宗教を告白しもしくは普及する自由を含む。

2. 何人も、自己の宗教または信念を維持しもしくは変更する自由を侵害するおそれのある制限を受けない。
3. 宗教および信念を表明する自由については、法律で定める制限であって公共の安全、公の秩序、公衆の健康もしくは道徳または他の者の基本的な権利もしくは自由を保護するために必要なもののみを課すことができる。
4. 親または場合により保護者は、自己の信念と一致する宗教教育または道徳教育をその子または被後見人に与える権利を有する」

欧州人権条約9条：
「1. すべての者は、思想、良心および宗教の自由についての権利を有する。この権利には、自己の宗教または信念を変更する自由、ならびに、単独でまたは他の者と共同しておよび公にまたは私的に、行事、礼拝、儀式および教導によってその宗教または信念を表明する自由を含む。
2. 宗教および信念を表明する自由については、法律で定める制限であって、公共の安全のため、公の秩序、公衆の健康もしくは道徳の保護のためまたは他の者の基本的な権利もしくは自由の保護のために民主的社会において必要なもののみを課すことができる」

宗教の自由についての権利はさらに次の文書でも保障されている。

- ◎ 人種差別撤廃条約5条(d)(vii)
- ◎ 児童の権利条約14条
- ◎ アフリカ人権憲章9条
- ◎ 女性に対する暴力の防止、処罰および根絶に関する米州条約4条(i)

さらに、第13章でも述べるように、国際人権法は宗教にもとづく差別を禁じている(とくに国連憲章1条3項、13条および55条(c)、世界人権宣言2条、自由権規約2条1項、4条1項、24条1項および26条、アフリカ人権憲章2条、米州人権条約1条1項および27条1項、欧州人権条約14条参照)。

2.2 思想、良心および宗教の自由についての権利の一般的意義

2.2.1 自由権規約18条

　自由権規約委員会が指摘するように、自由権規約18条1項で保障された思想・良心・宗教の自由についての権利は「広範で深いものである。この権利は、単独で表明されるか他の者と共同で表明されるかを問わず、あらゆる事柄についての思想、個人的確信および宗教または信念への関与の自由を包含する」。さらに、「思想の自由および良心の自由は宗教および信念の自由と同等に保護される」[1]。委員会は、「この自由の基本的性格は、本規定が……公の緊急事態の場合でさえ逸脱できないという事実にも反映されている」と指摘している[2]が、この問題については第16章でさらに詳しく扱う。

　注目すべきなのは、18条が「思想および良心の自由ないし自己の選択による宗教または信念を受け入れまたは有する自由に対しては**いかなる制限も許容していない**」ため、「これらの自由は……無条件で保護される」[3]という点である。他方で**良心の自由についての権利**に関しては、委員会は、ウェスタマン事件において、これは法律で課されるあらゆる義務の拒否権を意味するものでもなければ、そのような義務を拒否した場合に常に刑事責任が免除されると定めたものでもないとしている[4]。

　委員会が強調していることのなかでもうひとつ重要なのは、規約18条2項および17条にもとづき、「いかなる者も自己の思想または宗教もしくは信念への忠誠を明らかにすることを強制されない」という点である[5]。換言すれば、すべての男女は、いかなる状況においても、自己の宗教または信念をもっぱら私事に留めおく権利を有している。

1　一般的意見22(18条)、パラ1参照(UN doc. HRI/GEN/1/Rev.5, *Compilation of General Comments and General Recommendations adopted by Human Rights Bodies* (以下 *United Nations Compilation of General Comments*), p.144)。

2　Ibid., loc. cit.

3　Ibid., p.144, para.3. 強調引用者。

4　Communication No.682/1996, *P. Westerman v. the Netherlands* (Views adopted on 3 November 1999), in UN doc. *GAOR*, A/55/40 (vol.II), p.46, para.9.3.

5　*United Nations Compilation of General Comments*, p.144, para.3.

自由権規約委員会はさらに、「18条は、有神論的、非有神論的および無神論的信念、さらには宗教または信念を告白しない権利をも保護している。『信念』および『宗教』という語は広く解釈されるべきである。18条の適用は、伝統的な宗教、または伝統的な宗教と類似する制度的特質もしくは実践を有する宗教および信念には限定されない」と指摘している。

　「したがって委員会は、ある宗教もしくは信念が新興のものであり、または支配的な宗教集団から敵意の対象となりうる宗教的少数者である場合を含め、いずれかの宗教または信念に対していずれかの理由にもとづいて差別が行なわれる傾向を懸念している」[6]

委員会はさらに次のような所見を述べている。

　「宗教または信念を『受け入れ又は有する』自由は必然的に宗教または信念を選択する自由をともない、このような選択の自由には、現在の宗教または信念を維持する権利に加えて、現在の宗教・信念から別の宗教・信念に変更し、または無神論的見解を受け入れる権利も含まれる……。18条2項は宗教または信念を受け入れまたは有する権利を侵害する強制を禁じているが、この強制には、信仰者または無信仰者に対し、その宗教的信仰および宗派に留まること、自己の宗教もしくは信念を撤回することまたは改宗することを強要するための暴力もしくは刑事罰の使用またはその脅しが含まれる」[7]

　委員会は、これに付け加えて次のように指摘している。「教育、医療もしくは雇用へのアクセスまたは規約25条〔参政権〕その他の規定で保障されている権利の行使を制限するものなど、同様の意図または効果を持つ政策または慣行もやはり18条2項に合致しない。非宗教的性格のあらゆる信念を有する者にも同じ保護が与えられる」[8]

6　Ibid., p.144, para.2.
7　Ibid., p.145, para.5.
8　Ibid., loc. cit.

2.2.2 アフリカ人権憲章8条

アフリカ人権憲章8条は短い規定である。「良心の自由、宗教の告白およびその実行の自由は保障される」こと、「何人も、法および秩序にしたがうことを条件として、これらの自由の行使を制限する措置に服することはない」ことを定めているにすぎない。注目すべきなのは、思想の自由の問題、また自己の確信にしたがって宗教または信念を変更する自由について、この規定が触れていないことである。

ザイールを相手どった事件で、アフリカ人権委員会は、「暗殺、宗教施設の破壊および死の脅迫を含むエホバの証人および宗教的指導者へのいやがらせ」は、政府が「その宗教の実践がいずれかの形で法および秩序を〔脅かす〕という証拠を提示しなかった」以上、憲章8条に違反するとした[9]。

2.2.3 米州人権条約12条

米州人権条約12条で保護されている良心・宗教の自由についての権利は、多くの面で自由権規約18条で保障されている自由と似ている。しかし条約では、思想の自由はこれらの権利ではなく表現の自由についての権利(13条)と関連づけられている。

米州人権条約12条にもとづく良心・宗教の自由についての権利には、「自分の宗教または信念を維持しもしくは変更する自由」も含まれる。この自由は条約12条2項で強化されており、それによれば「何人も、自分の宗教または信念を維持しもしくは変更する自由を侵害するおそれのある制限を受けない」。何人も、自己の宗教もしくは信念の維持・変更を不可能にし、またはそれを余儀なくさせることを目的とした「強制」——自由権規約18条2項で用いられている用語——を受けないことはなおさらである。換言すれば、宗教または信念はいかなる

9　*ACHPR World Organisation against Torture and Others v. Zaire, Communications Nos.25/89, 47/90, 56/91, 100/93, decision adopted during the 19th session, March 1996, para.71* (参照した決定文はhttp://www.up.ac.za/chr/ahrdb/acomm_decisions.htmlに掲載されたもの).

ときにも完全に自発的なものでなければならない。

　米州人権条約12条で保護されている良心・宗教の自由についての権利は、27条2項に掲げられた逸脱不可能な権利のリストに含まれており、したがって「戦争、公の危険、または〔当該締約国の〕独立もしくは安全を脅かすその他の緊急事態」(条約27条1項)においても保障されなければならない。

　米州人権条約12条については、オルメド・ブストスほか対チリ事件——別名『最後の誘惑』事件——で検討された。これは、18歳以上の観客を対象として映画『最後の誘惑』の上映を認めた映画評定評議会の行政決定をチリの裁判所が取り消したことに関する事件である。申立人らはとくに、映画の検閲のせいで**良心の自由**が侵害されたと主張した。検閲は、特定の宗教を信ずる人々の集団が、他の人々が何を見てよいかを決定することを意味するからである[10]。米州人権裁判所は判決のなかで、「良心および宗教の自由についての権利は、すべての人に、自己の宗教または信念を維持し、変更し、告白しおよび普及することを認めるものである」と指摘するとともに、これは民主的社会の基盤のひとつであって、宗教的側面について言えば、「宗教を告白する者の確信の保護およびその生活のあり方において重要な要素を構成する」と付け加えている[11]。ただし裁判所によれば、本条に掲げられたいずれかの自由が侵害されたことを証明する証拠は、本件では存在しない。「映画『最後の誘惑』の上映禁止は、自己の宗教または信念を完全に自由に維持し、変更し、告白しもしくは普及する権利を侵害し、またはいずれかの者から奪うものでもない」[12]。ただし、後述するように、このような禁止によって、条約13条に定められた思想および表現の自由についての権利が侵害されたことは確かである。

10　*I-A Court HR, The Case of Olmedo Bustos et Al. v. Chile, judgment of 5 February 2001, Series C, No.73*, para.45. ここで用いたのは、米州人権裁判所のウェブサイト(www.corteidh.or.cr/seriecing/C)に掲載された未編集の判決文である。
11　Ibid., para.79.
12　Ibid., loc. cit.

2.2.4 欧州人権条約9条

　欧州人権条約9条1項は「思想、良心および宗教の自由についての権利」を保障し、「この権利には、自己の宗教または信念を変更する自由を含む」としている。自由権規約18条1項と非常によく似た文言で、「単独でまたは他の者と共同しておよび公にまたは私的に、行事、礼拝、儀式および教導によってその宗教または信念を表明する」すべての者の自由も保護している。

　欧州人権裁判所は、コキナキス対ギリシア事件において次のように判示している。

「〔9条に掲げられた〕思想、良心および宗教の自由は、条約にいう『民主的社会』の基盤のひとつである。それは、その宗教的側面においては、信仰者のアイデンティティおよびその人生観まで形成するもっとも重要な要素のひとつであるが、無神論者、不可知論者、懐疑論者および無関心の者にとっても貴重な資産にほかならない。民主的社会と切り離すことができず、数世紀にわたり高い代償を払って勝ちとられてきた多元主義はこの自由にかかっている」[13]

　しかし、カラチ対トルコ事件では次のことも明確にされている。

「〔9条は〕宗教または信念を動機ないし源とするすべての行為を保護するわけではない。さらに、宗教を表明する自由を行使するにあたっては、個人は自分の具体的状況を考慮に入れなければならない場合もある」[14]

　この事件は、トルコ軍の法務官で、「不法な原理主義的見解を持つに至った」ことを理由として退官を余儀なくされたカラチ氏による申立てに端を発するものである。同氏は、イスラム教スレイマン派の少なくとも事実上の構成員であると見なされた[15]。政府によれば、同氏が強制的に退官させられたのは、「軍が

13　Eur. Court HR, Case of Kokkinakis v. Greece, judgment of 25 May 1993, Series A, No.260-A, p.17, para.31.
14　Eur. Court HR, Case of Kalac v. Turkey, judgment of 1 July 1997, Reports 1997-IV, p.1199 at p.1209, para.27.

その保障を任務としているトルコ国家の根幹、すなわち政教分離主義に対する忠誠の欠如を表明した者を軍法務部から排除することを意図した」ものであった[16]。他方、申立人の主張によれば、同氏はスレイマン派の存在を知らなかったし、強制退官の理由とされた「不法な原理主義的見解」という表現の意義について国内法では何ら明らかにされていなかった[17]。

しかし欧州人権裁判所は、本件では9条の違反はなかったとの結論に達した。欧州人権裁判所はとくに次のように判示している。

> 「軍務に就くことを選択するにあたり、カラチ氏は、軍の構成員の権利および自由の一部について文民には課し得ない制限が課される可能性があることをその性質そのものにより含意する軍規制度を、自発的に受け入れたことになる。……国は、自国の軍を対象として、あれこれの行為、とくに軍務に必要な要件を反映するものとしてすでに確立された秩序にとって有害な態度を禁ずる懲戒規則を定めるものである」[18]

欧州人権裁判所の認定によれば、「申立人が、軍の世界に必要な要件によって課される制限の範囲内で、イスラム教徒が自己の宗教を実践する通常の形態である義務を履行することができた」ことについては争いがない。同氏はとくに、1日に5回祈りを捧げることやその他の宗教上の義務(ラマダン月の断食、モスクで金曜日に行なわれる礼拝への出席など)を果たすことが認められていた[19]。最後に、最高軍事評議会の命令は申立人の「宗教的意見および信念またはその宗教上の義務の果たし方」にもとづくものではなく、トルコ当局によれば「軍規に違反し、かつ政教分離の原則に抵触する申立人の行為および態度」にもとづくものであった[20]。したがって、本件では9条の違反はなかったものとされた。申立人の強制退官は宗教の自由についての申立人の権利への干渉ではなかったと欧州人権裁判所が結

15　Ibid., p.1203, para.8, and p.1208, para.25.
16　Ibid., p.1208, para.25.
17　Ibid., p.1208, para.24.
18　Ibid., p.1209, para.28.
19　Ibid., p.1209, para.29.
20　Ibid., p.1209, para.30.

論づけた以上、条約9条2項にもとづいて本件を取扱う必要はなかったことも指摘しておかなければならない。

> 思想、良心および宗教の自由についての権利は広範なものであり、個人的確信に関わるあらゆる事柄を対象とする。この権利は、宗教者だけではなく、たとえば無神論者、不可知論者、懐疑論者および無関心の者も保護するものである。思想、良心および宗教の自由についての権利は、すべての者に、自ら選択する宗教を受け入れまたは有する無条件の権利があることも意味する。この自由には自己の宗教を変更する権利も含まれる。すべての者は、いずれかの宗教の維持、受け入れもしくは変更を強制され、またはその他の方法で強要されない権利を有する。思想、良心および宗教の自由についての権利(自己の選択にしたがって宗教を受け入れ、有しまたは変更する自由を含む)は無条件に保護される。ただし、良心の自由は、法律によって課されるあらゆる義務の拒否権を意味するものではない。自由権規約および米州人権条約のもとでは、思想、良心および宗教の自由はいかなる状況においても逸脱を認められない。思想、良心および宗教の自由は、民主的社会／人権を尊重する社会の要石である。

2.3 自己の宗教または信念を表明する権利

　自由権規約18条1項は、自己の宗教または信念を「単独で又は他の者と共同して及び公に又は私的に」表明する自由と、「礼拝、儀式、行事及び教導によって」そうする自由を保障している。したがってこの自由は、自由権規約委員会が述べるように、「広範な行動を包含」するものである。「**礼拝**の概念は、信念を直接的に表現する儀式的および祭儀的行為ばかりでなく、そのために欠かせないさまざまな行為にまで及び、礼拝のための場所の建設、儀式的式文および器具の使用、象徴の展示ならびに祭日および安息日の遵守なども含まれる。宗教または信念の**儀式および行事**には、祭儀的行為のみならず、食事に関する規制、特徴を示す衣服または頭部覆いの着用、人生の一定の段階における儀式への参

加およびある集団によって習慣的に用いられる特定の言語の使用も含む。さらに、宗教および信念の**行事および教導**には、宗教的指導者、司祭および教師を選ぶ自由、神学校または宗教学校を設立する自由ならびに宗教的文章または出版物を作成および配布する自由など、宗教集団が基本的業務を実行するのに欠かせない行為が含まれる」[21]

委員会はたとえば、ウズベキスタンの良心の自由・宗教団体法により「宗教団体がその宗教および信念を表明する権利を得るためには登録しなければならないと定められている」こと、またウズベキスタン刑法240条が「定款を登録しなかった宗教団体の指導者を処罰している」ことについて懸念を表明している。委員会は、このような規定は規約18条1項および3項に合致しないとして、その廃止を強く勧告した。委員会はさらに、これらの規定を根拠として開始された刑事手続は打ち切られるべきこと、有罪判決を受けた者は恩赦および賠償の対象とされるべきことも勧告している[22]。

*****

前述したように、アフリカ人権憲章8条は「宗教の告白およびその実行の自由」のみを保障し、「何人も、法および秩序にしたがうことを条件として、これらの自由の行使を制限する措置に服することはない」と付け加えているだけで、この章で取り上げる諸規定のなかでもっとも簡潔なものである。

*****

米州人権条約12条1項によれば、良心および宗教の自由についての権利には「個人的にまたは他の者とともに、公にまたは私的に、〔自己の〕宗教を告白しもしくは普及する自由」が含まれる。

*****

欧州人権条約9条1項では、宗教の自由についての権利には「単独でまたは他の者と共同しておよび公にまたは私的に、行事、教導、儀式および礼拝によって〔自己の〕宗教または信念を表明する自由」が含まれる。欧州人権裁判所は、コキナキス対ギリシア事件において、「宗教的自由は第一義的には個人の良心の問

21　*United Nations Compilation of General Comments*, p.144, para.4. 強調引用者。
22　UN doc. *GAOR*, A/56/40 (vol.I), pp.63-64, para.24.

題であるが、それはまた、とくに『〔自己の〕宗教……を表明する』自由も意味している。言葉と行為によって証を立てることは、宗教的確信の存在と密接な関係にある行為である」と判示した[23]。委員会はさらに次のように付け加えている。

> 「〔欧州人権条約9条によれば、〕自己の宗教を表明する自由は、他の者と共同して、『公に』および信仰を同じくする者の集団のなかだけで行使できるのではなく、『単独で』および『私的に』も主張できるものである。さらに、この自由には、原則として、たとえば『教導』を通じて隣人の説得を試みる権利も含まれる。このような権利がなければ、9条に掲げられた『〔自己の〕宗教または信念を変更する自由』は死文化したままである可能性が高い」[24]

シャール・シャローム・ヴェ・ツェデック対フランス事件では、フランスにおける儀式的屠殺の許可の問題が提起された。申立団体は、「団体の屠殺人が構成員の戒律にしたがって儀式的屠殺を行なう許可を与えるために必要な認可」をフランス当局が与えず、当該認可を合同ラビ委員会(ACIP)にのみ与えたことは、欧州人権条約9条および14条の違反であると申立てた[25]。申立団体の主張によれば、ACIPに許可された屠殺人が行なう儀式的屠殺の条件は「もはやユダヤ教のきわめて厳格な要件を満たして」おらず、そのため超正統派のユダヤ教徒は完全に清浄(グラート)である肉を手に入れられなくなった[26]。同団体の見解では、屠殺目的の認可を与えないことは条約9条2項にもとづいて正当化することができず、また比例性を欠く差別的な措置として14条にも反するものであった[27]。

欧州人権裁判所は、9条1項の規定に言及して、「儀式的屠殺は、その名称がまさに示すように儀式(英語正文ではobservance、仏語正文ではrite)であって、その目的は戒律にのっとって屠殺された獣の肉をユダヤ教徒に提供するところにあり、これはユダヤ教の実践の本質的側面である」点については争いがないとした[28]。

---

23 *Eur. Court HR, Case of Kokkinakis v. Greece, judgment of 25 May 1993, Series A*, No.260-A, p.17, para.31.
24 Ibid., loc. cit.
25 *Eur. Court HR, Case of Cha'are Shalom ve Tsedek v. France, judgment of 27 June 2000*, para.58. 使用した判決文は欧州人権裁判所のウェブサイト(http://hudoc.echr.coe.int)に掲載された未編集版である。
26 Ibid., para.60.
27 Ibid., para.61.

次に生ずる問題は、申立団体が独自の儀式的屠殺人を任命する許可を与えなかったことが、条約9条1項にもとづく自由への干渉に当たるかどうかという点であった。欧州人権裁判所の見解によれば、「自己の宗教を表明する自由への干渉があったと認められるのは、儀式的屠殺を行なうことが違法とされたことにより、超正統派のユダヤ教徒が、自分たちが適用可能と見なす戒律にのっとって屠殺された獣の肉を食すことができない場合のみである」。しかし、申立団体がグラートである肉をベルギーから容易に入手できた点については争いがないのであるから、これには該当しない。さらに、欧州人権裁判所に提出された資料により、ACIPの管理下で営業している多くの肉屋がグラートと認証された肉を製造していたことは明らかである[29]。申立団体はACIPが認可した儀式的屠殺人を信頼していなかったが、欧州人権裁判所は次のような見解をとった。

「条約9条で保障された宗教の自由についての権利は、申立団体およびその構成員が、実際には、戒律にいっそうのっとっていると考える肉を入手しおよび食する可能性を奪われていないことを踏まえれば、……儀式的屠殺およびその後の認証手続に自ら参加する権利にまで及ぶものではない」[30]

申立団体に属するユダヤ教徒がグラートである肉を入手できなかったこと、および、申立団体がACIPと協定を結び、ACIPに与えられた認可を根拠として儀式的屠殺に従事することによってもグラートである肉が供給できなかったことは立証されなかったので、欧州人権裁判所は、「苦情の対象とされた認可の却下は、宗教を表明する自由についての申立団体の権利への干渉には当たらない」との結論に達した[31]。したがって、申立団体によって異議を申立てられた制限が条約9条2項と両立するかどうかについては、欧州人権裁判所は判断する必要がなかった。にも関わらず、欧州人権裁判所は、たとえ争われている措置が「自己の宗教を表明する自由についての権利への干渉であると考えられる」としても、それは

---

28 Ibid., para.73.
29 Ibid., paras.80-81.
30 Ibid., para.82.
31 Ibid., para.83.

法律で定められており、かつ、「礼拝の実行を国が組織することが宗教的調和および寛容に寄与するかぎりにおいて」正当な目的、すなわち「公衆の健康および公の秩序の保護」を追求するものであるとの所見を述べている。とりわけ国家と宗教との微妙な関係を確立することに関して締約国に認められた裁量の幅を顧慮すれば、当該措置は過度なものまたは比例性を欠くものとは見なし得ず、したがって9条2項の違反ではないとされた[32]。

差別ではないかという問題については、欧州人権裁判所は、条約9条を14条とあわせて理解した場合に条約違反はなかったと結論づけている。欧州人権裁判所はとくに、申立ての対象とされた措置から生ずる待遇の差異は「その範囲が限定されたものであった」ことに留意した。待遇の差異があったとしても、それは正当な目的を追求するものであり、採用された手段と実現が目指された目的との間には合理的な比例関係があった。したがってこのような待遇の差異には「裁判所の一貫した判例にいうところの客観的かつ合理的正当化事由があった」とされた[33]。

2.3.1 自己の宗教または信念を表明する権利の制限

自由権規約18条で保障されている自由のうち、自己の宗教または信念を表明する自由のみ制限を課すことが可能である。18条3項によれば、この自由については、「法律で定める制限であって公共の安全、公の秩序、公衆の健康若しくは道徳又は他の者の基本的な権利及び自由を保護するために必要なもののみを課することができる」。自由権規約委員会は、この規定は「厳密に解釈されなければならない」と強調している。「ここに掲げられていない事由にもとづく制限は、たとえ規約で保護されている他の権利に対する制限としては許されるもの(たとえば国の安全)であっても、許されない。制限は定められた目的のためにのみ課すことができ、その根拠である特定の必要に直接関係し、かつそれに比例するものでな

---

32 Ibid., para.84.
33 Ibid., paras.87-88. 本件では、審理を行なった欧州人権裁判所の大法廷が全会一致で判決を言い渡したわけではない。条約9条違反はなかったという結論については12対5、9条を14条とあわせて判断した場合の結論については12対7であった。

ければならない」[34]。重要なのは、委員会が、自己の宗教または信念を表明する権利の制限は「18条で保障されている諸権利を侵害するような方法で適用されてはならない」と付け加えている[35]ことである。最後に、当然のことながら、制限は「差別的な目的で課され、または差別的な方法で適用されてはならない」[36]。

したがって、締約国が自己の宗教または信念を表明する権利を制限しようとするのであれば、その制限が次の要件を備えるようにしなければならない。

- ◎ 法律適合性の原則に合致すること(「法律で定める制限」)
- ◎ 18条3項に掲げられた目的のひとつまたは複数のみを理由として課されること
- ◎ その目標の達成のために必要であること(比例性の原則)
- ◎ 差別的ではなく、客観的および合理的方法で適用されること

自己の宗教または信念を表明する自由への制限を正当化し得る事由として挙げられている**道徳**の概念について、委員会は、これは多くの社会的・哲学的・宗教的伝統から派生するものであり、したがって「道徳を保護するために自己の宗教または信念を表明する自由を制限するさい、そのもととなる原則は、もっぱら単一の伝統から派生したものではあってはならない」と述べている[37]。

委員会はさらに、「受刑者など、すでに一定の正当な制限に服している者も、自己の宗教または信念を表明する権利を、当該制約と両立するかぎりにおいて最大限に享受し続ける」とも述べている[38]。

シン・ビンダー対カナダ事件で、シーク教徒である申立人は、作業中の安全帽の着用を拒否したために労働契約を打ち切られたのは規約18条違反であると申立てた。委員会は18条と26条の両条項にもとづいてこの問題を検討し、結論として、18条上の問題を提起するものとして安全帽着用要件をとらえた場合、それは

---

34 *United Nations Compilation of General Comments*, p.145, para.8.
35 Ibid., loc. cit.
36 Ibid.
37 Ibid.
38 Ibid., pp.145-146, para.8.

741

18条3項に掲げられた事由に照らして正当化される制限であると述べた。他方、26条にもとづいてシーク教徒に対する事実上の差別であるととらえた場合、「安全帽を着用することにより、連邦政府の雇用下にある労働者が負傷および電気ショックから保護されることを確保するよう求める法律は、合理的であり、かつ規約と両立する客観的目的に向けられたものととらえられる」としている[39]。

* * * * *

　自己の宗教または信念を表明する自由を制限できる根拠として米州人権条約12条3項に掲げられている事由は自由権規約18条3項のそれと同様である。したがって、制限は「法律で定める」ものであって、「公共の安全、公の秩序、公衆の健康もしくは道徳または他の者の基本的な権利もしくは自由を保護するために必要なもの」であることを条件として課すことができる。換言すれば、そのためにとられる措置は、追求される正当な目的に比例するものでなければならない。

* * * * *

　欧州人権条約9条2項によれば、「宗教および信念を表明する自由については、法律で定める制限であって、公共の安全のため、公の秩序、公衆の健康もしくは道徳の保護のためまたは他の者の基本的な権利もしくは自由の保護のために民主的社会において必要なもののみを課すことができる」。ここに列挙されている事由は実質的に、他の2つの条約に掲げられたものをすべて含んでいる。したがって、自己の宗教または信念を表明する自由の制限の問題が重要な形で収斂されているのである。ただし欧州人権条約9条2項は、ここに挙げられた理由のために課される制限は「民主的社会において」必要なものでなければならないという条件が付け加えられている。必要性の判断は、したがって、民主的憲法秩序を基盤とした社会の必要性を踏まえて行なわれなければならない。

　欧州人権裁判所が9条について検討した事件としては、改宗勧誘罪で有罪とされたエホバの証人信徒に関わるコキナキス対ギリシア事件がある。ギリシアでは、メタクサスの独裁時代(1936〜1940年)に、法律1363/1938号(法律1672/1939号

39　Communication No.208/1986, *K. Sing Bhinder v. Canada* (Views adopted on 9 November 1989), in UN doc. *GAOR*, A/45/40 (vol.II), p.54, para.6.2.

により改正)によって改宗勧誘が犯罪とされた[40]。申立人は、ラシティ刑事裁判所により、罰金の支払によって代えることが可能な4か月の拘禁刑と1万ドラクマの罰金刑を言い渡された。控訴審を担当したクレタ控訴裁判所は、収監刑を、罰金の支払によって代えることが可能な3か月の拘禁刑に減刑した[41]。申立人とその妻は、ギリシア正教会の地元教会のカントル(先唱者)と結婚した女性の自宅で逮捕されていた。申立人の主な主張は、この有罪判決は宗教の自由についての権利の行使を不法に制限するものであるというものであった[42]。

欧州人権裁判所は、コキナキス氏の有罪判決は自己の宗教または信念を表明する権利に対する干渉であって、(1)「法律で定め」られ、(2)2項の正当な目的のひとつまたは複数に向けられ、かつ(3)その目的の達成のために「民主的社会において必要な」干渉でなければ9条に反するとした[43]。これらのさまざまな問題について、欧州人権裁判所は次のように対応した。

当該干渉は「法律で定める」ものであったか? ギリシア法は改宗勧誘罪の「客観的内容」を定めていないという申立人の主張[44]に応えて、欧州人権裁判所は次のように述べている。

> 「多くの制定法の文言は完全に厳密なものではない。行き過ぎた厳格さを避け、変化する状況に対応していく必要があるために、多くの法律は、多かれ少なかれ曖昧な文言で表現されざるを得ない。……改宗勧誘罪に関する刑法の規定もこれに該当する。このような制定法の解釈および適用はその運用次第である」[45]

しかし本件においては、「確立された一連の国内判例が公刊されてアクセス可能になって」おり、1936年法の文言を補完していたので、申立人はそれにしたがって「この問題に関する自分の行動を律する」ことができたはずである。したが

---

40 *Eur. Court HR, Case of Kokkinakis v. Greece, judgment of 25 May 1993, Series A, No.260-A*, p.12, para.16.
41 Ibid., pp.8-10, paras.9-10.
42 Ibid., p.16, para.28.
43 Ibid., p.18, para.36.
44 Ibid., p.19, para.38.
45 Ibid., p.19, para.40.

って、申立ての対象となった措置は欧州人権条約9条2項にいう「法律で定める」ものであるとされた[46]。

当該措置は正当な目的のために課されたものであったか？ 欧州人権裁判所は、本件の事情および関連する裁判決定の実際の文言を顧慮すれば、「争点となっている措置は、政府が依拠するとおり、9条2項にいう正当な目的、すなわち他の者の権利および自由の保護を追求するものであった」との結論に達している。実際に政府は、「民主的国家は、その領域内に住むすべての者が平和的に個人的自由を享受できるようにしなければならない」こと、国家が「警戒を怠らず、不道徳な手段または欺罔によって影響を及ぼそうとする試みから個人の宗教的信念および尊厳を保護しなければ」、9条2項は「実際にはまったく無意味になってしまう」ことを主張していた[47]。

当該禁止は「民主的社会において必要なもの」であったか？ これはきわめて重要な判断基準であり、欧州人権条約のさまざまな条項にもとづく無数の事件でこの基準が満たされていないとされてきた。「民主的社会において必要な」制限とは何かという判断基準は、たとえある者による基本的自由の享受がとても必要なものとは思われないようなものであってもそれを守る、多元主義をとる寛容な社会においては究極の安全装置なのである。

締約国には「干渉の必要性の存在および程度を評価するうえで……一定の裁量の幅はあるものの、この裁量の幅は欧州機関の監督に服するのであって、この監督は、独立の裁判所による決定までも含め、立法とそれを適用する決定の双方に及ぶ」[48]。

改宗勧誘の意義について、欧州人権裁判所は次のように述べている。

「〔第1に、〕キリストの証人になることと不適切な改宗勧誘とを区別しなければならない。前者は真の福音伝道であり、世界教会協議会のもとで1956年に作成された報告書において、すべてのキリスト教徒およびすべての教会の本

46　Ibid., pp.19-20, paras.40-41.
47　Ibid., p.20, paras.44 and 42.
48　Ibid., p.21, para.47.

質的な使命・責任であるとされている。後者はそれを堕落させ、または歪めたものである。同報告書によれば、これは、教会の新しい構成員を獲得するために物質的または社会的便宜を提供したり、困惑または窮乏している人々に不適切な圧力をかけたりする活動の形態をとる場合があり、暴力や洗脳が用いられることさえある。より一般的に言えば、このような行為は他の者の思想、良心および宗教の自由の尊重とは両立しない」[49]

しかし、法律1363/1938号4条をよく見ればわかるように、ギリシアの立法府が採用したさまざまな基準が、前述した裁判所の考えに合致するのは、それが「不適切な改宗勧誘の処罰のみを目的として」いる点、そしてそのかぎりにおいてのみであり、不適切な改宗勧誘とは何かについて、「〔欧州人権〕裁判所はこれを本件で抽象的に定義する必要はない」としている[50]。他方で欧州人権裁判所は、「ギリシアの裁判所は、その説示において、申立人の責任を認定するにあたって4条の文言を再録するのみであり、被告人が不適切な手段で隣人を説得しようとしたというのはいったいどのような方法なのか十分明らかにしていない」ことにも留意している。実際、「ギリシアの裁判所が摘示している事実には、このような認定を正当化するものはない」[51]。ということは、「本件の事情においては、申立人の有罪判決が急迫する社会の必要によって正当化される」ことは立証されておらず、したがって、争われた措置は「追求されている正当な目的に比例するもの、または『他の者の基本的な権利もしくは自由の保護のために民主的社会において必要なもの』とは」思われないということになる。換言すれば、本件では9条違反があったということである[52]。

欧州人権条約9条の違反は、セリフ対ギリシア事件でも認定されている。複雑

49　Ibid., p.21, para.48.
50　Ibid., loc. cit. 法律1363/1938号4条2項(改正後)によれば、「改宗勧誘」とは、「とくに、いずれかの種類の誘引を与えることまたは誘引もしくは道徳的支援もしくは物質的援助の約束をすることにより、もしくは詐欺的手段により、または相手の未経験、信頼、必要、知能の低さもしくは純朴さにつけこむことにより、異なる宗派(*eterodoxos*)に属する者の宗教的信念を、当該信念を損なう目的で侵襲しようとするいずれかの直接的または間接的試み」をいう(p.12, para.16)。
51　Ibid., p.21, para.49.
52　Ibid., pp.21-22, paras.49-50.

な歴史的経緯を背景として、ロドピのムフティー(イスラム法解釈の最高権威者)選挙を開催するイスラム教徒の権利が問題とされた事件である。この権利は、1990年12月24日に政府が発布した立法令によって否定された。さらに、1991年2月4日、ギリシア議会は、法律1920号の制定によって、遡及的にこの立法令の有効性を認めたのである。前任者の死亡を受けてロドピで新たなムフティーを任命する選挙を開催してほしいという要請は、政府に行なわれていた。回答がなかったため、1990年12月28日、礼拝の後にモスクで選挙が行なわれた。ムフティーに選出された申立人は、他のイスラム教徒とともに、最高裁判所に対し、他の者をムフティーに任命するという政府の決定に異議を申立てたものである[53]。1994年12月12日、サロニカ刑事裁判所は、「『既知の宗教』の聖職者の職務を不法に奪取したこと、および、その権利がないのに当該聖職者の法衣を公然と着用したこと」を理由に、刑法175条および176条にもとづいて申立人を有罪とした[54]。申立人は減刑可能な8か月の拘禁刑を言い渡されたが、控訴裁判所は有罪判決を支持しながらも刑期を6か月に減刑した。刑はさらに罰金刑に減刑されている[55]。

　欧州人権裁判所において申立人は、自分に対する有罪判決について、自分に霊的指導を求めるすべての者とともに宗教を自由に行使する権利への不当な干渉に相当すると申立てた[56]。

　欧州人権裁判所はまず、申立人に対する有罪判決について、「『他の者と共同しておよび公に……行事〔および〕礼拝……によってその宗教を……表明する』権利(条約9条1項)への**干渉**」に相当すると判断した。これは、申立人が祝祭の宗教的重要性に関するメッセージを発したこと、宗教的集まりで説教を行なったこと、宗教的指導者の法衣を着用したこと等を根拠として有罪判決が言い渡されたことにもとづいている[57]。しかし欧州人権裁判所は、この干渉が「**法律で定める**」ものであったかどうかという問題を取り上げる必要はないと判断した。いずれにせよ、当該干渉は他の理由にもとづいて9条に反するためである。

---

[53] *Eur. Court HR, Case of Serif v. Greece*, judgment of 14 December 1999, Reports 1999-IX, p.79, paras.9-12.
[54] Ibid., pp.79-80, paras.13, 15 and 16. 引用はpara.13より。
[55] Ibid., p.80, paras.16-17.
[56] Ibid., p.84, para.36.
[57] Ibid., p.85, para.39. 強調引用者。

欧州人権裁判所は次に、当該干渉が条約9条2項に掲げられた**正当な目的**(「公の秩序」)**を追求する**ものであることを認めた。公的機関が別の者を任命した以上、「当該地域のイスラム教徒コミュニティの宗教的指導者であると主張するのは申立人だけではなかった」ためである。政府の主張によれば、法律上のムフティーの権威を保護することによって「国内裁判所は特定の宗教的コミュニティおよび社会一般の秩序を維持しようとした」のであるから、当該干渉は正当な目的に役立つものであったと主張していた[58]。

　最後に、当該**干渉が民主的社会において必要なもの**であったかどうかを検討するにあたり、欧州人権裁判所は、コキナキス事件での判示を想起し、「思想、良心および宗教の自由は、条約にいう『民主的社会』の基盤のひとつ」であり、多元主義はそのような社会と「切り離すことができ」ないとした[59]。にも関わらず、次のことも真であると欧州人権裁判所は次のように述べている。

> 「〔確かに〕民主的社会においては、さまざまな宗教的集団の利益を調和させるために、宗教の自由に制限を課すことが必要な場合もあり得る……。ただし、このようないかなる制限も『急迫する社会の必要』に対応し、かつ『追求される正当な目的に比例する』ものでなければならない」[60]

　さらに欧州人権裁判所の見解では、「積極的についてくる意思がある集団の集団的指導者として振る舞ったというだけで人を処罰することが、民主的社会における宗教的多元性の要求と両立すると考えることは困難である」[61]。欧州人権裁判所は、「ロドピにおいて、公的に任命されたムフティーが申立人のほかに存在したこと」、および、ギリシア政府が、「申立人の行動は、同地域のイスラム教徒の宗教的活動を組織化するために国が用意した制度を損なうものであったので、申立人に対する有罪判決は民主的社会において必要なものであった」と主張していることを「承知しない」わけではなかった。しかし欧州人権裁判所は、「ムフ

58　Ibid., p.86, paras.43 and 45.
59　Ibid., p.87, para.49.
60　Ibid., loc. cit.
61　Ibid., p.88, para.51.

ティーおよびその他の『既知の宗教』の聖職者に関する法律で定められた司法上および行政上の職務を、申立人がいずれかの時点で行使しようと試みたことを示すものはない」ことを想起した。欧州人権裁判所は、「民主的社会においては、さまざまな宗教的共同体が統一的な指導のもとに留まることまたは統合されることを確保するための措置を国がとらなければならない」とは考えないとした[62]。

欧州人権裁判所にとって残された作業は、「本件の特別な事情においては、ロドピのイスラム教徒と同地域のイスラム教徒・キリスト教徒との間ならびにギリシアとトルコとの間に緊張が生ずるのを避けるために、当局が介入しなければならなかった」という政府の主張を検討することである。この主張に対し、欧州人権裁判所は次のような重要な判示で答えた。

> 「裁判所は、宗教的その他のコミュニティが分裂している状況で緊張が生じ得ることは認めるが、これは多元主義の避けられない結果であると考える。このような状況における当局の役割は、多元主義を解消することによって緊張の原因を取り除くことではなく、争い合う集団がおたがいを容認することを確保することである」[63]

欧州人権裁判所は、「緊張が生ずることに一般的に言及したことを除けば、政府は、2人の宗教的指導者が存在することによってロドピのイスラム教徒の間で実際に騒乱が生じたまたは生じるおそれがあったことを何ら示唆していない」ことに留意した。欧州人権裁判所はさらに、「イスラム教徒とキリスト教徒の間またはギリシアとトルコとの間に緊張が生ずるおそれがあると判断するに足る」証拠は、「非常にはかない可能性として以上には」何ら提出されなかったと考えた[64]。

以上のあらゆる検討結果に照らし、欧州人権裁判所は、申立人に対する有罪判決が「本件状況において『急迫する社会の必要』によって正当化される」こ

---

62 Ibid., p.88, para.52.
63 Ibid., p.88, para.53.
64 Ibid., loc. cit.

とは実証されなかったとの結論に至った。したがって、他の者と共同しておよび公に、行事および礼拝によって自己の宗教を表明する申立人の権利への干渉は、条約9条2項にもとづき「公の秩序……の保護のため……民主的社会において必要なもの」ではなかった[65]。すなわち9条違反があった。

　欧州人権条約9条に関わる3番目の事件はブスカリーニ等対サンマリノ事件である。本件では、聖福音書への言及を含む宣誓を行なう義務が申立人らに課され、その義務に違反すればサンマリノ共和国議会の議席を失うとされたことが問題にされた。申立人らの見解によれば、同共和国では「当時、議席を保持することのような基本的な政治的権利の行使が、特定の信仰を公に告白するという行為に服していた」のであり、これは条約9条違反である[66]。他方、政府は、「当該宣誓の文言は宗教的なものではなく、むしろ歴史的・社会的意味を有し、かつ伝統にもとづいたものである」と主張した。したがって申立人の宗教の自由の制限には相当しないと言うのである[67]。

　欧州人権裁判所は、思想、良心および宗教の自由に関するコキナキス事件の重要な判示をあらためて述べたうえで、この自由は「とくに、宗教的信念を持つか持たないかおよびある宗教を実践するかしないかに関わる自由を包含する」と付け加えた。福音書にもとづく宣誓義務が申立人に課されたことは、「違反すれば議席を失うという条件で特定の宗教への忠誠を誓うよう求めるものであるから」、「事実、〔条約9条2項にいう〕制限にあたる」[68]。したがって、このような干渉が、法律に定めるものとして、かつ9条2項に掲げられたひとつまたは複数の正当な目的のために民主的社会において必要とされるものとして正当化されるか否かという問題が生ずる。

　欧州人権裁判所は、当該措置は1958年選挙法55条を根拠としており、そこでは議員が行なう宣誓の文言を定めた1909年6月27日の政令が参照されているので、「**法律に定める**」ものであるとの結論に達した[69]。欧州人権裁判所は、9条2項にい

---

[65] Ibid., p.88, para.54.
[66] *Eur. Court HR, Case of Buscarini and Others v. San Marino*, judgment of 18 February 1999, *Reports* 1999-I, p.612, paras.12-13, and p.615, para.30 (quotation).
[67] Ibid., p.616, para.32.
[68] Ibid., p.616, para.34.
[69] Ibid., p.616, para.35.

う**正当な目的**によって当該干渉が正当化されるかどうかについては本件では判断せず、サンマリノ法で全体として良心および宗教の自由が保障されていることは間違いないと結論づけた。しかし本件では、「福音書にもとづく宣誓を行なうよう申立人らに求めたことは、選挙で選ばれた2名の代表に対し、特定の宗教に対する忠誠を誓うようにも求めたことに相当する」ものであり、条約9条と両立せず、したがって同条違反とされた[70]。換言すれば、当該干渉は民主的社会において必要なものではなかったのである。

2.3.2 自己の宗教または信念を表明する自由の禁止

自由権規約18条は20条とあわせて理解されなければならない。後者は、次のような行為を「法律で禁止する」ものとしている。

- ◎ 「戦争のための……宣伝」(20条1項)
- ◎ 「差別、敵意又は暴力の扇動となる国民的、人種的又は宗教的憎悪の唱道」(20条2項)[71]

すなわち、宗教・信念の表明は**いかなる場合にも**戦争の奨励または憎悪の唱道のための手段として利用されてはならない。自由権規約委員会は、規約4条1項にしたがって行なわれるいかなる逸脱も、「締約国が、20条に反して、戦争のための宣伝、または差別、敵意もしくは暴力の扇動となる国民的、人種的もしくは宗教的憎悪の唱道に携わることを正当化するものとして援用することはできない」ことを確認している[72]。戦争の宣伝ならびに差別・敵意・暴力の宗教的煽動を違法化する法的義務が締約国にあるということは、この禁止が実際にも尊重されることを確保する法的義務もあるということである。

70　Ibid., p.617, para.39.
71　*United Nations Compilation of General Comments*, p.145, para.7.
72　一般的意見29(72)(緊急事態における規約の規定からの逸脱)、パラ13(e)(UN doc. *GAOR*, A/56/40 (vol.I), p.206)。

> すべての者は、私的にまたは公におよび単独でまたは他の者と共同して、自己の宗教を表明する権利を有する。自己の宗教または信念の表明は、行事、礼拝、儀式、教導、伝道、祭式のような活動を含むと考えられる。自己の宗教を表明する権利は制限することができる。ただし、その制限は次の条件を満たしていなければならない。
> - 法律で定めるものであること
> - 正当な目的、すなわち公共の安全、(公の)秩序、公衆の健康、道徳または他の者の基本的な権利もしくは自由を保護するために課されること
> - その正当な目的を保護するために必要なものであること
>
> 欧州レベルでは、自己の宗教・信念を表明する権利の制限措置が必要であるかどうかを判断するにあたり、民主的社会という概念がきわめて重要な役割を果たしている。

2.4 宗教の自由と公立学校における指導

自由権規約委員会によれば、「父母および法定保護者が自己の信念にしたがって子どもの宗教的および道徳的教育を確保する自由」(規約18条4項)は、「18条1項で述べられている、宗教または信念を教導する自由の保障に関連している」。このことが意味するのは、とくに、規約18条4項は、「公立学校における一般宗教倫理史等の科目の指導について、中立的かつ客観的方法で行なわれるのであればこれを認めている」が、「特定の宗教または信念の指導を含む公教育は、父母および保護者の意向と調和する、当該科目の無差別的免除または代替科目のための措置が設けられないかぎり、18条4項に一致しない」ということである[73]。

ハーティカイネン対フィンランド事件で、申立人は、フィンランドの法律が定める要件の結果として、規約18条4項の違反があったと申立てた。親または法定保護者が宗教教育に反対する生徒に対しては宗教教育に代えて一般宗教倫理史が

---

[73] *United Nations Compilation of General Comments*, p.145, para.6.

教えられるべきであると規定されていたためである。教員であり、フィンランド自由思索者連盟のメンバーでもあった申立人は、このような代替授業は中立的なものでなければならず、また必修科目であるべきではないと考えたのである。委員会は申立人と意見を異にし、このような一般宗教倫理史の代替教育そのものは、「いかなる宗教も信じない親または法定保護者の確信」を尊重し、「中立的かつ客観的な方法で行なわれる」のであれば、規約18条4項と両立しないものではないとの結論に達した。いずれにせよ、争われた法律は、自分の子どもに宗教教育も一般宗教倫理史の教育も受けてほしくないと考える親または保護者に対し、学校外でこれに相当する教育を受けられるようにすることによって明示的に免除を認めていた[74]。

＊＊＊＊＊

米州人権条約12条4項は、親または場合により保護者に対し、自己の信念と一致する宗教教育または道徳教育をその子または被後見人に与える権利を認めている。

＊＊＊＊＊

欧州人権条約9条ではこれに類する保障は認められていないが、欧州人権条約の第1追加議定書2条第2文は次のように述べている。

「国は、教育および教授に関連するいかなる職務の行使においても、自己の宗教的および哲学的確信に適合する教育および教授を確保する親の権利を尊重する」

欧州人権裁判所によれば、この規定は同条第1文で保障された教育に対する基本的権利に付随しており、次のような性格を有するものである[75]。

「〔この規定は、〕公教育の組織および財政からなる職務を含め、締約国が教育および教授の分野で行なうあらゆる職務——第2文は「いかなる職務」の行使においてもと定めている——の行使において締約国を拘束する」[76]

---

[74] Communication No.R.9/40, *E. Hartikainen v. Finland* (Views adopted on 9 April 1981), in UN doc. *GAOR*, A/36/40, p.152, para.10.4.

[75] Eur. Court HR, Case of *Kjeldsen, Busk Madsen and Pedersen*, judgment of 7 December 1976, Series A, No.23, p.26, para.52.

この規定は、「ようするに教育における多元主義の可能性の保障を目的としたものであり、このような可能性は条約が想定する『民主的社会』を維持するために必要不可欠である。近代国家が有する力を踏まえれば、この目的はとりわけ国の教育を通じて実現されなければならない」[77]。このように、第1追加議定書2条は、「親の確信を、それが宗教的なものであれ哲学的なものであれ、国の教育プログラム全体を通じて尊重するよう義務づける」ものであり、したがって「宗教教育とその他の科目を区別する」ことは認められない[78]。

　しかし、欧州人権裁判所は次のようにも述べている。

「〔議定書2条は、〕国が、教授または教育を通じて、直接的もしくは間接的に宗教的もしくは哲学的な情報または知識を伝達することは妨げない。親に対し、そのような教授または教育を学校カリキュラムに統合することに反対することさえ認めるものでもない。そうでなければ、制度化されたあらゆる教授が非現実的なものとなるおそれがあるためである」[79]

「〔同じ規定は〕他方で、国は、教育・教授に関して担っている職務を遂行するにあたり、カリキュラムに含まれる情報または知識が客観的に、批判的にかつ多元的に伝えられるよう配慮しなければならないということも意味する。国が、親の宗教的または哲学的信念を尊重しないと考えられるような思想注入の目的を追求することは禁じられる。これは超えてはならない制限である」[80]

　ケルドセン、ブスク・マドセンおよびペデルセン対デンマーク事件で、申立人らは、デンマークの小学校教育に性教育が必修科目として統合されていることに反対し、これはとくに条約の第1追加議定書2条にもとづく権利の侵害であると訴

76　Ibid., p.24, para.50.
77　Ibid., p.25, para.50.
78　Ibid., p.25, para.51.
79　Ibid., p.26, para.53.
80　Ibid., loc. cit.

えた。しかし、デンマークの当該法を検討した欧州人権裁判所は、この規定の違反はなかったとの結論に達した。欧州人権裁判所の見解によれば、同法は「民主的国家が判断するであろう公益の限界を踏み外す」ものではなく、「けっして、特定の性的行動の唱道を目的とした思想注入を試みようとしたものではない」[81]。しかし欧州人権裁判所は、同法の適用において学校または教員による濫用がないようにするため、「権限のある公的機関には、不注意、判断の欠如または場をわきまえない改宗勧誘により、親の宗教的および哲学的確信がこのレベルで軽視されることがないよう、最大限の配慮を払う義務がある」と付け加えている[82]。

他方、キャンベルおよびコサンズ事件では、欧州人権裁判所は第1追加議定書2条の違反があったと認定した。申立人らの子どもが通っていた学校では懲戒措置として体罰が行なわれていたが、このような罰は申立人らの哲学的確信に反していたためである[83]。

> 自由権規約および米州人権条約では、親または法定保護者に、子どもの宗教的および道徳的教育が親の確信にしたがって行なわれることを確保する権利がある。ただし、一般宗教倫理史のような科目で行なわれる公立学校の教育は、それが中立的かつ客観的な方法で行なわれることを条件として、自由権規約と両立する。欧州人権条約の締約国は、教育および教授の分野で行なうあらゆる職務において、親または保護者の宗教的または哲学的確信が尊重されることを確保する法的義務を負う。すなわち、国は情報または知識が客観的に、批判的にかつ多元的に伝えられるよう配慮しなければならず、また思想注入の目的を追求することは禁じられるということである。

---

81 Ibid., p.27, para.54.
82 Ibid., p.28, para.54.
83 *Eur. Court HR, Case of Campbell and Cosans, judgment of 25 February 1982, Series A, No.48*, pp.14-18, paras.32-38.

2.5 国教と宗教的マイノリティ

ある宗教を国教として、あるいは単に公式宗教、伝統的宗教または国の人口の大多数が信仰する宗教として認めることは、その他の宗教が差別されるということを意味しやすい。しかし、自由権規約委員会が述べているように、このような状況が、「18条および27条を含む規約上の権利のいずれかの享受を損なったり、その他の宗教の信者や無宗教の者を差別したりすることにつながってはならない」[84]。たとえば、「公務に就く資格を支配的宗教の構成員のみに限ったり、そのような宗教の構成員に経済的特権を認めたり、または他の信仰の実践に特別な制約を課したりする措置」をとることは規約26条の差別禁止規定に違反することになろう[85]。

委員会は、これとの関係で、規約20条2項が、「宗教的マイノリティその他の宗教的集団が18条および27条で保障されている権利を侵害されることに対する、またこれらの集団に向けられる暴力行為または迫害行為に対する重要な保障」を定めていることを指摘している[86]。

最後に、委員会は、「ある信念の体系が憲法、制定法、支配政党の公式声明等においてまたは実際の慣行において公的なイデオロギーとして取り扱われていても、これによって、18条にもとづく自由または規約にもとづいて認められるその他の権利のいかなる侵害をも生じさせてはならず、また公的イデオロギーを受け入れない者またはこれに反対する者に対するいかなる差別も引き起こしてはならない」ことを強調している[87]。

> 自由権規約委員会は、異なる宗教の信者または無宗教の者が差別されないことを確保する法的義務が自由権規約の締約国にあることを強調している。

84　*United Nations Compilation of General Comments*, p.146, para.9.
85　Ibid., loc. cit.
86　Ibid.
87　Ibid., para.10.

2.6 宗教的理由による良心的兵役拒否

良心的兵役拒否についての権利は自由権規約では明示的に保障されていないものの、自由権規約委員会は、「このような権利は、殺傷力を用いる義務が良心の自由および自己の宗教または信念を表明する権利と深刻に衝突するかぎりにおいて、18条から派生し得ると考えて」いる。「この権利が法律または慣行で認められている場合、特定の信念の性質によって良心的兵役拒否者の間に差異が設けられてはならない。同様に、軍務を遂行しなかったことを理由に良心的兵役忌避者に対する差別が行なわれてはならない」[88]。

このような見解は、自由権規約の選択議定書にもとづいて申立てられたいくつかの事件で確認されている。ウェスタマン対オランダ事件では、申立人はとくに、軍将校に命じられたように軍服を着るのを拒んだことを理由に9か月の拘禁刑を言い渡されたのは18条違反であると申立てた。申立人は、軍務に就く前、軍は「人間の目的に反する」として良心的兵役拒否者として認められるよう試みたが、かなわなかった[89]。

委員会が判断すべき問題は、「軍務の遂行を強制するため」に申立人に制裁を課したことが「良心の自由についての権利を侵害するものであったかどうか」ということであった。委員会は、担当機関が、「良心的兵役拒否者としての免除を求める申立人の主張を裏づけるものとして申立人から提出された事実および主張を、良心的兵役拒否に関する法規に照らして評価した」こと、および、「これらの法規定は18条の規定と両立するものである」ことを指摘した。委員会はさらに、申立人は、「『暴力的手段を用いるため……兵役に対する耐え難い良心の呵責』がある」ことを国家当局に「納得させることができなかった」との所見を明らかにしている。委員会はこのような判断にもとづき、「本件の事情においては、この問題について、国内機関の評価に代えて委員会自身の評価を提出する必要性はまったくない」との結論に達した[90]。したがって18条違反はなかっ

---

88 Ibid., para.11.
89 Communication No.682/1996, *Westerman v. the Netherlands* (Views adopted on 3 November 1999), in UN doc. *GAOR*, A/55/40 (vol.II), pp.41-43, paras.2.1-2.7 and p.46, para.9.4.
90 Ibid., p.47, para.9.5.

たとされた。

　ただし、良心的兵役拒否の問題は規約8条および26条にもとづいて検討される可能性もある。8条3項(c)(ii)では、「強制労働」には「軍事的性質の役務及び、良心的兵役拒否が認められている国においては、良心的兵役拒否者が法律によって要求される国民的役務」は含まれない。しかし委員会は、国の代替的役務が軍務よりも**比例性を欠くほど長い**場合には一貫して規約26条違反を認定してきた。たとえば、R・メーユ対フランス事件がこれに該当する。フランス法では、良心的兵役拒否者に対し、12か月の軍務に代えて24か月の代替的役務を修了することが求められていた。本件では、「申立人は良心の確信にもとづいて差別され」ており、政府も、これがより長期の役務を正当化する「合理的かつ客観的基準」にもとづく差異であることを示すいかなる理由も提出しなかったので、委員会は規約26条違反を認定している[91]。

　良心的兵役拒否について、委員会はさらに、エホバの証人のようなひとつの集団の良心的兵役拒否者についてのみ免除を認め、他の者については免除を適用しないことは合理的とは見なし得ないと考えている。「特定の信念の性質によって良心的兵役忌避者の間に差異が設けられてはならない」からである[92]。ただし、「平和主義者としての確信が代替的役務制度と両立しないこと、またはエホバの証人に認められた特権的待遇によって良心的兵役拒否者としての申立人の権利に悪影響が及んだこと」を申立人が示さなかったので、委員会は、申立人は規約26条違反の被害者ではないと認定した[93]。

> 自由権規約委員会は、良心的兵役拒否についての権利が自由権規約18条から派生し得ることを受け入れている。この権利は無条件なものではなく、委員会は、この点について国内機関が行なった決定を再評価することについては消極的な姿勢をとる場合がある。ただし、良心的兵役拒否についての権利が国内法で認められているときは、良心的兵役拒否者

91　Ibid., Communication No.689/1996, *R. Maille v. France* (Views adopted on 10 July 2000), p.72, para.10.4.
92　Communication No.402/1990, *H. Brinkhof v. the Netherlands* (Views adopted on 27 July 1993) in UN doc. *GAOR*, A/48/40 (vol.II), p.129, para.9.3.
93　Ibid., loc. cit.

> の間で特定の信念にもとづく差別が行なわれてはならない。代替的役務は通常の軍務よりも比例性を欠くほど長いものであってはならない。この点に関わるいかなる区別も、合理的かつ客観的基準にもとづくものでなければならない。

3. 意見および表現の自由についての権利

3.1 関連の法規定

本節で取り上げる主な法規定は次のとおりである。

世界人権宣言19条：
「すべて人は、意見及び表現の自由に対する権利を有する。この権利は、干渉を受けることなく自己の意見をもつ自由並びにあらゆる手段により、また、国境を越えると否とにかかわりなく、情報及び思想を求め、受け、及び伝える自由を含む」

自由権規約19条：
「1. すべての者は、干渉されることなく意見を持つ権利を有する。
2. すべての者は、表現の自由についての権利を有する。この権利には、口頭、手書き若しくは印刷、芸術の形態又は自ら選択する他の方法により、国境とのかかわりなく、あらゆる種類の情報及び考えを求め、受け及び伝える自由を含む。
3. 2の権利の行使には、特別の義務及び責任を伴う。したがって、この権利の行使については、一定の制限を課すことができる。ただし、その制限は、法律によって定められ、かつ、次の目的のために必要とされるものに限る。
  (a) 他の者の権利又は信用の尊重
  (b) 国の安全、公の秩序又は公衆の健康若しくは道徳の保護」

アフリカ人権憲章9条：
「1. すべての個人は、情報を受け取る権利を有する。
 2. すべての個人は、法律の範囲内において自己の意見を表明しおよび広める権利を有する」

米州人権条約13条：
「1. すべての者は、思想および表現の自由についての権利を有する。この権利は、口頭、手書き、印刷、芸術の形態または自ら選択する他のいずれかの方法により、国境とのかかわりなく、あらゆる種類の情報および考えを求め、受けおよび伝える自由を含む。
2. 前項に定める権利の行使は、事前の検閲の対象にされることはないが、次のことを確保するために必要な限度で法律が明示的に定める事後の責任負担の対象とされる。
  a. 他の者の権利または信用の尊重
  b. 国の安全、公の秩序または公衆の健康若しくは道徳の保護
3. 表現の権利は、新聞の印刷、ラジオの周波数もしくは情報の普及に用いられる設備に対する政府のもしくは私的な統制のような間接的な手法または手段によっても、または考えおよび意見の伝達または流通を妨げる傾向のあるその他のいかなる手段によっても、制限されない。
4. 2の規定に関わらず、公共の娯楽は、子ども時代および思春期の道徳的保護のために当該娯楽へのアクセスを規制することを唯一の目的として、法律によって事前の検閲の対象とすることができる。
5. 戦争のためのいかなる宣伝も、また人種、皮膚の色、宗教、言語または国民的出身を含むいずれかの理由による、いずれかの人または人の集団に対する不法な暴力行為またはその他のあらゆる類似の行動の扇動となる国民的、人種的又は宗教的憎悪のいかなる唱道も、法律によって処罰される犯罪と見なされる」

欧州人権条約10条：
「1. すべての者は、表現の自由についての権利を有する。この権利には、公

の機関による干渉を受けることなく、かつ国境とのかかわりなく、情報および考えを受けおよび伝える自由を含む。この条は、国が放送、テレビまたは映画の企業について許可制をとることを妨げるものではない。
2. これらの自由の行使には義務および責任をともなうので、法律で定める手続、条件、制限または刑罰であって、国の安全、領土保全もしくは公共の安全のため、無秩序もしくは犯罪を防止するため、健康もしくは道徳を保護するため、他の者の信用または権利を保護するため、秘密に受け取った情報の開示を防止するため、または司法機関の権威および公平性を維持するために民主的社会において必要なものを課すことができる」

表現の自由についての権利は、人種差別撤廃条約5条(d)(viii)および児童の権利条約13条でも保障されている。

＊＊＊＊＊

表現の自由の実体はその行使の制限と分かちがたく結びついているので、国際的監視機関の膨大な判例および法的見解に照らし、この2つの問題をあわせて取扱っていく。

3.2 自由権規約19条

19条1項で保障されている「干渉されることなく意見を持つ」権利は、「規約がいかなる例外または制限も認めていない権利である」[94]。人の心のなかで起こっていることを統制するのは不可能なので、これは当然である。

19条2項で保障されている表現の自由についての権利は多面的かつ広範な権利であり、「口頭、手書き若しくは印刷、芸術の形態又は自ら選択する他の方法により、国境とのかかわりなく、あらゆる種類の情報及び考えを求め、受け及び伝える自由」を含む。自由権規約委員会は、この条に関する1983年の一般的意見で、締約国が、定期報告書のなかで、表現の自由は憲法で保障されていると

94 　自由権規約委員会の一般的意見10(19条)、パラ1(*United Nations Compilation of General Comments*, p.119)。

主張するだけでは十分ではないと述べている。「法律および慣行において表現の自由がどのように保障されているか正確に知るために、委員会は、これに加えて、表現の自由の範囲または一定の制限を定めた規則と、現実にこの権利の行使に影響を及ぼしているその他の条件に関する情報も必要とする」[95]

規約19条3項で認められる制限は、「法律によって定められ」、かつ、「他の者の権利もしくは信用の尊重のため」または「国の安全、公の秩序または公衆の健康もしくは道徳の保護のため」に「必要とされるものでなければならない」。**換言すれば、表現の自由の制限は、法律適合性の原則および比例性の原則を遵守し、かつ、19条3項に掲げられた正当な目的のひとつまたは複数を理由として課されるものでなければならない。**委員会はさらに、表現の自由についての権利は「どんな民主的社会においても至高の重要性を有するものであり、その行使に対するいかなる制限も厳密な正当化の判断基準を満たさなければならない」と強調している[96]。

ただし、表現の自由は、「戦争のためのいかなる宣伝も」、「差別、敵意又は暴力の扇動となる国民的、人種的又は宗教的憎悪の唱道」も「法律で禁止される」と定めた規約20条を根拠として制限される場合もある。

さまざまな文脈における19条の適用範囲については、選択議定書にもとづいて行なわれた通報と、締約国の定期報告書の検討との関連で委員会が行なった勧告の実例によってさらに明らかにする。

> 自由権規約19条1項は、干渉されることなく意見を持つ権利を保障している。この権利には、いかなる例外または制限も課すことができない。出発点として、規約19条2項に掲げられた表現の自由についての権利は、口頭、手書きもしくは印刷、芸術の形態または自ら選択する他の方法により、国境とのかかわりなく、あらゆる種類の情報および考えを求め、受けおよび伝える自由を含んでいるという点で、すべてを包含するものだと言うことができる。芸術も19条2項で保護される表現の形態である。表現の自由は、規約19条3項および20条にもとづいてのみ制限することができる。

95　Ibid., p.120, para.3.
96　Communication No. 628/1995, *T. Hoon Park v. the Republic of Korea* (Views adopted on 20 October 1998) in UN doc. *GAOR*, A/54/40 (vol.II), p.91, para.10.3.

3.2.1 裁判所における言語の選択

キャドレおよびル・ビアン対フランス事件で、申立人らは、フランスの裁判所でブルトン語の使用が認められなかったために表現の自由を侵害されたと主張した。委員会は、申立人らが自己の選択する言語を話せなかったことは19条2項上の問題を提起するものではないと判断し、したがってこの苦情は不受理とされた[97]。オーストラリアでは、聾者が裁判所で手話を使用できるかどうかについて同じ認定が行なわれている[98]。ただし、裁判所で使用される言語を理解できない者には無料で通訳の援助を受ける権利があることが想起されなければならない(第7章の3.9参照)。

> 自由権規約19条で保障されている情報の自由には、裁判手続で自己の選択する言語を話す権利は含まれない。

3.2.2 広告

バランタイン、デビッドソンおよびマッキンタイヤ対カナダ事件で、ケベック在住の申立人らは、「たとえば事業所敷地外の看板または映画の標題などの広告目的で英語を使うことを禁じられた」ために、とくに規約19条違反の被害を受けたと申立てた[99]。自由権規約委員会は、商業活動は19条の対象ではないというカナダ政府の意見を共有しなかった。

「〔19条2項は、〕他の者に伝達可能な主観的考えおよび意見であって規約20条と両立するもの、ニュースおよび情報、商業的表現および広告または芸術作品のあらゆる形態を包含するものとして解釈されなければならず、政治的、

---

97 Communications Nos.221/1987 and 323/1988, *Y. Cadoret and H. Le Bihan v. France* (Views adopted on 11 April 1991) in UN doc. *GAOR*, A/46/40, p.224, para.5.2.
98 *Gradidge v. Grace Bros. Pty. Ltd.* (1988), *Federal Law Reports*, vol.92, p.414参照。
99 Communications Nos.359/1989 and 385/1989, *J. Ballantyne and E. Davidson, and G. McIntyre v. Canada* (Views adopted on 31 March 1993), in UN doc. *GAOR*, A/48/40 (vol.II), p.91, para.1.

文化的または芸術的表現の手段に限定されるべきではない。委員会は、屋外広告の形態をとる表現のなかに商業的要素があるからといって、その表現が保護される表現の範囲から除かれる効果は生じ得ないという見解をとるものである。委員会はまた、上述の形態の表現のいずれかが異なる程度の制限に服し、その結果、一部の表現形態が他の表現形態よりも幅広い制限を課され得るという点にも同意しない」[100]

このように19条2項に掲げられた表現の自由についての権利が制限されていたので、委員会は、当該制限が19条3項にもとづいて正当化し得るかどうかを決定しなければならなかった。関連の措置は「確かに法律〔(法案178号1条によって改正されたフランス語憲章58条)〕によって定められていた」ので、当該制限が他の者の権利、すなわち「カナダに存在するフランス語を使用するマイノリティの権利」の尊重を確保するために必要であったかという問題が生じた。委員会は、「カナダでフランス語使用者が置かれた弱い立場を保護するために、英語による商業広告を禁ずる必要はなかった」と考えた。このような保護は、「貿易等の分野に従事する者が自己の選択する言語で表現する自由」を排除しない方法で達成することも可能だからである。法律は、たとえば広告がフランス語と英語の両方で行なわれるよう求めることもできた。委員会は、「国はひとつまたは複数の公用語を選択することができるが、公的活動の分野の外で、自己の選択する言語で表現する自由を排除してはならない」とも付け加えている[101]。したがって19条2項違反があったとされた[102]。

> 自由権規約19条2項で保障されている表現の自由は、政治的、文化的および芸術的表現に限られるものではなく、商業広告など、他の者に伝達可能なあらゆる形態の主観的考えおよび意見も対象とする。公的分野の外では、個人は自己表現したいと望む言語の選択権を有する。ただし公的活動においては、国はひとつまたは複数の公用語を選択することができる。

---

100 Ibid., pp.102-103, para.11.3.
101 Ibid., p.103, para.11.4.
102 Ibid., loc. cit.

3.2.3 名誉毀損および虚偽情報の流布

　自由権規約委員会は、口頭誹毀に関する手続を認めたクロアチア刑法の規定について、一定の状況下では19条3項で認められた範囲を超える制限につながる可能性があるとの見解を明らかにしている。しかし、D・パラガ対クロアチア事件では申立人から具体的情報が提供されず、また申立人に対する告発も取り下げられたことから、委員会は、申立人に対する手続の開始そのものが19条違反に相当するかどうかについて結論に至ることはできなかった。手続が開始されたのは、申立人がクロアチア大統領を「独裁者」と呼んだためであった[103]。

　委員会は、クロアチアの第1回報告書を審査したさいにも、表現の自由についての権利は憲法で保障されているものの、「名誉および信用に対する犯罪を取り扱い、名誉毀損、口頭誹毀、侮辱等の分野を対象とする刑法のさまざまな規定の適用範囲が、とくに公的機関に向けられた弁論および表現との関連で不明確である」と指摘している。そこで委員会は、同国に対し、「この分野における包括的かつ均衡のとれた法律」の策定に向けた作業を行ない、弁論および表現の自由に対する制限を明確かつ厳密に定めるとともに、このような制限が規約19条3項で認められている範囲を超えないようにするよう促した[104]。委員会はまた、ドミニカ共和国に権威不敬罪(*desacato*)が存在することにも留意し、規約19条に反するとの見解を明らかにしている。同国は、当該罪名を廃止するための措置をとるよう求められた[105]。

　委員会は、イラクについて、「政府もしくはその政策に対する反対または批判を表明する権利が深刻に制限されていること」、および、「法律によって、共和国大統領に対する侮辱に対して終身刑が、場合により死刑が科されること」について懸念を表明している。委員会はまた、法律が、「大統領を害する文章のような、定義が曖昧で当局による幅広い解釈が可能な犯罪に対して重い処罰を科している」ことにも留意した。委員会の見解では、「表現の自由に対するこのよ

103　Communication No.727/1996, *D. Paraga v. Croatia* (Views adopted on 4 April 2001), in UN doc. *GAOR*, A/56/40 (vol.II), p.66, para.9.6.
104　UN doc. *GAOR*, A/56/40 (vol.I), p.68, para.17.
105　Ibid., p.58, para.22.

うな制限は、与党であるバース党に反対する考えの議論または政党の運営を実質的に妨げており、規約6条および19条の違反であるとともに、平和的集会および結社の自由についての権利を保護する規約21条および22条の実施を阻害する」ものである。委員会は、表現、平和的集会および結社の自由を制限する刑法および政令を改正し、規約の関連規定が遵守されるようにするべきであるとの見解を示している[106]。

委員会は、国益を害する虚偽の情報を海外で流布することを犯罪とした刑法98条のような、スロバキアにおける表現の自由の多くの側面についても懸念を表明した。委員会の見解では、「このような用語法は、あまりにも広い文言となっていてまったく確定的ではなく、〔19条3項〕で認められた制限を超えて表現の自由を制限するおそれがある」。委員会はまた、「政府に対する批判を表現したことを理由とする名誉毀損訴訟」についても、19条上の問題を提起するものとして懸念を表明している[107]。

> 自由権規約の締約国は、名誉毀損および虚偽情報の流布に関する法律が法的明確性の原則にしたがうことを確保しなければならない。換言すれば、このような法律は、人々が法律に違反しない行動形態をとれるように十分に詳細なものでなければならない。たとえば「権威不敬」や統治機関・与党の批判を一般的に処罰することによって表現の自由を制限する法規定は、規約19条に一致しない。表現の自由を効果的に保護することは、規約21条および22条に定められた平和的集会および結社の自由についての権利を実施するうえでも必要不可欠である。

3.2.4 人道に対する罪の否定および憎悪の唱道

人道に対する罪の否定が認められるかどうかは、いわゆる「ゲソー法」にもとづき、申立人がフランスの裁判所から有罪判決を言い渡されたフォリソン対フラ

---

[106] UN doc. *GAOR*, A/53/40 (vol.I), p.21, para.105.
[107] UN doc. *GAOR*, A/52/40 (vol.I), p.61, para.383.

ンス事件で問題となった。ゲソー法とは、1881年出版の自由法を改正し、「1945年8月8日のロンドン憲章で定められた人道に対する罪に類する罪の存在に異を唱えること」を犯罪としたものである。申立人は、あるインタビューで、「ナチの収容所にはユダヤ人を絶滅させるための殺人ガス室などなかったという個人的確信をあらためて述べていた」[108]。

　19条2項で保障された申立人の表現の自由がこのように制限されたことは、19条3項に照らして検討されなければならなかった。19条3項によれば、いかなる制限も次の3つの条件、すなわち(1)法律によって定められていること、(2)同項に掲げられた正当な目的のいずれかを理由として課されること、(3)これらの目的のひとつまたは複数のために必要であることというすべての条件を満たしていなければならない。委員会はまず、**法律適合性の原則**が尊重されていたことについて認めた。当該制限はゲソー法で定められており、申立人は同法にもとづき、「他の者の権利および信用を侵害した」ことを理由に有罪判決を受けたためである[109]。委員会は次に、当該制限が**正当な目的**、すなわち19条3項(a)にもとづき他の者の権利または信用の尊重を確保するために課されたものであることにも同意した。この点について委員会は、「〔19条3項により、〕その保護のために表現の自由の制限が認められる権利は、他の者の利益またはコミュニティ全体の利益のいずれをも指す場合がある」と指摘している。申立人の発言は、「その文脈全体を考慮に入れて読めば反ユダヤ感情を惹起または強化する性質のものであったので、当該制限は、ユダヤ人コミュニティが反ユダヤ主義の雰囲気の恐怖から自由に生きることの尊重に役立つものであった」[110]。

　しかし最後に決定しなければならないのは、**当該制限がこの正当な目的のために必要であったかどうか**という問題である。「ゲソー法は人種主義および反ユダヤ主義との闘いに奉仕することを目的としていた」という政府の主張、また「ホロコーストの存在を否定することは反ユダヤ主義の主要な手段である」という元司法長官の発言の有効性を損なう主張は行なわれなかったので、委員会は、

---

108 Communication No.550/1993, *R. Faurisson v. France* (Views adopted on 8 November 1996), in UN doc. *GAOR*, A/52/40 (vol.II), p.85, paras.2.3 and 2.5.
109 Ibid., pp.95-96, para.9.5.
110 Ibid., p.96, para.9.6.

フォリソン氏の表現の自由に対する制限は規約19条3項にいう必要なものであったと認定した[111]。

委員会は、教師の表現の自由に関わるロス対カナダ事件でも同様に、19条違反はなかったと認定している。本件で決定されなければならなかった問題は、人権調査委員会によって行なわれ、カナダ最高裁判所も支持した決定によって申立人が1週間の無給休暇を言い渡され、その後教職以外の職に配置転換されたことが、表現の自由についての申立人の権利を自由権規約19条に反して制限するものであったかということである[112]。調査委員会の評価によれば、教育活動の枠外で出版されたさまざまな著書やパンフレットで申立人が行なった発言はユダヤ教徒の信仰および信念を傷つけるものであると思われた[113]。

締約国とは異なり、委員会は、「教職を失うことは、金銭的損害がまったくまたはごくわずかしかなかったとしても重大な被害である」との見解をとり、したがって申立人を教職から排除したことはその表現の自由の制限であって、19条3項にもとづいて正当化されなければならないとした[114]。委員会は次に、当該措置が**法律によって定められ**たものであること、すなわちニューブルンズウィック州人権法とその後の最高裁判所の解釈によって定められたものであることを認めた。当該措置が**正当な目的**を追求するものであったかどうかについては、委員会は、19条3項にいう「他の者の権利または信用〔という文言〕は他の者またはコミュニティ全体のいずれをも指す場合がある」という、フォリソン事件での判示を確認している。委員会は、さらに次のように付け加えた。

「宗教的憎悪から保護されるユダヤ教徒コミュニティの権利を擁護するため、反ユダヤ主義を惹起または強化させるような性質の発言を制限することは認められる場合がある。このような制限に対する支持は、規約20条2項に反映された諸原則からも生ずるものである。委員会は、調査委員会と最高裁判所

---

111 Ibid., p.96, para.9.7.
112 Communication No.736/1997, *M. Ross v. Canada* (Views adopted on 18 October 2000), in UN doc. *GAOR*, A/56/40 (vol.II), pp.72-75, paras.4.1-4.6, and p.83, para.11.1.
113 Ibid., p.73, para.4.2.
114 Ibid., p.83, para.11.1.

のいずれもが、申立人の発言はユダヤ教徒およびその祖先を差別し、かつユダヤ教徒の信仰および信念を傷つけるものであるとともに、真のキリスト教徒に対し、ユダヤ教徒の信念および教義の有効性を問題視するだけではなく、ユダヤ教徒およびその祖先を、自由、民主主義ならびにキリスト教の信念および価値を阻害するものとして侮蔑するよう呼びかけていたと認定したことに留意する。申立人による公的発言の性質および効果に関わるこれらの認定にかんがみ、委員会は、申立人に対して課された制限はユダヤ教徒の『権利および信用』(先入観、偏見および不寛容から自由な公立学校制度で教育を受ける権利も含む)を保護するためのものであったと結論づける」[115]

最後に当該制限の**必要性**の問題について、委員会は次のように述べている。「表現の自由についての権利の行使には特別の義務および責任がともなう。これらの特別な義務および責任は、とりわけ若い生徒の教育との関連で、学校制度においてはとくに意味のあるものである」。このように、学校の教師が影響力を有していることによって、「差別的な見解の表明が学校制度によって正当性を付与されないことを確保するための制限が正当化される」場合がある[116]。委員会は次の点にも留意した。

「最高裁判所の認定によれば、申立人の表現と、当該学区においてユダヤ教徒の子どもが経験した『偏見に満ちた学校環境』との間に因果関係があると考えることは合理的である……。このような文脈においては、申立人を教職から排除することは、先入観、偏見および不寛容から自由な学校制度を享受するユダヤ教徒の子どもの権利および自由を保護するために必要な制限であったと考えられる」[117]

委員会はさらに、「申立人は最低限の無給休暇期間後に教職以外の職に任命され

---

115 Ibid., p.84, paras.11.3-11.5.
116 Ibid., p.84, para.11.6.
117 Ibid., pp.84-85, para.11.6.

たのであり、したがって当該制限はその保護機能を達成するのに必要な限度を超えなかった」ことにも留意している。したがって19条違反はなかったとされた[118]。

> 表現の自由の行使には特別な義務および責任がともなう。人道に対する罪を否定することおよび差別を扇動することは、一定の状況下では、他の者の権利および自由を保護するための、表現の自由の行使に対する制限を正当化する場合がある。自由権規約19条3項(a)にいう「他の者の権利又は信用」という文言は、これとの関係では、他の者またはコミュニティ全体のいずれをも指す場合がある。年少の子どもの公教育が先入観、偏見および不寛容から自由であることを確保することは、締約国にとってとりわけ重要である。

3.2.5 国の安全および公の秩序に対する脅威

以下に引用する諸事件で明らかにされるとおり、表現の自由の行使に対する制限を正当化するために19条3項に掲げられた正当な目的のひとつを援用するだけでは、締約国にとって十分ではない。**締約国は、具体的かつ信頼できる詳細を示すことによって、当該事案においては制限が実際に「法律によって定められ」ており、かつ特定の正当な目的のために必要であったことも示さなければならないのである。**

国の安全の概念は、申立人が大韓民国国家安全保障法7条1項および5項にもとづいて有罪とされたK-T・キム対大韓民国事件の中心的争点となった。ソウル刑事地方裁判所は、申立人に3年の拘禁刑と1年の公民権停止を言い渡したが、その刑は控訴審で2年の拘禁刑に減刑された。申立人の罪状は、政府とその同盟国を批判し、民族再統合を訴える文書を、国民民主運動連盟の他のメンバーとともに作成したことであった[119]。国家安全保障法7条1項および5項は、「反国家団体の活

---

118 Ibid., p.85, para.11.6.
119 Communication No.574/1994, *K-T Kim v. the Republic of Korea* (Views adopted on 3 November 1998), in UN doc. *GAOR*, A/54/40 (vol.II), p.2, paras.2.1-2.2.

動を賞賛または奨励することにより同団体を援助した者は処罰される」こと、「反国家団体の利益となる文書、絵画その他の資料を作成または配布した者は処罰される」ことを定めている[120]。

そこで委員会は、申立人の表現の自由を制限した有罪判決が規約19条3項にもとづいて正当化されるかどうかを判断しなければならなかった。この制限は国家安全保障法という**法律によって定められ**ていたので、決定しなければならないのは、それが19条3項に定められた**正当な目的**のいずれかのために**必要**であったかどうかという点であった。この点について委員会は、「国家安全保障法において当該犯罪を定めた文言が広範でありかつ具体性を欠く」ため「慎重な検討」が必要とされると述べた[121]。

委員会は、申立人が、「締約国が戦争状態にあるDPRK(北朝鮮)の政策声明と軌を一にすると見なされた印刷文書を読み上げかつ配布したことを理由に」有罪判決を受けたことに留意した。最高裁判所は、「当該活動が北朝鮮の利益となると知っていただけで有罪と認定するに十分である」と判示していた。そうであっても、委員会は、「申立人の政治的発言および政治的文書の配布が19条3項で認められた制限、すなわち国の安全の保護のための制限を課すに足る性質のものであったかどうか」を決定しなければならなかった。この点について委員会は次のように述べている。

「北朝鮮の政策が締約国の領域内で広く知られているのは明らかであり、DPRK自身とよく似た見解が出版されることで生じる可能性があるDPRKにとっての(定義されていない)利益が国の安全にどのように危険をもたらすかは明確でなく、そのような危険の性質および程度についても明確ではない。いずれかの段階の裁判所がこれらの問題を扱い、または発言もしくは文書の内容が公の安全(規約の文言上、その保護のための制限は**必要な**ものとして正当化される)を脅かすほどの追加的影響を聴衆または読者に及ぼすかどうかを検討したことは示されていない」[122]

---

120 Ibid., p.2, para.2.3.
121 Ibid., p.9, para.12.3.
122 Ibid., p.10, para.12.4.

締約国は、申立人が表現の自由を行使することでもたらされるという脅威の性質がどのようなものであるかを厳密に示すことも、表現の自由の行使を理由に申立人を訴追することが国の安全のためになぜ必要であったかに関する「具体的正当化事由」を提示することもできなかったので、委員会は、当該制限は規約19条3項と両立しないとの結論に達した。したがって19条違反があったとされた[123]。

　T・フン・パク対大韓民国事件では、申立人は、国家安全保障法7条1項および3項にもとづいて有罪とされたことについて苦情を申立てた。この有罪判決は、1983〜1989年にかけて申立人が米国の「イリノイ大学に留学中、青年韓国人同盟(YKU)の構成員となってその活動に参加したことを理由とする」ものであった。申立人によれば、これは青年韓国人から構成されるアメリカの団体であり、「南北朝鮮の和平および統一の問題」について討論することを目的としていた[124]。裁判所の判決によれば、「有罪の判決および量刑の根拠となったのは、申立人が、米国でいくつかの平和的デモ行進その他の集まりに参加することにより、一定の政治的スローガンないし立場への支持または共感を表明したところにある」と思われた[125]。

　規約19条3項にもとづいてこの事件を検討するにあたり、委員会は次のように強調している。

　「表現の自由についての権利はいかなる民主的社会においても至高の重要性を有するものであり、この権利の行使に対する制限はその正当性に関する厳密な判断基準を満たさなければならない」[126]

　申立人が表現の自由を行使することに対するこのような制限を正当化するため、政府は「国の安全」を保護するために必要であったと主張したが、この点については「国内の一般的状況および『北朝鮮の共産主義者』がもたらす脅威」に

123　Ibid., p.10, para.12.5.
124　Communication No.628/1995, *T. Hoon Park v. the Republic of Korea* (Views adopted on 20 October 1998, in UN doc. *GAOR*, A/54/40 (vol.II), p.86, para.2.2.
125　Ibid., p.87, para.2.4.
126　Ibid., p.91, para.10.3.

言及するに留まった。ここでも委員会は、締約国が「脅威の性質がどのようなものであるかを厳密に示していない」と判断し、同国が提出した主張のいずれも、申立人の表現の自由に対する制限を規約19条3項にもとづいて正当化するには十分でないとの結論に達した。最後に、申立人に対する有罪判決が19条に掲げられた正当な目的のいずれかの保護のために必要であったことを示すものは、司法決定にも、締約国から提出された主張にも存在しなかった。したがって、「表現行為を理由とする」申立人への有罪判決は19条違反と見なされなければならないとされた[127]。

ラプツェビッチ対ベラルーシ事件では、申立人は、ベラルーシ独立記念日に関わるリーフレットを没収された後に制裁を科されたことで、表現および意見の自由についての権利を侵害されたと申立てた。申立人は、行政犯罪法にもとづき、「必要とされる出版データを記載しないリーフレットを配布したこと」を理由に39万ルーブルの罰金を科された。しかし申立人は、当該リーフレットには「自分の出版物に報道法が適用されないことを明確にするまさにそのための」関連データが記載されていたと強く主張した[128]。「当該制裁は国の安全を保護するために必要であった」ことは締約国の主張で「暗に示されていた」ものの、委員会に提出された資料のなかには、「警察の対応または裁判所の認定が、必要とされる出版データが記載されていないこと以外のいずれかの要素を根拠としていた」ことを示すものは何もなかった。したがって、委員会が決定しなければならない唯一の問題は、「報道法で求められた詳細を記載しなかったことを理由に申立人に制裁を科すことが、公の秩序の保護または他の者の権利もしくは信用の尊重のために必要と見なされるかどうか」ということであった[129]。

委員会は、締約国が、「本件申立人の事案に即した検討を行ない、申立人が200部のリーフレットを出版および配布する前に、出版物を行政機関に登録して索引番号および登録番号を入手しなければならない理由を説明しよう」とまったく試みなかったことに留意した。締約国はさらに、「〔19条3項〕に掲げられた

---

127 Ibid., loc. cit.
128 Communication No.780/1997, *V. Laptsevich v. Belarus* (Views adopted on 20 March 2000), in UN doc. *GAOR*, A/55/40 (vol.II), pp.178-180, paras.2 and 4.
129 Ibid, p.181, para.8.4.

正当な目的のいずれかのために当該要件がなぜ必要なのか、および、当該要件の違反に対し、金銭的制裁のみならず申立人がまだ所持していたリーフレットの没収までなぜ必要とされたのかを説明しなかった」[130]。登録要件およびとられた措置を正当化するに足る説明がまったく行なわれなかったことを踏まえ、委員会は、これらの措置が「公の秩序の保護または他の者の権利もしくは信用の尊重のために」必要であったと見なすことはできないとの結論に達した。したがって規約19条2項違反があったとされた[131]。

> 自由権規約委員会によれば、表現の自由についての権利はいかなる民主的社会においても至高の重要性を有するものであり、この権利の行使に対する制限はその正当性に関する厳密な判断基準を満たさなければならない。したがって、表現の自由の行使に対する制限を正当化するために自由権規約19条3項に掲げられた正当な目的のひとつまたは複数を援用するさい、締約国は、その主張を裏づけるに足る、十分に具体的かつ信頼できる詳細を示さなければならない。国の安全や公の秩序といった概念に一般的に言及するだけでは不十分であり、自由権規約委員会はこれを表現の自由の行使に対する制限の正当化事由としては受け入れない。

3.2.6 報道の自由

R・ゴティエ対カナダ事件は、カナダの『ナショナル・キャピタル・ニュース』紙の発行人が議会記者クラブに加盟申請をしたところ、限られた特権しか認められない一時パスしか与えられなかったという事件である。申立人は、これは規約19条違反であると考えた[132]。締約国は実際、「公的資金を拠出された議会メディア施設を享受する権利(議会傍聴中にメモをとる権利を含む)を、民間団体であるカナダ議会記者クラブに加盟するメディアの代表に限って認めていた」。申立人

---

130 Ibid., pp.181-182, para.8.
131 Ibid., p.182, para.8.
132 132 Communication No.633/1995, *R. Gauthier v. Canada* (Views adopted on 7 April 1999), in UN doc, *GAOR*, A/54/40 (vol.II), pp.93-94, paras.1-2.2.

は記者クラブの正会員になることを認められず、一時会員の資格を随時与えられるのみであったため、同団体の全施設ではなく一部の施設しか利用できなかった。一時会員の資格がないときにはメディア施設の利用を認められず、議会の会議中にメモをとることもできなかった[133]。そこで委員会は、申立人が議会報道施設の利用を制限されたことが規約19条にもとづく「情報……を求め、受け及び伝える」権利の侵害にあたるかどうかを判断しなければならなかった。これとの関係で、委員会はまず次のように述べている。

> 「〔委員会は、〕規約25条に掲げられた政治に参与する権利、およびとくに一般的意見25(57)を参照する。後者はある箇所で次のように述べている。『25条で保護された権利の全面的享受を確保するためには、公的問題および政治的問題に関する情報および考えが、市民、候補者および選出された代表との間で自由に伝達されることが不可欠である。このことは、自由な報道媒体その他のメディアが、検閲または制約を受けることなく公的問題についてコメントし、かつ世論に影響を与えられなければならないということを意味する』。……このことを19条とあわせて理解した場合には、市民が、とくにメディアを通じて、議会および議員の活動に関する情報に広くアクセスでき、かつ当該活動についての情報および意見を流布する機会を持てなければならないということになる。ただし委員会は、そのようなアクセスが議会の職務遂行への干渉またはその妨げとなってはならず、したがって締約国にはアクセスを制限する権利があることを認めるものである。しかし、締約国が課すいかなる制限も、規約の規定と両立するものでなければならない」[134]

委員会は次に、申立人が排除されたことが情報にアクセスする権利(19条2項)の制限にあたることを認め、同時に、「技術の進歩により公衆は議会の会議についての情報を容易に入手できるようになっているため、申立人は重大な不利益をこうむったわけではない」という締約国の主張を却下した[135]。

133　Ibid., p.104, para.13.5.
134　Ibid., p.104, paras.13.3-13.4. 脚注省略。

委員会は、当該制限が議会特権法によるものであることから、「議論の余地はあるものの、法律によって課された」ものであることを認めるとともに、「議会手続の保護は公の秩序という正当な目的と見なし得る」こと、「したがって認証制度もこの目的を達成する正当な手段となり得る」ことについても同意した。他方で委員会は、これは「国の専権事項である」という政府の主張には同意せず、この問題について次のような「見解」を採択している。

　「認証制度に関わる基準は具体的、公正かつ合理的なものであるべきであり、その適用は透明なものであるべきである。本件においては、締約国は、民間団体が議会報道施設へのアクセスを管理することを、何ら介入することなく認めている。当該制度においては、議会報道施設へのアクセスについて恣意的排除が行なわれないことが確保されない。このような状況下においては、委員会は、当該認証制度が、議会の効果的運営および議員の安全を確保することを目的とした、19条3項にいう必要かつ比例的な権利制限であることは示されなかったとの見解をとるものである。したがって、カナダ記者クラブ連盟の会員ではないことを理由として申立人に議会報道施設へアクセスさせなかったことは、規約19条2項違反にあたる」[136]。

*****

　委員会は、ガボンについて、「国家通信評議会に与えられた番組監視権限および報道機関に処罰を科す権限が報道の自由の行使の障壁となっていること」に「遺憾の意とともに」留意している。委員会は「ジャーナリストに対するいやがらせ」も憂慮し、同国に対し、「検閲および報道機関の処罰を廃止し、かつジャーナリストの安全な職務遂行を確保することによって、法律を19条と一致させる」よう求めた[137]。委員会はまた、ペルーで「表現の自由を損なうことを目的とした、ジャーナリストに対する組織的ないやがらせおよび死の脅迫の苦情件数が増えて

135　Ibid., pp.104-105, para.13.5.
136　Ibid., p.104, para.13.5 at p.105 and p.105, para.13.6.
137　UN doc. *GAOR*, A/56/40 (vol.I), p.44, para.19.

いること」についても懸念を表明し、同国に対し、「表現の自由に対する直接間接の制限に終止符を打ち、申立てられたすべての苦情を調査し、かつ責任者を裁判にかけるために必要な措置をとる」よう要請している[138]。また、「政府に批判的な者から通信メディアの統制権を奪うためにペルーが用いている手法(そのうちひとりの国籍を剥奪したことも含む)」についても憂慮し、同国に対し、「表現の自由に影響を及ぼすこのような状況を解消し、……かつ関係者が効果的な救済措置を利用できるようにする」よう要請した[139]。

　委員会は、朝鮮民主主義人民共和国(DPRK)の報道法のさまざまな規定およびそれが頻繁に援用されていることについて、規約19条の規定との両立は困難であるとして懸念を表明している。委員会がとくに懸念したのは、「『国家安全保障に対する脅威』という概念が表現の自由を制限するような方法で利用されていること」、同国に常駐する海外メディアの代表が3か国のジャーナリストに限定されていること、外国の新聞および出版物を「公衆一般が容易に入手できない」ことである。最後に委員会は、「DPRKのジャーナリストは自由に海外渡航できない」とも述べている。したがって、同国は「一部の出版物が禁じられた理由を明らかにすべきであり、かつ、公衆が外国の新聞を入手しにくくなるような措置を控える」べきであるとされた。同国はさらに、「DPRKのジャーナリストの海外渡航制限を緩和するとともに、19条に反して表現の自由を抑圧する『国家安全保障に対する脅威』の概念をいっさい用いないよう」要請されている[140]。

　委員会は、ベラルーシで「表現の自由についての権利が無数にかつ深刻な形で侵害されていることについての深い懸念」を強調した。「とりわけ、ほとんどの出版・流通・放送設備が国有であり、かつ国が支援する新聞の編集長が国の被用者であることにより、メディアは強力な政治的圧力にさらされ、かつその独立が損なわれている」。メディアに課されている多くの制限、とくに定義が曖昧な犯罪規定は19条3項と両立しない。委員会はさらに、「地元および海外のジャーナリストに対して当局がいやがらせや脅迫を行なっているという報告があること、お

138　Ibid., pp.47-48, para.16.
139　Ibid., p.48, para.17.
140　Ibid., p.103, para.23.

および、政治的に政府に反対している者が公共放送施設の利用を否定されていること」についても懸念を表明した。委員会は同国に対し、「19条にもとづく締約国の義務と両立しない、表現の自由に対するこれらの制限を優先課題として取り除くため、立法上および行政上のあらゆる必要な措置をとる」よう促している[141]。

委員会は、ジンバブエのマスメディア「およびその他の多くの形態の表現(芸術表現を含む)が検閲の対象とされており、かつ、かなりの部分、政府によって統制されている」ことに懸念を表明し、関連の法律を「規約19条3項と厳密に一致させる」よう勧告した[142]。最後に、委員会はスロバキア政府が「国有テレビの管理に」介入していることについて、「19条違反となるおそれがある」として懸念を表明している[143]。

> 自由権規約19条で保障されている表現の自由(報道の自由を含む)についての権利は、政治に参与する権利に関わる25条など、規約の他の規定にも照らして解釈されなければならない。この権利を効果的に行使するためには、市民の間で政治的・公的問題に関する情報および考えが自由に流通していることが前提とされる。これには、自由な報道媒体その他のメディアが、検閲または制約を受けることなく公的問題についてコメントできることも含まれる。規約19条2項にしたがって情報にアクセスする権利をジャーナリストが有しているということは、とくに、認証制度のための基準は具体的、公正かつ合理的なものでなければならず、かつ、たとえば議会討議へのアクセスから恣意的に排除されることがあってはならないことを意味する。報道の自由についての権利が認められているということは、ジャーナリストに対するいやがらせは規約19条で厳格に禁じられているということである。報道の自由の前提として、ジャーナリストはその職務を安全に遂行でき、かつ自由に渡航できなければならない。検閲および報道機関に対する処罰は、報道の自由の効果

---

141 UN doc. *GAOR*, A/53/40 (vol.I), pp.28-29, para.153.
142 Ibid., p.37, para.224.
143 UN doc. *GAOR*, A/52/40 (vol.I), p.61, para.383.

> 行使にとっての障壁である。19条3項は、政府批判を抑えるために、曖昧に定義された犯罪規定を用いてマスメディアに制限を課すことを認めていない。

3.2.7 人権擁護者

　表現の自由についての権利は、人権擁護者にとって本質的な重要性を有する。人権擁護者が口頭および手書き・印刷で自由に表現することを認められなければ、効果的な人権保護という概念そのものが画に描いた餅になってしまうためである。シリア・アラブ共和国の第2回定期報告書を検討したさい、委員会は、「人権擁護者および人権のために声をあげるジャーナリストの活動が厳しく制限されたままであること」を依然として懸念すると述べた。委員会は、ある者が「当局に批判的な意見を非暴力的な形で表現したことを理由に」10年の収監刑を言い渡されたという具体的事件を取り上げ、「このような制限は〔19条で保障された〕表現および意見の自由と両立しない」との見解を明らかにしている。したがって、同国は、「人権擁護者およびジャーナリストをその活動に対するいかなる制限からも保護するとともに、ジャーナリストが、政府の政策を批判したことを理由に裁判所への出頭を求められ、かつ起訴されるというおそれを抱かずに職務を遂行できることを確保する」べきであるとされた[144]。

　これとの関連で注目に値するのは、1998年12月9日の国連総会決議53/144で採択された「普遍的に承認された人権および基本的自由を促進および保護する個人、グループおよび社会機関の権利および責任に関する国連宣言」において、人権擁護者を保護し、かつすべての者に次のような権利を保障することがとくに目的とされていることである。すべての者に保障されるべき権利としては、とりわけ、(1)「非政府組織または政府間機関と連絡する」権利、(2)「すべての人権および基本的自由についての情報を知り、求め、入手し、受け、かつ保持する」権利、(3)「国際人権文書およびその他の適用可能な国際文書で定められ

---

144 UN doc. *GAOR* A/56/40 (vol.I), p.75, para.23.

ているとおり、すべての人権および基本的自由についての見解、情報および知識を自由に公にし、他の者に伝えかつ普及する」権利がある(5条・6条)。

> 表現の自由についての権利は、人権・基本的自由を擁護するすべての者に対し、たとえその活動が政府の政策の批判を意味する場合でも効果的に保障されなければならない。人権擁護者による表現の自由の行使は、適用可能な国際条約に掲げられたもの以外の事由に制限されてはならない。

3.3 アフリカ人権憲章9条

アフリカ人権憲章9条は、「情報を受け取る権利」および「法律の範囲内において自己の意見を表明しおよび広める権利」をすべての個人に保障している。注意しなければならないのは、「法律の範囲内において」という文言に、正当な目的の列挙または必要性の概念のようなその他の基準による条件がいっさい課されていないことである。

3.3.1 報道の自由

「メディアの権利アジェンダ」対ナイジェリア事件は、ナイジェリアの独立日刊紙の編集者であるマルール氏が裁判にかけられ、有罪判決を受けたことに関わる事件である。マルール氏は、特別軍事裁判所によって反逆隠蔽罪で有罪とされ、終身刑を言渡された。アフリカ人権委員会では、マルール氏はある人々を巻き込んだクーデターと称される計画について自分の新聞で公にしたニュース記事のみを理由として処罰されたのであるから、憲章9条違反であると主張された。他方で政府は、マルール氏はクーデターへの関与で告発された他の多くの人々(ジャーナリストを含む)とともに裁判を受けたのであるから、これはジャーナリストが被害を受けた事件にはあたらないと主張した[145]。しかし委員会は、マルール氏の逮捕、裁判および有罪判決は同氏の記事のみを理由としているとの見解をとり、9条違反があったとの結論に達している[146]。

報道の自由は「憲法権利プロジェクト」および「市民的自由団」対ナイジェリ

ア事件でも争点となった。これは、とくに、ジャーナリスト等が選挙の無効宣言に抗議したことを受けて数千部の雑誌が押収されたことに関わる事件である。1993年6月の軍令で、『ザ・ニュース』誌が廃刊とされた。廃刊前、同誌は治安部隊要員によって押収され、編集者の一部は警察に指名手配された。週刊ニュース誌『テンポ』も同様に数千部が没収されたとされる。政府は、選挙の無効宣言後に同国が「混乱」状態に陥ったことに触れて、これらの措置は正当であったとした[147]。委員会はこれに同意せず、国は憲法上の規定を踏みにじって権利を制限したり、憲法および国際人権基準で保障されている基本的権利を侵害したりしてはならないという一般的原則を想起した。委員会の見解によれば、政府は「権利の制限を行なわないようにするとともに、憲法または国際人権法で保障された権利については特別の配慮を行なうべきである。いかなる状況も、無差別な人権侵害を正当化するものではない。それどころか、権利を一般的に制限することは法の支配に対する公衆の信頼を失墜させ、しばしば逆効果となる」[148]。ナイジェリアでは伝統的な名誉毀損訴訟規定が整備されており、国内法違反に対応することは可能であることを踏まえ、委員会は、特定の出版物を政府が発行禁止にすることはとくに懸念されるとの結論に至った。「ある個人または法人にとくに適用するために作られた法律は、差別が行なわれ、かつ〔憲章〕2条で保障された法律の前における平等な取扱いが存在しなくなる急迫の危険を生ぜしめる」。したがって、『ザ・ニュース』誌の発禁処分ならびに『テンポ』誌と『ザ・ニュース』誌計5000部の押収は憲章9条違反であるとされた[149]。

しかし委員会は、「登録料の支払および罰金または損害賠償に備えた事前登録預託金の支払そのものは、表現の自由についての権利に反するものではない」としている。「ただし、登録料の額は登録実費の確保のために必要なもの以上で

---

145 *ACHPR, Media Rights Agenda (on behalf of Mr. N. Malaolu) v. Nigeria, No.224/98, decision adopted during the 28th session, 23 October - 6 November 2000*, paras.67-68. 参照した決定文はhttp://www1.umn.edu/humanrts/africa/comcases/224-98.htmlに掲載されたもの。
146 Ibid., para.69.
147 *AHCPR, Constitutional Rights Project and Civil Liberties Organisation v. Nigeria, Communication No.102/93, decision adopted on 31 October 1998*, paras.6, 7 and 57. 参照した決定文はhttp://www1.umn.edu/humanrts/africa/comcases/102-93.htmlに掲載されたもの。
148 Ibid., paras.57-58.
149 Ibid., para.59.

あってはならず、また事前登録料は、新聞の所有者、印刷人または発行人からの罰金または損害賠償を確保するために必要な額を超えるべきではない。過度に高額な料金は、基本的にはニュース媒体の発行に対する制限である」。他方、委員会が審査した事件では、登録料は高額ではあるものの「重大な制限」となるほど「明確に過度であるとは言えない」とされた[150]。

しかし委員会がより懸念したのは、「登録委員会に全面的裁量があり、かつその決定が最終とされていることによって、政府に対し、政府が選んだいかなる新聞・雑誌の発行も禁ずる権限が実質的に与えられている」ことであった。「これは検閲につながり、〔憲章9条1項で保護された、〕情報を受け取る公衆の権利を脅かす」。したがって9条違反が認定されている[151]。

同じ事件における新聞の発禁処分については、委員会は、アフリカ憲章9条2項にしたがい、「すべての個人は、法律の範囲内において自己の意見を……広める権利を有する」ことを想起した。委員会の見解によれば、「このことは、自己の意見を表明しおよび広める権利を国内法で無視してよいということを意味しない。そうなれば、自己の意見を表明する権利が効果的に保護されないことになろう」。また、「国際人権基準は常に、矛盾する国内法よりも優位とされなければならない。憲章上の権利に対するいかなる制限も、憲章の規定にしたがうものでなければならない」[152]。さらに、憲章には逸脱条項が含まれていないので、「憲章に掲げられた権利および自由に対する制限を、緊急事態または特別な事情によって正当化することはできない」[153]。

実際、「アフリカ憲章上の権利および自由を制限することのできる唯一の正当な理由は、27条2項に掲げられたもののみである」。その規定によれば、「各個人の権利および義務は、他の者の権利、集団の安全、道徳および共通の利益を正当に尊重して行使され」なければならない。「加え得る制限の理由は正当な国益に

---

150 *ACHPR, Media Rights Agenda and Others v. Nigeria, Communications Nos.105/93, 128/94, 130/94 and 152/96, decision adopted on 31 October 1998*, paras.55-56. 参照した決定文はhttp://www1.umn.edu/humanrts/africa/comcases/に掲載されたもの。登録料は10万ナイラ、新聞等に対する罰金または損害賠償のための預託金は25万ナイラだった(para.6)。

151 Ibid., para.57.

152 Ibid., paras.63 and 66.

153 Ibid., para.67.

もとづくものでなければならないし、権利の制限の弊害は、達成されるべき利益と厳格に比例し、かつ当該利益のために絶対的に必要なものでなければならない」。とりわけ、「制限によって権利そのものが画に描いた餅になるという結果がもたらされることは、けっしてあってはならない」[154]。

本件では、『ザ・ニュース』紙の発禁処分は27条2項に掲げられた事由にもとづき正当化できるという証拠が政府から提出されなかったことを考慮し、またナイジェリアでは名誉毀損法が利用できることも踏まえ、特定の出版物の発禁処分は「比例性を欠き、かつ不必要」であって憲章9条2項に違反するとされた[155]。

3.3.2 意見を表明する自由

野党や労働組合に所属していることのみを理由として人が拘禁された事件で、アフリカ委員会は、表現の自由についての権利に対するこのような「一括的制限」は憲章9条違反であると認定してきた。これとの関係で、委員会は、人権の制限が必要であるとしても、それは「できるかぎり最低限であるべき」であり、かつ「国際法で保障された基本的権利を損なう」べきではないという原則を想起している[156]。同様に、ケニアのある学生連盟の指導者とされた人物がその見解を理由として逮捕され、数か月に渡って拘禁された後、最終的には出国を余儀なくされた場合にも、委員会はこの取扱いが憲章9条違反にあたるとした。ある人物の見解が国内法に反するとすれば、影響を受けた個人または政府はむしろ裁判所に救済を求めるべきだというのである[157]。最後に、作家のケン・サローウィワ・ジュニアおよび市民的自由団を代表して提起された事件で、委員会は、憲章9条・11条で保障された表現、結社および集会の自由が密接に関係して

---

154 Ibid., paras.68-70.
155 Ibid., para.71. 通報102/92号（脚注155以下参照）でも同じ新聞の発禁処分について部分的に扱われているが、2つの通報がどのように関連しているのかは不明確である。
156 *Amnesty International and Others v. Sudan, Communications Nos.48/90, 50/91, 52/91 and 89/93, decision adopted on unknown date,* paras.77-80. 参照した決定文はhttp://www1.umn.edu/humanrts/africa/comcases/に掲載されたもの。
157 *John D. Ouko v. Kenya, Communication No.232/99, decision adopted during the 28th Ordinary session, 23 October - 6 November 2000,* paras.27-28. 参照した決定文はhttp://www1.umn.edu/humanrts/africa/comcases/232-99.htmlに掲載されたもの。

いることを強調し、政府が10条1項および11条に違反するときは9条2項の違反にもなると認定している。この事件では、被害者らが裁判にかけられ、けっきょく死刑を言渡された理由は自分たちの意見を平和的に表現したためであると主張された。選挙運動中、被害者らは確かに「オゴニ民族生存運動」という団体を通じ、石油が産出される地域に住んでいる同民族の権利についての情報と意見を広めていた。委員会は、この主張に対する反証が政府から提出されなかったことに留意している[158]。

3.3.3 人権擁護者

「ヒューリ・ローズ」対ナイジェリア事件は、ナイジェリアのある人権団体のメンバーがいやがらせや迫害を受けたことに関わる事件である。申立人によれば、市民的自由団は人権団体であり、その職員は、人権啓発プログラムの実施を通じて人権尊重確保のためにともに働いていた。委員会は、「この点に関わる同団体の活動能力を損なおうとしてその職員を迫害し、かつその事務所を摘発したこと」は、憲章9条・10条で保障された表現の自由についての権利および結社の自由についての権利の両方を侵害するものであると認定した[159]。

> アフリカ人権憲章9条で保障された表現の自由についての権利は報道の自由も保護するものである。ただし、新聞の登録料として合理的な額の支払を求めることは、過度な額でなければ9条に違反しない。他方で新聞の登録は、憲章9条1項で保障された、情報を受け取る公衆の権利を脅かすような形で利用されてはならない。権利行使に対する制限が憲章27条2項にもとづき正当化し得ることを証明するのは政府の責任である。国際人権基準は国内法に優位するので、表現の自由についての権利

---

[158] *International Pen and Others (on behalf of Ken Saro-Wiwa Jr and Civil Liberties Organisation) v. Nigeria, Communications Nos.137/94, 139/94, 154/96 and 161/97, decision adopted on 31 October 1998*, para.110. 参照した決定文はhttp://www1.umn.edu/humanrts/africa/comcases/に掲載されたもの。

[159] *Huri-Laws (on behalf of Civil Liberties Organisation) v. Nigeria, Communication No.225/98, decision adopted during the 28th Ordinary session, 23 October - 6 November 2000*, para.47. 参照した決定文はhttp://www1.umn.edu/humanrts/africa/comcases/225-98.htmlに掲載されたもの。

> および自己の意見を広める権利を国内法で無効とすることはできない。アフリカ憲章上、権利行使の制限によって権利の実質が奪われることはあってはならず、またこのような制限は憲章27条2項に掲げられた正当な理由のためにのみ課すことができる。制限はまた、それによって確保しようとする利益に厳密に比例するものでなければならない。自己の意見を表明する自由には、逮捕・訴追・いやがらせにおびえることなく、公の場で平和的に意見を表明する権利が含まれる。アフリカ憲章上、人権擁護者には、人民の権利および自由についての理解を高めるために活動するなかで表現の自由を享受する権利がある。

3.4 米州人権条約13条

　米州人権条約13条1項における表現の自由についての権利の定義は、「思想……の自由」への言及も見られるものの、自由権規約19条2項のそれと非常によく似ている。したがって、この権利には、「口頭、手書き、印刷、芸術の形態または自ら選択する他のいずれかの方法により、国境とのかかわりなく、あらゆる種類の情報および考えを求め、受けおよび伝える自由」が含まれる。

　米州人権条約13条2項の制限条項は、13条1項に定められた権利の行使について、「事前の検閲の対象にされることはないが、次のこと〔(a)「他の者の権利または信用の尊重」または(b)「国の安全、公の秩序または公衆の健康若しくは道徳の保護」〕を確保するために必要な限度で法律が明示的に定める事後の責任負担の対象とされる」と明示的に述べている点で、とりわけ重要である。このように、表現の自由の行使に対する制限の正当化事由は自由権規約19条3項におけるそれと変わらない。事前の検閲の禁止に対する例外は、「公共の娯楽は、子ども時代および思春期の道徳的保護のために当該娯楽へのアクセスを規制することを唯一の目的として、法律によって事前の検閲の対象とすることができる」かぎりにおいて、13条4項で認められている。

　米州人権裁判所によれば、13条4項に定められた例外を除き、「**事前の検閲は、……たとえ当該事前検閲の目的が表現の自由の濫用を防止することにあると主張される場合でも、……13条に列挙された諸権利の全面的享受と常に両立しない**」。

したがって、「この分野では、いかなる防止措置も不可避的に条約で保障された自由の侵害となる」[160]。関連する事件としては、チリの裁判所が映画『最後の誘惑』の上映を禁じたことに関するオルメド・ブストスほか対チリ事件がある。米州人権裁判所は、本件における事前検閲は、米州人権条約13条に定められた思想・表現の自由についての権利を侵害すると認定した[161]。

このように、表現の自由についての権利の濫用は「当該濫用の責を負う者に対し事後的に制裁を課すことによって」のみ統制できるが、このような責任負担を課すことが有効と認められるためには、米州人権裁判所によれば次のすべての要件が満たされなければならない。

◎ 「あらかじめ定められた責任負担事由が存在すること」
◎ 「これらの事由が法律によって明示的かつ厳密に定義されていること」
◎ 「達成しようとする目的が正当であること」
◎ 「これらの責任負担事由が前述の目的を『確保するために必要な』ものであると証明されていること」[162]

13条3項はさらに、表現の自由について、「新聞の印刷〔その他の種々のマスメディア〕に対する政府のもしくは私的な統制のような間接的な手法または手段」であって「考えおよび意見の伝達または流通を妨げる傾向のある」ものによる制限を課すことをとくに違法化している。このようにこの規定は、政府による間接的な制限のみならず、同じ結果をもたらすマスメディアの「私的な統制」も禁じている。すなわち、「考えおよび意見の伝達または流通を妨げる」傾向のある間接的性質の制限を国自体が課したときに条約違反になるというだけではなく、「国は、〔13条3項にいう〕『私的統制』から違反が生じないことを確保する義務も

---

160 I-A Court HR, *Compulsory Membership in an Association Prescribed by Law for the Practice of Journalism (arts.13 and 29 American Convention on Human Rights), Advisory Opinion OC-5/85 of November 13, 1985, Series A, No.5,* pp.103-104, para.38. 強調引用者。
161 I-A Court HR, *The Case of Olmedo Bustos et Al. v. Chile, judgment of 5 February 2001, Series C, No.73,* paras.71-73.
162 I-A Court HR, *Compulsory Membership in an Association Prescribed by Law for the Practice of Journalism (arts.13 and 29 American Convention on Human Rights), Advisory Opinion OC-5/85 of November 13, 1985, Series A, No.5,* p.104, para.39.

負う」ということである[163]。

米州人権条約13条5項は、戦争のための宣伝および憎悪の唱道は「法律によって処罰される犯罪と見なされる」として、自由権規約20条と同様の制限を認めている。

＊＊＊＊＊

最後に、米州人権条約の突出した特徴は14条で回答権が保障されていることである。14条1項は次のように定める。

「法的に規制された伝達手段によって公衆一般に流布された不正確なまたは侮辱的な言明もしくは考えによって損害を受けたすべての者は、法律が定める条件にしたがって、同じ伝達手段を用いて回答または訂正を行なう権利を有する」

さらに、「訂正または回答は、いかなる場合においても、生じた可能性のある他の法的責任を解除するものではない」(14条2項)。最後に、「名誉および信用を効果的に保護するために、すべての出版社ならびにすべての新聞社、映画会社、ラジオ会社およびテレビ会社は、免責または特別の特権によって保護されない責任者を置く」必要がある(14条3項)。条約1条・2条との関係における14条の解釈については、「回答権または訂正権の執行可能性」に関する米州人権裁判所の勧告的意見[164]を参照。

> 米州人権条約13条にもとづく表現の自由の行使は、事前の検閲の対象とされてはならない。表現の自由の濫用的行使は、濫用の責を負う者に対して事後的に制裁を課すことによってのみ、合法的に統制できる。ただし、このような事後的責任負担を課すためには次の要件が満たされなければならない。

163　Ibid., pp.110-111, para.48.
164　I-A Court HR, Enforceability of the Right to Reply or Correction (arts.14(1), 1(1) and 2 American Convention on Human Rights), Advisory Opinion OC-7/86 of August 29, 1986, Series A, No.7. 本文は裁判所のウェブサイト参照 (www.corteidh.or.cr/seriecing/A_7_ING.html)。

> - あらかじめ定められた責任負担事由が存在すること
> - これらの事由が法律によって明示的かつ厳密に定義されていること
> - 達成しようとする目的が正当であること
> - これらの責任負担事由が前述の目的を『確保するために必要な』ものであると証明されていること
>
> 米州人権条約14条は、公衆に流布された不正確なまたは侮辱的な言明もしくは制限によって損害を受けたすべての者に回答権を保障している。

3.4.1 表現の自由の個人的および集団的側面(マスメディアの役割を含む)

　米州人権裁判所は、「ジャーナリズム従事者の法定団体強制加入」に関する勧告的意見(以下「強制加入」事件)を踏まえ、イフシャー・ブロンシュタイン対ペルー事件で、米州人権条約13条で保護される者は「自分自身の思想を表明する権利および自由のみならず、あらゆる種類の情報および考えを求め、受けおよび伝える権利および自由も有している」ことを確認するとともに、「したがって、表現の自由には**個人的**および**集団的側面**の両方がある」とした。これにより、次のことが導き出せる。

> 「一方では、何人も自己の思想を表明することを恣意的に害されまたは妨げられてはならない〔ことが求められ〕、したがって表現の自由は個人の権利である。しかし表現の自由は、他方で、いかなる情報も受け取り、かつ表明された他の者の思想を知る集団的権利も含意している」[165]

　13条に掲げられた権利の第1の側面、すなわち**個人的権利**については、米州人権裁判所は次のように述べる。

---

[165] I-A Court HR, Ivcher Bronstein Case v. Peru, judgment of February 6, 2001, Series C, No.74, para.146. 参照した判決文は裁判所のウェブサイト(www.corteidh.or.cr/seriecing/C_74_ENG.html)参照(強調引用者)。「強制加入」事件については3.4.5でもあらためて取り上げる。

「表現の自由は、話す権利および書く権利を理論的に認知したことに尽きるものではなく、思想を流布するためにいかなる適当な手段をも用い、かつその思想が最大限の人数の人々に届くようにする権利と切り離すことができない。この点、思想および情報を表現・流布する権利は不可分であり、流布する可能性を制限することは直接に、かつ同程度に、自由な表現についての権利を制限することになる」[166]

13条に掲げられた権利の第2の要素、すなわち**社会的要素**については、米州人権裁判所は次のように述べる。

「表現の自由は、人々の間で考えおよび情報を交換するための手段である。これは自己の立場を他の者に伝える権利およびそう試みる権利を含むが、意見、報告およびニュースを知るすべての者の権利も含意する。通常の市民にとって、他の意見および他の者が持っている情報について知る権利は自分自身の意見・情報を伝える権利と同様に重要である」[167]

米州人権裁判所の見解によれば、この2つの側面は「同様に重要であり、条約13条にいう表現の自由についての権利を全面的に実施するためには同時に保障されるべきものである」。この権利の重要性は、「メディアが表現の自由の真の手段であって、それを制限する手段ではない場合に民主的社会で果たしている役割」を検討すればさらに裏づけられる。

「したがって、メディアが最大限に多様な情報および意見を集められることはきわめて重要である」[168]

さらに、「メディアで働くジャーナリストが、その職務を包括的に行使するた

---

166 Ibid., para.147.
167 Ibid., para.148.
168 Ibid., para.149.

めに必要な保護および独立を享受することは必要不可欠である。社会に情報を提供し続けるのはジャーナリストだからであり、これは社会が全面的自由を享受できるようにするために欠かせない要件にほかならない」[169]。

米州人権裁判所はさらに、「強制加入」事件の勧告的意見で、表現の自由の個人的および集団的側面が同時に保障されなければならないということは次のことを意味すると述べている。すなわち、一方では、「検閲者の目から見て真実ではないと見なされる情報を根絶するためと称して事前検閲制を敷くために、誠実な情報を得る社会の権利に依拠することは正当ではない」。他方で、「いずれかの立場のみを表明することによる世論形成を目的として通信メディアの私的または公的独占を確立することは、情報および考えを伝える権利の援用によって正当化することはできない」[170]。

すなわち、「表現の自由の行使を現実のものとするのはマスメディアであるから、……それを利用する条件はこの自由の要件に一致しなければならない。ということは、とくに、多様な伝達手段が存在しなければならず、伝達手段の独占はその形態を問わずあらゆる場合に禁じられなければならず、かつ、ジャーナリストの自由および独立の保護が保障されなければならない」[171]。

> 米州人権条約13条の表現の自由についての権利には、自分自身の思想を表明する権利のみならず、あらゆる種類の情報および考えを、適当と認めるあらゆる手段によって求め、受けかつ流布する権利が含まれる。このことは、表現の自由には**個人的**および**社会的側面**の両方があり、それが同時に保障されなければならないことを意味する。一方では、何人も自分自身の思想の表明を恣意的に妨げられてはならない。他方で、他の者から情報を受け、かつ他の者が表明した思想および意見を受ける集団権利も存在する。表現の自由の個人的・社会的側面に相互関係があ

---

169 Ibid., para.150.
170 *I-A Court HR, Compulsory Membership in an Association Prescribed by Law for the Practice of Journalism (arts.13 and 29 American Convention on Human Rights), Advisory Opinion OC-5/85 of November 13, 1985, Series A, No.5*, pp.101-102, para.33.
171 Ibid., p.102, para.34.

> るということは、さらに、情報を流布する可能性の制限は表現の自由も同程度に制限することになるということでもある。民主的社会においてはメディアは表現の自由の真の手段であり、社会が自由であるためには、ジャーナリストがその職業的責任を独立に、かつ安全な条件下で行使できなければならない。情報を伝える権利を援用して、事前の検閲およびメディア内の独占の確立を正当化することはできない。

3.4.2 表現の自由と民主的社会における公の秩序の概念

　米州人権裁判所によれば、前項で裁判所が述べた判示からの論理的帰結は次のとおりになる。

> 「民主的社会における公の秩序の概念は、ニュース、考えおよび意見が可能なかぎり幅広く流通することと、社会全体が情報に最大限にアクセスできることを要求する。表現の自由は民主的社会の公の秩序を構成する第一義的および基礎的な要素であり、自由な討論と、反対意見に全面的に耳が傾けられる可能性がなければ構想できない」[172]

　この見解を裏づけるものとして、米州人権裁判所は欧州人権裁判所の判例を参照している。その判例によれば、表現の自由は民主的社会の「必要不可欠な柱のひとつ」であり、「民主的社会の進展および各個人の人格的発達にとっての基本的条件」である。米州人権裁判所が留意しているように、欧州人権裁判所は、「この自由は、好意的に受け取られる、または害がないもしくは中立と見なされる情報および考えの流布との関連だけではなく、人を害し、歓迎されず、または国もしくは住民のいずれかの層を驚愕させる情報および考えとの関連でも保障され」なければならない。欧州人権裁判所はさらに、これらの原則は「報道に適用されるときはとくに重要である」とも判示している[173]。

172　*I-A Court HR, Ivcher Bronstein Case v. Peru, judgment of February 6, 2001, Series C, No.74,* para.151.
173　Ibid., paras.152-153.

米州人権裁判所は、「強制加入」事件で、表現の自由の役割について次のような表現で説明している。

「表現の自由は、民主的社会の存在そのものの礎石である。それはまた、政党、労働組合、科学的・文化的団体や、公衆に影響を及ぼしたいと望む者一般にとって、その発展のための必須条件でもある。端的に言えば、それはコミュニティがその選択肢を実行するときに十分な情報を得られるようにする手段にほかならない。したがって、十分情報を得ていない社会は真に自由な社会ではないと言える」[174]

> 表現の自由は**民主的社会の公の秩序**の基礎的要件である。その前提として、ニュース、考えおよび意見が可能なかぎり幅広く流通することと、社会全体が情報に最大限にアクセスできることが必要とされる。民主的社会における公の秩序の概念は、自由な討論をその特質とする。それは、反対意見に全面的に耳が傾けられ、したがって人を驚愕させ、害しまたは不快にさせるような見解も流布され得るような討論である。

3.4.3 表現の自由の制限：「確保するために必要な」の意義

　米州人権条約13条2項によれば、表現の自由の行使に対する制限が有効と認められるために国が遵守しなければならない条件のひとつは、当該制限が、同条に述べられた正当な目的のひとつまたは複数を「確保するために必要な」ものでなければならないということであった。ここで問題が生ずる。この文脈において、「確保するために必要な」という文言は何を意味するのか。
　米州人権裁判所は、「強制加入」事件において、13条2項にもとづいて許容される制限は、解釈の制限に関わる米州人権条約29条、義務と権利の関係を扱った同

---

[174] *I-A Court HR, Compulsory Membership in an Association Prescribed by Law for the Practice of Journalism (arts.13 and 29 American Convention on Human Rights), Advisory Opinion OC-5/85 of November 13, 1985, Series A, No.5,* p.123, para.70.

32条および条約の前文が規定する文脈のなかで解釈されなければならないと述べている。

「『民主的制度』、『代議制民主主義』および『民主的社会』に繰り返し言及されていることから、表現の自由に対して国によって課された制限が(a)号または(b)号に掲げられた目的のひとつを『確保するために必要な』ものであるかどうかは、民主的社会および制度の正当な必要に依拠することによって判断されなければならない」[175]

米州人権裁判所の見解によれば、とくに「民主的制度の維持および機能と重要な関係を有する」条約のこれらの規定を解釈するにあたっては、「民主主義の正当な要求」が指針とされなければならない[176]。

条約13条2項の解釈にあたって民主的社会の概念が果たす解釈上の役割をこのように確立したうえで、米州人権裁判所は「必要な」という文言の分析を続けた。そのさい、米州人権裁判所は欧州人権裁判所の判例を参照している。それによれば、欧州人権条約10条にいう「必要な」の文言は、「不可欠な」と同義ではないものの、「急迫する社会の必要」の存在を含意しており、また制限が「必要な」ものと見なされるためには、それが「有益な」、「合理的な」または「望ましい」ものであることを示すだけでは十分でない。米州人権裁判所によれば次のとおりである。

「この結論は米州人権条約にも同様に適用されるのであり、13条2項にもとづいて表現の自由に課される制限の『必要性』および法律適合性が認められるためには、その制限がやむをえない政府の利益のために必要とされることが

---

175 I-A Court HR, *Compulsory Membership in an Association Prescribed by Law for the Practice of Journalism (arts.13 and 29 American Convention on Human Rights), Advisory Opinion OC-5/85 of November 13, 1985, Series A, No.5,* p.106, para.42. 29条(c)は、「この条約のいかなる規定も、……人間の人格に固有の、または統治の形態としての代議制民主主義に由来する他の権利または保障を排除する……ように解釈してはならない」と述べる。また、32条2項によれば、「各人の権利は、民主的社会における他の者の権利、すべての者の安全および一般的福祉の正当な要求によって制限される」。

176 Ibid., p.108, para.44.

立証されなければならないことを示唆している。したがって、この目的を達成するためにさまざまな選択肢がある場合には、保護される権利を制限する度合いがもっとも小さいものが選択されなければならない。この基準を踏まえれば、たとえばある法律が有益なまたは望ましい目的のために役立つことを実証するだけでは不十分である。条約と両立するためには、その重要性のゆえに13条が保障する権利を全面的に享受する社会の必要よりも明らかに重い政府の目的に依拠することによって、当該制限が正当化されなければならない。さらに、この基準によって含意されるのは、制限がたとえやむをえない利益によって正当化されるとしても、それは13条で保護される権利を必要以上に制限しないように定められなければならないということである。すなわち制限は、それを必要とする正当な政府の目的の成就に比例し、かつそれと密接な関係を有するものでなければならない」[177]

> 「確保するために必要な」の文言が意味するのは、表現の自由の行使に対する制限は民主的社会の正当な要求に照らして解釈されなければならないということである。制限は、表現の自由の全面的享受に対する社会の利益を明らかに上回る、やむをえない政府の利益によって正当化されなければならない。有益であるまたは望ましいことが示されるだけでは、制限は「必要な」ものではない。「必要な」の文言は、したがって、制限はそれを必要とするやむをえない正当な目的に比例するものでなければならないこと、国はその目的を達成するために必要とされるもっとも侵害度の少ない制限を選択しなければならないことも意味する。

3.4.4 マスメディアの間接的統制：イフシャー・ブロンシュタイン対ペルー事件

米州人権裁判所で表現の自由に関わる争点が提起されたことはほとんどない。

---

[177] Ibid., p.109, para.46.

ただし、イフシャー・ブロンシュタイン対ペルー事件では13条1項および3項違反が認定されている。

イフシャー氏は、ペルーのテレビ局「チャンネル2」を運営する企業で過半数を占める株主であり、さらに、同社の代表取締役および取締役会議長として、番組に関する編成上の決定を行なう権限も認められていた。チャンネル2は、1997年4月、「コントラプント」(対位法)と題する番組で全国的関心を集めた調査報道を行ない、軍情報部の構成員が拷問を行なった可能性があること、有名なエージェントが暗殺されたとされること、ペルー情報部顧問が極端に多額の所得を得ているらしいことなどを報道した[178]。証拠の示すところによれば、1997年には全国に膨大な人数のチャンネル2視聴者がおり、またその編成方針によってイフシャー氏はさまざまな脅迫的行為の対象となっていた。イスラエル出身のペルー国民であった同氏は最終的にペルー市民権を剥奪され、それを受けて、同社の過半数の株主および社長としての権利行使の停止を裁判官から命じられた。代表取締役の地位も無効とされ、新しい取締役会が任命された[179]。米州人権裁判所も、過半数を占める株主らが同社の運営を引き継いでからは、「『コントラプント』のために働いていたジャーナリストらがチャンネル2への出入りを禁止され、また同番組の編成方針も修正された」ことを認定している[180]。

米州人権裁判所は、イフシャー氏の国籍の取消しは「同氏の表現の自由および『コントラプント』のために働き、調査を行なったジャーナリストらの表現の自由を制限する**間接的な**手段である」との結論に至った。「国は、チャンネル2の運営からイフシャー氏を引き離し、かつ『コントラプント』のジャーナリストらを排除することによって、ニュース、考えおよび意見を流通させる彼らの権利を制限したのみならず、情報を受けるすべてのペルー人の権利にも影響を及ぼし、国民が政治的選択を行使する自由および民主的社会において全面的に発達する自由を制限した」。したがってペルーは条約13条1項および3項に違反したと認定された[181]。

---

178 I-A Court HR, Ivcher Bronstein Case v. Peru, judgment of February 6, 2001, Series C, No.74, para.156.
179 Ibid., paras.158-160.
180 Ibid., para.161.
181 Ibid., paras.162-164. 強調引用者。

3.4.5 米州人権条約13条2項と「ジャーナリストの義務的免許制」事件

　米州人権裁判所は、「ジャーナリストの義務的免許制」事件における勧告的意見で、コスタリカにおけるジャーナリストの義務的免許制が米州人権条約13条2項と両立するかどうか検討した。この制度により、定期刊行物発行者協会(Colegio de Periodisatas)に加盟していない者が職業ジャーナリズムに従事した場合、刑事責任を含む責任を問われることは明らかであった。この要件はしたがって、協会非会員の表現の自由を制限するものである[182]。米州人権裁判所は、この制限が条約13条2項に列挙されたいずれかの自由によって正当化できるかどうかを検討しなければならなかった。

　米州人権裁判所は次のような所見を述べている。「職能『団体』によって専門職一般の組織化を図ることそれ自体は条約に違反しないが、それは専門職が誠実に、かつ当該職業の倫理上の要求にしたがって行動することを確保するための規制・統制の手段である」。条約13条2項(b)に掲げられた公の秩序の概念が「……一貫した価値・原則体系にもとづいて諸制度の正常かつ調和のとれた運営を確保する条件として考えられるのであれば、専門職の実践を組織化することも当該秩序に含まれると認定することができる」[183]。

　しかし、裁判所はとくに、民主的社会における公の秩序という同じ概念は、「ニュース、考えおよび意見が可能なかぎり幅広く流通することと、社会全体が情報に最大限にアクセスできること」を要求すること、また「表現の自由は、民主的社会の存在そのものの礎石である」ことにも留意している[184]。米州人権裁判所の見解によれば、「ジャーナリズムは、思想を表現する自由の第一義的かつ主要な表れである。したがってジャーナリズムは、各個人の固有の権利である表現の自由と結びついていることから、大学で身につけた若干の知識または訓練の成果の応用によって、または〔弁護士会や医師会のような〕特定の職能『団体』に

182　*I-A Court HR, Compulsory Membership in an Association Prescribed by Law for the Practice of Journalism (arts.13 and 29 American Convention on Human Rights), Advisory Opinion OC-5/85 of November 13, 1985, Series A*, No.5, pp.114-115, para.58.
183　Ibid., p.122, para.68.
184　Ibid., pp.122-123, paras.69-70.

加盟した者を通じて公衆にサービスを提供するだけの職業と同視することはできない」[185]。したがって、米州人権裁判所は次のように結論づけている。

> 「他の専門職の義務的免許制を正当化する有効な根拠として公の秩序を援用できるという論理は、ジャーナリズムの場合には妥当しない。そのことにより、条約13条が各個人に認めている諸権利を全面的に活用する権利が、非加盟者から恒久的に奪われる効果があるためである。したがってそれは、条約そのものが基盤とする民主的な公の秩序という基本的原則に違反することになる」[186]

にも関わらず、米州人権裁判所は、「ジャーナリストの職業上の責任および倫理を確保し、かつ違反者に対して処罰を課す綱領を定める」必要があることは認め、「職業上の責任および倫理に関する綱領の違反に対して制裁を課す権限を、国が法律によって委任することがまったく適当な場合もある」との見解を明らかにしている。ただし、ジャーナリストへの対応では13条2項に掲げられた制限が「考慮に入れられなければならない」[187]。したがって、「ジャーナリストに免許を与える法律が、『協会』非加盟者によるジャーナリズム活動を禁止したり『協会』への加盟を一定の分野を専攻した大卒者に限定したりする場合、条約と両立しない」ということになる。そのような法律は、表現の自由について13条2項で認められていない制限を掲げており、したがって、「自ら選択する方法により情報および考えを求めかつ伝える各個人の権利のみならず、いかなる干渉もなく情報を受ける公衆一般の権利」も侵害するものである[188]。けっきょく、米州人権裁判所は全員一致でつぎのように決定した。すなわち、「ジャーナリストの義務的免許制は、意見を表明しまたは情報を伝える手段としてニュース媒体を全面的に活用する機会をいずれかの者に対して否定するのであれば、……米州人権条約13条と両立しない」。また、コスタリカのジャーナリスト協会設置法

---

185 Ibid., pp.123-124, paras.71-73.
186 Ibid., pp.125-126, para.76.
187 Ibid., pp.127-128, para.80.
188 Ibid., p.128, para.81.

は、「特定の者がジャーナリスト協会に加盟することを妨げ、したがって、意見を表明しまたは情報を伝える手段としてマスメディアを全面的に活用する機会をこれらの者に対して否定している点で」、13条と「両立しない」[189]。

> 弁護士会や医師会といった職能団体により、その会員が誠実に、かつ当該職業の倫理上の要求にしたがって行動することを確保する手段が提供されることを踏まえれば、職能団体それ自体は米州人権条約19条に違反しない。他方、ジャーナリズムは民主的社会において思想を表現する自由の第一義的かつ主要な表れであるから、特定の団体に所属するようジャーナリストに要求することは、このような強制加入制によって、自己の見解を表明しかつ情報を伝えるためにニュース媒体に全面的にアクセスすることが否定されるのであれば、米州人権条約が基盤としている民主的な公の秩序の原則の違反である。

3.5 欧州人権条約10条

　欧州人権条約10条の解釈は無数の判例で示されてきている。ここではそのうち若干例のみ取り上げ、表現の自由が欧州レベルでどのような実体的内容を有しているか、いくつかの重要な側面について説明する。

　10条によれば、「すべての者は、表現の自由についての権利を有する。この権利には、公の機関による干渉を受けることなく、かつ国境とのかかわりなく、情報および考えを受けおよび伝える自由を含む」。ただしこの条は、国が「放送、テレビまたは映画の企業について許可制をとることを妨げるものではない」。

　これらの自由の行使には「義務および責任」をともなうので、10条2項では、「法律で定める手続、条件、制限または刑罰であって、……民主的社会において必要なもの」を課すことができる正当な自由を列挙している。その自由とは次のとおりである。

---

[189] Ibid., pp.131-132, para.85.

- ◎ 「国の安全、領土保全もしくは公共の安全のため」
- ◎ 「無秩序もしくは犯罪を防止するため」
- ◎ 「健康もしくは道徳を保護するため」
- ◎ 「他の者の信用または権利を保護するため」
- ◎ 「秘密に受け取った情報の開示を防止するため」
- ◎ 「司法機関の権威および公平性を維持するため」

「手続、条件、制限または刑罰」が10条2項にもとづいて有効と認められるためには、**法律適合性の原則、正当な目的の条件および民主的社会における必要性の原則**を**累積的**に満たしていなければならない。

注意すべきなのは、米州人権条約13条とは異なり、欧州人権条約10条は「文言上、出版に対して事前の制限を課すことそのものは禁じていない」。欧州人権裁判所が留意するように、このことは「当該規定に見られる『条件』、『制限』および『防止する』という文言のみならず」、欧州人権裁判所自身の判例からも明らかである。

「〔ただし、〕事前の制限に内在する危険は大きいので、〔欧州人権〕裁判所としてはもっとも慎重な審査を行なわなければならない。報道が関係する場合はなおさらである。ニュースは消費期限の短い財であり、たとえ短期間ではあってもその出版が遅れれば、その価値および利益のいっさいが奪われてしまいかねないためである」[190]

> 米州人権条約13条とは異なり、欧州人権条約10条は出版に対する事前の制限を明示的に禁じていない。ただしそのような制限は、そこに内在する危険にかんがみ、欧州人権裁判所によるもっとも慎重な審査に服さなければならない。欧州人権条約10条にもとづいて締約国が表現の自由について課す手続、条件、制限または刑罰が合法的と認められ

---

[190] *Eur. Court HR, Case of the Observer and Guardian v. the United Kingdom*, judgment of 26 November 1991, Series A, No.216, p.30, para.60.

> るためには、法律適合性の原則、正当な目的の条件および民主的社会における必要性の原則を累積的に満たしていなければならない。

3.5.1 表現の自由に対する基本的な解釈アプローチ

　欧州人権条約10条に関わる判例を分析する前に、欧州人権裁判所が表現の自由に関わる問題を検討するときに採用している基本的な解釈アプローチに焦点を当てておくことが有益かもしれない。そのアプローチは、民主的社会において表現の自由が果たす役割、締約国の裁量の余地および欧州人権裁判所自身の監督的役割によって規定されている。この基本的な解釈アプローチは、欧州人権裁判所の膨大な判決で一貫して適用されてきた[191]。

　民主的社会において表現の自由が果たす役割：欧州人権裁判所は当初から、民主的社会において表現の自由が果たす重要な役割を強調してきた。初期のハンディサイド事件では次のように判示されている。

> 「〔欧州人権〕裁判所は監督の職務を担っているので、『民主的社会』の特徴たる諸原則に最大の注意を払わなければならない。表現の自由はそのような社会の本質的基盤のひとつであり、その進展およびすべての人の発達にとっての基本的条件のひとつである。この自由は、10条2項に服することを条件として、好意的に受け取られる、または害がないもしくは中立と見なされる『情報』および『考え』のみならず、国もしくは住民のいずれかの層を害し、驚愕させ、または不快にさせる情報および考えにも適用される。このような多元主義、寛容および心の広さの要求は重大であり、それなくしては『民主的社会』など存在しない。このことが意味するのは、とくに、この分野で課されるあらゆる『手続』、『条件』、『制限』または『刑罰』は追求される正当な目的に比例しなければならないということである」[192]

---

[191] 欧州人権条約10条に関わるさらなる判例は、欧州人権裁判所のウェブサイト(http://hudoc.coe.int)で検索エンジンを用いることによって見つけられる場合がある。

サンデータイムズ事件では、欧州人権裁判所は次のように断言している。

「これらの原則は、報道に関するかぎりとくに重要である。これらの原則は、コミュニティ一般の利益に奉仕し、かつ啓発された公衆の協力を必要とする司法の運営の分野でも同様に適用される。裁判所が真空状態で機能し得ないことは一般的に認められているところである。裁判所は紛争解決のための場であるが、だからといって、専門の学術誌であれ、一般報道媒体であれ、公衆一般の間でであれ、どこか別の場所で紛争に関する事前の議論を行なえないということにはならない。さらに、司法の適切な運営のために定められた境界をマスメディアが踏み外してはならない一方で、他の分野における公益の場合と同じく、裁判所で係争中の事案に関する情報および考えを伝えるのはマスメディアの義務である。そのような情報および考えを伝えるのがマスメディアの仕事であるというのみならず、公衆にもそのような情報および考えを受け取る権利がある」[193]

その後のオブザーバーおよびガーディアン事件で、欧州人権裁判所は、「さもなければ、報道は『公衆の番犬』という重要な役割を果たすことができない」と付け加えている[194]。

締約国の裁量の余地 対 欧州人権裁判所による監督：条約10条2項の制限条項の解釈について、欧州人権裁判所は次のように述べている。

「〔そこに掲げられた例外は〕狭く解釈されなければならず、またいかなる制限の必要性も説得的に立証されなければならない」[195]

---

[192] *Eur. Court HR, Handyside Case v. the United Kingdom, judgment of 7 December 1976, Series A, No.24*, p.23, para.49. 本件は、民主的社会における道徳を保護する目的で、申立人が有罪判決を受け、また『学校版毛沢東語録』(Little Red Schoolbook)数百部およびその原版を押収・没収・廃棄されたことに関わる事件である。同書は主として12～18歳の年齢層を対象としており、性に触れた箇所も含まれていた。欧州人権裁判所は、本件でとられた措置は10条に違反しないと認定している(p.28, para.59参照)。

[193] *Eur. Court HR, the Sunday Times Case v. the United Kingdom, judgment of 26 April 1979, Series A, No.30*, p.40, para.65.

[194] *Eur. Court HR, Case of the Observer and Guardian v. the United Kingdom, judgment of 26 November 1991, Series A, No.216*, p.30, para.59(b).

[195] Ibid., p.30, para.59(a).

「10条2項にいう『必要な』という形容詞は『急迫する社会の必要』の存在を含意している」[196]。しかし同時に次のことも言えると、欧州人権裁判所は指摘している。

「〔それは〕『不可欠な』と同義ではない(2条2項および6条1項における『絶対に必要な』および『真に必要がある』との文言ならびに15条1項における『事態の緊急性が真に必要とする限度において』との表現を参照)。同様に、『認められる』、『通常の』(4条3項参照)、『有益な』(第1追加議定書1条第1段の仏語正文参照)、『合理的な』(5条3項および6条1項参照)または『望ましい』といった表現のような柔軟性も備わっていない。とはいえ、この文脈における『必要性』の概念に含意された急迫する社会の必要の現実について最初に評価を行なうのは国内機関の役割である。

したがって、10条2項は締約国に裁量の余地を残している。この余地は、国内立法者(「法律で定める」)と、現行法の解釈・適用を求められる機関(とくに司法機関)の双方に与えられたものである」[197]

とはいえ、10条2項は「締約国に無制限な裁量権限を与えたものではない。〔欧州人権〕裁判所には、……『制限』または『刑罰』が10条で保護されている表現の自由と調和し得るかどうかについて最終的判断を下す権限がある。このように、国内裁量の余地は欧州人権裁判所による監督と並行して存在するものである。このような監督は、争われる措置の目的および『必要性』の双方に関して行なわれる。それは基本的立法のみならず、それを適用する決定(たとえそれが独立の裁判所によって行なわれたものでも)をも対象とするものである」[198]。

さらに、欧州人権裁判所による監督は、「申立ての対象とされた締約国がその裁量を合理的に、慎重にかつ誠実に行使したことを確認するだけには留まらない。たとえそのように行動した締約国であっても、その行為が条約にもとづく約束と両立するか否かについては依然として〔欧州人権〕裁判所のコントロールに服する」[199]。

---

196 Ibid., p.30, para.59(c).
197 Eur. Court HR, Handyside Case v. the United Kingdom, judgment of 7 December 1976, Series A, No.24, p.22, para.48.
198 Ibid., p.23, para.49.
199 Eur. Court HR, the Sunday Times Case v. the United Kingdom, judgment of 26 April 1979, Series A, No.30, p.36, para.59.

ようするに、表現の自由の行使に対する制限が「説得的に立証される」ためには、争われている措置が「追求される正当な目的に比例している」ことと、その正当化のために国内機関が挙げる理由が「関連性がありかつ十分である」ことについて、欧州人権裁判所が納得しなければならないのである[200]。

最後に、締約国の裁量の余地は10条2項に列挙された各目的との関連ですべて同一であるわけではないことに、ここで留意しておかなければならない。次に見るように、正当な目的が客観的であればあるほど国に与えられる裁量権も小さくなるのである[201]。

> 欧州人権条約10条で保障された表現の自由は、民主的社会の本質的基盤のひとつである。表現の自由は、民主的社会の進展およびすべての個人の発達にとっての基本的条件のひとつでもある。民主的社会の特質には、多元主義、寛容および心の広さが含まれる。すなわち、欧州人権条約10条2項に定められた制限に服することを条件として、表現の自由についての権利は、受入れ可能なもしくは害がないと見なされる情報および考えのみならず、国もしくは住民のいずれかの層を害し、驚愕させ、または不快にさせる情報および考えをも対象としているということである。これらの原則は、情報および考えを伝えることによって公衆の番犬の役割を果たす報道にとってはとりわけ重要である。また、そのような情報および考えを受け取る権利がある公衆一般にとっても重要である。欧州人権条約10条2項にいう「民主的社会において必要な」の文言は、表現の自由の行使に制限を課すためには「急迫する社会の必要」が存在しなければならないことを意味する。換言すれば、当該措置が追求される正当な目的に比例していることが「説得的に立証され」なければならないのである。そのため、締約国は、当該措置を支持するために挙げた理由が「関連性があり」かつ「十分であ

---

200 *Eur. Court HR, Case of the Observer and Guardian v. the United Kingdom, judgment of 26 November 1991, Series A, No.216*, p.30, paras.59(a) and (b).
201 *Eur. Court HR, the Sunday Times Case v. the United Kingdom, judgment of 26 April 1979, Series A, No.30*, pp.36-37, para.59.

> る」ことを示さなければならない。締約国がこの要件を満たすためには、慎重にまたは誠実に行動したことを示すだけでは十分ではない。措置の必要性を決定するにあたって国内機関には一定の裁量の余地があるが、その権限は欧州人権裁判所による監督と並行して存在する。国の裁量権限はそれぞれの状況で同一ではなく、正当な目的のうちどれが追求されるかによって変化する。制限措置の必要性を決定するさいには、正当な目的が客観的であればあるほど、国に与えられる裁量権も小さくなる。

3.5.2 報道の自由

　表現の自由は10条にもとづく多くの事件のテーマとなってきた。これらの事件は、欧州で、自由かつ批判的な報道がいかにもろいものであるか同時に、いかに基本的重要性を有しているかも証明するものである。ここでは、司法機関の権威を維持するためおよび他の者の信用または権利を保護するために表現の自由が制限された事件を紹介する。

　司法機関の権威の維持：サンデータイムズ事件は、同紙がサリドマイドの悲劇に関する記事を掲載することについて、裁判所侮辱罪にあたるとして裁判所の差止命令が出された事件である。その記事は、英国におけるサリドマイド児と、彼らによる賠償請求の解決に関わるものであった。サリドマイドはとくに妊婦に対して処方された薬であり、そのなかにはその後、重度の奇形の子どもを出産した妊婦もいた。英国で同薬品を製造・販売したディスティラーズ生化学薬品社は、最終的に薬害被害者の大部分と和解した。申立人らはとくに、高等法院が言渡し、貴族院も支持した差止命令は条約10条違反であると訴えたものである[202]。

　条約10条1項で保障された申立人らの表現の自由の行使に対し、本件で「公的機関による干渉」が行なわれたことは、欧州人権裁判所によって何の問題もなく認定された。このような干渉が正当と認められるためには、10条2項に掲げられた条件が満たされていなければならない[203]。

---

202 *Eur. Court HR, the Sunday Times Case v. the United Kingdom, judgment of 26 April 1979, Series A, No.30*, p.27, para.38.
203 Ibid., p.29, para.45.

このような干渉は「**法律で定める**」ものでなければならないという条件については、欧州人権裁判所はまず、10条2項にいう「法律」とは「制定法のみならず不文法も対象とする」ことに留意した[204]。さらに、「法律で定める」という表現は、「法律が十分にアクセス可能」であり、「市民がその行動を規律できるように十分厳密に規定されていなければならない」ことを要求する[205]。英国法における裁判所侮辱罪の法律が「**アクセス可能性**」および「**予見可能性**」というこれらの基準を満たしているか慎重に検討した後、欧州人権裁判所は、当該条件は満たされており、苦情申立ての対象となった干渉は10条2項が求めるように「法律で定める」ものであると認定した[206]。

　予見可能性の基準とは、人は「ある行為によってもたらされる結果を、当該状況下で合理的な程度に──必要であれば適切な助言を受けて──予見できなければならない」ことを意味する。「これらの結果は絶対確実なものとして予見される必要はない。経験上、それが不可能であることはわかっている」[207]。サンデータイムズ事件で適用されたように、予見可能性の原則はむしろ、人はある行動にともなう危険を「当該状況下で合理的な」程度に予見できなければならないことを意味している[208]。

　次に判断しなければならない問題は、当該干渉には10条2項にしたがって**正当な目的**があったかどうかということである。申立人らも政府も、裁判所侮辱罪の法律が「司法機関の公平性および権威のみならず訴訟当事者の権利および利益を保護する」目的に役立つことには同意していた[209]。「司法機関」(judiciary / *pouvoir judiciaire*)という文言を説明するなかで、欧州人権裁判所は次のように述べている。

> 「〔司法機関は、〕司法機構または三権の司法部および公職にある裁判官から構成される。『司法機関の権威』という表現は、とくに、裁判所が法的権利

204　Ibid., p.30, para.47.
205　Ibid., p.31, para.49.
206　Ibid., pp.31-33, paras.50-53.
207　Ibid., p.31, para.49.
208　Ibid., p.33, para.52.
209　Ibid., p.33, para.54.

および義務の確認ならびにそれに関連する紛争解決のための適当な場であり、かつ公衆一般からそのように認められているという概念を含むものである。さらに、その職務を遂行する裁判所の能力について公衆一般が尊重の念および信頼を抱いているという概念も含む」[210]

　争点となった国内法を検討した欧州人権裁判所は、「侮辱法で対象とされている行為態様の大半は裁判官の立場または裁判所および司法機構の職務のいずれかに関係して」おり、「したがって『司法機関の権威および公平性』は当該法律の目的のひとつである」との見解をとった。「侮辱法が訴訟当事者の権利保護に役立つかぎりにおいて、この目的は『司法機関の権威および公平性』という表現にすでに含まれている」。したがって、他の者の権利を保護するというさらなる目的が侮辱法にあるかどうかを、独立した争点として検討する必要はないとされた[211]。「公平性」の問題はここでは提起されなかったので、欧州人権裁判所としては、予定記事はふさわしくないと結論づけるにあたって貴族院が援用した理由が、「〔欧州人権〕裁判所が解釈する『司法機関の……公平性』を維持するという目的に相当する」かどうかを検討すればよかった。欧州人権裁判所は、貴族院が挙げた理由のうちとくに次のものについては当該目的に相当すると認定し、それを認容した。

- ◎　「過失に関わる争点について『予断を下す』ことにより、〔当該記事は〕法的手続の軽蔑につながり、または司法の運営を妨げるおそれがあった」
- ◎　「報道機関による予断は、本件においては不可避的に当事者による応答へとつながり、司法の適切な運営と両立しない『新聞裁判』の危険を生み出すおそれがあった」
- ◎　「裁判所は、当事者に対し、公判前の報道による混乱に当事者が巻き込まざるを得なくなることから生じる予断による偏見から当事者を保護する義務を負う」[212]

210　Ibid. p.34, para.55.
211　Ibid., p.34, paras.55-56.
212　Ibid., pp.34-35 paras.56-57.

本件干渉は**法律適合性の原則**にも**正当な目的の条件**にもしたがうものであったので、残された決定的な問題は、それを「**民主的社会において必要な**」ものと見なせるかどうかということであった。換言すれば次のとおりである。

- ◎ 当該干渉は「急迫する社会の必要」に応じたものであったか
- ◎ それは「追求される正当な目的に比例する」ものであったか
- ◎ 国内機関がその正当化のために挙げた理由は「関連性があり」かつ「十分な」ものであったか[213]

　この点について欧州人権裁判所は、締約国の「裁量権限は10条2項に列挙された目的のそれぞれについて同一ではない」ことに留意している。たとえば「道徳を保護する」という目的に対し、司法機関の「権威」は「はるかに客観的な概念」であって、それに関わる「締約国の国内法および慣行を見れば、かなり実質的な共通基盤の尺度の存在が明らかになる」。したがってここでは「欧州レベルの監督がより徹底し、それに応じて〔国内レベルの〕裁量権限は小さくなる」のである[214]。

　欧州人権裁判所は、その詳細な理由説明のなかで、欧州人権裁判所はとくに民主的社会における表現の自由の重要性に関わる諸原則を想起し、それは「司法の運営の分野でも同様に適用される」とした。10条2項に掲げられたこの自由に対する制限は「狭く解釈されなければならない」[215]。欧州人権裁判所は次に、10条は「公衆に情報を提供する報道機関の自由だけではなく、適切な情報を提供される公衆の権利も保障している」と指摘した。「本件においては、当該悲劇の膨大な被害者の家族は事件にともなう法的困難を承知しておらず、その根底にあるあらゆる事実およびさまざまな解決の可能生を知ることについて重要な利益を有していた。これらの家族にとって決定的に重要なこの情報を奪うことができるのは、その流布によって『司法機関の権威』が脅かされることが絶対

213　Ibid., p.38, para.62.
214　Ibid., pp.36-37, para.59.
215　Ibid., pp.40-41, para.65.

確実と思われる場合のみである」[216]。したがって欧州人権裁判所は、「関連する利益を衡量し、それぞれの有効性を評価しなければならない」。その検討にあたり、欧州人権裁判所はとくに次のように述べている。本件事実は、「それが係争中の訴訟の背景であるという理由のみで公益上の問題とならなくなるわけではない。いくつかの事実に光を当てることにより、当該記事は、憶測にもとづいた未熟な議論に歯止めをかけられた可能性もある」[217]。欧州人権裁判所は、「申立ての対象となった干渉は、条約にいう表現の自由に対する公の利益を凌駕するに十分なほど急迫する社会の必要に応じたものではなかった」との結論に至った。したがって欧州人権裁判所は、申立人らに課された制限の理由は10条2項にもとづく十分なものではなかったと認定している。当該制限は追求される正当な目的に比例しておらず、司法機関の権威を維持するために民主的社会において必要なものでもなかった[218]。したがって10条違反があったとされた。

他の者の信用または権利の保護：リンゲンス対オーストリア事件は、当時オーストリア首相を務めていたクライスキー氏の名誉を毀損したとして申立人が有罪判決を受けたことに関わる事件である。申立人は、いくつかの記事のなかで、元ナチス関係者がオーストリア政界に進出することについてクライスキー氏が融和的な姿勢を示していることに対し、「もっとも卑しい日和見主義」、「不道徳」、「みっともない」などの言葉を用いて批判した。そのことを理由に申立人は罰金刑に処され、その記事に対しては没収命令が出された[219]。

欧州人権裁判所は、リンゲン氏の表現の自由の行使に対して「公的機関による干渉」があったことを認め、10条2項にもとづいて正当とされなければ条約違反になるとした。また、当該有罪判決はオーストリア刑法111条にもとづくものであったので「法律で定める」ものであったこと、この措置は「他の者の信用または権利」を保護するためにとられたので正当な目的を追求していたことも認めた[220]。

---

216 Ibid., pp.41-42, para.66.
217 Ibid., p.42, para.66.
218 Ibid., p.42, para.67.
219 *Eur. Court HR, Case of Lingens v. Austria, judgment of 8 July 1986, Seris A, No.103*, pp.21-23, paras.26-30.
220 Ibid., p.24, paras.35-36.

判断しなければならない問題として残されたのは、この有罪判決が、正当な目的の追求の過程で「**民主的社会において必要な**」ものとして正当化され得るかどうかという点であった。

　欧州人権裁判所は、ハンディサイド事件およびサンデータイムズ事件における判決を想起して、「報道機関の責務は情報を伝えることであり、その解釈は第一義的には読者に委ねられなければならない旨」の、ウィーン控訴裁判所の判決で明らかにされた見解を受け入れることはできないと強調した[221]。欧州人権裁判所はこれに付け加えてこう述べている。

「報道の自由はさらに、公衆に対し、政治的指導者がどのような考えおよび姿勢を有しているかを知り、それについての意見を形成する最善の手段のひとつを提供する。より一般的には、政治的討議の自由は、条約全体を貫徹する民主的社会の概念の中核そのものに位置するものである。

　したがって、容認可能な批判の限界は、私人に関する場合よりも政治家に関する場合のほうが広い。前者とは異なり、後者は、ジャーナリストと公衆一般の双方によってその言行を緊密に吟味される立場に自らを不可避的にかつあえて置いているのであり、それゆえによりいっそう寛容な姿勢を示さなければならないのである。10条2項が他の者の——すなわちすべての個人の——信用が保護されるようにしており、この保護が、たとえ私人として行為していない場合でも政治家に対しても及ぶことは間違いないが、そのような場合、このような保護の必要性は、政治的問題について開かれた討論を行なうことの利益との関連で衡量されなければならない」[222]

　リンゲン氏の事件の事実関係について、欧州人権裁判所は、同氏の記事が、「国家社会主義および元ナチスによる統治行為への参加に対するオーストリア人一般——とくに首相——の態度に関して多くの熱心な議論を生み出してきた、オーストリアの公益に関わる政治的問題を取り上げた」という所見を述べてい

221　Ibid., p.26, para.41.
222　Ibid., p.26, para.42.

る。「記事の内容および筆致は全体としてかなりバランスがとれていたが、とくに上述した表現の使用はクライスキー氏の信用を傷つける可能性があると思われた。しかし、本件は政治家としてのクライスキー氏に関わるものであり、これらの記事が書かれた背景を顧慮しなければならない」。記事が発表されたのは1975年の総選挙後であったが、選挙中にクライスキー氏は、ウィーゼンタール氏(ユダヤ人資料センター)が、クライスキー氏の連立パートナーになる可能性があったオーストリア自由党党首の過去について暴露したうえに「マフィアのようなやり口」を用いたと非難していた。「したがって、争われている表現は選挙後の政治的論争を背景として理解しなければならない。……この闘いでは、いずれも自分が利用できる武器を用いた」。さらに、これらの状況は、「申立人に課された制限および国内裁判所がそれを課した理由」を10条2項にもとづいて評価するさいに「見過ごすことのできない」ものであるとした[223]。

この点について欧州人権裁判所は、争点となった記事は「広く流布されて」おり、申立人に課された没収命令は「厳密には申立人の自己表現を妨げるものではなかったとはいえ、それはある種の検閲にあたり、申立人が今後この種の批判をふたたび行なうことをためらわせる可能性がある」ことに留意している。欧州人権裁判所は、これに付け加えて次のように述べた。

> 「政治的討論という文脈においては、このような判決は、コミュニティの生活に影響を及ぼす諸問題についての公の議論にジャーナリストが貢献することを抑止する可能性がある。同じように、このような制裁は、報道機関が情報の伝え手および公衆の番犬としての責務を果たすことを妨げるおそれがある」[224]

欧州人権裁判所は次に、「リンゲン氏が価値判断の根拠とした事実関係には争いがなく、同氏の誠実さについても同様である」との所見を述べた。欧州人権裁判所の見解では、オーストリア刑法111条で要求されるように、有罪を免れるために価値判断の真実性を証明することは不可能である。そのような要件はさらに、

---

[223] Ibid., pp.26-27, para.43.
[224] Ibid., p.27, para.44.

「条約10条が保障する権利の基本的内容である意見の自由そのものを侵害する」[225]。したがって欧州人権裁判所は、リンゲン氏の表現の自由に対する本件干渉は、「追求される正当な目的に比例していなかった」点で「民主的社会において必要な」ものではなかったと認定した[226]。

イェルシルド対デンマーク事件では、申立人は3人の若者——「グリーンジャケット」と呼ばれるグループの構成員——を現場幇助した罪で有罪判決を受けた。若者ら自身も、外国人に対して侮辱的なまたは品位を傷つける発言をしたことで有罪判決を受けている。当該発言が行なわれたのは、「社会問題を現実的に描き出す」という趣旨で申立人が制作したテレビ番組でのことであった。申立人は、1日あたり1,000デンマーク・クローネの罰金を支払うか、これに代えて5日間の拘禁に服するよう刑を言渡された[227]。

本件では、有罪判決がイェルシルド氏の表現の自由に対する干渉であること、当該干渉は「法律で定める」ものであること(デンマーク刑法266条(b)および23条1項)、それが「他の者の信用または権利」を保護するという正当な目的を追求していたことについては合意ができていた[228]。

唯一の争点は、苦情の対象となった措置が「**民主的社会において必要な**」ものであったかどうかという点である。欧州人権裁判所は、冒頭で、「あらゆる形態および表れの人種差別と闘うことがきわめて重要であることをとりわけ意識している」ことを強調し、国連・人種差別撤廃条約にも触れて次のように述べた。

> 「〔したがって同条約は、〕——……政府が主張するように——デンマークが同国連条約の遵守を確保するために定められた規定にもとづいて申立人に言渡された有罪判決が、10条2項にいう『必要な』ものであったかどうかを判断するうえで非常に重要である」[229]

225　Ibid., p.28, para.46.
226　Ibid., p.28, para.47.
227　*Eur. Court HR, Case of Jersild v. Denmark, judgment of 23 September 1994, Series A, No.298*, p.14-15, paras.13-14.
228　Ibid., p.20, para.27.
229　Ibid., p.22, para.30.

欧州人権条約10条にもとづくデンマークの義務は、したがって、「できるかぎり同国連条約にもとづく義務と調和できるように解釈されなければならない」[230]。
　民主的社会における表現の自由および報道機関の役割の重要性をあらためて述べたうえで、欧州人権裁判所は、これらの原則は「もちろん視聴覚メディアにも適用される」と強調し、次のように付け加えた。

　「ジャーナリストの『義務および責任』を検討するにあたって当該メディアの潜在的影響は重要な要素であり、視聴覚メディアが印刷メディアよりもはるかに直接的かつ強力な効果を持つことが多いことは一般的に認められている。……視聴覚メディアは、印刷メディアが伝えることのできないイメージの意味を通じて伝達する手段を有しているのである。
　同時に、客観的かつ均衡のとれた報道をする方法は、とくに問題となっているメディアによって相当に異なる。さらに言えば、ジャーナリストがどのような報道手法をとるかについて報道機関自身の見解に代わる見解を示すことは、〔欧州人権〕裁判所の役割でも国内裁判所の役割でもない。**この文脈において、〔欧州人権〕裁判所は、10条は表明された考えおよび情報の内容だけではなくそれが伝達される形態も保護していることを想起するものである**」[231]

　そこで欧州人権裁判所は、イェルシルド氏に対する有罪判決を正当化するためにデンマーク当局が挙げた理由は「関連性がありかつ十分であるかどうか、および、採用された手段は追求される目的に比例していたかどうか」を検討しなければならなかった。そのさい、「〔欧州人権〕裁判所は、国内当局が10条に掲げられた諸原則にしたがう基準を適用したこと、さらに、国内当局が事実関係を容認可能な形で評価したうえで当該基準を適用したことについて納得しなければならない」[232]。
　欧州人権裁判所による評価は、「グリーンジャケット特集が制作された経緯、

---

[230] Ibid., pp.22-23, para.30.
[231] Ibid., p.23, para.31. 強調引用者。
[232] Ibid., pp.23-24, para.31.

その内容、それが放送された文脈および番組の趣旨」を顧慮して行なわれた。また、「あらゆる形態の人種差別を撤廃し、かつ、人種主義的主張および実践を防止しかつそれと闘うための効果的措置をとるという、国連条約その他の国際文書にもとづく国の義務」も念頭に置かれた[233]。

検討にあたって、欧州人権裁判所はまず、国内当局が挙げた理由は「関連する」ものであると認定した。その見解によれば、「国内裁判所は、グリーンジャケット特集番組の制作を申立人自身が主導したこと、および、インタビュー中に人種主義的発言が行なわれる可能性があることを事前に知っていたのみならず、そのような発言を奨励までしたことを相当に重視した。申立人は、人を傷つけるこのような主張が含まれるような形で番組を編集した。申立人の関与がなければ当該発言が幅広い人々に流布されることはなく、したがって処罰されることもなかったはずである」[234]。

他方、プレゼンターによる紹介を含む同番組の文脈に照らして検討すれば、このインタビューが、デンマークにおける人種主義の問題の諸側面を取り上げるという、表明された目的を満たすものであったことを「疑う理由はない」。「全体としては、当該特集が人種主義的見解および考えの宣伝を目的としていたように見えたと客観的に判断することはできない」。

> 「〔なぜならば、〕同番組は明らかに、社会的状況によって制限を受けて欲求不満になっており、前科があり、かつ暴力的態度をとる特定グループの若者を——インタビューという手段を通じて——登場させ、分析し、かつ説明しようとしたものであり、当時すでに公衆の大きな関心事となっていた問題の具体的側面を取り上げていたからである」[235]

さらに、欧州人権裁判所は、「グリーンジャケットのコーナーは表明された過激な見解をまったく相殺しようとせずに放送されたという……国内裁判所も強

---

233 Ibid., p.24, para.31.
234 Ibid., p.24, para.32.
235 Ibid., p.24, para.33.

調した主張には納得」しなかった。「テレビのプレゼンターによる紹介も、インタビュー中の申立人の振舞いも、インタビュー対象からは明らかに距離を置いていた」[236]。これに付け加えて、欧州人権裁判所は次のように述べている。

「インタビューにもとづくニュース報道は、編集されたものであれ未編集のものであれ、報道機関が『公衆の番犬』としての重要な役割を果たすことができるもっとも重要な手段のひとつである。……インタビューで他の者が行なった発言の流布を援助したことを理由にジャーナリストを処罰することは、公益に関わる問題についての議論に報道機関が貢献することを深刻に妨げるものであり、とくに強い理由がなければ構想されるべきではない。**この点について〔欧州人権〕裁判所は、罰金が限定的性質であることは関連性があるという政府の主張を受け入れない。問題はジャーナリストが有罪判決を受けたということである**」[237]

「グリーンジャケットが有罪判決を受ける理由となった発言が……対象とされた集団の構成員にとって単なる侮辱的発言以上のものであり、10条による保護を享受できない」ことは間違いない。しかし、「当該特集が、全体として、刑法上の犯罪を理由とする〔申立人への〕有罪判決および刑罰を正当化するようなものであったことは立証されなかった」[238]。そうなると、「申立人に対する有罪判決および量刑の裏づけとして挙げられた理由は、表現の自由についての申立人の権利の享受に対して行なわれた干渉が『民主的社会において必要な』ものであったことを説得的に立証するには十分ではない。とりわけ、とられた手段は『他の者の信用または権利』を保護するという目的に対して比例性を欠いていた」。したがって当該措置は10条違反であるとされた[239]。

他の者の信用または権利の保護は、ノルウェーの新聞、その編集長および記者のひとりに関わるベルゲン・ティデンデほか対ノルウェー事件でも争点となった。申立ての発端は、ある美容整形外科医の手術に不満を抱いた女性たちに関し

---

236 Ibid., p.25, para.34.
237 Ibid., p.25, para.35. 強調引用者。
238 Ibid., pp.25-26, para.35.
239 Ibid., p.26, para.37.

て同紙に掲載された記事である。その記事の前に同外科医の仕事と美容整形手術の利点を紹介した記事が掲載されていたが、掲載後、多くの女性が同紙に連絡してきて不満を述べた[240]。手術を批判的に取り上げた後追い記事は、同紙の1面に「美容が美貌を損なった」という見出しで掲載された。記事のなかで女性たちは、とくに「醜くされ、人生を台無しにされた」と述べていた[241]。否定的な取り上げられ方をされた結果、同外科医は患者を失い、廃業を余儀なくされた。不満を抱いた患者から苦情を受けた保健当局は、外科医は何ら不適切な手術は行なわなかったと認定し、したがって何の対応もとらなかった[242]。外科医は申立人らを相手どって名誉毀損訴訟を起こし、第2審は申立人らの勝訴を認定したものの、最終的に最高裁判所は外科医の主張を認め、損害賠償および訴訟費用として4,709,861ノルウェークローネの支払を申立人らに命じた[243]。

この措置が表現の自由についての申立人らの権利に対する干渉であり、10条2項にもとづいて正当化される必要があること、この干渉が「法律で定める」ものであり(1969年損害賠償法3条6項)、かつ「他の者の信用または権利」を保護するという正当な目的を追求するものであったことについては、欧州人権裁判所で当事者間の争いはなかった。欧州人権条約10条にもとづいて申立てられた他のきわめて多くの事件と同様、判断しなければならない問題として残されたのは、当該干渉が「**民主的社会において必要な**」ものと見なし得るかどうかということだけであった[244]。

欧州人権裁判所は、表現の自由に関する十分に確立された判例および民主的社会において報道機関が果たす重要な役割(その義務および責任を含む)を想起したうえで、次のように述べた。

「〔欧州人権裁判所は、〕ジャーナリズムの自由にはある程度の誇張または挑

---

240 *Eur. Court HR, Case of Bergens Tidende and Others v. Norway, judgment of 2 May 2000*, paras.9-11. 参照した判決文(未編集版)は欧州人権裁判所のウェブサイト(http://hudoc.echr.coe.int/)に掲載されたもの。
241 Ibid., para.12.
242 Ibid., paras.17-19.
243 Ibid., paras.20-24.
244 Ibid., para.33.

発にさえ訴える自由が含まれることを心に留める。……本件のような場合、国内の裁量の余地は、重大な公共の関心事に関する情報を伝えることを通じて報道機関が『公衆の番犬』としての重要な役割を果たせるようにすることについての民主的社会の利益によって、その範囲が定められる」[245]

　欧州人権裁判所の見解では、「争われている記事は、……人間の健康の重要な側面に関わるものであり、公共の利益に影響を及ぼす重大な問題を提起している」。本件のように、「国内機関がとる措置に、正当な公共の関心事についての情報を報道機関が流布することの抑制につながる効力がある場合には、〔欧州人権〕裁判所としては当該措置の比例性を慎重に検討することが求められる」[246]。
　ただし、表現の自由の行使には「『義務および責任』がともなうのであり、このことは報道機関にも当てはまる。……これらの『義務および責任』は、本件のように、私人の信用を攻撃し、かつ『他の者の権利』を損なう問題がある場合には重要である」。

「〔したがって、〕表現の自由の行使に内在する『義務および責任』により、一般的関心のある問題を報道することとの関わりで10条がジャーナリストに与えている保障は、ジャーナリズム倫理にしたがって正確かつ信頼できる情報を提供するためにジャーナリストが誠実に行動しているかぎりにおいてという但し書がつけられる」[247]

　欧州人権裁判所は、「本件においては、R医師による治療についての女性の説明が基本的に正確であるのみならず、同紙によるその記録も正確であったこと」を相当に重視した。欧州人権裁判所は、記事を全体として読んだ場合、発言が「過度であるまたは誤解を招く」と認定することはできなかった[248]。「〔欧州人権〕裁判所はさらに、女性の発言の報道が適切なバランスを欠いていたという主張も

245　Ibid., para.49.
246　Ibid., paras.51-52.
247　Ibid., para.53.
248　Ibid., para.56.

815

受け入れることはできない」とした。その指摘によれば、「インタビューにもとづくニュース報道は、編集されたものであれ未編集のものであれ、報道機関が『公衆の番犬』としての重要な役割を果たすことができるもっとも重要な手段のひとつである」[249]。欧州人権裁判所は、イェルシルド事件の判決を援用して、「客観的かつバランスのとれた報道を行なう方法は、とくに問題となっているメディアによって相当に異なる」。「ジャーナリストがどのような報道手法をとるかについて報道機関自身の見解に代わる見解を示すこと」は、欧州人権裁判所の役割ではなく、国内裁判所の役割でもない。最後に、欧州人権裁判所は、最初の当該記事と同じページに、この分野では「成功と失敗は紙一重」と述べている別の美容整形外科医のインタビューや、非難された美容整形外科医が、合併症は全手術の15〜20%で生じることに注意を促しているインタビューが掲載されていることに留意している。さらに、R医師を弁護する記事が別に2本、同紙には掲載されていた[250]。

関連記事の掲載が「R医師の影響に深刻な結果をもたらした」ことは認めながらも、欧州人権裁判所は、「同氏の術後ケアおよびフォローアップ治療に関わる正当な批判を踏まえれば、いずれにせよ同氏の職業上の信用に実質的被害が生ずることは避けられなかった」との見解をとった[251]。以上のあらゆる考慮事項に照らし、欧州人権裁判所は、「職業上の信用を保護することについてR氏が利益を有していることは間違いないが、そのことが、正当な公共の関心事についての情報を伝える報道機関の自由に対する重要な公益を凌駕するほど十分である」と判断することはできないとした。「端的に言えば、相手方である国が依拠する理由は、関連するものではあるものの、申立ての対象となった干渉が『民主的社会において必要な』ものであることを示すほど十分なものではなかったということである」。したがって、「表現の自由についての申立人の権利に対して最高裁判所が適用した措置と、追求される正当な目的との間には合理的な比例関係が存在しなかった」[252]。したがって欧州人権条約10条違反が認定されている。

---

249 Ibid., para.57.
250 Ibid., para.57.
251 Ibid., para.59.
252 Ibid., para.60.

表現の自由は、欧州人権条約10条2項に定められた制限にしたがうことを条件として、報道機関が情報の伝え手および公衆の番犬としての責務を果たせるように保障されなければならない。

政治的討議の自由は、条約全体を貫徹する民主的社会の概念の中核そのものに位置している。報道の自由は、公衆に対し、政治的指導者がどのような考えおよび姿勢を有しているかを知り、それについての意見を形成する最善の手段のひとつを提供するものである。

表現の自由は、表明された考えおよび情報の内容だけではなくそれが伝達される形態も保護しており、したがってジャーナリストにはどのような報道手法をとるかを決定する権利がある。表現の自由の行使には「義務および責任」がともなう。一般的関心のある問題について報道するときに条約10条の保護を享受するためには、ジャーナリストは、職業倫理にしたがって正確かつ信頼できる情報を提供するために誠実に行動することを求められる。

インタビューにもとづくニュース報道は、編集されたものであれ未編集のものであれ、報道機関が公衆の番犬としての重要な役割を果たすことができるもっとも重要な手段のひとつである。したがって、他の者の発言を流布したことを理由にジャーナリストを処罰することは、とくに強い理由がなければあってはならない。

報道に対して有罪判決その他の制裁を科すことは、報道機関が公衆の番犬としての責務を果たすうえで妨げとなる可能性が高い。民主的社会においては、たとえば「司法機関の権威および公平性」を維持したり「他の者の信用または権利」を保護したりするために表現の自由の行使を制限しなければならない場合があり得る。

ただし、ある問題は、それが係争中の訴訟の一部であるという理由のみで公益上の問題とならなくなるわけではない。したがって、このような問題に関する表現の自由への干渉は、情報の自由な流通に対する公の利益を凌駕するに十分なほど急迫する社会の必要に応じたものである場合にのみ、正当と見なされる。締約国は、当該干渉を正当と見なす必要が

> あったことを説得的に立証する、関連性があり、かつ十分な理由を示さなければならない。
>
> 政治的指導者も10条2項にもとづいて「信用または権利」の保護を享受できるが、容認可能な批判の限界は私人に関する場合よりも広い。政治家が公人として行動している場合、10条2項にもとづいて保護される必要性は、政治的問題について開かれた討論を行なうことの利益との関連で衡量されなければならない。

3.5.3 選挙で選ばれた職能団体構成員の表現の自由

ニールセンおよびジョンソン対ノルウェー事件では、職能団体の構成員、この場合には警察官の表現の自由に関する問題が提起された。ニールセン警部補はノルウェー警察官協会会長、ジョンソン巡査はベルゲン警察官協会会長を務めていた。10条にもとづいて2人が行なった申立ての発端は、ノルウェー刑法上の名誉毀損を理由として、オスロ市裁判所が2人に有罪判決を言渡したことである。名誉毀損的な発言は新聞3紙に掲載されたもので、警察の暴力行為についてある教授が発表した報告書について批判的な意見を述べたものであった。申立人のひとりは同教授に対して非金銭的賠償を行なうよう命じられたほか、いずれの申立人も同教授に対して相当額の訴訟費用を支払うよう命じられた[253]。

争われている措置が申立人の表現の自由への干渉であること、この干渉が「法律で定める」ものであり、かつ正当な目的、すなわち「他の者の信用または権利を保護する」しようとするものであったことについては、当事者間の争いはなかった。したがって、欧州人権裁判所が判断しなければならない問題として残されたのは、当該措置が「**民主的社会において必要な**」ものであったかどうかということだけであった[254]。申立人らはノルウェーのベルゲン市警による不法行為という重大な主張に対抗しようと試みたものであるだけに、この問題

---

253 Eur. Court HR, *Case of Nilsen and Johnsen v. Norway*, judgment of 25 November 1999, Reports 1999-VIII, pp.72-75, para.25, and p.76, para.27.
254 Ibid., p.82, para.39.

は本件においてはとりわけ重要であった。欧州人権裁判所はこの点について次のように述べている。

> 「本件の大きな特徴は、申立人らが、警察による不法行為があったという主張を公にした一部の報告書に対し、警察官団体の代表として行なった発言に関わって制裁を科されたという点である。警察による不法行為についての議論の余地がある情報を伝えおよび受け取る権利に制限が課される場合、〔欧州人権〕裁判所として厳格な審査を行なわなければならないことは間違いないが、……同じことは、そのような主張に対抗するための発言についても、それが同じ議論の一環である以上、適用されなければならない。本件のように、当該発言が、専門職の実務および統合性を問題にする主張に対し、職能団体の選挙で選ばれた代表によって行なわれた場合はなおさらである。実際、10条にもとづく表現の自由についての権利は、11条に掲げられた集会および結社の自由についての権利を効果的に享受する主要な手段のひとつであることが想起されるべきである」[255]

欧州人権裁判所は、ノルウェーの裁判所が依拠した理由は、当該教授の信用の保護を目的としていた点で「**明らかに関連性がある**」と判断した。たとえばノルウェーの最高裁判所は、名誉毀損的な発言は「虚偽」、「意図的な嘘」、「価値がなく悪意にもとづいた動機」および「不誠実な動機」という非難であったことを認定している[256]。しかしこれらの理由は、10条2項の適用上、「**十分な**」ものであったのだろうか。欧州人権裁判所はこの点について、本件の背景には、「とくにベルゲン市における警察の暴力の訴えの調査に関して、ノルウェーで熱心な議論がずっと続けられてきたこと」があり、また「争われている発言は明らかに重大な公の関心事に関わるものである」ことを認定した。しかし重要なのは、欧州人権裁判所が次の点に留意していることである。

---

255 Ibid., pp.85-86, para.44.
256 Ibid., p.86, para.45. 強調引用者.

「ストラスブールの判例によれば、10条2項上、政治的発言または公益に関わる問題の議論について制限を課す余地はほとんどない」[257]

とはいえ、「たとえ重大な公の関心事についての議論であっても、表現の自由についての権利には限界が存在しなければならない」。したがって問題は、「申立人らが許容可能な批判の限界を超えたか」ということである[258]。

欧州人権裁判所は、ノルウェーの裁判所が、教授が意図的な嘘をついたと非難した発言について無効を宣言したのは正当であったと認めた。この発言は「許容可能な批判の限界を超えていた」ためである。しかし、「むしろ価値判断に近い」残りの発言についてはこれは当てはまらない[259]。

干渉の必要性について判断するにあたり、欧州人権裁判所は、「本件の被害当事者が果たした役割」も顧慮している。欧州人権裁判所は、「同人は、『誤情報』、『専制的』といった多くの軽蔑的な表現を用い、『ベルゲン警察には『犯罪的下位文化』がある』と主張したことに留意した[260]。

「〔しかし〕申立人らが、職能団体の選挙で選ばれた代表として、当該職業集団内の業務の方法および倫理についての批判に応えていたことを念頭に置き、〔欧州人権〕裁判所は、自由な表現の利益と、条約10条2項の必要性の基準にもとづく信用の保護の利益とを衡量するにあたって、活発な公の討議に原告自身が積極的に関与していた事実が、国内裁判所が国内法を適用した段階で考慮したよりもさらに重視されなければならないと考える。……問題の発言は、その議論に対して原告が行なった貢献に直接関係していた。〔欧州人権〕裁判所の見解では、一般的な関心事についてこのように熱のこもった継続的な議論が公に行われ、双方の職業的信用が危険にさらされている文脈においては、ある程度の誇張は容認されるべきである」[261]

---

257 Ibid., pp.86-87, para.46.
258 Ibid., p.87, para.47.
259 Ibid., p.87, paras.49-50.
260 Ibid., pp.88-89, para.52.
261 Ibid., p.89, para.52.

このことに照らし、欧州人権裁判所は、残りの発言が条約10条の「適用上、許容可能な批判の限界を超えていた」という点について「納得しない」とした。熱のこもった長期に渡る議論の背景には警察の暴力に関する主張が真実かどうかという問題があり、情報提供者が虚偽の主張を行なったという推定は事実によって裏づけられている。問題の発言は基本的にこの問題を扱ったものであり、その表現において厳しい言葉が用いられたのは確かであるにせよ、それはこの議論に主役のひとりとして早い段階から参加してきた被害当事者が用いた言葉と不釣合いというわけではない。欧州人権裁判所は、申立人らの表現の自由に対する干渉を支持する「十分な事由」は存在せず、したがってこの干渉は「民主的社会において必要な」ものではなかったとして、10条違反を認定した[262]。

> 欧州人権条約10条2項上、政治的発言または公益に関わる問題の議論について制限を課す余地はほとんどない。ただし、他の者を批判するときは超えてはならない限界がある。たとえば警察による不法行為についての議論の余地がある情報を伝えおよび受け取る権利に制限が課される場合、欧州レベルでの厳格な監督が求められる。同じことは、そのような主張に対抗するための発言についても、それが同じ議論の一環である以上、適用されなければならない。このアプローチは、争われている発言が、専門職の誠実および倫理が違反されたという主張に対し、職能団体の選挙で選ばれた代表によって行なわれた場合はとりわけ妥当する。さらに、欧州人権条約10条にもとづく表現の自由についての権利は、11条で保障されている集会および結社の自由についての権利を効果的に享受する主要な手段のひとつである。

3.5.4 選挙で選ばれた政治家の表現の自由

　欧州人権裁判所は次のように述べている。

---

262 Ibid., p.89, para.53.

「表現の自由はすべての者にとって重要であるが、選挙で選ばれた人民の代表にとってはなおさらである。彼らは有権者を代表し、その関心事に注意を促し、その利益を擁護する。したがって……野党議員の表現の自由に対する介入は、欧州人権裁判所として厳格に審査しなければならない」[263]

このイェルサレム対オーストリア事件では、地域議会としても機能していたウィーン自治体評議会の評議員である申立人が、オーストリア民法1330条にもとづく裁判所の命令により、2つの有名な団体、IPMおよびスイスにある姉妹団体VPMが「全体主義的性格のセクト」である旨の発言を繰り返さないよう命じられたものである[264]。ウィーン自治体評議会が、子どもがセクトに入った親を援助する団体に補助金を与えるかどうかについて審議したさい、申立人は、ウィーンには「心理セクト」が存在し、「全体主義的性格」と「ファシスト的傾向」という特徴は共通していると発言した。IPMが「オーストリア人民党の薬物政策に影響力をもつようになっている」とも述べている[265]。オーストリアのIPMとスイスのVPMは、ウィーン地域裁判所に対し、申立人に差止命令を言渡してIPMがセクトだと繰り返すことを禁ずるよう求めた。この訴えは認容された。

欧州人権裁判所は、この差止命令が欧州人権条約10条1項で保障された申立人の表現の自由に対する干渉である点、この干渉が「法律で定める」ものであり、かつ正当な目的、すなわち「他の者の信用または権利を保護する」ことを追求するものである点について、当事者の評価を支持した。したがって判断しなければならない争点として残されたのは、当該差止命令がその特定の目的のために「民主的社会において必要な」ものであったかどうかという点であった[266]。

欧州人権裁判所は、選挙で選ばれた人民の代表にとっても表現の自由が重要であることを強調した後、次のことを想起した。

---

263 *Eur. Court HR, Case of Jerusalem v. Austria*, judgment of 27 February 2001, para.36. 参照した決文(未編集版)は欧州人権裁判所のウェブサイト(http://hudoc.echr.coe.int/)に掲載されたもの。
264 Ibid., para.18.
265 Ibid., para.10.
266 Ibid., para.30.

「容認可能な批判の限界は、私人に関する場合よりも、公的資格で行動する政治家に関する場合のほうが広い。後者は、ジャーナリストと公衆一般の双方によってその言行を緊密に吟味される立場に自らを不可避的にかつあえて置いているからである。政治家は、とくに批判を受けやすい発言を自ら公の場で行なうときは、いっそう寛容な姿勢を示さなければならない」[267]

しかし欧州人権裁判所は、上述したニールセンおよびジョンソン事件判決に言及して、「私人または私的団体も、公の議論の場に登場したときは自らを吟味される立場に置くことになる」とした。本件においては、2つの団体は「公の関心分野、すなわち薬物政策の分野で活発に活動していた。この問題に関する公の議論に参加するとともに、政府が認めるように、政党とも協力していた。両団体が公的領域でこのように活発な活動を行なっていた以上、反対派がその目的および手段を議論のなかで検討するときには、批判に対して高度に寛容な姿勢を保たなければならない」[268]。

欧州人権裁判所は次に、問題とされた発言はウィーン自治体評議会における政治的討議の過程で行なわれたものであり、したがって「参加者の公的表現の自由を保護することについての公益という面では少なくとも議会に匹敵する場で行なわれた」ものであることに留意した。欧州人権裁判所は、これに付け加えて次のように述べている。

「民主主義社会において、議会またはそれに匹敵する機関は政治的討議のために必要不可欠な場である。その場で行使される表現の自由への干渉を正当化するためには、きわめて重みのある理由が提出されなければならない」[269]

オーストリアの裁判所とは逆に、欧州人権裁判所は、申立人の発言が、「自治体評議会の選出評議員が公益上の問題について行なった公正な発言であり、事実

---

267 Ibid., para.38.
268 Ibid., paras.38-39.
269 Ibid., para.40.

の表明よりも価値判断と見なされる」ことを認めた。したがって、判断しなければならない問題は、「このような価値判断の根拠とするに足る十分な事実が存在したかどうか」ということであった[270]。

欧州人権裁判所は、申立人が、自分の価値判断を証明するために原告の内部組織および活動に関する証拠書類(この問題についてドイツの裁判所が言渡した判決を含む)を提出していたことに留意した。オーストリア地域裁判所はこの証拠については認容したものの、申立人が申請した証人および専門家による鑑定意見の提案は却下した[271]。欧州人権裁判所は、一方では発言の証明を要求しながら、他方では利用可能なあらゆる証拠の検討を拒否するという「一貫性に欠けた国内裁判所の姿勢に衝撃を受ける」としている。結論として、欧州人権裁判所は次のように述べた。

「発言の真実性を証明するよう申立人に求める一方で、同時に、発言を裏づける証拠を提出し、それによって発言が公正なものだったことを示す効果的機会を奪ったオーストリア裁判所の対応は裁量の余地を踏み外したものであり、申立人に対する差止命令はその表現の自由に対する比例性を欠いた干渉である」[272]

したがって10条違反があったとされた。

> 欧州人権条約10条で保障された表現の自由は、地方・地域・国の議会議員のように、有権者を代表し、その利益を擁護する、選挙で選ばれた人民の代表にとってはとりわけ重要である。公の議論の場に足を踏み入れるとき、政治家は、その言行を緊密に吟味される立場に自らを置くことになる。したがって、批判についてはより広い限界を受け入れなければならないし、それに応じていっそう寛容な姿勢を示さなけ

---

270 Ibid., paras.44-45.
271 Ibid., para.45.
272 Ibid., para.46.

> ればならない。同じことは、公の関心事に関わる政治的議論に参加する私人および私的団体にも当てはまる。民主的社会では、議会または構成員が選挙で選ばれるその他の機関は政治的討議のための主たる場であり、その場における表現の自由の行使への干渉を正当化するためには、きわめて重みのある理由が提出されなければならない。

3.5.5 芸術的表現の自由

「〔欧州人権条約10条には〕──とくに情報および考えを受けおよび伝える自由の範疇として──芸術的表現の自由が含まれており、あらゆる種類の文化的・政治的・社会的情報ならびに考えの公的交換に参加する機会が保障されている。……芸術作品を想像し、演じ、配布しまたは展示する者は、民主的社会にとって不可欠な考えおよび意見の交換に貢献しているのである。したがって、国にはその表現の自由を不当に侵害しない義務がある」[273]

カラタス対トルコ事件の申立人は、『抵抗の件──デルスィム』と題する詩集を出版したことにより、テロリズム防止法(法律3713号)8条違反の罪でイスタンブール国家安全保障裁判所から有罪判決を受けた。法改正後、刑期は1年1月10日に短縮されたが、罰金は1億1,111万1,110トルコリラに増額された[274]。テロリズム防止法8条は、トルコ共和国の領土保全または国家の不可分の統一を害することを目的とした文書および口頭による宣伝、集会および示威行動を違法としていた。

欧州人権裁判所は、当該有罪判決は表現の自由についての権利を申立人が行使することに対する「干渉」である点、それはテロリズム防止法8条という「法律で定める」ものであった点、当該措置が正当な目的を追求していた点は認容した。最後の点について欧州人権裁判所は次のように述べている。

「トルコ南東部の治安状況が微妙であること……および当局はさらなる暴力

---

273 *Eur. Court HR, Case of Karatas v. Turkey*, judgment of 8 July 1999, *Reports* 1999-IV, p.108, para.49.
274 Ibid., pp.90-95, paras.9-15.

825

を煽りかねない行為を警戒していなければならないことを顧慮すれば、申立人に対してとられた措置は、政府が挙げたいくつかの目的の一部、とくに国および領土の不可侵性の保護ならびに無秩序および犯罪の防止をいっそう進めるものであったと言うことができる。本件発生時のトルコ南東部の状況がそうであったように、分離主義運動が暴力の使用に依拠する手段に訴えていた場合には、このことは明らかである」[275]

したがって欧州人権裁判所が判断しなければならない争点として残されたのは、申立人に対する有罪判決がこの正当な目的に比例するものであり、民主的社会において必要なものであったかどうかという点であった。欧州人権裁判所は、申立人が「私人として、マスメディアではなく、本来的に非常に少ない読み手を相手とした詩という手段を通じて意見を表明したものであり、『国の安全』、公の『秩序』および『領土保全』に影響を及ぼす可能性は相当に限られていた」という見解を示した。たとえ詩のなかに「非常に攻撃的に見える筆致で暴力の使用を呼びかける」節があったとしても、欧州人権「裁判所は、それが芸術的性質のものであり、かつ影響も限られていることから、蜂起の呼びかけというよりも、困難な政治的状況を前にした深い嘆きの表明であると考える」[276]。欧州人権裁判所はさらに、申立人が有罪判決を受けた理由が「暴力を扇動したからというよりも、トルコの特定の地域を『クルディスタン』と呼ぶことによって分離主義的宣伝を流布したことおよび同地域における反乱運動を賞賛したことにある」ことに留意した[277]。欧州人権裁判所は「とりわけ……申立人に科された刑罰が重いことに衝撃を受け」ている[278]。以上の諸事情から、欧州人権裁判所は、申立人に対する有罪判決は「追求された目的との比例性を欠いており、したがって『民主的社会において必要な』ものではない」と認定し、「欧州人権条約10条の違反があった」とした[279]。

---

[275] Ibid., pp.105-106, paras.36, 40 and 44.
[276] Ibid., p.109, para.52.
[277] Ibid., p.109-110, para52.
[278] Ibid., p.110, para.53.
[279] Ibid., p.110, para.54.

芸術的表現の自由はミラー他対スイス事件でも争点となっている。本件の申立人らは、展示会で「わいせつ」なものを展示したとして、スイス刑法204条1項にもとづき有罪判決を受けた。欧州人権裁判所は、この判決および——後に撤回されたとはいえ——当該絵画の没収命令が表現の自由についての申立人らの権利に対する干渉であり、10条1項にもとづいて正当化されなければ合法的とは認められないことを受け入れた[280]。

　欧州人権裁判所は、当該措置が法律で定めるものであること、有罪判決は公の道徳を保護するためのものであった点で正当な目的を追求していたことを認めた[281]。民主的社会で表現の自由が果たす重要な役割を想起しながらも、欧州人権裁判所は、「もちろん、芸術家およびその作品を宣伝する者が〔条約10条2項に〕定められた制限を受ける可能性から免除されているわけではない」ことを認めた。「誰であれ、その表現の自由を行使する者は同項の明示的文言にしたがって『義務および責任』を負う。その適用範囲は同人が置かれた状況および用いた手段次第である」[282]。**道徳**の文言については、欧州人権裁判所は次のように述べている。

> 「諸締約国の法的および社会的秩序に、欧州共通の道徳観念を見出すことはできない。道徳上の要件に関する見方は時代および場所によってさまざまであり、とくにこの時代においては、この問題に関する見解がはるかに進展しているのが特徴である。国の機関は、自国の活力に直接および継続的に接していることから、これらの要件の内容および当該要件を満たすための『制限』または『刑罰』の必要性に関する見解を言渡すうえで、原則として国際裁判官よりもよい立場にある」[283]

　欧州人権裁判所は、「スイスの裁判所と同様、性的道徳の観念が近年変わってきた」ことを認めた。「とはいえ、当該絵画の原画を検分した〔欧州人権〕裁判

---

280 *Eur. Court. HR, Case of Muller and Others v. Swutzerland, judgment of 24 May 1988, Series A, No.133*, p.19, para.28.
281 Ibid., pp.20-21, paras.29-30.
282 Ibid., p.22, para.34.
283 Ibid., p.22, para.35.

827

所は、もっとも生々しいものに数えられる形態のセクシュアリティを強調したこれらの絵画は『通常の感受性を有する者の性的適切さに関する感覚を著しく傷つける可能性がある』というスイスの裁判所の見解が、不合理であるとは考えない」。この問題についてスイスの裁判所に認められた裁量の余地を顧慮し、欧州人権裁判所は、争われた措置は条約10条に違反するものではなかったと認定した[284]。

> 芸術的表現の自由は欧州人権条約10条で保護されており、民主的社会の不可欠な構成要素である。芸術的表現の自由にはとくに情報および考えを受けおよび伝える自由が含まれており、これによって人々はあらゆる種類の文化的・政治的・社会的情報ならびに考えの公的交換に参加できるようになる。芸術的表現の自由の行使に対する干渉は、欧州人権条約10条2項に定められた事由にもとづいて行なわれる場合でなければ合法と見なされない。公の道徳を保護するために民主的社会において何が必要とされるかを判断するうえで、締約国には、より客観的な性質の正当な目的のために表現の自由の行使を制限する場合よりも広い裁量の余地が認められている。

4. 結社および集会の自由についての権利

　結社および集会の自由についての権利は密接に関連し合っており、したがって本章であわせて検討する。2つの自由が扱われている順番は検討する諸条約によって異なっているので、混乱を避けるため、全体としては集会の自由よりも先に結社の自由から取り上げる。

---

[284] Ibid., pp.22-23, paras.36-37.「道徳」の概念については *Eur. Court HR, Handyside Case, judgment of 7 December 1976, Series A, No.24*, pp.23-28, paras.49-59も参照。表現の自由についてさらに詳しくは「アーティクル19」(Article 19)という団体のウェブサイトも参照(www.article19.org、*The Virtual Freedom of Expression Handbook*を見ることができる)。

4.1 関連の法規定

世界人権宣言20条：
「1. すべて人は、平和的集会及び結社の自由に対する権利を有する。
2. 何人も、結社に属することを強制されない」

自由権規約20条(結社の自由についての権利)：
「1. すべての者は、結社の自由についての権利を有する。この権利には、自己の利益の保護のために労働組合を結成し及びこれに加入する権利を含む。
2. 1の権利の行使については、法律で定める制限であって国の安全若しくは公共の安全、公の秩序、公衆の健康若しくは道徳の保護又は他の者の権利及び自由の保護のため民主的社会において必要なもの以外のいかなる制限も課することができない。この条の規定は、1の権利の行使につき、軍隊及び警察の構成員に対して合法的な制限を課することを妨げるものではない。
3. この条のいかなる規定も、結社の自由及び団結権の保護に関する1948年の国際労働機関の条約の締約国が、同条約に規定する保障を阻害するような立法措置を講ずること又は同条約に規定する保障を阻害するような方法により法律を適用することを許すものではない」

自由権規約21条(集会の自由についての権利)：
「平和的集会の権利は、認められる。この権利の行使については、法律で定める制限であって国の安全若しくは公共の安全、公の秩序、公衆の健康若しくは道徳の保護又は他の者の権利及び自由の保護のため民主的社会において必要なもの以外のいかなる制限も課することができない」

アフリカ人権憲章10条(自由な結社の権利)：
「1. すべての個人は、法律にしたがうことを条件として、自由な結社の権利を有する。
2. 何人も、29条に定める連帯の義務にしたがうことを条件として、結社に加入することを強制されない」

アフリカ人権憲章11条(集会の自由についての権利)：
「すべての個人は、他の者と自由に集会する権利を有する。この権利の行使については、法律、とくに国の安全、他の者の安全、健康、倫理ならびに権利および自由のために制定された法律に定める必要な制限のみを課すことができる」

米州人権条約16条(結社の自由についての権利)：
「1. すべての者は、思想、宗教、政治、経済、労働、社会、文化、スポーツその他の目的のために自由に結社する権利を有する。
2. この権利の行使については、法律で定める制限であって、国の安全、公共の安全もしくは公の秩序のために、または公衆の健康もしくは道徳または他の者の権利および自由を保護するために民主的社会において必要なもののみを課すことができる。
3. この条の規定は、軍隊および警察の構成員に対し、法的制限(結社の権利の行使の**剥奪**をも含む)を課すことを妨げるものではない」

米州人権条約15条(平和的集会の権利)：
「武器を持たない平和的集会の権利は、認められる。この権利の行使については、法律にしたがって課される制限であって、国の安全、公共の安全もしくは公の秩序のために、または公衆の健康もしくは道徳または他の者の権利もしくは自由を保護するために民主的社会において必要なもの以外のいかなる制限も課すことができない」

欧州人権条約11条：
「1. すべての者は、平和的集会の自由および他の者との結社の自由についての権利を有する。後者の権利には、自己の利益の保護のために労働組合を結成しおよびこれに加入する権利を含む。
2. これらの権利の行使については、法律で定める制限であって、国の安全もしくは公共の安全のため、無秩序もしくは犯罪を防止するため、健康もしくは道徳を保護するためまたは他の者の信用および権利を保護するために民主

的社会において必要なもの以外のいかなる制限も課すことができない。この条の規定は、国の軍隊、警察または行政機関の構成員によるこれらの権利の行使に対して合法的な制限を課すことを妨げるものではない」

　平和的集会および結社の自由についての権利は、人種差別撤廃条約5条(d)(ix)、児童の権利条約15条、子どもの権利および福祉に関するアフリカ憲章8条でも保障されている。結社の自由は、女性に対する暴力の防止、処罰および根絶に関する米州条約4条でも明示的に保障されているところである。自ら選択する労働組合を結成しおよびこれに加入する権利は、自由権規約8条、経済的、社会的および文化的権利の分野における米州人権条約の追加議定書8条、欧州社会憲章(1961年)5条および改正欧州社会憲章(1996年)5条で認められている。

　結社の自由は、もちろん、ILOの結社の自由・団結権保護条約(87号、1948年)と団結権・団体交渉権条約(98号、1949年)でも保護されている。ILOは、とくに理事会の「結社の自由委員会」の枠組みのなかで、結社の自由の分野で精力的な活動を進めている。ただしここでは、主要国際人権条約にもとづく監視機関が取り上げてきたかぎりで集会の自由および結社の自由についての検討を行なう。

4.2 自由権規約21条および22条

4.2.1 「民主的社会において」という概念の由来および意義

　自由権規約21条と22条の起草はおたがいにきわめて緊密な関係を保って進められ、表現の自由に関する19条3項とは異なり、いずれの制限条項にも「民主的社会」への言及が見られる。この文言が21条に挿入されたのは国連人権委員会第8会期(1952年)のことで、フランスの提案によるものであった[285]。フランスはすでに委員会の第5会期(1949年)で同様の試みを行なっていたが、かなわなかった。フランスは当時、この概念は世界人権宣言29条の一般制限条項にすでに含まれて

---

285 修正についてはUN doc. E/CN.4/L.201を、投票結果はUN doc. E/CN.4/SR.325, p.20を参照。

いるので、これを挿入することは「必要不可欠」であると主張していた[286]。この提案は委員会の第6会期(1950年)にあらためて提出されたが、オーストラリアが、当時「民主主義」の概念が2つの両極端な考え方を含んでいたことを理由に反対した。しかしチリは、「各国が国連憲章、世界人権宣言および規約に掲げられた諸原則をどのように遵守しているか考慮することで、民主的国家と非民主的国家を区別することは可能である」として提案に賛成した[287]。フランス代表は次のように述べている。

「63. ……民主的社会とは、人権の尊重を基盤とした社会のことである。このような社会における公の秩序は、個人の尊厳およびその権利の保護が当局によって認められていることを基礎とする。非民主的社会は、人権の軽蔑を特徴とする社会である。

64. ……重要なのは、世界人権の精神を守り、公の秩序さえも人権に従属するものであると断固として宣言することである。したがって民主的社会への言及が含まれるべきである」[288]

しかしレバノン代表は、「最悪の暴君は自分たちの見方にしたがって人権を尊重していると主張することが多いので、〔フランスによる定義は〕濫用される」と考えた。他方、フランスの修正案が世界人権宣言に定められた人権原則全体を意味するのであれば、「発言はもっと明確に行なわれるべきだ」とは感じるものの、修正案を受け入れるとした[289]。

1952年には、「曖昧である」という理由による米国の反対を押して、結社の自由についての条項にも「民主的社会において」との文言が挿入された[290]。国連総会第3委員会におけるその後の討議で、スウェーデンは、「自ら選択する結社を結成しおよびこれに加入する権利は、民主的社会においては重要な権利である」

---

286 UN doc. E/CN.4/SR.120, p.9. 提案を却下した投票結果はUN doc. E/CN.4/SR.121, p.5を参照。
287 UN doc. E/CN.4/SR.169, p.10, para.41 (オーストラリア), and p.13, para.54 (チリ).
288 Ibid., p.14, paras.63-64.
289 Ibid., p.14, para.65.
290 UN doc. E/CN.4/SR.325, para.15 (米国). フランスの修正案はUN doc. E/CN.4/L.202を参照。投票結果についてはUN doc. E/CN.4/SR.326, p.5を参照。

と指摘した[291]。イタリアは、「政治的結社の自由は意見、表現および集会の自由を完成させるものであり、その尊重は真の民主国家の本質的特徴である」と述べた[292]。本章で示すように、表現、結社および平和的集会の自由が本質的に関わり合っていることは、その後、国際的監視機関によって一貫して強調されてきた。

> 自由権規約の起草者は、結社の自由と平和的集会の自由が、人権を尊重する社会と位置づけられる民主的社会の基本的要素であると考えていた。

4.2.2 結社の自由

自由権規約委員会は、シリア・アラブ共和国に「政党に関する具体的法律が存在しないこと」と、「バース党が主導する国民進歩戦線の政治活動への参加を希望する政党しか認められていないこと」について懸念を表明した。「委員会はまた、独立の非政府組織および人権団体を含む……民間団体機関の設立に制限が課されていることも懸念するものである」。したがって、「締約国は、政党法案が規約の規定と両立することを確保するべきである。また、民間団体機関法(1958年法律93号)の実施が規約22条および25条に全面的にしたがうことも確保するべきである」[293]。

委員会は、イラクで効力を有する表現の自由への制限について、規約19条違反であるのみならず、平和的集会および結社の自由についての権利を保護する21条および22条の実施も妨げていると指摘した。「したがって、表現、平和的集会および結社の自由についての権利に制限を課す刑法および政令は、規約19条、21条および22条に一致するよう改正されるべきである」[294]。

自由権規約委員会は、「非政府組織および労働組合を対象とした登録手続」によってベラルーシで困難が生じていることについて懸念を表明した。「委員会はまた、人権活動家に対し、当局による脅迫およびいやがらせ(人権活動家の逮捕

---

291 UN doc. *GAOR, 16th session, 1961-1962, v.1, Third Committee*, doc. A/C.3/SR.1087, p.134, para.16.
292 Ibid., UN doc. A/C.3/SR.1088, p.139, para.8.
293 UN doc. *GAOR*, A/56/40 (vol.I). pp.75-76, para.26.
294 UN doc. *GAOR*, A/53/40 (vol.I), p.21, para.105.

および一部非政府組織の事務所の閉鎖を含む)が行なわれているとの報告があることについても懸念を表明する。これとの関連で、委員会は、非政府組織の自由な活動は人権を保護することおよび人民の間で人権に関わる情報を普及することのために必要不可欠であることをあらためて指摘し、非政府組織の設立および自由な活動が規約22条にしたがって促進されるようにするため、その登録および活動に関わる法規および行政実務の見直しを勧告するものである」[295]。

委員会は、ベネズエラ「当局が組合指導部の自由選挙を含む労働組合の活動に干渉していることを非常に懸念」し、「締約国は、規約22条にしたがい、組合が公的干渉を受けることなく自由にその活動を行ないかつその活動を選択する(ママ)ことを保障するべきである」と勧告した[296]。ドイツについても、「国家の名のもとに権限を行使しているわけではなく、かつ必須役務に従事していない公務員の同盟罷業が全面的に禁じられていることは規約22条違反の可能性がある」として懸念を表明している[297]。レバノンの公務員が、規約22条に違反して「依然として団体を結成する権利および団体交渉する権利を否定されている」ことについても遺憾の意を表明した[298]。

4.2.3 集会の自由

シリア・アラブ共和国では集会の自由が「全面的に尊重されている」という同国の発言には留意しながらも、自由権規約委員会は、公の集会および示威行動の実施が刑法で制限されていることについて、21条で認められた制限を超えているとして依然として懸念を表明した[299]。平和的集会の権利に関する蘭領アンチル諸島の法規で「地元警察署長から事前の許可を得なければならないという一般的要件が掲げられている」ことについても懸念を表明し、「締約国は、平和的集会の権利が、規約21条の保障に厳格にしたがってすべての者によって行

---

295 Ibid., p.29, para.155.
296 UN doc. *GAOR*, A/56/40 (vol.I). p.53, para.27.
297 UN doc. *GAOR*, A/52/40 (vol.I). p.34, para.188.
298 Ibid., p.57, para.357.
299 UN doc. *GAOR*, A/56/40 (vol.I). p.75, para.25.

使されうることを確保するべきである」と勧告している[300]。

　委員会はさらに、朝鮮民主主義人民共和国について、「集会を規制する法律の要件が濫用される可能性を含む、公の集会および示威行動に対する制限に関して」懸念を表明した。「委員会は、締約国に対し、公の集会の条件について追加情報を提供するとともに、公の集会の開催が禁止できるのか否かおよびどのような条件のもとで禁止できるのか、ならびに、当該措置に対する異議申立ては可能なのか否かを明らかにするよう要請する」[301]。「合法的集会を規制し、かつ公の集会について許可を要求する」キプロスの1958年法についても、「規約21条を遵守していない」として懸念を表明した。「これとの関連で、委員会は、集会の自由に対する制限は規約にしたがって必要と見なされる制限に限られなければならないことを強調するものである」[302]。委員会は、数年後、公の集会および行進に関する新法がキプロスで制定されたことに留意しつつ、「要件とされる事前通告の受領時に〔適当な当局が〕集会および行進のあり方について」制限を課せることに懸念を表明した。「委員会はまた、要件とされる事前通告の期限が早すぎ、集会の自由を不当に制限する可能性があることにも留意する。委員会は、集会の自由に対する制限は規約にしたがう制限に限られなければならないことを、あらためて指摘するものである」[303]。

　委員会は、モンゴルについて、規約で保障されている一部の権利の行使に対してモンゴル法で認められている制限が「きわめて幅広くかつ膨大であり、これらの権利の効果的行使を深刻に制限している」との所見を述べた。たとえば、「公の会合の開催に関する事前許可の要件およびこのような会合を却下する基準」がこれに該当する。さらに、行政決定に異議申立てを行なうための十分な機構が存在しないことにより、結社、集会および移動の自由といった基本的権利が実際に全面的に享受されているかどうか定かでなくなっているともされた[304]。

　委員会は、ベラルーシで「集会の自由についての権利が深刻に制限されている」

300　Ibid., p.82, para.20.
301　Ibid., p.103, para.24.
302　UN doc. *GAOR*, A/49/40 (vol.I), p.54, para.323.
303　UN doc. *GAOR*, A/53/40 (vol.I), p.34, para.194.
304　UN doc. *GAOR*, A/47/40, p.151, para.601.

ことについて懸念を表明し、これは規約にしたがっていないとしている。委員会がとくに留意したのは、「示威行動を行なうための許可申請が示威行動の15日前に提出されなければならず、かつ当局によってしばしば却下されていること、および、1997年3月5日の政令5号によって、示威行動の組織および準備に厳しい制限が課され、示威行動参加者が遵守すべき規則が定められ、かつ『国の機関の職員の名誉および尊厳を侮辱する』または『国および公の秩序ならびに市民の権利および法的利益を損なうことを目的とした』掲示物、横断幕または旗の使用が禁じられていること」である。「このような制限は、規約21条に掲げられた諸価値を保護するために民主的社会において必要なものと見なすことはできない。したがって委員会は、平和的集会の権利がベラルーシで法律上も実務上も全面的に保護され、かつこの権利に対する制限は規約21条を厳格に遵守して課されるべきこと、および、1997年3月5日の政令5号は、同条と一致するように廃止または修正されるべきことを、勧告する」[305]。

最後に、委員会は、「公共の安全および国の安全」を理由としてレバノンで「示威行動が全面的に禁じられていること」について、規約21条にもとづく集会の自由についての権利と両立するものではなく、可及的速やかに解除されるべきであるとした[306]。

自由権規約19条3項にもとづく表現の自由の行使に対する制限によって、規約22条および21条で保障された結社の自由および平和的集会の自由の全面的および効果的享受が妨げられてはならない。結社の自由についての権利(自由権規約22条)は、とくに、政党、労働組合、および、人権団体を含む非政府組織といった民間団体を結成する権利を保護するものである。規約22条は、公務員が団体を結成し、かつ団体交渉を行なうことの禁止を締約国に認めたものではない。結社の自由についての権利の制限は、規約22条2項に掲げられた条件を厳格に尊重して課されなければならない。締約国はまた、平和的集会の権利が規約21条に掲

---

305 UN doc. *GAOR*, A/53/40 (vol.I), p.29, para.154.
306 UN doc. *GAOR*, A/52/40 (vol.I), pp.56-57, para.356.

> げられた厳格な条件のもとで保障されること、および、その行使に対する権限がそこで明示的に認められた範囲を超えないことを確保しなければならない。このことが意味するのは、とくに、集会または示威行動の開催について事前の許可を要件とする規則または公の集会の開催・実施を規制するその他の規則もしくは要件は、21条に列挙された正当な目的のために民主的社会において必要とされるものに限られなければならないということである。公共の安全および国の安全を理由とする示威行動の全面的禁止は、自由権規約21条で保障された平和的集会の自由と両立しない。締約国には、結社の自由または平和的集会の自由が侵害されたと考える者に対して効果的救済措置を提供する法的義務がある。

4.3 アフリカ人権憲章10条および11条

　アフリカ人権憲章10条1項は、「法律にしたがうことを条件として、自由な結社の権利」をすべての個人に保障している。さらに10条2項は、「何人も、29条に定める連帯の義務にしたがうことを条件として、結社に加入することを強制されない」と規定している。「法律にしたがうことを条件として」という文言は確かに曖昧である。また、自由権規約および米州人権条約の対応条文に置かれている制限条項とは異なって、「法律」への言及には、「必要な」もしくは「民主的社会」という文言や、それだけで結社の自由の行使の制限が正当と見なされ得る具体的目的による条件が付されていない。

　どのような事情があれば、29条で定められている家族、コミュニティまたは国に対する個人の義務によって結社に加入する義務が正当化されるのかも不明確である。

　しかし、「他の者と自由に集会する権利」(憲章11条)の行使については、「法律、とくに国の安全、他の者の安全、健康、倫理ならびに権利および自由のために制定された法律に定める必要な制限のみを課すことができる」とされている。憲章はこのように、法律適合性の原則(「法律に定める」)に加えて比例性の原則(「必要な」)も定め、過度な制限に対する若干の保障を提供しているのである。他方、「とくに」という文言が示すように、11条に列挙された正当な目的は網羅的なも

のではなく、したがって法的不確定性の余地を残していることにも注意しなければならない。

　しかし、アフリカ憲章60条にしたがい、アフリカ人権委員会は、憲章の文言を解釈するにあたって人権分野のその他の国際法上の基準から「示唆を受ける」とされていることも指摘しておくべきであろう。これまでのいくつかの章で見てきたように、委員会はこれまでにもしばしばそのような対応を行なってきたし、後述するように、結社の自由の行使に対する制限についてもある程度同様の姿勢を示してきた。

4.3.1 結社の自由

　アフリカ人権憲章10条で保護されている結社の自由については、多くの機会に侵害が認定されてきた。たとえばアフリカ人権委員会は、世界拷問反対機関対ザイール事件で10条1項違反を認定している。ザイール政府は政党の数に制限を課し、現政権を支持する政党にのみ活動を認めていた。「これらの反対政党は公にまたは私的に会合することを認められず、政府がいやがらせによってこれらのグループを動揺させようと試みていた証拠もある。加えて、人権グループは一部地域で団体を結成および設立することを妨げられ、人権問題についての教育講座を開催することもできなかった」。委員会の見解によれば、政府によるこれらの行動はアフリカ憲章10条1項の「明白な違反」である[307]。委員会は同様に、ジョン・D・ウーコ対ケニア事件でも10条違反を認定している。ウーコ氏はケニアの学生連盟の指導者だったが、裁判を受けられずに10か月間逮捕・拘禁された後、その政治的意見のゆえに国を去らなければならなかった。政府は事実関係を争わなかったので、委員会は、ウーコ氏の迫害および海外逃亡は憲章10条で保障された「結社の自由に対する権利を享受する可能性をおおいに脅か

---

[307] *ACHPR, World Organization against Torture et Al. v. Zaire*, Communications Nos.25/89, 47/90, 56/91, 100/93, decision adopted during the 19th session, March 1996, para.75. 参照した決定文はwww.up.ac.za/chr/ahrdb/acomm_decisions.htmlに掲載されたもの。人権団体職員の迫害を理由とするアフリカ憲章10条違反については、*ACHPR, Huri-Laws (on behalf of Civil Liberties Organization) v. Nigeria*, Communication No.225/98, decision adopted during the 28th Ordinary session, 23 October - 6 November 2000, paras.48-49(http://www1.umn.edu/humanrts/africa/comcases/225-98.html)も参照。

した」との結論に達したものである[308]。

　さらに、ナイジェリア弁護士協会をめぐる事件でも10条違反が認定されている。この通報は、ナイジェリア弁護士協会の新たな運営機関として当時設置され、政府の代表によって支配されていた幹部会に関わるものである。幹部会には「弁護士の懲戒権限」を含む「広範な裁量権」が与えられていた[309]。アフリカ人権委員会は、「政府から法的に独立した団体であるナイジェリア弁護士協会は、その運営機関を自ら選択できるべきである」と述べ、「弁護士協会の自治に対する干渉は、弁護士が団体を結成したいと考えたそもそもの理由を制約しまたは無効にする可能性がある」とした[310]。委員会は次に、十分に確立された次の原則を想起している。

> 「結社の自由に対する権利の規制が必要とされるときにも、権限ある公的機関はこの自由の行使を制限するまたは憲章上の義務に反する規定を制定してはならない……。権限ある公的機関は、憲法上の規定を覆し、または憲法および国際人権文書で保障された基本的自由を損なうべきではない」[311]

　委員会は、ナイジェリア弁護士協会の運営に対する政府の介入は、「司法部の独立に関する国連基本原則のような宣言に掲げられた人および人民の権利の原則を遵守することを各国が再確認しているアフリカ憲章前文と両立」しないとの結論に至った。したがって、当該干渉は憲章10条違反とされた[312]。

　最後に、アフリカ委員会は、被告人らがオゴニ民族生存運動(MOSOP)のメンバーであるという理由だけで、ナイジェリアの裁判所によって殺人罪で有罪とされた事件で10条違反を認定している。委員会によれば、「さらに、政府職員が正

---

308 *ACHPR, John D. Ouko v. Kenya, Communication No.232/99, decision adopted during the 28th Ordinary session, 23 October - 6 November 2000*, para.30. 参照した決定文はhttp://www1.umn.edu/humanrts/africa/comcases/232-99.html に掲載されたもの。

309 *ACHPR, Civil Liberties Organisation (on behalf of the Nigerian Bar Association) v. Nigeria, Communication No. 101/93, decision adopted during the 17th Ordinary session, March 1995*, para.24. 決定文はhttp://www.up.ac.za/chr/ahrdb/acomm_decisions.html参照。

310 Ibid., loc. cit.

311 Ibid., para.25.

312 Ibid., para.26.

式判決が出される以前の裁判中に、数度に渡ってMOSOPおよび被告人らを有罪と宣言することもあったと見られる」。これはMOSOPという団体に対する明白な偏見を示すものであり、政府はそれを擁護または正当化するために何らの対応もとらなかった[313]。したがって10条違反があったと認定された[314]。

> アフリカ人権憲章10条では、結社の自由は、与党を支持していない政党に対してもその創設・運営の許可が与えられなければならないことを意味する。政党に対するいやがらせは結社の自由の侵害である。アフリカ憲章10条にもとづく結社の自由とは、人権団体が、とくに人権教育の目的で効果的に活動できなければならないことも意味する。10条にもとづく結社の自由はさらに、弁護士協会が自由に運営できなければならないこと、その自治に対して政府の干渉が行なわれてはならないことを意味する。アフリカ憲章10条で認められている結社の自由についての権利の行使を制限するさいには、国の憲法または国際法上の基準で保障された基本的人権および自由を損なうことがあってはならない。いずれかの者がある団体のメンバーであるという理由だけで殺人等の刑法犯で有罪とすることは、アフリカ憲章10条で認められた結社の自由についての権利の侵害である。

4.4 米州人権条約15条および16条

米州人権条約15条は「武器を持たない平和的集会の権利」を保障しているが、「武器を持たない」という言葉は重複のように思われる。「平和的」という言葉は、それ自体で暴力の脅しを構成すると見なされ得る武器の携帯を含め、暴力および暴力の脅しがあってはならないことを当然に意味しているからである。

16条で保障されている「自由に結社する権利」は、「思想、宗教、政治、経済、

---

313 *International Pen and Others (on behalf of Ken Saro-Wiwa Jr. and Civil Liberties Organization) v. Nigeria, Communications Nos.137/94, 139/94, 154/96 and 161/97, decision adopted on 31 October 1998*, para.108. 決定文は http://www1.umn.edu/humanrts/africa/comcases/137-94_139/94_154-96_161-97.html参照。

314 Ibid., loc. cit.

労働、社会、文化、スポーツその他の目的のために」結社する自由など、社会のあらゆる側面を網羅している。「その他の目的」という文言で明らかなように、この列挙は、人が他の者と自由に結社することを認められなければならない諸目的を例示したものにすぎない。

平和的集会についての権利も自由に結社する権利も、制限が課される場合がある。ただしその制限は、「法律にしたがって」(集会の権利)課されるものまたは「法律で定める」(結社の自由)ものであって、「国の安全、公共の安全もしくは公の秩序のために、または公衆の健康もしくは道徳または他の者の権利および自由を保護するために民主的社会において必要な」ものでなければならない[315]。16条3項は、「軍隊および警察の構成員に対し、法的制限(結社の権利の行使の剥奪をも含む)を課すこと」も認めている(強調引用者)。

米州人権条約15条および16条は、バエナ・リカルド等対パナマ事件で中心的論点となった。これはパナマの1990年12月14日の法律25号に関する事件で、この法律にもとづき、1990年12月5日の全国作業停止に参加した270名の労働者が解雇されたものである。争われた法律は、とくに独立・半独立機関および国有・自治体企業の代表と理事に対し、民主主義および憲法秩序に反する行動の組織化に参加した公務員を解雇する広範な権限を認めていた。解雇は、対象者がたとえば労働組合や公務員団体の管理委員会のメンバーか否かには関わりなく行なわれるものとされた。解雇という行政的制裁の適用上、どのような行為を民主主義および憲法秩序に反すると見なすかの決定権限は代表にあった。解雇された労働者は、1990年12月4日に行なわれた、労働上の主張のための示威行動にも参加していた[316]。被害者らは、15条および16条を含む米州人権条約のいくつかの条文の違反を主張して訴えた。

平和的集会についての権利に関して、米州人権裁判所は、270名の労働者が苦情を申立てた本件でパナマは15条違反を犯していないと認めた。当該措置は、民主主義および憲法秩序を侵害したと見なされた1990年12月5日の作業停止を理由

---

[315] 正当な目的を掲げたこのリストは16条からとったものである。15条は、「他の者の権利**および**自由」ではなく「他の者の権利**もしくは**自由」に言及している(強調引用者)。

[316] I-A Court HR, *Caso Baena Ricardo y Otros (270 trabajadores v. Panama, sentencia de 2 de febrero de 2001, Serie C, No.72, paras.*1 and 104. 参照したスペイン語の判決文はwww.corteidh.or.cr/serie_c/C_72_ESP.html参照。

841

とするものであり、一方で12月4日の行進は「いっさいの妨害または制限を受けることなく」行なわれた。米州人権裁判所によれば、該当する労働者への解雇通知書は1990年12月4日の行進には触れておらず、ほとんどは、当該労働者が12月5日の作業停止の組織化または実行に参加したことを理由に任命無効を宣言するものであった[317]。

米州人権条約16条で保障された**結社の自由**について、米州人権裁判所はとくに、法律25号は労働組合の指導者の解雇を認めているのみならず、労働組合の特権を享受する労働者を解雇する場合にしたがわなければならない手続に関する労働法で与えられた権利まで排除するものであるとした。法律25号はまた、遡及的に施行され、事件発生時に施行されていた法律でしたがわなければならないとされていた手続を当局が無視することを許容するものでもあった。結果として相当数の労働組合指導者が解雇されたことは、当該労働組合の組織および活動に「重大な影響を及ぼ」し、労働目的の結社の自由にも干渉することにつながった[318]。そこで米州人権裁判所は、この干渉が米州人権条約16条2項にもとづいて正当化できるかどうかを審理しなければならなかった。

米州人権裁判所はまず「法律」の概念のとらえ方に関する自らの見解を想起し、米州人権条約上、権利・自由の享受および行使の制限が合法的なものとなるためには法律が存在するだけでは十分ではなく、法律が一般的利益を理由として制定されていなければならないとした[319]。米州人権裁判所は次に、とくにILO結社の自由委員会がケース1569号で採択した報告書および勧告(パナマ政府は異議を申立てていなかった)に掲げられた事実関係を検討した。それによれば、(1)法律25号は本件の原因事実が発生した15日後に制定されており、(2)当局は労働者の解雇に関する現行の規範を適用せず、(3)労働組合の営造物および銀行口座への干渉があり、(4)解雇された労働者のうち相当数は労働組合の指導者であることが明らかになった[320]。これらの事実から、米州人権裁判所は、国のとった措置が関連の事件の文脈において「公の秩序」を保護するために必要であっ

---

317 Ibid., paras.148-150.
318 Ibid., para.166.
319 Ibid., para.170.
320 Ibid., para.171.

たことも、比例性の原則が尊重されたことも実証されなかったとの結論に至った。したがって、とられた措置は米州人権条約16条2項が求めるような「民主的社会において必要な」ものではなく、名前の挙がった270名の労働者については16条違反があったと認定された[321]。

4.5 欧州人権条約11条

「平和的集会の自由および他の者との結社の自由についての」すべての者の権利は、「自己の利益の保護のために労働組合を結成しおよびこれに加入する権利」とともに、欧州人権条約11条に掲げられている。これらの権利の行使を制限するために許される自由は11条2項に網羅的に列挙されており、なおかつ「法律で定める」制限であって、そこに掲げられた諸目的のひとつまたは複数のために「民主的社会において必要な」ものでなければならない。さらに、同条は「国の軍隊、警察または行政機関の構成員によるこれらの権利の行使に対して合法的な制限を課すことを妨げるものではない」とも規定されている。米州人権条約16条2項とは異なり、欧州人権条約11条2項は「剥奪」ではなく「制限」という文言を用いており、権利の実体そのものが損なわれてはならないことを示している。他方、この関係で「国の……行政機関」にも言及している点で、欧州人権条約11条2項はさらに踏み込んだ規定である。欧州人権裁判所の判例からいくつか例を示すことにより、欧州人権条約11条の文言の意義を明らかにする。

4.5.1 結社の自由と労働組合・クローズドショップ制

ヤング、ジェームズおよびウェブスター対英国事件は、英国国有鉄道(以下「英国鉄道」)の元従業員3名が、英国鉄道が「クローズドショップ」協定を結んでいた3つの労働組合のいずれかに所属していなかったために解雇されたことに

---

321 Ibid., paras.172-173. 米州人権裁判所はまた、パナマは、米州人権条約9条ならびに8条1項、8条2項、25条、1条1項および2条に掲げられた法律適合性の原則および事後法の禁止の原則にも違反したと認定している (para.214)。

関わる事件である。この協定が締結されて以降、3つの労働組合のいずれかに所属することが雇用の条件とされていた。申立人らは、この制度は欧州人権条約11条違反であると訴えた。したがって問題は、11条が「労働組合を結成しおよびこれに加入する権利を含む積極的意味での結社の自由のみならず、その含意するところにより、団体または組合への加入を強制されない『消極的権利』も保障している」かどうかという点である[322]。

しかし欧州人権裁判所は、本件についてはこの問題に答える必要はないとした。欧州人権裁判所はこの点について、「労働組合を結成しおよびこれに加入する権利は結社の自由の特別な側面であり、自由の概念にはその行使に関わるある程度の選択の自由が含意されている」ことに留意している[323]。このように、欧州人権裁判所はクローズドショップ制そのものについてはいっさい検討せず、「当該制度が申立人らに与えた影響」に限って審理を行なった[324]。欧州人権裁判所は、英国鉄道と3つの労働組合の間で協定が締結された後、申立人らは職を失うかいずれかの組合に加入するかの選択を迫られ、その選択を拒否したことに留意した。「申立人らは、不当な圧力と見なしたものに屈することを拒否した結果、雇用停止の通告を受け取った。当時施行されていた法律によれば、……その解雇は『公正』なものであり、したがって復職はおろか損害賠償請求の根拠ともなりえない」[325]。

欧州人権裁判所は、11条は結社の自由の消極的側面をその積極的側面と同等に保障しているわけではないとの前提に立ち、特定の労働組合への加入を強制することは必ずしも条約に違反しないとした。

> 「ただし、生活の糧を失うことをともなう解雇の脅しは強制のもっとも重大な形態のひとつであり、本件においては、特定の労働組合に加入する義務が導入される以前から英国鉄道に雇用されていた者に対して、それが向けられた。〔欧州人権〕裁判所の見解によれば、このような形態の強制は、本件の事情

---

322 *Eur. Court HR, Case of Young, James and Webster, judgment of 13 August 1981, Series A, No.44*, p.21, para.51.
323 Ibid., p.21, para.52.
324 Ibid., p.22, para.53.
325 Ibid., p.22, para.54.

においては、11条で保障された自由の実体そのものに打撃を加えるものである。この理由だけで、3名の申立人各人について自由への干渉が行なわれたと見なされる」[326]

本件のもうひとつの側面は、「自由意思で加入することのできる労働組合に関わる申立人らの選択権の制限」に関わっていた。欧州人権裁判所が指摘するように、依然として利用可能な行動または選択の自由が現実には存在しない、または実際的価値がないほどに縮減されていれば、個人は結社の自由についての権利を享受していることにはならないためである[327]。この問題は、ヤング氏とウェブスター氏が労働組合の方針・活動に反対であったこと、ヤング氏は2つの組合の政治的つながりにも反対していたことと関係していた。すなわち、11条が果たす自律的役割にも関わらず、本件では欧州人権条約9条および10条にも照らして11条の検討を行なわなければならないということである。

「思想、良心および宗教の自由ならびに表現の自由という形で9条および10条によって与えられている個人の意見の保護は、11条が保障する結社の自由の目的のひとつでもある。したがって、いずれかの者にその信念に反していずれかの団体に加入するよう強制するために申立人らに加えられたような圧力をかけることは、本条の実体そのものに打撃を加えることになる」[328]

したがって欧州人権裁判所は、結社の自由についての申立人らの権利に対するこのような干渉が、欧州人権条約11条2項に掲げられた理由のいずれかのために**「民主的社会において必要な」**ものとして正当化できるかどうかを検討しなければならなかった。これとの関係で、欧州人権裁判所は次のような所見を明らかにしている。

「**第1に**、この文脈における『必要な』の文言は『有益な』または『望ましい』

---
326 Ibid., pp.22-23, para.55.
327 Ibid., p.23, para.56.
328 Ibid., pp.23-24, para.57.

といった表現のような柔軟性を有していない。……したがって、英国鉄道のクローズドショップ協定が何らかの形で一定の利点をもたらしたとしても、そのこと自体は、苦情の対象となった干渉の必要性に関して決定的な事情とはならない。

　第2に、多元主義、寛容および心の広さは『民主的社会』の顕著な特徴である。……個人の利益が集団の利益に従属しなければならない場合もあるにせよ、民主主義とは、多数派の意見が常に優先されなければならないということを単純に意味するものではない。少数者の公正かつ適切な取扱いを確保し、支配的立場の濫用を回避するような均衡が達成されなければならないのである。したがって、申立人らの立場をとる者がその同僚のなかできわめて少数であったとしても、それだけではやはり〔欧州人権〕裁判所に提出された……問題の決定的事情とはならない。

　第3に、条約上の権利に課されるいかなる制限も、追求される正当な目的に比例するものでなければならない」[329]

　結論として、欧州人権裁判所は、「たとえ国の『裁量の余地』を正当に認めたとしても、……苦情の対象となった制限は11条2項で求められる『民主的社会において必要な』ものではなかった」と認定した。欧州人権裁判所はとくに、クローズドショップ制の強制を正当化する特別な理由がまったく提出されなかったことに触れている。多くの同様の制度はすでに雇用されている非組合員に対し特定の組合に加入することを求めてはおらず、「組合員自身でさえ、強い理由で組合への加入を拒むものは解雇されるべきであるという提案に相当多数が賛成していない」[330]。

　同じような争点はシグリョンソン対アイスランド事件でも提起されている。タクシー運転手である申立人が法律で「フラミ」と称する団体への加入を強制され、加入しなければタクシー運転手免許を失うとされた事件である。欧州人権裁判所は、「このような形態の強制は、本件の事情においては、11条で保障さ

---

[329] Ibid., p.25, para.63. 強調引用者。
[330] Ibid., pp.25-26, paras.64-65.

れた自由の実体そのものに打撃を加えるものであり、それ自体で当該権利への干渉に相当する」とした。さらに、申立人が「当該団体への加入に反対したのは、ひとつには、タクシー台数を、したがって運転手職へのアクセスを制限することをよしとする方針に賛成できなかったため」であるから、本件は欧州人権条約9条および10条に照らして検討されなければならないともした[331]。

　ヤング、ジェームズおよびウェブスター事件と同様、欧州人権裁判所は11条違反を認定している。欧州人権裁判所は、加入義務が「法律で定める」もの(1989年に制定された法律)であり、かつこの法律が正当な目的、すなわち「他の者の権利および自由」の保護を追求していることを認めた[332]。**しかし、それは「民主的社会において必要な」ものであったか**。政府はそうであると考え、「当該地域のすべての免許保有者が会員でなければフラミは監督機能を確実に遂行することができないので、会員であることは会員とフラミとの間に欠かせない関係である」と主張した[333]。

　欧州人権裁判所はまず、「争われている加入義務は法律によって課されたものであり、それに違反すれば申立人の免許が取消される可能性が高かった」ことを想起した。「このように申立人は、諸締約国の間では珍しく、かつ文字どおりに受け取れば11条と両立しないと見なされる……形態の強制の対象とされた」。フラミがその会員の職業上の利益と公益の両方に役立っていることは認めながらも、欧州人権裁判所は、「フラミがその職務を果たすためには強制加入制が必要である」ことには納得しないとした。この見解を裏づけるものとして、欧州人権裁判所はとくに、「必要と思われる義務および責任を果たすよう免許保有者に強制する方法として考えられるのは、けっして会員制だけではない」こと、また「申立人の意見にも関わらず加入義務を課すことがなければフラミがその会員の職業上の利益を保護できないという他のいずれかの理由があること」が立証されなかったことに留意している[334]。

　したがって、政府が提出した理由は、**関連性があるとは見なし得るものの**、免

331　*Eur. Court HR, Case of Sigurdur A. Sigurjonsson v. Iceland, judgment of 30 June 1993, Series A, vol.264*, pp.16-17, paras.36-37.
332　Ibid., p.17, para.39.
333　Ibid., p.18, para.40.
334　Ibid., p.18, para.41.

847

許を失うことを条件として、かつ申立人自身の意見に反してフラミの会員となるよう申立人に強制する「必要」があったと立証するには**十分ではなかった**ということになる。結果として、苦情の対象となった措置は「追求される正当な目的に比例しておらず」、11条違反とされた[335]。

> 欧州人権条約11条で認められている、労働組合を結成しおよびこれに加入する権利は、結社の自由の特別な側面である。「自由」の概念にはその行使に関わるある程度の選択の自由が含意されているが、特定の労働組合への加入を強制することが欧州人権条約に常に反することを必ずしも意味するものではない。生活の糧を失うことをともなう解雇を条件として特定の労働組合に加入するよう義務づけることは、欧州人権条約11条で保障された結社の自由の実体そのものに打撃を加えるものとして見なされる、ひとつの強制形態である。結社の自由の行使に対するこのような干渉が合法的とされるためには、条約11条2項に掲げられた制限を遵守していなければならない。11条は自律した規定であるが、思想、良心、宗教および表現の自由を保障した条約9条および10条に照らして検討されなければならない。すなわち、結社および集会の自由の行使が尊重されることを確保するうえでは、その他の基本的自由の尊重を確保することも関連性があるということである。

4.5.2 労働組合と労働協約

スウェーデン鉄道機関士組合対スウェーデン事件では、申立てを行なった労働組合は、スウェーデン団体交渉局が、大規模な労働組合連合および時として独立組合とは労働協約を結んでおきながら、労働協約の締結を拒否したことについて苦情を申立てた。申立てを行なった組合によれば、このような拒否は一連の不利益をともなうものであって、欧州人権条約11条にも違反するとされた[336]。

---

335 Ibid., pp.18-19, para.41.
336 *Eur. Court HR, Swedish Engine Drivers' Union Case v. Sweden, judgment of 6 February 1976, Series A, No.20*, p.13, para.32.

注意すべきなのは、欧州人権条約では「公権力の保有者としての締約国の職務と、雇用者としての締約国の責任との明示的区別がどこにも存在しない」ことである。したがって11条は、「雇用者と被雇用者との関係が公法と私法のいずれによって規律されているかに関わらず、『雇用者としての国』を拘束する」[337]。スウェーデン鉄道機関士組合事件は、労働組合の団体交渉権にも、労働組合が組合員の利益のために労働協約を締結する法的能力にも関係するものではない。これらの権利はスウェーデン法で付与されたものだからである。本件は、「『雇用者としての国』が、被雇用者の一部を代表する労働組合との間に、交渉対象となった実質的諸問題について当事者間に合意があれば常にいずれかの労働協約を結ぶこと」が11条1項で要求されているか否かを確認することに限定されている[338]。

　欧州人権裁判所は次に、11条1項は「労働組合の自由を結社の自由のひとつの形態または特別な側面として提示している」が、「国が労働組合といずれかの労働協約を結ばなければならないとする権利など、労働組合または組合員の特定の待遇を保障するものではない」と指摘した。さらに、労働組合の自由については欧州社会憲章6条2項で扱われており、そこでは「団体交渉および労働協約の自主的性格が確認されている。6条2項がこのように慎重な文言をとっていることは、憲章が、たとえ解決されるべき諸問題について意見の相違がないことが交渉によって明らかにされることを前提としても、そのような協約を締結させる具体的権利を保障していないことを示すものである」[339]。

　欧州人権条約11条1項に掲げられた「自己の利益の保護のために」という表現については、欧州人権裁判所は次のように述べている。

「明らかに目的を示しているこの文言は、労働組合の行動によって労働組合員の職業上の利益を保護する自由を条約が保障していることを示しており、締約国は労働組合の行動の実施と発展を許可および保障しなければならない。したがって、〔欧州人権〕裁判所の見解では、労働組合の構成員には、

337　Ibid., p.14, para.37.
338　Ibid., pp.14-15, paras.38-39.
339　Ibid., p.15, para.39.

自己の利益を保護するために労働組合の意見が聴かれることを求める権利があるということになる。11条1項が、この目的のために使用する手段を自由に選択する余地を各国に残していることは確かである。労働協約の締結はひとつの手段であるが、手段はほかにもある。条約が要求するのは、国内法において、労働組合が、11条と矛盾しない条件で組合員の利益保護のために努力できるようにすることである」[340]

スウェーデン鉄道機関士組合が「政府との関係でさまざまな種類の活動に従事」できることについては争いがなかった。欧州人権裁判所は、団体交渉局がこの数年間、申立人たる労働組合と労働協約を結ぶことを拒否してきたというだけでは、11条1項違反にはならないとの結論に達した。最後に、労働協約を締結する組織の数を制限するという団体交渉局の方針は、「それ自体で労働組合の自由と両立しないわけではない」とされた[341]。

> 欧州人権条約の締約国は、雇用者として行動するときにも、被雇用者との関係を規律するのが公法であるか私法であるかに関わらず、11条1項に掲げられた結社の自由を尊重しなければならない。条約は、国内法において、労働組合が、11条と矛盾しない条件で組合員の利益保護のために努力できるようにすることを要求している。すなわち労働組合の意見が聴かれなければならないということであるが、締約国はこの目的を達成するための手段を自由に選択できる。労働協約の締結は、労働組合の意見が聴かれるようにするためのいくつかの手段のひとつである。雇用者としての国が一定数の労働組合に限定して労働協約を締結することは、欧州人権条約11条で保障された労働組合の自由と両立しないものではない。ただし、すべての組合が11条にしたがって組合員の利益保護のために努力できることが条件である。

---

340 Ibid., pp.15-16, para.40.
341 Ibid., p.16, paras.41-42. 同様の事件として *Eur. Court HR, National Union of Belgian Police Case, judgment of 27 October 1975, Series A, No.19* を参照。

4.5.3 結社の自由と政党

　近年、政党の解散に関わる多くの重要な事件が、欧州人権条約11条にもとづく欧州人権裁判所の検討の対象となってきた。いくつかの例を示すことにより、政党を結成する権利が欧州レベルでどの程度保障され、かつ制限されているかが明らかになろう。

　この点に関わるリーディング・ケースはトルコ統一共産党ほか対トルコ事件である。この事件では、トルコ憲法裁判所によって統一共産主義者党(TBKP)が解散させられ、それにともない、法律によって同党の清算および党資産の国庫移転が行なわれた。

　トルコ憲法裁判所は、とくに、政党の規制に関する「法律2820号96条3項で禁じられた言葉〔すなわち「共産主義者」〕を政党がその名称に含めているという事実のみ」で十分に解散が正当化できると判示した。さらに、同党の規約および綱領はクルド民族とトルコ民族という2つの民族名を挙げていた。「しかし、トルコ共和国の市民は民族的出自に関わらずトルコ国籍を有するのであり、トルコ共和国内に2つの民族が存在することを受け入れることはできない。現実には、トルコ以外の言語および文化を支持する党規約で行なわれている諸提案は、少数者を生み出してトルコ国家の統一を害することを意図したものである」。このような「分離主義およびトルコ国家の分裂を奨励する〔目的は〕受入れ不可能であり、これによって同党の解散は正当化される」[342]。

　11条における労働組合への言及を政党に適用することはできないというトルコ政府の主張に対し、欧州人権裁判所は、適用は可能であること、「『含む』という接続詞が明らかに示しているとおり、労働組合は、結社の自由に対する権利を行使するさいのさまざまな形態の一例にすぎない」ことを強調した。欧州人権裁判所の見解によれば、11条の文言よりもさらに説得力を有するのは次の事実である。

　「政党は、民主主義が適正に運営されるために不可欠な形態の結社のひとつ

---

[342] *Eur. Court HR, Case of the United Communist Party of Turkey and Others v. Turkey, judgment of 30 January 1998, Reports 1998-I*, pp.9-10, para.10.

である……。条約システムにおける民主主義の重要性にかんがみ、……政党が11条の適用対象であることには疑いを容れる余地がない」[343]

政府によるさらなる主張に応えて、欧州人権裁判所はとくに次のように述べている。「政党を含む結社は、その活動が国の立憲体制を損ねており、制限を課すことが必要であると国家当局によって見なされているというだけの理由で条約上の保護から排除されるわけではない」[344]。「しかし、だからといって、ある結社の活動によって国の制度を脅かされている国の当局が、これらの制度を保護する権利を奪われるということには〔11条からは〕ならない」。欧州人権裁判所によれば、「民主的社会を擁護しなければならないことと個人の権利との間で何らかの妥協を行なうことは、条約システムに内在する条件である」。とはいえ、このような妥協が成立するためには、当局によるいかなる干渉も11条2項にしたがって行なわれなければならない[345]。

欧州人権裁判所は次に、TBKPの解散が、申立人となった3者すべてについて、欧州人権条約11条1項にいうところの**結社の自由についての権利への干渉**であることを認めた。申立人3者とは、同党そのものに加えて、他の政治的グループで同様の責任を担うことも禁じられた同党の創設者・指導者のうちの2名である[346]。条約11条2項にもとづきこの干渉が正当化されるか否かを審査するにあたり、欧州人権裁判所は、**当該干渉が「法律で定める」ものであった**こと、すなわちトルコ憲法の諸規定および前述の法律2820号に定めるものであったことを認めた。また、TBKPの解散は「**11条に掲げられた『正当な目的』の少なくともひとつ、すなわち『国の安全』の保護を追求していた**」とも判断した[347]。最後の問題、すなわち当該干渉が「**民主的社会において必要な**」ものであったか否かを検討するにあたり、欧州人権裁判所は、「民主的社会」の概念に関わって自ら打ち出してきた一般的原則を整序拡大している。欧州レベルにおけるその重要性にかん

---

343 Ibid., pp.16-17, paras.24-25.
344 Ibid., p.17, para.27.
345 Ibid., p.18, para.32.
346 Ibid., p.19, para.36.
347 Ibid., pp.19-20, paras.38-41. 強調引用者。

がみ、これらの諸原則を詳細に引用する。

「42.〔欧州人権〕裁判所は、その自律的役割および特有の適用分野に関わらず、11条は10条にも照らして検討されなければならないことをあらためて指摘する。意見およびそれを表現する自由の保護は、11条に掲げられた集会および結社の自由の目的のひとつなのである。……

43. このことは、多元主義および民主主義の適正な運営を確保するうえで政党が果たしているきわめて重要な役割にかんがみ、とりわけ政党に関して当てはまる。……

〔欧州人権〕裁判所が何度も述べてきたように、多元主義なくして民主主義は存在し得ない。そのゆえにこそ、10条に掲げられた表現の自由は、2項に服することを条件として、好意的に受け取られる、または害がないもしくは中立と見なされる『情報』および『考え』のみならず、人を害し、驚愕させ、または不快にさせるそれにも適用されるのである。……政党の活動はそれ自体表現の自由の集団的行使であるがゆえに、政党は条約10条および11条の保護を求める資格を有する。

44. インフォルマチオンスフェライン・レンチアほか対オーストリア事件の判決において、〔欧州人権〕裁判所は、多元主義の原則を最終的に保障するのは国であると述べた。……政治分野においては、この責任は次のことを意味する。すなわち、国にはとくに、第1議定書3条にしたがい、立法機関の選出にあたって、人民の自由な意見の表明を確保する条件のもとで、妥当な間隔を置いて秘密投票による自由選挙を行なう義務があるということである。このような表明は、その国に住む人々が有するさまざまな意見を代表する政党の多元的参加がなければ考えられない。このような幅広い意見を、政治的諸制度の内部のみならず——メディアの助けを得て——社会的生活のあらゆるレベルに伝達することにより、政党は、民主的社会の概念のまさに中核である政治的討論に対してかけがえのない貢献を行なうのである。……

45. 民主主義が、欧州における公の秩序の基本的特徴のひとつであることは間違いない。……

このことは、まず条約前文から明らかである。前文は、人権および基本的

自由の維持およびいっそうの実現が、一方では実効的な政治的民主主義によって、他方では……人権の共通の理解および遵守によってもっともよく確保されると述べることによって、条約と民主主義とのきわめて明確な関係を確立している。前文はさらに、欧州諸国が政治的伝統、理想、自由および法の支配の共通の遺産を有することを確認している。〔欧州人権〕裁判所は、その共通の遺産のなかにこそ条約を通底する価値が見出されると指摘してきた。……条約が、民主的社会の理想および価値の維持および促進を目的としていることは、数度にわたって指摘したところである。

これに加えて、条約8条、9条、10条および11条は、そこに掲げられた権利の行使に対する干渉は『民主的社会において必要な』ものかどうかという基準によって評価されなければならないとしている。したがって、いずれかの権利への干渉を正当化しうる必要性とは、『民主的社会』に由来すると主張することができるもののみである。このように、民主主義は条約が予定する唯一の、したがって条約と両立する唯一の政治的モデルであると思われる。〔欧州人権〕裁判所は、条約のいくつかの規定について、民主的社会の特徴をなすものであると指摘してきた。そもそも最初に言渡した判決で、『条約の前文およびその他の条項にいう民主的社会』においては、裁判所における手続は当事者の出席を得て公開で進められなければならないこと、この基本的原則は条約6条で支持されていることを判示している。……より本件の分野に近い分野では、〔欧州人権〕裁判所はたとえば、表現の自由は民主的社会の必要不可欠な柱のひとつであり、その進展および各個人の自己実現にとっての基本的条件であると多くの機会に述べてきた。……一方、マテュー・モーエンおよびクレルファイ事件の判決では、……実効的な政治的民主主義の特徴的原則を体現した第1追加議定書3条の第一義的重要性に留意している。……

46. したがって、11条に定められた例外は、政党が関わる場合には狭く解釈されなければならない。説得力のあるやむをえない理由がある場合のみ、政党の結社の自由に対する制限は正当化されうる。11条2項にいう必要性が存在するかどうか判断するにあたり、締約国には限られた裁量の余地しかないし、そこには、独立の裁判所による決定を含め、法律およびそれを適用する

決定の双方を対象とした欧州レベルの厳格な監督がともなう。〔欧州人権〕裁判所は、侮辱を行なったとして有罪判決を言渡された議員に関わる事件で、このような審査が必要であると判示した。……このような審査は、政党全体が解散させられ、その指導者が将来にわたって同様の活動を禁じられる場合には、なおさら必要である。

47. 〔欧州人権〕裁判所が審査を行なうさい、その責務は関連の国内機関の見解に代えて自らの見解を打ち出すことではなく、国内機関がその裁量を行使して行なった決定を11条にもとづいて再検討することである。だからといって、苦情を申立てられた国が裁量を合理的に、慎重にかつ誠実に行使したか否かを確認することに限らなければならないというわけではない。〔欧州人権〕裁判所は、苦情を申立てられた干渉について事件全体の状況を踏まえて検討し、当該干渉が『追求される正当な目的に比例して』いたかどうか、および、国内機関がその正当化のために提出した理由が『関連性がありかつ十分な』ものかどうかを判断しなければならないのである。そのさい、〔欧州人権〕裁判所は、国内機関が11条に掲げられた諸原則に一致する基準を適用したこと、および、さらに関連の事実を受入れ可能な形で評価したうえで決定を行なったことについて、納得する必要がある」[348]。

欧州人権裁判所は続いて、これらの原則をトルコ統一共産主義者党対トルコ事件に適用した。欧州人権裁判所が留意したのは、同党がその活動さえ開始できないうちに解散を命令された以上、**その命令はもっぱら同党の規約および綱領にもとづいて言渡された**ということである。当該規約・綱領には、「それが同党の真の目的およびその指導者らの真の意図を反映していないことを示唆するものは何も」含まれていなかった。したがって欧州人権裁判所は、憲法裁判所と同様、「当該干渉が必要であったか否かを評価する根拠として」これらの文書を理解した[349]。

解散を命ずるにあたって憲法裁判所が援用した第1の根拠、すなわちTBKPがその名称に「共産主義者」の文言を含んでいたことについて、欧州人権裁判所は、

---

[348] Ibid., pp.20-22, paras.42-47.
[349] Ibid., p.25, para.51.

「他に関連性がありかつ十分な事情がなければ、原則として、政党による名称の選択によって解散のような厳しい措置を正当化することはできない」と判断した。「これとの関係で、第1に、……とくに共産主義思想に示唆を受けた政治活動の遂行を犯罪とした刑法の規定は、テロリズム防止に関する法律3713号によって廃止されたことが留意されなければならない。〔欧州人権〕裁判所はまた、TBKPが、その名称にも関わらず、ある階級による他の階級の支配を確立しようとはしておらず、それどころか政治的多元主義、普通選挙権および政治に参加する自由を含む民主主義の要件を満たしていたという憲法裁判所の認定をおおいに重視するものである」。したがって、「TBKPが、『共産主義者』の名称を選択するにあたってトルコ社会またはトルコ国家に真の脅威となる方針を選んだという具体的証拠がない状態では、〔欧州人権〕裁判所は、党の名称そのものが必然的に解散をもたらすという主張を受け入れることはできない」[350]。

　TBKPの解散を支持するにあたって憲法裁判所が認容した第2の主張、すなわち同党が「分離主義およびトルコ民族の分裂を促進しようとしていた」という点について、欧州人権裁判所は、同党は確かに綱領において「クルド『人民』および『民族』ならびにクルド人『市民』」に言及していたものの、そこではクルド人が「少数者」とされていたわけでもなく、「その存在が承認されること以外の」主張、すなわち「他のトルコ国民から分離する権利どころか、クルド人が特別な待遇または権利を享受できるべきである」という主張も行なわれていなかったとした。「反対に、綱領は次のように述べている。『TBKPは、クルド人民とトルコ人民が、平等な権利を基盤として、かつその共通の利益にもとづく民主主義的再編成を目指してトルコ共和国の国境内で自由意思により共生できるよう、クルド問題の平和的、民主的かつ公正な解決のために努力する』」。「TBKPは綱領のなかで次のようにも述べている。『クルド問題の解決策は、関係当事者がその意見を自由に表明できるとき、問題解決のためにいかなる暴力にも訴えないと合意するとき、そしてそれぞれの民族的アイデンティティを保持して政治に参加することができるときに、初めて見いだすことができる』」[351]。

350　Ibid., p.26, para.54.
351　Ibid., pp.26-27, paras.55-56.

欧州人権裁判所は続けて、民主主義の主要な特徴について次のように述べている。

　「〔その特徴は、〕国の問題の解決を、暴力に訴えることなく、たとえいらだつことがあったとしても対話を通じて解決する可能性を提示することである。民主主義は表現の自由があってこそ豊かになる。この観点に立てば、ある政党が一部国民の状況について公に議論しようとし、かつ、関係するすべての者を満足させ得る解決策を民主主義的規則にしたがって見いだすために国の政治的活動に参加しようとしていることだけを理由にその政党を妨害することは、正当化し得ない。同党の綱領から判断するに、まさにそれこそがこの分野におけるTBKPの目的であった」[352]

　「政党の政治綱領において、そこで宣言されたものとは異なる目的および意図が隠蔽されている可能性」は排除できないものの、本件ではこの点について検証することはできない。同党は実際には活動しておらず、創設直後に解散させられたためである。「したがって同党は、もっぱら表現の自由の行使に関わる行為によって処罰されたことになる」[353]。

　欧州人権裁判所は最後に「本件の背景事情、とくにテロリズムとの闘いに関連する困難を考慮する用意はある」としたものの、「TBKPによる活動がいっさい行なわれていない状況では、テロリズムがトルコに突きつけている諸問題について同党に何らかの責任があると結論づけるだけの証拠は見出せない」とした[354]。

　したがって、「TBKPの即時的および恒久的解散のような厳しい措置を同党が活動さえ開始しないうちに命じ、あわせて同党の指導者らが他のいっさいの政治的責任を遂行することを禁じたことは、追求された目的に比例するものではなく、したがって民主的社会においては不必要なものであった」ということになる[355]。このように、大法廷で審理を行なった欧州人権裁判所は**全会一致で**欧州人権条約

352　Ibid., p.27, para.57.
353　Ibid., p.27, para.58.
354　Ibid., p.27, para.59.
355　Ibid., pp.27-28, para.61.

11条の違反を認定した[356]。

＊＊＊＊＊

　トルコ統一共産主義者党事件で適用された一般的原則は、その後、他の同様の事件でも確認されてきた。社会党ほか対トルコ事件はそのひとつである。社会党(SP)も憲法裁判所の決定によって解散させられ、その指導者らは他の政党で同様の職に就くことを禁じられた。その資産も清算させられ、国庫に移管された[357]。ただし上述の事件と異なるのは、**憲法裁判所の決定が、SPの規約および綱領ではなくもっぱらその政治的活動にもとづいて行なわれた**という点である。憲法裁判所はとくに、クルド民族とトルコ民族の2つを区別し、トルコ民族の統一および国の領土保全を破壊する連邦制を唱道するSPの目的が「テロリスト組織のそれと同様」であることに留意した。SPは「分離主義および反乱を促進したので、その解散は正当であった」とする[358]。

　したがって欧州人権裁判所は、その解散が正当であったか否かを判断するためSPの声明を検討する必要があった。換言すれば、「国内機関が関連の事実関係を受入れ可能な形で評価したうえで決定を行なった」ことについて納得する必要があったのである[359]。

　欧州人権裁判所が関連の声明を分析したところ、「暴力の使用、暴動またはその他の形態による民主主義的諸原則の拒否の呼びかけ」を見出すことはできず、むしろその反対であった。クルド民族とトルコ民族の区別について、欧州人権裁判所は、「声明が提示した政治綱領の基本的目的は、トルコ人とクルド人が対等な立場でかつ自発的に代表される連邦制を、民主主義的規則にしたがって確立するところにあった」ことに留意した。クルド民族の「自決権」および「分離」権への言及については、欧州人権裁判所はとくに、「文脈を踏まえて読めば、このような言葉を用いた声明はトルコからの分離を奨励するものではなく、むしろ、提案されている連邦制はクルド人が自由に与える同意なくして実現せず、

356　Ibid., p.31 as read in conjunction with p.5.
357　*Eur. Court HR, Case of the Socialist Party and Others v. Turkey, judgment of 25 May 1998, Reports 1998-III*, p.1250, para.24, and p.1258, para.51.
358　Ibid., p.1256, para.43.
359　Ibid., p.1256, para.44.

その同意は住民投票を通じて表明されるべきであることを強調しようとしていた」と指摘した[360]。さらに、欧州人権裁判所は次のように指摘している。

> 「ある政治綱領がトルコ国家の現在の原則および体制と両立しないからといって、それが民主主義の規則とも両立しないということにはならない。たとえ国の現在のあり方に疑問を呈するものであっても、それが民主主義そのものを害するものでないかぎり、多様な政治綱領の提案および議論を認めることは民主主義の本質である」[361]

さらに、声明の誠実性を裏切る具体的行動がとられていない状況では、その誠実性が疑われるべきではない。したがって、欧州人権裁判所の見解では、「SPはもっぱら表現の自由の行使に関わる行為によって処罰された」ことになる[362]。

欧州人権裁判所は、「民主主義の適切な運営において政党が果たすきわめて重要な役割」を強調し、11条に掲げられた例外は政党が関係する場合には「狭く解釈され」なければならないとした。これに対応して「欧州レベルの厳格な監督」を適用した欧州人権裁判所は、本件でとられたような徹底した措置は「**もっとも重大な場合にのみ適用することができる**」と判示した[363]。しかし争点となった党首声明は「民主主義的諸原則および規則を遵守する必要性に疑問を呈するものであったとは思われなかった」し、「声明の作成にあたってその執筆者が民主主義への傾倒を宣言し、かつ暴力の拒否を表明していたにも関わらず、テロリズムがトルコに突きつけている問題の原因が何らかの形で当該声明にあると見なすことがどうしてできるのか」も明らかにされなかった[364]。すなわち、「SPの解散は追求された目的に比例するものではなく、したがって民主的社会においては不必要なものであった」ことから、11条違反があったということになる[365]。この認定は、**大法廷**で審理を行なった欧州人権裁判所の**全会一致**で行なわれたものである[366]。

---

360 Ibid., pp.1256-1257, paras.46-47.
361 Ibid., p.1257, para.47.
362 Ibid., pp.1257-1258, para.48.
363 Ibid., p.1258, paras.50-51. 強調引用者。
364 Ibid., p.1258-1259, para.52.
365 Ibid., p.1259, para.54.

欧州人権裁判所が、以上のいずれの事件においても、政府が提案したように条約17条を持ち出す必要性を認めなかったことは注目に値する。これは、条約に掲げられた権利および自由のいずれかの破壊を目的とする活動に従事し、またはそのようなことを目的とする行為を行なうために条約が依拠されたという結論を導くに足る証拠が存在しなかったためである[367]。

＊＊＊＊＊

しかし、レファー党が解散させられ、その指導者らが他の政党の役員になることが禁じられたレファー党(繁栄党)ほか対トルコ事件では異なる結果が出た。**この事件は、多元的法体系の導入を望み、政治的武器としての実力行使を呼びかけた党員に対して迅速な対応をせず、かつ政治的反対勢力に対する尊重を欠いた政党は条約システムの保護をあてにすることができないと明確にされた点で重要である。**

この措置が条約11条2項にもとづいて正当化できるかどうか審査するにあたり、欧州人権裁判所は、それが「**法律で定める**」(憲法および政党の規制に関する法律2820号)ものであることを認めた。「トルコの民主主義制度における政教分離原則の重要性」にかんがみ、欧州人権裁判所はまた、「**レファー党の解散は11条に列挙された多くの正当な目的、すなわち国の安全および公共の安全の保護、無秩序または犯罪の防止ならびに他の者の権利および自由の保護を追求するものであった**」とも判断した[368]。

---

366 Ibid., p.1262 as read in conjunction with p.1236.
367 Ibid., p.1259, para.60および *Eur. Court HR, Case of the United Communist Party of Turkey and Others v. Turkey*, judgment of 30 January 1998, Reports 1998-I, p.27, para.60参照。トルコを相手どって同様の問題が提起されたその他の事件としては、*Eur. Court HR, Case of Freedom and Democracy Party (ÖZDEP) v. Turkey*, judgment of 8 December 1999, Reports 1999-VIII, p.293 and *Eur. Court HR, Case of Yazar, Karatas, Aksoy and the People's Labour Party (HEP) v. Turkey*, judgment of 9 April 2002;(判決文は欧州人権裁判所のウェブサイトhttp://hudoc.echr.coe.int/hudoc参照)を参照。この2つの事件でも11条違反が認定されている。
　17条の規定は次のとおり。「この条約のいかなる規定も、国、集団または個人が、この条約に掲げる権利および自由のいずれかを破壊しもしくはこの条約に定める制限の範囲を超えて制限することを目的とする活動に従事し、またはそのようなことを目的とする行為を行なう権利を有することを意味するものと解してはならない」
　同様の規定は自由権規約5条1項および米州人権条約29条(a)にも置かれている。
368 *Eur. Court HR, Case of Refah Partisi (Prosperity Party) and Others v. Turkey*, judgment of 31 July 2001, paras. 39 and 42. 参照した判決文(未編集版)は欧州人権裁判所のウェブサイト(http://hudoc.echr.coe.int/)に掲載されている。強調引用者。

「民主的社会において必要な」ものという概念について、欧州人権裁判所は、次の一般的諸原則に対する注意を喚起した。欧州人権裁判所はここで、人権保護制度における民主主義および法の支配の役割についてさらに詳しく展開している。

「43. 欧州人権条約は全体として理解および解釈されなければならない。人権は、人間の尊厳を保護するための統合的制度を形成している。これとの関係で鍵となる役割を果たすのは、民主主義と法の支配である。

　民主主義は、人民に役割が与えられるべきことを要求する。人民によっておよび人民のために創設された制度に対してのみ、国の権力および権限を付与することができるのである。制定法は独立の司法権力によって解釈および適用されなければならない。国の人民が、その立法上および司法上の権力を放棄し、世俗の機関であれ宗教上の機関であれ統治する人民に責任を負わない機関にそれを委ねるのであれば、たとえそれが過半数の決定によるものであっても、民主主義は存在し得ない。

　法の支配とは、すべての人間が権利および義務の面で法律の前に平等であることを意味する。ただし、立法においては種々の違いが考慮されなければならない。そのさいの条件は、人民間および状況間の区別が、客観的かつ合理的な正当化事由を有しており、いずれかの正当な目的を追求しており、かつ民主的社会によって通常擁護されている諸原則に比例しかつ一致することである。しかし、人々の集団が性別または政治的もしくは宗教的信念のみを理由として差別されている場合、法の支配が政教分離の社会を規律していると言うことはできない。このような集団を対象として完全に異なる法制度が創設されている場合にも、法の支配が擁護されていることにはならない」[369]

欧州人権裁判所は、トルコ統一共産主義者党事件判決を参照して、「民主主義は間違いなく『欧州の公の秩序』の基本的特質のひとつ」であり、また「民主主義の主たる特徴のひとつは、国の問題の解決を、暴力に訴えることなく、たとえ

---

[369] Ibid., para.43.

厄介でも対話を通じて解決する可能性を提示する」ところにあるという見解を再確認した[370]。したがって欧州人権裁判所は次のような見解をとっている。

> 「政党は、2つの条件を満たす場合に、国の法律または法律上および憲法上の基盤の修正を求めて運動することができる……。(1)そのために用いられる手段があらゆる側面において法律にのっとった民主的なものであること、および(2)提案されている修正そのものも基本的な民主主義的諸原則と両立するものであることである。したがって、政党の指導者が暴力の使用を扇動する場合や、民主主義のいずれかのもしくは複数の規則と両立しない方針もしくは民主主義の破壊および民主主義のもとで与えられる権利および自由の侵害を目的とした方針を提案する場合には、その政党は、これらを理由として科される処罰に対し、条約の保護を主張することができない」[371]

欧州人権裁判所はまた、条約9条における思想、良心および宗教の自由についての権利が「条約にいう『民主的社会』の基盤のひとつである」ことをあらためて指摘した。これに付け加えて、「同一の住民の間でいくつかの宗教が共存している民主的社会においては、さまざまな集団の利益を調整し、かつすべての者の信仰が尊重されることを確保するために、この自由に制限を課す必要がある場合もある」とも述べている。「さまざまな宗教、宗派および信仰の実践を中立かつ公平な立場で組織する国の役割は、民主的社会における宗教的調和および寛容に寄与するものである」[372]。この見解を説明するため、欧州人権裁判所は次のような判例を想起している。

> 「民主的社会においては、宗教を表明する自由は、公教育の中立性を確保するために制限される場合がある。この目的は、他の者の権利、秩序および安全の保護に貢献するものである。……同様に、一部の原理主義的宗教運動が

---

370 Ibid., paras.45-46.
371 Ibid., para.47.
372 Ibid., paras.49-51.

公の秩序を脅かしたり他の者の信仰を阻害したりしないことを確保するために世俗の大学がとる措置は、9条違反とはならない。……同様に〔欧州人権〕裁判所は、アルジェリア政府に反対するイスラム教徒がスイスの領域内で宣伝を行なうことを禁じたことは、国の安全および公共の安全を保護するために民主的社会において必要なものであったと判示したことがある」[373]

トルコの状況について、欧州人権裁判所は、「政教分離原則が国の基本的原則のひとつであることは間違いなく、これらの原則は法の支配および人権の尊重と調和するものである」ことを確認している。「この原則を尊重しないいかなる行動も、自己の宗教を表明する自由の一部を構成するものとして受け入れることはできず、条約9条による保護の対象とはならない」[374]。

レファー党事件にとくに関わる事情として、政府は、同党の解散は「民主主義を保護するための予防的措置であった」と主張した。同党は「『確立された秩序に対するきわめて攻撃的かつ戦闘的な態度』を有しており、『その秩序が適正に機能することを妨げ、その後にそれを破壊しようとする一貫した試み』を行なっていた」ためである[375]。一方、申立人らのほうは、トルコにとっての「政教分離原則の決定的重要性」に挑戦したことを否定した。同党は「1996年6月から1997年7月まで……完全に合法的に政権に就いていた」し、「第2の申立人……は同じ期間、首相の座にあった」のである[376]。

レファー党の解散の**必要性**を評価するにあたり、欧州人権裁判所は、「トルコの民主制を保護するために政教分離の維持が必要であること」については当事者間に合意ができていることに留意した。「ただし、政教分離原則の内容、解釈および適用については合意が**見られなかった**」[377]。社会党ほか事件と同じように、欧州人権裁判所は、レファー党の規約・綱領ではなくその委員長および指導者らの宣言および政策声明にもとづいて評価を行なった。憲法裁判所によって政教分離原則

---

[373] Ibid., para.51.
[374] Ibid., para.52.
[375] Ibid., para.63.
[376] Ibid., paras.54-55.
[377] Ibid., para.65. 強調引用者。

に違反すると判断されたこれらの声明は、次の3つのカテゴリーに分かれていた。

- ◎ 「多元的法制度を確立し、信仰にもとづく差別を導入することがレファー党の意図であることを示す傾向にあるもの」
- ◎ 「レファー党はイスラム教徒のコミュニティにシャリア法の適用を望んでいることを示す傾向にあるもの」
- ◎ 「政治的手段としてのジハード(聖戦)に言及するレファー党員の発言にもとづくもの」[378]

第1のカテゴリーについて、欧州人権裁判所は政府に同意し、「多元的な法制度が設けられるべきであるというレファー党の提案は、宗教にもとづく個人間の区別をあらゆる法律関係に持ち込み、すべての者をその宗教的信念にしたがって分類し、かつその権利および自由を、個人としてではなく、宗教的運動への忠誠にしたがって認めることになる」とした。「〔欧州人権〕裁判所は、2つの理由で、このような社会モデルが条約システムと両立するとは考えない」。

「第1に、このような社会モデルは、個人の権利および自由を保障する国の役割と、民主的社会におけるさまざまな信念および宗教の実践を公正な立場から組織する国の役割を放逐することになる。上述の機能を行使するうえで国が定める規則ではなく、当該宗教が課す静的な法の規則にしたがうことが個人に義務づけられるためである。しかし国には、その管轄内にあるすべての個人が、条約で保障された権利および自由を全面的に、**かつ放棄できることなく**享受することを確保する積極的義務が存する。……

第2に、そのような制度が、民主主義の基本原則のひとつである、公の自由の享受に関する個人間の差別の禁止の原則の違反につながることは疑いを容れない。公法および私法のあらゆる分野で宗教または信念にしたがって個人間の取扱いに差異を設けることが、条約にもとづいて、より具体的には差別を禁じた条約14条にもとづいて正当化できないのは明らかである。このよ

---

378 Ibid., para.68.

うに取扱いに差異を設ければ、自分たち自身の規則にしたがって規律されることを望む一部の宗教的集団の主張と、社会全体の利益との間に公正な均衡を保つことが不可能になる。このような均衡は、さまざまな宗教および信仰間の平和と寛容にもとづくものでなければならない」[379]

2番目のカテゴリーの声明、すなわち通常法およびイスラム教徒のコミュニティに適用される法律としてシャリア法(イスラム法)を導入することに関わる声明については、欧州人権裁判所は次のように判断している。

「宗教が定めた教義および神の法を忠実に反映するシャリア法は、堅固かつ不変である。そこには、政治分野における多元主義や公の自由の継続的発展といった原則が入り込む余地はない。〔欧州人権〕裁判所は、シャリア法の導入に明示的に触れている問題の諸声明を総合して理解した場合、条約全体が構想する民主主義の基本的諸原則との両立を図るのは困難であることに留意する。民主主義および人権を尊重すると宣言しながら、条約の価値観から明らかに逸脱するシャリア法にもとづく体制を同時に支持することは困難である。このことはとりわけ、シャリア法の刑法および刑事手続、女性の法的地位に関する規則、ならびに宗教的教義にしたがって私的活動および公的活動のあらゆる領域に介入するやり方について言うことができる。これに加えて、『公正な秩序』または『正義の秩序』もしくは『神の秩序』を確立したいという点に関わる声明は、その文脈を踏まえて読めば、たとえさまざまな解釈が可能であるとはいえ、発言者が唱道する政体のあり方を定義するために宗教法または神の法に言及しているという共通の特徴を有している。これらの声明は、発言者が宗教法にもとづかない他のいずれかの秩序を支持するのかどうか曖昧であることを明らかにするものである。〔欧州人権〕裁判所の見解では、条約締約国にシャリア法を導入することが行動の目的であると思われる政党を、条約全体を通底する民主主義的理想を遵守する団体であると見なすことはまずできない」[380]

---

379 Ibid., para.70. 強調引用者。

欧州人権裁判所はさらに次のように述べている。「個別にとらえれば、とくにイスラムの頭巾の問題または公共部門の労働時間を祈りにあわせて組織する問題に関するレファー党指導者らの政策声明およびその行動の一部(宗教的差別にもとづく憎悪を扇動したとして告発された党員のもとへ当時司法大臣であったカザン氏が面会に訪れたことや、エルバカン氏がさまざまなイスラム運動指導者を迎えたことなど)は、トルコの政教分離体制を直ちに脅かすものではなかった。しかし〔欧州人権〕裁判所は、これらの行為および政策声明が、シャリア法にもとづく政体を確立するという、レファー党の公言されていない目的にしたがったものであるという政府の主張を説得的と考える」[381]。

　第3のカテゴリー、すなわちジハードの概念に関わる声明について、欧州人権裁判所は、確かに「レファー党の指導者らが政府文書のなかで政治的武器としての実力および暴力の使用を呼びかけることはなかったものの、反対派の政治家に対して実力行使を行なうことを承認し、その可能性について公に言及したレファー党員から距離を置くための実際的措置を迅速にとらなかった」とした。「結果的に、レファー党の指導者らは、権力を掌握・保持するために暴力的手段に訴える可能性についての諸声明の曖昧さを払拭しなかった」[382]。

　アンカラ州議会の議員が行ない、「イスラム教体制の反対派と見なす者たちへの深い憎悪を明らかにした」具体的発言については、欧州人権裁判所は次のように判示している。

　　「挑発的行動が高度な侮辱の水準に達し、他の者の宗教の自由を否定するところにまで近づいたときは、社会の寛容を享受する権利を失う」[383]

　したがって欧州人権裁判所は、「レファー党の指導者らが行なった挑発的発言および政策声明は全体としてひとつのものであり、レファー党が構想・提案する、宗教法にしたがって組織された国および社会のモデルをかなり明確に明ら

380　Ibid., para.72.
381　Ibid., para.73.
382　Ibid., para.74.
383　Ibid., para.75.

かにしている」との結論に達した。さらに、同党が解散時に多数の議員を擁していたこと(トルコ大国民議会の議席数のほぼ3分の1)、および、宗教的原理主義にもとづく政治運動によって政権を掌握できることを示す過去の経験に照らせば、「レファー党の政治目的は理論上のものでも画に描いた餅でもなく、達成可能なもの」であった[384]。

これらのすべての事情を踏まえ、欧州人権裁判所は次のように結論づけている。

> 「申立人らに科された処罰は、レファー党の指導者らが、分離主義の原則を再定義しようとしているという名のもと、多元的な法体系を確立してイスラム法(シャリア)を導入する意図を宣言し、かつ権力を掌握・維持するための実力行使について曖昧な立場をとったかぎりにおいて、『急迫する社会の必要』を満たすものであったと見なすのが妥当である。たとえ政党の解散が関わる場合は国に認められた裁量の余地は狭いものでなければならないとはいえ、思想および政党の多元性はそれ自体民主主義に固有の一部であるので、条約の規定と両立しない政策について、市民的平和および国の民主主義体制を損ないかねない具体的措置を通じてその実施が試みられる前に、国が当該政策を差し止めることは合理的であるとの見解を、〔欧州人権〕裁判所はとる」[385]

最後に、レファー党の解散が追求された正当な目的に比例するものであったか否かを判断するにあたり、欧州人権裁判所は次のように述べている。

> 「政党を解散させ、それにともなってその指導者らが政治的責任を行使することを一時的に禁ずることは徹底した措置であり、これほど厳格な措置はもっとも重大な場合にのみ適用することができる。……本件においては、〔欧州人権〕裁判所は、問題の干渉は『急迫する社会の必要』を満たすものであったと認定したばかりである。レファー党の解散後、議席および政党指導者としての役割を一時的に喪失したのは党の議員のうち5名のみ(申立人らを含

---

384 Ibid., paras.76-77.
385 Ibid., para.81.

む)だったことも留意されなければならない。残る152名の議員はひきつづき議員としての地位を維持し、政治的経歴を通常どおり追求した。さらに、申立人らは、資産が国庫に移管されたことによって相当の金銭的損害を受けたとの主張は行なっていない。〔欧州人権〕裁判所は、これとの関係で、干渉の性質および厳格さも、その比例性を評価するにあたり考慮されなければならない要素であると考えるものである」[386]

このように、欧州人権裁判所は苦情の対象となった干渉が「追求された正当な目的に対して比例性を欠くものではなかった」と認定した。したがって11条違反はなかったとされる[387]。この決定は、欧州人権裁判所の大法廷により、4対3の過半数で行なわれたものである。

> 民主主義は欧州における公の秩序の基本的特徴のひとつであり、欧州人権条約と両立する唯一の政治モデルである。
> 国の人民が立法上および司法上の権力を放棄し、世俗の機関であれ宗教上の機関であれ統治する人民に責任を負わない機関にそれを委ねるのであれば、たとえそれが過半数の決定によるものであっても、民主主義は存在し得ない。民主的社会においては、国は多元主義の原則を最終的に保障する存在である。国はまた、個人の権利および自由を保障し、かつ、社会のさまざまな信念および宗教の実践を公正な立場から組織する役割も担っている。すなわち国は、その管轄内にあるすべての者が条約で保障された権利および自由を全面的に享受することを確保しなければならない。これらの権利および自由はいかなる者も放棄できない。
> 法の支配は民主的社会において鍵となる役割を果たす。このことは、たとえば、すべての人間が権利および義務の面で法律の前に平等であること、したがって人間の間に差別があってはならないことを意味する。

---

386 Ibid., para.82.
387 Ibid., paras.83-84.

政党は民主的社会に不可欠な結社の形態のひとつであり、欧州人権条約11条の保護を受ける。

政党の結社の自由についての権利は、欧州人権条約9条および10条で保障された宗教、思想、意見および表現の自由についての権利にも照らして検討されなければならない。これは、多元主義および民主主義の適正な運営を確保するうえで政党がきわめて重要な役割を果たすためである。民主的社会で政党が果たしている重要な役割にかんがみ、説得力のあるやむをえない理由がある場合のみ、政党の結社の自由に対する制限は正当化されうる。すなわち、この権利を行使する必要があると判断するにあたって締約国には狭い裁量の余地しかなく、これに対応する欧州レベルの監督も厳格なものになるということである。換言すれば、とくに条約9条および11条に掲げられた権利の行使に対する制限は、民主的憲法秩序における急迫する社会の必要から生ずるものでなければならない。

民主主義の主たる特徴のひとつは、それによって、国の問題を暴力に訴えることなく対話を通じて解決する可能性が生ずることでもある。民主主義は、寛容に理解および適用される表現の自由のうえに栄えるものである。したがって、一般的利益のある問題について政党が公の議論を追求しようとするのを妨げるのは、その議論が民主主義の規則にしたがって行なわれるかぎり、いっさい正当と見なしえない。

政党の規約および綱領が締約国の原則および体制と両立しないと見なされ得るからといって、欧州人権条約が理解する民主主義の規則ともそれが両立しないということにはならない。

規約、綱領または活動において多元的な法制度の導入を追求し、政治的目的の暴力の支持を公言しまたは否定せず、かつ政治的反対者に対する尊重の欠如および憎悪を明らかにする政党は、欧州人権条約11条が保障する結社の自由による保護を享受しない。

4.5.4 集会の自由についての弁護士の権利

　集会の自由についての権利はエズラン対フランス事件で争点となった。弁護士である申立人が、当時申立人が副委員長を務めていたグアドループ弁護士組合の呼びかけに応じ、2つの裁判所決定に反対するデモに参加したことを理由として、譴責の形で懲戒を受けた事件である。デモは無軌道な状況に陥ったが、申立人自身はいかなる暴力事件にも関与しなかった。懲戒処分は、「デモ中に起こった無軌道な事件から申立人が距離を置かなかった」ことを理由に科されたものである。申立人は、欧州人権裁判所において、条約10条および11条にもとづく権利が侵害されたと主張した[388]。

　欧州人権裁判所は、冒頭、「11条は、その自律的役割および固有の適用領域に関わらず、本件においては10条にも照らして検討されなければならない」とした。「10条が保障する個人の意見の保護は、11条に掲げられた平和的集会の自由の目的のひとつ」だからである[389]。

　欧州人権裁判所は次に、苦情の対象となった措置が「**法律で定める**」（一部の裁判所および法曹を改革する1971年12月31日の法の実施令である、弁護士職を規制する1972年6月9日のデクレ）ものであったことと、それが正当な目的、すなわち「無秩序……を防止する」ことを追求して課されたものであることを認めた[390]。しかしそれは、この正当な目的のために**民主的社会において必要な**ものであったか。政府は、「とくにエズラン氏の弁護士という立場および地元の背景を顧慮して」、必要な措置であったと主張した。申立人が、デモ中に生じた無軌道な事件に関する責任を自らの見解において否認しなかったこと自体、それを承認したことであるとされる。政府はまた、「『裁判所吏員』として……司法機関の権威および裁判所決定の尊重を深刻に損なう行動に対応することは、司法機関にとって必要不可欠である」とも主張した[391]。

---

[388] *Eur. Court HR, Case of Ezelin v. France, judgment of 26 April 1991, Series A, vol.202,* p.8, paras.9-10, and p.22, para.47.
[389] Ibid., p.20, para.37.
[390] Ibid., p.21-22, paras.43-47.
[391] Ibid., p.22, para.49.

欧州人権裁判所はこれに同意しなかった。欧州人権裁判所は、エズラン氏に科された懲戒処分が、「この事件においては密接に関連している平和的集会の自由および表現の自由の特別な重要性にかんがみ、追求される正当な目的に比例していたか」について、「事件を全体としてとらえて」審査した。欧州人権裁判所は、これに付け加えて次のように述べている。

> 「比例性の原則にしたがい、11条2項に列挙された目的の要件と、路上その他の公共の場所において言葉、動作または場合により沈黙によって行なわれる自由な意見の表明の要件との間で均衡をとることが求められる。正当な均衡を追求しようとすれば、弁護士が、懲戒による制裁を恐れ、このような機会に自己の信念を明確にすることを躊躇させられる結果に至ってはならない」[392]

　欧州人権裁判所は、本件において申立人に科された処罰について、関連の法律で予定されている「懲戒処分のうち低い段階に属する」ものであったことは確かであり、また「職務の遂行または弁護士評議会の評議員としての活動を一時的にも禁ずるものではなかったことから、主として道徳的効力を有するものであった」ととらえた。それでも、欧州人権裁判所は次のように判断している。

> 「平和的集会——本件においては禁じられていなかったデモ——に参加する自由はきわめて重要であり、たとえ弁護士といえども、対象者自身がその機会をとらえて非難されるべき行為を犯すのでないかぎり、いかなる形でも制限することはできない」[393]

　苦情の対象となった制裁は「最低限」のものであったとはいえ、「民主的社会において必要な」ものとは思われず、したがって条約11条の違反とされた[394]。

---

[392] Ibid., p.23, para.51-52.
[393] Ibid., p.23, para.53.
[394] Ibid., loc. cit.

> 欧州人権条約11条で保障された集会の自由についての権利は、非難されるべき行為を犯さなかったことを条件として、弁護士にも保障されなければならない。状況によって、11条は、条約10条で保障される個人の意見の保護にも照らして検討されなければならない。そのような保護は平和的集会の自由の目的のひとつだからである。集会の自由の行使を制限するさいの条件のひとつとして11条2項に定められている比例性の原則は、一方ではそこに挙げられた正当な目的の要件と、他方では公の場所で集会する申立人が言葉、動作または場合により沈黙によって行なう自由な意見の表明の要件との間で均衡をとることを要求する。

5. 思想・良心・宗教・意見・表現・結社・集会の自由の保護を確保するさいの裁判官・検察官・弁護士の役割

　この章では、思想・良心・宗教・意見・表現・結社・集会にかかわる基本的自由の主な側面をいくつか取り上げてきた。これらの自由は、すべての人間の生活および社会全体の礎石であり、社会が適切かつ効果的に機能するかどうかはこれらの自由にかかっている。これらの自由は、法曹自身にとっても、関連性があるばかりか必要不可欠なものでさえある。法曹が日常業務を独立に、公正にかつ効果的に遂行できるかどうかはこれらの自由にかかっているからである。

　ただし、やはりこの章で示してきたように、良心・宗教・意見・表現・結社・集会その他の自由の享受は、他の分野ではおおむね望ましい人権状況にある国においてさえ、脆弱な場合が多い。したがって、これらの自由を効果的に保護することの重要性についてすべての社会の裁判官・検察官・弁護士が意識しておくことは必要不可欠である。いくつかの自由の行使については、一定の正当な目的のために必要なときには制限を課すことができるものの、法曹は、一方では自己の自由を最大限に享受することに対する個人の利益と、他方ではすべての人間が同じ自由の尊重を享受できるようにすることに対する社会の一般的利益との間で不可欠な——しかし公正な——均衡をとるうえで有利な立場

にある。この分野では多くの国際的司法判断が積み重ねられてきており、その一部をこの章で分析してきたが、法曹はそこからこの点に関わる貴重な指針を得られるはずである。

6. おわりに

　思想・良心・宗教・意見・表現・結社・集会の自由は、個人の生活および社会生活のほぼすべての側面を網羅している。すべての者が、差別なく、全面的かつ効果的にこれらの自由を保護されるようにするということは、われわれの個人的生活だけではなく社会生活をも豊かにしてくれる可能性がある多種多様な見解、意見および考えを認めるということである。そのことはさらに、異なる意見、信念および宗教的確信を有する人々の間で理解を深め、かつこのような人々に対する尊重を育むうえでも役に立つ。人々は、おたがいの見解、宗教的信念またはさまざまな問題に関する意見を常に共有するとはかぎらず、それらを不快なものとか受け入れられないとか思ったりする場合さえあるものである。しかし、情報の自由な流通ならびに見解、考えおよび情報の交流を認めることにより、社会は、さまざまな意見の持ち主が一般的利益となる問題に積極的に参加することを可能にする。このように、これらの自由の効果的実施は、人々が寛容、平和および安全のなかで暮らせる社会の前提条件でもあるのである。

　意見・表現・結社・集会の自由を効果的に保護することは、さらに、人々が国内裁判所、国際裁判所その他の権限ある機関で人権を主張できるようにするためにも、またその他の人々が人権・基本的自由の促進および保護に貢献するうえで役割を果たせるようにするためにも、欠かせない。これとの関係で注意しなければならないのは、拷問、恣意的拘禁、不公正な裁判手続および超法規的処刑をともなう人権侵害は、他の者の見解および信念に対する寛容の欠如に根づいていることが多いということである。したがって、この章で取り上げた基本的自由の全面的かつ効果的行使を確保することは、すべての国の人権状況を向上させることに向けた重要な一歩となる。

第13章
司法運営における平等および差別の禁止に対する権利

第13章 司法運営における平等および差別の禁止に対する権利

第13章
司法運営における平等および差別の禁止に対する権利

学習の目的
- 法律の前における平等の概念および差別の禁止の原則が国際人権法でどのように理解されているかについて参加者が習熟できるようにすること。
- これらの原則が国際的・地域的レベルで実際にどのように適用されているか、具体例を通じて明らかにすること。
- 差別的取扱いをとくに受けやすい可能性があるいくつかのグループを特定すること
- 法律の前における平等の概念および差別の禁止の原則を保障するため、裁判官・検察官・弁護士がどのような法的措置および(または)行動をとらなければならないか、説明すること。

設問
- あなたは「差別」および(または)取扱いの「不平等」をどのように定義するか。
- あなたが活動している国では、法律の前における平等の概念および差別の禁止の原則がどのように保護されているか。
- あなたは職業生活のなかで差別の事件に直面したことはあるか。
- あなたが活動している国に、とくに差別を受けやすい立場に置かれたグループは存在するか。
- そのようなグループが存在するとすれば、それはどのようなグループで、どのように差別されているか。
- あなたが活動している国では、ジェンダーにもとづく差別の問題がとくに存在するか。
- 存在するとすれば、それはどのような問題か。
- 法律の前における平等についてのすべての人の権利を保護し、かつ差別を受けない個人および集団の権利を確保するために、あなたは法曹としてどのような措置をとれるか。

関連の法的文書

国際文書

- 国連憲章(1945年)
- 市民的及び政治的権利に関する国際規約(自由権規約、1966年)
- 経済的、社会的及び文化的権利に関する国際規約(社会権規約、1966年)
- あらゆる形態の人種差別の撤廃に関する国際条約(人種差別撤廃条約、1965年)
- 女子に対するあらゆる形態の差別の撤廃に関する条約(女子差別撤廃条約、1979年)
- 児童の権利に関する条約(児童の権利条約、1989年)
- 旧ユーゴスラビア国際刑事裁判所規程(1993年)
- ルワンダ国際刑事裁判所規程(1994年)
- 国際刑事裁判所規程(1998年)
- 1949年8月12日の4つのジュネーブ諸条約
- 1949年8月12日のジュネーブ諸条約の1977年追加議定書[1]

* * * * *

- 世界人権宣言(1948年)
- 宗教または信念にもとづくあらゆる形態の不寛容および差別の撤廃に関する宣言(1981年)
- 国民的または民族的、宗教的および言語的マイノリティに属する者の権利に関する宣言(1992年)

* * * * *

地域文書

- 人および人民の権利に関するアフリカ憲章(アフリカ人権憲章、1981年)
- 子どもの権利および福祉に関するアフリカ憲章(1990年)
- 米州人権条約(1969年)
- 女性に対する暴力の防止、処罰および根絶に関する米州条約(1994年)
- 障害のある者に対するあらゆる形態の差別の撤廃に関する米州条約(1999年)
- 欧州人権条約(1950年)
- 欧州社会憲章(1961年)および改正欧州社会憲章(1996年)
- 国民的マイノリティの保護に関する枠組み条約(1995年)

---

1 差別に関わる法的文書についてさらに詳しくはトレーナーズ・ガイドの**付録2**・**配布資料1**参照〔邦訳では省略〕。

1. はじめに

1.1 差別：根強く残る深刻な人権侵害

　個人および個人の集団が差別されることからの法的保護を向上させる点では国際的レベルで前例のない進展が見られてきたにも関わらず、世界のあらゆる場所から寄せられる報告は、差別的な行為および実践が過去の思い出などではまったくないことを裏づけている。差別は多面的であり、国または公の体制だけではなく市民社会一般にも存在する。このように、差別とは多かれ少なかれ、政治、教育、雇用、社会・医療サービス、住居、刑務所制度、法執行および司法運営一般といった社会のあらゆる領域で人々が扱われるそのやり方に影響を及ぼす可能性があるものである。

　差別には多くのさまざまな原因があり、アジア系・アフリカ系コミュニティ、ロマ、先住民族、アボリジニ、異なるカーストに属する人々といったさまざまな人種的・民族的・国民的・社会的出身の人々に影響を及ぼす場合がある。文化的・言語的・宗教的出身が異なる人々、障害のある人々、高齢者、HIVまたはAIDSとともに生きている人々に差別が向けられることもある。さらに、性的な指向・好みを理由として差別される場合もある。

　ジェンダーにもとづく差別も、多くの国で進展があったにも関わらず、一般的である。とくに婚姻財産についての主張を行なう権利、男性と対等な立場で相続する権利、夫の許可なく就労・旅行する権利を女性に認めない法律はいまだに存在している。女性はまた、多くの国で依然として衰えを見せない暴力的・虐待的慣行をとくに受けやすいし、それによって、人種または出身および女性であることの両方を理由とする二重の差別に苦しむことも多い。

　今日の世界で大きな問題となっているのは、膨大な数の人々、とくに女性と子どもが、貧困下または極端な貧困下で暮らしていることを理由に差別の対象とされていることである。このような状況は貧困層に移住を余儀なくさせ、とくに女性と子どもの人身取引の増加を助長している。これに加えて、女性と子どもは身体的拘束、暴力および脅迫を受けることも多い。

　とくに多くの欧州諸国では、近年、主に若者から構成されるネオナチその他の

グループによる、庇護希望者および外国人一般を対象とした人種主義的・排外主義的攻撃が憂慮すべきほど増加してきた。しかし、このような攻撃は外国人に対してのみ向けられるのではなく、関係グループが行なう行為およびそこに表れた差別的または優越主義的理念の正しさにあえて異議を申立てる人々にも向けられている。このような理念、そして差別的取扱いを求めるその他の理由は、この10年間に難民・国内避難民の移動が悲劇的なほど急増した根本的原因のひとつである。

2001年に南アフリカ・ダーバンで開かれた反人種主義世界会議で示されたように、差別の大波を押し留めるうえで政府、非政府組織および市民社会が直面している課題は相当なものであり、あらゆる関係者が真剣な、効果的なかつ協調のとれた努力を進めていかなければならない。

1.2 差別から人々を保護するにあたっての裁判官・検察官・弁護士の役割

裁判官・検察官・弁護士は、当然のことながら、差別から人々を保護するうえで必要不可欠な役割を果たさなければならない。その責務は、差別を禁ずる現行法規が法的実務で尊重されるようにすることである。国によっては、法的には差別が禁じられているのにその法律が十分に執行されていない。裁判官・検察官・弁護士は、このような状況を是正するとともに、差別行為の不処罰が容認されないこと、そのような行為が適正に調査・処罰されること、そして被害者が効果的な救済措置を利用できることを確保するうえで、きわめて重要な役割を果たす。

差別に関する国内法が存在しないまたは明確でない場合、法曹は国際法上の文書に指針を求めることも可能である。そのなかにはとくに、相対的に豊かに積み上げられてきた判例も含まれており、以下でその一部を検討する。

1.3 国際法上の歴史の概観

平等および差別の禁止に対する権利を、国際社会が容易に受け入れたわけではない。第1次世界大戦後に開かれたパリ講和会議(1919年)で、日本は国際連盟

規約に人種的平等の原則を挿入させようと奮闘した。会議委員会を構成していた17か国中、11か国の過半数が日本の提案に賛成票を投じたが、米国のウィルソン大統領は「議長席からとつぜん、修正案は成立しなかったと宣言した」。この修正拒否に対して数か国の代表団が激しく抗議したものの、ウィルソン大統領は修正は採択されなかったと譲らず、日本の代表団をおおいに失望させた[2]。当然のことながら、連盟規約では国家間の平等の原則にさえ明示的にはいっさい触れられなかった[3]。

しかし、筆舌に尽くしがたい惨劇をともなうもうひとつの世界大戦が終わり、国際連合憲章が作成されているときに進展は見られた。この惨劇は、国家体制全体を包括し、慎重に制度化された意図的な差別慣行に端を発するものであった。世界はもはや、このような忌むべき慣行とそれがもたらす平和への脅威に目を閉ざすことはできなかったのである。

国連憲章前文第2段落で、国際連合の人民は次のような決意を表明している。

「基本的人権と人間の尊厳及び価値と男女及び大小各国の同権とに関する信念をあらためて確認〔する〕」

国連憲章1条2項および3項によれば、国連はとくに「人民の同権及び自決の原則の尊重に基礎をおく諸国間の友好関係を発展させること」と次のことを目的としている。

「経済的、社会的、文化的または人道的性質を有する国際問題を解決することについて、**並びに人種、性、言語または宗教による差別なくすべての者のために人権及び基本的自由を尊重するように助長奨励することについて**、国際協力を達成すること」(強調引用者)

---

2 Paul Gordon Lauren, *Power and Prejudice - The Politics and Diplomacy of Racial Discrimination*, 2nd edn. (Boulder/Oxford, Westview Press), pp.99-100. 人種差別問題一般については"Racial Equality Requested - and Rejected"と題した第3章参照。

3 See Keba Mbaye, "ARTICLE 2, Paragraph 1", *La Charte des Nations Unies - Commentaire article par article*, 2nd edn, Jean-Pierre Cot and Alain Pellet, eds. (Paris, ECONOMICA, 1991), p.83.

2条1項が「この機構は、そのすべての加盟国の主権平等の原則に基礎をおいている」ことをはっきりと確認する一方で、人権の遵守における差別の禁止の原則は13条1項(b)、55条(c)および76条(c)で再確認されている。国連憲章は、国際社会の平和および安全がかなりの部分、「人種、性、言語または宗教による差別のないすべての者のための人権及び基本的自由の普遍的な尊重及び遵守」にかかっていることを宣言したものである(55条(c))。

このように、いくつかの正当な理由を挙げて国際憲法とも呼びうる国連憲章は、いまや**国家間の平等およびあらゆる人間の価値の平等**の原則にしっかりと根ざしているのである。ただし、この章では後者の原則のみ取り上げる。

1.4 この章の目的および範囲

この章が対象とする範囲では、差別という幅広い、複雑かつ多面的な主題について詳細な分析を行なうことはできない。この章の目的はむしろ、法曹を対象として、平等および差別の禁止に対する権利について一般国際人権法に掲げられたもっとも重要な法的規定を簡単に説明した後、国際的監視機関による判決・見解・意見のうちもっとも関連性が高いいくつかの側面に焦点を当てるところにある。**最終的目標は、いま存在する不平等なおよび差別的な取扱いのおびただしい側面のいくつかについて裁判官・検察官・弁護士の意識を喚起するとともに、それによって、法曹が今後国内レベルで活動していくための基本的な法的枠組みを提示することである。**

2. 法律の前における平等に対する権利および差別の禁止に対する権利を保障する国際法上の規定(一部)

2.1 世界人権宣言(1948年)

国連憲章で人種、性、言語および宗教にもとづく差別が禁じられた後、世界人権宣言がジェノサイド犯罪の防止および処罰に関する条約とともに1948年に採択されたことは、法律の前における平等の原則およびそこから派生する差別

の禁止の法的強化に向けた重要な一歩となった。

世界人権宣言1条は「すべての人間は、生れながらにして自由であり、かつ、尊厳と権利とについて平等である」と宣言しており、さらに2条は次のように述べている。

> 「すべて人は、人種、皮膚の色、性、言語、宗教、政治上その他の意見、国民的若しくは社会的出身、財産、門地その他の地位又はこれに類するいかなる事由による差別をも受けることなく、この宣言に掲げるすべての権利と自由とを享有することができる。
>
> さらに、個人の属する国又は地域が独立国であると、信託統治地域であると、非自治地域であると、又は他のなんらかの主権制限の下にあるとを問わず、その国又は地域の政治上、管轄上又は国際上の地位に基づくいかなる差別もしてはならない」

平等に対する権利については、世界人権宣言7条が次のように規定しているところである。

> 「すべての人は、法の下において平等であり、また、いかなる差別もなしに法の平等な保護を受ける権利を有する。すべての人は、この宣言に違反するいかなる差別に対しても、また、そのような差別をそそのかすいかなる行為に対しても、平等な保護を受ける権利を有する」

注意しなければならないのは、世界人権宣言2条の原文は**「いかなる種類の区別」**(distinction[s] of any kind、強調引用者)も禁じており、いかなる違いも法的に**まったく**許容し得ないともとれる点である。しかし、後述するように、国際的監視機関はこのような制限的解釈をとっていない。

2.2 ジェノサイド犯罪の防止および処罰に関する条約(1948年)

ジェノサイド犯罪の防止および処罰に関する条約1条において、「締約国は、ジ

883

ェノサイドが平時に行なわれるか戦時に行なわれるかを問わず国際法上の犯罪であることを確認し、これを防止および処罰することを約束」している。2条(a)～(e)では、ジェノサイドと見なされる行為、すなわち「国民的、民族的、人種的または宗教的集団の全体または一部を破壊する意図を持って行なわれた」行為として次のものが挙げられている。

- 集団の構成員を殺すこと
- 集団の構成員に対して重大な身体的または精神的な危害を加えること
- 集団の全体または一部に身体的破壊をもたらすことを意図した生活条件を、集団に対して故意に課すこと
- 集団内における出生を妨げることを意図する措置を課すこと
- 集団の子どもを他の集団に強制的に移すこと

次の行為はジェノサイド条約3条(a)～(e)にもとづき処罰対象とされる。

- ジェノサイド
- ジェノサイドの共同謀議
- ジェノサイドの直接かつ公然の教唆
- ジェノサイドの未遂
- ジェノサイドの共犯

これと同じジェノサイドの定義は、国際刑事裁判所ローマ規程[4]6条、旧ユーゴスラビア国際刑事裁判所規程4条2項およびルワンダ国際刑事裁判所規程2条2項にも掲げられている。ローマ規程6条とは異なり、後者の2つの国際刑事裁判所の規程は、それぞれ4条3項と2条3項で、ジェノサイド条約と同じ行為を処罰対象と定めている。

ジェノサイドは平等に対する権利を究極的に否定するものであるが、この章ではほとんどの社会が直面しているもっと日常的形態の差別について検討する

---

4 たとえばUN doc. A/CONF.183/9参照。ローマ規程は2002年7月1日に発効した。

ので、ここではこれ以上扱わない。これとの関係では、2001年8月2日、ラディスラフ・クルシュティッチ事件において、旧ユーゴスラビア国際刑事裁判所が、ボスニアヘルツェゴビナのスレブレニッツァ陥落(1995年7月)後にジェノサイドを実行したとして同将軍を有罪としたことを付け加えておけば十分であろう[5]。同将軍は殺人など他の重大犯罪でも有罪とされ、46年間の拘禁刑を言渡された。同裁判所がいずれかの者をジェノサイドで有罪としたのはこれが初めてだったので、この評決は重要である。

2.3 自由権規約(1966年)

平等に対する権利および差別からの自由は自由権規約のさまざまな規定で保護されている[6]。まず、2条1項で各締約国は次のことを約束している。

「その領域内にあり、かつ、その管轄の下にあるすべての個人に対し、人種、皮膚の色、性、言語、宗教、政治的意見その他の意見、国民的若しくは社会的出身、財産、出生又は他の地位等によるいかなる差別もなしにこの規約において認められる権利を尊重し及び確保することを約束する」

また、規約26条は条約にもとづいて差別からの保護を提供するための礎石である。

「すべての者は、法律の前に平等であり、いかなる差別もなしに法律による平等の保護を受ける権利を有する。このため、法律は、あらゆる差別を禁止し及び人種、皮膚の色、性、言語、宗教、政治的意見その他の意見、国民的若しくは社会的出身、財産、出生又は他の地位等のいかなる理由による差別に対しても平等のかつ効果的な保護をすべての者に保障する」

---

5 判決文はhttp://www.un.org/icty/krstic/TrialC1/judgement/参照。
6 差別の問題については自由権規約委員会の一般的意見18(UN doc. HRI/GEN/1/Rev.5, *Compilation of General Comments and General Recommendations adopted by Human Rights Treaty Bodies* (hereinafter referred to as *United Nations Compilation of General Comments*), pp.134-137)参照。

規約で認められた権利と結びつけられた2条1項とは異なり、26条は平等を「自律的権利」として保障し、「公的機関が規制・保護を行なうあらゆる分野で法律上または事実上の差別を禁じている」[7]。

20条2項は、締約国に対し、「差別、敵意又は暴力の扇動となる国民的、人種的又は宗教的憎悪の唱道」を法律で禁止するよう義務づけている。

ジェンダーの平等は3条で強調されており、その規定によれば、締約国は「この規約に定めるすべての市民的及び政治的権利の享有について男女に同等の権利を確保することを約束」している[8]。

14条1項は、「すべての者は、裁判所の前に平等とする」と定めた規定である。これは重要な保障であり、場合によって国は、たとえば窮乏した者に公正な裁判手続を確保するために法律扶助を行なうよう義務づけられることがある。これに加えて、14条3項は、「すべての者は、その刑事上の罪の決定について、十分平等に」、そこに掲げられた最低限の保障を享受する権利を有すると規定している。

25条は、すべての市民が、「第2条に規定するいかなる差別もなく、かつ、不合理な制限なしに」公的活動に平等に参加できることを保障している[9]。

最後に、規約27条は**民族的、宗教的および言語的マイノリティ**の保護を明示的に規定している。27条によれば次のとおりである。

「種族的、宗教的又は言語的少数民族が存在する国において、当該少数民族に属する者は、その集団の他の構成員とともに自己の文化を享有し、自己の宗教を信仰しかつ実践し又は自己の言語を使用する権利を否定されない」[10]

2.4 社会権規約(1996年)

社会権規約2条2項にもとづき、締約国は次のことを約束している。

---

7   Ibid., p.136, para.12.
8   一般的意見28(Ibid., pp.168-174)。
9   一般的意見25(25条)(Ibid., pp.157-162)。
10 一般的意見23(27条)(Ibid., pp.147-150)も参照。

「この規約に規定する権利が人種、皮膚の色、性、言語、宗教、政治的意見その他の意見、国民的若しくは社会的出身、財産、出生又は他の地位によるいかなる差別もなしに行使されることを保障すること」

また、自由権規約の場合と同様、社会権規約の締約国は3条を通じて次のことも約束している。

「この規約に定めるすべての経済的、社会的及び文化的権利の享有について男女に同等の権利を確保すること」

差別の禁止の原則は7条(a)(i)にも掲げられており、そこでは「公正な資金及びいかなる差別もない同一価値の労働についての同一報酬。特に、女子については、同一の労働についての同一報酬とともに男子が享受する労働条件に劣らない労働条件が保障されること」が保障されている。最後に、規約7条(c)は、「先任及び能力以外のいかなる事由も考慮されることなく、すべての者がその雇用関係においてより高い適当な地位に昇進する均等な機会」についての権利を保障している[11]。

2.5 人種差別撤廃条約(1965年)

人種差別撤廃条約の適用上、「人種差別」とは次のものをいう(1条1項)。

「人種、皮膚の色、世系又は民族的若しくは種族的出身に基づくあらゆる区別、排除、制限又は優先であって、政治的、経済的、社会的、文化的その他のあらゆる公的生活の分野における平等の立場での人権及び基本的自由を認識し、享有し又は行使することを妨げ又は害する目的又は効果を有するもの」

---
11 差別に関する社会権規約委員会の見解については、とくに、*United Nations Compilation of General Comments*に収録された次の一般的意見を参照:一般的意見3(締約国の義務の性質(2条1項))(pp.18-21)、一般的意見4(十分な住居に対する権利(11条1項)(pp.22-27)、一般的意見5(障害のある人々)(pp.28-38)、一般的意見6(高齢者の経済的、社会的および文化的権利)(pp.38-48)、一般的意見12(十分な食糧に対する権利)(pp.66-74)、一般的意見13(教育に対する権利(13条))(pp.74-89)および一般的意見14(到達可能な最高水準の健康に対する権利(12条))(pp.90-109)。

ただし、条約は「締約国が市民と市民でない者との間に設ける区別、排除、制限又は優先については、適用」されないし(1条2項)、条約のいかなる規定も、「国籍、市民権又は帰化に関する締約国の法規に何ら影響を及ぼすものと解してはならない。**ただし、これらに関する法規は、いかなる特定の民族に対しても差別を設けていないことを条件とする**」(2条3項、強調引用者)。もうひとつ注意しなければならないのは、条約が適用されるのは「公的生活の分野」で生じた差別のみであり、私的に行なわれる差別には原則として適用されないことである。

　条約は、人種差別を撤廃する締約国の義務についてやや詳しく規定しており、「人種、皮膚の色又は民族的若しくは種族的出身による差別なしに」享受されなければならない主要な市民的・政治的・経済的・社会的・文化的権利を5条で列挙している[12]。

2.6 児童の権利条約(1989年)

児童の権利条約2条1項は次のように規定している。

「締約国は、その管轄の下にある児童に対し、児童又はその父母若しくは法定保護者の人種、皮膚の色、性、言語、宗教、政治的意見その他の意見、国民的、種族的若しくは社会的出身、財産、心身障害、出生又は他の地位にかかわらず、いかなる差別もなしにこの条約に定める権利を尊重し、及び確保する」

ここでは、いかなる差別も許されない事由として「心身障害」の文言が付け加えられている。
　条約2条2項にもとづき、締約国は次の措置をとることを求められている。

12　人種差別撤廃委員会が条約をどのように解釈しているかについてさらに詳しくは、とくに、*United Nations Compilation of General Comments*に収録された次の勧告を参照：一般的勧告11(市民でない者)(p.182)、一般的勧告14(1条1項)(pp.183-184)、一般的勧告15(4条)(pp.184-185)、一般的勧告19(3条)(p.188)、一般的勧告20(5条)(pp.188-189)、一般的勧告21(自決権)(pp.189-191)、一般的勧告23(先住民族の権利)(pp.192-193)、一般的勧告24(1条)(pp.193-194)、一般的勧告25(人種差別のジェンダーに関わる側面)(pp.194-195)、一般的勧告26(6条)(p.195)および一般的勧告27(ロマに対する差別)(pp.196-202)。

「児童がその父母、法定保護者又は家族の構成員の地位、活動、表明した意見又は信念によるあらゆる形態の差別又は処罰から保護されることを確保するためのすべての適当な措置」

子どもの教育について、締約国は、29条1項(d)で、教育がとくに次のことを指向すべきことに同意している。

「(d) すべての人民の間の、種族的、国民的及び宗教的集団の間の並びに原住民である者の理解、平和、寛容、両性の平等及び友好の精神に従い、自由な社会における責任ある生活のために児童に準備させること」

最後に、児童の権利条約30条は、自由権規約25条と同様の——ただしまったく同じではない——文言でマイノリティの権利を保護している。その規定は次のとおりである。

「種族的、宗教的若しくは言語的少数民族又は先住民である者が存在する国において、当該少数民族に属し又は先住民である児童は、その集団の他の構成員とともに自己の文化を享有し、自己の宗教を信仰しかつ実践し又は自己の言語を使用する権利を否定されない」[13]

2.7 女子差別撤廃条約(1979年)

女子差別撤廃条約1条は「女子に対する差別」を次のように説明している。

「性に基づく区別、排除又は制限であつて、政治的、経済的、社会的、文化的、市民的**その他のいかなる分野**においても、女子(婚姻をしているかいないかを問わない。)が男女の平等を基礎として人権及び基本的自由を認識し、享

13　教育の目的に関する児童の権利委員会の見解については、とくに差別の問題を扱った一般的意見1参照 (*United Nations Compilation of General Comments*, pp.255-262)。

889

有し又は行使することを害し又は無効にする効果又は目的を有するもの」(強調引用者)

第11章の3.2で触れたように、この条約の適用範囲は、私的領域にあたる行為も対象としている点で人種差別撤廃条約よりも広い。

司法の運営における女性の権利の重要性と、これらの権利の促進において女子差別撤廃条約が果たしている役割にかんがみ、これらの権利についてはこのマニュアルの第11章でとくに注意を向けた。ただし、一般的人権条約にもとづいて国際的監視機関が扱った、ジェンダー差別に関わるいくつかの事件についてはこの章で取り上げる[14]。

2.8 宗教または信念にもとづくあらゆる形態の不寛容および差別の撤廃に関する宣言(1981年)

宗教または信念にもとづくあらゆる形態の不寛容および差別の撤廃に関する宣言1条は、「思想、良心および宗教の自由に対する権利」をすべての者に保障しており、この権利には「みずから選択する宗教またはいかなる信念をも受け入れる自由、および、単独でまたは他の者と共同しておよび公にまたは私的に、礼拝、儀式、行事および教導によってその宗教または信念を表明する自由を含む」ものとしている。1条2項が「何人も、みずから選択する宗教または信念を受け入れる自由を侵害するおそれのある強制を受けない」と規定する一方で、1条3項は、「宗教または信念を表明する」自由に対する制限を、それが「法律で定める制限であって公共の安全、公の秩序、公衆の健康もしくは道徳または他の者の基本的な権利および自由を保護するために必要な」ものであるという

---

[14] 女子差別撤廃条約の解釈について詳しくは、とくに、*United Nations Compilation of General Comments*に収録された次の勧告を参照：一般的勧告12(女性に対する暴力)(pp.209)、一般的勧告14(女性器切除)(pp.211-212)、一般的勧告15(後天性免疫不全症候群(AIDS)の予防および統制のための国家戦略における女性差別の回避)(pp.212-213)、一般的勧告16(農村部・都市部の家族企業における無給女性労働者)(pp.213-214)、一般的勧告18(障害のある女性)(pp.215-216)、一般的勧告19(女性に対する暴力)(pp.216-222)、一般的勧告21(婚姻および家族関係における平等)(pp.222-231)、一般的勧告23(政治的および公的生活)(pp.233-244)および一般的勧告24(女性と健康：12条)(pp.244-251)。

条件で認めている。
　「宗教またはその他の信念を理由として、いかなる国家、機関、個人の集団または個人からも差別を受けない」権利は宣言2条1項に掲げられている。2条2項は、この条約の適用上、次のような定義を定めている。

　「『宗教または信念にもとづく差別』とは、宗教または信念にもとづくあらゆる区別、排除、制限または優先であって、平等の立場で人権および基本的自由を認識し、享有しまたは行使することを無効にしまたは害する目的または効果を有するものをいう」

1987年以降、国連人権委員会に任命された特別報告者が、宣言の規定に両立しない世界各地での行為を検討し、是正措置を提案している[15]。
　注意しなければならないのは、思想、良心および宗教の自由は自由権規約18条でも保護されており、4条2項によればこれはいかなる状況でも逸脱することのできない規定とされていることである。自由権規約の締約国にとっては、もちろん、差別に関する諸規定がこの自由に関しても全面的に適用される。

2.9 国民的または民族的、宗教的および言語的マイノリティに属する者の権利に関する宣言(1992年)

　国民的または民族的、宗教的および言語的マイノリティに属する者の権利に関する宣言の前文第6段落で、国連総会は次のことを強調している。

　「国民的または民族的、宗教的および言語的マイノリティに属する者の権利を継続的に促進および実現していくことは、社会全体の発展の不可欠な一環として、かつ法の支配を基盤とする民主的社会の枠組みのなかで、諸人民間および国家間の友好の強化に貢献するであろう」

15　特別報告者の活動については、たとえば、国連人権委員会決議2000/33にしたがってアブデルファー・アモール特別報告者が提出した報告書(UN doc. E/CN.4/2001/63)参照。

このように国連は、法の支配とマイノリティの権利を尊重する民主的な憲法秩序が、国際的な平和および安全を前進させるうえできわめて重要な役割を果たすことを認めている。

　宣言1条1項は、「国は、それぞれの領域内におけるマイノリティの存在ならびに国民的または民族的、文化的、宗教的および言語的アイデンティティを保護し、かつそのアイデンティティの促進のための条件整備を奨励する」と定める。これらの目的を達成するため、国は1条2項にしたがって「適当な立法上その他の措置」をとらなければならない。2条および3条は保護の対象であるマイノリティに属する者の権利を詳しく規定し、4条から7条は、宣言の目的を達成するために、国が単独でまたはおたがいに協力してとらなければならない措置を特定している。

　ここでは、ひとつの例として、宣言2条1項が次のように定めていることに触れておけば十分であろう。

　「国民的または民族的、宗教的および言語的マイノリティに属する者は、……自己の文化を享有し、自己の宗教を信仰および実践し、かつ、自由におよび干渉またはいかなる形態の差別も受けることなく私的および公的に自己の言語を使用する権利を有する」

3. 法律の前における平等に対する権利および差別の禁止に対する権利を保障する地域条約の規定(一部)

3.1 アフリカ人権憲章(1981年)

　アフリカ人権憲章2条は次のように定める。

　「すべての個人は、人種、民族集団、皮膚の色、性、言語、宗教、政治的意見その他の意見、国民的および社会的出身、財産、出生またはその他の地位によるいかなる区別もなく、この憲章で認められかつ保護されている権利および自由を享受する資格を有する」

3条は、「すべての個人は、法の前において平等である」ことと「法による平等な保護を受ける権利を有する」ことを明示的に認めている(3条1項および2項)。

憲章18条3項では、締約国はさらに「女性に対するあらゆる差別の撤廃」を確保すると約束している。

アフリカ憲章が人民の権利も取り上げていることを考慮すれば、19条が、「すべての人民は、平等である。諸人民は、同一の尊重を享受し、かつ同一の権利を有する。いかなる事情によっても、人民が他の人民によって支配されることは正当化されない」と規定しているのは当然である。

3.2 子どもの権利および福祉に関するアフリカ憲章(1990年)

差別を禁ずる一般的条項は、子どもの権利および福祉に関するアフリカ憲章3条に掲げられている。

「すべての子どもは、子どもまたは親もしくは法定保護者の人種、民族集団、皮膚の色、性、言語、宗教、政治的その他の意見、国民的および社会的出身、財産、出生またはその他の地位にかかわらず、この憲章で認められかつ保障されている権利および自由を有する」

これに加えて、憲章21条1項では、締約国は「子どもの福祉、尊厳、正常な成長および発達に影響を与える有害な社会的および文化的慣行、とくに……性別またはその他の地位を根拠として子どもを差別する習慣および慣行……を廃止するためにあらゆる適当な措置をとる」よう求められている。

3.3 米州人権条約(1969年)

米州人権条約1条にもとづき、締約国は、条約で「認められた権利および自由を尊重」することおよび次のことを約束している。

「その管轄下にあるすべての者に対し、人種、皮膚の色、性、言語、宗教、

政治的その他の意見、国民的もしくは社会的出身、経済的地位、出生またはその他のいかなる社会的条件を理由とするいかなる差別もなく、これらの権利および自由の自由かつ完全な行使を確保すること」

　国際人権規約とは異なり、米州人権条約1条には「財産」は掲げられていない。しかし、「経済的地位」は「財産」よりも広い状況を網羅するように思われる。
　「平等」の概念は米州人権条約8条2項に登場している。それによれば、刑事上の罪を問われたすべての者は、自己に対する裁判手続中に認められる一定の最低限の保障を「完全に平等に」受ける権利を有する。
　最後に、24条は、「すべての者は、法律の前において平等である。したがって、すべての者は、法律による平等の保護を差別なく受ける権利を有する」と規定している。

3.4 経済的、社会的および文化的権利の分野における米州人権条約の追加議定書(1988年)

　経済的、社会的および文化的権利の分野における米州人権条約の追加議定書(サンサルバドル議定書)は、条約本体に、労働・社会保障・健康・食糧・教育に対する権利や、高齢者および障害者が特別な保護を受ける権利といった多くの権利を付け加えたものである。差別の禁止義務は3条に掲げられており、それによれば締約国は、議定書に「定められた権利の行使」を、次の要素に関連した理由にもとづくいかなる種類の差別もなく「保障することを約束」している。

「人種、皮膚の色、性、言語、宗教、政治的その他の意見、国民的もしくは社会的出身、経済的地位、出生またはその他のいかなる社会的条件」

3.5 女性に対する暴力の防止、処罰および根絶に関する米州条約(1994年)

　女性に対する暴力の防止、処罰および根絶に関する米州条約は、公私のいずれの領域においてもジェンダーにもとづく暴力を撤廃することを目指したもの

であり、6条(a)および(b)で、「暴力を受けないすべての女性の権利には、とくに……女性があらゆる形態の差別を受けない権利、および、女性がステロタイプ化された行動態様ならびに劣等性または従属性の観念にもとづく社会的および文化的慣行から自由に評価および教育される権利を含む」と定めている。

条約7条および8条は、女性に対するあらゆる形態の暴力を防止、処罰および根絶する締約国の義務についての詳細が示されている。さらに9条によれば、締約国は、必要な措置をとるさいに次のように対応しなければならない。

> 「とくに〔女性の〕人種もしくは民族的背景または移住者、難民もしくは避難民としての地位を理由として女性が置かれた暴力を受けやすい立場を特別に考慮する。同様の考慮は、妊娠中に暴力を受けた女性または障害のある女性、未成年の女性、高齢の女性、社会経済的に不利な立場に置かれた女性、武力紛争の影響を受けている女性もしくは自由を奪われている女性についても行なうものとする」

条約は、国際条約としては唯一、女性に対する暴力という深刻な問題を明示的にかつもっぱら取り上げている点で、とりわけ興味深い。

3.6 障害のある者に対するあらゆる形態の差別の撤廃に関する米州条約(1999年)[16]

障害のある者に対するあらゆる形態の差別の撤廃に関する米州条約の目的は、2条で述べられているとおり、「障害のある者に対するあらゆる形態の差別を防止および撤廃し、かつその社会への全面的統合を促進すること」である。条約の適用上、「障害のある者に対する差別」とは次のものをいう。

> 「障害、障害の記録、従前の障害から生じた条件または障害があるもしくは

---

16 2002年6月17日現在で9か国がこの条約を批准した。発効日は2001年9月14日である。http://www.oas.org/Juridico/english/sigs/a-65.html参照。

あったと見なされることにもとづくあらゆる区別、排除または制限であって、障害のある者がその人権および基本的自由を認識し、享有しまたは行使することを害しまたは無効にする効果または目的を有するもの」

ただし次のような例外も定められている。

「障害のある者の社会的統合または個人的発達を促進するために締約国が設ける区別または優先措置は、差別とはならない。ただし、当該区別または優先措置そのものによって障害のある者の平等権が制限されないこと、および、障害のある個人がそのような区別または優先措置の受入れを強制されないことを条件とする」(1条2項(b))

3.7 欧州人権条約(1950年)

欧州人権条約が他の一般人権条約と異なるのは、差別を禁ずる独立の規定が存在せず、条約およびその議定書で保障された権利・自由の享受と関連した禁止規定しか掲げられていないことである。すなわち、これらの権利・自由の行使と関わらない差別の訴えは欧州人権裁判所の管轄外ということになる。14条は次のように定める。

「この条約に定める権利および自由の享受は、性、人種、皮膚の色、言語、宗教、政治的その他の意見、国民的もしくは社会的出身、国民的マイノリティへの所属、財産、出生またはその他の地位のようないかなる理由にもとづく差別もなく、保障される」

興味深いのは、14条における差別の禁止は「国民的マイノリティへの所属」も対象とされていることである。この事由は、自由権規約2条1項・26条、米州人権条約1条またはアフリカ人権憲章2条には明示的に挙げられていない。ただしアフリカ憲章の規定では、上述したように、「マイノリティ」よりも適用範囲が限定される「民族集団」という文言が用いられている。

しかし、欧州評議会の加盟国は、このような条約の欠陥を是正するために重要な措置をとった。条約本体の採択50周年にあたる2000年11月4日、欧州人権条約の第12追加議定書を採択したのである。そこには次のような一般的差別禁止条項が掲げられている。

「1. 法律で定められたいかなる権利の享受も、性、人種、皮膚の色、言語、宗教、政治的その他の意見、国民的もしくは社会的出身、国民的マイノリティへの所属、財産、出生またはその他の地位のようないかなる理由にもとづく差別もなく、保障される。
2. いかなる者も、1項に掲げたもののようないかなる理由にもとづいても、いかなる公的機関からも差別されない」

議定書の発効のためには10か国の批准が必要である(5条1項)。2002年6月17日現在、キプロスとグルジアしかこの議定書を批准していない[17]。

3.8 欧州社会憲章(1961年)および改正欧州社会憲章(1996年)

改正欧州社会憲章(1996年)は1961年欧州社会憲章に漸進的にとって代わっていくものにすぎない。改正憲章は、とくに、1961年条約に含まれている諸権利に、貧困および排除から保護される権利(30条)のような新たな社会権を付け加えるものである。貧困・排除という差別の一形態は、20世紀末ごろ、先進工業国でも経験する人々が増えるようになった。

1961年憲章についていえば、実体規定には一般的差別禁止条項が何ら含まれていない。ただし、締約国は前文第3段落で次のことを約束している。

「社会的権利の享受は、人種、皮膚の色、性、宗教、政治的意見、国民的または社会的出身による差別なしに保障される**べき**であること」(強調引用者)

---

17 批准の状況については欧州評議会のウェブサイト(http://www.coe.int/)参照。

もっとも、改正憲章第5部E条には差別禁止条項が含まれている。それによれば次のとおりである。

> 「この憲章に定められた権利の享受は、人種、皮膚の色、性、言語、宗教、政治的その他の意見、国民的もしくは社会的出身、健康、国民的マイノリティへの所属、出生またはその他の地位のようないかなる理由による差別もなく、保障される」

改正憲章の附則は、「客観的かつ合理的な正当化事由にもとづく異なる取扱いは、差別と見なさない」と規定している。

1961年憲章の前文では差別の禁止の原則への言及は法的拘束力がなかったのに対し、欧州評議会加盟国は、改正憲章の採択によってようやく、社会権の分野でもこの原則を全面的に擁護するに至ったのである。

3.9 国民的マイノリティの保護に関する枠組み条約(1995年)

国民的マイノリティの保護に関する枠組み条約が他に例を見ない文書であるのは、「国民的マイノリティ一般の保護に特化した、法的拘束力を有する史上初の多国間文書」であるという点である[18]。条約1条は、「国民的マイノリティならびにこれらのマイノリティに属する者の権利および自由の保護は、人権の国際的保護の不可欠な一部を構成するものであり、したがって国際協力の対象となる」ことも明確にしている。さらに、条約前文第6段落は次のように指摘するところである。

> 「多元主義をとる真正の民主的社会は、国民的マイノリティに属する者一人ひとりの民族的、文化的、言語的および宗教的アイデンティティを尊重するのみならず、これらのマイノリティがこのアイデンティティを表現し、維持しかつ発達させることができるような適切な条件をつくり出すべきである」

---

18 "Introduction to the Framework Convention for the Protection of National Minorities"参照(http://www.human-rights.coe.int/Minorities/Eng/Presentation/FCNMintro.htm,p.1)。

換言すれば、国民的マイノリティの正当な保護を確保するためには具体的かつ積極的な措置が必要とされる場合もあるということである。これは法的拘束力のある国際条約ではあるが、「枠組み条約」という言葉で明らかなように、そこに掲げられた諸原則は「加盟国の国内法秩序において直接適用されるものではなく、国内法および適切な政府の政策によって実施されなければならない」[19]。第2部に掲げられた主としてプログラム規定的な条項のうち、4条が差別について扱っている。その規定は次のとおりである。

「1. 締約国は、国民的マイノリティに属する者に対し、法律の前における平等および法律による平等な保護の権利を保障することを約束する。この点について、国民的マイノリティへの所属にもとづくいかなる差別も禁じられる。
2. 締約国は、必要な場合、国民的マイノリティに属する者とマジョリティに属する者との間の全面的および効果的平等を、経済的、社会的、政治的および文化的生活のあらゆる分野で促進するために十分な措置をとることを約束する。この点について、締約国は国民的マイノリティに属する者の具体的条件を正当に考慮する。
3. 前項にしたがってとられた措置は、差別行為とは見なされない」

> 法律の前における平等および法律による平等（差別の禁止を含む）は何よりも重要な原則のひとつであり、次のような特性を有する。
> - 国際的な平和および安全にとって必要不可欠である。
> - 市民的、政治的、経済的、社会的または文化的権利のいずれであるかに関わらず、すべての人権の享受の前提である。
> - 国は、国際法にもとづき、この原則を確保および尊重する義務を負う。

19　Ibid., loc. cit.

4. 差別の禁止と公の緊急事態

　この章で取り上げた条約のうち4つには、当該条約で課された国際法上の義務から、厳格に定められた一定の条件のもとで逸脱することを締約国に認めた規定がある。関連の規定は次のとおりである。

- ◎　自由権規約4条
- ◎　米州人権条約27条
- ◎　欧州人権条約15条
- ◎　1961年欧州社会憲章30条および1996年改正憲章F条

　最初の3条約からの逸脱の問題はこのマニュアルの第16章で分析する。ここでは、逸脱措置が自由権規約4条1項で認められるためには「人種、皮膚の色、性、言語、宗教又は社会的出身**のみ**を理由とする差別」(強調引用者)を含んではならないことを指摘しておけば十分であろう。したがって、規約2条1項および26条に掲げられている次の事由は4条1項には含まれていない。

- ◎　政治的意見その他の意見
- ◎　国民的出身
- ◎　財産
- ◎　出生または他の地位

　4条1項の起草過程で、チリは、「緊急時であっても差別が禁じられるべき2つの追加的事由として社会的出身および出生を加える」ことを提案した[20]。他方、レバノンは「のみ」の語を削除するよう提案している。この言葉は、「条文案に示されたいずれかひとつの事由による差別は禁じられるが、いずれか2つの事由

---

[20] UN doc. E/CN.4/SR.330, p.4. さらにウルグアイは、「規約の他の条項との一貫性を確保するため、……賞賛に値するこの差別禁止規定に社会的出身および出生への言及を付け加えることに〔英国が〕同意する」よう希望を表明した(p.5)。レバノンは、「社会的出身」の文言を加えるというチリの提案に賛成している (p.8)。フランスは「とくに社会的出身との関係で」チリに賛成した(p.7)。

による差別は認められることを含意するからである」[21]。

　草案を提出した英国は、社会的出身に言及することは受け入れたが、「出生を挙げること」は受け入れなかった。「すでに出生国の国民ではないとしても、外国で出生したことを理由に正当な制限が課される場合もあるかもしれない」ためである[22]。「のみ」の語については、英国はこれが「一定の重要性を有する」と考えた。「緊急事態下では、国民的であると同時に人種的でもある特定の集団に対して国が制限を課すことは容易に生じ得る」し、「この文言により、当該集団が人種のみを理由として迫害されたと主張することは不可能になるだろう」からである[23]。英国の見解を踏まえ、チリとウルグアイは、当該条項で「出生」に言及するのは望ましくないということを受け入れた[24]。

＊＊＊＊＊

　米州人権条約27条1項にしたがい、逸脱措置には「人種、皮膚の色、性、言語、宗教または社会的出身を理由とする」差別をともなってはならない。この点に関する自由権規約との違いは、「のみ」という文言がないことだけである。

＊＊＊＊＊

　しかし、欧州人権条約15条1項では差別の禁止にまったく言及されていない。しかしこの空白は、締約国が、真の公の緊急事態に直面したときに差別の禁止から自由に逸脱することを認められているという意味に解釈することはできない。厳格な比例性といったその他の条件により、そのような逸脱が合法的と認められる可能性はきわめて低いと思われる。さらに、後述するように、たとえば14条における「差別」の解釈により、客観的目的のためのものとして合理的に正当化されないいかなる区別も排除される。

　最後に、1961年欧州社会憲章30条にも改正憲章F条にも差別の禁止の原則への言及は見られない。

＊＊＊＊＊

　アフリカ人権憲章に逸脱条項が設けられていないことについて、アフリカ人権

21　Ibid., p.8.
22　Ibid., p.10.
23　Ibid., loc. cit.
24　Ibid., p.11.

委員会は次のように述べている。「〔憲章は〕緊急事態下で締約国が条約上の義務から逸脱することを認めていない。したがって、たとえ内戦……といえども、国がアフリカ憲章上の権利を侵害することまたはその権利の侵害を認めることの言い訳として用いることはできない」[25]。すなわち、憲章2条、3条および19条に掲げられた差別禁止条項はいかなるときにも全面的に実施されなければならないということである。

＊＊＊＊＊

国際人道法は厳密にはこのマニュアルの対象ではないが、1949年ジュネーブ諸条約および1977年の2つの追加議定書全体を通じて差別の禁止の原則が貫かれている点は注目に値する。差別の禁止の原則が掲げられているのはとくに次の条項である。

- ◎ 4つのジュネーブ諸条約共通3条
- ◎ 捕虜の待遇に関するジュネーブ条約(第3条約、1949年)16条
- ◎ 戦時における文民の保護に関するジュネーブ条約(第4条約、1949年)27条
- ◎ 国際的武力紛争の犠牲者の保護に関し、1949年8月12日のジュネーブ諸条約に追加される議定書(第1議定書)9条1項および75条1項
- ◎ 非国際的武力紛争の犠牲者の保護に関し、1949年8月12日のジュネーブ諸条約に追加される議定書(第2議定書)2条1項、4条1項および7条2項

これらの規定は、たとえもっとも緊急の状況下であっても、国際的または非国際的武力紛争の真っ只中であっても、当事国は、平等な取り扱いに対する権利および差別の禁止の原則を含む一定の法的人権基準を尊重するよう厳格に拘束されていることを意味するものである。

---

25 ACHPR, Commission Nationale des Droits de l'Homme et des Libertes v. Chad, Communication No.74/92, decision adopted during the 18th Ordinary session, October 1995, p.50, para.40. 参照した決定文は http://www.up.ac.za/chr/ahrdb/acomm_decisions.htmlに掲載されたもの。

> 法律の前における平等および差別の禁止に対する権利は、原則として、公の緊急事態ならびに国際的・非国際的武力紛争時を含むあらゆる状況下で尊重されなければならない。

5. 平等および差別の禁止の一般的意義

　上述したように、また自由権規約委員会が強調するように、「差別の禁止は、法律の前における平等およびいかなる差別もない法律の保護とともに、人権の保護に関わる基本的かつ一般的原則のひとつである」[26]。しかし、平等および差別の禁止の問題を議論するときには、とくに世界人権宣言2条および自由権規約2条1項で一見示唆されていると思われる内容にも関わらず、人々および人々の集団の間に設けられるあらゆる区別が言葉の真の意味における差別と見なされるわけではないことを、必要不可欠なこととして承知しておかなければならない。これは国際的監視機関の一貫した司法判断から導き出せる見解である。それによれば、人々の間に設けられる区別は、一般的に言って合理的であり、かつ客観的で正当な目的のために課されるのであれば、正当化される。

　自由権規約にいう「差別」について、自由権規約委員会は次のような信念を明らかにしている。

> 「規約で用いられている『差別』の文言は、人種、皮膚の色、性、言語、宗教、政治的意見その他の意見、国民的もしくは社会的出身、財産、出生または他の地位等によるあらゆる区別、排除、制限または優先であって、**すべての者が平等な立場ですべての権利および自由を認識し、享有しまたは行使することを妨げまたは害する目的または効果を有する**ものを意味すると理解されるべきである」[27]

26　一般的意見18、パラ1(*United Nations Compilation of General Comments*, p.134)参照。
27　Ibid., p.135, para.7. 強調引用者。

しかし、委員会が留意するように、「平等な立場での権利および自由の共有は**……すべての場合に同一の扱いがなされなければならないことを意味しない**」。この見解の裏づけとして、委員会は、規約自身もいくつかの規定で人々の間に区別を設けていることを指摘する(たとえば、18歳未満の者に死刑を科すことおよび妊娠中の女性に死刑を執行することを禁じた6条5条)[28]。

さらに、「平等の原則により、締約国は時として、規約が禁ずる差別を引き起こしまたはその悪化の一因となっている条件を緩和させまたは解消するために**積極的差別是正措置**をとるよう求められることがある。たとえば、住民の一部が置かれた一般的条件によってその人権の享受が妨げられまたは損なわれている国では、国はその条件を是正するために具体的行動を起こすべきである。そのような行動としては、当該住民を、一定期間、特定の事柄について他の住民に比して優遇することなどが考えられる。しかし、このような行動が事実上の差別を是正するために必要であるかぎり、それは規約上、**正当な差異化**の事案である」[29]。

選択議定書にもとづく通報で26条違反が主張された事件で、委員会は、「法律の前における平等およびいかなる差別もない法律の保護に対する権利は、すべての異なる取扱いを差別的とするものではない。**合理的かつ客観的基準にもとづく差異は、26条にいう禁じられた差別にはあたらない**」ことを確認している[30]。したがって、持ちこまれた関連の事件において締約国がこれらの基準を遵守していたかどうか審査するのは委員会の職務である。

＊＊＊＊＊

米州では、米州人権条約24条が保障している法律の平等な保護に対する権利について、米州人権裁判所が「コスタリカ憲法の帰化条項改正案」に関する勧告的意見で審理した。この意見で、米州人権裁判所は、差別および平等の概念について示唆に富む詳細な検討を行なっている。

米州人権裁判所はまず次のように指摘している。すなわち、米州人権条約24条

28　Ibid., pp.135-136, para.8. 強調引用者。
29　Ibid., p.136, para.10. 強調引用者。
30　Communication No.172/1984, *S. W. M. Broeks v. the Netherlands* (Views adopted on 9 April 1987), in UN doc. *GAOR*, A/42/40, p.150, para.13. 強調引用者。

は、条約に掲げられた権利および自由の行使における差別を一般的に禁じた1条1項と概念的に同一ではないものの、「24条には1条1項で確立された原則をあらためて述べている面もある。法律の前における平等を承認することにより、同条は、法的規定に由来するあらゆる差別的取扱いを禁じているのである」[31]。米州人権裁判所は次に、平等の概念の起源および意義について次のように説明している。

「55. 平等の概念は、人類が一体であることから直接に生じ、個人の本質的尊厳と結びつくものである。ある集団に、その集団が優れていると見なされるという理由で特権的取扱いを受ける権利があるという考え方と、この原則は両立し得ない。同じように、ある集団を劣っていると決めつけ、敵意をもって取扱ったり、そのような決めつけを受けていない他の者には与えられている権利の享受についてその他の方法で差別したりすることとも、この原則は両立不可能である。人間を、他に類のない同属としての特質に一致しない方法で異なる取扱いの対象とすることは、許容されない。

56. 平等および差別の禁止が、すべての人間は尊厳および価値において一体であるという考え方に内在しているというまさにその理由で、法的取扱いにおけるあらゆる差異がそれ自体で差別的ということになるわけではない。取扱いにおけるあらゆる差異が、それ自体で人間の尊厳を害するわけではないからである。欧州人権裁判所は、『多数の民主的国家の法的実行から抽出できる諸原則にしたがい』、異なる取扱いが差別的とされるのは『客観的かつ合理的な正当化事由がない』場合のみであると判示している。……一定の事実上の不平等がある場合に、正義の原則に違反しないような法的取扱いの不平等が正当とされることはあり得る。そのような不平等は、実のところ、正義を達成するうえで、または法的に弱い立場にある者を保護するうえで有効な場合があるかもしれない。たとえば、自己の利益を保護する能力がない未成年者または精神的無能力者の法的能力について、法律が年齢または社会的地位を理由として制限を課すのを差別と見なすことは不可能である。

31　*I-A Court HR, Proposed Amendments to the Naturalization Provisions of the Constitution of Costa Rica, Advisory Opinion OC-4/84 of January 19, 1984, Series A, No.4*, p.104, para.54.

57. したがって、異なる取扱いに正当な目的があり、かつそれによって正義、道理または事物の理に反する状況がもたらされないのであれば、差別は存在しない。すなわち、国による個人の異なる取扱いが差別とされないのは、選択された分類が**事実上の実質的な差異にもとづくものであり、かつ、これらの差異と検討対象である法規の目的との間に合理的な比例関係が存在する場合である。これらの目的は、不当なまたは不合理なものであってはならない。すなわち、恣意的な、気まぐれな、専制的な、または人類の本質的一体性および尊厳に抵触するものであってはならない**」[32]

しかし、米州人権裁判所は続けて、具体的状況下でどんな政府でも直面する可能性がある現実に譲歩する姿勢を見せている。

「58. いずれかの事実関係により、前項で述べたような状況に直面しているかどうかの判断が多かれ少なかれ難しくなる場合があることは否定できないものの、同様に真なのは、人類の本質的一体性および尊厳の概念を出発点とすれば、公の福祉への考慮により、上述した基準から程度の差はあれ離れることが正当化され得る状況を特定することも可能だということである。ここで取り上げている諸価値は、それを適用しなければならない現実の状況を前にして具体的様相を帯びるのであり、それをどのように表現するかについては事案によって一定の裁量の余地が認められる」[33]

* * * * *

欧州レベルでは、欧州人権裁判所がベルギー言語事件で欧州人権条約14条について初めて取り上げ、同条に掲げられた保障は、「14条の文言上、『条約に定める権利および自由』にのみ関係しているという点で、独立に存在するものではない」と判示した[34]。しかし、「それ自体としては問題の権利または自由を掲げた条項の要件にしたがっている措置も……14条とあわせて解する場合には、

---

[32] Ibid., pp.104-106, paras.55-57. 強調引用者。
[33] Ibid., p.106, para.58.
[34] *Eur. Court HR, Case "relating to certain aspects of the laws on the use of languages in education in Belgium" (Merits), judgment of 23 July 1968, Series A, No.6*, p.33, para.9.

差別的性質のものであるという理由で当該条項違反となる場合もある。……それはあたかも、〔14条が〕権利および自由を定めた各条項の不可欠な一部となっているかのようである」[35]。

　欧州人権裁判所は続けて、14条があらゆる異なる取扱いを違法としているか否かについて次のように判示している。

「10. フランス語正文のきわめて一般的な文言（'sans distinction aucune'「いかなる区別もなく」）にも関わらず、14条は認められた権利および自由の行使におけるあらゆる差異を禁じているわけではない。フランス語正文は、より制限的な英語正文（'without discrimination'「差別なく」）に照らして理解されなければならない。これに加えて、とくに、フランス語正文が一見意味しているかのような幅広い解釈を14条に適用するとすれば、愚かしい結果がもたらされることになろう。認められた権利および自由の享受においてすべての者に完全な平等を保障していない多くの法律上または行政上の規定は、実質的に、ひとつ残らず条約に反するということになってしまう。権限ある機関が直面する状況や問題においては、それぞれの固有の違いを理由として、異なる法的解決策がしばしば求められるものである。さらに、事実上の不平等を是正することに資するという機能しか有しない法的不平等というものも存在する。したがって、上述のような拡大解釈は受け入れることができない。
　そうなると重要なのは、……異なる取扱いが14条に違反するかどうかの判断を可能とする基準について検討することである。この問題について〔欧州人権〕裁判所は、多数の民主的国家の法的実行から抽出できる諸原則にしたがい、当該区別に客観的かつ合理的な正当化事由がない場合には取扱いの平等の原則に違反すると判示する。このような正当化事由の有無は、民主的社会において通常支配的地位を占めている諸原則を顧慮したうえで、検討対象である措置の目的および効果との関連で評価されなければならない。条約で定める権利の行使における異なる取扱いは、**正当な目的を追求しているというだけに留まっていてはならない。採用される手段と実現を追求される目的**

35　Ibid., p.34, para.9.

との間に合理的な比例関係がない**ことが明確に立証されたときも、同様に14条違反とされる。

　ある事件で恣意的区別が行なわれたかどうかの判断を試みるにあたり、〔欧州人権〕裁判所は、締約国として争われている措置について回答しなければならない国の社会生活を特徴づけている法律上および事実上の特質を無視することはできない。そのさい、〔欧州人権〕裁判所が権限ある国内機関の役割を担うことは、条約が確立した国際的な集団執行機構の補完的性質を見失ってしまうがゆえに、不可能である。国内機関は依然として、条約が規律する事柄について適当と考える措置を自由に選択することができる。〔欧州人権〕裁判所による審査は、それらの措置が条約の要件を遵守しているかどうかという点にのみ関わるものである」[36]

　しかし、欧州人権裁判所には差別についての理解をさらに発展させる機会もあり、「国が、同様の状況にある者に、客観的かつ合理的な正当化事由を示すことなく異なる取扱いをしたとき」には14条の権利が侵害されたと長きにわたって判断してきながらも、「これだけが14条における差別の禁止の様相ではない」と考えるに至っている。すなわち、次のとおりである。

　「条約で保障された権利の享受について差別されない権利は、**国が、相当に異なる状況にある者に、客観的かつ合理的な正当化事由なく異なる取扱いをしなかったとき**にも侵害されたことになる」[37]

　ただし、欧州人権裁判所も米州人権裁判所と同様、「締約国は、その他の面では同様の状況にある場合の差異によって異なる取扱いが正当化されるか否か、およびどの程度正当化されるかを評価するうえで、一定の裁量の余地を享受する」ことは認めている[38]。他方、通報の相手方となった国の政府によって「きわ

36　Ibid., p.34-35, para.10. 強調引用者。
37　Eur. Court HR, Case of Thlimmenos v. Greece, judgment of 6 April 2000, (未編集版), para.44. 強調引用者。
38　Eur. Court HR, Case of Karlheinz Schmidt v. Germany, judgment of 18 July 1994, Series A, No.291-B, pp.32-33, para.24.

めて重みのある理由」が提出されなければ、欧州人権裁判所がある異なる取扱いを14条にもとづく正当な差異と見なすことはないであろう。その差異がもっぱらジェンダー[39]または婚外出生[40]にもとづくものである場合はなおさらである。

以上が、国際人権法における取扱いの平等および差別の禁止の概念についての、もっとも詳細で権威のある判決の一部である。これらの判決が基礎となって、以下に例として示す自由権規約委員会や米州人権裁判所の判断も生まれてきた。これらの機関の判例に共通する特徴を示すとすれば、次のとおりである。

> 平等および差別の禁止の原則は、人々を区別することがあらゆる場合に国際法上違法であることを意味しない。異なる取扱いは、次の条件が満たされるときは正当であり、したがって合法的である。
> - 事実上の不平等に対処するための積極的差別是正措置など、正当な目的を追求していること。
> - その正当な目的に照らして合理的であること。
>
> 異なる取扱いの目的とされるものであって客観的に正当化できないもの、および、正当な目的の達成に比例しない措置は違法であり、国際人権法に反する。平等に対する権利を確保するために、国は、著しく異なる状況に置かれた人々に対して異なる取扱いを行なわなければならない場合がある。

6. 平等に対する権利および差別の禁止に関する国際的判例および法的見解(一部)

本節では、これまでに主な国際的監視機関が扱ってきた多くの差別事件のうちいくつかを取り上げる。主に注意を向けるのは、司法的または準司法的性質を有する機関である。

ここで選んだ事件のなかにはそれほど重要ではないと思われるものもあるかも

39　*Eur. Court HR, Case of Van Raalte v. the Netherlands, judgment of 21 February 1997*, p.186, para.39.
40　*Eur. Court HR, Case of Inze v. Austria, judgment of 28 October 1987, Series A, No.126*, p.18, para.41.

しれない。多くの個人および個人の集団は、国際的監視機関が検討したいくつかの事件の当事者よりも無限にひどい差別に苦しんでいるからである。**しかしこれらの判例は、はるかに深刻かもしれない他の状況においてとられるべき道筋をはっきりと指し示している。そこでは、法律の策定にあたって、また平等に対する権利および差別の禁止を実際に執行するにあたって立法者および法曹の双方が指針とし得る、また指針としなければならない普遍的な法的基準が確立されているからである。**

6.1 人種、皮膚の色または民族的出身

6.1.1 人種的中傷

アフマド事件では、デンマークが人種差別撤廃条約6条に違反したと認定された。パキスタン系デンマーク市民である申立人は、自分と弟が学校で校長および別の教員から「猿ども」と呼ばれたと申立てた。この出来事は、校舎内で、この2人の少年――騒いでいたとされる――がビデオカメラを持ち、試験中だった友人を待っていたところ、部屋から退去するよう求めた教員の言葉にしたがわなかった後に起こったものである[41]。

申立人は警察に告発したが、警察は、用いられた言葉は侮辱的または品位を傷つける発言に関するデンマーク刑法266b条の対象外であるとの結論に達し、事件処理を打ち切った[42]。警察からの書簡には、「用いられた表現は緊迫した出来事の文脈を踏まえてとらえなければならないし、申立人と同様に振舞ったデンマーク系の者についても用いられる可能性があるので、人種、皮膚の色、国民的または民族的出身の点で侮辱的なまたは品位を傷つけるものとして理解されるべきではない」とも書かれていた[43]。その後、検事総長も警察の決定を支持した[44]。

---

[41] Communication No.16/1999, *K. Ahmad v. Denmark* (Opinion adopted on 13 March 2000) in UN doc. *GAOR*, A/55/18, p.110, para.2.1.
[42] Ibid., p.110, paras.2.2 and 2.4, read in conjunction with p.116, para.6.3.
[43] Ibid., p.110, para.2.4.
[44] Ibid., p.110, para.2.5.

人種差別撤廃委員会の結論は次のとおりである。「警察が捜査を続けず、かつ検察官が異議申立ての権利のない最終決定を行なったことにより、申立人は条約上の権利が侵害されたか否かを決定するいっさいの機会を否定された。このことから、申立人は、人種差別からの効果的保護およびそれにともなう救済措置を締約国によって否定されたことになる」[45]。委員会は、締約国が、「条約4条にしたがって法律で処罰されるべき人種差別行為に関わる告発および苦情を警察および検察官が適正に調査することを確保する」よう勧告した[46]。

6.1.2 移動および居住の自由に対する権利

やはり人種差別撤廃条約にもとづいて申立てられたコプトワ対スロバキア共和国事件では、申立人は、スロバキアの2つの自治体が採択した決議により、ロマ民族系の市民が両自治体の領域に定住することを禁じられたのは条約の規定に違反すると申立てた。決議のひとつは、ロマ系市民が村に足を踏み入れることさえ禁じていた[47]。

人種差別撤廃委員会は、両決議の文言を検討したうえで、移動および居住の自由に対する権利を「人種、皮膚の色、国民的又は種族的出身による差別なく」すべての者に対して保障する条約5条(d)(i)違反であるとの結論に達した。委員会の認定によれば、「両決議は、文言上、当該自治体にかつて居住していたロマに明示的に言及しているものの、これらが採択された文脈を見れば、他のロマも同様に定住を禁じられていたであろうことは明らかである」[48]。ただし委員会は、争われた決議は1999年4月に撤回されており、移動および居住の自由はスロバキア共和国憲法23条で保障されていることに留意している。委員会は、締約国が、「その管轄下にあるロマの移動および居住の自由を制限する慣行が全面的にかつ迅速に解消されることを確保するために必要な措置をとる」よう勧告した[49]。

45　Ibid., p.116, para.6.4.
46　Ibid., p.116, para.9.
47　Communication No.13/1998, *A. Koptova v. the Slovak Republic* (Opinion of 8 August 2000), in UN doc. *GAOR*, A/55/18, p.137, paras.2.1-2.3.
48　Ibid., p.149, para.10.1.
49　Ibid., p149, para.10.3.

6.1.3 法執行における人種的・民族的差別

　人種差別撤廃委員会は、米国の第1回・第2回・第3回定期報告書に関する最終見解で、「警察による暴力および残虐行為(法執行官による過度な実力行使による死亡事件を含む)が発生しており、それがマイノリティ・グループおよび外国人にとくに影響を及ぼしていること」に懸念とともに留意した。そこで委員会は、締約国が、「人種差別に、また最終的には人身の安全に対する権利の侵害につながる可能性がある偏見と闘うことを目的として、警察隊の適切な訓練を確保するために即時的かつ効果的な措置をとる」よう勧告している。「委員会はさらに、人種的動機にもとづく暴力を処罰するとともに、効果的な法的救済措置に対する被害者のアクセス、ならびに、そのような行為の結果としてこうむった被害について正当かつ十分な賠償を求める権利を確保するために断固たる措置をとるよう勧告するものである」[50]。

　委員会はまた、「〔米国における〕連邦、州および地方の刑務所に収容された者の過半数が民族的または国民的マイノリティの構成員であること、および、アフリカ系アメリカ人およびヒスパニックの収監率がとくに高いこと」にも懸念とともに留意した。委員会は、締約国が、「裁判所および司法運営に携わるその他のすべての機関において、人種、皮膚の色または国民的もしくは民族的出身による区別なく平等に取扱われるすべての者の権利を保障するために断固たる措置をとる」よう勧告している。委員会はさらに、締約国が、「これらのグループが置かれた経済的、社会的および教育的に不利な立場の結果として高い収監率が生じないことを確保する」ようにも勧告した[51]。

　最後に、人種差別撤廃委員会は、「非司法的、即決および恣意的処刑に関する国連人権委員会特別報告者によれば、とくにアラバマ、フロリダ、ジョージア、ルイジアナ、ミシシッピおよびテキサスのような諸州で、被害者および被告双方の人種と死刑判決との間に憂慮すべき相関関係がある」ことに懸念とともに留意した。「委員会は、締約国に対し、可能であれば凍結期間を設けることによ

50　米国に関する人種差別撤廃委員会の最終見解の未編集版(UN doc. CERD/C/59/Misc.17/Rev.3)パラ15参照。
51　Ibid., para.16.

って、検察官、裁判官、陪審員および弁護士の人種的偏見の結果として、または有罪判決を受けた者が置かれていた経済的、社会的および教育的に不利な立場の結果として、いかなる死刑も科されないことを確保するよう促すものである」[52]。

6.1.4 経済的・社会的・文化的権利の確保における人種差別

デンマークの第14回定期報告書に関する最終見解で、人種差別撤廃委員会は次のように述べている。「委員会は、〔人種差別撤廃条約〕5条に掲げられた経済的、社会的および文化的権利に対しても平等な注意が向けられるべきことを懸念する。委員会はとくに、外国人失業率の水準が高いことおよび民族的マイノリティの構成員がなかなか就労できないことを懸念するものである」。委員会の指摘によれば、「締約国には外国人在留者に就労許可を与える義務はないものの、就労許可を得た外国人が就労について差別されないことは保障しなければならない」[53]。

人種差別撤廃委員会は、オーストラリアの第10回・第11回・第12回定期報告書に関する最終見解ではとくに厳しい態度をとり、「先住民族であるオーストラリア人がその経済的、社会的および文化的権利の享受について依然としてはなはだしい差別に直面している」ことに深刻な懸念を表明した。「委員会は、高度先進工業国の総人口の2.1％を占めるに過ぎない先住民族がいまなおはなはだしいほど劇的な不平等を経験していることを依然として深刻に懸念するものである。委員会は、締約国が、可能なかぎり短期間に、これらの格差を根絶するために十分な資源を配分するよう勧告する」[54]。

52　Ibid., para.17.
53　See UN doc. *GAOR*, A/55/18, p.23, para.67.
54　See UN doc. *GAOR*, A/55/18, pp.19-20, para.41.

6.2 ジェンダー

6.2.1 婚姻財産に関わる主張を行なう権利

アト・デル・アヴェジャナル対ペルー事件では、リマで2軒のアパートを所有していたペルー人女性が、最高裁判所の決定により、滞納されていた家賃の回収のために賃貸人を訴えることを許されなかった。ペルー民法168条により、女性が婚姻している場合、裁判所で婚姻財産に関わる主張を行なう権利があるのは夫のみとされているためである[55]。自由権規約委員会によれば、これは自由権規約の次の規定に違反している。

◎ すべての者が裁判所の前で平等であることを保障した14条1項(「裁判所で訴えを起こすことに関して妻が夫と平等ではなかった」ため)
◎ 規約に定められたすべての市民的および政治的権利の享有について男女に同等の権利を確保するよう求めた3条、および、「すべての者は、法律の前に平等であり、いかなる差別もなしに法律による平等の保護を受ける権利を有する」と定めた26条(委員会は、ペルー民法168条を申立人に適用したことは「裁判所における申立人の平等を否定するものであり、性にもとづく差別である」と認定した)[56]

6.2.2 家族生活を尊重される権利

アブドラジズ、カバレスおよびバルカンダリ対英国事件で、欧州人権裁判所は、英国出入国管理法が、欧州人権条約8条単独で、または14条に掲げられた差別の禁止規定とあわせて理解した場合に保障された家族生活を尊重される権利に違反しているかどうかを判断しなければならなかった。この事件は、それぞ

---

[55] Communication No.202/1986, *G. Ato del Avellanal v. Peru* (Views adopted on 28 October 1988), in UN doc. *GAOR*, A/44/40, p.196, paras.1 and 2.1.
[56] Ibid., pp.198-199, paras.10.1-10.2.

れの夫とともに英国に在留したいと考えた3名の女性に関わるものである。申立ての時点で、それぞれマレー、フィリピンおよびエジプト出身の申立人らは英国で合法的な永住許可を得ていた。問題が始まったのは、申立人らが外国人男性と婚姻した後、夫が英国でともに生活または在留する許可を得られなかったことによる。申立人らの夫はそれぞれポルトガル、フィリピンおよびトルコ出身であった。

欧州人権条約8条で保障された家族生活を尊重される権利について、欧州人権裁判所は、「申立人らが婚姻したのは単身者として英国に定住して以降に過ぎない」ことに留意した。欧州人権裁判所の見解によれば次のとおりである。

「8条が課す義務は、締約国の側に、婚姻した夫婦による居住国の選択を尊重し、かつ国民ではない配偶者が当該国で定住できるよう入国させる一般的義務があるというところまで及ぶと考えることはできない。

　本件において、申立人らは、自国もしくは夫の母国で家族生活を確立することに障害があることまたはそれが期待できない特別な事情があることを示していない。

……

　したがって家族生活が『尊重されなかった』事実はなく、8条そのものの違反もなかった」[57]

しかし、条約8条とあわせて14条を理解した場合の解釈にもとづいて本件が審査されると、異なる結果が生じた。ここで生じた問題は、申立人らが主張したように、「家族生活を尊重される権利を確保するにあたり、性、人種および——バルカンダリ夫人の場合には——出生を理由として不当な異なる取扱いが行なわれたことにより」両条の違反があったかどうかという点である[58]。

すでに確立された判例を援用して、欧州人権裁判所は次のように判示した。

57　*Eur. Court HR, Case of Abdulaziz, Cabales and Balkandali v. the United Kingdom, judgment of 28 May 1985, Series A, No.94,* p.34, paras.68-69.
58　Ibid., p.35, para.70.

「14条の適用上、異なる取扱いが差別となるのは『客観的かつ合理的な正当化事由がない』とき、すなわちそれが『正当な目的』を追求していない場合または『採用される手段と実現を追求される目的との間に合理的な比例関係』がない場合である」[59]。

ただし締約国は、「その他の面では同様の状況にある場合の差異によって異なる取扱いが正当化されるか否かおよびどの程度正当化されるかを評価するうえで、一定の裁量の余地を享受する」[60]。

関連の規則上、「英国に定住している男性のほうが、定住女性よりも、国民ではない配偶者が定住のために同国に入国または在留する許可を得やすい」ことについては争いがなかった。したがって議論の中心となったのは、この差異に客観的かつ合理的な正当化事由があるかどうかという点である[61]。政府は、この異なる取扱いは「一次移民」を制限するのが目的であり、「失業率が高い時期に**国内労働市場を保護する**必要性によって」正当化されると主張した[62]。欧州人権裁判所は、国内労働市場を保護するという目的が「間違いなく正当である」ことは認めつつも、そのこと自体で現行規則における異なる取扱いの正当性が確立されるわけではないとした[63]。さらに、「両性の平等を前進させることは、今日では欧州評議会加盟国の重要な目標のひとつである。すなわち、性を理由とする異なる取扱いが条約と両立すると見なされるためには、きわめて重みのある理由が提出されなければならない」[64]。

政府の主張を検討した欧州人権裁判所は、「とは言っても男性と女性がそれぞれ労働市場に及ぼす影響には差異がたとえ存在しうるとしても、それが、英国に定住している者が場合によりその夫または妻と合流する可能性について、申立人らが苦情を申立てた異なる取扱いを正当化するほど重要であるとは確信で

59　Ibid., p.35, para.72.
60　Ibid., p.36, para.72.
61　Ibid., p.36, para.74.
62　Ibid., p.36, para.75. 強調引用者。
63　Ibid., p.37, para.78.
64　Ibid., p.38, para.78.

きない」とした[65]。規則は**公的安定を促進すること**も目的としているという政府の主張は認めつつも、欧州人権裁判所は、「これらの規則で設けられている夫と妻の区別がこの目的に役立つとは納得できない」としている[66]。

したがって欧州人権裁判所は、申立人らが**性**を理由とする差別の被害を受けたこと、これは欧州人権条約8条とあわせて理解した場合の14条違反であるとの結論に達した。ただし、欧州人権裁判所はさらに、申立人らは人種または出生を理由とする差別は**受けなかった**と認定している[67]。

6.2.3 優先的年金受給権

ポーゲル対オーストリア事件の申立人は、妻の死後、有給の仕事に就いているという理由で年金を支給されなかった。申立人は、1965年オーストリア年金法が「寡婦を優先的に待遇している」のは自由権規約26条に反すると訴えた。「寡婦は所得に関わらず年金を受給できるのに対し、寡夫は他にいかなる形態の所得も得ていない場合にしか受給できない」ためである[68]。

自由権規約委員会は、申立人が「寡夫として寡婦と平等に年金の満額受給を認められなかった」のは規約26条に反すると認定した[69]。本件における年金法の適用が「不合理なまたは客観的でない基準にもとづく差異をともなっていた」か否か判断するにあたり、委員会は、オーストリア家族法では所得および相互の扶養について両配偶者に平等な権利および義務が課されているのに対し、1985年に改正された年金法では、寡夫は他に所得がない場合にのみ年金を満額受給できる一方、寡婦にはこのような要件が適用されないことに注意を向けている。実際、寡夫が寡婦と平等に待遇されるようになるのは1995年1月1日以降にすぎなかった[70]。委員会の見解では、これは「社会的状況が同様の男女が性のみを理由として異な

65　Ibid., p.38, para.79.
66　Ibid., p.39, para.81.
67　Ibid., p.39, para.83, and p.41, paras.86 and 89.
68　Communication No.415/1990, *D. Pauger v. Austria* (Views adopted on 26 March 1992), in UN doc. *GAOR*, A/47/40, p.333, paras.1.-2.1
69　Ibid., p.336, para.8.
70　Ibid., p.335-336, para.7.4.

る取扱いを受ける」ことを意味した。このような差異は、締約国が「法律の最終的目標は1995年に男女の完全な平等を達成することにある」と指摘したときに「暗黙のうちに認めた」ように、合理的なものではないとされた[71]。

6.2.4 社会保障手当

自由権規約26条の違反はS・W・M・ブロークス対オランダ事件でも認定されている。ブロークス女史が、当時施行されていたオランダ失業手当法の適用において、性を理由とする差別の被害を受けたためである[72]。同法では、既婚女性が手当を受給するためには「自分が『稼ぎ手』であることを証明するという、既婚男性には適用されない条件を課されていた」。自由権規約委員会によれば、このような差異は既婚女性を既婚男性に比べて不利な立場に置くものであり、合理的なものではない[73]。

6.2.5 一般児童養育手当制度への拠出金

バン・ラールテ対オランダ事件では、申立人は、オランダ一般児童養育手当法にもとづく拠出金が、45歳を超え、婚姻しておらず子どももいない男性である自分から徴集されるのは、欧州人権条約の第1議定書1条とあわせて解釈した場合の欧州人権条約14条に違反すると申立てた。当時、同じ年齢で婚姻しておらず子どももいない女性からは、同様の拠出金は徴収されていなかったためである[74]。

本件は「税その他の拠出……の支払を確保する」国の権利に関わるものだったので、欧州人権裁判所は何の問題もなく第1議定書1条に照らした検討を行なうことができた[75]。委員会はさらに、申立ての対象となった状況が、同様の状況

---

71 Ibid., p.336, para.7.4.
72 Communication No.172/1984, *S. W. M. Broeks v. the Netherlands* (Views adopted on 9 April 1987), in UN doc. GAOR, A/42/40, p.150, paras.14-15.
73 Ibid., p.150, para.14. 同じ問題はCommunication No.182/1984, *F. H. Zwaan-de Vries v. the Netherlands* (Views adopted on 9 April 1987), pp.160-169でも取り上げられている。
74 *Eur. Court HR, Case of Van Raalte v. the Netherlands, judgment of 21 February 1997, Reports 1997-I*, p.183, para.32.
75 Ibid., p.184, paras.34-35.

にある者に対する、ジェンダーにもとづく「異なる取扱い」であることは間違いないと判断した。政府が依拠した男女間の事実上の差異、すなわち「それぞれが生殖を行なう生物学的可能性」をもってしても、欧州人権裁判所が異なる結論に達することはなかった。「申立ての対象である異なる取扱いが正当化できるかどうかという問題の中心」にあるのは、まさにその区別だったためである[76]。

欧州人権裁判所は、同制度の「鍵となる特質」が、「拠出金の支払義務は個人が手当の受給資格を得られるか否かに左右されない」点にあることに留意した。「したがって、本件における免除措置は制度を通底する特徴に反するものである」[77]。

しかし欧州人権裁判所は、締約国は「このような拠出義務の免除の導入について一定の裁量の余地を享受するものの、14条は、そのようないかなる措置も、異なる取扱いを正当化するやむをえない理由が示されないかぎり、原則として男女双方に平等に適用されることを求めるものである」との結論に達した。欧州人権裁判所は、本件についてそのような理由が存在したとは納得せず、欧州人権条約の第1議定書1条とあわせて解釈した場合の14条違反があったと認定した[78]。

6.2.6 育児休暇手当

ペトロビッチ対オーストリア事件では異なる結論が出た。欧州人権裁判所は、オーストリア当局が父親に対する育児休暇手当の支給を——当該手当は母親のみが利用できるという理由で——却下したことは、欧州人権条約14条を8条とあわせて解釈した場合に政府に認められている裁量の余地を逸脱するものではないと認定したのである[79]。

欧州人権裁判所は、「該当時点で育児休暇手当が支給されたのは父親ではなく母親に対してのみであって、その支給は出産後8週が経過し、かつ出産手当に対する権利が行使された後に開始されていた」こと、および、これが性を理由とす

76　Ibid., p.186, para.40.
77　Ibid., p.187, para.41.
78　Ibid., p.187, paras.42-43.
79　*Eur. Court HR, Case of Petrovic v. Austria, judgment of 27 March 1998, Reports 1998-II*, p.588, para.43.

る異なる取扱いである点については争いがないことを指摘した[80]。

　欧州人権裁判所は、両親は該当期間中、子どもを養育すべき「同様の立場に置かれている」ことを認めた。さらに次のようにも指摘している。

> 「両性の平等を前進させることが今日では欧州評議会加盟国の重要な目標のひとつであることを考慮すれば、……このような異なる取扱いが条約と両立すると見なされるためには、きわめて重みのある理由が提出されなければならない」[81]

欧州人権裁判所は、しかし次のことにも留意している。

> 「締約国は、その他の面では同様の状況にある場合の差異によって異なる取扱いが正当化されるか否か、およびどの程度正当化されるかを評価するうえで、一定の裁量の余地を享受する……。裁量の余地の範囲は、状況、問題となっている事柄およびその背景によって異なる。この点について関連する要素のひとつに、諸締約国の法律の間に共通の基盤が存在するか否かということも挙げられよう」[82]

　欧州人権裁判所によれば、「該当時点、すなわち1980年代終盤にこの分野で共通の基準が存在しなかった」ことは明らかであった。「締約国の大多数は父親に対して育児休暇手当の支給を行なっていなかった」ためである。欧州諸国は、「子どもの養育責任を男女がより平等に共有する方向に向けて」徐々に動いていったにすぎない。「したがって、諸般の事情を考慮すれば欧州でもきわめて先進的な立法を、この分野における社会の進展を反映して徐々に導入していったことについてオーストリアの立法府を批判するのは困難であるように思われる」[83]。すなわち、オーストリア当局は「許された裁量の余地を逸脱」しなかったので

80　Ibid., p.587, paras.34-35.
81　Ibid., p.587, paras.36-37.
82　Ibid., p.587, para.38.
83　Ibid., p.588, paras.40-41.

あり、「申立ての対象とされた異なる取扱いは14条にいう差別的なものではなかった」ということである[84]。

6.2.7 市民権の取得

米州人権裁判所は、「コスタリカ憲法の帰化条項改正案」に関する勧告的意見で、これらの改正はそれが配偶者の一方のみを優遇するかぎりにおいて米州人権条約17条4項(婚姻中の配偶者の権利の平等)および24条(平等な保護に対する権利)と両立しない差別であると認定した。改正案14条4項によれば、「コスタリカ人との婚姻によってその国籍を失った外国人女性またはコスタリカ人との婚姻後2年が経過しかつ同じ期間コスタリカに在留していた外国人女性であってコスタリカ国籍の取得の希望を表明する者は」、帰化によってコスタリカ人になるものとされていた[85]。米州人権裁判所の見解によれば、改正案が「コスタリカ国民と婚姻するあらゆる『外国人』」に言及しているのであれば、より条約にしたがうものとなるはずであった[86]。

6.3 言語

言語の使用についてはディエルガールトほか対ナミビア事件で争点となった。申立人らはいずれもレホボス・バスター会の構成員で、行政・司法・教育・公的生活の分野で母語——アフリカーンス語——を使用できないとされたのはとくに自由権規約26条違反であると訴えたものである[87]。本件では政府の回答がなかっ

84　Ibid., p.588, para.43.
85　I-A Court HR, *Proposed Amendments to the Naturalization Provisions of the Constitution of Costa Rica, Advisory Opinion OC-4/84 of January 19, 1984, Series A, No.4*, p.111, para.67 read in conjunction with p.82, p.109, para.64, and p.113, point 5.
86　Ibid., pp.111-112, para.67. もちろん、国籍法では他の事由にもとづく差別も行なわれてはならない。人種差別撤廃委員会は、エストニアの第1回・第2回・第3回・第4回定期報告書に関する最終見解で、「1993年外国人法で定められた入国割当制限の規定が、欧州連合加盟国、ノルウェー、アイスランドおよびスイスを除く世界のほとんどの国の市民に適用されることに、特段の懸念」を表明している。委員会は、「割当制度が人種または民族的もしくは国民的出身にもとづく差別なく適用される」よう勧告した（UN doc. GAOR, A/55/18, p.25, para.81）。
87　Communication No.760/1997, *J. G. A. Diergaardt et al. v. Namibia* (Views adopted on 25 July 2000), in UN doc. *GAOR*, A/55/40 (II), p.147, para.10.10.

たために申立人らの訴えが「正当に重視」されなければならず、自由権規約委員会は、締約国が、「公務員に対し、申立人らの文書または口頭による連絡にアフリカーンス語で答える完全な能力があるにも関わらず、そうしないよう指示した」ことを申立人らは立証したと指摘した。これらの指示は、公文書の発給のみならず電話による会話でもアフリカーンス語の使用を禁じていた[88]。したがって、アフリカーンス語を使用する申立人らは規約26条違反による被害を受けたとされた[89]。

　ブルトン語が母語ではあるがフランス語も話せる人物からは、裁判手続でブルトン語の使用を認められなかったのは規約26条違反であると申立てられた。しかし自由権規約委員会は、「申立人または申立人側の証人が、裁判所に、簡単だが十分なフランス語で応答できなかった」ことが立証されていないと指摘した[90]。委員会の見解では、規約14条1項の公正な裁判を受ける権利は、14条3項(f)とあわせて解釈した場合に、「被告人が通常話す言語または最大限容易に話せる言語で弁明できなければならないことを意味しない」。本件の2つの裁判所がそうであったように、「被告人が裁判所の言語に十分堪能であること」について裁判所が確信するのであれば、「被告人が裁判所の言語以外の言語で弁明するほうが望ましいか否かを確認することは要求されない」[91]。フランス法にしたがい、申立人は必要であれば通訳の役務を利用する権利があった。その必要はなかったので、申立人は規約26条その他の規定の違反による被害を受けなかったとされた[92]。

　バランタインほか対カナダ事件では、英語を母語とするがケベック在住である申立人らが、広告目的で英語を使うことが禁じられているのは規約26条違反であると訴えた。自由権規約委員会は、申立人らは言語を理由とする差別の被害を受けていないと認定した。禁止はフランス語の使用者にも英語の使用者にも適用されたのであり、「英語を話す顧客に訴えかけるために英語で広告したい

88　Ibid., loc. cit.
89　Ibid.
90　Communication No.219/1986, *Dominique Guesdon v. France* (Views adopted on 25 July 1990), in UN doc. *GAOR*, A/45/40 (II), p.67, para.10.3.
91　Ibid., loc. cit.
92　Ibid., p.68, para2.10.4-11.

と望むフランス語の使用者」もそうすることはできなかったためである[93]。

6.4 宗教または信念

6.4.1 軍務の良心的拒否

自由権規約は一貫して、締約国は自由権規約8条にもとづいて「軍事的性質の役務および良心的兵役拒否の場合にはそれに代わる国民的役務を求めることができるが、**ただし後者の役務が差別的でないことを条件とする**」と判示している[94]。F・フォワン対フランス事件において、申立人は、軍務が12か月であるのに対して良心的兵役拒否者にはそれに代わる国民的役務を24か月間要求するフランス法は差別的であり、規約26条が保障する法律の前における平等および法律の平等な保護の原則に違反すると申立てた[95]。委員会は次のように述べている。

> 「法律および実務において軍務とそれに代わる代替的役務との間に差異を設けることは可能であり、かつ、このような差異により、特定の場合にいっそう長い役務の期間が正当化される場合もある……。ただしその差異が、関連する特定の役務の性質または当該役務の達成のために特別の訓練が必要とされることのような、合理的かつ客観的な基準にもとづいていることが条件である」[96]

しかしフォワン事件で政府が援用した主張は、「役務の期間を2倍にすることは個人の信念が誠実であるかどうかを検証する唯一の方法である」というものだった。委員会の見解では、このような主張は「異なる取扱いが……合理的かつ客観的な基準にもとづいて」いなければならないという要件を満たさない。したがっ

---

93 Communications Nos.359/1989 and 385/1989, *J. Ballantyne and E. Davidson, and G. McIntyre v. Canada*, in UN doc. *GAOR*, A/48/40 (II), p.103, para.11.5.
94 たとえばCommunication No.666/1995, *F. Foin v. France* (Views adopted on 3 November 1999), in UN doc. *GAOR*, A/55/40 (II), p.37, para.10.3参照。強調引用者。
95 Ibid., loc. cit.
96 Ibid.

て、「申立人は良心の信念を理由として差別されたので」規約26条違反が認定された[97]。

他方、ヤルビネン対フィンランド事件では委員会は26条違反を認定していない。申立人は、軍務が8か月であるのに対して代替役務は16か月間続いたので差別されたと訴えた。代替役務の期間は、志願者がその信念を証明することなく自己申告のみで文民の役務に配属されるように法律が改正されたのにともない、12か月から16か月へと延長されたものである[98]。立法者は、このような延長こそ「徴集兵の信念をもっとも適切に評価する手段」であると考えた[99]。委員会は、とくにこの立法上の根拠を考慮し、「新たな体制は代替役務の運営を促進するためのものであった」と認定した。したがって、この立法は「実際上の考慮にもとづいており、差別的目的を有するものではない」[100]。ただし委員会は次のようにも述べている。

「この立法上の差異の影響は、その人生観により文民の役務を受け入れざるを得ない真正の良心的兵役拒否者にとって不利に働く……。同時に、新たな体制は国だけに都合がよいものではない。これによって、良心的兵役拒否者は、その信念が真正なものであることを審査委員会に納得させるという、しばしば困難をともなう課題から解放された。また、代替役務の可能性を選択したいと潜在的に考えるさらに幅広い層の個人がそうすることも可能になった」[101]

＊＊＊＊＊

また別の法的側面が問題になったのはトリメノス対ギリシア事件である。この事件は、申立人——エホバの証人——が、総動員時に軍服を着なかったため

---

97 Ibid. まったく同じ説示としてCommunication No.689/1996, *R. Maille v. France* (Views adopted on 10 July 2000), p.72, para.10.4 も参照。
98 Communication No.295/1988, *A. Järvinen v. Finland* (Views adopted on 25 July 1990), in UN doc. *GAOR*, A/45/40 (II), p.101, para.2.1, p.102, para.3.1, and p.104, para.6.1.
99 Ibid., p.102, para.2.2.
100 Ibid., p.105, para.6.4.
101 Ibid., p.105, para.6.5.

不服従罪で有罪判決を受けたことに由来する。申立人は4年の収監刑に処されたが、2年と1日後に仮釈放された[102]。申立人はその後、112名の公認会計士を任命するための公開試験で受験者60名中2位の成績を収めたが、ギリシア公認会計士協会執行委員会は、申立人が重罪で有罪判決を受けていたことを理由に任命を拒否した[103]。申立人は、とくに宗教の自由および法律の前における平等に対する権利を援用して最高行政裁判所に訴えたが、不成功に終わった。同裁判所は、執行委員会が公務員法22条1項の適用にあたって申立人に対する有罪判決を考慮にいれたのは法律どおりの行動だったと判断したのである[104]。この規定によれば、重罪で有罪判決を受けた者は公務員になることができず、また立法令3329/1955号(改正)にもとづき、公務員欠格事由を有する者は公認会計士に任命されることはできなかった[105]。

　欧州人権裁判所において、申立人は不服従を理由とする最初の有罪判決については苦情を申立てず、「重罪で有罪判決を受けた者を公認会計士職から排除する法律において、宗教的信念の結果として有罪判決を受けた者とその他の理由で有罪判決を受けた者が区別されていない」ことについてのみ申立てた[106]。欧州人権裁判所は、欧州人権条約9条(思想、良心および宗教の自由についての権利)および14条にもとづいて申立てを審査した。9条が関連したのは、申立人が、平和主義を標榜する宗教グループであるエホバの証人の信徒だからである[107]。前述のとおり、欧州人権裁判所は本件において、「条約で保障された権利の享受について差別されない権利は、国が、相当に異なる状況にある者に、客観的かつ合理的な正当化事由なく異なる取扱いをしなかったときにも侵害されたことになる」との見解を示している[108]。そこで欧州人権裁判所は次の点について審理しなければならなかった。

102　*Eur. Court HR, Case of Thlimmenos v. Greece, judgment of 6 April 2000*, para.7. 参照した判決文は欧州人権裁判所のウェブサイト（http://www.echr.coe.int/）に掲載されたもの。
103　Ibid., para.8.
104　Ibid., paras.9-13.
105　Ibid., paras.15-16.
106　Ibid., para.33.
107　Ibid., para.42.
108　Ibid., para.44.

- ◎ 「申立人について重罪で有罪判決を受けた他の者と異なる取扱いをしなかったことは、正当な目的を追求するものであったか」
- ◎ (そうであった場合)「とられた手段と実現が追求された目的との間に合理的な比例関係が存在していたか」[109]

欧州人権裁判所は、「国には公認会計士職から一定の犯罪者を排除することについて正当な利益がある」ことに留意した。しかし、欧州人権裁判所は次のように判断している。

「重大な犯罪を理由とする他の有罪判決とは異なり、宗教的または哲学的理由により軍服の着用を拒否したことに対する有罪判決は、犯罪者に不誠実さまたは道徳的堕落があってこの職に従事する能力が阻害するおそれがあることを意味するものではない。したがって、不適切な人物であるという理由で申立人を排除したことは正当化されない」[110]

「自国への奉仕を拒否する者は適切に処罰されなければならない」という政府の主張に対しては、欧州人権裁判所は、申立人が拒否を理由にすでに服役していたことを指摘した。欧州人権裁判所は、このような状況下で「申立人にさらなる制裁を課すことは比例性を欠く」と判断した。「したがって、申立人を公認会計士職から排除したことは正当な目的を追求するものではなかった。その結果、〔欧州人権〕裁判所は、申立人に対して重罪で有罪判決を受けた他の者と異なる取扱いをしなかったことには合理的かつ客観的正当化事由はなかったと認定する」[111]。したがって、欧州人権条約9条とあわせて解釈した場合の14条違反があったとされた。

---

109 Ibid., para.46.
110 Ibid., para.47.
111 Ibid., loc. cit.

6.4.2 職場における安全帽着用義務

　シーク教徒である男性は、自由権規約委員会に対し、作業中にターバンではなく安全帽を着用するよう求められたことにより、自由権規約18条で承認されている自己の宗教を表明する権利を侵害されたと申立てた。その作業とは、レールの間に位置する整備孔から列車の車台を点検する夜間作業と、エンジンなど車両の内外を整備する作業であった。委員会は、自由権規約18条に加えて職権で26条も踏まえて本件を審査し、いずれの状況にもとづいても結果は同じであるとの結論に達した。18条3項にもとづいた場合、自己の宗教を表明する申立人の権利に対する制限は18条3項に掲げられた事由を参照することによって正当化されるし、26条にもとづいた場合、それは規約と両立する客観的目的に向けられた合理的措置と見なされる[112]。換言すれば、当該制限は、連邦政府の雇用下にある労働者が負傷および電気ショックから保護されることを確保するよう求める合理的かつ客観的な措置であった[113]。

6.4.3 宗教学校への公金支出

　A・H・ウォルドマン対カナダ事件は、オンタリオ州(カナダ)における宗教学校への公金支出に関わる事件である。オンタリオのローマ・カトリック系諸校が、宗教学校としては唯一全面的かつ直接の公金支出を受けていた一方、申立人が2人の子どもを通わせていたユダヤ教系の私立学校はまったく公金支出を受けておらず、申立人は授業料を全額払わなければならなかった[114]。問題は、ローマ・カトリック系の学校に公金を支出して申立人の宗教の学校は排除することが、自由権規約26条違反になるかどうかという点である。

　委員会は、ローマ・カトリック系学校の優遇は憲法に定められているので、こ

112　Communication No.208/1986, *K. Singh Bhinder v. Canada* (Views adopted on 9 November 1989), in UN doc. *GAOR*, A/45/40 (II), p.54, para.6.2.

113　Ibid., loc. cit.

114　Communication No.694/1996, *A. H. Waldman v. Canada* (Views adopted on 3 November 1999), in UN doc. *GAOR*, A/55/40 (II), p.87, para.1.2.

の区別は客観的かつ合理的な基準にもとづいたものであるという政府の主張を退けた。委員会が留意したのは、この区別は1867年までさかのぼるものであり、「ローマ・カトリック共同体または当該共同体の特定可能な層の構成員が現在、その子どもの教育を宗教学校で保障したいと考えるユダヤ共同体の構成員に比して不利な立場に置かれていること」を示すものは何もないという点である[115]。委員会は、「公教育制度の一部を明確に構成するものとして公金を支出されているローマ・カトリック系の宗教学校と、必然的に私立学校となっている申立人の宗教の学校との間で異なる取扱いをすることを、合理的かつ客観的と見なすことはできない」と結論づけた[116]。

最後に、カナダ政府は、政教分離の公教育制度の目的は規約に掲げられた差別の禁止の原則と両立するものであると主張している。これに対して委員会は、「宣明された制度目的によって、ローマ・カトリック系宗教学校にのみ公金を支出することは正当化できない」と応えた[117]。委員会はさらに次のような所見を明らかにしている。「規約は、締約国に対し、宗教にもとづいて設置された学校への資金提供を義務づけていない。しかし、締約国が宗教学校に公金を支出することを選択するのであれば、その資金は差別なく利用可能とされるべきである。すなわち、ひとつの宗教集団の学校に資金を提供しておいて別の宗教集団の学校には提供しないときは、合理的かつ客観的な基準にもとづかなければならない」。しかし、申立人の学校についてはそうではなかったとされた[118]。

6.4.4 提訴のための公法上の地位の欠如

欧州人権裁判所は、カネア・カトリック教会対ギリシア事件で、欧州人権条約6条1項とあわせて解釈した場合の14条違反があったと認定している。問題の教会は、その塀の1枚を破壊した2名の人物を提訴しようとした。2人はローマ・カトリック・クレタ教区大聖堂の隣に住んでいた。提訴の目的は、被告らに迷

---

115 Ibid., p.97, paras.10.3-10.4.
116 Ibid., p.97, paras.10.5.
117 Ibid., p.97, para.10.6.
118 Ibid., pp.97-98, para.10.6.

惑行為の中止と原状回復を命ずる決定を得ることであった[119]。しかし破棄院は最終的に、同教会は法人資格の取得に関する法律にしたがっていないため原告適格がないと判示した[120]。

申立人たる教会は、欧州人権裁判所で、「もっぱら宗教を基準として提訴権または防御権を認められなかったので、〔14条〕と両立しない差別の被害を受けたと主張した」[121]。欧州人権裁判所にとっては、「土地建物を所有している申立人たる教会がその保護のために法的手続をとることを認められなかったのに対し、ギリシア正教会またはユダヤ教徒は、いかなる形式要件または手続要件も満たすことなく、自身の財産を保護するために法的手続をとることができる」点に留意すれば十分であった。政府は「このような異なる取扱いについての客観的かつ合理的な正当化事由をまったく」示さなかったので、欧州人権条約6条1項とあわせて理解した場合の14条違反が認定された[122]。

6.5 財産

欧州人権裁判所が審理したシャサヌーほか対フランス事件は、フランスにおける財産の使用および狩猟の権利をめぐる複雑な事件である。一般的に言えば、いずれもフランス在住の農業従事者および(または)地主である申立人らは、1964年のフランス法64-496号(いわゆる「ベルデーユ法」)にしたがい、「倫理的理由で狩猟に反対しているにも関わらず、自己の土地における狩猟権を自治体の認証狩猟者団体に委譲するよう義務づけられ、自動的にこれらの団体の会員とされ、かつ自己の所有地における狩猟を防止することができなかった」。これは、申立人らの見解では欧州人権条約11条、その第1議定書1条および条約14条の違反である。「一定の最低面積を超える土地の所有者のみが、自己の土地における狩猟権を自治体の認証狩猟者団体に委譲する義務から免れ、それによって自己の土地における狩猟を防止し、かつこのような団体の会員にならなくてすんだ」ためである[123]。

---

119 *Eur. Court HR, Case of Canea Catholic Church v. Greece, judgment of 16 December 1997, Reports 1997-VIII*, pp.2847-2848, paras.6-8.
120 Ibid., pp.2849-2850, para.13.
121 Ibid., p.2860, para.44.
122 Ibid., p.2861, para.47.

929

理由について説明することは本章の範囲を超えるが、欧州人権裁判所はまず、第1議定書1条および11条の違反を認定した[124]。また、条約14条とあわせて理解した場合の第1議定書1条の違反も認定し、「大規模土地所有者と小規模土地所有者とでこのような異なる取扱いが行なわれた結果、自己の土地を良心にしたがって使用する権利が前者にしか認められなかったので、これは条約14条にいう財産を理由とする差別に相当する」と結論づけた[125]。最後に、欧州人権裁判所は14条とあわせて理解した場合の11条の違反も認定し、小規模土地所有者は自治体の狩猟者団体の会員になることを義務づけられるのに対し、大規模土地所有者は、「自己の所有地で排他的狩猟権を行使するか、その信念にしたがい、動植物保護区または自然保護区を設けるために土地を使用することを選ぶかに関わらず」加入義務を回避することができるという異なる取扱いについて、「いかなる客観的かつ合理的な正当化事由も」提出しなかったと結論づけている[126]。

6.6 出生またはその他の地位

6.6.1 既婚／非婚カップルの社会保障手当

　自由権規約は締約国に対して社会保障法の制定を要求していないが、制定するのであればその立法は自由権規約26条を遵守しなければならず、手当の享受に関わるいかなる区別も「合理的かつ客観的な区別にもとづくものでなければならない」[127]。M・Th・スプレンガー対オランダ事件で、婚姻せずに男性と同棲していた申立人は、26条にもとづく権利が侵害されたと申立てた。「他の社会保障法はすでにコモンロー上の婚姻と正式な婚姻との地位の平等を認めていた

---

[123] Eur. Court HR, Case of Chassagnou and Others v. France, judgment of 29 April 1999, Reports 1999-III, p.50, para.66.
[124] Ibid., pp.57-58, para.85 (第1議定書1条：小規模土地所有者に不相応な負担がかけられた), and p.67, para.117 (11条：自己の信念に「根本的に反する」結社への加入義務).
[125] Ibid., p.60, para.95.
[126] Ibid., p.68, para.121. この法律は「同様の状況にある者、すなわち土地または狩猟権の所有者に対して異なる取扱い」を設けていた。「単一区画で20ヘクタール以上の土地を所有する者は自己の土地が〔自治体の狩猟者団体の〕狩猟場に含まれることに反対できるのに対し、申立人らのように20または60ヘクタール未満の土地を所有している者は反対できないためである」(p.68, para.120)。
[127] Communication No.395/1990, M. Th. Sprenger v. the Netherlands (Views adopted on 31 March 1992), in UN doc. GAOR, A/47/40, p.321, para.7.2.

のに、既婚カップルと非婚カップルを区別する健康保険法にもとづいて共同保険を認められなかった」というのがその理由である[128]。

しかし自由権規約委員会は、「諸締約国内では社会的発展が生じて」いると指摘し、「委員会は、この文脈において、これらの発展を反映する最近の立法(健康保険法の改正を含む)に留意する」とした。健康保険法改正は、1988年1月1日以降、コモンロー上の婚姻と正式な婚姻との平等を認める趣旨のものであった[129]。委員会はまた、婚姻した者と同棲している者との区別が一般的に廃止されたわけではないという締約国の説明と、このような異なる取扱いを続ける理由にも留意している。委員会は、このような異なる取扱いは合理的かつ客観的な理由にもとづくものであると認定した[130]。最後に委員会は、「国の立法府が法律の改正を決定したことは、その法律が規約と両立しなかったことを必ずしも意味しない。締約国が規約と両立している法律を改正し、規約で求められていない追加的な権利および利益を定めて規約上の義務よりも前進することは自由である」との所見を明らかにしている[131]。

6.6.2 相続権

マジュレク対フランス事件は、フランス法の規定により、母の遺産に対する申立人の権利が異母兄弟のそれと比べて制限されたことに関わる事件である。法律によれば、婚外子は「故人のすべての子ども(婚外子自身を含む)が嫡出であった場合に受け取る資格があったはずの財産の半分」しか受け取る資格を認められていなかった(民法760条)[132]。申立人は姦通子であったが、婚外子であった兄弟は母の婚姻によって準正となっていた。

欧州人権裁判所は、欧州人権裁判所の第1議定書1条にもとづき財産を平和的に享有する申立人の権利が侵害されたという主張に照らし、14条に掲げられた差別

---

128 Ibid., p.320, para.3.
129 Ibid., p.322, para.7.4, read in conjunction with p.320, para.2.5.
130 Ibid., p.322, para.7.4.
131 Ibid., p.322, para.7.5.
132 *Eur. Court HR, Case of Mazurek v. France*, judgment of 1 February 2000, paras.17 and 23. 参照した判決文は欧州人権裁判所のウェブサイト（http://www.echr.coe.int/）に掲載されたもの。

の禁止の原則とあわせて本件を審査した。第1議定書1条が関連したのは、死亡した母の遺産は異母兄弟の共同所有財産だったためである[133]。

このような異なる取扱いが差別的なものかどうか審査するにあたり、欧州人権裁判所は、「条約は生きた文書であり、今日の条件に照らして解釈されなければならない」こと、「欧州評議会加盟国は今日、市民的権利に関わる婚内子と婚外子の平等の問題を非常に重視している」ことを強調した[134]。「したがって、非常に重みのある理由が提出されなければ、婚外出生を理由に異なる取扱いをすることを条約と両立すると見なすことはできない」[135]。

欧州人権裁判所は、フランス法の目的は伝統的家族を保護することにあるという政府の主張を正当と認めたものの、残された問題は、「採用された手段について、姦通子と婚内子もしくは婚外子であるが姦通子ではない者との間に親の相続に関わる取扱いの差異を設けることが、追求される目的との関連で比例的かつ適切と思われるかどうか」という点である[136]。

欧州人権裁判所は次に、「家族制度は、歴史的であれ、社会的にであれ、法的にでさえ固定されたものではない」と指摘し、フランスにおいても世界的レベルでも、出生形態が異なる子同士をいっそう平等に取扱おうとする法的発展が見られることに言及した。フランス政府の主張とは反対に、欧州人権裁判所は、欧州評議会の他の加盟国の状況についても、「姦通子差別を根絶しようとする顕著な傾向」が見られることに留意している。「〔欧州人権〕裁判所は、条約の関連規定を――必然的にダイナミックに――解釈するにあたり、このような傾向を無視することはできない」[137]。したがって欧州人権裁判所は、本件においては婚外出生を理由とする差別が正当と見なされる根拠はないとの結論に達した。いずれにせよ、「自らに責任がない状況について姦通子を責めることはできない。申立人が、遺産分割において姦通子としての地位を理由に不利益をこうむったという認定は避けられない」[138]。したがって「採用された手段と追求される目

---

133 Ibid., paras.41-43.
134 Ibid., para.49.
135 Ibid., loc. cit.
136 Ibid., paras.50-51.
137 Ibid., para.52.
138 Ibid., para.54.

的との間に合理的な比例関係は存在しない」とされ、欧州人権条約の第1追加議定書1条とあわせて理解した場合の14条違反が認定された[139]。

　欧州人権裁判所は、マルクス対ベルギー事件でも、他のいくつかの違反とともに、8条が保障する家族生活を尊重される権利とあわせて理解した場合の欧州人権条約14条違反を認定している。この違反は、ベルギー法で、相続権に関わって「非嫡出」子と「嫡出」子との間で異なる取扱いが行なわれているかぎりにおいて認定されたものである[140]。第2申立人であるアレクサンドラは、生物学的母による養子縁組以前には母の財産を受け取る権利が限られた形でしか認められておらず、また養子縁組前後のいかなる時点においても、母の家族構成員の遺産を遺言なしで相続する資格は認められていなかった[141]。欧州人権裁判所は、このような異なる取扱いには「客観的かつ合理的な正当化事由」がないとの結論に達した。したがって条約8条とあわせて理解した場合の14条違反が認定されたものである[142]。

　アレクサンドラの母であるポーラが、娘を認知した日から養子縁組をするまで娘のために財産を処分する能力を制限されていたことも、差別を受けないポーラの権利を侵害するものとされた。欧州人権裁判所の見解では、既婚の母と非婚の母との間でこのような区別を設けることには「客観的かつ合理的な正当化事由」がなく、したがって条約8条とあわせて理解した場合の14条に反するものである[143]。子のために贈与および遺贈を行なう非婚の母の権利が既婚の母に比して制限されていることも、すべての者はその財産を平和的に享有する権利を有すると定めた欧州人権条約の第1追加議定書1条とあわせて理解した場合の14条違反であるとされた[144]。

6.6.3 大統領候補の出生または世系条件

　法律資源財団がザンビアを相手どって申立てた事件で、アフリカ人権委員会は

139　Ibid., para.55.
140　ECHR, *Marckx Case v. Belgium, judgment of 13 June 1979, Series A, No.31*, p.22, para.48.
141　Ibid., pp.24-25, paras.55-56.
142　Ibid., loc. cit. and p.26, para.59.
143　Ibid., pp.26-27, paras.60-62.
144　Ibid., pp.27-28, paras.63-65.

ザンビア憲法改正法(1996年)について検討しなければならなかった。この改正法によれば、同国の大統領に立候補しようとする者は、両親とも出生または世系によりザンビア市民であることを証明しなければならない。この改正により、ザンビアの有権者のおよそ35%が大統領候補となる資格を剥奪されるとされた[145]。

アフリカ委員会は次のように指摘している。「〔憲章2条は〕そこに掲げられたいずれかの事由、とくに『言語、……国民的および社会的出身、……出生またはその他の地位』による差別を廃止している。平等に対する権利はきわめて重要である。すなわち、市民は法制度において公正かつ正当に取扱われ、かつ、法律の前における平等な取扱いおよび他のすべての市民に認められた権利の平等な享受を保障されると期待できなければならない」[146]。委員会の見解によれば、平等に対する権利が重要なのは他の権利を享受する能力にも影響が及ぶためでもある。たとえば、出生場所または社会的出身を理由として不利な立場に置かれた者は、「他人に対して投票はできるが立候補となると制限される。換言すれば、国はそのような人物が国民生活にもたらす可能性があるリーダーシップと資源性を奪われるかもしれないのである」。この点について委員会は、「ますます多くのアフリカ諸国で、このような形態の差別によって誰の利益にもならない暴力と社会的・経済的不安定が引き起こされてきた」ことに留意している[147]。

委員会は、憲章2条だけではなく、「直接に、または法律の規定にしたがって自由に選ばれた代表を通じて、自国の統治に自由に参加する」すべての市民の権利に関わる13条も踏まえて、この申立を綿密に審査した。ザンビアの歴史を検討した委員会は、30年間享受されてきた権利を「軽々に奪う」ことはできず、争われている措置の遡及的適用をアフリカ憲章にもとづいて正当化することはできないとの結論に達した。「このような場合の被害は、出生場所を理由として差別を受ける市民に対して及ぶのみならず」、自分たちの政治的代表を自由

---

145 *ACHPR, Legal Resources Foundation v. Zambia, Communication No.211/98, decision adopted during the 29th Ordinary session, 23 April - 7 May 2001*, para.52. 参照した決定文はhttp://www1.umn.edu/humanrts/africa/comcases/211-98.htmlに掲載されたもの。
146 Ibid., para.63.
147 Ibid., loc. cit.

に選ぶザンビア市民の権利も侵害されるのである[148]。したがって、憲章2条および13条違反に加え、3条1項で保障された法律の前における平等に対する権利の侵害も認定された。

6.7 国民的出身

グィエほか対フランス事件は、フランス軍を退役した743名のセネガル人によって申立てられた事件である。退役兵らは、フランスが自由権規約26条に違反したと訴えた。フランス法では、「1960年のセネガル独立以前にフランス軍に服務したセネガル国籍の退役兵の恩給額の決定について異なる取扱い」が定められており、「フランス国籍のフランス軍退役兵よりも小額の」恩給しか受給できなかったためである。申立人らの見解ではこれは人種差別である[149]。

人種差別の主張を裏づける証拠は見出されなかったが、委員会はなお、申立ての対象となった状況が他のいずれかの理由で26条の適用範囲となるかどうか判断しなければならなかった[150]。「国籍」そのものは規約26条に掲げられた差別禁止事由に含まれていないが、委員会は、セネガルの独立とともに国籍を理由とする差異が設けられたこと、これは「その他の地位」への言及に含まれる問題であることを認めた。したがって委員会は、このような差異が合理的かつ客観的な基準にもとづくものであるかどうかを決定しなければならなかった[151]。

そのさい、委員会は、「申立人らに対する恩給の支給を決定するのは国籍の問題ではなく過去に服した役務であること」に留意した。「その後の国籍変更は、それ自体で異なる取扱いを正当化する十分な理由と見なすことはできない。恩給を支給する根拠は、申立人らおよびフランス国籍に留まった兵士らが提供した同一の役務だからである」[152]。異なる取扱いを正当化する他の正当な理由がないことを踏まえ、委員会は、このような差異は「合理的かつ客観的な基準にもとづく

---

148 Ibid., paras.71 and 72.
149 Communication No.196/1985, *I. Gueye et al. v. France* (Views adopted on 3 April 1989), in UN doc. *GAOR*, A/44/40, p.189, paras.1.1-1.2.
150 Ibid., pp.193-195, para.9.4.
151 Ibid., p.194, para.9.4.
152 Ibid., p.194, para.9.5.

ものではなく」、したがって26条が禁ずる差別を構成すると認定した[153]。

アンゴラから西アフリカ人が追放されたことに関わる事件で、アフリカ人権委員会は、アフリカ人権憲章2条が、締約国に対し、その領域内に居住する者が国民であるか否かに関わらず憲章で保障された権利を享受することを確保するよう求めていることを指摘している。委員会に申立てられた事件においては、法律の前における平等に対する被追放者の権利(憲章2条)がその「出身」ゆえに侵害されたとされた[154]。

6.8 性的指向

性的指向を理由として差別されない権利は、本章で検討する法的規定で明示的には対象とされていない。しかし、たとえば自由権規約26条、アフリカ人権憲章2条および欧州人権条約14条に掲げられた事由は網羅的なものではない。これらのすべての条項に含まれている「等の」という文言から明らかなように、これらのリストは例示的なものにすぎず、このことは欧州人権裁判所も欧州人権条約14条に関わるサルゲイロ・ダ・シルバ・ムータ対ポルトガル事件で強調している。欧州人権裁判所は、人の「性的指向」の概念が同条の対象とされていることは間違いないと判示したのである[155]。

本件の申立人は、リスボン控訴裁判所が、もっぱら申立人の性的指向を理由として娘の親権を申立人ではなく元妻に与える決定をしたと訴えた。第1審のリスボン家庭裁判所は、親権を申立人に対して与えていた[156]。申立人は、家族生活を尊重される権利を侵害され、また条約14条に違反して差別されたと考えた。

14条とあわせて理解した場合の8条違反の訴えを審査するにあたり、欧州人権

---

153 Ibid., loc. cit.
154 *ACHPR, Union Inter-Africaine des Droits de l'Homme et al v. Angola, Communication No.159/96, decision adopted on 11 November 1997*, para.18. 参照した決定文はhttp://www1.umn.edu/humanrts/africa/comcases/159-96.htmlに掲載されたもの。本件では憲章7条1項の違反もあったと認定されている。追放された者には、権限のある法的機関において追放に異議を申立てる機会が与えられなかったためである（paras.19-20）。
155 たとえば*Eur. Court HR, Case of Salgueiro da Silva Mouta v. Portugal, judgment of 21 December 1999,Reports 1999-IX*, p.327, para.28参照。
156 Ibid., pp.324-325, paras.21-22.

裁判所は、「リスボン控訴裁判所が、親の一方よりも他方に天秤を傾け得る多くの事実上および法律上の論点を審査するさいに、とくに子どもの利益を考慮した」ことを認めた。しかし、下級審の決定を覆すにあたり、「控訴裁判所は新たな要素、すなわち申立人が同性愛者であって他の男性と生活していたことを持ち出した」[157]。

　「これによって」欧州人権裁判所は、申立人の性的指向にもとづいて申立人と元妻との間で異なる取扱いが行なわれたという「結論に達することを余儀なくされた」。したがって、このような異なる取扱いに客観的かつ合理的な正当化事由が存するか否か、すなわち(1)それは「正当な目的」を追求するものであるか、そうであるとすれば(2)「採用された手段と実現を追求される目的との間に合理的な比例関係」があるかどうかを検討することが必要となった[158]。

　欧州人権裁判所は、リスボン控訴裁判所の決定が「疑いなく追求した」目的は、子どもの健康および権利を保護するためのものであったという点で正当であったと認定した[159]。しかし決定はこのような目的に比例するものであっただろうか。欧州人権裁判所はそうではなかったと認定した[160]。欧州人権裁判所がとった見解では、リスボン控訴裁判所の判決からの関連部分は「ぎこちないとか不適当とか……あるいは傍論に留まるものではない」。そこから読み取れるのは、まったく逆に、「申立人が同性愛者であることこそが最終決定において決定的な要因であった」ということである。申立人の性的指向に関わる考慮にもとづいたこのような区別は「条約で受け入れられるものではない」[161]。したがって、欧州人権条約14条とあわせて理解した場合の8条違反が認定された[162]。

---

[157] Ibid., p.327, para.28.
[158] Ibid., p.327, paras.28-29.
[159] Ibid., p.327, para.30.
[160] Ibid., p.328, para.36.
[161] Ibid., p.328, paras.35-36.
[162] Ibid., p.329, para.36.

6.9 マイノリティ

6.9.1 自己の文化に対する権利

自由権規約委員会は、自由権規約27条は「マイノリティの構成員が自己の文化を享受する権利を否定されないことを求めている」という解釈を確立している。したがって、「この権利の否定に相当する影響を及ぼす措置は27条と両立しない」。ただし、「マイノリティに属する者の生活様式および生計手段に一定の限られた影響しか及ぼさない措置は、必ずしも27条上の権利の否定に相当するわけではない」[163]。

自己の文化に対するマイノリティの権利はランスマンほか対フィンランド事件で争点となった。これはサーミ民族のトナカイ飼育者が訴えた事件で、申立人らが権利を有している冬季営巣地に位置する約3,000ヘクタールの地域で伐採を行なうという決定に苦情が申立てられたものである。申立人らの見解では、この決定は規約27条上の申立人らの権利を侵害するものであった。委員会が判断しなければならない「決定的問題」は、すでに実施されていた伐採および今後実施することを承認された伐採が、27条で保障されている「自己の文化を享受する申立人らの権利を否定する規模に達している」かという点だった[164]。この点について委員会は、27条に関する一般的意見第7パラグラフの文言を想起している。「それによれば、マイノリティまたは先住民族集団は、狩猟、漁業またはトナカイ飼育のような伝統的活動の保護に対する権利を有しており、また『マイノリティ・コミュニティに影響を及ぼす決定にその構成員が効果的に参加することを確保する』ための措置がとられなければならない」[165]。

---

163 Communication No.671/1995, *J. E. Länsman et al. v. Finland* (Views adopted on 30 October 1996), in UN doc. *GAOR*, A/52/40 (II), p.203, para.10.3.
164 Ibid., p.203, para.10.4.
165 Ibid., loc. cit. 一般的意見23の関連パラグラフの記述は正確には次のとおりである。「27条で保護される文化的権利の行使については、委員会は、とくに先住民族の場合には、文化は多様な形態(土地資源の利用と結びついた特定の生活様式を含む)をとって表れるとの見解をとる。その権利には、漁業または狩猟のような伝統的活動ならびに法律で保護された居留地に住む権利が含まれる場合があろう。これらの権利の享受のためには、積極的な法的保護措置、および、マイノリティ・コミュニティに影響を及ぼす決定にその構成員が効果的に参加することを確保するための措置が要求されることがある」(*United Nations Compilation of General Comments*, p. 149、脚注省略)。

しかし、本件を「注意深く検討」した委員会は、「実行および承認された活動が自己の文化を享受する申立人らの権利を否定するものである」という結論に至ることができなかった。申立人らも所属する飼育者委員会が伐採計画の策定過程で協議に加えられたが、計画に反対しなかったことには争いがない。さらに、国内裁判所も伐採計画案が規約27条違反となるかどうかを検討済みであり、国内裁判所が同条を「誤って解釈および(または)適用した」ことを示唆する証拠は何もなかった[166]。

ただし委員会は、伐採がさらに大規模に承認される場合または伐採計画の影響が予想よりも深刻であることが証明された場合は、「それが27条にいう自己の文化を享受する申立人らの権利の侵害となるかどうかを検討しなければならないかもしれない」とも付け加えている[167]。

6.9.2 インディアン居留地に住む権利

自由権規約が早い段階で判断した事件のひとつがラブレイス対カナダ事件である。申立人の女性はマリシート・インディアンとして出生し登録されたが、カナダ・インディアン法にしたがい、インディアンではない者と婚姻した後にインディアンとしての権利および地位を失った。インディアンではない女性と婚姻した男性はインディアンとしての地位を失わなかったので、申立人は、インディアン法は差別的でありとくに規約26条および27条に違反していると申立てた[168]。申立人は離婚後でさえ部族に戻ることを許されなかった。

規約がカナダについて発効したのは1976年8月19日にすぎなかったため、委員会は申立人が1970年にインディアンとしての地位を失うことになったそもそもの原因について審査する権限は有していなかったが、その原因の**継続的効果**について検討し、規約の文言と一致するかどうかを審査することは可能であった[169]。委

---

166 Communication No.671/1995, *J. E. Lansman et al. v. Finland* (Views adopted on 30 October 1996), in UN doc. *GAOR*, A/52/40 (II), p.203-4, para.10.5.
167 Ibid., p.204, para.10.7.
168 Communication No. R.6/24, *S. Lovelace v. Canada* (Views adopted on 30 July 1981), in UN doc. *GAOR*, A/36/40, p.166, para.1.
169 Ibid., p.172, paras.10-11.

員会は実際にはもっぱら27条に照らしてこの通報を検討している。関連する問題は、申立人が、「トービック居留地に住む法的権利を否定されたことによって、マイノリティに属する者に対して27条で保障された、その集団の他の構成員とともに自己の文化を享有しかつ自己の言語を使用する権利を否定された」かどうかという点であった[170]。

インディアンでない者との申立人の婚姻が破綻したことを踏まえて本件を検討した委員会は、申立人は規約27条に反してトービック居留地に住む法的権利を否定されたと認定した[171]。

27条は居留地に住む権利そのものは保障していないが、委員会は次のように述べている。

「当該マイノリティに属する者が居留地に住む権利に影響を及ぼす制定法上の制限は、合理的かつ客観的な正当化事由を有するとともに、全体として理解した規約の他の規定とも一致するものでなければならない。27条は、12条、17条および23条のような……他の規定が特定の事件に関連するかぎりにおいてこれらの規定に照らし、かつ場合によって2条、3条および26条のような差別禁止規定にも照らして解釈および適用されなければならない」[172]

委員会にとって、「サンドラ・ラブレイスに対して居留地に住む権利を否定することは合理的とも、部族のアイデンティティを保全するために必要とも思われない。したがって委員会は、申立人がバンド〔訳注：カナダ先住民族の集団〕に所属することの承認を妨げるのは、言及したその他の規定の文脈を踏まえて理解した……27条上の権利を不当に否定するものであると認定する」[173]。

---

170 Ibid., p.173, para.13.2.
171 Ibid., p.174, paras.17 and 19.
172 Ibid., pp.173-174, paras.15-16.
173 Ibid., p.174, para.17. ラブレース事件で委員会が採択した「見解」に対するカナダ政府の返答（1983年6月6日付）はUN doc. *GAOR*, A/38/40, pp. 249-253参照。

7. おわりに

　本章では、差別という広範かつ多面的な現象を扱った国際的・地域的レベルの主な法規定を一般的に見てきた。また、不当な差異化、すなわち差別に相当する——あるいは相当しない——可能性があるさまざまな状況についての国際的判例の例も示してきた。差別的な事件または慣行は常に、単独または複数の被害者にとりわけ否定的な影響を及ぼす。それは被害者の明瞭な人間的特質をしばしば否定し、それによって、皮膚の色または出身、ジェンダー、宗教等に関わりなく全員が等しい価値を有する人間のなかで違ったあり方を保つという、固有の権利を無効にしてしまうためである。

　本章では、平等および差別の禁止に対する権利を保障する国際法上の規定は豊富に存在することを示してきた。したがって、差別的慣行が世界中で根強く残っているとしても、それは法規が存在しないためではなく、これらの規則が社会の日常生活で実施されていないためである。このように、国際人権法のもっとも基本的な原則の一部が国内レベルで実施されないということになれば、国内的・国際的な平和および安全保障に悪影響が及ぶことは避けられない。

　国内レベルで活動する裁判官・検察官・弁護士には、平等および差別の禁止に対する権利についてすでに存在する国内法上の規定を真に効果的な法的概念に変えていく、専門職としての義務がある。また、権限がある場合には常に、これらの問題に関する国際法上の規定も適用し、あるいは少なくともそれを指針としなければならない。このことが一貫してかつ効果的に実行されるならば、すべての人にとってより優しい場所へと、世界をゆっくり変えていく可能性が現実味を帯びてくる。

第14章

経済的・社会的・文化的権利の保護における裁判所の役割

第14章 経済的・社会的・文化的権利の保護における裁判所の役割

第14章
経済的・社会的・文化的権利の保護における裁判所の役割

学習の目的
- 経済的・社会的・文化的権利を保護する主な国際法上の文書について参加者が習熟できるようにすること。
- 経済的・社会的・文化的権利と市民的・政治的権利との間にある本質的関係について参加者に説明すること。
- 経済的・社会的・文化的権利の執行に関わる締約国の義務の性質について参加者が理解できるようにすること。
- いくつかの経済的・社会的・文化的権利の内容について参加者に情報提供すること。
- 経済的・社会的・文化的権利の裁判適用可能性の問題について参加者と討議すること。
- 経済的・社会的・文化的権利を保護するうえで国内裁判所が果たす重要な役割について参加者が習熟できるようにすること。
- 国内レベルにおける経済的・社会的・文化的権利の執行に裁判官と弁護士が寄与できる潜在的可能性について参加者の意識を高めること。

設問
- あなたが活動している国では、経済的・社会的・文化的権利がどのように保護・執行されているか。
- これらの権利の執行において裁判所はどのような役割を果たしているか。
- 経済的・社会的・文化的権利を促進および執行する機構として、あなたの国には裁判所以外にどのような機構が存在するか。
- あなたが活動している国では、経済的・社会的・文化的権利のどのような側面がとくに関連してくるか。
- 経済的・社会的・文化的権利の分野で法的保護をとくに必要としている、権利を侵害されやすい集団が存在するか。
- そのような集団が存在するとすれば、それはどのような集団で、どのような意味で特別な保護を必要としているのか。

- このような保護が提供されているとすれば、どのように提供されているか。それは効果的か。
- 経済的・社会的・文化的権利を効果的に保護するための国内的救済措置として、あなたはどのようなものを構想するか。

関連の法的文書

国際文書
- 経済的、社会的及び文化的権利に関する国際規約(社会権規約、1966年)
- 世界人権宣言(1948年)

＊＊＊＊＊

地域文書
- 人および人民の権利に関するアフリカ憲章(アフリカ人権憲章、1981年)
- 米州人権条約(1969年)
- 経済的、社会的および文化的権利の分野における米州人権条約の追加議定書(1988年)
- 欧州社会憲章(1961年)および改正欧州社会憲章(1996年)

1. はじめに

　本章の主な目的は、国内レベルにおける経済的・社会的・文化的権利の保護に寄与するうえで国際的監視機関や国内裁判所が果たす重要な役割を記述することである。

　しかし本章ではまず、もともとはひとつになるはずであった人権規約が最終的に2つの規約、すなわち市民的・政治的権利を保障するものと経済的・社会的・文化的権利を保護するものに分かれた理由を一般的に説明する。次に、その相互的および効果的実現のために依存し合っているこの2つのカテゴリーの諸権利がどのような本質的関係にあるかを簡単に述べる。3番目に、国際的・地域的人権条約でどのような経済的・社会的・文化的権利が保障されているかを調べ、これらの権利を保護する国の法的義務を分析する。4番目に、経済的・社会的・文化的権利の法的性質(裁判適用可能性を含む)について検討する。その後、十分な住居に対する権利および健康に対する権利を国際的監視機関がどのように解釈しているかについて検証する。これとの関係で国内裁判所の判例にもいくつか言及し、裁判所が経済的・社会的・文化的権利の分野に関わる問題について裁定することをますます求められるようになっていることを示す。最後に、これらの権利の効果的保護を確保するうえで法曹が果たす重要な役割について述べて本章を締めくくる。

＊＊＊＊＊

　ただし、国際労働機関の枠組みのなかで採択され、労働者の権利を幅広く保護している多くの条約・勧告については、その根本的重要性にも関わらず本章では扱っていないことに注意が必要である。いくつかの主要ILO条約のリストは配布資料1に掲載されている〔邦訳では省略〕。

2. 歴史の再検討：なぜ2つの国際人権規約なのか

2.1 時系列的概観

　第2次世界大戦で得られた苦い教訓は国連憲章に反映され、国際の平和および

安全は次のことの促進にかかっていると強調されている。

◎ 「一層高い生活水準、完全雇用並びに経済的及び社会的の進歩及び発展の条件」(55条(a))
◎ 「経済的、社会的及び保健的国際問題と関係国際問題の解決並びに文化的及び教育的国際協力」(55条(b))
◎ 「人種、性、言語または宗教による差別のないすべての者のための人権及び基本的自由の普遍的な尊重及び遵守」(55条(c))

人間人格のあらゆる主要な側面を充足する必要があるというこの意識が、1948年の世界人権宣言にも反映されるに至ったのは当然である。そこには、より伝統的な市民的・経済的権利のみならず、労働権、社会保障に対する権利、十分な生活水準に対する権利、教育に対する権利といった多くの経済的・社会的・文化的権利が含まれている(22〜27条)。

人権に関する国際規約の起草にあたって追求された目標は、世界人権宣言に掲げられたやや一般的な文言の諸権利を、より詳細で法的拘束力のある約束へと転換させることであった。国連人権委員会は規約に含まれるべき市民的・政治的権利の起草に速やかに取りかかり、第5会期(1949年)、規約には経済的・社会的・文化的権利の享受に関する規定も含める必要があると述べた決議を12対0(棄権3)の票差で採択した[1]。しかし第6会期(1950年)に行なわれた討議で委員会は意見を翻し、最初の規約は市民的・政治的権利に留めて経済的・社会的・文化的権利は**含まない**とすることを13対2の票差で決定した。この規約は、「世界人権宣言全体を網羅するために採択される一連の規約および措置の最初のもの」であると位置づけられた[2]。目に見える成果を生み出せることを世界人民に示さなければならないという相当の圧力にさらされていた委員会にとって、複雑な範囲に及ぶ経済的・社会的・文化的権利も網羅した法的拘束力のある文書を短

1　UN doc. E/1371 (E/CN.4/350), Report of the fifth session of the Commission on Human Rights, 1949, p.15. 投票結果は12対0(棄権3)であった。
2　規約に経済的・社会的・文化的権利を含むかどうかという問題に関する国連人権委員会第6会期の議論については、UN docs. E/CN.4/SR.181 and 184-187参照。投票結果はUN doc. E/CN.4/SR.186, p. 21参照。

期間に策定するのが著しく困難であることは、いまや明らかだったのである。

国連総会第5会期(1950年)には、単独のまたは2つの規約のどちらを策定すべきかという問題が第3委員会で討議された。過半数は、2つのカテゴリーの諸権利を同じひとつの規約に含めることに賛成であった[3]。第3委員会の勧告にもとづき、総会は決議421(V)を採択し、「規約は、人間を疑いの余地なく市民的および政治的自由ならびに経済的、社会的および文化的権利の所有者としてとらえた世界人権宣言の精神にのっとり、かつその原則にもとづいて起草されるべきである」と宣言した。さらに、「市民的および政治的自由ならびに経済的、社会的および文化的権利の享受は相互に関連しており、かつ相互依存的」であり、「経済的、社会的および文化的権利を奪われた人間は、世界人権宣言が自由な人間の理想と見なす人間人格を表象しない」とも付け加えている。このようなあらゆる理由から、総会は、人権に関する規約に経済的・社会的・文化的権利も含め、関連する権利についての男女平等も明示的に承認することを決定した。そこで総会は、経済社会理事会に対し、「世界人権宣言の精神にしたがい、経済的、社会的および文化的権利の明確な表現を、これらの諸権利が規約案で宣明された市民的および政治的自由と関連づけられるような形で規約案に含めることを人権委員会に要請する」よう求めた。決議421(V)全体は38対7(棄権12)の票差で、そのうち経済的・社会的・文化的権利に関する判断を掲げた(E)節は35対9(棄権7)の票差で、採択された[4]。換言すれば、この時点では、市民的・政治的・経済的・社会的・文化的権利を網羅した単一の法的文書を起草することに大多数が賛成していたということである。

経済社会理事会は、総会の要請に応え、決議349(XII)により、「総会が示した線にしたがった規約案の改訂版」を作成するよう人権委員会に求めた。

人権委員会は、第7会期(1951年)において、総会決議にも関わらず、すでに市民的・政治的権利に関する18の条項を掲げていた規約に経済的・社会的・文化的権利も盛りこむべきか否かの問題を徹底的に討議することから作業を開始した[5]。

---

3 たとえば*GAOR, fifth session, 1950, Third Committee*, docs. A/C.3/SR.297-299 and 313参照。
4 *GAOR, fifth session, 1950, Plenary Meetings*, doc. A/PV.317, p.564, paras.170 and 162.
5 議論の詳細はとくにUN docs. E/CN.4/SR.203-208, 237 and 248参照。

委員会は最終的に単一の規約の起草に取りかかり、すでに掲げられていた市民的・政治的権利に多くの経済的・社会的・文化的権利を付け加えることにした[6]。しかし委員会における議論からは、なぜ単一の規約ではなく2つの規約が存在するのかという疑問への答えはときどき考えられているよりも複雑であることがわかる。

人権委員会の報告書を検討した経済社会理事会は、「2つの異なる種類の権利義務を単一の規約に体現することから生ずる可能性のある困難」にかんがみ、総会に対し、「市民的および政治的権利に関する条項とともに経済的、社会的および文化的権利に関する条項を単一の規約に含めるという決議421E(V)の決定を再考する」よう促した(経済社会理事会決議384C(XIII))。

国連総会第6会期は、非常に長く、政治的意味ではとくに社会主義諸国と一部西欧諸国との間にある深い不信に汚染されて分裂の度を強めた討議の末、経済社会理事会に対し、「ひとつは市民的および政治的権利を、もうひとつは経済的、社会的および文化的権利を掲げた2つの国際人権規約を起草し、第7会期に検討できるよう同時に総会に提出することを人権委員会に求める」よう要請した。2つの規約は、「目指される目的の一体性を強調し、かつ人権の尊重および遵守を確保するために」総会で同時に承認するものとされた(国連総会決議543(VI))。そこで人権委員会は、第8会期(1952年)から2つの規約の起草に取りかかった。

2.2 討議の内容

最初に注意しておかなければならないのは、経済的・社会的・文化的権利の重要性も、それが市民的・政治的権利と本質的関係を有していることについても、発言者から異議は申立てられなかったということである。しかし委員会が規約の起草を開始してほどなくすると、経済的・社会的・文化的権利の性質そのものにより、その実施のあり方について、ひいてはそれを市民的・政治的権利と同じ規約と別の条約のどちらに含めるべきかについても議論しなければ、

---

6 UN doc. E/1992 (E/CN.4/640), Report of the seventh session of the Commission on Human Rights, 1951, Annexes, pp.57-85参照。

その内容について議論するのは不可能であることが明らかになった。

2.2.1 単一の規約を支持する主な主張

単一の規約を支持する国々が挙げたもっとも重要な主張は、市民的・政治的権利と経済的・社会的・文化的権利は不可分の全体を構成するため、**諸権利の一体性が必要である**というものだった。2つの規約を作ることは、諸権利の相互依存性を反映する国連の道徳的権威を弱めると考えた国もある[7]。これらの国々は、全体として、市民的・政治的権利と経済的・社会的・文化的権利を区別することは不自然であり、後者がなければ前者も意味または価値がなくなると考えていた[8]。単一の規約と2つの規約のどちらを起草するかという問題は総会決議421(V)で終結しており、再開すべきではないと考える国もあった[9]。さらに、「単一の議定書に反対するすべての国は自動的に経済的・社会的・文化的権利と市民的・政治的権利の基本的一体性を拒否していることになる」[10]とか、「カナダ、フランス、英国、米国を含むいくつかの国々は自国の利益を何よりも優先しており、経済的・社会的・文化的権利を分離しようとしている」[11]という主張も見られた。また、2つの規約を同時に採択し批准のために開放すべきであるという提案により、批准が相当に遅れるのではないかと恐れる国もあった。ソ連は、このような考え

7　これとの関係ではたとえば*GAOR, fifth session, 1950, Third Committee*, doc. A/C.3/SR.297, p.174, paras.35-41 (ポーランド); pp.175-176, paras.48-60 (ソ連); doc. A/C.3/SR.298, p.178, paras.9-15 (メキシコ); pp.178-179, paras.16-19 (ユーゴスラビア); p.181, para.49 (イラン); pp.182-183, paras.63-65 (イラク); *GAOR, sixth session, 1951-1952, Third Committee*, doc. A/C.3/SR.360, p.81, para.44 (メキシコ); doc. A/C.3/SR.366, p.114, paras.13-14 (インドネシア); doc. A/C.3/SR.366, p.116, paras.37-40 and doc. A/C.3/SR.393, p.275, para.46 (キューバ)を参照。単一の規約を支持した他の国についてはたとえば*GAOR, fifth session, 1950, Third Committee*, doc. A/C.3/SR.299, p.187, para.27 (サウジアラビア); p.187, para.31 (チェコスロバキア); p.188, para.40 (アルゼンチン); p.189, para.53 (シリア)を参照。

8　たとえばUN doc. E/CN.4/203, p.22 (ウクライナ); *GAOR, fifth session, 1950, Third Committee*, doc. A/C.3/SR.297, p.176, paras.69-72 (チリ); doc. A/C.3/SR.298, p.178, para.13 (メキシコ); *GAOR, sixth session, 1951-1952, Third Committee*, doc. A/C.3/SR.362, p.91, para.23 (イラク); doc. A/C.3/SR.368, p.127, paras.1-2 (白ロシア); p.130, paras.30-31 (ポーランド); doc. A/C.3/SR.370, p.135, para.3, and doc. A/C.3/SR.395, p.285, paras.2-4 (ソ連); doc. A/C.3/SR.393, p.272, paras.10-11 (サウジアラビア)を参照。

9　たとえば*GAOR, sixth session, 1951-1952, Third Committee*, doc. A/C.3/SR.367, p.123, para.24 (ウクライナ); doc. A/C.3/SR.368, p.127, paras.1-2 (白ロシア); p.130, para.38 (ポーランド)を参照。

10　*GAOR, sixth session, 1951-1952, Third Committee*, doc. A/C.3/SR.365, p.108, para.8 (ユーゴスラビア)。

11　*GAOR, sixth session, 1951-1952, Third Committee*, doc. A/C.3/SR.368, p. 127, para.1 (白ロシア)。

方は「経済的・社会的・文化的権利を棚ざらしにしようとする試み」以外に何ものでもないとして拒絶した。ソ連の見解では、米国と英国は「世界人権宣言のときに用いた妨害と引延ばし戦術にまたしても訴えている」とされた[12]。

見解の相違は、市民的・政治的権利と経済的・社会的・文化的権利の双方を掲げた単一の規約の実施機構についても存在した。一体化された実施機構が望ましいとする国もあれば[13]、2つのカテゴリーの諸権利について異なる実施機構が望ましいとする国もあった[14]。しかしソ連の見解では、「国際法にのっとった実施手段はひとつしか」なく、それは「政府が、その領域内で、人民に対してそのすべての権利の享受を保障するために必要なあらゆる立法上その他の措置をとること」であった[15]。執行の問題についてソ連は、「市民的・政治的権利のほうが、立法措置だけをとればよいので実施が容易である」という考え方も否定し、その見解を裏づける複数の例を引いている[16]。

2.2.2 2つの規約を支持する主な主張

上述したように、2つの規約の策定を主張する国々も、2つのカテゴリーの諸権利の間に本質的関係があること、経済的・社会的・文化的権利も保障する国際文書が必要であることは強調していた。これらの権利の平等な価値を強調するためにこそ、2つの規約を同時に署名のために開放することを望んだのである[17]。しかし、「諸権利の一体性そのものと一体的執行」を混同してはならないと警告する発言もあった。「原則としての人権の一体性と実行におけるその分離は区別

---

12 *GAOR, sixth session, 1951-1952, Third Committee*, doc. A/C.3/SR.370, pp.135-136, para.6. 2つの規約を結びつけることによる遅延のおそれについてはdoc. A/C.3/SR.366, p.118, para.57 (チェコスロバキア) and doc. A/C.3/SR.393, p.272, para.16 (シリア) も参照。
13 *GAOR, sixth session, 1951-1952, Third Committee*, doc. A/C.3/SR.365, p.108, para.9 (ユーゴスラビア).
14 *GAOR, sixth session, 1951-1952, Third Committee*, doc. A/C.3/SR.360, p.79, para.23 (グアテマラ); doc. A/C.3/SR.393, p.273, para.30 (フィリピン).
15 *GAOR, sixth session, 1951-1952, Third Committee*, doc. A/C.3/SR.370, p.135, para.5.
16 Ibid., p.135, para.4.
17 たとえば*GAOR, sixth session, 1951-1952, Third Committee*, doc. A/C.3/SR.363, p.98, para.8 (オランダ)参照。ベルギー、インド、レバノンおよび米国が提出した修正案(UN docs. A/C.3/L.184 and A/C.3/L.184/Rev.1)とレバノンの発言(*GAOR, sixth session, 1951-1952, Third Committee*, doc. A/C.3/SR.370, pp.138-139, paras.35-37)も参照。

されている」からである[18]。

　経済的・社会的・文化的権利に関する独立した規約を支持する国々[19]の多くは、市民的・政治的権利に関する規約を完成させるほうが望ましいと考えた。すべての権利を網羅した単一の条約を起草しようと試みれば、相当の遅れが出る可能性があったためである[20]。しかしその見解を裏づける主な主張は、経済的・社会的・文化的権利はその特定の性質ゆえに市民的・政治的権利よりも定義しにくいこと、経済的・社会的・文化的権利を執行することのほうが複雑で時間がかかること、したがってその実施のためには異なる機構が必要とされることであった[21]。リベリアによれば、「ひとつの文書に市民的・政治的権利と経済的・社会的・文化的権利を含めようと試みるのは無益である」とされた。そうなれば、「世界を構成するさまざまな国々の不平等な発展度」が考慮されないおそれがあるためである[22]。

　いくつかの国々は、市民的・政治的権利を保護するには原則として適切な立法上・行政上の措置をとれば十分であるが、多くの経済的・社会的・文化的権利の保護はとくに各国の財源および発展段階に左右され、社会改革、多かれ少なかれ長期的な計画およびおそらくは国際協力が必要であると主張した[23]。これとの関係でもうひとつ主張されたのは、政府は市民の物質的福利に責任を有しているの

18　GAOR, sixth session 1951-1951, Third Committee, doc. A/C.3/SR.394, pp.280-281, para.20 (レバノン)。

19　2つまたはそれ以上の規約を支持した国々については、たとえばUN doc. E/CN.4/SR.205, pp.8-9 (デンマーク); GAOR, fifth session, 1950, Third Committee, doc. A/C.3/SR.297, p.172, para.17 (米国); p.173, para.29 (オランダ); p.174, para.34 (英国); doc. A/C.3/SR.298, p.180, paras.39-40 (Venezuela); p.182, para.60 (ドミニカ共和国); doc. A/C.3/SR.299, p.186, paras.8-12 (インド)参照。

20　GAOR, fifth session, 1950, Third Committee, doc. A/C.3/SR.297, p.172, para.17 (米国); p. 174, para.34 (英国); doc. A/C.3/SR.298, p.182, para.60 (ドミニカ共和国); doc. A/C.3/SR.299, p.186, para.10 (インド); GAOR, sixth session, 1951-1952, Third Committee, doc. A/C.3/SR.362, p.89, para.3 (デンマーク); p.91, para.32 (カナダ); doc. A/C.3/SR.367, p.123, para.25 (ドミニカ共和国)。

21　たとえばデンマークの提案(UN doc. E/CN.4/SR.205, p.9)参照。経済的・社会的・文化的権利については異なる実施形態が必要であるというオーストラリアの見解(UN doc. E/CN.4/SR.203, p.21 and GAOR, sixth session, 1951-1952, Third Committee, doc. A/C.3/SR.363, pp.100-101, paras.39-41)も参照。ただし、オーストラリアは早期の段階では単一の規約を支持する方向に傾いていた(UN doc. E/CN.4/SR.203, p.21)。UN doc. E/CN.4/SR.248, p.10 (英国); GAOR, sixth session, 1951-1952, Third Committee, doc. A/C.3/SR.360, p.78, paras.9-12 (米国); doc. A/C.3/SR.362, p.89, para.3 (デンマーク); p.91, paras.27-31 (カナダ); doc A/C.3/SR.367, p.121, paras.3-5 (ニュージーランド)も参照。フランスは、経済的・社会的・文化的権利は「性質がきわめて異なっており、それを実行するためにはまったく別の立法上・技術上の態勢が必要である」と考えていた(UN doc. E/CN.4/203, p.10参照)。

22　GAOR, sixth session, 1951-1952, Third Committee, doc. A/C.3/SR.366, p.115, para.21.

で、経済的・社会的・文化的権利の確保にあたってはるかに積極的な役割を果たさなければならないのが一般的であるが、市民的・政治的権利は個人との関係における政府の権力の抑制を要求するので、その実施についてはもっと消極的な役割になるということである[24]。

　経済的・社会的権利の実施にはより大きな困難がともなうのであり、そのために漸進的実施が必要であるということを説明するにあたり、フランス代表は、同国では「多少なりとも完全な社会保障制度を発展させるのに40年はかかった」こと[25]、「たとえば非識字との闘いには学校の設立や教員の訓練が必要であり、国によってはそのために20～30年は必要とされる場合がある」こと[26]を指摘した。フランスの見解によれば、経済的・社会的・文化的権利の実現には常に時間がかかることを無視すれば規約案の批准は促進されないとされた[27]。米国も、医療や教育へのアクセスといった権利は「財源、設備および人材に非常に依存しており、これらは間違いなくすべての国で十分に利用可能であるわけではない」と指摘した[28]。

　市民的・政治的権利にはそれ自体として価値があるわけではないという主張を、擁護できないとして拒否する国もあった。レバノンは、市民的・政治的権利と経済的・社会的・文化的権利は相互補完的ではあるものの、前者には後者にない絶対的性質があると強調している[29]。

23　これとの関係ではたとえばUN doc. E/CN.4/SR.205, p.10 (デンマーク); *GAOR, fifth session, 1950, Third Committee*, doc. A/C.3/SR.298, pp.177-178, paras.6-8 (フランス) (フランスは、「第一印象では2つの並行した文書が望ましいかもしれないと思われる」としながらも、規約の数については「開かれた姿勢」をとるとした(para.7)); p.98, para.14 (フランス); *GAOR, sixth session, 1951-1952, Third Committee*, doc. A/C.3/SR.360, p.78, paras.9-13 (米国); doc. A/C.3/SR.362, p.91, paras.30-31 (カナダ).

24　UN doc. E/CN.4/SR.207, p.10 (デンマーク); *GAOR, sixth session, 1951-1952, Third Committee*, doc. A/C.3/SR.367, p.121, para.3 (ニュージーランド).「市民的・政治的権利の効果的実施は国家およびその国民の善意次第だが、経済的・社会的・文化的権利の実施のためにはそのような善意だけでは不十分である」旨のベネズエラの発言(p.122, para.12)も参照。

25　UN doc. E/CN.4/SR.237, p.7.

26　UN doc. E/CN.4/SR.203, p.11.

27　UN doc. E/CN.4/SR.237, p.8.

28　UN doc. E/CN.4/SR.203, p.15.

29　*GAOR, sixth session, 1951-1952, Third Committee*, doc. A/C.3/SR.370, p.139, paras.36-37.

2.2.3 実際的解決を支持する訴え

いくつかの国が強調したように、世界人権宣言にすでに掲げられているような諸権利を一般的に列挙することと、多くの国が規約を批准できなくなるような不当に詳細な規定を設けることとの間で妥協点を見いださなければならないのは明らかであった[30]。ウルグアイは現実的アプローチを提唱し、「主たる関心事は、最大限多くの国が最大限多くの人権に対してただちに国際的保護を及ぼすところにある」と述べた[31]。フランスも同様に、「どんなに適用範囲が限られるとはいえ、少なくとも最初の規約案を提出することが不当に遅れる危険」は避けなければならないと警告し[32]、採択された規定をできるかぎり多くの国に批准させることによって世界人権宣言の普遍性を確保する必要性を強調した[33]。

このように、フランスは議論全体を通じて実際的アプローチをとり、市民的・政治的権利と合同にであれ別個にであれ経済的・社会的・文化的権利を含んだ規約を採択しないのは「許しがたい時代錯誤」であると主張した。問題は「正しい道筋」を見出すことであり、それは「漸進的努力」によってしか達成し得ないことであった[34]。この議論により、重要なのは「すべての人権の本質的一体性、世界人権宣言そのものに示唆を与えた一体性」であることが明らかになった。しかし、「その一体性は必ずしも技術上の問題にまで及ぶものではなく、単一の規約と2つの規約のどちらにすべきかという問題は本質的に技術的問題にほかならない。人権に関する2つ以上の規約が存在したとしても、それを共通の構想が通底していれば十分に相互連携させることができるからである」[35]。フランスはまた、恣意的に逮捕されない権利を規約に含めることを「歯牙にもかけない」国があったことを挙げ、「一体性を支持する国々のなかにはけっきょくのところ自分たちが唱える原則にまったくしたがっていないと思われる国もある」と指摘している[36]。

---

30 たとえばUN docs. E/CN.4/SR.203, p.20 (オーストラリア); E/CN.4/SR.204, p.10 (スウェーデン)参照。
31 *GAOR, sixth session, 1951-1952, Third Committee*, doc. A/C.3/SR.365, p.110, para.31.
32 *GAOR, fifth session, 1951-1952, Third Committee*, doc. A/C.3/SR.304, p.211, para.8.
33 *GAOR, sixth session, 1951-1952, Third Committee*, doc. A/C.3/SR.363, p.98, para.12.
34 *GAOR, fifth session, 1951-1952, Third Committee*, doc. A/C.3/SR.298, p.177, paras.1-2.
35 *GAOR, sixth session, 1951-1952, Third Committee*, doc. A/C.3/SR.371, p.142, para.14.
36 Ibid., p.142, para.15.

他方でフランスは、2つの規約を支持する国々は「市民的・政治的権利と経済的・社会的・文化的権利との違いを誇張する傾向がある」とも考えていた。「後者のなかにも即時的実施が可能なものは多く存在する」からである[37]。「さまざまな権利の由来および発展の違いに幻惑されない」ことが重要であり、「真に有効な基準はある特定の権利を実施できるか、またどのような条件で実施できるか以外に存在しない」[38]。したがって、2つの規約を採択することは、「同意できない論点を少なくし、より多くの支持を得られる」という意味で「便宜的理由から許容範囲内である」[39]。

そうなれば、フランスにとっては当然、「人権の問題は原則的観点からはひとつの問題であるが、その問題がどのような形態をとるかという観点からは複合的な問題である」ということになる。そこでフランスは、一体性を支持しつつも、「もっとも重要な問題は、規約の一体性と二重性のどちらをとるかということではなく、諸権利を実施することである」と考えた[40]。したがって、前進するためにどうしてもやらなければならないことのひとつは、「それぞれの義務の性質に応じた実施措置」を構想することであった[41]。

「その性質および実施のあり方について各国が異なる考え方を有しており、またその享受を確保するためにはより長い時間が必要とされることが多い」ことにかんがみ、フランスは、経済的・社会的・文化的権利の漸進的実施を定めた一般条項を早い段階で導入しなければならないと考えた[42]。この提案はユーゴスラビアから批判を受けたが[43]、修正の末、人権委員会で採択された[44]。オーストラリアは、「漸進的実施という考え方には積極的価値があり、維持されるべきである」と賛成した。同国はさらに、「『漸進的に』という言葉は『権利の全面的実現』とあわせて理解されなければならない。そこに表れた考え方は固定されたものではなく、一部の権利は即時的に、その他の権利は可能なかぎり早期

37　Ibid., loc. cit.
38　Ibid.
39　Ibid., p.142, para.16.
40　GAOR, sixth session, 1951-1952, Third Committee, doc. A/C.3/SR.395, p.286, para.7.
41　GAOR, sixth session, 1951-1952, Third Committee, doc. A/C.3/SR.363, p.98, para.12.
42　UN doc. E/CN.4/SR.237, p.7.
43　Ibid., p.18.
44　Ibid., p.13. フランスの提案の内容はUN doc. E/CN.4/618を参照。

に適用されなければならないことを意味する」とも述べている。けっきょくのところ、「たとえば高齢者年金のような権利または措置を即時的に実施することは実際的に不可能」だからである[45]。

2.2.4 裁判適用可能性の問題

国連人権委員会第7会期における議論で、インドは2つの規約の起草を強力に支持し、経済的・社会的・文化的権利は「裁判適用が可能でないという点で」市民的・政治的権利とは異なると強調した。同国は、単一の規約に両方のカテゴリーを含めれば「均衡がとれなくなる」として、そうする理由はないとした。したがってインドは、人権委員会から経済社会理事会に対し、すべての権利をひとつの規約に含めるという決定の再検討を求めるよう望んだ[46]。

ユーゴスラビアは、「経済的・社会的・文化的権利の侵害の訴えを裁判所に持ち込むことはできない」というインドの見解を受け入れることができなかった。ユーゴスラビアの見解では、「これらの権利の遵守に関して政府が明確な義務を負うのであれば、政府はその不遵守に関して行動を起こせるような立法上その他の措置をとらなければならないし、裁判所には救済措置を与える権限が与えられなければならない」はずであった[47]。グアテマラも、インドの提案の前文にあるように経済的・社会的・文化的権利を裁判適用不可能な権利とするのは「誤って」おり、「危険にさえなるかもしれない」と考えた[48]。ソ連もこのような区別は「完全に恣意的」であるとするとともに、法的措置で擁護し得るのは市民的・政治的権利であって経済的・社会的・文化的権利ではないという前提は「検証に耐えないであろう」と付け加えた。「多くの国では、たとえば投票権のような一部の市民的・政治的権利は個人がとる法的措置で容易に擁護し得るものではないからである」[49]。

---

45 UN doc. E/CN.4/SR.237, p.6.
46 UN doc. E/CN.4/SR.248, p.6.
47 Ibid., p.19.
48 Ibid., p.21.
49 Ibid., p.13.

インドは、「裁判適用可能な権利」というのは「侵害されたときに政府を訴えることのできる権利」という意味であると説明した。しかし、「経済的・社会的・文化的権利を実行しなかったという理由で」政府を訴えることはできない。「責任があるのはたとえば雇用者であるかもしれない」からである[50]。

インドの正式な提案は次のとおりである[51]。

「人権委員会は、

　経済的、社会的および文化的権利が、同じように基本的でありしたがって重要であるとはいえ、裁判適用可能な権利ではないという点で市民的および政治的権利とは異なる権利のカテゴリーを構成することを考慮し、

　したがってその実施方法も異なることを考慮し、

　経済社会理事会に対し、市民的および政治的権利と同じ規約に経済的、社会的および文化的権利を含めるという決定を再検討するよう勧告する」

人権委員会はこの提案を12対5(棄権1)の票差で**却下した**[52]。これによって委員会は、経済的・社会的・文化的権利は裁判で適用できないという、決議案に掲げられた考え方も退けたことになる。経済的・社会的・文化的権利には市民的・政治的権利と異なる実施手続が必要であることは委員会も認めたものの、この見解は、経済的・社会的・文化的権利そのものが裁判で適用可能な性質を有するか否かにもとづくものではない。単純に、これらの権利の性質上、国が場合によっては国際機関の助けを得て相当の努力を行ない、権利の充足のための包括的な、粘り強い、長期的な計画を積極的に進めなければならないことが多いためである。

市民的・政治的権利と経済的・社会的・文化的権利の違いを強調しすぎることに対する警告は、その後、国連総会でもとくにイスラエルとフランスから提

50　Ibid., p.25.
51　UN doc. E/CN.4/619/Rev.1参照。
52　UN doc. E/CN.4/SR.248, p.26. インドの決議案に賛成したのはデンマーク、ギリシア、インド、英国および米国、反対したのはチリ、中国、エジプト、フランス、グアテマラ、レバノン、パキスタン、スウェーデン、ウクライナ、白ロシア、ウルグアイおよびユーゴスラビアである。オーストラリアは棄権した。

起されている。イスラエルは、立法上または行政上の措置によって確保し得るのは市民的・政治的権利に限られるものではなく、一部の経済的・社会的・文化的権利も含まれると主張した。フランスは、上述のように、後者のなかにも「即時的実施が可能な」権利は「多く」存在するとし[53]、裁判適用可能な権利も多いと考えた[54]。

> すべての市民的、文化的、経済的、政治的および社会的権利は平等な価値を有しており、その相互実現のために依存し合っている。国際人権規約が2つ存在するのは、経済的・社会的・文化的権利のほうが複雑な性質を有しており、その特定の性質に合わせたとくに注意深い起草作業および実施機構が必要とされたためである。各国の発展水準が異なることにかんがみ、社会権規約は漸進的実施が可能である旨を定めなければならなかった。ただしこのことは、即時的義務がまったく存在しないことをけっして意味しない。経済的・社会的・文化的権利は裁判で適用できないという提案は、社会権規約の起草過程でまったく受け入れられなかった。

3. 人権の相互依存性および相互不可分性

2つの国際人権規約の起草者が明らかにしたように、経済的・社会的・文化的権利と市民的・政治的権利は相対するものとしてとらえられるべきではなく、その全面的尊重を確保するうえで本質的に相互依存しているものとしてとらえられなければならない。この国際人権法の基本的理念の重要性は、実行において一貫して裏づけられている。市民的・政治的権利の享受が妨げられている国では経済的・社会的・文化的権利が十分に保障される可能性は低いし、その逆に、経済的・社会的・文化的権利が十分に保障されていない国では市民的・政治的権利が

---

53 *GAOR, sixth session, 1951-1952, Third Committee*, doc. A/C.3/SR.360, p. 82, paras.54-55 (イスラエル) and doc. A/C.3/SR.371, p.142, para.15 (フランス).
54 *GAOR, sixth session, 1951-1952, Third Committee*, doc. A/C.3/SR.390, p.254, para.30.

全面的に発展する余地もほとんどないのである。

　人権の「相互依存性および不可分性」という言葉は世界人権宣言に明示的に掲げられていないが、宣言全体の文言、構造および精神は、起草者がこの2つのカテゴリーの諸権利を平等に重視したいと考えていたことを明らかにしている。宣言の起草者は、「言論及び信仰の自由が受けられ、恐怖及び欠乏のない世界」(前文第2文)を構想した。上述したように、国連総会自体、1950年という早い段階で、経済的・社会的・文化的権利と市民的・政治的権利が「相互に関連および依存している」ことを強調している。この見方はその後、社会権規約と自由権規約双方の前文第3文で確認された。前者の前文第3文で、締約国は次のことを認めている。

> 「世界人権宣言によれば、自由な人間は恐怖及び欠乏からの自由を享受することであるとの理想は、すべての者がその市民的及び政治的権利とともに経済的、社会的及び文化的権利を享有することのできる条件が作り出される場合に初めて達成されることになること」

　自由権規約の前文のうちこれに対応する文では、締約国は次のことを認めている。

> 「世界人権宣言によれば、自由な人間は市民的及び政治的自由並びに恐怖及び欠乏からの自由を享受するものであるとの理想は、すべての者がその経済的、社会的及び文化的権利とともに市民的及び政治的権利を享有することのできる条件が作り出される場合に初めて達成されることになること」

　2つのカテゴリーの諸権利の間にこのような本質的な関係が存在することは、その後、発展の権利に関する宣言を掲げた1986年12月4日の国連総会決議41/128といった多くの決議で強調されてきた。宣言6条はこのことをはっきりと述べている。

> 「1. すべての国は、人種、性、言語または宗教によるいかなる区別もなく、

すべての者のために、あらゆる人権および基本的自由の普遍的な尊重および遵守を助長、奨励および強化する目的で協力するべきである。
2. すべての人権および基本的自由は不可分かつ相互依存的であり、市民的、政治的、経済的、社会的および文化的権利の実施、促進および保護に対し、同等の注意と緊急の考慮が払われるべきである。
3. 国は、市民的権利および政治的権利ならびに経済的、社会的および文化的権利が遵守されないことから生ずる発展への障壁を除去するための措置をとるべきである」

世界人権会議が1993年6月25日にコンセンサス採択したウィーン宣言および行動計画は、国連加盟国がさらに最近になってあらゆる人権を結びつける絆を確認した例である。ウィーン宣言第1部パラ5で、加盟国は次のことを認めている。

「5. すべての人権は、普遍的であり、不可分であり、かつ相互に依存および関連している。国際社会は、公正かつ平等な方法で、同一の立場にもとづきかつ等しく重点を置いて、人権を地球規模で取扱わなければならない。国家的および地域的特殊性ならびにさまざまな歴史的、文化的および宗教的背景の重要性は考慮されなければならないが、すべての人権および基本的自由を促進および保護することは、その政治的、経済的および文化的制度の如何に関わらず、国家の義務である」

1940年代に国際人権章典の起草作業が開始されて以降、経済的・社会的・文化的権利と市民的・政治的権利の本質的関係が重視されてきたことを踏まえれば、社会権規約委員会が**人権および技術協力活動**の分野で次の2つの一般的原則の重要性を強調するのも当然である。

◎ **第1の原則**は、「2組の人権は不可分であり相互依存的である」ということである。「このことは、一方の権利を促進しようとする努力においては他方の権利が全面的に考慮されなければならないことを意味する。〔したがって、〕経済的・社会的・文化的権利の促進に携わる国連機関は、

その活動が市民的・政治的権利の享受と全面的に一致することを確保するよう最善を尽くすべきである」[55]。

◎ 「**一般的関連性を有する第2の原則**は、開発協力活動が自動的に経済的・社会的・文化的権利の尊重の促進に寄与するわけではないということである。『開発』の名のもとで行なわれる活動がその後、人権の観点からは望ましい形で構想されておらず、逆効果でさえあると認められることは少なくない」[56]。したがって、開発プログラムの立案にあたっては、それが実際に個人の人権を増進するようにするための意図的努力が行なわれなければならない。その人権にはたとえば、裁定する資格という面では国内裁判所がとくによい立場に置かれている法的問題としての、法律の前における平等および差別の禁止に対する権利も含まれる。

経済的・社会的・文化的権利と市民的・政治的権利の本質的つながりは、自由権規約6条で保障された**生命に対する権利**との関係ではとりわけ明白である。このつながりが自由権規約委員会の注意を免れることはなく、委員会は「生命に対する権利があまりにしばしば狭く解釈されてきた」ことに留意している[57]。委員会の見解によれば次のとおりである。

「『生命に対する固有の権利』という文言を正しく解釈するためには制限的であってはならず、この権利を保障するために、国家は積極的な保障措置をとることを求められている。これと関連して、委員会は、とくに栄養不良および伝染病を防止する措置をとるにあたり、可能なかぎり乳幼児死亡率を減少させかつ平均余命を伸ばす措置をとることが望ましいと考える」[58]

---

55 委員会の一般的意見2(国際的な技術的援助措置(規約22条))、パラ6参照(UN doc. HRI/GEN/1/Rev.5, *Compilation of General Comments and General Recommendations Adopted by Human Rights Treaty Bodies* (hereinafter referred to as *United Nations Compilation of General Comments*), p.16)。
56 Ibid., p.16, para.7.
57 一般的意見6(6条——生命に対する権利)、パラ5(Ibid., p.115)。
58 Ibid., loc. cit.

このような幅広い解釈を念頭に置き、自由権規約委員会は締約国に対し、第1回および(または)定期報告書の審査との関係で、たとえば人々の健康状態を向上させ、その平均余命を伸ばすために[59]、乳幼児死亡率を削減させ、住民の食糧ニーズを満たすために[60]、あるいは住民を伝染病から守るために[61]、どのような措置をとったか質問することがある。2000年3月に行なわれたモンゴルの第4回定期報告書審査では、自由権規約委員会は、「ひとつには安全でない中絶を理由とする妊産婦死亡率の問題が深刻であることならびに家族計画の助言および便益が利用できないこと」について懸念を表明した[62]。これらの問題は、「到達可能な最高水準の身体及び精神の健康」を享受する権利を保障した社会権規約12条にもとづいて検討することも十分に可能である。このことは、この権利と、自由権規約6条1項で保護された「生命に対する固有の権利」との間に存在する本質的つながりを裏づけている。

労働組合権も、2つのカテゴリーの間に基本的関係が存在することを実証するものである。自由権規約22条が、「自己の利益の保護のために労働組合を結成し及びこれに加入する権利」を含む結社の自由についての一般的権利をすべての者に保障する一方で、社会権規約8条1項(a)は、「すべての者が……労働組合を結成し及び……自ら選択する労働組合に加入する権利」を認めている。使用者・被雇用者の結社または労働組合の結成を認めないことは、22条の起草中に国連総会が強調したように、民主的社会において基本的重要性を有する権利である結社の自由についての権利そのものを深刻に阻害することになろう[63]。

労働組合権と市民的権利との本質的つながりは、国際労働機関のさまざまな機関、とくに条約および勧告の適用に関する専門家委員会によって一貫して強調されてきた。たとえば1994年の「結社の自由および団体交渉に関する一般的調査」において、委員会は、その経験が示すところによれば「市民的および政治的自由

---

[59] ガンビアについて(UN doc. *GAOR*, A/39/40, pp.61-62, para.327)。
[60] ペルーについて(UN doc. *GAOR*, A/38/40, p.61, para.264)。
[61] スリランカ(UN doc. *GAOR*, A/39/40, p.21, para.105)、コンゴ(*GAOR*, A/42/40, p.61, para.230)およびベルギーについて(UN doc. *GAOR*, A/47/40, p.105, para.408)。
[62] UN doc. *GAOR*, A/55/40 (I), p.50, para.323(b).
[63] たとえば*GAOR*, sixteenth session, 1961, Third Committee, doc. A/C.3/SR.1087, p.134, para.16 (スウェーデン) and doc. A/C.3/SR.1088, p.139, para.7 (イタリア)を参照。イタリアはここで「意見、表現および結社の自由を完成させる」ものとして「政治的結社の自由」に言及している。

の制限は結社の自由の侵害における主要な要素のひとつである」と指摘している[64]。労働組合権と市民的自由に関する章の結論は次のとおりである。

> 「43. 委員会は、国際労働条約、とくに結社の自由に関わる条約に掲げられた保障は、世界人権宣言および他の国際文書、とくに自由権規約に掲げられた市民的および政治的権利が真正に承認および保護されて初めて実効性を有すると考える。これらの無形かつ普遍的な原則は……すべての人民およびすべての民族が切望する共通の理想とされるべきである」[65]

結社の自由についての権利が実効性を有するためには、労働組合員がとくに意見、情報、表現および移動の自由を享受し、かつ自分たちの利益に関連する問題について議論するために自由に集会を開けなければならないことには議論の余地がない。労働組合員はさらに恣意的逮捕に対する保護も享受できなければならず、それにも関わらずいずれかの理由で逮捕されたときは、**このマニュアルの第4章～第7章で説明したすべての適正手続の保障に対する権利(第8章で述べた人道的に扱われる権利も含む)を有する。**

以上は、経済的・社会的・文化的権利と市民的・政治的権利の間に存在する基本的かつ複雑な関係を示す実際的な例の2つにすぎない。これらの諸権利は、資金と関心を求めて競合する2つの個別のカテゴリーに属するものとしてではなく、**人間人格のあらゆる側面を保護するための一体的な法的規則を構成するものとしてとらえられるべきである。その規則の間には、すべての者のための正義、安全および福利の達成を目的とした継続的な弁証法的関係が存在する。**

---

64 General Survey of the Reports on the Freedom of Association and the Right to Organize Convention (No.87), 1948 and the Right to Organize and Collective Bargaining Convention (No.98), 1949, Report III (Part 4B), International Labour Conference, eighty-first session, Geneva, 1994, p.13, para.23.

65 Ibid., p.21, para.43.

> 国際人権法の進展(国際的監視機関によるその解釈を含む)により、市民的・政治的権利と経済的・社会的・文化的権利との間に本質的つながりがあることが確認されてきている。政府には、人間の生および人間人格のもっとも基本的な側面の保護を目的としたこれらのあらゆる権利の実施を同時に進める基本的な法的義務がある。

4. 経済的・社会的・文化的権利の保護のための国際条約および地域条約：保障されている諸権利

　この章では、主要な国際条約・地域条約で保障されている主だった経済的・社会的・文化的権利の一覧を掲げる。諸条約では広範な権利が掲げられており、そのすべてを分析するのはこのマニュアルの範囲をはるかに超えるものである。したがって、より詳しい分析の対象とされる権利については別の節を設け、**6節と7節**で扱う。

　経済的・社会的・文化的権利の保護のために設けられた国際条約・地域条約の実施手続について詳しくは、このマニュアルの第2章および第3章を参照。

4.1 国際的レベル

4.1.1 経済的、社会的及び文化的権利に関する国際規約
　　　　(社会権規約、1966年)

　国際的レベルについて扱う本節では経済的、社会的及び文化的権利に関する国際規約(社会権規約)に焦点を当てる。締約国から提出される報告書にもとづいてその執行を監視しているのは社会権規約委員会である。規約のさまざまな規定を委員会がどのように解釈しているかについてさらに詳しくは、2001年4月26日現在までに委員会が採択した一般的意見の一覧を掲げた**配布資料2**を参照〔邦訳では省略〕。2002年2月8日現在、規約の締約国数は145か国である。規約はとくに次のような権利を保障している。

- ◎ 権利の享受における平等および差別の禁止に対する権利(2条2項(差別の禁止一般)および3条(男女間の差別の禁止))
- ◎ 労働の権利(自由に選択しまたは承諾する労働によって生計を立てる権利を含む)(6条)
- ◎ 公正かつ良好な労働条件を享受する権利(同一価値の労働に対するいかなる種類の区別もない公正な報酬、労働者およびその家族の人間に値する生活、安全かつ健康的な作業条件、昇進する均等な機会、休息・余暇・労働時間の合理的な制限および定期的な有給休暇を含む)(7条)
- ◎ 労働組合を結成する権利および自ら選択する労働組合に加入する権利(国内の連合または総連合を設立する権利を含む)(8条1項(d))
- ◎ 社会保険を含む社会保障に対する権利(9条)
- ◎ 家族に対する保護および援助、婚姻の自由、母親の保護、ならびに子どもおよび年少者に対する保護および援助(10条1〜3項)
- ◎ 十分な生活水準(十分な食糧、衣服および住居を含む)ならびに生活条件の不断の改善に対する権利(11条)
- ◎ 到達可能な最高水準の身体的および精神的健康に対する権利(12条)
- ◎ 教育に対する権利(13条)
- ◎ 文化的な生活に参加する権利、科学の進歩による利益を享受する権利、および自己の科学的・文学的・芸術的作品により生ずる精神的および物質的利益の保護を享受する権利(15条1項)

4.2 地域レベル

4.2.1 人および人民の権利に関するアフリカ憲章
(アフリカ人権憲章、1981年)

地域レベルでは、人および人民の権利に関するアフリカ憲章(アフリカ人権憲章)が個人の経済的・社会的・文化的権利のみならず人民のそれの保護についても定めている(憲章22条参照)。ただし、ここに掲げるのは個人の権利に関わる条項のみであり、それには次のような権利が含まれる。

- ◎ 憲章で保障された権利の享受において差別されない権利(2条)
- ◎ 結社の自由に対する権利(10条)
- ◎ 公正かつ満足な条件のもとで労働する権利／同一の労働について同一の報酬を受ける権利(15条)
- ◎ 到達可能な最高水準の身体的および精神的健康を享受する権利(16条)
- ◎ 教育に対する権利(17条1項)
- ◎ 自己の社会の文化的生活に自由に参加する権利(17条2項)
- ◎ 高齢者および障害者がその身体的または道徳的必要に応じて特別な保護を受ける権利(18条4項)

憲章18条に掲げられたその他の規定は、権利としてではなく国の義務として構成されている。たとえば、家族の身体的および道徳的健康に配慮する義務(18条1項)、家族を援助する義務(18条2項)、女性に対するすべての差別の撤廃、ならびに、国際的な宣言および条約に規定されているように女性および子どもの権利の保護を確保する義務(18条3項)などである。

4.2.2 米州人権条約(1969年)と経済的、社会的および文化的権利の分野における追加議定書(1988年)

米州では、市民的・文化的・経済的・政治的・社会的権利が、人の権利および義務の米州宣言(1948年)に最初から掲げられていた。1969年に米州人権条約が採択されたとき、「経済的、社会的および文化的権利」と題された第3章を構成したのは26条のみであり、そこでは次のように定められていた。

「締約国は、ブエノスアイレス議定書によって改正された米州機構憲章が掲げる経済的、社会的、教育的、科学的および文化的基準に黙示的に含まれる諸権利の完全な実現を立法その他の適当な手段によって漸進的に達成する目的で、国内的におよび国際協力を通じて、とくに経済的および技術的性質の措置をとることを約束する」

これらの権利については、経済的、社会的および文化的権利の分野における米州人権条約の追加議定書(1988年、サンサルバドル議定書)においていっそう詳細な定めが置かれた。1999年11月16日に発効した追加議定書はとくに次のような経済的・社会的・文化的権利を保護している。

- 保障された権利の行使において差別されない権利(3条)
- 労働に対する権利(尊厳がありかつ人間にふさわしい生活を送るための手段を確保する権利を含む)(6条)
- 公正、衡平かつ満足な労働条件に対する権利(すべての労働者とその家族に最低でも尊厳がありかつ人間にふさわしい生活条件を保障する報酬、同一の労働に対する公正かつ同一の賃金、昇進する権利、作業の安全および衛生、18歳未満の者の夜業および不健康なまたは危険な労働条件の禁止、労働時間の合理的制限および休息・余暇・有給休暇を含む)(7条)
- 労働組合の権利(自己の利益を促進および保護するために労働組合を結成しおよび自ら選択する労働組合に加入する労働者の権利ならびに同盟罷業の権利など)(8条1項)
- 社会保障に対する権利(9条)
- 健康に対する権利(この権利は「最高水準の身体的、精神的および社会的福祉の享受をいうものと了解される」)(10条)
- 健康的な環境に対する権利(11条)
- 食糧に対する権利(「最高水準の身体的、情緒的および知的発達を享受する可能性を保障する十分な栄養に対する権利」をいう)(12条)
- 教育に対する権利(13条)
- 科学的および技術的進展を含む文化の利益に対する権利(14条)
- 家族の形成および保護に対する権利(15条)
- 子どもの権利(16条)
- 高齢者が保護される権利(17条)
- 障害者が「その人格を最大限可能なまで発達させることを目的とした」特別な配慮を受ける権利(18条)

4.2.3 欧州社会憲章(1961年)および改正欧州社会憲章(1996年)

　2002年6月19日現在、欧州社会憲章(1961年)は欧州評議会加盟国のうち25か国が批准している。そこに掲げられているのは次のような権利である。

- ◎ 労働に対する権利(1条)
- ◎ 公正な労働条件に対する権利(2条)
- ◎ 安全かつ健康的な労働条件に対する権利(3条)
- ◎ 公正な報酬に対する権利(4条)
- ◎ 団結権(5条)
- ◎ 団体交渉権(6条)
- ◎ 子ども・年少者が保護を受ける権利(7条)
- ◎ 就労女性が保護を受ける権利(8条)
- ◎ 職業指導に対する権利(9条)
- ◎ 職業訓練に対する権利(10条)
- ◎ 健康の保護に対する権利(11条)
- ◎ 社会保障に対する権利(12条)
- ◎ 社会的・医療的扶助に対する権利(13条)
- ◎ 社会福祉サービスから利益を受ける権利(14条)
- ◎ 身体的・精神的障害者が職業訓練、リハビリテーションおよび社会復帰援助を受ける権利(15条)
- ◎ 家族が社会的・法的・経済的保護を受ける権利(16条)
- ◎ 母子が社会的・経済的保護を受ける権利(17条)
- ◎ 他の締約国の領域内で有償の職業に従事する権利(18条)
- ◎ 移住労働者およびその家族が保護および援助を受ける権利(19条)

　1988年の追加議定書は1992年9月4日に発効し、2002年6月19日現在、10か国が締約国となっている。この議定書は欧州社会憲章そのものの規定を害するものではなく、締約国は、次の権利を認めた条項の一または複数に拘束されると考えることも約束している。

- ◎ 性による差別なしに雇用および職業に関して平等な機会および平等な待遇を受ける権利(1条)
- ◎ 情報および協議に対する権利(2条)
- ◎ 労働条件および労働環境の決定および改善に参加する権利(3条)
- ◎ 高齢者が社会的保護を受ける権利(4条)

　改正欧州社会憲章は1996年に採択され、1999年7月1日に発効した。2002年6月19日現在の批准国数は13か国である。改正憲章は従前の憲章の規定を更新・拡大したものであり、批准国数の増加にともなってそれを漸進的に置き換えていく。改正憲章は、新たな社会的・経済的発展を考慮にいれ、既存のいくつかの条項を改正するとともに新たな条項を付け加えたものである。新しい特徴として、とくに、第1部において旧憲章よりも相当に多くの権利および原則(1961年憲章ではわずか19であったのに対し31)を含んでいる。1988年追加議定書から改正されずに組みこまれた権利に加え、新しい重要な特徴としては次のようなものがある。

- ◎ 雇用の終了の場合に保護される権利(24条)
- ◎ 使用者が支払不能に陥った場合に請求権を保護される労働者の権利(25条)
- ◎ 職場での尊厳に対する権利(26条)
- ◎ 家族的責任を有する労働者が平等な機会および平等な待遇を享受する権利(27条)
- ◎ 労働者代表が与えられた業務および便益の面で保護を享受する権利(28条)
- ◎ 集団的人員整理手続での情報および協議に対する権利(29条)
- ◎ 貧困および社会的排除から保護される権利(30条)
- ◎ 居住に対する権利(31条)

> 国際人権法が保障する経済的・社会的・文化的権利は、労働権および良好な労働条件に対する権利、十分な生活水準に対する権利、十分な身体的・精神的健康に対する権利、教育に対する権利、家族・子どもの特別な保護に対する権利など、幅広い領域および人間の生活の重要な側面を網羅している。これらのすべての権利の享受は、法律の前におけるおよび法律の適用における平等の尊重の原則が条件とされている。

5. 経済的・社会的・文化的権利を保護する国の法的義務

5.1 社会権規約(1966年)

5.1.1 はじめに

社会権規約にもとづく自国の義務を実施する締約国の一般的義務については、2条で定められている。

「1. この規約の各締約国は、立法措置その他のすべての適当な方法によりこの規約において認められる権利の完全な実現を漸進的に達成するため、自国における利用可能な手段を最大限に用いることにより、個々に又は国際的な援助及び協力、特に、経済上及び技術上の援助及び協力を通じて、行動をとることを約束する。
2. この規約の締約国は、この規約に規定する権利が人種、皮膚の色、性、言語、宗教、政治的意見その他の意見、国民的若しくは社会的出身、財産、出生又は他の地位によるいかなる差別もなしに行使されることを保障することを約束する。
3. 開発途上にある国は、人権及び自国の経済の双方に十分な考慮を払い、この規約において認められる経済的権利をどの程度まで外国人に保障するかを決定することができる」

保障されている権利を**即時的に**執行する法的義務を課している自由権規約2条1項とは異なり、社会権規約2条1項では認められている権利の**漸進的実現**が許されていることを、一般的に指摘しておかなければならない。ただし、2節で要約した両規約の起草中の議論から明らかなように、社会権規約では漸進的実施の義務しか定められておらず、即時的行動の義務はないと片づけてしまうのは深刻なほど過度な単純化であるのみならず、法的にも不正確である。権利そのものの性質、その表現方法、起草者の意見および社会権規約委員会がこれまでに明らかにしてきた見解を見れば、批准その他の方法で規約の遵守を誓ったさいに締約国が負った法的義務の性質および範囲ははるかにダイナミックであることがわかる。各国政府が直面している多くの経済的・社会的問題にも関わらず、規約が世界中の人々の生活条件の着実な向上を目的とした法的手段であり続け、いまでもその地位を保っていることをかんがみれば、この結論は当然としか言いようがない。

　最初期の一般的意見のひとつで社会権規約委員会が指摘するように、規約2条に掲げられた法的義務には「**行為義務および結果義務**」の両方が含まれる[66]。このことが意味するのはとくに、「規約は漸進的実施について規定し、利用可能な資源が限られていることによる制約を認めているものの、同時に即時的効果を有するさまざまな義務も課している」ということである[67]。このような即時的義務のひとつに、規約に掲げられた権利が差別なく行使されることを保障するという2条2項の約束が挙げられる[68]。もうひとつのこのような義務は「2条1項に掲げられている『行動をとる』ことの約束であり、この約束そのものは他の考慮事項による限定または制限を受けていない」[69]。委員会が留意するように、この表現の完全な意義は英語正文を仏語・西語正文と比較することによっても推し量ることが可能である。後者によれば、締約国は「行動する」(仏語："s'engage à agir")ことおよび「措置をとる」(西語："a adoptar medidas")ことを約束

66 　一般的意見3(締約国の義務の性質：2条1項)、パラ18参照(*United Nations Compilation of General Comments*, p.18)。強調引用者。
67 　Ibid., loc. cit. 強調引用者。
68 　Ibid.
69 　Ibid., p.18, para.2.

している[70]。この法的義務が意味するのは次のようなことである。

> 「関連の権利の完全な実現は漸進的に達成されてもよいが、その目標に向けた行動は当該締約国において規約が発効したのち合理的な短期間のうちにとられなければならない。そのような行動は、**計画的、具体的**かつ規約で認められた義務の履行に向けてできるだけ明確に**目標づけられた**ものであるべきである」[71]

行為義務および結果義務に加えて第三の義務、すなわち**国内救済措置の提供等により関連の法的義務を実施する**義務を加えておかなければならない。締約国の法的約束が有するこれらの3つの側面は相互に関連しており、ある程度までは重複しているが、委員会が留意するようにそれぞれ際立った特徴を有しており、以下その特徴について説明する。

5.1.2 行為義務

「行動をとる」義務を遵守するために締約国が用いるべき手段については、規約2条1項が「立法措置その他の〔とくに立法措置の採択を含む〕すべての適当な方法」に言及している。**立法**に加え、規約上の義務を履行するために何がもっとも「適当な」措置かを評価するのは締約国自身であるが、委員会は、このような措置には、**行政上**、**財政上**、**教育上**および**社会上**の措置が含まれるが、それに限られるものではない」としている[72]。

委員会が「適当」と考えるもうひとつの措置は、「国内法体系にしたがって裁判で適用しうる権利に関して司法的救済を提供すること」がある。「たとえば委員会は、認められた権利を差別なく享受することは、部分的には、司法的その他の効果的な救済の提供を通じて適当な形で促進されることが多いであろうことに

70　Ibid., loc. cit.
71　Ibid. 強調引用者。
72　Ibid., p.19, para.7. 強調引用者。

留意」している[73]。加えて規約には、3条、7条(a)(i)、8条、10条3項、13条2項(a)・3項・4項ならびに15条3項を含め、「多くの国内法体系で司法機関その他の機関による即時的適用が可能と思われる」多くの規定があり、「ここに掲げた規定が本質的に自動執行的ではないといういかなる指摘も、維持するのは困難であるように思える」とされる[74]。

5.1.3 結果義務

2条1項に掲げられている「主要な結果義務」は、「規約において『認められる権利の完全な実現を漸進的に達成するため』に行動をとることである」[75]。しかし委員会が強調するように、規約において「漸進的な実現」、すなわち「時間をかけた実現」が認められていることは、「この義務から有意義な内容をすべて奪ってしまうものと誤解されるべきではない」[76]。委員会はこの義務を次のような表現で説明している。

> 「これは、一方では、実世界の現実と、経済的・社会的・文化的権利の完全な実現を確保するにあたっていかなる国にも関わってくる困難を反映した、柔軟性のために必要な工夫である。他方、この表現は、当該権利の完全な実現に関わる締約国の明確な義務を確立するという規約の全体的目的、それどころか存在理由に照らして読まれなければならない。したがって、これはその目標に向かってできるかぎり迅速にかつ効果的に行動する義務を課すものである。さらに、この点に関するいかなる意図的な後退的措置も、最大限に慎重な考慮が求められるとともに、規約で規定された権利の全体を参照しかつ利用可能な最大限の資源を全面的に用いることを踏まえて、完全に正当化される必要があろう」[77]

73　Ib id., p.19, para.5.
74　Ibid., loc. cit.
75　Ibid., p.20, para.9.
76　Ibid., loc. cit.
77　Ibid.

さらに委員会は、すべての締約国には規約で保障された「それぞれの権利がどんなに少なくとも最低限必要な水準で充足されることを確保する最低限の中核的義務」があるとの見解をとり、そうでなければ規約は「その存在理由を大部分奪われてしまうであろう」としている[78]。このことは、たとえば、委員会の言葉を借りれば次のことを意味するものである。

「締約国において相当数の個人が必要不可欠な食糧、必要不可欠なプライマリーヘルスケア、基礎的な住処および住居またはもっとも基礎的な形態の教育を奪われているのであれば、その国は規約上の義務を履行していないと推定される」[79]

　この点について、委員会はさらに、2条1項は「『自国における利用可能な手段を最大限に用いることにより』行動をとる」よう締約国に求めるものであるから、少なくとも最低限の中核的義務を果たしていないことについて利用可能な資源がないことを理由にするのであれば、国は「これらの最低限の義務を優先的に充足しようとする努力において、処分可能なあらゆる資源を用いるべくあらゆる努力が払われたことを実証し」なければならないとしている[80]。ただし、委員会が強調するように、「利用可能な資源が明らかに不十分である場合でさえ、蔓延する状況下で関連の権利が可能なかぎり幅広く享受されることを確保するために精励する締約国の義務は変わらない」[81]。

5.1.4 実施義務：国内的救済措置の提供

　規約の国内適用に関する一般的意見9で、社会権規約委員会は一般的意見3で示した見解のいくつかについてさらに詳しく展開している。委員会はとくに、規約が、そこで保障されている権利を「すべての適当な方法により」実施するよう政

78　Ibid., p.20, para.10.
79　Ibid., loc. cit.
80　Ibid.
81　Ibid., p.20, para.11.

府に要求することによって幅広くかつ柔軟なアプローチを採用し、各国の法制度・行政制度の特質ならびにその他の関連する事項を考慮できるようにしていることに留意した[82]。「しかしこの柔軟性は、規約で認められた権利を実施するために利用可能なあらゆる手段を用いるという、各国に課された義務と共存するものである。この点については、国際人権法の基本的な諸要件が念頭に置かれなければならない。このように、規約の規範は国内法秩序において適当な方法で認められなければならず、権利を侵害された個人または集団に対しては適当な是正措置または救済措置が利用可能とされなければならず、かつ政府の責任を確保する適当な手段が用意されなければならないのである」[83]。

委員会の見解によれば、「規約の国内適用に関わる問題は国際法の2つの原則に照らして検討されなければならない」。

◎ **第1に**、条約法に関するウィーン条約27条にしたがい、締約国は条約上の義務の不履行を正当化するために国内法の規定を援用することはできない。したがって、条約上の義務を実施するためには締約国は「必要に応じて国内法秩序を修正するべき」なのである[84]。

◎ **第2に**、世界人権宣言8条によれば「すべて人は、憲法又は法律によって与えられた基本的権利を侵害する行為に対し、権限を有する国内裁判所による効果的な救済を受ける権利を有する」。社会権規約は、その規定違反の主張に対して司法的救済を確立するよう締約国に直接要求しているわけではないが、委員会は、「経済的・社会的・文化的権利の違反に対して国内的な法的救済をなんら提供しないことを正当化しようとする締約国は、そのような救済措置が……2条1項にいう『適当な方法』でないことか、用いられる他の手段にかんがみ必要ないことのいずれかを立証しなければならない」と考えている。「このような立証は困難であろうし、委員会は、多くの場合、用いられる他の手段も司

82　Ibid., p.58, para.1.
83　Ibid., p.58, para.2.
84　Ibid., p.58, para.3.

法的救済による強化または補完がなければ効果を発揮できないと考えるものである」[85]。

　委員会の一般的意見から、社会権規約の効果的執行のためには、一般的規則として、国に権利を侵害されたと考える者が国内的救済措置を利用できなければならないという結論が導き出せるかもしれない。自由権規約と異なり、権利を侵害された者に対する法的その他の救済措置に関する明示的規定が社会権規約に置かれていないのは、財源および発展段階に相当程度依拠する分野で個人の苦情申立ての対象とされることを起草者らがためらったためである。このためらいは最近も、国際的な個人・集団通報手続を定める社会権規約の選択議定書を採択することが困難に直面している事実によって裏づけられている。

> 社会権規約の締約国は、規約を実施していないことを正当化するために国内法に依拠することはできない。規約の締約国には**行為義務**があり、とくに、規約の規定を実施するために適当なあらゆる立法上、行政上、財政上、教育上および社会上の措置をとらなければならない。締約国には**結果義務**もあり、規約に掲げられた権利の実現に向けて、利用可能な手段を最大限に用いて可能なかぎり迅速にかつ効果的に行動しなければならない。すべての締約国には、規約に掲げられたそれぞれの権利の**最低限の中核的義務を即時的に**確保する法的義務がある。明らかに資源が不十分な状況においてさえ、締約国は、規約に掲げられた権利の最大限可能な享受を確保するために精励していることを証明しなければならない。締約国には、利用可能なあらゆる手段を用いて規約を実施する法的義務がある。この義務は、個人が国内レベルで経済的・社会的・文化的権利を効果的に主張できるようにする**是正手段または救済手段**の提供を含む。

85　Ibid., pp.58-59, para.3.

5.2 人および人民の権利に関するアフリカ憲章
(アフリカ人権憲章、1981年)

　人および人民の権利に関するアフリカ憲章(アフリカ人権憲章)1条は、経済的・社会的・文化的権利を含め、憲章に掲げられたすべての権利、義務および自由に関わる締約国の法的義務を定めている。これは、締約国がこれらの権利義務を「認め」、かつ「その実施のために立法その他の措置をとることを約束」したことを意味する。この規定も、問題となる権利を定めた諸規定も、これらの法的義務を**即時的**に実施する法的義務があることを示唆しているとしか解釈できない。

5.3 米州人権条約(1969年)と経済的、社会的および文化的権利の分野における追加議定書(1988年)

　経済的、社会的および文化的権利の分野における米州人権条約の追加議定書1条で、米州機構(OAS)加盟国は次のように述べて**漸進的アプローチ**を選択している。

> 「締約国は、この議定書で認められた諸権利の完全な実現を漸進的にかつ国内法にしたがって達成する目的で、自国の利用可能な資源が許す限度でかつ自国の発展の程度を考慮して、国内的におよびとくに経済的および技術的な国際協力を通じ、必要な措置をとることを約束する」

　アプローチは漸進的なものであるが、議定書で「認められた諸権利の完全な実現」を達成するために締約国が「必要な措置をとることを約束」している点で、議定書が結果志向であることも明らかである。

5.4 欧州社会憲章(1961年)および改正欧州社会憲章(1996年)

　一般的には、1961年欧州社会憲章の改正は「そこで提供されている保護の水準を引き下げること」を意図したものではなく、逆に「改革によって、他の国

際文書や加盟国の国内法における社会的・経済的権利の発展と、現行の他の国際文書では網羅されていない社会問題の両方を考慮に入れることをともなう」ものであったと言うことができるだろう[86]。さらに、「あらゆる改正は男女の平等な取扱いを確保する必要を念頭に置いて行なわれなければならない」ことも合意されていた[87]。

　厳密な法的義務という点では、1961年と1996年の欧州社会憲章のいずれも特定の約束の体系を掲げ、締約国がそこに掲げられた諸権利を漸進的に実施することを認めている。しかし、両憲章の第1部を「すべての適当な手段を用いて追求する目的を宣言したもの」と考えることを各締約国が受け入れている一方で(1961年憲章20条1項(a)および1996年憲章A条)、**いずれの憲章も、締約国となったときに受け入れなければならない中核的約束も定めている**のである。

　1961年憲章では、締約国は次の条のうち少なくとも5つに拘束されることを約束している。

- ◎　労働に対する権利(1条)
- ◎　団結権(5条)
- ◎　団体交渉権(6条)
- ◎　社会保障に対する権利(12条)
- ◎　社会的・医療的扶助に対する権利(13条)
- ◎　家族が社会的・法的・経済的保護を受ける権利(16条)
- ◎　移住労働者およびその家族が保護および援助を受ける権利(19条)

　さらに、締約国が拘束される規定の総数は10か条または45か項を下回ってはならないとされる(20条1項(c))。

　1996年改正憲章のもとで中核的義務の数は引き上げられ、旧憲章に掲げられていたものに次の2つが加えられたほか、締約国は中核的条項のうち少なくとも6

86　See *European Social Charter: Explanatory Report (ETS No.163)*, at the Council of Europe web site: http://conventions.coe.int/treaty/en/Reports/Html/163.htm p.1.
87　Ibid., loc. cit.

つに拘束されることを受け入れなければならない。

- ◎ 子ども・年少者が保護を受ける権利(7条)
- ◎ 性による差別なしに雇用および職業に関して平等な機会および平等な待遇を受ける権利(20条)

締約国が拘束される規定の総数も引き上げられ、16か条または63か項を下回ってはならないとされる(第3部A条)。

このように締約国は、各憲章の批准の日から実施されるものとして相当数の規定に拘束されることを受け入れなければならない。もちろん、その後のいずれの時点でも、拘束されたいと考える規定の数を増やすことは自由である(1961年憲章20条3項および1996年憲章A条3項参照)。

> 欧州社会憲章は実施に対する混合的アプローチを採用しており、即時的に執行可能な一定数の権利を締約国に課す一方で、その他の権利については漸進的に実施することを認めている。

6. 経済的・社会的・文化的権利：裁判適用可能な権利か？

2.2.4で説明したように、経済的・社会的・文化的権利の裁判適用可能性の問題は規約の起草との関係で議論されている。国連人権委員会に参加していたいくつかの国の政府は当時、これらの権利が裁判適用可能であることをはっきりと否定する決議案に賛成票を投じたものの、これらの国々が少数派であることは明らかであった。他の国々は、経済的・社会的・文化的権利は裁判適用不可能であると決めつけるのは不正確であり、危険でさえあることを強調したし、フランスは、このような権利の多くの側面は裁判適用可能であると指摘している。それから半世紀が経過したが、経済的・社会的・文化的権利の侵害の訴えをともなう主張を裁定するうえで国内裁判所が有している(または有するべき)権限について、実行上の一致はいまなお見られない。この不確実性は、2001年2月にジュネーブ(スイス)で開かれた「経済的、社会的及び文化的権利に関する国際

規約の選択議定書をとくに念頭に置いた経済的・社会的・文化的権利の裁判適用可能性に関するワークショップ」で強調された。これは国連人権高等弁務官事務所と国際法律家委員会が主催したものである。ワークショップに提出された報告書が示すように、国内裁判所に対し、十分な住居に対する権利や法律の前における平等への権利といった経済的・社会的・文化的権利に関わる主張の裁定が求められることはますます増えている。関連する権利の客観的分析とあわせて考えれば、このような進展は、裁判適用可能性の問題が明快なものではないこと、特定の権利を司法審査の対象とすることができるかどうかは厳密な意味での法律よりも政治的便宜主義と関わる問題であるかもしれないことを示すものである。

興味深い比較対象として、これと同じ議論は市民的・政治的権利の分野でもある程度当てはまる。危機の時期に政府が非常権限を行使することの合法性に関わる問題はしばしば裁判適用不可能であるとされてきたが、とくに欧州人権裁判所や米州人権裁判所は、公の緊急事態を宣言することおよび国際法上の義務から逸脱して人権の行使に特別な制限を課すことは裁判適用可能な問題であり、当該国の条約上の義務に照らして検討されなければならないと判示してきた[88]。

社会権規約については、社会権規約委員会の一般的意見9で、法的救済の役割との関連で裁判適用可能性の問題が検討されている。委員会は、「効果的な救済への権利を、常に司法的救済を要するものとして解釈する必要はない」し、「行政的救済で十分な場合も多く」あると考えているものの、同時に次のような見解も示している。

「司法が何らかの役割を果たすことなしに規約上の権利が全面的に実施されない場合には、常に司法的救済が必要になる」[89]

委員会はこの一般的意見で、市民的・政治的権利とは対照的に、経済的・社会的・文化的権利の侵害に関しては司法的救済が本質的に重要ではないと「推定されることがあまりにも多い」ことに遺憾の意を表している。「この不一致は、権

---

[88] さらに詳しくはこのマニュアルの第16章参照。
[89] *United Nations Compilation of General Comments*, p.60, para.9.

利の性質からも関連の規約の規定からも正当化されえないものである」[90]。委員会は、たとえば3条、7条(a)(i)、8条、10条3項、13条2項(a)・3項・4項ならびに15条3項など、「規約の多くの規定は即時的実施が可能であると考えていること」を委員会がすでに明らかにしていることに留意している[91]。委員会が**例示的に**挙げたこれらの規定は、次のような権利を掲げたものである。

- ◎ 権利の享受における男女間の平等に対する権利(3条)
- ◎ 公正な賃金および同一価値の労働に対する同一の報酬に対する権利(7条 (a)(i))
- ◎ 自由に活動できる労働組合を結成する権利／同盟罷業権(8条)
- ◎ 子どもおよび年少者が特別な保護措置および援助措置を差別なく受ける権利(10条3項)
- ◎ すべての者を対象とした無償かつ義務的な初等教育に対する権利(13条2項(a))
- ◎ 父母または法定保護者が、自己の信念にしたがった宗教的および道徳的教育を確保する目的で、子どものために公立学校以外の学校を選択する権利(13条3項)
- ◎ 個人および団体が法的基準にしたがって教育機関を設置しおよび管理する権利(13条4項)
- ◎ 科学研究および創作活動に不可欠な自由(15条3項)

経済的・社会的・文化的権利に掲げられた諸権利の裁判適用可能性の問題について、委員会は次のように付け加えている。

> 「この点、裁判適用可能性(裁判所による解決が適当な事項に関わるもの)と自動執行的な規範(さらに詳しく規定することなく裁判所によって適用されるもの)とを区別することが重要である。各法体系の一般的アプローチは考

---

90 Ibid., p.60, para.10.
91 Ibid., loc. cit.

慮されなければならないが、裁判適用が可能な重要な側面を少なくとも若干は有していると大多数の法体系で見なされえない規約上の権利は、存在しない。資源の配分に関わる問題は、裁判所ではなく政治的機関にまかせるべきであると提案されることがある。さまざまな統治部局がそれぞれ有する権限は尊重されなければならないが、裁判所は一般的に、資源に関して重要な意味合いを持つ相当広範囲の問題にすでに関わっていることを認めるのが適当である。したがって、経済的・社会的・文化的権利を厳密に分類し、その定義からして裁判所の枠外にあるとすることは恣意的であり、二組の人権は不可分でありかつ相互に依存しているという原則と両立しない。そのことは、社会でもっとも傷つきやすく不利な立場に置かれた集団の権利を保護する裁判所の能力を著しく縮小することにもなろう」[92]

規約の規定の自動執行的性格については、委員会は次のように指摘している。「規約は、そこに掲げられた権利が、国際条約の自動執行力を認める法体系においてそのような効力を有すると見なされる可能性を否定していない。実際、規約の起草時、規約は『自動執行力を有しない』旨の具体的規定を含めようとする試みは強く拒絶された」[93]。委員会は続けて次のように述べている。

「ほとんどの国において、ある条約の規定が自動執行力を有するかどうかの判断は行政府または立法府ではなく裁判所の管轄である。その職務を効果的に遂行するため、関連の裁判所は規約の性質および意味合いならびにその実施にあたって司法的救済が果たす重要な役割を承知していなければならない。したがって、たとえば政府が裁判手続に関与する場合には、規約上の義務に実効性を与えるような国内法解釈を促進するべきである。同様に、法曹の養成および訓練においては規約の裁判適用可能性が全面的に考慮に入れられなければならない。とりわけ、規約の規範は自動執行力を有しないと先験的に推定しないようにすることが重要である。事実、その規範の多くは、通

92　Ibid.
93　Ibid., p.61, para.11.

常は裁判所によって自動執行力を有すると見なされている他の人権条約の規定と、少なくとも同じぐらい明確かつ具体的な文言で述べられている」[94]

これまでに述べてきたことに照らし、経済的・社会的・文化的権利が司法判断にふさわしいか否かの問題については次のようにまとめることができよう。

> 経済的・社会的・文化的権利の性質そのものか、社会権規約の文言もしくはその起草過程のいずれを援用しても、これらの権利の裁判適用可能性を否定することはできない。それどころか、これらの権利の多くの側面は司法判断にふさわしいものである。規約の締約国は、経済的・社会的・文化的権利の効果的執行のために必要なときは常に、その侵害の訴えに対する司法的救済を提供しなければならない。このような救済措置は、十分な行政的救済措置とともに用意されなければならない。経済的・社会的・文化的権利を裁判適用不可能な権利として分類することは、これらの権利と市民的・政治的権利の不可分性および相互依存性を否定するに等しい。

7. ケーススタディⅠ：十分な住居に対する権利

7.1 はじめに

以下の節で取り上げるのは、**十分な住居に対する権利**と**健康に対する権利**という2つの権利である。最初に権限のある国際的監視機関がこれらの権利をどのように解釈しているかについて分析し、次にこれらの権利またはそのいくつかの側面の享受について国内裁判所が言渡した判決例を紹介する。

経済的・社会的・文化的権利を執行するうえで国内裁判所が果たす多角的な役割を全面的に解説するのは、本章の範囲を超える課題である。しかし一般的

---

[94] Ibid., loc. cit.

には、多くの国の普通裁判所・行政裁判所とも、病者・高齢者・障害者への援助といったさまざまな形態の社会保障、マイノリティの文化権、十分な住居に対する権利、平等と差別の禁止の問題等に関わるたくさんの問題について判断を行なっている。さらに、結社の自由についての権利や労働組合の団体交渉権、同盟罷業権、職業上の健康被害といった職業上の権利に関わる問題について決定を行なう労働裁判所が存在する場合もある。国内法ではたとえば国際人権法が定めるような食糧に対する権利や十分な住居に対する権利について明示的規定がない場合でも、裁判官が実質的に同一のまたは同様の結果を導き出せるような法的保障が定められていることもあろう。経済的・社会的・文化的権利は、換言すれば、裁判所が行政手続と並んで重要な役割を果たしている分野なのである。

以下で取り上げる権利を選んだのは、比較的たくさん挙げることのできる労働者の諸権利のように司法決定にふさわしい権利としてより受け入れられやすいその他の経済的・社会的権利に比べ、法的にはやや形勢が不利な状況に置かれていることによる。

7.2 社会権規約：11条1項

十分な(相応な)住居に対する権利は、世界人権宣言25条で承認された後、十分な生活水準に対する権利のひとつの要素として社会権規約11条1項に組み込まれた。国際的レベルでは、住居に対する権利はとくに人種差別撤廃条約5条(e)(iii)、女子差別撤廃条約14条2項(h)、児童の権利条約27条3項でも規定されている。地域レベルでは、住居に対する権利を明示的に規定しているのは改正欧州社会憲章(1996年)のみである(31条)。

住居に対する権利は、発展の権利に関する宣言8条1項のような他の無数の文書でも確認されてきた。1996年の国連人間居住会議(ハビタットII)でも、参加した国々の政府が、「国際文書に定められた十分な住居に対する権利の全面的かつ漸進的実現への決意」を再確認することに全会一致で合意している[95]。各国政府は

---

95 See UN doc. A/CONF.165/14, report of the United Nations Conference on Human Settlements (Habitat II), Istanbul, 3-14 June 1996, p.17, para.39.

さらに、「人々が住むところを見つけ、かつ住まいおよび近隣地域を保護しかつ改善させることができるようにする……義務」があることも認め、次の目標に対する決意を表明している。

「すべての人が、健康的で、安全で、安定しており、アクセスしやすくかつ負担可能な、なおかつ基本的なサービス、便益および快適さを有する十分な住居を有するとともに、居住においておよび居住権の法的保障において差別からの自由を享受するよう、公正かつ持続可能な形で生活条件および労働条件を向上させるという目標」[96]

最後に、各国政府は「人権基準と全面的に一致する方法でこの目的を実施および促進する」ことについても合意している[97]。

しかしここで検討の対象とする主要な文書は社会権規約11条1項である。関連する他の条約・宣言の本文は**配布資料3**に掲載されている〔邦訳では省略〕。

＊＊＊＊＊

社会権規約11条1項は次のように定める。

「この規約の締約国は、自己及びその家族のための**相当な〔十分な〕**食糧、衣類及び**住居**を内容とする相当な〔十分な〕生活水準についての並びに生活条件の不断の改善についてのすべての者の権利を認める。締約国は、この権利の実現を確保するために適当な措置をとり、このためには、自由な合意に基づく国際協力が極めて重要であることを認める」（強調引用者、〔　〕内は訳者）

この規定は次のように定める2条1項とあわせて理解されなければならない。

「この規約の各締約国は、立法措置その他のすべての適当な方法によりこの

96　Ibid., loc. cit.
97　Ibid.

規約において認められる権利の完全な実現を漸進的に達成するため、自国における利用可能な手段を最大限に用いることにより、個々に又は国際的な援助及び協力、特に、経済上及び技術上の援助及び協力を通じて、行動をとることを約束する」

このように、11条1項の「相当な〔十分な〕生活水準」に対する権利は多くの要素を備えた権利である。本節では、社会権規約委員会の一般的意見4で取り上げられた十分な住居の問題のみ検討する。この問題は、強制立退きに関する一般的意見7でも取り上げられた。委員会の活動は、十分な住居に関わる問題がほぼすべての国に存在し、人類の相当数に影響を与えていることを示すものである。一般的意見4および7で委員会が指摘するように、十分な住居に対する権利には次のような個人的・実質的適用分野が存在する。

7.2.1 権利の対象となる者

十分な住居に対する権利は「すべての者に適用され」るものであり、また「『家族』の概念は広く理解されなければならない。さらに、個人および家族は、年齢、経済的地位、集団その他への所属もしくは集団その他としての地位またはこれに類する要因に関わらず、十分な住居に対する権利を有する。とくに、この権利の享受は、規約2条2項にしたがい、いかなる形態の差別にも服してはならない」[98]。

7.2.2 権利の相互依存性を含む解釈上のアプローチ

委員会は、十分な住居に対する権利を「狭い意味でまたは制約的な意味で」解釈することを拒絶している。たとえば、頭の上に屋根があるという意味の住まいを提供するだけのことを意味したり、住まいをもっぱら「商品」としてとらえたりするような解釈を指す。この権利は、「むしろ、安全に、平和にかつ尊厳をもってどこかに住む権利ととらえられるべきである」[99]。この解釈は少なくとも次

98　*United Nations Compilation of General Comments*, p.23, para.6.

の2つの要素から構成される。

◎ 「住居への権利は他の人権と、そして規約が前提としている基本的原則と不可欠な形で結びついている」こと
◎ 十分さの概念[100]

第1の要素について、委員会は、十分な住居に対する権利を単独で考えることはできず、その全面的享受のためには、「人間の尊厳の概念ならびに差別の禁止の原則、……表現の自由についての権利、結社の自由(たとえば賃借人団体その他のコミュニティを基盤としたグループ)についての権利、居住の自由についての権利および公的な意思決定に参加する権利」といった他の諸権利の保護も必要であると指摘している。同様に、「プライバシー、家族、住居または通信に対する恣意的または不法な干渉を受けない権利も、十分な住居に対する権利を定義するうえできわめて重要な側面である」[101]。十分さの概念には特有の複雑さがあるため、独立して取り上げる。

7.2.3 十分さの概念

委員会の見解によれば、「住居に対する権利との関わりでは十分さの概念がとくに重要となる。これは、特定の形態の住まいが規約にいう『十分な住居』であると見なされるかどうかを判断するうえで考慮に入れなければならない多くの要素を強調する機能を果たすからである。十分さには社会的、経済的、文化的、気候的、生態学的その他の要素によって決定される部分もあるが、委員会は、それでもなお、いかなる状況でもこの目的のために考慮に入れられなければならない、この権利の一定の側面を特定することは可能であると考える。それには次のものが含まれる」[102]。

99　Ibid., p.23, para.7.
100　Ibid., loc. cit.
101　Ibid., p.25, para.9.
102　Ibid., p.23, para.8.

- ◎ **居住権の法的保障**：これは、「居住権の種別に関わらず、すべての者は、強制立退き、いやがらせその他の脅威に対する法的保護を保障してくれる一定の居住権の保障を認められるべきである」ことを意味する[103]。

- ◎ **サービス、資材、便益および社会基盤の利用可能性**：「十分な住居には、健康、安全、快適さおよび栄養のために必要不可欠な一定の便益が備わっていなければならない。十分な住居に対する権利の利益を得るすべての者は、天然資源および共有資源、安全な飲料水、料理、暖房および照明のためのエネルギー、衛生および洗浄のための設備、食糧の貯蔵、ごみ処理および排水のための手段ならびに緊急時のサービスに持続可能な形でアクセスできるべきである」[104]。

- ◎ **負担可能性**：「住居に関連する個人または世帯の費用は、他の基本的ニーズの達成および充足が脅かされまたは阻害されない水準であるべきである。住居関連の費用の割合が全体として所得水準と釣り合うものとなることを確保するため、締約国による措置がとられなければならない」。さらに、「賃借人は、適当な手段によって不合理な賃貸料水準または賃貸料の値上げから保護されるべきである」[105]。

- ◎ **居住適性**：「十分な住居は、居住者が十分な空間を与えられ、かつ寒さ、湿気、暑さ、雨、風その他の健康への脅威、構造的危険および疾病を媒介するものから保護されるという意味で、居住に適したものでなければならない。占有者の物理的安全も保障されなければならない。委員会は、締約国に対し、〔WHOの〕『住居の健康原則』を包括的に適用するよう奨励する」[106]。

- ◎ **アクセス可能性**：「十分な住居は、それに対する権利を有する者にとってアクセス可能でなければならない。不利な立場に置かれた集団に対しては、十分な住居の資源に対する全面的かつ持続可能なアクセスが与えられなければならない。したがって、高齢者、子ども、身体障害者、終

103　Ibid., p.23, para.8(a).
104　Ibid., p.24, para.8(b).
105　Ibid., p.24, para.8(c).
106　Ibid., p.24, para.8(d).

末期患者、HIV陽性の個人、医学上の慢性的問題を抱えている者、精神病者、天災の被害者、災害に遭いやすい地域に住んでいる人々等の不利な立場に置かれた集団に対しては、住居の分野において一定の優先的配慮が確保されるべきである。住居に関する法律および政策のいずれにおいても、住居に関わるこれらの集団の特別なニーズを全面的に考慮に入れることが求められる」[107]。

◎ **所在地**:「十分な住居は、就労先、保健サービス、学校、保育センターその他の社会施設にアクセスできる場所に位置していなければならない。これは大都市においても農村部においても同様である」。さらに、「住居は、汚染された場所、または健康に対する住民の権利を脅かす汚染源に隣接した場所に建設されてはならない」[108]。

◎ **文化的適切さ**:「住居の建設方法、使用される建築資材およびこれらを支える政策は、文化的アイデンティティおよび住居の多様性を適切な形で表現できるようなものでなければならない。住居の分野における発展または近代化に向けた活動においては、住居の文化的側面が犠牲にされないこと、および、適当な場合にはとくに近代技術の便益も保障されることが確保されるべきである」[109]。

7.2.4 即時的な法的義務

規約の締約国が負っている法的義務の漸進的性質にも関わらず、委員会は、その発展段階に関わらず**即時的効果**をもってとらなければならない多くの措置を定めている[110]。たとえば次のとおりである。

◎ 「締約国は、好ましくない条件下で生活している社会集団にとくに配

---

107 Ibid., p.24, para.8(e). 十分な住居にアクセスする障害者の権利については一般的意見5、パラ33(Ibid., p.35)を参照。
108 Ibid., General Comment No.4, p.24, para.8(f).
109 Ibid., p.25, para.8(g).
110 Ibid., p.25, para.10.

慮することにより、そのような社会集団を正当に優先すべきである。したがって、すでに有利な立場にある社会集団の利益を図る政策および立法を、他の集団を犠牲にして立案すべきではない」[111]。

◎ 「十分な住居に対する権利の完全な実現を達成するもっとも適当な手段は締約国によって相当に異ならざるを得ないであろうが、規約は、各締約国がその目的のためにあらゆる必要な行動をとることをはっきりと求めている。そのためにはほぼ不可避的に**国家的住居戦略**の採択が求められることになろう」。これは、「住宅条件の発展の目的、……これらの目標を達成するために利用可能な資源およびもっとも費用対効果の高いその使用方法、ならびに、……必要な措置の実施の責任および時間的枠組み」を定めるためのものである。このような国家的住居戦略は、「ホームレスの人々、不十分な住居に居住している人々およびその代表を含む、影響を受けるすべての人々との活発かつ真正な協議およびその参加を反映したものであるべきである」[112]。

◎ **効果的監視**：「住居に関わる状況を効果的に監視することは、即時的効果を有するもうひとつの義務である。締約国が11条1項の義務を充足するためには、とくに、その管轄内におけるホームレスおよび不十分な住居の発生規模を完全に確認するために、単独でまたは国際協力にもとづいて必要なすべての措置をとったことを実証しなければならない」[113]。

7.2.5 国内救済措置

国内的な法的救済措置の問題について、「委員会は、十分な住居に対する権利を構成する要素の多くは〔そのような〕救済措置の提供に少なくともなじむものであると考え」ている。これには次のようなものが含まれよう。

111　Ibid., p.25, para.11.
112　Ibid., pp.25-26, para.12. 強調引用者。
113　Ibid., p.26, para.13.

- ◎ 「計画されている立退きまたは取り壊しを裁判所による差止め命令によって防止するための法的異議申立て」
- ◎ 「不法な立退き後に賠償を求めるための法的手続」
- ◎ 「賃貸料の水準、住宅の維持管理および人種的その他の形態の差別との関連で地権者(公的機関か私人かは問わない)が実行または支持する不法行為に対する苦情申立て」
- ◎ 「住居へのアクセスの配分および利用可能性におけるいずれかの形態の差別の訴え」
- ◎ 「不健康なまたは不十分な居住条件に関わる地権者への苦情申立て」[114]

十分な住居に対する権利は、十分な生活水準に対する権利の不可欠な要素である。この権利は、他の経済的・社会的・文化的権利のみならず市民的・政治的権利にも照らして解釈されなければならない。**十分さの原則**は次のことを意味する。

- 居住権が法的に保障されていなければならない。
- 基本的なサービス、資材、便益および社会基盤が利用できなければならない。
- 住居は、負担可能であり、居住適性を備え、アクセス可能であり、かつ就労その他の便益の近くに位置していなければならない。
- 住居は、占有者の健康を脅かすような形で建設されてはならない。
- 住居は文化的に適切なものでなければならない。

社会権規約は、締約国に対し、とくに次のような即時的義務を課している。

- 好ましくない条件下で生活している社会集団にとくに配慮しなければならない。
- 必要とされる措置の目的、資源、責任および時間的枠組みを定めるための国家的住居計画をほぼ不可避的に策定しなければならない。
- 住居の状況を効果的に監視しなければならない。

---

114 Ibid., pp.26-27, para.17.

> 締約国はまた、とくに立退きおよび家屋の取り壊し、差別、地権者による不法行為ならびに不健康かつ不十分な居住条件に対して**国内的な法的救済措置**も提供しなければならない。

7.2.6 強制立退き

　委員会は、一般的意見4で、「強制立退きはとりあえず規約の要件と両立しないと推定されるのであり、もっとも例外的な状況において、かつ関連する国際法の原則にしたがう場合にのみ正当化され得る」と述べている[115]。一般的意見7で、委員会は「強制立退き」を次のように定義している。

> 「適切な形態の法的その他の保護が提供され、またはそれにアクセスできることなく、個人、家族および(または)コミュニティがその意思に反してその占有している家屋および(または)土地から恒久的にまたは一時的に排除されること……。しかし、強制立退きの禁止は、法律にしたがい、かつ国際人権規約の規定にしたがって実力で行なわれる立退きには適用されない」[116]

　委員会は、このような強制立退きは社会権規約に掲げられた諸権利を「明白に侵害する」一方で、すべての人権の相互関係および相互依存性により、「生命に対する権利、人身の安全に対する権利、プライバシー、家族および住居に干渉されない権利および財産の平和的享有といった市民的・政治的権利の侵害をもたらす」可能性もあると指摘している[117]。**換言すれば、強制立退きのさいには、締約国は社会権規約の要件だけではなく自由権規約の関連する規定も遵守しなければならないということである。**
　社会権規約11条1項で保障されている十分な住居に対する権利および強制立退きの対象とされない権利に**制限**を課す必要がある状況においては、「規約4条の全面

115　Ibid., p.27, para.18.
116　Ibid., pp.49-50, para.3.
117　Ibid., p.50, para.4.

的遵守が要求される」。したがって、保障されているこれらの権利については、「その権利の性質と両立しており、かつ、民主的社会における一般的福祉を増進することを目的とする限度において法律で定める制限のみ」課すことができる[118]。

したがって、本質的に、強制立退きに関わる締約国の義務は、規約11条1項を「他の関連する規定とあわせて理解した」場合の解釈にもとづくことになる。これらの義務にはとくに次のものが含まれる。

◎ 「国自体が強制立退きを行なわず、かつ強制立退きを実行する国の機関または第三者に対して法律が執行されることを確保しなければならない」[119]。

◎ 2条1項にいう「すべての適当な方法」の文言をこの文脈に照らして解釈した委員会は、「強制立退きを禁止する立法が効果的な保護のシステムを構築する非常に重要な基盤であることは明らかである」と述べている。「そのような立法は、(a)家屋および土地の占有者に対して最大限可能な範囲で居住権を保障し、(b)規約に一致し、かつ(c)立退きを実行することのできる条件を厳格に統制することを目的とした措置を含むものであるべきである。その立法は、国の権限のもとに行動するまたは国に対して責任を負うすべての者に適用されなければならない。さらに、……締約国は、私人または私的機関により適切な保護措置なしに実行される強制立退きを防止し、かつ適切な場合には処罰するための立法その他の措置が十分であることを確保しなければならない」[120]。

◎ 締約国は、規約2条2項および3条の規定を遵守しなければならない。これは、「強制立退きが実行されるときには、**いかなる差別も行なわれないこと**を確保するために適切な措置がとられることを確保する」追加的な義務を締約国に課したものである。この点について委員会は、「女性、子ども、若者、高齢者、先住民、民族的その他のマイノリティな

---

118 Ibid., p.50, para.5.
119 Ibid., p.50, para.8.
120 Ibid., p.51, para.9.

らびに被害を受けやすい立場に置かれたその他の個人および集団はいずれも、強制立退きの実施により不相応な被害を受けている」ことに留意している[121]。

◎ 「いかなる合理的な理由もなく賃貸料を一貫して支払わなかったり賃貸物件に損傷を与えたりする場合など、立退きが正当化されることもあるが」、権限ある機関は「立退きが規約と両立する法律で認められたやり方で実行されること、および、影響を受ける者があらゆる法的請求権および救済措置を利用できることを確保」しなければならない[122]。

◎ 「懲罰的手段としての強制立退きおよび家屋の取り壊しは……規約の規範と両立しない」[123]。

◎ 「締約国は、いかなる立退きが実行される前にも、また大規模な集団が関わる立退きの場合にはとくに、実力を行使する必要性を避けるまたは少なくとも最小限に留めることを目的として、影響を受ける者と協議しながらあらゆる可能な代替案が模索されることを確保しなければならない」。「立退き命令の影響を受ける者に対しては、法的救済または手続」に加え、「動産か不動産かを問わず、影響を受けるいかなる財産に対しても十分な補償を得る権利」が提供されるべきである。「この点との関連で、自由権規約2条3項を想起することは当を得ている。これは、締約国に対し、権利を侵害された者に対する『効果的な救済措置』および救済措置が与えられる場合に権限のある機関がそれを執行する義務を確保するよう求めたものである」[124]。

◎ 「立退きが正当であると考えられるときは、それは国際人権法の関連の規定を厳格に遵守して、かつ**合理性および比例性の一般的原則**にしたがって実行されるべきである」。この点について、社会権規約委員会は、自由権規約委員会の一般的意見16の内容を援用することが「とくに当を得ている」と考えた。自由権規約委員会によれば、「いずれかの者の住

---

[121] Ibid., p.51, para.10. 強調引用者。
[122] Ibid., p.51, para.11.
[123] Ibid., p.51, para.12.
[124] Ibid., pp.51-52, para.13.

居に対する干渉は『法律で定める場合』にのみ行なうことができ」るのであり、その法律は「規約の規定、目的および趣旨にしたがっており、かついずれにしても特定の状況下において合理的なものであるべきである」とされる。自由権規約委員会はまた、関連の法律は「このような干渉が認められる正確な状況を詳細に定め」ていなければならないとも指摘している[125]。

◎ 「立退きは、個人がホームレスになったり他の人権侵害に対して無防備になったりする結果をもたらすべきではない。影響を受ける者に自力更生が不可能な場合、締約国は、十分な代替住居、再定住先または場合によっては生産力のある土地が入手できることを確保するため、利用可能な手段を最大限に用いてあらゆる適切な措置をとらなければならない」[126]。

◎ 「適切な手続上の保護および適正手続はあらゆる人権の非常に重要な側面であるが、強制立退きのように、両国際人権規約で認められた多くの権利が直接援用される問題にとってはとくに関連が深くなる。委員会は、強制立退きに関わって適用されるべき手続上の保護には次のものが含まれるべきであると考えるものである。

(a) 影響を受ける者との真正な協議の機会

(b) 予定されている立退き日の前に、影響を受けるすべての者に対して十分かつ合理的な通告を行なうこと

(c) 立退きの提案に関する情報、および当てはまる場合にはその土地または住居がどのような用途で用いられるかに関する情報を、影響を受けるすべての者が合理的な期間内に入手できるようにすること

(d) 集団が関わっている場合にはとくに、政府職員またはその代表が立退きに立ち会うこと

(e) 立退きを実行するすべての者の身元が適切な形で明らかにされること

(f) 影響を受ける者の合意がないかぎり、とくに悪天候の場合や夜に立退きが行なわれないようにすること

---

125 Ibid., p.52, para.14. 強調引用者。
126 Ibid., p.52, para.16.

(g) 法的救済の提供

(h) 可能な場合、裁判所に対して救済を求めるために法律扶助が必要な者に対してそれを提供すること」[127]

> 強制立退きは、社会権規約のみならず自由権規約にも両立しないものとしてとりあえず推定される。国内法においては、私人が実行する立退きも含む強制立退きに対する効果的保護が提供されるべきである。法律は、とくに次の保障を提供することが求められる。立退きが実行されるときには常に国際人権法が遵守され、かついかなる形態の差別も行なわれてはならないこと。懲罰的措置としての強制立退きおよび家屋の取り壊しは禁じられること。立退きは、影響を受ける者に対して適正な通告が行なわれ、かつその者との適正な協議の後に初めて実行されなければならないこと。十分な国内的な法的救済措置および立退きの影響を受けるすべての財産に対する補償も提供されなければならないこと。立退きによって人々がホームレスになる結果がもたらされてはならないこと。

7.3 関連する欧州人権裁判所の判例：セルチュークおよびアスケル事件

　十分な住居に対する権利そのものは欧州人権条約では保障されていないものの、私生活・家族生活ならびに住居を尊重される権利と自己の財産を平和的に享有する権利はそれぞれ条約8条および条約の第1議定書1条で保障されている。さらに、条約3条は何人も「拷問または非人道的なもしくは品位を傷つける取扱いもしくは処罰を受けない」と規定している。

　セルチュークおよびアスケル対トルコ事件で、欧州人権裁判所は、申立人らの財産がトルコ治安部隊に破壊されたという訴えを扱わなければならなかった。セルチューク夫人は5人の子を持つ寡婦であり、アスケル氏は既婚者で7人の子がいた。いずれもイスラムコイ村に住んでいるクルド系トルコ市民である。事実関係

127　Ibid., p.52, para.15.

は「合理的な疑いを超えて」次のとおりに証明されていた[128]。

　1993年6月16日の朝、憲兵隊の大部隊がイスラムコイ村に到着した。その多くはコメルト部隊長の「明らかな指揮」のもとにアスケル氏の家に向かって火をつけ、家屋と中にあった物をほとんど焼失させた。何事かと見に来た村人たちは消火作業を許されなかった。アスケル夫妻は財産を持ち出そうとして家の中に駆け込んだが、これは憲兵隊が家屋に石油をかけて火をつけようとしていたまさにそのときか、その直前の出来事である。コメルト部隊長を含む憲兵隊の多くは次にセルチューク夫人の家に向かい、夫人の抗議にも関わらず、「コメルト部隊長自身が、またはその命令によって」家屋に石油をかけて火をつけた。村人たちはこのときも消火作業を許されず、セルチューク夫人の家と中にあった物は完全に焼失した。およそ10日後、憲兵隊の部隊はイスラムコイ村にふたたびやって来て、セルチューク夫人等が所有していた製粉所に火をつけて焼失させた。このとき、コメルト部隊長が憲兵隊とともに製粉所にいるところが目撃されている。

　欧州人権裁判所はまず欧州人権条約3条にもとづいて事実関係を審査し、同条は「民主的社会の基本的価値のひとつを体現したものである」こと、「組織的なテロリズムや犯罪といったもっとも困難な状況下でさえ、条約は拷問または非人道的もしくは品位を傷つける取扱いもしくは処罰を絶対的に禁じている」ことを強調した[129]。欧州人権裁判所は、本件で申立人らが受けた取扱いはきわめて深刻なものであり、3条違反に相当すると認定した。欧州人権裁判所はとくに次の事実に言及している。

> 「〔申立人らの家屋およびその財産のほとんどが〕治安部隊に破壊されたことにより、申立人らは生計手段を奪われ、村から離れることを余儀なくされた。この行為はあらかじめ計画され、軽蔑的に、かつ申立人らの感情への尊敬の念なく実行されたと思われる。申立人らは不意打ちをかけられ、家屋が燃え

128　立証された事実関係の要旨は*Eur. Court HR, Case of Selcuk and Asker v. Turkey, judgment of 24 April 1998, Reports 1998-II*, p.900, paras.27-30参照。pp.904-905, paras.50-57も参照。
129　Ibid., p.909, para.75.

ていくのをなすすべもなく見ているしかなかった。アスケル夫妻の安全を確保するための予防措置は不十分であり、セルチューク夫人の抗議は無視され、その後も申立人らには何の援助も提供されなかった」[130]

「とくに申立人らの家屋が破壊された方法、……および申立人らの個人的状況を考慮すれば、申立人らが受けたに相違ない苦痛は、治安部隊の行為を3条にいう**非人道的な取扱い**と認定するに十分なほど深刻であったことは明らかである」[131]

さらに、「たとえ当該行為が申立人らを処罰する意図で実行されたものではなく、その家屋がテロリストによって使われるのを防止するためまたは他の者への牽制として実行されたものであったとしても、**このような不当な取扱いが正当化されることにはならない**」[132]。

欧州人権裁判所は条約8条および第1議定書1条の違反も認定している。欧州人権裁判所はここで、「治安部隊が申立人らの家屋および家庭内の財産ならびにセルチューク夫人が一部所有していた製粉所を意図的に破壊し、申立人らがイスラムコイを離れることを余儀なくした……ことは立証されている」ことを想起した。「これらの行為が、3条違反に加えて、私生活・家族生活および住居を尊重されかつ自己の財産を平和的に享有する申立人らの権利に対する、とりわけ重大かつ不当な干渉であることには疑いを容れる余地がない」[133]。

欧州人権裁判所は、トルコ政府が欧州人権条約13条にも違反したと認定した。政府は同条が求める「徹底的かつ効果的な調査」を実行せず、申立人らは、13条で求められているように自己の権利の侵害について効果的な国内救済措置を利用できなかったためである[134]。

セルチュークおよびアスケル事件は、住居を尊重される権利に対する干渉行為が裁判の対象となりうることのみならず、権利が基本的に相互依存的であること

---

130 Ibid., p.910, para.77.
131 Ibid., p.910, para.78. 強調引用者。
132 Ibid., p.910, para.79. 強調引用者。
133 Ibid., p.911, paras.86-87.
134 Ibid., pp.913-914, paras.96-98.

999

や、住居および所有物の破壊が当事者に広範かつ破壊的な影響を及ぼしうることを示す、優れた実例である。南アフリカの判例のなかから選んだ次の事件でも、このような結論を確認することができる。

7.4 関連する国内裁判所の判例：南アフリカの例

強制立退きの問題は、グルートブームほか事件で南アフリカ憲法裁判所によって検討されている。これは、「非公式な住居から立ち退かされたことによって住む場所を失った」とする510名の子どもおよび390名の大人を代表してグルートブーム夫人が提訴した事件である[135]。本件で行なわれた分析は経済的・社会的・文化的権利の司法的保護の問題と大きく関わっているので、詳細な検討の対象とする価値がある。

事件の事実関係を簡単にまとめれば次のとおりである[136]。グルートブーム夫人およびその他のほとんどの原告は、ウォーラスディーンと呼ばれる非公式な不法占拠者居住区に住んでいた。バラックには水道も下水もごみ収集サービスもなく、電気が通っているのは5％のみだった。補助金付の低価格住宅を手に入れることができなかったので、原告らはある日ウォーラスディーンを離れ、低価格住宅建設予定地として指定されていた私有の空き地にバラックや家を建てた。原告らはそこを「ニュー・ラスト」(新しいさび)と呼んだ。土地の所有者は**立退き命令**の発布を受け、原告らの家はブルドーザーで押しつぶされたり焼却されたりし、財産も破壊された。原告らはウォーラスディーン・スポーツ場に新しく出来合いの家を建てたが、その後すぐに冬の雨が降り始めると「原告らが建てたビニールシートの家ではほとんど雨風をしのげなかった」。グルートブーム夫人をはじめとする原告らは援助を得ることができなかったので、南アフリカ憲法26条を根拠として、「恒久的居住先が見つかるまでの間、原告らおよびその子どもたちに十分かつ基本的な一時的シェルターまたは住居」の提供を公的機関に命ずるよう申立てたものである[137]。

---

[135] *The Government of South Africa v. Irene Grootboom and Others, Case CCT 11/00, judgment of 4 October 2000*, para.4.
[136] Ibid., paras.7-11.

ヤクーブ判事が起案し、他の判事も全員賛同した判決には、南アフリカ憲法における十分な住居にアクセスする権利についての法的分析が豊かな形で掲げられている。しかしここに示すことができるのは判決の主なポイントだけであり、それも南アフリカ憲法26条が関わる範囲に留まらざるを得ない。南アフリカ憲法26条は次のように定める。

「1. すべての者は、十分な住居にアクセスする権利を有する。
2. 国は、その利用可能な資源の範囲内で、この権利の漸進的実現を達成するために合理的な立法上その他の措置をとらなければならない。
3. 何人も、関連するすべての状況を考慮した後に裁判所が言渡す命令がなければ、住居からの立退きまたは住居の取り壊しの対象とされない。いかなる法律も恣意的な立退きを認めてはならない」

　裁判適用可能性の問題：南アフリカにおいて社会経済的権利がそもそも裁判適用可能であるか否かという問題について、裁判所は、この問題は「『認定』判決における憲法解釈により疑いの余地がなくなった」とはっきり述べている。社会経済的権利は裁判適用可能な権利ではなく、新憲法に掲げられるべきではなかったという同事件における主張に応えて、裁判所は次のように判示していた。

「これらの権利は、少なくともある程度は裁判適用可能である。前述したように……〔同事件において最高裁判所による認定が求められた憲法条文〕に掲げられた市民的および政治的権利の多くは予算面で同様の含みを生じさせるものの、それによってその裁判適用可能性が損なわれることはない。社会経済的権利がほぼ不可避的にそのような含みを生じさせるからといって、その裁判適用可能性が否定されるとは思われない。最低限、社会経済的権利は不適切な侵害からの消極的保護の対象となりうる」[138]

137　Ibid., para.13. 本章では、南アフリカ憲法28条1項(c)にもとづく子どもの居住権に関わる主張は扱わない。
138　Ibid., para.20.

したがって、問題は南アフリカ憲法において社会経済的権利が裁判適用可能であるか否かではなく、「ある事件でこれらの権利をどのように執行するか」ということである[139]。

　諸権利の相互依存性：26条が国に課した義務を解釈するにあたり、裁判所は、憲法が市民的・政治的権利と社会的・経済的権利の両方を掲げていること、これらの権利はいずれも「相互関連性を有し、かつ相互に支え合う」ものであることを指摘している。裁判所の見解によれば、「人間の尊厳、自由および平等というわれわれの社会の基本的価値が、食糧、衣服または住居を持たない者に対して否定されていることには疑いの余地がない。したがって、すべての人々に社会経済的権利を認めることによって、人々は〔憲法〕第2章に掲げられたその他の権利を享受できるようになる。これらの権利を実現することは、人種およびジェンダーの平等を前進させ、かつ、男女が平等にその全面的可能性を発揮できる社会を発展させることの鍵でもある」[140]。

　裁判所はこれに付け加えて、「十分な住居にアクセスする権利を単独でとらえることはできない。この権利と他の社会経済的権利との間には緊密な関係があり、憲法全体を背景として、それらの諸権利をすべてあわせて理解しなければならない」と述べる。裁判所の言葉によれば次のとおりである。

「国には、貧困、ホームレスまたは受忍限度を超えた住居という極端な条件下で暮らしている者のニーズを満たすために**積極的**措置をとる義務がある。社会経済的権利を解釈し、かつとくに国が社会経済的権利に関わるその義務を満たしているかを判断するにあたっては、その相互関連性が考慮に入れられなければならない」[141]

　国際法が南アフリカ憲法に及ぼす影響について：南アフリカ憲法は、39条1項(b)で、「権利章典を解釈するさい、裁判所、審判所または法廷は……国際法を考

139　Ibid., loc. cit.
140　Ibid., para.23.
141　Ibid., para.24. 強調引用者.

慮しなければならない」と定めている。裁判所によれば、「関連の国際法は解釈指針となり得るが、国際法の特定の原則または規則を重視すべき度合いは状況によって異なる。しかし、国際法の関連する原則が南アフリカを拘束しているときは、それは直接適用が可能である」[142]。

南アフリカ憲法26条の解釈にさいして社会権規約11条1項および2条1項がどの程度指針になるかを検討するにあたり、裁判所は、住居に関するかぎりこれらの文書の間には2つの重要な違いがあることに留意している。**第1に**、「規約は***十分な住居に対する権利***を定めているのに対し、26条は十分な住居に***アクセスする権利***を定めている」。**第2に**、「規約は締約国に***適当な***措置をとるよう義務づけており、それには立法を含まなければならないのに対し、憲法は南アフリカ国に***合理的な***立法上その他の措置をとるよう義務づけている」[143]。

社会権規約の締約国が、社会権規約委員会が留意したように、それぞれの権利がどんなに少なくとも最低限必要な水準で充足されることを確保する**最低限の中核的義務**を保障する義務を負っているという主張も、裁判所に対して行なわれた。裁判所はこれに応えて、「『十分な住居にアクセスする権利』の文脈において何が最低限の中核にあたるかという決定は困難な問題を提起する」と述べている。裁判所は、本件については、「そもそもある権利の最低限の中核的内容を裁判所が決定することがふさわしい」か否かについてさえ判断する必要を認めなかった[144]。ただし裁判所は、最低限の中核が正確に何を意味するのか、委員会が具体的に明らかにしていないことには留意している[145]。

十分な住居にアクセスする国内法上の権利について：すべての者は十分な住居に**アクセス**する権利があるという南アフリカ憲法上の要件について、裁判所は、次のすべての条件が満たされなければならないと判示している。

◎　「**土地**がなければならない」
◎　「**サービス**がなければならない」

142　Ibid., para.26. 脚注省略。
143　Ibid., para.28.
144　Ibid., para.33.
145　Ibid., para.30.

- ◎ 「**住まい**がなければならない」
- ◎ 「したがって、居住を目的とする土地へのアクセスは26条にいう十分な住居にアクセスする権利に含まれている」[146]

すなわち、「国は、社会のあらゆる経済的水準にある人々が十分な住居にアクセスするための条件を整えなければならない」[147]。この義務はそれぞれの場所または関係する者が置かれた特定の状況および文脈に依存するが、「貧困層はとりわけ弱い立場に置かれており、そのニーズに対しては特別の注意が必要とされる」[148]。

憲法上の国の積極的義務について：南アフリカ26条2項にもとづいて国に課された積極的義務により、「国は、その義務を履行するための包括的かつ実行可能な計画を策定しなければならない」。ただし、この義務は「絶対的かつ無条件のものでは」なく、「鍵となる3つの要素」によって定義されるものである。

- ◎ 「**合理的な**立法上その他の措置をとる」義務
- ◎ 権利の「**漸進的**実現を達成する」義務
- ◎ 「**利用可能な**資源の範囲内で」行動する義務[149]

国が「**合理的な立法上その他の措置**」をとらなければならないという要件について、裁判所は、「合理的な計画は……異なる政府部局に対する責任および課題の分担を明確にし、かつ適切な財源および人的資源が利用可能とされることを確保するものでなければならない」と判示している[150]。さらに、それは「包括的な」計画でなければならず、「十分な住居にアクセスする権利を国の利用可能な手段の範囲内で漸進的に実現することに向けた、首尾一貫した公的住宅計画を定める措置がとられなければならない」。「とられるべき措置の概要および内

---

146 Ibid., para.35. 強調引用者。
147 Ibid., loc. cit.
148 Ibid., paras.35-37; quote from para.36.
149 Ibid., para.38. 強調引用者。
150 Ibid., para.39. 強調引用者。

容は、第一義的には立法府および行政府が定めるべき問題である。しかし、とられる措置が合理的なものであることは確保されなければならない」[151]。もっとも、「国がその義務を履行するためにとりうる措置が広範囲に及ぶことは認める必要が」ある。「これらの措置の多くは合理性の要件を満たすことになろう」[152]。他方、裁判所がさらに判示するように、「単なる立法だけでは十分ではない。国には意図した成果を達成するために行動する義務があり、〔したがって〕立法上の措置を行政府が実施する適切かつ方向性の明確な政策および計画によって裏づけることは不可避である。これらの政策および計画は、その構想および実施の両面において合理的でなければならない。……他の面では合理的な計画も、合理的実施がともなわなければ国の義務が履行されたことにはならない」[153]。

　それでは、ここでいう「合理的な」とは何を意味するのか。裁判所は次のような見解をとっている。

「43. 一連の措置が合理的か否かを判断するにあたっては、住宅問題をその社会的、経済的および歴史的文脈に照らして検討すること、および、計画の実施を担当する機関の能力を考慮することが必要になろう。**計画は均衡のとれた柔軟なものでなければならず、かつ、住宅危機ならびに短期的、中期的および長期的ニーズに適切な形で注意を向けられるようになっていなければならない**。社会の重要な構成部門を排除する計画を合理的ということは不可能である。諸条件は不変ではなく、したがって計画は継続的に見直さなければならない。

44. **合理性はまた、権利章典全体の文脈も踏まえて理解されなければならない。**十分な住居にアクセスする権利が掲げられているのは、われわれが人間を大事にし、その基本的な人間のニーズが満たされるようにしたいと願っているからである。社会は、それが人間の尊厳、自由および平等にもとづくものになろうとするのであれば、生きるために必要な基本的手段がすべての者に対

151　Ibid., paras.40-41.
152　Ibid., para.41.
153　Ibid., para.42.

して提供されることを確保しなければならない。当該措置が合理的であるためには、それが実現しようとする権利がどの程度およびどのような規模で否定されているかを度外視してはならない。もっとも緊急のニーズを抱えており、したがってすべての権利を享受する能力が危機にさらされている人々が、権利の実現を目的とした措置において無視されることがあってはならない。合理性の基準を満たすためには、当該措置によって権利の実現状況が統計的に前進し得ることを示すだけでは十分ではなかろう。さらに、憲法はすべての者が配慮および関心をもって扱われなければならないと定めている。当該措置が、たとえ統計的には成功であっても、もっとも困窮している人々のニーズに対応しないのであれば、当該措置は基準を満たすことができない可能性がある」[154]

十分な住居にアクセスする権利の漸進的実現を達成する義務について、裁判所は、「『漸進的実現』の文言は、この権利を即時的に実現することはできないと考えられていたことを示している。しかし憲法が目指しているのは社会のすべての者の基本的ニーズが効果的に満たされることであり、漸進的実現の要件は、国はこの目標を達成するための措置をとらなければならないことを意味する」と判示している。これは、とくに次のことを意味するものである。

「アクセス可能性が漸進的に促進されるべきである……。法律上、行政上、運用上および財政上のハードルを検討し、可能であれば時間の経過とともに低くすることが求められる。住居は、時間が経過するにつれて、より多くの人々に対してのみならずより幅広い範囲の人々に対していっそうアクセス可能とされなければならない」[155]

南アフリカ憲法26条2項にいう「漸進的実現」の文言はとくに社会権規約2条1項からとられたものであり、裁判所はこの文言に関わる説示の裏づけとして、

---

154 Ibid., paras.43-44. 強調引用者。
155 Ibid., para.45.

社会権規約委員会が「住居との関連でこの要件に関する有益な分析を示している」一般的意見3のパラ9を参照している[156]。一般的意見は規約にもとづく締約国の義務を説明するためのものではあるが、南アフリカ憲法「にいう『漸進的実現』の意味を推し量るうえでも有益」であるとされる。裁判所によれば次のとおりである。

> 「この表現に付与された意味はわが国の憲法でこの表現が用いられている条文とも調和するものであり、この表現が、憲法において、その源泉であることがこれほど明らかな文書における場合と同じ意味を有していると認めない理由はない」[157]

しかし裁判所はなお、「必須の措置をとる義務について規定する第3の側面」、すなわち「**この義務は、国に対し、その利用可能な資源によってできる以上のことをするよう求めるものではない**」ということの意味を説明する必要があった[158]。裁判所の見解によれば、「このことは、達成速度との関連における義務の内容および成果を達成するためにとられる措置の合理性が、いずれも資源の利用可能性によって規律されることを意味している」。換言すれば、「目標と手段の間には均衡がある」ということである。「目標を迅速かつ効果的に達成できるよう計算された措置がとられなければならないが、資源の利用可能性は、何が合理的かを判断するにあたって重要な要素のひとつとなる」[159]。

国の住宅法に対する憲法上の要件の適用について：裁判所は次に、住居に関わる各政府部局の責任および職務を定めた枠組みを提供する、国の住宅法について分析している。裁判所の結論によれば、「国、州および地方の政府の職務とあわせて一般的原則を解釈すれば、ここに定められた住宅開発の概念が同法の中核であることがわかる。ここに定められた住宅開発とは、安定した居住権および内外のプライバシーが確保された恒久的な居住施設を市民および永住者に提供するこ

---

156 Ibid. 委員会の一般的意見3のこの側面については5.1.3で取り上げた。
157 See the *Grootboom judgment*, para.45.
158 Ibid., para.46. 強調引用者。
159 Ibid., loc. cit.

と、および、天候からの十分な保護を提供することを目指すものである」[160]。しかし住宅法は、「同法にいう住宅開発の定義に満たない住宅の提供」まで予定するものではない。換言すれば次のとおりである。

> 「土地にアクセスできない人々、雨をしのぐ屋根さえない人々、受忍限度を超えた環境に暮らしている人々、および、洪水や火災といった天災のためにまたは住居が取り壊されそうになっているために危機的状況にある人々が**一時的救援**にアクセスできることを促進する旨の〔明示的規定はない〕。彼らは困窮している人々である。救援措置は、同法にいう住宅開発の定義に包含されている恒久性、居住適性および安定性の必要水準を満たした住宅とまでは言えないものの、このような人々の当座のニーズを満たすことができる」[161]

裁判所は、住宅計画の実行を「重要な成果」と評しながらも、とられた措置が「憲法26条にいう合理的な」ものであったかという問題に答えなければならなかった[162]。そのさい、裁判所はとくに、責任および職務の分担については「首尾一貫した包括的な対応」が行なわれたこと、計画は「行き当たりばったり」ではなく「急迫する社会の必要に体系的に対応」するものであること、および、一部地域では実施の問題が存在するものの、証拠からは国が「これらの困難と積極的に闘おうとしている」のがうかがえることを、認定している[163]。

それでも、**全国的な住宅計画が「われわれの社会で困窮している人々に対応し、かつ当座のおよび短期的な要求に適切な形で応じることを許すほど柔軟な」ものであったかどうか**の判断は残された。この判断は、「切迫して」おり、「絶望的」であり、かつ「過酷な失業および貧困によってさらに悪化していた」ケープメトロの「住宅問題の規模を踏まえて」行なわれなければならない[164]。グルートブーム事件が提起されたときには存在しなかった新たなケープメトロ土地計画

160　Ibid., para.51.
161　Ibid., para.52. 強調引用者。
162　Ibid., paras.53-54.
163　Ibid., para.54.
164　Ibid., paras.56, 58-59. 強調引用者。

を除き、「ケープメトロで適用された全国的な住宅計画において困窮している人々のための対応が行なわれていなかった」ということには「争いがない」[165]。したがって同計画は、「国は困窮している人々に救援措置を提供しなければならないことを認識していなかったかぎりにおいて、国の政府に課された義務」も満たしていなかったことになる。裁判所が述べるように、このような人々が「中長期的目標に焦点を当てた全般的計画の利益のために無視されてはならない。国の住宅予算の合理的割合をこれに向けることは必要不可欠であるが、正確な配分額を最初に決定するのは国の政府の役割である」[166]。

　本件原告に対する被告の行為については、裁判所は、「あらゆる段階の政府は、住宅計画が憲法のあらゆる規定に照らして合理的かつ適切に実施されることを確保しなければならない。……あらゆる行政段階でとられるあらゆる措置は、十分な住居を提供するために合理的措置をとる憲法上の義務に一致するものでなければならない」と強調している[167]。しかし、憲法26条は「いずれかの行政段階における国の行為が合理的かつ憲法に一致するものであったか否かの判断に関わる唯一の規定ではない」。

> 「83. ……諸権利が相互に関連しており、かついずれも等しく重要であるという命題は、理論上の仮説に留まるものではない。この概念は、人間の尊厳、平等および自由を基礎とする社会においてきわめて大きな人間的および実際的重要性を有している。国の行為の合理性を評価するにあたり、人間の固有の尊厳を考慮することは基本である。住居に関わる国の行為の合理性が、人間の尊厳という憲法上の基本的価値を顧慮せずに判断されるのであれば、憲法の価値はそこに書かれていることよりも無限に小さくなってしまうであろう。権利章典全体の文脈に照らして26条を読めば、原告らにはあらゆる状況において、かつ人間の尊厳を特段に顧慮されながら、国による合理的な行為の対象とされる権利があるという意味が導き出されなければならない。端的

165　Ibid., para.63.
166　Ibid., para.66.
167　Ibid., para.82.

に言えば、当職は、人間は人間として取り扱われなければならないということを強調するものである。このことを背景として、原告らに対する被告の行動は理解されなければならない」[168]

　国の立法府もこのことは認識しているものの、「原告らに関わる国の作為(または不作為)が憲法上の基準を満たしていたか否か」を考慮する必要がある[169]。裁判所の指摘によれば、「しかし、ニュー・ラストに移るまでの原告らの状況が絶望的と言う以外のなにものでもなかったことはまったく念頭に置かれていなかった。空き地の占有が行なわれたときに自治体がどのような対応をとるかという計画も、書類には含まれていない」[170]。さらに、原告らがニュー・ラストへの移動を始め、「定住人口が雨後のたけのこのように増えていった」ときにも、本来あるべき姿とは逆に、自治体は何の対応もとらなかった[171]。立退きそのものについて言えば、それは自治体が資金を提供し、効果的な調停が行なわれたいかなる証拠もなく実行されたものである。「国には、最低限、立退きが人道的に執行されることを確保する義務が存する。しかし本件立退きは過去を想起させるようなものであり、憲法の価値に一致しないものであった。原告らは予定よりも1日早く立退かされ、さらに悪いことに、その財産および建築資材は撤去されただけではなく破壊および焼却された」[172]。憲法26条1項は、「国に対し、少なくとも住居に関わる消極的義務を課すものである。本件立退きの実行方法はこの義務に違反するものであった」[173]。

　裁判所は、本件を要約して、それは「国中で悲惨な条件下で暮らしている数十万人の人々の絶望」を示すものであると述べている。「憲法は、国に対し、このような条件を緩和するために積極的に行動する義務を課している。その義務とは、住居、保健ケア、十分な食糧および水、ならびに自分自身およびその被

168　Ibid., para.83.
169　Ibid., paras.84-85.
170　Ibid., para.86.
171　Ibid., para.87.
172　Ibid., para.88.
173　Ibid.

扶養者を扶養することができない人々に対する社会保障へのアクセスを提供することである。国はまた、市民が公正な形で土地にアクセスできるようにするための条件も整えていかなければならない。窮乏している人々は、そのような対応がとられるよう要求する反射的権利を有する」[174]。同国を覆っている条件下で「国がこれらの義務を満たすことがきわめて困難な課題である」ことは裁判所も承知しているものの、この側面については憲法も認めており、「利用可能な資源を超えた対応をとる義務またはこれらの権利を即時的に実現する義務が国にないことは、〔憲法が〕明示的に定めるところである」[175]。それでも裁判所は、「以上の一連の但し書きにも関わらずこれらは権利であり、憲法はその実施義務を国に課している。これは裁判所が執行でき、かつ適切な状況においては執行しなければならない義務である」と強調している[176]。

裁判所は、結論として、憲法26条は「請求と同時に住む場所または住居を与えられる」権利まで原告らに保障したものではないが、国に対し、「26条上の義務を満たすための首尾一貫した、調整の取れた計画を策定および実施する」義務は確かに課すものであると判示している。しかし、本件訴訟が提起された時点でケープメトロで実行されていた計画は、「住居へのアクセスを何よりも必要としている人々に対していかなる形態の救援も提供していない点で、26条2項が国に対して課した義務を充足しているとまでは言えない」とされた[177]。

以上の一連の説示を踏まえ、裁判所は、「憲法26条2項で課された義務を充足するために行動する」よう国に命ずる「宣言命令を行なうことが必要かつ適当である」と判断した。「これには、困窮している人々に救援を提供するための措置を策定し、そのための資金を拠出し、当該措置を実施しかつ監督する義務も含まれる」[178]。

---

174 Ibid., para.93.
175 Ibid., para.94.
176 Ibid., loc. cit.
177 Ibid., para.95.
178 Ibid., para.96.

> 十分な住居に対する権利に関わって社会権規約委員会、欧州人権裁判所および南アフリカ憲法裁判所が示してきた上述の見解は、経済的・社会的・文化的権利を執行する国の一般的法的義務が有するいくつかの重要な側面を確認している。
> - 経済的・社会的・文化的権利の効果的実施は、市民的・政治的権利の効果的実施にも照らして検討することが不可欠である。
> - 経済的・社会的・文化的権利または少なくともそのいくつかの側面は裁判適用可能であり、したがって司法判断の対象とされるにふさわしい。
> - 法的文言は効果があるものとして理解されなければならない。
> - したがって、権利の完全な実現を「漸進的に」達成するための「行動をとる」といった文言は、政府に対し、行為、結果および効果の面における即時的かつ積極的な義務を課すものである。
> - 「すべての適当な手段」への言及は、国の法的義務と国が利用可能な手段との間で公正な均衡を保つことをいかなる場合にも可能とする柔軟性が、あらかじめ組み込まれていることを意味している。

8. ケーススタディⅡ：健康に対する権利

本章でもう少し詳しく検討する2番目の権利は健康に対する権利である。分析は社会権規約12条にもとづいて行ない、健康に対する権利がカナダとインドの最高裁判所でどのように扱われたかについても取り上げる。南アフリカ憲法とは異なり、カナダ憲法もインド憲法も健康に対する権利を明示的に定めてはいない。

8.1 社会権規約：12条

健康に対する権利は規約12条で認められている。

「1. この規約の締約国は、すべての者が到達可能な最高水準の身体及び精神の健康を享受する権利を有することを認める。

2. この規約の締約国が1の権利の完全な実現を達成するためにとる措置には、次のことに必要な措置を含む。

(a) 死産率及び幼児の死亡率を低下させるための並びに児童の健全な発育のための対策

(b) 環境衛生及び産業衛生のあらゆる状態の改善

(c) 伝染病、風土病、職業病その他の疾病の予防、治療及び抑圧

(d) 病気の場合にすべての者に医療及び看護を確保するような条件の創出」

社会権規約委員会は健康に対する権利をいくつかの一般的権利で取り上げているが、ここでは比較的幅広く取り上げるに留める。さらに詳しくは一般的意見5、6および14の全文を参照されたい[179]。

健康に対する権利は他の多くの国際文書にも含まれている。たとえば次のとおりである。

◎ 世界人権宣言(25条1項)
◎ 人種差別撤廃条約(5条(e)(iv))
◎ 女子差別撤廃条約(11条1項(f))
◎ 児童の権利条約(24条)
◎ アフリカ人権憲章(16条)
◎ 経済的、社会的および文化的権利の分野における米州人権条約の追加議定書(10条)
◎ 欧州社会憲章(11条)

一般的な出発点として、社会権規約委員会は、健康が「他の人権の享受に不可欠な基本的人権のひとつである」こと、すべての人間は「尊厳のある生活を送

---

[179] たとえば *United Nations Compilation of General Comments by Human Rights Treaty Bodies* のそれぞれpp.28, 38 and 90を参照。

ことに貢献する到達可能な最高水準の健康」を享受する権利があることを強調している[180]。より具体的には次のとおりである。

「健康に対する権利は、食糧、住居、労働、教育、人間の尊厳、生命、差別の禁止、平等、拷問の禁止、プライバシー、情報へのアクセスならびに結社、集会および移動の自由に対する権利を含む、国際人権章典に掲げられた他の人権の実現と密接に関係しており、かつそれに依存している。これらをはじめとするさまざまな権利および自由は、健康に対する権利の不可欠な要素に対応するものである」[181]

委員会の見解によれば、「到達可能な最高水準の身体的及び精神的健康」への言及は保健ケアに対する権利に限られるものではなく、「人々が健康的な生活を送れる条件の促進につながる広範な社会経済的要因を包含し、かつ、食糧および栄養、住居、安全な飲料水および十分な衛生設備へのアクセス、安全かつ健康的な労働条件ならびに健康的な環境といった、健康の基本的決定条件にも及ぶ」[182]。

さらに、委員会によれば、健康に対する権利には法的に執行可能な要素もいくつか含まれている。「たとえば、健康のための便益、財およびサービスに関わる差別の禁止の原則は無数の国内管轄区で法的に執行可能である」[183]。

8.1.1　12条1項の規範的内容

第1に、12条1項にいう健康に対する権利は「**健康的**である権利として理解されるものではない」。第2に、これは「自由と受給権の両方」を含む権利である[184]。委員会によれば、「**自由**には、自己の健康および身体を管理する権利(性および生殖に関わる自由を含む)ならびに干渉を受けない権利(拷問、同意のない治療およ

180　一般的意見14、パラ1(Ibid., p.90)。
181　Ibid., p.90, para.3.
182　Ibid., pp.90-91, para.4. さらに詳しくはp.92, para.11も参照。
183　Ibid., p.90, para.1, including the footnote on p.106.
184　Ibid., p.91, para.8.

び実験の対象とされない権利など)が含まれる。これに対して**受給権**には、到達可能な最高水準の健康を享受する平等な機会が人々に提供される、健康を保護するシステムに対する権利が含まれる」[185]。

さらに、「『到達可能な最高水準の……健康』の概念は、個人の生物学的および社会経済学的前提条件と国の利用可能な資源の両方を考慮に入れたものである」。国が良好な健康を確保することはさまざまな理由からできないので、「健康に対する権利は、**到達可能な最高水準の健康を実現するために必要なさまざまな便益、財、サービスおよび条件を享受する権利として**理解されなければならない」[186]。

このことは、より具体的には次のことを意味する。すなわち、「あらゆる形態のおよびあらゆるレベルにおける健康に対する権利には、相互に関連しておりかつ必要不可欠な次の諸要素が含まれる。これらの要素を具体的にどのように適用するかは、特定の締約国で支配的となっている条件次第である」。

- ◎ **利用可能性**:「適切に機能する公衆衛生および保健ケアの便益、財およびサービスならびにプログラムが、締約国において量的に十分な形で利用可能でなければならない」。
- ◎ **アクセス可能性**:「健康のための便益、財およびサービスは、締約国の管轄内において……すべての者にアクセス可能でなければならない」。アクセス可能性には**差別の禁止の原則**、**物理的アクセス可能性**、**経済的アクセス可能性**および**情報へのアクセス可能性**という4つの側面があり、最後の側面には健康問題に関わる情報および考えを求め、受けかつ伝える権利が含まれる。
- ◎ **受容可能性**:「健康のためのすべての便益、財およびサービスは、医療倫理を尊重し、かつ文化的に適切なものでなければならない」。
- ◎ **質**:「健康のためのすべての便益、財およびサービスは、文化的に適切なものであるとともに、……科学的および医学的に適当でありかつ良質のものでなければならない」[187]。

---

185 Ibid., loc. cit. 強調引用者.
186 Ibid., p.91, para.9. 強調引用者.
187 Ibid., pp.92-93, para.12. 強調引用者, 脚注省略.

8.1.2　12条2項の規定の意義

12条1項では健康に対する権利の定義が定められているが、12条2項では「締約国の義務の具体例が網羅的ではない形で列挙されている」[188]。これらの義務は次のように要約することができよう。

◎ 「死産率及び幼児の死亡率を低下させるための並びに児童の健全な発育のための対策」(12条2項(a))：委員会によれば、この規定は「母子の健康ならびに性および生殖に関わる健康のためのサービス(家族計画へのアクセス、産前産後のケア、緊急産科サービスおよび情報へのアクセスならびにその情報にもとづいて行動するために必要な手段へのアクセスを含む)を向上させるための措置をとるよう求めているものとして理解できるかもしれない」。この規定の解釈にあたっては、児童の権利条約の規定も考慮することが必要である[189]。

◎ 「環境衛生及び産業衛生のあらゆる状態の改善」(12条2項(b))：この義務は、とくに「労働事故および病気の予防、安全な飲料水と基本的衛生設備が十分に供給されることを確保する要件、有害物質への住民の曝露の予防および削減」から構成される。「産業衛生」とは「労働環境に存在する健康被害の原因を合理的に実践可能な範囲で最小限に抑えること」を指す。12条2項(b)にはとくに十分な住居および安全かつ衛生的な労働条件も包含される[190]。

◎ 「伝染病、風土病、職業病その他の疾病の予防、治療及び抑圧」(12条2項(c))：この規定は、「性感染症、とくにHIV/AIDSならびに性および生殖に関わる健康に悪影響を及ぼすもののような行動関連の健康上の懸念を対象とした予防・教育プログラムの確立と、環境安全、教育、経済発展およびジェンダーの平等のような、良好な健康の社会的決定条

188　Ibid., p.91, para.7.
189　Ibid., p.93, para.14, and pp.95-96, para.22. 脚注省略。
190　Ibid., pp.93-94, para.15.

件の促進を求めるものである。**治療に対する権利**には、事故、伝染病および同様の健康被害の場合に緊急医療ケアを提供するシステムの創設、ならびに、緊急事態における災害救援および人道援助の提供が含まれる。**疾病の抑圧**とは、とくに、関連の技術を利用可能とするための国ごとのおよび諸国合同の努力、……予防接種プログラムの実施および拡大ならびにその他の伝染病抑圧戦略をいう」[191]。

◎ 「**病気の場合にすべての者に医療及び看護を確保するような条件の創出**」(12条2項(d))：この規定は身体的および精神的健康の両方に関わるものであり、「予防・治療・リハビリテーションのための基本的保健サービスならびに健康教育に対する平等かつ時宜を得たアクセスを提供すること、定期的なスクリーニング・プログラムを実施すること、蔓延している疾病、病気、怪我および障害をできればコミュニティ段階で適切に治療すること、必須医薬品を提供すること、ならびに、精神的健康のための適切な治療およびケアを実施することが含まれる」。この義務が有するさらに重要な側面は、保健部門および保険制度の組織などを通じて保健サービスへの公衆の参加を増進させることである[192]。

規約12条を実施するにあたり、締約国は当然、**人々一般の間でおよび男女間で差別を行なわない法的義務**も考慮に入れなければならない(規約2条2項および3条)[193]。保健部門における女性差別を撤廃するためには、とくに、「健康に対する女性の権利をその生涯を通じて促進するための包括的な国家戦略を策定および実施する必要」がある。「このような戦略には、女性に影響を及ぼす疾病の予防および治療を目的とした介入、ならびに、良質でかつ負担可能な保健ケア(性および生殖に関わるサービスも含む)への全面的アクセスを提供するための政策が含まれるべきである」[194]。

さらに、**障害者および高齢者**も全員が規約12条1項にもとづく健康に対する権

---

191 Ibid., p.94, para.16.
192 Ibid., p.94, para.17.
193 Ibid., pp.94-95, paras.18-19.
194 Ibid., p.95, para.21.

利を有しているのであって、暮らしている社会の他の構成員と同じ水準の医療ケアを提供される権利がある。さらに、身体的および精神的健康に対する権利はたとえば「障害者の自立を可能にし、障害の悪化を予防し、その社会的統合を支えるような医療サービスおよび社会サービス(義肢等の装具も含む)にアクセスし、かつそれらから利益を受ける権利」も意味する[195]。高齢者の場合、そのニーズに合った定期検診による予防は、リハビリテーションと同様、高齢者の機能的能力を維持することによって「決定的な役割を果たす」のであり、「その結果、保健ケアおよび社会サービスに投資する費用を減らすことにつながる」[196]。**先住民族**も、12条にもとづき、「保健サービスおよびケアへのアクセスを向上させるための具体的措置」に対する権利を有する。「これらの保健サービスは、伝統的な予防ケア、癒しの実践および医療を考慮に入れた、文化的に適切なものであるべきである」[197]。

> 社会権規約が保障する健康に対する権利とは、便益、財、サービス、ならびに到達可能な最高水準の権利を実現するために必要な条件を享受する権利を意味する。この権利には、自分自身の健康および身体を管理する権利ならびに差別的ではない健康保護システムにアクセスする権利が含まれる。健康のための便益は**利用可能性**、**アクセス可能性**、**受容可能性**および**良質性**の要件を備えていなければならない。障害者、女性、高齢者および先住民族のような権利を侵害されやすい立場に置かれた集団は、そのニーズに合った具体的措置に対する権利を有する。

8.1.3 締約国の義務

　社会権規約委員会は、社会権規約にもとづく締約国の義務を、一般的義務、具体的義務、国際的義務および中核的義務という4つのカテゴリーに分類してい

195　Ibid., p.96, para.26, read in conjunction with General Comment No.5, p.35, para.34.
196　Ibid., General Comment No.14, p.96, para.25, read in conjunction with General Comment No.6, p.45, para.35.
197　一般的意見14、パラ27(Ibid., pp.96-97)。

る。最初の3つのカテゴリーの主な要素についてはそのいくつかをここで要約して示し、中核的義務については別に後述する。

◎ **一般的な法的義務**:「規約は漸進的実現を定め、利用可能な資源が限られることによる制約を認めているが、一方で**即時的効果**を有するさまざまな義務を締約国に課してもいる」。したがって、12条で保障された健康に対する権利は「いかなる差別もなしに」行使されなければならないし(2条2項)、その完全な実現に向けた行動がとられなければならない(2条1項)。「そのような行動は**計画的、具体的**、かつ健康に対する権利の**完全な実現に向けて明確に目標づけられた**ものでなければならない。……漸進的実現とは、締約国に、12条の完全な実現に向けて**可能なかぎり迅速かつ効果的に行動する具体的かつ継続的な義務**があるということを意味する」。意図的な後退的措置は許容されないことが強く推定されるのであり、規約で保障されたすべての権利および締約国の「利用可能な最大限の資源」を踏まえて適切な形で正当化されなければならない[198]。

　最後に、締約国は「*尊重する*義務、*保護する*義務および*履行する*義務」を有する。「*尊重する*義務は、国に対し、健康に対する権利の享受を直接間接に妨げる措置をとらないよう求めるものである。*保護する*義務は、国に対し、第三者が12条の保障に干渉することを防止するための措置をとるよう求める。最後に、*履行する*義務は、国に対し、健康に対する権利の完全な実現に向けて適切な立法上、行政上、予算上、司法上、促進上その他の措置をとるよう求めるものである」[199]。

◎ **具体的な法的義務**:健康に対する権利を尊重・保護・履行する義務について、社会権規約委員会は一般的意見14でさらに詳しく検討している。健康に対する権利を**尊重する**義務が意味するのはたとえば、国は、「予防、治療および緩和を目的とした保健サービスにすべての者(受刑者または被拘禁者、マイノリティ、庇護希望者および不法移民を含む)が平

198　Ibid., pp.97-98, paras.30-32. 強調引用者。
199　Ibid., p.98, para.33.

等にアクセスできることを否定または制限してはならず、差別的慣行を国の政策として執行してはならず、かつ女性の健康上の地位およびニーズに関わる差別的な慣行を課してはならない」ということである。さらに、国はとくに「安全ではない医薬品を販売することおよび強制的な治療を行なうこと」も差し控えなければならない(ただし、後者については「精神病の治療または感染症の予防および統制のために例外的に行なう場合は、この限りでない」)。また、「性および生殖に関わる健康を維持する避妊その他の手段へのアクセスを制限すること」や「産業廃棄物等によって大気、水および土壌を不法に汚染すること」も差し控えるべきである。最後に、核兵器、生物兵器または化学兵器は使用するべきではなく、その実験も、「そのような実験が人間の健康に有害な物質の放出につながるのであれば」行なうべきではない[200]。

保護する義務には、「第三者によって提供される保健ケアおよび保健関連サービスへの平等なアクセスを確保する立法の採択その他の措置をとる国の義務、保健部門の民営化によって健康に関わる便益、食糧およびサービスの**利用可能性**、**アクセス可能性**、**受容可能性**および**質**が脅かされないことを確保する国の義務、第三者による医療器具および医薬品の販売を管理する国の義務、および、医師その他の保健従事者が教育、技能および倫理行動綱領に関わる適切な基準を満たすことを確保する国の義務」が含まれる。「国はまた、有害な社会的または伝統的慣行が産前産後のケアおよび家族計画を妨げないことを確保する義務、第三者が女性に対して女性性器切除などの有害な慣行を行なうよう強制することを防止する義務、および、ジェンダーにもとづく暴力の表出に照らし、社会で権利侵害を受けやすい立場に置かれたまたは周縁化されたあらゆる集団(とくに女性、子ども、青少年および高齢者)を保護するための措置をとる義務も負う」[201]。

履行する義務は、「締約国に対し、とくに、国の政治制度および法制

---

200 Ibid., p.98, para.34.
201 Ibid., pp.98-99, para.35.

度において、できれば立法の実施という手段によって健康に対する権利を十分に認め、かつ、健康に対する権利を実現するための詳細な計画をともなう国家保健戦略を採択するよう求める」ものである。「国は、主要な感染症に対する予防接種プログラムを含む保健ケアの提供を確保し、かつ、栄養価のある安全な食糧および飲用に適した水、基本的な衛生設備ならびに十分な住居および生活条件といった、健康の基本的決定条件に対してすべての者がアクセスできることを確保しなければならない」。この義務には、たとえば「すべての者が負担可能な公的、私的または混合型の健康保険制度の提供」も含まれる。最後に、**履行する**法的義務とは、健康に対する権利を**促進し**、**提供し**かつ**伸長する**具体的義務も包含するものである[202]。

◎ **国際的義務**：締約国は、「健康に対する権利といった規約で認められた権利の完全な実現に向けて、個々にまたは国際的な援助および協力、とくに経済上および技術上の援助および協力を通じて行動をとる」義務を有する。国連憲章56条、規約12条、2条1項および2項、22条ならびに23条ならびにプライマリーヘルスケアに関するアルマアタ宣言の精神にのっとり、「締約国は、国際協力が果たす必要不可欠な役割を認め、健康に対する権利の完全な実現を達成するために共同のおよび個別の行動をとるという決意を遵守するべきである」。締約国はまた、「他国における健康に対する権利の享受を尊重する」とともに、国際法にしたがって義務づけられている場合は「第三者が他国でこの権利を侵害することも防止」しなければならない。締約国は、国連憲章ならびに国連総会および世界保健総会が採択した諸決議にもとづき、「緊急事態時に協力しながら災害救援および人道援助(難民および国内避難民に対する援助を含む)を提供する……共同のおよび個別の責任」を有する。最後に、締約国は「いかなるときにも、他国に対する十分な医薬品および医療器具の供給を制限する禁輸またはそれに類する措置を課すことを差し控える」べきである[203]。

---

202 Ibid., p.99, paras.36-37; see also p.98, para.98.
203 Ibid., pp.99-100, paras.38-41.

8.1.4 中核的義務

　健康に対する権利に関わる中核的義務は、この権利が最低限必要な水準で充足されることの確保を目的とする。これは逸脱不可能と見なされるので、国がいかなる場合にも遵守しなければならない義務である[204]。これらの義務は、国際人口開発会議行動計画およびアルマアタ宣言を踏まえた12条の解釈にもとづき、社会権規約委員会によって定義されている。委員会の見解では、これには少なくとも次のような義務が含まれる。

- ◎ 「健康のための便益、財およびサービスにアクセスする権利を、差別の禁止を基盤として、とくに権利侵害を受けやすい立場に置かれたまたは周縁化された集団を対象として確保すること」
- ◎ 「飢餓からの自由をすべての者に対して確保するため、十分な栄養価がありかつ安全な、最低限必要な食糧へのアクセスを確保すること」
- ◎ 「基本的な住まい、住居および衛生設備へのアクセスならびに安全な飲料水の十分な供給を確保すること」
- ◎ 「WHO必須医薬品行動計画で適宜定められる必須医薬品を提供すること」
- ◎ 「健康のためのあらゆる便益、財およびサービスの公正な配分を確保すること」
- ◎ 「疫学的証拠にもとづき、住民全員の健康上の問題に対応する国家的な公衆衛生戦略および行動計画を採択および実施すること。戦略および行動計画は、参加型の透明なプロセスにもとづいて策定し、かつ定期的に見直すものとする。また、進展を緊密に監視できるようにする、健康権指標・基準のような手段も含まれていなければならない。戦略および行動計画を策定する過程およびその内容において、権利侵害を受けやすい立場に置かれたまたは周縁化されたすべての集団にとくに注意が払われなければならない」[205]

---

204 Ibid., p.101, para.43, and p.102, para.47.
205 Ibid., p.101, para.43.

委員会はまた、「次のものは同等の優先順位を有する義務である」ことも確認している。

- ◎ 「性と生殖に関わる保健ケア、妊産婦の(産前産後の)保健ケアおよび子どもの保健ケアを確保すること」
- ◎ 「コミュニティで発生している主要な感染症に対する予防接種を提供すること」
- ◎ 「伝染病および風土病を予防、治療および抑圧するための措置をとること」
- ◎ 「コミュニティにおける主要な健康問題に関わる教育および情報へのアクセス(それらを予防および抑圧する手段も含む)を提供すること」
- ◎ 「健康と人権に関する教育も含め、保健従事者に適切な訓練を施すこと」[206]

健康に対する権利についての以上の11の中核的義務は、締約国が国内で条約上の義務を実施するにあたり、有益な指針となる。とりわけ、健康に対する権利を効果的に保障するための前提条件として住まいおよび住居に対する権利が挙げられていることに留意するべきである。十分な住居へのアクセスが健康にとって本質的重要性を有することは、世界保健機関も強調してきた。

8.1.5　12条の違反

次に掲げるのは、国の作為または不作為が、健康に対する権利と関わって社会権規約で課された法的義務の違反にあたるとされるであろうものの、ほんのいくつかの例である。

- ◎ 「国が、健康に対する権利の実現のために利用可能な資源を最大限に利用することについて消極的である」場合。国が資源の制約に直面してい

206　Ibid., pp.101-102, para.44.

るのであれば、「それにも関わらず、上述した義務を優先課題として充足させる目的で、利用可能なすべての資源を利用するためにあらゆる努力を払ったことを正当化する責任がある」。

◎ あらゆる状況下で遵守されなければならない上記の11の中核的義務に違反する作為または不作為。

◎ 「12条に掲げられた基準に違反し、かつ身体の傷害、不必要な罹病または予防可能な罹病に至る可能性が高い国の行為、政策または法律。例としては、法律上または事実上の差別の結果として特定の個人または集団が健康のための便益、財およびサービスへのアクセスを否定されること、健康の保護または治療にとって重要な情報を意図的に非開示とすることもしくは誤って伝えることなどが含まれる」(**尊重する義務の違反**)。

◎ 国が、「その管轄内にある者を第三者による健康に対する権利の侵害から保護するためにあらゆる必要な措置」をとらないこと。これには、「個人、集団または法人が他の者の健康に対する権利を侵害しないようにするための活動の規制を怠ること、たとえば雇用者および医薬品または食糧の製造者による健康に有害な慣行から消費者および労働者を保護しないこと、……暴力からの女性の保護または加害者の訴追を怠ること」などが含まれよう(**保護する義務の違反**)。

◎ 締約国が「健康に対する権利の実現を確保するためにあらゆる必要な措置」をとらないこと。「例としては、健康に対する権利をすべての者に確保することを目的とした国家的な保健政策を採択または実施しないこと、不十分な支出または公的資源の不適切な配分によって(とくに権利侵害を受けやすい立場に置かれたまたは周縁化された)個人または集団が健康に対する権利を享受できない状況をもたらすこと、国レベルで健康に対する権利の実現を監視しないことが含まれる」(**履行する義務の違反**)[207]。

---

207 Ibid., pp.102-103, paras.46-52.

8.1.6 国内レベルにおける実施

　委員会は、「健康に対する権利を実施するもっとも適切かつ実行可能な措置は国によって相当に異なる」ことを認めている。「すべての国は、その特定の状況を満足させるためにもっともふさわしい措置は何かを評価するにあたって一定の裁量権を有する。しかし規約は、すべての者が可能なかぎり早期に到達可能な最高水準の身体的および精神的健康を享受できるよう、健康のための便益、財およびサービスにアクセスできることを確保するためにあらゆる必要な行動をとる義務を、各国に課しているのである」[208]。この目的のために各国は国家戦略を採択し、かつ健康権指標・基準をともなった政策を策定しなければならない。国家的な保健戦略および行動計画においては、「とくに、差別の禁止および人民の参加の原則が尊重されるべき」であり、また「説明責任、透明性および司法の独立の原則も基盤とされるべきである」[209]。最後に、「国は、健康に対する権利についての国家戦略を運用可能とするための枠組み法の制定も検討するべきである」。このような法律により、戦略および行動計画の実施を監視するための機構を創設することが求められる[210]。

　救済および説明責任の問題について、委員会は、「健康に対する権利侵害の被害を受けたいかなる者または集団も、国および国際社会の両レベルにおいて効果的な司法的その他の適切な救済にアクセスできるべきである」としている。「このような侵害の被害を受けたすべての者に、十分な被害回復を受ける資格が認められるべきである。被害回復は、被害弁償、被害補償、謝罪または再発防止の保証といった形態をとりうる」[211]。これとの関係で、委員会は締約国に対し、健康に対する権利を認めた国際文書を国内法秩序に編入するよう奨励している。このような編入によって「救済措置の適用範囲および効果を相当に高めることができる」ためである。「編入により、裁判所は、規約を直接参照することによって健康に対する権利の侵害または少なくともそれに関わる中核的義務の違反について

---

[208] Ibid., pp.103-104, para.53.
[209] Ibid., p.104, paras.54-55.
[210] Ibid., p.104, para.56.
[211] Ibid., p.105, para.59.

裁定することができるようになる」[212]。委員会はさらに、「裁判官および法曹は、その職務を遂行するにあたって健康に対する権利の侵害にいっそうの注意を払うよう、締約国によって奨励されるべきである」と述べている[213]。

> 締約国には、健康に対する権利の完全な実現に向けて計画的、具体的かつ明確に目標づけられた措置をとる法的義務がある。締約国は、その法的約束を尊重、保護および履行しなければならない。履行する義務は、締約国には健康に対する権利を促進、提供および伸長する法的義務があることも意味する。社会権規約の締約国は、最低限、いかなるときにも遵守されなければならない11の中核的義務を負う。健康に対する権利侵害の被害を受けたと訴えるすべての者は、とくに国レベルにおいて効果的な司法的その他の適切な救済にアクセスできるべきであり、かつ権利侵害に対する十分な被害回復を受ける権利を認められるべきである。裁判官および法曹一般は、その責任を遂行するにあたり、健康に対する権利の侵害にいっそうの注意を払うよう奨励されるべきである。

＊＊＊＊＊

国内判例から選んだ次の2つの事件は社会権規約の解釈をともなうものではないが、きわめて興味深い。いずれの事件の裁判官も、国内憲法にすでに定められた人権規定を拡張して解釈する方法を見出すことにより、健康に対する権利を平等に対する権利(カナダ)や生命に対する権利(インド)のいっそう幅広い文脈で導入する道を開いているためである。

8.2 関連の国内判例Ⅰ：カナダの例

カナダ最高裁判所が1997年に決定を言渡したエルドリッジ対ブリティッシュ

---
212 Ibid., p.105, para.60.
213 Ibid., p.105, para.61.

コロンビア事件は、**身体障害者への医療サービスの提供に関わる権利の平等**についての事件である[214]。この判決に掲げられた分析は相当に興味深いものであり、したがってやや詳しく検討するにふさわしい。判決は、最高裁判所全員を代表してラ・フォーレ判事が起案したものである。

事実関係は次のとおり[215]。原告らは先天性の聾者であり、意思疎通の手段には手話を好んで用いていた。そこで、通訳者が存在しないことは医師その他の保健ケア提供者と意思疎通する手段を損ない、誤診や効果のない治療のおそれを高めるものだと主張した。ブリティッシュコロンビアの医療ケアは主に2つの機構を通じて提供されている。医学的に必要なサービスを公衆に提供した場合に病院に費用償還を行なう病院保険法(R.S.B.C. 1979, c.180、後にR.S.B.C. 1996, c.204に改称)と、医療保健ケア・サービス法(R.S.B.C. 1992, c.76、後にメディケア保護法(R.S.B.C. 1996, c.286)と改称)である。いずれのプログラムでも、聾者の手話通訳費用は支払われなかった。法廷で証言台に立ったある医師は、通訳者のいない意思疎通は「制約があり、欲求不満を募らせた」と述べ、別の医師は、分娩にさいして患者を援助し、それによって合併症の危険を少なくできるよう、十分な意思疎通が「出産においてはとくに決定的」であると強調している[216]。

原告らはブリティッシュコロンビア最高裁判所に申立てを行ない、とくに、「手話通訳者が医療サービス計画にもとづく保険適用給付の対象とされていないこと」は権利および自由に関するカナダ憲章15条1項違反である旨の「宣言」を求めた[217]。15条1項の規定は次のとおりである。

「すべての個人は法律の前においてかつ法律のもとで平等であり、差別なしに、かつとくに人種、国民的もしくは民族的出身、皮膚の色、宗教、性、年齢または精神的もしくは身体的障害による差別なしに、法律の平等の保護および平等の利益を受ける権利を有する」

---

[214] (1997) 3 S.C.R. Eldridge v. British Columbia (Attorney General) 624. 本章で参照した判決文は次のウェブサイトに掲載されている。http://www.lexum.umontreal.ca/csc-scc/en/pub/1997/vol3/html/1997scr3_0624.html
[215] Ibid. この要旨は判決(paras.2-7)で述べられた事実関係にもとづいている。
[216] Ibid., paras.5 and 7.
[217] Ibid., para.11.

1027

最高裁判所は申立てを却下し、控訴審においても、ブリティッシュコロンビア控訴裁判所の多数は、病院において通訳サービスが提供されないことは差別的ではないと判示した。「病院保険法は、憲章15条1項にいう『いかなる法律の利益』も提供していない」というのがその理由である[218]。

　カナダ最高裁判所に対する上告は認められたが、そこでは、医療保健ケア・サービス法も病院保険法も憲法上の疑義を生じさせるものではないと認定された。**憲章15条1項違反の可能性があるとすれば、それはむしろ下部機関に委任された意思決定権限から派生するものである**。換言すれば、立法そのものにおいては、病院(病院保険法)または医療サービス委員会(医療保健ケア・サービス法)がそれぞれ手話通訳者を提供し、かつ手話通訳が「『医学的に必要』であり、したがって給付の対象となる」と判断することは、「明示的にも必然的含意としても」禁じられていない[219]。

　裁判所は、権利および自由に関するカナダ憲章は病院には適用されないという被告側の主張を退け、「政府の具体的政策と争われている病院の行為には『直接かつ……明確に定められた関係』」があったとした。差別とされた行為、すなわち手話通訳を提供しないことは「立法により設けられた医療サービス提供制度と密接に関係している」[220]。これらのサービスの提供は「政府の政策の表出」であり、病院は「〔病院保険〕法に定められた特定の医療サービスの提供において政府の代理人として」行動していた。「〔したがって〕立法府は、憲章15条1項の目的を実行するよう病院に指示することによって差別なしにこれらのサービスを提供する同項の義務を免れることはできない」[221]。医療保健ケア・サービス法にもとづいて設置された医療サービス委員会については、あるサービスが同法にしたがう「給付」の対象であり、したがって無償で提供されるべき「医学的に必要な」サービスでもあるか否かを決定するという政府から委任された権限を行使するにあたって、同委員会が憲章にしたがわなければならないことには争いがなかった[222]。

---

218 Ibid., para.13.
219 Ibid., para.29 (医療保健ケア・サービス法関連) and para.34 (病院保険法関連).
220 Ibid., para.51.
221 Ibid., loc. cit.

裁判所は、「憲章は病院および医療サービス委員会による手話通訳者の提供の懈怠に適用される」と認定したが、当該懈怠が憲章15条1項にもとづく原告らの平等権を侵害するものであるかどうかの判断が残された。裁判所はまず、憲章上の他の権利と同様、15条1項も「共感的かつ目的適合的に解釈されなければならない」と強調している。権利章典を編入した憲法は、「いわゆる『平面的律法主義の厳格性』を回避し、そこに掲げられた基本的権利および自由を個人が完全に享受できるようにするにふさわしい共感的解釈」を求めているためである[223]。

　裁判所はさらに、憲章15条1項は次の「2つの、はっきりと区別されるが相互に関連する目的」のために機能するものであると述べる。「第1に、それはすべての者の平等な価値および人間の尊厳に対する、わが国の社会的、政治的および法的文化に深く浸透した決意を表明している。……第2に、それは『われわれの社会において社会的、政治的および法的に不利な立場に置かれている』特定の集団への差別を是正および防止したいという意思を示している」[224]。障害者の特別な状況について、裁判所は次のように述べている。

「56. カナダにおける障害者の歴史が基本的には排除と周縁化の歴史であることは、不幸にして真実である。障害者は、あまりにもしばしば、労働力から排除され、社会的統合および向上の機会を否定され、不愉快な差別の対照とされ、施設に追いやられてきた。……この歴史的不利益は、かなりの部分、障害は異常または欠陥であるという考え方によって形成強化されてきたものである。その結果、障害者は全体として、憲章15条1項が要求する『平等な関心、尊重および考慮』の対象とされてこなかった。それに代えて、障害者はパターナリスティックな哀れみと慈善の態度の対象とされ、社会の主流に入るためには健常者の規範を模倣できることが条件とされた。……このような態度のひとつの帰結が、障害者が根強く直面している社会的および経済的不利益である。統計の示すところによれば、障害者は障害のない者に比べて

222　Ibid., para.52.
223　Ibid., para.53.
224　Ibid., para.54.

教育程度が低く、労働力の枠外とされる可能性が高く、失業率もはるかに高く、雇用された場合でももっとも低い給与水準に集中している」[225]

　裁判所はこれに付け加えて、「聾者もこのような状態を免れるものではなかった」こと、「聾者が経験する不利益は基本的に健聴者との意思疎通に対する障壁から生ずるものである」ことを指摘している[226]。

　原告らが憲章15条1項にしたがって「法律による平等な利益を差別なしに」与えられたか否かという問題について、裁判所は、本件請求は「『悪影響』による差別に関わる請求」であると指摘した。「見たところ、ブリティッシュコロンビアのメディケア制度は聾者および聴覚障害者にも平等に適用される」ためである。「同制度は、聾者を選び出して異なる取扱いの対象とすることにより、障害を理由とする明示的『区別』を行なっていない」[227]。裁判所は、自らが「憲章15条1項はこの種の差別からの保護も提供する」ものである旨を一貫して判示してきたことを付け加えている。この規定は「単なる形式的平等ではなく一定の実質的平等の確保を意図した」ものだからである[228]。この原則からは当然、「差別的な目的または意図は15条1項違反の必要条件ではない」ことが導き出せる。「立法の*効果*としていずれかの者が法律の平等の保護または利益を否定されるのであれば、それで十分である」[229]。

　エルドリッジ事件においては、聾者が受けた悪影響は「主流に位置する人々が直面しない負担を課すことではなく、すべての者に提供されるサービスから聾者が平等に利益を得られることを確保しないこと」から生じた[230]。したがって裁判所は、手話通訳は「医療とは関係のない別個の『補助的』サービス」であり、健聴者が利用可能な給付を聾者に対して否定するものではないという下級審の見解を当然のごとく退けた。裁判所の見解によれば、手話通訳は逆に、

225　Ibid., para.56.
226　Ibid., para.57.
227　Ibid., para.60.
228　Ibid., para.61.
229　Ibid., para.62.
230　Ibid., para.66.

「聾者が健聴者と同じ質の医療ケアを受けられるようにする手段」なのである[231]。換言すれば、効果的な意思疎通のために必要なときは常に、「手話通訳は……『補助的』サービスとしてとらえられるべきではない」[232]。

「政府には、住民一般に給付を行なうにあたり、社会の不利な立場に置かれた構成員がこれらの給付を全面的に利用するための手段を有することを確保しなくとも給付を行なう権利が認められるべきである」という被告側の主張については、裁判所は、「このような立場は15条1項の薄っぺらかつ貧しい解釈の表れである。さらに重要なことに、それは平等に関わる当裁判所の判例の趣旨に反している」と応じている[233]。

平等および差別の禁止の概念を仔細に分析する過程で、裁判所はさらに、「不利な立場に置かれた集団が、公衆一般に提供されるサービスから平等に利益を受けられることを確保するために積極的措置をとらないことによっても差別は生じうるという原則は、人権分野で広く受け入れられている」と述べる。裁判所が強調するように、「人権に関わる判例のもうひとつの基本は、……不利な立場に置かれた集団の構成員が公衆一般に提供されるサービスから平等に利益を受けられることを確保するために積極的措置をとる義務は、合理的な対応の原則に服するということである」。合理的対応とは、この文脈においては、「一般的には『合理的限界』の概念に相当する」[234]。

したがって裁判所は、「手話通訳が効果的な意思疎通のために必要なときに、医療サービス委員会および病院がそれを提供しないことは、15条1項にもとづく聾者の権利を侵害するものであると推定される」と認定した。「このような懈怠は、聾者に対して法律の平等の利益を否定し、かつ健聴者との比較において聾者を差別するものである」[235]。ただしこの判決は、「すべての医学的状況において手話通訳が提供されなければならない」ということは意味しない。「『効果的な意思疎通』の基準は柔軟なものであり、伝達されるべき情報の複雑さおよび重要性、

---

231 Ibid., paras.68 and 71.
232 Ibid., para.71.
233 Ibid., paras.72-73.
234 Ibid., paras.78-79.
235 Ibid., para.80.

意思疎通が行なわれる文脈ならびに関係する者の人数といった要素が考慮に入れられることになろう。……ただし、識字能力が限られた聾者に関しては、ほとんどの場合に手話通訳が必要とされると推定することがおそらくは公正である」[236]。

最後に、違反と推定されるこのような行為を憲章1条にもとづいて正当化することは可能か否かという問題について、裁判所は否定的見解を示している。憲章1条によれば、**憲章で保障された権利および自由に対しては「法律で定める合理的な制限であって、自由かつ民主的な社会で明らかに正当と認められるもののみ課す」**ことができる(強調引用者)。この点に関わるラ・フォーレ判事の要約は十分引用の価値がある。その主張の趣旨は、平等な医療ケアから利益を得ることのできない、われわれの社会で不利な立場に置かれた他の集団にとっても同様に当てはまるからである。

「94. 要約すれば、手話通訳の費用を拠出しないことは、身体的障害を理由とする差別なしに法律の平等な利益を享受するという、15条1項にもとづく聾者の権利を『最小限度で損ねる』だけに留まるものではないというのが当職の見解である。証拠が明確に実証するところによれば、集団としての聾者は、健聴者が受けるサービスよりも劣った医療サービスしか受けられていない。われわれの社会ではすべての者の生活の質において良好な健康が中心的位置を占めていることをかんがみれば、標準に満たない医療サービスを聾者に提供することは聾者の生活の全般的質を低下させるものである。端的に言って、政府は、保健ケア支出を抑制するという目的を達成するためにはこのような望ましくない現状も容認されなければならないことを実証していない。言葉を変えれば、政府は原告らの障害に対して『合理的な対応』を行なっていない。人権に関わる当裁判所の判例の言葉を用いれば、政府が原告らの必要に対応しないことは『不当な苦痛』をもたらす程度にまで及んでいる」[237]

---

236 Ibid., para.82.
237 Ibid., para.94.

8.3 関連の国内判例Ⅱ：インドの例

　インド憲法21条の生命に対する権利については、消費者教育研究センターほか対インド連邦ほか事件で、インド最高裁判所による詳細な解釈が展開された。これは、アスベスト産業で雇用されていた労働者の職業上の健康被害および職業病が取り上げられた事件である[238]。最高裁判所は、「健康に対する権利、就業中または離職後に労働者の健康および活力を保護するための医療扶助に対する権利は、21条を39条(e)、41条、43条、48-A条および関連のあらゆる条項とあわせて解釈した場合に導かれる基本的権利であり、労働者の生命を、人間の尊厳をともなった意味と目的のあるものとするための基本的人権である」と認定した[239]。

　本件の詳細には立ち入らないものの、請願人は、「静かな致命性疾患『石綿病』の診断および統制のための十分な機構を設けることにより、炭鉱・アスベスト産業に従事する労働者の健康を保護するために、対応が待たれていた空白を埋め、かつ救済措置を提供する」ことを求めていたこと[240]は注記しておいてもよいだろう。裁判所は、アスベストへの曝露の危険に関するデータを延々と分析し、それが「医学的、法的および社会的に望ましくない帰結という悲劇の長い鎖」をもたらすとの結論に達して、「労働者またはコミュニティもしくは社会を危険にさらさないという雇用者または製造業者の法的および社会的責任」をあらためて想起するよう求めた。裁判所はこれに付け加えて次のように述べている。

> 「製造業者は、曝露を受けた労働者または社会一般に対する固有の責任を免れない。製造業者には、労働者および公衆またはその製品の有害な影響に曝露されたすべての人々に対して保護措置を提供する、法的、道徳的および社会的責任が存する。執行のための規則を採択するだけでは真の意味および実効性を持たないのであって、かかる規制を実施するための専門家、産業および政府の資源ならびに法的および道徳的決意が存在しなければならない」[241]

---

238 (1995) 3 Supreme Court Cases 42.
239 Ibid., p.70.
240 Ibid., p.47.
241 Ibid., pp.66-67.

裁判所は次に、とくにインド憲法前文ならびに38条および21条に照らして本件の審理を進めた。前文第1段落によれば、インドのすべての市民は「社会的、経済的および政治的正義」を保障される。「国家政策指示原則」の一部を構成する38条は、人民の福祉の促進のために社会秩序を確保する国の義務に関わる規定である。21条は生命に対する権利を保護している。

　憲法前文および38条について、裁判所はとくに次のように述べている。

「18. ……最高法規は、その最大の目標として、生命が人間の尊厳をともなった、意味がありかつ生きるに値するものとなることを確保するために社会正義を掲げている。……法律は、ある時代における中心的制度として、その時代の必要および要求を満たすという、すべての文明社会の究極の目標である。……憲法は、平等主義に立った社会的、経済的および政治的民主主義をもたらすための至高の価値として正義、自由、平等および同胞愛を掲げている。社会正義、平等および人間の尊厳は社会的民主主義の礎石である。……社会正義は、貧困層、弱者、ダリット、部族および社会の窮乏層の苦しみを緩和し、平等の水準まで引き上げて人間の尊厳をともなった生活が送れるようにするための動的な装置である。社会正義は単純なまたは単一の社会観ではなく、社会一般のより大きな善のために、貧困層等を不利な条件や貧窮から解放し、窮状を打破し、かつその生命を生きるに値するものにするための複雑な社会変革の本質的一部にほかならない。換言すれば、社会正義の目的は実質的程度の社会的、経済的および政治的平等を達成することであり、これは正当な期待である。労働者にとっての社会保障、人間的労働条件および余暇は、生命に対するならびに人格の自己表現の達成および尊厳をともなった生命の享受に対する意味のある権利の一部であり、国は、労働者が、その能力にしたがって社会的および文化的遺産を享有しながら、最低水準の健康、経済的安定および文明的生活に達することができるようにするための便益および機会を提供することが求められる。

19. わが国のように、地位および機会における不平等という、埋めがたく広がり続ける格差が深くしみついた開発途上国においては、法律は**社会正義**のはしごに至るための触媒であり、貧困層等にとってのルビコン川である。……

…何が正当かを絶対的基準で確認することはできず、基準は時期、場所および状況に応じて変わり続ける。弾力的かつ継続的な過程としての社会正義に対する憲法の関心は、貧困層等がみじめな生活を送る原因となっている不利な条件および障害を取り除き、かつその人格の尊厳を保障するための便益および機会を提供することによって、社会のあらゆる層に正義を保障することである。したがって憲法は、国に対し、人間活動のあらゆる側面において、社会のあらゆる構成員に正義を保障することを命じている。社会正義の概念は、『生命』の実際的内容を豊かにしかつ生き生きとさせるための平等を包摂している。社会正義と平等は相互に補完し合うものであり、したがっていずれもその活力を保持しなければならない。したがって、法の支配は、結果の平等をもたらすための社会正義の有効な手段である」[242]

裁判所は次に、国連憲章は、世界人権宣言1条を通じ、「憲法の一部としての国家政策指示原則で構想された、基本的人権ならびに人間人格の尊厳および価値への信頼を強化する」ものであると述べる。「人格または21条にもとづく生命に対する権利の理念に関わる判例は、その範囲を広げて、人間人格の全面的開花まで包含するものである。全面的に開花した人間人格は、労働者にとって生計を立て、人間の尊厳を維持し、かつ尊厳をもって平等な生を生きるための財産である健康に活力を吹きこむ」[243]。裁判所はさらに次のように付け加えている。

「22. 憲法21条で保障されている『権利』の表現は、単に動物的に存在することまたは人生を通じて単調な仕事を続けることを意味するものではない。それははるかに幅広い意義を有しており、生計手段、よりよい生活水準、職場における衛生的環境および余暇に対する権利を含む。……生計手段を得る権利が憲法上の生命権の一環として取扱われないのであれば、人から生命権を奪うもっとも容易な方法は、それが用をなさなくなる程度にまで生計手段を奪うことである。かかる剥奪は、生命からその実効的内容および意味を奪う

---

[242] Ibid., pp.67-68.
[243] Ibid., p.68.

のみならず、何が生を生きるに値するものとするかは別としても、生を生きることを不可能にしてしまうだろう。人間の尊厳をもって生きる権利は、その概念のひだのなかに、生命を生きるに値するものとする人間文明の、いっそうすばらしい側面のいくつかを包含している。このように拡大された生命の概念は、関係する者の伝統および文化的遺産も含意するものである」[244]

労働者の健康権および生命権について、裁判所は次のように具体的に述べている。

「24. 健康に対する労働者の権利は、生命に対する意味のある権利の不可欠な側面であり、意味のある形で存在する権利のみならず、労働者がみじめな生活を送らないために必要なたくましい健康と活力を有する権利も含む。自分自身および被扶養者の食い扶持を稼ぐため、貧窮のゆえに健康被害にさらされる産業で働くことが経済的にやむをえないとしても、そこで労働者の健康および活力が犠牲にされるべきではない。38条で求められているように、労働者の健康を保護するための便益と機会が用意されるべきである。医師の検診および治療を提供することは労働者の健康を活性化し、生産性の向上またはサービスの効率化につながる。就業中または離職後の継続的治療は、雇用者と国が同時に負う道徳的、法的および憲法的義務である。**したがって、健康および医療ケアに対する権利は憲法39条(e)、41条および43条とあわせて解釈した21条にもとづく基本的権利であり、それは労働者の生命を、人間の尊厳をともなった意味と目的のあるものにするととらえられなければならない。生命に対する権利は、労働者の健康および力の保護を含み、人が人間の尊厳をもって生きられるようにするための最低限の要件である」**[245]

したがって、労働者の健康および力が生命に対する権利の不可欠な側面であ

---

244 Ibid., pp.68-69.
245 Ibid., p.70. 強調引用者。憲法41条は労働、教育および一定の場合における公的扶助への権利に関わる規定である。43条は、国が、「適当な立法もしくは経済的組織その他の手段により、人間に値する生活水準と余暇ならびに社会的および文化的機会の全面的享受をすべての労働者に保障するよう努める」よう定めている(p.68)。

るので、「国(連邦政府か州政府かは問わない)または産業(公的産業か民間産業かは問わない)は、就業および余暇の期間中に労働者の健康、力および活力を促進し、かつ健康的で幸福な生活を送るための基本的要件である健康を離職後にも促進するような、あらゆる行動をとるよう求められる」ということにもなる[246]。

裁判所が言渡したさまざまな指示のなかには、「被雇用者州保険法または労働者補償法が適用されるか否かに関わらず、すべての工場に対し、……すべての労働者を強制健康保険の対象とする」よう求める命令が含まれている[247]。

> カナダとインドの最高裁判所が検討した事件は、健康に対する権利自体が国内法に含まれていない場合でも、国内裁判所の裁判官は必ずしも、権利侵害を受けやすい立場に置かれた集団の健康権を保護するための法的手段を奪われるわけではないことを示している。
> - カナダでは、医療サービスに平等にアクセスする権利を参照すると同時に、平等に対する権利をダイナミックかつ目的適合的に解釈することによって対応がとられた。
> - インドでは、とくに社会正義を扱っている他の憲法規定に照らしながら生命に対する権利を幅広く解釈することによって、対応がとられた。

9. 経済的・社会的・文化的権利の保護における裁判官・検察官・弁護士の役割：得られた教訓

本章が示すように、法曹は経済的・社会的・文化的権利の保護を促進するうえできわめて重要な役割を果たす。その役割は、社会でもっとも権利侵害を受けやすい立場に置かれた集団にとってはとりわけ重要である。一部の国ではなお、これらの権利が侵害されたという訴えについて、このような問題は行政府の権限に係るものであるとして裁判所が司法判断を行なうのに消極的な態度をとる場合が

---

246 Ibid., loc. cit.
247 Ibid., p.73.

あるが、社会的問題について裁判所がこのような消極的役割しか果たさないことは、ますます時代錯誤的になりつつあるというだけではなく、法的に維持することがとりわけ困難になっていると思われる。経済的・社会的・文化的権利の行使に関わるありとあらゆる問題が司法判断にふさわしいと結論するものではないが、本章では、多くの問題は司法判断にふさわしいことを明らかにしてきた。また、とくに貧困層や権利侵害を受けやすい立場に置かれた人々が効果的な法的救済を利用できなければ、これらの人々または集団は、絶望と窮乏のあまり、南アフリカの事件のように自らが法であるという立場で行動する以外に選択肢がなくなってしまうかもしれないことも、本章で明らかにしてきたとおりである。

10. おわりに

　経済的・社会的・文化的権利の問題は幅広く複雑であるため本章で扱った範囲も必然的に限定され、これらの権利の重要な側面をいくつか取り上げるに留まった。本章が示してきたのは、とくに、国連憲章が起草されて以来ずっと、市民的・政治的権利と経済的・社会的・文化的権利はその真の充足のために本質的に相互依存関係にあるという見解がとられてきたということである。このような統合的アプローチは社会権規約委員会も強調してきており、本章で分析した国内判例も支持している。

　社会権規約委員会は、一般的意見を通じて、社会権規約に掲げられたいくつかの権利について締約国が負っている法的義務に関する詳細な解釈も提示してきている。これらの権利の規範的内容の法的精緻化の向上は、政府にとってのみならず国内裁判所の裁判官にとっても、その解釈・適用対象が規約そのものかその他の形態の立法かに関わらず、歓迎すべき有益な手段である。

　ただし、経済的・社会的・文化的権利を保護する政府の法的責任の定義の向上とあわせて、市民的・政治的権利を擁護するという確固たる決意も維持されなければならない。法の支配にもとづいて市民的・政治的権利が効果的に保護されることがなければ、経済的・社会的・文化的権利も空手形に留まる可能性が高いためである。

第15章
犯罪・人権侵害被害者の保護および救済

第15章　犯罪・人権侵害被害者の保護および救済

第15章
犯罪・人権侵害被害者の保護および救済

学習の目的
- 犯罪・人権侵害が被害者に及ぼす影響について参加者の感受性を高めること。
- 犯罪・人権侵害被害者の保護および救済について定めた現行国際法上の規則について参加者が習熟できるようにすること。
- 犯罪・人権侵害被害者に対して保護および救済を提供するために国がとらなければならない措置を特定すること。
- 犯罪・人権侵害被害者を保護するうえで裁判官・検察官・弁護士がどのような可能性を有しているかについて参加者の意識を高めること。

設問
- あなたの意見では、普通犯罪の被害者はどのようなニーズ、問題および利益を有しているか。
- あなたの国では、普通犯罪の被害者に対してどのような法的保護および(または)救済措置が用意されているか。たとえば普通犯罪の加害者によって虐待・不当な取扱いを受けた人などについて例を挙げて示すこと。
- あなたが職責を遂行している国で、犯罪被害者はなんらかの特別な問題に直面しているか。
- 直面しているとすれば、それはどのような問題で、状況を是正するためにどのような対応がとられているか。
- あなたの国では、虐待された女性・子どもなど、とくに権利を侵害されやすい立場に置かれた被害者集団が存在するか。
- 存在するとすれば、そのような集団が虐待加害者を告発した場合にどのような保護措置がとられているか。
- あなたが活動している国では、証言後に生命が危険にさらされる可能性のあるその他の証人(情報提供者など)を保護するために何らかの措置がとられているか。それはどのような措置か。
- あなたが活動している国では、とくに次の類型に属する人々が人権を侵害された場合に、どのような法的保護および(または)救済措置が用意されているか。
  - 恣意的に拘禁されたと考える被拘禁者
  - 不当な取扱いを受けた被拘禁者(とくに女性・子ども)
  - 厳正独居拘禁の対象とされている被拘禁者

1041

- 誘拐・非司法的殺人の被害者またはその被扶養者
  - 裁判中に基本的な適正手続上の保障を享受できなかった犯罪者
  - 国によるまたはコミュニティもしくは家庭における虐待を受けている、またはそのような虐待の脅威に直面している女性・子ども
  - ジェンダー差別、人種差別その他の種類の差別を受けている人々
- あなたが職責を遂行している国で、人権侵害被害者はなんらかの特別な問題に直面しているか。
- 直面しているとすれば、それはどのような問題で、状況を是正するためにどのような対応がとられているか。
- あなたの国では、この点に関してとくに権利を侵害されやすい立場に置かれた集団が存在するか。
- 存在するとすれば、それはどのような集団で、どのような問題があり、また援助のためにどのような対応がとられているか。
- あなたは、人権侵害被害者に対する効果的な保護および救済を確保するさいの裁判官・検察官・弁護士としての自分の役割をどのようにとらえているか。
- 犯罪・人権侵害の加害者が不法行為について訴追されないことを意味する恩赦法または免責法について、あなたはどう考えるか。

関連の法的文書
国際文書
- 市民的及び政治的権利に関する国際規約(自由権規約、1966年)
- 経済的、社会的及び文化的権利に関する国際規約(社会権規約、1966年)
- あらゆる形態の人種差別の撤廃に関する国際条約(人種差別撤廃条約、1965年)
- 女子に対するあらゆる形態の差別の撤廃に関する条約(女子差別撤廃条約、1979年)
- 拷問及び他の残虐な、非人道的なもしくは品位を傷つける取扱いまたは刑罰を禁止する条約(拷問等禁止条約、1984年)
- 児童の権利に関する条約(児童の権利条約、1989年)
- 国際的な組織犯罪の防止に関する国際連合条約を補足する、人(とくに女性および児童)の人身取引を防止し、抑止及び処罰するための議定書(2000年)

* * * * *

- 世界人権宣言(1948年)
- 犯罪および権力濫用の被害者のための正義に関する基本原則宣言(1985年)
- ウィーン宣言および行動計画(1993年)

* * * * *

地域文書
- 人および人民の権利に関するアフリカ憲章(アフリカ人権憲章、1981年)
- 米州人権条約(1969年)
- 女性に対する暴力の防止、処罰および根絶に関する米州条約(1994年)
- 欧州人権条約(1950年)
- 暴力犯罪被害者の補償に関する欧州条約(1983年)

* * * * *

- 刑事法および刑事手続の枠組みにおける被害者の地位に関する、欧州評議会加盟国に対する閣僚委員会勧告8(85)11号(1985年)

1. はじめに

　本章では、基本的に異なっているが明らかに関連している2つの問題、すなわち犯罪被害者の保護および救済と、人権侵害被害者の保護および救済について取り上げる。一般的に言って、普通犯罪は私人として行動する者が国内刑法に違反して行なうものであり、政府は行なわれた違法行為について責任を有しないのが原則である。人権侵害にあたる行為は、国の名のもとでまたは国に代わって行動する機関または者によって、たとえば政府、議会、裁判所、検察官、警察官その他の法執行官によって行なわれる。ただし、後述するように、特定の場合には政府も私人の行為について責任を問われることがある。このような行為は、国際人権法および(または)国内憲法もしくは普通法にもとづく基本的権利および自由の侵害となる場合がある。もちろん犯罪被害者と人権侵害被害者との間にこのような区別が常に明確な形で存在するわけではないが、本章で扱う法的問題を提示するうえでは手ごろな出発点である。

　以上のことを踏まえつつ、本章全体を通じて念頭に置いておかなければならない重要な点として、犯罪被害者と人権侵害被害者は多くの共通の利益およびニーズをある程度まで有していることが挙げられる。医学的対応(情緒的問題のための援助を含む)、金銭的損害の賠償ならびにさまざまな形態の特別な保護および(または)援助が必要な可能性などである。このように、犯罪被害者と人権侵害被害者に関わって以下で取り上げる諸原則は、被害者のニーズおよび当該ニーズに対する社会の十分な対応の評価が行なわれるときは常に、相互に強化し合うものとしてとらえることができる。

　さらに、犯罪・人権侵害被害者のニーズおよび被害者への対応(被害者プログラムの確立を含む)に関して包括的な記述および分析を行なうことは、このように限られた枠組みのなかでは不可能なことにも注意しておかなければならない。近年、被害者の権利に対してますます注意が向けられるようになるにつれて、多くの調査研究が行なわれるようになっている。これらの調査研究は、法曹にとって、また犯罪・人権侵害被害者が違法行為の悪影響から回復するのを援助するよう求められるかもしれないソーシャルワーカーその他の専門家集団にとって、援助と刺激を与えてくれるかもしれない。推奨文献は**配布資料**1を参照〔邦訳では省略〕。

＊＊＊＊＊

本章の**前半**では、犯罪被害者の保護および救済について取り上げる。ただし見てわかるように、国際法では、被害者に十分な援助と支援を提供するよう政府に奨励する目的で被害者の苦境がもっと注目されるようにするための試みは行なわれてきたものの、普通犯罪の被害者の保護および救済という問題については詳しい規定が置かれていない。本章では、犯罪被害者が直面する問題についてのさらなる議論が喚起されることを望んで、現在存在する限られた規則を振り返る。主な目的は、司法手続のあらゆる段階で被害者の気持ち、ニーズおよび利益に正当な注意を払うことの重要性について、参加者の意識を高めることである。

さらに、普通犯罪というときには、不当な取扱い、殺人、人身取引、性的その他の虐待、窃盗、強盗等々といった伝統的な犯罪だけではなく、さまざまな種類の組織犯罪および汚職、さらにはたとえば比較的新しい類型であるサイバー犯罪[1]も対象とされていることを、指摘しておかなければならない。他方、異なる類型の被害者が有している(可能性がある)さまざまな利益について詳細に取り扱うことは不可能であり、本章では犯罪被害者の問題について比較的一般的に取り上げるに留める。

本章の**後半**で取り上げるのは、人権侵害被害者に対して効果的な保護および救済を提供する国の法的義務について定めた国際法上の規則である。この点については比較的明確ないくつかの規則が国際人権法で定められており、その内容は国際的監視機関による相当量の判例によってさらに明確にされてきた。本章で分析対象とするのは、とくに、人権の効果的保護を**確保する**国の一般的な法的義務であり、また人権侵害を**防止**し、人権侵害の訴えに対して**効果的な国内的救済**を提供し、ならびにそのような侵害を**調査**、**訴追**および**処罰**しかつ関係被害者に救済を提供する具体的義務である。人権侵害の**免責**の問題について

---

[1] この問題に関する国際条約としては、2001年11月23日にブダペストで調印された**サイバー犯罪条約**(ETS No.185)参照。同条約は、欧州評議会加盟国および起草に参加した非加盟国による署名のために開放されており、またその他の非加盟国による加入のために開放されている。発効のためには、欧州評議会加盟国のうち少なくとも3か国を含む5か国の批准が必要である。2002年6月23日現在、同条約はアルバニアしか批准していない。http://conventions.coe.int参照。

も取り上げる。最後に、犯罪・人権侵害被害者に対する保護および救済の提供において法曹が果たす役割について勧告するとともに、若干の結語をもってしめくくる。

2. 犯罪被害者の保護および救済

2.1 関連の法規定

2.1.1 国際的レベル

普通犯罪の被害者の権利を取り上げた国際条約は存在しないが、国連総会は1985年に**犯罪および権力濫用の被害者のための正義に関する基本原則宣言**を採択した。その内容は、第7回国連犯罪防止犯罪者処遇会議がコンセンサスで承認したものである[2]。実施の促進のために『**犯罪および権力濫用の被害者のための正義に関する基本原則宣言の実施に関する実務家向けガイド**』が作成され[3]、国連経済社会理事会は、1990年5月24日の決議1990/22で、第8回国連犯罪防止犯罪者処遇会議に対し、このガイドを広く配布するよう促している[4]。

宣言は、犯罪および権力濫用の被害者の概念を定義するとともに、司法および公正な取扱い、被害弁償、被害賠償ならびに援助にアクセスする被害者の権利について定めている。権力濫用の被害者の取扱いに関しては後掲3節で検討する。

『実務家向けガイド』が指摘するように、宣言に掲げられた諸原則は、「その発展段階および制度に関わらずすべての国に対して、かつすべての被害者に対して差別なしに適用される」[5]。これらの諸原則はさらに、「中央および地方の政府、刑事司法制度の運営を担当する機関および被害者と接触するその他の機関ならび

---

[2] UN doc. E/CN.15/1997/16, Use and application of the Declaration of Basic Principles of Justice for Victims of Crime and Abuse of Power, note by the Secretary-General, para.1.参照。

[3] UN doc. A/CONF.144/20, Annex, Guide for Practitioners Regarding the Implementation of the Declaration of Basic Principles of Justice for Victims of Crime and Abuse of Power (hereinafter referred to as UN doc. A/CONF.144/20, Annex, Guide for Practitioners).

[4] UN doc. A/CONF.144/20.

[5] UN doc. A/CONF.144/20, Annex, Guide for Practitioners, p.3, para.1.

に個々の実務家に対し、被害者の権利に対応した責任を課す」ものである[6]。宣言3項は次のように明示的に定めている。

> 「ここに掲げられた規定は、人種、皮膚の色、性、年齢、言語、宗教、国籍、政治的その他の意見、文化的信念または慣行、財産、出生または家族の地位、民族的または社会的出身および障害等によるいかなる区別もなしに、すべての者に適用される」

最後に、興味深い点として注意しておきたいのは、2002年6月24日現在未発効であるものの、国連総会で2000年11月15日に採択された**国連国際組織犯罪防止条約**が、25条で「被害者に対する援助およびその保護」に関する具体的規定を置いていることである。同条約を補足する**人(とくに女性および児童)の人身取引を防止し、抑止及び処罰するための議定書**6条は、「人身取引の被害者に対する援助およびその保護」についてさらに詳細な規則を定めている。これらの規定は**配布資料2**を参照〔邦訳では省略〕。ただし、国際組織犯罪防止条約を批准しているのは発効に必要な40か国のうち15か国にすぎない(2002年6月24日現在)ため、本章ではこれ以上は扱わない。同日現在、議定書の批准国数は12か国である。

2.1.2 地域レベル

地域レベルでは、欧州評議会加盟国が1983年に**暴力犯罪被害者の補償に関する欧州条約**を締結しており、同条約は1988年2月1日に発効した。2002年6月23日現在の批准・加盟国数は合計15か国に達している[7]。同条約は、被害者に対する援助が「犯罪者の刑事処遇と同等に犯罪政策の一貫した関心事とならなければならない。このような援助には、心理的苦痛を緩和し、かつ被害者の身体的傷害に対して補償を行なうための措置が含まれる」という意識の高まりに応えて起

6　Ibid., p.3, para.2.
7　ETS No.116, at Treaty Office on http://conventions.coe.int.参照。

草されたものである[8]。このような条約は、「犯罪が引き起こす社会的紛争を抑制し、理性的かつ効果的な犯罪政策の適用をより容易にする」目的で被害者に補償を行なうためにも必要と考えられた[9]。

条約の基調をなす関心事のひとつは、犯罪者が逮捕されないため、失踪したためまたは支払手段を有していないために実際にはいかなる補償もめったに得られない被害者またはその被扶養者に対し、国が介入して補償できるようにするための補償体制について定めることである[10]。もうひとつの関心事として、欧州評議会加盟国間を行き来する外国人への保護を向上させることがある[11]。

欧州評議会の欧州犯罪問題委員会が「条約の適用について継続的に情報を受ける」ものとされ、締約国は欧州評議会事務総長に対し、「条約が対象とする事項についての法律または規則の規定について関連するいかなる情報も」通知するものとされる(13条)。

同条約に定められた諸原則についてさらに詳しくは、**補償**に限定されるかぎりにおいて後掲2.2および2.4.3参照。

欧州評議会閣僚委員会は、**刑事法および刑事手続の枠組みにおける被害者の地位に関する勧告8(85)11号**によって、身体的・心理的・物質的・社会的危害を受けており、そのニーズが「刑事司法手続のすべての段階を通じていっそう考慮されるべき」[12]である被害者を保護する必要について、さらに詳しい規定を設けた。勧告前文は、刑事司法制度の運用において「被害者の問題を緩和するよりもむしろ悪化させる傾向がときとしてあった」こと、「被害者のニーズを充足し、かつその利益を保護することは刑事司法の基本的機能でなければならない」こと、「刑事司法に対する被害者の信頼を高め、かつとくに証人としての被害者の協力を奨励することも重要である」ことを指摘している[13]。さらに、被害者を援助す

---

8 Explanatory Report on the European Convention on the Compensation of Victims of Violent Crimes, http://conventions.coe.int/treaty/en/Reports/Html/116.htm (Council of Europe web site), p.1, para.1 (hereinafter referred to as Explanatory Report)参照。ただしこの説明書は、「条約に掲げられた規定の適用を容易にするような性質のものではあるかもしれないが、条約の有権的解釈を示す文書ではない」(p.1, para II)とされる。
9 Ibid., p.3, para.7.
10 Ibid., p.1, para.1.
11 Ibid., p.2, para.3.
12 前文第5・第7段落。
13 前文第2・第3・第4段落。

るための措置は、「社会規範の強化および犯罪者の更正といった刑事法および刑事手続の他の目標と必ずしも対立するものではなく、それどころかその達成および被害者と犯罪者の最終的和解の役に立つかもしれない」[14]。したがって欧州評議会加盟国は、勧告に掲げられた次の点に関わる指針にしたがって「自国の立法および実務を見直す」よう求められている。

- ◎ 警察段階
- ◎ 訴追
- ◎ 被害者の尋問
- ◎ 裁判手続
- ◎ 執行段階
- ◎ プライバシーの保護
- ◎ 被害者の特別な保護
- ◎ 紛争解決体制
- ◎ 調査研究

これらの刑事司法の運営段階のうち最初の7つに関わる勧告については、以下、適当な文脈において取り上げる。他方、本章では紛争解決体制およびこの分野におけるさらなる調査研究の促進については扱わない。ただし、犯罪者・被害者間の調停は、とくに比較的軽微な事件の場合、正義を追求し、かつ反社会的行動に対応する興味深い方法になりうることには留意しておくべきである。とはいえ、刑事司法分野で紛争解決体制を利用することの長所および短所は多面的な問題であり、本章の範囲を超える。

2.2 被害者の概念

犯罪および権力濫用の被害者のための正義に関する基本原則宣言1項によれ

---

14 前文第6段落。

ば、「被害者」とは次の者をいうとされる。

> 「加盟国で適用される刑事法(権力の犯罪的濫用を禁じた法律も含む)に違反する作為または不作為により、個人としてまたは集団として、身体的または精神的危害、精神的苦痛、経済的損失または基本的権利の実質的侵害を含む被害を受けた者」

この定義は、犯罪行為の結果として人々が受ける多くの被害類型を網羅したものである。その類型は、危害または損害が積極的行為または不作為のいずれの結果によるものであるかを問わず、身体的および心理的危害から権利に対する財政的その他の形態の損害にまで及んでいる。

きわめて重要なのは、宣言2項によれば、「加害者が特定され、逮捕され、訴追されまたは有罪判決を受けているかに関わらず、かつ加害者と被害者との間の家族関係の有無を問わず」、人は被害者と見なされうるという点である。同じ規定では次のようにも述べられている。

> 「『被害者』にはまた、適切な場合には、直接の被害者の肉親または被扶養者、および苦しんでいる被害者を援助するためにまたは被害を防止するために介入したさいに被害を受けた者も含まれる」

最後に、前掲2.1.1で指摘したように、宣言の規定は、3項によれば、このマニュアルの第13章で取り上げた国際人権法上の平等および差別の禁止の原則に全面的にしたがい、同項に列挙された事由またはその他の事由にもとづくいかなる種類の区別もなしに、すべての者に適用される。

*****

暴力犯罪被害者の補償に関する欧州条約は、「被害者」概念について明示的な定義を設けていない。また、その名称から明らかなように、条約の枠組みはやや限定的であり、「補償が他から完全に得られない」場合にのみ犯罪被害者に補償を行なうよう各国に義務づけるに留まっている。さらに、補償を受ける資格があるのは次の2つの類型に当てはまる被害者のみである。

- ◎ 「意図的な暴力犯罪を直接原因とする重大な身体的傷害または健康被害を受けた者」
- ◎ 「当該犯罪の結果として死亡した者の被扶養者」(2条1項(a)および(b))

ただし条約にいう被害者には、犯罪を防止しようと試みたとき、または「犯罪の防止、容疑者の逮捕もしくは被害者の援助について警察を援助した」ときに傷害を受けまたは殺された者も含まれる場合がある[15]。

2条で明らかにされているように、条約は犯罪行為一般についてではなく暴力犯罪との関連に限って補償に対する権利を定めたものであるし、被害を受けた者に対するその他の種類の支援および援助は予定していない。このやや制約的なアプローチは、犯罪被害者に対する建設的支援、刑事司法制度全体を通じて利用可能とされるべき支援の提供という面で条約が持ちうる影響を限られたものにしているようにも思われる。しかし、刑事法および刑事手続の枠組みにおける被害者の地位に関する勧告(1985年)は、法的拘束力こそないものの、犯罪被害者が直面する問題に対していっそうホリスティックなアプローチをとっている。これは被害者中心のアプローチであり、警察段階から執行段階に至る刑事手続のすべての段階を網羅するとともに、被害者が有している可能性がある特別な保護のニーズも考慮に入れたものである。

* * * * *

法曹が重要なこととして認識しておかなければならないのは、犯罪被害者への影響は必ずしも身体的傷害および財産の損失に限られるものではなく、「金銭的救済を得て損害を受けた財の交換をするさいの時間の損失」も含まれる場合があるということである[16]。さらに、心理的レベルでは、被害者は不信感に苦しむとともに、この反応の後にショック・解離状態、または恐怖および怒りの状態さえも訪れる可能性がある[17]。それどころか、犯罪の原因を探し求めるときに、被害者自身が犯罪に対する罪悪感を経験することもあるのである[18]。犯罪に対す

---

15 Explanatory Report, p.6, para.20.
16 UN doc. A/CONF.144/20, Annex, Guide for Practitioners, p.3, para.5.
17 Ibid., p.3, para.6.
18 Ibid., loc. cit.

る人々の反応はそれぞれであり、だれもが重大なまたは長期的な影響に苦しむわけではないものの、情緒的反応はすべての者に影響を与える可能性があり、担当機関がそのような感情にまったくまたは不十分にしか対応しなければ、怒りおよび恐怖の感情を悪化させかねない[19]。『実務家のためのガイド』は次のように述べる。

「紛争を平和的にかつ秩序だった形で解決できるかどうかは、被害者の期待に応えることにより、その尊厳に対する共感と尊重を示せるかどうかにかかっている」[20]

2.3 司法運営における被害者の取扱い

司法運営における被害者の立場を向上させようというこれまでの国際的レベルでの試みにおいて、国内司法制度がしばしば加害者および加害者と国との関係にばかり焦点を当て、被害者の権利、ニーズおよび利益を排除してきたことは認められている。この分野の国際法はなお未発達なままだが、若干の有益な指針は策定されてきており、以下、司法運営の実際の機能に関わる論理的順序にしたがって述べる。

第一義的関心は、一般的には、権利をなんらかの形で侵害された者が、正義の対応がとられたと感じられるようにするところに置かれるべきであると、最初に言っておいたほうがよいであろう。したがって、重要な点として常に念頭に置いておかなければならないのは、刑事司法制度で働くすべての者は、犯罪被害者がこれ以上失望しないようにするため、被害者の関心、ニーズおよび利益に尊重の念と理解を示さなければならないということである。そうしなければ、無思慮と配慮の欠如によって、被害者の苦痛および失望を不必要に大きくしてしまいかねない[21]。

19　Ibid., p.4, paras.7-8 and 11.
20　Ibid., p.4, para.9.
21　Ibid., see p.10, para.31.

被害に苦しむ人々に対して正義を確保するために、司法上および行政上の機構を確立・強化することもきわめて重要となる。基本原則宣言5項で述べられているように、犯罪被害者は、「迅速な、公正な、安価なかつアクセスしやすい公式のおよび非公式の手続を通じて救済を得ることができるようにされるべきである」。同じ規定によれば、被害者は「そのような機構を通じて救済を求めるにあたって自己の権利を知らされるべきである」。後述するように、この情報提供義務は、犯罪被害者に関わるさまざまな法執行機関の責任の重要な一部を占めている。

2.3.1 警察による被害者の取扱い

犯罪が行なわれた後、被害者が司法制度と最初に接触するのは通常は警察を通じてであり、この接触は司法手続が進められる間、相当の期間続く。この最初の接触時に警察がどのように対応するかが、刑事司法制度そのものに対する被害者の態度に決定的な影響を及ぼす場合がある。したがって、刑事手続のこの初期の段階における警察の役割はきわめて重要である[22]。

基本原則宣言は警察の行動についてほとんど指針を示していないが、4項では、被害者は「共感およびその尊厳への尊重をもって取り扱われるべきである」という一般的指摘が行なわれており、この規則は警察に対しても同様に当てはまる。警察に対する明示的言及が見られるのは16項のみで、そこでは、被害者のニーズへの感覚を高めるために訓練を提供され、また適切かつ迅速な援助を確保するための指針が示されるべき集団のひとつに警察官が挙げられている。

しかし、警察による犯罪捜査にも適用されるものとして解釈されるべき6項によれば、「被害者のニーズに対する司法手続および行政手続の敏感な対応が、〔とくに〕次のような措置によって促進されるべきである」とされている。

22　Ibid., p.10, para.36.

- ◎ 「被害者の役割、訴訟手続の範囲、時期および進展ならびに事件の処理について、とくに、深刻な犯罪が関わっておりかつ被害者がそのような情報を求めた場合に、被害者に知らせること」(6項(a))
- ◎ 「訴訟手続において被害者の個人的利益が影響を受ける場合に、手続の適切な段階において、被告人の利益を害さずかつ関連の国内刑事司法制度に一致する形で、被害者の意見および関心事が提出および検討されることを認めること」(6項(b))
- ◎ 「法的手続全体を通じて被害者に適切な援助を提供すること」(6項(c))

*****

欧州評議会・被害者の地位に関する勧告によれば次のとおりである。

- ◎ 「警察官は、被害者に対して共感的に、建設的にかつ安心させるような方法で対応する訓練を受けるべきである」(第I部A、パラ1)
- ◎ 「警察は、被害者に対し、援助、実際的および法的助言、犯罪者からの賠償ならびに国の補償を受けられることについて知らせるべきである」(第I部A、パラ2)
- ◎ 「被害者は、警察の捜査の結果について情報を得ることができるべきである」(第I部A、パラ3)
- ◎ 「検察機関に対するいかなる報告書においても、警察は、被害者がこうむった危害および損失について可能なかぎり明確かつ完全な陳述を行なうべきである」(第I部A、パラ4)

*****

以上の規定から、警察の役割の**第1の**重要な側面は正当な礼儀と尊重を示すことであることがわかる。警察はまた、「犯罪が個別にかつ適切にとらえられている」と被害者が感じられるようにもしなければならない。したがって警察官は、被害者の欲求不満感や怒り・恐怖・不安感の増幅を防ぐため、犯罪がたいしたものではないという印象、真剣にとらえられていないという印象が伝わらないよう

にするべきである[23]。このように、被害者に対する尊重、共感および理解が、この段階における警察の行動の特質とされなければならない。これには、専門用語をできるかぎり避け、被害者が理解できる言葉で語りかける姿勢も含まれる。

　第2に、警察は、援助、補償その他の種類の支援をどのように受けられるかを犯罪被害者に知らせるうえでとくに適した立場にある。たとえば警察は被害者を特別援助機関に紹介することもできるし、被害者はこの段階では動転しすぎていて口頭で与えられた情報をすべて咀嚼できない場合もあるので、情報は口頭・書面の両方で提供することが望ましい[24]。これとの関係では、警察は、犯罪は容認されないこと[25]、被害者の事件を全力で捜査することを強調することにより、被害者を安心させるよう試みてもよいだろう。

　警察が果たす**第3の**重要な役割は、司法手続に関わるさまざまな重要な情報を被害者に伝えることである。被害者ならびにそのニーズと利益に関連がある情報を継続的に共有することは、刑事手続に参加していると被害者が感じられるようにするという、刑事司法制度でずっと軽視されてきた側面を確保するうえで基本的重要性を有する。とりわけ、被害者が手続でどのような役割を果たす可能性があるかについては十分情報が知らされる必要がある[26]。ここでも、このようなあらゆる情報は口頭・書面の両方で被害者に伝えられることが望ましい。そのためによくできたガイドがあれば、役に立ちうる[27]。

　情報の問題について重要な点としてあらためて繰り返しておかなければならないのは、欧州評議会・被害者の地位に関する勧告によれば、被害者は警察の捜査の結果について情報を入手できるべきであること、また最後に「検察機関に対するいかなる報告書においても、警察は、被害者がこうむった危害および損失について可能なかぎり明確かつ完全な陳述を行なうべきである」ことである。いずれの点も、権限ある機関が自分の問題とニーズを正当に考慮してくれていると被害者を安心させるうえで、きわめて重要である。警察の捜査の結果

23　Ibid., p.11, para.38.
24　Ibid., p.11, paras.39-41.
25　Ibid., see p.11, para.39.
26　Ibid., see p.11, para.41.
27　Ibid., loc. cit.

について被害者に情報を提供しなければ、刑事司法制度に対する被害者の信頼、また犯罪およびその影響に対処する被害者の能力を損なう可能性がある。さらに、犯罪が被害者に及ぼした影響について検察機関が詳細かつ十分な報告を受けていなければ、検察は不法行為の重大性を十分に評価できない可能性があり、ここでも被害者に自分は軽視されていると感じさせ、司法手続に対する信頼を失わせることになりかねない。

> 警察は、いかなるときにも、犯罪被害者に対する尊重および礼儀を示さなければならない。警察は、犯罪の結果としてこうむった危害および損失について利用可能な支援、援助および補償についての情報を犯罪被害者に提供するべきである。警察は、刑事手続で被害者が果たす可能性のある役割についての情報も含め、その他の関連の情報を犯罪被害者と共有するべきである。警察は、捜査の結果について被害者に知らせるとともに、検察に対し、当該犯罪が被害者に及ぼした(及ぼし続けている)影響について詳細な情報を提供するべきである。警察が尊重の念と理解をもって被害者を取扱い、かつ被害者と関連の情報を共有することは、刑事司法制度への信頼を促進する一助となる。

2.3.2 検察による被害者の取扱い

警察の場合と同様、基本原則宣言は検察機関が犯罪被害者にどのように対応すべきかについて明示的に扱っていないが、同じ一般的原則が当てはまる。したがって、検察もまた被害者を「共感およびその尊厳への尊重をもって」取扱わなければならないし、その役割、手続の範囲、時期および進展ならびに捜査の結果について情報を提供しなければならない。さらに、上述したのと同じ理由から、被害者がその意見および関心事を伝えることを認めなければならない。

＊＊＊＊＊

欧州評議会・被害者の地位に関する勧告によれば次のとおりである。

- ◎ 「犯罪者を訴追するか否かの裁量的決定は、被害者の補償の問題(犯罪者がこのために行なったいずれかの真剣な努力を含む)を正当に考慮せずに行なわれるべきではない」(第I部B、パラ5)
- ◎ 「被害者は、訴追に関わる最終決定について知らされるべきである。ただし、被害者がこの情報を望まない場合はこのかぎりでない」(第I部B、パラ6)
- ◎ 「被害者に対しては、訴追しないという決定について権限のある機関による再審査を求める権利または私的手続を開始する権利が認められるべきである」(第I部B、パラ7)

＊＊＊＊＊

『実務家向けガイド』に記されているように、刑事司法制度は国によって異なり、被害者が果たす役割も同様である。たとえば、被害者が検察側証人としてしか機能できない国もあれば、自ら訴追できる国もある[28]。しかし、現行司法制度の如何に関わらず、被害者に対する情報提供の問題は、基本原則宣言と被害者の立場に関する勧告の双方が示すように、事件が検察に委ねられる場合でも、手続全体を通じて基本的重要性を有することには変わりがない。検察官事務所が被害者に配布する一般的価値のある情報に加えて、被害者の事件についての具体的資料も提供されるべきである。被害者が捜査のなかで建設的な役割を果たせるようにし、かつ刑事司法制度への幻滅を防止するために、検察機関が伝達する情報は関連性のある十分なものでなければならない[29]。

とりわけ重要なのは、「自分の事件が全面的にかつ注意深く検討されたと被害者が信じること、および、訴追するか否かの決定に対して被害者が信頼を抱くことである」[30]。欧州レベルで認められているように、訴追見送りの決定に満足しない被害者に対し、再審査を求める権利または私的手続を開始する権利が認められることも重要である。再審査の権利については、上級検察官、裁判所ま

28　Ibid., p.14, para.51.
29　Ibid., see p.14, para.52.
30　Ibid., p.15, para.54.

たは場合によりオンブズマンによる審査など、実務上はさまざまな機構が採用されている。もうひとつの可能性は私的訴追である[31]。

> 検察機関は、いかなるときにも、犯罪被害者に対する尊重および礼儀を示すべきである。検察機関は、捜査における被害者の役割ならびに手続の範囲、時期および進展について、被害者に常に情報を知らせておくべきである。検察機関は、被害者に対して捜査の結果について知らせるべきである。ただし、少なくとも欧州レベルでは、被害者がこのような情報を知らされたくないと考える場合はこのかぎりでない。権限のある機関が訴追見送りの決定をしたときは、被害者は、当該決定を再審査される権利を認められるべきであり、または私的訴追を行なうことができるべきである。

2.3.3 刑事手続における被害者の尋問

犯罪被害者を「共感およびその尊厳への尊重をもって」取扱う義務(基本原則宣言の原則4)は、被害者の尋問の文脈においてとくに関連してくる。このことは、警察、検察官または法廷裁判官のいずれが尋問を行なう場合でも同様である。法廷で証言することは、とりわけ被害者がそれ以前に刑事司法制度に触れたことがない場合には、とくに萎縮する経験につながりやすい[32]。法廷で証言しなければならない被害者に具体的援助を提供することは、「自分が適切に参加できたと被害者が感じること、および、法廷が最善の証拠を入手することを確保する」ために有益となる可能性がある[33]。被害者に対する特別な援助は、強姦や児童虐待の被害者にとってはとりわけ価値のあるものとなろう。この点では、訓練を受けたカウンセラー、録画ビデオによる証言またはダイレクト・ビデオリンクの活用が役に立つ可能性があるし、被害者が自分自身の法的助言者を得られるよう法律扶

---

31 Ibid., loc. cit.
32 Ibid., see p.15, para.55.
33 Ibid., loc. cit.

助を行なうことも考えられる。このことは、とくに被害者の民事上の請求が刑事訴追と同時に審理されるときは、とりわけ重要である[34]。

＊＊＊＊＊

　欧州評議会・被害者の地位に関する勧告によれば、被害者は、手続のあらゆる段階において、「その個人的状況、権利および尊厳を正当に考慮した方法で尋問されるべきである。子どもおよび精神病者または精神障害者の尋問は、可能でありかつ適切な場合には常に、その親もしくは保護者または援助の資格を有する他の者の立会いのもとで行なわれるべきである」(第I部C、パラ8)。

＊＊＊＊＊

　上述した類型に当てはまる犯罪被害者とは別に、尋問との関係で特別な援助および支援を必要とする可能性がある者には、人身取引、人種的動機にもとづく犯罪行為またはテロ行為の被害者が含まれる。たとえば被害者が外国人で地域の言語を話せないときは常に、被害者が尊厳をもって取扱われること、あらゆる関連の情報が被害者の理解する言語で伝えられることを確保するためにとくに注意が払われなければならない。特別な援助は、マイノリティ集団に属する犯罪被害者を支え、安心させるためにも必要となる場合がある。

> 警察、検察官または裁判官による犯罪被害者の尋問は、共感およびその尊厳への尊重をもって行なわれなければならない。被害者を安心させ、かつ被害者が手続において適切な役割を果たせるようにするために、法廷で証言する被害者に対する特別な援助が必要となる場合もある。特別な援助が必要となるのは、とくに、性犯罪、児童虐待、人身取引またはテロ行為の被害者ならびに外国籍、マイノリティ集団の構成員および障害者である被害者の場合などである。

34　Ibid.

2.3.4 被害者と刑事裁判手続

　基本原則宣言6項は裁判手続も対象としている。すなわち被害者は、たとえば、手続の時期および範囲や被害者が果たすよう期待されている役割について知らされるべきだということである。前述のように、被害者に特別な援助を提供することはこの段階でも有益な場合がある。このような援助は宣言6項(c)で構想されている。被害者にとっては、事件の処分が不必要に遅延しないようにすることも重要である。

＊＊＊＊＊

　欧州評議会・被害者の地位に関する勧告によれば、被害者は次の点に関する情報を知らされるべきだとされる。

- ◎　「被害者に被害をもたらした犯罪に関わる審理の日時および場所」
- ◎　「刑事司法手続における(被害)弁償および補償、法的援助ならびに助言を得る機会」
- ◎　「事件の結果を知る方法」(第I部D、パラ9)

「刑事裁判所は犯罪者による被害者への賠償を命ずることができるべきで」あり、「法律において、賠償は刑事制裁もしくは刑事制裁に代わる措置としてまたは刑事制裁に加えて言渡すことができる旨が定められるべきである」(第I部D、パラ10-11)。

＊＊＊＊＊

　司法制度への信頼を喚起するため、裁判長は、被害者が裁判手続について正当に通知され、かつその意見が裁判所に十分に伝えられることを確保するべきである。手続の遅延または延期については被害者に正当に通知されるべきであるし、判決の入手方法についても知らされることが求められる。被害者がたとえば自分の請求を適切に起案できるよう、(被害)弁償および賠償について何らかの権利を有する場合はその権利について被害者が十分に知らされるようにしておくことも、裁判長にとって必要不可欠である。

> 犯罪被害者は、自分がその影響によって苦しんでいる犯罪に関わる裁判手続の日時および場所を知らされるべきであり、また手続の遅延または延期についても知らされるべきである。犯罪被害者は、当該犯罪について被害弁償または補償を得る権利を有している場合、その権利について適正に知らされるべきである。犯罪被害者は、当該犯罪に関わる判決の謄写を入手する方法について知らされるべきである。

2.3.5 私生活および安全の保護に対する被害者の権利

基本原則宣言の6項(d)によれば、被害者のニーズに対する司法手続および行政手続の敏感な対応が次の措置によって促進されるべきであるとされる。

「被害者にとっての不便を最小限にし、必要な場合にはそのプライバシーを守り、かつ、被害者、その家族および被害者に有利となる証人の安全を脅迫および報復から守るための措置をとること」

*****

この問題について、欧州評議会・被害者の地位に関する勧告は次のように述べている。

「犯罪の捜査および公判に関わる情報および広報の政策においては、被害者を、その私生活または尊厳に不当な影響を及ぼすいかなる公表からも保護する必要が正当に考慮されるべきである。犯罪の種別または被害者の特別の地位もしくは個人的状況および安全によってそのような特別の保護が必要となるときは、判決の言渡し前の公判を非公開で行なうか、または個人情報の開示もしくは公開を適切な限度に留めるかのいずれかの措置がとられるべきである」(第I部F、パラ15)

さらに、「必要と思われるときは常に、かつとくに組織犯罪が関係している

きは、被害者およびその家族は脅迫および犯罪者による報復の危険から効果的に保護されるべきである」ことも勧告されている(第I部G、パラ16)。

＊＊＊＊＊

　公表は、とくに被害の影響について法曹と公衆の両方を啓発するために重要であるかもしれないが、被害者にとっては大きな苦痛を与えるので、被害者の身元の公表は控えられるべきである[35]。公表は、児童虐待を含む性的虐待の場合や、身元の開示によって被害者の生命が危険にさらされかねない組織犯罪・テロリズムの場合に、とくに甚大な影響をもたらす可能性がある。原則として、マスメディアで被害者の身元を公表する前に被害者自身の同意を得るのがいずれにせよ望ましい[36]。

　被害者、証人およびその家族構成員の生命・安全が報復によって危険にさらされている場合、その身元の公表を控えるだけでは十分でない場合がある。司法機関は、その他の関連の情報の開始を控えること、その他の形態の特別の保護を提供することといった追加的措置をとらなければならないかもしれない。とくに重大な事例では、裁判手続を非公開で行なうことも必要になろう。ただし、国際人権法はそのような決定について具体的制限を課している(自由権規約14条1項、米州人権条約8条5項、欧州人権条約6条1項参照)。極端な場合、権限のある機関は、関連の被害者ならびに親族・証人に対し、警察による特別の保護を提供しなければならないことさえあるかもしれない。

> 権限のある機関は、必要なときには常に犯罪被害者のプライバシーを保護し、また被害者、その家族および被害者に有利な証人を脅迫および報復から保護するべきである。プライバシーおよび身体の安全に対する権利の特別な保護は、性的虐待や組織犯罪・テロリズムの場合にとくに必要とされることがある。原則として、被害者の氏名をマスメディアに開示する前に被害者の同意を得ることが常に望ましい。

35　Ibid., p.15, paras.56-57.
36　Ibid., p.15, para.57.

2.4 犯罪被害者に対する(被害)弁償および援助

2.4.1 一般的説明

　犯罪被害者に対する弁償・賠償・援助の問題は、必然的に、ここでは非常に一般的にしか扱わない。争点があまりにも複雑すぎて、これ以上詳細な分析ができないためである。したがってここでは、犯罪被害者が何がしかの正義の感覚を得られるようにするうえで国内司法機関の指針とされるべき一般的原則の概要を述べるに留める。犯罪被害者のニーズは、行なわれた犯罪の性質、犯行場所および被害者自身の状況によってさまざまである。

2.4.2 (被害)弁償

　基本原則宣言8項によれば次のとおりである。

　「犯罪者またはその行動に責任を有する第三者は、適切な場合、被害者、その家族または被扶養者に対して公正な被害弁償を行なうべきである。このような被害弁償には、財産の返還または発生した危害もしくは損失に対する支払い、被害の結果発生した費用の弁済、サービスの提供および権利の回復が含まれるべきである」

　9項によれば、「政府は、刑事事件において利用可能な量刑の選択肢として、他の刑事制裁に加えて被害賠償を設けることを考慮するために自国の実務、規則および法律を見直すべきである」。
　「(被害)弁償」とは、ここでは、犯罪者が被害者に対し、犯罪行為によって侵害された権利を回復することを意味する。もちろん、(被害)弁償が可能なのは盗まれた財産または金銭がまだ手元にある場合のみである。したがって、権利の回復が不可能な殺人といった暴力犯罪の場合、(被害)弁償は現実味のある解決策ではない。
　財産の返還や発生した危害・損失に対する支払いに加えて、被害者は一定の

費用の弁済も請求できる。このような請求を行なうためには、被害の結果発生した費用の明確な一覧が必要となる場合もある[37]。

> 犯罪に責任を有する者は、適切な場合には常に、発生した危害または損失について自己の犯罪の被害者に対し公正な(被害)弁償を行なうべきである。(被害)弁償を通じ、犯罪者は被害者に対し、侵害された権利を回復することになる。

2.4.3 被害補償

国から補償を得られるか否かに関わらず、犯罪との関係で受けた身体的もしくは心理的危害その他の被害について加害者から金銭的賠償を受けることは、「加害者が被害者に加えた害を認めたこととらえられる」という点で、被害者にとっては重要な要素となる場合がある。そのような賠償が裁判所によって命じられるのであれば、「それは国が被害者に関心を示していることの象徴ともなる」[38]。この種の承認は、関係する被害者にとって重要な癒しの効果を持ち、刑事司法制度への被害者の信頼も高める可能性がある。

この問題について、基本原則宣言12項は、「被害補償が犯罪者またはその他の財源から十分に得られないときは、国は、次の者に対して金銭的補償を行なうよう努めるべきである」と述べる。

「(a) 重大犯罪によって相当の身体的傷害または身体的もしくは精神的健康の損傷を受けた被害者

---

37 犯罪行為によって「環境に相当の危害が発生した場合に(被害)弁償を命じるときは、可能なかぎり、環境の原状回復、インフラストラクチャーの再建、コミュニティの施設の建替え、および、危害の結果コミュニティが移転せざるを得なくなったときは移転費用の弁済を含めるべきである」(基本原則宣言10項)。(被害)弁償は、このような場合、企業が環境にやさしい生産手段を用い、かつ環境災害の危険性を防止または最小化するための措置をとるよう勧奨する強力な手段となりうる。もうひとつの好例は、毒性の物質、または要求される安全措置を遵守しない輸送手段によって環境を害する可能性があるその他の物質の輸送である。ただし、複数の個人がいくつもの放火を行なったために広範囲の森や無数の住宅が焼失した場合、犯罪者による(被害)弁償は空論にすぎない。
38 UN doc. A/CONF.144/20, Annex, Guide for Practitioners, p.21, para.83.

(b) 当該被害によって死亡しまたは身体的もしくは精神的に無能力となった者の家族、とくに被扶養者」

最後に、宣言13項は次のように述べる。「被害者に対する補償のための国家基金の設置、強化および拡大が奨励されるべきである。被害者の国籍国が被害者に対して被害補償を行なう立場にないときなど、適切な場合には、この目的のためにその他の基金を設置してもよい」。

＊＊＊＊＊

暴力犯罪被害者の補償に関する欧州条約(1983年)1条にもとづき、締約国は、「この条約の第I部に定められた原則を実施するために必要な措置をとることを約束」している。すなわち、「補償が他の財源から十分に得られないときは、国は次の者に対する補償のために資金を拠出」しなければならない。

「a. 意図的な暴力犯罪に直接起因する重大な身体的傷害または健康の損傷を受けた者
b. 当該犯罪により死亡した者の被扶養者」(2条1項)

この規定から、被害者が国に補償される資格を得るためには犯罪が次の性質のものでなければならないことがわかる。

◎　「意図的」であること
◎　「暴力」犯罪であること
◎　「重大な身体的傷害または健康被害の直接の原因」であること[39]

条約の適用を意図的な犯罪に限る理由は、「それがとくに重大であり、かつ、膨大な範囲に及ぶ路上交通犯罪を含み、原則として〔私的保険や社会保障のような〕他の体制でカバーされている意図的ではない犯罪よりも補償が行なわれることが少ない」ためである[40]。

39　Explanatory Report, p.5, para.16.
40　Ibid., p.5, para.17.

傷害は身体的なものである必要はなく、「傷害または死亡を引き起こした心理的暴力(たとえば重大な威迫)の場合」にも補償は行なわれうる[41]。ただし、その傷害は常に「重大であり、かつ犯罪を直接の原因とする」ものでなければならない。換言すれば、犯罪とその影響との間に因果関係があることが証明されなければならない[42]。

　すなわち、条約は「軽微な傷害もしくは犯罪に直接起因しない傷害」も「他の利益、とくに財産に対する被害」も対象としていないということである。ただし、毒物の投与、強姦および放火は「意図的な暴力として取扱われる」[43]。

　条約2条2項によれば、補償は、「上記の場合においては、たとえ犯罪者を訴追または処罰することができなくても与えられる」。たとえば、未成年者や精神病者は訴追の対象とし、もしくは自己の行為に責任を有すると見なすことができない場合があるし、正当防衛のように必要に迫られて行動したという理由で犯罪者が訴追を免れることさえある。これらの場合でも、もちろん、被害者が他の財源から補償を得られないのであれば国から得られるようにすることが不可欠である[44]。

　3条はさらに、「補償は、犯罪発生地国によって、この条約の締約国の国民、および、欧州評議会のいずれかの加盟国の国民であって犯罪発生地国の永住者である者のいずれに対しても支払われる」と定めている。後者の被害者集団を含めた目的は移住労働者の保護の増進である[45]。条約は最低限の規定を定めたものであって、もちろん、締約国が利用可能な補償の範囲を広げること、または海外で発生した暴力犯罪の被害者である自国民もしくはすべての外国人に対しても補償を行なうことを妨げるものではない[46]。これとの関係で、国連・基本原則宣言3条が国籍にもとづく区別を禁じていることにも注意すべきである。

　もうひとつ注目に値することとして、欧州評議会・被害者の地位に関する勧告(1985年)によれば、刑事制裁としての補償は「罰金と同様に回収され、かつ加害者に対して課された他のいかなる金銭的制裁にも優先する。他のすべての場合に

41　Ibid., p.5, para.18.
42　Ibid., p.5, para.19.
43　Ibid., loc. cit.
44　Ibid., see p.6, para.21.
45　Ibid., p.7, para.25.
46　Ibid., p.7, para.27.

おいて、被害者は金銭の可能なかぎり早期の回収について援助を受けられるべきである」(第I部E、パラ14)。

補償対象：欧州評議会条約にもとづいていずれかの場合に行なわれる補償は、「少なくとも次の項目」を対象としなければならない(4条)。

- ◎ 逸失所得
- ◎ 医療費および入院費
- ◎ 葬祭費
- ◎ 被扶養者に関しては扶養料の逸失分

以上は、それぞれについて損失が立証されることを条件として「合理的な補償」が行なわれなければならない**最低**要件である[47]。国内法の規定によって、次のような他の項目も補償対象とされる場合がある。

- ◎ 「苦痛(*pretium doloris*)」
- ◎ 「予想される余命の短縮」
- ◎ 「犯罪に起因する能力喪失によって生じた追加支出」[48]

説明報告書によれば、「これらの項目に対する補償は、民事法にもとづく通常の慣行にしたがって社会保障または私的保険のために通常適用されている計算法にしたがい、補償を行なう国が算定する」[49]。

補償の条件：条約は補償の支給についてさまざまな条件を課している。第1に、条約では補償制度において「補償を支給しない上限および下限」を定めることが認められている(5条)。第2に、「同制度においては、補償の申請を行なわなければならない期限を定めることができる」(6条)。

補償のための資金は無限ではないので上限が必要となるかもしれず、下限の

47　Ibid., p.7, para.28.
48　Ibid., loc. cit.
49　Ibid., p.8, para.28.

設定は、被害者自身が補える軽微な損害は裁判官の関心事とはならない(*de minimis non curat praetor*)という原則によって正当と見なされる[50]。条約が「厳格な量的制限」を設けていないのは、財源も生活水準も国によって異なるという単純な理由からである[51]。

補償の請求期限については、犯罪の実行後可及的速やかにこのような請求が行なわれるのは次のような理由から重要とされる。

◎ 「被害者が身体的および心理的苦痛を覚えているときに援助が受けられる」ようにするため

◎ 「予想できない困難に直面することなく損害を確認および評価できる」ようにするため[52]

犯罪被害者に対して早期に専門的ケアが提供されることは、迅速な回復の可能性を高め、したがって立ち直りのためにかかる医療費その他の費用の削減にもつながりうる。

第3に、1983年条約にもとづく補償は、「申請者の財政状況を理由として」減額または却下することが可能である(7条)。これは、犯罪被害者に公的資金から補償を行なうことは「社会連帯の行為であるので、被害者またはその被扶養者が明らかに十分な所得を有している場合には不必要とされる場合がある」という考え方にもとづいている。他方、条約のいかなる規定も、「被害者またはその被扶養者の財政状況に関わらず」補償を行なうことは禁じていない[53]。

最後に、補償は次のことを理由としても「減額または却下する」ことができる。

◎ 「犯罪の前後または最中における、当該傷害または死亡に関連する被害者または申請者の行為」(8条1項)

50　Ibid., p.8, para.29.
51　Ibid., p.8, para.30.
52　Ibid., p.8, para.31.
53　Ibid., pp.8-9, para.32.

- ◎ 「被害者または申請者が組織犯罪に関与していることまたは暴力犯罪を行なう団体の構成員であること」(8条2項)
- ◎ 「支給または全額支給が正義の感覚または公共政策(公序)に反すること」(8条3項)

　第1の事由は、犯罪または発生した損害に関連する被害者の不適切な行動に関わるものであり、「被害者がたとえば特異なほど挑発的にもしくは攻撃的に行動することによって当該犯罪を誘発したとき、または犯罪的報復を通じて暴力の悪化を引き起こしたとき、および、被害者がその行為によって(たとえば合理的理由なく治療を拒否することによって)損害の発生または悪化を助長したとき」などを指している。この事由にもとづいて補償を減額しまたは支給しないことができるもうひとつの理由としては、被害者が「犯罪を警察に通報せず、または司法運営に協力しない」ときが挙げられよう[54]。

　補償を減額しまたは場合により却下する第2の事由は、被害者が「組織犯罪(たとえば麻薬取引)または暴力行為を行なう団体(たとえばテロ組織)の世界に属している」ときである。このような場合、被害者は「社会全体の同情または連帯を失うと見なされ、たとえ損害を発生させた犯罪が上述の活動と直接関わらないものであったとしても、補償を却下されまたは減額される」場合がある[55]。

　最後に、締約国は、補償が正義の感覚または公共政策(公序)に反するときは犯罪被害者に対する補償を減額しまたは却下することが可能である。このような場合、締約国は補償の支給について若干の裁量権を保持し、「連帯を示すことが公衆の感情もしくは利益に反し、または当該国の立法の基本原則に反することが明らかな一定の場合に」補償を行なわないことができる。たとえば「犯罪者として知られている者が暴力犯罪の被害にあった場合、たとえ当該犯罪が被害者の犯罪活動と関わりのないものであっても、補償を却下されることがありうる」[56]。

54　Ibid., p.9, para.34.
55　Ibid., p.9, para.35.
56　Ibid., p.9, para.36.

犯罪被害者に対する補償の減額または却下に関わる以上の原則は、暴力犯罪によって死亡した被害者の被扶養者にも同じように当てはまる[57]。

　関連するその他の問題：条約は、二重の補償の回避および代理人による権利の行使についての規定も設けるとともに、締約国に対し、「申請を行なう可能性がある者が制度に関する情報を利用できることを確保するために」適切な措置をとるよう求めている(9〜11条)。

　たとえば、9条にもとづいて二重の補償を回避するためには、「犯罪者またはその他の財源からすでに得た補償額を、公的資金から支払われる補償額から控除することができる。このようにして控除することのできる額を定めるのは締約国の役割である」[58]。被害者が公的資金から補償を受けた**後**に犯罪者から補償を受け取った場合、国は、その額に応じて補償金の全面的または一部返還を求めることができる[59]。このような状況は、たとえば、「苦しい状況にある被害者が、加害者もしくは加害機関に対してどのような対応をとるかの決定を待っている間に国から補償を支給された場合や、公的資金からの補償支給時には不知であった犯罪者が、その後発見されて有罪判決を受け、被害者に対して全面的または部分的に賠償を行なった場合」に生じうる[60]。

　公的補償制度が有益なものとなるためには、公衆がその存在について知っていなければならない。しかし研究によれば、このような制度を公衆が知らないためにめったに活用されていないことがわかっている[61]。このような状況を是正するため、条約11条は、犯罪被害者となる可能性がある人々が公的補償制度に関する情報を利用できるようにする義務を、締約国に課している。説明報告書によれば、「補償に関わる権利を被害者に知らせる主たる責任は、犯罪の直後に被害者に対応する機関(警察、病院、予審判事、検察官事務所等)にある。これらの機関は、権限ある機関が特別に発表した情報を利用できるようにされるべきであるし、実際上可能な場合には常にそれを関係者に配布するべきである」[62]。犯罪被害者が

57　Ibid., p.9, para.37.
58　Ibid., p.9, para.38.
59　Ibid., p.10, para.39.
60　Ibid., loc. cit.
61　Ibid., p.10, para.42.
62　Ibid., loc. cit.

利用できる金銭的その他の援助を広報するうえでは、マスメディアも有益な役割を果たすことが可能である[63]。

> 犯罪の結果として受けた身体的または心理的被害に対して犯罪被害者に補償を行なうことは、被害者に対する関心を重要な形で認めることである。そのような補償が加害者、または私的保険のようなその他の財源から十分に得られない場合、必要に応じて国が被害者またはその被扶養者に補償を行なうべきである。欧州レベルでは、欧州評議会加盟国は、暴力犯罪の被害者が他の財源から補償を得られない場合に補償を行なう条約上の義務を負う場合がある。ただし、このような補償は、とくに犯罪行為の実行に関わる被害者の行動に照らして、あるいは被害者が麻薬取引やテロリズムなどの組織犯罪に関与していることがわかっている場合には、減額または却下の対象となりうる。

2.4.4 援助

暴力犯罪の被害者は、さまざまな金銭上のニーズに加え、即座の、場合によっては長期的な医療ケアおよびその他の形態の援助も必要とする場合がある。これらのニーズは、国連・基本原則宣言14項で認められているところである。

「被害者は、政府による手段、ボランティアによる手段、コミュニティを基盤とした手段および地域固有の手段を通じて、必要な法的、物的、医学的、心理的および社会的援助を受けることができるべきである」

この規定は、国からの援助のみならず、コミュニティ団体や専門団体からのさまざまな形態の援助を予定したものである。犯罪被害者の具体的ニーズについて訓練を受けた専門職員がいる力強い地域団体・機関を発展させることによ

---

63 Ibid.

り、犯罪被害者のために多くのことをなすことができる[64]。援助に対するニーズは、被害者によっても、被害の影響によってもさまざまである。けがをした被害者が迅速な医療的援助を必要とするのは言うまでもない。このような援助は、犯罪が被害者にどのような影響を及ぼしたか記録し、犯罪者に対する刑事訴追または民事上の請求の証拠とするためにも必要不可欠である[65]。

基本原則宣言17項はさらに、「被害者にサービスおよび援助を提供するにあたっては、受けた被害の性質を理由として」、または宣言3項に掲げられた事由による差別のような要因を理由として「特別なニーズを有する者に、注意が払われるべきである」と強調している。実際、性犯罪被害者のような一定のグループの被害者は、たとえば強姦被害者への対応に熟練した医療従事者による長期的な精神的支援を含む、専門的な取扱いが必要となる場合がある。重大な性犯罪の被害者は、HIV/AIDSの問題により、かなりの長期間、医学的フォローアップが必要となるかもしれない[66]。テロ攻撃の被害者は、多くの場合、集中的な治療だけではなく、トラウマ経験と折り合いをつけるための、特別訓練を受けた専門家による被害直後のおよび長期的な心理的援助をいずれも必要とする。テロ行為のような大規模な犯罪事件では、仮設住宅、遺体仮保存所、食糧配給センター等の特別設備も必要になるかもしれない。国は、国・広域行政圏・地方の各レベルで不測事態対応計画を策定することによってこのような状況に対応する準備を整えておくべきであるし、装備や有資格要員のリストを定期的に更新しておくべきである[67]。

被害者は、犯行後、さまざまな**実際的**援助も必要とする場合がある。強盗の場合は鍵や被害を受けたその他の財産を修理しなければならないだろうし、放火やドメスティック・バイオレンスの被害者には一時的な宿泊場所が必要かもしれない[68]。それ以外の被害者も、犯行からしばらくの間は、買い物・家事の手伝いや小さな子どもたちの世話といった社会的支援サービスを必要とする場合がある。

援助制度が有効に機能するためには、本章全体を通じて強調しているように、

64　See UN doc. A/CONF.144/20, annex, Guide for Practitioners, p.23, para.92.
65　Ibid., p.25, paras.99-100.
66　Ibid., p.25, paras.101-102.
67　Ibid., see p.26, para.104.
68　Ibid., p.26, para.107.

その存在についての情報が必要不可欠である。基本原則宣言15項は次のように定めている。

「被害者は、利用可能な保健サービスおよび社会サービスその他の関連の援助について知らされ、かつそれに容易にアクセスできるようにされるべきである」

上述したように、犯罪被害者に対応するものの訓練の問題も重要であり、宣言16項は次のように定めている。

「警察官、司法職員、保健従事者、社会サービス従事者その他の関連要員は、被害者のニーズに対する感覚を高めるために訓練を受けるべきであり、かつ、適切かつ迅速な援助を確保するための指針を示されるべきである」

とりわけ重要なことは、警察官ならびに裁判官・検察官・弁護士などの法曹がしかるべき訓練を受け、犯罪が人間に及ぼす影響について健全な理解を有しておくことである。また、被害者が利用できる補償・援助制度についても十分に精通しておき、その情報が関係被害者に一貫してかつ効果的に伝えられるようにすることが求められる。

> 犯罪被害者は、金銭上のニーズに加えて、物的、医学的、心理的および社会的性質のさまざまなニーズを有している場合がある。そのような援助に対するニーズは、被害者の状況および犯罪の性質によって異なる。犯罪被害者に迅速かつ効果的な援助を提供できるようにするため、裁判官・検察官・弁護士を含むあらゆる関連の専門職集団は、被害者のニーズおよび利用可能な援助制度についての感覚を高めておかなければならない。

3. 人権侵害被害者の保護および救済

　本章の後半ではもっぱら人権侵害の被害者について取り上げる。普通犯罪の被害者に関わる状況とは反対に、国際法では、個人の権利・自由の侵害に相当する権力濫用に関わる国の責任については若干の明確な法的規則が確立されているところである。さらに、その規則は国際的監視機関が取扱ったたくさんの事件を通じてさらに発展してきた。しかし、ここでは国の一般的な法的義務を簡単に取り上げるのがせいいっぱいである。そのような義務としては、人権およびそれにともなう具体的な法的義務のうちもっとも関連性が深いものの**効果的保護を確保する**義務、人権侵害を**防止**する義務、**国内的救済**を提供する義務、ならびに、人権侵害の訴えを**調査**し、人権侵害を行なった疑いがある者を**訴追**し、かつ有罪とされた者を**処罰する**義務が挙げられる。最後に、人権侵害の被害者に対して**賠償**または**補償**を行なう義務と、人権侵害の**免責**の問題について検討する[69]。

　人権保護に関わる国のさまざまな義務について検討する前に、「被害者」の概念について分析を行なう。

3.1 被害者の概念

国連・基本原則宣言18項によれば次のとおりである。

> 「被害者とは、国内刑事法の違反には至らないものの、人権に関する国際的に認められた規範に違反する作為または不作為により、個人としてまたは集団として、身体的または精神的危害、精神的苦痛、経済的損失または基本的権利の実質的侵害を含む被害を受けた者をいう」

69　本章では、国際的監視機関が解釈の対象とする法的規則以外は検討の対象としない。しかし、人権侵害の被害者に対する救済の問題についてはとくに国連人権委員会も取り上げてきた。たとえばUN doc. E/CN.4/2000/62, The right to restitution, compensation and rehabilitation for victims of gross violations of human rights and fundamental freedoms, Final report of the Special Rapporteur, Mr. M. Cherif Bassiouni参照。とくに、同報告書に添付された「国際人権人道法違反の被害者に対する救済および賠償に関する基本原則および指針案」を参照のこと。

この定義はある意味で特殊である。第1に、ここでは国際人権基準の違反は刑事法の分野に限定されるという前提に立っているように思われる。もちろん、そうではない。このような違反は、家族法や相続法といった民事法の分野でも生じうる。関連する可能性がある他の法律分野としては、報道法、行政法、労働法、社会保障法、環境法などがある。

第2に、国内法に反しない作為・不作為であっても国際人権法の違反を構成する場合がある。国内法の規定の如何に関わらず、国は、国際的に認められた人権基準に違反する作為または不作為について国際的レベルで責任を問われるのが原則であり、違反の被害者に対して効果的救済を提供しなければその責任を免れない。

第3に、「実質的」侵害というのは解釈がやや困難であり、抽象的に考えていては十分な理解が不可能である。実際、被害者にとって侵害が「実質的」でなくとも、国による作為または不作為が国際人権基準違反となることはある。被害者は依然として国際法上の「被害者」であるが、違反に対する対応は状況に応じて異なるのである。国際的監視機関は、損害賠償を含む(被害)弁償を認める代わりに、たとえば特定の事件で違反を認定することそのものが発生した被害を十分に認知することになると考えるかもしれない。とはいえ、多くの場合には重大な違反が行なわれており、したがって、後述するように、このような違反が被害者またはその直系親族に及ぼす悪影響を是正または少なくとも軽減するために、さまざまな措置が必要とされる。

以上のことから、本章の後半では、人権侵害の「被害者」についてはるかに簡潔な定義を採用しなければなるまい。その定義とは次のようなものである。

「被害者」とは、国内的にまたは国際的に認められた人権および基本的自由を、統治機関の作為または不作為によって侵害された者をいう。

重要なこととして指摘しておかなければならないのは、「被害者」は失踪および(または)恣意的殺人を理由として苦しんでいる家族構成員の場合もありうるということである。自由権規約委員会、米州人権裁判所および欧州人権裁判所とも、人権侵害被害者の母親も被害者と見なしうる場合があると認めている。こ

のような深刻な人権侵害によって母親が経験する深い悲しみ、ストレスおよび苦悶は、それ自体、自由権規約7条、米州人権条約5条2項、欧州人権条約3条などの国際法基準が禁じている、不当な取扱いを受けない権利の侵害に相当する[70]。

＊＊＊＊＊

　人権侵害のような権力濫用のとくに深刻な側面は、それが、個人およびその権利を侵害するのではなく**保護する**はずの者または機関によって——あるいは少なくともこれらの者または機関が知っていながら——行なわれるということである。換言すれば、それまでは存在していたはずの信頼感が深刻な形で裏切られることになる。著しく危機的な状況が生ずるのは、誘拐、非自発的失踪および拷問が国の行政慣行の一部となったときのように、生命に対する権利ならびに身体の安全・自由に対する権利の侵害が発生し、広範に行なわれさえするようになるときである。こうなると、その対象とされた者に及ぶ被害の悪影響は、普通犯罪の被害者に「すぎない」ときよりもはるかに深いものとなる。国によるまたは国が支持する暴力の被害者にとっては、立ち直りのために、権利侵害が行なわれたことを国に認めさせ、さまざまな形態の支援・援助を受けることが重要である。

> 「被害者」とは、国内的にまたは国際的に認められた人権および基本的自由を、統治機関の作為または不作為によって侵害された者である。失踪・拷問・恣意的殺人の被害者の近親者も、不当な取扱いを受けない自分自身の権利を侵害された被害者と見なしうる場合がある。人権侵害は、個人およびその権利を保護する義務がある者または機関によって——またはこれらの者または機関が知っていながら——行なわれるという点で、とりわけ重大な形態の権力濫用である。人権侵害の被害者は、権利侵害が行なわれたことを国が認めることも含め、被害の影響に対処するために多角的形態の支援・援助を必要とする場合がある。

---

[70] See Communication No. 107/1981. *Quinteros v. Uruguay* (Views adopted on 21 July 1983) in UN doc. GAOR, A/38/40, p.224, para.14; I-A Court HR, *Case of Villagran Morales et al., judgment of November 19, 1999, Series C, No.63*, pp.179-180, paras.176-177; Eur. Court HR, *Case of Kurt v. Turkey, judgment of 25 May 1998, Reports 1998-III*, pp.1187-1188, paras.130-134.

3.2 人権の効果的保護を確保する一般的な法的義務

本節では、人権・基本的自由を効果的に保護する国の法的義務に関わる一般的考慮事項をいくつか取り上げるに留める。防止・国内的救済・調査等の問題を具体的に取扱った規定については、以下の関連する箇所でより詳しく扱う。

3.2.1 国際的レベル

自由権規約2条1項にもとづき、各締約国は、「その領域内にあり、かつ、その管轄の下にあるすべての個人に対し、……この規約において認められる権利を**尊重し及び確保する**ことを約束」している(強調引用者)。自由権規約委員会は、2条を解釈するにあたって、「規約にもとづく義務は人権の**尊重**に限られるものではなく、締約国は、その管轄下にあるすべての個人に対してこれらの権利の享受を**確保する**ことも約束している点に、締約国の注意を喚起する」必要があると考えている。「この側面は、個人がその権利を享受できるようにするための具体的活動を締約国が行なうよう、求めるものである」[71]。このように、確保する義務は、保障された権利および自由の享受をその管轄内にあるすべての者に保障する、締約国の**積極的な**義務を発生させる。この基本的かつ積極的な法的義務により、締約国は、個人の権利および自由の違反を効果的に調査・訴追・処罰するよう求められる場合もある[72]。

3.2.2 地域レベル

地域レベルでは、アフリカ人権憲章1条が、締約国は「この憲章に掲げられた権利、義務および自由を認め、かつその実現のために立法上その他の措置をと

---

[71] 一般的意見3(2条：国内レベルにおける実施)、パラ1参照(in UN doc. HRI/GEN/1/Rev.5, *Compilation of General Comments and General Recommendations Adopted by Human Rights Treaty Bodies* (hereinafter referred to as *United Nations Compilation of General Comments*), p.112強調引用者)。

[72] たとえばCommunication No.821/1998, *Chongwe v. Zambia* (Views adopted on 25 October 2000), in GAOR, A/56/40 (vol.II), p.143, paras.7-8参照。

ることを約束する」と述べている点で、一見、自由権規約よりもやや弱い表現を用いているように思われるかもしれない。しかし「その他の措置」への言及は、この規定に、憲章に定められた義務を遵守するために積極的措置をとる明確な義務が含まれていることを示唆するものである。この見解はアフリカ人権委員会も確認しており、締約国は、アフリカ憲章1条にもとづき、「憲章で宣明された権利、義務および自由を認めるのみならず、それらを尊重および実施することも誓約している」としている[73]。

　一般的規則として強調しておかなければならないのは、関連の条約に人権を「尊重」および「確保」する法的義務が明示的に含まれていないにも関わらず、国はいずれにせよ条約上の義務を誠実に実施する法的義務を負っているということである。誠実遵守義務(*pacta sunt servanda*)としても知られるこの国際法上の規則は条約法に関するウィーン条約26条として法典化されており、もちろん、人権条約に対しても他の国際条約と同様に適用される。たとえば、人権侵害を防止し、あるいはその訴えを精力的に調査し、必要な場合には調査の後に訴追を行なわない国は条約上の義務を損なっているのであり、したがって法の違反に対して国際的責任も負うことになる。

＊＊＊＊＊

　米州人権条約1項では自由権規約2条を髣髴とさせる文言が用いられており、締約国は「ここで認められた権利および自由を**尊重**し、かつ、その管轄下にあるすべての者に対し、……これらの権利および自由の自由かつ完全な行使を**確保する**ことを約束する」とされる(強調引用者)。

　これらの文言については、ホンジュラス国家調査局およびホンジュラス軍の構成員の手でベラスケス氏が失踪し、おそらくは死亡した事件に関するベラスケス・ロドリゲス事件で米州人権裁判所が解釈を展開している。条約で認められた「権利および自由を尊重する」義務について、米州人権裁判所は、「公的権限の行使には、人権が人間の尊厳の不可欠な属性であって、したがって国の権限に優位

73　ACHPR, *Avocats Sans Frontières (on behalf of Gaëtan Bwampamye) v. Burundi*, Communication No.231/99 decision adopted during the 28th Ordinary session, 23 October - 6 November 2000, para.31 of the decision as published at: http://www1.umn.edu/humanrts/africa/comcases/231-99.html

することから生ずる一定の制約がある」と強調している。すなわち、「人権の保護は必然的に、国の権限の行使の制限という概念をともなわなければならない」ということである[74]。

さらに、条約で保障された権利の自由かつ完全な行使を「確保する」義務は次のことも意味する。

> 「〔この義務は、〕人権の自由かつ完全な享受を司法的に確保できるような形で政府の機構、および公的権限が行使されるあらゆる体制全般を組織する締約国の義務を含意するものである。この義務の結果として、国は条約で認められた権利のいかなる侵害をも防止、調査および処罰しなければならないし、さらに、可能であれば侵害された権利の回復および侵害から生じた損害にふさわしい賠償の提供を試みなければならない」[75]

米州人権裁判所はこれに付け加えて次のように述べている。

> 「人権の自由かつ完全な行使を確保する義務は、この義務を遵守できるようにすることを目的とした法制度が存在するからといって満たされるものではない。人権の自由かつ完全な享受を効果的に確保できるように政府が行動することも必要とされる」[76]

条約で認められた権利が侵害された否かを判断するうえで「決定的」なのは、米州人権裁判所の言葉によれば、当該侵害が「政府の支持または黙認のもとで」行なわれたか、「または国が当該侵害を予防しまたはその責任者を処罰する措置をとらずに当該行為の発生を許したか」という点である[77]。

このように、米州人権条約1条にもとづく締約国の法的約束は、人間の権利の効果的保護を目的とした一連の防止、調査、処罰および賠償の義務を構成して

74　I-A Court HR, *Velásquez Rodríguez Case, judgment of July 29, 1988, Series C, No.4*, pp.151-152, para.165.
75　Ibid., p.152, para.166.
76　Ibid., p.152, para.167.
77　Ibid., p.154, para.173.

おり、そのそれぞれについては以下でさらに詳しく述べる。

＊＊＊＊＊

　最後に、欧州人権条約1条では「締約国は、その管轄内にあるすべての者に対し、この条約の第1節に定める権利および自由を**保障する**」と規定されている(強調引用者)。欧州人権裁判所は、1条にいう「保障する」の文言について独立に解釈するよりも、条約およびその議定書の他の実体規定にこの文言を織り込んで理解することのほうを選んできた。たとえば条約2条で保障された生命に対する権利を解釈するにあたり、欧州人権裁判所は、2条1項第1文は「国に対し、意図的かつ不法な生命の剥奪を行なわないことのみならず、その管轄内にある者の生命を保護するために適切な措置をとることも求めている」と判示している[78]。欧州人権裁判所の言葉によれば次のとおりである。

> 「これには、人に対する犯罪の実行を抑止するために刑法上の効果的な規定を定めるとともに、防止、禁止および処罰のための法執行機構によって当該規定を裏打ちすることによって生命に対する権利を**保障する**国の第一義的義務をともなう。この義務はまた、適当な状況下においては、他の個人の犯罪行為によって生命を危険にさらされているひとりないし複数の個人を保護するため、公的機関が予防的な公務遂行上の措置をとる積極的な義務にも及ぶ」[79]

　マッキャンほか対英国事件で、欧州人権裁判所は、「国の機関による恣意的殺人を法律で一般的に禁じても、国の機関による致死性の力の行使の合法性を審査する手続が存在しなければ実際には効果がない」と判示している。「〔2条1項の〕生命に対する権利を保護する義務は、『その管轄内にあるすべての者に対し、この条約……に定める権利および自由を保障する』条約1条上の国の一般義務とあわせて理解するときは、その含意するところにより、個人がとくに国の機関による力の行使によって殺害された場合になんらかの効果的な公式調査が行なわれる

---

[78] Eur. Court HR, *Case of Mahmut Kaya v. Turkey*, Judgment of 28 March 2000, para.85. 参照したテキストは裁判所のウェブサイト(http://echr.coe.int/)に掲載されたもの。
[79] Ibid., loc. cit. 強調引用者。

ことを求めるものである」[80]。

このように、条約2条にもとづく生命に対する権利を**保障する**ために、締約国にはこの権利の侵害を防止、調査、禁止および処罰する効果的措置をとる義務がある。注意しなければならないのは、一般予防のための政策措置を実施しているからといって、人に対する犯罪を防止する義務が満たされているということには必ずしもならず、個別事案によっては公務執行的性質を有する積極的措置をとる義務も含まれる場合があるということである(後掲3.3参照)。

欧州人権条約にもとづく「諸権利の効果的尊重に固有のものである」と考えうる積極的義務[81]は、2条および生命に対する権利に限定されるものではなく、その他の権利および自由の保護についても妥当する場合がある。拷問を受けない権利(3条)[82]、家族生活を尊重される権利(8条)[83]、表現の自由についての権利(10条)[84]、平和的集会の自由および結社の自由についての権利(11条)[85]などである。ただし、このような義務の性質および範囲は、問題となっている権利および検討されている事件の事実関係によって異なる。

最後に、欧州人権条約およびその議定書に掲げられた権利および自由を**保障する**義務には、これらの権利および自由の尊重を**私人間で**確保するために積極的措置をとる締約国の義務もともなう場合があることに、注意が必要である[86]。

---

80 *Eur. Court HR, McCann and Others v. the United Kingdom, judgment of 27 September 1995, Series A, No.324*, p.49, para.161.
81 *Eur. Court HR, Case of Ozgur Gundem v. Turkey, judgment of 16 March 2000*, para.42. 参照した判決文は http://echr.coe.int/に掲載されたもの。
82 *Eur. Court HR, Case of Assenov and Others v. Bulgaria, judgment of 28 October 1998, Reports 1998-VIII*, p.3290, para.102.
83 *Eur. Court HR, Case of Gaskin v. the United Kingdom, judgment of 7 July 1989, Series A, No.160*, pp.16-20, paras.41-49.
84 たとえば*Eur. Court HR, Case of Ozgur Gundem v. Turkey, judgment of 16 March 2000*, para.43参照。ここで参照した判決文はhttp://echr.coe.int/に掲載されたもの。
85 *Eur. Court HR, Case of the Plattform "Ärzte für das Leben" v. Austria, judgment of 21 June 1988, Series A, No.139*, p.12, para.32.
86 *Eur. Court HR, Case of X and Y v. the Netherlands, judgment of 26 March 1985, Series A, No.91*. 本件では、精神障害者である少女が強姦されながら、加害者とされる者に対する刑事手続の開始が法律で認められなかった事件について、政府には私生活を尊重される少女の実効的権利を確保する積極的な法的義務があったとされ、国内法におけるこの欠陥が欧州人権条約8条違反と認定された(p.14, para.30)。また、*Eur. Court HR, A. v. the United Kingdom, judgment of 23 September 1998, Reports 1998-VI*参照。本件では、義父によって叩かれた子どもに対して国内法で十分な保護が提供されていなかったとして、「十分な保護を提供していないこと」が欧州人権条約3条違反にあたるとされた(p.2700, para.24)。

> 国際人権条約でどのような文言が用いられているかに関わらず、締約国は、その管轄内にあるすべての者に対し、そこで認められた権利および自由の効果的保護を提供する義務を負う。これらの法的義務は、人権侵害を効果的に防止、調査、訴追、処罰および救済する義務から構成される。積極的義務は、国際法で認められた人権の効果的保護に固有のものである場合がある。

3.3 人権侵害を防止する義務

防止は人間の権利・自由の効果的保護の根本であり、したがって国際人権法の究極の目的であるとともに、すべての人が自由に、平和にかつ安全に暮らすことのできる国内社会・国際社会を創り出すための鍵である。あらゆる国際的監視機関がその重要性を強調してきた防止は、国際人権法上の義務を国内法体系に編入することから始まる[87]。次に、たとえば行政府から完全に独立したあらゆる関連の権限ある機関が、国内法を一貫してかつ果敢に適用しなければならない。法律がどれだけ上出来で洗練された内容でも、犯罪者となる可能性がある者がその違反および犯罪について裁判所で追及されることを知っていなければ、防止の効果は持ち得ないためである。実際、本章の後半では防止を構成するいくつかの必要不可欠な要素、とくに効果的な国内救済措置の存在と、人権侵害の訴えの迅速な、精力的なかつ公正な調査について説明する。

しかし、効果的な防止のためには多くの場合、社会上、行政上、教育上その他の措置も必要である。これには、関係各国のニーズ、問題および状況に応じて、国際協力および近隣諸国間協力も含まれる[88]。以下に示すのは、恣意的殺人、失踪および拷問に関わって国際的監視機関が防止に言及したいくつかの例である。

---

[87] 人種的優越にもとづく観念を犯罪とする立法の予防的役割について、the Committee on the Elimination of Racial Discrimination, in UN doc. GAOR, A/56/18, p.59, para.349参照。

[88] 女性の人身取引を防止するための国際協力および近隣諸国間協力の重要性について、the Committee on the Elimination of Discrimination against Women, in UN doc. GAOR, A/55/38, p.38, para.372参照。

3.3.1 国際的レベル

　自由権規約委員会は、人権侵害を一般的に防止する締約国の義務について詳しい見解を述べたことはないものの、特定の問題との関連ではしばしば防止の必要性を強調してきた。したがって締約国は、自由権規約の規定にしたがって「拷問行為〔およびその他の形態の不当な取扱い〕を防止および処罰するためにとった立法上、行政上、司法上その他の措置」について、定期報告書のなかで委員会に情報提供するべきであるとされる[89]。より具体的には、委員会はウズベキスタンに対し、「法執行官による拷問およびその他の権力濫用を防止する目的で、すべての拘禁場所および刑事施設を定期的に監視および検査する独立制度を設けるべきである」と勧告した[90]。

　委員会は次のようにも述べている。

「3. ……6条1項で明示的に要求されている恣意的な生命の剥奪からの保護は、至高の重要性を有する。委員会は、締約国は犯罪行為による生命の剥奪を防止および処罰するだけではなく、自国の治安部隊による恣意的殺人も防止するための措置をとるべきであると考える。国の機関による生命の剥奪は、最高度に重大な問題である。したがって、法律は、国の機関によって人の生命が奪われる可能性がある状況を厳密に統制および制限しなければならない」[91]

　委員会の見解によれば、「締約国はまた、個人の失踪を防止するための具体的かつ効果的な措置もとるべきである。このような失踪は残念ながらあまりにも頻繁に生じており、あまりにもしばしば生命の恣意的な剥奪につながっている」[92]。

　最後に、規約の選択議定書にもとづく通報にもとづいて委員会が締約国の規約上の義務違反を認定したときは、委員会は一貫して、締約国にはそのような違反が今後生ずることを防止する義務がある旨を該当する締約国に通知している[93]。

89　一般的意見20(7条)、パラ8(in *United Nations Compilation of General Comments*, p.140)。
90　UN doc. *GAOR*, A/56/40 (vol.I), p.60, para.7.
91　一般的意見6(6条)、パラ3(in *United Nations Compilation of General Comments*, p.115)。
92　Ibid., p.115, para.4.

3.3.2 地域レベル

　防止の概念に関する分析は、米州人権条約のベラスケス・ロドリゲス事件判決でやや詳しく展開されている。そこでは、米州人権条約の締約国には「人権侵害を防止するために合理的な措置をとる法的義務があり、またその管轄内で行なわれた侵害を真剣に調査し、責任者を特定し、適切な処罰を課し、かつ被害者に対して十分な賠償を確保するために利用可能なあらゆる手段を用いる法的義務がある」旨、判示されている[94]。重要なのは、米州人権裁判所が次のように付け加えていることである。

「175. この防止義務には、人権の保護を促進するとともに、いかなる人権侵害も、責任者の処罰および被害者が受けた被害を賠償する義務につながる不法行為として見なされ、かつそのように取扱われるようにするための、法的、政治的、行政的および文化的性質を有するあらゆる手段も含まれる。このような措置は各締約国の法律および状況によって異なるので、すべての措置を詳細に列挙することは不可能である。もちろん、締約国には人権侵害を防止する義務があるとはいえ、ある特定の侵害が存在することそれ自体で防止措置をとらなかったことが立証されるわけではない。他方、拷問と暗殺を実行しながら処罰を受けない公式の抑圧的機関に人を委ねることは、たとえその者が拷問を受けまたは暗殺されなかったとしても、あるいはこれらの事実関係が具体的事件において立証されなかったとしても、人の生命および身体的不可侵性に対する権利の侵害を防止する義務に違反したことになる」[95]

　米州人権裁判所は、ストリート・チルドレン事件でも、生命の恣意的剥奪からの保護に関わる自由権規約委員会の上述の発言に言及し、この事件の「特別な重

---

[93] Communication No.687/1996, *Rojas Garcia v. Colombia* (Views adopted on 3 April 2001) in UN doc. GAOR, A/56/40 (vol.II), p.54, para.12, and Communication No.821/1998, *Chongwe v. Zambia* (Views adopted on 25 October 2000), p.143, para.7.
[94] I-A Court HR, *Velásquez Rodríguez Case, judgment of July 29, 1988, Series C, No. 4*, p.155, para.174.
[95] Ibid., p.155, para.175.

大性」を強調している。この事件では複数の子どもが誘拐・拷問・殺害され、「その管轄内にある子どもの保護および援助のために特別措置をとる〔国の〕義務」にも違反するとされた[96]。

防止の目的で効果的な国内的救済措置を活用すべきことも、とくに人身保護請求との関係で、米州人権裁判所によって強調されている。人身保護請求の目的は、「身体の自由および身体的不可侵性に対する権利の尊重を確保することのみならず、対象者の失踪またはその所在の秘匿を防止し、かつ最終的にはその生命に対する権利を確保するところにもある」のである[97]。

*****

被害者が失踪し、拷問を受けた後に死亡したカヤ対トルコ事件で、欧州人権裁判所は、欧州人権条約1条を3条における拷問の禁止とあわせて理解した場合のトルコの義務について、次のように認定している。

「115. ……1条にもとづいて締約国に課されている、その管轄内にあるすべての者に対して条約に定める権利および自由を保障する義務は、3条とあわせて理解した場合、締約国に対し、その管轄内にある個人が拷問または非人道的なもしくは品位を傷つける取扱い(私人が行なう不当な取り扱いを含む)を受けないことを確保するための措置をとるよう求めるものである。……したがって、法律の枠組みによって十分な保護が提供されていないとき、……または公的機関が、自ら承知しているまたは承知しているべきである不当な取扱いのおそれを回避するために合理的措置をとらないときは、国の責任が生ずる場合もある。……

116. ハサン・カヤは傷を負ったPKKの構成員に援助を与えた容疑をかけられていたのであるから、同人が標的とされるおそれがあることを公的機関は承知していたまたは承知しているべきだったと、〔欧州人権〕裁判所は認定する。同人は、その生命を保護するための具体的措置がとられず、かつ刑法の

---

[96] I-A Court HR, *Villagrán Morales et al. Case (the "Street Children" case), judgment of November 19, 1999, Series C*, No.63, pp.170-171, paras.145-146.

[97] I-A Court HR, *Suárez Rosero Case v. Ecuador, judgment of November 12, 1997, Series C*, No.35, p.75, para.65.

枠組みが全般的に不十分であったことにより、非司法的処刑のみならず、自己の行為について責任を問われない者からの不当な取扱いの危険に直面させられた。したがって、同人の失踪後および死亡前にハサン・カヤが受けた不当な取扱いについては、政府に責任が存する」[98]

この判決の重要な結論は、人権侵害を防止する義務には、国の職員だけではなく私人による拷問からも人を保護するための措置が含まれるということである。簡単に言えば、国は、条約3条に反する取扱いを受けるおそれのある状況下に人を置いてはならない。

* * * * *

人権侵害の防止に関わる以上の引用および判例は主として拷問、誘拐および生命の恣意的剥奪といったとりわけ重大な犯罪に関わるものではあるが、侵害を防止する義務は、国内法および国際法で認められたすべての基本的権利および自由についても同様に適用される。

> 人権侵害を防止する義務は、人権の効果的保護を確保する法的義務に固有のものである。防止措置は、問題および関係国によって、法的、行政的、政治的、文化的、社会的、教育的、事後救済的その他の性質のものとなる場合がある。人権侵害を防止する義務には、失踪、拷問または恣意的殺人のような不法行為がたとえ私人によって行なわれるとしても、そのような扱いを受けるおそれのある状況に人を置かない義務が含まれる。

3.4 国内的救済を提供する義務

上述したように、被害を訴える者に国内的救済を提供する法的義務は効果的な人権保護を提供する一般的義務に固有のものである。実践によって一貫してかつ説得力ある形で示されてきたように、人権侵害の訴えについて救済を受ける目的

---

[98] Eur. Court HR, Case of Mahmut Kaya v. Turkey, Judgment of 28 March 2000, paras.115-116. 参照した判決文は http://echr.coe.int/ に掲載されたもの。

で、独立のかつ公正な裁判所または行政機関に国レベルで訴える実効的権利が個人に認められなければ、人権の真の享受は画に描いた餅のままである。国の視点から見れば、効果的な国内的救済の存在によって誤りを是正でき、国際的責任および国際的監視機関による非難の可能性を回避できるという利点がある。

本節では、いくつかの見解および決定を選んで紹介することにより、人権侵害に対する効果的救済を国レベルで利用できることを国際的監視機関がどのように重視しているか、その概観を示す。

3.4.1 国際的レベル

国際的レベルでは、国内的救済を受ける権利はまず世界人権宣言8条に次のような形で盛りこまれた。「すべて人は、憲法又は法律によって与えられた基本的権利を侵害する行為に対し、権限を有する国内裁判所による効果的な救済を受ける権利を有する」。この権利は自由権規約2条3項にも編入され、それにもとづいて規約の各締約国は次のことを約束している。

> 「(a) この規約において認められる権利又は自由を侵害された者が、公的資格で行動する者によりその侵害が行われた場合にも、効果的な救済措置を受けることを確保すること。
> (b) 救済措置を求める者の権利が権限のある司法上、行政上若しくは立法上の機関又は国の法制で定める他の権限のある機関によって決定されることを確保すること及び司法上の救済措置の可能性を発展させること。
> (c) 救済措置が与えられる場合に権限のある機関によって執行されることを確保すること」

この規定の明確な文言から、利用可能な救済措置は**効果的な**ものでなければならないこと、権限のある機関によってその執行が**確保**されなければならないことがわかる。救済措置はたとえば司法上のものであっても立法上のものであってもよいが、2条3項(b)末文によれば、規約の起草者は司法的救済措置のほうが望ましいと考えていたことが示唆される。注目すべきなのは、規約の選択議

定書5条2項(b)に掲げられた国内的救済措置優先規則の遵守について、自由権規約委員会が、被害を受けたと主張する者は「効果的」であるという「合理的展望」がある救済措置のみ利用することが求められているとの見解を示していることである。さらに、救済措置が効果的であることを立証する責任はその利用可能性を主張する政府の側にあるとされる[99]。

救済措置は、規約で保障された権利が侵害されたというあらゆる訴えについて利用可能でなければならないが、利用可能な、効果的な、独立したかつ公正な救済措置をとくに緊急に必要とするのは、自由を奪われた人々である。したがって自由権規約委員会は、規約7条で禁じられたすべての行為、すなわち拷問ならびに残虐な、非人道的なまたは品位を傷つける取扱いおよび刑罰について、被拘禁者に効果的な保障および救済措置を提供する必要性を強調してきた。締約国は、その定期報告書において、たとえば「7条で禁じられた行為の即時停止および効果的な救済措置が自国の法制度においてどのように効果的に保障されているかを示す」べきであるとされる[100]。委員会の見解によれば、7条で禁じられた不当な取扱いに対して苦情を申立てる権利が「国内法で認められなければなら」ず、その苦情については次のような対応がとられなければならない。

「〔苦情は、〕救済措置が効果的なものとなるよう、権限の機関によって迅速かつ公正に調査されなければならない」[101]

締約国報告書においては、「不当な取扱いの被害を受けた者が利用可能な救済措置および申立人がしたがわなければならない手続、ならびに、苦情の件数および苦情がどのように処理されたかに関する統計についての具体的情報が提供されるべきである」[102]。

委員会は、ベネズエラの法執行官による「拷問および過度な力の使用の報告が

---

99 たとえばCommunication No.R.1/4, *W. Torres Ramírez v. Uruguay* (Views adopted on 23 July 1980), in UN doc. GAOR, A/35/40, pp.122-123, para.5参照。
100 一般的意見20(7条)、パラ14(in *United Nations Compilation of General Comments*, p. 141)。
101 Ibid., loc. cit.
102 Ibid.

あること、そのような事件に対する締約国の対応が明らかに遅いこと、ならびに、当該報告を調査する独立機構が存在しないことを深く懸念」した。「裁判所に訴える権利は、このような機構を代替するものではない。締約国は、警察およびその他の治安部隊による過度な力の使用およびその他の権限濫用に関するあらゆる報告を受理および調査する権限を認められた、独立機関を設置するべきである。調査の後、適当な場合には、責任があると思われる者の訴追が行なわれなければならない」[103]。

委員会は、トリニダードトバゴについても、「規約2条3項および26条の全面的適用範囲内にある差別の被害者に対し、憲法を含む国内法において救済措置が存在しないこと」に懸念を表明している。「締約国は、これらの条項の保護の対象とされるあらゆる範囲の差別的状況について救済措置が利用可能とされることを確保するべきである」[104]。

＊＊＊＊＊

拷問等禁止条約13条は、各締約国に次のことを求めている。

「自国の管轄の下にある領域内で拷問を受けたと主張する者が自国の権限のある当局に申立てを行い迅速かつ公平な検討を求める権利を有することを確保する。申立てを行った者及び証人をその申立て又は証拠の提供の結果生ずるあらゆる不当な取扱い又は脅迫から保護することを確保するための措置がとられるものとする」

拷問禁止委員会はこの点について、中国に対し、「あらゆる種類の拘禁の対象とされている者による不当な取扱いの苦情を審査し、調査しかつ効果的に対応するための……包括的制度」を設置するよう勧告している[105]。ヨルダンに対しても、「被拘禁者の権利、とくに自ら選択する裁判官、弁護士および医師にアクセスする権利を保護するための措置をさらに強化する」よう勧告した[106]。法曹

---

103 UN doc. *GAOR*, A/56/40 (vol.I), p.50, para.8.
104 Ibid., p.32, para.10.
105 UN doc. *GAOR*, A/51/44, p.24, para.150(b).
106 UN doc. *GAOR*, A/50/44, p.24, para.174.

へのアクセスは、もちろん、被拘禁者が自己の権利を主張できるようにするために必要不可欠である。したがって委員会は、パナマ検察局が、「受刑者による苦情申立て権および請願権の行使を促進する『刑務所投書箱』制度」を設けたことを歓迎している[107]。

＊＊＊＊＊

人種差別撤廃条約6条も、「権限のある自国の裁判所及び他の国家機関を通じて、この条約に反して人権及び基本的自由を侵害するあらゆる人種差別の行為に対する効果的な保護及び救済措置」を提供する義務を締約国に課している。この点について人種差別撤廃委員会は、スーダンが、「条約〔4条、5条および6条〕を全面的に実施するための国内法秩序を確立し、かつ、いかなる人種差別および関連する不寛容の行為に関しても、権限のある国内裁判所その他の国家機関を通じた救済に効果的かつ平等にアクセスできることを確保するための努力を継続する」よう勧告した[108]。6条との関連では、フランスに対しても、「人種差別の被害者が利用可能な救済措置の実効性を強化する」よう勧告している[109]。人種差別撤廃委員会は、「人種差別のジェンダーに関連する側面」も考慮に入れ始めた。そのさい、とりわけ「人種差別に関する救済および苦情申立ての機構の利用可能性およびアクセス可能性」を「とくに考慮する」とされる[110]。

＊＊＊＊＊

女子差別撤廃条約2条(c)にもとづき、締約国は、「女子の権利の法的な保護を男子との平等を基礎として確立し、かつ、権限のある自国の裁判所その他の公の機関を通じて差別となるいかなる行為からも女子を効果的に保護することを確保すること」を約束している。女子差別撤廃委員会は、ベラルーシに対し、「女性がとくに雇用の分野における直接的または間接的差別からの救済を容易に得られる十分な救済措置を創設し、かつ、女性に対する法律扶助の促進および法的リテラシー・キャンペーンの開始によってそのような救済措置に対する女性のアクセ

---

[107] UN doc. *GAOR*, A/53/44, p.22, para.215.
[108] UN doc. *GAOR*, A/56/18, p.41, para.210.
[109] UN doc. *GAOR*, A/55/18, p.27, para.103.
[110] 一般的勧告XXV(人種差別のジェンダーに関連する側面)、パラ5(d)(in *United Nations Compilation of General Comments*, p.195)。

ス(裁判所へのアクセスを含む)を向上させる」よう促した[111]。カメルーンに対しても、さまざまな形態の暴力を受けた女性に対して「法的救済措置へのアクセスを提供する」よう勧告している[112]。

*****

最後に、この点に関わって興味深いこととして注記しておかなければならないのは、人権侵害に対する効果的救済の問題はウィーン宣言および行動計画の第1部パラ27でも取り上げられているということである。そこでは、参加国が次の点についてコンセンサスで合意している。

> 「すべての国家は、人権に関する苦情および侵害を是正する効果的な救済措置の枠組みを定めるべきである。法執行機関および検察機関、ならびに、とくに国際人権文書に掲げられた適用可能な基準に完全にしたがう独立の司法部および法曹を含む司法の運営は、人権を完全にかつ差別なく実現することにとって必要不可欠であり、かつ民主主義および持続可能な発展の過程と切り離すことができない」[113]

3.4.2 地域レベル

国内的救済を受ける権利は、もちろん地域人権条約でも保障されている。アフリカ人権憲章7条1項(a)の規定は、すべての個人は「現行の条約、法律、規則および慣習によって保障された基本的権利を侵害する行為について権限ある国家機関に訴える権利」を有するというものである。この規定の違反は、とくに、ザンビアを相手どったある事件で認定された。これは被害者のひとりが送還命令について異議を申立てる権利を否定された事件であり、アフリカ人権委員会の見解では、公正な審理を受ける権利をこのような形で剥奪することは、ザンビア法および国際人権法(アフリカ憲章7条1項(a)を含む)の両方に違反するもので

---

111 UN doc. *GAOR*, A/55/38, p.37, para.360.
112 Ibid., p.55, para.50.
113 See UN doc. A/CONF.157/53.

ある[114]。7条1項(a)で保障された審理を受ける権利の侵害は、ナイジェリアを相手どった事件でも認定されている。裁判所が、政令により、とくに新聞の発禁に関わる多くの政令についての苦情を考慮できなくさせられた事件である。アフリカ人権委員会は、過度な訴訟を避けるためにこのような「権限剥奪条項」を設けるのは「軍事政権の性格上当然」であるという主張を認めなかった。委員会によれば次のとおりである。

「真に人民の最善の利益のための統治を行なう政府なら……独立した司法部に恐れを抱くはずない。司法部と行政府は、社会の良好な秩序を維持するパートナーであるべきである。政府が裁判所の管轄権を大規模に剥奪することは、自分自身の行動の正当性に対する自信、および、裁判所が公益および法の支配にしたがって行動するという信頼が欠如していることの反映である」[115]

したがって委員会は、本件における裁判所の管轄権の排除は、憲章7条1項にもとづく、自己の主張を審理される権利の侵害であると決定した[116]。

* * * * *

米州人権条約25条は司法的保護に対する権利について次のように定めている。

「1. すべての者は、関係国の憲法もしくは法律またはこの条約が認める基本的権利を侵害する行為に対する保護を求めて、たとえそのような侵害が公務の遂行中の者によって行なわれたものであっても、簡易かつ速やかな訴えまたは他の何らかの効果的な訴えを、権限のある裁判所に対して行なう権利を有する。

---

114 ACHPR, *Amnesty International (on behalf of W. S. Banda and J. L. Chinula) v. Zambia*, Communication No.212/98, decision adopted on 5 May 1999, paras.60-61. 参照した決定文はhttp://www1.umn.edu/humanrts/africa/comcases/212-98.htmlに掲載されたもの。

115 ACHPR, *Media Rights Agenda and Others v. Nigeria*, Communications Nos.105/93, 128/94, 130/94 and 152/96, decision adopted on 31 October 1998, paras.78 and 81. 参照した決定文は
http://www1.umn.edu/humanrts/africa/comcases/105-93_128-94_130-94_152-96.htmlに掲載されたもの。

116 Ibid., para.82.

2. 締約国は、次のことを約束する。
 (a) 1の救済を求めるすべての者が、その権利について、当該国の法制度が定める権限のある機関による決定を受けることを確保すること。
 (b) 司法的救済の可能性を発展させること。
 (c) 当該救済が与えられた場合に権限のある機関によって執行されることを確保すること」

米州人権裁判所によれば、25条1項で保障された司法的保護に対する権利は、「人権に関する国際法で認められた、これらの権利を保障するための手続的文書または手段の実効性の原則を編入したものである」[117]。これはとくに次のことを意味する。

「条約にもとづき、締約国は、人権侵害の被害者に対して効果的な司法的救済を提供する義務を負うが(25条)、このような救済は法の適正手続の規則にしたがって実体化されなければならず(8条1項)、あらゆる面で、条約で認められた権利の自由かつ完全な行使をその管轄下にあるすべての者に保障する当該国の一般的義務(1条)に一致するものでなければならない」[118]

この原則にしたがえば、さらに次のことが導き出される。

「条約で認められた権利の侵害に対して効果的な救済措置が存在しないことは、それ自体、救済が行なわれない締約国による条約違反となる。その意味で強調しておかなければならないのは、そのような救済措置が存在しているというためには、それが憲法もしくは法律で定められていることまたは正式に認められていることだけでは不十分であって、人権侵害の有無の判断および是正措置の提供について真に効果的なものでなければならないということ

---

[117] I-A Court HR, Judicial Guarantees in States of Emergency (arts.27(2), 25 and 8 of the American Convention on Human Rights), Advisory Opinion OC-9/87, Series A, No.9, p.32, para.24.
[118] I-A Court HR, Godinez Cruz Case, Preliminary Objections, judgment of June 26, 1987, Series C, No.3, p.78, para.93.

である。国内を覆う一般的状況のゆえに、またはある事件に特有の状況下においてさえ机上の空論しか提供できない救済措置を、効果的と見なすことはできない。このことは、たとえば実行によってその実効性のなさが明らかになったときに当てはまる。司法権が公正な決定を言渡すために必要な独立性もしくはその判決を執行する手段を欠いているとき、決定の言渡しが不当に遅延するなど正義の否定にあたるその他の状況が存在するとき、または、被害を受けたと主張する者がなんらかの理由により司法的救済にアクセスすることを否定されたときなどである」[119]

「通常の状況」においては、この結論は「条約で認められたすべての権利との関連で一般的に妥当する」[120]。公の緊急事態における効果的な国内的救済要件について具体的には、このマニュアルの第16章参照のこと。

米州人権条約25条についての米州人権裁判所の解釈は、カスティージョ・パエス氏の拉致とその後の失踪に関わるカスティージョ・パエス対ペルー事件で展開されている。米州人権裁判所は、「カスティージョ・パエス氏の拘禁に対して氏の直系親族から申請された救済(人身保護請求)が被拘禁者収容記録の改竄を通じて国の機関により妨害され、被害者の所在の特定が不可能になった」と認定した。したがって、「人身保護請求による救済は、エルネスト・ラファエル・カスティージョ・パエス氏の釈放を確保する目的について、かつおそらくはその生命を救う目的についても、効果的ではなかった」ことが立証されたことになる[121]。この重要な問題について、米州人権裁判所は次のように付け加えている。

「82. ……人身保護請求が効果的でなかったことが強制的失踪によるものであったとしても、米州条約25条の違反は免れない。権限のある国内裁判所に効果的な訴えを行なう権利に関するこの規定は、米州条約のみならず、条約に

---

119 I-A Court HR, *Judicial Guarantees in States of Emergency (arts.27(2), 25 and 8 of the American Convention on Human Rights), Advisory Opinion OC-9/87*, Series A, No.9, p.33, para.24.
120 Ibid., pp.33-34, para.25.
121 I-A Court HR, *Castillo-Páez Case v. Peru, judgment of November 3, 1997*, OAS doc. OAS/Ser.L/V/III.39, doc.5, 1997 Annual Report I-A Court HR, p.266, paras.81-82.

いう民主的社会における法の支配そのものの基本的柱のひとつである。

83. 25条は、国内法による保護義務を締約国に課している点で、米州条約1条1項に掲げられた一般的義務と緊密に関連している。人身保護請求の目的は、身体の自由および人道的扱いを保障することのみならず、失踪または拘禁場所の特定不能を防止し、かつ最終的には生命に対する権利を確保することにもある」[122]

本件において米州人権裁判所は、カスティージョ・パエス氏はペルー軍の構成員によって拘禁され、所在がわからないよう隠されたことが立証されたと認定した。したがって人身保護請求による救済が効果を発揮しなかったのは「国に帰責する」ものであり、条約25条の違反にあたるとされた[123]。

ただし、失踪者の親族がその自由を確保するための司法手続をとらなかった事件では、申立て要件が満たされていなかったため、米州人権裁判所は25条違反を認定することができなかった[124]。

* * * * *

きわめて重要なことに、女性に対する暴力の防止、処罰および根絶に関する米州条約7条は、暴力を受けた女性に援助および救済を提供する締約国の義務についても定めている。そのための手段として挙げられているのは、たとえば、「暴力を受けた女性のための公正かつ効果的な法的手続(とくに保護措置、時宜を得た聴聞およびこのような手続への効果的アクセスを含む)」の設置などである(7条(f))。締約国には、「暴力を受けた女性が被害賠償、補償その他の公正かつ効果的な救済措置に効果的にアクセスできることを確保するために必要な法律上および行政上の機構」を設置する義務も課されている(7条(g))。

* * * * *

最後に、欧州人権条約13条は次のように規定している。

---

122 Ibid., pp.266-267, paras.82-83.
123 Ibid., p.267, para.84.
124 I-A Court HR, the Case of Blake v. Guatemala, judgment of January 24, 1998, in OAS doc. OAS/Ser.L/V/III.43, doc.11, 1998 Annual Report I-A Court HR, p.100, para.104.

> 「この条約に定める権利および自由を侵害された者は、公的資格で行動する者によりその侵害が行なわれた場合にも、国の機関の前における効果的な救済措置を受けるものとする」

　本条の解釈はさまざまな機会に明らかにされてきており、とくに生命に対する権利の保護との関係で違反が認定される事件は増えつつある。欧州人権裁判所の判例を分析することにより、欧州人権条約13条の解釈に関わる一般的原則として次のものが導き出される。

　第1に、欧州人権裁判所がボイルおよびライス対英国事件で述べているように、「13条を文字通りに理解した場合の解釈に関わらず、条約の他の規定(「実体」規定)の現実の違反の存在は、同条の適用の前提条件とはならない。同条は、条約上の権利および自由が国内法秩序においてどのような形態で保障されていようとも、その実質的内容を執行する——したがってその不遵守について訴える——ための救済措置が国内レベルで利用可能であることを保障するものである」[125]。

　第2に、このことから、「条約に定める権利を侵害された被害者である旨の**論証可能な**主張を行なう者は、自己の主張について決定を受け、かつ適当な場合には救済を得るために、国の機関の前において救済措置を受けられるべきである」[126] ということが言える。より厳密に言えば、「苦情は条約に照らして論証可能なものでなければなら」ず、「条約にもとづいているという仮定に立った苦情は、……その苦情がいかに価値のないものであると思われるか否かに関わらず」、13条の保護の利益を請求することはできない[127]。

　第3に、欧州人権裁判所は、13条にいう機関は「必ずしも司法機関である必要はないが、そうでない場合、請求された救済措置の決定についてその機関に与えられた権限および保障は効果的なものでなければならない」と判断している[128]。

　第4に、欧州人権裁判所の判示によれば、「いかなる単一の救済措置もそれ自体

125　*Eur. Court HR, Case of Boyle and Rice v. the United Kingdom*, judgment of 27 April 1988, Series A, No.131, p.23, para.52.
126　*Eur. Court HR, Case of Silver and Others*, judgment of 25 March 1983, Series A, No.61, p.42, para.113(a). 強調引用者。
127　*Eur. Court HR, Case of Boyle and Rice v. the United Kingdom*, judgment of 27 April 1988, Series A, No.131, p.23, para.52.
128　*Eur. Court HR, Case of Silver and Others*, judgment of 25 March 1983, Series A, No.61, p.42, para.113(b).

としては13条の要件を完全に満たすことはできないかもしれないが、国内法にもとづき提供される救済措置を総体としてとらえれば当該要件が満たされる場合もある」[129]。

第5に、「13条にもとづく義務の範囲は条約にもとづく申立人の苦情の性質によって異なる」が、同条が求める救済措置は、「とくにその行使が相手方である国の機関の作為または不作為によって不当に妨げられてはならないという点で、法律上のみならず実際上も『効果的』なものでなければならない」[130]。

第6に、13条と条約そのもののいずれも、締約国がどのような方法によって、「たとえば条約を国内法に編入することによって、条約のいずれかの規定の効果的実施を国内法において」確保するべきであるのかについては定めていない。したがって、ある事件において13条がどのように適用されるかは、当該締約国が、その管轄内にあるすべての者に対して条約およびその議定書で定められた権利および自由を直接保障するという条約1条上の義務を履行するためにどのような方法を選択したか次第で変わってくる[131]。

最後に、第6の原則から導き出されることとして、13条は、「締約国の法律そのものについて、条約またはそれに匹敵する国内法規範に反していることを理由に国の機関の前で異議申立てを行なえるようにする救済措置」までは保障していない[132]。

ただし、救済措置の問題は条約13条の枠組みだけではなく、6条や8条といった他の条項のもとでも審理の対象となりうる。たとえば、裁判所にアクセスできない結果として6条1項違反があったと認定した場合、欧州人権裁判所は原則として13条にもとづく審理の必要性を認めない。「同規定の要件は6条1項の要件ほど厳格ではなく、……後者に吸収される」ためである[133]。欧州人権裁判所は、X対Y事件でも同様に、13条にもとづいて救済の問題を審理する必要はないと判

---

129 Ibid., p.24, para.113(c).
130 *Eur. Court HR, Case of Mahmut Kaya v. Turkey, judgment of 28 March 2000*, para.124. 参照した判決文は http://echr.coe.int/に掲載されたもの。
131 *Eur. Court HR, Case of Silver and Others, judgment of 25 March 1983, Series A, No.61*, p.42, para.113(d).
132 *Eur. Court HR, Case of James and Others, judgment of 21 February 1986, Series A, No.98*, p.47, para.85.
133 *Eur. Court HR, Case of Hentrich v. France, judgment of 22 September 1994, Series A, No.296-A*, p.24, para.65 and, similarly, *Eur. Court HR, Case of Pudas v. Sweden, judgment of 27 October 1987, Series A, No.125-A*, p.17, para43.

断した。とくに申立人らのひとりが「救済を得るための十分な手段」を利用できなかったことを理由に、すでに条約8条の違反を認定していたためである[134]。

反対に、たとえば2条のように他の条項の要件のほうが13条よりも緩やかな場合、欧州人権裁判所は13条も踏まえて苦情の審理を進めることになろう。たとえば欧州人権裁判所は、ある者の死亡について効果的な調査が行なわれなかったのは条約2条違反にあると認定した後、13条違反もあわせて認定している[135]。その理由は、13条の要件は2条が課す「調査義務よりも広い」からである[136]。本件において欧州人権裁判所は次のように述べている。

「生命の保護に対する権利の基本的重要性にかんがみ、13条は、適切な場合に賠償金を支払うことに加え、生命の剥奪の責任者の特定および処罰につながりうる、かつ申立人が調査手続に効果的にアクセスできることを含む、徹底的かつ効果的な調査を要求している」[137]

申立人の兄弟の死亡状況についてこのような効果的な調査は行なわれなかったことから、申立人は兄弟の死亡について13条で求められている効果的な救済を得ることができず、したがって13条違反があったとされた[138]。

> 人権の効果的保護を提供する国際法上の法的義務には、人権侵害の被害者が効果的な国内的救済措置を利用できるようにする義務をともなう。すなわち、国の憲法その他の法律で救済措置が利用できるというだけでは十分ではない。救済措置は実際に存在し、かつ自由に機能することができなければならない。したがって、裁判所および法曹一般を含む関連

---

134 *Eur. Court HR, Case of Y and Y v. the Netherlands, judgment of 26 March 1985, Series A, No.91*, p.15, para.36.
135 いくつかの判例のなかで、たとえば*Eur. Court HR, Case of Mahmut Kaya v. Turkey, judgment of 28 March 2000*, para.126参照。
136 Ibid., loc. cit.
137 Ibid., para.124.
138 Ibid., para.126. 生命に対する権利または拷問を受けない権利との関わりで13条違反が認定された事件として、*Eur. Court HR, Case of Aksoy v. Turkey, judgment of 18 December 1996, Reports 1996-VI*, pp.2286-2287, paras.95-100, and *Eur. Court HR, Case of Avsar v. Turkey, judgment of 10 July 2001*, paras.421-431 (参照した判決文はhttp://echr.coe.intに掲載されたもの)も参照。

の機関は、効果的な救済を提供できるよう、権限を有し、独立し、かつ公正でなければならない。国は、人権侵害の訴えに対する司法的救済を発展させるよう努めるべきである。救済が効果的なものとなるよう、その行使は当該国の作為または不作為によって妨げられてはならない。効果的な救済措置はすべての人権侵害について存在しなければならないが、救済が迅速にかつ妨げられることなく行使されることは、生命ならびに身体の健康および安全をいかなるときにも保護されなければならない自由を奪われた者による苦情の場合、とりわけ重要である。たとえば不法な自由剥奪または拷問その他の形態の不当な取扱いについて苦情を申立てる権利を被拘禁者から奪うことは、救済の可能性がまったくない法的空白状態に被拘禁者を置くことに相当する。このような状況は、国際人権法にもとづく国の法的義務の明らかな違反である。効果的な国内的救済措置は、人種差別およびジェンダーにもとづく差別といった差別（家庭や公的分野で生ずる暴力行為も含む）の苦情についても確保されなければならない。人権侵害の訴えが効果的にかつ正当な熱心さをもって対応されるようにすることは、すべての裁判官・検察官・弁護士の職責である。

3.5 調査・訴追・処罰する義務

前述したとおり、人権侵害を調査、訴追および処罰する義務も、効果的な人権保護を確保する国の一般的責任に固有のものであり、国際的監視機関によって一貫して強調されてきた義務である。この義務が関係条約で常に明示的に定められているわけではないので、以下の分析は主に、国際的監視機関の多くの見解および判決のなかから選び出した、個人の権利および自由の侵害を調査、訴追および処罰する義務に関わるものに照らして進める。

3.5.1 国際的レベル

自由権規約委員会は、自由権規約7条に関する一般的意見20で、一般的には

「7条を実施するためにはそのような取扱いを禁止しまたは犯罪とするだけでは十分ではない」ことに留意している。「締約国は、委員会に対し、その管轄下にあるいかなる領域においても拷問ならびに残虐な、非人道的および品位を傷つける取扱いの行為を防止および処罰するためにとった立法上、行政上、司法上その他の措置について情報を提供するべきである」[139]。

チョンウェ事件では、正式に自由を奪われていたわけではなかった申立人をザンビアの警察官が撃ち、「危うく殺しそうに」なった。自由権規約委員会によれば、締約国は「独立した調査の遂行を拒み、ザンビア警察が開始した調査は、事件後3年以上経ってもなお完了も公表もされていない」[140]。さらに、なんらの刑事手続も開始されておらず、申立人の賠償請求も却下された模様である。したがって、規約9条1項にもとづく、安全に対する申立人の権利の侵害が認定された[141]。

規約2条3項(a)にもとづくザンビアの義務について、委員会は次のような結論に達している。

> 「締約国は、チョンウェ氏に効果的な救済措置を提供するとともに、同氏の身体の安全および生命をいかなる種類の脅威からも保護するために十分な措置をとる義務を負う。委員会は、締約国に対し、発砲事件について独立の調査を遂行するとともに、発砲の責任者に対する刑事手続を速やかに進めるよう促すものである。刑事手続の結果、公的資格で行動していた者が申立人に対する発砲および傷害に責任を有していることが明らかになったときは、救済措置にはチョンウェ氏に対する賠償も含まれるべきである。締約国は、同様の違反が将来生じないことを確保する義務を負う」[142]

自由権規約委員会は、1989年に発生した失踪に対応するためにベネズエラが「行動をとっていない」ことにも懸念を表明し、失踪の調査を「遂行中である」

---

139 *United Nations Compilation of General Comments*, p.140, para.8.
140 Communication No.821/1998, *R. Chongwe v. Zambia*, (Views adopted on 25 October 2000), in UN doc. *GAOR*, A/56/40 (vol.II), p.142, para.5.3.
141 Ibid., loc. cit.
142 Ibid., p.143, para.7.

旨の声明だけでは満足に足るものではないとした[143]。「規約6条、7条および9条の規定を考慮に入れ、締約国は、失踪者の所在および失踪の責任者を明らかにするための迅速かつ効果的な調査を特別に優先するべきである。締約国はまた、憲法45条に定められた立法の採択を含め、失踪の防止のために必要なあらゆる措置もとるべきである」[144]。委員会はまた、ベネズエラで「非司法的処刑の報告が数多くあること」および締約国がその報告に対応していないことも「重大に懸念する」としている。「締約国は、非司法的処刑の責任者を特定しかつ裁判にかけるための調査を実施するべきである。締約国はまた、このような規約6条違反の発生を防止するために必要な措置もとるべきである」[145]。

同様に委員会は、ドミニカ共和国で受刑者が非司法的処刑の対象とされ、かつ、「国家警察、国軍および国家麻薬取締局の過度な力の使用およびこれらの機関が享受していると思われる免責を原因として死亡している」という報告があることにも懸念を表明した。したがって、締約国は次のような措置をとるべきであるとされている。

> 「規約6条の尊重を確保し、同条で保障されている生命に対する権利の侵害の責任者が訴追および処罰され、かつ賠償を行なうために緊急の措置をとる〔こと〕」[146]

委員会はまた、ドミニカ共和国で拷問が広範に行なわれていること、「拷問および残虐な、非人道的なまたは品位を傷つける取扱いの多くの苦情を調査する独立機関が存在しない」ことにも懸念とともに留意している。「締約国は、条約7条の規定を全面的に遵守するため、ならびに、容疑者が普通裁判所によって審理および処罰され、かつ賠償が提供されるようにする目的で同条の違反を調査するために、迅速な行動をとるべきである」[147]。

143　UN doc. *GAOR*, A/56/40 (vol.I), p.49, para.6.
144　Ibid., loc. cit.
145　Ibid., pp.49-50, para.7.
146　Ibid., p.55, para.8.
147　Ibid., pp.55-56, para.9.

軍事統治期間中に行なわれた人権侵害を免責する恩赦法がアルゼンチンで制定されたことについて、委員会は、当該期間中に行なわれた市民的および政治的権利の重大な侵害は「加害者を裁判にかけるのに必要なだけの期間、必要であればはるか過去まで適用可能として、訴追可能とされるべきである」と勧告している（さらに詳しくは後掲3.7.1参照）[148]。

*****

拷問等禁止条約では、拷問行為の犯罪化ならびに調査および苦情申立て手続に関わる締約国の義務が具体的に定められている。条約4条1項にしたがい、締約国は、拷問、拷問の未遂および拷問の共謀または拷問への加担にあたるすべての行為を、自国の刑法上の犯罪とすることを確保しなければならない。4条2項は、締約国はこれらの「犯罪について、その重大性を考慮した適当な刑罰を科することができるようにする」と定めている。そして条約12条は次のように述べている。

> 「締約国は、自国の管轄の下にある領域内で拷問に当たる行為が行われたと信ずるに足りる合理的な理由がある場合には、自国の権限のある当局が迅速かつ公平な調査を行うことを確保する」

最後に、すでに前掲3.4.1で触れたように、13条は締約国に対し、拷問被害者が申立てを行なう権利を認めること、その主張が権限のある機関によって「迅速かつ公平」に検討されるようにすることを義務づけている。

ベラルーシの第3回定期報告書の審査との関係で、拷問禁止委員会は、「公的機関に報告された多くの拷問の訴えに関する迅速、公正かつ全面的な調査の実施を職員が一貫して怠っており、かつ、加害者であるとされる者の訴追も行なわれていない」ことに懸念を表明し、これは条約12条および13条にしたがっていないと指摘した[149]。そこで、委員会は次のことを勧告している。

---

148 UN doc. *GAOR*, A/56/40 (vol.I), p.39, para.9.
149 UN doc. *GAOR*, A/56/44, p.21, para.45(e).

- ◎ 「公的機関に報告された多くの拷問の訴えが迅速、公正かつ全面的に調査され、かつ適切な場合には加害者とされる者が訴追および処罰されることを確保するため、完全に独立した苦情申立て機構を設置するために緊急のかつ効果的な措置をとる」こと
- ◎ 「締約国が、とくに人権を促進し、かつ人権侵害に関するあらゆる苦情、とりわけ条約に実施に関わる苦情を調査する効果的権限を有する、独立のかつ公正な政府系および非政府系の国家人権委員会の設置を検討する」こと[150]

拷問禁止委員会の手続からは同様の例を数多く示すことができるが、そのうちのひとつはグアテマラに関わるものである。同国について委員会は、「犯罪一般およびとくに人権侵害が、そのような犯罪の防止、調査および処罰を担当する政府機関の度重なる職務怠慢により免責される状態が継続していること」について懸念を表明している。委員会はまた、「失踪者の誘拐の状況を個別事案ごとに調査し、かつその遺体の場所を特定する広範な権限および潤沢な資源を有する独立委員会が存在しないこと」についても懸念を表明した。「これらの状況が不確定であることは、失踪者の家族に深刻かつ継続的な苦痛を引き起こしている」[151]。委員会は次のような勧告を行なった。

「失踪者の誘拐の状況を調査し、失踪者に何があったかおよびその遺体はどこにあるのかを確定するために、独立委員会が設置されるべきである。政府には、これらの事件において実のところ何があったのかを認定し、そうすることによって、関係する家族の正当な権利を実施し、発生した損失または被害について賠償を提供し、かつ責任者を訴追するために、いかなる努力も惜しまない義務が存する」[152]

---

150 Ibid., p.21, para.46(b) and (c).
151 Ibid., p.33, para.73(b) and (c).
152 Ibid., p.35, para.76(e).

最後に、ボリビアの第1回報告書を審査したさいに委員会は、政府が、「拷問および残虐な、非人道的なまたは品位を傷つける取扱いのあらゆる苦情について刑事捜査を行なう義務を政府の検察官が効果的に遵守するために必要な措置をとる」よう勧告するとともに、「捜査中、告発された職員は職務停止とされるべきである」と指摘している[153]。締約国が「拷問および不当な取扱いの苦情ならびに捜査の結果についての公的な中央記録機関を設置する」ことも勧告された[154]。

＊＊＊＊＊

　女子差別撤廃条約2条(b)および(c)は、締約国に対し、「女子に対するすべての差別を禁止する適当な立法その他の措置(適当な場合には制裁を含む。)をとること」と、「女子の権利の法的な保護を男子との平等を基礎として確立し、かつ、権限のある自国の裁判所その他の公の機関を通じて差別となるいかなる行為からも女子を効果的に保護することを確保すること」を求めている。これらの規定はジェンダーにもとづくあらゆる形態の差別に適用されるものではあるが、女性に対するあらゆる形態の暴力およびあらゆる形態の女性の虐待の場合にはとりわけ重要である。

　この問題について、女子差別撤廃委員会は条約の締約国に次の措置をとるよう勧告している。

> 「とくに家庭における暴力および虐待、性的攻撃ならびに職場におけるセクシュアル・ハラスメントを含むあらゆる種類の暴力から女性を保護するため、刑事制裁、民事的救済および補償規定を含む効果的な法的措置」[155]

　モルドバ共和国の状況についてコメントするなかで、委員会は、「ドメスティック・バイオレンスを含む」女性に対する暴力は「条約にもとづく女性の人権の侵害である」と強調している。委員会は政府に対し、「このような暴力が犯罪として刑法上の処罰対象とされ、かつ必要な厳格さおよび速さで訴追および処

153　Ibid., p.42, para.97(d).
154　Ibid., p.43, para.97(e).
155　一般的勧告19(女性に対する暴力)、パラ24(t)(i)(*United Nations Compilation of General Comments*, p.221)。

れることを確保する」よう求めた[156]。ウズベキスタンに対しては、ドメスティック・バイオレンスを含む暴力の被害を受けた女性および女児が「ただちに救済および保護の手段を得られる」ことを確保するよう促している[157]。

3.5.2 地域レベル

　米州人権裁判所は、ストリート・チルドレン事件において、「国が、条約に掲げられた権利を保障するために、そのいかなる侵害についても調査および処罰する義務を負っていること」は米州人権条約1条から明らかであると判示した[158]。それより以前のベラスケス・ロドリゲス事件では、人権侵害、この場合にはベラスケス氏の拉致およびその後の失踪について調査する締約国の義務についてやや詳しい見解が示されている。米州人権裁判所の判示は次のとおりである。

「176. 国は、条約が保護する権利が侵害されたあらゆる状況について調査する義務を負う。侵害が処罰されず、かつ被害者によるこれらの権利の全面的行使が可及的速やかに回復されないような方法で国の機関が行動するのであれば、国は、その管轄内にある者に対してこれらの権利の自由かつ完全な行使を確保する義務を遵守していないことになる。**私人または私的集団**が、条約で認められた権利を侵害するような方法で自由にかつ処罰されずに行動することを国が認めている場合も、同様である。

177. 一定の状況においては、個人の権利を侵害する行為の調査が難しい場合もあるかもしれない。調査する義務は、防止する義務と同様、調査によって満足のいく成果が出なかったことだけで違反が生じるものではない。**とはいえ、調査は真剣に行なわれなければならず、実効性のないことがあらかじめ想定された単なる形式に留まってはならない。調査は客観的でなければならず、かつ国が国自身の法的義務として行なわなければならないのであって、**

---

156 UN doc. *GAOR* A/55/38, p.59, para.102.
157 UN doc. *GAOR*, A/56/38, p.21, para.177.
158 *I-A Court HR, Villágran Morales et al. Case (The "Street Children" Case), judgment of November 19, 1999, Series C, No.63*, pp.194-195, para.225.

政府が真実を効果的に追求することなく、被害者またはその家族の主導または証明に依存した私的利益による措置として行なわれてはならない。このことは、最終的にどのような主体が侵害の責任者として認定されるかに関わらず、妥当する。**私的**当事者の条約違反行為が真剣に調査されない場合、当該当事者はある意味で政府に幇助されているのであり、したがって国際的平面では国が責任を負わなければならない」[159]

　米州人権裁判所は同じ事件で、ホンジュラスで利用可能であった手続は「理論的には十分」であったものの、証拠によれば、同手続には、マンフレード・ベラスケス氏の失踪の調査を遂行し、条約1条1項に定められたように賠償を行ないかつ責任者を処罰する国の義務を履行する「能力が完全に欠けていた」ことがわかると認定している[160]。たとえば、裁判所は人身保護請求をただの一度も処理せず、ベラスケス氏が収容されていた可能性のある拘禁場所にアクセスできた裁判官はだれもおらず、刑事告発は棄却された[161]。米州人権裁判所はまた、「この種の事実関係を調査する義務は、**失踪した者の運命が不確定であるかぎり**継続する」とも指摘している[162]。

　ベラスケス事件では、米州人権裁判所は全会一致により、ホンジュラスは条約1条1項とあわせて理解した4条、5条および7条に違反したと決定した[163]。

　政府が事実関係に関わるさまざまな司法手続を進めたとしてもなお、米州人権条約1条にもとづく犯罪捜査義務の違反とされる場合もある。そのような状況とされたストリート・チルドレン事件では、子どもの拉致および殺人の責任者が、「執行された司法決定により特定されまたは有罪とされなかった」ことを理由として処罰されなかった。米州人権裁判所にとっては、この点だけで、グアテマラの条約1条1項違反を認定するのに十分であった[164]。

159　*I-A Court HR, Velásquez Rodríguez Case, judgment of July 29, 1988, Series C, No.4*, pp.155-156, paras.176-177. 強調引用者。
160　Ibid., p.156, para.178.
161　Ibid., p.156, para.179.
162　Ibid., p.157, para.181. 強調引用者。
163　Ibid., pp.162-163.
164　*158I-A Court HR, Villagran Morales et al. Case (The "Street Children" Case), judgment of November 19, 1999, Series C, No.63*, pp.195, para.228.

＊＊＊＊＊

　人権侵害を調査、訴追および処罰する義務は、もちろん、欧州人権条約の締約国にとっても同じように妥当する。たとえば欧州人権裁判所は無数の事件で、生命に対する権利に関わる調査義務を強調してきた。この重要な問題に関する欧州人権裁判所の見解は、アフサール事件判決に次のとおりうまくまとめられている。

「393. 条約2条にもとづく生命に対する権利を保護する義務は、『その管轄内にあるすべての者に対して条約に定める権利および自由を保障する』という条約1条上の国の一般的義務とあわせて理解した場合、その含意するところにより、個人が力の行使によって殺害されたときにはなんらかの効果的な公式調査が行なわれることも求めている。……このような調査の本質的目的は、生命に対する権利を保護する国内法の効果的実施を保障するとともに、国の機関が関与している場合には、その責任下で発生した死亡についての責任を確保することである。これらの目的がどのような形態の調査によって達成されるかは、状況によって異なる場合がある。ただし、どのような形態が採用されるにせよ、公的機関は、事案について知るところとなった段階で自ら進んで行動しなければならない。直系親族が主導して正式な告発を行ない、または自ら責任をもっていずれかの調査手続を遂行することに任せていてはならない。……

394. 国の機関による不法な殺害の訴えについて効果的な調査が行なわれるようにするためには、一般的に、調査の責任者および担当者が当該事件の関係者から独立していることが必要であると考えられよう。……調査は、当該事件における力の行使が当該状況下で正当なものであったかどうかを決定し、……かつ責任者を特定および処罰できるという意味でも効果的なものでなければならない。……これは行為義務ではなく、手段の義務である。公的機関は、事件に関連する証拠の保全のために利用可能な合理的措置をとっていなければならない。これにはとくに、目撃者の証言、鑑識証拠、および、適切な場合には、傷害を完全かつ正確に記録するとともに死因を含む臨床所見を客観的に分析した解剖所見が含まれる。……調査にいずれかの瑕疵があって

死因または責任者を確定する能力に支障が出れば、この基準を満たさないおそれが生ずる。

395. この文脈において言外に明らかな、着手の迅速性および合理的に速やかな進行の要件も存在しなければならない。……特定の状況において、調査の進展を妨げる障壁または困難が存在しうることは認めなければならない。しかし、致死性の力の使用を調査するにあたって公的機関が迅速に対応することは、法の支配の維持に対する公衆の信頼を維持し、かつ不法行為の共謀または容認と受け取られることを防ぐうえで、一般的には必要不可欠であろうと思われる」[165]

さらに、アフサール事件で欧州人権裁判所が指摘したように、不法な殺害が「国の機関の知情または黙認を得て治安部隊の援助による実行された」とされる状況下においては、「国が法の支配を遵守しており、かつとくに生命に対する権利を尊重しているかに関して重大な懸念」が生ずる。このような事情が存する場合、生命に対する権利に関わる欧州人権条約2条上の手続的義務は「より幅広い検討を要するものとしてとらえられなければならない」[166]。

本件では、被害者は自宅から7名の者、すなわち村落防衛隊、MM(自白した者)および治安部隊要員1名によって連れ去られ、憲兵隊本部に連行された後、そこから連れ出されて殺害されたものである。欧州人権裁判所は、「憲兵隊および検察官による調査ならびに刑事裁判所における調査は、メフメト・セリフ・アフサール殺害を取り巻く状況に関する迅速なまたは十分な調査ではなかった」ことを理由に欧州人権裁判所2条違反を認定した。したがって、「生命に対する権利を保護する国の**手続的義務**の違反」があったとされたのである[167]。欧州人権裁判所はさらに、アフサール氏の死については政府に責任があるとも認定し、これによって欧州人権条約2条にもとづく生命に対する権利を確保する**実体的義務**の違反も導き出された[168]。注目すべきなのは、本件では村落防衛隊および自白者は訴迫お

---

[165] *Eur. Court HR, Case of Avsar v. Turkey, judgment of 10 July 2001, paras.393-395.* 参照した判決文は http://echr.coe.int に掲載されたもの。
[166] Ibid., para.404.
[167] Ibid., para.408. 強調引用者。
[168] Ibid., para.416.

よび処罰の対象となったものの、治安部隊要員である第7の人物はその対象とならなかったことである。このような事情のもとでは「本件状況下における……民事的救済の利用の実効性は失われ、兄弟の死に対する公的機関の責任についての申立人の苦情に対して十分な救済が提供されなかった」。したがって申立人はひきつづき、兄弟の代理として2条違反の被害者であることを主張できるとされた[169]。

3.5.3 調査および裁判手続中の被害者の役割

　被害者またはその直系親族の役割は人権侵害に関わる調査および刑事手続において必要不可欠であり、もちろん、殺人、拷問およびその他の形態の暴力(ジェンダーにもとづく暴力を含む)の調査では、それが私人によるものか国の職員によるものかを問わず、とりわけ重要である。したがって裁判官・検察官・弁護士は、調査中に、またその後の裁判手続との関連で、影響を受けた者の意見があらゆる適切な時期に聴取されることを常に確保しなければならない。たとえば失踪に関わる事件などでは、特段の繊細さと理解を示すことも必要である。失踪者の家族はきわめて深いトラウマを受ける。愛する者の運命がわからないことの苦悩は深く、その生活に顕著かつ永続的な影響を及ぼす。したがって法曹は、このような人間的悲劇に直面した者の気持ちと反応、そして失踪した家族に何が起こったのかを知る必要に対して礼儀と理解を示すべきである。
　米州人権裁判所は、ストリート・チルドレン事件で、調査義務との関連で次のように強調している。

「事実関係を解明しかつ責任者を処罰するためにも、正当な賠償を求めるためにも、人権侵害の被害者またはその直系親族がそれぞれの手続において意見を聴取されかつ行動する実質的可能性を認められるべきであることは、〔米州人権〕条約8条から明らかである」[170]

169　Ibid., paras.408 and 415.
170　*1581-A Court HR, Villagran Morales et al. Case (The "Street Children" Case), judgment of November 19, 1999, Series C, No.63*, pp.195, para.227.

私人による告発、人身保護請求または民事上その他の請求が処理されなければ、また人権侵害の訴えが調査され、適切な場合には責任者に対して刑事手続その他の手続がとられなければ、被害者またはその直系親族が「独立のかつ公正な裁判所によって意見を聴取され、かつその告発について議論してもらう」ことは明らかに不可能となる[171]。このような懈怠は、効果的な救済措置に対する被害者の権利のみならず、個人や公衆一般が自国の司法制度および法の支配一般に対して抱いているべき信頼までも損なうものである。

> 　人権を効果的に保護する一般的義務に固有な義務として、個人の基本的権利および自由の侵害を調査、訴追および処罰する具体的な法的義務がある。この義務の究極的目的は、被害者の権利および自由の迅速な回復を確保することである。国は、その義務を履行するため、人権侵害のあらゆる訴えについて迅速かつ効果的な調査を行なわなければならない。この義務は、生命に対する権利および拷問その他の形態の不当な取扱い(ジェンダーにもとづく暴力およびその他の形態の差別に由来する暴力を含む)を受けない権利に関わる訴えの場合には、とくに重要である。調査の義務は手段の義務であって目的の義務ではなく、とくに次のことを含意する。
> - 調査は独立の機関、すなわち訴えられている侵害に関わったもの以外の機関によって行なわれなければならない。
> - 調査は、訴えられている人権侵害の責任者の特定を容易にし、その後の訴追および最終的には処罰につなげることができるよう、公正に、迅速に、完全にかつ効果的に行なわれなければならない。
> - 調査は、国が訴えられている事実関係を承知すると同時に、国によって開始されなければならない。したがって、被害者またはその直系親族がなんらかの措置をとり、または証拠を提出するかどうかによって調査の開始が左右されることはない。

171　Ibid., p.196, para.229.

- 真実の確定を意図しない形式的調査は、人権侵害を効果的に調査する義務を満たしたことにはならない。
- 恣意的殺害の訴えが効果的に調査されることを確保するために必要な措置の例としては、目撃者の証言、鑑識証拠、および、死因を含む臨床所見を客観的に分析した解剖所見の保全が挙げられる。
- 失踪のような重大な人権侵害の場合、調査および訴追する義務は、被害者に何があったかに関わる不確定さが払拭されるまで終了しない。

裁判官・検察官・弁護士は人権侵害の被害者に対して礼儀と理解を示さなければならず、失踪その他の深刻な人権侵害が引き起こしたトラウマにとくに配慮しなければならない。人権侵害が迅速かつ効果的に調査されなければ、自己の訴えについて救済を受ける被害者の権利は脅かされ、また法の支配(法の支配に対する公衆の信頼も含む)が損なわれる。

3.6 人権侵害に対して事後的救済を提供する義務

3.6.1 権利回復および賠償

　ほとんどの場合、国際人権条約では法的義務の違反をどのように是正すべきかについて具体的に定めてはいない。人権条約の締約国が関連の権利および自由の執行方法を自由に決められるかぎりにおいて、これはある意味で当然である。しかし拷問等禁止条約14条1項は、締約国は拷問の被害者が救済を受けることおよび「公正かつ適正な賠償を受ける強制執行可能な権利を有すること(できる限り十分なリハビリテーションに必要な手段が与えられることを含む。)」を確保する義務を有すると定めている。拷問の結果被害者が死亡した場合には、その被扶養者が「賠償を受ける権利を有する」。前述のとおり、女性に対する暴力の防止、処罰および根絶に関する米州条約7条も、締約国に対し、とくに「暴力を受けた女性のための公正かつ効果的な法的手続(とくに保護措置、時宜を得た聴聞およびこのような手続への効果的アクセスを含む)」を設置する義務を課しているところである。

普通犯罪の被害者の場合と同様、人権侵害の被害者に対しても、可能なかぎりで権利の回復が図られるべきである。チェコ共和国で行なわれた財産没収に関わるブラチェク事件で、自由権規約委員会は、自由権規約2条3項(a)にしたがい、規約26条に反する差別行為について締約国は「申立人に効果的救済措置(権利回復または賠償の新たな請求を行なう機会を含む)を提供する義務を負う」との見解を表明している[172]。財産に関わる本件ではこのような権利回復が可能かもしれない。しかし、本章で余すところなく明らかにされてきたように、そうでない場合も多い。該当者が殺されたり暴力を受けたりした場合はなおさらであり、選択肢は多かれ少なかれ賠償とリハビリテーションに限定されてしまう。

以下に示す例は、地域人権裁判所が賠償の問題にどう対応してきたかを明らかにするものである。ただしこれらの事件における賠償義務は、立証された国際人権条約違反と結びついた国際的義務から導き出されているのであって、国内法にもとづいているわけではないことに注意しなければならない[173]。他方、実際の賠償のあり方は事件の事実関係次第で常に異なるとはいえ、これらの判決は、賠償の対象となりうる損害はどのようなものなのかを明らかにするうえで参考になる。

欧州人権裁判所は、とくに拷問被害者および殺害された被害者の直系親族に対しては賠償を認めるのを常としてきた。事情に応じて、賠償は**金銭的損害**に対しても、国際的監視機関の認定だけで賠償されたことになると考えることはできない**非金銭的または道徳的損害**に対しても認められる場合がある[174]。賠償対象は被害者本人だけではなく、被害者の直系親族も含まれる場合がある[175]。**経費および支出**の賠償も認められることがある[176]。ただし、直系親族が兄弟の死亡以前にその所得に依存しておらず、損失の主張に関わる請求が兄弟の死亡後に発生した事

---

172 Communication No.857/1999, *Blazek et al. v. the Czech Republic* (Views adopted on 12 July 2001), in UN doc. GAOR, A/56/40 (vol.II), p.173, para.7.

173 Cf. *I-A Court HR, Velásquez Rodríguez Case, Compensatory damages, judgment of July 21, 1989, Series C, No.7*, p.57, para.54.

174 無数の事件のなかからとくに*Eur. Court HR, Case of Mahmut Kaya v. Turkey, judgment of 28 March 2000*, paras.133-139 and *Eur. Court HR, Case of Price v. the United Kingdom, judgment of 19 June 2001, para.34*参照。参照した判決文はいずれもhttp://echr.coe.intに掲載されたもの。

175 *Eur. Court HR, Case of Mahmut Kaya v. Turkey, judgment of 28 March 2000*, paras.133-139. 参照した判決文はhttp://echr.coe.intに掲載されたもの。

176 Ibid., paras.140-142.

件では、欧州人権裁判所は金銭的損害に対する賠償を認めるのは「適当ではない」と判断している[177]。

＊＊＊＊＊

米州レベルでは、ベラスケス・ロドリゲス事件で、何がベラスケス氏の直系親族に対する「公正な賠償」にあたるかという問題が持ち上がった。米州人権裁判所は、ベラスケス氏の失踪は偶発的死亡ではなく「ホンジュラスに帰責する重大な行為の結果」であるから、賠償額は「生命保険のような指針をもとにすることはできず、被害者が自然な死を遂げたであろう時期までに受け取ったはずの逸失所得にもとづいて計算されなければならない」との結論に達した[178]。ただし、米州人権裁判所は2つの状況を区別してとらえている。ひとつは被害者が「全面的かつ恒久的に障害を負った」状況で、この場合、「賠償には、余命の推定にもとづいて適切な調整を行なったうえで、被害者が受け取ることのできないすべての所得が含まれるべきである」とする[179]。もうひとつは受給者が家族構成員である状況で、この場合、当該家族構成員には原則として「自ら労働しまたは所得を得る現実のまたは将来の可能性」がある[180]。後者の場合には「厳格な基準に固執する」よりも「事案の状況にかんがみて損害額を慎重に推定する」のが相当であるとされる[181]。

ベラスケス氏の家族構成員が受けた道徳的損害の賠償の問題については、米州人権裁判所は、当該損害は「第一義的には家族が受けた心理的影響によるもの」、とくに「人の非自発的失踪にともなう劇的性格」によるものであると認定した[182]。道徳的損害は、「専門家による鑑定書」および精神科医・心理学教授の証言によって実証されていた。米州人権裁判所はこれにもとづき、ベラスケス氏の失踪は「その直接の家族に有害な心理的影響をもたらしたのであり、これは道徳的損害として賠償の対象とされるべきである」と認定した[183]。したがっ

---

177 Ibid., para.135.
178 *I-A Court HR, Velásquez Rodríguez Case, Compensatory damages, judgment of July 21, 1989, Series C, No.7*, p.54, para.46.
179 Ibid., pp.54-55, para.47.
180 Ibid., p.55, para.48.
181 Ibid., loc. cit.
182 Ibid., p.55, para.50.
183 Ibid., p.56, para.51.

て政府は賠償金の支払いを命じられている。

＊＊＊＊＊

国際的監視機関は厳密には司法機関としての地位を有していないので、損害賠償を命ずる権限そのものは有していない。したがって自由権規約委員会は、自由権規約の選択議定書にもとづいて採択する見解のなかで、人権侵害に責任を有する政府に対し、発生した不法行為に対する賠償金の支払いを、その額を明示することなく一般的に促すに留まっている[184]。

3.6.2 リハビリテーション

いずれかの者が拷問その他の形態の不当な取扱いまたはジェンダーにもとづく暴力の被害を受けたときなどの多くの場合に、金銭的賠償に加え、身体的・心理的性質のリハビリテーションのための措置が必要になることがある。前述のように、拷問等禁止条約は、「できる限り十分なリハビリテーションに必要な手段が与えられることを含む」救済を拷問被害者に提供する義務を、締約国に明示的に課しているところである。

拷問禁止委員会は、カメルーンについて、「条約14条に反し、拷問被害者に対する賠償およびリハビリテーションについての法的規定が存在しない」ことに対して懸念を表明し、「拷問被害者に対する可能なかぎり最大限の賠償およびリハビリテーションのための機構を立法に」導入するよう勧告した[185]。ブラジルについても、「国が支払う公正かつ十分な賠償についての拷問被害者の権利を規制および制度化し、かつ可能なかぎり最大限の身体的および精神的リハビリテーションのためのプログラムを設ける」ために措置がとられるべきことを勧告している[186]。

拷問被害者のリハビリテーションは児童の権利条約39条でも予定されているところである。

---

[184] たとえばCommunication No.107/1981, *Quinteros v. Uruguay* (Views adopted on 21 July 1983), in UN doc. *GAOR*, A/38/40, p.224, para.16.参照。

[185] UN doc. *GAOR*, A/56/44, p.29, para.65(e), and p.30, para.66(a).

[186] Ibid., p.51, para.120(f).

「締約国は、あらゆる形態の放置、搾取若しくは虐待、拷問若しくは他のあらゆる形態の残虐な、非人道的な若しくは品位を傷つける取扱い若しくは刑罰又は武力紛争による被害者である児童の身体的及び心理的な回復及び社会復帰を促進するためのすべての適当な措置をとる。このような回復及び復帰は、児童の健康、自尊心及び尊厳を育成する環境において行われる」

児童の権利委員会は、本条にもとづき、旧ユーゴスラビア・マケドニア共和国が、犯罪の被害を受けた子どもの「身体的および心理的回復および再統合のための適切なプログラムを緊急に設ける」よう勧告した[187]。委員会は、子どものリハビリテーションの措置は戦時にはとりわけ重要であると強調したこともある[188]。

人身取引の対象とされた女性は、人権侵害の被害者のうちリハビリテーションが必要な可能性のあるもうひとつの集団である。自由権規約委員会は、ベネズエラに対して人身取引被害者のためのリハビリテーション・プログラムの設置を勧告した[189]。女子差別撤廃委員会も、各国に対し、「暴力の被害を受けた女性または暴力を受けるおそれがある女性を対象とした避難所、カウンセリング、リハビリテーションおよび支援のサービスを含む保護措置」をとるよう勧告している[190]。

* * * * *

地域レベルでは、暴力を受けた女性を対象とするリハビリテーションの措置の必要性は、女性に対する暴力の防止、処罰および根絶に関する米州条約8条で認められている。締約国は、同条にもとづき、「暴力を受けた女性に対し、これらの女性が公的、私的および社会的生活に全面的に参加できるようにするための効果的な再適応および訓練のプログラムへのアクセスを提供するために……漸進的に具体措置をとることを約束」している。

---

187 UN doc. CRC/C/94, Committee on the Rights of the Child: Report on the twenty-third session (2000), paras.286-287.
188 シエラレオネに関して、Ibid., paras.185-190参照。
189 UN doc. GAOR, A/56/40 (vol.I), p.52, para.16.
190 一般的勧告19(女性に対する暴力)、パラ24(t)(iii)(in United Nations Compilation of General Comments, p.221)。

> 人権侵害の被害者またはその直系親族は、行なわれた不法行為について効果的な事後的救済を受ける権利を有する。可能な場合には常に、このような救済は権利の回復という形態をとるべきである。回復が不可能な場合、金銭的および(または)道徳的損害に対する賠償が行なわれなければならない。必要な場合には、拷問その他の形態の不当な取扱いまたは人種差別、ジェンダーにもとづく差別もしくはその他の形態の差別として行なわれた暴力の被害者を対象として、リハビリテーションという形での救済が構想されるべきである。

3.7 人権侵害の免責の問題

3.7.1 法的観点からの免責

人権侵害が免責されることは、個人の権利・自由の全面的享受に対するもっとも深刻な脅威のひとつであり、これらの権利・自由の効果的保護を確保する国の法的義務の違反にあたる。拷問、拉致、失踪、人の生命の恣意的剥奪といった犯罪行為が訴追されないことは、被害者およびその直系親族のみならず社会全体にとりわけ破壊的な影響を及ぼすものである。免責の文化はまた、「権力構造の近くにいる者と、人権侵害を受けやすいそうではない者との間の隔たりも広げる。正義を確保することがますますむずかしくなれば、人々は自らが法律だという姿勢で行動する方向へ駆り立てられ、それによって司法制度はさらに悪化し、新たな暴力が勃発する」[191]。人権侵害の免責はどんな国でも生じうるが、それがとくに一般的になるのは、軍事・文民独裁や内戦の後に、国民的和解の過程に欠かせない要素だとして恩赦法が採択される場合である。

国際的監視機関は、深刻な人権侵害の免責を一貫して非難してきた。たとえば自由権規約委員会は、ロドリゲス事件において、1968年ウルグアイ法15,848号・

---

[191] See UN doc. E/CN.4/2000/3, Extrajudicial, summary or arbitrary executions, Report of the Special Rapporteur, Ms. Asma Jahangir, p.30, para.87.

時効法または効力消滅法(Ley de Caducidad de la Pretension Punitiva del Estado)は自由権規約2条3項とあわせて理解した場合の同7条違反であると認定した。1986年に採択されたこの法律は、軍事支配下の人権侵害の訴えについて国を相手どっての司法手続を行なえなくするものであった。通報の申立人は軍事独裁期間中の1983年に拘禁され、拷問を受けたが、この恩赦法により、国を訴えて賠償を求めることができなかった。委員会は、その「見解」のなかで次のような立場を再確認している。

「重大な人権侵害についての恩赦および法15,848号(Ley de Caducidad de la Pretension Punitiva del Estado)のような法律は、規約にもとづく締約国の義務と両立しない。委員会は、この法律が採択されたことにより、過去の人権侵害を調査する可能性が多くの事案について実質的に排除され、それによってこれらの侵害の被害者に効果的救済措置を提供する締約国の責任が履行できなくなってしまっていることに、深い懸念とともに留意する。さらに委員会は、締約国がこの法律を採択することにより、民主主義的秩序を損ない、かつさらなる重大な人権侵害を生じさせかねない免責の雰囲気を助長してきたことを懸念するものである」[192]

アルゼンチンについては、委員会は、「軍事支配下の重大な人権侵害の責任者を免責する雰囲気」があることについて懸念を表明している。委員会は、アルゼンチン恩赦法の対象とされた多くの者がひきつづき「軍の職または公職に就いており、一部の者はその後も昇進してきた」ことに留意しながら、次のような勧告を行なっている。

「軍事支配下で行なわれた市民的および政治的権利の重大な侵害は、加害者を裁判にかけるのに必要なだけの期間、必要であればはるか過去まで適用可能として、訴追可能とされるべきである。委員会は、この分野でひきつづき

---

192 Communication No.322/1988, *H Rodriguez v. Uruguay* (Views adopted on 19 July 1994), in UN doc. *GAOR*, A/49/40 (vol.II), p.10, para.12.4.

精力的な努力が行なわれるべきこと、および、重大な人権侵害に関与した者が軍務または公務から排除されることを確保するための措置がとられるべきことを、勧告する」[193]

委員会はクロアチアの恩赦法についても懸念を表明した。この法律は戦争犯罪で有罪とされた者に対しては恩赦を認めていないが、戦争犯罪の定義を置いていない。そこで委員会は、「実務上、深刻な人権侵害の罪を問われている者を免責する目的で恩赦法が適用または利用されないことを確保する」よう勧告している[194]。

* * * * *

拷問禁止委員会はグアテマラについて次のような懸念を表明した。

「犯罪一般およびとくに人権侵害が、そのような犯罪の防止、調査および処罰を担当する政府機関の度重なる職務怠慢により免責される状態が継続している……。免責は、内戦期間中に行なわれた侵害行為のほとんどおよび和平協定調印後に行なわれた侵害行為について適用されている」[195]

状況の改善のため、委員会は同国に対してさまざまな勧告を行なっている。とくに、司法部および検察官事務所の自律性および独立性を強化すること、軍が公の安全の維持および犯罪防止に関与するのを禁ずることなどである[196]。

* * * * *

人種差別撤廃委員会は、「ジェノサイドその他の人権侵害の加害者が免責されることを防止し、かつそのような行為の責任者のほとんどを裁判にかけるために」ルワンダが行なった努力に留意した。ただし委員会は、「とくに治安部隊の構成員が行なった不法行為のいくつかの事案について」同国で免責が広がっていることを依然として懸念し、同国に対し、「軍または文民当局の構成員が行なった不法行為に十分に対応し、かつこれを防止するためにさらなる努力を行なう」

---

193 UN doc. *GAOR*, A/56/40 (vol.I), p.39, para.9.
194 Ibid., p.67, para.11.
195 UN doc. *GAOR*, A/56/44, p.33, para.73(b).
196 Ibid., see pp.34-35, paras.74-76.

1117

よう勧告している[197]。

*****

　さらに、**地域人権裁判所の判例から、私人が行なった人権侵害について免責が認められないことも明らかである**。人権侵害を調査・訴追・処罰・是正する国の義務は、少なくとも政府がその不法行為について知っていたまたは知っているべきであったときには常に、私人が行なった侵害にも及ぶ。

　したがって米州人権裁判所は、米州人権条約の締約国には「条約が保護する権利が侵害されたあらゆる状況を調査する義務がある」こと、そのような調査を行なわなければ「国は、その管轄内にある者にこれらの権利の自由かつ完全な行使を確保する義務を遵守していないことになる」ことを明確にした。米州人権裁判所の見解によれば次のとおりである。

「私人または私的集団が、条約で認められた権利を侵害するような方法で自由にかつ処罰されずに行動することを国が認めている場合も、同様である」[198]

　上述のマフムート・カヤ対トルコ事件が示すように、欧州人権裁判所も、私人が行なった人権侵害について政府に責任があるとする場合がある。少なくとも、当局がそのような行為について承知していた、または「治安部隊分子の知情もしくは黙認を得て行動する」者または集団によってそのような行為が行なわれる「可能性があることを承知していてしかるべきであった」かぎりにおいて、このことは当てはまる[199]。

*****

　以上に選び出して示した判例および見解からわかるように、恣意的殺人、拉致、失踪、拷問その他の形態の非人道的な取扱いといった深刻な人権侵害についての免責は、国際人権法上、厳格に違法とされている。本章では、とくに生命および自由ならびに安全に対する権利を含むすべての者の人権の保護を効果

197　UN doc. *GAOR*, A/55/18, p.32, paras.141 and 144.
198　*I-A Court HR, Velásquez Rodríguez Case*, judgment of July 29, 1989, Series C, No.4, pp.155-156, para.176.
199　*Eur. Court HR, Case of Mahmut Kaya v. Turkey*, judgment of 28 March 2000, para.91. 参照した判決文は http://echr.coe.int に掲載されたもの。

的に確保する法的義務が国にはあることを、明らかにしてきた。国内レベルでこの義務を遵守しない国は、国際的監視機関において国際的責任を問われなければならなくなろう。

3.7.2 正義・免責・和解

　上述したように、人権侵害加害者の免責の問題は、国が抑圧または武力紛争の時期から抜け出しつつあり、平和・安全・民主主義の時代に移行したいと考えているときに激しい議論の対象となることが多い。このような状況においては、人権侵害、戦争犯罪および人道に対する犯罪の被害者は、自分たちの苦難が認められること、行なわれた不法行為に最終的裁きが下されることを切望する。とりわけ、肉親が失踪したり恣意的に生命を奪われたりした被害者の多くは、強くやみがたい不安感と、愛する者に何が起こったかを知る必要を抱えることになろう。他方、人権侵害その他の不法行為の加害者は、自分たちが行なった行為について恩赦または特赦を主張して譲らないのが一般的である。しかしこのような目に見える緊張状態のなかで、社会はすべての者にとってよい方向へ向けて前進するために妥協策を見出さなければならない。

　ここは、罪、罪の告白、懲罰、償い、リハビリテーションおよび和解といった、このような状況で生ずる多くの、そしてしばしばきわめて複雑な諸問題の解決を試みる場所ではない。しかし、本章で述べてきたことに照らして最低限言えることとしては、生命に対する権利ならびに身体の自由および安全に対する権利(拷問その他の形態の不当な取扱いを受けない権利を含む)の侵害についてはいかなる場合にも恩赦・特赦が認められてはならないということが挙げられるだろう。次章で見るように、これらの権利はいかなる状況下でも、たとえ公の緊急事態においても逸脱することのできない権利に含まれるものである。すべての者に対する正義の原則は、被害者の権利と苦痛が承認・救済されること、加害者が処罰されること、そして同様の行為が将来起こることのないように当該国が効果的な防止措置をとることを要求する。人間の尊厳に由来するこれらの最低限の法的要件が満たされなければ、社会がその傷を癒し、圧制の廃墟から建設的に立ち直っていける可能性は低い。換言すれば、最終的には関係当事者の交渉を通じてなんら

1119

かの国民的和解が達成されなければならないにせよ、永続的で実り豊かな和解は、被害者に対する尊重の念に立って、このような基本的正義にもとづいて成し遂げられなければならないのである。

> 人権侵害に対する免責は、これらの権利の効果的な保護を確保するという、国際法上の国の法的義務に反する。人権侵害を事実上訴追しないことおよび法律で人権侵害の免責を認めることは、国際法違反に相当する。国が免責を禁じなければならないという要件は、私人が行なった行為についても適用される。恣意的殺人、失踪および拷問といった深刻な人権侵害が免責されることは被害者およびその直系親族にとってとりわけ苦痛であり、防止しなければならない。人間の尊厳に対する尊重は、このような侵害が認識・処罰・救済されることを要求する。深刻な人権侵害の被害者の基本的利益が認められない状況では、持続可能な国民的和解はけっきょく達成できない可能性が高い。

4. 犯罪・人権侵害被害者のための正義を確保するうえで裁判官・検察官・弁護士が果たす役割

　本章では、犯罪の被害者であるか人権侵害の被害者であるかを問わず、裁判官・検察官・弁護士には関係被害者の問題、ニーズおよび権利に効果的に対応するきわめて重要な役割があることを示してきた。法曹は、礼儀と理解を示さなければならないのはもちろん、人権法についてしっかりと知り、いかなるときにも公正にかつ独立の立場で正義を追求する構えでいなければならない。実際、独立した公正な司法部と、人権侵害の訴えに応じて迅速に、精力的にかつ効果的に行動する自由を与えられた独立した検察官および独立した弁護士が存在しなければ、人権はほとんどの場合に死文化したままとなってしまう。このような独立性と公正性を法曹に認めるのはすべての国の役割であり、個人の権利と自由を侵害する行為を精力的に調査・訴追することによって人権法の執行の先頭に立つのは法曹の役割である。

5. おわりに

　本章では、まず犯罪被害者の保護・救済に、次に人権侵害被害者の保護・救済に焦点を当ててきた。国際法には普通犯罪の被害者の権利に関わる法規定が欠けているきらいがあるものの、人権犯罪の被害者についてはまさにその反対である。この分野には膨大な数の法規定と包括的な司法判断が存在し、法曹にとって豊かな知識・着想の源となっている。

　人権侵害を防止・保護・調査・訴追・処罰・救済する国の法的義務については、本章で十分に取り上げてきた。生命に対する権利ならびに拷問その他の形態の不当な取扱いおよび暴力を受けない権利に焦点が当てられた傾向はあるものの、同じ義務は人権全体について存在する。諸権利は相互に依存しているので、その効果的な保護をばらばらに検討することはできない。たとえば、拷問被害者は自己の権利を主張するために自由に発言できなければならないし、弁護人と意思疎通できるよう通信の秘密を尊重されなければならないという具合である。諸権利間に存在するこの本質的関係は、いかなる状況においても逸脱不可能な権利と、原則として逸脱可能なその他の権利を危機的状況下でどのように享受できるかという問題と関わって、とりわけ関連性を高める。これがこのマニュアルの最終章における分析の一部をなす論点である。

第16章

緊急事態下における司法運営

第16章 緊急事態下における司法運営

第16章
緊急事態下における司法運営

学習の目的
- 国際人権法上の義務から逸脱するときに国がしたがわなければならない具体的な法的規則について講座の参加者が習熟できるようにすること。
- 逸脱不可能な権利および義務についての詳細を示すこと。
- 逸脱可能な権利に適用される基本的原則について参加者が習熟できるようにすること。
- 緊急事態下においても人権保護を含む法の支配を執行する柱として裁判官・検察官・弁護士が果たすきわめて重要な役割について、参加者の意識を喚起すること。
- 代替的な紛争解決措置に関する議論と意識を刺激すること。

設問
- あなたが活動している法制度において、人権および基本的自由の全面的享受の停止またはその保障からの逸脱は可能か。
- 可能であるとすれば：
  - それはどのような状況において可能か。
  - どこが決定するか。
  - 権利の全面的享受の停止またはその保障からの逸脱によって影響を受けるのはどのような権利か。
- あなたが活動している国で緊急事態／例外的事態／戒厳令等が宣言された場合、次の点に関してどのような救済措置が利用可能か。
  - 緊急事態／例外的事態／警戒態勢／攻囲状態／戒厳令等を宣言する決定に対する異議申立て。
  - 特定の人権の全面的享受の停止、またはその保障から逸脱する旨の決定に対する異議申立て。
  - 逸脱不可能な権利が全面的に享受できているかどうかの審査。
  - 特定の事件で適用された非常措置(たとえば司法手続によらないテロ容疑者の自由剥奪)の必要性に対する異議申立て。

- あなたの意見では、緊急事態の宣言および人権法上の義務からの逸脱は何を目的としている(すべき)と思うか。
- あなたの意見では、厳しい危機的状態に対処するために人権および基本的自由の全面的享受を停止することはなぜ必要になりうるか。
- あなたの意見では、厳しい危機的状態に対処するために人権および基本的自由の全面的享受を停止することが、政府にとって逆効果となるかもしれない理由がありうるか。
- あなたの意見では、危機的状態のときにとくに侵害されやすい人権が存在するか。
- あなたの意見では、国が厳しい危機的状態に建設的に対処する手段として、人権法上の義務からの逸脱以外の手段が存在するか。

関連の法的文書

国際文書
- 市民的及び政治的権利に関する国際規約(自由権規約、1966年)
- 経済的、社会的及び文化的権利に関する国際規約(社会権規約、1966年)
- あらゆる形態の人種差別の撤廃に関する国際条約(人種差別撤廃条約、1965年)
- 拷問及び他の残虐な、非人道的な又は品位を傷つける取扱い又は刑罰を禁止する条約(拷問等禁止条約、1984年)
- 女子に対するあらゆる形態の差別の撤廃に関する条約(女子差別撤廃条約、1979年)
- 児童の権利に関する条約(児童の権利条約、1989年)

*****

地域文書
- 人および人民の権利に関するアフリカ憲章(アフリカ人権憲章、1981年)
- 米州人権条約(1969年)
- 拷問を防止および処罰するための米州条約(1985年)
- 人の強制的失踪に関する米州条約(1994年)
- 欧州人権条約(1950年)
- 欧州社会憲章(1961年)および改正欧州社会憲章(1996年)

1. はじめに

1.1 一般的緒言

　本章では、緊急事態時に自国の法的義務から逸脱する措置をとる国の権利について規律した国際人権法上の主な法的原則について、若干の基本的情報を提示する。

　戦争その他の重大な社会的激変といった深刻な危機的状況にいずれかの段階で直面する国が多いこと、そのさい、平和と秩序を回復するために個人の権利および自由の享受を制限し、場合によりその享受を全面的に停止することさえ必要だとそれらの国が考えるかもしれないことは、否定しようのない事実である。そのことによって、そのような制限の影響を受けた人々のみならず、平和と正義一般にとっても悲惨な結果がもたらされる可能性もある。

　長く破滅的な戦争の過程で教訓を得ていた自由権規約の起草者らは、すべての人の人権を認めることが「世界における自由、正義及び平和の基礎をなすものであること」[1]を熟知していた。とはいえ、もちろん、いずれかの国で深刻な問題が発生し、国としての生存そのものが脅かされる可能性があることに無自覚でもなかった。そこで、多くの議論の末、——そして**濫用からの保護を設けたうえで初めて**——いくつかの厳格な条件にもとづいて逸脱措置をとることを締約国に認める規定を設けることにしたのである(4条)。同様の規定は米州人権条約(27条)と欧州人権条約(15条)にも含まれている。欧州社会憲章も、世界人権宣言29条を参考にした一般制限条項しか設けていない社会権規約とは対照的に、改正前の憲章(30条)と改正憲章(第V部F条)ともに逸脱の可能性を予定している。

　危機的状況下に導入される特別な法的秩序について、国は「例外的事態」「緊急事態」「警戒態勢」「攻囲状態」「戒厳令」等々のさまざまな用語を適用する場合がある。これらの例外的状況下では、特別逮捕・拘禁権限の導入や軍事裁判所の設置のほか、たとえば遡及的に適用され、表現・結社・集会の自由についての権利を制限する刑法の制定が行なわれることが多い。いっそう悪いのは、激変を

---

[1] 自由権規約前文第1段落。これは社会権規約の前文第1段落とまったく同じ文言である。

ともなう状況には、国が自白を引き出すために拷問その他の形態の不当な取扱いを利用することが多いし、民間・半民間の集団の助けを得るか否かに関わらず、拉致や非司法的殺人という手段をとることもあるということである。さらに、人身保護令状のような国内的救済を利用する権利が停止され、たとえば恣意的逮捕・拘禁の被害者が法的保護を受けられないまま放置され、悲惨な結果がもたらされる場合もある。

特別権限をこのように濫用することは、上述の諸条約では合法と認められていない。これらの条約が締約国に与えているのは、人権をふたたび全面的に確保することが可能となる憲法秩序を回復するための、限定的だが柔軟で均衡のとれた例外的権限である。

本章の目的は、したがって、逸脱という手段に訴える締約国の権利に国際条約が課しているさまざまな条件を説明するところに置かれる。関連の規定に関わる起草過程の記録を一般的に検討した後、国民の生命を脅かす公の緊急事態の概念を検討する。次に、いかなる状況においても逸脱することのできない権利および義務についてやや詳しく取り上げる。その後、厳格な必要性の概念を分析したうえで、国際法上の他の義務の遵守および差別の禁止という条件について簡単に説明する。最後に、緊急事態下で法曹が果たすべき役割について多くの提案を行ない、若干の結語をもってしめくくる。

1.2 人権分野における制限と逸脱に関する一般的緒言

逸脱の問題について詳論する前に、人権法上の義務からの逸脱の性質について、通常の状況で人権の行使を制限することとの対比で簡単に検討しておくことが有益かもしれない。このマニュアルの第12章で見たように、国は、一定の正当な目的のために、表現・結社・集会の自由についての権利といった多くの権利の享受に制限を課すことができる。このような制限は、通常時に恒久的に課すことができるので「普通」制限と呼ばれることが多い。他方、いわゆる逸脱は、特別措置の導入が必要とされるとくに深刻な危機的状況のために構想されたものである。

そのために、逸脱は人権の行使に対する「特別制限」とも呼ばれてきた。実

際、仔細に検討してみると、人権の行使に対する普通制限と、逸脱という形態をとる特別制限とは「緊密に結びついており、……明確に分かれた2つの制限態様というよりも、法的連続体を形成している」[2]ことが理解できよう。人権に対する普通制限と特別制限とのこのような結びつきは、後掲2.3.2で見るように、緊急事態にはさらに厳しい制限に服する権利がある一方で、そのような制限は人間人格に固有の権利の実体を無効にするものではないことから、さらに明確となる。換言すれば、法的に保護された権利の実体にはいかなるときにも断絶があってはならないのである。これはすべての法曹にとって重要な事実であり、人権および基本的自由の効果的享受を妨げる可能性がある緊急権限の問題を扱うときには念頭に置いておかなければならない。

2. 国際人権法における公の緊急事態の概念

2.1 関連の法規定

自由権規約4条1項は次のように定めている。

「国民の生存を脅かす公の緊急事態の場合においてその緊急事態の存在が公式に宣言されているときは、この規約の締約国は、事態の緊急性が真に必要とする限度において、この規約に基づく義務に違反する措置をとることができる。ただし、その措置は、当該締約国が国際法に基づき負う他の義務に抵触してはならず、また、人種、皮膚の色、性、言語、宗教又は社会的出身のみを理由とする差別を含んではならない」

米州人権条約27条1項の規定は次のとおりである。

2　See Anna-Lena Svensson-McCarthy, *International Law of Human Rights and States of Exception - With Special Reference to the Travaux Preparatoires and Case-Law of the International Monitoring Organs* (The Hague/Boston/London, Martinus Nijhoff Publishers, 1998) (International Studies in Human Rights, vol. 54), pp. 49 and 721 (hereinafter referred to as Svensson-McCarthy, *The International Law of Human Rights and States of Exception*).

「締約国は、戦争、公の危険またはその独立もしくは安全を脅かすその他の緊急事態のときは、事態の緊急性が真に必要とする限度および期間において、この条約にもとづく義務から逸脱する措置をとることができる。ただし、その措置は、当該締約国が国際法にもとづき負う他の義務に抵触してはならず、また、人種、皮膚の色、性、言語、宗教または社会的出身を理由とする差別を含んではならない」

欧州人権条約15条1項は次のように規定する。

「戦争その他の国民の生存を脅かす公の緊急事態の場合には、いずれの締約国も、事態の緊急性が真に必要とする限度において、この条約にもとづく義務から逸脱する措置をとることができる。ただし、その措置は、当該締約国が国際法にもとづき負う他の義務に抵触してはならない」

最後に、1961年欧州社会憲章30条は次のように述べる。

「戦争その他の国民の生存を脅かす公の緊急事態の場合には、いずれの締約国も、事態の緊急性が真に必要とする限度において、この憲章にもとづく義務から逸脱する措置をとることができる。ただし、その措置は、当該締約国が国際法にもとづき負う他の義務に抵触してはならない」

改正された1996年欧州社会憲章F条の文言は、実質的にはこの規定とまったく同じである。

2.1.1 逸脱とアフリカ人権憲章

米州人権条約や欧州人権条約とは対照的に、アフリカ人権憲章には逸脱規定が置かれていない。アフリカ人権委員会の見解によれば、このことは憲章が「緊急事態の期間中に自国の条約上の義務から逸脱することを締約国に認めてい

ない」ことを意味する[3]。換言すれば、内戦でさえも、「アフリカ憲章上の権利を侵害しまたは許容する〔ための〕弁明として国が利用することはできない」ということである[4]。チャドを相手どって行なわれた通報について、委員会は、同国政府が「国内で安全と安定を提供せず、それによって重大なまたは大規模な人権侵害を許してしまった」と述べている。国軍は「内戦の当事者」であり、政府が「特定の個人の暗殺および殺害を防止するための介入を行なわなかった」ことも何度かあった。たとえ「侵害が政府機関によって行なわれたことが証明されなかったとしても、政府には、自国の市民の安全および自由を保障し、かつ殺人の捜査を行なう責任が存する」[5]。したがって、アフリカ憲章上の法的義務を履行しなかったことの抗弁として内戦を利用することはできないのであって、チャドによる4条、5条、6条、7条および9条違反が認定された[6]。

2.2 法的義務からの逸脱：起草者らのジレンマ

前掲の諸規定からわかるように、自由権規約4条1項にいう緊急事態の概念は欧州人権条約15条におけるそれと非常によく似ている。この類似は、この2つの条約の起草が、国連と欧州評議会という2つの異なる機関の枠組みのなかでとはいえ、当初は同時に行なわれたことによるものである。しかし、欧州人権条約は1950年11月4日に採択されたが、自由権規約に関する作業は続いた。したがって、4条の文言は1952年の国連人権委員会で最終的文言が固まるまで変わっていったのである[7]。

規約に逸脱条項を導入するという提案は、1947年6月、国連人権委員会起草委

---

3 ACHPR, Commission Nationale des Droits de l'Homme et des Libertes v. Chad, Communication No.74/92, decision adopted during the 18th Ordinary session, October 1995, para.40. 参照した決定文はhttp://www.up.ac.za/chr/に掲載されたもの。

4 Ibid., loc. cit.

5 Ibid., para.41.

6 Ibid., paras.41-54.

7 採択時の4条1項(当時は3条1項)の文言はUN doc. E/2256 (E/CN.4/669), Report of the eighth session of the Commission on Human Rights 1952, annex I, p.47参照。規約4条における緊急事態の概念が発展していった歴史的経緯についてさらに詳しくは、Svensson-McCarthy, The International Law of Human Rights and States of Exception, pp.200-217参照。

員会で英国によって行なわれた。その規定は英国の国際人権章典案4条に掲げられていたものであり、草案2条に列挙されたあらゆる義務からの逸脱を、「事態の緊急性によって厳格に制限される限度において」可能とすることを構想していた。このことは、人権侵害に対して効果的な救済措置、すなわち「独立を保障された司法機関によって執行される」べき救済措置を提供する義務からも、国は逸脱できるということを含意していた[8]。その後、若干の修正を加えた逸脱条項案は作業部会で否決されたものの、国連人権委員会そのものでは僅差で承認された。英国は投票前に、「このような条項が含まれなければ、戦時において国が規約の規定を停止する道を開くことになりかねない」という見解を表明し、「そのような成り行きにならないようにするための措置をとることがきわめて重要である」とした[9]。

　逸脱条項が望ましいか否かの議論は、国連人権委員会のその後の会期でも続いた。たとえば米国はこのような規定には反対であり、一般制限条項のほうが望ましいとしたが、オランダはそれによって「委員会の作業の成功が脅かされる」ことを危惧し、「当事国が義務を回避できる状況は可能なかぎり精確に定義されるべきである」と強調した[10]。米国はその後一般制限条項という考え方を放棄したが、それでも逸脱条項には反対であった[11]。ソ連は「可能な最小限の制限が望ましい」と考えており、「公の緊急事態」の前に「人民の利益に反する」という表現を加えることによって逸脱条項の適用範囲を制限するよう提案した[12]。

　フランスは、「国家的緊急事態を口実として人権が恣意的に抑圧されることを恐れて」[13]それまでは逸脱条項に反対していたものの、1949年の国連人権委員会第5会期には、4条は「削除されるべきでも戦時に限定されるべきでもない」と

8　UN doc. E/CN.4/AC.1/4, annex 1, p.7 (4条) and p. 6 (2条) 参照。英国の4条1項案は次のようなものであった。「戦争その他の国家的緊急事態のときは、国は、事態の緊急性によって厳格に制限される限度において、前掲2条にもとづく義務から逸脱する措置をとることができる」

9　UN docs. E/CN.4/AC.3/SR.8, p.11 (作業部会), and E/CN.4/SR.42, p.5 (人権委員会、英国代表による発言および投票結果)。

10　UN doc. E/CN.4/82/Rev.1, Comments from Governments on the Draft International Declaration on Human Rights, Draft International Covenant on Human Rights and the question of implementation, p. 22 (米国), and p.5 (オランダ)。

11　UN doc. E/CN.4/SR.126, p.3.

12　Ibid., p.6.

13　UN doc. E/CN.4/SR.127, p.7.

の見解を表明した。「戦時でなくとも国が特別な危難または危機状態に置かれる場合はあり、そのさいはこのような逸脱が不可欠である」と考えたのである。フランスの見解によれば、次の原則が認められるべきであった。

- ◎ 「人権に対する制限は戦争またはその他の緊急事態のときに許容される」
- ◎ 「いくつかの権利はいかなる条件下でも制限に服しない」
- ◎ 「規約からの逸脱は特定の手続にしたがって行なわれなければならず、また例外的状況下で行なわれるこのような逸脱はそれに応じた例外的公表の対象とされなければならない」[14]

フランスは、いくつかの権利の逸脱不可能性の原則は「健全かつ恒久的な保障」であり、これに加えて「いくつかの権利の制限と規約の適用との間には本質的区別」があると考えていた[15]。

同会期中、インド、エジプトおよびチリは逸脱条項案に掲げられた諸原則を受け入れたものの、米国とフィリピンはいまなおそれに反対していた[16]。レバノンも同様に逸脱条項に対して反対であり、「戦争」の文言が――多くの代表団が望んでいたように――削除されれば、「『公の緊急事態』といった非常に弾力的な文言にもとづいて逸脱が許容される場合を判断するのは困難になる」と危惧していた。レバノンによれば、「戦争」の文言に比べ、「公の緊急事態」という概念の意味は「きわめて漠然としており、……意図したよりも広範に渡る解釈につながりかねない」ものであった[17]。

1950年の国連人権委員会第6会期中、ウルグアイは「提起される深刻な諸問題」にも関わらず逸脱条項への支持を表明した。それは「国際法における新たな原則――人権および基本的自由から逸脱するいかなる措置についても国は諸国民の共同体に対して責任を負うという原則を定めるものである」というのがその理由であった。この原則はさらに、「憲法上の保障を停止する措置について行政権力が

14　UN doc. E/CN.4/SR.126, p.8.
15　UN doc. E/CN.4/SR.127, p.7.
16　UN docs. E/CN.4/SR.126, p.8 (インド), E/CN.4/SR.127, p.6 (エジプト), p.3 (チリ), p.3 (米国) and p.5 (フィリピン).
17　UN doc. E/CN.4/SR.126, pp.6 and 8.

1133

責任を負うほとんどの国内法で確立されている」ものでもあった[18]。今度はチリが以前に宣言していた4条への支持を撤回し、「あらゆる種類の濫用が可能となるような不明確な文言で起草されている」ことを理由にその削除を提案した。チリの見解によれば、いくつかの条項に含まれている「国の安全」や「公の秩序」という概念によって、「戦争その他の惨禍のときに生じうるあらゆるケースが十分に網羅されていた」[19]。フランスはこれに異議を唱え、「いかなる逸脱もありえない条項の一覧を規約に掲げることは不可欠」であるとして逸脱条項の維持を訴えた。このような一覧は「独裁政権による濫用を防止するため」に必要であるとされた[20]。フランスはまた、国が「そのような行動がふさわしくない出来事の場合に規約上の義務から恣意的に逸脱」しないようにすることを目的とした、公の緊急事態の「公式な宣言に関わる条項」の挿入も提案するに至っている[21]。

同じ会期で、国連人権委員会は最終的に規約案の4条の維持を決定するとともに、「戦争または人民の利益を脅かすその他の公の緊急事態のときは」に代えて「当局が公式に宣言した緊急事態の場合または公の災害の場合には」という文言の採用を決定した[22]。

逸脱条項に関する国連人権委員会の実質的議論は、1952年の第8会期に行なわれたのが最後である。このとき、英国の提案によって第1段落の文言の変更が決定され、「国民の生存を脅かす公の緊急事態のときは」とされた。さらに、フランスの提案により、「恣意的行動および濫用」を避けるために公式な宣言の要件を付け加えることも決定された。この項は英国の修正案には含まれていなかった[23]。チリも、「国民の生存の精確な法的定義は困難だが、この規定が政府または国の生存に関わるものでないことは重要である」という重要な指摘を行なっている[24]。

18　UN doc. E/CN.4/SR.195, p.11, para.52.
19　Ibid., p.13, paras.63-64.
20　Ibid., p.14, para.69.
21　Ibid., p.16, para.82.
22　Ibid., p.18, para.97をUN doc. E/CN.4/365, p.20と比較したもの。全文はUN doc. E/1681 (E/CN.4/507), Report of the sixth session of the Commission on Human Rights, 27 March - 19 May 1950, annexes, p.15 (逸脱条項は当時2条) 参照。
23　See UN docs. E/CN.4/L.211 (フランス修正案) and E/CN.4/SR.330, p.7.
24　UN doc. E/CN.4/SR.330, p.4.

＊＊＊＊＊

　規約4条1項に掲げられた緊急事態の概念が以上のような起草過程を経て登場してきたことをかいま見れば、起草者らのジレンマがある程度理解できる。起草者らは、平和と正義と人間の基本的権利の尊重を切望していた世界の期待に応えなければならなかったと同時に、危機の時期に多くの国が直面する複雑な現実を考慮しないわけにもいかなかった。逸脱する権利が濫用されることの恐れは現実的かつ明白なものであり、それゆえに、この権利の行使に厳格な条件を課す条文が起草されたのである。このような統制は当初の原案にはまったく存在しないものであった。起草過程における議論は、このように、緊急事態下における個人の理論的保護に対し、人権分野における国の行動の自由が以下の諸原則によって制約されるという意味で望ましい影響をもたらしたのである。

- ◎　例外的脅威の原則
- ◎　公式の宣言の原則
- ◎　いくつかの権利の逸脱不可能性の原則
- ◎　真の必要性の原則
- ◎　他の国際法上の義務との両立の原則
- ◎　差別の禁止の原則
- ◎　国際的通知の原則

＊＊＊＊＊

　一般的に言って、地域レベルでの議論はそれほど困難ではなく、意見の食い違いの克服もより容易であった。

　米州人権条約27条1項に掲げられた緊急事態の概念は、自由権規約および欧州人権条約とはその文言が異なっている。「国民の生存」に対する脅威に言及するのではなく、「戦争、公の危険またはその〔締約国の〕独立もしくは安全を脅かすその他の緊急事態のとき」に逸脱を認めているのである。1969年の米州機構人権専門会議(コスタリカ・サンホセ)に提出された逸脱条項案では、「公の危険」への言及はなかった[25]。しかし同会議中にエルサルバドルが修正案を提出し、「またはその他の惨禍」("*u otra calamidad pública*")の文言を挿入するよう求めた。

同国の見解によれば、これは「必ずしも国内外の安全に対する脅威ではないものの、それにも関わらず起こりうる事態」であるからである[26]。同修正案は採択されたが、表現は後に「公の危険」("de peligro público")に修正された[27]。同会議中、メキシコは、他の国際的義務との両立の原則、差別の禁止の原則および逸脱不可能な諸権利の原則への言及を削除するよう提案している。このメキシコ提案は却下された[28]。

＊＊＊＊＊

欧州人権条約15条1項に掲げられた緊急事態の概念が自由権規約4条1項のそれと異なるのは、前者が「戦争」にも言及している点と、「脅かす」の原語が単なる現在形("which threatens")ではなく現在進行形("threatening")になっている点のみである。起草過程から判断するかぎり、15条の審議および最終的採択は比較的滞りなく進められた。規約の場合と同様、条約案に逸脱条項を挿入するよう提案したのは英国である[29]。欧州評議会協議総会が作成した初期の草案には逸脱条項は含まれておらず、一般制限条項のみが掲げられていた[30]。その後、条約の作成を委ねられた専門家委員会は欧州評議会閣僚委員会に2つの代替案を提出した。ひとつの案は保護されるべき権利を単に列挙したものであり、もうひとつはそれらの権利をやや詳しく定義し、関連するそれぞれの権利に具体的な制限条項を付すものであった。しかしいずれの案にも逸脱条項は挿入されていた[31]。最終的に採択された案、すなわち保護されるべき権利を単に列挙するのではなく定義した案に逸脱条項を含めることについて、何らかの批判があったという記録はない。ただしフランスとイタリアは、権利を単に列挙した案に逸脱条項

25　OAS doc. OEA/Ser.K/XVI/1.2, *Conferencia Especializada Interamericana sobre Derechos Humanos*, San Jose, Costa Rica, 7-22 de noviembre de 1969, *Actas y Documentos*, OAS, Washington D.C., p.22.

26　Ibid., p.264. スペイン語原文からの翻訳。

27　Ibid., p.319.

28　Ibid., pp.264-265.

29　Council of Europe, *Collected Edition of the "Travaux Préparatoires" of the European Convention on Human Rights*, vol.III, Committee of Experts, 2 February - 10 March 1950, pp.190, 280 and 282.

30　Council of Europe, *Consultative Assembly*, First Ordinary Session, 10 August - 8 September 1949, *TEXTS ADOPTED*, Strasbourg, 1949, Recommendation 38 (Doc. 108), p.50 (art.6).

31　Council of Europe, *Collected Edition of the "Travaux Préparatoires" of the European Convention on Human Rights*, vol.IV, Committee of Experts - Committee of Ministers Conference of Senior Officials, 30 March - June 1950; see, for example, p.56 (Alternatives A and A/2) and pp. 56 and 58 (Alternatives B and B/2).

を含めることについては、「制度に反する」という理由で承認しなかった。閣僚委員会の他の構成国は、次のような理由で、その場合でも関連の規定を維持することが重要であると考えていた。

> 「そうすることには、たとえ戦争または国民の生存に対する脅威の場合でもいくつかの基本的権利からの逸脱は排除できるという利点があり、また3項に定められた手続は例外的状況下における人権保護のために有益となりうるためである」[32]

* * * * *

　国際的レベルにおける場合と同様、米州と欧州でも、国にはとくに深刻な危機的状況に対応するためにいっそう幅広い権限が認められなければならない場合があることが受け入れられた。ただしそれは、緊急事態権限の行使にはとられる措置についての**厳格な**制限と**国際的説明責任**がともなわなければならないという条件付きである。長年に渡る人間の不正義が世界的な大変動につながったという経験から、起草者らは、危機的状況に対応するさいの自由裁量を政府に認めることはできなかった。換言すれば、逸脱条項とは、国の必要と、公の緊急事態においても自己の権利および自由のほとんどを効果的に保護され、かつ他の権利の行使が不当な制限に服させられることのないという保障を受ける個人の権利とを、注意深く比較衡量したものなのである。関連する3つの規定には若干の違いがあるものの、この基本的理念はすべての規定に同様に妥当する。

> 主要な国際人権条約のなかには、例外的な危機的状況において、これらの条約上の義務のいくつかから逸脱することを締約国に認めているものがある。逸脱する権利は、政府が例外的な危機的状況を克服するのを援助するための柔軟な手段である。逸脱する権利があるからといって、逸脱を行なう国が自国の条約上の義務を思うままに回避できるというわけではない。これは、いくつかの権利の逸脱不可能性の原則、厳格な必要

---

[32] Ibid., p.30.

> 性の原則および国際的通知の原則といったいくつかの条件によって制限された権利である。逸脱する権利が人権を排除しようとする独裁政権による利用を意図したものではないこと、また特定の政権を救うための利用が認められないことは、起草過程から明らかである。

2.3 国際的監視機関の解釈

2.3.1 自由権規約4条1項

　自由権規約委員会は、一般的意見5(1981年)に代わるものとして2001年7月に採択した一般的意見29において、「4条は、この逸脱措置そのものとその実体的帰結の双方を、具体的な保障措置体制の対象としている」ことを確認している[33]。逸脱の**目的**について、委員会は次のように述べている。

> 「規約の全面的尊重がふたたび確保される正常な状態の回復こそが、規約からの逸脱を行なう締約国の最たる目的でなければならない」[34]

　このことは、逸脱の目的が人権を尊重する憲法秩序の回復と無縁である場合には常に、当該逸脱は規約4条1項にもとづき違法とされ、当該国の行動は通常の条約上の義務に照らして判断されなければならないことを意味する。
　委員会が留意するように、締約国は規約4条1項を援用する前に「2つの基本的条件」を満たさなければならない。すなわち、(1)「事態が国民の生存を脅かす公の緊急事態に達し」ていること、および(2)「締約国が公の緊急事態を公式に宣言し」ていることである[35]。後者の要件について、委員会は次のように指摘している。

33　UN doc. *GAOR*, A/56/40 (vol.I), p.202, para.1.
34　Ibid., loc. cit.
35　Ibid., p.202, para.2.

「後者の要件は、法律適合性の原則および法の支配の原則を、それがもっとも必要とされている時期に堅持するために不可欠である。規約のいずれかの規定からの逸脱をともないうる緊急事態を宣言するときは、各国は、そのような宣言および緊急事態時の権限の行使について定めた憲法上およびその他の法律上の規定の範囲内で行動しなければならない。それらの法律によって4条の遵守が可能になりかつ確保されているかという観点から当該法律を検証するのが、委員会の任務である」[36]

例外的脅威の条件については、「すべての動乱または大災害が、〔4条1項にいう〕国民の生存を脅かす公の緊急事態に当たるわけではない」ことは明らかである[37]。この点について委員会は次のように述べている。

「武力紛争時には、国際的紛争か非国際的紛争かに関わらず国際人道法の規則が適用され、その規則は、規約4条および5条1項の規定とともに、緊急事態時の国家の権限の濫用を防止するうえで役に立つ。規約は、たとえ武力紛争時であっても、その状況が国民の生存を脅かすものである場合にのみ、かつその限度においてしか規約からの逸脱措置が認められてはならないことを求めるものである。締約国は、武力紛争以外の事態で4条を援用しようと考えるときには、それが正当であるかどうか、またそのような措置が当該事態においてなぜ必要かつ合法的であるかを慎重に検討しなければならない」[38]

委員会はここで、4条1項が武力紛争で援用されるかその他の危機において援用されるかに関わらず、当該事態は「国民の生存を脅かす」ものでなければならないことを明確にしている。

委員会がさらに強調するように、「権利の逸脱がどの時点でどの程度認められるかという問題は、規約4条1項の規定と切り離すことができない」。当該規定に

36　Ibid., loc. cit.
37　Ibid., p.202, para.3.
38　Ibid., loc. cit.

1139

よれば、いかなる逸脱措置も「事態の緊急性が真に必要とする限度」に留められなければならないとされる。「この条件により、締約国は、緊急事態を宣言するという決定のみならず、そのような宣言にもとづいてとられる具体的措置についても注意深い正当化事由を示すことを求められる。国は、たとえば大規模自然災害、暴力事件をともなう大規模デモまたは重大な産業事故のさいに規約から逸脱する権利を援用しようとするのであれば、そのような事態が国民の生存を脅かすものであることのみならず、規約から逸脱するすべての措置が事態の緊急性によって真に必要とされていることも、正当化事由として示せなければならない。委員会の見解では、そのような事態においては規約上の一部の権利、たとえば移動の自由(第12条)または結社の自由(第21条)を制約する可能性があれば一般的には十分であって、当該規定からの逸脱が事態の緊急性によって正当と認められることはありえない」[39]。換言すれば、**大規模自然災害、大規模デモ**および**重大な産業事故**においては12条および21条からの逸脱は認められないという推定が働くのであって、締約国はこの推定を覆す強力な証拠を提出しなければならないのである。

委員会は、締約国の報告書を検討するにあたり、「数々の機会に、規約で保護された権利から逸脱していると思われる締約国、または4条1項で対象とされていない事態でも国内法でそのような逸脱が認められていると思われる締約国に対し、懸念を表明してきた」[40]。したがって委員会は、とくにタンザニア連合共和国について、「緊急事態を宣言する事由があまりにも広範であること、および、緊急事態における大統領の特別権限があまりにも包括的であること」に懸念を表明し、「4条との全面的両立を確保する目的で、緊急事態に関わる規定の徹底した見直しを行なう」よう提案している[41]。委員会は、「緊急事態を宣言する事由があまりにも広範である」ドミニカ共和国についても同様の懸念を表明し、「締約国は、国内法を規約の規定と調和させるための大規模なとりくみを行なうべきである」という一般的勧告を行なった[42]。

39　Ibid., p.203, para.5.
40　Ibid., pp.202-203, para.3.
41　UN doc. *GAOR*, A/48/40 (vol.I), p.43, para.184, and p.44, para.188.
42　Ibid., p.101, para.459.

委員会はさらに、「緊急事態の宣言に関わる」ウルグアイの憲法規定について「広範すぎる」との懸念を表明し、「締約国が、緊急事態を宣言する可能性に関わる規定を制限する」よう勧告している[43]。委員会はまた、「攻囲状態に関わる」ボリビアの法律が「規約の規定を遵守していない」こと、「国内騒乱」(conmoción interior)という表現はあまりにも広範すぎて規約の適用範囲とならないことにも懸念を表明した[44]。

　コロンビアにおける憲法改正の提案は、採択されれば「4条との関係で深刻な困難を提起する」ために委員会に「深い懸念」を引き起こした。懸念の対象となった提案は、「緊急事態の期間制限を廃止し、緊急事態宣言を審査する憲法裁判所の権限を剥奪し、司法警察の機能を軍当局に委譲し、緊急事態を宣言できる新たな状況を付け加え、かつ、それぞれ人権侵害および準軍事機関構成員の行動を調査する検事総長局および検察局の権限を縮小すること」を目指すものであった。そこで委員会は提案の撤回を勧告している[45]。委員会はトリニダードトバゴに対しても、「緊急事態は『国民の生存』を脅かすものでなければならないという分類」を遵守するよう勧告した[46]。

　もちろん、締約国が規約4条から逸脱できるのは「国民の生存を脅かす緊急事態」に真に直面しているかぎりにおいてである。したがって、緊急事態立法が制度化され、例外というよりも原則となってしまうほど長きに渡って施行されることは認められない。これとの関連で委員会は、「イスラエルで全土に及ぶ緊急事態が継続しており、それが独立以来効力を有していることに深い懸念」を表明している。委員会は、「緊急事態の範囲および適用地域ならびにそれに関連した権利保障からの逸脱を可能なかぎり限定する目的で、政府が緊急事態の継続的更新の必要性を見直す」よう勧告した[47]。委員会はシリア・アラブ共和国についても同様の懸念を表明し、「1963年3月9日の立法令51号が同日以来一貫して効力を有しており、……共和国の領域を準恒久的緊急事態下に置いて4条の保障を脅かし

43　UN doc. *GAOR*, A/53/40 (vol.I), p.39, para.241.
44　UN doc. *GAOR*, A/52/40 (vol.I), p.36, para.204.
45　Ibid., pp.46-47, para.286, and p.48, para.299.
46　UN doc. *GAOR*, A/56/40 (vol.I), p.32, para.9(a).
47　UN doc. *GAOR*, A/53/40 (vol.I), p.47, para.307.

ている」ことを指摘している。そこで委員会は、緊急事態を「可能なかぎり早期に正式に解除する」よう勧告した[48]。

委員会は、1995年には英国に対し、「4条にしたがって行なわれた逸脱の早期撤回を可能にするとともに、緊急事態期間のために制定された、市民的自由を侵害する法体系を解体するためにさらなる具体的措置をとる」よう勧告している。「北アイルランドで停戦が発効し、かつ和平プロセスが開始されて以降、英国でテロリストによる暴力が相当に減少してきたことにかんがみ、委員会は、政府に対し、4条1項にいう『公の緊急事態』の状況がいまだに存在するか否か、および、1976年5月17日に行なわれた逸脱の通知を撤回することが適当か否かを最大級に綿密に再検討し続けるよう促すものである」[49]。

選択議定書にもとづいて行なわれた通報に関する決定のなかで、委員会は、自国が実際に例外的状況に直面しており、4条1項にもとづく逸脱が正当化されるという主張を裏づける責任は締約国にあることを明確にしている。当該国が単に「例外的状況の存在」を援用するだけでは十分ではない[50]。むしろ、選択議定書の手続において、「4条1項に記されたような事態が当該国に存在することを立証する関連の事実を十分詳細に記述する」ことを当該国は「義務づけられている」のである[51]。委員会は、ランディネリ・シルバほか対ウルグアイ事件で次のように指摘している。

「委員会がその職務を履行し、規約4条1項に記されたような事態が当該国に存在するか否かを評価するためには、完全かつ包括的な情報が必要である。相手方の政府が、選択議定書4条2項および規約4条3項で求められているように必要な正当化事由自体を示すことがなければ、自由権規約委員会は、規約が定める通常の法的体制からの離脱を正当化する妥当な理由が存在したと結論づけることはできない」[52]

48　UN doc. *GAOR*, A/56/40 (vol.I), p.71, para.6.
49　UN doc. *GAOR*, A/50/40 (vol.I), p.69, paras.429-430.
50　Communication No.R. 8/34, *J. Landinelli Silva and Others v. Uruguay* (Views adopted on 8 April 1981) in UN doc. *GAOR*, A/36/40, p.132, para.8.3.
51　Communication No.R. 15/64, *C. Salgar de Montejo v. Colombia* (Views adopted on 24 March 1982), UN doc. *GAOR*, A/37/40, p.173, para.10.3

＊＊＊＊＊

　これらの見解および勧告から明らかになるのは、**第1に**、国内法が4条1項に一致しているというためには、人権法上の義務からの逸脱が認められるのは、実際に国民の生存に対する脅威となるほど深刻な、真正の緊急事態の場合に限られなければならないということである。危機的事態が武力紛争によって引き起こされたか否かに関わらず、国民そのものの存在が危機に瀕していなければならない。すなわち、公の緊急事態の宣言および規約上の国の義務からの逸脱を自動的に正当化するような危機的事態はありえないということである。委員会が述べてきたことに照らせば、単純な暴動や国内騒乱といった事態そのもので規約4条1項にもとづく逸脱が正当化されることがないのは明らかと思われる。

　第2に、人権の享受の制限をともなう緊急事態を敷くことが合法的と見なされるのは、それにふさわしい事態が続くかぎりにおいてである。事態が国民の生存を脅かさなくなると同時に、逸脱は終了しなければならない。換言すれば、緊急事態および国際人権法上の義務からの逸脱は、国内法制度で恒久的または準恒久的地位を占めるほど長期に渡って合法的に維持することはできないということである。

　第3に、締約国は、あらゆる「国民の生存を脅かす公の緊急事態」の期間を通じて、法律適合性および法の支配の原則によって引き続き拘束される。

2.3.2 米州人権条約27条1項

　米州人権条約27条を解釈するためには、まず、同条の見出しであり、米州人権裁判所の意見および判決にも繰り返し登場する「保障の停止」の意義を確定しなければならない。「停止」という文言は27条2項および3項にも登場しており、他方、27条1項では「〔義務〕から逸脱する措置」という表現が用いられている。米州人権裁判所はこの問題について次のように回答している。

52　Communication No.R. 8/34, *J. Landinelli Silva and Others v. Uruguay* (Views adopted on 8 April 1981), in UN doc. *GAOR*, A/36/40, p.133, para.8.3.

「18. ……条約の文言をその文脈にしたがって分析すると、ここで扱っているのは絶対的な意味における『保障の停止』でも『(権利の)……停止』でもないという結論が導き出される。これらの規定で保護されている諸権利は人間に固有のものだからである。このことから、停止または制限の対象となりうるのは権利の完全かつ効果的な行使のみであるということになる」[53]

この見解は、米州人権条約27条との関連で明らかにされたものであるとはいえ、人間人格に特有の性質および「固有の尊厳」の承認から派生した[54]国際人権法一般にとっても関連するものである。世界人権宣言および2つの国際人権規約の前文で、人権は「人類社会のすべての構成員の……平等のかつ奪い得ない権利」として説明され、それを認めることが「世界における自由、正義及び平和の基礎をなすものである」とされている。

＊＊＊＊＊

米州人権裁判所は、「緊急事態におけるヘイビアス・コーパス(人身保護令状)」についての画期的な勧告意見のなかで、「例外的事態のみを対象とした規定である」27条の機能について次のように説明している。

「20. 一定の状況においては、緊急事態に対処し、それによって民主的社会の最高の価値を保持する唯一の方法が保障の停止である場合もあることは否定できない。しかし、27条で定められた要件および他の関連の国際文書に掲げられた諸原則に照らして客観的に正当化されない緊急措置の適用によって人権侵害が行なわれる可能性があることも、裁判所は無視することができない。事実、これは西半球における経験が示すところである。したがって、米州機構の制度の基礎をなす諸原則にかんがみ、裁判所は、保障の停止はOAS憲章3条にいう『代議制民主主義の効果的実施』から切り離せないことを強調しなければならない。この結論が健全なものであることは、その前文で『この

---

[53] I-A Court HR, Advisory Opinion OC-8-87, January 30, 1987, Habeas Corpus in Emergency Situations (arts.27(2), 25(1) and 7(6) American Convention on Human Rights), Series A, No.8, p.37, para.18.
[54] 世界人権宣言、自由権規約および社会権規約の前文参照。

半球において、人間の不可欠の権利の尊重に基礎を置く個人の自由および社会正義の体制を民主的制度の枠内において強化しよう』という(米州諸国の)意図を再確認した条約の文脈にかんがみれば特別な妥当性を帯びる。保障の停止は、民主的体制を損なう目的で利用されるときは常に、そのあらゆる正当性を欠くものである。この体制においては超えてはならない限界が確立されており、それによっていくつかの基本的人権が恒久的に保護されることが確保されている。

21. 条約で保障されているいかなる権利も、きわめて厳格な条件——27条1項に定められた条件——が満たされなければ停止できないことは明らかである。さらに、たとえこれらの条件が充足されたとしても、27条2項は、いくつかのカテゴリーに属する権利はいかなる状況においても停止できないことを定めている。このように条約は、権利の停止を望ましいとする理念を採用するのではなく、その逆の原則を確立しているのである。すなわち、すべての権利は、きわめて特別な状況によってそのいくつかの停止が正当化されないかぎり保障および執行されなければならず、かつ、いくつかの権利はたとえどれほど深刻な緊急事態であっても停止できないという原則である」[55]

さらに、米州人権裁判所は次のような見解も明らかにしている。

「24. 保障の停止にともなう緊急事態においては、政府が、諸権利および自由を、通常の状況下では禁止されまたはより厳格に統制される一定の制約的措置の対象とすることも合法となる。ただし、だからといって、保障の停止が法の支配の一時的停止を意味したり、権力を有する者が、いかなるときにも拘束される法律適合性の原則を無視して行動することが認められたりするわけではない。保障が停止されたときには、公的機関に適用される法的制約の一部は通常の条件下で効力を有する法的制約と異なる場合がある。しかしこれらの制約が存在しなくなったと考えることはできないし、政府が、このよ

---

[55] I-A Court HR, Advisory Opinion OC-8-87, January 30, 1987, Habeas Corpus in Emergency Situations (arts.27(2), 25(1) and 7(6) American Convention on Human Rights), Series A, No.8, pp.38-39, paras.20-21.

うな例外的な法的措置の付与を正当化する例外的状況を超えた、絶対的権限を獲得したと見なすこともできない。裁判所はすでに、これとの関連で、法律適合性の原則、民主的制度および法の支配との間には切り離せないつながりが存在することに留意してきたところである」[56]

　個人の権利および自由を効果的に保護する法的義務が各国に存することは当然だが、米州人権裁判所によれば、国には自国の安全を保障する権利のみならず**義務**もある[57]。ただし、裁判所は次のことも強調している。

「ある行為の重大性およびある犯罪の加害者の有責性に関わらず、国の権限は無制限なものではなく、また国はその目的を達成するためにいかなる手段を利用できるというわけでもない。国は法律および道徳に服する。人間の尊厳の軽視は、国のいかなる行動の基礎とすることもできない」[58]

＊＊＊＊＊

　以上に抜粋してきた米州人権裁判所の見解および勧告から、米州人権条約27条は、当該締約国がその民主的憲法秩序の独立および安全を防衛するために他のいかなる手段も利用できない、真に例外的な状況において利用するためのものであることがわかる。逆に言えば、独裁政権を樹立する目的で27条にもとづく逸脱を援用することは、いかなる状況においても認められない。締約国は、民主主義の原則に加えて、法律適合性および法の支配の原則にも常に拘束される。緊急事態においてはいくつかの人権の行使が特別な制限に服する場合があるが、このような制限が、人間人格に固有の権利の実体を無効にするところまで及ぶことはあってはならない。

56　Ibid., p.40, para.24.
57　I-A Court HR, Velásquez Rodríguez Case, judgment of July 29, 1988, Series C, No.4, p.146, para.154.
58　Ibid., p.147, para.154.

2.3.3 欧州人権条約15条1項

　欧州人権裁判所による欧州人権条約15条1項の解釈は、何が国民の生存を脅かす事態に当たるかについて若干の指針を提供してくれる。その判例は複雑であり、また説示は詳細に渡るため、ここでは判例のもっとも重要な側面にのみ焦点を当てる。

　欧州人権裁判所の審査権／役割：もちろん、「まずは『(自国の)国民の生存』に対して責任を負っている各締約国が、その生存が『公の緊急事態』によって脅かされているか否か、および、存在するとすればその緊急事態の克服を試みるうえでどこまでの措置をとることが必要かを判断する」ことになる[59]。欧州人権裁判所によれば次のとおりである。

「その時点の急迫する必要に直接かつ継続的に接していることからして、国際裁判所の裁判官よりも国内機関のほうが、原則として、そのような緊急事態の存在ならびにそれを回避するために必要な逸脱の性質および範囲を決定するのに有利な立場にある。この問題について、15条1項はこれらの機関に幅広い裁量の余地を認めているところである」[60]

「にも関わらず、国はこの点に関して無制限の権限を享受するわけではない。国の約束の遵守を確保する責任がある(19条)〔欧州人権〕裁判所は、危機の『緊急性が真に必要とする限度』を国が超えたか否かについて判断する権限を有する。このように、国の裁量の余地には欧州レベルの監督がともなっているのである」[61]。欧州人権裁判所は後の事件で、この監督を行なうにあたっては次の要素が適切に重視されなければならないと具体的に述べている。

59　*Eur. Court HR, Case of Ireland v. the United Kingdom, judgment of 18 January 1978, Series A, No.25*, pp.78-79, para.207.
60　Ibid., p.79, para.207.
61　Ibid., loc. cit.

1147

「逸脱によって影響を受ける権利の性質、緊急事態につながった状況およびその継続期間といった関連する要素」[62]

国民の生存を脅かす公の緊急事態の存在：ローレス事件において欧州人権裁判所は、次の点を考慮に入れれば「『その他の国民の生存を脅かす緊急事態』の自然かつ慣習的な意義は十分に明確である」と判示している。

「これらの文言は、住民全体に影響を及ぼし、かつ国を構成する共同体の組織化された生活にとって脅威となる例外的な危機的事態または緊急事態を指している」[63]

正文であるフランス語版の判決文によれば、15条1項にいう緊急事態の概念の自然かつ慣習的な意義は次のとおりである。

「住民全体に影響を及ぼし、かつ国を構成する共同体の組織化された生活にとって脅威となる例外的なかつ急迫した危機的事態または緊急事態」("en effet, une situation de crise ou de danger exceptionnel et imminent qui affecte l'ensemble de la population et constitue une menace pour la vie organisée de la communauté composant l'État")[64]

「急迫した」(imminent)という言葉が加えられていることは、例外的な危険事態または危機的事態は現実のものまたはいまにも生じつつあるものでなければならないこと、および、国民の生存に関わる危機もしくはこれに対する危険がありそうもないまたは仮定的なものである場合には15条を援用しても逸脱を正当化できないことを意味する。

---

62 *Eur. Court HR, Case of Brannigan and McBride v. the United Kingdom, judgment of 26 May 1996, Series A, No.258-B*, p.49, para.43 at p.50 and. *Eur. Court HR, Case of Demir and Others v. Turkey, judgment of 23 September 1998, Reports 1998-VI*, p.2654, para.43.
63 *Eur. Court HR, Lawless Case (Merits), judgment of 1 July 1961, Series A, No.3*, p.56, para.28.
64 Ibid., loc. cit.

欧州人権裁判所はこの定義にもとづき、アイルランド共和国に国民の生存を脅かす公の緊急事態が存在すると1957年7月に政府が宣言したのは正当であり、したがって15条1項にもとづく逸脱も正当であったか否かの判断に進んだ[65]。当該事態はIRAおよびアイルランド国内の関連グループの活動に関わるものであり、逸脱措置によって司法大臣は、国に有害な活動に従事している疑いのある者を裁判手続を経ずに拘禁する権限を認められていた。欧州人権裁判所は、「アイルランド政府が、次のいくつかの要因の複合によって当時『国民の生存を脅かす公の緊急事態』が存在したと判断したのは合理的であった」との結論に達した。

- ◎ その領域内に「憲法に反する活動に従事し、かつその目的を達成するために暴力を使用する秘密の軍隊」が存在したこと
- ◎ 「この軍隊は国の領域外でも展開しており、アイルランド共和国と隣国との関係を深刻に脅かしていたこと」
- ◎ 「1956年秋から1957年前半全体を通じてテロ活動が着実にかつ憂慮すべきペースで増加したこと」[66]

　欧州人権裁判所はこれに続けて、「政府は、通常法のもとで利用可能な手段を用いることにより、公的制度を多かれ少なかれ正常に機能させ続けることに成功していた」ことを認めている。しかし北アイルランドの共和国国境近くで1957年7月初頭に行なわれた「殺人奇襲攻撃」は、「アイルランド共和国の領域から展開するIRAおよびさまざまな関連グループが北アイルランドで不法な活動を継続していることにより、国民に対して切迫した危険が及んでいることを……明らかにするものであった」[67]。

　17年後、欧州人権裁判所はアイルランド対英国事件で15条について検討するよう求められた。この事件はとくに英国が北アイルランドで利用していた対テロ立

65　Ibid.
66　Ibid.
67　Ibi.d, p.56, para.29. 欧州人権裁判所は全会一致で決定に至ったが、本件はその前に欧州人権委員会でも審理されており、9名の委員中5名の多数で、当時国民の生存を脅かす公の緊急事態が存在したことが認定されていた。委員会の多数意見および少数意見は*Eur. Court HR, Lawless Case, Series B 1960-1961*, pp.81-102参照。

法に関わるものであった。「国民の生存を脅かす」緊急事態が存在することは、欧州人権裁判所の見解によれば事件の「事実関係から完全に明らか」であって、当事者からも異議は申立てられなかった[68]。欧州人権裁判所は単に事実関係の要旨を参照するだけに留めたが、そこにはとくに、北アイルランドで当該時期に「1,100人以上が殺害され、1万1,500人以上が負傷し、1億4,000万ポンド相当以上の財産が破壊された」こと、「この暴力は内乱の形態をとる場合もあれば、テロリズム、すなわち政治的目的の組織的暴力の形態をとる場合もあった」ことが記されていた[69]。

1993年に判決が言渡されたブラニガンおよびマクブライド対英国事件で、欧州人権裁判所は、「北アイルランドおよび英国の他の地域におけるテロ暴力の規模および影響について、提出されたあらゆる資料に照らして〔欧州人権〕裁判所自ら評価を行なった」後、「当該時期にそのような公の緊急事態が存在していたことに疑いを容れる余地はない」との結論にあらためて達している[70]。

1998年に北アイルランドで蔓延していた状況については、マーシャル対英国事件で審理された。これはブラニガンおよびマクブライド事件に非常によく似ていたが、2001年7月、許容可能性審査の段階で棄却されたものである。申立人は、「治安状況は見る影もなく変わった」ので、「北アイルランドに公の緊急事態が存在していたとしても、それは申立人が不法に拘禁された時点で実質的に終了していた」と主張した。申立人の見解ではさらに、「政府が同州を、法の支配の尊重に有害な帰結をもたらす恒久的な緊急事態下に置くことは条約上認められるべきではない」はずであった[71]。政府のほうは、「当該時期における北アイルランドの治安状況は、依然として国民の生存を脅かす公の緊急事態と位置づけるのが正当な状態であった」と主張した。政府は、「申立人の逮捕に至る7週間に……同州では13件の殺人が発生していた」ことに留意している[72]。

---

[68] *Eur. Court HR, Case of Ireland v. the United Kingdom, judgment of 18 January 1978, Series A, No.25*, p.78, para.205.
[69] Ibid., p.10, para.12. 事実関係についてより詳しくはpp.14-30, paras.29-75参照。
[70] *Eur. Court HR, Case of Brannigan and McBride v. the United Kingdom, judgment of 26 May 1993, Series A, No.258-B*, p.50, para.47.
[71] *Eur. Court HR, Case of Marshall v. the United Kingdom, decision of 10 July 2001 on the admissibility*, see p.7. 参照した決定文は欧州人権裁判所のウェブサイト(http://hudoc.echr.coe.int)に掲載されたもの。
[72] Ibid., p.6.

欧州人権裁判所は、「当局は、テロ暴力の発生件数の減少にも関わらずその脅威に引き続き直面していた」ことに留意して政府の主張を認めた。欧州人権裁判所は、申立人の拘禁に先立つ数週間に「死亡をともなう暴力が勃発したこと」に触れて次のように述べている。

　「このこと自体、ブラニガンおよびマクブライド判決の日以降、組織的暴力がコミュニティの生存に及ぼしている脅威および平和的解決の追求の観点から当局が同州の状況について行なった評価を〔欧州人権〕裁判所が覆すに足る、正常な状態への復帰が見られないことを確認するものである」[73]

　トルコ南東部の状況について欧州人権裁判所は、アクソイ事件で、「PKKのテロ活動の特別な規模および影響が当該地域に『国民の生存を脅かす公の緊急事態』を生み出したことは間違いない」と認定した[74]。しかしサキークほか事件では、欧州人権裁判所は、「当該逸脱の地理的適用範囲を評価するにあたり」、15条3項にもとづいて欧州評議会事務総長に提出された「逸脱通知書に明示的に挙げられていないトルコ領内の地域にも逸脱の効力が及ぶとするならば、〔15条〕の趣旨および目的に反する機能を果たす」ことになるという重要な指摘を行なっている[75]。本件で争われた立法令は緊急事態が宣言された地域にのみ適用可能であり、逸脱通知書によればアンカラは当該地域に含まれていなかったので、当該逸脱は「本件の事実関係については地理的理由により適用されない」とされた[76]。

> 自国が関連条約に定める公の緊急事態に直面していることを証明する責任は、逸脱する権利を援用する締約国にある。国際法上の逸脱の究極的目的は、当該締約国が正常な状態に復帰する、すなわち人権がふたたび全面的に保障される憲法秩序を回復できるようにするところにある。申立てられた事件において、関連の条約上の規定に照らして危機的事態の

73　Ibid., p.9.
74　Eur. Court HR, *Case of Aksoy v. Turkey*, judgment of 18 December 1996, Reports 1996-VI, p.2281, para.70.
75　Eur. Court HR, *Case of Sakik and Others v. Turkey*, judgment of 26 November 1997, Reports 1997-VII, p.2622, para.39.
76　Ibid., loc. cit.

1151

独立した評価を行なうことは、国際的監視機関の権利であり義務である。しかし欧州レベルでは、「国民の生存を脅かす公の緊急事態」が国境内に存在するかどうかを決定する広範な裁量の余地が締約国に付与されている。逸脱を正当化するに足る危機的事態は、現実に国民の生存(国際的レベル・欧州レベル)または国の独立もしくは安全(米州レベル)を脅かすほど深刻なものでなければならない。たとえば軽微な暴動、騒乱、大規模デモなどは除外される。国内法においては、どのような状況において緊急事態を宣言しうるかが注意深く定義されていなければならない。逸脱が例外的性質のものであるということは、逸脱は事態の緊急性が真に必要とする期間および範囲に限られなければならないということである。締約国が逸脱通知書に挙げた領域を超えて例外的権限を及ぼすことは違法である。国際人権法にもとづく逸脱は、権利の実体に悪影響を及ぼしてはならない。これらの権利は人間人格に固有のものだからである。逸脱は、権利の完全かつ効果的な行使を制限する場合にのみ合法と見なされうる。

3. 国際人権法における逸脱不可能な権利および義務

3.1 緒言

　逸脱条項の構成からは、逸脱不可能な権利は自由権規約4条2項、米州人権条約27条2項および欧州人権条約15条2項に列挙されたものだけだという考え方が生まれるかもしれない。しかし法的状況はもっと複雑であり、逸脱不可能性の分野はたとえば国際人権法全体に固有の権利義務または国際人道法で保障されている権利義務も対象としている。このテーマの複雑さおよび発展途上の性格にかんがみ、以下ではそのもっとも顕著な特徴に限って検討する。

＊＊＊＊＊

　逸脱不可能であるにも関わらず、生命に対する権利や拷問その他の形態の不当な取扱いを受けない権利といった人権はしばしば侵害される。さらに、自由権規約委員会が繰り返し懸念とともに留意してきたように、自由権規約締約国

の国内法は必ずしも4条2項の要件を満たしておらず、危機の時期にもいくつかの人権が絶対的な法的保護の対象とされることを保障していない[77]。

3.2 関連の法規定

自由権規約4条2項は次のように規定している。

「1の規定は、第6条、第7条、第8条1及び2、第11条、第15条、第16条並びに第18条の規定に違反することを許すものではない」

この規定に列挙された条項が保護しているのは次の諸権利である。

- ◎ 生命に対する権利(6条)
- ◎ 拷問、残虐な、非人道的なおよび品位を傷つける取扱いまたは処罰ならびに自由な同意のない医学的または科学的実験を受けない権利(7条)
- ◎ 奴隷制度、奴隷取引および隷属状態の対象とされない権利(8条)
- ◎ 契約義務が履行できないことを理由に拘禁されない権利(11条)
- ◎ 遡及的立法(事後法)の対象とされない権利(15条)
- ◎ 法律の前に人として認められる権利(16条)
- ◎ 思想、良心および宗教の自由についての権利(18条)
- ◎ 死刑の対象とされない権利(第2選択議定書6条)

米州人権条約27条2項は次のように定める。

「1の規定は、次の各条、すなわち3条(法的人格に対する権利)、4条(生命に対する権利)、5条(人道的取扱いに対する権利)、6条(奴隷からの自由)、9条(事

---

[77] たとえばUN docs.: GAOR, A/48/40 (vol.I), p.43, para.184 (タンザニア); p.101, para.459 (ドミニカ共和国); GAOR, A/53/40 (vol.I), p.39, para.241 (ウルグアイ); GAOR, A/56/40 (vol.I), p.32, para.9(b) (トリニダードトバゴ)における委員会の見解参照。

後法からの自由)、12条(良心および宗教の自由)、17条(家族の権利)、18条(氏名に対する権利)、19条(子どもの権利)、20条(国籍に対する権利)および23条(統治に参加する権利)、またはこれらの諸権利の保護に不可欠な司法上の保障のいかなる停止も認めるものではない」

欧州人権条約15条2項は次のように述べる。

「2条(合法的な戦闘行為から生ずる死亡の場合を除く)、3条、4条1項および7条の規定からの逸脱は、本条においても認められない」

さらに、死刑の廃止に関する欧州人権条約の第6議定書3条は、条約15条にもとづく同議定書の規定からの逸脱は認められないと規定している。最後に、欧州人権条約の第7議定書4条で宣言されている一事不再理の原則も、同議定書4条3項にもとづき同様に逸脱不可能とされている。

したがって、欧州人権条約にもとづき逸脱不可能とされている諸権利は次のとおりである。

- ◎ 生命に対する権利(2条)
- ◎ 拷問および非人道的なもしくは品位を傷つける取扱いまたは処罰を受けない権利(3条)
- ◎ 奴隷制度および隷属状態の対象とされない権利(4条1項)
- ◎ 遡及的刑事法の対象とされない権利(7条)
- ◎ 死刑の対象とされない権利(第6議定書3条)
- ◎ 一事不再理または二重の危険の禁止の原則(第7議定書4条)

＊＊＊＊＊

以下、逸脱不可能な主要な権利に関わる国の義務について簡潔に、かつ網羅的ではない形で説明する。国の法的義務について例証するために選んだ事件は、緊急事態および(または)重大犯罪・テロリズムとの闘いにもっとも関わりが深いものである。これらの諸権利のうち、生命に対する権利、拷問を受けない権利、

奴隷制の禁止、思想・良心・宗教の自由、差別の禁止といったいくつかの権利の解釈についてさらに詳しくは、このマニュアルの関連の章を参照されたい。

　これらの権利は逸脱不可能であるにも関わらず、多くの場合に緊急事態下でもっとも頻繁に侵害される傾向があり、正常な状態への復帰をより困難にしている。このような状況では個人の効果的保護に貢献する裁判官・検察官・弁護士の役割がこのうえなく重要となるのであって、個人が法的保護を受けることなく放置されることのないよう、それぞれの職務を完全に独立してかつ公平に遂行しなければならない。

3.3 生命に対する権利

　生命に対する基本的権利は3条約すべてにおいて逸脱不可能とされている。すなわち、この権利は法律によって保護されなければならず、また何人も、いかなるときにも恣意的に殺されてはならないということである。確かに、自由権規約6条、米州人権条約4条および欧州人権条約2条で認められている保護の正確な範囲は、各条約が死刑を科すことについてどのような制限を設けているかによって異なるが、自由権規約委員会が指摘するように、このような制限は「逸脱の問題とは別」の問題である[78]。3条約のうち欧州人権条約のみ、「生命の剥奪〔が〕、……この条約に違反して行なわれたものと見なされない」具体的状況を定めている。すなわち、「それが次の目的のために絶対に必要な限度を超えない力の行使の結果であるとき」である。

(a) 「不法な暴力から人を守るため」
(b) 「合法的な逮捕を行ない、または合法的に拘禁した者の逃亡を防ぐため」
(c) 「暴動または反乱を鎮圧するために合法的にとった行動のため」(2条2項)

　欧州人権裁判所によれば、「2項に定められた例外は、この規定が意図的な殺人にも適用されるが、もっぱらそれに関わるものではないことを示して」いる。

78　一般的意見29(72)、パラ7(in UN doc. *GAOR*, A/56/40 (vol.I), p.204, para.7)。

2項はむしろ、「意図しない結果として生命の剥奪につながる可能性のある『力の行使』がどのような状況で認められるかを定めた」ものである[79]。「絶対に必要な」の文言は、「行使される力は、2条2項(a)、(b)および(c)に掲げられた目的の達成に厳格に比例するものでなければならない」ことを意味する[80]。これらの例は、法執行活動との関係で死亡という結果につながった力の行使を検討しなければならない国内裁判所の裁判官にとっても他の国際的監視機関の構成員にとっても有益な指標となるかもしれない。

国際人権法で生命に対する権利が保護されていることは、とくに、国はいかなるときも人間の恣意的または非司法的殺害に従事しまたはこれを容認してはならないこと、および、第15章で詳細に述べたように、国には生命に対する権利の侵害を防止・調査・訴追・処罰・救済する法的義務があることを意味する。生命に対する権利を効果的に保護するために積極的措置をとる法的義務は、緊急事態のときにも同様に効力を失わない。

> 国は、いかなるときにも、生命に対する権利を保護するために積極的措置をとらなければならない。国は、いかなるときにも、生命の恣意的または非司法的剥奪に参加しまたはこれを容認してはならない。たとえ国民の生存を脅かす緊急事態であっても、国には、生命に対する権利の侵害を防止・調査・訴追・処罰・救済する厳格な法的義務が存する。

3.4 拷問および残虐な、非人道的なもしくは品位を傷つける取扱いまたは処罰を受けない権利

拷問その他の形態の不当な取扱いを受けない権利(自由権規約7条、米州人権条約5条2項および欧州人権条約3条)も3条約すべてにおいて逸脱不可能とされている。すなわち国は、いかなるときにも、たとえばテロ容疑者その他の犯罪者

---

[79] Eur. Court HR, Case of McCann and Others v. the United Kingdom, Series A, No.324, p.46, para.148.
[80] Ibid., loc. cit.

を処罰したり自白・情報を引き出したりするために拷問または残虐な、非人道的なもしくは品位を傷つける取扱いもしくは処罰という手段に訴えてはならないということである。米州人権裁判所は、国は平時と同様に依然として人権(自由を奪われた人々の権利を含む)を保障すべき主体なのであって、拘禁施設の環境にも責任を有すると判示している[81]。

＊＊＊＊＊

　欧州人権裁判所は、次の5つの「失調誘導」ないし「感覚剥奪」手法を組み合わせ、事前の計画にしたがって「一気に数時間」用いたことは欧州人権条約3条に反する「非人道的なおよび品位を傷つける取扱いの実行にあたる」と認定した。これらの手法とは、壁に身体をつけて立たせること、頭にフードをかぶせること、騒音を聞かせること、眠らせないこと、食事・飲み物をとらせないことである。これらの「手法」は、1970年代初頭、北アイルランドのさまざまな尋問センターで用いられていた[82]。欧州人権裁判所はトマジ対フランス事件でも3条違反を認定している。この事件の申立人は、「40時間強」続いた警察による尋問中、「平手やこぶしや前腕で殴られ、蹴られ、支える物のない状態で後ろ手に手錠をかけられて長時間立たされた。つばをはかれ、開け放った窓の前に裸で立たされ、食べ物を与えられず、銃火器で脅されたりもした」[83]。欧州人権裁判所は、このような取扱いは欧州人権条約3条に反する「非人道的なまたは品位を傷つける取扱い」にあたると認定し、「犯罪、とくにテロとの闘いにおける捜査で必要とされることおよびそこに内在的にともなう否定しようのない困難によって、個人の身体的不可侵性との関係で与えられるべき保護が制限される結果がもたらされることはあってはならない」と付け加えている[84]。しかし、アクソイ事件の申立人に対して行なわれた取扱いは、「きわめて重大かつ残虐な性質のものであり、拷問としか言いようがない」とされた。テロ活動に関与した容疑で拘禁された申立人が「パレスチナ吊り」の対象とされた、すなわち「裸にされ、腕を後ろ手に縛られ、

81　Cf. *I-A Court HR, Castillo Petruzzi et al. Case, judgment of May 30, 1999, Series C, No.52*, p.219, para.195.
82　*Eur. Court HR, Case of Ireland v. the United Kingdom, judgment of 18 January 1978, Series A, No.25*, p.41, para.96, and pp.66-67, paras.167-168.
83　*Eur. Court HR, Case of Tomasi v. France, judgment of 27 August 1992, Series A, No.241-A*, p.40, para.108.
84　Ibid., p.42, para.115.

その腕で吊られた」事件である。「故意に行なわれ」、かつ「申立人から自白または情報を得る目的で行なわれたように思われる」この不当な取扱いによって、申立人は「両腕が麻痺し、その状態がしばらく続いた」[85]。

＊＊＊＊＊

米州人権裁判所は、カスティージョ・ペトルッチほか事件で、厳正独居拘禁をそれぞれ36日間および37日間の組み合わせで用いたこと、「目隠しをしまたは頭にフードをかぶせ、かつ拘束具をつけまたは手錠をかけた状態で」問題の人物を出廷させたことはそれ自体が米州人権条約5条2項違反であると認定した[86]。

米州人権裁判所は同じ事件で、軍事裁判所が被害者らに課した収容条件も「残虐な、非人道的なおよび品位を傷つける形態の処罰」であって米州人権条約5条に違反すると認定している[87]。軍事裁判所の判決によれば、収監条件には「『最初の1年間の房への継続的収容……およびその後の強制労働』が含まれており、『この刑は〔ペルーの〕国家刑務所局長が選んだ厳正独居拘禁房において服する』ものとされていた」[88]。米州人権裁判所は判決理由のなかで、「長期の隔離および連絡の剥奪は、それ自体、人の心理的および道徳的不可侵性にとって有害な残虐かつ非人道的な取扱いであり、人間としての固有の尊厳を尊重されるすべての被拘禁者の権利の侵害である」とした判例を想起している[89]。米州人権裁判所によれば、「厳正独居拘禁は、それが非収容者に及ぼす重大な影響のゆえに、例外的な収容方法と見なされる。『外部から隔離されることはどんな人間にも道徳的および心理的苦痛をもたらし、その者をとくに弱い立場に立たせ、かつ刑務所における暴行および恣意的行為のおそれを増加させる』のである」[90]。したがって、米州人権裁判所の見解によれば、「厳正独居拘禁、……天然光の入らない狭い房に単独で収容すること、……面会スケジュールの著しい制限……はいずれも、米州条約5条2項にいう残虐な、非人道的なまたは品位を傷つける

85　*Eur. Court HR, Case of Aksoy v. Turkey, judgment of 18 December 1996, Reports 1996-VI*, p.2279, para.64.
86　*I-A Court HR, Castillo Petruzzi et al. Case, judgment of May 30, 1999, Series C, No.52*, p.218, para.192.
87　Ibid., pp.220-221, para.198.
88　Ibid., p.219, para.193.
89　Ibid., p.219, para.194.
90　Ibid., p.219, para.195.

取扱いの形態である」[91]。被拘禁者に対する力の行使については、米州人権裁判所は次のように述べた判例を援用している。

「被拘禁者の適正な行動を確保するために真に必要とされない実力の行使は、いかなるものも人間の尊厳に対する攻撃であって、……米州条約5条に違反する。対テロの闘いにおける捜査の緊急性および否定しようのない困難によって、身体の不可侵性に対する人の権利の保護が制限されることは認められない」[92]

拷問の問題については第8章2節および第11章4節も参照。

> 拷問および残虐な、非人道的なもしくは品位を傷つける取扱いまたは処罰の使用は、戦争または国民の生存を脅かすその他の公の緊急事態のときも含め、いかなるときにも禁じられる。したがって、拷問その他の形態の不当な取扱いはテロおよび重大犯罪との闘いにおいても厳格に禁じられている。拷問その他の形態の不当な取扱いを、容疑者から情報または自白を引き出すために用いてはならない。長期の厳正独居拘禁は、たとえ緊急事態下であっても、国際法が禁じている形態の不当な取扱いに相当する。

3.5 人道的な取扱いに対する権利

人道的な取扱いに対する権利は、「自由を奪われたすべての者は、人間人格に固有の尊厳を尊重して取扱われる」と定めた米州人権条約5条2項に照らして同27条2項を解釈することにより、逸脱不可能とされている。

同じ問題について、自由権規約10条は「自由を奪われたすべての者は、人道的にかつ人間の固有の尊厳を尊重して、取り扱われる」と定めている。しかし、10条は規約4条2項では逸脱不可能な権利に挙げられていない。それでも自由権規約委員会は、一般的意見29において、「規約はここで逸脱の対象とすることができ

---

91 Ibid., p.220, para.197.
92 Ibid., loc. cit.

ない一般国際法の規範を表明している」との見解を明らかにし、「このことは、規約の前文で人間の固有の尊厳に対する言及が見られること、および7条と10条が密接に関連していることから裏づけられる」としている[93]。

＊＊＊＊＊

　自由権規約委員会の活動のなかでは7条と10条の区別は明確ではない。たとえば、申立人が拘禁環境について苦情を申立てたS・セクスタス対トリニダードトバゴ事件では10条1項違反が認定されている。申立人の房は面積が9×6フィート〔約274×183センチ〕しかなく、一体型の衛生設備もなくてプラスチック製のバケツが便器として提供されるだけであった。8インチ四方〔約20センチ四方〕の小さな穴では換気も不十分であり、天然光も入らないため、24時間点灯されっぱなしの1本の蛍光灯が唯一の灯りであった。死刑が75年の収監刑に減刑された後、申立人は同じ面積の房を9～12名の受刑者と共有しなければならず、寝台がひとつしかなかったため床で寝なければならなかった。締約国がなんらの意見も提出しなかったので、委員会は申立人の詳細な供述に依拠して10条1項違反を認定したものである[94]。10条1項違反が認定された他の多くの事件のひとつに、やはり悲惨な拘禁環境が問題にされたM・フリーマントル対ジャマイカ事件がある。2平方メートルの房に毎日22時間監禁され、「目を覚ましている時間はほとんど暗闇のなかで過ごすことを強要され」、ほとんどの時間は他の収容者からは隔離されたままで、作業や学習の許可も与えられなかったという申立人の主張に対し、締約国は反証を提出しなかった[95]。

> 自由を奪われたすべての者が有する、人間的に取扱われる積極的権利は、緊急事態も含めていかなるときにも保障されなければならない。人間的に取扱われる権利とは、とくに、自由を奪われた者はその人間の尊厳を尊重する環境で収容されなければならないことを含意する。

93　UN doc. *GAOR*, A/56/40 (vol.I), p.205, para.13(a).
94　Communication No.818/1998, *S. Sextus v. Trinidad and Tobago* (Views adopted on 16 July 2001), in UN doc. *GAOR*, A/56/40 (vol.II), p.117, para.7.4, read in conjunction with p.112, paras.2.2 and 2.4.
95　Communication No.625/1995, *M. Freemantle v. Jamaica* (Views adopted on 24 March 2000), in UN doc. *GAOR*, A/55/40 (II), p.19, para.7.3.

3.6 奴隷制度および隷属状態の対象とされない権利

　奴隷制度および隷属状態の対象とされない権利は、自由権規約(4条2項ならびに8条1項・2項)と欧州人権条約(15条2項および4条1項)で逸脱不可能とされている。ただし、「あらゆる形態の奴隷制度及び奴隷取引は、禁止する」と明示的に規定しているのは自由権規約8条1項のみである。

　他方、米州人権条約27条2項によれば6条全体が逸脱不可能とされており、したがって、奴隷の状態、非自発的な隷属状態、奴隷取引および女性の人身取引の対象とされない権利のみならず、強制的および義務的労働を行なうよう求められない権利も逸脱不可能ということになる。

　生命に対する権利について定めた諸規定と同様、強制的および義務的労働の対象とされない権利を定めた諸規定にも制限条項が設けられ、コミュニティの福祉を脅かす緊急事態、危険または災害のときに必要とされる役務のような一定の種類の労働が「強制的および義務的労働」の定義から除外されている。必要とされる労働が、この類型に当てはまる限度において、公の緊急事態においても要求されうることは当然である(関連の規定は自由権規約8条3項(c)(iii)、米州人権条約6条3項(c)および欧州人権条約4条3項(c)参照)。

　注目に値するもうひとつの点は、逸脱条項を設けていない児童の権利条約34条および35条にもとづき、締約国には子どもを性的搾取・虐待から保護する法的義務と「あらゆる目的のための又はあらゆる形態の児童の誘拐、売買又は取引を防止する」法的義務があるということである。これらの法的義務は、2002年1月18日に発効した、児童の売買、児童買春及び児童ポルノに関する児童の権利条約の選択議定書によって強化されている[96]。

96　選択議定書についてさらに詳しくは国連ウェブサイトwww.unhchr.ch/html/menu2/dopchild.htm参照。

> 奴隷制度、奴隷取引、隷属状態ならびに女性・子どもの人身取引は、国民の生存(国際的レベル・欧州レベル)または国の独立もしくは安全(米州レベル)を脅かす公の緊急事態のときも含め、いかなるときにも厳格に禁じられている。したがって、たとえ武力紛争その他の緊急事態のときでも、国は、このような不法な行為を防止・調査・訴追・処罰し、かつ被害者に救済を提供する法的義務を負っている。

3.7 事後法の対象とされない権利および一事不再理の原則

3.7.1 事後法の禁止

　実行のときに犯罪を構成しなかった作為または不作為を理由として有罪とされない権利は、自由権規約15条1項、米州人権条約9条および欧州人権条約7条1項で保障されている。これらの規定では、犯罪が行なわれたときに適用されていた刑罰よりも重い刑罰を科すことも禁じられている。さらに、自由権規約15条1項と米州人権条約9条は、有罪とされた者が犯罪実行後に設けられたより軽い刑罰の利益を受ける権利も保障している。

　危機的事態にあっては、とくに非難されるべき行為に対応するために遡及的立法を導入することへの誘惑が相当に大きくなる場合があるが、これは国際人権法で厳に禁じられている。このきわめて重要な規則の目的は自明である。すなわち、人は、いずれの時点においても——緊急事態の場合も含めて——、刑事訴追およびそれに関連した制裁の可能性を含む特定の行動の帰結を予見できなければならない(**予見可能性の原則**)。それが保障されないいかなる状況においても、人権尊重を前提とする法の支配によって規律されるべき国家の法的安定は、容認できないほど揺るがされてしまうだろう。

　それにも関わらず、自由権規約15条2項は、「国際社会の認める法の一般原則により実行の時に犯罪とされていた作為又は不作為を理由として裁判しかつ処罰すること」についての例外を設けている。欧州人権条約7条2項にも実質的に同一の規定が掲げられているが、そこでは「国際社会」ではなく「文明諸国」

の文言が用いられている。

*****

　自由権規約委員会は、被害者が刑法の遡及的適用にもとづいて有罪判決を受けたワインバーガー対ウルグアイ事件で15条1項違反を認定している。申立人は、「憲法に反する陰謀という加重事情を有する」「破壊活動とのつながり」を理由に軍刑法にもとづき有罪判決を受け、8年の収監刑を言渡された。有罪判決の根拠は、とくに、被害者が、「党員であり続ける間合法的に存在していたある政党の党員であったこと」であったとされる[97]。

*****

　欧州人権裁判所は、コキナキス対ギリシア事件の判決で、欧州人権条約7条1項は「罪を問われた者の不利になる形で刑事法を遡及的に適用すること」を禁じているだけではないと判示している。「この規定は、より一般的に、法律のみが犯罪を定義しかつ処罰を定めることができる(nullum crimen, mulla poena sine lege)という原則、および、刑事法は、たとえば類推によって、被告人に不利に拡大解釈されてはならないという原則を体現するものでもある。このことから、犯罪は法律で明確に定義されていなければならない。この条件が満たされるのは、個人が、どのような作為および不作為によって責任を問われるのかについて、関連の規定の文言から、および必要であれば裁判所によるその解釈の助けを得て、知ることができたときである」[98]。換言すれば、**ある行為を犯罪化する法規定が不合理なほど不明確である**ときには欧州人権条約7条1項の要件を満たさない。ただし、刑法の新たな規定が被告人の不利にではなく有利に遡及適用されたときは、条約7条1項の違反ではないとされている[99]。

　自由権規約15条1項、米州人権条約9条および欧州人権条約7条1項においては**予防措置**それ自体は対象とされていないが、これも、これらの規定の適用上、特別な状況においては「刑罰」と見なされる場合がある。欧州人権裁判所は、ウェルチ対英国事件で、没収命令は7条1項にいう「刑罰」にあたると認定している(政

97　Communication No.R.7/28, *Weinberger v. Uruguay* (Views adopted on 29 October 1978), in UN doc. *GAOR*, A/36/40, pp.118-119, paras.12 and 16.
98　*Eur. Court HR, Case of Kokkinakis v. Greece*, judgment of 25 May 1993, Series A, No.260-A, p.22, para.52.
99　*Eur. Court HR, Case of G. v. France*, judgment of 27 September 1995, Series A, No.325-B, p.38, paras.24-27.

府は、これは予防措置であって7条1項の適用対象ではないと主張した)[100]。申立人は麻薬犯罪で有罪判決を受け、最終的に20年の収監刑を言渡された。予審判事はこれに加えて、申立人が当該犯罪行為を実行した後に施行された法律にもとづいて没収命令を言渡した[101]。命じられた額を支払えなかった申立人は、連続して2年間の収監刑に服するものとされた[102]。

3.7.2 一事不再理の原則

　一事不再理の原則が明示的に逸脱不可能とされているのは欧州人権条約のみであり、それも同一国で行なわれる刑事手続との関連に限られている(条約の第7議定書4条参照)。同議定書4条1項によれば次のとおりである。

> 「何人も、その国の法律および刑事手続にしたがってすでに確定的に無罪または有罪の判決を受けた犯罪について、同一国の管轄下での刑事訴訟手続において再び裁判されまたは処罰されない」

　この規定にも関わらず、「新たな事実もしくは新たに発見された事実の証拠がある場合または以前の訴訟手続に根本的瑕疵がある場合であって、それが当該事案の結果に影響を与える可能性があるとき」には、一定の条件にしたがって手続を再開することができる(第7議定書4条2項)。
　欧州人権裁判所は、たとえばグラディンガー対オーストリア事件で一事不再理の原則の違反を認定している。申立人は、運転中の過失致死を理由としてまずオーストリア地方裁判所で有罪判決を受け、罰金刑を言渡された。これに加えて、地方検察局は飲酒運転を理由として道路交通法にもとづく科料の支払いを申立人に命じた[103]。しかし地方裁判所は、申立人は刑法上の飲酒運転中に過失致死を引き起こしたと見なせるほどには飲酒していなかったと認定していた

100　*Eur. Court HR, Case of Welch v. the United Kingdom, judgment of 9 February 1995, Series A, No.307-A*, p.14, para.35.
101　Ibid., p.7, para.9.
102　Ibid., p.7, paras.9-10.
103　*Eur. Court HR, Case of Gradinger v. Austria, judgment of 23 Octboer 1995, Series A, No.328-C*, p.55, paras.7-9.

のである[104]。

　なお、自由権規約14条7項に掲げられた一事不再理の原則は有罪判決にも無罪判決にも適用されるが、米州人権条約8条4項の規定は「上訴できない判決」による無罪だけを対象としている。

> すべての者は、実行のときに犯罪を構成しなかった作為または不作為を理由として有罪とされない権利を有する。欧州レベルでは、刑法の遡及的適用の禁止は、犯罪は法律で明確に定義されていなければならないこと、および、法律を被告人の不利に拡大解釈してはならないことも意味する。国際人権法は、有罪判決を受けた者の不利となる形で刑罰を遡及的に適用することも禁じている。自由権規約および米州人権条約はさらに、有罪とされた者が犯罪実行後に設けられたより軽い刑罰の利益を受ける権利も保障している。一事不再理の原則は欧州人権条約で逸脱不可能とされており、ひとつの国のなかで行なわれる手続に関して二重の危険からの保護を提供している。これらの権利は、戦争その他の公の緊急事態のときも含め、いかなるときにも効果的に保障されなければならない。

3.8 法的人格として認められる権利

　すべての者が法的人格に対する逸脱不可能な権利を有していることは、自由権規約16条および4条ならびに米州人権条約3条および27条2項で明示的に保障されている。法律の前に人として認められる権利は、それによってすべての者が権利義務を有する資格を認められるのみならず、国内裁判所その他の権限ある機関の前で自己の権利と自由を主張する権利を付与され、さらに多くの場合には国際的監視機関に対して苦情を申立てることができるようになるという意味で、基本的重要性を有する権利である。法的人格に対する権利が人権の享受および行使の前提条件としての基本的性格を有していることは、生命に対する権利の前にこの権利を置くという論理的構成をとる米州人権条約によって認められている。

104　Ibid., p.55, para.8.

＊＊＊＊＊

　自由権規約16条との関係で、自由権規約委員会は、エジプトに対し、改宗したイスラム教徒の法的地位についての情報を提出するよう要請している。イスラム宗教法にもとづき、このようなイスラム教徒は「法的には死亡した」扱いがなされていると思われたためである[105]。16条は、失踪者の子で看護師が養子とした子どもに関わって、アルゼンチンを相手どって申立てられた事件でも検討されている。本件において委員会は、アルゼンチンの裁判所が「子の身元を確定するために努力し、かつしかるべき身元証明書類を発行した」ことを理由に、法的人格に対する当該少女の権利が侵害されたという主張を認めなかった[106]。他方、米州人権委員会の見解によれば、失踪者の子を分離することは米州人権条約3条にしたがって「人として法的に認められる」権利の侵害となる[107]。

> すべての人間は、いかなるときにも、法律の前に法的人格として認められる権利を有する。いかなる事情または信念も、この基本的権利に対する何らかの制限を正当化することはできない。

3.9 思想、良心および宗教の自由についての権利

　思想、良心および宗教の自由――信念を有する自由を含む――についてのすべての者の権利は、自由権規約18条を4条2項とあわせて解釈することによって逸脱不可能な権利とされている。良心および宗教の自由は、米州人権条約12条および27条2項により、米州においては逸脱不可能である。

　これらの権利の実体については第12章で検討したので、ここでふたたび分析することはしない。ただし、自由権規約18条3項と米州人権条約12条3項では自己の宗教または信念を表明する自由について一定の制限が認められており、このよう

105　UN doc. *GAOR*, A/39/40, p.57, para.301.

106　Communication No.400/1990, *D. R. Monaco de Gallichio, on her own behalf and on behalf of her granddaughter X. Vicario* (Views adopted on 3 April 1995), in UN doc. *GAOR*, A/50/40 (vol.II), p.14, para.10.2.

107　A study about the situation of minor children of disappeared persons who were separated from their parents and who are claimed by members of their legitimate families, in OAS doc. OEA/Ser.L/V/II.74, doc.10, rev.1, *Annual Report of the Inter-American Commission on Human Rights 1987-1988*, p.340.

な制限は公の緊急事態においても許容されることは指摘しておくべきであろう。しかし、たとえそのような深刻な危機的事態にあっても法律適合性の原則は尊重されなければならない。すなわち、このような制限は「法律で定め」られ、かつ「公共の安全、公の秩序、公衆の健康若しくは道徳又は他の者の(基本的な)権利及び自由を保護するために必要な」ものでなければならない[108]。したがって、思想、良心および宗教を表明する権利に対する制限は、たとえ武力紛争その他の深刻な危機的事態であっても、他のいずれかの理由にもとづいて課してはならない[109]。

> 自由権規約および米州人権条約上、思想、良心および宗教の自由についての権利はいかなるときにも保障されなければならず、いかなる状況においても逸脱することはできない。戦争またはその他の公の緊急事態のときにも、自己の宗教または信念を表明する権利についての判断はもっぱら普通制限条項にもとづいて行なわれなければならない。

3.10 契約義務が履行できないことのみを理由に拘禁されない権利

「契約上の義務を履行することができないことのみを理由として拘禁されない」権利は自由権規約11条で保障されており、4条2項にしたがって逸脱不可能とされている。自由権規約委員会は、ガボンについて、「民事上の債務を理由として人々を刑務所に収容するという、規約11条に違反する慣行について懸念」を表明し、債務を理由とする収監は廃止しなければならないと指摘した[110]。委員会は、マダガスカル政府に対しても、「契約上の義務の不履行について収監という形で制裁を加える〔11条と両立しない〕政令を廃止していない」理由を質している[111]。換言すれば、この権利は、当該国の発展段階に関わらず、すべての国において、いかなるときにも確保されなければならないということである。

---

108 自由権規約18条3項には「基本的な」の文言が含まれているが、米州人権条約12条3項には含まれていない。
109 自由権規約委員会の一般的意見29、パラ7(in UN doc. *GAOR*, A/56/40 (vol.I), p.204)も参照。
110 UN doc. *GAOR*, A/56/40 (vol.I), p.44, para.15.
111 UN doc. *GAOR*, A/46/40, p.134, para.544.

> 契約上の義務を遵守できないことを理由に収監されない権利は、戦争または公の緊急事態のときも含め、すべての国によって、いかなるときにも保障されなければならない。

3.11 家族の権利

　家族の権利を明示的に逸脱不可能としているのは米州人権条約のみである(27条2項を17条とあわせて解釈することによる)。17条1項によれば、「家族は、社会の自然かつ基礎的な単位であり、社会および国による保護を受ける権利を有する」。17条は「婚姻適齢の男女〔が〕……婚姻をしかつ家族を設ける権利」も保障しており(17条2項)、「婚姻は、両当事者の自由かつ完全な合意なしには成立しない」とも定めている(17条3項)。さらに、締約国に対し、「婚姻に関して、婚姻中および婚姻の解消のさいに、配偶者の権利の平等および責任の十分な均衡を確保するために適切な措置をとる」義務も課している(14条4項)。最後に、「法律は、婚外子および婚内子に対して平等な権利を認める」と述べている(17条5項)。
　自由権規約23条および欧州人権条約12条に掲げられた家族の権利は逸脱不可能とはされていないが、どのような目的があれば公の緊急事態にこの権利から逸脱することが真に必要となりうるか、理解することは困難である。なお、米州人権条約17条に掲げられた諸権利に対応する権利は、逸脱条項を置いていない女子差別撤廃条約16条でも認められている。

> 男女が自由かつ完全な合意によって婚姻する権利および家族を形成する権利を含む家族の権利は、米州人権条約上は明示的に逸脱不可能とされており、いかなるときにも保護されなければならない。

3.12 氏名に対する権利

　氏名に対する権利は、次のように定めた米州人権条約18条で保障されている。「すべての者は、名および両親またはその一方の姓を持つ権利を有する。法律は、

この権利がすべての者に対して確保されるための方法を、必要であれば仮の名を用いることによって規制する」。米州人権委員会が表明している見解によれば、両親が失踪した未成年の子どもは、両親から分離されたことにより、18条に反して自己のアイデンティティおよび氏名に対する権利を否定されたことになる[112]。

氏名に対する権利は自由権規約でも欧州人権条約でも明示的に保障されていないが、児童の権利条約7条および8条で認められている。同条約には逸脱に関する定めが置かれておらず、自由権規約委員会からは、「同条約38条がはっきりと示しているとおり、同条約は緊急事態においても適用される」と指摘されているところである[113]。児童の権利条約38条1項にもとづき、「締約国は、武力紛争において自国に適用される国際人道法の規定で児童に関係を有するものを尊重し及びこれらの規定の尊重を確保することを約束」している。

> 米州人権条約にもとづきすべての者が有する氏名に対する権利および児童の権利条約にもとづきすべての子どもが有する氏名に対する権利は、戦争またはその他の公の緊急事態のときも含め、いかなるときにも保障されなければならない。

3.13 子どもの権利

米州人権条約19条によれば、「すべての未成年の子どもは、未成年者としての地位によって必要とされる保護の措置を、その家族、社会および国から受ける権利を有する」。米州人権委員会は、失踪した両親から子どもを分離することは19条違反に当たると考えている[114]。委員会は、ペルー軍がガルシア元大統領の4人

---

112 A study about the situation of minor children of disappeared persons who were separated from their parents and who are claimed by members of their legitimate families, in OAS doc. OEA/Ser.L/V/II.74, doc.10, rev.1, *Annual Report of the Inter-American Commission on Human Rights 1987-1988*, p.340.
113 一般的意見29、脚注e(in UN doc. *GAOR*, A/56/40 (vol.I), p.208)。
114 A study about the situation of minor children of disappeared persons who were separated from their parents and who are claimed by members of their legitimate families, in OAS doc. OEA/Ser.L/V/II.74, doc.10, rev.1, *Annual Report of the Inter-American Commission on Human Rights 1987-1988*, p.340.

の未成年の子どもを数日間にわたって自宅軟禁したときにも19条違反を認定した[115]。

　特別な保護措置に対する子どもの権利は自由権規約24条でも保障されており、これには「出生の後直ちに登録される」権利、氏名に対する権利および国籍を取得する権利が含まれる。ここでもこの規定は明示的に逸脱不可能とされていないが、未成年者に特別な保護を提供する義務は社会的激変の時期にはとりわけ重要となる。

　児童の権利条約では、子どもを保護するために特別な措置をとる義務がさまざまな規定で締約国に課されているが、とくに参照されるべきなのは、「あらゆる形態の身体的若しくは精神的な暴力」から子どもを保護するために適切な措置をとるよう求めた19条と、子どもの性的搾取および性的虐待を防止するために「すべての適当な国内、二国間及び多数国間の措置をとる」よう求めた34条である。児童の権利条約には逸脱条項が置かれていないので、条約は緊急事態のときも含めていかなるときにも適用されるという推定が働く。いずれにせよ、子どもに対するあらゆる形態の身体的または精神的な不当な取扱いであって国が実行または容認するものについては、拷問その他の形態の不当な取扱いの一般的禁止が適用されるところである。

> 特別な保護措置に対する未成年の子どもの権利は、米州レベルでは明示的に逸脱不可能とされている。子どもには逸脱不可能なあらゆる権利の完全かつ効果的な保護を享受する権利があり、あらゆる形態の不当な取扱いおよび搾取から子どもを保護するために、戦争またはその他の公の緊急事態のときを含め、いかなるときにも特別な措置がとられなければならない。

115　*Report No.1/95, Case No.11.006 v. Peru, 7 February 1995*, in OAS doc. OEA/Ser.L/V/II.88, doc.9 rev., *Annual Report of the Inter-American Commission on Human Rights 1994*, p.101.

3.14 国籍に対する権利

米州人権条約20条1項および2項にしたがい、「すべての者は、国籍に対する権利を有する」とともに、「すべての者は、他のいずれかの国籍に対する権利を有しないときは、出生地国の国籍に対する権利を有する」。20条3項は、「何人も、その国籍またはそれを変更する権利を恣意的に奪われない」と規定している。自由権規約では、国籍に対する権利を有しているのは子どものみである(規約24条3項および後掲前掲3.13参照)。

米州人権裁判所は、「国籍を、『人をいずれかの国と結びつける政治的および法的契約であって、忠誠および忠実をもって同人を当該国に拘束し、かつ当該国から外交上の保護を受ける権利を同人に認めるもの』と定義している」[116]。ただし米州人権裁判所の見解によれば、「『国際法は国が享受する広範な権限に一定の制限を課して』おり、……『今日では国籍は、国の管轄権と同時に人権上の問題も関わるものとしてとらえられている』」[117]。

1970年代の軍事独裁期間中、緊急事態下でチリ人から国籍を剥奪する例外的権限がチリ大統領に認められていたことについて、米州人権委員会は、すべての緊急事態はその性質上一過性のものであり、「市民およびその家族に残りの生涯全体を通じて影響を及ぼす回復不可能な性質の措置をとることが、どのようにして可能または必要」となるのか理解できないと述べている[118]。

> 国籍に対する権利は米州では逸脱不可能な権利であり、したがっていかなるときにも保障されなければならない。

3.15 統治に参加する権利

米州人権条約23条はすべての市民に次の権利を保障している。

---

116 I-A Court HR, *Castillo Petruzzi Case, judgment of May 30, 1999, Series C, No.52*, p.182, para.99.
117 Ibid., p.183, para.101.
118 OAS doc. OEA/Ser.L/V/II.40, doc.10, *Inter-American Commission on Human Rights - Third Report on the Situation of Human Rights in Chile (1977)*, p.80, para.8.

- ◎ 「直接にまたは自由に選んだ代表者を通じて、政治に参与すること」(23条1項(a))
- ◎ 「普通かつ平等の選挙権にもとづき秘密投票により行われ、投票者の意思の自由な表明を保障する真正な定期的選挙において、投票しおよび選挙されること」(23条1項(b))
- ◎ 「一般的な平等条件の下で自国の公務に携わること」(23条1項(c))

　この権利の行使は23条2項にもとづいて規制できるが、それは「年齢、国籍、居住、教育、民事上および精神上の能力、または権限のある裁判所が刑事手続において言渡した判決を理由と」するものに限られる。統治に参加する権利が米州人権条約27条2項の逸脱不可能な権利に含まれていることは、緊急事態の緊急性に対応するためには民主的憲法秩序を維持することが基本的に重要であるという、米州諸国の確信の表れである。これに対応する自由権規約25条上の権利は逸脱不可能とされていない。欧州人権条約第1議定書の3条に掲げられた、より制約された権利についても同様である。

> 統治に参加する権利は、米州においては、米州人権条約締約国の独立または安全を脅かす公の緊急事態のときを含め、いかなるときにも保障されなければならない。

3.16 逸脱不可能な権利と効果的な手続上・司法上の保護

　緊急事態において逸脱不可能な権利の完全かつ効果的な保護を確保するためには、それらの権利を逸脱不可能とするだけでは十分ではない。**これに加えて、これらの権利を侵害されたと主張する被害者が、いかなるときにも効果的な国内的救済措置を利用できなければならない**のである。自由権規約委員会は、自由権規約4条に関する一般的意見29で次のように述べている。

「逸脱不可能であると4条2項で明示的に認められている諸権利を保護するためには、その権利が手続的保障によって確保されなければならず、これには

しばしば司法的保障が含まれる。手続的保障に関わる規約の規定を、逸脱不可能な権利の保護を排除するような措置の対象にすることは、けっして行なってはならない。4条を、逸脱不可能な権利の逸脱につながるような方法で用いることはできないのである。したがって、たとえば、規約6条は全体として逸脱不可能とされているので、死刑を科すことにつながる裁判が緊急事態時に行なわれる場合にも、14条および15条のあらゆる要件を含む規約の規定が遵守されなければならない」[119]

法律適合性および法の支配の原則については、委員会は次のように述べている。

「**16. 規約4条に体現されているような逸脱に関わる保障措置は、規約全体に固有の、法律適合性の原則および法の支配の原則を根拠としている**。公正な裁判に対する権利の一部の要素は武力紛争時にも国際人道法で明示的に保障されているので、委員会は、その他の緊急事態においてこのような保障から逸脱することに正当な理由を見出すことはできない。**委員会は、法律適合性の原則および法の支配の原則により、公正な裁判の基本的要件は緊急事態においても尊重されなければならないという見解に立つものである**。裁判所のみが、犯罪を理由として人を裁判にかけ、かつ有罪を宣告することができる。無罪の推定は尊重されなければならない。逸脱不可能な権利を保護するためには、裁判所が拘禁の合法性について遅滞なく決定できるように裁判所で手続を進められる権利が、規約から逸脱するという締約国の決定によって縮小されることがあってはならない」[120]

*****

米州人権条約27条2項は、いかなる状況下でも逸脱することのできない諸権利の長いリストを掲げることに加えて、「これらの諸権利の保護に不可欠な司法上の保障」も逸脱不可能としている。米州人権裁判所の判例において比類のない重

---

119 UN doc. *GAOR*, A/56/40 (vol.I), p.206, para.15.
120 Ibid., p.206, para.16. 強調引用者。

要性を占めるようになったこの表現は、米国の提案により、1969年の米州機構専門会議で採択されたものである[121]。

逸脱不可能な権利の「保護に不可欠な司法上の保障」という文言の意義について、米州人権裁判所は次のように判示している。

> 「諸保障は、いずれかの権利を有する資格またはその権利の行使を保護し、確保しまたは擁護することを目的とするものである。締約国は、人の権利および自由を認めかつ尊重する義務を負うのみならず、それぞれの保障という手段によって、すなわちいかなる状況においてもこれらの権利および自由の実効性を確保することにつながる適切な措置を通じて、当該権利および自由の行使を保護および確保する義務も負う(1条1項)」[122]

ただし、「停止することのできない権利の保護のためにどのような司法的救済が『不可欠』かの判断は、問題とされている権利によって異なる。人間の身体的不可侵性を取り上げた諸権利を保障するために必要な『不可欠な』司法上の保障は、必然的に、たとえばやはり逸脱不可能である氏名に対する権利を保護しようとする保障とは異ならざるを得ない」[123]。したがって、27条2項にいう「不可欠な」司法上の保障とは、「当該規定で保護された権利および自由の完全な行使を通常は効果的に保障するものであって、それを否定または制限すれば当該権利および自由の完全な享受が脅かされるであろうもの」であるということになる[124]。ただし次の点にも注意が必要である。

> 「諸保障は、**不可欠な**ものであるのみならず**司法上の**ものでもなければならない。『司法上の』という表現は、これらの権利を真に保護することのできる司法上の救済措置のみを指す。この概念に含意されているのは、緊急事態

---

[121] OAS doc. OEA/Ser.K/XVI/1.2, *Conferencia Especializada Inter-Americana sobre Derechos Humanos*, San José, Costa Rica, 7-22 de noviembre de 1969, *Actas y Documentos*, p.448.
[122] I-A Court HR, Advisory Opinion OC-8/87 of January 30, 1987, Habeas Corpus in Emergency Situations (arts.27(2), 25(1) and 7(6) American Convention on Human Rights), Series A, No.8, pp.40-41, para.25.
[123] Ibid., p.41, para.28.
[124] Ibid., p.42, para.29.

時にとられた措置の合法性について判断する権限を有する独立のかつ公平な司法機関による積極的な関与である」[125]

したがって、条約25条1項と7条6項に掲げられた保障が「逸脱不可能な権利を保護するために『不可欠な司法上の保障』に含まれると見なされなければならない」か否かを判断するのは依然として米州人権裁判所の役割である[126]。米州人権条約25条1項は次のように定める。

「すべての者は、関係国の憲法もしくは法律またはこの条約が認める基本的権利を侵害する行為に対する保護を求めて、たとえそのような侵害が公務の遂行中の者によって行なわれたものであっても、簡易かつ速やかな訴えまたは他の何らかの効果的な訴えを、権限のある裁判所に対して行なう権利を有する」

7条6項の規定は次のとおりである。

「自由を奪われたいかなる者も、裁判所がその逮捕または拘禁が合法的であるかどうかを遅滞なく決定することおよびその逮捕または拘禁が違法であるときはその釈放を命じることができるように、権限のある裁判所に訴える権利を有する。自由を剥奪するおそれがあると信じるいかなる者も、このようなおそれが合法的であるかどうかを決定できるよう権限のある裁判所に訴える権利があると定める法律のある締約国においては、このような救済は制限または廃止されてはならない。関係当事者またはその者を代理する者も、このような救済を求める権利を有する」

25条1項について、米州人権裁判所は、「締約国の憲法および法律ならびに条約が認めるすべての権利を保護するための簡易かつ速やかな救済措置である、『保護請求令状』(amparo)として知られる手続的制度を表現する」ものであるとの結

---

125 Ibid., p.42, para.30. 強調引用者。
126 Ibid., p.42, para.31.

論に達している。したがって、当然、「緊急事態においても逸脱不可能な権利として27条2項に明示的に挙げられている諸権利にもこれは適用可能である」[127]。7条6項は、25条1項が保護する『保護請求令状』制度を構成するひとつの要素にすぎない[128]。生命および身体的不可侵性に対する権利を保護するうえで人身保護令状が基本的重要性を有することについては、米州人権裁判所は次のように述べている。

「35. 人身保護請求がその目的、すなわち拘禁が合法的であるかどうかについて司法判断を得ることを達成できるようにするためには、拘禁された者が、自己について管轄権を有する権限のある裁判官または裁判所の面前に連れて来られることが必要である。ここでは、その者の生命および身体的不可侵性が尊重されることを確保し、その失踪または所在の秘匿を防止し、かつ拷問または他の残虐な、非人道的なもしくは品位を傷つける処罰もしくは取扱いからその者を保護するうえで、人身保護請求がきわめて重要な役割を果たす。
36. この結論は、この数十年に西半球の一部人民が経験してきた現実、とくに一部政府が失踪、拷問および殺人を実行または容認してきたことによって裏づけられるものである。この経験は、人身保護請求に対する権利が部分的または完全に停止されたときに常に生命および人道的な取扱いに対する権利が脅かされることを、何度となく実証してきた」[129]

したがって米州人権裁判所は、「**人身保護請求令状および『保護請求』令状**は、27条2項で逸脱が禁じられているさまざまな権利の保護のために不可欠であり、さらに民主的社会における法律適合性を維持するのに役立つ司法的救済措置に含まれる」との結論に達した[130]。

条約25条1項については、米州人権裁判所はさらに、条約で保障された権利の侵害について効果的な救済措置が存在しないことはそれ自体が条約違反である

---

127 Ibid., pp.42-43, para.32.
128 Ibid., p.44, para.34.
129 Ibid., p.44, paras.35-36.
130 Ibid., p.48, para.42. 強調引用者。

とも判示している。救済措置は「真に効果的」なものでなければならず、それが「当該国を覆っている一般的条件を理由として、またはいずれかの事件の特定の状況においてであっても画に描いた餅であることが証明されたときは常に、当該救済措置を効果的と見なすことはできない」[131]。「通常の状況」においては、このような結論は「条約が認めるすべての権利について妥当する」ものである。しかし米州人権裁判所は次のようにも述べている。

「緊急事態——その範囲または国内法における名称の如何に関わらず——が宣言されたからといって、緊急事態による逸脱または停止の対象とされない諸権利を保護するために確立するよう条約が締約国に対して求めている司法上の保障を廃止し、またはその実効性を失わせることがあってはならないことが、理解されなければならない」[132]

さらに、米州人権裁判所によれば、「条約8条に掲げられた法の適正手続の概念は、たとえ条約27条が規律する停止期間中であっても、一般的には米州条約が言及するすべての司法上の保障に適用されるものとして理解されるべきである」[133]。米州人権裁判所は、条約8条を7条6項、25条および27条2項とあわせて読めば、次のような結論が導き出されると指摘している。

「法の適正手続の原則は、条約に定められた手続的制度が司法上の保障と見なされるために必要な条件であるかぎりにおいて、例外的事態においても停止することはできない。このような帰結は、逸脱の対象とならない人権を保護するために不可欠な人身保護請求および保護請求との関係では、さらに明確となる」[134]

---

131 I-A Court HR, *Advisory Opinion OC-9/87 of October 6, 1987, Judicial Guarantees in States of Emergency (arts.27(2), 25 and 8 of the American Convention on Human Rights)*, Series A, No.9, p.33, para.24.
132 Ibid., pp.33-34, para.25.
133 Ibid., p.35, para.29.
134 Ibid., p.35, para.30.

司法上の保障の問題に関する基本的な結論を要約したパラグラフで、米州人権裁判所は次のように述べている。

「条約27条2項によって逸脱の対象とならない人権を保護するために不可欠な司法上の保障とは、7条6項および25条1項を8条の枠組みおよび原則に照らして検討した場合に条約で明示的に言及されている保障であり、かつ、たとえ諸保障の停止から生ずる例外的事態の期間中でも法の支配を維持するために必要な保障である」[135]

以上の解釈基準はその後、ネイラ・アレグリアほか事件で適用されている。本件で米州人権裁判所は、米州人権条約27条2項における禁止との関連で7条6項で保障された人身保護請求に対する権利をペルーが侵害し、3名の者に被害を与えたと認定した。本件では、「サン・ホアン・バウティスタ刑務所に対する軍の統制および管轄権が、緊急事態および制限軍事区域の地位を課した最高行政命令によって人身保護請求の黙示的停止につながった」ものである[136]。当該刑務所における暴動の鎮圧によって無数の収容者が死亡した。暴動後に失踪したネイラ・アレグリア氏および他の2名の受刑者について人身保護請求手続がとられたが、その人身保護請求は却下された。その理由は、申請者は収容者らが拉致されたことを証明していないこと、事件は軍事裁判所によって調査されていること、および「このような出来事は簡易人身保護請求手続の適用範囲外である」ことであった[137]。

> 国際人権法上、法律適合性の原則および法の支配の原則は、国民の生存(自由権規約・欧州人権条約)または国の安全もしくは独立(米州人権条約)を脅かす公の緊急事態のときを含め、いかなるときにも保障され

---

[135] Ibid., p.39, para.38.
[136] I-A Court HR, Neira Alegría et al. Case, judgment of January 19, 1995, OAS doc. OAS/Ser.L/V/III.33, doc.4, Annual Report of the Inter-American Court of Human Rights 1995, p.60, para.84.
[137] Ibid., p.59, para.79. 米州人権条約7条6項および25条の違反については、I-A Court HR, Suárez Rosero case, judgment of November 12, 1997, Series C, No.35, pp72-75, paras.57-66も参照。

なければならない。**すなわち、人権および基本的自由を尊重する憲法秩序においては、法律は国の行動と個人の行動の両方を規律するのである。**逸脱不可能な権利はこのような緊急事態においても全面的に保護されなければならない。この目的のため、国は、被害を受けたと主張する者が国内裁判所またはその他の独立のかつ公平な機関の前で自己の権利を主張できるようにする**効果的な国内的救済措置**を、いかなるときにも提供しなければならない。いかなる逸脱措置も、たとえそれが合法的なものであっても、これらの救済措置の実効性を損なうことは認められない。独立のかつ公平な裁判所による裁判を受ける権利は、自由権規約上、刑事手続によって**死刑**が科される可能性のある事件では絶対的権利である。当該手続においては、死刑が科される可能性があるかぎりにおいてやはり逸脱不可能である規約14条に掲げられたあらゆる適正手続上の保障が、いかなるときにも尊重されなければならない。当該手続は、もちろん、規約15条の逸脱条項に定められた遡及的刑事法の禁止とも両立するものでなければならない。米州レベルでは、逸脱不可能な権利の完全な享受を確保するための国内的救済措置は、**人身保護請求令状および保護請求令状のように司法的性質を有するもの**でなければならず、また当該手続においては**法の適正手続の原則**が尊重されなければならない。したがって、米州人権条約上、これらの原則もこのかぎりにおいて逸脱不可能である。

4. 逸脱可能な権利と真の必要性の条件

　自由権規約4条1項と欧州人権条約15条1項はいずれも厳格な比例性の原則を掲げている。すなわち、国民の生存を脅かす公の緊急事態においては、逸脱を行なう国は「**事態の緊急性が真に必要とする**限度において」しか法的義務から逸脱する措置をとることができない。米州人権条約27条1項では、関係国は「事態の緊急性が真に必要とする限度および期間において」のみそのような措置をとることができる。しかし、後述するように、27条1項で時間の要素が定められていることは、自由権規約4条1項および欧州人権条約15条1項に掲げられた真の必要性の

条件がすでに含意していることに、なんらの実体を付け加えるものでもない。最後に、1961年欧州社会憲章30条および1996年改正欧州社会憲章F条は、いかなる逸脱措置も「事態の緊急性が真に必要とする限度」に留められなければならない旨を規定している。

4.1 一般的な解釈アプローチ

4.1.1 自由権規約4条1項

自由権規約委員会は、厳格な必要性の原則は「規約から逸脱するいかなる措置をとるにあたっても基本的に必要とされる要件」であり、この要件は「緊急事態およびそれを理由として用いられるいずれかの逸脱措置の継続期間、地理的範囲および実体的範囲」に関連しているとの所見を明らかにしている。「緊急事態において規約上の一部の義務から逸脱することは、規約のいくつかの規定で平常時であってさえ認められている制約または制限とははっきりと異なる。とはいえ、いかなる逸脱措置も事態の緊急性が真に必要とする限度に留めなければならないという義務は、逸脱および制限の権限に共通する比例原則を反映したものである」[138]。さらに、委員会は次のように指摘している。

「容認されている範囲で特定の規定から逸脱することそのものは事態の緊急性によって正当化されるとしても、それだけでは、当該逸脱にしたがってとられる具体的措置も事態の緊急性によって必要とされることが示されなければならないという要件まで免除されることにはならない。このことにより、実際上、規約のいかなる規定も、たとえ正当に逸脱の対象とされた場合であっても、それが締約国の行動に完全に適用されないことはありえないということになるであろう」[139]

---

138 一般的意見29、パラ4(in UN doc. GAOR, A/56/40 (vol.I), p.203)。
139 Ibid.

さらに、4条2項に逸脱不可能な権利が列挙されていることは、たとえ国民の生存が脅かされている場合であっても、同規定に掲げられていない権利については無制限の逸脱が認められているという反対解釈を正当化するものではない。「事態の緊急性が真に必要とする限度まであらゆる逸脱の範囲を狭めなければならないという法的義務は、締約国と委員会の双方に、実際の事態の客観的評価にもとづき規約の各条項を注意深く分析する義務を課すものである」ためである[140]。

　この発言から、委員会はいかなる逸脱措置についてもそれが真に必要かどうかを自ら評価することは明らかである。このようにして委員会は、その活動の初期に審理したランディネリ・シルバほか事件でとった見解を確認している。これは一定の政治的グループの構成員の政治的権利に対する厳しい制限に関わる事件であり、その事実関係については最終的に規約4条にもとづく検討は行なわれなかったものの、委員会は、緊急事態がウルグアイに存在すると仮定して、争われた措置が真に必要であったか否かを仮想的に審理したのである[141]。

　委員会は、締約国の定期報告書を審査するにあたり、厳格な必要性の原則との両立性についてさまざまな機会に疑問を提起してきた。たとえば委員会は、「イスラエルで全土に及ぶ緊急事態が継続しており、それが独立以来効力を有していることに深い懸念」を表明し、「緊急事態の範囲および適用地域ならびにそれに関連した権利保障からの逸脱を可能なかぎり限定する目的で、政府が緊急事態の継続的更新の必要性を見直す」よう勧告している。委員会はとくに、いくつかの条項からはけっして逸脱できないこと、他の条項も「事態の緊急性が真に必要とする限度に留められなければ」ならないことを想起した[142]。スペインと英国は、とくに緊急事態措置を長期にかつ過度に使用していることを批判されている。スペインの場合、委員会は、たとえば「憲法55条2項にもとづきテロ容疑者の権利が停止されることおよび恒久的な緊急事態立法に相当する状況が生じていること」について懸念を表明した。英国の場合、北アイルランドの「反テロリズム法にもとづき警察が享受している過度な権限」、「警察による火気の使用に関するゆ

140　Ibid., p.203, para.6.
141　Communication No.R.8/34, *J. Landinelli Silva and Others* (Views adopted on 8 April 1981), in UN doc. *GAOR*, A/36/40, p.133, para.8.4.
142　UN doc. *GAOR*, A/53/40, p.47, para.307.

るやかな規則」ならびに「多くの緊急事態措置およびその長期の適用」について懸念が表明されている[143]。

これらのいくつかの例を示すだけで、委員会が、締約国がとる緊急事態措置の**地域的、時間的**および**実体的**範囲に関心を有していることは明らかである。

4.1.2 米州人権条約27条1項

米州人権裁判所は、「緊急事態におけるヘイビアス・コーパス(人身保護請求)」に関する勧告的意見で次のように判示している。

> 「〔条約〕27条1項はさまざまな事態を想定しており、かつ、さらにこれらの緊急事態のいずれかにおいてとることのできる措置は『事態の緊急性』にあわせて調整されなければならないことから、ある類型の緊急事態において許容されるかもしれない措置が他の事態においても合法とされるわけではないことは明らかである。さらに、27条1項で言及されている特別な事態のそれぞれに対応するためにとられた措置が合法的であるか否かは、当該緊急事態の性質、強度、広がりおよび特有の文脈ならびにそれに対応した措置の比例性および合理性によって異なる」[144]

27条にもとづいて逸脱措置を用いる権利は、換言すれば、緊急事態に対応するための柔軟な手段であり、コミュニティに正常性を回復することを目的とした手段である。すなわち、平和、秩序および民主主義の回復に役立たない可能性がある条項からの逸脱は、条約上、合法ではないということになる。

上述の勧告的意見で、米州人権裁判所はさらに、公的機関がとる措置は「緊急事態を宣言する政令において厳密に定められていなければならない」こと、緊急事態に対応するために真に必要とされる限度を超える措置も「緊急事態の

---

143 UN doc. *GAOR*, A/46/40, p.45, para.183 (スペイン), and p.102, para.411 (英国).
144 *I-A Court HR, Advisory Opinion OC-8/87, January 30, 1987, Habeas Corpus in Emergency Situations (arts.27(2), 25(1) and 7(6) American Convention on Human Rights)*, Series A, No.8, p.39, para.22.

存在に関わらず不法とされる」ことを指摘している[145]。米州人権裁判所は続けて、このような条件を満たすことなく諸保障を停止することは不適切であることを理由に、次のような指摘を行なっている。

「39. ……停止された権利および自由に適用される特定の措置も、これらの一般的原則に違反してはならないということになる。このような違反が生じるのは、たとえば、とられた措置が緊急事態の法的体制に違反したとき、当該措置が定められた期限よりも長く続いたとき、当該措置が明らかに不合理であり、不必要でありもしくは比例性を欠いているとき、または当該措置の採用にあたって権力の誤用もしくは濫用があったときなどである。
40. そうであるとすれば、法の支配によって規律される制度においては、自律しておりかつ独立した司法体制がそのような措置の合法性に対する統制権を行使することこそ完全に適切であるということになる。このような統制は、たとえば、個人の自由の停止にもとづく拘禁が緊急事態を認めた法律を遵守して行なわれたか否かを検証することによって行なわれる。この文脈において、人身保護請求は基本的重要性の新たな側面を獲得するのである」[146]

4.1.3 欧州人権条約15条1項

欧州人権裁判所は、「事態の緊急性が真に必要とする」ものでなければならないという条件にしたがって逸脱措置がとられているか否かを、逮捕・拘禁の特別権限の使用との関連で審査している[147]。しかしその判例によれば、国が「国民の生存を脅かす公の緊急事態」に直面しているかどうかの判断のみならず、「それを回避するために必要な逸脱の性質および範囲」の決定についても、国内機関に「幅広い裁量の余地」が残されていなければならない[148]。ただし次のような指摘

---

145 Ibid., p.46, para.38.
146 Ibid., p.46, paras.39-40.
147 *Eur. Court HR, Case of Ireland v. the United Kingdom, judgment of 18 January 1978, Series A, No.25*, p.79, para.211.
148 *Eur. Court HR, Case of Ireland v. the United Kingdom, judgment of 18 January 1978, Series A, No.25*, p.79, para.207; *Eur. Court HR, Case of Brannigan and McBride v. the United Kingdom, judgment of 26 May 1993, Series A, No.258-B*, p.49, para.43; and *Eur. Court HR, Case of Aksoy v. Turkey, Judgment of 18 December 1996, Reports 1996-VI*, p.2280, para.68.

も行なわれている。

「締約国は無制限の裁量権限を享受するわけではない。とくに危機の『緊急性が真に必要とする限度』を国が超えたか否かについて裁定するのは、〔欧州人権〕裁判所の役割である。このように、国の裁量の余地には欧州レベルの監督がともなっている。……同時に、この監督を行なうにあたって〔欧州人権〕裁判所は、逸脱によって影響を受ける権利の性質、緊急事態につながった状況およびその継続期間といった関連する要素を適切に考慮しなければならない」[149]

逸脱を支持して政府が行なう主張には特別な注意を払いながらも、欧州人権裁判所が事実、逸脱措置が必要であるという主張の問題を、濫用に対する保障の問題も含めて詳細に審理しているのは後述するとおりである。

> 人権法上の義務からの逸脱は、事態の緊急性が真に必要とする限度を超えてはならない。このことは、関連の措置が、その地理的適用範囲、実体的内容および継続期間の面で「事態の緊急性」に応じたものでなければならないことを意味する。真の必要性の条件を超える逸脱措置は不法であり、平常時に適用される法的基準に照らして判断されなければならない。国際的監視機関には、締約国がとった逸脱措置が真に必要なものであるか否かを自ら独立に評価する権利および義務が存する。欧州人権条約の締約国は、当該措置が真に必要なものであるか否かを評価するにあたって「幅広い裁量の余地」を有するが、この裁量の余地には欧州レベルの監督がともなっている。

149　Eur. Court HR, Case of Brannigan and McBride v. the United Kingdom, judgment of 26 May 1993, Series A, No.258-B, pp.49-50, para.43; and Eur. Court HR, Case of Aksoy v. Turkey, Judgment of 18 December 1996, Reports 1996-VI, p.2280, para.68.

4.2 効果的な救済措置に対する権利

　自由権規約委員会は、一般的意見29において、自由権規約2条3項は「規約の締約国に対し、規約の規定のいかなる違反に対しても救済措置を提供するよう求めている」と述べている。

　「この条項は、4条2項の逸脱不可能条項のリストには挙げられていないものの、規約全体に固有の条約上の義務を構成するものである。たとえ締約国が、緊急事態時に、かつ事態の緊急性が真に必要とする限度において、司法上その他の救済措置を規律する手続の実際上の運用を修正することができるとしても、締約国は、規約2条3項にもとづく、効果的な救済措置を提供する基本的義務を遵守しなければならない」[150]

　換言すれば、国民の生存が脅かされているために規約上の義務から逸脱することが必要であると締約国が判断した状況にあっても、締約国は依然として、緊急事態措置の過度なまたは誤った適用の被害者を含む人権侵害の被害者に、効果的な救済措置を提供するよう法的に拘束されているということである。

　そこで委員会は、ガボンで「緊急事態の期間中、個人が利用可能な保障および効果的な救済措置が存在しないことについて」懸念を表明し、「緊急事態の期間中にも適用される効果的な救済措置を立法で確立するべきである」と勧告した[151]。また、コロンビアの憲法上および法律上の規定において、「規約4条の遵守を裁判所が監視できることが確保されるべきである」とも強調している[152]。

*****

　米州人権裁判所は、「緊急事態における司法上の保障」に関する勧告的意見で、逸脱措置に関して、27条1項から導き出される一般的要件は、「とられる措置が必要に比例するものとなり、また条約が課しているまたは条約から派生する厳格な

---
[150] UN doc. *GAOR*, A/56/40 (vol.I), p.206, para.14.
[151] Ibid., p.43, para.10.
[152] UN doc. *GAOR*, A/52/40 (vol.I), pp.48-49, para.301.

限界を超えることのないよう、いかなる緊急事態においてもとられた措置を統制する適切な手段が存在する」ことであると述べている[153]。

停止または逸脱の対象とされていない権利については、米州人権裁判所は、「緊急事態――その範囲または国内法における名称の如何に関わらず――が宣言されたからといって、〔そのような〕諸権利を保護するために確立するよう条約が締約国に対して求めている司法上の保障を廃止し、またはその実効性を失わせることがあってはならない」ときっぱり判示している。換言すれば、「逸脱の対象とされていない権利および自由の実効性のために必要な司法上の保障は、維持されなければならない」ということである[154]。

*****

緊急事態措置の過度なまたは濫用的な利用に対して欧州レベルでどのような保障が設けられているかという問題は、逮捕・拘禁の特別権限の使用に関わる真の必要性の条件と密接に関連するので、以下の4.3で検討する。

> 人権侵害に対して効果的な国内的救済措置を提供する国の法的義務は、逸脱の対象とされていない権利(いかなるときにも全面的に保障されなければならない逸脱不可能な権利を含む)については、公の緊急事態においても完全に有効である。国は、人権条約上の義務からの逸脱という手段を用いる程度に応じて、緊急事態措置が真に必要であるかどうかを評価し、かつ一般的におよびいずれかの事案における濫用を防止する目的で効果的な救済措置を提供しなければならない。

4.3 自由に対する権利と逮捕・拘禁の特別権限

逮捕・拘禁の特別権限の使用は、危機的事態に対応するもっとも一般的な手段のひとつである。このような措置はきわめて広範に及ぶ場合があり、とられ

---

153 I-A Court HR, Advisory Opinion OC-9/87 of October 6, 1987, Judicial Guarantees in States of Emergency (arts.27(2), 25 and 8 of the American Convention Human Rights), Series A, No.9, p.31, para.1.

154 Ibid., p.34, para.25, and p.39, para.39, and I-A Court HR, Castillo Petruzzi et al. Case, judgment of May 30, 1999, Series C, No.52, pp.215-216, para.186.

た措置が合法であるか否かの司法審査が排除されたり、長期の拘禁または抑留が行なわれたりすることがある。その結果、自由を奪われた者は、自己に対する被疑事実を、適正手続上の保障を適用する独立のかつ公平な裁判所において裁判という形で審理される可能性を否定されることにもなりかねない。法的観点からは国際的状況は一様ではなく、欧州人権裁判所は、危機の時期における司法審査の排除という面で、自由権規約委員会や米州人権委員会・裁判所よりも踏み込んだ見解を積極的に出す傾向があるように思われる。しかしこの点については、より統一されたアプローチに向けて法的発展が進んでいると言えるかもしれない。

＊＊＊＊＊

　自由権規約委員会は、締約国は「いかなる状況においても、たとえば……自由の恣意的剥奪という形で人道法にまたは国際法の強行規範に違反して行動することを正当化するために、4条を援用することはできない」ときっぱり述べている[155]。委員会は、上述のとおり、効果的な救済措置に対する権利は緊急事態中も維持されなければならないことも、同様に断固たる表現で述べているところである。すなわち、「国民の生存を脅かす公の緊急事態」において自由を奪われた者は、当該逮捕および拘禁の合法性を争うための効果的な救済措置に対する権利を有する。換言すれば、人身保護令状のような司法的救済措置はいかなるときにも効果的に利用できなければならないのである。この重要な問題について、委員会は、規約の第3選択議定書を起草するという提案に関わる国連差別防止・少数者保護小委員会(当時)への回答でさらに率直な見解を示している。

「委員会は、締約国が、人身保護令状および保護請求に対する権利は緊急事態においても制限されてはならないと全体として理解していることに、満足する。さらに、委員会は、9条3項および4項で規定されている救済措置は、2条とあわせて理解した場合に、規約全体に固有のものであるという見解に立つものである。委員会は、このことを念頭に置いて、提案されている第3選択議定書案には、提案されている選択議定書を批准しなければ緊急事態時に規約9条の規定から自由に逸脱できると考えるよう締約国に暗に促すという、

---

[155] UN doc. *GAOR*, A/56/40 (vol.I), p.205, para.11.

相当の危険が存在すると考える。このように、議定書は、緊急事態時に被拘禁者の保護を縮小するという望ましくない効果を有する可能性がある」[156]

　自由権規約委員会のこのようなさまざまな発言から、9条3項および4項に掲げられた保障は、たとえ国民の生存を脅かす公の緊急事態であっても、いかなるときにも効果的に執行されなければならないことが明らかであるように思われる。これらの保障には、とくに、「刑事上の罪に問われて逮捕され又は抑留された者〔が〕、裁判官又は司法権を行使することが法律によって認められている他の官憲の面前に速やかに連れて行かれる」権利(9条3項)や、「逮捕又は抑留によって自由を奪われた者〔が〕、裁判所がその抑留が合法的であるかどうかを遅滞なく決定すること及びその抑留が合法的でない場合にはその釈放を命ずることができるように、裁判所において手続をとる」権利(9条4項)が含まれる。これらの規定の解釈については、第5章「人権と逮捕・未決勾留・行政拘禁」参照。

＊＊＊＊＊

　米州人権条約にもとづく自由および安全に対する権利の保護については、法的状況はある程度明確である。逮捕・拘禁の特別権限が「戦争、公の危険または〔締約国〕の独立もしくは安全を脅かすその他の緊急事態のとき」に用いられた場合、その対象とされたすべての者には、条約27条2項にしたがって逸脱不可能な諸権利の保護のため、条約7条6項および25条1項で保障されている、人身保護請求および保護請求という形態による効果的な救済措置を利用する無条件の権利がある。逮捕・拘禁の特別権限そのものが条約27条1項で認められる場合においても同様に、自由を奪われた者は、当該措置が真の必要性の条件と両立するか否かを争えるように効果的な救済措置を利用できなければならない。

＊＊＊＊＊

　欧州レベルでは、欧州人権裁判所が、北アイルランド情勢との関係で、司法審査の可能性がない逮捕および拘禁(抑留を含む)についてきわめて広範な特別権限を認めてきた。アイルランド対英国事件のようなこれらの事件はきわめて複

---

156 See UN doc. *GAOR*, A/49/40 (vol.I), annex XI, p.120. この声明の前半は一般的意見29にも含まれているが、脚注に留まっている(see *GAOR*, A/56/40 (vol.I), pp.208-209, footnote i)。

雑であり、本章ではそこから生じた法的争点を比較的簡潔に要約するに留める。

　欧州人権裁判所はローレス事件において、1940年対国家犯罪(改正)法にもとづき国務大臣に与えられた特別拘禁権限は欧州人権条約5条1項(c)および3項違反であると認定した。5か月に及んだローレス氏の拘禁は「『同氏を権限のある法的機関の前に連れていく目的で実行された』ものではない」こと、実際、同氏は拘禁中、これらの規定で定められたように『合理的な期間内に』裁判官の前に連れていかれなかったことがその理由である[157]。欧州人権裁判所によれば、5条1項(c)および3項の「簡明かつ自然な意義」には、「1項(c)の規定が予定するいずれかの状況下で逮捕または拘禁されたすべての者を、自由の剥奪の問題を審理しまたは本案について決定する目的で裁判官の前に連れていく義務が明らかに含まれている」[158]。ローレス氏はこのいずれの目的のためにも裁判官の前に連れていかれることがなかったので、その拘禁は条約5条違反であり、したがって欧州人権裁判所は、この違反が、1957年にアイルランドに存在した「事態の緊急性が真に必要とする」ものであったとして、条約15条1項にもとづいて正当化されるか否かを検討しなければならなかった。

　事実関係および本件当事者の主張を審理した欧州人権裁判所は、締約国には当該事態に対処しうる他の手段が存在しなかったと認定した。その結果、「テロ活動への参加の意図を疑われた個人の……行政拘禁は、その重大性にも関わらず、当該事情が必要とする措置であったと**思われる**」とされた[159]。当該緊急事態に対処できる手段として欧州人権裁判所が認めなかったものには、次のようなものがある。

- ◎　「普通法の適用は、アイルランド共和国を脅かしていた危険の増大を食いとめられないことが証明されていた」。
- ◎　「普通刑事裁判所または特別刑事裁判所もしくは軍事裁判所でさえ」〔対処できなかった〕。

157　*Eur. Court HR, Lawless Case (Merits), judgment of 1 July 1961, Series A, No.3*, p.53, para.15.
158　Ibid., p.52, para.14.
159　Ibid., p.58, para.36. 強調引用者。

- ◎ 「IRAおよびその分派集団の活動に関わった者を有罪とするために必要な証拠の収集」は、「これらが軍事集団、秘密集団およびテロリスト集団としての性質を有し、かつこれらの集団が住民の間に恐怖心を引き起こしたことによる」大きな困難に直面していた。
- ◎ 「これらの集団は主として北アイルランドで展開しており、アイルランド共和国における活動は実質的に越境武装攻撃の準備に限られていたことも、十分な証拠を収集することの妨げとなった」。
- ◎ 「国境封鎖は住民全体にきわめて重大な影響を及ぼし、事態の緊急性が必要とする限度を超えるおそれがあった」[160]。

欧州人権裁判所は次に、「1940年対国家犯罪(改正)法は、行政拘禁制度における濫用を防止するための多くの保護措置の対象となっていた」ことに留意した。これらの保護措置とは次のようなものである。(1)同法は議会による継続的監視の対象とされており、また国防軍の構成員1名および裁判官2名からなる拘禁委員会が設置されていた。(2)1940年法にもとづいて拘禁された者は「同委員会に自己の事案を付託することができ、その釈放が望ましいと委員会が判断すれば、その見解は政府を拘束した」。(3)普通裁判所は「同委員会がその職務を遂行するよう強制する」ことができた[161]。最後に、政府は、同法にもとづいて拘禁された者であって「憲法および法律を尊重し、かついかなる不法な活動にも従事しないと約束した」者はいずれも釈放すると公に発表していた[162]。

欧州人権裁判所は、このような保護措置が守られることを条件として、「1940年法で定められた裁判なしの拘禁は、〔条約15条にいう〕事態の緊急性が真に必要とする措置であったと**思われる**」との結論に達した。欧州人権裁判所はさらに、ローレス氏に適用された当該措置は真の必要性の原則を超えるものではなかったとの見解も明らかにしている[163]。

同様の問題は後年にも、アイルランド対英国事件で争点となった。これは英

---

160 Ibid., loc. cit.
161 Ibid., p.58, para.37.
162 Ibid., loc. cit.

国が北アイルランドで用いた多様かつ複雑な非司法的自由剥奪権限に関わる事件で、諸権限の法的根拠は規則10号(逮捕)、11(1)号(逮捕)、11(2)号(拘禁)および12号(抑留)ならびにテロリスト令(暫定収容・拘禁)および緊急事態規定法(逮捕・暫定収容・拘禁)にあった。ここではこれらの権限について詳細に検討しないが、規則10号が、犯罪の「嫌疑」がなくとも「平和および秩序維持の目的」のみで人の逮捕を認めており、「他の者の活動について対象者を尋問するために用いられることもあった」ことは指摘しておくべきであろう。他の規則では「犯罪」および(または)「『平和および秩序維持に有害な』活動」の嫌疑が必要であった[164]。テロリスト令および緊急事態規定法は、「いずれかのテロ行為、すなわち政治的目的の暴力の使用の実行もしくは未遂またはテロ目的の人の組織化に関わった嫌疑のある個人にのみ適用された」[165]。

　欧州人権裁判所は、争われた一連の措置がそれぞれ5条1項(c)、5条2項、5条3項および5条4項の規定違反であることを一般的に認定した。その理由は以下のとおりである。(1)拘禁は、被拘禁者を権限のある法的機関の前に連れていくために実行されたものではなかった。(2)「対象者は逮捕理由を知らされないのが通例であり、一般的には、逮捕は緊急事態法にしたがって行なわれたと……告げられるのみ」で、それ以上の詳細は告知されていなかった。(3)「争われている措置は、対象者を『権限のある法的機関』の前に『速やかに』連れていく目的で実行されたものではなかった」。(4)逮捕者または被拘禁者は、「『合理的な期間内に裁判を受ける』権利または『裁判までの間釈放される』権利を認められる度合いがはるかに少なかった」。(5)「『裁判所がその拘禁が合法的であるかどうかを迅速に決定すること』およびその拘禁が『合法的でない』場合には『その釈放を命ずることが』できるように手続をとる権利が存在しなかった」[166]。

163　Ibid., pp.58-59, paras.37-38. 強調引用者。欧州人権裁判所の判決は全会一致で言渡されたが、その前に本件を取り上げた欧州人権委員会では判断が分かれていた。当該行政拘禁が事態の緊急性によって真に必要とされるものであったと委員会が判断したのは、8対6の多数によるものである。少数意見は、ローレス事件の複雑さをさらに理解するうえで有用な主張を行なっている。委員会の見解については*Eur. Court HR, Lawless Case, Series B, 1960-1961*, pp.113-156参照。
164　Eur. Court HR, Case of Ireland v. the United Kingdom, judgment of 18 January 1978, Series A, Vol.25, pp.74-75, para.196.
165　Ibid., p.75, para.196.
166　Ibid., pp.74-77, paras.194-201.

これらの5条違反が欧州人権条約15条1項にもとづいて正当化され得るか否かを審理するにあたり、欧州人権裁判所は、まず5条1項に反するこの自由剥奪が必要であったか否かを、次に諸保障が5条2～4項で定められた水準に達していなかったことについて、検討した[167]。

　5条1項について、欧州人権裁判所は、「15条1項が締約国に認めている裁量の余地の限界は、1971年4月から1975年3月にかけて非司法的自由剥奪が必要であるとの見解を英国がとったさい、踏み越えられなかった」と認定している[168]。「間違いなく、特別権限の行使は主として、かつ1973年2月まではもっぱら、地下軍事勢力としてのIRAに向けられたものであった。……IRAは、1971年8月以降、英国の領土保全、6郡の諸制度および同州の住民の生命に対して特別に広範かつ深刻な危険を生み出しつつあった。……暴力および脅迫の大波に直面した北アイルランド政府および直接統治の導入後の英国政府には、通常法では対テロ作戦の十分な手段とならず、非司法的自由剥奪の形態をとった、通常法の枠外の措置をとることが求められると考える合理的資格があった」[169]。

　ただし、「他の者に関する情報を得るという目的のみで」逮捕を認めた規則10号については、欧州人権裁判所も若干の問題を認めている。欧州人権裁判所の見解では、「この種の逮捕が正当化され得るのはきわめて例外的な事態においてのみであるが、北アイルランドで一般的であった状況はこの類型に当てはまらない」。さらに、自由剥奪が認められる期間の上限は48時間であった[170]。

　アイルランド政府は、特別措置は「効果がなかった」ことが証明されているとして争った。特別措置は「テロリズムに歯止めをかけることができなかったのみならず、結果的にそれを増加させた」ためであり、同国政府の見解ではこれこそが「非司法的自由剥奪が絶対に必要というわけではなかった」ことを確認するものであった。欧州人権裁判所はこの主張を受け入れず、裁判所としては「これらの措置の実効性を純粋に遡及的に審査した結果ではなく、それがそもそもとられた時点およびその後に適用された時点の条件および事情に照らし

167　Ibid., p.80, para.211.
168　Ibid., p.82, para.214.
169　Ibid., pp.80-81, para.212.
170　Ibid., p.81, para.212.

て決定を行なわなければならない」とした[171]。

　欧州人権条約5条2〜4項に定められた保障が存在しなかったことについては、欧州人権裁判所は、「問題の立法および運用を全般的に審理すれば、これらの措置は個人の自由の尊重を拡大する方向で発展していったことが明らかになる」との結論に至っている。「より満足に足る司法上のまたは少なくとも行政上の保障を当初から編入しておくことが確かに望ましかったが、……最初の段階をその後の諸段階から切り離すことは現実的ではない。国民の生存を脅かす公の緊急事態への対応に国が奮闘しているときに、すべてのことを一時期に達成すること、選ばれたそれぞれの手段について、公的機関の適正な運営およびコミュニティにおける平和の回復のための優先的要件と両立可能な保護措置を最初からいちいち用意しておくことを求められれば、国はなすすべがなくなってしまうであろう。15条の解釈には漸進的調整の余地が残されていなければならない」[172]。

　注意すべきなのは、司法上または行政上の救済措置に対する権利が認められていなかったのは48〜72時間続く自由剥奪の場合だけではなかったということである。たとえば規則12(1)号、テロリスト令5条および緊急事態規定法付表Iの24項にもとづいて個人が何年も抑留または自由を剥奪される場合にも同様であった。それにもかかわらず、欧州人権裁判所の言葉によれば、「規則12(1)号によって設置された諮問委員会は、その非司法的性質にもかかわらず、度外視することのできない一定の保護を提供していた。テロリスト令はコミッショナーおよび控訴裁判所を設置することによってさらなる保護措置を用意し、それは緊急事態法によってやや強化された。これに加えて、機会が生じたときには裁判所がコモンローを適用し、限られてはいるが有益な審査を行なっていた」[173]。

　やはり英国の反テロ立法に関わるブラニガンおよびマクブライド事件では、欧州人権裁判所は、テロ容疑者を最長で7日間拘禁できる権限の行使において*司法的介入が行なわれない*という問題を検討しなければならなかった。本件は、欧州

171　Ibid., pp.81-82, para.214.
172　Ibid., p.83, para.220.
173　Ibid., p.83, paras.218-219. 注目すべきなのは、欧州人権裁判所がここよりも前の箇所で、これらの人身保護請求手続による司法審査は条約5条4項の目的に照らせば「適用範囲が十分に広くない」と判示していたことである(p.77, para.200)。

人権裁判所がブローガンほか事件で5条3項違反を認定し、申立人らは裁判所の前に「速やかに」連れていかれなかったと判断した後に英国が行なった逸脱に端を発するものである。ブローガンほか事件で欧州人権裁判所は、「個人の自由に対する権利への行政府の介入を司法が統制することは5条3項に掲げられた保障のきわめて重要な特徴であり、法の支配に含意されるものであって、『条約前文で明示的に言及されている民主的社会の基本的原則のひとつ』である」ことを想起していた[174]。

欧州人権裁判所は、当該逸脱は緊急事態に対する真正な対応ではなく、かつ時期尚早であったというブラニガンおよびマクブライド事件の申立人らの主張を却下する[175]とともに、(1)「北アイルランドにおけるテロリストの脅威の性質」、(2)「当該逸脱の限定的適用範囲およびその必要性に関して提出された理由」ならびに(3)「濫用に対する基本的保障の存在」を考慮して、英国は、「当該逸脱が事態の緊急性によって真に必要とされていると考えるにあたり、同国に認められた裁量の余地を踏み越えなかった」と認定した[176]。欧州人権裁判所は判決理由のなかで次の点に留意している。

◎ 「テロリズム防止立法の運用を検討したさまざまな報告書において、テロ犯罪を捜査および訴追することの困難さゆえに、司法的統制の対象とされない拘禁期間の延長は必要であるとの見解が表明されている」。このような困難はブローガンほか事件判決でも認められているところである。

◎ 「相手方政府は依然として、拘禁期間延長決定の根拠に関する情報が被拘禁者およびその法的助言者に開示されないようにすることは必要不可欠であり、またコモンロー上の対審制度においては、裁判官またはその他の司法職員が延長の認定または承認に関与すれば司法の独立が阻害されるという見解を変えていない」。

---

174 *Eur. Court HR, Case of Brogan and Others v. the United Kingdom, judgment of 29 November 1988, Series A, No.145-B*, p.32, para.58.
175 *Eur. Court HR, Case of Brannigan and McBride v. the United Kingdom, judgment of 26 May 1993, Series A, No.258-B*, pp.51-52, paras.49-54.
176 Ibid., p.56, para.66.

- ◎ 「拘禁期間延長の手続に『裁判官または司法権を行使することが法律によって認められている他の官憲』を関与させることそのものが、5条3項が遵守される状況に常につながるとは限らない。同規定は——5条4項と同様に——、司法的性質の手続にしたがう必要性を求めたものと理解されなければならない。ただしその手続は、裁判官の介入が必要な各事件において必ず同一でなければならないわけではない」[177]。

欧州人権裁判所は、「緊急事態に対応するうえで当該時期にどのような措置がもっとも適切または妥当であったかについて、政府の見解に代えて裁判所独自の見解を示すこと」はその役割ではないと指摘している。「テロリズムと闘うために効果的な措置をとることと個人の権利を尊重することとの間で均衡を確立する直接の責任は政府にある。……司法が小規模でありかつテロリストの攻撃に対しても脆弱であった北アイルランドの状況においては、司法の独立に対する公衆の信頼という問題を政府がきわめて重視することも理解できる」[178]。したがって、「支配的であった事情を踏まえて司法的統制を排除する決定を行なうにあたり、〔政府が〕裁量の余地を踏み越えた」と言うことはできないとされた[179]。

最後に欧州人権裁判所は、**濫用に対する保護措置**が確かに存在しており、「恣意的行動および厳正独居拘禁に対する重要な保護」を提供していることに納得している。その保護措置とは次のようなものである。

- ◎ 「原逮捕および拘禁の合法性を検証する……人身保護請求の救済措置」。
- ◎ 「被拘禁者が、逮捕時から48時間以降に弁護士と協議する絶対的かつ法的に執行可能な権利を有している」こと。「事実、いずれの申立人とも、この期間が過ぎれば弁護士と自由に協議することができた」。
- ◎ 「この期間中、この権利の行使を遅らせることができるのは合理的理由がある場合に限られている」こと。「弁護士へのアクセスを遅らせるという決定が司法審査の対象となること、および、当該手続において合理

---
177 Ibid., p.54, para.58.
178 Ibid., p.54, para.59.
179 Ibid., p.54, para.60.

的理由の立証責任が当局側にあることは……明らかである。これらの事案における司法審査は、弁護士へのアクセスが恣意的に抑制されないことを確保する迅速かつ効果的なものであったことが立証されている」。
- ◎ 「被拘禁者は、親族または友人に自己の拘禁について知らせ、かつ医師にアクセスする権利を有している」こと[180]。

最後に重要な点として指摘しておかなければならないのは、英国の逸脱は時期尚早であったという申立人らの主張を却下するにあたり、欧州人権裁判所が次のように判示していることである。

「逸脱の妥当性は、政府が、条約上の義務のいっそうの遵守を確保する方法が将来的に見出せるか否かを検討すると決定したという理由だけで疑問視することはできない。それどころか、このような継続的再考のプロセスは、緊急事態措置の必要性を恒久的に見直すよう求める15条3項に一致しているのみならず、比例性の概念そのものに含意されているものである」[181]

換言すれば、逸脱措置をとる国は「事態の緊急性が真に必要とする」措置しかとることができないという条件は、当該措置が、その導入時に国民の生存に対する脅威に厳格に比例したものでなければならないということのみならず、逸脱措置をとる国は当該措置が比例したものであり続けることを継続的に確保しなければならないということを意味するのであり、それを怠れば条約15条1項違反になるということである。

この結論は、欧州人権裁判所によって**不受理**を宣言され、したがって本案審理は行なわれなかったマーシャル対英国事件でも確認されている。申立人は、1989年テロ防止(暫定的規定)法14条にもとづき、裁判官の前に連れていかれることなく7**日間**拘禁されたことについて苦情を申立てた。申立人の見解では、この

---

180 Ibid., pp.55-56, paras.62-64. ただし欧州人権裁判所の裁判官のうち4名は本件結論に賛成していない(see pp.61-69, 71 and 74-75)。
181 Ibid., p.52, para.54.

遅延は条約15条3項の迅速要件違反であり、15条1項にもとづき「事態の緊急性が真に必要とする」措置としても正当化できないものであった。統計によれば、「当該時期に1989年法14条にもとづいて拘禁された個人のほとんどは告発されることなく釈放されて」おり、これは警察が「情報収集のために、または不利となる証拠がほとんどもしくはまったくない個人を逮捕するために権限を用いていた」ことを意味するためである。申立人はさらに、利用可能な保護措置が十分であるかについても異議を申立てた[182]。

欧州人権裁判所が留意しているように、司法介入が行なわれない拘禁延長の措置については、政府はブラニガンおよびマクブライド事件で本件と同じ正当化事由を援用しており、欧州人権裁判所は同事件でその正当化事由を認めている。欧州人権裁判所は、マーシャル事件では次のように判示した。

「申立人の逮捕時において、テロ容疑者を最長7日間行政拘禁の対象とする制度に継続的に依拠していたことは、コミュニティへの脅威に対する対応を決定するうえで当局に付与されている裁量の余地を踏み外したことにはならない。司法的統制を行なわない理由としてブラニガンおよびマクブライド事件で政府が挙げた理由は、依然として関連がありかつ十分なものである。この点について〔欧州人権〕裁判所は、テロリストによる無法の脅威がいまなお現実的なものであったこと、および、北アイルランドの準軍事集団は大規模な殺傷を行なう組織的能力を維持していたことに留意する。申立人の主張によれば、当局は、当該時期に蔓延していた水準の暴力を普通刑事法によって抑え込むことができたはずであった。申立人は、英国の他の場所で同様の規模で発生した暴力については適正手続の保障を停止することなく対応がなされてきたと言う。しかし〔欧州人権〕裁判所は、申立人の論拠においては北アイルランドを襲った暴力の具体的性質が十分に考慮されていないと考える。当該緊急事態の背景をなす政治的および歴史的考慮事項についてはなおさらであり、この考慮事項については〔欧州人権〕裁判所もアイルランド対英国

---

[182] *Eur. Court HR, Case of Marshall v. the United Kingdom, decision of 10 July 2001*, pp.7-8. 参照した決定文は欧州人権裁判所のウェブサイト(http://echr.coe.int)に掲載されたもの。

事件判決において詳細に説明したところである」[183]

　さらに、ブラニガンおよびマクブライド事件の判決が言渡されて8年が経っても、欧州人権裁判所は依然として、濫用に対する保護措置がひきつづき「恣意的行動および厳正独居拘禁に対する重要な保護を提供している」ことに納得している[184]。

　最後に、欧州人権裁判所は、政府が「5条3項に対する逸脱がひきつづき必要であるか否かに関する意味のある再検討」を行なっていないという申立人の主張も認めることができなかった。それどころか欧州人権裁判所は、「提出された資料をもとに」、当局が、たとえば法律の更新の提案について毎年行なわれた再検討および議会討論などを通じて「この問題に十分な頻度で対応してきた」ことに「納得」している。欧州人権裁判所は、政府が2001年2月にようやく逸脱を撤回したことにも留意している[185]。

　アクソイ事件の申立人は、とくにPKKのテロリストを現場幇助した容疑で、裁判官その他の官憲の間に連れていかれることなく、トルコ国内で少なくとも14日間収容された[186]。欧州人権裁判所はここでも条約システムにおける5条の重要性を強調している。

> 「5条は基本的権利、すなわち自由に対する権利について国による恣意的介入を受けることからの保護を掲げている。自由に対する個人の権利への行政府の介入の司法的統制は、恣意的となるおそれを最小限に留め、かつ法の支配を確保することを意図した5条3項に掲げられた保障の本質的特徴である。……さらに、司法的介入は、条約が絶対的にかつ逸脱不可能なものとして禁ずる……重大な不当な取扱いの発見および防止につながる可能性がある」[187]

183　Ibid., p.10.
184　Ibid., loc. cit.
185　Ibid., pp.10-11.
186　*Eur. Court HR, Aksoy v. Turkey, judgment of 18 December 1996, Reports 1996-VI*, p.2282, para.77.
187　Ibid., p.2282, para.76. 注目すべきなのは、本件で欧州人権裁判所が、申立人が拘禁中に受けた取扱いは「きわめて重大かつ残酷な性質のものであり、拷問としか言いようがない」と認定していることである (p.2279, para.64)。

本件においてトルコ政府は、「外部からの支援を受けたテロリスト組織に直面する地理的に広大な市域を警察が捜査しなければならないという特別の要求に言及することによって」、司法審査の対象とされない長期の拘禁を正当化しようとした[188]。欧州人権裁判所は、「テロ犯罪の捜査において当局が特別な問題に直面するのは間違いない」という見解をあらためて述べながらも、「司法の介入を受けることなく容疑者を14日間収容することが必要である」とは認められないとした。

> 「この期間は異例に長く、かつ、申立人を、自由に対する権利への恣意的介入のみならず拷問も受けやすい立場に置いた。……さらに、政府は、トルコ東南部でのテロとの闘いにおいてなぜ司法の介入が実際的に不可能なのか、詳細な理由を〔欧州人権〕裁判所に提出していない」[189]

　保護措置の問題については、欧州人権裁判所は、ブラニガンおよびマクブライド事件とは逆に、「長期にわたって収容された申立人に対し、十分な保護措置は用意されていなかった」と考えた。

> 「とりわけ、弁護士、医師、親族または友人へのアクセスが否定されたこと、および、拘禁の合法性について争うために裁判所の前に連れていかれる現実的可能性がなんら存在しなかったことは、申立人は完全に収容者のなすがままに放置されたということである」[190]

　欧州人権裁判所は、「トルコ東南部における、疑いの余地なく深刻なテロの問題および同国がそれに対する効果的な措置をとるうえで直面している困難」を考慮に入れている。「しかし、申立人を、裁判官その他の司法官権にアクセスさせることなく、テロ犯罪に関与した容疑で14日以上厳正独居拘禁下で収容することが事態の緊急性によって必要とされたと納得することはできない」[191]。したがっ

188　Ibid., p.2282, para.77.
189　Ibid., p.2282, para.78.
190　Ibid., p.2283, para.83.
191　Ibid., p.2284, para.84.

てトルコは条約5条3項に違反したのであり、この違反は15条1項にもとづいて正当化することはできないとされた。

> 自由に対する権利への国の恣意的干渉から効果的に保護される権利は、基本的権利である。自由の剥奪に対して迅速に司法的統制を受ける権利は、恣意的逮捕および拘禁から個人を保護するうえできわめて重要な役割を果たす。しかし、国民の生存(国際レベル・欧州レベル)または関連する締約国の独立もしくは安全(米州レベル)を脅かす公の緊急事態においては、逮捕・拘禁の特別権限を用いることができる。ただしそれは、事態の緊急性によってそのような特別権限が真に必要とされる限度および期間においてのみである。すなわち逮捕・拘禁の特別権限は、緊急事態が実際にもたらしている脅威に厳格に比例するかぎりにおいて合法とされる。事態の緊急性によって当該措置が真に必要とされていることを証明するのは、逸脱を行なう国の責任である。この法的義務は、逸脱を行なう国が当該措置の必要性を継続的に再検討しなければならないことを含意する。逮捕・拘禁の特別権限が恣意的逮捕もしくは拘禁またはいずれかの種類の濫用につながることは、**いかなるときにもあってはならない**。このような権限の恣意的使用および濫用を防止するためには、緊急事態の期間中も効果的な救済措置および十分な保護措置が維持され、かつ逮捕または拘禁によって自由を奪われたすべての者に対して利用可能とされなければならない。
>
> ● 自由権規約および米州人権条約上、**人身保護請求**のような司法的救済に対する権利は、自由剥奪の合法性を評価するために常に利用可能とされなければならない。
> ● 欧州人権条約にもとづく司法判断は、逸脱を行なう国が直面している緊急事態の重大さおよび利用可能な保護措置によって異なる。欧州人権裁判所は、最近のほとんどの判例では、濫用に対する十分な保護措置(**人身保護請求**を含む)が存在して当初の逮捕および拘禁の合法性を検証することができるという条件で、法的介入が行なわれない**7日間**の拘禁を認めている(英国)。しかし、司法的介入も十分

な保護措置もなく被拘禁者を14日間収容することについては、事態の緊急性が真に必要とするものとは認めていない(トルコ)。
- 欧州レベルで十分と見なされる保護措置には、人身保護請求の形態をとる司法審査に加え、弁護士への効果的アクセス、医師にアクセスする権利および逮捕・拘禁について家族または友人に知らせる権利が含まれる。欧州人権裁判所は、これらの保護措置が十分であるか否かを**累積的**に審理するのが通例である。
- 欧州人権裁判所は、逮捕・拘禁の特別権限が導入されてから可能なかぎり早期に司法上のまたは少なくとも行政上の十分な救済措置が用意されることが望ましいと強調しながらも、そのような救済措置は存在しないがそれに代わる保護措置が用意されている長期の拘禁または抑留を、事態の緊急性が真に必要とするものとして認めてきた。しかし欧州における傾向も、緊急事態権限によって自由を奪われた者の権利の強化に向かいつつあるように思われる。
- 国際的監視機関は、拷問その他の形態の不当な取扱いから被拘禁者を保護する目的で、自由の剥奪の合法性について司法審査を行なうことの重要性を強調してきた。

4.4 公正な裁判を受ける権利と特別裁判所

　権限のある、独立のかつ公平な裁判所による公正な裁判を受ける権利は自由権規約においても米州・欧州人権条約においても明示的に逸脱不可能な権利とされていないので、緊急事態において、この基本的な権利のどのような要素から逸脱することができるのかという問題が生ずる。

　公正な裁判を受ける権利の一般的な分析は、このマニュアルの第6章および第7章を参照されたい。そこでは、自由権規約14条、アフリカ人権憲章7条、米州人権条約8条および欧州人権条約6条に掲げられた諸権利についてやや詳しく説明している。これらの規定のいずれも、たとえば軍事裁判所その他の特別裁判所そのものについては言及していない。単に、刑事上の罪または(民事上その他の)権利もしくは義務についての決定を求められたすべての裁判所が適用しなければなら

ないいくつかの基本的な原則が定められているだけである。「軍事裁判所その他の特別裁判所」の問題についてはこのマニュアルの第4章4.7で検討したほか、「公正な裁判を受ける権利と特別裁判所」に関わる第7章の7でも取り上げている。

まず、重要な点として、国連・司法部の独立に関する基本原則宣言の原則5で次のように定めていることを想起しておかなければならない。

> 「すべての者は、確立された法的手続を用いる普通裁判所による裁判を受ける権利を有する。正当に確立された訴訟手続を用いない裁判所を、普通裁判所または司法裁判所に属する管轄を排除するために設置してはならない」

また、自由権規約委員会が、一般的意見13において、「規約14条の規定は、普通裁判所か特別裁判所かを問わず、……すべての裁判所に適用される」と述べていることも想起されるべきである。さらに、規約は軍事裁判所または特別裁判所を禁じていないが、次の点に注意しなければならない。

> 「それでもそこに掲げられた諸条件は、このような裁判所による民間人の審理はきわめて例外的であるべきであり、かつ14条に定められた完全な保障を真正に与える条件下で行なわれるべきことを示している。……締約国が、4条が予定する公の緊急事態の状況において14条で求められる通常の手続から逸脱することを決定するのであれば、現実の緊急事態によって真に必要とされる範囲以上の逸脱が行なわれないこと、および、14条1項のその他の条件が尊重されることを確保するべきである」[192]

一般的意見29で、自由権規約委員会は、「公正な裁判に対する権利の一部の要素は武力紛争時にも国際人道法で明示的に保障されているので、委員会は、その他の緊急事態においてこのような保障から逸脱することに、正当な理由を見

---

192 *United Nations Compilation of General Comments*, p.123, para.4.

出すことはできない」と述べている。委員会の見解によれば、法律適合性の原則および法の支配の原則によって求められるのは次のようなことである。

- ◎ 「公正な裁判の基本的要件は緊急事態においても尊重されなければならない」こと
- ◎ 「裁判所のみが、犯罪を理由として人を裁判にかけ、かつ有罪を宣告することができる」こと
- ◎ 「無罪の推定は尊重されなければならない」こと[193]

委員会はさらに、M・ゴンザレス・デル・リオ対ペルー事件で、「**独立のかつ公平な裁判所による裁判を受ける権利は絶対的権利であり、いかなる例外も認められない**」との見解を示している[194]。ただし委員会は、「14条のすべての規定がいかなる緊急事態においても全面的に効力を保てると期待するのは、端的に実行可能ではない」ことも認めている[195]。

自由権規約委員会のさまざまな意見および見解から明らかになると思われるのは、被告人は、普通裁判所と特別裁判所のいずれで裁判を受けるかに関わらず、公の緊急事態を含むあらゆる状況において、独立のかつ公平な裁判所による公正な裁判の対象とされなければならず、また有罪が証明されるまでは無罪と推定されなければならないということである。それでも委員会はなお、14条に掲げられたその他の保障が公の緊急事態においてどのように、かつどの程度制限できるかを判断しなければならない。しかし、規約14条3項が明示的に述べているように、そこに掲げられた保障は「少なくとも」受けることができなければならない保障であって、「すべての者〔が〕……十分平等に権利を有する」保障である。したがって問題は、公の緊急事態においてこれらの保障をさらに制限する余地がはたして存在するのかという点にある。「少なくとも」受けることができなければな

---

193 UN doc. *GAOR*, A/56/40 (vol.I), p.206, para.16.
194 Communication No.263/1987, *M. González del Río v. Peru* (Views adopted on 28 October 1992), *GAOR*, A/48/40 (vol. II), p.20, para.5.2.
195 See the Committee's reply to the Sub-Commission on the question of a draft third optional protocol to the Covenant, in UN doc. *GAOR*, A/49/40 (vol.I), annex XI.

らない同様の保障または認められなければならない権利は、米州人権条約8条2項および欧州人権条約6条3項にも掲げられている。さらに、アフリカ人権憲章7条の規定は逸脱不可能であり、したがって公の緊急事態においても全面的に適用されなければならない。

＊＊＊＊＊

　国際人道法については、1949年の4つのジュネーブ諸条約および1977年の2つの追加議定書において、公正な裁判に関わる多くの基本的保障が定められている。保障の内容は条約によって異なるものの、そこには公正な裁判の次のような側面が含まれている。

- ◎ 独立および公平という必要不可欠な保障を提供する裁判所による裁判を受ける権利
- ◎ 弁護士にアクセスする権利
- ◎ 通訳を利用する権利
- ◎ 被告人が、自己に対する嫌疑の詳細を遅滞なく知らされる権利、および、裁判前および裁判中に必要なあらゆる権利および防御手段を保障される権利
- ◎ 個人の刑事責任を理由とするものを除くほか有罪とされない権利
- ◎ 自ら出席して裁判を受ける権利
- ◎ 自己に不利な証言を強要されない権利
- ◎ 自己に不利な証人を尋問しまたはこれに対し尋問させる権利、ならびに自己に不利な証人と同じ条件で自己のための証人の出席およびこれに対する尋問を求める権利
- ◎ 判決を公の場で宣告される権利
- ◎ 上訴権[196]

---

196 戦地にある軍隊の傷者及び病者の状態の改善に関するジュネーブ条約(1949年)49条、海上にある軍隊の傷者、病者及び難船者の状態の改善に関するジュネーブ条約(1949年)50条、捕虜の待遇に関するジュネーブ条約(1949年)105〜108条、戦時における文民の保護に関するジュネーブ条約(1949年)71〜73条、4つのジュネーブ諸条約の共通3条、国際的な武力紛争の犠牲者の保護に関する1949年8月12日のジュネーブ諸条約の第1追加議定書75条4項、非国際的な武力紛争の犠牲者の保護に関する1949年8月12日のジュネーブ諸条約の第2追加議定書6条参照。

人道法が定めるこれらの保障は武力紛争に適用されるので、それほど重大な性質ではない緊急事態において国が確保しなければならない諸保障にはなおさら含まれなければならない。これは一般的意見29における自由権規約委員会の理解でもある(前掲)。

＊＊＊＊＊

　一定の類型の犯罪を審理するために設置される特別裁判所は、必ずしも14条違反とはならなくとも、規約26条に反する差別をともなう場合がある。カバナフ対アイルランド事件は、1939年対国家犯罪法35条2項にもとづく1972年5月26日の政府布告を受けてアイルランドで設けられた特別刑事裁判所に関わる事件である。申立人は、特別裁判所に付託されたことによって規約14条1項違反の被害を受けたと訴えた。特別裁判所は「陪審による裁判および予審段階での証人尋問権を認め」なかったので、公正な裁判を受けられなかったというのである[197]。申立人は、「陪審による裁判も予審段階での尋問もそれ自体は規約上の要件とされていないこと、および、これらの要素のいずれかまたは両方が存在しないからといって必ず裁判が不公正なものとなるわけではないこと」を認めた。それでも申立人は、「特別刑事裁判所における裁判の状況を総合すれば、自分の裁判は不公正なものであった」と考えた[198]。

　自由権規約委員会は、「普通裁判所以外の裁判所における裁判そのものは、必ずしも公正な審理に対する権利の侵害とはならない」ことを確認するとともに、カバナフ事件においてはそのような侵害があったことをうかがわせる事実関係は見当たらないと付け加えている[199]。他方、公訴局長(DPP)が特別に設置された裁判所で申立人を告発すると決定したことは、申立人から「国内法にもとづく一定の手続を剥奪し、同様の罪について普通裁判所で告発された他の者から申立人を区別することにつながった」。陪審による裁判は締約国では「重要な保護のひとつ」と考えられていることから、締約国は、申立人の裁判を異なる手続で行なうという決定が「合理的かつ客観的な理由にもとづく」ものであることを実証しな

---

[197] Communication No.819/1998, *Kavanagh v. Ireland* (Views adopted on 4 April 2001), in UN doc. *GAOR*, A/56/40 (vol.II), p.133, para.10.1.
[198] Ibid., loc. cit.
[199] Ibid.

ければならない[200]。委員会は次に、対国家犯罪法が、「DPPが『普通裁判所では効果的な司法運営を確保するのに不十分である』と考えたとき」は特別刑事裁判所で審理できる多くの罪名を掲げていることに留意している。しかし、委員会は次の点には問題があると考えた。

「たとえ、一定の犯罪について簡易刑事制度を設けることはそれが公正であるかぎりにおいて容認できると前提しても、議会は、立法を通じ、DPPの自由裁量(「適当と考える」)によって特別刑事裁判所の管轄とされる特定の重大犯罪を定めるとともに、さらに、申立人の場合のように、普通裁判所では不十分であるとDPPが考えれば他のいずれの犯罪についても同様に審理することを認めている。特別裁判所が『適当』であるまたは普通裁判所では『不十分』である旨の決定について理由を示す必要はなく、また本件事件に関する決定の理由も委員会に示されなかった。さらに、DPPの決定に関する司法審査は、実質的に、もっとも例外的であり事実上実証不能な事情がある場合に限られている」[201]

したがって委員会は、アイルランドは「申立人を特別刑事裁判所で審理する旨の決定が合理的かつ客観的な理由にもとづくものであることを立証しなかった」と認定した。すなわち26条にもとづく申立人の権利が侵害されたということである。このような認定にかんがみ、委員会は、14条1項に掲げられた裁判所における平等の問題については、同規定は規約26条との対比において特別規定と見なされなければならないにも関わらず、審理は「不必要」であるとしている[202]。

委員会は、特別裁判所における裁判が規約14条違反であるとは必ずしも考えない一方で、第4章で見たように、民間人の審理を行なう権限が軍事裁判所に認められたときは常に、とりわけ厳しい意見を明らかにしている。たとえばスロバキアについては、「国家機密の漏洩、スパイ行為および国の安全に対する背信

---

200 Ibid., p.133, para.10.2.
201 Ibid., loc. cit.
202 Ibid., p.133, para.10.3.

を含む一定の事案において、民間人が軍事裁判所で審理される場合があること」に懸念とともに留意し、「軍事裁判所による民間人の審理が**いかなる状況においても**禁じられるよう、刑法を改正する」よう勧告した[203]。ペルーについては、「顔のない」裁判所が廃止されたこと、および、「テロ犯罪の管轄が軍事裁判所から普通刑事裁判所に移行されたこと」について、「満足感とともに」留意している[204]。しかし、「反逆罪に問われた民間人についてはひきつづき軍事裁判所が管轄権を有しており、規約14条が定める保障のない審理が行なわれている」ことは憂慮した。委員会は、一般的意見13および14を参照しながら、「民間人に対して軍事裁判所が管轄権を有することは公正な、公平なかつ独立した司法運営と両立しない」と強調している[205]。

ウズベキスタンについて委員会は、「軍事裁判所が幅広い管轄権を有して」おり、「特定の事件の例外的状況のために一般管轄権を有する裁判所が活動できないと行政府が判断した民事事件および刑事事件にも及ぶ」ことに、懸念とともに留意している。「委員会は、『例外的状況』の定義に関する情報を締約国が提供しなかったことに留意するとともに、これらの裁判所が、規約14条および26条に違反して、軍の関係者ではない者が関わった民事事件および刑事事件を扱う権限を有していることを懸念する。締約国は、軍事裁判所の管轄権を軍事上の罪に問われた軍構成員の審理に限るために必要な立法上の措置をとるべきである」[206]。最後に、委員会はグアテマラに対し、「軍事裁判所の管轄権をもっぱら軍事的性質の罪に問われた軍関係者の審理に限るために法改正を行なう」よう勧告している[207]。

* * * * *

カスティージョ・ペトルッチほか事件で、申立人らは「顔のない」軍事裁判所によって反逆罪で有罪の判決を受け、終身刑を言渡された。容疑が反逆罪であったため、手続においては「『顔のない』裁判官が行なう『戦域における』略式手続」が要求され、「司法上の保障」を求める訴えは認められなかった[208]。カステ

---

203 UN doc. *GAOR*, A/52/40 (vol.I), p.60, para.381. 強調引用者。
204 UN doc. *GAOR*, A/56/40 (vol.I), p.45, para.4.
205 Ibid., p.47, para.12.
206 Ibid., pp.61-62, para.15.
207 Ibid., p.96, para.20.
208 I-A Court HR, *Castillo Petruzzi et al Case*, judgment of May 30, 1999, Series C, No.52, p.162, para.86.10.

ィージョ・ペトルッチ氏自身は特別軍事糾問裁判所によって反逆罪で有罪の判決を受け、「生涯にわたる完全な公民権剥奪をともなう終身刑、最初の1年間の房への継続的収容およびその後の強制労働」という刑を言渡された。この判決は特別軍事裁判所によって支持され、判決の無効を求める訴えも最終的に最高軍事司法裁判所特別法廷によって却下された[209]。裁判が行なわれたときにはリマ県とカージョ憲法州で緊急事態が布告されており、ペルー憲法の諸保障のうち、住居の不可侵、移動の自由、結社の権利ならびに逮捕および裁判官の前への出頭の保障が停止されていた[210]。カスティージョ・ペトルッチ氏の裁判については、弁護人が「予備審問前にも、はては第1審判決が言渡されるに至るまで〔同氏と〕秘密に」協議することが認められなかったこと、カスティージョ・ペトルッチ氏が「予備審問が続く間、目隠しおよび手錠をされていた」こと、同氏にも同氏の弁護人にも「検察側証拠が提示されず、かつ警察の調書で証言している証人に対して弁護人が反対尋問することも認められなかった」ことが立証されている[211]。

米州人権裁判所は次のような理由で本件における米州人権条約8条1項違反を認定した。

「128. ……文民裁判所から軍事裁判所に管轄権を移管し、反逆罪に問われた民間人を軍事裁判所が審理できるようにするということは、あらかじめ法律で設置された、権限のある、独立のかつ公平な裁判所がこれらの事件の審理から排除されるということである。軍事裁判所は、実質的に、民間人を対象としてあらかじめ法律で設置された裁判所ではない。民間人は軍事上の職務または義務を負っていないので、軍事上の義務に違反する行動に携わることはありえない。普通裁判所が審理すべき事項について軍事裁判所が管轄権を有することになれば、あらかじめ法律で設置された、権限のある、独立のかつ公平な裁判所による審理を受ける個人の権利も、それ以上に適正手続に対

---

209 Ibid., pp.170-171, paras.86.36-86.43.
210 Ibid., p.159-160, para.86.5.
211 Ibid., p.168, para.86.30.

する権利も、侵害される。また、適正手続に対するこの権利は、裁判所にアクセスする権利そのものと密接に関係するものである。

129. 司法部の独立の基本的原則のひとつは、すべての者に、あらかじめ法律で設置された手続にしたがう普通裁判所による審理を受ける権利があるということである。国は、『正当に確立された訴訟手続を用いない裁判所を、普通裁判所または司法裁判所に属する管轄を排除するために』設置してはならない。

130. 米州条約8条1項にもとづき、法廷裁判官は権限のある、独立のかつ公平な者でなければならない。検討中の事件においては、対ゲリラ戦に全面的に従事する軍隊が、反乱集団に関係した者の訴追も行なっている。これは、すべての裁判官が有しなければならない公平性を相当に弱めるものである。さらに、軍事裁判法にもとづき、軍事司法の最上級機関である最高軍事裁判所の構成員は当該部門の長官によって任命される。最高軍事裁判所の構成員は、その部下のうちいずれの者を昇進させるか、およびどの者にどのような報奨を与えるかについても決定するし、職務の割当も行なう。これだけでも、軍事裁判所裁判官の独立性に重大な疑問を生ぜしめるに十分である。

131. 当裁判所は、裁判の対象とされたすべての者が権利を有する諸保障は不可欠であるのみならず司法上のものでなければならないと判示してきた。『この概念に含意されているのは、緊急事態時にとられた措置の合法性について判断する権限を有する独立のかつ公平な司法機関による積極的な関与である』」[212]

米州人権裁判所は、「被害を受けたと主張する者らを反逆罪の容疑で裁判に付した軍事裁判所は、米州条約8条1項が法の適正手続の本質的要素として認めている独立性および公平性の保障に含まれる要件を満たしていなかった」と認定した。さらなる問題は、反逆罪を審理したのが「顔のない」裁判官であり、被告人らには「裁判官の素性を知る方法がなく」、したがってその権限を評価する方法もなかったことである[213]。

---

[212] Ibid., pp.196-197, paras.128-131. 脚注省略。パラ129で米州人権裁判所が引用しているのは、国連・司法部の独立に関する基本原則の原則5である。

[213] Ibid., p.197, paras.132-133.

＊＊＊＊＊

　欧州人権裁判所は、トルコの戒厳令裁判所が欧州人権条約6条1項にしたがったものであるか否かを審査している。たとえばヤルギンほか事件では、申立人のうち2名が、独立性と公平性を欠くアンカラ戒厳令裁判所による有罪判決の結果、公正な裁判に対する権利を侵害されたと主張した。欧州人権裁判所は、戒厳令裁判所が「憲法上の秩序および同国の民主的政体を損なうことを目指した犯罪に対応するために設置された」ものであることに留意している。しかし結論としては、欧州人権裁判所の責務は「締約国においてそのような裁判所を設置することが必要であったか否かを判断することまたは関連の実務を審査することではなく、そのような裁判所のひとつが公正な裁判に対する申立人の権利を侵害するような方法で機能したか否かを確認すること」であるとした[214]。トルコの戒厳令裁判所は、文民裁判官2名、軍裁判官2名および軍士官1名の5名から構成されている。軍裁判官と軍士官の独立性および公平性の問題は一括審理され、文民裁判官2名の独立性および公平性については争われなかった。

　選ばれた軍裁判官は、「参謀長の承認を得て、かつ国防大臣、首相および共和国大統領が署名した政令によって任命された。軍士官は上級大佐であり、……参謀長の提案によって、軍裁判官の任命について定めた規則にしたがって任命された。この士官は、任命後1年を経過すれば解任可能であった」[215]。戒厳令裁判所の構成員を外部の圧力から保護するための保障の存在については、欧州人権裁判所は、「軍裁判官は文民裁判官と同じ専門的訓練を受けている」ことおよび「文民裁判官と同一の憲法上の保障を享受している」ことに留意している。「軍裁判官は、その同意なくして解任し、または早期に退職させることはできない。戒厳令裁判所の正規の構成員として、個人として裁判官の職務に就いている。憲法によれば、軍裁判官は独立していなければならず、いかなる公的機関も、その司法上の活動に関して軍裁判官に指示を与え、またはその職務の遂行にあたって影響力を行使することはできない」[216]。

---

214 *Eur. Court HR, Case of Yalgin and Others v. Turkey, judgment of 25 September 2001*, paras.43-44. 参照した判決文はhttp://echr.coe.intに掲載されたもの。
215 Ibid., para.40.
216 Ibid., para.41.

しかし、軍裁判官の地位が有するその他の3つの側面は、その独立性および公平性に疑問を生ぜしめるものであった。

◎ **第1に**、「軍裁判官は依然として軍に所属する軍人であり、やがて行政府から命令を受ける立場にある」こと
◎ **第2に**、「申立人らが正しく指摘するように、軍裁判官は依然として軍の規律に服しており、その目的のために評価報告書が作成されて」おり、「したがって軍裁判官は、昇進のために、行政上の上官からも司法上の上官からも好ましい報告書を必要としている」こと
◎ **第3に**、「軍裁判官の任命に関わる決定は、かなりの部分、行政当局および軍によって行なわれている」こと[217]

最後に、戒厳令裁判所の軍士官は「職階において戒厳令指揮官および(または)当該軍兵団指揮官に従属」しており、「いかなる意味でもこれらの機関から独立していない」[218]。

次に、欧州人権裁判所は次のような見解を明らかにしている。

「外見でさえもある程度重要となる場合がある。問題とされるのは、民主的社会における裁判所が公衆から、かつ刑事手続に関してはとくに被告人から、勝ちえなければならない信頼である。特定の裁判所が独立性または公平性を欠いていると恐れるに足る正当な理由が存在するかどうか決定するにあたっては被疑者および被告人の立場が重要であるが、それは決定的ではない。決定的なのは、被告人の疑念に客観的な正当化事由があるかどうかということである」[219]

欧州人権裁判所はさらに次のように考えた。

---

217 Ibid., para.42.
218 Ibid., loc. cit.
219 Ibid., para.45.

「本件においては、その職務および役務の組織の面で、ある当事者との関係において従属的立場にある者が裁判所の構成員に含まれているのであり、その者の独立性に関して被告人が疑念を持つことは正当であると考えられる。このような状況は、裁判所が民主的社会において勝ちえなければならない信頼に深刻な影響を及ぼす。……これに加えて、〔欧州人権〕裁判所は、たとえ部分的にすぎないとはいえ軍人から構成される裁判所の前に民間人が出頭しなければならないことを、おおいに重視するものである」[220]

これらのあらゆる事情に照らし、欧州人権裁判所は次のような見解をとるに至った。

「国の憲法秩序を損なおうとしたという容疑で戒厳令裁判所において裁判を受けた申立人らには、戒厳令指揮官の権限のもとにある軍裁判官2名および軍士官1名を含んだ裁判官による裁判を受けることについて、恐れを感じる正当な理由があった。独立性および公平性について疑念がない2名の文民裁判官が当該裁判所に加わっていたからといって、この点について変化が生じるものではない」[221]

したがって欧州人権裁判所は、「戒厳令裁判所が独立性および公平性を欠いていることに関する申立人らの恐れは客観的に正当化される」ことを理由として、条約6条1項違反を認定した[222]。

* * * * *

国際人権法の現発展段階においては、特別裁判所そのものが人権法に反すると国際的監視機関が認定する可能性は低く、むしろ人権法で定められた適正手続上の保障(いかなるときにも独立のかつ公平な裁判所による裁判を受ける権利を含む)を特別裁判所が充足しているかどうかを検討する傾向にあることは、明

---

220 Ibid., para.46.
221 Ibid., para.47.
222 Ibid., para.48.

らかであるように思われる。民間人について判決を言渡す特別裁判所の一員として軍士官その他の軍の構成員が加わっている場合、国際的監視機関は不可避的に、そのような裁判所は国際人権法で求められている独立のかつ公平な裁判所ではないと認定してきた(第4章4.7も参照)。

> すべての者には、いかなるときにも、権限のある、独立のかつ公平な裁判所であって、公正な裁判／適正手続上の保障に対する権利ならびに有罪が証明されるまで無罪と推定される権利を尊重する裁判所による裁判を受ける権利がある。特別裁判所による裁判そのものが公正な裁判／適正手続上の保障に対する権利の侵害になるとは限らない。ただし、特別裁判所において公正な裁判／適正手続上の保障の基本的要件(裁判所は権限のある、独立のかつ公平なものでなければならないという要件も含む)がすべて遵守されることを確保するために、特段の配慮が必要である。すべての普通裁判所と同様、特別に設置された裁判所も、法律の前における平等の原則および差別の禁止を厳格に尊重しなければならない。軍事裁判所は、犯罪行為を行なった容疑がある民間人を審理する権限を先験的に有しない。軍事裁判所が公正に、独立にかつ公平に正義を行なう可能性は低いからである。国際人道法に掲げられた公正な裁判／適正手続の基準は最低基準を定めたものであり、いかなる国も、いかなるときにも、それを下回る公正な裁判／適正手続上の保障を設けてはならない。これらの基準は国際的または非国際的性質の武力紛争を対象として定められたものであるので、それほど深刻でない危機的事態においてはより高い基準が求められる。自由権規約14条3項、米州人権条約8条2項および欧州人権条約6条3項に定められた刑事裁判のための最低保障は、不十分であるとはいえ、国民の生存(国際的レベル・欧州レベル)または国の独立もしくは安全(米州レベル)を脅かす公の事態も含め、いかなるときにも適用されるべき公正な裁判の保障の重要な基準である。

5. 他の国際法上の義務との両立性の条件

　自由権規約4条1項、米州人権条約27条1項および欧州人権条約15条1項は、逸脱措置は締約国が「国際法に基づいて負う他の義務に抵触」してはならないという条件を定めている。同じ条件は、欧州社会憲章30条1項および改正憲章F条1項にも掲げられているところである。

　「国際法に基づいて負う他の義務」という文言は幅広く、理論上は、国際条約もしくは慣習法から、さらには法の一般原則からさえも派生する法的義務であって、逸脱の影響を受ける人権および基本的自由の享受に関わるあらゆる義務が含まれると解釈できる。自由権規約委員会は、この点について一般的意見29で次のように述べている。

　「規約から逸脱するいかなる措置も、締約国が国際法にもとづいて負う他の義務、とくに国際人道法の規則に抵触してはならない……。規約4条は、条約にもとづくものであれ一般国際法にもとづくものであれ、締約国の他の国際的義務の違反が規約の逸脱にともなう場合に、そのような逸脱を正当化するものとして解釈することはできない。このことは規約5条2項にも反映されている。同項の規定によれば、他の文書で認められているいかなる基本的権利も、規約がそれらの権利を認めていないことまたはその認める範囲がより狭いことを理由として制限または逸脱の対象としてはならない」[223]

　委員会が、「締約国が規約の特定の規定から逸脱することが規約で認められるかどうかを検討するさい、締約国の他の国際的義務を考慮に入れる」ことができるよう、締約国は、4条1項を援用するときまたは定期報告書を提出するときに、「問題となっている権利の保護に関わる他の国際的義務、とくに緊急事態時に適用される義務に関する情報を提示する」べきである。「この点に関して、締約国は、緊急事態において適用される人権基準に関する国際法上の発展を正当

---

[223] UN doc. *GAOR*, A/56/40 (vol.I), p.204, para.9.

に考慮に入れ」ることが求められる[224]。

　自由権規約と米州人権条約の両方を批准している国については、規約上の義務から逸脱する措置が、はるかに多くの逸脱不可能な権利を掲げている米州人権条約上の義務に抵触しないかについて、自由権規約委員会が審理することはとりわけ重要である。

＊＊＊＊＊

　欧州人権裁判所は、欧州人権条約にもとづくその職務上、締約国が「国際法にもとづいて負う他の義務」に逸脱措置が抵触しないか否かを職権で審理しなければならないことを明確にしている[225]。しかし、ローレス事件においてもアイルランド対英国事件においても、逸脱措置をとった国がそのような義務をないがしろにしたことを示すデータは提出されなかった。後者の事件では、欧州人権裁判所はとくに、「アイルランド政府が、この点について形成したまたは概論した主張に関する正確な詳細を、その申立てにおいて委員会または裁判所にまったく提出しなかった」ことに留意している[226]。これらの事件が示すように、欧州人権裁判所は、その国が「国際法にもとづいて負う他の義務」に逸脱措置が抵触しないか否かを職権で審理する義務を負うとはいえ、自ら詳細な審理を行なうのではなく、この原則の違反を主張する当事者から提出される主張に大きく依拠している。

　ブラニガンおよびマクブライド事件では、申立人は、自由権規約4条で求められているように公の緊急事態が「公式に宣言されて」いなかったことを理由として、英国が欧州人権条約15条1項にいう両立性原則に違反したと主張した。欧州人権裁判所はこの機会をとらえ、自由権規約4条にいう「公式に宣言されている」の意義について有権的に定義しようとすることは欧州人権裁判所の役割ではないものの、それにも関わらず、「この点に関わる申立人の主張に何らかの妥当な根拠」があるか否かは検討しなければならないとの見解を明らかにしている[227]。しかし欧州人権裁判所は、内務大臣が下院で行なった発言に言及し、「申立人の主

---

224 Ibid., pp.204-205, para.10.
225 *Eur. Court HR, Lawless Case (Merits), judgment of 1 July 1961, Series A, No.3*, p.60, paras.40-41.
226 Ibid., p.60, para.41, and *Eur. Court HR, Case of Ireland v. the United Kingdom, judgment of 18 January 1978, Series A, No.25*, p.84, para.222.
227 *Eur. Court HR, Case of Brannigan and McBride v. the United Kingdom, judgment of 26 May 1993, Series A, No.258-B*, p.57, para.72.

張には何ら根拠がない」との結論に達した。内務大臣は、下院での発言において、「逸脱措置をとるという政府の決定の基調となった理由を詳細に説明し、欧州人権条約15条および自由権規約4条にもとづいて逸脱について通告する措置もとられようとしていると発表した。さらに、『英国の北アイルランド情勢と関連するテロリズムとの関係で、これらの規定にいう公の緊急事態が存在する』とも付け加えた」[228]。欧州人権裁判所の見解によれば、この発言は、「その性質上正式なものであり、逸脱に関する政府の意図を公にするものであって、公式な宣言の概念とよく一致する」ものであった[229]。

さらに、欧州人権裁判所はマーシャル事件において、「申立人が挙げる国連自由権規約委員会の所見には、(英国が)1995年以降逸脱を維持していることで市民的及び政治的権利に関する国際規約に違反していると見なされなければならないことを示唆する要素は何もない」と述べている。したがって申立人は、「逸脱の効力が継続していることは国際法にもとづく当局の義務と両立しない」旨の主張を維持することはできないとされた[230]。

換言すれば、欧州人権裁判所の判例からは、相手方の国が「国際法にもとづいて負う他の義務」にしたがって行動していないという主張について明確かつ十分な根拠のある主張が申立人から提出されないかぎり、欧州人権裁判所はそのような申立てを支持しないということがわかるのである。

> 国際人権法にもとづく義務から逸脱する措置をとるときには、国は、自国が「国際法に基づいて負う他の義務」に当該措置が抵触しないことを確保しなければならない。このような義務としては、より上位にある絶対的な人権基準、人道法上の基準、国際条約もしくは国際慣習法または法の一般原則という形で逸脱措置をとる国を拘束するその他の関連の原則などがある。

---

228 Ibid., p.57, para.73.
229 Ibid., loc. cit.
230 Eur. Court HR, Marshall case, decision on the admissibility of 10 July 2001, p.11. 参照した決定文は http://echr.coe.intに掲載されたもの。

6. 差別の禁止の条件

　自由権規約4条1項および米州人権条約27条1項によれば、逸脱措置は「人種、皮膚の色、性、言語、宗教又は社会的出身のみを理由とする差別を含んではならない」。

　欧州人権条約15条1項では、差別の禁止の原則に対するこのような言及は見られない。欧州人権条約の締約国が自由権規約の締約国であるかぎりにおいて、たとえ条約15条にもとづく逸脱措置であっても、これらの事由を理由とする措置はとることができないということになる。逸脱措置は、国が「国際法にもとづいて負う他の義務」に「抵触」してはならないためである。いずれにせよ、平等および差別の禁止の原則には一定の柔軟性が内在しており、逸脱措置をとる国は、条約上の義務に違反することなく、危機的事態の具体的必要に応じて当該措置の調整を行なうことができる。このマニュアルの第13章で述べたように、平等および差別の禁止が原則であるからといって、人々の間に設けられるあらゆる区別が国際法上違法であるということにはならないのである。**ただし、異なる取扱いが合法と見なされるのは、それが正当な目的を追求しており、かつその正当な目的に比例する／当該目的に照らして合理的である場合に限られる**。異なる取扱いを設けた逸脱措置が、一般的にも、問題となっている具体的事案においてもこれらの基準を満たすかぎりにおいて、その措置は合法である。平等および差別の禁止の原則は国際人権法でも一般国際法でも基本的規則なので、人々の間でまたは人々の集団の間で差別的取扱いを行なう逸脱措置は、たとえ差別の禁止が逸脱条項に明示的に含まれていない事由にもとづくものであっても、いかなる状況においても合法と見なすことはできない。

＊＊＊＊＊

　自由権規約委員会は、一般的意見29で次のように述べている。

「たとえ、26条および差別の禁止に関わる規約の他の規定(2条、3条、14条1項、23条4項、24条1項および25条)が逸脱不可能な規定として4条2項に挙げられていなくても、差別の禁止に対する権利の要素または側面のなかには、いかなる状況においても逸脱できないものがある。とりわけ、規約から逸脱する措

置を用いるときにいかなる形であれ人々の間に区別が設けられるのであれば、4条1項のこの規定が遵守されなければならない」[231]

＊＊＊＊＊

　非司法的な逮捕・拘禁権限の使用における差別の問題はアイルランド対英国事件で争点となったが、欧州人権裁判所は、15対2で、欧州人権条約5条とあわせて理解した場合の14条に反する差別があったことは立証されなかったと決定した[232]。アイルランド政府は、当該特別権限は当初は「IRAのテロに関与した疑いまたはそれに関する情報を有している疑いがある者」のみを対象として利用されたが、「その後、その程度ははるかに軽微であるが、王党派のテロリストとされた者に対しても利用された」と主張していた[233]。

　審査対象期間の**第1段階**(1971年から1972年3月末まで)における王党派のテロおよび共和国派のテロの取扱いの違いについて分析した欧州人権裁判所は、「王党派のテロと共和国派のテロとの間にはきわめて大きな違いがあった」との結論に達した。「当該時期において、殺人、爆発その他の不法行為の圧倒的多数は共和国派の責任とされ」ており、共和国派は、より頻繁に刑事裁判にかけることのできた「王党派のテロリストよりもはるかに整った組織を持ち」、かつ「はるかに重大な脅威であった」[234]。しかし審査対象期間の**第2段階**(1972年3月30日～1973年2月4日)については「微妙な問題」が生じた。「王党派のテロが目覚しく増加した」のである。欧州人権裁判所にとって、「1972年3月30日以前に影響力を持った理由が、時間の経過につれてどんどん妥当性を失っていった」ことは間違いないように思われた。「しかし〔欧州人権〕裁判所は、本質的に変化しつつありかつ一貫して発展しつつある事態を明確な諸段階に分別することは非現実的であると考える」とともに、「その審査権限に課された制約を踏まえ、英国が、審査対象期間中に、IRAだけを対象として非常事態権限を利用したことにより5条とあわせて理解した場合の14条に違反したことを確認することはできな

231　UN doc. *GAOR*, A/56/40 (Vol.I), Report HRC, p.204, para.8.
232　*Eur. Court HR, Case of Ireland v. the United Kingdom*, judgment of 18 January 1978, Series A, No.25, p.95.
233　Ibid., p.85, para.225.
234　Ibid., p.86, para.228.

い」とした[235]。同期間中に追求された目的、「すなわちもっとも手に負えない組織を最初に撲滅することは正当と見なすことができ、採用された手段も比例性を欠いていたとは思われない」と判断したのである[236]。

しかし、1973年2月5日が転換点となった。その日以降、「非司法的な自由剥奪が、ある特定の組織だけではなく……テロそのものと闘うために用いられるようになった」ためである。欧州人権裁判所は、2つの類型のテロリズムに対する作戦行動で適用された法律上の手続を全面的に考慮に入れ、「当初の取扱いの違いは審査対象期間の最後の段階まで続けられることはなかった」と認定した[237]。

> 自由権規約および米州人権条約上の法的義務から逸脱する措置をとるにあたって、締約国は、当該措置が「人種、皮膚の色、性、言語、宗教又は社会的出身のみを理由とする差別を含」まないことを確保しなければならない。逸脱を行なうすべての国は、いかなるときにも、国際人権法および一般国際法の基本的原則である平等および差別の禁止の原則を保障しなければならない。国際的司法判断によれば、差別の禁止は本質的に柔軟な原則であり、逸脱を行なう国が緊急事態の克服のために真に必要な措置をとることを認めている。ただし、当該措置が正当な目的を追求しており、かつ当該目的に照らして合理的な／比例性を有するものであることが条件である。

7. 国際的通知の条件

本章で扱っている3つの主要条約の締約国が逸脱する権利を活用するときは、当該締約国は国際的通知制度にしたがう法的義務も負う。前掲2.2で示したように、この義務を受け入れることは、逸脱する権利の濫用を防止するために起草者が導入した必要不可欠な要素のひとつである。各条約の通知条項はまったく同一

---

235 Ibid., pp.86-87, para.229.
236 Ibid., p.87, para.230.
237 Ibid., pp.87-88, para.231.

ではないが、多くの点でよく似通っている。自由権規約4条3項は次のように定める。

> 「義務に違反する措置をとる権利を行使するこの規約の締約国は、違反した規定及び違反するに至った理由を国際連合事務総長を通じてこの規約の他の締約国に直ちに通知する。更に、違反が終了する日に、同事務総長を通じてその旨通知する」

自由権規約委員会は、「通知は、とくに締約国がとった措置が事態の緊急性によって真に必要とされるものかどうかを評価するうえで委員会の職務の遂行にとって不可欠であるのみならず、他の締約国が規約の規定の遵守を監視できるようにするためにも不可欠である」としている[238]。委員会が強調するのは、「締約国が規約上の義務から逸脱する措置をとるときは常に、**ただちに**国際的通知を行なう義務がある」ということである。「締約国の法律および運用が4条を遵守しているかどうか監視する委員会の職務は、締約国が通知を行なったかどうかには関わりなく遂行される」[239]。

これまでに受領された通知の多くが「簡潔な性質」のものであったことにかんがみ、委員会は、「通知には、とられた措置に関する完全な情報およびその理由の明確な説明が含まれ、かつ国内法に関する完全な資料が添付されていなければならない」ことを強調している。「締約国がその後、たとえば緊急事態の期間を延長するなど4条にもとづくさらなる措置をとるときは、追加的通知が必要である。ただちに通知しなければならないという要件は、逸脱の終了との関連でも同様に適用される。以上の義務が常に尊重されてきたわけではない」[240]。

＊＊＊＊＊

米州人権条約27条3項によれば次のとおりである。

---

238 UN doc. *GAOR*, A/56/40 (vol.I), p.207, para.17.
239 Ibid., loc. cit.
240 Ibid.

「停止の権利を行使するいかなる締約国も、適用を停止した**規定**、停止を生ぜしめた**理由**および当該停止の終了予定日を、米州機構事務総長を通じて他の締約国にただちに通知する」

規約4条3項の場合と同様、米州人権条約にもとづいて逸脱措置をとる国は、(1)停止について他の締約国にただちに通知し、(2)停止した規定についての情報を提出し、かつ(3)停止の理由を述べなければならない。また、停止が終了する日も示さなければならない。他方、27条3項は、停止の終了後に2度目の通知を行なうことは、締約国に対して明示的には義務づけていない。

＊＊＊＊＊

欧州人権条約15条3項は次のように規定する。

「この逸脱の権利を行使するいかなる締約国も、とった措置およびその理由を欧州評議会事務総長に対して常に十分に通知する。当該締約国はまた、当該措置が終了し、かつ条約の規定がふたたび完全に履行されるに至ったときにも、欧州評議会事務総長にその旨を通知する」

注目すべきなのは、15条3項が、逸脱を行なう国に対し、逸脱しようとする**規定**を明らかにすることを明示的に求めていない点である。ただし、「十分に通知する」という文言により、国はとられた逸脱措置についての包括的情報を提供しなければならないことが明らかにされている。欧州人権裁判所には、申立てられた事件において、逸脱を行なう国が15条3項を遵守しているか否かについて職権で審理する権限がある。欧州人権裁判所の判例から、通知は「遅滞なく」行なわれなければならないことがわかる。逸脱措置の施行から通知までに12日の遅延があったローレス事件においては、この条件は履行されたと見なされた[241]。欧州人権裁判所は同じ事件で、「当該措置は『公の平和および秩序に対する犯罪の実行を防止し、かつ憲法で認められたもの以外の軍隊または武装勢力の維持を防止す

---

241 *Eur. Court HR, Lawless Case (Merits), judgment of 1 July 1961, Series A, No.3*, p.62, para.47.

るために』とられた」と文書で説明したことによって、政府は「とった措置およびその理由についての十分な情報」を事務総長に提供したと認定している。欧州人権裁判所はさらに、関連の緊急事態立法およびそれを施行した布告の写しが通知に同封されていたことにも留意している[242]。

* * * * *

欧州社会憲章30条2項および改正憲章F条2項にも、実質的に同様の通知義務が掲げられている。ただし、通知は「合理的な期間内に」提出されれば十分であるとされる。

> 条約によって条件はやや異なるものの、一般的には、締約国が国際人権条約にもとづく逸脱の権利を行使するときには、当該機関の事務総長を通じ、逸脱措置について他の締約国に速やかに通知しなければならない。通知にあたっては、当該措置について十分詳しく説明し、当該措置がとられた理由を述べ、かつ、自由権規約と米州人権条約の場合には逸脱の対象となった規定も明示することが求められる。国際的通知の条件は、他の締約国および監視機関による国の行為の監視を向上させることができるので、逸脱する権利の濫用を防止する重要な手段である。

8. 緊急事態において人権の効果的保護を確保するにあたっての裁判官・検察官・弁護士の役割

人間の権利および自由が国内的・国際的激動期ほど脆弱になることはない。政府は、緊急事態をやり過ごすために、自由および安全に対する権利、独立のかつ公平な裁判所における法の適正手続に対する権利、人権侵害について効果的救済を受ける権利、プライバシーに対する権利、表現・結社・集会の自由についての権利といった権利にときとして劇的な形で干渉する措置をとるという

---

242 Ibid., loc. cit.

決定を、しばしば下すものである。しかし本章で示してきたように、国際人権法上、独立のかつ公平な裁判所は、**第1に**、いかなる状況においても逸脱することのできない権利の効果的保護を確保するため、緊急事態の期間中にも自由に職務を果たし続けることが認められなければならない。**第2に**、少なくとも自由権規約および米州人権条約上は、逸脱措置が——一般的にも特定の事案においても——緊急事態に対処するために真に必要とされる措置の限界を超えることがないよう、裁判所が依然として統制権限を有し続けなければならない。**最後に**、すべての条約上、逸脱の対象とされない権利が実際に全面的に確保され続けるようにするために裁判所が利用可能とされなければならない。

　これらの基本的な法的要件が含意するのは、裁判官・検察官・弁護士はたとえ緊急事態下にあっても、外部からの圧力または干渉を受けることなく、公平にかつ独立してその職務を追求することが認められなければならないということである。法曹は、人権の分野で、真正のものであるか否かに関わらず緊急事態の名目で行なわれる侵害および行き過ぎを防止するために、とくに目を光らせていなければならない。本章で見てきたように、テロとの闘いにおいてさえ、拷問その他の形態の不当な取扱い、恣意的拘禁、適正手続を保障しない裁判所による不公正な裁判から人間を保護するための基本的規則が遵守されなければならないのである。たとえ国が激変状態に置かれているときでも、法律適合性の原則、法の支配および基本的人権が効果的に保障されるようにするために全力を尽くすことは、裁判官・検察官・弁護士の職務である。

　生命に対する権利や身体的不可侵性・自由・安全に対する権利といった権利の侵害を断固として調査・訴追する検察官の義務も、変わることなく継続する。検察官は、拉致、非自発的失踪、非司法的殺人、拷問その他の形態の不当な取扱い、認知されない拘禁その他の形態の恣意的な自由剥奪のような、これらの権利を侵害する行為が行なわれないよう、警戒していなければならない。このような人権侵害を防止・調査・訴追・処罰・救済する国の法的義務は、緊急事態においても同様に妥当する。

　弁護士としては、たとえ緊急事態であっても、人間の権利および自由を精力的に防御することに決意を示し続けなければならない。そのような時期には弁護士としてとりわけ困難な活動条件に直面しなければならないにしても、である。

9. おわりに

　一般的な思い込みに反して、国際人権法は、国民の生存または国の独立もしくは安全を脅かすほど重大な緊急事態に対応するための法的規定を幾重にも用意している。このような事態においても、人権上の原則の基盤は有効でなければならず、そうであることが確保されるように助力するのは法曹の責任である。

　世論は重大な危機に反応して強力な措置と報復を求めることがあり、政府も劇的かつ射程の広い安全保障上の措置をとることによってこれらの要求に応えようとする場合がある。しかし平和と安全にもっとも貢献するのは、逆境の時期にあっても司法の運営を向上させることである。有史以来、正義ならびに個人の権利・自由の尊重が行き過ぎたために国内外の平和、安全および繁栄に累が及んだことはないというのは、教訓として念頭に置いておく価値がある。危機の時期には、可能なかぎり最高水準の人権保護を維持するために裁判官・検察官・弁護士を含む社会のあらゆる主体が協調のとれた努力を行なうことが、より困難になるというだけではない。そのことは、人権と基本的自由をすべての人がふたたび全面的に享受できる憲法秩序の回復に貢献するために、かつてなく必要ともされるのである。

解説編

解説編

「第1章 国際人権法と法曹の役割 ── 一般的導入」について

山崎公士

1. 司法の運用と国際人権法

　健全な民主主義社会を維持し、発展させるため、立法府と行政府から独立した司法府の存在は不可欠である。そして司法権の独立を支えるのは法曹（裁判官、検察官、弁護士）である。法曹は社会で生起したさまざまな紛争を解決し、犯罪を抑止・処罰し、また権利侵害された者を救済するため、拘束力を持つ社会規範である法を解釈・適用する。この法には主権国家の国内法とともに、国際法も含まれる。

　人権保障は国内法上も国際法上も重要な課題である。すべて人は、地球のどこにいても、人間の尊厳を尊重され、その人権を確保されなければならない。主権国家はその領域や管轄権内で人権侵害が起きた場合、侵害された者の国籍にかかわりなく、これを救済しなければならない。しかし、侵害された者がこの救済を得るためには、独立した法曹が提供する法的サービスを誰でも実質的に利用できる（「弁護士の役割に関する基本原則」[1] 前文第9項）環境が前提とされる。この環境を維持するには、司法権が独立しており[2]、また法曹の自由が確保されていなければならない。同時に、人権を守り、社会正義を実現する強い意思と能力が法曹に求められる。

2. 国内における人権保障と国際人権法の発展

　20世紀半ば頃までは、国内における人権保障はもっぱら憲法をはじめとする国内法によって規律されていた。しかし、それ以降は人権諸条約の成立や国連など国際組織の活動を通じて、人権保障分野の国際法が徐々に発展してきた。こうして国際的人権保障を体系化する国際人権法という領域が形成された。いまや国際

---

[1] 1990年の「犯罪防止と犯罪者処遇に関する第8回国際連合会議」で採択。
[2] 「司法権の独立に関する基本原則」（1985年の「犯罪防止と犯罪者処遇に関する第7回国際連合会議」で採択）参照。

人権法は諸国の国内法体系の中にしっかりと位置づけられ、実体法規範として機能しつつある。しかし、この事実を法曹が真摯に受け止め、国際人権法を正しく認識し、積極的に活用する姿勢を持たなければ、国内法における国際人権法規範は画餅にすぎないことになる。

3. 第1章の意義と内容

　本マニュアルは諸国の法曹が国際人権法規範を国内で積極的に活用するための知識と技術を体系化した画期的な文献である。第1章の内容は「国際人権法と法曹の役割――一般的導入」というタイトルが明快に示している。

　「2. 国際人権法の起源、意味と適用範囲」では、法曹に比較的なじみが薄いと思われる国際人権法の理解を促すため、国際人権法の起源と発展経過を概観し、国際条約・国際慣習法・法の一般原則等に分けて国際人権法の法源を簡潔だが明快に説明している。また人権諸条約に付される留保や解釈宣言の問題や、国家の緊急事態で表面化する人権条約上の人権保障規定の効力を一時的に停止するデロゲーション（derogation）※の問題といった複雑な論点も簡潔に解説している。これらは法曹が国際人権法を国内裁判で援用する際に注意すべき重要なポイントとなりうるものである。さらに、人権侵害に関する国家の国際責任という重要な論点にも言及している。

　「3. 企業と人権」では、企業の社会的責任をめぐって国際的にも議論がなされており、国際法として確立した規範はまだ形成されていないが、国際的にみて企業には少なくとも人権を尊重する倫理的責任があることが指摘される。

　「4. 国内レベルでの国際人権法」では、国内法体系への国際法の編入が簡潔に説明され、国内裁判所における国際人権法の適用が諸国の具体的事例を通じて解説される。この項目は法曹にとって実務上必須の基礎知識を提供している。

　「5. 人権の実施における法曹の役割」では、人権は「周辺的な活動」ではなく、「すべての者にとって基本的に重要であり、……あらゆる法律活動に関わりを有する法律分野」となりつつあることが強調される。この指摘は、本マニュ

　※　本編では「逸脱」としている。（編者注）

アルに通底する基本的な問題意識であり、重要な視点といえる。法曹は国内外の人権法を適用するうえでもっとも重要な役割を果たす集団であり、法曹は人権の効果的な法的保護を確保する活動の大黒柱であるとの言明は、諸国で真摯に受け止められるべきである。

4. 日本における法曹教育と国際人権法

しかしながら、日本の法曹による国際人権法認識は、十分な状況にあるとはいえない。その原因の一つは、法曹への国際人権法教育がほとんどなされていないことであろう。自由権規約委員会は、日本の第4回国家報告審査における最終所見の第32項で、「委員会は、規約上の人権についての、裁判官、検察官および行政官に対する研修を定めた規定が存在しないことに懸念をもっている。委員会はこのような研修が受講できるようにすることを強く勧告する」[3]と指摘した。児童の権利委員会も日本の国家報告に対する最終所見で同様の勧告を行っている[4]。

5. 司法制度改革、法科大学院の設置、新司法試験と国際人権法

2001年6月に「司法制度改革審議会意見書──21世紀の日本を支える司法制度」が出され、「事後チェック・救済型の社会」への変化や急速な国際化状況を踏まえた「国民に身近で、速くて、頼りがいのある司法」の姿が提示された。この意見書では、「我が国司法(法曹)が社会のニーズに積極的に対応し、十分な存在感を発揮していくことが、我が国社会経済システムの国際的競争力・通用力といった見地からも一層強く求められる」との観点から、「社会の様々な場面での人権の保障」も重視された。また、「司法制度を支える法曹の在り方」に関し、法曹には人権感覚が一層求められ、今後様々な場面で量的・質的に法曹需要が増大する要因の一つとして、「国際化の進展や人権、環境問題等の地球的課題」への対処があげられた。

3　Concluding observations of the Human Rights Committee: Japan, para 32, U.N. Doc. CCPR/C/79/Add.102 (1998).
4　Concluding observations of the Committee on the Rights of the Child: Japan, para.21(b), U.N. Doc. CRC/C/15/Add.231 (2004).

こうした背景から、2004年度に法科大学院という新たな法曹養成のための専門職大学院の制度が発足し、全国に68校（現在は74校）が開校した。しかし、必ずしもすべての法科大学院で国際人権法が開講されているわけではなく、また開講されている場合でもその多くは2単位科目で、十分な教育が展開されているとは言い難い。

　2006年度から実施される新司法試験では、「国際関係法（公法系）」が選択科目として位置づけられた。この試験科目は、国際法、国際人権法および国際経済法を対象とするものとされ、国際人権法は独立した試験科目とはなっていない。なお、予備的なアンケート調査によれば、この科目を選択受験すると回答した者は、選択科目中最低であった。

6. 法整備支援と国際人権法

　最近の日本によるODAでは発展途上国の法整備支援が重視されている。政府の司法制度改革推進本部による「弁護士（法曹）の国際化への対応強化・法整備支援の推進等について（議論の整理メモ）」[5]によれば、「いわゆるビジネスローや国際取引実務に関するニーズのみならず、国際人権問題や国民・市民が抱える国際的な法律問題に関するニーズについての視点も必要である」と指摘されている。しかし、被支援国の法曹への人権教育等については、残念ながら、言及されていない。

　日本の法整備支援に関しては、被支援国の民主化や人権尊重に資するという目的は建前にすぎず、十分に生かされていないとの批判もみられる。法整備支援にあたり、被支援国における民主化や人権保障を促進するため、当該国の法曹への国際人権法教育も前向きに推進する必要がある。

5　http://www.kantei.go.jp/jp/singi/sihou/kentoukai/kokusaika/0829memo.html（2007.4.20アクセス）。

7. 結びにかえて

　日本における司法制度改革の方向性や日本の法整備支援の現状を直視すれば、法曹教育において国際人権法に関する教育を一層充実させる必要がある。この意味でも、日本および被支援国の法曹に対する国際人権法教育の教材として、本マニュアルは実践的な意義を持っている。

（新潟大学法科大学院教授）

「第2章 主要な国際人権文書およびその実施機構」
「第3章 主要な地域人権文書およびその実施機構」について

阿部浩己

1. 国際人権保障の展開と日本のかかわり

　「人種、性、言語又は宗教による差別なくすべての者のために人権及び基本的自由を尊重するように助長奨励することについて、国際協力を達成する」ことを目的の一つに掲げる国連憲章が採択されて以来、人類は人権の国際的保障という究極の目標に向けて本格的な歩みを開始した。むろん、その以前にも人権の実現に向けた国際的営みがなかったわけではない。たとえば、戦時における人権保障に関わる諸条約や労働者の保護を目的とした国際労働機関（ILO）の活動などがすでにして少なからぬ先行実績をあげていた。国際社会は、そうした実績の上に、さらにパワーアップした人権保障の枠組みを漸進的にしかし着実に築きあげていくことになる。

　国際人権保障への歩みを確かなものにする記念碑的文書となったのは、「すべての人民とすべての国とが達成すべき共通の基準」として1948年に生を享けた世界人権宣言である。第2次世界大戦期の強烈な「負の記憶」を背負ったこの宣言を起点に、そののち国際社会には、グローバル・スタンダードとしての人権基準が幾重にも創りだされていく。そのなかには、条約という形式で創られたものもあり、あるいは非拘束的文書として創られたものもあるが、両者は「国際人権文書」という言葉に包摂されて表現されることが多い。

　世界の人権状況を反映して、国際人権文書は絶えることなく増え続けてきた。そのうち条約について第2章は、「裁判官・検察官・弁護士が日常的にその法的責任を果たしていくうえで解釈・適用しなければならない可能性がもっとも高い」ものに絞って解説を加えている。ここで紹介されている自由権規約、社会権規約、児童の権利条約、人種差別撤廃条約、拷問等禁止条約、女子差別撤廃条約は、「あらゆる移住労働者及びその家族構成員の権利の保護に関する国際条約」（移住労働者保護条約）とともに主要7条約として国際社会でもっとも重視

されている人権条約である。移住労働者保護条約は2003年7月に効力を生じたものなので、その前に編まれた本書には言及がないが、現時点で編集されるのであれば、間違いなく紹介されてしかるべき条約といってよい。

　第2章は、これらの条約に加え、ジェノサイド条約についても説明を加えている。2002年7月に効力を生じた国際刑事裁判所規程が象徴するように、近年は、重大な人権侵害行為を処罰することにより、動揺した秩序と被害者の尊厳の回復をはかる国際刑事アプローチが勢いを増している。ジェノサイド条約は、ナチスドイツによるホロコーストへの反作用として世界人権宣言に先立って採択された最も古い人権条約の一つであるが、20世紀最後の10年の間に旧ユーゴスラビアやルワンダなどで勃発した大規模な人権侵害事態において再び国際的脚光を浴びることになった。ジェノサイドは国際社会におけるもっとも重大な犯罪として今日の人権保障にはその撲滅が欠かせないものとされている。ジェノサイド条約への特別の論及があるのは、そうした認識の現われでもある。

　日本は、ジェノサイド条約を除き、ここで紹介されているすべての条約の締約国になっている。したがって、これらの条約を遵守する国際的義務を負っているわけだが、義務の履行を担うのは第一義的には公的機関であり、そのなかには当然ながら裁判官も検察官も含まれる。日本においてこれらの条約は、憲法98条2項を通じ国内法としての効力を有し、効力順位も法律より上位におかれている。そのため、国内における関連法実務は、こうした条約との適合性を確保するように遂行されなくてはならない。

　第2章では、条約の実体規定が解説されるとともに、「締約国の約束」についても関心が払われている。締約国がどのような義務を負っているのかが再述されているのだが、特に注意すべきなのは、自由権と社会権を截然と2分する論理が採用されていないことである。本文で述べられているように、自由権の実現にも国家の「積極的行動」が欠かせない一方で、社会権の実現にも「即時的効果を有するさまざまな義務」の履行が求められている。自由権と社会権とを決定論的に分かち、自由権規範は国家に法的義務を課すものだが社会権規範は国家に政治的責務を課すものにすぎないと述べることは、国際人権文書の解釈としては説得力を

欠くことに留意しておくべきである。また、女子差別撤廃条約に最も顕著に現われ出ているように、人権条約の規制は私人間に及ぶことも見落としてはならない。

2. 条約の履行を促す国際的仕組みとソフト・ロー文書の役割

　人権諸条約の履行状況を監視し、規範内容を国際的に明確化する役割を担っているのは、条約ごとに設けられた実施機構である。先に述べた主要7条約を主要条約たらしめている一端は、こうした特別の仕組みが備わっているところにある。条約によって少々違いがあるものの、定期報告制度と通報制度（特に、個人通報制度）が国際的監視のための2本柱といってよい。報告制度は主要7条約すべてに備わっており、個人通報制度も児童の権利条約と社会権規約以外のものに備えられている。なお、拷問等禁止条約と女子差別撤廃条約はさらに調査制度も具備している。

　報告制度と個人通報制度はそれぞれに特徴をもっており、両者をうまく組み合わせることで締約国における条約の履行を効果的に促すことができる。もっとも、国際的監視のメカニズムはあくまで補充的なものであり、国内の手続に取って代わるものでないことは本文に記されているとおりである。また、個人通報制度を利用するには締約国による受諾が別途必要だが、日本政府は現時点までいずれの人権条約における個人通報制度も受諾していない。したがって個人通報制度は日本国との関係では発動しえないままにおかれている。しかし、個人通報制度の下で条約機関が下す判断は、条約の解釈という点で日本においても参照されなくてはならない。履行監視の役割を与えられた条約機関の判断は、当該条約を誠実に遵守する国際義務を果たすうえで常に念頭におかれてしかるべきだからである。

　第2章は、条約だけでなく、人権保障にとって特に重要な宣言、規則なども取り上げている。こうした非拘束的文書は「ソフト・ロー」文書と称されることもある。一般に、条約は締約国に法的義務を課しているのに対して、非拘束的文書は法的義務までを課すものではないと認識されている。そのことじたいは誤りではないが、本文に記されているように、非拘束的文書は、「裁判官・検察

官・弁護士にとって重要な指針および発想の源」になりうるものである。条約の解釈を導く道標になることもある。それだけに、単に法的拘束力がないと一言で片付けてしまうのではなく、国際的な人権基準のよりよき実現のためにその有効な利用の途をさぐるべきであろう。

　このほか第2章は、人権委員会をはじめとする国連の人権擁護機関に用意された特別手続についても解説している。これらの特別手続は、条約機関以上の柔軟さをもって、世界各地の人権問題に対する取り組みを促してきた。その成果は、国際人権法の貴重な「財産」と言ってよい。

3. 地域人権保障システムに学ぶ

　第3章は、地域人権保障システムについて論及している。第2章が普遍的な人権基準・メカニズムについて述べているのに対して、第3章では地域的な人権基準・メカニズムが分析されているわけである。ここではアフリカ、米州、欧州という3つの地域が取り上げられているが、一読して明らかなように、各地域ごとに実に豊かな人権保障への取り組みが展開してきていることがわかる。地域的取り組みは、普遍的な取り組みを損なうものであってはならない。そうではなくて、普遍的な基準を地域の実情にあわせてさらに高い水準に導くことが想定されている。この点で欧州の営みは群を抜いており、とりわけ欧州人権裁判所の判例には国際人権基準の解釈をリードする先進的なものが多く、米州やアフリカといった地域的な機関はもとより、普遍的な条約機関の判断にも大きなインパクトを与え続けている。

　日本の所在するアジアあるいは東アジアには地域的人権文書も地域的人権保障機構も存在しない。そうした文書・機構をつくりあげようとする政治的意思が欠落しているからなのだが、ただ、アジアにも地域人権機構を設置しようとする声はさまざまなレベルで間欠的にあがっており、政治的な環境さえ整えば将来的に実現の見込みがないわけではない。

　欧州や米州、アフリカで積み重ねられている地域的営みは、日本国内の法実務に直ちに影響を与えるものではない。日本は、欧州人権条約、米州人権条約、アフリカ憲章といった地域人権条約の締約国ではなく、したがって当然ながらそう

した条約を遵守する法的義務を直接に負っているわけではないからである。しかし、地域的営みは普遍的な条約機関の解釈などに影響を与えてきており、また、日本の法実務にとって有益な指針を示すものも少なくない。所在する地域が違うからといって無関心に陥るのではなく、持続的に関心を保ち、人権保障に資する先進的な側面に積極的に学ぶ姿勢をとっていくべきであろう。

(神奈川大学法科大学院教授)

「第4章 裁判官・検察官・弁護士の独立と公平」について

外山太士

1. はじめに

　法の支配と人権の効果的保護にとって、司法の独立が必要不可欠であることは言うまでもない。本章はさらに進んで、司法の構成要素である裁判官・検察官・弁護士それぞれにつき、司法部と検察官には独立及び公平が、弁護士には独立が必要であり、これらがすべて備わっていなければならないとしていることにまずは留意すべきである。

　もっとも、現憲法下で60年近くも司法の独立を実践してきたわが国にとってみれば、本章に記述されていることの多くはいわば当たり前のことで、通常は意識することさえないものが多いかもしれないが、司法の独立が、国際人権法上、どのような文書にどのように規定され、またその限界線はどのあたりにあると解釈されているかを知ることは、重要なことである。

2. 裁判官・検察官・弁護士の独立に関する法源

　自由権規約14条に、独立かつ公平な裁判所による裁判を受ける権利が規定されているほか、国連総会により採択された3つの原則、すなわち、司法部の独立に関する基本原則（1985年）、検察官の役割に関する指針（1990年）、弁護士の役割に関する基本原則（1990年）が、もっとも基本的な法源である。また国際法曹協会（IBA）も様々な基準を採択しているほか、自由権規約委員会や、欧州人権裁判所などの地域的人権保障機構の裁判例も重要な法源となっている。

3. 司法部の独立と公平

　「独立」には、個人的関係（裁判官個人の独立）と制度的関係（司法部の独立）の両者があることは、わが憲法での議論と同様である。

　ここでは、個人的関係における独立に関し、これを構成する諸要素が論じられ

ているが、そのうち、裁判官の任命手続、在任期間の保障、昇進、表現及び結社の自由の保障などがわが国においても問題となりそうな点である。

制度関係における独立の議論の中では、財政面、すなわち裁判所の予算における独立の点及びこれに関するアメリカ法曹協会の報告書がわが国でも参考となるだろう。

「公平」とは、自由権規約委員会の解釈によれば、裁判官が、付託された事案について予断を抱かず、かつ、当事者のいずれかの利益を促進するような行為をしないことを意味している。注目すべきは、この公平性は、裁判官だけでなく陪審員にも要求されることであり（欧州人権裁判所は、サンダー事件〔2000年〕において、陪審員が人種主義的な発言をしたこと等をもって、欧州人権条約6条1項違反を認定した）、この点は、わが国の裁判員にも妥当するものと思われる。もちろん、裁判官が陪審員に対し、偏見を抱かせるような説示を行うことも禁じられる。

なお、国際人権法上、軍法会議などのいわゆる特別裁判所は直ちに違法となるものではないが、特別裁判所であっても、普通裁判所と同様の独立・公平が求められている。

4. 検察官の独立と公平

検察官は、司法の運営に不可欠な職務であり、不適正な干渉や危険にさらされずに独立してその職務を遂行できなければならないことは言うまでもない。また、検察官は、公益の代表者として、「公平」に職務を遂行する義務を負う。例えば、拷問その他の人権侵害によって取得された証拠を用いることを拒否し、これらを行った者が（たとえ警察その他捜査機関の関係者であっても）裁判にかけられるようあらゆる必要な措置を執らなければならない（検察官の役割に関する指針16）とされていることに注目すべきである。

5. 弁護士の独立

　独立かつ公平な裁判官及び検察官に加え、民主社会における法の支配を維持し、人権を効果的に保護するため不可欠なのが、独立した弁護士である。ここでいう独立とは、政府によるか私人によるかを問わず、あらゆる恐怖を受けることなく弁護士が依頼人の利益の効果的な代理のための活動ができることを言う。途上国では、弁護士が弁護活動を理由として殺害される例も後を絶たないし、わが国でも皆無ではない。国は、裁判官と検察官だけでなく、弁護士の安全をも確保する義務を負っているのである（弁護士の役割に関する基本原則17）。

　さらに、依頼人の利益を守るためのすべての適切な方法で弁護士が活動できる保障が必要であり、「いかなる裁判所または行政機関も、……弁護人が依頼人のために出席する権利の承認を拒んではならない」（同原則19）とされていることは、わが国における取調立会権との関係で注目される。

　弁護士の資格付与と懲戒が行政権にゆだねられてはならないとされていることは、当然のこととはいえ、あらためてその重要性を認識させる。もっとも、弁護士の懲戒は、行政にゆだねることは許されないが、弁護士自身が設置した懲戒委員会の他、裁判所その他の独立した機関にゆだねることも認められる（同原則28）。

　弁護士は、このような特別の保護を受ける一方で、司法の運営に対する公衆の信頼を維持する義務をも負っている。例えば、弁護士は、司法の運営について批判的発言をする権利を有してはいるが、法律上の異議申し立てなどの手続きを取らないで公に批判を行った場合には、懲戒を受けることもあり得る（欧州裁判所によるショーファー事件判決〔1998年〕）。

（弁護士）

「第5章 人権と逮捕・未決勾留・行政拘禁」について

幣原　廣

1. はじめに

　すべての人間には身体の自由と安全を尊重される権利がある、というのは当然のことで、日本国憲法においても、「国民はすべての基本的人権の享有を妨げられない」（11条）と規定する。また日本国憲法は、その13条においても、「すべて国民は、個人として尊重される。生命、自由及び幸福追求に対する国民の権利については、公共の福祉に反しない限り、立法その他の国政の上で、最大の尊重を必要とする」と規定しているが、ただこの「公共の福祉」が拡大解釈されてはならない。従来ややもすると、抽象的な「公共の福祉」概念若しくは「国家の刑罰権」の名の下に、これらの権利が制約されてきた傾向も見られないわけではないので、それを防ぐためには、憲法・国内法のほか、国際人権法上の法文書が重要な参考となる。本文にも書かれているとおり、「このような人権侵害を是正・防止するために国際法で設けられている法則を裁判官と検察官が遵守すること、および弁護士が依頼者のためにこの効果的活動を行なえるようにこれらの法則の内容を知っておくことは必要不可欠である」というのはそのとおりである。

2. 逮捕・拘禁

　本章の4で挙げられている法規定は、日本国憲法31条以下にも同様の規定がある。ただ欧州人権条約5条のように、自由の剥奪を合法的に正当化できる事由を具体的に列挙したものではないので、その厳格解釈による適用裁判例と共に参考となる。

　さらに、国内法の手続規則及び実体規則が遵守されるだけではいけないのであって、比例原則が必要である。

3. 人質司法の打破

　未決拘禁は、申し立てられている犯罪の取調べ等を正当に考慮したうえで、刑事手続における最後の手段として用いられなければならないことは、基本原則である。自由が原則で拘禁が例外であることは、何度でも強調されるべきことであり、この原則からすれば、起訴後の保釈のみならず、起訴前の保釈も認められるべきであり、また、起訴後の保釈についても、ここに掲げられている裁判例、規則等にしたがった運用が確立されるべきである。起訴後に自動的に勾留が更新されていく制度の見直しも考慮されるべきであろう。

4. 弁護士とのコミュニケーションの権利

　拘禁された者が自らの権利を守るために弁護士との接見交通権を含むコミュニケーションが確保されることは、拘禁を合法ならしめる最低条件である。ときに捜査側が、被疑者が弁護士と接見してアドヴァイスを受けることを捜査の妨害と考えるが、それはこの原則を全く頭に入れていないものである。弁護士との接見交通権は絶対で、捜査の必要性等の理由でいささかでも制約することが許されるべきものではない。

(弁護士)

「第6章 公正な裁判に対する権利Ⅰ：捜査から裁判まで」について

幣原　廣

1. 捜査と人権

　捜査の過程においては、国家の刑罰権の行使、そのための捜査の必要性を旗印として、往々にして被疑者の人権が侵害される。これは、どのような国でも多かれ少なかれ同様であり、したがって、捜査過程における基本的人権の保障のために、グローバル・スタンダードとしての国際人権法の学習は、大きな意味がある。

　また、その過程において、無罪推定の原則の意義は重要であり、単に証拠法の問題で捉えるばかりではなく、被疑者・被告人の基本的な地位、権利の問題として考慮されるべきである。

2. 通信傍受の問題

　近年、テロリスト犯罪の防止のために司法機関の令状によらないか、よるとしても包括的な形での通信傍受が活用される傾向にある。日本においても通信傍受法が制定されている。テロリスト犯罪の防止のための捜査の必要の名の下にプライバシーに対して不必要かつ不相当な介入が行われることは厳に慎まなければならないところであり、その意味からこの点における国際法の原則・裁判例を知悉しておくことは、必要不可欠である。

3. 弁護士等との通信の秘密

　拘置所・刑務所に収容されている者との接見交通・文書の差入れ等の通信は、逃亡の防止・施設の安全の確保を理由とする施設の管理権からの制約が常に予想される分野である。日本においてもようやく旧監獄法が改正され、刑事弁護人たる弁護士以外の弁護士との秘密による接見が一部認められつつあるが、ま

だ制約が多い。弁護士へのアクセスを十分に確保せしめるためには、弁護人と被疑者・被告人との信書の秘密は絶対的なもので、内容への検閲は許されるべきではない。例えば、弁護人との接見をした直後に被疑者・被告人を取り調べて直前に行われた接見の内容を問い質すようなことは、まさに弁護人とのコミュニケーションの権利の侵害そのものである。

4. 自己が理解する言語で被疑事実を告げられる権利

外国人の被疑者の場合に、十分な通訳人を用意しなければならないことは当然のことであるが、この通訳は被疑者が十分な防御をできるようにするために必要不可欠なものであることを考慮するならば、通訳人が通訳する以上に、捜査側の立場に立って被疑者を追及するようなことがあってはならない。警察の通訳を職業的に行っている者においては、捜査官がいる前で、またいない場面で、被疑者に対し、とにかくやってもやっていなくても犯罪事実を認めろ、と説得する者がいるという話もあるが、それでは被疑者の権利保障のために設けられていることに真っ向から反することとなる。また供述調書は、母国語で作成された上でその供述調書の内容を十分に理解したことを前提として署名押印がされるべきで、日本語の調書を通訳人に翻訳させて署名押印させている運用は改められるべきであろう。

5. 黙秘権

「黙秘権は絶対的権利か」との項目は興味深い。日本においては、憲法上保障されているものであるが、その黙秘権の範囲（自己の氏名にまで及ぶのか）、黙秘していることが被疑者・被告人に不利に扱われて良いのか、については、問題がある。捜査においては、黙秘権の保障を告知した上で（この告知文言は浮動文字で供述調書に記載されている）、その次の瞬間には、やっているのかいないのかはっきりしろ、やっていないなら堂々と弁明しろ、と追及するのが常であり、「黙秘権を行使します」と被疑者が告げても、それでもって取調べが打ちきられるわけではない。常に黙秘権の保障は危機にさらされているのである。

6. 取調べの可視化

　黙秘権の保障が十分にはかられているか、取調べが野蛮に行われていないかにつき、尋問の記録を作成・保管するためからも、取調べの可視化は不可欠である。

（弁護士）

「第7章 公正な裁判に対する権利Ⅱ：裁判から最終判決まで」について

幣原　廣

1. 裁判中の人権

　ここではまず武器の平等の確立が注目される。捜査、それに引き続く裁判においては、訴追側が捜査権限を行使して十分な捜査資料を保持し記録を保管している。これに対し、弁護する側においては何らの捜査権限もなく自らを弁護する資料を収集することは困難である。したがって、一切の捜査記録への早期の段階でのアクセスは、被疑者・被告人の防御権から必要不可欠なものとなるはずである。しかしながら、日本においては起訴前にはそのようなアクセス権が認められておらず、起訴後も検察官が開示する証拠を閲覧謄写するのみである。2004年に改正された刑事訴訟法においてようやく、公判前整理手続が行われる事件においては、一定程度の証拠についての開示手続ができて、開示を請求することが認められてきている。武器の平等の原則が重要であることは、十分に認識されるべきである。

2. 陪審に対する説示

　日本で施行される裁判員制度のより良き施行のために、この点における指摘は有益なものであろう。今後のより具体的な各国における事例の集積が期待される。

3. 死刑事件

　死刑事件においては、弁護人の弁護権は、これが十分な他の事件と比較しても、死刑は取り返しが付かないだけに、絶対的なものである。死刑事件における効果的な法的援助を受ける権利を保障するためには、死刑事件についての弁護の研修制度も十分になされるべきである。また、死刑事件においては、上訴のために必要不可欠なものとして、理由の付された判決書面を妥当な期間内に受領する権利を有する、とするならば、現在行われているように、判決言渡し後、場合によっては数か月後に判決書が完成されるような運用は改善されるべきであろう。

（弁護士）

「第8章 自由を奪われた者の保護のための国際法上の基準」について

上本忠雄

　本章では、身柄を拘束された市民の権利について取り扱われる。身柄拘束には刑事司法作用に基づく場合や、出入国管理に関する場合、医療上の要請に基づく場合などの諸形態があり得るが、「被拘禁者」とは、これら身柄拘束された市民全体を包括する概念である。

　本章では、冒頭で「あらゆるカテゴリーの被拘禁者・受刑者の取扱いは、人間への尊重の全般的向上の分野における大きな課題である」として、この分野の人権問題の重要性が指摘される。続けて、この分野の人権侵害が起きやすい背景と問題の深刻さについて次のように述べる。「被拘禁者・受刑者は事実上外の世界から切り離され、したがって権利侵害の取扱いを受けやすい立場に置かれる。これらの人々に対する拷問及び他の非人道的なまたは品位を傷つける取扱い・刑罰が依然として広く用いられており、苦痛のなかで助けを求めるその叫びが同じ被拘禁者以外の誰の耳にも届かないことは、人間の尊厳に対する容認しがたい侮辱である」。

　まさしく、被拘禁者・受刑者は、「事実上外の世界から切り離され」た存在であり、しかもその多くは刑事司法の対象者であるという理由から、様々な権利制限を受けざるを得ない立場にある。一方、社会は「塀の中」のできごとについて一般に無関心であり、ともすると犯罪を嫌悪するあまり、容易に被拘禁者・受刑者に対する権利侵害を承認しがちでもある。本章は、このような特性を有する、被拘禁者・受刑者の権利に関する重要な国際法上の基準を説明し、実際にその基準がどのように執行されているのかの具体例を欧州人権裁判所の裁判例などを引用しつつ説明し、これらの者のために裁判官・検察官・弁護士が採るべき方策を示している。

　例えば、人権B規約7条の「何人も、拷問又は残虐な、非人道的な若しくは品位を傷つける取り扱い若しくは刑罰を受けない」との規定は、包括的な権利であるがその認定基準は必ずしも条文からは明確ではない。本書では「非人道的な若しくは品位を傷つける取り扱い」の概念は、「当該取扱いの持続期間」及び方法、その身体的または精神的影響ならびに被害者の性、年齢及び健康状態と

いった、事件のあらゆる状況によって変わってくる」と規約人権委員会の先例（良心的兵役拒否に関するもの。A. Vuolannne v. Finland、Case No 265/1987）を引用しつつ、具体的な事例として、壁に身体を付けて立たせ、頭にフードをかぶせ、睡眠をとらせず、飲食物を与えないなどの取調方法が「品位を傷つける」と判定された欧州人権裁判所のケース（276頁）、被拘禁者の収容設備について、国連最低基準規則では夜間独居が原則とされていること（285頁）、ヨーロッパ拷問禁止委員会が毎日1時間の戸外運動の保障が守られていないことについてスイスに警告したこと（293頁）など、豊富な先例・実例に則して具体的な場面ごとの適用例を解説している。このように、人権B規約7条の生きた活用例の実際が様々な国の様々なケースを通じて、立体的に学べるように工夫されている。

　折しも、わが国では、2006年6月2日、刑事施設及び受刑者の処遇等に関する法律の一部を改正する法律（以下、「未決処遇法案」という）が成立し、1908年制定の旧監獄法の約100年ぶりの全面改正を終えた。これに先立つ、2005年5月18日には、旧監獄法のうち、既決の受刑者の処遇等に関して、刑事施設及び受刑者の処遇等に関する法律（以下、「受刑者処遇法」という）が成立しており、被逮捕者、被勾留者、死刑確定者についての改正が急がれていた。つまり、旧監獄法の改正は、既決を先行させ、未決者等を後から改正するという二段階で、全面的に改正されることとなったのである（全面改正法は、刑事収容施設及び被収容者等の処遇に関する法律〔以下、「刑事被収容者処遇法」という〕という）。この旧監獄法の改正は、名古屋刑務所での受刑者の負傷・死亡事件を契機に「国民に理解され、支えられる刑務所」を目指して、民間有識者により構成される「行刑改革会議」が設置されたことに始まる。同会議の示した提言は、規律秩序重視の姿勢から改善更生重視への転換や、外部交通の拡大、刑事施設視察委員会の創設などの画期的内容を含んでいる。しかし、作業賞与金の賃金化や医療の厚生労働省への移管などの抜本的改革、あるいは1日1時間の運動や単独室原則の法定化、不服審査のための独立機関の法制化などが見送られた他、期間制限のない独居処遇と保護室の存続、非人間的内容の懲罰の存続、弁護士との外部交通の不徹底など、国際水準に合致しない部分も多く残された。

　一方、未決の被拘禁者については、最大の問題は代用監獄の存続問題にあり、そのため、日弁連などの強い反対にあって、これまで監獄法の改正が行われてこなかったという経緯がある。行刑改革会議での議論も、代用監獄の存否には立ち

入っておらず、将来の課題として積み残された。そして、新たに設置された未決拘禁者の処遇等に関する有識者会議は、2006年2月、「未決拘禁者の処遇等に関する提言」を発表したが、ここでも代用監獄の存否は将来の課題として先送りされ、「今回の法整備に当たっては、代用刑事施設制度を存続させることを前提としつつ」生起する様々な問題を回避し、国際的に要求される水準を実質的に充たした被疑者の処遇がより確実に行われるような具体的な仕組みを考えるべきであるとされて、代用監獄の存否は、またしても将来的な課題として積み残された。

しかし、国連の規約人権委員会は、過去2度にわたり代用監獄の廃止や、死刑囚の処遇の改善を強く求めており、このような国際的な人権水準から見た場合には、今回の全面改正でも積み残された課題は代用監獄問題以外にもまだまだ多い。留置場・刑事施設における医療水準や、外部交通の拡充が不徹底である点などは、わが国の未決処遇の後進性を示すものであると同時に、その改善はわが国が国際社会で名誉ある地位を占めるために不可欠の課題であるはずである。

本書が示す国際準則は、規約人権委員会や欧州人権委員会の先例などによって積み重ねられてきた準則であり、広範かつ詳細である。例えば、医療については、各拘禁場所には資格のある医務官1名が配置されている必要があり、専門医の治療を必要とするときは専門施設または民間病院に移送されるとか、女性の施設には必要なあらゆる産前産後のケア及び処置のための特別な設備がなければならないなど（487頁）、具体的な先例とともに示されている。警察に収容された者は、自ら選択する医師の診察を受けることができるとの欧州拷問等防止委員会の勧告は（493頁）、わが国の現状と比較したとき、雲泥の差を感じる。本書の示す準則は、裁判官によって具体的な紛争の際に援用されるだけではなく、新たに設置された刑事施設視察委員会や留置施設視察委員会が各施設を視察し、様々な改善意見を述べる際にも、依るべき国際水準として活用されることが望まれる。

行刑改革会議での提言でも、圧倒的な支配服従の関係に陥りがちな拘禁施設の職員に対する効果的な人権研修の必要性が指摘されていたが、本書は刑務官用のテキスト、アンドリュー・コイル『国際準則から見た刑務所管理ハンドブック』（矯正協会）と併せて、国際標準としての処遇実務の研修教材としても活用されることが望まれる。無論、本書は被拘禁者・受刑者の処遇問題にかかわる全ての弁護士・裁判官・検察官にとっても必携の執務資料である。

（弁護士）

「第 9 章 司法の運営における社会内処遇措置の利用」について

水野英樹

1. 本章は日本における社会内処遇を考えていく上で、非常に参考になる。

現行法上、社会内処遇はほとんど採用されていない。保護観察、少年法における試験観察、仮釈放、恩赦（以上、上田寛『犯罪学講義』〔成文堂、2004年〕158頁）程度であろうか。日本では、社会内処遇の発想は、極めて貧困であったといえる。

しかし、過剰収容問題や性的犯罪者を中心とした釈放後の情報管理の問題など、日本においても、社会内処遇をも含めた刑事政策を真剣に考えなければならない時がきていると思われる。

本マニュアルは、刑事政策を考えていく上で、非常に参考になる。

2. 現行法上、有罪である場合、微罪処分、起訴猶予、罰金、執行猶予、保護観察付執行猶予、禁固、懲役という順に重くなると考えることができるであろう。

ここで、考えなければならないのは、「社会内処遇」に含めることができる「罰金」や「（保護観察付）執行猶予」と「施設内処遇」となる「懲役（禁固）」との間に大きな格差があるということである。「執行猶予」は制裁がないに等しい（人質司法の中で不当に長い身柄拘束を受けていることはここではおく）。語弊を恐れずに言えば、再犯に対する抑止力がその主たるものである。他方、「懲役（禁固）」という実刑は制裁として相当重い。

この中間に、社会奉仕命令などの社会内処遇を、制度として設けることを積極的に検討すべき時期にきていると考える。

3. 社会内処遇を創設した方がよいと考える理由のひとつは、自由刑における弊害を取り除くことができる点である。マニュアルも指摘するように、「仕事、勉学および家族生活を続けることもできる」のであり、「刑務所帰り」などというラベリングをも避けることができる。

また二つには、自由刑を科すことによっては更生が困難と思われる類型の犯罪者について、社会内処遇を適用することが考えられる。筆者が典型例として考え

るのは、自己使用の薬物事犯である。彼らは、薬物の依存症である。刑務所という薬物から物理的に隔離されている環境では、薬物依存からの脱却は困難とされている。自ら薬物に手を染めることができる環境において、自己の選択として、薬物に手を出さないようになることが重要なのである。治療を受けることを条件に社会内処遇とすることなどが考えられる。本マニュアルも、社会内処遇について適切と思われる対象者について、「再犯の可能性が低い者、微罪で有罪判決を受けた者および医療上、精神医療上または社会上の援助を必要とする者」と指摘する。アメリカの一部の州で行われているドラッグコートの制度などは大いに参考になる。

　第三に、過剰収容対策となる。短期自由刑の弊害が指摘されて久しい。短期自由刑に相当するような犯罪者の多くを、社会内で処遇できるとなれば、過剰収容の緩和につながる。マニュアルが指摘する「刑期の一部を地域社会で過ごせるようにする措置や、収監期間を短くし、それに代えて何らかの形態の監督を行う措置」は現行制度でもできることである。仮釈放の要件を緩和したり、保護観察の内容を充実させたりすることなどが考えられる。これなどは、現在設けられている更生保護に関する有識者会議などにおいても、積極的に検討されてしかるべきであろう。

4. マニュアルは、条件違反者について、「社会内処遇措置が失敗しても、自動的に施設収容措置が課されるべきではない」と、重要な指摘をする。更生への道は平坦ではないことを指摘しており、一度の失敗で全てを奪うのは、かえって更生から遠ざけるという趣旨であろう。社会内処遇制度を考えていく上で、必要不可欠な視点といえる。

5. マニュアルは、刑罰としてではなく、刑罰を科すかどうかを検討する段階において、社会内処遇を利用できることを指摘する。現行法では、少年法における「試験観察」がそれである。

　これを成人についても、設けることが検討されて良い。例えば、自己使用の薬物事犯においては、治療プログラムへの参加を試みた場合には、そのプログラムへの参加態度などを考慮して、判決を出すなどということが考えられる。

6. マニュアルが、対象者の同意が必要不可欠であり、「成功のための重要な前提条件」であると指摘するのは示唆に富む。社会内処遇が効果を発揮するためには、本人の同意が必要不可欠であることを示している。

7. また、マニュアルが「対象者とその家族には、自分たちに関する個人情報が公にされず、かつ社会的再統合の可能性を妨げるために用いられないことを知る権利がある」と指摘するのも、現在、日本の法務省と警察庁が取り組んでいる、性的犯罪者を中心とする釈放者の情報管理について、そのあり方に警笛を鳴らすものといえよう。例えば、アメリカの一部で行われているメーガン法などは、国際人権法上、違法である疑いがある。対象者の再統合を妨げるような政策を行ってはならないのである。

　マニュアルは、「社会内処遇措置の目的は、犯罪者の責任感を強化し、社会への再統合をも援助することによって、犯罪者が犯罪に逆戻りしないようにするのを援助するところにある」と指摘している。

(弁護士)

「第10章 司法の運営における子どもの権利」について

平野裕二

　本書の他の章で扱われている諸権利および種々の法的保障は、そのほとんどが子ども・少年（ここでは児童の権利条約の定義に従って18歳未満の者を指す）にも同様に適用される。本章でも、「子どもは刑事手続のあらゆる段階で成人と同じ権利を認められなければならない」（7節）と強調されているとおりである。しかし、子どもはその年齢・発達段階、身体的・精神的特性、社会的・政治的立場などに由来する特別なニーズを有していることから、ときとして成人とは異なる対応や成人よりも手厚い保障が必要となる。国際社会もそのことを認め、児童の権利条約に代表される、子どもにとくに焦点を当てたさまざまな人権基準を採択してきた。

　本章は、これらのうち、司法の運営における子どもの権利に関わる主な国際基準について解説したものである。具体的には、(1)罪を問われた子どもへの対応、(2)子どもが被害者または証人として司法手続に関与する場合、(3)親子の分離手続、(4)養子縁組手続が取り上げられている。これらのすべての手続で、国連・児童の権利委員会が特定した児童の権利条約の一般原則、すなわち差別の禁止の原則（2条）、子どもの最善の利益の原則（3条）、生命・生存・発達に対する権利（6条）、意見を聴取される子どもの権利ないし子どもの意見の尊重の原則（12条）が尊重されなければならないことも指摘されている（4節）。

　とはいえ、本章の大部分を占めるのは、上述した4つの手続のうち(1)の少年司法手続（少年に適用される刑事手続も含む）に関わる解説である。まず、刑事責任年齢の問題（3節3.2）、少年司法の目的（5節）、少年司法制度を創設する義務（6節）といった、少年司法の原理原則に関わる問題について概観されている。その後、拷問等からの保護（7.1）、適正手続上の基本的保障（7.3）、自由を奪われた子どもの権利（8節）についてやや詳細な解説が置かれる。その後、刑事制裁（9節）とダイバージョン（10節）の問題について言及されている。

　先にも触れたように、国際法上の一般的保障は、成人と子ども・少年との違いを踏まえてやや修正されている点が少なくない。本章の解説ではこの点にしばしば注意が促されており、参考になろう。たとえば、拷問等の不当な取扱い

については、「子ども特有の敏感さおよびとくに被害を受けやすい立場のゆえに、成人については不法な取扱いとならない行為でも、子どもの場合には容認できないものがある」ことが強調されている（7.1）。防御権との関連では、弁護士による法的援助のみならず「その他の適当な援助」も保障されている点が、国際人権法一般との違いである（7.3.3）。また、少年に関わる決定は「遅滞なく」行なわれなければならないのであり、「不当に遅延することなく」裁判を受ける権利を認めた自由権規約よりも保障が手厚い（7.3.4）。プライバシーの面でも、少年は「罪を犯した成人が享受する権利よりもはるかに手厚い保護を受けている」（7.3.8）。自由を奪われた子どもについても、その「取扱いのあり方はいかなるときにもその最善の利益にしたがって定められなければならない」（8.3）。

なお本章においては、児童の権利条約のほか、とくに「少年司法の運営に関する国連最低基準規則」（北京規則）、「自由を奪われた少年の保護に関する国連規則」、「少年非行の防止に関する国連指針」（リャド・ガイドライン）といった関連の国連文書が頻繁に援用されている。日本では、行政・立法・司法機関のいずれもこれらの文書をほとんど参照することがないが、「そこに掲げられた諸規則のなかには、児童の権利条約にも掲げられているために国家に対して拘束力を有するものもあれば、『既存の権利の内容をより詳細に』定めていると考えられるものもある」（本章1節）のであり、正当に重視することが必要である。本章は、これらの国際文書の内容を手続の流れに沿って簡便にまとめたものとして有益だが、さらに詳しい解説および関連文書の全訳を掲載した、国連ウィーン事務所『少年司法における子どもの権利：国際基準および模範的刊行へのガイド』（平野裕二訳、現代人文社、2001年）があるので、あわせて参照されたい。

少年司法手続以外の手続については、本章の記述はごく簡単なものに留まっている。(2)子どもが被害者または証人として司法手続に関与する場合（11節）については、本書第15章「犯罪・人権侵害被害者の保護および救済」をあわせて参照し、子どもを対象とした被害救済のあり方について検討を深めることが必要である。なお、本章で言及されている「刑事司法制度における子どもについての行動に関する指針」についても、国連ウィーン事務所・前掲書に全訳が掲載されているので参照されたい。法曹にとっては、「適正手続を保障されなければならない被告人の権利およびニーズも同時に尊重しつつ、このような〔被害者・証人で

ある〕子どもの権利およびニーズを尊重する方法・手段に焦点を当てる」（11節）ことが課題となる。

(3)親子の分離手続と(4)養子縁組手続については、児童の権利条約の関連規定にもとづく簡単な解説が行なわれているのみである。監護権者の決定、養育費に関わる取決めなど、とくに離婚による親子分離にともなう重要な問題についても、なんら触れられていない。こうした点については、上述した4つの一般原則、とりわけ子どもの最善の利益の原則を指針としながら、実務的経験を積み上げていくことが求められる。

なお、本書でもしばしば強調されているように、国際人権法は「静的なものではなく、社会で新たに生じ続ける人間にニーズにあわせて発展している」（第2章6節）ことにも留意しなければならない。とくに子どもに関わる国際的・地域的人権文書は近年になって急速に発展しており、本章では取り上げられていないものも多い。

たとえば欧州評議会は、とくに家事審判手続において子どもの最善の利益および子どもの意見の尊重の原則をよりよく確保する目的で、「子どもの権利の行使に関する欧州条約」[1]を採択している（1996年）。分離後の親子の面会交渉についても、本書の出版後ではあるが、「子に関わる接触に関する条約」[2]（2003年）を採択した。また、国連では現在、「親のケアを受けていない子どもの保護および代替的養護」に関する国際基準や、「子どもの犯罪被害者および証人が関わる事案における司法についての指針」についての検討が進められているところである。後者は国際NGOであるIBCR（International Bureau for Children's Rights 子どもの権利国際事務局）が作成した指針[3]をもとにしたもので、国連犯罪防止刑事司法委員会第14会期（2005年）によってすでに承認されており、近い将来、国連基準として採択される可能性がある。これらの文書の内容も踏まえた実務が求められるところである。

同時に、関連の国際文書の内容に精通することは重要だが、それだけでは十分ではないことも強調しておかなければならない。子どもに関わる司法手続で

---

1 http://conventions.coe.int/Treaty/en/Treaties/Html/160.htm参照。http://homepage2.nifty.com/childrights/international/participation/ce%20conv_exercise.htmの日本語訳（平野裕二訳）も参照。

2 http://conventions.coe.int/Treaty/en/Treaties/Html/192.htm参照。

3 http://www.ibcr.org/PAGE_EN/E_PROJECT_8.htm参照。

は、「裁判官・検察官・弁護士および関連するその他の専門家が特別な知識とスキルを有している必要」があるからである（14節）。そのような知識やスキルは、本書を学ぶだけでは身につけることができない。ソーシャルワークや心理学についても学習し、子どもと接するさいの基本的スキルを身につけるとともに、これらの分野の専門家と連携・経験交流を進めていくことが必要である。

（ARC =Action for the Rights of Children= 代表）

「第11章 司法の運営における女性の権利」について

大谷美紀子

　女性の人権問題、とりわけ、女性に対する差別の問題について最も直接に、かつ、包括的に扱っている法的な国際文書は、言うまでもなく、女子に対するあらゆる形態の差別の撤廃に関する条約（女子差別撤廃条約）である。日本における女性に対する差別、女性の人権問題についても、主要な問題は、同条約の報告書制度の下で日本政府が提出した報告書に対する女子差別撤廃委員会（同条約の条約機関）による最終コメントにおいて取り上げられ、具体的な勧告がなされている。しかしながら、女性の人権や女性に対する差別の禁止に関連する国際人権条約は女子差別撤廃条約だけではない。市民的及び政治的権利に関する国際規約（自由権規約）、経済的、社会的及び文化的権利に関する国際規約（社会権規約）にも、性による差別の禁止、両性の平等は規定されており（各規約の2条、3条）、女性に対する差別の問題は、これらの規定を梃子として、両規約の報告書審査においても取り上げられ、両規約の条約機関から日本政府に対する勧告がなされてきた。その他、あらゆる形態の人種差別の撤廃に関する国際条約の条約機関である人種差別撤廃委員会も、また、児童の権利に関する条約の条約機関である児童の権利委員会も、それぞれの条約に関連する範囲で、女性の人権、女性に対する差別の問題に言及している。さらには、女性の人権問題として論じられることの多い人身売買の問題については、人身取引及び他人の売春からの搾取の禁止に関する条約はもちろん、女子差別撤廃条約や児童の権利条約においても規定があるが、2000年に採択された国際的な組織犯罪の防止に関する国際連合条約を補足する人、特に女性及び児童の取引を防止し、抑止し及び処罰するための議定書（「人身取引議定書」）は、人権保障を直接の目的とした条約ではないが、人身売買の問題に関する包括的かつ強力な国際文書である。その他、女性の権利を促進、確保するうえで、北京宣言及び行動綱領等の法的拘束力はないが重要な国際文書への目配りも欠かせない。

　そうだとすると、日本国内における女性の人権問題への取組みに国際文書を活用するためには、日本における女性の人権問題のカテゴリー毎に、条約機関を有する国際人権条約のうち日本が締約国となっている6つの条約（自由権規約、

社会権規約、女子差別撤廃条約、人種差別撤廃条約、児童の権利条約、拷問等禁止条約）を始め、それ以外の日本が締約国となっている関連する国際条約、条約以外の重要な国際人権文書を横断的に検討し、当該人権問題に関連する具体的条文と、その問題について条約機関が日本政府に対し勧告をしたことがあればその内容、その問題に言及した条約機関の一般的意見、個人通報事件についての見解等を整理してまとめたものがあれば、ある問題について横断的に関連する条約その他の国際文書の具体的な規定と、条約機関の解釈を知ることができ、実務家にとって大変利用しやすい。本章は、このような作業を、グローバルなレベルで試みたものということができる。すなわち、本章は、法的拘束力の有無を問わず、また、いわゆる人権文書と呼ばれるものに限定することなく、さらには普遍的な文書のみならず地域的な文書まで含めて、女性の人権問題に関連する国際文書に幅広く目配りし、それらを、法的人格、法の下の平等、生命・身体・精神の不可侵、奴隷制・奴隷取引・強制的・義務的労働・人身売買、婚姻における平等、民事上の法的能力、選挙を含む政治への参加、その他の人権、効果的救済措置の10のカテゴリーの問題領域毎に、関連する具体的な条文、条約機関の一般的意見、見解等を整理して示している。

　本章で取り上げられている女性の人権問題の中には、日本における女性の人権問題に直接関連するものもある。例えば、第4・5回政府報告書に対する女子差別撤廃委員会の最終コメント（2003年）[1]の「主要関心事項及び勧告」で取り上げられた問題のうち、ドメスティック・バイオレンスを含む女性に対する暴力の問題は、生命・身体・精神の不可侵の項目で（特に、「4.3.3 家庭およびコミュニティ一般での女性・女子に対する暴力」）、人身売買の問題は「5.1.3 人身取引」の項目で、婚姻生活に関する民法上の差別的規定である、婚姻最低年齢の問題は「6.1.2 婚姻適齢」の項目で、離婚後の女性の再婚禁止期間の問題は「6.1.4 再婚の制限」で、夫婦の氏の選択の問題は「6.3 名前に対する権利の平等」の項目で、それぞれ扱われている。他方、本章で扱われている問題の中には、これまで日本の政府報告書審査において具体的に取り上げられ政府に対し勧告がなされたことはないものの、日本の状況としても今後、取り上げる必要が出てくる可能性のあ

---

[1] UN Doc. A/50/38, paras. 627-636. 邦訳（日本政府仮訳）は、外務省ウエブサイト、http://www.mofa.go.jp/mofaj/gaiko/josi/pdfs/4-5_k.pdf。

るものがある。その一例は、「4.3.1 自由を奪われた女性に対する暴力」の項目において、女性の被拘禁者や受刑者に対する刑務所職員や警察職員による性的その他の暴力や虐待、屈辱的な取扱い、品位を傷つける取扱いの問題である。これらの問題については、最近になって、ようやく条約機関が関心を向けるようになってきた。本マニュアルの同項目においては、自由権規約委員会が、平等原則条項（3条）に関する一般的意見28（2000年）において、妊娠中に自由を奪われた女性に対する出産及び新生児のケアに関する人道的な取扱いの問題を含む、自由を奪われた女性の取扱いの問題について言及していること、また、拷問禁止委員会が、カナダ、米国、オランダの状況について懸念を表明していることが紹介されているが、これらの条約機関の関心や懸念は、日本の状況について検討する際に大いに参考になる[2]。また、「4.3.2 不法な刑罰」の項目においては、拷問禁止委員会が、スウェーデンに対して、出身国に送還された場合、姦通を犯したとして笞打ち刑や投石刑を受けるおそれがある女性の出身国への送還について、拷問等禁止条約3条に基づき締約国が送還しない義務があると判断した例が紹介されている。これまで、日本では、同様の事例の報告は見当たらないものの、今後起こりうる可能性は否定できない。

　もちろん、マニュアルは世界中の法曹を対象として作成されているから、本章が扱う女性の人権問題の中には、法的、政治的、社会的、経済的、文化的、宗教的な制度や状況の違いから、日本では問題とならないものもある。また、本章は、関連する国際文書として地域人権文書をも扱っており、それらが、直接、日本の状況に適用されるものでないことは言うまでもない。しかしながら、日本においては関連がないと思われるような問題、直接には適用されない地域人権文書も含めて、世界中でどのような女性の人権問題があり、その問題に国際文書の具体的な規定がどのように関連し、条約機関がどのような見解を示しているかを知ることは、まさに、本章の「学習の目的」に掲げられている、法曹が、女性が特に直面する人権問題についての知識・理解を高め、女性の権利を保護するために存在する国際法上の規則について習熟するということに役立つ

2　日本における女性の被拘禁者の取扱いにおける問題の概観については、拙稿「日本における拷問等禁止条約の実施における分野ごとの課題」（「女性－女性の被拘禁者の保護に関する措置」の項）『自由と正義』52巻9号（日本弁護士連合会、2001年9月）を参照されたい。

のである。特に、実務家にとっては、具体的な事例・問題に、国際人権条約その他の国際文書がどのように関連し適用されうるかというケース・スタディのアプローチで国際人権法を学ぶことができるという点で、本章は、日本の法曹にとって、女性の人権問題に関する国際人権法を身近なものにしてくれるであろう。

　最後に、本章の「学習の目的」には、女性の権利の保護を向上させることについての法曹の役割についての意識を高めることが挙げられ、これについての項目「11.女性の権利の保護を確保するうえで裁判官・検察官・弁護士が果たす役割」が設けられているが、この点は極めて重要である。法曹が自らの役割の重要性を認識し適切にその役割を果たしていくことは、女性の権利の実現に資する。逆に、法曹が女性の人権問題についての正しい知識や理解を欠く場合には、本章で女性の人権問題の10のカテゴリーの1つとして取り上げられている「10.裁判所および法の適正手続にアクセスする権利を含む、効果的救済措置に対する女性の権利」の実現を阻害することになりかねない。最近、国連人権保護促進小委員会においても、2003年から、性暴力犯罪の有罪及び／または責任の立証の困難の問題についての研究が進められているが、女性の権利の実現のためには、女性の権利侵害に対する効果的救済、特に司法的救済が実際に適切に機能しているかまで検証していく必要がある。そして、法曹は、この司法的救済に直接そして深く関与するアクターである。日本においても、近年、司法における性差別の問題についての調査や研究がなされるようになり、司法においてもジェンダー・バイアスが存在し、司法作用の過程で発現したり、司法制度の中に存在したり、市民の司法へのアクセス障害という面で発現する問題が指摘されている[3]。このうち、特に、司法作用の過程で発現するジェンダー・バイアスの問題は、法曹が女性の人権問題について知識や理解を欠き、または十分に持たないことから引き起こされる場合がある。本章では、司法制度の担い手として、効果的救済という局面において、女性の権利の実現について重要な役割を果たすことが期待され、またその責任を負う裁判官・検察官・弁護士に対し、その役割についての意識を高めることを目指しており、法曹にとっての貴重な手引書・実用書、教育書となっている。

（弁護士）

---

[3] 日本弁護士連合会両性の平等に関する委員会・2001年度シンポジウム実行委員会編『司法における性差別－司法改革にジェンダーの視点を』（明石書店、2002年）。

「第12章 鍵となるその他のいくつかの権利：思想、良心、宗教、意見、表現、結社および集会の自由」
「第13章 司法運営における平等および差別の禁止に対する権利」について

窪 誠

　第12章は以下のように始まる。
　「この章では、人権を尊重する民主的社会の柱の一部を構成する多くの基本的自由について取り上げる」。
　そして、民主主義について、12章のまとめはこう述べている。
　「国の人民が立法上および司法上の権力を放棄し、世俗の機関であれ宗教上の機関であれ統治する人民に責任を負わない機関にそれを委ねるのであれば、たとえそれが過半数の決定によるものであっても、民主主義は存在し得ない」[1]。

　実際、本書では人権保障が国の責任であることが随所で述べられている。ところが、日本では、国がその責任を回避しようとする態度が強い。たとえば、1996年制定の人権擁護施策推進法（1999年改正）は、「法務省に、人権擁護推進審議会を置く」ことを趣旨とする（第3条）。この法律は、「国の責務を明らかに」することを目的とする（第2条）。にもかかわらず、法務大臣，文部大臣（現文部科学大臣）及び総務庁長官（現総務大臣）は、同審議会に対して、「人権尊重の理念に関する国民相互の理解を深めるための教育及び啓発に関する施策の総合的な推進に関する基本的事項について」、つまり、「国の責務」ではなく、国民について諮問する。1999年になされた答申は、「様々な人権課題が存在する要因の基には、国民一人一人に人権尊重の理念についての正しい理解がいまだ十分に定着したとは言えない状況があることが指摘できる」と断言する。こうして、いつのまにか、人権の責任は国民に課されることになってしまったのである[2]。それでは、国は国民が人権を積極的に主張することを期待しているのであ

1　本書868頁。
2　拙稿「日本に作られようとする人権救済機関とは」法学セミナー2002年1月号35-37頁。

ろうか。逆である。「人権擁護に関する世論調査（最新は2003年）」では、「『人権尊重が叫ばれる一方で、権利のみを主張して、他人の迷惑を考えない人が増えてきた』と言う意見について、あなたは、どう思いますか」という問いを、その意見の出典を示すこともなく、無責任に発している。これでは、国こそがこのような意見の担い手ではないかという疑いを払拭することはむずかしい。つまり、国は、一方において、人権問題の原因を国民による理解の低さにあるとしながら、他方において、人権の主張は他人の迷惑を考えないわがままだと言うのである。結局、日本においては人権について、上述の「国の人民が立法上および司法上の権力を放棄し、（……）統治する人民に責任を負わない」状況が見られる。

こうした状況を変えてゆくためには、何が必要なのだろうか。新たな状況を生み出すための人権政策的思考が必要となるだろう[3]。新たな規範や制度を作ってゆくうえでの参考にしてこそ、本書は最も有効に活用されうると思われる。本書においてもそのことは意識されている。第13章に明記されているように、本書が解説するさまざまな判例において、「法律の策定にあたって、また平等に対する権利および差別の禁止を実際に執行するにあたって立法者および法曹の双方が指針とし得る、また指針としなければならない普遍的な法的基準が確立されているからである」[4]。

それでは、どのような人権政策的思考が必要なのだろうか。そこでもう一度振り返ってみると、現在の日本政府の人権政策は、政治家や官僚を中心とする一部の人間だけが、何が問題でどうすればよいかを一方的に判断決定することによって成り立っている。多くの市民はその判断決定に従う、被判断決定者でしかない。このように、判断決定者と被判断決定者が分離した状況を前提にして、判断決定者の裁量によって策定され実施される政策を、筆者は、「支配者裁量型人権政策」と呼んでいる[5]。よって、これを変えるためには、判断決定者と被判断決定者との間の分離を解消し、社会のすべての人々が参加して建設的議論を行う主体的な

3　江橋崇・山崎公士編『人権政策学のすすめ』（学陽書房、2003年）参照。
4　本書910頁。
5　拙稿「国際的人権保障の推進」江橋崇・山崎公士編前掲書174-186頁。

判断決定者となるという思考が重要であろう。このような思考に基づく人権政策を筆者は、「共生社会建設型人権政策」と呼んでいる[6]。

しかし、「共生社会建設型人権政策」を目指すことは、本書に書かれていることに全面的に従うことを意味するものではない。国際社会も国内社会と同じく、さまざまな矛盾があることに変わりないからである[7]。たとえば、第13章で説明されているマイノリティの権利について、本書は国連自由権規約委員会が示した個人通報手続におけるふたつ見解を紹介している。ひとつは、1981年ラブレイス対カナダ事件見解であり、もうひとつは、1996年ランズマンほか対フィンランド事件見解である。前者において、自由権規約委員会は、マイノリティの権利制約の要件を明らかにすることによって、被害者が申し立てた権利侵害を認定した。つまり、他の人権条約実施監督機関が他の人権について判断する場合とほぼ同様に、権利制限の客観性、目的合理性、必要性、他の権利との両立性などの要件を挙げていたのである。ところが、1996年ランズマンほか対フィンランド事件見解では、本書で述べているように、「『決定的問題』は、すでに実施されていた伐採および今後実施することを承認された伐採が、27条で保障されている『自己の文化を享受する申立人らの権利を否定する規模に達している』かという点だった」という[8]。つまり、先の見解で提示した要件による審査を自由権規約委員会が自ら放棄し、経済開発に伴う生活破壊の受忍限度の問題にすりかえてしまったのである[9]。実際、2000年マフイカ(Mahuika)その他対ニュージーランド事件見解は、「受忍限度（acceptability）」[10]という文言を用いている。こうして、どちらの見解も、国家による経済開発事業を是認し、人権侵害を認定しなかった。実は、自由権規約委員会がこの1996年ランズマンほか対フィンランド事件見解で依拠した主な判例は、それから2年さかのぼる1994年にだされた別のランズマンほか対フィンランド事件見解であった。これは、1996年見解の場合と同じく、フィンランドの先住民族マイノリティであるサーミ民族に属

---

[6] 同上。
[7] 同上。
[8] 本書939頁。
[9] 拙稿「マイノリティの文化的権利」国際人権法学会編『講座国際人権法第2巻——国際人権法の課題と展望』（信山社、近刊予定）参照。
[10] 国連文書CCPR/C/70/D/547/1993, para.9.5.

する同名ではあるが別の被害者が、サーミ民族の土地における採石事業とそれにともなう運搬に対してマイノリティの権利侵害を申し立てた事件である。その見解は、以下のように述べている。

> 「国家が企業による発展を奨励し、もしくは、企業による経済活動を許可しようと望むことは理解されうる。それを行なう自由の範囲は、評価の余地を基準とするのではなく、第27条のもとで国家が引き受けた義務を基準として、審査される。第27条は、マイノリティのメンバーが自己の文化を共有する権利を否定されないことを求めている。したがって、その権利の否定に匹敵する効果を持つ措置は、第27条の義務と両立しないことになろう。しかし、マイノリティに属する者の生活様式に与える影響が限られている場合は、その措置はかならずしも第27条の否定に匹敵するとは限らない」[11]。

こうして、この見解は、自由権規約委員会が自ら築き上げてきた従来の基準を、理由を示すことなく放棄して、まったく別の判断基準を打ち立てたものであり、本書の見解を含むその後の見解に影響を与えてゆくのである。

このように、国際機関による判断にも確かに矛盾はある。しかし、大切なことは、矛盾があるから、または、よそ事だからとして無視するのでもなく、また逆に、権威ある国際機関の判例だからといって金科玉条のように一方的に従うことでもないだろう。そうではなく、本書を国内の人権状況の改善のために役立てることは言うまでもないが、より幸福な国際社会を建設するための、国際的な議論に積極的に貢献するための材料として役立ててゆくことが重要であろう。すでに、私たちは、日本国憲法前文において以下のように宣言しているのだから。

> 「われらは、平和を維持し、専制と隷従、圧迫と偏狭を地上から永遠に除去しようと努めている国際社会において、名誉ある地位を占めたいと思ふ」。

(大阪産業大学経済学部教授)

---

11 国連文書CCPR/C/52/D/511/1992, para.9.4.

「第14章 経済的・社会的・文化的権利の保護における裁判所の役割」について

中井伊都子

　「法曹は、経済的・社会的・文化的権利の保護を促進するうえできわめて重要な役割を果たす。その役割は、社会でもっとも権利侵害を受けやすい立場に置かれた集団にとってはとりわけ重要である」と本章は述べる。

　いわゆる社会権が自由権の後ろにまわされ、人権としての認知さえ危ぶまれる地位に置かれてきたことは日本をはじめ各国の実行が示すとおりである。世界人権宣言採択の直後から展開された国際人権規約の形式をめぐる議論では、自由権と社会権の一体性を強調して単一の規約を求める主張と、両者の性質の違いから二つの規約を求める主張が対立したが、結局一体性は重視しながらもそれぞれの権利の実施を最優先して、形式的には二つの規約を採択する道がとられた。採択時点で強調された社会権の「漸進的実施」が持つ「権利の完全な実現」との連関は、各国のその後の実行の中ではむしろ、経済・社会状況を見極めて実施する国家の広い裁量を意味するものと解釈されてきた。また実施措置に関しても、国家報告制度が認められるにとどまり、独自の実施機関を持てなかったことが、人権としての社会権を軽視する国家の姿勢に拍車をかけたことは否定できないであろう。

　その一方で、1985年に独立の専門家からなる社会権規約委員会が設置されてからは、それぞれの社会権の内容とそれに対応する義務の精緻化が図られてきた。財政的限界による漸進的実施が強調される社会権であっても、何らかの措置をとる（行動をおこす）義務と無差別原則に関しては即時に実施する義務が国家には課せられていることを明らかにし、とるべき多面的な措置の中には立法・行政措置に加えて司法的救済が含まれることも強調されてきた。とくに裁判所による救済になじむ権利として、男女平等、同一労働同一賃金、労働基本権、家族の保護における無差別などのカタログを示したことは重要である。さらに即時に行動をとる義務と並んで、結果についてはその手段の選択に国家の広い裁量を認め、また中核となる必要最低限のニーズ（食料、基礎医療、住居及び教育）を満たすことは財政的な正当化を許さない義務であることを明らか

にしたのも社会権規約委員会の功績である。

2001年から国連人権委員会では、社会権規約の個人通報に関する選択議定書採択をめぐる議論が進行している。社会権に対応する明確な国家の義務を正確に立証することが困難である以上、個人通報制度は非現実的であるとする国家の意見に支配されてまだその入り口すら見えない状況ではあるが、このような議論を通じて社会権の内容と位置付けを再考するよい機会が提供されているように思われる。実際、自由権規約委員会は、自由権規約第26条の無差別原則を適用して、内容的には社会権分野の給付などに関わる差別についての個人通報を審査してきているので、「初めの一歩」を即時実施が求められる社会権実現における無差別に置くなどの妥協点を探りながら、議論が深化していくのを待ちたい。

日本の裁判所における社会権の扱いは、周知のとおり、ほとんど「切捨て」状態である。国際的な人権保障の分野で社会権規範の解釈がいかに進展し、諸外国における実施がどのようになされているかを、本章は精密かつ具体的に示してくれている。今後の社会権をめぐる裁判で積極的に活用されて、このマニュアルの改訂版が出されるときには日本の判例が社会権実現のリーディングケースとして紹介されることを期待したい。

(甲南大学法学部教授)

「第15章 犯罪・人権侵害被害者の保護および救済」
（前半の犯罪被害者の保護および救済部分）について

番　敦子

1. はじめに

　欧米諸国では、1970年代以降、犯罪被害者の状況の認識が進み補償制度の創設、刑事司法制度の見直し及び民間支援団体への公的助成等、犯罪被害者の保護及び救済が進められた。本章の記載も、そのような欧米における制度及び研究成果が基となっている。

　一方、日本では、犯罪被害者に関する問題に焦点があてられたのは、つい最近のことである。1980年に犯罪被害者等給付金支給法（犯給法）が制定されたが、これは見舞金であって、犯罪被害者に対する補償制度とよべるレベルには達していなかった。そして、この後しばらく、被害者の保護及び救済制度の検討はなされなかったが、ようやく、1995年、警察庁によって被害者対策要綱が策定され、同じ頃から民間においては精神的支援が開始し、2000年以降、犯罪被害者保護二法の制定等の法的整備も進められた。

　2004年12月犯罪被害者等基本法（基本法）が成立し、犯罪被害者の権利が謳われ、被害者の支援が国の責務であることが示され、多様な支援の必要性が明確に規定された。基本法では「第2章 基本的施策」として、被害者に関するほぼすべての支援・施策について規定されており、本章における論点もあげられている。しかし、基本法は具体的な施策を述べているわけではなく、基本法の趣旨に則った犯罪被害者等基本計画によって、今後講じるべき具体的施策の検討が行われる段階である。

2. 犯罪被害者と刑事司法手続および法曹の役割

　本章は、まず、犯罪被害者に対しては、さまざまな形態の特別な保護および援助が必要であり、そのニーズを知らなければいけないことを述べている。そして、第一に、「司法運営における被害者の取扱い」という論点をあげている。

　犯罪被害者は、自らが被害を被った事件に関する刑事司法手続に強い関心を

有している。「国内司法制度がしばしば加害者および加害者と国との関係ばかり焦点を当て、被害者の権利、ニーズおよび利益を排除してきたことが認められる」とし、「刑事司法制度で働くすべての者は、犯罪被害者がこれ以上失望しないようにするために、被害者の関心、ニーズおよび利益に尊重の念と理解を示さなければならない」と述べ、被害者の観点から、刑事司法制度を見直す必要を示唆している。日本の犯罪被害者からも、刑事司法から疎外されているという不満が出されており、刑事手続に被害者の参加を求める声が高まっている。

　本章において述べているように、司法制度そのものは国によって異なるが、少なくとも、被害者に対する理解、配慮の下、刑事司法についての適切な情報提供がなされることは重要である。また、被害者と早期に接する警察の役割を重視するとともに同様の対応を検察に求めているが、日本でも警察が犯罪被害者支援についてはリードしてきたという事実がある。検察庁による通知制度も整備されてきた。

　上記論点は、基本法18条（刑事に関する手続への参加の機会を拡充するための制度の整備等）および基本法19条（保護、捜査、公判等の過程における配慮）と関連する。

3. 私生活および安全の保護

　犯罪被害者は情報を受けるとともに、報復等の危険から守られ、安全を確保される権利を有する。基本法16条（安全の確保）と関連する論点である。再被害の防止のためにさまざまな措置を講じる必要があり、出所情報という被害者に対する情報提供もそのひとつではあるが、被害者自身の情報を守るという制度等も重要である。本章では、刑事司法手続に関する権限ある機関の留意点として、犯罪被害者のプライバシーを保護することがあげられており、「被害者の身元の公表は控えられるべきである」とし、「原則として、被害者の氏名をマスメディアに開示する前に被害者の同意を得ることが常に望ましい」としている。犯罪被害者等基本計画では、警察が被害者の氏名の公表につき実名か匿名か判断するとされており、被害者の意思という観点が欠落していると思われる。

　犯罪被害者の自己情報の秘匿については、最高裁判所は、民事損害賠償請求事件の訴状等における被害者の仮住所記載を柔軟に認めるという対応を示している。

4. 賠償、補償等

犯罪被害者の被った経済的被害の回復の必要性は言うまでもない。加害者による賠償は当然であるが、加害者や保険等による賠償あるいは補償が十分に得られない場合、国が被害者および被扶養者に合理的補償を行うべきであるとする。日本では、2001年に犯給法が改正され、「犯罪被害者等給付金の支給等に関する法律」となり、支給対象が拡大され、支給金額も増額となったが、依然として見舞金的性格を有しており、十分とは言えない。

基本法12条（損害賠償の請求についての援助等）のほか、基本法13条（給付金の支給に係る制度の充実等）によって、経済的回復をさらに推進することが規定された。

5. 援助

犯罪被害者はさまざまなニーズを有していることが指摘され、法曹を含むあらゆる関連の専門職集団が被害者の多様なニーズに応えることができるよう要請されている。

犯罪被害者に接する専門職集団が、ときに被害者にさらなる精神的苦痛を与えたり（二次被害）、適切な援助のための専門的知識が欠如していたりすることのないよう、訓練、研修等を積極的に行うことが必要である。また、本章では十分に述べられていないが、異なる専門職間（例えば、弁護士と医師）の連携も重要である。さまざまなニーズに応えるためには、援助の連携は欠かせない。

基本法11条（相談及び情報の提供等）では、「犯罪被害者等の援助に精通している者を紹介する」とし、医療面等の援助については、基本法14条（保健医療サービス及び福祉サービスの提供）において規定され、援助者の連携の中心に位置するべき民間支援団体に対する財政援助について、基本法22条（民間の団体に対する援助）において規定されている。

(弁護士)

「第16章 緊急事態下における司法運営」について

中井伊都子

　本章の目的は、逸脱という手段に訴える国家の権利に、国際人権条約が課しているさまざまな条件を説明することである。逸脱は、表現、結社、集会の自由などに課すことができる制限と異なり、特別措置の導入が必要とされる危機的状況を想定している。国際人権法は、国民の生存または国の独立もしくは安全を脅かすこのような状況に対応するための厳重な法的規定を用意している。そしてこのような困難な事態においてこそ人権を確保することが法曹に求められるのである。

　自由権規約は起草の当初から、権利に不可侵の部分が存在することで一致しており、逸脱できる権利を規定するのではなく、できない権利を直接に定めるという形式を採用した。ただそのリストの作成に当たっては十分な慎重さがあったとは言い難く、今日まで続く議論と批判の的であることも事実である。これは時代背景の中で起草を急いだ欧州人権条約にもいえることで、逸脱条項を入れるか入れないかに議論の中心があったため、逸脱できない個々の権利の妥当性にまで議論が及ぶことはなかった。一方、社会権規約は逸脱条項を持っておらず国家の義務は一般的に漸進的実施であるので、事態の緊急性によって逸脱しうると解するのが一般的であろうが、裁判になじむ権利のカタログや各権利に対応する中核的義務の内容が示されてきている現在でもこの見解が妥当するかどうかは疑問である。

　逸脱の限界には、逸脱不可能な権利のほかに、均衡性、無差別、他の国際法上の義務との整合性、宣言・通知の要件が規定されている。国家の必要と、公の緊急事態においても個人の権利及び自由が効果的に保障されるべきであるという人権の考慮が比較衡量された結果である。さらに逸脱条項を持つ各条約の実施機関によって展開されてきたそれぞれの要件の具体的内容は、本章で詳細に紹介されているところである。

　人権保障の増長のためには逸脱できない権利のカタログをより充実させるべきであるとの議論が聞かれるが、これには思考の順序が転倒しており、また正当な国家緊急権を侵奪しかねないなどの批判がありえよう。また逸脱できない権利を

強行規範と同一視してその質的強化を図ろうとする議論には、一般国際法上の強行規範概念を希薄なものにしてしまうとの批判が出されている。国家固有の基本権と人権の考慮の折り合いをどの点でつけていくのかという、ぎりぎりの選択は、今後の日本の憲法改正議論との関係でも、十分に見極めていかなければならない重要な問題である。

(甲南大学法学部教授)

執筆者一覧

著
国際連合人権高等弁務官事務所
　　　(Office of the High Commissioner for Human Rights: OHCHR)

協力
国際法曹協会 (International Bar Association: IBA)

訳
平野裕二（ひらの・ゆうじ）　　ARC(Action for the Rights of Children)代表

日本語版序編執筆
川島慶雄（かわしま・よしお）　財団法人アジア・太平洋人権情報センター所長
安藤仁介（あんどう・にすけ）　同志社大学法学部教授
　　　　「市民的及び政治的権利に関する国際規約」に基づく人権委員会委員
梶谷　剛（かじたに・ごう）　　日本弁護士連合会会長

日本語版解説編執筆
山崎公士（やまざき・こうし）　新潟大学法科大学院教授
阿部浩己（あべ・こうき）　　　神奈川大学法科大学院教授
外山太士（とやま・ふとし）　　弁護士（東京弁護士会）
幣原　廣（しではら・ひろし）　弁護士（第二東京弁護士会）
上本忠雄（うえもと・ただお）　弁護士（第二東京弁護士会）
水野英樹（みずの・ひでき）　　弁護士（第二東京弁護士会）
大谷美紀子（おおたに・みきこ）弁護士（東京弁護士会）
窪　　誠（くぼ・まこと）　　　大阪産業大学経済学部教授
中井伊都子（なかい・いつこ）　甲南大学法学部教授
番　敦子（ばん・あつこ）　　　弁護士（第二東京弁護士会）

日本語版編集
財団法人アジア・太平洋人権情報センター（ヒューライツ大阪）

あとがき

　本書『裁判官・検察官・弁護士のための国連人権マニュアル——司法運営における人権——』の翻訳・出版を計画してから2年近くの歳月が経過し、やっと刊行の運びとなり感無量です。本書の刊行は、特別行政法人日本万国博覧会記念機構からの助成と、膨大な原書の翻訳作業を1人で担当していただいた平野裕二さん、また、1,300ページにも及ぶ版下製作を担当いただいた川崎昌博さんの2人の超人的な貢献なしには実現しえませんでした。心より感謝申し上げます。また、忍耐強く全頁の校正作業にご協力いただいたヒューライツ大阪スタッフの岡田仁子さん、野澤萌子さんの労苦に敬意を表します。（前川 実）

＜訳者あとがき＞

　これだけの書物を単独で翻訳する機会に恵まれ、光栄に感ずるとともに、なんとか出版に至ったことに安堵感を覚えている。無謀な挑戦にゴーサインを出してくださり、遅れがちな作業を辛抱強く待ってくださった前川実さんほかヒューライツ大阪のみなさん、また訳語について有益なご教示をいただいた研究者・弁護士のみなさんに、心からお礼を申し上げたい。国際人権法は日々変化を続ける〈熱い法〉である。本書を通じ、日本の法律の世界にその熱が伝播することを切望している。（平野裕二）

裁判官・検察官・弁護士のための国連人権マニュアル
司法運営における人権

2006年3月31日　第1版第1刷
2008年1月15日　第1版第2刷

著	国際連合人権高等弁務官事務所（Office of the United Nations High Commissioner for Human Rights : OHCHR）
協力	国際法曹協会（International Bar Association : IBA）
訳	平野裕二（ひらの・ゆうじ）
日本語版編集	財団法人アジア・太平洋人権情報センター（ヒューライツ大阪）
発行人	成澤壽信
編集人	北井大輔
発行所	株式会社現代人文社
	〒160-0016　東京都新宿区信濃町20佐藤ビル201
	Tel: 03-5379-0307　Fax: 03-5379-5388
	E-mail: henshu@genjin.jp（編集）、hanbai@genjin.jp（販売）
	Web: www.genjin.jp
発売所	株式会社大学図書
印刷所	星野精版印刷株式会社
装丁	Malpu Design（西澤幸恵+江端幸子+長谷川有香）

検印省略　Printed in Japan
ISBN 4-87798-298-1

©2006　HURIGHTS OSAKA, Office of the United Nations High Commissioner for Human Rights, International Bar Association

◎本書の一部あるいは全部を無断で複写・転載・転訳載などをすること、または磁気媒体等に入力することは、法律で認められた場合を除き、著作者および出版者の権利の侵害となりますので、これらの行為をする場合には、あらかじめ小社または著作者に承諾を求めて下さい。
◎乱丁本・落丁本はお取り換えいたします。